国家哲学社会科学成果文库
NATIONAL ACHIEVEMENTS LIBRARY
OF PHILOSOPHY AND SOCIAL SCIENCES

西周兴亡史研究

杜勇　著

科学出版社

内 容 简 介

　　本书以西周政治史为研究对象，以西周十二王作为历史叙事的时间轴线，着力揭示西周国家兴衰隆替、多元一体的演进轨迹和发展规律。立足学术前沿，充分利用新出甲骨文、金文、战国竹简和考古资料，系统叙及相关历史线索和主要史实，坚持以问题为导向，注重探讨相关学术争议，诸如对先周殷周关系、武王伐纣、周公东征、三公体制、昭王南征、厉王专利、共和行政、平王东迁等重大历史问题都有深度解析，宏观与微观相融，历史与逻辑互证，探赜索隐，推陈致新，有助于加深对西周文明历史的理解和认知。

　　本书结构合理，叙事清晰，行文流畅，学术性与可读性兼备，可供历史、考古等领域的学者和相关专业的学生阅读和参考。

图书在版编目（CIP）数据

西周兴亡史研究/杜勇著. —北京：科学出版社，2024.2
（国家哲学社会科学成果文库）
ISBN 978-7-03-075170-6

Ⅰ.①西… Ⅱ.①杜… Ⅲ.①中国历史-研究-西周时代
Ⅳ.①K224.07

中国国家版本馆 CIP 数据核字（2023）第 045754 号

责任编辑：任晓刚 / 责任校对：郝璐璐　任云峰
责任印制：肖　兴 / 封面设计：黄华斌

科 学 出 版 社 出版
北京东黄城根北街 16 号
邮政编码：100717
http://www.sciencep.com

北京中科印刷有限公司印刷
科学出版社发行　各地新华书店经销
*
2024 年 2 月第 一 版　　开本：720×1000 1/16
2024 年 10 月第二次印刷　印张：46 1/2　插页：2
字数：900 000

定价：398.00 元
（如有印装质量问题，我社负责调换）

《国家哲学社会科学成果文库》
出版说明

为充分发挥哲学社会科学优秀成果和优秀人才的示范引领作用，促进我国哲学社会科学繁荣发展，自 2010 年始设立《国家哲学社会科学成果文库》。入选成果经同行专家严格评审，反映新时代中国特色社会主义理论和实践创新，代表当前相关学科领域前沿水平。按照"统一标识、统一风格、统一版式、统一标准"的总体要求组织出版。

全国哲学社会科学工作办公室

2023 年 3 月

目 录

绪 论 / 001

第一章 周人的崛起 / 010

　　第一节 周人始祖后稷的传说 / 010

　　　　一、关于后稷弃的时代问题 / 010

　　　　二、后稷族居地在关中不在晋南 / 017

　　　　三、后稷出世神话的文化意义 / 023

　　第二节 周人居豳时代的发展 / 029

　　　　一、公刘迁豳与创建新邦 / 029

　　　　二、豳都地望考辨 / 035

　　　　三、豳人社会生活 / 040

　　第三节 从迁都周原到东徙丰镐 / 047

　　　　一、周人迁岐的战略指向 / 047

二、季历继位与征伐戎狄　/ 060

三、文王东进战略的强力推进　/ 066

第二章　武王克商与共主嬗易　/ 105

第一节　武王伐纣及其年代　/ 105

一、武王继位未尝改元　/ 105

二、武王伐纣路线与日程　/ 110

三、周人何以"克昏夙有商"　/ 128

第二节　周邦政治角色的转换　/ 140

一、武王开国在位年数　/ 140

二、"民心惟本"的治国理念　/ 143

三、武王大分封与三监封地　/ 147

第三章　周公东征与东封　/ 164

第一节　管蔡启商以叛　/ 164

一、地方控制的制度性缺失　/ 164

二、王权名与实的分离　/ 166

三、内乱与外患的交织　/ 172

第二节　周公二度东征　/ 175

一、成世铜器鉴别　/ 176

二、周公东征　/ 181

三、成王东征　/ 194

第三节　东方大藩次第封建　/ 199

一、卫国　/ 199

二、燕国　/ 208

三、鲁国　/ 220

四、齐国　/ 228

第四章　宅兹中国乂民　/ 235

第一节　东都成周的营建　/ 235

一、双城与一城之争　/ 235

二、东都成周的地理位置　/ 241

三、成周地名内涵的变化　/ 245

第二节　怀柔与迁殷　/ 251

一、徙微封宋　/ 251

二、殷遗民西迁后的境遇　/ 253

三、鲁卫治下的殷遗民　/ 257

第三节　异姓古国的显微　/ 262

一、圣胄之国　/ 262

二、北国　/ 265

三、冀国　/ 276

四、孤竹　/ 294

第五章　经略四方 / 317

第一节　康王分封与征伐 / 317

一、重新认识周初治世 / 317

二、新封与徙封诸侯 / 319

三、南巡伐虎方 / 326

四、盂伐鬼方 / 337

第二节　昭王南征楚荆 / 343

一、两次南征史迹厘正 / 343

二、楚居丹阳识地 / 348

三、广惩楚荆 / 356

第六章　制度文明 / 362

第一节　嫡长子继承制 / 362

一、商代王位继承制的特质 / 362

二、周邦从立贤到立嫡的演变 / 373

三、两种性质的兄终弟及 / 381

四、继统法变革的新进境 / 385

第二节　三公之制 / 387

一、竹书《祭公》的新发现 / 387

二、三公姓氏、封地与职爵 / 390

三、三公合议制中央政府的运行 / 398

第三节　从井氏家族看世卿制度　/ 410

　　一、井氏家族姓氏　/ 410

　　二、井氏居邑寻踪　/ 415

　　三、世卿制的双重功能　/ 422

第七章　西周中期王道衰微　/ 430

　第一节　穆王政失常轨　/ 430

　　一、肆欲西游　/ 430

　　二、西征东伐　/ 434

　　三、大兴赎法　/ 441

　第二节　共懿孝夷四王　/ 446

　　一、王位继统的失范　/ 446

　　二、贵族力量的膨胀　/ 453

　　三、土地管理的松弛　/ 461

第八章　厉王革典与共和行政　/ 471

　第一节　厉王革典的多维审视　/ 471

　　一、对外战争成败　/ 471

　　二、专利政策利弊　/ 481

　　三、千秋功罪评说　/ 487

　第二节　共和行政的历史真相　/ 492

　　一、"共伯和干王位"衡短论长　/ 492

二、二相共和说的是非得失　/ 497

三、共伯和以首席执政摄行王政　/ 501

第九章　西周的衰亡　/ 510

第一节　宣幽时期对外族的战争　/ 510

一、对东南蛮夷的战争　/ 510

二、对西戎猃狁的战争　/ 519

三、千亩之战的危局　/ 536

第二节　频世政治乱象　/ 546

一、历史幻影：宣王中兴　/ 546

二、祸起萧墙：褒姒夺嫡　/ 555

三、自乱阵营：申曾叛周　/ 562

第三节　宗周陨灭与平王东迁　/ 572

一、幽王政权的倾覆　/ 572

二、平王东迁的曲折历程　/ 588

三、晋、郑、秦三君年代指迷　/ 597

四、历史变局中的文明接续　/ 607

附　录　/ 617

附录一　中华文明五千年的学理问题　/ 617

附录二　西周年代学研究的新视野　/ 630

附录三　关于令方彝的年代问题　/ 637

附录四　曾公畒编钟破解康宫难题　/ 655

附录五　关于清华简《保训》的著作年代问题　/ 660

附录六　清华简：开启古史研究新境界　/ 673

参考文献　/ 679

索　引　/ 714

后　记　/ 724

CONTENTS

Introduction / 001

CHAPTER 1 THT RISE OF THE ZHOU PEOPLE / 010

1.1 The Mythology of the Zhou's Ancestor Hou Ji / 010

1.1.1 The Time of Hou Ji/Qi (the Lord of Millet) / 010

1.1.2 An Investigation into the Location of Hou Ji and his Group / 017

1.1.3 The Cultural Significance of the Mythology of Hou Ji's Birth / 023

1.2 The Development of Zhou when Habilitating at Bin / 029

1.2.1 Gong Liu's Migration to Bin and the Establishment of the New State / 029

1.2.2 An Inquiry of the Location of Bin / 035

1.2.3 The Social Life at Bin / 040

1.3 Zhou's Move from the Zhouyuan to Fenghao / 047

1.3.1 The Strategic Orientation of the Migration to Qi / 047

1.3.2 The Succession of Jili and the Military Campagin against Rong&Di / 060

1.3.3 The Implementation of the Eastward Strategy under King Wen / 066

CHAPTER 2 THE CONQUEST OF SHANG AND THE DYNASTIC CHANGE / 105

2.1 The Date and Process of the Conquest of Shang / 105

2.1.1 No New Regnal Era after King Wu's Succession / 105

2.1.2 The Itinerary of the Conquest / 110

2.1.3 The Reason of "Occupation of Shang by the Dawn" / 128

2.2 The Policy Transformation of the Zhou State / 140

2.2.1 An Inquiry of the Length of King Wu's Reign after the Conquest / 140

2.2.2 The Governance Idea of "Rooted in People's Heart" / 143

2.2.3 The Enfeoffment under King Wu and the Establishment of Three Guards / 147

CHAPTER 3 THE CONQUEST AND THE ENFEOFFMENT UNDER ZHOU GONG / 164

3.1 The Rebellion of the Three Guards / 164

3.1.1 The Institutional Defects regarding the Control outside the Capital Region / 164

3.1.2 The Separation of the Kingship's Substance and Denomination / 166

3.1.3 The Complex Disorders inside and outside the Zhou State / 172

3.2 The Second Military Campaign to the East / 175

3.2.1 The Identification of the Bronzes dating back to King Cheng's Reign Period / 176

3.2.2 The Military Conquest Eastwards under Zhou Gong / 181

3.2.3 The Military Conquest Eastwards under King Cheng / 194

3.3 The Enfeoffment in the East / 199

3.3.1 The Vassal State Wei / 199

3.3.2 The Vassal State Yan / 208

3.3.3 The Vassal State Lu / 220

3.3.4　The Vassal State Qi / 228

CHAPTER 4　RULING THE CENTRAL KINGDOM / 235

4.1　The Establishment of the Eastern Capital Chengzhou / 235

4.1.1　The Debate between Single or Dual Capitals / 235

4.1.2　The Location of the Eastern Capital Chengzhou / 241

4.1.3　The Meaning of the Toponym Chengzhou / 245

4.2　Cherishing the Yin Adherents and the Relocation of Yin People / 251

4.2.1　The Foundation of the Song State / 251

4.2.2　The Situation of Yin People after the Relocation　/ 253

4.2.3　Yin People under the Supervision by Lu and Wei　/ 257

4.3　The History of Non-Ji (Non-Royal) States / 262

4.3.1　The States Ruled by the Adherents of Former Kings / 262

4.3.2　The Bei State　/ 265

4.3.3　The Ji State　/ 276

4.3.4　The Guzhu State / 294

CHAPTER 5　THE NATIONWIDE GOVERNANCE / 317

5.1　The Enfeoffment and Military Campaigns under King Kang / 317

5.1.1　Revisiting the Prosperous Period of the Early Western Zhou / 317

5.1.2　New Enfeoffment and Relocation of Vassal States / 319

5.1.3　The Military Campaign against Hufang in the South / 326

5.1.4　The Military Campaign against Guifang / 337

5.2　The Military Campaign again Jin-Chu in the South / 343

5.2.1　An Exploration of the Itineraries of the Two Campaigns / 343

5.2.2　An Inquiry of the Location of Danyang of Chu / 348

5.2.3　The Punishment of Jin-Chu / 356

CHAPTER 6　THE INSTITUTIONAL ACHIEVEMENTS OF THE WESTERN ZHOU / 362

6.1　The Zhou Practise of Primogeniture / 362

6.1.1　The Idiosyncrasies of the Shang Succession / 362

6.1.2　The Transformation from Choosing the Sage to Choosing the Eldest / 373

6.1.3　Two Forms of Agnatic Seniority / 381

6.1.4　The New Developments of the Succession Institutions / 385

6.2　The System of Three Excellencies / 387

6.2.1　The Finding of the Bamboo Stripes "Zhai Gong" / 387

6.2.2　The Ancestral Name, the Fief, and the Title of the Three Excellencies / 390

6.2.3　The Operation of the Central Government under the System of Three Excellencies / 398

6.3　The Hereditary System from the Viewpoint of "Xing Family" / 410

6.3.1　The Ancestral Name of the "Xing Family" / 410

6.3.2　The Location of the "Xing Family Family" / 415

6.3.3　The Dual Functionalities of the Hereditary System / 422

CHAPTER 7　THE DECLINE OF GOVERNANCE IN THE MIDDLE WESTERN ZHOU PERIOD / 430

7.1　The Political Disorder under King Mu / 430

7.1.1　The Parades to the West at Pleasure / 430

7.1.2　The Military Campaigns / 434

7.1.3　The Abuse of Atonement Policy / 441

7.2   The Period of King Gong, King Yi, King Xiao, and King Yi / 446

7.2.1   The Disarray of Succession / 446
7.2.2   The Dilation of Aristocrasies / 453
7.2.3   The Laxation of Land Management / 461

CHAPTER 8   THE REFORM UNDER KING LI AND THE GONGHE REGENCY / 471

8.1   Multiple Aspects of King Li's Reform / 471

8.1.1   The Achievements and Failures of Military Campaigns / 471
8.1.2   The Merits and Detriments of the Monopolisation Policy / 481
8.1.3   An Assessment of King Li's Status in the History / 487

8.2   The Historical Facts of the Gonghe Regency / 492

8.2.1   The Debate of Gong Bo He's Regency / 492
8.2.2   The Gains and Losses of the Dual Chancellors Regency / 497
8.2.3   The Regency under Gong Bo He as the Prime Regent / 501

CHAPTER 9   THE DOWNFALL OF THE WESTERN ZHOU / 510

9.1   The Military Campaigns against non Han-Chinese Groups under King Xuan and King You / 510

9.1.1   War with the Local Groups in the East and in the South / 510
9.1.2   War with Xianyun in the West / 519
9.1.3   The Crisis of the Battle at Qianmu / 536

9.2   The Continuous Political Disorder   / 546

9.2.1   The Rejuvenation under King Xuan / 546
9.2.2   The Chaos inside the Court Caused by Bao Si / 555
9.2.3   The Betrayal of Sheng Zeng / 562

9.3   The Downfall of Zongzhou and the Capital Move under King Ping / 572

9.3.1   The Overthrow of King You's Regime / 572

9.3.2   The Hindered Process of the Capital Move under King Ping / 588

9.3.3   An Chronological Investigation of the Jin, the Zheng, and the Qin Vassals / 597

9.3.4   The Cultural Continuity in the Historical Changes / 607

APPENDIX / 617

1.1   On the Theoretical Aspects of the Five-thousand-year Civilisation in China / 617

1.2   New Perspectives of the Chronology of the Western Zhou Period / 630

1.3   An Chronological Inquiry of the Ling Fang Li / 637

1.4   New Interpretation of the Temple of Kang Based on the Finding of Zeng Gong Qiu Bianzhong / 655

1.5   Remarks on the Writing Era of the Tsinghua Bamboo Stripes "The Admonition of Protection" ("Bao Xun") / 660

1.6   New Improvement Conduced by the Tsinghua Bamboo Stripes / 673

REFERENCES / 679

INDEX / 714

POSTSCRIPT / 724

绪　　论

西周上承夏商，下启春秋战国，是中国早期文明发展进程中的重要阶段，也是中国统一的多民族国家形成和发展的重要历史时期。《论语·八佾》云："周监于二代，郁郁乎文哉！"此言周礼虽从夏商两代损益而来，但其丰华程度已非夏商可比。由于文献不足征的缘故，孔子认为夏商礼制难于言说，周礼的存续却百世可知。孔子服膺"吾从周"的周礼，狭义上指礼仪文化，广义上则可包括各种政制典章。昔日王国维有言："中国政治与文化之变革，莫剧于殷、周之际。"西周较之殷商，礼乐文明灿然大备，对后来中国三千年社会发展形成了广泛而深远的影响，在中国历史长河中占有特殊而重要的地位。

西周时期，不仅有《诗》《书》等较早的传世文献，也有丰富的考古发掘资料，还有周原甲骨、青铜器铭文和战国简牍等新见出土文献，为研究西周文明奠定了良好的史料基础。如果说，在改革开放以前，学术界围绕古史分期问题的讨论，主要在西周社会形态方面做了大量的研究工作，那么，改革开放后则是千帆竞发、百舸争流，进入了一个全面、深入、系统研究西周文明历史的新时期，相关学术专著和专题论文多达数千种。近四十年来，西周国家形态、官僚制度、国野制度、分封制度、采邑制度、册命制度、军事制度、家族制度、礼乐制度、历史地理、民族方国、思想文化、年代学等各方面的研究都有重要进展，获得了一大批有价值的学术成果。但是，如何有机整合和系统反映这些成果，并在此基础上推陈出新，则是中国古代文明研究面临的新课题。就西周断代史研究来说，目前可以看到的专著只有两部，均为 20 世纪末叶出版。一部是华人学者许倬云教授的《西周史》，一部是复旦大学杨宽教授的《西周史》。前者主要围绕华夏国家形成这一中心议题展开论述，基本上是一部西周文化史。后者综贯史籍文献及大量金文，考订年代，诠次史事，对西周政治、经济、文化做了较为全面的总结，填补了我国长期没有西周断代史的空白。然而，这两部西周断代史的局限性也很明显，由于出版时间较早，大量新材料、新成果、新观点有待广泛吸收和充实。特别是国家"十四五"规划正式启动《（新编）中国通史》纂修工程，成为盛世修史，文明互鉴，繁荣发展中国特色社会主义文化的重要内容。因此，努力改变西周断代史研究较为薄弱的现状，充分彰显西周文明的光辉成就及其在世界文明发展史上的重要地位，具有理论建设上的必要性和时代需求上的迫切性。

本书以西周王朝的兴亡作为主要研究对象，属于政治史的研究范畴。全书按照断代史要求安排架构，以西周十二王作为历史叙事与历史解释的时间轴线，着力说明西周文明的兴衰。在写作上，不采用综合已有成果的教材式叙事，而是以不同时期所涉历史问题为着眼点，运用新材料、新方法、新论证分析说明相关学术争议，力争提出符合历史实际的新见解，以体现自身应有的学术性和创新性，达到求真致用的目的。由于受体例限制，全书很难形成一个较为具体的中心论题来统驭全局，以成条贯。因此，这里拟就全书主要内容和重要观点分章述略，以便读者知其梗概，明其要端，增进学习和研究的兴趣。

一是周人的崛起。周人始祖后稷，名弃，活动于原史时期的尧舜禹时期。这是几千年来人们从无异议的传统见解。近世疑古思潮勃兴，一种把后稷的时代从唐虞夏初下移到夏末商初的新说风靡学界，几成主流。此说相信春秋时期周灵王太子晋提出从后稷弃到文王历经十五世的说法，由文王前推十五世，认为后稷弃当为夏末或商初人。其实，不窋之前周人先公代数失传，不窋生父并非后稷弃，而是弃之裔孙袭为后稷者。由于后稷除了用作当时部族联合体农官和弃部落首领之名外，亦为周部落继任的首领所袭用，从而演变为不窋以上周人多代先公初创大业的时代符号。关于后稷弃的族居地，传统看法在关中邰地。近世学者激扬科学精神，主张不盲从古书，大胆疑古，提出后稷居邰、公刘居豳之地均在晋南，一时信从者众，其消极影响至今犹在。细考文献和考古资料，后稷族居晋南说并无可靠证据，而传统的邰地武功说却具有明显的文献与考古学优势，先周文化与文明的发源地仍应聚焦关中。约当夏末商初至武乙统治初期，周人迁居豳邑，历时三百多年，是先周文明历史发展的重要阶段。公刘居豳（今陕西彬州），把周人农耕部落与戎人畜牧部落统一起来，建立了君统与宗统相结合并超越族群利益之上的政治共同体，从而形成公平和谐的社会秩序，促进了社会稳定与经济发展。周人居豳，立国既久，根基必固，古公亶父何以又要南迁周原？先贤以为是避狄之患。其实，这只是浅表性因素，更深层次的原因是为了寻求新的发展空间，以便在与殷人日渐激烈的矛盾和对抗中自强图存，进而实现兴周灭商的战略目标。文王继位后，周邦的发展进入一个艰难曲折的历程。从周原庙祭甲骨看，辞中"衣周方伯"是指商王册伐西伯文王，而"西有正"及"不左于王受有祐"作为贞辞是周人预测战争结果，祈望西土周邦没有灾咎，神灵不佐助兴兵伐周的商纣王。商纣王虽是告庙祭祀的主人，但并非卜甲的辞主。辞主应是关心战争是否祸及西土的周人或文王，与商纣王无涉。周原庙祭甲骨作为周卜辞，反映了殷周之间战和不定的对立状况。文王享国五十年，后期受命称王改元，"五伐"殷商与国，其文治武功彪炳于世。西土周人强势崛起，代殷而有天下，已成不可逆转之势。

　　二是武王克商与共主嬗易。文王殁后，武王继位，未曾改元。武王伐纣之前在位四年，克商后在位三年。清华简《金縢》与传世本《尚书·金縢》有关武王克商后的在位年数，说法有异，内涵无别，当以三年为是，而不是夏商周断代工程所定的四年。文王受命十一年，武王秉承文王遗志，横戈跃马，挥师东进，最终完成了兴周灭商的宏图大业。武王克商的往返路线与日程，细加考析可以构拟新的伐纣日谱：公元前一〇四五年一月癸巳（二十七日）武王兴兵伐纣，师出镐京。二月戊午（二十日）师渡盟津，兵锋直指朝歌；甲子（二十八日）决战牧野，一举克商。三月戊辰（二日）即位于牧社，旋即班师；辛未（五日）驻师管地，经略南国；乙未（九日）祀于太室山，封禅度邑。四月丙午（十一日）返回镐京，历时七十四天。在克商后短暂的三年时间里，武王施政的主要工作有两件：一是确立以民为本的治国理念；二是实行分封诸侯的政治制度。清华简《厚父》记载了武王与厚父君臣间一次别开生面的对话，深刻总结了前代国家的兴衰存亡之理。武王君臣从天赋君权的角度探讨国家起源，体现了平等、正义、民本的国家伦理精神，有助于形成符合时代需要的治国理念，推动国家朝着健康、进步和繁荣的方向不断发展。同时，武王还大举实行分封制度，是其转换政治角色、确立天下共主地位所采取的重大举措。唯其创意尚不成熟。其中所封三监不宜理解为管叔、蔡叔、霍叔，而应依据《左传》所说"管蔡启商"，以管叔、蔡叔、武庚三人为正解。邶鄘卫作为三监的封邑，其性质各有不同。卫即殷都朝歌，是武庚禄父封国所在的中心城邑。邶与鄘名义上只是管叔和蔡叔傅相武庚的驻邑，实际是为了防范武庚有其"贼心"而采取的一项带有钳制和监督性质的权宜措施，至于叔鲜、叔度真正的封地则在管、蔡。

三是周公东征与东封。武王死后不久，管叔、蔡叔勾结武庚发动了一场大规模的武装叛乱，徐奄响应，东夷蠢动，周邦天下共主的地位一时陷入风雨飘摇之中。周得天下不过短短两三年，何以面临如此严重的统治危机？过去对三监之乱的爆发，学者大多归结为管叔个人政治野心的膨胀，视此为一场王位争夺战。实际上有着多方面的原因。受西周贵族国家结构的局限，中央王朝控制地方的制度性缺失是先天的。而成王年幼继位造成王权名与实的分离，以及最初分封制的不成熟所带来的种种弊端，造成管叔、武庚之辈政治野心的膨胀，一场内忧外患交织的反周叛乱急剧发酵，最终变成了残酷的现实。随后的周公东征，文献资料甚少，相关金文的年代又颇多争议，致使真相难明。近因曾公畎编钟的发现，证明东都成周始建之时即有康宫，后世续有增修，始终不曾废毁，是一座兼有宗庙礼仪建筑性质的多功能大型王宫。故与康宫相关的令方彝、令簋等一批铜器基本可以确定为成王时物，从而为探讨周公、成王东征提供了珍贵资料。过去人们以为周公东征，克商践奄，毕其功于一役，致使"成王靖四方"成为一句没有历史内容的空话。今考铜器铭文可知，周公致政后，还曾与召公一道，继续辅佐成王发起过大规模的东征，力图打开拓疆建国的新局面。周公二度东征，先后建立卫、燕、鲁、齐等东方大藩，形成了以东都成周为中心，以卫为后援，齐控东夷，鲁抑淮夷，燕制北戎的扇面辐射格局，大大加强了周人对东土的统治。

四是宅兹中国乂民。为了有效地控制东方局势，周公实施了武王在世即欲营建东都的战略计划。当时营建的东都非如通常所说一开始就是两座城市，即西有王城、东有成周，而是只有一座城市，始称洛邑，继称成周，地在洛北涧东瀍西一带，亦即春秋时的王城所在地。从此成周便成了近制殷遗、远治四方的东方重镇。以其地处天下之中，故称"中国"。成周建成后，周公以此为中心对殷遗民进行了分割迁徙，基本上消除了殷人反周复国的隐患。这些殷遗民无论迁往京畿地区，还是徙至封国治下，都不曾像有些研究者说的那样通通沦为种族奴隶。他们中间那些原为贵族的人士仍然具有显赫的社会地位，甚至一般族众其真实身份也是国家授田制下的庶民。这是周人碍于多种因素制约，不得不对殷遗民实行怀柔抚绥政策的结果。周人实行怀柔抚绥政策，也表现在对异姓诸侯的册封上。微子封宋，以续殷祀，属于新建封国。然周初尚有大量异姓方国，入周以后也被重新册封，成为西周联合体的成员。只是它们实力较弱或地位卑微，影响不大。除炎、黄、尧、舜、禹等圣胄后裔被高调册封外，余则籍籍无名，多被忽视。但它们在数量上占有优势，偶尔也在历史长河中激起小小浪花，维持着西周王朝的政治生态平衡。如北国、眞国、孤竹三个族邦，即是其典型代表。

五是经略四方。从周武王、成王到康王、昭王，西周早期的治国方略发生了重大转变，即由全力经营东土、北土，开始重点转向南土，表现出新兴王朝锐意进取的雄心和气魄。历史上多将成康二世相提并论，视为"刑错不用"的治世，似有未谛。康王继位后，随即调整治国方略，把经略南土作为头等大事，亲自出巡南国，征伐虎方，拓疆南土。即使是分封或徙封诸侯，或北伐鬼方，亦是服从总体发展战略的需要。不宜把康王看作"康娱自纵"或"使周道逐渐衰微"的庸君。昭王南征是康王以来经营南土方略的继续，重点仍在江汉流域。为了加强对南土的统治和争夺铜料资源，昭王两次南征荆楚。过去学界大都遵信金文断代的"康宫原则"，把原本成康时期的大量铜器说成昭王南征的遗物，未得历史真相。实际上，只有极少量彝铭反映了昭王第一次南征的情况。昭王十九年第二次南征，"丧六师于汉"，昭王殒命，不可能有大量功赏铭文传世。此役发生的地点远离楚都丹阳，临近鄂东南矿冶中心的汉水末梢一带。因遭挫折，周人对南土地区的经略被迫中止，控制力从此减弱。

六是制度文明。西周中央政权的组成与运行，主要通过嫡长子继承制、三公之制、世卿制得以实现。商代实行兄终弟及的王位继承制，是王国维研究殷商制度变革的一大发现。周初承继殷商末季的政治遗产，确立了更为严格的嫡长子继统法，遂成为后来百世不易的重要政治制度之一。有学者认为，西周初年周公并未创立嫡长子继承制，而是把先周时期的"兄终弟及"改变为"一继一及"制，直至春秋战国之交嫡长子继承制才正式确立。细考史实，太王迁岐后，周邦继统法是立子以贤，直到武王卒后成王继位，周公摄政七年致政成王，才使嫡长子继承制成为在全国施行的一项重要政治制度。立嫡制并不绝对排斥择立庶子，太子死或王后无嫡，即可择立庶子中的贵者或长者继位，作为维持君统的补救措施。同时，先王死后无子，体制上亦可兄终弟及，但逆制性的兄终弟及则是对法定继承制度的违忤与破坏。经过周公改制创立更为完备的嫡长子继承制，可以起到息争止乱、维护国家稳定的积极作用，从而把殷周王位继统法的变革推向新的进境。三公之制也是维持西周中央政权有效运行的一项重要制度，但其真实情形一直若明若暗。清华简《祭公》作为可靠的西周文献，所言三公具体人名为研究三公之制提供了崭新的线索。结合简文、金文和传世文献细加考索，可知三公为朝廷执政大臣的通称，但不以三人为限，主要由卿士寮、太史寮有关部门的主官四至六人组成，其中常有一人为首席执政大臣。三公多来自具有伯爵的畿内诸侯，而畿外诸侯入为王朝卿士则极为少见。凡执政大臣都尊享公爵，通常及身而止，多不世袭。在周天子享有最高决策权的前提下，三公诸臣实行集体议政、决策、施政的工作机制，行使中央政府的职能。中央政府通过世卿世禄制候选官员，具有一定的尊贤机制。此从西周井氏家族的个案研究中可以见其端绪。井氏家族为邢侯子裔，姬姓，采邑在扶风周原一带。畿内井氏从畿外邢侯公室中分化而出，是西周中期执掌王室大政的一个显赫世族。其分支井伯氏、井叔氏有几代人先后担任王朝卿士，成为周天子的股肱之臣。从井氏采邑看西周世卿制度，并非如通常所说世族政治完全与建官用贤绝缘。世卿制度以采邑制为基础，固然使王室任官范围受到严重局限，致使只有少数姬姓贵族子弟可以入为王官，但就姬姓贵族内部来说，世卿世禄并不是绝对的。世卿制度实际是一个"亲亲"与"尊贤"相辅为用的矛盾统一体，在一定程度上有助于保持王室官员的精英化和朝廷的政治活力。

七是西周中期王道衰微。周穆王继位后，复经共、懿、孝、夷四王莅政，习惯上称为西周中期。穆王统治期间，荒怠国政，肆欲西游，徒靡财用；对周边少数民族滥用武力，致使荒服不至，淮夷入侵，东西受敌；晚年大兴赎法，聚敛民财，构怨伤化。穆王治国理政不循常轨，流弊丛生，西周开始步入王道衰微的历史行程。共、懿、孝、夷时期，王位继承一度失范，贵族势力急剧膨胀，王权受到多方挑战。同时，国家对土地管理趋于松弛，贵族间土地交换开始出现，土地经营未尽效能，加之长期奢侈风气下的财富靡费，国力日衰。但王室持续实行的土地赏赐，作为激励功臣的一种褒奖手段，与"恩惠换忠诚"无关，并非西周走向衰亡的根本原因之一。

八是厉王革典与共和行政。自周厉王始，历共和至宣、幽二世，是属西周晚期。周厉王统治时期，国家面临严重的内忧外患，危机重重。这在清华简《芮良夫毖》中多有反映。结合清华简《芮良夫毖》、西周金文和其他各种文献，全面分析历世对外战争和统治政策，可以看出，无论是国防上轻忽戎患、不修边备，还是内政上专利贪财、残民以逞，都表明周厉王的所作所为已严重突破了国家伦理的基本底线，是一个不折不扣的暴虐之君，而不是一位需要恢复名誉的有作为的改革家。厉王流彘后，"共和行政"历时十四年。以往学者或信《汲冢纪年》"共伯和干王位"，或持《史记》"二相行政"说，久讼不决，殆成千古疑案。清华简《系年》有厉王流彘"共伯和立"的记载，可与《汲冢纪年》相呼应，似乎加强了人们从《汲冢纪年》不从《史记》的信心。实际上，国人暴动赶走厉王以后，畿内诸侯共伯和并未篡位自立，而是以三公首席执政的身份，会同召公、周公执掌王室大政，以共伯和的名义发布国家政令，以共和作为年号，组成贵族合议制政府，维持中央政权的运行。在王室无君的情况下，这种合议制政府的执政大臣在一定程度上超越了朝廷权力运行的制度规范，因而被称为"诸侯释位，以间王政"，或"共伯和摄行天子事"。这可能就是西周"共和行政"的历史真相！

九是西周的衰亡。古今史家多把周宣王视为中兴之主，似与历史事实相出入。宣王早期，朝廷在伐狁狁、平淮夷、征荆楚的战争中，出师告捷，战果辉煌，一时边境安定，诸侯归心，确实呈现一派中兴气象。不过，这是在召公、周公主政的情况下，由一班贤臣苦心经营的结果。至于宣王本人，年纪尚轻，主宰不了朝廷决策，其执政勤惰与否并不决定国家的政治走向。十多年后，待召公、周公等一班辅政大臣相继谢世，宣王亲掌国政，情况为之一变。他所做的强立鲁太子、不籍千亩、料民于太原等三件大事，无一不是败笔，造成的危害十分严重。宣王治国数十年，西周王朝并未走向兴盛，反而留下一个不可收拾的烂摊子。表明周宣王不是一个有所作为的改革家，更与中兴英主相去甚远。东周王室将其与幽、厉并列为昏乱之君，实不为过。历史上备受称誉的宣王中兴，实际不过是一个历史的幻影。幽王继宣王莅政，情况急速恶化。西周王朝犹如一艘航行三百年的巨轮，在历史风暴的强烈打击下一朝沉沦。是什么原因导致这场历史灾难的降临？历史上归结为褒姒误国，或犬戎亡周，或幽王失德，近人喜以经济决定论加以说明，都未摆脱原因一元论的羁绊。国家是一个复杂的政治组织，一个政权的衰亡不应该也不可能只是某个单一的因素发生作用。在这个问题上，或可从两个方面加以考察：一是普遍原因，以体现事物的共性；二是特殊原因，以体现事物的个性。事物的发展是共性和个性的统一，故两者也不是截然分离的。就普遍原因来说，在世袭君主制政体下，不能造就精英化的国家领导人，也不能制约君主的专制权力，一个朝代要想长盛不衰是不可能的，故有三百年周期律的说法。就其特殊原因来说，大体表现在：一是王室统治力量的削弱；二是申缯集团的反叛；三是犬戎的入侵。各种因素交织发生作用，终将西周王朝推向覆灭的深渊。在传统认知上，幽王失国，平王东迁，前后两年相继发生，形成两周之际重大的历史变局。清华简《系年》问世后，人们始知平王东迁经历了多种力量的角逐和漫长的历史岁月，国家才得以巩固下来。依清华简《系年》所示，幽王死后，携王立二十一年，又经无王九年，平王被正式迎立，三年后东迁洛邑，此时已到了周平王三十四年（前 737 年）。这一时间节点，粗看起来似已超出助力东迁的晋文侯、郑武公、秦襄公在位的下限，然据古本《竹书纪年》、清华简及相关文献资料，对《史记·十二诸侯年表》所记晋、郑、秦三君在位年代详加考察，发现均有舛误，实际上他们都是在周平王三十四年（前 737 年）东迁之后辞世的，并不影响"周之东迁，晋郑焉依"。在这个乱云飞渡的历史岁月里，东周虽遭内乱外患的严重打击，但文明不曾中断，在天命观念、封建体制、民族构成等多重因素的作用下，开启了文明接续发展的新历程。

　　全书内容略如上述，但作为一部学术著作，有无创新性才是学者关注的焦点，也是借以考量其学术价值的标尺。以此观之，本书有些见解是在前贤时彦已有成果基础上的发挥和深化，有的虽带有一定程度的原创性，然正确与否尚待时间和事实的检验。这里仅将书中略带原创性的学术观点再作提炼，以供鉴评：（1）周人居豳，都邑在漆（今陕西彬州）而非旬邑，由此建立了包容多个部族的政治共同体。文王时期的周原庙祭甲骨，辞主是西土周人或西伯文王，但辞中主持庙祭的王应是殷纣王。（2）武王伐纣历时 74 天，依其往返路线和日程，可以重构武王伐纣日谱。武王所封管叔、蔡叔、武庚三监的封邑，其性质各有不同：卫（殷都）是武庚禄父封国所在的中心城邑，邶与鄘名义上只是管、蔡傅相武庚的驻邑，他们真正的封地则在管、蔡。（3）新发现的曾公𬭼编钟进一步证明东都成周始建之时即有康宫，与康宫相关联的令方彝、令簋等均为成王即政后的器物，相关铭文反映了周公二度东征的史事。（4）周初营建的东都成周（洛邑），春秋时又称王城。及至周敬王"城成周"，成周一名的内涵遂发生变化，开始与王城析分为二，王城所指未变，后称河南，成周则专属东城，后称洛阳。（5）摒弃"康宫原则"，对康昭时期的铜器铭文重新断代，可知"伐虎方"的是康王而非昭王，铜器铭文中没有昭王第二次南征的记载。（6）三公为朝廷执政大臣的通称，不以三人为限，共同组成带有合议制性质的中央政府，形成集体议政、决策、施政的机制，具有一定的积极作用。西周世卿制度是"亲亲"与"尊贤"相辅为用的矛盾统一体，有助于保持王室官员的精英化和朝廷的政治活力。（7）穆王治国理政不循常轨，流弊丛生。《吕刑》是周穆王大兴赎法、颁行法典的诰词，主持法典修订工作的非姜姓吕王，而是时任执政大臣的毕公后裔吕伯。（8）对厉王伐淮夷的战争铭文进行编年，可以说明战争发生的时间和阶段性，有助于认清厉王专利的本质特征。"共和行政"是畿内诸侯共伯和，以三公首席执政的身份，会同召公、周公组成贵族合议制政府，在危急关头执掌大政，共渡难关。（9）《诗·六月》狎狁"侵镐及方"的"方"即西周金文中的蒡京，位于镐京南郊（今西安市长安区斗门街道以南），是一个兼具有文化教育、观赏游乐功能的行政副中心。通过对助力平王东迁的晋文侯、郑武公、秦襄公在位年代的考订，证明周平王三十四年（前 737 年）东迁成周可能更符合历史实际。

其实，学术创新是相对的，那种完全没有学术继承性的创新是少见的。一般情况下，总是你中有我，我中有你，甚至可能是一种你我交融的集成创新。不管怎样，只要大家朝着创新的目标进发，就一定能够开辟出学术发展的新天地。

第一章　周人的崛起

第一节　周人始祖后稷的传说

传说中的后稷是周人自我认同的始祖，春秋时期曾侯與即谓"余稷之玄孙"[1]。后稷以其"能播殖百谷蔬，以衣食民人"，在中国文明史上被视作"成天地之大功"[2]的伟人之一，数千年来备受称颂，甚至还被奉为农神予以祭拜。由于后稷处在远古时代，传说与神话交织一身，因而研究中有很多问题扑朔迷离，有待廓清。

一、关于后稷弃的时代问题

周人始祖后稷，名弃，活动于原史时期的尧舜禹时期，这在传世典籍中是班班可考的。然近世疑古思潮勃兴，大禹的历史地位受到质疑，后稷研究也连带陷入困境。一种把后稷所处的时代从唐虞夏初下移到夏末商初的新说风靡一时，乃至在历史与考古学界形成重重迷雾，久久不能澄清。

（一）禹稷同步的历史轨迹

在传世典籍中，《尚书·尧典》（传世本《舜典》）对后稷史迹的记述虽较简略，但明白无疑，不能说不具权威性。篇中有云：

> 帝曰："俞咨！禹！汝平水土，惟时懋哉！"禹拜稽首，让于稷、契暨皋陶。帝曰："俞！汝往哉。"帝曰："弃！黎民阻饥，汝后稷，播时百谷。"

篇中"帝"为帝舜，他被帝尧简选用事二十年，又摄政八年。帝尧在位九十八年后崩逝，帝舜继位为君，决定任命禹作司空，负责平治水土。禹表示谦

1　湖北省文物考古研究所、随州市博物馆：《随州文峰塔M1（曾侯與墓）、M2发掘简报》，《江汉考古》2014年第4期。

2《国语·郑语》，上海师范大学古籍整理研究所校点，上海古籍出版社，1988，第511页。

让，提出可由稷、契或皋陶来担任这一重要职务。稷作为禹首先推荐的司空人选，时任部族联合体的农官，故帝舜先言其私名"弃"，继称"汝后稷"，意即你继续担任农官，主持耕播百谷的政务。这里所说的后稷就是周人的始祖弃。弃所任职官后稷，又称"农师"或"田正"，直至西周晚期朝廷犹有设置。《国语·周语上》载虢文公谏周宣王说："是故稷为大官"，而籍田之礼由"后稷监之"，即其例。

《史记·周本纪》云："（帝尧）举弃为农师，天下得其利，有功。帝舜曰：'弃，黎民始饥，尔后稷播时百谷。'封弃于邰，号曰后稷，别姓姬氏。后稷之兴，在陶唐、虞、夏之际。"是弃任稷官始自尧时，而封弃于邰似为帝舜，实际也是帝尧。因为弃任部族联合体的农师与其担任本部落的首领，其名号同为后稷，不过是一件事情的两个方面，时间上应该是一致的。只是由于帝尧年老之时由虞舜摄政，很多帝尧时期的事情容易看成是虞舜所为。又《尚书·吕刑》云："皇帝……乃命三后，恤功于民：伯夷降典，折民惟刑；禹平水土，主名山川；稷降播种，农殖嘉谷。"所谓"三后"，"后"者，君也，也就是当时的三位部落首领，即伯夷、禹和稷。而"乃命三后"的"皇帝"指皇天上帝，郑玄说是帝尧虽非确当，但"三后"在帝尧时期作为部落首领同在尧廷供职是没有问题的。《诗·鲁颂·閟宫》云："是生后稷，降之百福……奄有下土，缵禹之绪。"郑笺："尧时洪水为灾，民不粒食。天神多予后稷以五谷。禹平水土，乃教民播种之，于是天下大有，故云继禹之事也。"《尚书·皋陶谟》（传世本《益稷》）记大禹对帝舜说道，在治水过程中他曾同后稷一道"播奏庶艰食、鲜食"，即播种百谷，捕获鱼鳖，以供庶民食用。上博简《容成氏》说禹继位后，"乃立后稷以为盈，后稷既已受命，乃食于野，宿于野，复谷蒙（换）土，五年乃穰"[1]。凡此说明，后稷弃在尧舜禹时期一直担任稷官，教民农殖，其活动轨迹大体与禹同步。这是千百年来人们对周人始祖弃所形成的共同认识。

就历史研究的一般法则而言，有可靠的文献资料作为依据，所得结论是不会远离历史事实的。但是，这种方法用于传说时代的古史研究，往往面临难以克服的困难。原因是这些材料并不是当时留下的历史记录，而是经过口

---

1 马承源主编：《上海博物馆藏战国楚竹书（二）》，上海古籍出版社，2002，第272页。

耳相传的漫长岁月才见诸文字的。比如《尚书》《史记》也包括一些出土简帛
资料，其中有关上古时期的历史叙事，其文本写成年代相对于它们的记事年
代大都相距一两千年，致使原本发生过的史实变成了后世才有的传说。由于
年代上远相悬隔，晚出文献对上古史的记述，有些内容或细节变得模糊不
清，甚至失真走样，都是可能的。但这并不影响它本身具有的历史质素，尤
其是基本的历史框架及历史人物不可能随着时间的流逝消解于无形，相反会
形成一个相对稳定的结构性知识网络，一代又一代传承下来。如果把记述上
古历史的晚出文献一律看成后世的造作，不加鉴别即一笔抹杀，这不仅不是
科学的态度，反而丧失了学术讨论的前提和判断是非的标准，最后不管是旧
说还是新见，都成了无源之水、无本之木。因此，研究传说时代的上古史，
不能简单地用一种文献否定另一种文献，必须对各种材料细加鉴别，探赜索
隐，以求真谛，才是解决问题的根本途径。可以说，对待上古时期后稷弃这
样的历史人物，充分认识文献资料的特殊性，正确掌握科学的研究方法，比
什么都重要。否则我们的研究结论不但于事无补，还会淆乱人们对历史真相
的认识和把握。

（二）弃生夏末商初辨误

　　1935 年，丁山发表《由三代都邑论其民族文化》一文，认为后稷弃并非
活动于唐尧、虞、夏之际，而是夏朝孔甲时人[1]。此说一出，信从者众，一时
成为学界主流意见。

　　主张后稷弃活动于夏末商初的学者，把《尚书》《史记》等相关记载通通
视为后人的增饰附会，概不取信。他们认可的文献材料只有两条：一条来自
《国语·周语下》；另一条来自《礼记·祭法》。

　　《国语·周语下》记周灵王太子晋曰："自后稷之始基靖民，十五王而文
始平之，十八王而康克安之。"又卫彪傒曰："后稷勤周，十有五世而兴。"周
部族成为一个政治共同体，始自帝尧封弃于邰，中经不窋、公刘、古公亶父
等众多先公，至周文王时历十五王。此十五王在《世本》及《史记·周本
纪》中历历可数，似无遗误，但逻辑上存在严重问题。从尧继位到周人克殷

1　丁山：《由三代都邑论其民族文化》，《中央研究院历史语言研究所集刊》1935年第5本第1分。

约1160年[1]，岁月绵长，不是十五王所能跨越的。唐代孔颖达就说："以稷至文王为十五世，计虞及夏、殷、周有千二百岁，每世在位皆八十许年，乃可充其数耳。命之短长，古今一也，而使十五世君在位皆八十许载，子必将老始生，不近人情之甚。以理而推，实难据信。"[2]三国时谯周更早地认识到这一点，认为后稷与不窋之间"失其代数也。若以不窋亲弃之子，至文王千余岁唯十四代，实亦不合事情"[3]。谯周之说甚有理致，后文会作分析，但偏偏不为论者所从。学者认为周太子晋自述其祖先，"绝不会有错误"[4]，《史记》所述商代先公先王既为殷墟卜辞所证实，"则《周本纪》所记十五世先祖，必非无据"[5]，故"周初世系，笃实可信"[6]。再由近及远推算，以一世三十年计，不论十五世或十六世，"大抵都落在历史上商王朝的时代内"[7]，因而认定"后稷该是商代周族人的祖先"[8]。

又《礼记·祭法》云："是故厉山氏之有天下也，其子曰农，能殖百谷，夏之衰也，周弃继之，故祀以为稷。"丁山据此推断说："夏衰于孔甲，弃为后稷，实在孔甲之世。"[9]这个结论看似有据，实不可信。《礼记·祭法》所言取自《国语·鲁语上》展禽之语，原文如下：

> 昔烈山氏之有天下，其子曰柱，能殖百谷百蔬；夏之兴也，周弃继之，故祀以为稷。共工氏之伯九有也，其子曰后土，能平九土，故祀以为社。[10]

这段话措辞简约，极易产生歧义，要害在"周弃继之"一句。这里所谓"继之"的"之"，当然是指烈山氏即炎帝之子"柱"。但周弃所继承的不可能是柱的后稷之职，因为周弃与炎帝时期的柱相距十分遥远；也不可能是继承柱的稷神之位，因为弃被祀为稷神不在夏兴之时而是商代以后的事情。《左

1 此年数推算依据杜勇：《中华文明五千年的学理问题》，《中原文化研究》2018年第3期；夏商周断代工程专家组：《夏商周断代工程1996—2000年阶段成果报告（简本）》，世界图书出版公司北京公司，2000。

2 《诗·大雅·公刘》孔疏，（清）阮元校刻：《十三经注疏》，中华书局，1980，第541页。

3 《史记·周本纪》索隐，中华书局，1959，第113页。

4 徐旭生：《中国古史的传说时代》，广西师范大学出版社，2003，第106页。

5 王玉哲：《中华远古史》，上海人民出版社，2000，第426页。

6 丁山：《由三代都邑论其民族文化》，《中央研究院历史语言研究所集刊》1935年第5本第1分。

7 杜正胜：《古代社会与国家》，允晨文化实业股份有限公司，1992，第277页。

8 杨宽：《西周史》，上海人民出版社，1999，第16页。

9 丁山：《由三代都邑论其民族文化》，《中央研究院历史语言研究所集刊》1935年第5本第1分。

10 《国语·鲁语上》，上海师范大学古籍整理研究所校点，上海古籍出版社，1988年，第166页。

传·昭公二十九年》蔡墨明确说道："有烈山氏之子曰柱为稷，自夏以上祀之。周弃亦为稷，自商以来祀之。"因此，展禽所谓"周弃继之"当是指周弃担任稷官能够继承柱"殖百谷"的伟大功业，发扬蹈厉，贡献卓著，故被后世"祀以为稷"。展禽讲这些话是为反对当时鲁国要祭祀一只海鸟，提出国家祀典的设立是有原则的，或法施于民，或以死勤事，或以劳定国，或能御大灾，或能捍大患，并不是任何事物都可以列入祀典的。后土之所以被奉为社神，是因为他"平水土""御大灾"，而周弃之所以被奉为稷神，是因为他"殖百谷""以死勤事"。但作为稷神，最先祭祀的是炎帝之子柱，后来周弃比柱更有功烈可述，才替代了柱的稷神位置。所以这里讲的是弃被祀为稷神的因果关系，并不涉及周弃何时继任稷官的事情。

不宁唯是，展禽此语被《礼记·祭法》取用时已有窜乱，清人阎若璩称之为"删润窜置"[1]。如烈山氏改成了"厉山氏"，其子柱改成了"农"，不过这在音义上都可以讲通，倒也无关宏旨。但把"夏之兴"改为"夏之衰"，却极不恰当。展禽本意是说周弃在夏代兴起时继承发扬了柱的功烈，经《礼记·祭法》改动后便变成了涵指弃为稷神的时间，其目的无非是想牵合前引蔡墨的说法。这一点，只要两相对比，细加体味，是不难觉察的。故韦昭注《国语·鲁语上》云："夏之兴，谓禹也。弃能继柱之功，自商已来祀也。"这是对展禽之语的正确解读，堪称卓见。但丁山只相信晚出的《礼记·祭法》，反而认为《国语》"夏之兴"当为"夏之衰"，并由此推断周弃担任稷官在孔甲之世。孔甲处于夏之衰世是人们都认同的。《国语·周语下》云："昔孔甲乱夏，四世而陨。"《史记·夏本纪》亦云："帝孔甲立，好方鬼神，事淫乱。夏后氏德衰，诸侯畔之。"然孔甲时期，农业生产技术日趋成熟，粮食丰余大量用于酿酒，以致后来夏桀"骄奢自恣，为酒池可以运舟，一鼓而牛饮者三千人"[2]。此时并无特大天灾降临，何待后稷来教民稼穑，为民御灾？而孔甲乱政，诸侯离心，又怎能指望他做到君臣同心，以解民困，成天地之大功？可见展禽的原话当是"夏之兴"，并非"兴当为衰字之误"[3]。正是周弃在虞夏之际洪水肆虐民不聊生之时，以死勤事，殊勋盖世，才被后世广为推崇，纳

1 （清）阎若璩：《尚书古文疏证》卷4，黄怀信、吕翊欣校点，上海古籍出版社，2010，第160页。
2 （汉）刘向：《古列女传》卷7《孽嬖传》，《景印文渊阁四库全书》第448册，商务印书馆，1986，第64页。
3 《尚书·汤誓》孔疏，（清）阮元校刻：《十三经注疏》，中华书局，1980，第160页。

入祀典，以祈农事。而《礼记·祭法》妄改展禽之语，一误在前；近人臆断弃生孔甲之世，再误于后。所以后稷弃生当夏末或商初的说法有违文献真义，不可信从。

（三）作为时代符号的后稷

关于后稷弃的活动时期，看来仍需回到传统说法上来。但是，传统说法认为弃为尧舜禹时代的人物，亦有难解之处。文献显示，尧与舜的寿命及其在位时间都相当长，弃即使寿高百年也很难与之对应，何况他勤播百谷，食宿于野，亦非老者能为之事。这说明仅仅把后稷理解为弃一人的用名，也是有所龃龉的。

《国语·周语上》记祭公谋父曰："昔我先王世后稷，以服事虞、夏。及夏之衰也，弃稷不务，我先王不窋用失其官，而自窜于戎、狄之间，不敢怠业。"祭公谋父是西周王室的高级贵族，曾为穆王时的首席执政大臣。他讲的话其可信度一点也不比后来太子晋的差。其言不窋失其稷官，不复务农，时在夏之衰世。韦昭以为不窋既是后稷之子，必在夏朝初年，于是对夏之衰以"太康失国"解之。然太康失国之后，复有少康中兴，此为夏朝建国早期的一段曲折历程，并不代表夏朝的衰落。"夏之衰"始自孔甲，是为通说。《史记·刘敬列传》谓不窋之孙"公刘避桀居豳"，《诗经·公刘》毛传称"遭夏人乱，迫逐公刘"，均谓公刘为夏桀时人。从不窋、鞠到公刘历经三世，从孔甲、帝皋、帝发到夏桀历经四世，差可对应。由此可知不窋非夏初人，而是活动于夏之末造的孔甲时期。

不窋生当夏末孔甲之时，自然不可能是后稷弃的亲生之子。从后稷弃到不窋，谯周谓其间"失其代数"，不窋非弃亲子。清人戴震是其说，认为"周之先自不窋，上阙代系不得而数"[1]。崔述亦谓："不窋之父乃弃之裔孙袭为后稷者。"[2]这些见解比起株守太子晋的"十五王"说要合理许多。一则，祭公谋父明言"世后稷"，即父子相继，世代担任稷官，当然不会只有弃之一人。二则，《史记·周本纪》称："后稷之兴，在陶唐、虞、夏之际，皆有令德。"一个"皆"字，表明当时职任后稷者必有多人。三则，《史记·刘敬叔孙通列传》云："周之先自后稷，尧封之邰，积德累善十有余世。公刘避桀居

1（清）戴震：《周之先世不窋以上阙代系考》，《戴震集》，上海古籍出版社，2009，第28页。
2（清）崔述：《崔东壁遗书》，上海古籍出版社，1983，第164页。

豳。"从后稷弃到公刘十余世而非通常说的四世，证明汉初之人刘敬犹知不窋以上代系中隔。四则，《山海经·大荒西经》云："有西周之国，姬姓，食谷。有人方耕，名曰叔均。……稷之弟曰台玺，生叔均。叔均是代其父及稷播百谷。始作耕。"《山海经·海内经》谓："稷之孙曰叔均，是始作牛耕。"[1]不管叔均是后稷之侄还是后稷之孙，都说明不窋之前已有弃裔氏继承他的首领之位和农官之职。可见前贤认为不窋以上周之先世"失其代数"，是有充分根据的。

　　周之先公"失其代数"，此亦有故。一方面，周人成为天下共主的时间较晚，早期谱系未得到足够重视。而不窋自窜于戎狄之间，游牧方式易使典文牒记散落无存。另一方面，弃部落的首领世任稷官，其私名反而易于湮没。后稷一名起初仅为弃所用，既是部族联合体职官之名，又是弃部落及其首领之名。后来弃部落首领世代出任联合体的稷官，便进一步演变为该部落首领一直袭用的通名。从文化人类学上看，氏族或部落首领的称号普遍具有沿袭性，特别是一些强大的原始共同体更是如此。如在印第安人易洛魁联盟内，"每一位首领职位的名号也就成了充任该职者在任期内的个人名字，凡继任者即袭用其前任者之名"。即新任首领就职以后，"他原来的名字就'取消'了，换上该首领所用的名号。从此他就以这个名号见知于人"[2]。后稷之称的情况亦是如此。当它作为弃部落首领共同使用的名号后，便演变为不窋之前周人多代先公初创大业的时代符号。

　　总而言之，后稷一名的意涵十分复杂。稷很早即为神名，奉祀对象为烈山氏之子柱。及至尧舜时期，除继续奉柱为稷神外，部族联合体还设有名为后稷的农官，负责农耕政务。帝尧之时，周人始祖弃由部落首领出任联合体稷官，勤于职事，受封于邰，后稷也成了弃部落及其首领之名。弃死后，继任的部落首领一直袭用后稷的名号，在尧舜部族联合体和夏代中央王朝担任稷官，直到夏朝末年不窋自窜于戎狄之间，始不复以农为务。因此，把后稷仅仅理解成一个具体人物，尤其是夏商之际一个具体人物的看法，恐怕需要重新考量。

---

1 袁珂：《山海经校译》，上海古籍出版社，1985，第269—270、300页。

2〔美〕路易斯·亨利·摩尔根：《古代社会》，杨东莼、马雍、马巨译，商务印书馆，1977，第127页。

二、后稷族居地在关中不在晋南

关于后稷弃的族居地，犹如他所处时代一样，也是一个颇有争议的问题。传统看法是后稷居于邰，公刘始至豳，即使后来太王迁岐，文王徙丰，武王宅镐，先周族人始终未离关中泾渭一带。这是任何人阅读史籍都能得到的强烈印象。近世学者激扬科学精神，强化创新意识，主张不盲从古书，大胆疑古，对后稷居邰、公刘居豳的地望质疑，另立新说，对历史学和考古学的消极影响至今余波犹在。

从文献上看，有关后稷族居地的记载是清楚的，并无可疑之处。如《诗·大雅·生民》云："诞后稷之穑……即有邰家室。"毛传载："邰，姜嫄之国也。尧见天因邰而生后稷，故国后稷于邰。"《史记·周本纪》云："周后稷，名弃，其母有邰氏女，曰姜原。……（帝尧）封弃于邰，号为后稷。"有邰氏本为后稷母舅之国，何以被尧舜封给了后稷？前人推测或邰君灭绝，或举族他徙，故后稷得有其地。也不排除后稷部落因经营农耕而至强大，与母舅部落并为一国，终致有邰氏销声匿迹。那么，这个"邰"在什么地方呢？自东汉开始便有了明确的说法。《汉书·地理志上》右扶风属县："斄，周后稷所封。"《汉书·郊祀志下》云："张敞好古文字，案鼎铭勒而上议曰：'臣闻周始祖始乎后稷，后稷封于斄，公刘发迹于豳，大王建国于邠梁，文武兴于酆镐。'"颜师古注云："斄，读与邰同，今武功故城是。"此即正史对后稷所居邰地的最早认定，西汉斄县即今陕西武功县。班固之后，言邰之地望者，率从此说。如《说文·邑部》云："邰，炎帝之后，姜姓所封，周弃外家国。从邑台声。右扶风斄县是也。"《水经注》卷十八《渭水》云："渭水又东迳斄县故城南，旧邰城也。后稷之封邑矣。《诗》所谓即有邰家室也。城东北有姜嫄祠，城西南百步有稷祠，郿之斄亭也。"《括地志》云："故斄城一名武功城，在雍州武功县西南二十二里，古邰国，后稷所封也。有后稷及姜嫄祠。"[1]这些材料出现很早，所言地理沿革也十分明晰，所以邰地武功说一直都是各种著述的主流意见。

对此传统说法提出异议，始自20世纪二三十年代。由于当时疑古思潮的兴起和激荡，遂有后稷居晋南说的产生。李子祥、崔盈科等人曾先后著文，依据后世一些传说资料，主张后稷的出生地在山西闻喜、稷山一带。因其证

---

1 《史记·周本纪》正义引，中华书局，1959，第112页。

据有欠充分，顾颉刚随即属文否定其说[1]。1931 年，钱穆发表《周初地理考》对此进行重新考察，深言博辩，重申"今之闻喜，即姜嫄之有邰，而后稷之所生也"，以为公刘"于京斯依""于豳斯馆"的"京"与"豳"在汉代临汾、豳、邠古今字，皆得名于汾水，至太王时始西迁岐下，从而提出"周人盖起于冀州，在大河之东"的新说[2]。1941 年，吕思勉作《先秦史》采用此说后，遂得到不少学者的赞同和支持[3]，特别是邹衡把山西光社文化确认为先周文化的源头后，其影响进一步扩大。此外，近年还有学者根据一些晚出的传闻资料，对后稷族居地又提出山东台州说，以今章丘为先周族发源地[4]。

在三种有关邰地方位的说法中，山东台州说与五帝时期总体地理背景不合，所据资料仅可看作文化传播的衍生物，无助于考索邰地的真实位置。而河东晋南说有众多学者信从，甚或补苴申论，有必要略加辨析。

钱穆决意否定传统说法，主要依据在于：其一，明清以来，地方志见载晋南闻喜有姜嫄墓、后稷陵，以及稷山为后稷始稼之地。然此类民间传说并非晋南所独有，其始出年代也不早于关中地区。虽不必指其为好事者为之，但最多只可看作来自一种报本反始的文化传统，一种文化传播的远程辐射，并不代表与周人发祥地有必然关联。其二，《太平御览》卷四十五所引《隋图经》曰："稷山在绛郡，后稷播百谷于此山。"此条材料时代略早，但说服力仍然有限，因为它与大量的汉唐文献相悖。对此钱氏未作任何解释即径行立说，这种研究方法从今日的学术规范来看是很难理解的。其三，作为钱氏证据链的核心是《左传·昭公元年》子产之语：

> 昔金天氏有裔子曰昧，为玄冥师，生允格、台骀。台骀能业其官，宣汾、洮，障大泽，以处大原。帝用嘉之，封诸汾川，沈、姒、蓐、黄

1　李子祥：《游稷山感后稷教稼之功德记事》，顾颉刚：《古史辨》第 2 册，上海古籍出版社，1982；崔盈科：《姜嫄之传说和事略及其墓地的假定》，顾颉刚：《古史辨》第 2 册，上海古籍出版社，1982；顾颉刚：《读李崔二先生文书后》，《古史辨》第 2 册，上海古籍出版社，1982。

2　钱穆：《周初地理考》，《燕京学报》1931 年第 10 期；钱穆：《古史地理论丛》，生活·读书·新知三联书店，2004。

3　吕思勉：《先秦史》，上海古籍出版社，2005，第 111 页；陈梦家：《殷虚卜辞综述》，中华书局，1988，第 292 页；邹衡：《夏商周考古学论文集》，文物出版社，1980，第 342 页；王玉哲：《先周族最早来源于山西》，朱东润、李俊民、罗竹风主编：《中华文史论丛》第 3 辑，中华书局，1982，第 1—24 页；许倬云：《西周史》增补二版，生活·读书·新知三联书店，2012，第 52—53 页；李民、张国硕：《夏商周三族源流探索》，河南人民出版社，1998，第 130—131 页等。

4　景以恩：《华夏血缘族团源于东方新探》，《复旦学报》（社会科学版）1999 年第 1 期。

实守其祀。今晋主汾而灭之矣。[1]

钱氏据以认为，金天氏的裔孙"台骀"就是"有邰氏"，曾为帝颛顼时的水官，勤于职事，疏通汾、洮二水，受到嘉奖，被封于汾川。邰则滨汾之邑，豳邰为古今字。然细绎文意，"此台骀必非姜姓之有邰"[2]。金天氏即少昊，己姓，其裔孙台骀即使别用其姓，也不可能与有邰氏同为姜姓。台骀封于汾川，有沈、姒、蓐、黄诸国世守其祀，至晋而灭，而有邰氏被后稷部落并国之后，湮灭无闻。即使汾、邰、豳音近可通，也无法改变豳地与渭水相近的事实[3]，如《诗·大雅·公刘》云："于豳斯馆，涉渭为乱，取厉取锻。"足见公刘居豳之地，与台骀"封诸汾川"了不相涉。对此，齐思和曾予批评说："学者考定地望，多征之于古迹，或求之于音似。……夫传世古迹，十九出于后人附会。……至于求之音似，尤为危险。"[4]可见晋南说从材料到方法，都存在严重问题，难以信据。

尽管如此，晋南说依然强势走高，其重要原因是得到有关考古学家的支持。考古学在一定程度上可以遗世独立，以考古文化发展的源流从一个侧面来说明古族起源地的变迁，如果所据资料翔实，文化谱系清楚，所得结论即使与文献相悖，人们也是乐于接受的。但是，把光社文化作为先周文化的源头来印证周人源起晋南说，似未收到这样的奇效。

光社文化以太原北郊光社遗址首先发现而得名，是分布在中国北方广大地区的一种夏商时期青铜文化，具体可分成三种类型：一是以河套、晋西北地区为中心的朱开沟类型；二是以晋中地区为中心的光社类型；三是以陕东北、晋西地区为中心的李家崖类型。其中光社类型早期约当夏文化晚期至早商时期，中期的下限不晚于殷墟文化早期（即武丁前后），晚期约相当于殷墟文化晚期。光社文化类型中期发现的联裆鬲，呈褐色，饰绳纹，有锥足和平足两种。邹衡以为这些特征"恰好都与先周文化的联裆鬲相同"，而且两者的圆肩平底陶罐也有些相似，这绝不是一种巧合。"由于光社文化的这种联裆鬲的年代比先周文化第一期要早，因此只有一种可能，即先周文化的联裆鬲是从光社文化来的，而绝不可能相反。"除陶器以外，似乎由青铜器族徽也可得

---

1 《左传·昭公元年》，（清）阮元校刻：《十三经注疏》，中华书局，1980，第2023—2024页。
2 陈槃：《春秋大事表列国爵姓及存灭表撰异》三订本，上海古籍出版社，2009，第1272页。
3 齐思和：《西周地理考》，《中国史探研》，河北教育出版社，2000，第64页。
4 齐思和：《西周地理考》，《中国史探研》，河北教育出版社，2000，第54—55页。

到证明。故而邹氏认为周人的发祥地在陕西武功的传说"完全出于后人的附会",而钱穆、陈梦家等人的考据"自然也为先周文化来自山西说提供了旁证"。他还认为,先周文化的形成是一个由多种文化因素相互融合的过程,这些文化因素主要有来自以殷墟为代表的商文化,从光社文化分化出来的姬周文化,来自辛店、寺洼文化的姜炎文化。[1]

先周文化指武王克商以前周人的早期文化,主要是一个考古学文化概念。所以学者从考古学文化的角度看,认为它的来源是多元的。然而,先周文化既然在族别上属于姬周族,那么,克商前的姬周文化应该就是先周文化,而不能只是先周文化的一个组成部分。如果它由不同族属的文化所组成,这样的先周文化只是先周时期的文化。此与所要讨论的问题是有逻辑矛盾的。但这并不是问题的关键,根本原因则在于仅把联裆鬲看作典型的先周文化特征,与新近周原地区发掘的考古资料中既有联裆鬲又有高领袋足鬲这个事实是相抵触的。即便是以光社文化的联裆鬲论,最初的观察也是较为疏略的,很难说明先周文化来源于晋南。刘军社对先周文化与光社文化经过细致对比后,认为两者的不同之处才是主要的、根本的。(1)光社文化的联裆鬲仅一两种类型,而先周文化的联裆鬲多达十几种;先周的花边鬲不见于光社类型,即便是朱开沟、李家崖类型有花边鬲,其做法也不相同。(2)朱开沟、李家崖、光社类型的陶鬲多为分裆鬲,与先周的鬲属于不同系统,即使是光社类型中期的联裆鬲,也仅仅与斗鸡台瓦鬲墓初期(即先周晚期)的个别鬲有相似之处。(3)锁链纹腰甗是光社文化的典型器之一,其锁链状堆纹或高于内隔,或与内隔平齐。但先周文化的甗尤其是早期的甗并无内隔,而锁链状堆纹却是关中远古文化所固有的。(4)先周文化的折肩罐不见于光社文化,而光社类型中期的圆肩平底罐尚不见于朱开沟、李家崖类型,在先周文化中也只见于斗鸡台瓦鬲墓,不具典型性。从先周文化铜器与光社文化铜器的比较中也可看出,两者只是一种横向的交流与影响的关系。[2]这个分析是有说服力的,说明把光社文化看作先周文化的源头,或以为晋南是周族后稷或太王迁岐前的早期居地可能并不合适。

从光社文化的年代看,最早的光社类型也只是约当夏代晚期至商代早

1　邹衡:《论先周文化》,《夏商周考古学论文集》,文物出版社,1980,第297—356页。
2　刘军社:《先周文化与光社文化的关系》,《文博》1995年第1期。

期，并不能反映尧舜或后稷时期的文化面貌。在考古学界赞同先周文化来源于晋南说的学者中，王克林或许意识到这是一个障碍，他通过对西周早期蛋形三足瓮的对比分析，认为先周文化源于山西汾河流域中下游的晚期龙山文化或二里头文化东下冯类型。[1]后来他又通过碾子坡文化的分裆袋足鬲进行分析对比，认为它来源于陶寺类型文化。过去人们多把分裆袋足鬲看作姜戎文化的代表性器物固然未必周密，但以此作为先周文化的基点同样有失粗疏，何况这也不是通过少量器形加以简单对比就能解决的问题。碾子坡文化无论是其居址还是墓葬，早期约与殷墟二期文化的年代相当，略早于古公亶父时期[2]，与夏代末年的大柴文化并不衔接，其间仍有三百年左右的缺环，也未寻得大柴文化西迁的路线。这就意味着大柴文化与先周文化也不是源和流的关系，同样无法证明周人的发祥地在晋南地区。

由于晋南说没有可靠的文献依据，"山西夏商时期的考古学文化没有一支与周文化有明显联系"[3]，因而渐为学术界所弃置。邹衡后来也说："从现有材料来看，先周文化主要分布在陕西省西部和中部泾、渭二水所流经之地，甘肃省东部的局部地区也有发现。这同《诗经》、《孟子》和《史记·周本纪》等所记周人早期活动的地域正好是相合的。"[4]

那么，传统的邰地武功说可否得到考古材料的确切证明呢？这当然也是很困难的。由于从后稷到不窋间的世系失传，其间都邑有无变迁不可详知。《诗·大雅·公刘》毛传云："公刘居于邰，而遭夏人乱，迫逐公刘。公刘……迁其民邑于豳焉。"这是说从后稷到公刘，邰地一直是周部族的都邑。但《括地志》谓："不窋故城在庆州弘化县南三里"[5]，即今甘肃庆城县。这说明迁豳之前后稷部落的都邑已非邰地。上古时期部族居邑迁徙，是其常态。对于以农业为主的部落来说，起初不知大量施肥技术，土地耕种数年，肥力既尽，必须另寻新地进行耕种。加之当时地广人稀，土无主权，居住条件简

1　王克林：《试论齐家文化与晋南龙山文化的关系——兼论先周文化的渊源》，《史前研究》1983年第2期。

2　中国社会科学院考古研究所：《南邠州·碾子坡》，世界图书出版公司北京公司，2007。

3　牛世山：《周族起源与先周文化研究的回顾与思考》，中国社会科学院考古研究所夏商周考古研究室编：《三代考古（七）》，科学出版社，2017，第464页。

4　邹衡：《商周考古概要》，《夏商周考古学论文集（再续集）》，科学出版社，2011，第217页。

5　《史记·周本纪》正义引，中华书局，1959，第113页。

陋，新建居邑并不太难。故在不窋之前的四五百年间，后稷部族或因发展需要，或因躲避戎狄侵扰，其都邑不大可能长期固守一地。从后稷"好耕农"，到不窋"奔戎狄之间"，其孙公刘"虽在戎狄之间，复修后稷之业"，公刘九世孙"古公乃贬戎狄之俗"[1]，其间周人早期生产生活方式也不断发生变化，反映在考古学文化上的面貌必非纯一。这也决定了在关中地区通过考古学文化探索周族起源地，同样会遇到极大的困难。考古学界在讨论早期姬周文化时，对于到底是以联裆鬲还是以袋足鬲作为主要标识深感困惑，聚讼迄今未息。

从考古学的角度探索周族的起源，早在 20 世纪 30 年代宝鸡斗鸡台的考古发掘中即开展了相关工作，但影响最大的还是 1981—1983 年武功郑家坡遗址的发掘。这次发掘主要是为了寻找先周文化的源流，其学术路径是以武功为后稷族居的文献指引为出发点的。郑家坡遗址出土了丰富的考古资料，联裆鬲、深腹盆等典型器物与丰镐遗址的出土陶器颇相近似，因而被一些学者认为是早期的先周文化。反过来似乎又证明周人早期活动在漆水下游一带，也就是后稷居部。如尹盛平说："郑家坡发掘的先周遗址以及在漆水河下游调查发现的先周遗址，与文献所记载的邰地，即周人先公的活动地区相吻合，时代也没有矛盾。"[2]郑家坡遗址的年代，学界一般认为："基本与整个晚商文化相始终。"[3]即使考虑郑家坡遗址一、二期可以定在二里冈时期[4]，也与后稷弃生活的五帝时期存在相当的距离，因而不能有效说明后稷居部的地望。

从年代上看，与后稷时期约略相当的是客省庄文化，其绝对年代约为公元前 2600 年至公元前 2000 年。武功境内的赵家来遗址作为较为典型的客省庄文化，其发展去向很可能与先周文化有关，"或者它本身就是先周文化早期遗存的组成部分"[5]。赵家来遗址显示其经济生活以农业为主，农业生产工具的种类和数量都有很大提高。在各种生产工具中，斧、铲、刀、镰等农业生产工具约占 45%，其中尤以石刀数量居多，石斧次之。表明当时人们以农业经济为主。种植的作物以粟类谷子为主，同时也有小麦。赵家来 H1 出土的炭

---

1 《史记·周本纪》，中华书局，1959，第114页。

2 尹盛平、任周芳：《先周文化的初步研究》，《文物》1984年第7期。

3 中国社会科学院考古研究所：《中国考古学·夏商卷》，中国社会科学出版社，2003，第533页。

4 刘军社：《先周文化研究》，三秦出版社，2003，第64页。

5 中国社会科学院考古研究所：《中国考古学·新石器时代卷》，中国社会科学出版社，2010，第589页。

化谷物为粟米，F11 墙皮草拌泥中的植物印痕为麦秆。用以收藏谷穗的大型袋状坑容积可达 80 立方米，反映了当时农业较为发达，有较大的收获量。[1]这些现象很值得注意，在一定程度上可能折射了后稷时期的农业发展状况，其居邑也应与此有关。但客省庄文化分布范围较广，故邰邑的具体地望仍难落实。王晖对此有过更为细致的观察和分析，认为后稷居邰的邰字，异体字作䅍，反映了此地最初命名的原因，意即这里是一个盛产大小麦的基地。《诗·周颂·思文》："思文后稷，克配彼天。立我烝民，莫匪尔极。贻我来牟，帝命率育。"所谓"来牟"就是小麦（来）和大麦（䴬），诗篇称颂后稷在引进大小麦助民农耕方面卓有贡献，因而被后世奉为稷神。"武功县赵家来遗址墙土中见到的麦秆遗迹，而武功县也正是后稷弃的封地，这大概不是偶然的巧合。武功县就是过去的䅍，所以就用敲打麦子的这个'䅍'去称呼这个特殊的地方，后来古文献中写作'台'、'邰'，不过是个假借字而已。"[2]以赵家来遗址发现的麦秆遗迹，对照后稷引进大小麦种植的文献记载，又从古文字角度说明邰地是用敲打麦子的工具"䅍"来命名，从而论证武功即后稷弃的族居地。这是一个非常新颖的视角，具有很大的启迪性和参考价值。但后稷时期淫雨连绵，洪水为患，积涝成灾，是否适合引进推广小麦这种温带长日照作物，也是需要考虑的一个问题。

总之，目前考古学对邰地武功说还不能提供更充分的证据，估计将来也难有大的改观。在别无资料可以求证的情况下，我们认为还是需要尊重传世文献的记载，对传统说法不要轻加怀疑或否定，否则传说时代的古史研究再也无法找到可用的文献材料，最后只有陷入历史相对主义的泥淖，化远古史为虚无了。

三、后稷出世神话的文化意义

伟人总有异于常人的不凡身世和功烈，往往通过神话传说从不同角度表现出来。这在历史文献中司空见惯。后稷为其母姜嫄踩巨人迹而感生，出生后又三弃不死，幼小即好耕稼，死后又成为农神，即属于此类神话传说。

1 中国社会科学院考古研究所：《武功发掘报告——浒西庄与赵家来遗址》，文物出版社，1988。
2 王晖：《古史传说时代新探》第11章"从大小麦在中原地区的种植传播看后稷弃在我国农业史上的重要贡献"，科学出版社，2009，第179页。

（一）后稷出世的神话传说

神话的产生大多有其历史背景，不完全是凭空构想出来的。人对自己历史的神化是人类意识发展过程中的必经阶段，因而人类早期历史总与神话相伴而行。这个过程就是历史的神话化。随着理性思维的发展，人类就会试图通过神话传说找到历史的本相，还原真实的历史事实，这个过程就是神话的历史化。孔子不语怪力乱神，司马迁撰写《史记》时把有些神话材料加以改造或直接删除，所进行的就是对神话进行历史化的改造工作。今天我们研究后稷出生的神话传说，实际上也是力图还原历史的真实。近世西方文化人类学引入中国后，人们的学术视野更加宏阔，每每以图腾感生说来解释后稷的出世神话，新意迭出，异说蜂起。然也有学者认为，图腾崇拜在世界上并非普遍现象，"在中国考古学上要证明图腾的存在是很困难的"[1]。或许后稷出世神话更多的是祖先崇拜的印迹，而与图腾崇拜并无太多的关联。[2]

关于后稷身世的有关文献资料，最早的当数《诗·大雅·生民》和《诗·鲁颂·閟宫》。《诗·大雅·生民》前三章云：

> 厥初生民，时维姜嫄。生民如何？克禋克祀，以弗无子。履帝武敏歆，攸介攸止。载震载夙，载生载育，时维后稷。诞弥厥月，先生如达。不拆不副，无菑无害，以赫厥灵。上帝不宁，不康禋祀，居然生子。诞置之隘巷，牛羊腓字之。诞置之平林，会伐平林。诞置之寒冰，鸟覆翼之。鸟乃去矣，后稷呱矣。实覃实讦，厥声载路。[3]

《诗·鲁颂·閟宫》近似《诗·大雅·生民》的缩写，篇中有云：

> 赫赫姜嫄，其德不回，上帝是依，无菑无害。弥月不迟，是生后稷。[4]

《诗·鲁颂·閟宫》是春秋时期的作品，《诗·大雅·生民》或作于文王全盛时期[5]，均为周人追述始祖后稷事迹的史诗。文王上距后稷的年代已逾千年，下距司马迁撰作《史记》亦近千年，传说的内容不免发生变异。《史记·周本纪》有云：

1　张光直：《谈"图腾"》，《考古人类学随笔》，生活·读书·新知三联书店，1999，第118页。

2　晁福林：《论图腾》，《学习与探索》1990年第3期。

3　《诗·大雅·生民》，（清）阮元校刻：《十三经注疏》，中华书局，1980，第528—530页。

4　《诗·鲁颂·閟宫》，（清）阮元校刻：《十三经注疏》，中华书局，1980，第614页。

5　徐中舒：《西周史论述（上）》，《川大史学·徐中舒卷》，四川大学出版社，2006。

姜原为帝喾元妃。姜原出野，见巨人迹，心忻然说，欲践之，践之而身动如孕者。居期而生子，以为不祥，弃之隘巷，马牛过者皆辟不践；徙置之林中，适会山林多人，迁之；而弃渠中冰上，飞鸟以其翼覆荐之。姜原以为神，遂收养长之。初欲弃之，因名曰弃。[1]

两相对比，可知《诗·大雅·生民》与《史记》在对待后稷出世的神话上，已表现出诸多不同，荦荦大者约有三端：一是前者说怀孕的原因是"履帝武敏"，即姜嫄踩了上帝的拇指印而感生后稷，后者则说姜嫄到野外踩了"巨人迹"；二是前者没有提到后稷的生父，后者却指帝喾为父；三是前者未说姜嫄何以弃子，后者则谓以不祥之故。其他如"牛羊"变成"马牛"，"平林"变成"山林"，"寒冰"成为"渠中冰"，不一而足。这个现象说明，司马迁对后稷神话传说进行了历史化处理，但这个处理又不能像今天学者写论文那样，可以长篇大论，反复申述理由，而是只能在历史叙事的字里行间，通过斟酌字句来加以表达。这等于是把问题留了下来，让后世学人继续思考。

其一，关于姜嫄履迹的问题。姜嫄受孕当然不是因为践履某种脚印的结果，但这种说法可以神化后稷不凡的身世。在《诗·大雅·生民》中，姜嫄受孕缘于所踩"帝武"（上帝拇指印），当是周人创造出来的神话。在上博简《子羔》中，孔子回答子羔的提问说："后稷之母，有邰氏之女也，游于串咎之内，终见芺攼而荐之，乃见人武。"[2]简文所说的"人武"，不过是一种人的足迹，最多其脚印相对大一些，并无什么神异之处。但在《史记》中，"帝武"变成了"巨人迹"。虽然这个"巨人"仍很神秘，但比起虚无缥缈的上帝来说还是理性化了许多。过去不少学者借鉴人类学、民俗学的理论与方法，对"帝武"问题给予重新阐释，把"巨人迹"看成了龟足、熊足等多种动物之迹，以为这是图腾崇拜的标志[3]。其实司马迁所说"巨人迹"强调的是人，目的是要把后稷弃从神话人物还原成历史人物，这是一种历史理性的觉醒。姜嫄踩到某种脚印之后，产生一种怀孕的感觉，是其求子心切的心理反应。这件事与她受精怀孕的过程相吻合，于是便成了其后神话产生的事实基础。

其二，关于后稷的生父问题。《诗·大雅·生民》没有说后稷的生父是

---

1 《史记·周本纪》，中华书局，1959，第111页。

2 马承源主编：《上海博物馆藏战国楚竹书（二）》，上海古籍出版社，2002，第197页。

3 李娟：《后稷图腾感生说质疑》，《中南民族大学学报》（人文社会科学版）2006年第2期。

谁，加之姜嫄因踩上帝的足迹而受孕，颇能给人以后稷无父而生的印象。对此，有学者利用人类学、社会学的研究成果，指出这是母系氏族社会人类只知其母不知其父现象的反映[1]。或认为："与人野合而有身，后人讳言野合，则曰履人之迹，更欲神异其事，乃曰履帝迹耳。"[2]尧舜时期，如果说已进入国家雏形阶段或许有人质疑，但已非母系时期则很明显。后稷部族已加盟到尧舜国家联合体内，其社会发展程度应该不比其他部族落后太多，至少不是刚刚进入父系时期。至于野合说亦属猜想。《诗》中未言其父，也可能是姜嫄夫妇多年不能生育，故祭祀求子，结果因履人迹得到一种感应而怀胎，"居然生子""无灾无害"。这并不意味后稷为无父之子。三国时史家谯周说："其父亦不著"[3]，是说其父不太有名而鲜为人知。上博简《子羔》记子羔问于孔子曰："三王者之乍也，皆人子也，而其父贱而不足称也欤？厺亦成天子也欤？"[4]这说明在春秋战国时期的传说中，三王之一的后稷是有父亲的，只是其身份有不同说法，或卑微不足道，或为先周部落的普通首领。从《世本》《大戴礼记·帝系》到《史记》，都说后稷之父是帝喾。清人戴震力辩其非，认为"本失实之词，徒以傅会周人禘喾为其祖之所自出"[5]。这是民族一元论思想的产物，附会的结果是后稷成了帝喾元妃之子，与契、尧、挚为同父异母兄弟。但元妃之子不仅未及身继承帝位，连子孙也是最后才称王。所以有学者认为，这是周人造出来的系统，"推尊后稷之母为帝喾的元妃，不外抬高周人的历史身价"[6]。

其三，关于后稷三弃三收的传说问题。姜嫄生下后稷之后，一弃于隘巷，再弃于平林，三弃于寒冰，不是有牛羊哺乳以存活之，就是有鸟翼上下覆翼以保护之。鸟兽非人，却对后稷以人性相待，其为神话不言而喻。其中关于水滨弃子的母题，在中外神话中并不少见。如作为犹太人先知的摩西就是从水中捞出的孩子，殷初名臣伊尹也是其母溺死后的水滨弃子，与后稷被弃于寒冰（水）同类。这些神话英雄历经磨难与艰辛，最后存活下来并有大功于世，正昭示其身世的不凡。据《诗·大雅·生民》，姜嫄渴求生子的愿望

1　李宗侗：《中国古代社会新研　历史的剖面》，中华书局，2010，第117页。
2　闻一多：《神话与诗》，湖南人民出版社，2010，第67页。
3　《史记·周本纪》索隐引，中华书局，1959，第111页。
4　马承源主编：《上海博物馆藏战国楚竹书（二）》，上海古籍出版社，2002，第192—193页。
5　（清）戴震：《戴震集》上编《诗生民解》，上海古籍出版社，2009，第16页。
6　杜正胜：《先周历史的新认识》，《古代社会与国家》，允晨文化实业股份有限公司，1992，第276页。

是非常强烈的，"克禋克祀，以弗无子"，即虔诚祭祀上帝，祈求祓除无子之灾，结果如愿以偿，如《诗·鲁颂·閟宫》所说"上帝是依，无灾无害"。按说姜嫄得子不易，应该善加养育才是，奇怪的是后稷刚刚生下来却被姜嫄无情抛弃。其原因何在？司马迁给出的答案是"以为不祥"，至于何以不祥，没有下文。今日学者不满意此类含糊其词的揣测，于是便有了诸如杀长立弟、贱男贵女、图腾考验、弃婴为俗等多种新的假说。这些说法大都建立在后稷所处母系时期这样一个基点上，但与姜嫄渴求生子的事实不合，其可信度是令人怀疑的。或许后稷三弃三收并非婴儿之事，而是其幼年玩于隘巷，以吸牛羊奶汁遇险；或玩于山林迷路，被人寻归；或玩于寒冰之上，落水得救，都是可能的。这本是人之儿时寻常之事，后来在周人祖先崇拜观念的支配下，故事被改造并加以神化，于是产生了后稷三弃不死的神话传说。

（二）后稷农政之功

《史记·周本纪》说："弃为儿时，屹如巨人之志。其游戏，好种树麻、菽，麻、菽美。及为成人，遂好耕农，相地之宜，宜谷者稼穑焉，民皆法则之。帝尧闻之，举弃为农师，天下得其利，有功。"[1]《诗·鲁颂·閟宫》云："是生后稷，降之百福。黍稷重穋，植稚菽麦。奄有下国，俾民稼穑。有稷有黍，有稻有秬。奄有下土，缵禹之绪。"这些传说也充满神化后稷农政之功的色彩，尤其是"俾民稼穑"更把他视为农业生产技术的发明者，给予了像神明一样"降之百福"的崇高地位。

在进入新石器时代以后，我国原始农业即已产生，到尧舜时期已有极大的发展。但是，为什么《孟子·滕文公上》说"后稷教民稼穑，树艺五谷，五谷熟而民人育"？而《国语·郑语》又把"周弃能播殖百谷蔬，以衣食民人"作为成天地之大功的伟人呢？早在神农时期即有"柱"任稷官，在农政方面卓有贡献，所以不能设想农业是后稷发明的，也不能设想尧舜时期中国原始农业才刚刚起步。但他能够在"柱"之后继为稷神，一定是有功于民众的人。分析相关文献，可以看出后稷在改进和推广先进的农业生产技术方面有过许多杰出贡献，可大体归纳如下：

一是注重时令。据《尚书·尧典》，帝尧时已能观象制历，陶寺遗址发现的观象台可能就与当时观象制历有关。历法对于指导农民依照季节及时安排

---

1 《史记·周本纪》，中华书局，1959，第112页。

农事活动和提高粮食产量具有重要作用。《国语·周语下》说："岁之所在，则我有周之分野也。月之所在，辰马农祥也。我太祖后稷之所经纬也。"[1]韦昭注："辰马，谓房、心星也。心星，所在大辰之次为天驷。驷，马也，故曰辰马。言月在房，合于农祥。祥，犹象也。房星辰正，而农事起焉，故谓之农祥。"[2]《帝王世纪》亦云："（后稷）童龀好于稼穑，及长，仰伺房星，以为农侯（候）。"[3]可能后稷在利用历法季节合理安排农事方面，能够掌握规律，形成系统经验，大力推广应用，从而促进了当时农业生产的发展与进步。这在当时可以说是一个了不起的创举。

二是选播良种。农作物的产量与种子质量密切相关，良种则是提高粮食产量的有效途径。《诗·大雅·生民》云："诞降嘉种，维秬维秠，维糜维芑。恒之秬秠，是获是亩。恒之糜芑，是任是负，以归肇祀。"诗中嘉种即是良种，言为天降，实为人育。其中秬为黑黍，秠亦黑黍，然一个黍壳中含有两粒黍米，则为高产品种无疑。糜为粟之一种，属于耐旱作物。芑为白高粱，也是抗旱、耐涝、耐瘠薄、产量较高的农作物。尤其是《诗·周颂·思文》云："思文后稷，克配彼天。立我烝民，莫匪尔极。贻我来牟，帝命率育。无此疆尔界，陈常于时夏。"所言"来"为小麦，"牟"为大麦，在当时还是尚未普遍种植的新的农作物品种，对于提高北方民族的生活质量具有重要意义。凡此说明，后稷在选育推广良种方面也是有功可录的。

三是相地之宜。《史记·周本纪》说："（后稷）及为成人，遂好耕农，相地之宜，宜谷者稼穑焉，民皆法则之。"《淮南子·诠言训》也说："后稷播种树谷，因地也。"这是说农作物的种植不必拘泥于一个模式，而要依据土质的不同，因地制宜地种植不同种类的农作物。这是保障粮食增产的重要条件。后稷在这方面的做法，被民众所效法，自有增产作用。《诗·大雅·生民》云："诞后稷之穑，有相之道。茀厥丰草，种之黄茂。实方实苞，实种实褎，实发实秀，实坚实好，实颖实栗。"所谓"茀厥丰草"，茀即治义，也就是除草，使禾苗能够吸收更多的养分和阳光。这种重视田间管理的生产技术，当然比粗放种植更能增加粮食产量。所以诗中接下来说各种谷物都生长繁茂，抽穗结实，颗粒饱满。

1　《国语·周语下》，上海师范大学古籍整理研究所校点，上海古籍出版社，1988，第138页。

2　《国语·周语下》韦昭注，上海师范大学古籍整理研究所校点，上海古籍出版社，1988，第140页。

3　徐宗元：《帝王世纪辑存·周第四》，中华书局，1964。

四是技术推广。《尚书·尧典》记虞舜对后稷说："汝后稷，播时百谷。"《尚书·吕刑》说："稷降播种，农殖嘉谷。"后稷作为当时尧舜部落联合体中执掌农政的稷官，不但要把本部族的农业事务管理好，还要对各加盟部落的农事活动精心加以安排和指导。尤其是要把他所掌握的先进农耕技术向天下推广，以造福于民。《诗·周颂·思文》说后稷不分此疆彼界，全力推广先进的农耕技术，使天下民众大受其利。《国语·周语下》说："自后稷以来宁乱"，韦昭注："宁，安也。尧时洪水，黎民阻饥，稷播百谷，民用乂安也。"《国语·鲁语上》还说："稷勤百谷而山死"，是说后稷为了推广农业生产技术，过于辛劳而死于山中。

由此可见，后稷在中国早期农耕文明的发展进程中，以其万千辛劳和卓越智慧，为华夏民族做出了杰出贡献。尤其是尧舜禹时期，洪水为患，耕稼无收，民众生活难以为继，生存面临威胁。治理水患和助民农耕，便成为需要首先解决的严重问题。在这样的时代背景下，"后稷教民稼穑"并非指他发明了农业，而是说在当时淫雨过量、积涝成灾的特定环境下，他引导民众努力掌握农业生产技术，注重节令，选种适应环境气候的农作物，因地制宜，发展农业生产，克服重重困难，解决民众生计问题。因此，后稷弃成了当时与禹齐名的伟大人物。他在传说中被神化，在祀典中被祭拜，在历史上被称颂，不仅因为他是周族的始祖，而且因为他锐意创新的进取精神，施惠于民的济世精神，鞠躬尽瘁的献身精神，成为造福于民，推进中华古代文明持续发展的杰出代表人物之一。

第二节　周人居豳时代的发展

公刘为后稷裔氏，不窋之孙。公刘迁豳是先周历史发展进程中具有里程碑意义的重大事件，《史记·周本纪》谓之"周道之兴自此始"。从夏商之际公刘迁豳到晚商太王迁岐，周部族在豳地活动三百余年，奠定了发展壮大的基础。

一、公刘迁豳与创建新邦

如前所述，公刘为不窋之孙，大体活动于夏末商初。公刘迁豳以后，历十代而至太王，周人的都邑始迁岐下周原。依照《史记·周本纪》，由文王前溯至公刘之祖不窋，父死子继计十四世：

后稷……不窋→鞠→公刘→庆节→皇仆→差弗→毁隃→公非→高
圉→亚圉→公叔祖类→公亶父→王季→文王

上述世系中的"公非",《世本》称"公非辟方",皇甫谧认为:"公非字辟方
也。"[1]《汉书·古今人表》谓:"辟方,公非子。"若依班固之说,则不窋至文
王为十五世。此外,《世本》称高圉为"高圉侯侔",称亚圉为"亚圉云都",
称公叔祖类为"太公组绀诸盩",也有学者从《汉书·古今人表》"夷侔,高
圉子"和"云都,亚圉弟",谓夷侔(侯侔)、亚圉、云都为兄弟行,并类推
太公(公祖)、组绀、诸盩三人亦为兄弟[2]。如是不窋至文王为十五世,先公先
王计19人。《史记·匈奴列传》说:"夏道衰,而公刘失其稷官,变于西戎,
邑于豳。其后三百有余岁,戎狄攻大王亶父,亶父亡走岐下,而豳人悉从亶
父而邑焉,作周。"由公刘至太王亶父,历十世或十一世,前后三百余年,与
《说文》所谓"三十年为一世"大抵相合。

由于公刘的祖父不窋在夏王孔甲之时已去稷不务,远离夏廷,自然谈不
上"公刘失其稷官",或"公刘避桀"而远徙豳邑。不窋既窜于戎狄之间,置
其部族于戎狄苦寒之地,游牧必为其主要生产方式。故公刘"变于西戎",即
是变革戎狄落后的生活习俗,重新走向定居农业,以期振兴周族。《史记·周
本纪》说:"公刘虽在戎狄之间,复修后稷之业,务耕种,行地宜。"即是说
公刘不安于现状,确立了以农立国、迁都豳邑的新方略。《诗·大雅·公刘》
首章言公刘迁豳的准备和启行:

笃公刘,匪居匪康。乃埸乃疆,乃积乃仓。乃裹糇粮,于橐于囊。
思辑用光,弓矢斯张,干戈戚扬,爰方启行。[3]

"匪居匪康"是说公刘不敢安居晏息,贪图康乐逸豫,立下发愤图强的志向。
在迁居豳邑之前,发展农业已见成效,五谷丰登,装满了大仓小库。同时组
建寓兵于农的军队,讲武习战,增强了军事攻防能力。这些条件都具备了,
公刘便开始了拓殖新土、迁都豳地的征程。

《诗·大雅·公刘》第二章言及公刘部族到达豳原时的情况:

---

1 《史记·周本纪》索隐引,中华书局,1959,第114页。

2 杜正胜:《先周历史的新认识》,《古代社会与国家》,允晨文化实业股份有限公司,1992,第273—
310页。

3 《诗·大雅·公刘》,(清)阮元校刻:《十三经注疏》,中华书局,1980,第541页。

笃公刘，于胥斯原。既庶既繁，既顺乃宣，而无永叹。陟则在巘，复降在原。何以舟之？维玉及瑶，鞞琫容刀。[1]

诗中有"胥"字，毛传释为"相"，也就是察看、视察之义。又训"宣，遍也。""舟，带（佩带）也。"郑笺云："厚乎公刘之为君也，于是相此原地以居，其民既众矣，既多矣，既顺其事矣，又乃使之遍而时耕其田。于是民皆乐业安今之居，而无长叹，思其旧时者也。"又云："公刘之相此原地也，由原而升巘，复下在原，言反复之，重居民也。民亦爱公刘之如是，故进玉瑶、容刀之佩。"毛传、郑笺对"既顺乃宣"之宣，一训为"遍"，一训为"时耕"，均未得其正解。马瑞辰认为："宣之言通也，畅也，言民心既顺其情，乃宣畅也，故下即言'而无永叹'矣。"[2]似更切合诗义。诗中"何以舟之"之舟，毛、郑训为带，意即公刘佩戴玉瑶、容刀之属，从而使后三句诗显得非常突兀，与前面几句叙述公刘细察豳原，民众富庶，安居无虞显得极不相谐。更重要的是，这里"既庶既繁"之民，诸家解为周人，尤多窒碍。公刘刚到豳地，其部族何以一下子就繁庶起来，以至对公刘进献玉瑶、容刀之佩，以示感激？公刘自己率领的族众是否繁庶，何须在豳原经过一番察看始能知之？可见以"而无永叹"之民为周人，是不太妥帖的。刘家和据毛传云："公刘乃辟中国之难，遂平西戎，而迁其民，邑于豳焉"[3]，认为"这里'既庶既繁'指的是原来居住在豳的人，即毛传所说的西戎"[4]。这是很有见地的。《左传·僖公十二年》云："齐侯使管夷吾平戎于王"，杜注："平，和也。"《左传·隐公六年》云："夏，盟于艾，始平于齐也。"杜注："鲁与齐不平，今乃弃恶结好，故言始平于齐。"《春秋·宣公十五年》云："宋人及楚人平"，《谷梁传》云："平，成也。"是知"平西戎"就是与豳地戎人达成协议，和平相处。尽管公刘迁豳，其部众"弓矢斯张，干戈戚扬"，其武装力量可以荡平一切障碍，但公刘并未诉诸武力，而是通过和平方式，使豳地原住戎人"既顺乃宣"，心悦诚服。当然，和平方式也是要讲策略的，这就是用"维玉及瑶，鞞琫容刀"之类宝货与戎人交易，来获得对豳地土地资源的拥

---

1 《诗·大雅·公刘》，（清）阮元校刻：《十三经注疏》，中华书局，1980，第542页。

2 （清）马瑞辰：《毛诗传笺通释》，陈金生点校，中华书局，1989，第905页。

3 《诗·大雅·公刘》毛传，（清）阮元校刻：《十三经注疏》，中华书局，1980，第541页。

4 刘家和：《说〈诗·大雅·公刘〉及其反映的史事》，《北京师范大学学报》（社会科学版）1982年第5期。

有。由于戎狄以游牧为业，"贵货易土"[1]，即贵重财货，轻贱土地，可使公刘的政治策略得以顺利实施。原来已然繁庶的豳原，不仅成了周人的京师之野，作为原住民的戎人也逐渐转化为周人统治下的臣民。诗中"何以舟之"之舟，毛传训为带，是以舟为匌立说的。《说文·勹部》曰："匌，匝遍也。"匌字后作周，故可释作佩带。然细绎诗义，此舟或当为周人之周的假字。《诗·小雅·大东》曰："舟人之子，熊罴是裘。"郑笺："舟当作周，裘当作求，声相近故也。周人之子，谓周世臣之子孙。"是舟可假借为周。"何以舟之？"是说周人何以能在这里建立周国？原因是公刘以玉瑶、容刀等宝货与戎人交好，使其"既顺乃宣，而无永叹"。如此诗中的疑点焕然冰释，文从理顺。

公刘迁豳，不是作为短暂停留之地，而是长久立国的都邑，因此地理位置的选择极为重要。《诗·大雅·公刘》第三章云：

> 笃公刘，逝彼百泉，瞻彼溥原；乃陟南冈，乃觏于京。京师之野，于时处处，于时庐旅，于时言言，于时语语。[2]

此述公刘对豳地的宏观考察，百泉涌流，水源充沛，原地广阔，庐舍人家，确为宜居之野。南有高岗，矗立远方。西有群山，连绵而去，故诗云："度其夕阳，豳居允荒。"毛传："山西曰夕阳。荒，大也。"另据下节研究，豳地东面和北面有泾水环绕，亦成天然屏障。这样的地理环境，无疑是建立都邑的好地方。所谓"豳居"，古帝王或诸侯所在曰居，故又称为"京师"。诗云："笃公刘，于豳斯馆。涉渭为乱，取厉取锻。"说明豳邑建筑宫殿馆舍，不辞遥远，横渡渭水，"取厉取锻"，是为了保证京师建筑的高规格和高质量。优越的地理环境，建筑的精心打造，已非族群的一般聚落可比，而是着眼于百年大计，创建一个根基牢固、富有前景的新国家。

公刘部族中心聚落的转移，只是兴邦强国的第一步。只有在制度建设上有所建树，才能真正推进国家和文明不断向前发展。在这方面，公刘的成就也是卓然可见的。

第一，建立君统与宗统相结合的政治制度。《诗·大雅·公刘》第四章云：

> 笃公刘，于京斯依，跄跄济济，俾筵俾几。既登乃依，乃造其曹。

---

1 《左传·襄公四年》，（清）阮元校刻：《十三经注疏》，中华书局，1980，第1933页。

2 《诗·大雅·公刘》，（清）阮元校刻：《十三经注疏》，中华书局，1980，第542页。

执豕于牢，酌之用匏。食之饮之，君之宗之。[1]

诗中的"曹"，毛传释为"群"。郑笺："群臣适其牧群，搏豕于牢中，以为饮酒之肴。"郑玄释"曹"为牧群颇为费解，作为国君举办的一次盛宴，肉食固然是不可少的，但总量毕竟有限，尚不至于群臣至其牧群，执豕于牢，始可食之。马瑞辰释"曹"为禂，义为豕祭，"谓将用豕而先告祭于豕先"[2]。然群臣赴宴，席前即使要行祭礼，豕先神也不会放在首要位置。可能这个"曹"指的就是群臣，"既登乃依，乃造其曹"，意即乃使群臣到来，登席依几而坐，只不过为了韵脚需要，前后句换了一个位置，容易让人误解其间的逻辑关系。群臣赴宴，庄严而又威仪堂堂，只为效忠公刘。"君之宗之"，毛传："为之君，为之大宗也。"这意味着公刘既是国君，又是姬周族的总族长，从而把宗统与君统有机结合起来了。单是族长，不过是一族人的首领，不足以统治当时豳地的戎狄之民，所以还须具有超越族群之上象征公平公正的政治权力，这就是国君。这个国君也因此名之曰"公"。公刘者，公为国君名，刘为私名。后有公非、公叔祖类、公亶父、公季（季历），均以此故。其他先公以省其君名，仅以私名相称，而公亶父、公季后来被追尊为王，又称太王、王季。此所显示的君统与宗统的统一性，与王位继统法密切相关，即不管豳地存在多少部族，必须认可周人的领袖地位，而作为各部族领袖的国君又必须从周人大宗中产生。公刘家族为大宗，则意味着周族内部另有小宗。其小宗在分封制尚未实行的情况下，应与《礼记·大传》所言"别子为祖，继别为宗，继祢者为小宗"有所不同，很可能指姬周族内公（王）族之外的其他分支。《诗·大雅·板》云："大宗维翰"，毛传："王者天下之大宗。"大宗地位的确定，代表君主的位置只能在王族内递嬗，而且没有特殊情况只能由嫡长子继承。这对于保持国君的有序更迭，避免争夺君位带来政治上的变乱，促进国家的稳定发展，是具有积极作用的。从前述先周世系可知，其君位继承与殷人兄终弟及不同，基本上实行的父死子继的继统法，而且大多数情况下遵循的是嫡长子继承制。所以太王欲立季历，其兄长太伯、仲雍只有离周远去，奔于荆蛮，另立门户。这种宗统与君统相结合的政治制度，对于公刘振兴周邦有着深远的政治意义。

第二，建立寓兵于农的军事制度。《诗·大雅·公刘》第四章云：

1　《诗·大雅·公刘》，（清）阮元校刻：《十三经注疏》，中华书局，1980，第542页。

2　（清）马瑞辰：《毛诗传笺通释》，陈金生点校，中华书局，1989，第908—909页。

> 笃公刘，既溥既长，既景乃冈，相其阴阳，观其流泉。其军三单，度其隰原，彻田为粮。度其夕阳，豳居允荒。[1]

诗中"其军三单"，毛传："三单，相袭也。"是读单为嬗，意谓轮番征调兵员。郑笺："大国之制三军，以其余卒为羡。今公刘迁于豳，民始从之，丁夫适满三军之数。单者，无羡卒也。"是读单为殚，以为尽征兵员而无预备役人员，如是则无从相袭。传笺相违异，后世尤多歧说。清马瑞辰以为，单即单处之谓，"其军三单"承上"相其阴阳，观其流泉"言之，谓分其军。"或居山之阴，或居山之阳，或居流泉之旁，故为三。"[2]此以山之阴阳两坡及流泉之旁作为三处屯军之地，似过拘泥，然军分为三，分别有其居地，大体得其诗义。军队驻扎，何以要"相其阴阳，观其流泉"？尤其是何以要"度其隰原，彻田为粮"？历代经学家未作解释。事实上，上古时期的部落国除了首领可能有少量武装随从外，通常是兵农合一，族众平时务农，闲时讲武，战时出征，并不设立建制化的常备军。公刘率领族众迁都豳原，"弓矢斯张，干戈戚扬"，看似军队出动，实际上若不作战，丢下武器还是农牧之民。就一个较长时段来说，战争年代总比和平时期要少许多，人们平时只有从事生产劳动，才有条件生存下去。这就决定了周人到达豳原，不仅需要建造庐舍，也需要规划农耕用地，分片居住。周人社会组织化程度很高，甚至不免带有军事化的组织色彩，因而"其军三单"不过是周部族为适应兵农合一的需要，在豳原重新规划居住区和农耕区而已。之所以分为三处，可能与当时军队编组方式或作战阵形有关。殷墟卜辞云："王作三师，右、中、左"（《合集》[3]33006），一定程度上反映了这方面的情况。公刘对国家军事制度建设所做的长远谋划和组织准备，是其带领族众走向强国之路的重要条件。

第三，建立"彻田为粮"的赋役制度。何为"彻田为粮"？毛传："彻，治也。"郑笺："度其隰与原田之多少，彻之使出税以为国用。什一而税谓之彻。鲁哀公曰：二，吾犹不足，如之何其彻也。"论者多以毛传是从，认为这是一般意义上的粮田耕作。然细味诗义，郑笺更富理致。既要"相其阴阳，观其流泉"，即考察土地阳光是否充足，灌溉是否方便，又要"度其隰原"，即测量土地面积的大小，这显然与土地优劣、田亩多少、产量高低有关。据

---

1 《诗·大雅·公刘》，（清）阮元校刻：《十三经注疏》，中华书局，1980，第543页。

2 （清）马瑞辰：《毛诗传笺通释》，陈金生点校，中华书局，1989，第909页。

3 郭沫若主编：《甲骨文合集》，中华书局，1978—1982。简称《合集》，下引不另注。

此合理安置人口，征收赋税，必是题中应有之义。《孟子·滕文公上》云：
"夏后氏五十而贡，殷人七十而助，周人百亩而彻，其实皆什一也。"赵岐注：
"耕百亩者，彻取十亩以为赋。"对于贡、助、彻的具体征收方式，是力役还
是实物，前贤颇多争议，但对其税率为十分之一，似无大的分歧。郑玄认为：
"周法什一而税谓之彻。彻，通也，为天下之通法。"[1]而鲁哀公征什二之税，
已非通法。由于公刘"彻田为粮"，与"其军三单"密切相关，或许最初本为
军赋，以为军队作战之用，后来成为常例，转化为国家的基本财源，以维持
公共权力的运行。这是兵农合一制度带来的必然结果。建立规范性、强制性
的赋役制度，加强了对民众的束缚，体现了国君的威严，同时极大地增强了
国家的统治力量，有利于推进新建国家的发展。

综上可见，公刘迁都豳地，并非出于某种外力的逼迫所做的即时性考
虑，而是体现出振兴周族、创建新邦的长远性和战略性目标。尤其是建立君
统与宗统相统一的政治制度，寓兵于农的军事制度，彻田为粮的赋役制度，
对于推进共同体建设，壮大周人力量，具有深远的历史意义和影响。

二、豳都地望考辨

公刘迁豳以后，周人从此走上兴邦强族的发展之路。然豳邑的地望何在？
是汉代的"旬"还是"漆"，抑或他地？言人人殊，久讼不决。1980 年，陕西
长安县（今西安市长安区）出土周厉王时期的多友鼎，作为地名的"漆"与
"旬"在铭文中并出共见，为解决这个问题提供了新的契机。这里利用新旧资料
对豳都地望的诸种说法略加辨析，进一步论证漆即豳都说的合理性。

公刘之父为鞠，鞠之父即不窋。不窋生当夏之衰世，自窜于戎狄之间。
《括地志》云："不窋故城在庆州弘化县南三里，即不窋在戎狄所居之城也。"[2]
此条材料虽然晚出，但大抵符合周人在泾渭流域由南至北、再由北至南的迁
徙路线，有一定的可信度。不窋既已北迁，其孙公刘当然不可能继续留居于
邰。《诗·大雅·公刘》毛传谓公刘自邰地迁出，显然是不可信的。《元和郡
县图志》云：宁州，"古西戎地也，当夏之衰，公刘居焉。……按今州理城，
即公刘邑地也"[3]。唐代宁州州治在今甘肃宁县，历史上有北豳之称。今有学

---

1 《论语·颜渊》疏引，（清）阮元校刻：《十三经注疏》，中华书局，1980，第 2503 页。

2 《史记·周本纪》正义引，中华书局，1959，第 113 页。

3 （唐）李吉甫：《元和郡县图志》卷三《关内道·宁州》，贺次君点校，中华书局，1983，第 64 页。

者研究，认为不窋当年所窜及其孙公刘迁出的戎狄之间，在今甘肃庆城、宁县一带[1]，不无理据。

公刘带领族人迁居豳地，复修后稷之业，重启建国之路。豳邑有南北两坡的山岗，有汩汩流淌的泉水，有广袤无垠的原野，庐舍人家，既庶且繁，确是"于京斯依"的好地方。关于豳邑的地望，古有五说，依其时代先后梳理如次。

一是旬邑说。《汉书·地理志上》载右扶风属县："栒邑，有豳乡，《诗》豳国，公刘所都。"稍后郑玄《诗谱·豳谱》亦云："豳者……今属右扶风栒邑。"《后汉书·郡国志》曰："栒邑，有豳乡。"西晋张华《博物志》云："扶风郇邑豳乡，公刘所封。"[2]汉代的栒邑即今陕西旬邑县，豳都在其境内，是后世学者普遍认同的看法。如谭其骧主编《中国历史地图集》即将豳都标示于今旬邑县西南。

二是武功说。《说文·邑部》云："郂，周大王国。在右扶风美阳。"又云："豳：美阳亭即豳也。民俗以夜市，有豳山。"美阳即今陕西武功县。美阳有豳亭或豳山，或为传闻之误。故此说历代无人响应，即使佞许的段玉裁注《说文》亦疑其说，认为豳为公刘之国，非太王国。"汉右扶风之漆与栒邑皆是豳域，不得美阳有豳亭。"近人唯齐思和服膺此说。[3]

三是新绛说。《汉书·地理志上》右扶风"栒邑"，注引应劭曰："《左氏传》曰'毕、原、酆、郇，文之昭也'。郇侯、贾伯伐晋是也。"颜注又引臣瓒曰："《汲郡古文》'晋武公灭荀，以赐大夫原氏黯，是为荀叔'。又云'文公城荀。'然则荀当在晋之境内，不得在扶风界也。今河东有荀城，古荀国。"颜师古反对应说，以为"瓒说是也。此栒读与荀同，自别邑耳，非伐晋者"。也就是说，应劭以为《汉志》"栒邑"即《左传》"郇侯"所居郇城（今山西新绛县东北），是张冠李戴，不可信据。近人钱穆敷衍应说，推证古豳邑近河东郇城，陕西栒邑的地名是后来周人西迁时带去的[4]，一时信从者众。

四是彬州说。《左传·襄公二十九年》杜预注："豳，周之旧国，在新平

---

1 连登岗：《公刘迁出地考》，《人文杂志》1998年第2期。

2 （宋）李昉等：《太平御览》卷155《州郡部一》引，中华书局，1960，第755页。

3 齐思和：《西周地理考》，《中国史探研》，河北教育出版社，2000，第54—98页。

4 钱穆：《周初地理考》，《燕京学报》1931年第10期；钱穆：《古史地理论丛》，生活·读书·新知三联书店，2004，第3—76页。

漆县东北。"东晋徐广云："新平漆县之东北有豳亭。"[1]《括地志》云："豳州新平县即汉漆县，《诗》豳国，公刘所邑之地也。"[2]漆县即今陕西彬州市，晋唐学者认为此即豳邑所在地。杜正胜认为公刘的活动地区，"大概仍以泾水中游为主，邠县附近是核心"[3]，倾向此说。

五是宁县说。《元和郡县志》《太平寰宇记》均谓"宁州"为公刘之邑。如《太平寰宇记》"宁州"条云："古西戎地，公刘邑也。"又谓后魏太和"十四年，改为邠州；二十年，改'邠'为'豳'，取古地名也。至废帝三年，改'邠'为'宁'。"[4]唐宋宁州州治在今甘肃宁县。有学者认为此即公刘都邑所在，"自公刘建豳至古公亶父离豳南迁前，始终在一个地方"[5]。

上述五说之中，栒邑说提出最早，又来自班固《汉书·地理志》，似乎最具权威性。武功、新绛二说证据不力，终难证实。宁县说可能只是公刘出生地的反映[6]，与公刘所迁豳邑无关。而彬州说最为近实，却多被学者忽略，有必要对比栒邑说详加探考。

彬州（汉代漆县）说是由两晋学者杜预、徐广提出来的，并云豳邑在漆县东北。有学者认为："晋代之栒邑，并入漆县，故二氏俱云豳在漆县也。"[7]或谓："曹魏至晋初，栒邑县被裁撤，并入漆县，言豳在漆县东北，实际上还是指汉栒邑县境。"[8]这刚好把事情说反了，实际上，栒邑被裁撤是在曹魏之时，至晋初复置，名曰"汾邑"。《晋书·地理志上》云："新平郡，汉置。统县二，户二千七百。漆，汾邑。"其重置及沿革情况，《太平寰宇记》卷三十四《邠州》有云："徐广注《汉书》云：'新平，汉之漆县地，以漆沮之水在焉。'县东北有古邠亭，即古之邠邑也，历魏晋同之。晋武帝分漆县置邠（汾）邑县，符秦时改漆取郡名为新平郡。姚苌乱，郡县俱废。"晋武帝时"汾邑"既已从漆县析置，则东晋徐广所言"漆县东北"就不可能指汉代栒邑

1　《史记·周本纪》集解引，中华书局，1959，第113页。

2　《史记·周本纪》正义引，中华书局，1959，第113页。

3　杜正胜：《先周历史的新认识》，《古代社会与国家》，允晨文化实业股份有限公司，1992，第273—310页。

4　（宋）乐史：《太平寰宇记》卷34《宁州》，王文楚等点校，中华书局，2007，第725页。

5　汪受宽：《豳国地望考》，《中华文史论丛》2008年第4辑。

6　李仲立：《公刘迁豳辨析——先周历史初探之三》，《社会科学》1985年第1期。

7　齐思和：《西周地理考》，《中国史探研》，河北教育出版社，2000，第68页。

8　汪受宽：《豳国地望考》，《中华文史论丛》2008年第4辑。

县境。而杜预大致与晋武帝同时，他为《春秋》经传作注时，汾邑县应从漆县析出。晋武帝在位25年（265—290年），比杜预（222—285年）晚5年离世。汾邑县的设置应该不在晋武帝晚年，杜预为《春秋》经传作注却是至老始成其书。《晋书·杜预列传》云："（杜预）既立功之后，从容无事，乃耽思经籍，为《春秋左氏经传集解》。又参考众家谱策，谓之《释例》。又作《盟会图》、《春秋长历》，备成一家之学，比老乃成。"这说明杜预所说的漆县与徐广一样，也不可能指汉代栒邑县境。他们把漆县东北某地视为豳都所在，实际是对班固栒邑说的否定和调整。唐代《括地志》明确以漆县为"公刘所邑之地"，自然不能看成是误解杜、徐二氏的讹传。

当然，考索公刘豳都的地望，仅凭汉晋时人的旧注还不足以解决问题。这里我们准备利用《诗·大雅·公刘》并结合多友鼎铭文等资料，寻找更为可靠的依据。《诗·大雅·公刘》一诗"大抵写成于西周，但其内容似非西周人所编造，而是以口头的方式从远古的时候流传下来的。"[1]寻绎诗中有关豳邑的线索，以下三点颇可注意。

第一，诗云："笃公刘，于豳斯馆，涉渭为乱，取厉取锻。"此谓公刘在豳地建筑宫舍，使人南渡渭水，取可锻砺斧斤之石。郑笺以为取石"可以利器，用伐取材木，给筑事也"。实际也可能所取之石为青铜矿石，用作锻造生产工具，以适应农耕需要。故《史记·周本纪》撮其意云："（公刘）务耕种，行地宜，自漆、沮度渭，取材用。"在这里，太史公说"涉渭为乱"的出发地是漆沮之水，与他说古公亶父"去豳，度漆沮，逾梁山，止于岐下"相呼应。是知漆沮水必在梁山之北，且与豳地相近。《诗·大雅·绵》追述公刘兴周之迹云："民之初生，自土沮漆。"毛传训"土"为居，意即公刘居漆沮之地。"自漆沮之土也，语倒如此"[2]。可见漆沮水是考察公刘豳邑所在的首要条件。古时关中以漆沮命名的水流很多，比较有名的有三条。一是《尚书·禹贡》"导渭"称"又东过漆沮"，此为泾东的漆沮水（石川河）。二是《说文·水部》所称"出右扶风杜陵（阳）岐山，东入渭"的漆沮水。三是《汉书·地理志上》说"右扶风"属县"漆，水在县西"的漆水。漆县之西的漆水，今已湮灭无迹。《元和郡县图志》《太平寰宇记》均谓此水流注入泾，

---

1 刘家和：《说〈诗·大雅·公刘〉及其反映的史事》，《北京师范大学学报》（社会科学版）1982年第5期。

2 （清）方玉润：《诗经原始》，李先耕点校，中华书局，1986，第482页。

与诗义不合。段玉裁注《说文》云："以地望准之，盖此漆水出豳地，汉漆县以水为名，西南流至周岐地南、汉杜阳美阳境而入渭，实出今之邠州，西南流至麟游、扶风间入渭也。《大雅》云：'率西水浒。'笺云：'循漆沮水侧。'《传》又云：'周原，漆沮之间也。'是此水源委自豳至岐，汉人皆审知形势，今则茫昧难详矣。阚骃《十三州志》云'漆水出漆县西北，至岐山东北入渭'，正与《毛诗传笺》合。许及《水经》云'出杜阳岐山'者，容举其近源言之。"段氏这个分析是很合理的，否则无以索解《诗·大雅·公刘》诗义和古公亶父南迁路线。以此观之，公刘所建都邑当与汉代栒邑无关，因为栒邑附近未见漆沮之水，且古公亶父若居栒邑，南至岐下须西渡泾水，诗中岂能不着一字，失此巨流？

第二，诗云："笃公刘，于京斯依""京师之野，于时处处，于时庐旅。"豳邑又称"京"或"京师"，其原野广大，宜居众民，故公刘在这里建筑庐舍，以处族众。此后，豳地"京师"之称也就一直延续下来。西周晚期克钟铭文说："王亲命克，遹泾东至于京师。"（《集成》[1]204）克受王命循泾东北行，最后到达京师一带。过去学者把"京师"解作豳都，以为与泾东旬邑的地望相合。其实，从镐京北上，渡泾渭二水，经泾阳、淳化、旬邑，再过彬州，是古时由泾东通往西北地区一条重要的交通线。克循泾东北行，旬邑正当交通要道。铭文既曰"至于京师"，则克此次视察不可能仅至旬邑而止，泾西的漆地才是此行最终的目的地。因为"京师"作为区域名，不是单指旬邑，也包括漆地在内，甚至主要是指漆邑。据历世多友鼎铭文可知，漆在西周末年仍是一处重要的城邑，与旬邑同属京师地区。该鼎铭云："唯十月，用狁狁放兴，广伐京师，告追于王，命武公遣乃元士，羞追于京师。武公命多友率公车，羞追于京师。癸未，戎伐筍（旬），衣俘，多友西追。甲申之辰，搏于郪（漆），多友有折首执讯。"（《集成》2835）铭中"旬"与"漆"就是汉代的栒邑和漆县所在地。癸未这一天，狁狁伐旬，当天即俘旬邑之民，可见旬邑防卫能力相当薄弱。次日甲申，多友西追，与狁狁在漆地展开激战，多有斩获。是漆邑在边防上的重要性大大超过旬邑。其后多友继续追击，与狁狁先后交战于"共""世""杨冢"等地。"共"在今甘肃泾州北，去京师已

1　中国社会科学院考古研究所编：《殷周金文集成》，中华书局，1984–1994。简称《集成》，下引不另注。

远，"世"与"杨冢"更在其西[1]，说明只有漆与旬同属京师地区。这样，漆必然是克北上京师视察的最终目的地，亦即京师地区的中心城邑，此与公刘"于京斯依""于豳斯馆"之义适相印合。

第三，诗云："笃公刘，逝彼百泉，瞻彼溥原。乃陟南冈，乃觏于京。"豳地水源丰沛，原地宽广，登上南边高高的山岗，远眺京师旷野，"豳居允荒（大）"。这些特征也很符合漆县地势西南高、东北低的地理环境。漆县南有豳（邠）山，西南有险固可恃的"邠岩"（又称紫微山），与诗中所言"南冈"的地貌正相符合。漆县在唐宋以后为邠州治所，清顾祖禹以为"公刘居此，为豳国"，其地"泾水北绕，邠岩南峙，依山为城，地势雄壮"，实乃畿辅之"藩卫"，南北之"襟要"。这种形胜之地，无疑是建国立都的首选之地。但顾氏又据《太平寰宇记》说栒邑故城在三水县东北二十五里，古豳城在县西南三十里，"相传公刘始都于此"[2]。则不免怵恍游移，进退失据。由于三水县治多有移徙，其准确位置不易确定，大体在今旬邑县城左近。古豳城位于县城西南三十里，为泾东之地。以今日旬邑县来看，其地势是东北高、西南低，山塬各半。山体起伏虽大，山势却较为平缓。此与《诗·大雅·公刘》一诗中描绘豳邑的地貌特征似有区别。两相比较，仍以漆县为豳都的可能性为最大。

综上所述，公刘居豳之地，当以杜预"新平漆县东北邠城"[3]、徐广"新平漆县之东北有豳亭"等说法为可信，此与《诗·大雅·公刘》《诗·大雅·绵》所言豳地河流、京师用名、地貌环境等多相吻合。其具体位置，不在泾东而在泾西，即与漆县县治（今陕西彬州）相距不远的东北方向。至于泾东的古豳城，则有可能是京师范围不断扩大后另建的一个卫星城，以拱卫中心城邑豳都，加强对泾东南北交通线的控制。后世未加深察，误以旬邑县境的豳城为公刘始都之地，可能是有悖史实的。

三、豳人社会生活

前已言及，周人居豳时代约在夏末商初至武乙统治初年，《史记·匈奴列传》谓其"三百有余岁"，夏商周断代工程拟定的年表在 450 年左右。不管怎

1　李学勤：《论多友鼎的时代及意义》，《人文杂志》1981年第6期。

2　（清）顾祖禹：《读史方舆纪要》，贺次君、施和金点校，中华书局，2005，第2628页。

3　（晋）杜预：《春秋释例》卷7《土地名》，中国社会科学出版社，2021。

样，这都是一个漫长的岁月，是周族发展史上的奠基性阶段。在这个阶段，除公刘迁豳于文献略有记述外，其他先公则仅见其名，相关史实无从稽考。因此，借助考古资料来揭示周人居豳时期的社会面貌，具有特别重要的意义。

周人居豳时期的都邑在今陕西彬州市东北，以彬州、旬邑为中心，西北到今长武县，东南延伸至今淳化县境，应是其主要活动区域。这一带历史上曾为南豳州或邠州所辖，形成一个独立的政治地理单元。考古工作者在此有过多次考古调查[1]，在长武碾子坡遗址、彬州断泾遗址、旬邑孙家遗址、旬邑枣林河滩遗址、淳化枣树沟脑遗址做过考古调查发掘[2]，其中断泾遗址、碾子坡遗址的商代遗存基本处在周人居豳时期，为我们了解当时的社会状况提供了可资利用的考古资料。

断泾遗址位于陕西彬州东南 9 公里的泾河右岸，遗址东西长 800 米，南北宽 700 米，发掘面积 200 平方米。其商代遗存包括灰沟 1 条、灰坑 22 个、墓葬 4 座，文化特征与碾子坡商代遗存相同。发掘者把断泾商代遗存分为两期，认为一期遗存的年代"略早于碾子坡先周文化早期遗存，约与殷墟一期相当"，而"二期遗存的年代约与迁岐以后的先周文化相当"[3]。从断泾遗址一期遗存的年代和所处地理位置来看，发掘者判定此是公刘迁豳以后约当商王武丁时期的先周文化遗存，应该是可信的。

断泾遗址一期遗存未见墓葬报道，出土陶器以泥质灰陶为主，占 72.4%，次则为夹砂红陶、夹砂灰陶，另有少量泥质灰皮褐陶和泥质红陶。纹饰以绳纹为主，素面次之，绳纹兼弦纹又次之，另有少量弦纹、绳纹、附加堆纹和方格纹。器形主要有鬲、罐、盂、瓮、甗、豆、盆、簋等。发掘者将一期遗存部分陶器与碾子坡文化早期的同类器物加以比较，认为两者"有较多共同之处"[4]。所对比的五件陶器可列表 1-1 如下：

1　北京大学考古文博学院：《陕西彬县、淳化等县商时期遗址调查》，《考古》2001 年第 9 期；西北大学文化遗产学院：《陕西彬县商周时期遗址考古调查》，《中国历史博物馆馆刊》2016 年第 3 期。

2　陕西省考古研究院商周考古研究室：《2008—2017 年陕西夏商周考古综述》，《考古与文物》2018 年第 5 期。

3　中国社会科学院考古研究所泾渭工作队：《陕西彬县断泾遗址发掘报告》，《考古学报》1999 年第 1 期。

4　中国社会科学院考古研究所泾渭工作队：《陕西彬县断泾遗址发掘报告》，《考古学报》1999 年第 1 期。

表1-1 断泾遗址一期与碾子坡早期陶器形态比较表

遗址	器别				
	鬲			豆	簋
断泾遗址一期	（H17:2）	（采:03）	（T203④:3）	（H22:8）	（T203④:3）
碾子坡遗址早期	（H151:87）	（M670:1）	（M662:1）	（H507:23）	（H134:3）

　　发掘者通过这种比较，意在判定断泾遗址一期的年代，至于此期遗存与碾子坡文化早期是否为同一族属，未作进一步说明。由于断泾遗址与碾子坡商代遗存文化特征相同，考古学界把断泾遗存也归入碾子坡类遗存[1]。

　　碾子坡遗址位于泾河上游支流之一的黑水北岸，西北距长武县城约17.5公里，东南距彬州市约24公里。遗址面积50万平方米，发现大量商代房址、陶窑、灰坑、灰沟和墓葬。陶器种类有鬲（多为分裆袋足鬲，联裆鬲很少）、甗、簋、豆、盆、罐、尊、瓮、器盖等。其商文化遗存分为两期，早期包含墓葬和居址，"年代略早于古公亶父时代，大致与殷墟二期文化的年代相当"；晚期只有墓葬，其年代可能"是迁岐前夕或稍晚"[2]。尽管学者对此年代的判定尚有不同意见，认为有的单位可早到殷墟一期[3]，有的可晚至周初[4]，甚至一、二期在时间上也未必衔接[5]，但这些细节问题，对长时段历史考察来说似不必太过拘泥。无论如何，碾子坡文化在时间和空间上与周人居豳时代是有重叠的，换言之，把碾子坡商代遗存看作先周文化，在历史文献与考古资料的有机结合上是有其优长的。但这个观点并不是考古学界都能接受的，原因是碾子坡文化与其他先周文化遗址的面貌不尽吻合。

　　一段时间以来，人们把区别先周文化的标准锁定在联裆鬲与袋足鬲的分

　　1 中国社会科学院考古研究所：《中国考古学·夏商卷》，中国社会科学出版社，2003，第425页。

　　2 中国社会科学院考古研究所泾渭工作队：《陕西长武碾子坡先周文化遗址发掘纪略》，《考古》编辑部：《考古学集刊》第6集，中国社会科学出版社，1989，第139页。

　　3 刘军社：《先周文化研究》，三秦出版社，2003，第207页。

　　4 王巍、徐良高：《先周文化的考古学探索》，《考古学报》2000年第3期。

　　5 雷兴山：《先周文化探索》，科学出版社，2010，第203页。

野上。故而大都认为以联裆鬲为代表的郑家坡文化是先周文化，以袋足鬲为代表的刘家文化为戎狄文化。而碾子坡文化既有袋足鬲又有联裆鬲的文化现象虽给学者带来一定困惑，但固有的信心并未动摇，认为以联裆鬲甚少的碾子坡文化与刘家文化类同或为其分支[1]，或以为是豳人[2]、密须[3]、阮人[4]的文化遗存，歧见纷出。运用相同的标准却得出不同的结论，说明判定属族的考古文化标准或标准的掌握上是有问题的。当碾子坡遗址被发掘后，即有学者认为确定这种标准"理由是不充分的"[5]。《1997年沣西发掘报告》显示，先周晚期周人的文化面貌并不纯粹，既有联裆鬲，又有分裆鬲，分裆鬲即由先周袋足鬲演变而来。因而发掘者进一步指出："认为袋足鬲代表姜戎文化，联裆鬲代表姬周文化，这种认识似过简单。一个部族文化是包含了各个方面的综合体，其日用陶器也应是多种器类的组合。因此，我们观察分析其文化时应注重其组合，而不应仅重一两种器物，否则可能会以偏概全，影响结论的准确性。"并以沣西H18为代表的一批先周晚期遗存为基准，全面分析碾子坡类遗存的文化面貌，认为"碾子坡早期遗存可视为先周晚期文化的主要源头"[6]。这个见解有相当的说服力和影响力，即使有的先前相信郑家坡文化为先周文化的考古学家，后来也改变看法，认为碾子坡文化是先周文化，其族属既包括姬姓周人，也可以包括非姬姓的戎狄族群[7]。

考古学界对于何为先周文化的问题还在争论之中。比较起来，我们更赞同碾子坡文化为先周文化的意见。主要理由是：（1）先周文化不只是一个考古学问题，由于牵涉族属的判定，也就成为一个重要的历史学问题。从历史学的角度看，判定考古学文化的族属，若与可靠的历史文献所载相关部族活

---

1 邹衡：《再论先周文化》，《西北大学学报》（哲学社会科学版）1988年增刊。

2 张天恩：《先周文化早期相关问题浅议》，陕西历史博物馆编：《西周史论文集》，陕西人民教育出版社，1993。

3 田仁孝、张天恩、雷兴山：《碾子坡类型刍论（摘要）》，《文博》1993年第6期；张天恩：《古密须国文化的初步认识》，《远望集——陕西省考古研究所华诞四十周年纪念文集》，陕西人民美术出版社，1998。

4 刘军社：《论碾子坡文化》，《远望集——陕西省考古研究所华诞四十周年纪念文集》，陕西人民美术出版社，1998。

5 中国社会科学院考古研究所泾渭工作队：《陕西长武碾子坡先周文化遗址发掘纪略》，《考古》编辑部编：《考古学集刊》第6集，中国社会科学出版社，1989，第140页。

6 中国社会科学院考古研究所：《1997年沣西发掘报告》，《考古学报》2000年第2期；王巍、徐良高：《先周文化的考古学探索》，《考古学报》2000年第3期。

7 雷兴山：《先周文化探索》，科学出版社，2010，第295页。

动的时空范畴不相契合，就很难取信于人。在这一点上，碾子坡文化为先周文化遗存具有不容置疑的优势和力量。其他如姜戎、密须、阮人文化说，似可不予考虑。（2）碾子坡文化面貌的多样性与复杂性，在历史文献中也是有迹可寻的。上文提及《诗·大雅·公刘》显示公刘迁往豳地，与其原住戎狄之民相融合，"君之宗之"，形成新的"豳人"社会有机体。其时虽重农耕，但戎狄游牧之俗仍很浓厚，乃至古公亶父徙居周原后仍须"贬戎狄之俗"。故碾子坡文化具有刘家类遗址的姜戎文化因素，或视豳地之外的其他碾子坡类遗存为戎狄文化，都是有一定文献依据的。（3）郑家坡文化与碾子坡文化在内涵上有较大差异，或为当时"他旁国"文化的一个类型。太王迁岐，除其私属、豳人外，"及他旁国闻古公仁，亦多归之"[1]。他旁国应为周人和戎狄之外其他邻近部族的政治实体，即使归周成为政治上的附庸，仍可保持自身政治上的独立性，形成不同的文化面貌。这与晚商时期周人臣属于殷而有自己独立的文化系统是同样的道理。

如果碾子坡、断泾遗址商文化遗存可以视为武丁前后的先周文化，我们对居豳时期周人的社会状况就会有更多的了解和认识。下面根据碾子坡遗址发掘报告和《南邠州·碾子坡》[2]有关内容略加分析。

一是居住情况。《诗·大雅·绵》谓古公亶父居豳之时，"陶复陶穴，未有家室"。陶即掏也，"陶复"谓"旁穿之，地覆于上"，"陶穴"谓"正穿之，上为中霤（中室）"[3]。前者为地穴式窑洞建筑，后者为半地穴式建筑，此与碾子坡遗址发现的房址类型相符合。遗址发现先周房址21座，其中地穴式洞式房址12座，半地穴式建筑房址6座，地面建筑房址3座。各座房址的平面形制，计有方形、长方形、椭圆形、长条形、不规则形5种。房屋大小不一，面积一般在4—10平方米。地面房屋讲究，面积可达二三十平方米。半竖穴式和窑洞式房屋多有一条窄长的门道，开于一面墙的正中或偏于一侧。门道底部作斜坡形，地面有一层坚硬的土路。房墙壁面一般接近垂直，修整平齐，洞穴的墙壁保存高度0.5—1.2米。除地面建筑外，其他两类房屋墙上

---

1 《史记·周本纪》，中华书局，1959，第114页。

2 中国社会科学院考古研究所泾渭工作队：《陕西长武碾子坡先周文化遗址发掘纪略》，《考古》编辑部编：《考古学集刊》第6集，中国社会科学出版社，1989年；中国社会科学院考古研究所：《南邠州·碾子坡》，世界图书出版公司北京公司，2007。

3 （清）马瑞辰：《毛诗传笺通释》，陈金生点校，中华书局，1989，第814页。

多有壁龛，以半月形最为常见。各房址最常见的是设置一个灶坑，形制多为口大底小，斜壁，底平。有的还有壁炉。半竖穴式建筑的居住面中央常有一个柱洞，表明房内立柱是搭架屋顶盖的主要承重设施。地面建筑的下部均为夯土基址，表面平坦坚硬。建筑方法是先筑一个夯土台基，然后在其上筑墙和盖顶。

二是生产工具情况。常见的砍伐、敲砸工具有斧、锛、凿、杵和锤斧等，均为石制，也有少量的骨凿。其中锤斧最为常见，正视为长三角形，近中一孔，为先周文化最具特征的一种工具。农业生产工具出土数量不多，主要是挖土用的铲和收割用的刀与镰，多为石制。骨制品限于铲且不多见，蚌制器不见出土。这与岐、丰、镐遗址出土农具数量大且多为蚌制品迥然有别。农作物遗留只发现高粱。畜牧业生产工具不多，主要是骨制的刀和削，用于剔骨脱肉和剥取兽皮。发掘中搜集到大量的兽骨，主要是牛、马、羊和猪等牲畜的骨头，其中又以牛骨最多，显然是居民食后的残余。出土手工业工具有磨石、铜锥、骨锥、骨针、纺轮和制陶工具等。纺轮分陶制和骨制两种，出土数量非常多。铜锥、骨锥、角锥和骨针则与缝纫有关。渔猎工具仅见骨、角镞和石、陶弹丸，数量较少，猎获物主要为鹿，说明采集、狩猎经济比重不大。车马器仅铜泡和残角镳各一件。

三是生活用具情况。遗址发现陶窑13座，生产的陶器主要为生活用具。陶质以夹砂红陶居多，泥质红陶次之，泥质灰陶和夹砂灰陶较少。纹饰以线纹、绳纹为主，其他纹饰有弦纹、方格纹、指窝纹、戳纹和附加堆纹，以及部分磨光、素面陶。陶器的制作，除鬲和甗的袋足系模制外，余皆为泥条盘筑，大多数器物口沿经过慢轮修整。主要器类有分裆袋足鬲、分裆甗、盆、豆、瓶、簋、折肩罐、尊、瓮等。其中鬲与甗是其代表性器物，时代特征明显。陶鬲分为两类：一类为高领乳状袋足鬲，三足连接处内隔较高；另一类是数量甚少的瘪裆鬲（联裆鬲），裆间微内凹。甗的上部为甑，下接分裆袋足鬲。此外，在遗址铜器窖藏中曾出土2件铜鼎和1件铜甗，鼎出土时尚有烟炱，质料为红铜，为典型的商代铜器。

四是精神生活情况。卜骨在遗址中比较常见，是其宗教信仰遗物。所用骨料绝大多数是牛的肩胛骨，个别用马骨或其他兽骨。加工粗简，未去骨臼，削平脊根略加磨平即行使用。卜骨上有圆钻和灼而无凿，钻往往施于脊根的一面，另一面罕见。灼的位置则在无脊根的一面。在众多的卜骨中，发现 8 片有文字或符号或其他刻画标记。有的刻画符号被读为"天"[]（标本 H131:15）或"周"（标本 H302:12），如图 1-1 所示：

（标本 H131:15） （标本 H302:12）

图 1-1 有刻画符号的卜骨

此外，还有数量不多的陶文或符号，多刻画于陶器的外壁，以单个形式存在，两个或多个字连书的情况较为少见。有的陶文或符号还见于甲骨文和商周铜器铭文，具有明显的相似性或相承性。

五是墓葬情况。遗址只发现小型墓，一般成片分布。主要为土坑竖穴墓，个别为偏洞室墓。葬具主要为木棺，个别墓用石板围成石棺，也有用席子作葬具的墓葬。每墓葬一人，葬式有俯身（男性）、仰身（女性）两种。部分墓葬每两座一组并穴而葬，人骨或均为男性，或均为女性，或一男一女，前两种情形当反映血缘的同一，最后一种情形应是姻亲关系。绝大多数墓葬没有随葬品，有随葬器的也只有一件鬲或一件豆，随葬两件陶器者极少。随葬陶鬲，大多为分裆袋足鬲，个别为联裆鬲，极少数墓还有铜镞、铜铃等。

从上述情况来看，遗址地穴窑洞、半地穴建筑较为简陋，地面建筑数量虽少，却有较高的建筑规格和质量；墓葬均为小型墓，随葬陶器较少，但铜器窖藏的发现，显现出个别特权家族的存在。这说明当时出现了社会分化和等级，成为公刘以后早期国家存在的社会基础。农业工具以石铲、石刀为主，数量较少，农作物品种只发现高粱一种，看来农业并不发达，周人"彻田为粮"恐怕只限于长期定居的农耕家族。而食余的牛、羊等残骨的大量发现，可见畜牧业的繁盛，甚至可能是周人与戎狄混居状态下的主要生产方式。生活用具以陶制鬲、罐、盂和瓮等最为常见，乳状袋足鬲和瘪裆鬲一直并存发展，但前者大大多于后者，似乎也是周人戎狄化生活方式的反映。卜骨和葬俗具有较为浓厚的宗教思维色彩，卜骨和陶器上的文字或符号不仅映射出周人的精神生活，也是社会文明与进步的重要标志。周人居豳时代的国家与社会，经过数百年的发展，正大踏步走向一个充满生机与活力的新世界。

第三节　从迁都周原到东徙丰镐

商王武乙统治时期，周部族在古公亶父的率领下，从豳地迁都岐下，结束了持续三百多年的居豳时代，开始踏上"实始翦商"的新征程。一百多年后，文王、武王迁都丰镐，终于拉开了东进中原、灭商兴周的历史大幕。

一、周人迁岐的战略指向

《诗·大雅·绵》云："古公亶父，来朝走马。率西水浒，至于岐下。"古公亶父《史记》有时称为"古公"。然据清人崔述考证，古公非号，"古犹昔也"[1]。故古公亶父应名公亶父，如公刘、公非、公祖叔类、公季然。所谓"公"者，也不是一般意义上的尊称，当是周族首领的专名[2]。文王称王以后，"追尊古公为太（大）王，公季为王季"[3]，从此周族首领的称号为之一变，已有与商王争天下的政治意味了。

（一）公亶父何以迁岐

周人居豳，立国既久，根基必固，到公亶父时何以南迁周原？先贤于此

---

1 （清）崔述：《崔东壁遗书》，上海古籍出版社，1983，第165页。

2 杜勇：《清华简与古史探赜》，科学出版社，2018，第273页。

3 《史记·周本纪》，中华书局，1959，第119页。又《礼记·大传》说："（武王）追王大王亶父、王季历、文王昌，不以卑临尊也。"《中庸》说："周公成文武之德，追王大王、王季，上祀先公以天子之礼。"可见追加古公、公季王号者或文王、或武王、或周公，说法不一。然据《天亡簋》铭称"衣祀于王丕显考文王"，可证武王时始定文王谥号，故追号太公、王季者亦当以武王为是。

有说，以为是避狄之患。《孟子·梁惠王下》云：

> 昔者大王居邠，狄人侵之，去之岐山之下居焉。非择而取之，不得已也。[1]

该篇孟子又说："惟智者为能以小事大，故太王事獯鬻。"知侵周的狄人为獯鬻，或作薰育，又称昆夷、犬戎、猃狁，为西戎之一部。孟子把公亶父迁岐的原因归为"狄人侵之"，认为这不是有其目的的主动选择，而是一种迫不得已的举措。具体情况《孟子·梁惠王下》又说：

> 昔者大王居邠，狄人侵之。事之以皮币，不得免焉；事之以犬马，不得免焉；事之以珠玉，不得免焉。乃属其耆老而告之曰："狄人之所欲者，吾土地也。吾闻之也：君子不以其所以养人者害人。二三子何患乎无君？我将去之。"去邠，逾梁山，邑于岐山之下居焉。邠人曰："仁人也，不可失也。"从之者如归市。[2]

孟子说太王以皮币、犬马、珠玉服事狄人，均不能免遭狄人侵扰。狄人所要的不只财物，还有土地。太王以为土地是养人之物，不能因为此养人之物给所养之人带来祸害。于是召集邠地的长老，决定放弃土地，离开邠邑。至于邠地百姓，不必患乎无君，也可以狄人为君，继续在此生活。邠人以为太王是仁德之人，皆从之迁往岐下。孟子这个说法，深得司马迁采信，并据《庄子》等略加改写和补充，载入《史记·周本纪》曰：

> 古公亶父复修后稷、公刘之业，积德行义，国人皆戴之。薰育戎狄攻之，欲得财物，予之。已复攻，欲得地与民。民皆怒，欲战。古公曰："有民立君，将以利之。今戎狄所为攻战，以吾地与民。民之在我，与其在彼，何异？民欲以我故战，杀人父子而君之，予不忍为。"乃与私属遂去邠，度漆、沮，逾梁山，止于岐下。邠人举国扶老携弱，尽复归古公于岐下。及他旁国闻古公仁，亦多归之。[3]

经司马迁改写过的文字，细节有异，大意略同，而且更加突出公亶父"立君利民"的政治情怀。但他对太王迁岐的根本原因，仍持孟子的主张："戎狄攻大王亶父，亶父亡走岐下。"[4]于是这种看法千百年来陈陈相因，于今犹行。

1 《孟子·梁惠王下》，（清）阮元校刻：《十三经注疏》，中华书局，1980，第2681页。

2 《孟子·梁惠王下》，（清）阮元校刻：《十三经注疏》，中华书局，1980，第2682页。

3 《史记·周本纪》，中华书局，1959，第113—114页。

4 《史记·匈奴列传》，中华书局，1959，第2881页。

然而，细加思量，在戎狄侵周的情况下，太王不论是因为"不以所以养人者害人"，还是不忍"杀人父子而君之"，都不是高明的说辞。孟子以为"智者以小事大"是畏天者也，"畏天者保其国""后世子孙必有王者矣"[1]。孟子堪称雄辩家，他把太王避让狄人说得很智慧，很仁善，乃至其子孙得建王者之业。然细思之，太王在部族遭受侵犯和危难时，以财物与狄人和解不成，便弃其家园和百姓，只带少数亲属避祸远走，并未彰显其心怀正义而敢于担当的人格魅力，也不像一位胸怀远大抱负的部族领袖。所谓"仁君"，倒像是一位没有责任感的弱君，周之为国也只是一个不堪一击的弱国。此与周人眼中公亶父的形象全然不同："实维大王，居岐之阳，实始翦商。至于文武，缵大王之绪。"[2]周人认为灭商大业始于公亶父，并追尊他为"大王"，盛赞"王瑞自大王兴"[3]，证明他不是一个无所作为的弱君。而商王武丁屡有伐周之举，说明与殷人处于对立状态的周邦亦非弱国。可见孟子为了倡导仁政说，把太王迁岐的原因单纯说成远避戎祸，与事实显有距离。

周人居豳时期，与戎狄有某种政治上的摩擦或冲突，这是难免的，恐怕也不限于公亶父为君之时。戎狄的侵扰对周族的生存与发展当然是不利的，但要说已达到严重影响居豳立国的程度，恐未必然。从甲骨卜辞可知，周人屡遭殷人征伐，戎狄不过是帮凶而已。武丁卜辞有云：

（1）己卯卜，殸，贞令多子族从犬侯璞周，叶王事。（《合集》6812正）

（2）贞令多子族眔犬侯扑周，叶王事。（《合集》6813）

（3）……以多［子族从］仓侯璞周，叶王事。（《合集》6817）

（4）贞令旃从仓侯璞周。（《合集》6816）

（5）册（🔲）弗戋周。（《合集》6825）

（6）癸巳卜，其克戋周。（《合集》20508）

（7）……弗敦周。（《合集》6824）

（8）周弗其擒犬。（《怀》303）

卜辞所言周侯，有人以为不是姬周，而是另外一个周国[4]，或姜族所建姜嫄

1 《孟子·梁惠王下》，（清）阮元校刻：《十三经注疏》，中华书局，1980，第2675、2681页。

2 《诗·鲁颂·閟宫》，（清）阮元校刻：《十三经注疏》，中华书局，1980，第615页。

3 《史记·周本纪》，中华书局，1959，第119页。

4 杜正胜：《古代社会与国家》，允晨文化实业股份有限公司，1992，第298页。

国[1]。原因是周民族之称周"实自太王迁岐后始"[2]。这是不正确的。《史记·匈奴列传》云:"亶父亡走岐下,而豳人悉从亶父而邑焉,作周。"这里的"作周"与上一句的"邑"字相照应,是指在岐下兴建周人之邑。晋皇甫谧却错误地理解为"邑于周地,故始改国曰周"[3]。姬周之称周,不自公亶父始。碾子坡遗址和断泾遗址都发现陶文"周"字,由于或为四竖道,或为四横道,与通常所见三竖道和三横道的陶文"周"字有别,有的学者以为那不是"周"字[4]。陶文出自文化程度不高的制陶工匠之手,字形不像当时高级知识分子契刻卜辞或铸造金文那样规范,但不必怀疑,其字为"周"(表 1-2)。更重要的是,周人迁居周原地区之前,由于周原地区有京当类型商文化的族群居于此地(说详后),其地不可能以周名之。因此周原之周是只能沿袭姬周族在豳地的称呼而来[5]。武丁卜辞所见之"周"应指姬周族,不宜以他国视之。

表 1-2 陶文、甲骨文、金文、石文所见"周"字比较表

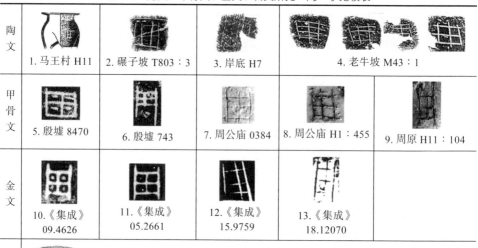

陶文	1. 马王村 H11	2. 碾子坡 T803:3	3. 岸底 H7	4. 老牛坡 M43:1		
甲骨文	5. 殷墟 8470	6. 殷墟 743	7. 周公庙 0384	8. 周公庙 H1:455	9. 周原 H11:104	
金文	10.《集成》09.4626	11.《集成》05.2661	12.《集成》15.9759	13.《集成》18.12070		
石文	14. 周原石砚					

资料来源:雷兴山:《先周文化探索》,科学出版社,2010,第 256 页

1 徐中舒:《周原甲骨初论》,《川大史学·徐中舒卷》,四川大学出版社,2006。

2 齐思和:《西周地理考》,《中国史探研》,河北教育出版社,2000,第 71 页。

3 《史记·周本纪》集解引,中华书局,1959,第 114 页。

4 雷兴山:《先周文化探索》,科学出版社,2010,第 255 页。

5 尹盛平:《周原文化与西周文明》,江苏教育出版社,2005,第 106 页。

上引卜辞中的"璞周""戋周""敦周",都是用兵攻伐周人之意[1]。主持伐周的是殷人"多子族",即殷人子姓宗族的部队,有时为殷人派出的将领。而跟随伐周的有犬侯、仓侯和册族。其中的"犬"族,陈梦家认为即"周人所谓畎夷、昆夷、犬戎",且"犬侯是其长"[2]。从甲骨文"贞犬侯以羌"(《屯南》[3]2293)的情况看,犬与羌相近,同居西方,是犬戎的可能性很大。犬族(獯鬻)侵周,背后与殷人的指使与策动有关。这是商王朝为了平衡诸族关系,防其坐大,相互制约使为臣属的一种政治手段,因而卜辞也有"周弗其擒犬"即擒获犬族的记录。所以周人与狄人的矛盾是表面的、浅层的,与殷人的矛盾才是实质的、根本的。虽然经过殷人征伐,迫使周人臣服和效忠于商,甚至相互间还有婚媾关系,或殷王"妇周"(《合集》22264),或"妃中周妾"(《花东》[4]321/5)即殷女为周君之妻[5],但殷周之间的矛盾始终存在。后来太王之子季历被文丁杀害,即是这种矛盾发展到白热化的结果。这种形势或许一般族众不易觉察,作为政治领袖的公亶父当有深切的感知。迁都岐下,以求有利的发展空间,退则自强,进则翦商,即是太王公亶父从根本上解决殷周矛盾所采取的办法。只是豳地立国已久,族人安土重迁,阻力甚大,动员工作不是一件容易的事。故公亶父在策略上以眼前戎狄之患为由,坚决实施迁都之策。尽管受到族人强烈反对,认为豳地是祖宗传下来的基业,表示"效死勿去"[6],也不能动摇太王的决心,他坚持"以私属遂去豳",这才使得周族得以南迁。

迁都周原若只视为避狄之举,无疑是低估了太王公亶父的战略眼光。看看周原的地理位置,即可明白个中原委。周原位于关中平原的西部,"北倚崔嵬的岐山,南临滔滔的渭河,千河逶迤经过西侧,漆水河蜿蜒纵贯东面,包

---

1 此"璞"从唐兰之释,即扑伐、打击之义。也有学者释为"翦",其意相同。参见刘钊:《利用郭店楚简字形考释金文一例》,中国古文字研究会、中山大学古文字研究所编:《古文字研究》第24辑,中华书局,2002。

2 陈梦家:《殷虚卜辞综述》,中华书局,1988,第294页。

3 中国社会科学院考古研究所编:《小屯南地甲骨》,中华书局,1980。《屯南》即《小屯南地甲骨》的简称,下引不另注。

4 中国社会科学院考古研究所:《殷墟花园庄东地甲骨》,云南人民出版社,2003。《花东》即《殷墟花园庄东地甲骨》的简称,下引不另注。

5 曹定云、刘一曼:《殷墟花园庄东地出土甲骨卜辞中的"中周"与早期殷周关系》,《考古》2005年第9期。

6 《孟子·梁惠王下》,(清)阮元校刻:《十三经注疏》,中华书局,1980,第2682页。

括凤翔、岐山、扶风、武功四县的大部分，兼有宝鸡、眉县、乾县、永寿四县的小部分，东西延袤七十余公里，南北宽达二十余公里"[1]，地域广袤，沃野连绵，地理优势十分明显。一则，周原北有岐山，南界渭河，渭河之南是险峻的终南山，都是有险可凭的天然屏障。西边陇山、千山脚下的汧水河谷下切深陡，通行不便。东部虽不环山，犹有漆水阻隔。这样，周原构成三面环山、东部开张、攻守可据的一个独立的地理单元，自是建都立国的优选之地。二则，周原广漠，地势平衍，土壤肥沃，气候温和，雨量比较充沛，适于农耕。《诗·大雅·绵》云："周原膴膴，堇荼如饴"，即称周原土地肥美，连生长的苦菜都甜如饴糖。这种不经意流露的喜悦心情，正反映了周人迫切发展农耕的渴望。太王"乃贬戎狄之俗"，且"复修后稷、公刘之业"[2]，把发展农耕作为根本国策，自与增强军事力量、东进翦商的战略目标有关。所以周人到达周原后，"乃疆乃理，乃宣乃亩。自西徂东，周爰执事"[3]，立即将发展农业提上议事日程。三则，周原具有优越的水陆交通环境，构成周人东进中原的有利条件。平原上的陆路交通易于整治。"柞棫拔矣，行道兑矣。"[4]即通过拔除柞棫一类树木，使交通要道畅通无阻。而水上交通亦称便达。早在公刘迁豳时，就曾"涉渭为乱，取厉取锻"，说明渭河早就具备航运条件。春秋时期，秦国为救晋国灾荒，运输粟米的船只，从陕西凤翔到山西翼城连绵不绝，足见汾渭流域水运交通的便利。周原这些优越的自然条件，是地域狭小的豳地远不可比的。没有长远的战略眼光，不经深思熟虑，即使戎祸为烈，也不会做出这样的选择。前人谓"地利之美者足以王"[5]，即认识到周原地理优势的重要性。

周人迁岐时，军事力量强大，没有消极避狄的理由。汉伏生《书传·略说》云："大王亶甫（父）……过梁山，邑岐山。周人束修奔而从之者三千乘，一止而成三千户之邑。"[6]"三千乘"数目偏大。《孟子·尽心下》云："武王之伐殷也，革车三百两，虎贲三千人。"《史记·周本纪》亦作"戎车三

1 史念海：《周原的变迁》，《河山集（二集）》，生活·读书·新知三联书店，1981，第214页。
2 《史记·周本纪》，中华书局，1959，第114、113页。
3 《诗·大雅·绵》，（清）阮元校刻：《十三经注疏》，中华书局，1980，第510页。
4 《诗·大雅·绵》，（清）阮元校刻：《十三经注疏》，中华书局，1980，第511页。
5 （清）方玉润：《诗经原始》，李先耕点校，中华书局，1986，第481页。
6 《诗·大雅·绵》疏引，（清）阮元校刻：《十三经注疏》，中华书局，1980，第509页。

百乘，虎贲三千人。"《战国策·赵二》云："汤、武之卒不过三千人，车不过三百乘。"与此相较，太王迁岐不可能达到三千乘，当为三百乘之误。据西周厉王时禹鼎铭文，当时武公率领"公戎车"伐鄂，"百乘，斯驭二百，徒千"（《集成》2833），则一乘平均十二人。太王时或如周初武王伐纣，编制为一乘十人，则三百乘当有兵力三千人。以一户一人承担兵役计，三千人来自三千户，适与后文"一止而成三千户之邑"相应。既曰一止成邑，三千户应该不是周族当时的全部人口。不过，即使以岐邑三千家论，已是一个相当可观的数字了。《战国策·赵策三》记赵奢说："且古者，四海之内，分为万国。城虽大，无过三百丈者；人虽众，无过三千家者。"岐邑始建即有三千家，已非一般邦国都邑可比。人口多少在当时是国力强弱的体现，同时亦需相应的地理空间作为生存与发展的必要条件。所以从地域狭小的豳地迁往广袤的周原，自是富有战略眼光的上佳选择。

春秋时期卫国遭戎狄入侵，败逃中只有"卫之遗民男女七百有三十人，益之以共、滕之民为五千人"[1]，连自建新都的能力也丧失了。后由齐桓公率"诸侯城楚丘而封卫"[2]，始得续其国祚。而太王迁岐并无败亡之征，相反是一番兴旺发达的景象。《诗·大雅·绵》云：

乃召司空，乃召司徒，俾立室家。其绳则直，缩版以载，作庙翼翼。

捄之陾陾，度之薨薨，筑之登登，削屡冯冯。百堵皆兴，鼛鼓弗胜。

乃立皋门，皋门有伉。乃立应门，应门将将。乃立冢土，戎丑攸行。[3]

诗中说"爰及姜女，聿来胥宇"，是说太王与妻子太姜一道来勘查房址，精心擘画。派司空、司徒亲执其事，以建室家。司空掌管工程营建，司徒掌管土地人口和役夫征调，故营建岐邑成为司空、司徒所应承担的职责，"曰时曰止，筑室于兹"。或精心筹划，或契龟占卜，整个过程制画昭然，有条不紊。岐邑不仅建有百姓居住的屋舍，使其摆脱"陶复陶穴"的穴居状态，而且建有宗庙、大社（冢土）和门朝巍然的宫殿。周人从迁居周原至奄有天下，一

1　《左传·闵公二年》，（清）阮元校刻：《十三经注疏》，中华书局，1980，第1788页。

2　《左传·僖公二年》，（清）阮元校刻：《十三经注疏》，中华书局，1980，第1791页。

3　《诗·大雅·绵》，（清）阮元校刻：《十三经注疏》，中华书局，1980，第510—511页。

直实行三门三朝制度，皋门为外朝之门，应门为内朝（治朝）之门，路门为燕朝（寝宫）之门[1]。宫殿的皋门雄伟，应门威严，显现出岐邑作为周人政治中心的高等级聚落地位。"百堵皆兴"的施工场面，热火朝天。铲土声、填土声、夯筑声与节奏分明的鼓声跌宕起伏，不绝于耳，充溢喜悦期盼之情，毫无安危存亡之状。岐邑建成，城内宫室威严，周边道路通畅，欣欣向荣，威德大张。戎狄望而却步，不敢来犯。《诗·大雅·绵》又云：

> 肆不殄厥愠，亦不陨厥问。柞棫拔矣，行道兑矣。混夷駾矣，维其喙矣。[2]

孟子曾称："文王事昆夷"，又说："肆不殄厥愠，亦不陨厥问。文王也。"[3]诗家多从之，以此为文王事。其实，本章承上文兴建岐邑而来，应如朱熹所说"言太王虽不能殄绝混夷之愠怒，亦不陨坠己之声闻"[4]。太王至岐，不仅修建城邑，而且拔除柞棫，使林木深阻的道路交通畅行无碍，以便对混夷来犯实施有力还击。混夷见太王威德日盛，只得奔逃远遁。本章最后两句，《说文》解"呭"引作"犬夷呭矣"。段注："《大雅》：'混夷駾矣，维其喙矣。'合二句为一句，与日部引'东方昌矣'相似。混作犬，喙作呭，盖亦用《三家诗》。"可见混夷又作犬夷。郑玄注《尚书大传》亦云："犬夷，昆夷也。《诗》曰：昆夷喙矣。"[5]混夷又作串夷。《诗·大雅·皇矣》亦言太王迁岐后，"帝迁明德，串夷载路"。毛传："串，习。"郑笺："串夷即混夷，西戎国名也。"清马瑞辰释之曰："《传》以串即贯字之假借，故以习释之，未若《笺》谓串夷即混夷为允。串即毌之隶变，贯、毌古今字，昆、贯双声，犾与昆、贯亦双声，故知串夷、混夷为一，皆犾夷之假借。或又省作犬夷，皆一声之转。"[6]所谓"串夷载路"，也是说混夷疲败而逃。武丁卜辞有"毌弗戋周"，"毌"或释作串，陈梦家以为就是"串夷"[7]。卜辞有"犬"族，"毌"是否为

1　参见杜勇：《清华简与古史探赜》第6章第2节，科学出版社，2018。

2　《诗·大雅·绵》，（清）阮元校刻：《十三经注疏》，中华书局，1980，第511页。

3　《孟子·梁惠王下》，（清）阮元校刻：《十三经注疏》，中华书局，1980，第2674页；《孟子·尽心下》，（清）阮元校刻：《十三经注疏》，中华书局，1980，第2775页。

4　朱熹：《诗经集传》卷6《大雅三·绵》，《景印文渊阁四库全书》第72册，商务印书馆，1986，第862页。

5　（汉）伏生撰、（汉）郑玄注、（清）孙之骒辑：《尚书大传》卷2，《景印文渊阁四库全书》第68册，商务印书馆，1986，第400页。

6　（清）马瑞辰：《毛诗传笺通释》，陈金生点校，中华书局，1989，第843页。

7　陈梦家：《殷虚卜辞综述》，中华书局，1988，第294页。

其别称，有待探考。

总之，太王自豳迁岐，固然一定程度上与避狄患有关，但这只是浅表性因素，更深层次的原因是为了寻求新的发展空间，以便在与殷人日渐激烈的矛盾和对抗中自强图存，进而实现兴周灭商的战略目标。清人方玉润称太王迁岐为"王迹所自始"[1]，不是没有道理的。

（二）太王所建岐邑寻踪

古公亶父迁往岐下的时间是明确的，即晚商武乙之时，考古学上为殷墟文化三期后段。《后汉书·西羌传》云："及武乙暴虐，犬戎寇边，周古公逾梁山而避于岐下。"岐下即周原，广义指关中平原西部，狭义则为岐山主峰箭括岭以南区域。此即《诗·鲁颂·閟宫》云："实维大王，居岐之阳。"

太王迁岐的路线，不少学者以《诗·大雅·绵》言之："民之初生，自土沮漆。""自土沮漆"是追述公刘初兴之迹，故谓"民之初生"，此与太王迁岐路线无关。《诗·大雅·绵》云："古公亶父，来朝走马，率西水浒，至于岐下"，此"水浒"之水，是当时豳地南北流向的漆水，不是梁山之南的漆水。《史记·周本纪》说古公亶父"乃与私属遂去豳，度漆沮，逾梁山，止于岐下"是正确的，并未颠倒路程的次序[2]。

关于太王所居岐邑的地望，最早有所说明的是《汉书·地理志上》云："美阳，《禹贡》岐山在西北。中水乡，周太王所邑。"《说文》亦云："郂（岐），周文王（今按：当为太王）所封，在右扶风美阳中水乡。"《左传·昭公四年》言："成有岐阳之蒐"，西晋杜预注："岐山在扶风美阳县西北。"东晋徐广说："（岐）山在扶风美阳县西北，其南有周原。"[3]汉晋时期，岐下周原既在美阳县西北，则美阳治所须加考订。《后汉书·梁慬传》谓其引兵击羌，"转战武功美阳关"。李贤注："美阳，县名，故城在武功县北七里。于其所置关。"《通典》亦谓美阳在武功旧县（今武功镇）北七里[4]，宋王应麟《诗地理考》采其说[5]，《太平寰宇记》误作西七里。至于《读史方舆纪要》《大清一统志》说在武功西北二十五里，雍正《陕西通志》说美阳在扶风县北二十五里

1（清）方玉润：《诗经原始》，李先耕点校，中华书局，1986，第481页。

2 史念海：《周原的变迁》，《河山集（二集）》，生活·读书·新知三联书店，1981。

3《史记·周本纪》正义引，中华书局，1959，第114页。

4（唐）杜佑：《通典》卷173《武功》，王文锦等点校，中华书局，1988。

5（宋）王应麟：《诗地理考》卷4《周原》，《景印文渊阁四库全书》第75册，商务印书馆，1986。

崇正镇（今法门镇）[1]，均不靠谱，关键在于没有理清美阳与武功间在名义变化上带来的纠葛。美阳县治在汉晋时期一直未变，但武功县治却是一迁再迁。西汉武功县在今陕西眉县东境，东汉迁至废蟗县（今武功镇西南二十二里）。北魏太和十一年（487年），武功县易名美阳，美阳故城（即今武功镇）则改为武功郡治。北周天和四年（569年），"美阳还旧理"，即又迁回武功郡治，"建德三年省郡，别立武功县于中亭川"[2]。所谓"别立武功县"，实际就是调整行政机构，将美阳县易名武功，从此美阳不再作为县名，仅其故城存焉。雍正《陕西通志》未明这个变化过程，提出崇正镇曾为美阳县治，了无根据，不足凭信。唐代美阳故城与当时武功县城相距七里，并不算远，大体可视为同一个地方。

但是，汉晋时期的美阳县辖境甚大，包括今岐山、扶风乃至武功县一部分，故"美阳西北"很难对岐下周原给予准确定位。"中水乡"为美阳县小地名，是可以确定太王岐邑的真正坐标，可惜文献鲜有记载。《水经注》卷十八《渭水》提供了仅有的线索：

> （岐水）迳岐山西，又屈迳周城南，城在岐山之阳而近西，所谓居岐之阳也。非直因山致名，亦指水取称矣。又历周原下，北则中水乡成周聚，故曰有周也。……岐水又东迳姜氏城南为姜水……东注雍水。雍水又南，迳美阳县之中亭川，合武水。[3]

在这里，郦道元强调岐山不只因山得名，亦是指水取称，同时还提到岐水、姜水、雍水经过的几处重要地名，依次是岐山—周城—周原（北为中水乡）—姜氏城—美阳县（中亭川）。其中周城在"岐山之阳而近西"，周原在周城之东，相距不远，而美阳更在周原的东南方向。周原北部的"成周聚"是中水乡的聚邑名，即太公岐邑所在，也是"有周"的发祥地。但"中水乡成周聚"的位置仍然无法确定，弄清与之相近的周城地望或许有助于问题的解决。

《后汉书·郡国志》说："美阳有岐山，有周城。"是知周城在汉代只是美阳县境内的一个小地名。西晋皇甫谧认为，此周城即"周太王所徙，南有周原"[4]。这个说法与《汉书·地理志》所言中水乡为"周太王所邑"有异，《水

---

1 雍正《陕西通志》卷3《美阳》，《景印文渊阁四库全书》第551册，商务印书馆，1986。

2 （宋）乐史：《太平寰宇记》卷27《关西道三》，王文楚等点校，中华书局，2007，第584页。

3 （北魏）郦道元著、陈桥驿校证：《水经注校证》，中华书局，2007，第442页。

4 《后汉书·郡国志一》注引《帝王世纪》，中华书局，1965，第3407页。

经注》不予取信，坚持认为周城与中水乡是两个不同的地方。但《括地志》云："故周城一名美阳城，在雍州武功县西北二十五里，即太王城也。"[1]《太平寰宇记》同其说，均误。清人高士奇据《水经注》力辩其非。他说：

> 周城、美阳画然二地矣。周城即指岐阳，今岐阳在岐山县之东境，与武功之美阳相去甚远，中间尚隔扶风一县。汉时美阳之境甚广，扶风正为美阳地，故岐亦得在其西北耳。安得混为一地乎？杜佑《通典》云：美阳，治中水乡，城西即中亭川，尤谬。盖中水乡与周城本相近，故班固即以为太王邑，理可通矣。《隋志》魏有周城县，后周废。今不知其处与此无涉。王祎《（谒）周公庙记》曰：周城今为岐阳镇，遗址犹存，广袤七八里，四围皆深沟，南有周原。然则周城、周原固确有其地，无容混指矣。[2]

高氏据《水经注》《谒周公庙记》等文献，指出周城即岐阳而非美阳，是可信的。东汉时，周城为美阳属地，北魏太平真君六年（445年）设周城县，到北周天和四年（569年）又割泾州鹑觚县之南界在此设三龙县，于是周城县废。隋开皇十六年（596年），三龙县迁至今岐山凤鸣镇，易名岐山县。原三龙县址在唐贞观七年（633年）复设岐阳县，"割扶风、岐山二县置，以在岐山之南，因以名之"。县治"至府（按即凤翔府）一百里"[3]。唐元和三年（808年），"以其地复入岐山、扶风二县"[4]，岐阳县废，后为岐阳镇，今为岐山县祝家庄镇所属行政村。可见高士奇对周城（岐阳）地望的考订是很正确的。只是他并未循着《汉书·地理志》和《水经注》的思路，把周城以东的中水乡作为岐邑的所在地，而是相信皇甫谧以周城为岐邑的说法，认为班固把中水乡说成太王之邑，是由于"中水乡与周城本相近"，理亦可通。比高士奇略早的顾祖禹也认为，岐阳废县即"周太王居岐之阳，即此处也"[5]。也是不对的。太王所迁岐邑，还是应该依据《汉书·地理志》和《水经注》在周城（岐阳）以东去寻找。

1 《史记·周本纪》正义引，中华书局，1959，第111页。
2 （清）高士奇：《春秋地名考略》卷1《周》，《景印文渊阁四库全书》第176册，商务印书馆，1986年，第489—490页。
3 （唐）李吉甫：《元和郡县图志》卷2《关内道二·岐阳县》，贺次君点校，中华书局，1983，第42页。
4 （宋）乐史：《太平寰宇记》卷30《关西道六》，王文楚等点校，中华书局，2007，第640页。
5 （清）顾祖禹：《读史方舆纪要》，贺次君、施和金点校，中华书局，2005，第2639页。

在岐阳村及其以东地区，考古工作者做过大量考古调查和发掘，最后确定在今岐山、扶风两县的北部，大致包括扶风县的法门镇和岐山县的京当镇[1]，东西宽约 6 公里，南北长约 5 公里，总面积约 30 平方公里的范围为周原遗址。这不仅符合文献记载的方位，而且可与大量考古资料相印证。

周原遗址自汉代以来，就不断有青铜器窖藏出土，大丰簋、大小盂鼎、禹鼎、毛公鼎、裘卫四器、史墙盘等重器均出土于此[2]。周原遗址的田野考古工作始自 20 世纪 40 年代。1942 年，中央研究院历史语言研究所石璋如就曾调查过岐山县岐阳堡仰韶文化遗址，认为这里可能是太王所迁周都的地方[3]。之后的考古调查与发掘断续进行，收获不大。到了 20 世纪 70 年代以后，情况才大有改观。

1974 年 12 月，扶风强家村发现一处青铜器窖藏，出土师𫊸钟、即簋等重要铜器。1975 年 2 月，扶风董家村发现一处青铜器窖藏，清理出裘卫四器、㒼匜等著名铜器。1976 年 2 月，周原考古队开始对岐山凤雏村，扶风召陈村、云塘村同时进行考古发掘，取得重大考古成果。凤雏西周甲组建筑基址，有前院、影壁、门堂、前堂、过廊及后院、后室和东西厢房，并外有围墙是一座整体性宫室建筑，还在西厢房二室 H11 中出土了大批卜甲和卜骨。从物质文化上证明周人的早期都邑就在以凤雏村为中心的一片地区，在考古学上具有非同寻常的意义[4]。召陈遗址发掘建筑基址 15 座，有的建筑面积达到二三百平方米，规制亦极宏伟[5]。扶风云塘村西周制骨作坊遗址仅发掘 350 平方米，即出土两万多斤废骨料和大量半成品，还有铜锯、铜刀、铜钻和砺石等制骨工具。1976 年 12 月，在扶风庄白村一处西周青铜器窖藏，出土铜器 103 件，有铭文者达到 74 件，史墙盘即其中之一。1979 年以后，周原大规模的考古发掘告一段落，随后转入零星发掘状态。1982 年春，周原考古队对扶风刘家墓地进行发掘，共清理了以随葬高领袋足鬲和偏洞室墓圹为主要特征的先周时期墓葬 20 座[6]。这在周原地区是第一次发现，被认为是姜戎

1　史念海：《周原的变迁》，《河山集（二集）》，生活·读书·新知三联书店，1981；陈全方：《早周都城岐邑初探》，《文物》1979 年第 10 期。

2　陈全方：《早周都城岐邑初探》，《文物》1979 年第 10 期。

3　石璋如：《传说中周都的实地考察》，《中央研究院历史语言研究所集刊》1948 年第 20 本。

4　陕西周原考古队：《陕西岐山凤雏村西周建筑基址发掘简报》，《文物》1979 年第 10 期。

5　陕西周原考古队：《扶风召陈西周建筑群基址发掘简报》，《文物》1981 年第 3 期。

6　陕西周原考古队：《扶风刘家姜戎墓葬发掘简报》，《文物》1984 年第 7 期。

墓葬。

以上考古发掘收获很大，但除刘家姜戎墓地外，基本属于西周遗存，甚至多为西周中晚期遗存。这就意味着真正属于克商前的先周文化尚未发现。1996、1997 年，为了配合夏商周断代工程，陕西省考古研究所（今陕西省考古研究院）对王家嘴遗址进行了两次发掘。发掘者通过层位关系和考古类型学的分析，将该遗址的先周文化遗存划分为三期 6 段，起讫时间大体相当于殷墟一期至四期或稍晚。这是周原地区首次明确以先周文化为研究目的的考古工作[1]。自 1999 年开始，新组成的周原考古队再次对周原遗址进行了有计划的大规模考古发掘，在王家沟两侧约 6 平方公里的范围内获得了较为丰富的殷商时期考古资料。但是，仍缺乏较高等级的相关遗存，年代也多为商末，因此有的考古学者"对这里是否就是太王迁岐之'岐'的问题产生了怀疑"[2]。于是展开大周原考古调查和周公庙考古发掘，希冀能有新的发现，可以解决早期岐邑的位置问题。可是结果也不理想。周公庙一带的先周遗址最早不过殷墟四期，与太公迁岐的年代多有不合，"今后发现更早的先周遗存的可能性也不大，所以基本上可以排除'岐邑'的可能性"[3]。从目前的考古工作来看，王家沟沿岸的贺家村至王家嘴一带，作为太王岐邑所在地的可能性较大[4]，周原地区先周文化探索还是需要回到这一核心地带上来。

依据周原遗址的王家嘴、贺家村北、礼村北壕、齐家北等地发现的殷商时期考古学文化遗存，考古编年和分期工作得以展开。雷兴山运用典型单位的层位关系，在分析陶器形制和器类组合特征的基础上，进行了系统的分期研究。他"将周原遗址商周时期的考古学文化陶器分为二期 6 段，其中第一期包括第 1、2 段，第二期包括第 3、4、5、6 段。第一期第 1 段的年代大约与殷墟一期相当或稍早。第一期第 2 段的年代为殷墟二期偏早阶段，上限或可至殷墟一期，下限或可至殷墟二期偏晚阶段。第二期第 3、4、5、6 段的上限不早于殷墟二期偏早阶段（或殷墟二期），下限不晚于商周之际。"[5]

1　徐天进：《西周王朝的发祥之地——周原——周原考古综述》，北京大学考古文博学院编：《考古学研究（5）》下册，科学出版社，2003。

2　徐天进：《周公庙遗址考古调查的起缘及其学术意义》，《中国文物报》2004 年 7 月 2 日。

3　徐天进：《周公庙遗址的考古所获及所思》，《文物》2006 年第 8 期。

4　张天恩：《周原早期聚落变迁及周人岐邑的认识》，《文博》2018 年第 2 期。

5　雷兴山：《先周文化探索》，科学出版社，2010，第 62 页。

周原遗址第一期遗存的性质为商文化"京当型",其年代下限不晚于商王祖庚、祖甲之时。而第二期第 3—5 段居址遗址仅限于王家嘴遗址,均以高领袋足鬲与分裆袋足甗为主要器类,而郑家坡文化的主体因素联裆鬲与联裆甗在这里甚为罕见,表明两者不属于同类遗存。第 6 段又可分为 a、b 两小段,第 6a 段与第 3—5 段的文化特征基本相同,应是由其发展而来。第 6b 段居址遗存却是新出现的一类居址遗存,既不同于第 3—6a 段王家嘴类遗存,亦与郑家坡文化有别,可能是"王家嘴类居址与郑家坡文化结合的结果",属于"沣西类文化遗存"[1]。

周原遗址第二期的墓葬有 3 处,即王家嘴墓地、刘家墓地和贺家墓地。相当于周原遗址居址遗存第 3—5 段时的墓葬遗存,可分为两类:一类为王家嘴类;另一类为刘家类。王家嘴类包括王家嘴墓地和贺家墓地,其墓葬特征是竖穴土坑墓,仅随葬一件高领袋足鬲。刘家墓地的特征为偏洞室墓,随葬多件高领袋足鬲、高领袋足罐和折肩罐等。到第 6 段时,王家嘴类墓葬的特征有所变化,出现了随葬联裆鬲的墓葬,似乎也是与郑家坡文化结合的结果。

从上述考古学文化面貌看,王家嘴居址遗存和墓葬遗存与前文所述碾子坡文化表现出相当的一致性,故有学者亦称为碾子坡文化。从文献的对应程度和考古学文化的承续脉络上看,周原遗址从第二期开始即进入先周文化阶段,年代大约始于殷墟文化第三期,与文献所载武乙时期太王由豳迁岐大体对应,把这里作为太王建立的岐邑所在地也与文献合拍。就目前所见考古资料来说,周原遗址商时期遗存尚未发现诸如凤雏、召陈、云塘、齐镇等西周大型建筑遗址,也未发现高等级墓葬,与其作为太王到文王时期周人一百多年的都邑相比,似乎很不相称。这里存在两种可能性,或者真正的岐邑尚未发现,或者王家沟一带并非太王所迁岐邑,均有待考古工作的进一步开展与证实。

二、季历继位与征伐戎狄

古公亶父娶太姜为妃,生有三子,长子太伯,次子仲雍,幼子季历。按照周人的继统法,长子具有优先继承君位的权利,但后来实际继承人却是小儿子季历。由此产生诸多历史纠葛,欲理还乱。

---

1 雷兴山:《先周文化探索》,科学出版社,2010,第243、242页。

（一）季历即位与吴国始源

孔子说："泰伯，其可谓至德也已矣。三以天下让，民无得而称焉。"[1]孔子认为太伯具有崇高的品德，三番五次辞让天下，民众对他的称颂都无法找到恰当的词语来形容。太伯既未继位，如何能以天下让人，最大的可能是他要放弃立储的资格或早已预立的储君之位。《诗·大雅·皇矣》云："帝省其山，柞棫斯拔，松柏斯兑。帝作邦作对，自太伯王季。"这里太伯与王季并提，歌颂他们在迁岐兴邦过程中的重要作用。诗中"作邦作对"，与上章"天立厥配"同义，即立君以配天，或许与当时太伯被立为储君有关。但有的学者认为，这是指太伯从周分出去在晋南建立虞国，季历继承周邦君位，双方成为配对互助的国家[2]。太伯辞让君位，远徙江南，为吴国始祖，恐与晋南虞国无涉。《史记·吴太伯世家》云：

> 太伯、仲雍二人乃奔荆蛮，文身断发，示不可用，以避季历。季历果立，是为王季，而昌为文王。太伯之奔荆蛮，自号句吴。荆蛮义之，从而归之千余家，立为吴太伯。太伯卒，无子，弟仲雍立，是为吴仲雍。仲雍卒，子季简立。季简卒，子叔达立。叔达卒，子周章立。是时周武王克殷，求太伯、仲雍之后，得周章。周章已君吴，因而封之。乃封周章弟虞仲于周之北故夏虚，是为虞仲，列为诸侯。[3]

这段记载可能有言之不实的地方，如是时荆楚尚居中原[4]，势力远未达到江南吴地，不可能有荆蛮千余家从而归之，最多不过有当地土著归服。但总体上仍可信据。此说不仅为《汉书·地理志》所采，而且春秋时人亦每言其事。《左传·僖公五年》宫之奇说："太伯、虞仲，大王之昭也；太伯不从，是以不嗣。"杜预注："不从父命，俱让适吴。"何为"父命"？让人不知就里。《史记·晋世家》称："太伯亡去，是以不嗣。"仅取其意。此"不从"者，当谓"不从太王在岐耳"[5]。《左传·哀公七年》子贡言及吴国称："太伯端委以治周礼，仲雍嗣之。"均以太伯为吴国始祖。这种说法两千多年来一直受到遵信，直至近世始遭怀疑。学者因主周人源起晋南，于是把"太伯不从"说成

1 《论语·泰伯》，（清）阮元校刻：《十三经注疏》，中华书局，1980，第2486页。

2 杨宽：《西周史》，上海人民出版社，1999，第63页。

3 《史记·吴太伯世家》，中华书局，1959，第1445—1446页。

4 杜勇：《清华简〈楚居〉所见楚人早期居邑考》，《中国国家博物馆馆刊》2013年第11期。

5 〔日〕竹添光鸿：《左氏会笺》，巴蜀书社，2008，第417页。

太王西迁岐下，"太伯虞仲未之从也"[1]，颇寓就地建国之意。从此太伯的去向问题丛生疑窦，波澜四起。待宜侯夨簋和夨国铜器发现后，人们更为轻视文献记载，异说纷纭。略加归纳，大致有以下三种意见：

（1）太伯奔于江南说。此说以传世文献为基础，以新见宜侯夨簋相印证，认为虞侯夨在康王时徙封于宜（即铜器出土的江苏丹徒一带）。此为江南吴越之吴，非姬姓北虞。虞侯夨即周章，或周章之孙柯相，周章是吴国事实上的始封之君。[2]

（2）太伯奔于晋南说。此说置文献记载于不顾，认为太伯所奔之地不在吴，而是晋南的虞地（今山西平陆北）。南吴只是北虞的分支，康王时虞侯夨分封到宜，是为吴国的始祖。[3]

（3）太伯奔于汧水说。此说对文献另作诠释，认为汧水流域陇县、千阳一带有大量夨国铜器出土，夨即吴，太伯奔吴即此。武王克商以后徙封其分支，北有虞仲所建虞国，南有虞侯夨所封吴国。[4]

这些意见在给人启迪的同时，也暴露出不少问题，值得进一步讨论。

首先，文献关于太伯奔吴的记载恐怕不能轻易否定。它不仅见于《史记》《汉书》，而且是春秋时期政治家口中常见的说辞，足见其事人所共知。不过，太伯、仲雍此去江南并非劳师远征，扩张周人势力，而是为了成全太王立季历为君的愿望，带领家族远徙谋生，故《汉书·地理志》言其"辞行采药"。他们到达江南后，族居梅里（今江苏无锡），与当地土著共谋生存。后经一百多年的发展，家族日益兴盛，逐渐形成一个政治实体。故武王克商后，封周章为诸侯，吴国正式成立，发展到春秋后期一度成为霸主。这种情况与秦人入周以后，自东徂西，迁往甘肃一带[5]，后来雄起西方，统一天下，

---

1 钱穆：《周初地理考》，《古史地理论丛》，生活·读书·新知三联书店，2004，第45页。

2 唐兰：《宜侯夨簋考释》，《考古学报》1956年第2期；李学勤：《宜侯夨簋与吴国》，《文物》1985年第7期。

3 童书业：《春秋左传研究》校订本，中华书局，2006，第31、214页；杨宽：《西周史》，上海人民出版社，1999，第63页。

4 张筱衡：《散盘考释（上）》，《人文杂志》1958年第3期；张筱衡：《散盘考释（下）》，《人文杂志》1958年第4期；刘启益：《西周夨国铜器的新发现与有关的历史地理问题》，《考古与文物》1982年第2期；尹盛平、田小娟：《芮国的初始地及其改封的推测》，陕西省考古研究院、上海博物馆编：《两周封国论衡——陕西韩城出土芮国文物暨周代封国考古学研究国际学术研讨会论文集》，上海古籍出版社，2014。

5 李学勤：《清华简关于秦人始源的重要发现》，《光明日报》2011年9月8日，第11版；李学勤：《初识清华简》，中西书局，2013，第140—144页。

别无二致，不必为之起疑。

其次，矢、吴、虞三国各有渊源，不宜视为一族之分化。矢与虞音近可通，有叔矢方鼎铭文可证[1]。吴可读作虞，亦见逨盘、同簋、免簠诸铭。不过，即使矢可视为虞的初文，或矢、吴、虞为一字之异构，亦非常态。虞与矢在宜侯矢簋、散氏盘铭文中并出共见，即可说明这个问题。如散氏盘既有矢国，则以国为氏的人名中就不该出现虞丂、虞芳等人名。可见作为国名，矢与虞并不混用。若矢为太伯所奔之吴，则矢国铜器中就不该有"矢王"字样，因为太伯出奔本来就是为了避其君（王）位。若北虞、南吴均从汧水流域的矢国分化而出，北虞由矢改为虞，南吴何以仍称虞侯矢？凡此在逻辑上均不能自洽。可见仅从文字通假上来论证矢、吴、虞的源流关系，没有实例佐证，不免凌空蹈虚，缺乏说服力。

最后，谈谈宜侯矢簋是否吴器的问题。宜侯矢簋之所以被视作吴国之器，除音读上可相通假外，更重要的依据是此器出土于吴地。但青铜器是可以流动的，北虞之器因各种原因流向兄弟之国南吴，不是不可能的，如丰井叔氏家族的铜器流往井氏大宗居邑（今扶风法门镇一带）一样[2]。黄盛璋以为宜侯矢簋为北虞之器，虞侯矢所徙宜地在今河南宜阳[3]，与铭文言称"东国"相应，与"伐商"路线上的"郑"（陕西华县东）和"虞"（山西平陆东北）其地相近，故有王畿内的"王人"可相封授。这都比较符合簋铭的意涵。而江南吴越一带，远在淮夷之南，直至西周厉宣时期尚未真正成为周天子的直接辖境，故宗周钟有"南国"和"我土"的明确区分。在更早的康王时期，江南一带何来"王人十又七姓"和"奠（郑）七伯"来封授虞侯呢？故以宜侯矢簋来说明吴国的始源并不允当。

要之，古公亶父选立季历作为君位继承人，是其迁岐后的重要政治举措。是时周部族正处在发展的关键时期，选立富有才干的贤君比其他任何事情都重要。只有卓越不凡的领袖方可应对复杂的政治局面，促进部族的发展壮大，直至与殷人一搏，奄有天下。尽管选立季历导致太伯、仲雍奔吴，对姬周核心家族力量有所削弱，但事实证明，季历父子相继为君，确然打开了周人发展的新局面。

1　李伯谦：《叔矢方鼎铭文考释》，《文物》2001年第8期。

2　杜勇：《从井氏采邑看西周世卿制度的尊贤功能》，《古代文明》2018年第4期。

3　黄盛璋：《铜器铭文宜、虞、矢的地望及其与吴国的关系》，《考古学报》1983年第3期。

（二）季历对戎狄的征伐

太王迁岐以后，威服周边戎狄，周邦外部环境得到极大改善。季历继位后，周部族自身安危的问题得以解决，便开始了对戎狄大规模的征伐。

古本《竹书纪年》载："武乙即位，居殷。三十四年，周王季历来朝，武乙赐地三十里，玉十㲉，马八匹。"[1]是说季历继位后，前往朝觐武乙，受到优渥的赏赐。玉十对、马八匹已逾常礼，而赏赐土地三十里，更有深意在焉。《礼记·王制》提及天子巡狩说："有功德于民者，加地进律。"此前季历有何功德不可知晓，但自次年始，王季对戎狄展开大规模征伐，应有武乙授命，当不失为合理的推测。据《后汉书·西羌传》注引《竹书纪年》，王季对戎狄的征伐主要有：

（1）武乙三十五年，周王季伐西落鬼戎，俘二十翟王。

（2）太（文）丁二年，周人伐燕京之戎，周师大败。

（3）太（文）丁四年，周人伐余无之戎，克之。周王季命为殷牧师也。

（4）太（文）丁七年，周人伐始呼之戎，克之。十一年，周人伐翳徒之戎，捷其三大夫。

以上《竹书纪年》的内容不仅见于唐代李贤等《后汉书》注，而且也被摘录于《后汉书》中。这在当时可以说是前所未见的新材料。王季首先征伐的是"西落鬼戎"，即文献和卜辞所言之鬼方。《易·既济》云："高宗伐鬼方，三年，克之。"高宗即商王武丁，鬼方此时已成殷人劲敌，武丁力战而克之。武丁卜辞所见"鬼方易"（《合集》8591—8593），也就是说鬼方受到征伐，飞扬而逃[2]。又《易·未济》云："震用伐鬼方，三年有赏于大国。"可能是指周王季伐西落鬼戎，并受到大国殷的赏赐。此役"俘二十翟王"，说明鬼方是由众多部落组成的联合体，其活动范围自非一隅。过去王国维依据盂鼎、梁伯戈诸铭的分析，以为"实由宗周之西而包其东北"[3]，地过偏西。"西落鬼戎"实际是以殷王畿为本位来言其方位的，若在宗周之西，则鬼方不易与商朝发生交集，更难成为商的劲敌了。王玉哲进一步研究认为，商周时期鬼方主要活

1　方诗铭、王修龄：《古本竹书纪年辑证》修订本，上海古籍出版社，2005，第34页。

2　于省吾：《甲骨文字释林》，中华书局，1979，第425页。

3　王国维：《观堂集林（外二种）》，河北教育出版社，2001，第371页。

动于山西中南部[1]，较为合理。从考古发现上看，"以石楼—绥德铜器群为代表的文化不同于商系文化系统的旌介类型，其所代表的族体基本上与商王朝处于敌对状态"[2]。这些与商朝处于敌对状态的族群中，应有鬼方。1983年，在陕西清涧县李家崖村发现一座商周古城址，其文化面貌与中原地区不同[3]，出土三足瓮口沿上刻有"鬼"字陶文[4]，与甲骨文写法大体一致，说明此城址的主人可能就是鬼方的主体，是一个半农半牧的混合族群[5]。由此看来，鬼方大体活动在晋中南与陕东北黄河两岸一带。

燕京之戎，亦为今山西境内的戎狄。《淮南子·坠形训》："汾出燕京。"高诱注："燕京，山名也。在太原汾阳。"《水经注》卷十三《漯水》："漯水又东北流，左会桑乾水……耆老云：其水潜通，承太原汾阳县北燕京山之大池，池在山原之上，世谓之天池。"《元和郡县图志》卷十四《河东道三·静乐县》称，本汉汾阳地，"天池，在县北燕京山上。周回八里，阳旱不耗，阴霖不溢"。又《山海经·北山经》说："管涔之山，汾水出焉，而西流注于河。"则燕京山为管涔山之异名。清徐文靖《竹书统笺》以为燕京之戎居此山，即汾水上游今山西静乐县北一带，应属可信。

余吾之戎，文献又称为"徐吾"或"涂吾"。《汉书·地理志》上党郡有余吾县，《通典》作"徐吾"，在屯留县西北。《左传·闵公二年》载，刘康公"遂伐茅戎"，并"败绩于徐吾氏"，知徐吾氏为茅戎之一部。《山海经·北山经》云："北鲜之山，是多马。鲜水出焉，而西北流注于涂吾之水。"《汉书·武帝纪》称元狩二年（前121年），"马生余吾水中"。是余吾与涂吾可相通假。《水经注》卷十《浊漳水》云："（涑）水出西发鸠山，东迳余吾县故城南……又东迳屯留县故城北。"清王先谦《汉书补注》认为，余吾水即此涑水，余吾在今山西屯留西，可从。

至于始呼、嶨徒二戎，文献无征，地系未详。钱穆据《周礼·职方氏》曰："正北曰并州，其山镇曰恒山，其泽薮曰昭余祁，其川虖池、呕夷，其浸

1　王玉哲：《鬼方考》，《古史集林》，中华书局，2002，第289—308页。

2　李伯谦：《从灵石旌介商墓的发现看晋陕高原青铜文化的归属》，《北京大学学报》（哲学社会科学版）1988年第2期。

3　张映文、吕智荣：《陕西清涧李家崖城址发掘简报》，《考古与文物》1988年第1期。

4　吕智荣：《陕西清涧李家崖城址陶文考释》，《文博》1987年第3期。

5　唐晓峰：《鬼方：殷周时代北方的农牧混合族群》，《中国历史地理论丛》2000年第2辑。

涞、易。"以为"王季所伐始呼、翳徒二戎,疑即在此。"[1]其所言证据不足,存疑待考。

季历对戎狄的征伐多在山西境内,这当然与受命于商王,助其解除戎狄对殷人的威胁有关。同时,周人借此军事行动,亦可扫清东进障碍,为占领关中平原东部地区打下基础。过去有学者以为季历伐戎狄,是不忘故情,向山西老家扩张,此不只有误,也低估了周人东进的发展战略。季历征伐西落鬼戎,俘其二十翟王,对鬼方给予全面的军事打击,显示了周人强大的武力。其后鬼方臣服于殷,又称鬼侯。当鬼方对商王朝的威胁解除后,西部骤然崛起的周邦又使武乙颇为不安,心生戒惧,乃至亲往西土探查周人虚实,史称"猎于河渭之间",结果被暴雷"震死"[2]。钱穆"疑其时周人既胜鬼戎,势力方张,武乙耀兵河渭之间而周人杀之。犹周昭王南征不复,君其问诸水滨,因曰暴雷震死耳。"[3]武乙这次出行是否真遭周人暗算,不好遽定,但殷周间潜存深刻矛盾却是事实。文丁继位四年,季历伐余吾之戎取得胜利,文丁命季历为"牧师"。这个名号相当于诸侯之长,与后来文王为"西伯"略同,都享有对西方诸侯的号令和征伐权。周邦一天天坐大,加之武乙在河渭间被暴雷震死,更是加深了文丁对周人的仇恨与防范,季历终遭文丁杀害。《吕氏春秋·首时》说:"王季历困而死,文王苦之。"可能季历是被商王囚禁之后加害的。褚少孙所补《史记·龟策列传》说:"(纣)杀太子历,囚文王昌。"据学者考证,"太子"二字为季字之讹,"纣"乃文丁传闻之误[4]。如是则与古本《竹书纪年》所言"文丁杀季历"亦相吻合。从此殷周矛盾进一步激化,东进克商战略最终被周文王提上日程。

三、文王东进战略的强力推进

季历被害,文王继位,西土周邦的发展进入一个艰难曲折的历程。文王在位时间历商文丁、帝乙、帝辛三王,长达半个世纪。文王治周最后七年,受命改元称王,殷周攻守易势,以此为界标可将文王治周分为前后两个时期,分别加以考察。

1　钱穆:《周初地理考》,《古史地理论丛》,生活·读书·新知三联书店,2004,第66页。

2　《史记·殷本纪》,中华书局,1959,第104页。

3　钱穆:《周初地理考》,《古史地理论丛》,生活·读书·新知三联书店,2004,第57页。

4　方诗铭、王修龄:《古本竹书纪年辑证》修订本,上海古籍出版社,2005,第38页。

（一）从周原庙祭甲骨看文王前期的殷周关系

1977、1979 年发现的周原甲骨文 290 多片，其中被称为庙祭甲骨的是 H11：1、H11：82、H11：84、H11：112 等四片卜甲。关于庙祭四片甲骨的属性问题，即到底是周卜辞还是殷卜辞，所反映的是什么样的殷周关系，学界讨论数十年，迄今尚未达成共识。主周卜辞者，以辞中之王为周文王，但对周人何以无视"神不歆非类，民不祀非族"的礼规来庙祭殷先王，无法做出妥善解释；主殷卜辞者，以辞中之王为殷纣王，却对殷卜辞何以在甲骨整治、钻凿形态和刻辞体例方面类同于周原其他甲骨，也无法给予合理说明。争论中双峰并峙，各有锦绣，但历史真相只有一个，不容折中。这里拟对卜甲内容予以重新审视，进一步论证周卜辞说。

1. "册周方伯"释义

"册周方伯"是周原庙祭甲骨中的核心内容之一，对于探明卜甲的族属具有重要意义。为论述方便，不妨先将卜辞移录如下：

　　H11：1 片：癸子（巳），彝文武帝乙宗，贞王其祁（昭）祭成唐𧷏，御𢑟二母，其彝血䞷三，豚三。西又（有）正。[1]

　　H11：82 片：……十（在）文武……王其邵帝囗天（大）戊，典册周方伯……西正，亡左……王受又（有）又（祐）

　　H11·84 片：贞王其祟又（侑）大甲，册周方伯，畫（齍）。西正，不左于受又（有）又（祐）。

　　H11：112 片：彝文武丁必，贞王翌日乙酉其祟再中，［文］武丁豐囗囗汎卯……左王……。

卜辞中的"周方伯"不见于文献记载，学者以为是文献中的"西伯昌"，应该是正确的。文王之父季历被武乙册封为"牧师"，虽亦为诸侯之长，但名号不同。《吕氏春秋·贵因》亦称文王之子太子发为"西伯"，清华简《耆夜》言武王戡黎[2]，似乎武王亦称"西伯"。实则文王死后，武王在位共七年，克商之前仅在位四年[3]。当时武王正忙于料理丧事，殷周关系也极度紧张，殷纣王不可能再赐予他"西伯"的称号。而《吕氏春秋》本身也有相异记载："文王

1　曹玮：《周原甲骨文》，世界图书出版公司北京公司，2002。下引只写编号，不另注出处，释文亦间采他说。

2　李学勤主编：《清华大学藏战国竹简（一）》，中西书局，2010，第150页。

3　杜勇：《清华简与古史探赜》第3章，科学出版社，2018，第49—72页。

处岐事纣，冤侮雅逊，朝夕必时，上贡必适，祭祀必敬。纣喜，命文王称西伯，赐之千里之地。文王再拜稽首而辞曰：'愿为民请炮烙之刑。'"[1]《史记·殷本纪》亦云："（帝纣）以西伯昌、九侯、鄂侯为三公。九侯有好女，入之纣。九侯女不喜淫，纣怒，杀之，而醢九侯。鄂侯争之强，辨之疾，并脯鄂侯。西伯昌闻之，窃叹。崇侯虎知之，以告纣，纣囚西伯羑里。西伯之臣闳夭之徒，求美女、奇物、善马以献纣，纣乃赦西伯。西伯出而献洛西之地，以请除炮格之刑。纣乃许之，赐弓矢斧钺，使得征伐，为西伯。"商纣以西伯昌为三公，既是笼络，也是监控。文王仅仅对九（鬼）侯、鄂侯之死私下表示感叹，即遭告发，被打入羑里大牢。"纣囚文王七年，诸侯皆从之囚，纣于是乎惧而归之。"[2]说明除周邦正全力营救外，还有众多诸侯对帝辛的暴虐统治予以反对和抵制，从而使文王得以释放。通过周邦的运作和"献土"，文王被册封为"西伯"，享有对西土方国诸侯的征伐权。由于文王在帝乙时期未获"西伯"称号，因此周原庙祭四甲应是帝辛时期的占卜之物。

关于卜辞中"曲周方伯"的含义，学者主要有四种意见，即册告说、用牲说、册封说、册伐说。单就曲字来说，其册告、简册之义为人所熟知，至于在"曲周方伯"的语境中应作何理解，尚需具体分析。

主册告说者认为，"曲周方伯"是周文王求佑于太甲，太甲告周方伯丰年厚足[3]。或谓周文王侑祭大（太）甲，大（太）甲册告周方伯没有乖戾的灾祸[4]。此说最大的问题在于，周人通过祭祀殷人的祖先神来祈求福佑，并不符合古代祭祀规则。固然"神不歆非类，民不祀非族"[5]是春秋时期才有的理论概括，但并不意味着与它相应的事实是同步发生的。《左传·成公四年》引及《史佚之志》云："非我族类，其心必异。"史佚历周文、武、成三代，可知此种认知由来已久。甚至可以说自父系社会形成以来，就是无可改易的祭祖原则。如果不分族氏，或沾亲带故者都可以建庙或入庙祭祀，其实际结果是模糊了区分祖先的界限，无法确认自身的宗族血统。《左传·僖公三十一年》载，卫成公因为梦见卫康叔说"相夺予享"，即命祀夏后相，宁武子搬出"鬼

1 许维遹：《吕氏春秋集释》，中华书局，2009，第201—202页。

2 《左传·襄公三十一年》，（清）阮元校刻：《十三经注疏》，中华书局，1980，第2016页。

3 陕西周原考古队：《陕西岐山凤雏村发现周初甲骨文》，《文物》1979年第10期。

4 徐锡台：《周原甲骨文综述》，三秦出版社，1987，第57页。

5 《左传·僖公十年》，（清）阮元校刻：《十三经注疏》，中华书局，1980，第1801页。

神非其族类，不歆其祀"的礼规，终于说服卫成公改其命祀。春秋时期鲁国大夫展禽说："商人禘舜而祖契，郊冥而宗汤；周人禘喾而郊稷，祖文王而宗武王。"[1]说明殷周两族祭祖的对象划然有别，周人不可能把成汤、太甲等殷人先祖纳入自己的宗庙祭祀体系。

主用牲说者认为，"冊周方伯"就是以周方伯为祭牲，但不一定真正杀死，而是把名字登记在典册上用于祭祀[2]；或是册命时用附庸周方伯的某人为祭牲[3]。殷墟卜辞确有把获俘的方国伯长用于祭祀的事例，但周文王并非殷纣王所砍杀，没有用作祭牲的可能。如果只是将其名字登入祭祀典册用于祭祀，最大的可能是文王被囚于羑里之时，但此时文王尚未封为西伯。待文王出狱返归周邦之后，文王远居西土，虽为西伯，已非囚犯，自然不可能再作为人牲。否则登入祭祀典册的名字形同虚设，即使不是对祖先神的欺骗，至少也缺乏应有的虔诚。庙祭甲骨 H11：82 片"周方伯"后面有缺字，H11：84 片"周方伯"后面的字被释作"盉（盨）"，是祭祀大甲所用的粮食类祭品[4]。即使此字尚可另作释读，也不好视作用为祭牲的某人之名。人的私名之前加上以国为氏的氏名是可以的，但加上"周方伯"这样具体的指称来表明其附庸地位，则显得不伦不类。

主册封说者认为，"冊周方伯"是文王往商王宗庙中拜受商王新命为周方伯之事[5]，或为纣王祈佑商先祖大甲册命周文王为西伯[6]，或为文王祈受商王嗣位之命[7]。将"冊"字理解为册封、册命，是有疑问的。殷墟卜辞似无这样的辞例[8]。若文王真往商庙拜受西伯之封，也不会先后被册命两次，先由商王昭

1　《国语·鲁语上》，上海师范大学古籍整理研究所校点，上海古籍出版社，1988，第166页。

2　王玉哲：《陕西周原所出甲骨文的来源试探》，《社会科学战线》1982年第1期；王玉哲：《古史集林》，中华书局，2002。

3　朱歧祥：《周原甲骨研究》，学生书局，1997，第33页。

4　李学勤、王宇信：《周原卜辞选释》，中山大学古文字研究室编：《古文字研究》第4辑，中华书局，1980。

5　徐中舒：《周原甲骨初论》，四川大学学报编辑部、四川大学古文字研究室：《古文字研究论文集》，四川人民出版社，1982年；徐中舒：《川大史学·徐中舒卷》，四川大学出版社，2006。

6　杨升南：《周原甲骨族属考辨》，《殷都学刊》1987年第4期；杨升南：《甲骨文商史丛考》，线装书局，2007；田昌五：《周原出土甲骨中反映的商周关系》，《文物》1989年第10期。

7　李桂民：《周原庙祭甲骨与"文王受命"公案》，《历史研究》2013年第2期。

8　于省吾：《甲骨文字释林·释冊》，中华书局，1979，第172—174页；王宇信：《中国甲骨文》，上海人民出版社，2009，第514—517页。

祭大戊，再由商王侑祭大甲，始可成礼。再就册封周方伯来说，主导方是帝辛，恐不至于一卜再卜，忧心忡忡，反复祭祀以求先祖神灵的福佑。至于说周文王举行祭祀商先王的典礼，祈请册命周方伯能够承商得到天命为天子，更与事理相违。在周人的宗教观念中，天命转移是受上天支配的，此即"皇天无亲，惟德是辅"[1]。所谓文王受命，既非受商王嗣立之命，亦非受封西伯之命，而是受皇天上帝之命以取代殷人的统治地位[2]。殷人认为其统治的合法性来自天帝，殷纣王即自以为"我生不有命在天"[3]。商纣王或其先祖都没有支配天命转移的权力，也不会把自己得到的天命轻易转让周人。因此，周文王祭祀殷先王祈求受命为天子，无异于缘木求鱼。

主册伐说者以为"曹"有征伐之意，即征伐西伯昌[4]，较为合理。特别是H11：84片卜甲称："王其昭禘□天（大）戊，典曹周方伯"，例同殷墟卜辞"典曹羌方"（《合集》27985）、"典伐旨方"（《合集》33020），可知"曹"与"伐"义相近同。此于殷墟卜辞例证甚多，班班可考。可择举数例如下：

　　……汕职再册，曹舌［方］……其敦卒，王从，下上若，受［我又］。（《合集》6161）

　　贞［汕］职再册，曹土［方］，王从……。（《合集》6405正）

　　……曹盂［方］……田留征……。（《合集》36512）

　　……曹人方，余……受又。（《合集》36498）

　　余其尊遣告侯田，册戯方、羌方、羞方、辔方。余其从侯田，留伐四邦方。（《合集》36528反）

上引卜辞所曹方国有舌方、土方、盂方、人方以及四邦方，都是殷商晚期的敌对方国。这些方国之后常接敦、征、伐等带有军事行动的字辞，是"曹"有征伐之意甚明。与此相关的还有"称册"仪式，可能是将有关的战争誓词或作战命令书于典册，授予出征将领。"甲骨文于征伐言称册"[5]，适与周原庙祭甲骨所言"再中"相应。"中"即是旗，"再中"与金文"再旗"、甲骨文

1 《左传·僖公五年》引《周书》，（清）阮元校刻：《十三经注疏》，中华书局，1980，第1795页。

2 杜勇：《清华简与古史探赜》第10章，科学出版社，2018，第251—282页。

3 《尚书·西伯戡黎》，（清）阮元校刻：《十三经注疏》，中华书局，1980，第177页。

4 李学勤、王宇信：《周原卜辞选释》，中山大学古文字研究室编：《古文字研究》第4辑，中华书局，1980；王宇信：《周原庙祭甲骨"曹周方伯"辨析》，《文物》1988年第6期。

5 于省吾：《甲骨文字释林》，中华书局，1979，第172页。

"立中"均为一事。"禹旗"就是举旗，与建旗意思相近。古时天子治兵、祭祀或会同诸侯均需建旗，"禹中"应即文献所谓出征时王建大常之旗[1]。可见把"册周方伯"理解为征伐周邦，持之有据。

不过，有的学者认为此次"册周方伯"的军事行动发生在帝乙时期，则未必然。古本《竹书纪年》载："帝乙处殷，二年，周人伐商。"[2]此役是在文王继位不久、帝乙初立的情况下，对文丁杀季历发动的一场复仇战争。此时文王尚未受封西伯，故殷人册伐周方伯不在此时。除此之外，文献上再未见到殷周之间正面发生军事冲突的记载。这似乎使册伐说失去相应的历史背景。

其实，西伯昌从羑里释放回国后，韬光养晦，积蓄力量，扩大反殷同盟，国势日增。商朝对此有所觉察，出现了遏制和削弱周人的动议。《韩非子·外储说左下》云：

> 费仲说纣曰："西伯昌贤，百姓悦之，诸侯附焉，不可不诛；不诛，必为殷祸。"纣曰："子言，义主，何可诛？"费仲曰："冠虽穿弊，必戴于头；履虽五采，必践之于地。今西伯昌，人臣也，修义而人向之，卒为天下患，其必昌乎！人人不以其贤为其主，非可不诛也。且主而诛臣，焉有过！"纣曰："夫仁义者，上所以劝下也。今昌好仁义，诛之不可。"三说不用，故亡。[3]

费仲提议诛杀西伯昌，未被纣王采纳。其细节未可尽信，但一定程度上可以反映殷周关系并不太平，纣王伐周的可能性是存在的。文王被封为西伯后，通过连年征伐，国势大增，尤其是戡黎伐崇的告捷，使商朝面临倾覆危险。如文王伐黎后，商臣祖伊深感亡国在即，报告纣王："大命不挚，今王其如台？"[4]意思是天命不再眷顾我们，现在大王要怎么办呢？纣王采取的应对措施之一，可能就是发动"册周方伯"的军事行动。只是这次征伐战争的具体情况不详，或者有所准备终未实施，或者主要兵力用于征伐东夷，西线战事不具规模而文献失载。如同武丁时期伐舌方、伐土方等战争，虽不见于文献

1　李学勤：《周文王时期卜甲与商周文化关系》，《人文杂志》1988年第2期；王宇信：《试论周原出土的商人庙祭甲骨》，《中国史研究》1988年第1期。

2　（宋）李昉等：《太平御览》卷83《皇王部》引，中华书局，1960，第393页。

3　（清）王先慎：《韩非子集解》，钟哲点校，中华书局，1998，第300页。

4　《尚书·西伯戡黎》，（清）阮元校刻：《十三经注疏》，中华书局，1980，第177页。

记载，但其真实性无人怀疑。

总之，目前对周原庙祭甲骨"册周方伯"的释读，册告说、用牲说、册封说都存在难以疏通的问题，唯有册伐说更接近历史实际，有助于正确解读卜辞的内容。

2. "西有正"及诸问题考析

"西有正"又作"西正"，在周原庙祭四甲中凡三见。其确切含义如何？它在卜辞中起何种作用？同样存在争议。

关于"西有正"的西字，原篆作"⊕"（H11：1），也写作"⊗"（H11：8）。或因微刻之故，字形有欠规范。对此字主要有三种释读。

一是释作"宙"，读为惠，其义同"惟"，意指祭礼所用之牲头足齐全[1]，或谓"惟以正是之道"[2]，或"惟有祯"[3]。

二是释作"由"或"思"，读作斯[4]，训"庶几"[5]，或"使令"等[6]。

三是释作"西"，意为周大臣[7]，或谓周族老家西方有无安定[8]。

上述释读中，以释作"由"最切合字形，并为战国竹简中"思"字写法所证实，因而得到广泛认同，唯字义训释尚有分歧。张玉金认为，"由"字有五种形体，三个义项，除引申为首级外，还有两项假借义：一是读为"斯"，可译为"就"；二是读为"西"，即"西方"。在殷墟甲骨文中，"西"和"由"尚未分化，在周代金文中分化为二字。但他认为周原甲骨文中的"由"字应读为"斯"，是"就""于是就"的意思[9]。其实，既然西与由早先尚未分化，到底是释为"斯"，还是"西"，则必须视具体语境而定。在周原甲骨文中，若读为"斯"，视作语助词或连词，不具实际意义，尤其是后面的"有"

1 陕西周原考古队：《陕西岐山凤雏村发现周初甲骨文》，《文物》1979年第10期。

2 徐锡台：《周原甲骨文综述》，三秦出版社，1987，第13页。

3 朱歧祥：《周原甲骨研究》，学生书局，1997，第5页。

4 李学勤、王宇信：《周原卜辞选释》，中山大学古文字研究室编：《古文字研究》第4辑，中华书局，1980；杨升南：《周原甲骨族属考辨》，《殷都学刊》1987年第4期。

5 李学勤：《续论西周甲骨》，《人文杂志》1986年第1期。

6 陈斯鹏：《论周原甲骨和楚系简帛中的"囟"与"思"——兼论卜辞命辞的性质》，《文史》2006年第1辑。

7 徐中舒：《周原甲骨初论》，四川大学学报编辑部、四川大学古文字研究室：《古文字研究论文集》，四川人民出版社，1982；徐中舒：《川大史学·徐中舒卷》，四川大学出版社，2006。

8 高明：《略论周原甲骨文的族属》，《考古与文物》1984年第5期。

9 张玉金：《甲骨卜辞语法研究》，广东高等教育出版社，2002，第71—73页。

亦为助词，两相连属，似显赘余。即使看作动词，训为"使令"，主语也不明朗，不如直接读作"西"，于通读卜辞较少窒碍。

其一，其字形与殷墟甲骨文第五期的西字相近同，应是一字。高明例举"西土"（《合集》36975）、"西方"（《合集》28190），以及商周金文"酒"字所从的"西"字，均与此字形酷肖。实际上周原甲骨文中的"酒"（🌫）字（H31：4）所从亦是如此。细绎周原甲骨文相关内容，此字若不以西释之，有的文意则无以索解。如"宅商西"（H11：8）、"大还西"（H11：47）、"今秋王西克伐密"（H11：136）等。其中"西克伐密"之密，公认指密须国（今甘肃灵台西南），正位于岐周西北，不释作西字则不足以通其义。

其二，殷墟卜辞习见"有正"或"正"，但前面大都不加语助词。例如：

> 白牛惠二，有正。（《合集》29504）
>
> 贞翌乙卯业一牛，正。（《合集》15065）
>
> 王宾母戊岁，有正。（《合集》27589）
>
> 侑于祖乙一宰，正。（《合集》900）

上引卜辞或祭牲相同，或祭法有异，但祭祀的对象都是可以支配人间祸福的神灵。对占卜结果的贞问，或称"有正"，或称"正"，"有"为助词，故其义无别。殷墟卜辞第三期用"有正"的多，用"正"的少，而第五期恰好相反，用"止"的多于"有正"。即使偶见"有正"前面加语助词的，如卜辞云"贞伇佳有不正"（《合集10131》），所加的也是"隹"而非"甶"字，正说明此字在黄组卜辞中并非助词，无法与"有正"或"正"连缀为句。

三则，释此为西，适与先秦文献于周邦称"西土"、周人称"西土之人"相契合。《墨子·兼爱下》云："昔者文王之治西土，若日若月，乍光于四方于西土。"《穆天子传》云："大王亶父之始作西土。"[1]此为他称。自称则有《尚书·牧誓》云："西土之人。"《尚书·大诰》云："有大艰于西土，西土人亦不静。"《尚书·康诰》云："我西土惟时怙冒。"《尚书·酒诰》云："肇国在西土。"《尚书·康诰》云："克恤西土。"《逸周书·商誓解》云："斯用显我西土""予维及西土。"这种文化背景实际决定了此字的释读方向，表明西字在周原甲骨中大量出现事非偶然，不顾及此点是不周全的。由此可见，对周原庙祭甲骨所作"西有正"或"西正"的释读，要比其他说法可信

---

[1] 高永旺译注：《穆天子传》卷2，中华书局，2019，第64页。

得多。

那么,"西有正"的含义是什么呢?殷墟卜辞关于"有正"与"不其正"的对贞,可以帮助我们理解这个问题。例如:

> ……亥卜,殻,贞王其呼共寻白出牛,有正。
>
> 贞勿呼共寻白出牛,不其正。(《合集》8947正)

此为同版对贞卜辞,"有正"为正问,"不其正"为反问,核心是一个"正"字。有的学者认为,"正"可借为"祯","有吉祥的正面意思"[1]。张玉金对殷墟卜辞"正"字的意义作过全面研究,认为它除指征伐、正月、官职外,主要是适宜、合适之意。若适宜,则吉利,否则就不吉利[2]。是"正"字间接带有吉利之意。从上引对贞卜辞看,商王拟让寻伯为王室提供祭祀用牛,但这道命令要不要下达,取决于下达后产生什么后果,是"有正"还是"不其正",需要占卜来决定。显然这里的"正"字是吉利、吉祥、吉善的意思。殷墟甲骨文甚至可见"正"与"吉"对接的卜辞,如:

> 甲午卜,舌其至妣己、祖乙奭,有正,吉。(《合集》27503)
>
> 王宾母戊岁,有正。吉。(《合集》27589)
>
> 其用在父甲升门,有正。吉。(《屯南》2334)
>
> 于九月乃寻,有正。大吉。(《合集》31062)
>
> 白牛惟三,有正。大吉。(《合集》29504)

上引卜辞中的"吉"或"大吉",实际与前面"有正"的契刻位置并不紧密相连,不知是当时契刻的占辞,还是后来加刻上去的验辞。所涉祭名有宾、岁、寻等,也有至、用等致祭行为,还有祭牲用白牛,均与祭祀有关。祭祀鬼神当然是有所祈求的,如宾岁之祭可能意在祈求无祸,寻祭则在祈望丰年。愿望只代表美好的一面,占卜却可以从正反两方面来贞问。无论当时占卜的结果是吉,还是后来被事实验证为吉,都说明"有正""正"具有吉利、吉善的意旨。此与文献上有些"正"字的用法是相同的。如《仪礼》卷三《士冠礼》云:"令月吉日,始加元服……以岁之正,以月之令,咸加尔服。"郑玄注:"令、吉皆善也。"又云:"正,犹善也。"《仪礼》卷三十五《士丧礼》云:"决用正王棘。"郑注:"正,善也。"《大戴礼记·曾子本孝》云:

---

1 朱歧祥:《周原甲骨研究》,学生书局,1997,第110页。

2 张玉金:《殷墟甲骨文"正"字释义》,《语言科学》2004年第4期。

"以正致谏。"王聘珍解诂："正，善也。"[1]由此可知令、吉、正诸字，皆有善义。这说明周原庙祭甲骨中的"西有正"其正面意义就是西土周邦吉善多福，与他辞所见"西亡咎"（H11：4）、"西亡𦂃"（H11：20）适相对文成义。

在殷墟卜辞中，"有正"与"正"后面还常常有"王受祐"的贞辞。例如：

> 于祖丁用，有正，王受祐。（《合集》27133）
> ……三牢用，有正，王受有祐。（《合集》30706）
> 其𦥯祖丁升，有正，王受祐。（《屯南》3896）
> 贞王其又勹于文武帝乙升，其以羌其五人，正，王受有祐。（《合集》35356）
> 其二十人，正，王受有祐。（《合集》36354）

辞中"王受祐"紧接"有正""正"为文，显然两者是一种正相关关系，表明祈望一种美好的结果，神灵授予福祐，时王得到福祐。至于在何种事情上鬼神授王以福祐，或许与占卜者的祭祀方式有关。如最后一辞的"𦥯"祭主要是一种以隹为祭物的祭祀方式，祈望畋猎时多获禽兽。

值得注意的是，周原庙祭甲骨与殷墟卜辞于此有一个显著的不同点，即在"有正"与"王受祐"之间多出"不左"二字，一同构成全部贞辞的内容。为便分析卜甲贞辞的结构，这里将其内容简化，有的文字通过对勘增补，分列如下：

> H11：1 片：贞……西有正。
> H11：82 片：［贞］……西正，亡左［于］王受有祐。
> H11：84 片：贞……西正，不左于受有祐。
> H11：112 片：贞……［西正］，［不］左王［受有祐］。

辞中"不左"又作"亡左"，是知"不"字当为否定副词，而不能释作"丕"（大）。有的学者把"不左"属上读，称"西正不左"，语义不明。有的使之独立成句，结果"左"字前无主语，后无宾语，语义不完。从 H11：84 片卜甲来看，"不左"后有"于"字，当属下读为宜。殷墟卜辞"亡左自下上，□□受有祐"（《合集》36344），即与此类似。

1　（清）王聘珍：《大戴礼记解诂》，王文锦点校，中华书局，1983，第80页。

关于"左"字的释义，主要有三种意见。陈梦家认为，"缶、福、又都是帝对于时王的善意的保护。……又即左、佐，义为佐助。除帝以外，先王亦佐时王。"[1]屈万里则视作形容词，认为当读为《左传·昭公四年》"不亦左乎"之左，杜注为"不便"，"亡左即无有不便，言事将顺遂也"[2]。李孝定则取违戾之意，认为"弗左""不左"言"不相违戾也"[3]。这些意见反映了认识角度的差异，但语义上并无冲突。释"左"为佐助，直接言明神灵对王的关心和保护。释"不左"为"顺遂"，强调神灵保护王的效果，使事情符合心意。释"不左"为不相违戾，表示占卜者的意愿可与神灵取得一致，实际也体现了神灵的佑助。可见这三种释读在某种程度上有相通之处。当然，为了更精确地阐明词义，进行义项细分仍是必要的。姚孝遂认为，在殷墟卜辞的不同语境下，"左"作为动词具有"左助"与"左戾"两方面含义[4]。这种分析是比较全面的。卜辞有云：

　　贞咸允左王。贞咸弗左王。（《合集》248 正）

　　贞屮家，祖乙左王。……王为我家，祖辛左王。（《合集》13584 正乙）

　　贞屮家，祖乙弗左王。……王为我家，祖辛弗左王。（《合集》13584 甲正）

上述引文为对贞卜辞，有正问也有反问，正问代表占卜者的愿望，希冀祖先神在冥冥之中赐予佐助。如果把这里的"左"字释为"不便"或"左戾"，则成了时王祈求祖先神给他制造麻烦或违背其意愿。更若解为"祸患"[5]，则真成了占卜者希望神灵给王降灾降祸了。他如卜辞"贞帝弗左王"（《英》1136），"贞示左王"（《合集》14888），"贞其左小丁"（《合集》27148）诸辞，均须以佐释义，始见顺适。

　　但另一类卜辞中的"左"字，则不宜取其"佐"意。例如：

　　王占曰：吉。勿左王。（《合集》2002 反）

1　陈梦家：《殷虚卜辞综述》，中华书局，1988，第569页。
2　屈万里：《殷墟文字甲编考释》，"中央研究院"历史语言研究所，1961，第304页。
3　李孝定：《甲骨文字集释》，"中央研究院"历史语言研究所，1970，第951页。
4　于省吾主编：《甲骨文字诂林》，中华书局，1996，第883页。
5　朱彦民：《说甲骨卜辞之"左王"》，中国文字编辑委员会编：《中国文字》新32期，艺文印书馆，2006，第165—174页。

贞其肜彡，王下上亡左。（《合集》27107）

贞我作邑帝弗左，若。（《合集》14207 正）

前一辞为占辞，表明"吉"与"勿左王"有意义上的关联。若释此"左"字为佐，则意味着神灵不佐助时王，反倒成了占卜者希望发生的好事。这显然是讲不通的。而释此为违戾之义，即不违背时王占卜的意愿，当然就是"吉"了。次一辞是说举行肜祭，王的意愿与天神地祇均不违逆。后一辞说王欲作邑，祈求上帝不违其意，给予允诺。此类"左"字，当释左戾为是。

从殷墟卜辞有关"左"字的两种含义看，释为"左戾"往往具有特定的语境，或有占辞"吉"，或与"若"字相连，或神灵为"下上"集群，都带有一定的附加条件。而周原庙祭甲骨中的"不左""亡左"与此相异，因而释左为佐是合宜的。"不左"与"王受有祐"连属为句，意即神灵不佐助时王得到福祐。

有学者认为"西有正""西正"不是问句[1]，但就 H11：1 片卜甲来说，既然前有贞字，后就应有贞辞，不然何以占卜。这不能用周原其他记事卜辞来类比。不过，贞字后面有两组内容有别的宾语从句，只有后一组即"西有正，不左于王受有祐"才是真正的贞辞，意即西土周邦会有吉善的结果吗？鬼神不会佐助王受到福祐吗？明确这一点，对于理解周原庙祭甲骨的属性才不至于产生不必要的困扰和误解。

3. 庙祭四甲是周卜辞

弄清周原庙祭甲骨中"册周方伯""西有正"诸语的意涵，便可言其属性是周非殷。下面分几个问题来谈。

（1）庙祭甲骨中的"王"是殷纣王而非周文王。在周原庙祭甲骨中，"王"出现 7 次，"周方伯"出现 2 次。周方伯即西伯文王，这是比较一致的认识。当然，"周方伯"与"西伯"这一封号并不等同。"周方伯"如同"盂方伯"，是指周部族的首领。"西伯"则是商王朝对周部落首领的封号。从时间上看，西伯文王当即周方伯。此问题的关键在于，周原甲骨中主持庙祭及受福祐的王到底是谁？或认为是周文王，或认为是商纣王，各执一端，歧见纷纭。

文王说有利于解释周原甲骨整体上为周人之物，但在理论上面临诸多困难。特别是面对"神不歆非类，民不祀非族"的难题，各种解决方案似乎都

---

1 李学勤：《续论西周甲骨》，《人文杂志》1986 年第 1 期。

不能令人满意。如有学者根据伊尹为姒姓而被纳入殷人祀谱的事例，认为非其族类不祀的原则"在殷商时期还尚未施行"[1]。然伊尹可能属于子姓殷氏，是殷氏内部由王族分化而出的一个支族[2]。他有理由被纳入殷人祀典，不能说明殷商时期尚不存在这样的礼规。学者或据《后汉书·南匈奴列传》说："匈奴俗，岁有三龙祠，常以正月、五月、九月戊日祭天神。南单于既内附，兼祠汉帝"，论证周文王在周原建立商王宗庙的可能性[3]。其实三龙祠的主要功能是祭天神，即使兼祠汉帝，也不过是南匈奴表示内附的一种象征性做法，与真正的宗庙不可同日而语。为了彻底化解这个矛盾，有学者以《墨子·非攻下》称"（武王）分主诸神，祀殷纣王"为据，认为文王"修商人典"，故可祭祀商先王，而庙祭甲骨的"王"是贞人对文王所用的称呼，"周方伯"则是对所祭的商先王而言的。[4]然细审之，《逸周书·世俘解》载武王告于周庙曰："古朕闻文考修商人典，以斩纣身，告于天、于稷"，可能有如清儒陈逢衡说："言昔朕闻文考之训，故修商家伐夏救民之典以斩纣身，以上告于天于稷也。"[5]若认为是文王行用商人祀典以斩纣身，则与文王不曾斩纣的事实相违。至于周武王"祀殷纣王"，也并非自己立庙祭祀纣王，实际含义应是指克商以后立武庚以续殷祀。《史记·殷本纪》说："周武王遂斩纣头，悬之大白旗。杀妲己。释箕子之囚，封比干之墓，表商容之闾。封子武庚禄父，以续殷祀，令修行盘庚之政。殷民大说。"武王克商既斩纣王，又自己立庙祀之，则其行为不免自相矛盾。只有封子武庚"以续殷祀"，才符合"祀殷纣王"的意涵。是时不只殷祀得以存续，其他古圣先王亦然。《史记·周本纪》又说："（武王）封诸侯，班赐宗彝，作《分殷之器物》。武王追思先圣王，乃褒封神农之后于焦，黄帝之后于祝，帝尧之后于蓟，帝舜之后于陈，大禹之后于杞。"这说明即使文武二王修商人礼典，也不宜理解为他们立庙祭祀商先王，或向先贤王致敬求佑[6]。可见"文王说"缺乏坚实的证据支持，很难成立。

---

1 常玉芝：《商代宗教祭祀》，中国社会科学出版社，2010，第399页。

2 杜勇：《清华简与伊尹传说之谜》，《中原文化研究》2015年第2期。

3 徐中舒：《周原甲骨初论》，四川大学学报编辑部、四川大学古文字研究室：《古文字研究论文集》，四川人民出版社，1982年；徐中舒：《川大史学·徐中舒卷》，四川大学出版社，2006。

4 王晖：《周原甲骨属性与商周之际祭礼的变化》，《历史研究》1998年第3期。

5 黄怀信、张懋镕、田旭东：《逸周书汇校集注·世俘解》修订本，上海古籍出版社，2007，第442页。

6 杨莉：《凤雏H11之1、82、84、112四版卜辞通释与周原卜辞的族属问题》，北京大学中国考古学研究中心、北京大学震旦古代文明研究中心编：《古代文明》第5卷，文物出版社，2006，第125—150页。

以"王"为殷纣王而非"周方伯"的观点，克服了礼制上"神不歆非类，民不祀非族"的障碍，文法上也比较符合习惯和逻辑，应该是正确的。虽然文王在位后期，亦曾受命改元称王[1]，但庙祭甲骨既然使用周方伯来称呼文王，若无修辞上的必要，则不会一人二称，交错对举。李学勤从文法的角度指出，卜辞"王"与"周方伯"同见，前者为主辞，后者为宾辞，绝不能指一人，故"王"不是周王，只能是商王[2]。从卜辞内容看，这位"王"庙祭殷先王的目的是册伐周方伯，则两种敌对的身份也不可能统一在一人身上，而站在周方伯敌对立场的王除了商纣王，恐怕不会另有其人。即使按照有些学者的说法，庙祭甲骨不是征伐卜辞而是祭祀卜辞，辞中的王庙祭商先王，以砍杀周方伯或附庸周方伯的某人为祭牲，同样只能是与周方伯相敌对的商王，而不是文王本人。

但是，王为商王，又是主持庙祭的人，则庙祭卜甲当为殷人之物才是，何以被携入周原？何以具有周人甲骨的特征？这些问题也需要合理的解释。最初学者认为庙祭四甲是殷人占卜后移来周原的[3]，或是商末掌管占卜的卜人投奔周人时携带过去的[4]。但人们很快发现，这些卜甲与殷墟卜辞差别很大，在辞例、用语、字体风格、钻凿形态上更多地体现了周人的风格，甚至像周人的秘密档案，不大可能是从商地携入周原的殷卜辞。于是出现新的调和意见，认为这是帝辛册封周方伯祀典的卜辞，周人用自己的语言记录在周人的甲骨上，作为传家宝保留了下来[5]，或谓此为周人所记商王卜辞，于商人为祭祀卜辞，于周人则为记事刻辞，乃周人记其事以告于自己的宗庙，而后归档入库[6]。这些说法看似圆通，实际上也不能解决问题。如前所论，周原庙祭甲骨涉及商人册伐周方伯的重大事件，无论使用何种语言，无论记录于何种占卜材料，都不会在卜辞内容上祈望敌方即西土周邦吉善万福。因此，只有对卜辞内容加以全面把握，才能对庙祭甲骨的作者亦即辞主做出更趋准确的判断。

1　杜勇：《清华简与古史探赜》第10章，科学出版社，2018，第250—282页。

2　李学勤：《周文王时期卜甲与商周文化关系》，《人文杂志》1988年第2期。

3　李学勤、王宇信：《周原卜辞选释》，中山大学古文字研究室编：《古文字研究》第4辑，中华书局，1980；杨升南：《周原甲骨族属考辨》，《殷都学刊》1987年第4期。

4　王玉哲：《陕西周原甲骨文的来源试探》，《社会科学战线》1982年第1期。

5　杨升南：《周原甲骨族属考辨》，《殷都学刊》1987年第4期。

6　田昌五：《周原出土甲骨中反映的商周关系》，《文物》1989年第10期。

（2）庙祭甲骨的辞主是周人而非殷人。周原庙祭甲骨过去认为有前辞，也有贞辞，实际只有贞辞。贞辞是一个主从复合句，省略了主语[1]，从而使辞主显得扑朔迷离，若明若暗。加之谓语"贞"的直接宾语和间接宾语都是宾语从句，也容易使人把间接宾语的主语"王"看成谓语"贞"的主语，进而推断辞主就是庙祭殷人先祖的商纣王。其实这是一种误解。

如上所述，庙祭甲骨真正的贞辞是后面作为直接宾语的一组宾语从句，即"西正，不左于王受有祐"。这个直接宾语实际上也是由两个宾语从句组成的：一个是"西有正"或"西正"，为主谓结构；另一个是"不佐于王受有祐"，为动宾结构，也省略了主语——以成汤、大戊、大甲、文丁等为代表的殷人祖先神。前一句贞问"西有正"或"西正"，主语"西"代表占卜者周人，或西伯文王。此指战争来临之前，周人占卜预测西土周邦是否有好的结果。后一句"不左于王受有祐"，则是占卜者贞问鬼神的意向，祈望鬼神不佐助商王得到福祐，辞主仍然是西伯文王。文王占卜预测战争的吉凶祸福，祈望西土没有灾咎，以及与他敌对的王得不到神灵的佐助与赐福。这个王只能是殷纣王。殷纣王要诛伐西伯文王，他庙祭先王当然也不是为了向周人祈福，让自己罹祸。所以作为卜甲的辞主不能是殷纣王，而是周人或周文王。

与此相关的另一组宾语从句，虽然在卜辞中紧接在谓语"贞"的后面，但并非用以说明辞主贞问事项的直接宾语，而是交代周人占卜背景和原因的间接宾语。其具体内容是：

　　　H11：1 片："王其昭祭成唐𤲚，御𠬝二母，其彝血羊三，豚三。"

　　　H11：82 片："王其邵帝□天（大）戊，典䇟周方伯……"

　　　H11：84 片："王其𥁕又（侑）大甲，䇟周方伯，盡（䜒）。"

　　　H11：112 片："王翌日乙酉其𥁕再中，［文］武丁豊□□汎卯……"

其中 H11：1 片卜甲对于商王昭祭成汤的时间和地点有所说明，此即放在"贞"字之前的状语短语："癸巳，彝文武帝乙宗。"由于"贞"字夹在这个状语短语和后面的间接宾语中间，极易使人把占卜者与庙祭者视为同一人。这是不正确的。殷王何以昭祭成汤，辞中并未言明，推测应与其他三片卜甲相同，均与帝辛征伐周邦有关。H11：82 片残泐较为严重。辞中"在文武"等状语短语仍有可能是说帝辛在帝乙的宗庙里举行祭祀。商王对大戊进行禘

1　高明：《略论周原甲骨文的族属》，《考古与文物》1984 年第 5 期。

祭，进献"册周方伯"的典册。战前告庙禘祭先祖，是决定国之大事的必经程序。《左传·桓公二年》云："凡公行，告于宗庙，反行饮至，舍爵策勋焉，礼也。"表明古时天子、诸侯出巡或遇兵戎大事必先祭告祖庙。H11：84片记录帝辛为了征伐周方伯，以盨为祭器盛放谷物侑祭大甲。H11：112片辞首"彝文武丁必"，"文武丁"即文丁，"必"读为秘，典籍作闭，指祀神之室[1]。这同样是一个状语短语，表明商王在文丁的宗庙进行祭祀占卜，以便翌日乙酉举行出师前的称册建旗仪式。庙祭甲骨这方面的内容都是交代周人占卜的缘由，而不属贞问的事项。

周原庙祭卜辞这种表达方式看似端绪缭绕，与殷卜辞大相异趣，实际上殷墟黄组卜辞同样可以见到类似的辞例。例如：

癸酉卜，贞翌日乙亥王其侑勺于武乙升，正，王受有祐。(《合集》36123)

丙戌卜，贞翌日丁亥王其侑勺文武帝，正，王受有祐。(《合集》36168)

庚寅王卜，在斁，贞余其臽，在兹上盦，今秋其敦，其呼湔示于商，正，余受有祐。王占曰：吉。(《合集》36522)

上述引文卜辞也是主从复合句，从句"正，王受有祐"是"贞"的直接宾语，商王进行祭祀的宾语从句亦为间接宾语。如最后一辞的间接宾语是说商王为了秋季敦伐之事，在某地占卜，并奉祭神祇于商，也是交代战事是否吉利，商王能否受祐的贞问缘由。此与周原庙祭甲骨的结构是很相近的。区别只在于这些殷卜辞的贞卜者是商王，而周原庙祭甲骨的贞卜者不是商王，而是在卜辞中被省略的周人或文王。

（3）卜辞的信息来源。学者称周原四甲为庙祭甲骨，严格说来是不准确的。因为周人作为占卜者，并未举行庙祭，真正的庙祭者是殷王。殷王庙祭需要占卜，但周原四甲贞问的并不是商王占卜的结果，而是面对殷纣王将要发动的征伐战争，占卜以问吉凶。然而，周原庙祭甲骨若非自外携入的殷卜辞，那么，周人如何获知殷王庙祭的具体信息？

比如有学者提出疑问："如果是交战性质的册伐，周人又怎能知道商王为反击周人的进攻而进行的那一系列的祭祀活动？"[2]其实殷商时期已有驿传之

1　于省吾：《甲骨文字释林》，中华书局，1979，第40页。

2　杨升南：《周原甲骨族属考辨》，《殷都学刊》1987年第4期。

制[1]，中央王朝与臣属国之间有多种互通消息的渠道。如周文王被帝辛任命为三公，他在殷都应有宫馆可供居住。尽管周文王不可能真正成为商朝的执政大臣，也不可能长期居留殷都供职，但不排除周邦有使臣甚至谍报人员长住殷都的可能性。他们一旦获知重大情报，立即回报本邦，并非难事。

殷墟卜辞常见臣属国向中央王朝传报重大事项，说明当时具备有效的官方信息传递渠道。例如：

> 四日庚申亦有来艰自北，子嬂告曰：昔甲辰方征于蚁，俘人十又五人。五日戊申方亦征，俘人十又六人。六月，在□。(《合集》137反)
>
> 王占曰：有祟，其有来艰，迄至九日辛卯，允有来艰自北，蚁妻妿告曰：土方侵我田十人。(《合集》6057反)

前一辞是说六月甲辰这一天，蚁地遭到方方国的侵掠，后五日戊申又发生方方国的第二次侵掠，先后俘掠31人。子嬂向商王报告这件事的时间是庚申日，距商王卜问为4天，距方方国第一次侵掠为17天，距第二次侵掠为13天。后一辞是说土方犯蚁，占卜后第9天商王即得到蚁妻妿的报告。又如：

> 癸巳卜，㱿，贞旬亡祸。王占曰：有祟，其有来艰。迄至五日丁酉，允有来艰自西。沚戠告曰：土方征于我东鄙，𢦏二邑，𢀛方亦侵我西鄙田(《合集》6057正)

辞中的“沚”为今山西南中部与商朝关系较为友好的一个方国，其东部和西部边境的田邑分别遭到土方和𢀛方的侵掠，其首领沚䵹把这件事报告给商王，商王在占卜后五日即得到消息。可见商王国与各附庸国之间互通消息的渠道畅通。因此帝辛征伐西土的消息，可以及时传到西土周邦，从而使周人在岐宫占卜时可以使用商王庙祭伐周的有关信息，并记录于占卜文字之中。

至此，可基本判明庙祭甲骨应是周人遗物。卜辞中的王应是殷纣王。殷纣王虽是辞中庙祭的主持者，但并非占卜者。卜甲的辞主是西土周人或西伯文王。当面临殷纣王可能发动的伐周战争时，对未来战事的结果进行卜测，祈求周邦吉祥万福，企望神灵不佐助殷纣王得到福祐。庙祭四甲作为周卜辞，反映了殷周之间战和不定的状态。后来殷周矛盾愈演愈烈，周人联合各路反殷力量，最终推翻了殷纣王统治，重开历史新局。

---

1 宋镇豪：《夏商社会生活史》，中国社会科学出版社，1994，第212—214页。

（二）文王受命称王改元

先秦古籍和西周金文对文王受命广有言说，清华简《程寤》又涉此事，促使我们重新思考以往有关的学术争议，以期对文王受命称王改元之事形成更为真切的历史认知。

1. 关于文王受命的方式问题

《程寤》曾被收入《逸周书》，后在流传过程中散佚，以致有目无文。至清华简出，复得《程寤》完篇，弥足珍贵。篇中叙述太姒做梦、文王占梦、太子发受诚等内容，与文献艳称的文王受命有关，值得认真研究。

清华简《程寤》说："太姒梦见商廷惟棘，乃小子发取周廷梓树于厥间，化为松柏棫柞。寤惊，告王。"[1]太姒之梦出现两个政治场景：一为商廷，荆棘丛生；二为周廷，梓树繁茂。太子发把梓树移植到商廷，顷刻间化为松、柏、棫、柞等各种大树。这个梦象预示着什么样的吉凶？经过巫师一系列消灾祈福的祭祀活动后，文王占卜得知，此为预示天命转移的大吉之梦。"王及太子发并拜吉梦，受商命于皇上帝。"[2]这是说，皇天上帝通过太姒之梦传达旨意，把统治天下的大命从商人那里转交给了文王。这样，文王受命就不是一句空洞无物的政治口号，而是以其具体的受命方式宣示神谕，给周人取代商朝的统治披上了神圣而合法的外衣。

或许以这种受命方式宣示神谕还不够神异，待谶纬之风起，对于文王受命的具体形式又生出许多说法，如《河图》、丹书等都被说成文王受命的介体。《周易·乾凿度》载："（文王）伐崇，作灵台，改正朔，布王号于天下，受箓应《河图》"；《中侯·我应》云："赤雀衔丹书入丰，止于昌户。"[3]较之纬书这些荒诞不稽的说法，《程寤》占梦受命说显得更近于事实。这个事实当然不是说文王负有代商而有天下的使命真为上天所授，而是说在周人的精神世界里有这样的宗教思维，认为皇天上帝决定着人间祸福与王朝兴替，并可通过对梦象的占卜获知其意。

以今天的科学知识来看，做梦是人类一种正常的生理现象，无所谓吉凶祸福，更非神灵给予什么启示。但在上古时期，人们对做梦普遍抱有迷信思

1　李学勤主编：《清华大学藏战国竹简（一）》，中西书局，2010，第136页。

2　与此相关的《逸周书·程寤》佚文，于唐宋类书《艺文类聚》《太平御览》均有所见，文字略异。

3　《诗·大雅·文王》疏引，（清）阮元校刻：《十三经注疏》，中华书局，1980，第503页。

想，故有占梦以卜吉凶的习俗。《汉书·艺文志》说："众占非一，而梦为大。"殷人不能破此藩篱，周人亦然。只有具备共同的宗教观念，才能有效地借此进行政治宣传，达到凝聚人心、瓦解敌方意志的目的。太姒之梦作为文王受命的标志性事件，在周初作为收揽人心的思想武器曾被大肆宣传，广为人知。

2. 关于文王受命的内涵问题

关于文王受命的具体内涵如何？历史上也有不同说法。饶有趣味的是，东汉郑玄一人即持两种意见。《诗·大雅·文王》序云："《文王》，文王受命作周也。"郑笺云："受天命而王天下，制立周邦。"他又对诗中"文王在上，于昭于天"解释说："文王初为西伯，有功于民，其德著见于天，故天命之以为王，使君天下也。"这是说文王受天命建立强大的周邦，以取代殷人对天下的统治。但是，郑玄注《尚书·无逸》"文王受命惟中身，厥享国五十年"又提出另外一种说法："中身，谓中年。受命，谓受殷王嗣立之命。"[1]这是说文王继位由殷王册命。同是一个"文王受命"，竟被郑玄弄出两种意蕴来，让人不知就里。清人陈奂不信郑说而另作新解，谓"受命者，受命为西伯也"[2]。今日学者多从郑玄"受天命而王天下"说[3]，鲜有主张"受殷王嗣立之命"者，只有个别学者同意陈奂的说法，认为《史记·殷本纪》所言殷纣"赐弓矢斧钺，使得征伐，为西伯"，才是"真正意义上的'文王受命'"[4]。

其实，《诗》《书》及西周金文中每每可见的文王受命或文武受命，内涵极为清楚。就其要义言之，不外以下三个方面。

一是所受之命来自天帝。《诗·大雅·文王》云："文王在上，于昭于天。周虽旧邦，其命维新。"上博简《孔子诗论》第2简亦云："诗也，文王受命矣。"[5]《尚书·大诰》云："天休于宁（文）王，兴我小邦周。"《尚书·君奭》云："我道惟宁（文）王德延，天不庸释于文王受命。"大盂鼎铭曰："丕显文王，受天有大命，在武王嗣文作邦。"（《集成》2837）师询簋铭

1 《诗·大雅·文王》疏引，（清）阮元校刻：《十三经注疏》，中华书局，1980，第502页。

2 （清）陈奂：《诗毛氏传疏》卷23《文王》，中国书店，1984。

3 晁福林：《从上博简〈诗论〉看文王"受命"及孔子的天道观》，《北京师范大学学报》（社会科学版）2006年第2期；刘国忠：《走近清华简》，高等教育出版社，2011，第109—120页。

4 祝中熹：《文王受命说新探》，《人文杂志》1988年第3期。

5 马承源主编：《上海博物馆藏战国楚竹书（一）》，上海古籍出版社，2001，第127页。

曰："丕显文武，膺受天命。"（《集成》4342）清华简《祭公》载："皇天改大邦殷之命，惟周文王受之，惟武王大败之，成厥功。"[1]这些材料说明，周邦不是一个新建立的国家，但自从文王"膺受天命"之后，国家开始走向强大。武王继承文王所受大命，结束了大邦殷对天下的统治，使小邦周重开建国新局。这个大命来自皇天上帝，不是失去天帝信任的商王。

二是代殷而为天下共主。《诗·大雅·文王》云："穆穆文王，于缉熙敬止。假哉天命，有商孙子。商之孙子，其丽不亿。上帝既命，侯于周服。"《诗·大雅·大明》云："有命自天，命此文王……笃生武王，保右命尔，燮伐大商。"《尚书·康诰》云："天乃大命文王，殪戎殷，诞受天命，越厥邦厥民。"何尊铭曰："肆文王受兹大命，唯武王既克大邑商，则廷告于天。"（《集成》6014）师克盨铭曰："丕显文武，膺受大命，匍有四方。"（《集成》04467）逨盘铭曰："文王武王达殷，膺受天鲁令，匍右（有）四方。"[2]这些材料均言文王武王受有神圣的使命，即"燮伐大商""殪戎殷""达殷"，意即推翻商王的统治，使周人成为天下共主。在新建立的政治共同体中，不仅商之子孙变成周人的臣民，而且天下四方"厥邦厥民"都要接受周人的"维新"统治。

三是受命者克堪用德。《诗·大雅·大明》云："维此文王，小心翼翼。昭事上帝，聿怀多福。厥德不回，以受方国。"《尚书·君奭》曰："在昔上帝割申劝宁（文）王之德，其集大命于厥躬。"《尚书·多方》曰："惟我周王，灵承于旅，克堪用德。惟典神天，天惟式教我用休。简畀殷命，尹尔多方。"《尚书·文侯之命》曰："丕显文武，克慎明德。昭升于上，敷闻在下。惟时上帝，集厥命于文王。"史墙盘铭文曰："曰古文王，初盭龢于政，上帝降懿德大甹（屏），匍有上下，迨受万邦。"（《集成》10175）毛公鼎铭文曰："丕显文武，皇天宏厌厥德，配我有周，膺受大命。"（《集成》2841）可见文王受命意味着上帝不再眷顾殷人，而是把统治天下的大命转交给了周人。但是，天命转移是有条件的，这就是"克堪用德"。文王、武王拥有上帝降下的"懿德"，又"克慎明德"，所以上帝才"集厥命于文王"，使之"匍有上下，迨受万邦"。

文王受命所具有的上述内涵，即使撇开金石竹帛资料，亦可通过《诗》《书》等文献形成正确的认知。为什么博学多识的郑玄对此竟会做出两种不同

1　李学勤主编：《清华大学藏战国竹简（一）》，中西书局，2010，第174页。

2　陕西省文物局、中华世纪坛艺术馆编：《盛世吉金——陕西宝鸡眉县青铜器窖藏》，北京出版社，2003，第33页。

的解释？这就需要回到《尚书·无逸》有关文句的诠释上来。

关于《尚书·无逸》"文王受命惟中身，厥享国五十年"之语，郑玄以"中年"释"中身"，伪孔传言之更为具体，谓"中身，即位时年四十七"。此后经学家陈陈相因，迄无新解。那么，这个"中年"或"年四十七"的断案是怎么来的呢？毋庸细考，即知源自《礼记·文王世子》有关文王、武王年寿的传说。该篇说武王曾做一梦，梦见上帝给了他九十岁的年龄。文王对他说：我一百岁，你九十岁，我给你三岁吧！结果"文王九十七乃终，武王九十三而终"。依此经文，郑玄把"中身"解作"中年"，可与"文王九十七乃终"相应。这样，"文王受命"若不释作文王"受殷王嗣立之命"，则文王不可能"享国五十年"。郑玄掉进了自己的逻辑陷阱，以至于其解《诗》谓"文王受命为七年"[1]而不是五十年，这就发生了严重矛盾，郑玄也都无所顾忌了。对于郑玄的受命嗣位说，唐孔颖达《尚书·无逸》正义即有驳议："殷之末世，政教已衰，诸侯嗣位何必皆待王命？受先君之命亦可也。"事实正是如此。《史记·吴太伯世家》说："太王欲立季历以及昌，于是太伯、仲雍二人乃奔荆蛮……以避季历。"这说明太王不仅具有册立太子的自由意志，而且对文王昌也早有政治安排，并非接受商王之命始可嗣立为君。

关于文王、武王的年寿，《礼记·文王世子》既言上天注定，又言可以人为增减，已属荒诞，而依此推算则"文王十三生伯邑考，十五生武王"[2]，更与人类生理规律相违。但文王长寿或为事实。《孟子·公孙丑上》说："且以文王之德，百年而后崩。""百年"是个成数，顾颉刚认为："也许他活到九十岁以上。"[3]不过，武王的年寿则绝非九十三岁。考《逸周书·度邑解》载武王之言云："惟天不享于殷，发之未生，至于今六十年"，可证古本《竹书纪年》谓"武王年五十四"[4]，远较"武王九十三而终"为可信。不过，这还不是问题的关键，更重要的是，《尚书·无逸》"文王受命惟中身，厥享国五十年"两句实际各说一事，并不构成前后依存的内在逻辑关系，根本没有必要把文王的年寿牵扯进来加以诠释。《史记·鲁周公世家》引《尚书·无逸》之

---

1 《诗·駉谱》疏引，（清）阮元校刻：《十三经注疏》，中华书局，1980，第387页。

2 《诗·駉谱》疏引《大戴礼·文王世子篇》，（清）阮元校刻：《十三经注疏》，中华书局，1980，第388页。

3 顾颉刚：《武王的死及其年岁和纪元》，《顾颉刚全集》第10册《顾颉刚古史论文集》卷10下，中华书局，2011，第1161页。

4 方诗铭、王修龄：《古本竹书纪年辑证》修订本，上海古籍出版社，2005，第44页。

文，称："文王日中昃不暇食，飨国五十年。"在这里，"文王受命惟中身"已被略去，但并不影响文王"享国五十年"独立成句。换言之，文王年寿几何，享国几许，均不构成训释"中身"的前提条件。可见"文王受命惟中身"，与文王年龄无关，亦与文王享国五十年无关，更不涉及受殷王嗣位之命的问题。

3. 关于文王受命与称王问题

与文王受命相关的另一个问题，是文王生前是否称王。《史记·周本纪》说："诗人道西伯，盖受命之年称王而断虞芮之讼。后十年而崩，谥为文王。"按照司马迁这种说法，诗人所称文王是其谥号。谥号有其先决条件，即生前已经称王，死后临葬制谥，始称某王。与此不同的另一种说法是，文王生前并未称王，其王号是死后追加的。如《礼记·大传》载，武王克商后，"追王大王亶父、王季历、文王昌，不以卑临尊也"。

关于殷商末年文王是否称王，自汉迄今聚讼不已。清梁玉绳作《史记志疑》历陈前人之论，应劭、孔颖达、刘知己、欧阳修诸大儒尽走笔端，其中尤以欧阳修《泰誓论》斥文王受命称王为妄说，深为梁氏所推许，梁玉绳断言："凡经言文王，并后世追述之，曷尝有改元称王之说哉？"[1]唐宋以降，这种意见一直是学术界的主流。观诸家所言，所谓文王不曾称王的理由主要有两条：一是据《论语·泰伯》言文王"三分天下有其二，以服事殷"[2]，提出"使西伯不称臣而称王，安能服事于商乎？"[3]二是就政治制度来说，"天无二日，王无二王，岂得殷纣尚在而称周王哉？"[4]

近人王国维依据金文材料提出"古诸侯称王说"，他认为："世疑文王受命称王，不知古诸侯于境内称王，与称君、称公无异。……盖古时天泽之分未严，诸侯在其国自有称王之俗。"[5]此说甚有理致，然而一些学者仍有异议。

1　（清）梁玉绳：《史记志疑》，中华书局，1981，第80页。

2　除《论语》外，这方面的材料还有《左传·襄公四年》说："文王率殷之叛国以事纣。"《吕氏春秋·顺民》说："文王处岐事纣，冤辱雅顺。"上博简《容成氏》亦云："文王闻之曰：虽君亡道，臣敢勿事乎？虽父亡道，子敢勿事乎？孰天子而可反？"参见马承源主编：《上海博物馆藏战国楚竹书（二）》，上海古籍出版社，2002，第287页。所谓"事纣""事殷"之说，无非是殷人统绪尚存，仍为天下共主，并不意味着这些"叛国"还真把殷纣奉为共主，一心追随之。

3　（宋）欧阳修：《欧阳文忠公文集》卷18《泰誓论》，商务印书馆，1922。

4　《尚书·泰誓》正义，（清）阮元校刻：《十三经注疏》，中华书局，1980，第180页。

5　王国维：《观堂集林（外二种）》，河北教育出版社，2001，第779页。

如张政烺说："周时称王者皆异姓之国，处边远之地，其与周之关系若即若离，时亲时叛，而非周时封建之诸侯。文王受命称王，其子孙分封天下，绝无称王之事。……称王在古代是一件严重的事情，决非儿戏，如果把《古诸侯称王说》当作原则，任意推测，就会演绎出许多错误了。"[1]应该说，张氏对王国维的批评有正确的一面，也有不恰当的一面。正确的一面是说王国维此说的证据仅限于周时异姓之国而不及殷商之事，颇有以偏概全之嫌。不恰当的一面是张氏未能顾及周原甲骨文有关资料，即对古诸侯称王说予以断然否定。实际上，商代的情况与周代相比差别不大，异姓诸侯与商王室的关系也是"若即若离，时亲时叛"，即使服事商王，也不妨碍自行称王。这与当时商朝的国家结构密切相关。

从国家结构形式看，商朝既是一个对本土进行统治的独立的贵族统治单元，又是一个代表中央政权而凌驾于万国之上，以贵族国家作为统治形式的早期统一国家[2]。在这种国家结构形式下，虽然众多方国诸侯加入了统一的政治联合体，但自身仍是一个独立的政治实体，在很大程度上对各自的国家拥有治事权和统治权。至于这些附庸国的诸侯取何种名号，比起对宗主国的时叛时服来说，问题的严重性要小得多。即以商族先公为例，见于甲骨文的王矢、王恒、王亥等在夏王朝统治下亦冠有王号。即使这些王号是追称，是时殷人尚未代夏而有天下，按说也是犯忌的，但事实上却安然无恙。商朝的国家结构比起周朝要松散得多，异姓诸侯称王，并不是一件不可思议的事情。《逸周书·程典解》说："文王合六州之侯，奉勤于商。"[3]《论语·泰伯》称文王"三分天下有其二，以服事商。"是说当时众多诸侯人心归周，并非文王拥有九州之内三分之二的疆域。不管文王的政治势力如何强大，如何与殷商势不两立，只要商朝作为天下共主存在一天，加入国家联合体的成员国即包括周邦在内的诸多方国都只能是其藩属诸侯，至少名义上还是如此。因此，文王即使以"王"作为名号，在未推翻商朝统治之前，文献称"以服事商""奉勤于商"，并不足异。那种以后世大一统专制统治的观念，来比况夏商周三代的政治结构，自然无法理解地有二王的情形。晚清俞樾说："殷商之存，无损于周之王也。非如后世之争天下

1　张政烺：《矢王簋盖跋——评王国维〈古诸侯称王说〉》，中国古文字研究会、中华书局编辑部、陕西省考古研究所编：《古文字研究》第13辑，中华书局，1986，第180页。

2　杜勇：《中国早期国家的形成与国家结构》第3章第2节，中国社会科学出版社，2013。

3　黄怀信、张懋镕、田旭东：《逸周书汇校集注》修订本，上海古籍出版社，2007，第165页。

者，必灭其国而后可代之兴也。"[1]其说不为无见。尤其是王国维说"古时天泽之分未严"，尤具卓识，在某种程度上已触及了当时贵族国家结构的实质，对于说明古诸侯称王现象具有不可忽视的理论意义。

理论不是空中楼阁，而是事实的抽象。那么，文王称王的事实何在？就在周原甲骨文中，只是王国维当年无缘看到而已。在引证周原甲骨文之前，还有必要提及清华简中有关文王称王的材料。清华简《程寤》称："惟王元祀正月既生魄"，清华简《保训》称："惟王五十年"，这种纪年方式实已透露出文王生前称王的信息。只是据我们研究，这两篇文献大体晚至战国前期成书，其史料价值无法与当时第一手资料即周原甲骨相比，故在此先对周原甲骨略作分析。

周原甲骨文是周人的占卜或记事材料，其中有"王"与"周方伯"并出共见的庙祭甲骨，"王"为商纣王，"周方伯"即辞主西伯文王。但是，周原卜辞有几条中的"王"则是指周文王，应可作为文王生前称王的可靠证据。如：

　　王若商。（H11：164）[2]
　　衣（殷）王田，至于帛，王唯田。（H11：3）[3]
　　今秋，王西克往宓（密）。（H11：136）[4]

"王若商"一辞的"若"字，其义为顺。《尔雅·释言》曰："若，顺也。"《尚书·尧典》曰："钦若昊天"，伪孔传曰："使敬顺昊天。"本辞所说服顺于商的王，当然只能是周王。在商朝末年，只有两位周王活动于商纣统治时期，那就是文王和武王。武王继位后，周人对商朝形成战略进攻态势，不会留下柔顺于商的记录，所以这个王当指文王。《周易·明夷》云："利艰贞"，《象》曰："内文明而外柔顺，以蒙大难，文王以之。"此与"王若商"所示文王韬光养晦的策略适相印合。"衣（殷）王田"一辞，"殷王"与"王"对言，这个王也只能是周王。若"殷王"与"王"为同一人，则首尾两句语义重复，似成赘疣。殷墟卜辞有云："周叶，令惟擒。"（《合集》10976）文献亦

1　（清）俞樾：《达斋丛说·文王受命称王改元说》，《九九销夏录》，崔高维点校，中华书局，1995，第325页。

2　徐锡台：《周原甲骨文综述》，三秦出版社，1987，第88页。

3　曹玮：《周原甲骨文》，世界图书出版公司北京公司，2002，第3页。

4　徐锡台：《周原甲骨文综述》，三秦出版社，1987，第82页。

称："武乙猎于河渭之间"[1]，均为殷王至周地田猎的记录。本辞所说商王在帛地田猎，前来合猎的王也应是柔顺于商并与之虚与委蛇的文王，不过两王合猎可能是文王称王不久后发生的事情。"王西克往密"一辞的"密"，文献又作"密须"，为古国名。《史记·周本纪》说："明年，（文王）伐密须。"《尚书大传》亦有文王三年伐密须的说法。已有专家指出，此片卜甲的内容是"指文王伐密须的事"[2]。西伯受命于天，生前称王，有传世文献与古文字资料的二重证据，殆无可疑。

总之，文王受命不是向壁虚构的妄说，而是一种客观存在的历史。太姒之梦沟通了文王膺受天命的渠道，代殷而有天下成为天帝赋予文王的使命，称王改元则是文王奉行天命的政治宣言书。

4. 文王称王的时间问题

清华简《保训》说："唯王五十年"[3]，文王病重，召太子发告之遗训。此与《尚书·无逸》《史记·周本纪》谓文王在位五十年相印合。《吕氏春秋·制乐》说："文王即位八年而地动，已动之后四十三年，凡文王立国五十一年而终。"陈奇猷认为："已动之后四十三年，乃自地动之年、即即位后第八年起算，正合五十年。后人误以八加四十三为五十一，因增'一'字耳。"[4]这里的"一"字是否为后人所加不好判定，但算法不同以示新异的可能性是有的。虽然清华简《保训》再次证明了文王在位五十年，且生前业已称王，但是否"印证了文王即位之初即已经称王的史实"[5]，尚有必要细加分析。

应该承认，依照金文有关文例，清华简《保训》"惟王五十年"确有文王继位即已称王的含义。但是，这需要一个前提，那就是清华简《保训》为史官即时实录。若非实录，则另当别论。实际上清华简《保训》是战国时期的一篇托古言事之作[6]，自与史官实录有别。由于作者所要拟作的是周文王遗言，遗言当然只能发生在文王在位的最后一年，所以用"惟王五十年"交代这个特定时间。至于这种纪年方式是否附带说明文王称王的具体年代，恐怕

1　《史记·殷本纪》，中华书局，1959，第104页。

2　徐锡台：《周原甲骨文综述》，三秦出版社，1987，第83页。

3　李学勤主编：《清华大学藏战国竹简（一）》，中西书局，2010，第143页。

4　（战国）吕不韦著、陈奇猷校释：《吕氏春秋新校释》，上海古籍出版社，2002，第359页。

5　刘国忠：《周文王称王史事辨》，《中国史研究》2009年第3期。

6　参见杜勇：《清华简与古史探赜》第4章，科学出版社，2018。

不是清华简《保训》作者所深思熟虑的问题。

清华简《程寤》的情况要好一些。虽然它也是晚出之作，但其内容（主要是第一部分）符合商周时期占梦以卜天命的习俗，可信度实非清华简《保训》可比。唐宋类书曾保留《逸周书·程寤解》佚文，与今出竹书相勘，有多处异文，说明清华简《程寤》本有系年，或佚或讹，致失其真。如今清华简《程寤》有此"惟王元祀"，对于我们考索文王何时称王改元有重要价值。简文以"惟王元祀正月既生魄"开篇，继言太姒做梦，文王占梦，始得"受商命于皇上帝"。从行文的逻辑关系看，似乎在太姒做梦、文王占梦之前，文王已经称王改元，所以有学者认为这个"惟王元祀"应该是"周文王即位的元年"[1]。其实，清华简《程寤》"惟王元祀"是文王即位后的称王改元之年。文王称王改元的政治动因，来自占卜太姒之梦"受商命于皇上帝"。《帝王世纪》云："文王即位，四十二年，岁在鹑火，文王于是更为受命之元年，始称王矣。"[2]皇甫谧于此肯定文王受命九年说未必可信，但他对于文王受命与称王改元的联动关系的认识却是正确的。孔颖达说得更为肯定："（文王）其称王也，必在受命之后。"[3]结合《尚书·酒诰》来看，文王受命与称王改元的因果关系是清楚的。《尚书·酒诰》说："乃穆考文王肇国在西土，厥诰毖庶邦庶士，越少正御士，朝夕曰祀兹酒。惟天降命，肇我民，惟元祀。"这里的"元祀"，《尚书》今古义均无说，伪孔传解为"祭祀"，孔疏以为"言酒惟用于大祭祀"。后世学者续有阐发，但基本不出其窠臼。至晚清俞樾始出新说，他认为："元祀者，文王之元年。上文曰'肇国在西土'，肇国者，始建国之谓，故知是文王元年也。"[4]继后王国维又从"天降命"的角度出发，认为"降命之命，即谓天命，自人言之，谓之受命；自天言之，谓之降命。……天之降命如何？'肇我民惟元祀'是也。元祀者，受命称王、配天改元之谓"[5]。细味经文，王国维对"惟元祀"的分析比俞樾以为文王继位元年更中肯綮，也正确揭示了"天降命"与"惟元祀"的逻辑关系。依此看来，清华简《程寤》

1　刘国忠：《走近清华简》，高等教育出版社，2011，第114页。

2　《诗·大雅·文王》正义引，（清）阮元校刻：《十三经注疏》，中华书局，1980，第502页。

3　《诗·大雅·文王》正义，（清）阮元校刻：《十三经注疏》，中华书局，1980，第503页。

4　（清）俞樾：《群经平议》卷5，《续修四库全书》编纂委员会：《续修四库全书》第178册，上海古籍出版社，2002，第79页。

5　王国维：《观堂集林（外二种）》，河北教育出版社，2000，第772页。

"惟王元祀正月既生魄"，虽为太姒做梦的具体时间，但实际改元却在文王占梦获得天命之后。只因这个配天改元的元年从当年岁首肇始，其后追记其事便出现了改元在前、受命在后的情况。文王受命、称王、改元三位一体，成为公开的政治宣言书，表明了周人东进克商的意志与决心。

（三）文王图商"五伐"与徙都丰镐

1. 文王改元后的积年

文王改元后，进入后期统治阶段。对于此一阶段的积年，传世文献有两种说法：一是七年说；二是九年说。然而《史记·周本纪》云："诗人道西伯，盖受命之年称王而断虞芮之讼。后十年而崩，谥为文王。"其所言"十年"，前人或据《逸周书·文传解》以为"十当为九"[1]，或据别本以为"十年作七年为是"[2]，都不构成一种自成体系的独立见解，可置勿论。

文王受命七年说始自伏生，司马迁、郑玄同之，但依据各有不同。伏生《尚书大传》说：

> 文王受命，一年断虞芮之讼，二年伐邘，三年伐密须，四年伐犬夷，五年伐耆，六年伐崇，七年而崩。[3]

稍后司马迁《史记·周本纪》其说略同，只是"五伐"的次第略异：

> 西伯阴行善，诸侯皆来决平。于是虞、芮之人有狱不能决，乃如周。入界，耕者皆让畔，民俗皆让长。虞、芮之人未见西伯，皆惭，相谓曰："吾所争，周人所耻，何往为，只取辱耳。"遂还，俱让而去。诸侯闻之曰"西伯盖受命之君"。明年，伐犬戎。明年，伐密须。明年，败耆国。……明年，伐邘。明年，伐崇侯虎。而作丰邑，自岐下而徙都丰。明年，西伯崩。[4]

东汉郑玄也是主张文王受命七年说的，故注《尚书·金縢》云："文王十五生

1　《史记·周本纪》正义，中华书局，1959，第119页。

2　（汉）司马迁著、〔日〕泷川资言会注考证：《史记会注考证》，新世界出版社，2009，第243页。

3　《尚书·西伯戡黎》，（清）阮元校勘：《十三经注疏》，中华书局，1980，第176页。又《左传·襄公三十一年》疏引《尚书传》云："文王一年质虞芮，二年伐邘，三年伐密须，四年伐犬夷，纣乃囚之。四友献宝，乃得免于虎口，出而伐耆。"此言纣囚文王在受命改元之四年，与《史记·周本纪》置于改元之前不同。然《左传·襄公三十年》说："纣囚文王七年，诸侯皆从之囚，纣于是乎惧而归之，可谓爱之。文王伐崇，再驾而降为臣。"是知文王被囚七年，应在受命改元之前，史迁所言当得其实。

4　《史记·周本纪》，中华书局，1959，第117—118页。

武王，九十七而终。终时，武王八十三矣，于文王受命为七年。"[1]所据《大戴礼记》《礼记》关于文王、武王年岁的记载，言多虚妄，郑玄有关推算自然不可凭信，但他坚持文王受命七年说的意见是明确的。

关于文王受命九年说，是由西汉末年刘歆正式提出来的。《汉书·律历志下》引其《世经》云：

> 文王受命九年而崩，再期，在大祥而伐纣，故《书序》曰："惟十有一年，武王伐纣，〔作〕《太誓》。"八百诸侯会。还归二年，乃遂伐纣克殷，以箕子归，十三年也。故《书序》曰："武王克殷，以箕子归，作《洪范》。"《洪范》篇曰："惟十有三祀，王访于箕子。"自文王受命而至此十三年，岁亦在鹑火。[2]

从司马迁到刘歆相距不过百年，其间没有剧烈的社会动荡，传世文献未遭厄难，所以司马迁能看到的资料，刘歆不可能闭目塞听。而且因为古文献的不断发现，刘歆看到的资料可能比司马迁还要多。然而，刘歆提出文王受命九年说，却未拿出新的证据，只是将文献有关文武纪年的材料，按照自己的意见另外做了一番年历上的编排。如《书序》说十一年武王伐纣，刘歆却指为九年时八百诸侯观兵盟津。《尚书·洪范》言十三祀武王访于箕子，事在克商后二年，刘歆却将其曲解为武王克殷之年。更有甚者，刘歆言武王克商历日，竟称："'一月戊午，师度于盟津'，至庚申，二月朔日也。四日癸亥，至牧野，夜陈，甲子昧爽而合矣。"[3]一月戊午师渡盟津，《书序》记为十一年事，却被刘歆用来整合十三年武王伐纣的日程。刘歆根据文献历日资料，利用三统历以考武王克商之年，固有发凡起例之功，但他所用三统历并不合天，对月相词语的认识亦有舛误，故其结论不免悬空[4]。而推考过程中又以不同年份的历日相杂糅，更是一病。这些情况表明，刘歆首倡的文王受命九年说，缺少科学依据，实难取信。

尽管如此，后世仍有不少经学家相信刘歆的说法，贾逵、马融、王肃、韦昭、皇甫谧、孔颖达诸儒皆悉同之。如皇甫谧《帝王世纪》即引《逸周

1 《诗·豳风·豳谱》疏引，（清）阮元校刻：《十三经注疏》，中华书局，1980，第387页。
2 《汉书·律历志下》引刘歆《世经》，中华书局，1962，第1015页。
3 《汉书·律历志下》引刘歆《世经》，中华书局，1962，第1015页。
4 杜勇、沈长云：《金文断代方法探微》，人民出版社，2002，第167—171页。

书·文传解》云："文王受命九年，惟暮之春，在镐召太子发"[1]，以作补证。《逸周书·文传解》是战国时人虚拟的文王遗言，一望即知，刘歆已弃而不取，何待皇甫谧来发现它的价值。而梅本古文《尚书·武成》袭此文意，称"惟九年，大统未集"，更不可据。孔颖达不知晚书《武成》为伪作，决然引此以助刘说，还批评"郑（玄）不见古文《尚书》，又《周书》遗失之文难可据信"[2]，致有文王受命七年之说。其实，就算郑玄不见古文《尚书》，而刘歆则是要立古文《尚书》于学官的人，他为何也不引梅本《武成》作证据呢？事情很清楚，刘歆看到的孔壁《武成》并无文王受命九年这样的文字，而梅本《武成》晚出于东晋，离开人世几百年的刘歆、郑玄当然不可能据以立论。可见后世经学家虽然推崇刘歆的九年说，实际并未帮他找到任何可靠的证据，并不比伏生、司马迁的七年说来得可靠。

2. 文王"五伐"殷商与国

文王受命改元之后，随即拉开伐商大幕。《尚书大传》《史记·周本纪》均言文王受命后七年之事，唯有"五伐"的先后次第略有不同。但从战略步骤上看，"《史记》的说法是比较正确的"[3]。

第一个战略步骤是，东图虞芮，西伐戎狄，进一步巩固关中根据地。关于东图虞芮，表面上是通过断虞芮之讼来实现的。但这场讼事颇为奇异，虞芮两国因为田土纠纷，前往周邦请求文王裁断。然仅入周境，未见西伯，讼事自了，归附于周。这个结果背后隐藏的故事，今已不知其详。《诗·大雅·绵》云：

> 虞芮质厥成，文王蹶厥生。予曰有疏附，予曰有先后，予曰有奔奏，予曰有御侮。[4]

诗中"质"训成，断狱之名。"成"训平，和解之意。"蹶"，动也。"生"，性也。前两句是说虞、芮狱讼达成和解，是由于文王的治国之德、周邦的礼让之风，感化了他们的德行，从而把所争之田作为闲田，不再无休止争执下去。毛传云："天下闻之而归者，四十余国。"此与诗人称"予曰有疏附"相应。疏者亲附，暗含虞芮诸国向风慕义，归附周邦。

---

1 《诗·大雅·文王》疏引，（清）阮元校刻：《十三经注疏》，中华书局，1980，第502页。

2 《诗·大雅·文王序》孔疏，（清）阮元校刻：《十三经注疏》，中华书局，1980，第502页。

3 顾颉刚、刘起釪：《尚书校释译论》第2册，中华书局，2005，第1062页。

4 《诗·大雅·绵》，（清）阮元校刻：《十三经注疏》，中华书局，1980，第512页。

关于虞芮的地望，《汉书·地理志》左冯翊临晋县（今陕西大荔），班固注为芮国。《汉书·地理志》河东郡大阳县（今山西平陆），班固记为古虞国。后来《括地志》说虞国在今山西平陆县东北五十里虞山之上，芮国在今山西芮城县西二十里。《史记正义》以虞芮所争闲原在河东，与虞芮相接，以辩临晋说非是。临晋在河西，应是芮国后来的迁居地。对此传统说法，近人齐思和表示质疑，他认为："此乃春秋时之虞，而非周初之虞国也。平陆距岐山，远在数百里之外，是时周室初兴，崇、墉未服，声威所及，恐不能若是之远。余考古虞本在今陇县境，汉之汧县也。《地理志》：'吴山在西。'古虞、吴通。《水经注·渭水注》：'《国语》所谓（西）虞矣。'是古虞在雍州之证。《地理志》：'芮水出西北，东流泾。'是虞、芮同在陇县，地相毗连。地在岐山西北，古之虞、芮，当即在是。"[1]其实，《汉书·地理志》右扶风所属汧县，班固自注："吴山在西，古文以为汧山。"此言"古文"者，后汉以降，"专指孔子壁中书"[2]。这就是说，汧山为古称，吴山乃后起之名。《尚书·禹贡》："导岍及岐"，犹称汧（岍）山。清胡渭说："自周尊岍山曰岳山，俗又谓之吴山，或又合称吴岳。《史记》遂析岳山与吴岳为二山，而岍山之名遂隐。其实此二山者，《周礼》总谓之岳山，《禹贡》总谓之岍山，当以《汉志》为正。"[3]又《国语·齐语》云："西服流沙、西吴"，或本作"西虞"，《管子·小匡》亦作"西虞"。吴、虞虽可通假，但本字为"吴"，意指西方吴山。是知俗名吴山后起，不能证明虞地初在雍州。

有的学者信从此说，还试图从考古资料中找出新的证据，认为陕西陇县南坡村西周早期墓出土的"矢仲"戈，宝鸡上官村出土的"矢王"簋盖等铜器铭文，可以说明矢王之国直到西周晚期始终存在，而陇县境内的是另一个矢国，则是太伯奔吴之吴。武王克商以后，分出一支封于今山西平陆为虞国（北虞），芮国也由陇县迁至今山西芮城。后至康王时，陇县的虞侯矢迁往江苏丹徒一带，是为吴国始源（南吴）。[4]上文已指出，同一"矢"字，一释为

1　齐思和：《西周地理考》，《中国史探研》，河北教育出版社，2000，第76—77页。

2　王国维：《〈汉书〉所谓古文说》，《观堂集林（外二种）》，河北教育出版社，2001。

3　（清）胡渭：《禹贡锥指》，上海古籍出版社，2006，第340—341页。

4　刘启益：《西周矢国铜器的新发现与有关的历史地理问题》，《考古与文物》1982年第2期；尹盛平、田小娟：《芮国的初始地及其改封的推测》，陕西省考古研究院、上海博物馆编：《两周封国论衡——陕西韩城出土芮国文物暨周代封国考古学研究国际学术研讨会论文集》，上海古籍出版社，2014。

矢，一释为虞，逻辑上不能自洽。散氏盘、宜侯矢簋一器之中虞矢二字同
见，说明国族名并不随意相假。而矢国之器在汧河流域多有出土，芮国之器
却一无所见，何以两个邻国差异如此之大？这些问题的存在，意味着此一新
说并不能反映历史事实。虞芮作为商时古国，当非姬姓，地处周人控制关中
平原、实施东进战略的关键地带，地理位置十分重要。故文王利用虞芮间的
矛盾，将其纳入反殷同盟，从而成为进军中原的桥头堡。武王克商之后，又
封其同姓的虞芮两国取而代之，原商时古国遂融入其中。

　　文王改元二年"伐犬戎"，三年"伐密须"，都是为了解除周人东进的后
顾之忧。犬戎又称犬夷、昆夷，太王古公亶父迁岐前后即与周人时有冲突，
后被击退西去。百余年后，文王用兵汧陇，西征犬戎，是文王受命称王后发
起的第一次大规模战争。《孟子·梁惠王下》说："大王事獯鬻""文王事昆
夷"。獯鬻即昆夷，临文错举，避复之道。太王时以小事大，文王时以大事
小，都是一种政治策略。待文王受命称王后，便把昆夷作为首要的攻伐对象。
《诗·小雅·采薇》序云："文王之时，西有昆夷之患，北有猃狁之难。"《逸
周书·武称解》序云："文王立，西距昆夷，北备猃狁。"[1]似乎昆夷与猃狁各
别一族。王国维以为此由误解经语所致。《诗·小雅·出车》"赫赫南仲，猃
狁于襄""赫赫南仲，薄伐西戎"。西戎即指猃狁，互言之以谐韵。序《诗》
者误认猃狁与西戎有别，又以昆夷当西戎，遂将昆夷与猃狁别为二族。是昆
夷"为猃狁之祖先"[2]，异名同实，盖无可疑。此时文王以西伯身份享有对诸
侯的征伐权，故对犬戎的征伐必是一次沉重而有效的打击。

　　文王改元三年"伐密须"，也是一次重要战役。《诗·大雅·皇矣》云：
"密人不恭，敢距大邦，侵阮徂共。王赫斯怒，爰整其旅，以按徂旅。"诗中
的"密"即密须，为姞姓之国，地在今甘肃灵台县西。密人不但不恭其职，
还竟然侵及阮、共两国。据朱右曾《诗地理征》考证，阮在今甘肃泾川东
南，共即泾州共池，在今泾川北，两国地相邻近。文王伐密须，又见于周原
甲骨文：

　　　　今秋，王西克往密。（H11：136）
　　　　王其往密山，异。（H11：80）

1　黄怀信、张懋镕、田旭东：《逸周书汇校集注》修订本，上海古籍出版社，2007，第1120页。
2　王国维：《观堂集林（外二种）》，河北教育出版社，2001，第376页。

　　于密。（H11∶31 正）

　　密西城。（H31∶5）

辞中王为文王，"往密""于密"即为伐密须，占领密须后修建城郭[1]，以加强对西戎的防御。此役胜利后，文王还将缴获的战鼓和大路（战车）用作举行大蒐礼的仪仗。后来又被成王作为分赏的礼器，赐给晋国的唐叔，以震慑戎狄。《左传·昭公十五年》云："密须之鼓与其大路，文（王）所以大蒐也。阙巩之甲，武（王）所以克商也。唐叔受之，以处参虚，匡有戎狄。"可见文王伐犬戎、密须之战，是有深谋远虑的重大战略举措，对于确保周邦后方的安全具有重要意义。

　　第二个战略步骤是，文王改元四年伐黎，五年伐邘，以扫清黄河北岸的亲殷势力，摧毁伐纣时可能在近畿地区成为后援的力量，为适时伐纣做好准备。西伯文王所伐之黎，古书又作耆、饥、𪏮等。《说文》言其地在上党东北，《后汉书·郡国志》谓上党郡壶关有黎亭，为"故黎国"。近年周代黎侯墓地的发现，证明西伯所伐黎国当在今山西长治南面壶关境内。依《世本》黎为"子姓"[2]，是殷代诸侯国，与商王畿仅一太行山相隔，实为殷西屏障。故《尚书·西伯戡黎》称"西伯既戡黎"，殷廷受到巨大震荡，以致祖尹惊呼"殷之即丧"，表明此役关涉殷商存亡，乃至"殷始咎周"[3]。然清华简《耆夜》说："武王八年，征伐𨛷（耆），大戡之。"[4]竹简整理者认为，戡黎的西伯不是文王而是武王，或以为文王、武王均曾戡黎，一时歧说蜂起。实际上，清华简《耆夜》并不是真实记述古史的古文献，而是战国时期楚地士人虚拟的一篇诗教之文，所言武王伐黎不足凭信[5]。文王伐黎之后，继续进攻邘国。邘又作于、盂。《诗·大雅·文王有声》云："既伐于、崇，作邑于丰。"《韩非子·难二》云："昔者文王侵盂、克莒、举丰。"此"莒"不可考，"于""盂"为异文。《左传·僖公二十四年》云："邘、晋、应、韩，武之穆也。"知邘地在西周是武王之子的封国。杜注："河内野王县西北有邘城"，此即今河南沁阳市的邘台镇。《左传·定公八年》称"刘子伐盂"，殷墟卜辞亦作

1　王宇信：《西周甲骨探论》，中国社会科学出版社，1984，第215—217、228—229页。

2　《左传·隐公元年》疏引，（清）阮元校刻：《十三经注疏》，中华书局，1980，第1712页。

3　《尚书·西伯戡黎》序，（清）阮元校刻：《十三经注疏》，中华书局，1980，第176页。

4　李学勤主编：《清华大学藏战国竹简（一）》，中西书局，2010，第150页。

5　参见杜勇：《清华简与古史探赜》第3章，科学出版社，2018。

盂，为殷人田猎区之一。文王伐邗，摧毁黄河北岸、殷畿南缘的又一亲殷势力，为东进伐商创造了有利条件。

第三大战略步骤是，六年伐崇，七年作丰邑。关于崇国的地理位置，皇甫谧以为"盖在丰镐之间"[1]，于今犹有信其说者，认为崇可能是"商人在渭水流域的重要据点"[2]。以崇为丰是对诗义的误解。清陈奂早就正确指出："伐崇邑丰，《文王有声》篇画然两事，崇、丰为异地明矣。"[3]崇，又作崧、嵩。清王念孙说："古无'嵩'字，以'崇'为之。故《说文》有'崇'无'嵩'。经传或作'嵩'，或作'崧'，皆是'崇'之异文。《地理志》颍川郡崈（崇）高下云：'古文以崈高为外方山。'《周语》'融降于崇山'，韦注云：'崇，崇高山也。'是'嵩高'之'嵩'，本作崇也。"[4]汉代崇高县在今河南登封市，外方山、崇高山即今嵩山，文王所伐崇国当在这一带。故《六韬》曰："文王闻杀崇侯虎，归至酆。"[5]另周原甲骨文有"虫伯"（H11：22），或以为即"崇伯"，非是。"虫"与"崇"古音相距甚远，不能通假。

伐崇之战相当激烈，两次攻城始告成功。《左传·僖公十九年》云："文王闻崇德乱而伐之，军三旬而不降，退修教而复伐之，因垒而降。"是说围城三旬，崇侯不降。周师坚其壁垒，持续攻城，激战而克。《诗·大雅·皇矣》言其战事云：

> 帝谓文王，询尔仇方。同尔兄弟，以尔钩援。与尔临冲，以伐崇墉。

> 临冲闲闲，崇墉言言。执讯连连，攸馘安安。是类是祃，是致是附，四方以无侮。临冲茀茀，崇墉仡仡。是伐是肆，是绝是忽，四方以无拂。[6]

诗中"崇墉"是说崇侯利用嵩山一带的有利地势，筑有坚固的城墙。"言言""仡仡"是言城墙高大之状。文王之师以"临冲"作为攻城器械，"临"为居高临下的攻城战车，"冲"为从旁冲击城墙的战车。"闲闲""茀茀"是言临冲

---

1 《史记·周本纪》正义引，中华书局，1959，第118页。

2 许倬云：《西周史》增补二版，生活·读书·新知三联书店，2012，第105页。

3 （清）陈奂：《诗毛氏传疏·皇矣》，中国书店，1984。

4 （清）王念孙：《读书杂志·汉书·崇高》，徐炜君等点校，上海古籍出版社，2014，第480页。

5 （宋）李昉等：《太平御览》卷395《人事部》引，中华书局，1960，第1825页。

6 《诗·大雅·皇矣》，（清）阮元校刻：《十三经注疏》，中华书局，1980，第522页。

攻城的兵威与强锐，连连捉其俘虏，从容斩其敌首。崇人终遭灭国，沦为降臣。故《左传·襄公三十一年》说："文王伐崇，再驾而降为臣。"

此役文王联合兄弟之邦，合击崇国，使其"是绝是忽""是致是附"，清除了黄河南岸最大的亲殷势力，打通了进军中原、北渡黄河、横扫殷畿的必经通道。至此，文王"五伐"殷商与国，基本完成东进克商的三大战略步骤。文王灭崇以后，随即将都城迁至丰邑。周邦政治中心的东移，有力推动了伐商进程。

3. 文王平"九邦"与"三分天下有其二"

文王平"九邦"不见于传世典籍，上博简《容成氏》记其事云：商纣荒淫，不理朝政，"于是乎九邦畔（叛）之：丰、镐、郍、䖒、于、鹿、耆、崇、密须氏。……于是乎素端裛裳以行九邦，七邦来服，丰镐不服。文王乃起师以向丰镐，三鼓而进之，三鼓而退之。……丰镐之民闻之，乃降文王"[1]。传世文献唯《礼记·文王世子》记载武王对文王说："西方有九国，君王其终抚诸。"此言"西方九国"与上博简《容成氏》"九邦"不尽相同，且九邦并非都在西方，或为借用殷人习用语。上博简《容成氏》中文王所平九邦，只涉及图商"五伐"中的密须氏、耆、邘、崇四国，犬戎不曾提及，其余五邦过去知之甚少。郍，或即舟人。《国语·郑语》："秃姓舟人，则周灭之矣。"地在今河南新郑 一带。䖒，或即《韩非子·内储说上》《史记·赵世家》之"石邑"，在今河北获鹿东南。鹿，或即《左传·昭公十七年》所言"甘鹿"，在今河南嵩县东北。如此九邦之中，即有六邦位于东土。

饶有趣味的是，过去只以丰、镐为地名，不知亦为古国族。经过一番用兵，周人得以占领丰镐，徙作都邑。文王迁都于丰，旧说是其改元七年从岐周迁来。实则此前文王已迁居渭水北岸的程邑，清华简《程寤》所记太姒做梦、文王占梦一事，就发生在这里。但程邑建都时间不长，甚或只是临时性的，待克丰镐，随之南移[2]。《诗·大雅·文王有声》云："文王受命，有此武功，既伐于、崇，作邑于丰。……考卜维王，宅是镐京。维龟正之，武王成之。"郑玄笺："丰邑在丰水之西，镐京在丰水之东。"《说文·邑部》云："鄷，周文王所都，在京兆杜陵西南。"同书《金部》云："镐……武王所都，

---

1 马承源主编：《上海博物馆藏战国楚竹书（二）》，上海古籍出版社，2002，第285—288页。
2 杜勇：《清华简与古史探赜》，科学出版社，2018，第271—272页。

在长安西上林苑中。"丰、镐在今陕西西安市西南的沣河中游东西两岸。其都城遗址作为一个聚落整体，近经重新确认，分布面积约 18 平方公里。其中丰京遗址面积约 8.6 平方公里，大致跨客省庄、马王村、张家坡、大原村、冯村、新旺村、曹寨几个自然村。镐京遗址面积约 9.2 平方公里，分布在以郿坞岭为中心的区域内，大致跨张旺渠、官庄、下泉村、落水村、上泉村、普渡村、花园村、白家庄、马营寨、新庄等几个自然村[1]。武王迁都镐京后，丰邑未废，功能互补，形成一都双城的格局。

文王平抚"九邦"，传世文献多以"五伐"为说，意在强调最为重要的军事行动。若从周原甲骨看，文王并非仅仅"有此武功"，尚可见到"征蜀"（H11：97）、"征巢"（H11：101）、"伐敳（胡）侯"（H11：232）等战事。蜀又见于殷墟卜辞，地在今河南长葛市[2]。巢又见于班簋，可能在今河南新野东北[3]。敳（胡）见于文献和金文，其地在今河南郾城[4]。这说明文王末年对中原地区的用兵，不只"伐崇"一战，实际还包括成周东南地区的不少方国。武王克商以后能够在该区域封建诸侯，显然是有政治基础的。

文王东进战略的实施，短短七年，功勋卓著。其政治势力范围迅速扩大，以关中平原为核心的陕西大部、山西中南部、河南黄河以南地区，大都在周人的掌控之下。只有殷王畿、东夷、淮夷、西蜀等地区，一时鞭长莫及。然仅此而言，周人的势力范围比殷人直接统治的王畿地区也要大一两倍。《论语·泰伯》说文王之时"三分天下有其二"，看来不是没有道理的。当然，周人对所属地区的政治控制，与后世通过层级性的行政区划进行治理有所不同。商代的国家结构是以一国统领天下万国，商作为天下共主，代表国家中央政权，既统治本土国，也号令地方上大大小小的方国诸侯。当这些方国诸侯不再效忠商王朝，转而承认周邦为自己的宗主国时，即意味着商王朝对其统治的瓦解，周王国统治区的扩大。文王被囚羑里之时，"诸侯皆从之囚"，足见其政治影响力之大。断虞芮之讼后，"归者四十余国"，反殷同盟开

1　中国社会科学院考古研究所、陕西省考古研究院、西安市周秦都城遗址保护管理中心：《丰镐考古八十年》，科学出版社，2016年，第12—13页。

2　杜勇：《说甲骨文中的蜀国地望》，《殷都学刊》2015年第1期。

3　陈梦家：《西周铜器断代》，中华书局，2004，第26页。

4　裘锡圭：《说敳䲩的两个地名——"棫林"和"胡"》，《裘锡圭学术文集》第3卷，复旦大学出版社，2015。

始形成。《史记·楚世家》说："周文王之时，季连之苗裔曰鬻熊，鬻熊子事文王。"周原甲骨 H11：83 卜辞云："曰今秋，楚子来告，父后哉。"此言"楚子来告"，亦即楚人首领鬻熊投奔周人的记录[1]。孤竹国君位继承人伯夷、叔齐，"闻西伯善养老，盍往归之"[2]，即是方国诸侯叛商归周的例证。从这个意义上说，周文王时"三分天下有其二"似非子虚。只是天下共主地位的确立，尚须经过殷周之间实力的最后较量来获得，所以名义上仍是周邦服事于殷。

周文王在位五十年，其武功主要集中在改元后的七年中。是时文王已是八九十岁的老人了，要带兵亲征，戎马关山，似非适宜。可能真正领兵作战是武王、周公旦等人，而文王主要是统揽全局，运筹帷幄，决胜千里。所谓文王之时"三分天下有其二"，既可言其武功，又可称其文德。他死后谥号曰"文"，即有"经纬天地""道德博厚""慈惠爱民"[3]之意。《尚书·康诰》记周公以文王功德勉励康叔说：

> 惟乃丕显考文王，克明德慎罚，不敢侮鳏寡，庸庸，祗祗，威威，显民。用肇造我区夏，越我一二邦，以修我西土。[4]

又《尚书·无逸》记周公劝诫成王勤政勿逸时说：

> 文王卑服，即康功、田功。徽柔懿恭，怀保小民，惠鲜鳏寡。自朝至于日中昃，不遑暇食，用咸和万民。文王不敢盘于游田，以庶邦惟正之供。[5]

这两段话主要体现了文王居岐时的文治文德，细析之大体有以下几个方面：

其一，以农为本。文王利用周原优越的自然条件发展农业，不断增强国力。所谓"文王卑（俾）服，即康功田功"，即是说文王继承太王、王季谦抑敬畏的作风，继续治好农事。《孟子·梁惠王下》云："昔者文王之治岐也，耕者九一，仕者世禄，关市讥而不征，泽梁无禁。"孟子所说"耕者九一"，当是指他大力倡行的井田制："方里而井，井九百亩，其中为公田。八家皆私百亩，同养公田，公事毕，然后敢治私事。"当时农夫是否采取这样刻板的耕

---

1 杜勇：《令簋、禽簋中的"伐楚"问题》，《中国历史文物》2002年第2期。

2 《史记·周本纪》，中华书局，1959，第116页。

3 黄怀信、张懋镕、田旭东：《逸周书汇校集注》修订本，上海古籍出版社，2007，第635—636页。

4 （清）孙星衍：《尚书今古文注疏》，陈抗、盛冬铃点校，中华书局，1986，第359页。

5 （清）孙星衍：《尚书今古文注疏》，陈抗、盛冬铃点校，中华书局，1986，第441页。

作方式不可详知，但把公田放在首要位置，有利于保障国家赋税收入。使耕者有其田，税率九分抽一，"不为暴势夺穑人黍、稷、狗、彘"[1]，对发展农业是有积极作用的。值得注意的是，与商王朝酗酒成风不同，周文王颁布了严格的禁酒令。《尚书·酒诰》说："乃穆考文王，肇国在西土。厥诰毖庶邦庶士，越少正、御事，朝夕曰：'祀兹酒'。"规定只有在祭祀时才能饮酒，否则会受到处罚。这个措施也是为了防止浪费粮食，民众不贫而困。关市放开，渔捞不禁，作为农耕经济的补充，也得到协调发展。

其二，怀保小民。小民即国人阶层，是社会最基本的构成要素，也是国家赋税和兵役的主要承担者。他们的社会地位与权利如何，是衡量国家文明程度的重要指标。其中鳏寡孤独更是社会的弱势群体，他们能够得到应有的照顾和实惠，最能体现社会的公平与正义。孟子说："老而无妻曰鳏，老而无夫曰寡，老而无子曰独，幼而无父曰孤。此四者，天下之穷民而无告者。文王发政施仁，必先斯四者。"[2]《墨子·兼爱中》亦云："天屑临文王慈，是以老而无子者，有所得终其寿；连独无兄弟者，有所杂于生人之间；少失其父母者，有所放依而长。"文王关切民生，不敢轻侮鳏寡之人，使治国理政达到很高的成就。所谓"威威，显民"，即是畏天威，使人民的利益得到彰显。这种以民为本，以民意为天意的治国理念，不仅有助于形成良好的道德风尚，而且有利于解除民众后顾之忧，激发他们为国效力的志向与热情。

其三，明德慎罚。周人以文王作为政治典范讲"明德"，倾力于敬天保民的善政。"慎罚"不仅要求依法办事，也强调慎用刑罚，注重教化。《尚书·酒诰》说："邦君、御事、小子尚克用文王教"，即是说文王善于使用教育的方法治理人民。周人视"不孝不友"为"元恶大憝"[3]，"是故先王之教民也，始于孝弟"[4]。可见"慎罚"亦有注重教化的一面。"明德慎罚"把养民与教民结为一体，正代表人君作之君作之师的双重使命，也是为民父母的职责所在。《礼记·大学》开篇第一句话说："大学之道，在明明德，在亲民，在止于至善。"郑玄说：《大学》者，以记其博学，可以为政也。"说明"大学之

1　（清）孙诒让：《墨子间诂·兼爱中》，孙启治点校，中华书局，2001，第111页。

2　《孟子·梁惠王下》，（清）阮元校刻：《十三经注疏》，中华书局，1980，第2676页。

3　《尚书·康诰》，（清）阮元校刻：《十三经注疏》，中华书局，1980，第204页。

4　李零：《郭店楚简校读记》增订本，北京大学出版社，2002，第132页。

道"乃为政之道，"明明德"即保民，"亲（新）民"即教民，"至善"是一种国家伦理，是治国理政所追求的最崇尚、最神圣的价值目标。"文王克明德慎罚"，对于建立公正和谐的社会秩序具有积极意义。

其四，勤政用贤。文王治岐，宵旰勤政，"自朝至于日中昃，不遑暇食，用咸和万民"[1]。成天连吃饭都顾不上，一刻也不敢荒怠政事，更不要说耽于畋猎，安于逸乐。文王善于利用各种积极因素，选贤任能，共同治理国家。说他"庸庸、祗祗"，即是善用可用之人，敬可敬之事，凝聚人才，和衷共济。最典型的是对才智过人而又一直落魄的太公望委以重任，入掌军机。《史记·齐太公世家》言文王东进，"天下三分，其二归周者，太公之谋计居多"。《尚书·君奭》说："惟文王尚克修和我有夏。亦惟有若虢叔，有若闳夭，有若散宜生，有若泰颠，有若南宫括。"这里涉及的五位大臣，有的还是从外族投奔来的。《史记·周本纪》说："太颠、闳夭、散宜生、鬻子、辛甲大夫之徒皆往归之。"如辛甲本为"殷之臣，事纣。盖七十五谏而不听，去至周，召公与语，贤之，告文王，文王亲自迎之，以为公卿。"[2]足见文王举官任贤，不拘一格。《国语·晋语四》说文王用四方贤良，"询于'八虞'而咨于'二虢'，度于闳夭而谋于南宫，诹于蔡、原而访于辛、尹，重之以周、邵、毕、荣，亿宁百神，而柔和万民"。所言贤人有不可考者，如"八虞""蔡、原"之属，然大抵叩见周廷贤士济济，共创基业。

其五，协和庶邦。《尚书·无逸》说："（文王）用肇造我区夏，越我一二邦以修我西土。""区夏"指周邦，"一二邦"指周之友邦。与周原遗址相距不远的刘家文化，可能代表与周人密切合作的姜戎部族。姬姜部族文化融合的程度很高，乃至考古文化面貌上颇多近似之处。太王古公亶父取太姜为妃，武王以邑姜为后，姬姜持续联姻反映了两个部族作为关系紧密的政治伙伴，成了反殷同盟的中坚。文王利用自己西伯的身份，对敌对势力予以征讨，同时团结一批方国部族作为盟友。文王对这些加盟国以礼相待，和谐共处，"不为大国侮小国"[3]，因而受到拥戴。特别是"文王不敢盘于游田，以庶邦惟正之供"，深得人心。"庶邦"即众邦，指依附文王的众多方国部族。"惟正之

1 《尚书·无逸》，（清）阮元校刻：《十三经注疏》，中华书局，1980，第222页。

2 《史记·周本纪》集解引，中华书局，1959，第116页。

3 （清）孙诒让：《墨子间诂·兼爱中》，孙启治点校，中华书局，2001，第111页。

供"是说唯正税是进，不额外增加他们的经济负担，来满足自己逸豫游乐的贪欲。作为一方诸侯之长，周人对庶邦尽其可能提供关怀和保护，不像殷纣王那样扶植方国诸侯的邪恶势力，"俾暴虐于百姓，以奸宄于商邑"[1]。这都有利于团结西土部族，联合东方诸侯，削弱商朝力量。

文王享国五十年，其文治武功彪炳于世，使周族的发展呈现了伟大的历史转折。周人强势崛起，取代商王朝成为天下共主，已成不可逆转之势。文王卒后，武王秉承文王遗志，横戈跃马，挥师东进，最终完成了兴周灭商的宏图伟业。

---

1 《尚书·牧誓》，（清）阮元校刻：《十三经注疏》，中华书局，1980，第183页。

第二章　武王克商与共主嬗易

第一节　武王伐纣及其年代

文王殁后不久，武王即兴兵伐商，先观兵盟津，继陈师牧野，交战仅仅一个早上，大邑商即被小邦周一举倾覆。共主嬗易，历史进入西周时期，中华古文明迈向新的发展阶段。

一、武王继位未尝改元

武王继位后延续文王纪年，不曾改元。其在位年数可分为两段：前一段是克商前的在位年数；后一段为克商后（包括克商之年）的在位年数。武王克商之年公认为西周起始之年，此所对应的公元纪年容后探讨，这里先说克商前的武王在位年数。

武王延续文王纪年，汉唐学者是深信不疑的。所谓文王纪年是指其受命改元之年，亦即文王晚年称王的七年。如刘歆引据《大戴礼记》《礼记》关于文王、武王年岁的说法，谓"伐纣克殷，以箕子归，十三年也。……自文王受命而至此十三年"[1]。第一次正式提出武王延续文王纪年说。唐代孔颖达从之，谓"文王改元，须得岁首为之，武王未及改元，唯须正名号耳"[2]。刘、孔之说，被宋代欧阳修斥为妄说，清崔述作《武王不冒文王元年》，补论"其误之所由"[3]，形成另一种意见。

近人王国维力主武王未尝改元说。他说："武王即位克商，未尝改元。《洪范》称'惟十有三祀，王访于箕子'。十有三祀者，文王受命之十三祀，武王克殷后之二年也。自克商后计之，则为第二年。故《金縢》曰'既克商

---

1 《汉书·律历志下》引《世经》，中华书局，1962，第1015页。

2 《诗·大雅·文王》序疏，（清）阮元校刻：《十三经注疏》，中华书局，1980，第503页。

3 （清）崔述：《崔东壁遗书》，上海古籍出版社，1983，第181页。

二年'，称年不称祀者，克殷之时未尝改元故也。"[1]王国维对《礼记·文王世子》所载文王、武王年岁亦有质疑，认为"俱为周秦以后不根之说"[2]。但他以为称祀为文王纪年、称年为未改元之证，并不可信。周初金文有如何尊称年者，亦有大、小盂鼎称祀者，并不划一。即使同一人作器，称年可，称祀亦可，如五祀卫鼎与九年卫鼎即是。可见王氏对于武王未尝改元的论证亦显薄弱。但是，这并不代表武王未尝改元说即为虚妄。

其一，九年观兵盟津为文王受命九年。《史记·周本纪》云："武王即位……师修文王绪业。九年，武王上祭于毕，东观兵，至于盟津。为文王木主，载以车，中军。武王自称太子发，言奉文王以伐，不敢自专。"《史记·齐太公世家》《史记·鲁周公世家》所言略同。此"九年"者，清人梁玉绳说："乃武王即位为西伯之九年，下文曰'十有一年'，乃武王之十一年，与《书序》合，甚为明划，其言亦必有所据，与文王不相涉。"[3]诚然，一般说来既言武王即位，之后所言纪年自当为武王纪年。但殷周之际情况特殊，伐纣克商是周人大局所在，纪年问题既不像后世那样严肃，也不如尽快夺取天下来得重要。出于政治宣传的需要，高举文王受命的大旗，延续文王改元后的纪年，作为一种政治策略，以增强伐商的正义性和号召力，并无不可。此次观兵载文王木主，武王自称太子发，言奉文王以伐，必是文王辞世未久的事情。屈原《天问》云："载尸集战，何所急？"[4]是说武王"父死不葬，爰及干戈"[5]，何至于如此急切？武王处处都是打着文王的旗号，对于纪年问题自无改元更张的必要。如果这个"九年"是武王改元后的年数，为何中间八年竟无事可记？须知文王在世时，早已拉开伐商大幕，武王继位后形势更为严峻，可谓箭在弦上，不得不发，何待九年之后才挥师伐纣？事实上，文王殁时年寿已高，所谓"五伐"之役多半由武王率师征讨。故文王殁后不久，已有丰富军事经验的武王可以东向观兵盟津，以察时势，捕捉决战时机。是此"九年"当指文王受命九年，可证武王未尝改元。

其二，十一年师渡盟津伐纣，仍为文王纪年的延续。《史记·周本纪》

1 王国维：《周开国年表》，《观堂集林（外二种）》，河北教育出版社，2001，第773页。

2 王国维：《周开国年表》，《观堂集林（外二种）》，河北教育出版社，2001，第776页。

3 （清）梁玉绳：《史记志疑》，中华书局，1981，第82页。

4 （宋）洪兴祖：《楚辞补注》，白化文等点校，中华书局，1983，第114页。

5 《史记·伯夷列传》，中华书局，1959，第2123页。

说:"十一年十二月戊午,师毕渡盟津。……二月甲子昧爽,武王朝至于商郊牧野,乃誓。"又《史记·齐太公世家》:"十一年正月甲子,誓于牧野,伐商纣。"又《史记·鲁周公世家》云:"十一年,伐纣,至牧野。周公佐武王,作《牧誓》。"《书序》说:"惟十有一年,武王伐殷。一月戊午,师渡盟津,作《泰誓》三篇。"古本《竹书纪年》云:"十一年庚寅,周始伐商。"[1]上博简《容成氏》云:"(武王)戊午之日,涉于孟津。"[2]这些记载都说武王伐纣在十一年,只是师渡盟津与牧野伐纣所系月份有所不同。由于戊午与甲子仅相距六日,则十二月有戊午,次年二月则无甲子,是知《史记》"十二月戊午"与"二月甲子"两个月份必有一误。《汉书·律历志》引《武成》篇云:"惟一月壬辰旁死霸,若翌日癸巳,武王乃朝步自周,于征伐纣……粤若来三月既死霸,粤五日甲子,咸刘商王纣。"所言"三月"孔颖达《尚书·武成》正义引作"二月",与《史记·周本纪》系月相同。《逸周书·世俘解》保留了《武成》的部分内容,篇中亦云:"越若来二月既死魄,越五日甲子朝至,接于商,则咸刘商王纣。"由此可知《史记·齐太公世家》"正月甲子"当为"二月甲子"之误,非如徐广所说"殷之正月,周之二月"[3],只是周正与殷正不同纪年的差异。武王伐纣克殷既在"二月甲子",这就只剩下《史记·周本纪》"十二月戊午"有可能发生错误了。王国维以为"十二"两字乃"一"字之误[4],如此可与《书序》相合。"一月戊午"与"二月甲子"相距六日,系于一年在历法上是可能的,刘歆以三统历考武王伐纣之年即是如此。但是,刘歆的考年工作谬误甚多,说明"戊午"所在月份还有别的可能。其实,《史记·周本纪》"十二月戊午"的"二"字不误,"十"字为衍文,《书序》"一月戊午"当为"二月"之讹。以十一年作为伐纣之年,相关历日均可合理措置,不能认为只有刘歆的方案才能对相关历日资料做出排定。

《吕氏春秋·首时》篇云:"(武王)立十二年,而成甲子之事。"清人梁玉绳以为"盖并其为天子之年数之耳"[5]。梁氏是主张武王即位改元说的,故对"立十二年"有此调停之议。然而,若以"十一年"为武王继位后的年

1　《新唐书·历志》引一行《历议》。然"庚寅"二字非《纪年》原文,乃一行据大衍历推算所得。

2　马承源主编:《上海博物馆藏战国楚竹书(二)》,上海古籍出版社,2002,第290页。

3　《史记·周本纪》集解引,中华书局,1959,第123页。

4　王国维:《周开国年表》,《观堂集林(外二种)》,河北教育出版社,2001,第775页。

5　(清)梁玉绳:《史记志疑》,中华书局,1981,第84页。

数，则与《尚书·多方》有关记载发生冲突，此为梁氏所未察。《尚书·多方》说："天惟五年，须暇之子孙，诞作民主，罔可念听。"这是说在殷亡之前，上天还等待了五年时间，让商纣继续做万民之主，冀其改过自新。武王知天未丧殷，顺意未伐。这个"五年"，经学家都说是文王殁后的五年，但计算的起点各有不同。郑玄说："五年者，文王受命八年至十三年。"[1]伪孔传云："武王服丧三年，还师二年。"孔颖达疏："五年者，以武王伐纣，初立即应伐之，故从武王初立之年，数至伐纣五年。文王受命九年而崩，其年武王嗣立。……从九年至十三年，是五年也。"前已言之，文王受命计为七年而非九年，故此"五年"当从文王七年数至十一年武王伐纣，此与《史记》、古本《竹书纪年》、《书序》相关记载吻合无间。而郑玄虽主文王受命七年之说，但他对《多方》的解释明显有误。清皮锡瑞指出："《史记》以为文王受命七年，其后五年武王伐纣，为十一年。刘歆以为文王受命九年，其后五年武王伐纣，为十三年。今古文说不同，而先后五年之数则一。郑既用今文受命七年之说，又用古文十三年伐纣之说，则首尾凡七年，与须暇五年之数不合矣。"[2]既然从文王辞世到武王伐纣，其间只有五年岁月，故"十一年伐纣"只能是延续文王纪年，而非武王即位十一年。

其三，十三祀武王访于箕子，是克商后犹未改元。《尚书·洪范》云："惟十有三祀，王访于箕子。"《书序》说："武王胜殷，杀受，立武庚，以箕子归，作《洪范》。"刘歆据此认为，武王"伐纣克殷，以箕子归，十三年也"[3]。三国时谯周从其说，称"史记武王十一年东观兵，十三年克纣"[4]。刘歆为了证明他用三统历所考武王伐纣之年历日的可靠性，据《洪范序》首创十三祀为武王伐纣说。《书序》言《尚书》诸篇旨意，多有不确，尤须细心分辨。此言"胜殷杀纣"不过交代事件的大背景，并不是说武王访箕子就发生在武王克商之年。武王胜殷杀纣之后，立武庚之嗣，复微子之位，释箕子之囚，封比干之墓，对殷遗民采取的是怀柔感化政策。释箕子之囚是在争取人心，则不会把他作为俘虏带走。以箕子对商朝的忠诚与眷恋，宁可佯狂为奴，也不会随商王室大师、少师弃殷归周，故不可能待武王一到，就立即成

1 《诗·周颂·武》疏引，（清）阮元校刻：《十三经注疏》，中华书局，1980，第597页。

2 （清）皮锡瑞：《今文尚书考证》，盛冬铃、陈抗点校，中华书局，1989，第398页。

3 《汉书·律历志》引《世经》，中华书局，1962，第1015页。

4 《史记·周本纪》集解引，中华书局，1959，第121页。

为降臣。牧野战后，诸事万端，武王此时亦无暇垂询箕子，访以天道。是箕子入周，武王访之，必当局势渐定之后。《尚书大传》说："武王释箕子之囚，箕子不忍周之释，走之朝鲜。武王闻之，因以朝鲜封之。箕子既受周之封，不得无臣礼，故于十三祀来朝。武王因其朝而问洪范。"[1]箕子是否随即走之朝鲜，由武王顺势册封，尚待研究。但箕子朝周，有周原甲骨文（H31：2）可证："唯衣（殷）鸡（箕）子来降，其执罞厥史，在旝，尔卜曰：南宫邰其乍（酢）。"[2]此辞说"箕子来降"，伴有史官随行，武王根据占卜结果，派大臣南宫邰设宴酬酢。说明武王伐纣事毕，先已返周，其后箕子至周，始可称其"来降"，并以客礼相待。主客间这种从容有序、彬彬有礼的气氛，似非充满刀光剑影的克商之年所应有。故箕子来朝或来降，不会是克商当年之事。

对于刘歆用《洪范序》来证明十三年伐纣克商，后世赞同者也不看好，他们试图拿出更为权威的证据来，这就是梅本古文《尚书·泰誓》云："惟十三年春，大会于盟津。"最典型的是唐张守节作《周本纪》正义笃信孔颖达之说，引此谓"言十三年伐纣者，续文王受命年，欲明其卒父业故也"，还讥讽"太史公云九年王观兵，十一年伐纣，则以为武王即位年数，与《尚书》违，甚疏矣"[3]。殊不知，张氏所谓的《尚书》即梅本《尚书·武成》，实为后世伪作，更不成证据。只是当时学界不知此案，诚可谅解。《史记·周本纪》说："武王已克殷，后二年，问箕子殷所以亡。箕子不忍言殷恶，以存亡国宜告。武王亦丑，故问以天道。"此言武王访箕子为既克商二年之事，是《洪范》"惟十有三祀"非克商之年甚明。据《尚书·金縢》记载，武王卒于"既克商二年"，亦即访箕子之年。是年又称十三祀，则表明武王自始至终不曾改元。

从上述分析来看，武王未尝改元说虽由刘歆首次提出，但并未做出可信的论证。于今转换视角，并非无证可求，知旧说仍不可废。基于武王即位未尝改元这个判断，可知文王改元七年武王继位，九年观兵，十一年伐纣，克商前在位计为四年。

---

1 《尚书·洪范》正义引，（清）阮元校刻：《十三经注疏》，中华书局，1980，第187页。

2 曹玮：《周原甲骨文》，世界图书出版公司北京公司，2002，第137页。

3 《史记·周本纪》正义，中华书局，1959，第121页。

二、武王伐纣路线与日程

武王即位后，待文王丧事料理完毕，随即将东进灭商战略推向实施阶段。《史记·周本纪》云："九年，武王上祭于毕。东观兵，至于盟津。……诸侯不期而会盟津者八百诸侯。"出师前武王"上祭于毕"，"毕"非主战天星，是为地名，位于镐京西南（今西安市长安区内），当为文王未葬时的殡所。当时武王可能仍都丰邑，故前往先父殡所祭拜，犹如上祭于祖庙。周师到达盟津，士气高涨，诸侯都说可以乘势举兵伐纣，但武王仍以天命未归为由，勒马不前，随后还师。武王盟津观兵是一场必要的军事演习，毕竟殷为大国，实力虽衰未竭，不可小觑。通过这次试探性军事演习，不仅可以检验周师本身的组织战斗能力和后勤保障能力，而且可以观察商王朝的反应和对策，洞悉各地诸侯的政治态度，以便把握商周决战的时机。盟津观兵，诸侯不期而会者八百，反映了天下归周的政治现实。这无疑增强了武王随后兴师伐纣的信念和决心。可能就在武王还师后，即将都城由丰邑迁往镐京，建立宫殿、宗庙与城邑，完善各种政治制度，全力进行商周决战的各项准备工作。两年后即文王受命十一年，时间在冬季，武王兴师伐纣的大幕终于正式拉开。

（一）武王伐纣的进军路线与日程

刘歆《世经》引《武成》云："惟一月壬辰，旁死霸，若翌日癸巳，武王乃朝步自周，于征伐纣。"又云："粤若来三［二］月，既死霸，粤五日甲子，咸刘商王纣。"[1]此言武王伐纣，一月癸巳从镐京发兵，至二月甲子牧野决战，历时 32 天，世无异辞。其间武王师渡盟津之日，文献记载颇有歧异。《书序》说："惟十有一年，武王伐殷。一月戊午，师渡盟津，作《泰誓》三篇。"[2]《史记·周本纪》说："十一年十二月戊午，师毕渡盟津，诸侯咸会……二月甲子昧爽，武王朝至于商郊牧野。"[3]所言武王伐纣均在文王受命十一年，师渡盟津的月份却全然不同。若依《史记》之说，十二月有戊午，则次年二月无甲子，其误显然。王国维以为《史记》"十二月戊午"应为"一月"，如此则与《书序》相合。细加分析，《书序》一月戊午说仍有问题，此

1　《汉书·律历志下》载刘歆《世经》所引，中华书局，1962，第1015页。

2　《尚书·泰誓序》，（清）阮元校刻：《十三经注疏》，中华书局，1980，第179页。

3　《史记·周本纪》，中华书局，1959，第121—122页。

从《武成》历日即可推知。从"一月壬辰旁死霸"来看,一月朔日至少应在壬辰前一天,即辛卯之日;从"二月既死霸粤五日甲子"来看,二月朔日至少应在甲子前五天,即庚申之日。以一月为小月,戊午在二十八日,甲子在二月五日,与庚申朔"粤五日甲子"相合;以一月为大月,戊午仍在二十八日,甲子却在二月四日,与庚申朔"粤五日甲子"不合。合与不合是两种可能性,刘歆只选择前者以释月相之义,有失周全。再说一月辛卯朔也只是一种假定,实际上无法排除其他可能性。

刘歆《世经》依据《武成》等历日资料,推定公元前 1122 年为武王克商之年,认为是年一月辛卯朔,壬辰、癸巳为二、三日,冬至在己未,实际却在乙丑。又推二月庚申朔,甲子为五日。由于刘歆所用三统历先天三日,并不合天,所以他提出以"死霸,朔也;生霸,望也"为内涵的月相定点说,即使调整建正也不能在历法上得到支持。刘歆所引《武成》还有一条历日资料,即"惟四月既旁生霸,粤六日庚戌,武王燎于周庙"。依刘歆之说顺推,则四月无"庚戌",于是刘歆置闰二月以解之。以甲骨金文屡见十三月可知,殷周古历置闰,例在年末,刘歆之说非是。近人王国维敏锐地发现这一点,指出其月相定点说名义不能相符。于是另创月相四分的新说,以为初吉、既生霸、既望、既死霸顺次代表一月四个时段,各为七八天,同时也是各个时段第一天的专名。因而推定是年一月戊辰朔,二十五日壬辰,二十六日癸巳;二月戊戌朔,二十七日甲子;四月丁酉朔,十四日庚戌[1]。王国维的一月四分说提出后,虽有学者反对,但并未提出具有颠覆性的证据。若对包含两个历日月相的三件铜器铭文(作册魖卣、静方鼎、晋侯苏钟),依照各种月相说界定的内涵,进行纯历理分析和验证[2],结果正如天文学家张培瑜所说:"可能四分说更为近真,而定点说存在较大的困难。"[3]依据王国维的月相四分说,既死霸为月末时段,即自二十三日以后至于晦,则与"二月既死霸粤五日甲子"相距七日的戊午当在二月二十一日。即使王国维的推算与实际历表略有出入,戊午师渡盟津也一定在二月,不会提前到一月。因此可以推断,《书序》"一月戊午师渡盟津"之"一月"当为二月之误,《史记》所说"十二月"之"十"为衍文,均不可据。

1 王国维:《生霸死霸考》,《观堂集林(外二种)》,河北教育出版社,2001,第7—12页。

2 杜勇、沈长云:《金文断代方法探微》,人民出版社,2002,第221—228页。

3 张培瑜:《西周年代历法与金文月相纪日》,《中原文物》1997年第1期。

二月戊午师渡盟津是武王伐纣进军路线的重要节点。武王在这里盟誓诸侯，历数商纣之罪，决计恭行天罚，讨伐独夫纣。他宣称："民之所欲，天必从之"[1]，"朕梦协朕卜，袭于休祥，戎商必克"[2]，以鼓舞士气，进军朝歌。此誓文即古文尚书《大誓》，惜已失传。前贤对武王伐纣的进军路线与日程，以癸巳师出镐京、戊午毕渡盟津、甲子决战牧野言之，多得其实。今人探赜索隐，尤胜于前。也有学者引据《荀子》等文献，对周师是否从盟津北渡黄河，渡河后又途经何地，牧野战场位置何在等问题详加考索，认识更趋深入。

《荀子·儒效》云："武王之诛纣也，行之日以兵忌，东面而迎太岁，至汜而泛，至怀而坏，至共头而山隧（坠）。霍叔惧曰：'出三日而五灾至，无乃不可乎？'周公曰：'刳比干而囚箕子，飞廉、恶来知政，夫又恶有不可焉？'遂选马而进，朝食于戚，暮宿于百泉，厌旦于牧之野。鼓之而纣卒易乡（向），遂乘殷人而诛纣。"这里提到武王伐纣途中的多处地名，却未言及师渡盟津一事。遂有学者对武王伐纣师渡盟津说表示怀疑[3]，认为武王北渡黄河之地可能是汜水而不是盟津[4]。其主要理由有两条：一是盟津去百泉约三四百里，从戊午渡河到癸亥夜阵共六日，须日行五十里，与古代"师行三十里"[5]不合。二是师渡盟津乃汉儒之说，其可信度不会高于更早的《荀子》。这些看法是否妥当，需要具体分析。

《史记·周本纪》说："十一年十二月戊午，师毕渡盟津。"一个"毕"字表明，周师先头部队渡河应早于戊午日。《汉书·律历志下》引《世经》说："师初发，以殷十一月戊子。"刘歆以为殷十一月即周正十二月，戊子"后三日得周正月辛卯朔"。实则戊子在一月癸巳（旁死霸）前五日，亦应在一月。戊子日先行出征的前锋部队为周之锐师，是最早到达牧野战场打败商军的主力。《吕氏春秋·古乐》说："武王即位，以六师伐殷，六师未至，以锐兵克

1　《左传·襄公三十一年》引《大誓》，（清）阮元校刻：《十三经注疏》，中华书局，1980，第2014页；《左传·昭公元年》引《大誓》，（清）阮元校刻：《十三经注疏》，中华书局，1980，第2020页；《国语·周语中》，上海师范大学古籍整理研究所校点，上海古籍出版社，1988，第85页。

2　《国语·周语下》引《大誓》，上海师范大学古籍整理研究所校点，上海古籍出版社，1988，第100页。

3　于省吾：《武王伐纣行程考》，《禹贡》1937年第1—3期合刊。

4　陈昌远：《从〈利簋〉谈有关武王伐纣的几个问题》，《河南师大学报》（哲学社会科学版）1980年第4期；陈昌远：《再谈武王伐纣进军路线》，《河南大学学报》（社会科学版）1988年第4期。

5　《汉书·律历志下》引《世经》，中华书局，1962，第1015页。

之于牧野。"从戊子师初发到戊午师渡盟津,《世经》说:"孟津去周九百里,师行三十里,故三十一日而度。"但从癸巳日武王率部出征算起,师至盟津实际每日行军已超过三十里。至于师行五十里,特殊的战术条件下亦有可能。如公元前269年,秦伐韩,赵奢往救,从武安(今河北武安市)到阏与(今山西和顺)180余里,"二日一夜至"[1],平均日行军速度达70多里[2]。可见"师行三十里"不过是就一般情况而言的,不可过泥,此其一。就《荀子·儒效》本身而言,既曰"至汜而泛"是为一灾,则意味着汜水(今河南荥阳北)暴涨,舟不可渡,无法到达汜水东岸,通过玉门古渡北渡黄河。此条材料并不构成武王师渡汜水的证据,此其二。至于《史记》《汉书》有关武王师渡盟津的记载也并非晚出,实际来自汉代尚可见及的今文《尚书·大誓》。《大誓》后称《泰誓》,然非今传伪古文《尚书·泰誓》。马融曾以文辞浅露疑汉《大誓》为伪作,后世经学家仔细研究确定为真本。《尚书大传》所引"唯四月太子发上祭于毕"[3],《史记·周本纪》亦曾言及,此外又引"今殷王纣乃用其妇人之言"诸语,即是未见伪古文袭用的汉《大誓》之文。《世经》引《书序》云:"惟十有一年,武王伐纣,作《大誓》。"此序不曾言及"师毕渡盟津",则《史记》此语当源自汉《大誓》[4]。汉《大誓》为先秦故籍,无疑比《荀子》成书更早。近出上博简《容成氏》亦云:"(武王)戊午之日,涉于孟津。"[5]上博简《容成氏》的写成时间在燕王哙禅让君位之前,甚或可能早到春秋时期[6]。这说明《史记》《汉书》所载武王师渡盟津之说有更早的材料来源,并非仅为汉儒之说可以轻加否定,此其三。由于武王"至汜而泛",不能由此北渡,只有改变计划,"再返回孟津而渡黄河"[7]。盟津在今河南省洛阳市孟津区境,即"孟津旧县,在县东二十里,周武王伐纣,师渡孟津是也"[8]。

关于"至怀而坏",杨倞注"怀"为地名,以为是《尚书·禹贡》"覃怀

1 《史记·廉颇蔺相如列传》,中华书局,1959,第2445页。

2 彭邦炯:《武王伐纣探路——古文献所见武王进军牧野路线考》,《中原文物》1990年第2期。

3 (汉)伏胜撰、(汉)郑玄注、(清)孙之騄辑:《尚书大传》卷二,《景印文渊阁四库全书》第68册,商务印书馆,1986。

4 蒋善国:《尚书综述》,上海古籍出版社,1988,第213—215页。

5 马承源主编:《上海博物馆藏战国楚竹书(二)》,上海古籍出版社,2002,第290页。

6 杜勇:《论〈禹贡〉梁州相关诸问题》,《天津师范大学学报》(社会科学版)2008年第2期。

7 彭邦炯:《武王伐纣探路——古文献所见武王进军牧野路线考》,《中原文物》1990年第2期。

8 (清)顾祖禹:《读史方舆纪要》,贺次君、施和金点校,中华书局,2005,第2249页。

底绩"之怀。《汉书·地理志上》"河内郡"属县有怀,在今河南武陟县西十一里。然《韩诗外传》卷三说:"武王伐纣,到于邢丘……乃修武勒兵于宁,更名邢丘曰怀,宁曰修武。"[1]此言武王勒兵于宁(今河南修武县)是可能的,但视怀与邢丘为一地则有误。《左传·宣公六年》云:"赤狄伐晋,围怀及邢丘。"《史记·秦本纪》载:"(昭襄王)四十一年夏,攻魏,取邢丘、怀。"说明怀与邢丘本是两地。两汉置平皋县于邢丘,地在今河南温县东南二十里。周师从盟津渡河,西至邢丘(平皋),再至怀(武陟),次于宁(修武),正便其道。

由于怀近沁水,水溢成灾,道路泥泞,只能绕行,北至共头。共头即共头山,或称共北山、共山。《汉书·地理志上》"河内郡"属县有共,班固自注:"故国,北山,淇水所出,东至黎阳入河。"《水经注》卷九《清水》载:"共县故城……即共和之故国也。共伯既归帝政,逍遥于共山之上。山在国北,所谓共北山也。"[2]《大清一统志》曰:"共山在辉县北九里……县志亦谓之九峰山,苏门之别阜也。"[3]周师行至共头,山石崩摧,道路中断,又改道于戚与百泉。细绎"朝食于戚,暮宿于百泉,旦厌于牧之野"文义,戚与百泉仅一天路程,朝发夕至,百泉与牧野也相距不远,故可暮宿而旦至。《左传·定公十四年》云:"(晋人)又败郑师及范氏之师于百泉。"清人高士奇以为百泉在"今辉县西北七里有苏门山,一名百门山;有百门泉,泉通百道。"[4]"百泉"在苏门山,距今河南辉县西北七里;共山为苏门山支脉,距今辉县北九里,两者距离并不太远。或因山势阻隔,由正北共山往西北百泉,有可能在苏门山麓绕圈子,途经戚地,耗去整整一天时间。戚地杨倞以为在顿丘(今河南濮阳县北),所言方位有误,因为周师无由东渡黄河再折返百泉。有学者考订戚地当在今河南省获嘉县西北二十里左右的茅邑以西[5],亦与共山相远。戚之地望文献无征,不妨存疑待考。

由百泉至牧野并不太远,故可一早出师布阵。《国语·周语下》说:"王

1 屈守元:《韩诗外传笺疏》,巴蜀书社,1996,第259页。

2 (北魏)郦道元著、陈桥驿校证:《水经注校证》,中华书局,2007,第226页。

3 (清)穆彰阿、潘锡恩等纂修:《大清一统志》卷199《卫辉府》,上海古籍出版社,2008,第133页。

4 (清)高士奇:《春秋地名考略》卷五"百泉"条,《景印文渊阁四库全书》第176册,商务印书馆,1986年,第550页。

5 彭邦炯:《武王伐纣探路——古文献所见武王进军牧野路线考》,《中原文物》1990年第2期。

以二月癸亥夜陈（阵），未毕而雨"，黎明即在牧野展开决战。然牧野的地理位置何在？古有朝歌南、汲县、新乡牧村三说，当以何者为是，今人争论甚烈。朝歌南说最早见于许慎《说文》："坶，朝歌南七十里地，《周书》曰：武王与纣战于坶野。"稍后郑玄云："牧野，纣南郊地名也"[1]，又谓"纣近郊三十里名牧"[2]。"纣"在此指纣都朝歌，牧野古作"坶野"，为朝歌（今河南淇县）南郊地名，又称沫或沫之乡，金文见于沫司徒疑簋[3]。晋孔晁注《逸周书·克殷解》云："牧野，商郊，纣出朝歌二十里而迎战也。"南朝梁刘昭注《后汉书·郡国志》谓牧野"去（朝歌）县十七里"。牧野与朝歌的距离越说越短，然其确切地望仍不能定。及至唐代又有更明确的说法。《括地志》云："今卫州城即殷牧野之地，周武王伐纣筑也。"[4]又云："纣都朝歌在卫州东北七十三里。"[5]《通典》《元和郡县图志》均同此说。唐代卫州治汲县（今河南卫辉市），但"汲故城在卫州所理汲县西南二十五里"[6]，与唐代卫州治并非一地。其后，正德《新乡县志》复生异说："牧村在（新乡）县东北三里，武王伐纣之处也。今太公庙尚在。"[7]牧村在今河南新乡市牧野乡，此去朝歌九十余里。《水经注》卷九《清水》云："自朝歌以南，南暨（至）清水，土地平衍，据皋跨泽，悉坶野矣。"清水即今卫河，隋置新乡县，"清水在县北一里"[8]。牧野本为地名，即使郦道元视为区域之名，亦未南过清水远至牧村一带。总之，有关牧野地望三说，言朝歌南者不能确指，新乡牧村说[9]与早期文献不合，看来当以汲县说近是。谭其骧主编《中国历史地图集》将牧野的位置标在汲县之北，是较为合理的选择。

牧野大战后，殷纣王逃归朝歌。《史记·周本纪》说，"（纣）反入登于鹿台之上，蒙衣其殊玉，自燔于火而死。"在朝歌城中，鹿台是商王室囤聚钱粮之处。《大清一统志》谓鹿台在淇县治，是知朝歌在今淇县城内。但是，此一

---

1 《史记·殷本纪》集解引，中华书局，1959，第109页。

2 《周礼·春官宗伯·肆师》疏引，（清）阮元校刻：《十三经注疏》，中华书局，1980，第769页。

3 杜勇：《关于沫司土疑簋考释的几个问题》，《西华师范大学学报》（哲学社会科学版）2018年第3期。

4 《史记·殷本纪》正义引，中华书局，1959，第109页。

5 《史记·周本纪》正义引，中华书局，1959，第123页。

6 《史记·秦本纪》正义引，中华书局，1959，第222页。

7 正德《新乡县志》卷3《古迹》，《天一阁藏明代方志选刊》，上海书店出版社，2014，第47页。

8 （唐）李吉甫：《元和郡县图志》，贺次君点校，中华书局，1983，第460页。

9 陈昌远：《从〈利簋〉谈有关武王伐纣的几个问题》，《河南师大学报》（哲学社会科学版）1980年第4期；陈昌远：《牧野之战"牧野"地望发微》，《河南师范大学学报》（哲学社会科学版）1998年第5期。

传统说法似乎受到考古学的挑战。1998 年，考古工作者对鹤壁市境内一批晚商遗址进行调查，以期找到朝歌遗址的线索。调查结果表明，淇县城内的摘星台、二道城均非商代遗址，推测殷都朝歌可能不在淇县城内，而在淇县东北部淇河沿岸地区的可能性较大[1]。如是朝歌的地望似需重新考虑。但在考古发掘未予确证之前，仍不妨定位于淇县。

（二）武王伐纣的还师路线与日程

武王占领商都朝歌后，停留时间不长，乃罢兵西归。其还师路线与日程，除《逸周书·世俘解》《逸周书·度邑解》外，其他文献很少记载。金文资料亦只利簋、天亡簋、何尊略有言及。两相参证，或可得其大略。

1.《世俘》正讹

《世俘》原名《武成》，本是古文《尚书》中的一篇。孟子读到篇中武王伐纣"血流漂杵"，颇不以为然，称"尽信书则不如无书，吾于《武成》取二三策而已矣"[2]。自是学者多不信它，西汉亦未立于学官。待孔壁逸《书》出，十六篇之中有《武成》，后因无人传习，终亡于建武之际。西汉刘歆读过逸《书》十六篇，所著《世经》引录《武成》82 字，存其片断。不过《武成》并未完全亡佚，只是被改头换面，易名《世俘》，幸存于《逸周书》中。经顾颉刚综合整理，认为史料价值极高[3]，渐受学界重视。但篇中改窜错讹之处甚多，只有悉心考订，始可为用。经学者反复探究，《逸周书·世俘解》的错讹情况日渐清晰，大致表现在以下几个方面：

一是干支讹误。《逸周书·世俘解》曰："惟一月丙辰旁生魄，若翼日丁巳，王乃步自于周，征伐商王纣。"[4]武王伐纣，甲子克商，"丙辰""丁巳"与甲子相距七八日，周师从镐京长驱牧野岂能如此神速？学者据《武成》，改"丙辰"为壬辰，"丁巳"为癸巳，"旁生魄"为旁死霸，是可信据。又如篇中"癸酉，荐殷俘王士百人"，"癸酉"不可能置于壬子之后，显为"癸丑"之

---

1 夏商周断代工程朝歌遗址调查组：《1998 年鹤壁市、淇县晚商遗址考古调查报告》，《华夏考古》2006 年第 1 期。

2 《孟子·尽心下》，（清）阮元校刻：《十三经注疏》，中华书局，1980，第 2773 页。

3 顾颉刚：《逸周书世俘篇校注、写定与评论》，《顾颉刚全集》第 9 册《顾颉刚古史论文集》卷 9，中华书局，2011，第 205 页。

4 黄怀信、张懋镕、田旭东：《逸周书汇校集注》修订本，上海古籍出版社，2007，第 412 页。本书中所引《世俘》参考诸家之说有所订正，后引不另注。

误。然篇首有"维四月乙未日，武王成辟四方，通殷命有国"之语，干支似亦有误，学者未察，以为当置四月庚戌之前。但此时武王尚在还师途中，各种礼典亦未举行，谓之"成辟四方"，似亦未洽。颇疑此句本在文末，"乙未"原为己未，被人移至篇前作总冒之语，以代书序。后在传写过程中，己未误作乙未，致成今貌。

二是文本错简。《逸周书·世俘解》云："若翼日辛亥，祀于位，用籥于天位。越五日乙卯，武王乃以庶国祀馘于周庙。"《武成》记此在四月，即武王还师镐京之后。然《逸周书·世俘解》上文言克商之后亦有"辛亥荐俘殷王鼎"诸事。甲子克商之后到四月辛亥仅 48 天，未及两月何来两个辛亥？顾颉刚以为这是前人未曾打开的难关[1]。赵光贤先生正确指出，古人行献馘俘大礼乃献于祖宗，故必于祖庙行之，朝歌无祖庙，因而断定第一个辛亥段落必为错简[2]。其说甚有理致，今已得到普遍认同。《逸周书·世俘解》又说辛亥越五日乙卯，"武王乃以庶国祀馘于周庙"，但上文亦有"乙卯籥人奏《崇禹生开》"诸语。章太炎认为："辛亥、乙卯前此已见，此复见，盖此篇集庶官所录，未及编次也。"[3]固然不排除有这方面的原因，更主要的当是《武成》被改窜导致错简。因此，辛亥到乙卯一段均须后置，并入武王返周举行祭礼的日程之中。

三是叙事夸诞。《武成》因受孟子批评，改窜者遂将其易名为《世俘》，并在敦服之国、馘俘之人、狩猎之物上大做文章，故多虚夸不实之词。如谓武王伐纣的同时，"遂征四方，凡憝（敦）国九十有九国……凡服国六百五十有二"。其敦国、服国总数多达 751 国，言过其实。又谓"馘魔亿有十（当作七）万七千七百七十有九，俘人三亿有万二百三十"。古以十万为亿，则斩首馘耳者 17 万多人，俘虏 30 万多人，两者相加达到 47 万多人，即使不以牧野之战为限，整个战争规模在当时也不可能如此巨大。又如狩猎所获有虎、猫、熊、羆等 13 种动物，总数达到 120 235 只，短时间内有如此巨大的猎获，亦不能令人无疑[4]。

1　顾颉刚：《逸周书世俘篇校注、写定与评论》，《顾颉刚全集》第 10 册《顾颉刚古史论文集》卷 9，中华书局，2011。

2　赵光贤：《说〈逸周书·世俘〉篇并拟武王伐纣日程表》，《历史研究》1986 年第 6 期。

3　黄怀信、张懋镕、田旭东：《逸周书汇校集注》修订本，上海古籍出版社，2007，第 441 页。

4　赵光贤：《说〈逸周书·世俘〉篇并拟武王伐纣日程表》，《历史研究》1986 年第 6 期。

　　上述分析表明，《逸周书·世俘解》固然是真周书，但毕竟太过断烂。对这些情况如果不加鉴别，照单全收，不仅无法充分利用其史料价值，弄不好反而容易淹没或误解历史真相。

　　2. 金文补史

　　1976年，陕西临潼发现一处青铜器窖藏，所出利簋铭云："武征商，唯甲子朝，岁鼎，克昏夙有商。辛未，王在管次，赐右史利金，用作檀公宝尊彝。"（《集成》4131）此言武王征商，甲子日一战而克，印证了文献记载的可靠性。辛未为甲子日后第八天，武王已驻师阑地。于省吾读阑为管蔡之管（今河南郑州）[1]，学者多从之。从朝歌至管地，应非绕道盟津，沿原路返回。而是按照出师时计划的进军路线班师，即从汜水南渡黄河，取其近道到达管地。

　　《史记·周本纪》说甲子日牧野战后，武王至王所，击斩自焚而死的商纣，乃出城返回军营。第二天，清除道路，修治社坛及商宫。《逸周书·克殷解》说："及期，百夫荷素质之旗于王前，叔振奏拜假，又陈常车。周公把大钺，召公把小钺以夹王。泰颠、闳夭皆执轻吕以奏王。王入，即位于社。"[2]武王在社坛举行即位大典，昭告商纣罪恶，宣布革除殷命，受天明命，君临天下。表明周人对商代社神祭祀权的接替，也为周人代殷而为天下共主提供了合法性。祭礼毕，武王乃出，封武庚为周诸侯，命管蔡监殷，安抚殷遗。然《逸周书·克殷解》所言"及期"当为何日？《礼记·大传》云："牧之野，武王之大事也。既事而退，柴于上帝，祈于社，设奠于牧室……追王太王亶父、王季历、文王昌。"这里说追尊先王名号当是返回镐京以后的事情，实际只是武王祭祀载行的文王木主。至于在牧室燎祭上帝、祭祀社神，则与《逸周书·世俘解》相印证："戊辰，王遂御，循自祀文王，时日王立政。""御"为柴之误，"自"为追之讹，"循"即因也，"立政"为即天子位。表明戊辰这一天，武王柴祭上帝，祭奠文王，即天子之位，理天下之政。可见"及期"

　　[1] 于省吾：《利簋铭文考释》，《文物》1977年第8期。后来李学勤发表《试论新出现的青方鼎和荣仲方鼎》（《文物》2005年第9期），认为读阑为管（即今郑州）恐未必是。青方鼎铭文说，"乙未，王宾文武帝乙肜日，自阑俎。王返入阑。"帝辛宾祭其父帝乙，事毕当天返入阑，似乎阑在殷都。此说未必然。据宰梽簋云："惟王裸阑大室"，知阑地亦有殷人宗庙性质的建筑，故可祭毕即返入阑俎。可见王在管说依然具有合理性。

　　[2] 黄怀信、张懋镕、田旭东：《逸周书汇校集注》修订本，上海古籍出版社，2007，第349—350页。

社祭的时间当在戊辰日。社祭礼毕，武王随即罢兵西归，有如后面将要提到的天亡簋铭记武王在太室山举行社祭后，立即下山返周一样。从朝歌南下，经过三四天时间，行程二百余里，武王在汜水南渡黄河，至辛未日直达管地。

武王在朝歌停留未久，即匆匆南下，应与武王接下来要做的三件大事有关。

其一，经略南国。《礼记·乐记》云："且夫《武》，始而北出，再成而灭商，三成而南，四成而南国是疆，五成而分，周公左，召公右，六成复缀，以崇天子。"《大武》是演奏伐纣功成以崇天子的乐章，分为六成（节），其中第三成"象武王克纣而南还也"，第四成"象武王伐纣之后，南方之国于是疆理也"[1]。此次经略南国的战争，他书未言，唯《世俘》有载。《逸周书·世俘解》说"太公望命御方来"，此"方来"孔晁注为纣党，或即助纣为虐的恶来，太公受命御敌，以阻击恶来对商都的反扑。而真正受命讨伐南国诸侯的将领是吕他、新荒、侯来、百弇、陈本、百韦六人，他们或为周师将领，或为臣属诸侯，身份不明确。所伐方国诸侯主要集中在殷畿以南及以东地区，此即越戏方、陈、卫、磨（厤）、宣方、蜀、厉七国。越戏方位于《山海经·中山经》所说浮戏山下，在今河南巩义市东南。陈，在今河南淮阳，武王后封胡公于此。[2]磨为厤之讹，或为《国语·郑语》所言郑地十邑之历，在今河南禹州市[3]。卫，恐非朝歌旧地，或为室韦之韦，在今河南滑县东南[4]。宣方，或即甲骨文中的亘方，在今河南长垣东北[5]。蜀，地在今山东汶上西[6]，非周之盟国。厉，在湖北随县北[7]。早在文王末年，周人即对成周东南一带有所经略。武王克商后重点用兵南国，应与计划营建洛邑、力控东土密切相关。

其二，天室祭天。武王驻师于管，除了部署讨伐南国的战役外，要做的另一件大事是天室祭天。"天室"一词，金文见于天亡簋，文献亦只见于《逸

1　《礼记·乐记》正义，（清）阮元校刻：《十三经注疏》，中华书局，1980，第1542页。

2　李学勤：《〈世俘〉篇研究》，《史学月刊》1988年第6期。

3　杨宽：《西周史》，上海人民出版社，1999，第99页。

4　王彦永：《"豕韦"考略》，《殷都学刊》2016年第3期。

5　郑杰祥：《商代地理概论》，中州古籍出版社，1994，第187页。

6　杜勇：《说甲骨文中的蜀国地望》，《殷都学刊》2005年第1期。

7　李学勤：《〈世俘〉篇研究》，《史学月刊》1988年第6期。

周书·度邑解》。天亡簋铭文说："乙亥，王有大礼，王凡（泛）三方，王祀于天室，降。天亡右王，衣（殷）祀于王丕显考文王，事糦上帝，文王德在上，丕显王作省，丕肆王作庚，丕克迄衣（殷）王祀。丁丑，王飨大宜，王降。"（《集成》4261）乙亥为武王辛未到管地后第五日，即在天室举行祭祀。最初学者对天室多以明堂大室解之，然明堂祭天礼毕，武王何故从高处下来，一降再降，理不可通。后经学者严密考订，认为天室即天（太）室山（今中岳嵩山），是古帝王的封禅之地[1]。武王在牧野战后，曾经"设奠于牧室""柴于上帝，祈于社"[2]，都只是临时性的仪式。真正的祭天大礼，则需要到太室山举行。簋铭称"衣（殷）祀于王丕显考文王，事糦上帝"，即是封禅祭天，以文王配享的郊祀大礼。封禅正是以高山为天然的祭坛举行祭天仪式，后来郊祭天帝，则在京郊筑圜丘作为高山的象征物。簋铭还说："王飨大宜，王降。"《尔雅·释天》云："起大事、动大众，必先有事乎社而后出。"《周礼·大祝》说："宜乎社，造乎祖。"则"王飨大宜"，应该是祭天之后又举行社祭。隆重祭祀天地之神灵，意在向诸侯方国宣示："文王在上，于昭于天，周虽旧邦，其命维新"[3]，周人已是代殷而有天下的新的共主了。此次活动是"天王右王"，即以战功卓著、威望崇高的太公望（天亡）为助祭者[4]，反映了祭祀的重要程度。通过太室山祭祀大典，为天命归周披上了神圣的外衣。

其三，规拟洛邑。天亡簋除了涉及祭祀天地的大礼外，还提到了武王对建都洛邑的选址问题。只是用词至简，易被忽略。这就是"王凡三方"。凡（后世误作舟）为般的初文，此处读作瞥。《说文·目部》云："转目视也。"所谓"王凡三方"，是指武王站在太室山巅向南、北、西三方瞻望[5]，做出营建东都的战略决策。《逸周书·度邑解》亦记武王曰："我图夷兹殷，其惟依天室，其有宪命。求兹无远。天有求绎，相我不难，自洛汭延于伊汭，居易无固，其有夏之居。我南望过于三涂，我北望过于岳鄙，顾瞻过于有河，宛瞻

<hr />

1　蔡运章：《周初金文与武王定都洛邑——兼论武王伐纣的往返日程问题》，《中原文物》1987年第3期；林沄：《天亡簋"王祀于天室"新解》，《史学集刊》1993年第3期。

2　《礼记·大传》，（清）阮元校刻：《十三经注疏》，中华书局，1980，第1506页。

3　《诗·大雅·文王》，（清）阮元校刻：《十三经注疏》，中华书局，1980，第503页。

4　于省吾：《关于"天亡簋"铭文的几点论证》，《考古》1960年第8期；杨向奎：《太公望与〈天亡簋〉》，《杨向奎学术文选》，人民出版社，2000，第90—97页。

5　刘晓东：《天亡簋与武王东土度邑》，《考古与文物》1987年第1期。

延于伊洛，无远天室。"[1] 武王在太室山巅祭天祀祖的同时，高瞻远望，旋视三方，以"伊汭延于洛汭"一带作为新建东都之地，希冀由此治理天下。正如何尊铭文所云："唯武王既克大邑商，则廷告于天，曰：余其宅兹中国，自兹乂民。"（《集成》6014）这一重大决策意在"定天保，依天室"，即以河山拱戴的太室山为依凭，达到保守天命、安邦定民的目的。武王下山以后，途经洛地，可能对营建新都有过实地考察和初步规划，故《史记·周本纪》称武王"营周居于洛邑而后去"。这个"营周居（都）"的工作，只是规拟选址，还谈不上筑城建邑。故武王返回镐京后，不免忧心萦怀，夜不能寐。其遗命最后由周公、召公在平定三监之乱后协力完成。

《世经》云："癸巳武王始发，丙午还师。"所谓"丙午还师"，与"癸巳始发"相对举，应是指武王还师镐京的时间。此不见于《世俘》，可能来自刘歆披览过的古文《武成》，只是不曾标明。从一月癸巳到四月丙午，武王伐纣的主力部队整个行程为七十四天。

3. 镐京祀典

武王丙午还师于镐，稍事休整，四天后开始举行各种祀典，伐纣之役始告结束。祭祀活动从庚戌日开始，连续六日未尝间断。其中仪注及其内涵，可略作探讨。

第一天庚戌日，举行献俘礼，凯旋告祖。《武成》篇云："惟四月既旁生霸，粤六日庚戌，武王燎于周庙。"《逸周书·世俘解》所记更为详备："惟四月既旁生霸，越六日庚戌，武王燎于周庙。武王降自车，乃俾史佚繇书于天号。武王乃废于纣矢恶臣百人，伐右厥甲小子鼎大师，伐厥四十夫家君鼎师。司徒、司马初厥于郊号，乃夹于南门用俘，皆施佩衣，先馘入。武王在祀，太师负商王纣悬首白旂、妻二首赤旂，乃以先馘入，燎于周庙。"[2] 《世俘》此段文字虽经前人校订，仍不易解。大体是在周庙举行祭典，以俘馘祭先祖。《吕氏春秋·古乐》云："（武王）归，乃荐俘馘于京太室。"京太室即周庙祭祖的大室。庚戌这天，武王乘车到达周庙，仪式开始后命史佚向上帝朗读书文，杀伐商纣恶臣百人、小子、四十夫家君以作人牲。随后司徒、司

1 黄怀信、张懋镕、田旭东：《逸周书汇校集注》修订本，上海古籍出版社，2007，第479—481页。

2 黄怀信、张懋镕、田旭东：《逸周书汇校集注》修订本，上海古籍出版社，2007，第436—440页。此采顾颉刚《逸周书世俘篇校注、写定与评论》之写定本，参见顾颉刚：《顾颉刚全集》第9册《顾颉刚古史论文集》卷9，中华书局，2011，第237页。

马在外朝南门（皋门）剥掉俘虏的衣服，夹道示众，再驱于内朝杀之献祭。之后由太师吕尚用白、赤两种颜色的旗杆挑着商纣及其二妻的首级进入，继献馘耳作为牺牲，燎祭在上帝左右的先祖，以告伐纣功成。看来燎祭在周初不限于燔柴祭天，亦可于庙中献俘祭祖，以寄报本反始之义。故《礼记·祭义》云："建设朝事，燔燎膻芗，见以萧光，以报气也，以教众反始也。"

第二天辛亥日，举行郊祭礼，祀天配祖。其事被《世俘》错出两处，一则曰："若翌日辛亥祀于位，用籥于天位。"与《武成》所言略同。二则曰："辛亥，荐俘殷王鼎，武王乃翼矢圭矢宪，告天宗上帝。王不革服，格于庙，秉黄钺语治庶国，籥人九终。王烈祖自大王、大伯、王季、虞公、文王、邑考以列升，维告殷罪。籥人造，王秉黄钺正国伯。"所谓"天位"，朱右曾以"南郊圜丘"释之，与孔晁注此为郊天之礼同义。或谓郊天已在前一天举行，恐非是。此言郊天进献俘获的殷王之鼎，应即象征王权的九鼎。说明郊天是从法理上说明周革殷命的正当性，意义十分重大。武王恭陈的祭物不仅有九鼎，还有玉珪，甚至国家宪令一类的东西，以告天宗上帝，天命归周。接下来典礼转至周庙进行。武王未及更衣，即在周庙手持黄钺"语治庶国"。"庶国"就是归服于周的众诸侯国，"语治"就是对他们发布文告，并册命"国伯"即诸侯之长，形成王权之下的二级权力机制。又追尊先父为文王，太王、王季亦以王称，并将太伯、虞仲、伯邑考列入附祭，颇具殷礼色彩。

第三天壬子日，册封诸侯，建立地方政权。《世俘》云："壬子，王服衮衣，矢琰，格庙。籥人造，王秉黄钺正邦君。"此言武王着天子之服，来到周庙，举行册封仪式。所谓"正邦君"即是确定诸侯的名分，对旧爵重新认定，对新君正式册封。由于册封诸侯较多，程序繁复，所以当天未安排其他祭典。

第四天癸丑日，册命殷士，充实文化机构。《世俘》云："癸丑，荐俘殷王士百人。籥人造，王矢琰，秉黄钺，执戈。王入，奏庸，大享一终。王拜手稽首。王定，奏庸，大享三终。"这里的"荐俘殷王士百人"，郭沫若、顾颉刚认为是"用为人牲"，大享以祭[1]。李学勤认为，"俘殷王士"就是上文所言纣恶臣百人，这里又一次出现，说明"用俘"并非杀死[2]。前两天典礼均有

1　顾颉刚：《逸周书世俘篇校注、写定与评论》，《顾颉刚全集》第9册《顾颉刚古史论文集》卷9，中华书局，2011，第219页。

2　李学勤：《〈世俘〉篇研究》，《史学月刊》1988年第6期。

"籥人造"，或"正国伯"，或"正邦君"，都属于政权建设方面的事情。这里"荐俘殷士"，亦有乐人到场击钟演奏，一终三终，亦与册命有关。清陈逢衡云："王士百人，皆殷之良，故谓之士，以别乎恶臣也。"周人招贤纳士，以加强政权建设，促进文化发展。殷士百人虽以俘虏身份到了周庙，但他们不是用作牺牲，而是到周庙表示效忠周天子。武王对他们采取区别对待的政策，恶臣杀之，良臣用之，正好适应了周人政权建设对知识、人才的需要。金文中的微史家族被周人重用，授予爵位与封地，可能属于此类情况。

第五天甲寅日，告功祖庙，礼成《大武》。《逸周书·世俘解》云："甲寅，谒戎殷于牧野。王佩赤白旂，籥人奏《武》。王入，进《万》，献《明明》三终。"孔晁注："谒，告也。"是以牧野克商之功告祭先祖，乐人演奏《大武》《万》《明明》等乐章。郑玄注《易》云："王者功成作乐，以文得之者作籥舞，以武得之者作《万》舞。"[1]《大武》《万舞》都是歌颂武王伐纣之功的乐章，用于庆赏报功之礼。

第六天乙卯日，以庶邦之君助祭天稷，诚誓于社。其事《世俘》亦分置两处。一则曰："乙卯，籥人奏《崇禹生开》三终，王定。"二则曰："（辛亥）越五日乙卯，武王乃以庶国祀馘于周庙：翼予冲子。断牛六，断羊二。庶国乃竟。告于周庙曰：古朕文考修商人典，以斩纣身，告于天于稷。用小牲羊、犬、豕于百神水土，誓于社。曰；维予冲子绥文考，至于冲子。用牛于天于稷五百有四。用小牲羊、豕于百神、水土、社，二千七百有一。"[2]所谓庶国与祀，是指众国之君在周庙助祭，祭品有征伐方国的俘馘，以大牢牛、羊祭祀。武王告于周庙，称"古朕闻文考修商人典"，意即听从文考遗训，修商家伐夏救民之典，以斩纣身，因告祭天神、后稷。同时又举行社祭，用少牢羊、豕祭祀百神、山川，诚誓庶国于社。此次祭祀活动用牲多达2701只，数目过大，似多夸饰。

六天的祀典大体可分为三个层次。一是举行献俘礼以示伐纣功成，继则郊天，表明天命归周，为武王代殷而为天下共主披上合法的外衣。二是以天子身份任命诸侯之长，分封众多诸侯，册命殷士百人，以加强政权建权。三是制礼作乐，特别以《大武》为国乐，强化周人一统天下的政治意识。诸侯

1　（唐）李鼎祚：《周易集解》，《景印文渊阁四库全书》第7册，商务印书馆，1986年。

2　黄怀信、张懋镕、田旭东：《逸周书汇校集注》修订本，上海古籍出版社，2007，第436—443页。

助祭，告天与稷，也是为了昭示武王作为周天子在政治上的新形象。四天之后，时维己未，武王成天下四方之君，颁克殷之命于列邦，周之天下得以确立。

（三）武王伐纣日谱的推排

关于武王伐纣日谱的推排，古今学者做过大量工作，但其出发点和理论依据各有不同，结果大相异趣。刘歆利用《武成》历日考订武王伐纣日期，首倡月相定点说，据三统历推定武王克商之年，开西周年代学研究之端绪。尽管刘歆所用历谱不精，对月相词语的界说亦多误解，但他所采用的研究方法，拟达成的学术目标，都具有极大的启迪意义，为后世学者所承继。

近人研究武王伐纣日谱，依其所持月相理论的不同，大体可以分为三大派别：一派以董作宾、蔡运章、江晓原等学者为代表，坚持以月相定点说排谱[1]；一派以赵光贤、罗琨、杨宽等学者为代表，坚持以月相四分说排谱[2]；一派以刘次沅等为代表，以夏商周断代工程的新月相说排谱[3]。其中蔡运章、罗琨、杨宽等人的伐纣日谱，未能借助公元纪年的尺度，推求武王克商的绝对年代，反而不如刘歆立意高远，是所不论。其他几家情况各异，互有短长。

董作宾是研究武王伐纣日谱较早的学者。他采用儒略历分析《武成》等多种天象资料，推考武王克商之年，方法是科学的。但他遵信刘歆的月相定点说，力证公元前 1111 年为克商之年，与唐朝天文学家僧一行所得结果相同，实际上并无新的进展与突破。江晓原主要推算《国语》伶州鸠所言天象并结合《武成》《世俘》历日进行排谱，拟定公元前 1044 年为武王伐纣之年。江氏对《国语》天象研究有独到见解，但他也相信刘歆的月相定点说，以既死霸为月初几日，既生霸为望后几日，与月相名词古义赫然相反，其结

---

1 董作宾：《武王伐纣年月日今考》，《文史哲学报》1951 年第 3 期，北京师范大学国学研究所编：《武王克商之年研究》，北京师范大学出版社，1997，第 101—122 页；蔡运章：《周初金文与武王定都洛邑——兼论武王伐纣的往返日程问题》，《中原文物》1987 年第 3 期；江晓原、钮卫星：《〈国语〉所载武王伐纣天象及其年代与日程》，《自然科学史研究》1999 年第 4 期。

2 赵光贤：《说〈逸周书·世俘〉篇并拟武王伐纣日程表》，《历史研究》1986 年第 6 期，赵光贤：《武王克商与西周年代的再探索》，《人文杂志》1987 年第 2 期；罗琨：《从〈世俘〉探索武王伐商日谱》，《周秦文化研究》编委会编：《周秦文化研究》，陕西人民出版社，1998，第 134—144 页；杨宽：《西周史》第三章附录，上海人民出版社，1999，第 104—105 页。

3 刘次沅、周晓陆：《武王伐纣天象解析》，《中国科学（A 辑）》2001 年第 6 期。

果同样难于凭信。赵光贤先生长期留心西周年代学研究，年逾古稀，仍以超卓的科学意识和创新精神，以月相四分说为先导，以新出科学历表为依据[1]，利用《武成》历日推排武王伐纣日程表，推得公元前1045年为伐纣之年，并通过《尚书·召诰》《尚书·洛诰》历日得以验证，是一项非常重要的研究成果。

刘次沅对武王伐纣天象进行综合研究，颇有所得，推定克商之年在公元前1046年，其结果被夏商周断代工程选用。由于夏商周断代工程是国家批准的重大科技项目，完成时间是有计划的，仓促之间选定一种结论，自然谈不上尽如人意。主要问题在于：（1）月相二系说的误释。月相二系说是夏商周断代工程提出的新说，以初吉为一系，以既生霸、既望、既死霸为另一系，致使一器之中并存两种不同的计时系统；又以既生霸从新月初见到满月，既望为满月后月面尚未显著亏缺，既死霸从月面亏缺到消失，致使不同月相名词在纪时上出现重叠交叉[2]。如《武成》"二月既死霸，粤五日甲子"，夏商周断代工程《西周金文历谱》采刘次沅说，定为二月二十二日[3]，而《尚书·召诰》"惟二月既望，粤六日乙未"，《西周金文历谱》亦为二月二十二日[4]。这就意味着既死霸与既望只相隔一天，后面的同一日序，既可用既望粤几日来表达，也可用既死霸粤几日来表达，既望与既死霸本质上已无区别，这显然是不妥当的。由此推定的武王克商之年，不免令人欲信还疑。（2）武王开国在位年数的误判。武王克商后的在位年代，历来都以三年说为主流，即使近出清华简《金縢》亦不能动摇此说[5]。但是断代工程为了选用公元前1046年为克商之年，只有将武王克商后的在位年数定为四年，才能与《尚书·召诰》《尚书·洛诰》的历日相衔接。而武王开国在位四年，证据薄弱，面临很多不易克服的困难。（3）《国语》天象的不确定性。《国语·周语下》伶州鸠说："昔武王伐殷，岁在鹑火，月在天驷，日在析木之津，辰在斗柄，星在天鼋。"这

1　此指张培瑜《中国先秦史表》（齐鲁书社，1987）及其前身《西周历法和冬至合朔时日表》（张钰哲主编：《天问》，江苏科学技术出版社，1984，第25—91页）。

2　参见杜勇、沈长云：《金文断代方法探微》，人民出版社，2002，第255—258页。

3　夏商周断代工程专家组：《夏商周断代工程1996——2000年阶段成果报告（简本）》，世界图书出版公司北京公司，2000，第30页；刘次沅、周晓陆：《武王伐纣天象解析》，《中国科学（A辑）》2001年第6期。

4　夏商周断代工程《西周金文历谱》定为二十一日，计算有误。是月甲戌朔，乙未当为二十二日。

5　参见杜勇：《清华简与古史探赜》，科学出版社，2018，第283—287页。

几种天象是不可能同时发生的，其中"岁在鹑火"可能与利簋铭文所言"岁鼎"有关，但也未必是一回事。"岁鼎"或谓岁星正当其位[1]，或谓木星上中天[2]，学者看法不一。至于"岁在鹑火"之类天象在《左传》《国语》中多有记述，经验算发现，竟无一相合[3]，反映了"岁在鹑火"所具有的不确定性。刘次沅也承认这一点，但他还是把"岁在鹑火"作为判定武王克商之年的主要依据，前后不能自洽。凡此说明，刘次沅对伐纣日谱的构拟和断代工程对其所推克商之年的选用，实际上是大有商榷余地的。

比较以上诸家说法之后，笔者认为以公元前1045年为武王克商之年来构拟伐纣日谱，从目前的相关研究结果来看，可能是一种更好的选择。这也符合考古成果确定克商年的时间范围在前1050—前1020年[4]。对于此年建正问题，自不必固守周正建子之说，因为是年一月丁酉朔，此月无壬辰、癸巳。只有考虑建亥或建丑，方可排谱。按照《国语》伶州鸠"日在析木"的说法，武王伐纣出发于冬至前一月，故可取本年建亥。早期历法只是追求将年首定在某个天象、气象、物候点，由于年长、冬至的测定不准确，建正不可能保持稳定。如果认为西周建子，那么出现建亥与建丑就是再正常不过的事情[5]。若取本年建亥，则《武成》所谓一月癸巳日武王出师伐纣，实际在公元前1046年11月，与当时"岁在鹑火"即前1047年7月—前1046年8月的日期非常接近，仍可作为一种辅助性参考。《武成》说"二月既死霸，粤五日甲子"当在公元前1045年1月15日。再以"岁鼎"即岁星上中天来看，前1048—前1046年的一月份后半夜岁星见于东方[6]，与利簋言甲子朝岁星上中天相吻合，与《荀子·儒效》说"武王之诛纣也，行之日以兵忌，东面而迎太岁"，《淮南子·兵略训》说"武王伐纣，东面而迎岁"也大体相应。尽管《国语》、利簋的天象资料可供参考，但考求武王伐纣之年的基础性和决定性资料还是《武成》《世俘》的历日，这是必须明确而不能走偏的。

---

1 张政烺：《利簋释文》，《考古》1978年第1期。

2 李学勤：《利簋铭与岁星》，《夏商周年代学札记》，辽宁大学出版社，1999，第204—205页；江晓原、钮卫星：《〈国语〉所载武王伐纣天象及其年代与日程》，《自然科学史研究》1999年第4期。

3 江晓原、钮卫星：《〈国语〉所载武王伐纣天象及其年代与日程》，《自然科学史研究》1999年第4期。

4 夏商周断代工程专家组：《夏商周断代工程1996—2000年阶段成果报告（简本）》，世界图书出版公司北京公司，2000，第44页。

5 刘次沅、周晓陆：《武王伐纣天象解析》，《中国科学（A辑）》2001年第6期。

6 刘次沅、周晓陆：《武王伐纣天象解析》，《中国科学（A辑）》2001年第6期。

根据上文分析，今利用《武成》《世俘》、利簋、天亡簋等历日资料，以建亥之月为公元前 1045 年岁首，以《中国先秦史历表》所推朔日为月首，重新构拟武王伐纣日谱（如表 2-1 所示），以期形成正确的历史认知。

表 2-1　新拟武王伐纣日谱

前 1045 年阴历月份	干支	日序	历史事件	材料来源
一月	癸巳	廿七日	武王师出镐京	《武成》
二月	戊午	廿二日	周师毕渡盟津，诸侯咸会	《史记》《书序》
	癸亥	廿七日	周师夜陈，未毕而雨	《国语》
	甲子	廿八日	武王朝至牧野，纣师皆倒兵，咸刘商王纣。岁鼎，克昏夙有商	《史记》《武成》《世俘》、利簋
三月	丁卯	一　日	太公望御方来至，告以馘俘	《世俘》
	戊辰	二　日	武王柴祭上帝，追祀文王	《世俘》
	辛未	五　日	王在管师	利簋
	壬申	六　日	吕他伐越戏方至，告以馘俘	《世俘》
	乙亥	九　日	王有大礼，祀于天室	天亡簋、《度邑》
	丁丑	十一日	王享大宜，王降	天亡簋
	辛巳	十五日	侯来伐靡集于陈，告以馘俘	《世俘》
	甲申	十八日	百弇伐卫，告以馘俘	《世俘》
四月	庚子	五　日	命陈本伐磿，新荒伐蜀，百韦伐宣方	《世俘》
	乙巳	十　日	告禽磿霍侯、蜀艾侯、宣方。百韦伐厉，告以馘俘	《世俘》
	丙午	十一日	武王还师镐京	《世经》
	庚戌	十五日	燎于周庙，献馘俘	《武成》《世俘》
	辛亥	十六日	祀于天位，荐俘殷王鼎，追祀文王。祀周庙，正国伯	《武成》《世俘》
	壬子	十七日	封诸侯，正邦君	《世俘》
	癸子	十八日	册命殷士百人	《世俘》
	甲寅	十九日	告功祖庙，礼成《大武》	《世俘》
	乙卯	廿　日	庶国助祭，诫誓于社	《武成》《世俘》
	己未	廿四日	武王通殷命有国，君临天下	《世俘》

三、周人何以"克昏夙有商"

周初利簋铭文有云:"珷征商,唯甲子朝,岁鼎,克闻(昏)夙有商。"(《集成》4231)"珷"为武王二字的合文。器铭为武王死后所铸,"武王"非生称,当为谥号[1]。"岁鼎"张政烺释为岁星正当其位[2],亦有学者认为岁星上中天[3]。"昏夙"犹昏晨。《管子·宙合》云:"日有朝暮,夜有昏晨。""克昏夙有商"是说一夜就得以占有商国[4]。周军癸亥日连夜赶到牧野前线,严阵以待,甲子朝发起进攻,一举打败殷军。毫无疑问,牧野之战是殷周两国命运攸关的大决战。此役周人以少胜多,是中国军事史上光辉的一幕。然周人偏居西土,本一蕞尔小邦,其疆域不比殷人辽阔,生产力不比殷人发达,军事实力也不比殷人强大,何以一夜之间"小邦周"竟然战胜"大邑商"代为天下共主?确是一个颇费思量的问题。

(一)制约商周两国强弱的关键因素

武王克商与后世统一王朝更替的方式有所不同。它不是从中央到地方各级政权的新旧递嬗,而是更多地表现为一个附庸国乘势而起,取代宗主国的统治地位,成为统领众多诸侯的新的天下共主。这是由当时国家结构形式的差异所决定的。

从殷商时期的国家结构形式看,商王国既是一个对其本土国进行统治的独立的政治实体,又是一个代表中央政权凌驾于万国之上,拥有众多藩属诸侯的国家联合体,即以贵族国家作为统治形式的早期统一国家[5]。在一定程度上,也可把藩属诸侯看作中央王朝统治下的一级行政区,但它们本质上与商王本土国一样,又都是一个自成单元的政治共同体。商王国因其实力强大,使众多诸侯国俯首称臣,从而得以号令天下,威服八方。"一个凌驾于一批贵族藩属王侯之上的国家,其中央政权多多少少是不稳固的,这一权力的强弱,取决于各种势力之间事实上的力量对比。于是一个追求比较远大的政治

---

1 杜勇:《金文"生称谥"新解》,《历史研究》2002年第3期。

2 张政烺:《利簋释文》,《考古》1978年第1期。

3 李学勤:《利簋铭与岁星》,《夏商周年代学札记》,辽宁大学出版社,1999,第204—205页;江晓原、钮卫星:《〈国语〉所载武王伐纣天象及其年代与日程》,《自然科学史研究》1999年第4期。

4 张政烺:《利簋释文》,《考古》1978年第1期。

5 杜勇:《中国早期国家的形成与国家结构》第3章第2节"商朝国家结构新论",中国社会科学出版社,2013,第107—132页。

目标的国王，除了努力去巩固自己那不稳定的地位之外就别无他途。所以说，一切真正的贵族国家的历史，实际上同时也是力图通过加强王权去克服这种不稳定状态的历史。"[1]

在这种贵族国家统治形式下，其中央政权的强弱既取决于商王对本土国治理的好坏，也与国家联合体内诸侯方国的向心力、凝聚力密切相关。当商王本土国得到较好治理，藩属诸侯向心力、凝聚力增强时，国家就兴盛，反之则衰落。《史记·殷本纪》对此多有记述，不妨胪列如下：

> 于是诸侯毕服，汤乃践天子位，平定海内。
>
> 帝太甲修德，诸侯咸归殷，百姓以宁。
>
> 雍己立……殷道衰，诸侯或不至。
>
> 帝太戊赞伊陟于庙……殷复兴，诸侯归之，故称中宗。
>
> 河亶甲时，殷复衰。
>
> 帝祖乙立，殷复兴。
>
> 帝阳甲之时，殷衰。自中丁以来……比九世乱，于是诸侯莫朝。
>
> 帝盘庚之时……百姓由宁，殷道复兴，诸侯来朝，以其遵成汤之德也。
>
> 武丁修政行德，天下咸欢，殷道复兴。
>
> 帝甲淫乱，殷复衰。
>
> 帝乙立，殷益衰。

上述材料表明，自商王朝建立以后，国家就一直处在兴衰交替的不稳定状态之中，其表征就是藩属诸侯的"朝"与"不朝"。"诸侯来朝"并不是一句空话，除了政治上表示对商王服从和尽忠外，还有在经济上提供贡纳、军事上随军出征等义务[2]。所以"诸侯来朝"代表统一贵族国家的巩固和强大，"诸侯莫朝"则意味着宗主国的统治力量大为削弱，国家联合体走向松散和衰落。可见在这种贵族国家结构形式下，制约宗主国盛衰强弱的关键因素是藩属诸侯的向背离合。

帝纣统治之时，商王朝与藩属诸侯的关系严重恶化，不仅方国诸侯的离

1　〔德〕罗曼·赫尔佐克：《古代的国家——起源和统治形式》，赵蓉恒译，北京大学出版社，1998，第182页。

2　杜勇：《中国早期国家的形成与国家结构》第3章第2节"商朝国家结构新论"，中国社会科学出版社，2013，第107—132页。

心力有增无减，而且有的还站在商王朝的对立面，销蚀和瓦解中央王朝的统治力量。《史记·殷本纪》载：

> 帝乙崩，子辛立……百姓怨望而诸侯有畔者，于是纣乃重刑辟，有炮格之法。以西伯昌、九侯、鄂侯为三公。九侯有好女，入之纣。九侯女不憙淫，纣怒，杀之，而醢九侯。鄂侯争之强，辨之疾，并脯鄂侯。西伯昌闻之，窃叹。崇侯虎知之，以告纣，纣囚西伯羑里。西伯之臣闳夭之徒，求美女、奇物、善马以献纣，纣乃赦西伯。西伯出而献洛西之地，以请除炮格之刑。纣乃许之，赐弓矢斧钺，使得征伐，为西伯。而用费中为政。费中善谀，好利，殷人弗亲。纣又用恶来，恶来善毁谗，诸侯以此益疏。[1]

商纣重用费中，费中好利，敛财无度，"厚赋税以实鹿台之钱，而盈钜桥之粟"，使商本土国遭受沉重剥削，百姓怨望，殷人疏离。又"益收狗马奇物，充仞宫室。益广沙丘苑台，多取野兽蜚鸟置其中"[2]，也加重了方国诸侯贡赋的负担。另一位重臣恶来善于毁谗，加罪无辜。为了对付各种反抗势力，商纣设炮格之刑，草菅人命如同儿戏。此刑即用油膏涂在铜柱上，下放炭火炙烤，令罪人在铜柱上行走，致堕火而死。无端的罪名，残酷的刑罚，不仅使一般臣民朝不保夕，即使诸侯国的首领也身陷危境，如履薄冰。如九侯（或作鬼侯）献美女于纣，只因这位女子对商纣的淫乱生活不予积极配合，九侯被连带问罪，被剁成肉酱。鄂侯对此力加争辩，也被杀害做成肉干。西伯昌仅仅私下表示叹息，即被告发，打入羑里大牢。名义上西伯昌、九侯、鄂侯还是商朝执政大臣，尚遭此难，其他藩属诸侯的境遇就可想而知了。故"诸侯以此益疏"，逐渐失去了对殷商宗主国的亲附。

面对商纣王的暴虐统治，不少外服诸侯展开了斗争和反抗。最突出的是东土夷方、西土周邦，从而形成对商本土国东西夹击的态势。东夷又称九夷，上古时期主要指东方诸部族。甲骨卜辞称为夷方（或释人方），主要分布在济水、泗水、淮水等流域。《后汉书·东夷列传》云："武乙衰敝，东夷浸盛，遂分淮岱，渐居中土。"所谓"渐居中土"，就是从淮岱一带不断向中原地区内侵，试图颠覆商王国天下共主的地位。《左传·昭公四年》云："商纣

1《史记·殷本纪》，中华书局，1959，第105—106页。

2《史记·殷本纪》，中华书局，1959，第105页。

为黎之蒐，东夷叛之。"是说商纣在盟会中骄横无礼，导致东夷的不满和反叛。其后商与东夷间的战争频繁发生，经年不息，故甲骨金文屡见"征人方"的记载。战争对商王国的国力消耗巨大，虽胜犹败。《左传·昭公十一年》叔向就说："纣克东夷而陨其身。"

商周关系也是战和不定，险象环生。武乙猎于河渭之间被暴雷震死，也可能是被周人暗算后的一种掩饰。后文丁杀季历，周人伐商，两国即成世仇。文王被囚，险遭商纣杀害。继则举兵"五伐"，不只平定西土，而且通过戡黎伐崇，控制了黄河南北两岸的东进通道，兵锋直指殷商王畿，乃至有人惊呼殷之将亡。周人兴师东进，使反殷同盟进一步扩大。文王断虞芮之讼后，"归者四十余国"[1]。《论语·泰伯》说文王之时"三分天下有其二"，当然不是从政治疆域上来讲的，而是指诸侯大多归心于周，奉周邦为宗主。武王盟津之会作为伐纣前的一次军事演习，即有"不期而会盟津者八百诸侯"[2]。"八百诸侯"或有夸饰，但有大量方国诸侯参加盟会是不用怀疑的。两年后武王的伐纣大军中，有髳（今山西屯留一带）、羌（今山西境内）、微（今山西长子一带）、蜀（今河南长葛市）、庸（今湖北竹山一带）、卢（今湖北南漳东北）、彭（今湖北房县、谷城一带）、濮人（江汉流域）八个盟国前来会师[3]，即是反殷同盟的中坚。大量藩属诸侯不再对商王朝臣服和效忠，逐渐形成了以周邦为核心的反殷阵营，致使殷商贵族国家趋于解体。

（二）小邦周与大邑商实力对比的变化

当商王朝天下共主的地位发生动摇后，其实力的强弱则更多地从商本土国体现出来。这样，殷周两国作为单个的政治实体，也就具有相当的可比性。

商本土国的政治疆域在不同时期是有大小之别的，大体经历了由"方百里"到"方千里"的发展变化。《孟子·梁惠王下》说："臣闻七十里为政于天下者，汤是也。"《墨子·非命上》则谓汤时"方地百里"。到商王武丁时，疆域面积已扩大到"邦畿千里"[4]。迄至殷末，略可知其四至。《战国策·魏

1　《诗·大雅·绵》毛传，（清）阮元校刻：《十三经注疏》，中华书局，1980，第512页。

2　《史记·周本纪》，中华书局，1959，第120页。

3　杜勇：《说甲骨文中的蜀国地望》，《殷都学刊》2005年第1期。

4　《诗·商颂·玄鸟》，（清）阮元校刻：《十三经注疏》，中华书局，1980，第623页。

策》载吴起说："殷纣之国，左孟门（今河南辉县西），而右漳滏（今河北漳河），前带河（古黄河），后被山（今太行山）。"也就是郑玄所说的"商纣畿内方千里之地"[1]。大体范围在今河南省北部和河北省南部。据《商君书·徕民》说："地方百里者，山陵处什一，薮泽处什一，溪谷流水处什一，都邑蹊道处什一，恶田处什二，良田处什四，以此食作夫五万。"所谓"作夫"，是指可以成为劳动力的人口。若以 1/3 的人口为劳动力，"方地百里"可养活人口 15 万人。这个数字可能偏大。战国时期秦国带甲百余万，按 5 人出一兵约计，可能有 600 万左右的人口。《商君书·徕民》说："今秦之地，方千里者五。"[2]由此推算，方千里之地则可容纳 120 万人。不过，这是战国时期生产力大为进步后的情形，商周之际恐怕还达不到如此程度。据学者研究，商周时期人口年均增长率为 0.10%—0.12%[3]，若以公元前 300 年方千里之地 120 万人为基数，按 0.12%的人口年均增长率，逆推 750 年前（即前 1050 年）殷王畿的人口数，约为 $\dfrac{120}{(1+0.0012)^{750}}$=48.8 万人。从考古资料来分析，乙辛时期殷墟王邑达到 14.6 万人以上[4]。则王邑外的其他聚落有两倍于王邑以上的人口是可能的。人口的多少在上古时期是一个国家实力强弱的表征，特别是对征召兵员来说具有决定性意义。在冷兵器时代，战士来源于农业劳动力，他们平时务农，战时出征，具有兵农合一的双重身份。从前人们怀疑牧野之战商纣发兵 70 万人以拒武王，数量偏大，未可信实。清梁玉绳说："三代用兵无近百万者，况纣止发畿内之兵，安能如此其多。《书·武成》疏曰：'纣兵虽众，不得有七十万人，《史》虚言之。'"[5]这是有道理的。甲骨卜辞有云：

辛巳卜，贞登妇好三千，登旅万，呼伐［羌］……。（《英》150 正）

此次武丁下令征伐羌方，妇好在其封邑和旅邑两地征集兵员 13 000 人。此外，未见卜辞更大的用兵规模。因而学者大多认为："帝纣闻武王来，亦发兵七十万人距武王"[6]，"七十万"应为十七万的倒误。按 5 人出一兵员计，殷畿

---

1 《诗·邶风·邶鄘卫谱》，（清）阮元校刻：《十三经注疏》，中华书局，1980，第295页。

2 蒋礼鸿：《商君书锥指·徕民》，中华书局，1986，第87页。

3 宋镇豪：《夏商社会生活史》，中国社会科学出版社，1994，第111页；庞卓恒：《关于西周的劳动方式、生产力和人口估测》，《天津师大学报》（社会科学版）1998年第5期。

4 宋镇豪：《夏商社会生活史》，中国社会科学出版社，1994，第115页。

5 （清）梁玉绳：《史记志疑》，中华书局，1981，第86页。

6 《史记·周本纪》，中华书局，1959，第124页。

48.8 万人所能动员的兵力不过 10 万人。即使当时参战的可能有少量殷商盟国的军队，加起来超过 17 万人的可能性也是非常小的。

就周邦的军事力量来说，较之商王国固然有所悬殊，但也未必像过去人们估计得那么大。文献有"文王以百里"[1]而王、"武以百里昌"[2]等说法，似乎克商前周人直接统治的疆域只有商王国"邦畿千里"的百分之一。其实，这样理解是不准确的。所谓文、武治国百里，不过反映周人发迹或其治岐初期的情况，并不是牧野之战前周人的实际疆域。文王治周五十年，特别是后期十来年，国势发展极为迅速。待文王戡黎伐崇，东进丰镐之后，以关中平原为核心的陕西大部、山西中南部、河南黄河以南地区，基本上被纳入周人直接控制的范围。后世所谓"规方千里以为甸服"[3]的西周王畿，即从岐邑到丰镐再到洛邑"短长相覆为千里"[4]的广大地区，大多处在周人控制之下，与商本土国的实际疆域已经不相上下了。在商周疆域面积大体接近的情况下，周人可控人口总数理论上亦能达到 48.8 万人左右。只是对那些新征服地区来说，周人政治控制的力度还无法与殷商王畿相比。即便如此，打个对折以 24.4 万总人口计，周人要征召五六万人的兵力，应该是不成问题的。所以牧野之战中周师的数量，《史记·周本纪》说"戎车三百乘，虎贲三千人，甲士四万五千人"，是有事实根据的。李亚农、许倬云认为殷周之际周人全部人口在六七万之间[5]，似过保守。他们认为武王伐纣克商只能出兵"虎贲三千人"，简直近乎神话。实际上，早在太王迁岐之时，"周人束修奔而从之者三千乘，一止而成三千户之邑"[6]。"三千乘"当为三百乘之误，而三千户邑以一户五口计，岐邑始建即有一万五千人，即可组建三千人的军队。经过一百多年的发展与扩张，到武王克商前夕，周邦再组建甲士四五万人的军队并不是一件困难的事情。

从人口资源及可征调兵力看，商本土国与周邦相比当然是有优势的。但这种客观优势必须配合一定主观条件才能有效发挥出来。恰恰是在这一点上，商王的倒行逆施只能阻滞其优势的发挥，释放不了正能量。《尚书·微子》云：

1 《孟子·公孙丑上》，（清）阮元校刻：《十三经注疏》，中华书局，1980，第2689页。

2 《战国策·楚四》，上海古籍出版社，1985，第556页。

3 《国语·周语中》，上海师范大学古籍整理研究所校点，上海古籍出版社，1988，第54页。

4 《汉书·地理志下》，中华书局，1962，第1650页。

5 李亚农：《殷代社会生活》，《李亚农史论集》，上海人民出版社，1978，第581页；许倬云：《西周史》增补二版，生活·读书·新知三联书店，2012，第93页。

6 《诗·大雅·绵》疏引《书传·略说》，（清）阮元校刻：《十三经注疏》，中华书局，1980，第509页。

> 我祖底遂陈于上，我用沉酗于酒，用乱败厥德于下。殷罔不小大，好草窃奸宄，卿士师师非度，凡有罪辜，乃罔恒获。小民方兴，相为敌仇。[1]

这段话是殷王族的高级贵族微子讲的，不是敌对势力的攻击性说辞，可信度无疑较高。所涉及的人包括商纣王、大臣、小民三个层次。其中好酒淫乐的"我"是指商纣王，他疏于朝政，沉酗于酒，败坏了成汤以来的治国美德。"小大"指大小官吏，他们无不参与抢夺盗窃，作奸乱法。即使卿士一类重臣，也互相师法，不守法度。对于犯罪者，竟不依常法治之。"小民"是指社会底层的小老百姓，其赋税沉重，生计维艰，乃至普遍起来反抗，把统治者视为仇敌。偌大的商王国一片乱象，根本上与商纣王治国不善有关。顾颉刚整理汉代以前的有关材料，发现历数商纣王罪恶者多达七十事，这固然不免有后世的增益，有如子贡说："纣之不善，不如是之甚也。是以君子恶居下流，天下之恶皆归焉。"[2]但是，即使以《尚书》所记言之，亦有酗酒、不用贵戚旧臣、登用小人、听信妇言、信有命在天、不留心祭祀等六项[3]。其暴行乱政已严重超越国家伦理的底线，致使众叛亲离。商纣王拒听谏言，文过饰非。其亲族微子、箕子、比干强谏，结果比干被杀，箕子遭囚，微子逃亡。相反，对"四方之多罪逋逃，是崇是长，是信是使，是以为大夫卿士。俾暴虐于百姓，以奸宄于商邑"[4]。商纣王是非颠倒，善恶不分，滥用酷刑，草菅人命，连朝廷大臣也处于朝不保夕的境地。太师疵、少师彊眼看国家危在旦夕，竟抱其乐器亡而奔周。"殷内史向挚见纣之愈乱迷惑也，于是载其图法，出亡之周。"[5]辛甲大夫本纣之臣，亦亡至周邦，成为文王公卿。统治阶层处于分崩离析的境地，无法维持国家机构的正常运行。尤其是君王作为肩负治国重任的国家元首，其一言一行都攸关国家治乱。商纣王的所作所为是对国家伦理的严重践踏，不能简单地视为一个糊涂人，历史上称之为暴君，并没有冤枉他。全国上下被商纣王搞得乌烟瘴气，离心离德，即使自身具有强大的人力、物力资源，也难于发挥应有的优势。牧野之战发生前徒倒戈，十多万殷军顷刻瓦解，不是没有原因的。

1　（清）孙星衍：《尚书今古文注疏》，陈抗、盛冬铃点校，中华书局，1986，第255—257页。

2　《论语·子张》，（清）阮元校刻：《十三经注疏》，中华书局，1980，第2532页。

3　顾颉刚：《纣恶七十事的发生次第》，《古史辨》第2册，上海古籍出版社，1982，第82—93页。

4　《尚书·牧誓》，（清）阮元校刻：《十三经注疏》，中华书局，1980，第183页。

5　许维遹：《吕氏春秋集释·先识览》，中华书局，2009，第396页。

与商王朝相比，周邦的情况大为不同。古公亶父迁岐以后，占据有利的地理优势，国势蒸蒸日上。《诗·鲁颂·閟宫》云："后稷之孙，实维大王，居岐之阳，实始翦商。至于文武，缵大王之绪；致天之届，于牧之野。"特别是文王在位五十年，励精图治，挥师东进，疆域不断扩大，周邦不再是一个无足轻重的小国。《史记·周本纪》云：

> 西伯曰文王。遵后稷、公刘之业，则古公、公季之法，笃仁，敬老，慈少。礼下贤者，日中不暇食以待士，士以此多归之。伯夷、叔齐在孤竹，闻西伯善养老，盍往归之。太颠、闳夭、散宜生、鬻子、辛甲大夫之徒皆往归之。[1]

从这里可以看出文王治国的巨大功效。一是发展农业。《尚书·无逸》云："文王卑服，即康功田功。"是说文王能够继承后稷、公刘的传统，促进农业发展。就生产力发展水平来说，周人未必高于商王国，但严禁酗酒，避免粮食浪费，等于增加了农业收成。《尚书·酒诰》说："文王诰教小子，有正有事，无彝酒。越庶国饮，惟祀，德将、无醉。"[2]是说自文王规定官民上下不能经常饮酒，更不能像殷人一样酗酒，即使在祭祀神灵时可以少量饮酒，也要用道德来约束，不能喝醉。这对于珍惜粮食、淳正民风、蓄养国力都有不可低估的意义。二是立政裕民。《尚书·康诰》云："唯文王之敬忌，乃裕民。"所谓"裕民"就是行宽民之道，轻刑薄赋，使老有所终，少有所长，壮者入则治家，出则征战。孟子对梁惠王讲强国之道，曾以文王百里而王为例说："王如施仁政于民，省刑罚，薄税敛，深耕易耨。壮者以暇日修其孝悌忠信，入以事其父兄，出以事其长上，可使制梃以挞秦楚之坚甲利兵矣。"[3]孟子主张行仁政的这套办法，对于急于强国以济时艰的战国诸侯来说，因无速效不被采纳。但作为较长时期的治国方略，文王的裕民政策却为百姓提供了一个较为宽松富足的社会生活环境，使其心系家国，平时尽力耕作，战时受召出征，正是富国强兵之道。《尚书·无逸》说："文王不敢盘于游田，以庶邦惟正之供。""正"即正税[4]。文王不敢乱用从各地征缴来的税收，供其游乐田猎，体现了周人对人性贪欲的自我克制，有利于展示良好的政治形象，凝聚

---

1 《史记·周本纪》，中华书局，1959，第116页。

2 《尚书·酒诰》，（清）阮元校刻：《十三经注疏》，中华书局，1980，第206页。

3 《孟子·梁惠王上》，（清）阮元校刻：《十三经注疏》，中华书局，1980，第2667页。

4 曾运乾：《尚书正读》，中华书局，1963，第223页。

民心。三是招贤纳士。文王尊老敬贤，礼遇士人，日不暇食，有识之士多往归之。太公吕尚多年奔走各方，怀才不遇，最后被文王奉以为师，屡建战功。史称"天下三分，其二归周者，太公之谋计居多"[1]。召公乃姬姓别支，后为周廷重臣。文王时召族自东徂西，入居周原，壮大了反殷同盟的力量[2]。荆楚首领鬻熊亦从中原西向入周，号为文王之师。文王任用四方贤良，周廷一时人才济济。《国语·晋语四》言文王即位后，"询于八虞而谘于二虢，度于闳夭而谋于南宫，诹于蔡、原而访于辛、尹，重之以周、邵、毕、荣，亿宁百神，柔和万民"。人才资源向西土的集聚，有助于提高周人的治国水平，削弱殷人的统治力量。

通过殷周实力的对比分析，可知在疆域与人口方面商王朝占有客观优势，但其国家治理一片乱象，使其客观优势难以发挥应有的效能。相反，周人对国家励精图治，使其疆域与人口资源方面的弱势得到有效弥补，特别是将人心向背转化为决定战争胜负的巨大力量，最终得以推翻商纣王的暴虐统治。故《管子·法禁》引《泰誓》说："纣有臣亿万人，亦有亿万之心。武王有臣三千而一心。故纣以亿万之心亡，武王以一心存。"

（三）牧野之战的战术分析

在牧野之战前五年（周文王改元六年），周人攻打崇国，曾围城三旬，两次攻城，始告厥功。意想不到的是，殷周牧野决战，竟以少胜多，一战而克。《史记·周本纪》载：

> 于是武王遍告诸侯曰："殷有重罪，不可以不毕伐。"乃遵文王，遂率戎车三百乘，虎贲三千人，甲士四万五千人，以东伐纣。……二月甲子昧爽，武王朝至于商郊牧野，乃誓。……誓已，诸侯兵会者四千乘，陈师牧野。帝纣闻武王来，亦发兵七十万人距武王。武王使师尚父与百夫致师，以大卒驰帝纣师。纣师虽众，皆无战之心，心欲武王亟入。纣师皆倒兵以战，以开武王。武王驰之，纣兵皆崩畔纣。纣走，反入登于鹿台之上，蒙衣其殊玉，自燔于火而死。[3]

此役从兵力上看，商纣王的军队虽非七十万人，但以十七万计仍数倍于周师。

---

1 《史记·齐太公世家》，中华书局，1959，第1479页。

2 杜勇：《〈尚书〉周初八诰研究》增订本，中国社会科学出版社，2017，第135页。

3 《史记·周本纪》，中华书局，1959，第121—124页。

《诗·大雅·大明》云："殷商之旅，其会如林。"可见殷军在数量上居压倒优势。而武王伐纣之师，则由两部分组成，一是车兵，即"戎车三百乘，虎贲（勇士）三千人"；二是步卒，计"四万五千人"，采用车、步兵结合的作战方式。关于车兵数量，文献记载多有歧义。除《孟子·尽心下》《战国策·赵策二》《吕氏春秋·简选》《吕氏春秋·贵因》与《史记》相同外，《墨子·明鬼篇》却说："武王以择车百两，虎贲之卒四百人，与殷人战乎牧之野。"衡诸多种文献，知"百两"当为"三百辆"之脱误。而"虎贲"四百人，《尚书·牧誓》序称"三百人"，《风俗通义·三王》引《尚书》又称"八百人"，均有舛误。戎车既有三百辆，则每辆战车不可能只配备二三名战士。《司马法》谓"兵车一乘，甲士三人，步卒七十二人。"[1]当是战国时期的情况，商周之际未必如此。从目前所见西周金文资料看，战车一乘，徒御配备的比例是10∶2。西周历世铜器禹鼎言武公伐鄂云："乃率公戎车百乘，斯驭二百，徒千。"（《集成》2833）即一辆战车驭者二人，徒兵十人。作战时甲士乘车为御，步卒扶舆在后为徒，构成一个相互配合的作战单位。是知"戎车三百乘"配备虎贲（徒兵）三千是可信的，但不包括其他独立的步卒编队。《史记·周本纪》还说："诸侯兵会者四千乘"，可能与事实有出入。八个方国参战部队到底有多少，是否一并计入周师数量之中，不可详知，但总体数量不会太大。由于武王伐纣的总兵力与殷军数量悬殊，因而作战中战术是否得当，便成为能否克敌制胜的关键因素。

分析牧野之战周军的战术特点，主要表现在以下三个方面：

一是高扬义旗。武王挥师东进，推翻商纣王的暴虐统治，是历史发展的一大进步。但在当时则多少带有地方诸侯对中央政权的挑战，甚至不免被视为臣下对国君的叛逆行为。在这种情况下，必须师出有名，站在道义的制高点上，才能赢得广泛拥护和支持，激发全军斗志，瓦解敌人士气。武王在牧野战前的誓师词中说：

今商王受惟妇言是用。昏弃厥肆祀弗答。昏弃厥遗王父母弟不迪。乃惟四方之多罪逋逃，是崇是长，是信是使，是以为大夫卿士。俾暴虐于百姓，以奸宄于商邑。今予发惟恭行天之罚。[2]

---

1 《诗·小雅·采芑》郑笺引，（清）阮元校刻：《十三经注疏》，中华书局，1980，第425页。

2 《尚书·牧誓》，（清）阮元校刻：《十三经注疏》，中华书局，1980，第183页。

武王历数帝辛的罪恶，宣示伐商的正义性。他谴责商纣宠信妲己，唯妇言是用，是耽于淫乐，不能正确履行国君的职责。废止祭祀，怠慢神灵，必给天下带来祸殃。舍弃先王同父母兄弟不用，却对那些作恶多端的逃亡者加以推崇重用，使其担任大夫卿士，残暴地对待百姓，在国内犯科作乱，使人民陷于苦难之中。因而武王要代表上天的意志讨伐商纣王。武王又称"朕梦协朕卜，袭于休祥"，是说占梦与占卜均得祥兆，战争的结果是"戎商必克"[1]。武王高悬正义之师必胜的大旗，激励士气，克敌建功。武王还下达命令说："弗迓克奔，以役西土"[2]，是说不能禁止跑来投降的人，以便他们来帮助周邦。这道命令不是简单重申不杀降俘的军纪，其深意是要大力争取那些对商纣王暴政不满的士兵能够反戈一击，助周克商。

二是严整布阵。车、步兵结合作战，要求车兵和步兵按照一定的规则排列成战斗队形，相互配合，攻防照应，克服单兵作战的局限，利用集体力量来打败敌军。武王率军昼夜兼程赶往牧野前线，随即排兵布阵，以待决战。武王布为方阵或圆阵今不可知，但要求士卒协调配合的战阵规则却灼然可见。黎明时分，武王誓师宣布军纪说：

> 今日之事，不愆于六步、七步，乃止齐焉。夫子勖哉！不愆于四伐、五伐、六伐、七伐，乃止齐焉。勖哉夫子！尚桓桓，如虎如貔，如熊如罴，于商郊。[3]

这是命令部队前进时不得超过六步、七步，就必须停下来整齐编队。刺杀敌人时不超过四次、五次、六次、七次，就必须停下来使队形严整。这种做法看似呆板，实际意义则在于防止士卒轻敌冒进，做到攻守结合，配合协调，使自己立于不败之地，进而像虎、貔、熊、罴一样威猛，在战斗中杀敌建功。军纪是严格的，士兵若不勉力奋战，将依军法杀之。武王指挥的军队训练有素，士气高昂，经过文王时期的"五伐"之战，已经历练成为一支战斗力很强的威武之师。尽管如此，武王还是精心部署攻防兼备的作战阵形，对士兵提出协调配合的严格要求，以确保战争取得胜利。

三是驰车突进。阵法讲究正确使用兵力，形成各部的有机配合。《孙膑兵法·八阵》说："用阵三分，每阵有锋，每锋有后，皆待令而动。斗一，守

---

1 《国语·周语下》，上海师范大学古籍整理研究所校点，上海古籍出版社，1988，第100页。

2 《尚书·牧誓》，（清）阮元校刻：《十三经注疏》，中华书局，1980，第183页。

3 《尚书·牧誓》，（清）阮元校刻：《十三经注疏》，中华书局，1980，第183页。

二，以一侵敌，以二收。"[1]意思是布阵时要把军队分为三个阵形，每个阵都要有前锋部队和后续兵力。投入战斗的兵力只是三分之一，其余三分之二作为接战的后续部队。三分之一的兵力用于突击，三分之二的兵力最后解决战斗。作战中前锋与后援互相配合，彼此信任，协同作战，才能打败敌人。牧野之战中，武王派师尚父（姜太公）指挥由一百人组成的敢死队发起挑战，誓与纣军决一死战。继而以"大卒"（包括戎车、虎贲和步卒在内的周军主力）向商军发起全面进攻。一时间，战场上车驰徒奔，山崩地摇，殷军受到猛烈攻击，顷刻土崩瓦解。《吕氏春秋·古乐》说："（武王）以六师伐殷，六师未至，以锐兵克之于牧野。"所谓"锐兵"是指作为前锋部队的车兵，而当时未必有"六师"这样的军事编制，应指作为后续部队的步卒。"六师未至"是说后续部队尚未完全接战，即由车兵的勇猛冲杀决定了战争的胜负。《诗·大雅·大明》描写此役车兵的威力说："牧野洋洋，檀车煌煌，驷騵彭彭。维师尚父，时维鹰扬。凉彼武王，肆伐大商，会朝清明。"

与武王伐纣之师相比，殷军在战术上左支右绌，无力阻止周军的进攻。商纣王临时征召的士卒人数虽多，但因长期遭受商纣王的残酷压迫，皆无战心，相反期待武王来解救他们，乃至"倒戈以战"，自相残杀，不战自溃。且殷军布阵仓促，前后不能协调照应，一部失败，全线崩溃。史料中也不曾提及殷军使用战车一事，仅以徒兵应战，面对周人战车快速勇猛的冲杀极显被动。凡此种种，表明殷军在牧野决战中缺乏战术上的应对之策，仅凭数量上的优势并不能保证战争的胜利。

商纣王是一个孔武有力且才智甚高的人，因而狂妄自大，目空一切。《史记·殷本纪》说："帝纣资辨捷疾，闻见甚敏；材力过人，手格猛兽；知足以距谏，言足以饰非；矜人臣以能，高天下以声，以为皆出己之下。"他"慢于鬼神"，自然更加傲于人事。他领兵出征，克捷东夷，具有作战经验。当武王伐纣大军进逼朝歌之时，他可以临时征召十多万人组成抵抗大军，又亲临前线指挥，自信可以打败周军。但他不仅低估了周军的战斗力，而且更未想到的是，殷军拒不效命，竟然"倒兵以战"，把自己推向覆灭的深渊。至此，商纣王的自信心和自尊心完全被摧毁，彻底丧失组织反攻的意志与决心。眼见大势已去，无力回天，只有逃回朝歌自焚而死。

1 骈宇骞等译注:《孙子兵法·孙膑兵法》，中华书局，2006，第158页。

综上所述，殷周牧野决战造成天下共主的易位绝非偶然。商纣王统治时期，藩属诸侯离心离德，统一贵族国家渐趋瓦解，宗主国地位风雨飘摇。作为单个政治实体来说，殷周实力对比也发生微妙的变化。虽然在疆域、人口、经济等客观条件上，商本土国优于周邦，但在治国效能上周邦又远胜于商王国，从而弥补了客观条件上的不足。当殷周牧野决战时，殷军数量上虽居优势，但周人在战术上高扬义旗，以激励士气；严整布阵，以形成合力；驰车突进，以锐兵破敌。最终以少胜多，一战克商。牧野之战推翻了商王国对天下万国的统治，确立了周邦为天下共主的地位，从而揭开了西周历史与文明的新篇章。

第二节　周邦政治角色的转换

武王克商之后，商周两国所扮演的政治角色发生了根本转换。周武王封纣子武庚以续殷祀，其国虽存，实已降级为臣服于周的诸侯。而武王统治下的周邦取得共主地位，一跃而为号令四方诸侯的宗主国。面对新的政治格局，武王必须考虑相应的治国方略。在克商后短暂的三年时间里，武王施政的主要工作有两件：一是确立以民为本的治国理念；二是实行分封诸侯的政治制度。

一、武王开国在位年数

公元前 1045 年武王克商，是为西周开国元年。此后武王的在位年数，文献记载颇有歧异。这个问题上，先秦两汉文献虽有不少说法，但最受重视且为大多数学者所信从的还是传世本《尚书·金縢》的记载。

《尚书·金縢》云："既克商二年，王有疾，弗豫。……王翼日乃瘳。武王既丧，管叔及其群弟流言于国"。《史记·周本纪》据以述说此一史事称："武王已克殷，后二年……武王病。天下未集，群公惧，穆卜……武王有瘳。后而崩，太子诵代立，是为成王。"从中可以看出司马迁解读《尚书·金縢》的有关要点：一是训"既"为"已"，说明"已克商"不等于"克商"；二是略嫌"既克商二年"语义不明，特增一"后"字，称"已克商，后二年"，意即这个"后二年"当从克商次年起算；三是武王卒年就在"后二年"，故于"武王有瘳"句后紧接着即言"后而崩"。今观清华简《金縢》无"王翼日乃瘳"句，而于"周公乃纳其所为功自以代王之说于金縢之匮"一事之后，下接"就后武王力（陟）"，说明武王崩逝就在简文所言"不豫，有迟"[1]之年。从今本《金縢》所反映的武王病情看，所谓"有疾"已非小恙，否则不至于周公身自为质，欲代武王死。即以"王翼日乃瘳"论，病情看似好转，实则不过回光返照而已。所以司马迁把武王卒年定在武王有疾的"既克商二年"，可谓得其真谛。王国维说："《史记》所记武王伐纣及崩年，根据最古。《金縢》于武王之疾书年，于其丧也不书年，明武王之崩即在是年。《史记》云'武王有瘳，后而崩。'可谓隐括经文而得其要旨矣。"[2]这就是说，司马迁依据《尚书·金縢》把武王开国在位年数定为三年是可信的，故为王国维《周开国年表》所采用。《淮南子·要略》云："武王立三年而崩"，与《史记·周本纪》同义。《史记·封禅书》说："武王克殷二年，天下未宁而崩。"此言"天下未宁"亦即《史记·周本纪》所说"天下未集"，故"克殷二年"不过是"已克殷，后二年"的缩略语而已，并非司马迁刻意传疑。

在先秦文献中，关于武王开国在位年数尚有诸多异说。如《逸周书·作洛解》云："武王克殷……既归，乃岁十二月崩镐"[3]，谓武王崩于克殷当年。又《逸周书·明堂解》云："既克纣六年而武王崩。"[4]《管子·小问》云："武王伐殷克之，七年而崩。"这些文献晚于《金縢》，缺少细节描述，孤证无援，其可信度与《金縢》不侔，故为司马迁所不取。此外，在汉代还有两种说法对后世颇有影响。一是西汉刘歆《三统历》说："文王十五而生武王，受命九年而崩，崩后四年而武王克殷。克殷之岁八十六矣，后七岁而崩。"[5]这是说武王开国在位年数为八年，即"克殷之岁"加上"后七年"。二是东汉郑玄注《金縢》说："后六年伐纣，后二年有疾，疾瘳后二年崩，崩时年九十三矣。"[6]这是说武王开国在位年数为五年，即伐纣之年加上"后二年有疾"和"后二年崩"。这两种说法所持依据是相同的，一为《大戴礼记》曰："文王十五而生武王"[7]；二为《礼记·文王世子》曰："文王九十七而终，武王九十三

1　李学勤主编：《清华大学藏战国竹简（一）》，中西书局，2010，第158页。

2　王国维：《周开国年表》，《观堂集林（外二种）》，河北教育出版社，2001，第776页。

3　黄怀信、张懋镕、田旭东：《逸周书汇校集注》修订本，上海古籍出版社，2007，第510—514页。

4　黄怀信、张懋镕、田旭东：《逸周书汇校集注》修订本，上海古籍出版社，2007，第710页。

5　《汉书·律历志》引，中华书局，1962，第1016页。

6　《诗·豳风·豳谱》疏引，（清）阮元校刻：《十三经注疏》，中华书局，1980，第387页。

7　《史记·周本纪》正义引，中华书局，1959，第120页。

而终。"但这些依据之荒诞不经一望即知,王国维[1]、顾颉刚[2]曾为文力辩其非,似无必要再作申论。然而,夏商周断代工程却基本采信郑玄的说法,并据日本学者泷川资言《史记会注考证》引日本高山寺《周本纪》钞本,称武王"于克商后二年病,又后二年而崩"[3],拟定武王克商后在位四年(含克商之年),亦有所失。

虽然今传本《尚书·金滕》关于武王开国在位年数的记载具有可靠性和权威性,但现在又出现新的问题,这就是近出清华简《金滕》所载武王卒年不是"既克商二年",而是"武王既克殷三年"。那么,这个"三年"与"二年"到底以何者为是呢?

汉初,伏生所传今文《尚书》二十八篇,《金滕》为其中之一。伏生在汉文帝时(前179—前157年)已90余岁,若从汉文帝元年(前179年)前推90年,伏生生当战国晚期约公元前269年前后,到秦统一六国时已是年近半百的儒者了。这就意味着伏生作为秦朝《尚书》博士,既接触过战国本《金滕》,也掌治过朝廷官方本《尚书》。因此,从他那里传承下来的《尚书》二十八篇,应是经过秦朝官方整编和认可的版本。蒋善国指出:"(《尚书》)不论是百篇或二十九篇,都是秦禁《诗》《书》期间编定的。……《尚书》把《秦誓》列在最末,正是记秦以霸业继周统,为了颂扬当时秦始皇的帝业。这种情形,非到了秦统一天下的时候不能发生。"[4]秦朝整编过的《尚书》,整体上比当时其他传本具有更高的真实性和可信度。虽然今本《金滕》在秦朝整编过程中可能会有一些改动,但对"既克商二年"这种关乎重大历史事件的关键性年代,想必会慎重对待的,故能得到司马迁的认同。

如果说传世本《金滕》"既克商二年"的可靠性不宜轻加怀疑的话,那么,这是否意味着清华简所言"既克殷三年"是传抄过程中发生的笔误呢?应该说这种可能性是存在的。但是,当我们联想到清华简另一处"周公宅东三年"而传世本却作"周公居东二年"时,会立即感到这种可能性不大。因为就算是经卷抄手行事粗心,何至于如此凑巧,一遇年代"二"字就误写为

1　王国维:《周开国年表》,《观堂集林(外二种)》,河北教育出版社,2001。

2　顾颉刚:《武王的死及其年岁和纪元》,中华书局编辑部编:《文史》第18辑,中华书局,1983。

3　夏商周断代工程专家组:《夏商周断代工程1996—2000年阶段成果报告(简本)》,世界图书出版公司北京公司,2000,第49页。

4　蒋善国:《尚书综述》,上海古籍出版社,1988,第18页。

"三"呢？这恐怕需要深入分析，做出更合理的解释。

就先秦时期《尚书》传习来说，与其他经籍一样，都是依靠手抄的方式，因而篇中文字在传抄中不免发生某些变异。有些文字错讹衍倒多为无意识行为，有些异体字、通假字、同义字可能出于各种原因有意为之，还有一些增字、减字、改字则可能是传习（抄）者加工改造的结果。对于后一种情况，刘起釪曾经指出："先秦诸子都运用《书》篇来称道古史，以宣扬自己的学说。儒墨两家在这方面做得尤为出色。为适应自己学说的需要，就出现上面所述两家所采用同一《书》篇而各有不同的现象。他们大体沿用一些旧《书》篇材料。凡能为自己学说张目者，就径用原书篇。有不尽适合自己的，他们就加工改造，成为体现自己学说观点的古史《书》篇。"[1]当然，有时对《尚书》各篇的加工改造，也可能类似于后世的古籍整理，意在求文献之真，征史迹之实。清华简《金縢》中有关"既克殷三年"的异文，可能就属于这种情况。即楚地经师根据自己对西周史事的了解，将武王崩逝之年由所见原本的"既克商二年"改订为"既克殷三年"。

个中缘由在于，人们对"既克商二年"这种纪年方式各有不同的理解。一种是不包括克商之年的后二年，司马迁《史记·周本纪》即是如此；另一种则理解为包括克商之年的第二年，王肃称"克殷明年"[2]、伪孔传称"伐纣明年"即是如此。这两种解读恐怕是早就有的，而当时楚地经师认同的是后一种说法。这样，所谓"既克商二年"就与他们所知道的武王逝世的时间，在以克殷起算的第三年不合，于是径改传本之"二"为"三"，以期实现对《金縢》的正确解读。这就形成了我们今天看到的《金縢》今传本与竹书本关于"二年""三年"的异文。也就是说，清华简《金縢》改"二年"为"三年"，只代表对"既克商二年"这种纪年方式在理解上的差异，而对其内涵的把握并无实质性的不同，均指武王已克商的后二年，同样说明武王开国在位年数仅有三年。这也是历来大多数学者认同的年代。因此，把武王克商后的在位年数确定为三年，可能更符合历史事实。

二、"民心惟本"的治国理念

关于武王的治国理念，先儒多以《尚书·洪范》言之。然经学者研究，

1　刘起釪：《尚书学史》，中华书局，1989，第65页。

2　《尚书·金縢》疏引，（清）阮元校刻：《十三经注疏》，中华书局，1980，第196页。

认为《尚书·洪范》虽称克殷后武王访于箕子，箕子陈此治国大法，实际可能成书于春秋中叶或战国[1]，未必是周初写成的作品。篇中箕子所谓"天子作民父母"之类说法，即使与武王的治国理念多少有所契合，但总体上不宜用来解读武王的政治思想。与《尚书·洪范》不同的是，近出清华简《厚父》记载了武王与厚父君臣间一次别开生面的对话[2]，深刻总结前代国家的兴衰存亡之理，颇能体现武王以民为本的治国理念。

清华简《厚父》篇首记载周武王说："厚父！遹闻禹……川，乃降之民，建夏邦。"引文省略部分为第1简下端残损所致，整理者推测可能是有如豳公盨"天命禹敷土，堕山浚川"一类文字，是有道理的。随后厚父讲道：

> 古天降下民，设万邦，作之君，作之师，惟曰其助上帝乱（治）下民。

> 天命不可遹，斯民心难测，民弋（式）克恭心敬畏，畏不祥，保教明德，慎肆祀。……曰民心惟本，厥作惟叶。[3]

在这些话语中，不仅表达了武王君臣对早期国家起源的认识，也反映了中国早期民本思想的萌动。其内涵大致有三：一是万民为天所降生，生活在众多的部落国中，是被统治的对象；二是国君亦为上天所设，以民之君师的身份成为统治者，协助天帝完成治民的使命；三是天命不可违逆，民心难于测度，但天命取决于民心，治国当以民为本，余为枝叶。

在武王君臣看来，夏邦就是上天建立的第一个国家，首任国君就是那位"堕山浚川"的夏禹。《尚书·洪范》记周初箕子说："天乃锡禹洪范九畴，彝伦攸叙。""彝伦"即常理，代表一种正常合理的社会秩序。夏邦能够建立这样的社会秩序，也是缘于上天赐禹大法九章。《国语·周语下》记太子晋说："伯禹念前之非度，厘改制量，象物天地，比类百则，仪之于民，而度之于群生……莫非嘉绩，克厌帝心，皇天嘉之，祚以天下。"此言大禹治水，改弦易辙，功勋卓著，受到上天嘉奖，得以享其国祚，统治天下。除周代政治家有此天建夏邦的普遍认识外，儒家所持见解亦相近同。《论语·尧曰》说，尧禅

---

1 刘节：《洪范疏证》，顾颉刚编著：《古史辨》第5册，上海古籍出版社，1982，第388—403页；刘起釪：《〈洪范〉成书年代考》，《中国社会科学》1980年第3期；杜勇：《〈洪范〉制作年代新探》，《人文杂志》1995年第3期。

2 杜勇：《清华简〈厚父〉与早期民本思想》，《清华简与古史探赜》第5章，科学出版社，2018。

3 李学勤主编：《清华大学藏战国竹简（五）》，中西书局，2015，第110页。

位于舜，舜禅位于禹，都对继任者有过同样的政治交代："天之历数在而躬，允执其中。""历数"即列次帝位，掌握统治天下的政治权力。这个权力来源于天，故称"天之历数"。在孟子看来，无论是尧舜禹对帝位的禅让，还是启"承继禹之道"，都是"天与之"的结果，即"天与贤，则与贤；天与子，则与子"[1]。荀子讲自然之天，"不为尧存，不为桀亡"，但对于神明之天，亦谓"天之生民"，"天之立君"[2]。可见先秦儒家对于天赋君权具有同样的信念。

清华简《厚父》关于君权天赋的国家起源论，当然未能正确揭示人类历史发展的客观进程，但所蕴含的平等精神、正义精神、民本精神，不失为中华优秀传统文化的珍贵遗产。

清华简《厚父》说："惟时下民鸿帝之子，咸天之臣民。"此与《诗·大雅·烝民》所谓"天生烝（众）民，有物有则"义实相通，都是说天下万民为上天之子。《孟子·告子上》曾引用这几句诗，用以说明人皆上天所生，同具善良的本性。这就意味着在生命的源头上，庶民与天子并无不同，区别只在于国家元首不过是天之元子（长子）罢了。《尚书·召诰》说："皇天上帝改厥元子，兹（终）大国殷之命。"又谓周成王"有王虽小，元子哉"。《尚书·顾命》既说"用保元子钊弘济于艰难"，又说"敢敬告天子"，也是以康王钊为天之元子。元子固然有作民君师的特殊地位，但与庶民一样都是天帝一脉相传之子。此与汉代以后那种只有皇帝才是上天之子的观念是迥然有别的。基于人皆天帝之子的认识逻辑，天子作民之君帅，是一国元首，同时还承担着为民父母的角色，是国家这个超血缘大家庭的家长。西周中期豳公盨说："天命禹敷土，堕山浚川，乃差地设征，降民监德；乃自作配飨民，成父母。"（《新收》[3]1607）《尚书·洪范》说："天子作民父母，以为天下王。"《左传·襄公十四年》说："良君将赏善而刑淫，养民如子。"孔子说："故君民者，子以爱之，则民亲之。"[4]孟子指责梁惠王说："为民父母，行政，不免于率兽而食人，恶在其为民父母也？"[5]凡此说明，君与民的关系，有如家庭中

1　《孟子·万章上》，（清）阮元校刻：《十三经注疏》，中华书局，1980，第2737页。

2　（清）王先谦：《荀子集解·天论》，沈啸寰、王星贤点校，中华书局，1988，第362页；（清）王先谦：《荀子集解·大略》，沈啸寰、王星贤点校，中华书局，1988，第595页。

3　钟柏生等编：《新收殷周青铜器铭文暨器影汇编》，艺文印书馆，2006。简称《新收》，下不另注。

4　《礼记·缁衣》，（清）阮元校刻：《十三经注疏》，中华书局，1980，第1647页。

5　《孟子·梁惠王上》，（清）阮元校刻：《十三经注疏》，中华书局，1980，第2667页。

父母与子女的关系。法国思想家卢梭说："我们不妨认为家庭是政治社会的原始模型：首领就是父亲的影子，人民就是孩子的影子；并且，每个人都生而自由、平等。"[1]也可以说，作为政治共同体的国家，原本就是家庭的放大，以父母关爱子女的情怀治国平天下，当然少不了自由、平等的价值诉求。

《诗·大雅·皇矣》云："帝作邦作对"，是说天帝缔造国家，并为其配生君王。《左传·襄公十四年》记师旷针对卫献公被赶走一事说："天生民而立之君，使司牧之，勿使失性。……天之爱民甚矣，岂其使一人肆于民上，以从其淫，而弃天地之性？必不然矣。"这是说天帝出于深厚的爱民之情，才为民立君的，不会纵容君主的邪恶而丢失天地的本性。可见"天生民而立之君"不是随意的、无选择的，有虐政者不终其位，有善政者始堪其任。天帝不仅可以支配一个国君的命运，而且决定着一个王朝的兴亡。清华简《厚父》说：自孔甲以后的夏代国君"弗用先哲王孔甲之典刑，颠覆厥德，沉湎于非彝，天乃弗若（赦），乃坠厥命，亡厥邦。"此即《尚书·多方》所说："天惟时求民主，乃大降显休命于成汤，刑殄有夏。……乃惟成汤，克以尔多方简代夏作民主。"表明成汤代夏也是"天惟时求民主"的结果。周革殷命，情况亦然。大盂鼎铭文说："丕显文王，受天有大命，在武王嗣文作邦，辟厥匿，匍（抚）有四方，畯正厥民。"（《集成》2837）可见殷之代夏、周之代殷，天命发生转移，都是天帝所做的公正裁定。天子的选择与国祚的久暂，均由上天根据天子治国理政的善恶表现来决定，所体现的正是一种"以善业为目的"[2]的正义精神。

在先秦文献中，"民本"一词曾见于《商君书·画策》，是说治民之本在于法度，与今日所言民本其义相殊。过去不少学者以为"民本"一词来自《尚书·五子之歌》："民惟邦本，本固邦宁。"然《尚书·五子之歌》为晚出伪古文尚书，不可据为典要。更早的文献有《管子·霸言》云："夫霸王之所始也，以人（民）为本；本理（治）则国固，本乱则国危。"戴望《管子校正》说："《御览》治道部五引，人作民，理作治，是也。今本系唐人避讳所改。"[3]又《晏子春秋·内篇问下》说："卑而不失尊，曲而不失正者，以民为本也。"如果不从字面上看，《尚书》《左传》中反复出现的"保民""安民"

1 〔法〕卢梭：《社会契约论》，何兆武译，商务印书馆，2002，第9页。
2 〔古希腊〕亚里士多德：《政治学》，吴寿彭译，商务印书馆，1997，第3页。
3 （清）戴望：《管子校正》，《诸子集成》第5册，上海书店，1986，第151页。

"养民"等话语，实际就是民本思想的反映。近年清华简《厚父》的发现，表明早在西周初年民本思想即已产生。清华简《厚父》说："民心惟本，厥作惟叶。"其"民心惟本"之"本"虽以树木为喻，客体却是指国家的根本。"民心惟本"与"民惟邦本"义相近同，实为民本思想的嚆矢。这说明民本思想并非战国时期有了"以民为本"的说法后才正式形成的政治理念。清华简《厚父》说："在夏之哲王，乃严寅畏皇天上帝之命，朝夕肆祀，不盘于康，以庶民惟政之恭，天则弗敢，永保夏邦。"这是说夏代那些贤明的君主，都敬畏天命，早晚祭祀，不逸乐懈怠，谨慎地办好有关庶民百姓的政务，所以得到上天认可，长久保有夏邦。《孟子·万章上》曾引《太誓》曰："天视自我民视，天听自我民听。"又曰："民之所欲，天必从之。"[1]已佚《太誓》或作《大誓》《泰誓》，相传为武王师渡盟津大会诸侯而作，其思想与《厚父》正相一致。《尚书·酒诰》记周公对康叔说："古人有言曰：'人无于水监，当于民监。'今惟殷坠厥命，我其可不大监抚于时。"所言"监"后世作"鉴"，是镜子的意思。此言为政者不只要以水作为镜子来察看自己，还应当以百姓作为镜子来察看为政的得失。后来儒家荀子对此有为更精辟的概括："天之生民，非为君也；天之立君，以为民也。"[2]立君为民是一个带有根本性、前提性、法理性的命题。它不仅说明国家权力来源于上天所授，也明确揭示了国家存在的依据、目的和根本任务。这种带有神学意识的国家伦理观，在周代几乎成为进步政治家、思想家的共同信仰。

清华简《厚父》的发现，为我们了解周初民本思想提供了前所未见的新材料。武王君臣从天赋君权的角度探讨国家起源，进而认识到平等、正义、民本的国家伦理精神，有助于形成符合时代需要的治国理念，推动国家朝着健康、进步和繁荣的方向不断发展。

三、武王大分封与三监封地

武王克商后的大分封，是历来为人们称道的兴国大计。但不过两年时间，封建体系中最重要的封国三监，即兴兵叛周，给周初分封制抹上了一道淡淡的阴影。欲观武王大分封的性质与得失，须对三监人物及其封地稍作考察。

---

1 《左传·襄公三十一年》引《泰誓》，（清）阮元校刻：《十三经注疏》，中华书局，1980，第2014页。

2 （清）王先谦：《荀子集解·大略》，沈啸寰、王星贤点校，中华书局，1988，第595页。

（一）三监及其封地

在传世文献中，"三监"一词最早见于《尚书大传》："武王杀纣，立武庚，继公子禄父，使管叔、蔡叔监禄父。禄父及三监叛。"[1]这段话先说管、蔡监禄父，似指三监，后文说"禄父及三监叛"，武庚禄父又在三监之外。《书序》说："武王崩，三监及淮夷叛，周公相成王，将黜殷，作《大诰》。"亦未明言"三监"所指。而"将黜殷（武庚）"一语似又表明，武庚作为兴兵叛周的首恶当包括在"三监"之内。这种依违两可的模糊说法，说明汉初今文经学家对"三监"一词的历史内涵并无清楚的认识。司马迁作《史记》没有采用"三监"这个概念，恐怕与此不无关系。

新近出土文献显示，"三监"之名其实早在战国时期即已进入人们的历史视野。清华简《系年》第三章说："周武王既克殷，乃设三监于殷。武王陟，商邑兴反，杀三监而立彔子耿。"[2]简文中的"彔子耿"，学者以为就是大保簋中的"录子圣"，亦即"王子禄父"名与字的联称[3]。如是则三监不包括武庚禄父。然据天子圣觚铭云："天（大）子圣作父丁彝。"（《集成》7296）是知大子圣（即录子圣）的父亲日名为丁，而不是帝辛。证明录子圣与武庚禄父并非一人，不足以把武庚排除在三监之外，相反可以说明武庚应为三监之一。

三监人物出现明确说法，是东汉以后的事情。《汉书·地理志下》云："河内本殷之旧都。周既灭殷，分其畿内为三国，《诗·风》邶、鄘、卫国是也。邶，以封纣之武庚；鄘，管叔尹之；卫，蔡叔尹之；以监殷民，谓之'三监'。"班固以武庚、管叔、蔡叔为"三监"，这是一种说法。郑玄却说："邶、鄘、卫者，商纣畿内方千里之地。……周武王伐纣……以其京师封纣子武庚为殷后。庶殷顽民被纣化日久，未可以建诸侯，乃三分其地置三监，使管叔、蔡叔、霍叔尹而教之。……自纣城而北谓之邶、南谓之鄘，东谓之卫。"[4]晋皇甫谧说："自殷都以东为卫，管叔监之；殷都以西为鄘，蔡叔监之；殷都以北为邶，霍叔监之：是为三监。"[5]郑玄、皇甫谧以管叔、蔡叔、霍叔为三监，是另一种说法。这两种说法到底哪一个对？历来人们各执一端，

1 《诗·邶风·邶鄘卫谱》正义引，（清）阮元校刻：《十三经注疏》，中华书局，1980，第295页。

2 李学勤主编：《清华大学藏战国竹简（二）》，中西书局，2011，第141页。

3 李学勤：《清华简〈系年〉及有关古史问题》，《文物》2011年第3期。

4 《诗·邶风·邶鄘卫谱》疏引，（清）阮元校刻：《十三经注疏》，中华书局，1980，第295页。

5 《史记·周本纪》正义引，中华书局，1959，第127页。

今日学者亦见仁见智，仍是悬而未决的历史疑案。

在三监人物这个问题上，顾颉刚、刘起釪都做过专门的长篇考证文章[1]，细致而周详地论述了"三监"应指武庚、管叔、蔡叔的观点。这个看法我们是赞同的，一是因为它有春秋至西汉时期可靠的文献材料支持；二是因为它与周代"监"字的历史内涵相合。

从文献涉及三监的材料看，有管、蔡二叔并提的，也有管、蔡、武庚（禄父）并提的。前者如《左传·僖公二十四年》云："昔周公吊二叔之不咸，故封建亲戚，以蕃屏周。"《左传·昭公元年》云："周公杀管叔而蔡蔡叔。"《国语·楚语上》说到历代圣王的不肖之子，称"文王有管、蔡"。《诗·小雅·棠棣》序说："闵管、蔡之失道。"《吕氏春秋·开春》云："周之刑也，戮管蔡而相周公。"又《吕氏春秋·察微》云："犹尚有管、蔡之事"。《淮南子·氾论训》云："诛管、蔡之罪"。《春秋繁露·五行相生篇》云："周公相，诛管叔、蔡叔以定天下"。后者则有《左传·定公四年》云："管、蔡启商，惎间王室，王于是乎杀管叔而蔡蔡叔"。《淮南子·泰族训》云："管叔、蔡叔奉公子禄父而欲为乱，周公诛之，以定天下。"《史记·周本纪》云："武王……封商纣之子禄父殷之余民，武王为殷初定未集，乃使其弟管叔鲜、蔡叔度相禄父治殷。"又《史记·殷本纪》《史记·鲁周公世家》《史记·管蔡世家》《史记·卫康叔世家》《史记·宋微子世家》也都说以管蔡相武庚，而后管、蔡与武庚作乱。这两类材料不管是站在什么角度说的，都不涉及霍叔其人，即使霍叔与管、蔡有相同的政治立场，也不影响"三监"当以"管蔡启商（武庚）"所言人物为是。

班固的"三监"人物说与上述大量的文献材料相印合，相反，郑玄的"三监"人物说却缺乏可靠的根据。有的学者笃信郑说，认为："说三监之即管、蔡、霍三叔，有两条铁证：其一就是《诗谱》孔疏引用过的《古文尚书·蔡仲之命》：'致辟管叔于商；囚蔡叔于郭邻，以车七乘，降霍叔于庶人，三年不齿'；其二就是《逸周书·作洛解》云：'建管叔于东，建蔡叔、霍叔于殷'；这都是不容置疑的可靠史料。另外，《商君书·刑赏》说：'昔者

1　顾颉刚：《"三监"人物及其疆地》，中华书局编辑部编：《文史》第22辑，中华书局，1984；刘起釪：《周初的"三监"与邶、鄘、卫三国及卫康叔封地问题》，中国地理学会历史地理专业委员会《历史地理》编辑委员会编：《历史地理》第2辑，上海人民出版社，1982。

周公杀管叔、流霍叔’，也是三监中有霍叔的有力佐证。"[1]其实，这些所谓铁证都是有问题的。第一，孔颖达所引用的《蔡仲之命》并不是古文《尚书》，而是郑玄所未见的伪古文《尚书》。郑玄说霍叔"盖赦之也"[2]，表明郑玄不曾见到这篇伪古文《尚书》，否则他不会说出"《蔡仲之命》亡"[3]之类的话来。而伪古文《尚书》不能据以证史，这已是一个常识问题，无须多说。第二，《逸周书·作洛解》并非西周作品，很可能是春秋或战国时人根据有关资料编写而成的[4]，观其篇中有五方配五色以及郡县之制即知。所以使用其中的材料，若别无参证，就不好说一定可靠。文称"建蔡叔、霍叔于殷"，以两人同建一地，即于理不顺。由于后文"三叔"当为"二叔"之讹，遂有好事者不加详察便在"建蔡叔于殷"一句增窜"管叔"二字[5]，以致与下文"管叔经而卒，囚蔡叔于郭邻"大不相谐。实际上，《逸周书》也是持三监为管、蔡、武庚之说的。其《大匡》篇"管叔自作殷之监"一句，孙诒让《周书斠补》据宋本《史略》所引加以校订，认为此句应为"管叔、蔡叔枭（暨）殷三监"。其说确有识见。这说明《逸周书》也不能支持郑玄的三监之说。其三，《商君书》通行本说"杀管叔、流霍叔"，而《通典》卷一百六十九《刑七》所引则为："诛管叔、放蔡叔、流霍叔"。王引之以为《通典》"放蔡叔"三字，"盖后人以意增之"[6]，无从验证。相反，《左传》说"蔡蔡叔"，《史记》称"放蔡叔"，倒有可能仅此一见的"流霍叔"系后人妄加。不管怎么说，这是一条孤证，不足以说明三监就一定是管、蔡、霍三人。

尽管如此，不少人还是不愿意放弃郑玄的三监人物说，这在很大程度上是由于对"监"字的误解所致。依《尚书大传》说："使管叔、蔡叔监禄父"，似乎三监不为监制武庚而设，它就失去了所监的对象和存在的理由。实际上，周代的"监"并不具有秦汉中央政权向地方派出监官这种后起之义，《礼记·王制》说："天子使其大夫为三监，监于方伯之国，国三人。"只是汉

---

1 刘运兴：《三监考》，《人文杂志》1985年第6期。

2 《诗·邶风·邶鄘卫谱》正义引，（清）阮元校刻：《十三经注疏》，中华书局，1980，第295页。

3 （清）孙星衍：《尚书今古文注疏》卷30《书序》引，陈抗、盛冬铃点校，中华书局，1986，第611页。

4 参见赵光贤：《〈逸周书·作雒〉篇辨伪》，《文献》1994年第2期。

5 （清）朱大韶：《实事求是斋经义·二叔辨》，（清）王先谦编：《清经解续编》卷739，上海书店，1988。

6 （清）王引之：《经义述闻》卷3《三监》，虞思征、马涛、徐炜君点校，上海古籍出版社，2018，第204页。

儒以秦汉之制附会周制的一种说法。关于"监"的字义，清人姚鼐曾提出比较妥当的解释，他说：

> 周谓诸侯君其民曰"监"，故曰"监殷"，非监制武庚之谓也。《梓材》曰："王启监"，言天下之诸侯也。《多方》曰："今尔奔走臣我监五祀"，言畿内诸侯也。周制亲贤并建，武庚为殷侯，存商祀也；管蔡为侯，富贵之也：是谓"三监"。[1]

姚鼐认为周代的"监"可以作为一国统治者的称呼，这一点郑玄也曾发现。他注《周礼·大司马》"建牧立监，以维邦国"时说："监，监一国，谓君也。"又《周礼·大宰》云："乃施典于邦国，而建其牧，立其监"，郑玄注："监谓公侯伯子男，各监一国。"但郑玄把三监理解为对武庚"尹而教之"，即有违此之"监"义。由于国君治民可谓之"监"，故统治者治其国事亦可引申为"监"。如《尚书·洛诰》云："迪将其后，监我士师工。"善鼎铭云："令汝佐胥虡侯监虘师戍。"（《集成》2820）颂鼎铭云：王令颂"监司新造。"（《集成》2827）当国君因事离职由他人代掌国政，因称"监国"。如《左传·闵公二年》云："君行，则有守，守曰监国。"《国语·晋语一》云："君行，太子居，以监国也。"凡此说明，周代的"监"实谓国君统治臣民之义，"三监"也不例外。《逸周书·作洛解》称封管叔、蔡叔"俾监殷臣〔臣民〕"，《汉书·地理志》说置管、蔡、武庚三国"以监殷民"，实同于《史记·管蔡世家》谓武王"封叔鲜于管，封叔度于蔡，二人相纣子武庚禄父，治殷遗民"，均得周代"监"之真义。

现在还需要讨论一下金文中"某监"的问题，看看它们与上述"监"之字义是否相合，是否表明周代存在着一种鲜为人知的监国制度。相关彝铭如下：

> 仲几父史（使）几史（事）于诸侯、诸监。（《集成》3954）
>
> 应监作宝尊彝。（《集成》883）
>
> 叔趙父乍旅再其宝用。（背面铭文：荣监）。（《集成》11719）
>
> 噩（鄂）监作父辛宝彝。（《铭图》[2]4441）

1958 年，应监甗在江西余干县出土后，郭沫若随即发表《释应监甗》一文，

1　（清）姚鼐：《管叔监殷说》，《惜抱轩全集·九经说五》，中国书店，1991。

2　吴镇烽：《商周青铜器铭文暨图像集成》，上海古籍出版社，2012。简称《铭图》，下引不另注。

他认为："作器者自称'监'，监可能是应侯或者应公之名，也可能是中央派往应国的监国者。……我觉得可能以后者为确，即应国之监，犹他器称应公也。"[1]此说有不少人信从，并由此推断西周存在着周王向诸侯国派遣监国使臣的所谓监国制度[2]。但我们知道，"应"是武王子某的封国，以"周道亲亲"得封，亲者信也，为何还要派监国使臣予以督察牵制？再说周代真有这样重要的与分封制相辅而行的监国制度，为何在先秦诸多文献中不露一点痕迹？这些都是"监国"说不好予以解释的。那么，"应监"之"监"的真实含义是什么？过去因材料有限确实也难以说清。如顾颉刚就说："从《仲几父簋铭》看来，别'诸侯'与'诸监'为二，侯与监应当有所区分；但从《逸周书·王会解》看，有'内台西面正北方：应侯、曹叔'之文，《诗·大雅·下武》'应侯顺德'是和'成王之孚'并提的，彝器中又有《应侯鼎》，可知应亦称'侯'，又似'侯'与'监'没有什么区分。由于周初史料的过度贫乏，现在还没法解决这个问题。只是这'监'并不是为了钳制武庚而设，则其意义甚为明显。"[3]顾氏这种实事求是的科学态度是很值得称道的。不过，随着新考古材料的出土，似乎可以给予重新审视了。

1981 年在陕西扶风沟原发现的叔𧊒父再[4]，颇值得我们注意。铭中"叔𧊒父"之"叔"为排行，"𧊒父"为字。背铭"荣监"之"荣"，当为封国之名，此从荣有司再鬲称"荣有司"、卯簋称"荣公室"可知。荣有司再鬲 1975 年出土于陕西岐山董家村西周铜器窖穴[5]，与叔𧊒父再的出土地正相邻近，是知"荣"可能是封于岐山的畿内封国。现在的问题是，荣国何以设"监"？为何叔𧊒父被命为"荣监"？在思考这个问题时，我们不能不联想到彝铭中有关"荣伯"的记载。"荣伯"屡见于西周中晚期的铜器铭文中，诸如卫盉、卫簋、永盂、同簋、应侯视工钟、卯簋、䍧伯师耤簋、辅师嫠簋、敔簋、康鼎皆是。铭中的"荣伯"作为身居高位的王室执政大臣，其活动时间很长，可能不是一人。从卯簋荣伯言及"荣公室"来看，荣伯当为畿内诸侯荣国的首

---

1 郭沫若：《释应监甗》，《考古学报》1960 年第 1 期。

2 耿铁华：《关于西周监国制度的几件铜器》，《考古与文物》1985 年第 4 期；伍仕谦：《论西周初年的监国制度》，《西周史研究》（《人文杂志》丛刊第 2 辑），1984 年。

3 顾颉刚：《"三监"人物及其疆地》，中华书局编辑部编：《文史》第 22 辑，中华书局，1984。

4 罗西章：《扶风沟原发现叔𧊒父再》，《考古与文物》1982 年第 4 期。

5 庞怀清等：《陕西岐山县董家村西周铜器窖穴发掘报告》，《文物》1976 年第 5 期。

领，故"荣伯"之"伯"兼有诸侯之伯与行辈之伯的双重意义。"荣伯"以荣氏长子继为荣国之君后，又入朝担任王室执政大臣，其国中政务必然要有人代理才行。叔趙父可能就是在这种情况下作为荣伯之弟而代理国政的，因而被称为"荣监"。这与《晋语》所说君行以太子监国的情况大致相类。这样看来，把彝铭中的"某监"理解为代理诸侯治国的最高统治者，或近史实。要说几篇中"诸侯"与"诸监"的分别，恐怕就在于前者是正式国君，后者是代理国君，但两者都是一国的最高统治者，故可相提并论，不分轩轾。可见金文中的"应监""荣监""鄂监""诸监"与我们前面分析的"监"之字义并不相违，说明西周并不存在周王向诸侯国派遣监国使臣这种监国制度。

现在归结到所要说明的三监人物问题上来，可以说班固所称三监人物与大量的先秦两汉文献材料相印证，又与周代"监"之字义相吻合，因而比郑玄的三监人物说更可信据。当然，以管叔、蔡叔、武庚为三监，也并不绝对排斥管蔡之封负有防范武庚复辟重任的用意，但这个用意也体现在武王所封的其他诸侯身上，不独以管蔡为然，与管叔、蔡叔、武庚合称"三监"并不矛盾。

关于三监的封地，过去人们又总是把它同《诗经》中的"邶鄘卫"联系起来予以说明。自汉迄今，绝大多数学者都是走的这条路子。然而，这条路子是否可行，值得认真探考。

首先，在东汉以前的文献中，三监封地并未与邶鄘卫挂钩。最早把三监封地与邶鄘卫联系起来说明的是班固，继之是郑玄，次之是皇甫谧。上文引及班固、郑玄、皇甫谧三人的说法，分歧甚为明显：班固说武庚封于邶，郑玄、皇甫谧则认为武庚仍居京师或殷都；班固说管叔尹鄘，郑玄却说管叔尹邶，皇甫谧则认为管叔监卫；班固说蔡叔尹卫，郑玄、皇甫谧却认为蔡叔监鄘；班固不言霍叔，郑玄却认为霍叔尹卫，皇甫谧则说霍叔监邶。这些纷纭之说各有什么更早的文献根据呢？除前引《逸周书·作洛解》所言略相近似外，再也看不到相关的记载。即以《逸周书·作洛解》而论，也只说到"建管叔于东，建蔡叔、霍叔于殷"，并未把三监封地与邶鄘卫联系起来。这就是说，三监封地不在邶鄘卫之外，只是东汉以后学者的看法，因其文献无征，实不足据。

其次，把三监封地与邶鄘卫联系起来，与叔鲜、叔度之称管叔、蔡叔相矛盾。叔鲜、叔度之称管、蔡，皆因其封地而得名。周人封建是武王伐纣以后的事，这是两千多年来史家的共同见解。但是，叔鲜、叔度既封于管、蔡，又怎么可能同时领有邶鄘卫中某一国呢？要说是徙封，在武王伐纣至三监反叛的两年时间里，并无大的政治波动，这种徙封的可能性并不大。再说，文献上也从未有过管叔、蔡叔曾被徙封的记载。为了调和这个矛盾，杨宽把管、蔡之封置于武王克殷前[1]，似乎克殷后管叔、蔡叔、霍叔就可以在邶鄘卫分别立国了。然与《史记·周本纪》明言武王克殷之后"封商纣子禄父余民，武王为殷初定未集，乃使其弟管叔鲜、蔡叔度相禄父治殷"相抵触，同样无法自圆其说。

最后，以邶鄘卫为三监封地，其基本前提也不可靠。这个前提就是班固、郑玄说的："周既灭殷，分其畿内为三国"，"三分其地置三监"。但据东汉以前的文献记载，武庚的疆地与武王伐纣前的殷畿并无太大变化，不存在只居其三分之一的问题。《左传·定公四年》说康叔封卫，其"封畛土略，自武父以南及圃田之北竟……命以《康诰》而封于殷墟"。《史记·卫康叔世家》说："（周公）以武庚殷余民封康叔为卫君，居河淇间故商墟。"又《史记·管蔡世家》说："（周公）伐诛武庚，杀管叔而放蔡叔，……而分殷余民为二，其一封微子启于宋，以续殷祀；其一封康叔为卫君，是为卫康叔。"从这些记载来看，康叔封卫的疆地就是原来武庚所辖的地境，康叔所治殷民就是原来武庚所领殷商余民的一部分（另一部分已随微子迁宋）。而卫国的地境与原来的殷畿大致相当，故武庚的疆地亦即殷畿可知。由此看来，武王伐纣以后，并不曾把殷畿分为邶、鄘、卫三国，而是由武庚一人实领其地。《尚书·康诰》三篇屡言"以殷民世享"，只字不提邶鄘卫之事，道理恐怕就在这里。清马瑞辰《邶鄘卫三国考》说："盖周封武庚于殷，实兼有邶鄘卫之地，二监别有封国，并未尝分居邶鄘卫之地也。"[2]这是很有见地的。

总之，基于以上几点理由，我们可以认为三监的实际封地虽与邶鄘卫有一定关联，但并不是完全对应的关系，没有必要拘泥于班、郑旧说，硬把两者扯在一起以论归属。这样，我们再来考察管、蔡、武庚三监的封地，问题就比较明朗了。

关于武庚的封地，上文说过是仍袭其殷畿旧壤，并未徙置他地。《史

1　杨宽：《论西周初期的分封制》，尹达等主编：《纪念顾颉刚学术论文集》，巴蜀书社，1990，第253—270页。

2　（清）马瑞辰：《毛诗传笺通释》，陈金生点校，中华书局，1989，第18页。

记·卫康叔世家》说："武王已克殷纣，复以殷余民封纣子武庚禄父，比诸侯，以奉其先祀勿绝。"既曰复以殷余民受封，又称奉其先祀勿绝，则知武庚必不远离其故都宗庙，应该仍居朝歌以治殷畿旧地。否则，周公东征之师"临卫政（征）殷，殷大震溃"[1]便无从说起。武庚也只有居其故都，才可能在武王死后迅速纠集武装力量发动反叛。从这一点来看，郑玄、皇甫谧以为武庚仍居京师或殷都还是可取的。

管蔡二叔的封地，《史记·管蔡世家》说武王"封叔鲜于管，封叔度于蔡"。亦即《左传·僖公二十四年》所言文昭十六国中的"管、蔡"。管之地望所在，《汉书·地理志》与《后汉书·郡国志》于河南郡中牟条下分别自注云："有管叔邑"和"有管城"。《史记·管蔡世家》集解引杜预云："管在荥阳京县东北。"又《史记·周本纪》正义引《括地志》云："郑州管城县外城，古管国城也。周武王弟叔鲜所封。"这说明管地即在现今的郑州市区。此地在殷末周初就是一个重镇，也就是利簋铭中"王在管师"的"管"。这就是说，早在殷末就有了管地，周初封叔鲜于此，因有管叔之称。

关于蔡之地望，《史记·管蔡世家》集解引《世本》曰："居上蔡。"《史记·周本纪》正义引《括地志》云："豫州北七十里上蔡县，古蔡国，武王封弟叔度于蔡，是也。县东十里，有蔡冈，因名也。"这说明叔度所封蔡地，即今河南上蔡。叔度亦以国为氏，因称蔡叔。朱右曾的看法有所不同，他认为："蔡叔食邑，疑即今大名府长垣县之蔡城，其后成王改封蔡仲于蔡，今汝宁府上蔡县地。"[2]杨宽从其说，认为蔡叔所封的蔡原来应该在"祭"，"祭"与"蔡"古音同通用，祭在今河南荥阳西北，与管地接近，后来周公之子就封在这里[3]。这个说法未必可信。据《史记·管蔡世家》说："蔡叔度既迁而死。其子曰胡，胡乃改行，率德驯善。……于是周公言于成王，复封胡于蔡，以奉蔡叔之祀，是为蔡仲。"从成王"复封胡于蔡"来看，叔度与蔡仲的封地前后相沿，实未发生变化，并不存在成王改封蔡仲于蔡的问题。

（二）三监与邶鄘卫的关系

关于邶鄘卫的地理位置，历代学者皆于朝歌左近求之。然王国维作《邶

1　黄怀信、张懋镕、田旭东：《逸周书汇校集注》修订本，上海古籍出版社，2007，第517页。

2　参见黄怀信、张懋镕、田旭东：《逸周书汇校集注》修订本，上海古籍出版社，2007，第373—374页。

3　杨宽：《论西周初期的分封制》，尹达等主编：《纪念顾颉刚学术论文集》，巴蜀书社，1990，第253—270页。

伯鼎跋》，通过对涞水所出北伯铜器的研究，提出旷古未闻的邶鄘卫新说，认为卫封康叔，邶即燕在涞水，鄘即鲁在奄中，与传统说法大相异趣，赢得不少学者响应。实际上，周初涞水北伯国是晚商北方国的后身，后为燕国所并；而江陵北子国是来自殷人一支族氏所建之国，后为楚国所灭。这两个北国不仅来源不同，各为独立的政治实体，而且与周初三监封邑邶鄘卫畛域分明，遥不相涉。至于鄘即鲁或宋之类的看法，亦属臆说，不足凭信[1]。邶鄘卫的地望当在康叔所封卫国境内考索，不宜另生枝节。

这里首先需要说明的是，叔鲜、叔度既封于管、蔡，何以又与邶鄘卫发生关系呢？对此，当代学者大体有两种意见。一是改封说。如顾颉刚认为："管叔本封于管，即今河南郑州市，蔡叔本封于蔡，即今河南上蔡县；后来改封殷畿，'管、蔡'两叔之名也就带了过去，封地虽变而原封地名不变。"[2]或以为："三叔所封的管、蔡、霍三地，可能均系武王克商前的旧封。在武王克商之后，三叔作为三监，因原封地距殷都太远，盖均未就原封国，而是到殷畿，以便于执行对殷的监视作用。"[3]二是兼领说。如晁福林说："邶、鄘、卫三国在周初并立只有短短的四五年时间。……管、蔡自有封国，他们在自己的封国是侯，而在邶、鄘则是监，是一人而统领两地。"[4]或谓："三监之设是监官，与分封封国有所不同。"[5]

前一说没有文献根据，反而否定了有关文献记载，如谓"武王分封三叔……不可能如《史记·管蔡世家》所说在武王克殷之后、设置三监同时"[6]，即其例；后一说注意到一人兼领二地的事实，却未能清楚说明事情的原委，都不能很好地解决问题。在这里，我们提出邶鄘为管蔡驻邑说，希望能够说明事实真相。兹先将有关材料胪列如下，再作分析：

> 《逸周书·克殷解》云："（武王）立王子武庚，命管叔相……乃班。"

1 杜勇、孔华：《关于邶鄘卫与涞水北国的地理纠葛》，《中原文化研究》2016年第3期；孔华、杜勇：《西周金文中北国的地望与来历》，《中华文化论坛》2017年第1期。

2 顾颉刚：《三监人物及其疆地》，中华书局编辑部编：《文史》第22辑，中华书局，1984。

3 王玉哲：《周初的三监及其地望问题》，《古史集林》，中华书局，2002，第245—255页。

4 晁福林：《〈诗经〉学史上的一段公案——兼论消隐在历史记忆中的邶、鄘两国，中国历史文献研究会编：《历史文献研究》总第27辑，华东师范大学出版社，2008。

5 陈昌远、陈隆文：《"三监"人物疆地及其地望辨析》，《河南大学学报》（社会科学版）2005年第2期。

6 杨宽：《论西周初期的分封制》，尹达等主编：《纪念顾颉刚学术论文集》，巴蜀书社，1990，第253—270页。

　　《逸周书·作洛解》云："武王克殷，乃立王子禄父，俾守商祀；建管叔于东，建蔡叔、霍叔于殷，俾监殷臣。"

　　《史记·卫康叔世家》说："武王已克殷纣，复以殷余民封纣子武庚禄父，比诸侯，以奉其先祀勿绝。为武庚未集，恐其有贼心，武王乃令其弟管叔、蔡叔傅相武庚禄父以和其民。"（《史记·管蔡世家》、《史记·鲁周公世家》略同）

上述引文表明，武王伐纣之役一结束，随即封武庚以续殷祀，"为诸侯，属周"[1]。同时命管叔、蔡叔傅相武庚治殷。待罢兵西归之后，乃大行分封，叔鲜封于管，叔度封于蔡。这里需要注意的是，管、蔡"傅相"武庚到底是怎么回事呢？顾颉刚认为，这是司马迁根据西汉对诸侯王设立太傅、丞相的情形推想到周初，"以为管、蔡二叔必然是武庚的'傅相'，为武庚'治殷遗民'的，这原是他对于古代史事的一种误解"[2]。顾氏为了说明管、蔡二叔有过改封，故不承认傅相武庚一事。但《逸周书》和《史记》说得非常清楚，管、蔡傅相武庚在前，正式册封于管蔡在武王班师之后，不顾这样一个基本事实而颠倒时间顺序似非合宜。而且《逸周书·克殷解》《逸周书·作洛解》公认是战国以前的作品，亦非汉代文献，不能说管、蔡傅相武庚是出自司马迁的推想。

　　其实，武王命管、蔡二叔傅相武庚无非是一种政治策略，是"恐其有贼心"而采取的一项钳制和监督措施。但表面文章要做，冠冕堂皇的漂亮话也要讲，这就是命管、蔡二叔傅相武庚"以和其民"。所谓"相""傅"，或合称"傅相"，都是辅佐、协助、帮助的意思。《说文·人部》云："傅，相也。"《集韵·漾韵》云："相，助也。"《周易·泰》云："辅相天地之宜。"孔疏："相，助也。当辅助天地所生之宜。"可知傅相武庚就是辅助他治理殷商遗民。那么，管叔、蔡叔通过什么途径来完成名为傅相、实为监殷的政治任务呢？

　　可以设想，单凭管、蔡两个光杆儿司令跑到武庚的封邑里住下是不行的，那里面临殷商旧势力的包围，不但无法监控武庚，反而容易被武庚所控制。要说管、蔡回到黄河以南自己的封国里实施遥控，那就更不行了。因为当时的通信与交通条件有限，距离太远等于虚设其职，发挥不了监控作用。

1　《史记·殷本纪》，中华书局，1959，第109页。

2　顾颉刚：《三监人物及其疆地》，中华书局编辑部编：《文史》第22辑，中华书局，1984。

所以可行的办法应该是，在武庚封邑的附近找到两座重要城邑，让叔鲜、叔度及其随从（可能还包括少量武装部队）居住下来，名义上不过是管、蔡傅相武庚的工作站，也不损害武庚所封殷畿的完整性，实际上，管、蔡一旦接管各自的驻邑，那里就成了周人监控殷人的据点和前哨，与封邑相类似。但是，管、蔡的驻邑毕竟是只为了执行特定任务而设立的，所以并不妨碍后来武王大分封时他们被正式册封，各有可以世袭的封国。这恐怕就是管叔、蔡叔各自兼领两地的由来，也是司马迁不以邶鄘卫某一城邑作为管叔、蔡叔封国的原因所在。然而后世不明就里，直接以管、蔡傅相武庚的驻邑说成他们的封国，致使一人同时受封两国而难于解释，只好舍管、蔡之地单言邶鄘卫，或用改封说来强为弥缝，以至历史的真相更加模糊不清。

弄清管、蔡二叔兼领两地的缘由之后，就可以进一步考察邶鄘卫的具体地望及其隶属关系了。

首先，邶的地望与归属。《说文·邑部》云："邶，故商邑，自河内朝歌以北是也。"郑玄《诗谱·北鄘卫谱》云："自纣城而北谓之邶。"《后汉书·郡国志》云："朝歌，纣所都居，南有牧野，北有邶国。"《读史方舆纪要》云："邶城：在（卫辉）府东北。周武王克商，分其地为邶、鄘、卫是也。"[1]《大清一统志》云："邶城在汤阴县东南，周初所分之国。"并谓："《旧志》今日邶城镇，在县东三十里。"[2]这些材料表明，商末周初邶邑的地望是清楚的，故钱穆认为即今汤阴县东南三十里的邶城镇[3]。今邶城村发现古代遗址多处，其中村东北约500米处有一土台，现存面积约300平方米，相传为周初武庚的观兵台。村西230米处有"城隍岭"，地面下发现有方形城垣，南北长1050米，东西达1564米，城内还可见到战国、汉代的遗物[4]。这些可能与周代邶邑故城有关。

关于邶邑当为三监何人的封邑，汉晋时期即众说纷纭。班固说是武庚的封邑，郑玄归之于管叔，皇甫谧认为是霍叔的监地。其中班固的武庚封邑说，最为今日史家所遵信。如杨宽说："这时把武庚别封于邶，而派霍叔相禄父，是可能的，目的就在于把武庚排挤到较远的北方去，免得威胁中原地区。

1 （清）顾祖禹：《读史方舆纪要》卷49《卫辉府》，贺次君、施和金点校，中华书局，2005，第2304页。
2 （清）穆彰阿、潘锡恩等纂修：《大清一统志》卷197《彰德府》，上海古籍出版社，2008。
3 钱穆：《史记地名考》，商务印书馆，2001，第298页。
4 张新斌：《周初"三监"与邶鄘卫地望研究》，《中原文物》1998年第2期。

《逸周书》说……武庚的'北奔'，也可以作为他封国在邶的旁证。"[1]这种看法未必妥当。《逸周书》和《史记》都说武王克商后随即封武庚"俾守商祀"，既曰"守"，则不会远离"商祀"即殷人宗庙所在地。商纣王时的都城在朝歌，殷人必在朝歌建有宗庙，这才符合城内宫城"左祖右社"的建筑格局。特别是周公东征，平定三监之乱，"临卫政（征）殷"[2]，是武庚封邑在殷都最有力的证据。郑玄以为周武王伐纣，"以其京师（朝歌）封纣子武庚为殷后"，道理应该就在这里。所以不能把邶邑认定为武庚的封邑。据《逸周书·作洛解》说："武王克殷，……建管叔于东。"皇甫谧说："自殷都以东为卫，管叔监之。"皇甫氏以卫邑作为管叔的封地当然是错的，但说管叔的驻邑在殷都以东，则与《逸周书·作洛解》大体相合。邶邑距朝歌（今河南淇县县城）约40公里，确切位置在殷都东北方向，大略言之，谓北可，谓东亦可。因此，以邶邑作为周初管叔的驻邑可能性较大。

其次，鄘的地望与归属。郑玄以为纣城而南"谓之鄘"，皇甫谧却认为："殷都以西为鄘。"实际上，鄘邑不可能在朝歌以西，那里属于太行山脉，山地绵延构成天然屏障，在此设防或监控的意义不大。这个鄘城的地望所在，较早的文献不曾涉及。《大清一统志》列有两说：一是《通典》谓鄘城在新乡县西南三十二里；二是《太平寰宇记》谓在汲县东北十三里，《大清一统志》本身则认为："鄘城在汲县东北，周初所分之国。"[3]此前《读史方舆纪要》亦谓："鄘城，在府（按指卫辉府治）东北十三里。"[4]其时卫辉府治所在汲县（今卫辉市），而钱穆定鄘城在"今汲县东南"[5]，实则应为汲县东北。在今卫辉市城东北十三里倪湾村，有鄘城这样的古城名。村内还发现明代万历三十五年（1607年）重修关帝庙石碑一座，记有"大明国河南卫辉府汲县北固社人氏居民人等见（现）在鄘城村居住"等字样，成为推断倪湾乡为古鄘国所在地的重要佐证[6]。倪湾村位于朝歌之南，两地相距约18公里，邶鄘卫之鄘很

1　杨宽：《论西周初期的分封制》，尹达等主编：《纪念顾颉刚学术论文集》，巴蜀书社，1990，第253—270页。

2　黄怀信、张懋镕、田旭东：《逸周书汇校集注·作雒解》修订本，上海古籍出版社，2007，第517页。

3　（清）穆彰阿、潘锡恩等纂修：《大清一统志》卷200《卫辉府》，上海古籍出版社，2008。

4　（清）顾祖禹：《读史方舆纪要》卷49《卫辉府》，贺次君、施和金点校，中华书局，2005，第2304页。

5　钱穆：《史记地名考》，商务印书馆，2001，第299页。

6　陈昌远、陈隆文：《"三监"人物疆地及其地望辨析——兼论康叔的始封地问题》，《河南大学学报》（社会科学版）2005年第2期。

可能就在这里。鄘邑应隶属三监何人？班固以为管叔封鄘，郑玄、皇甫谧均
以为蔡叔尹之。孙诒让以为"治鄘者，实止蔡叔一人"[1]，当近于史实。

最后，说卫的地望与归属。卫即殷，这是学界较为普遍的看法。此说似
为刘师培首倡[2]，陈梦家[3]、刘起釪[4]、王玉哲等学者续有论证。王玉哲说："朝
歌本邑原为纣之故都，本名'殷'，或作'衣'、'郼'、'卫'，实一音之变。"[5]
卫与殷在声韵上相通可以相互借代是没有问题的。但是，这恐怕还不是唯一
的原因。殷末周初，实际已有卫邑的存在，它与殷都朝歌有着密不可分的关
联。《逸周书·作洛解》记周公平定三监之乱，"临卫政（征）殷，殷大震
溃"。此以殷、卫并言，说明卫邑距殷都朝歌相距不远，很可能是附属于朝歌
的一个具有军事防卫功能的城邑。因此在军事进攻上才谈得上"临卫"而征
殷，也才可能造成"殷大震溃"的局面。今淇县城东约 11 公里处，有个卫贤
镇（今属浚县）曾是隋朝以后所置卫县的治所，元代以后卫县被废，此地到
清代一直都称为"卫县集"[6]，后改为卫贤集。这个地方可能就是商末周初卫
邑的所在地。清人顾祖禹考证说："朝歌城，在县东北。杜佑曰：'卫县西二
十里有朝歌古城。'《括地志》：'在卫州东北七十里，即纣所都也。'《左传》：
'齐伐晋，取朝歌。'战国时属魏，秦始皇五年拔魏朝歌。汉因置朝歌县，隋
改为卫县。今见北直浚县。近志云：县东二十里有卫县城，康叔所封。"[7]并
谓："周既灭殷，分其地为邶、鄘、卫。后以卫封康叔，居河、淇之间故商墟
也。"[8]如此看来，殷与卫原本是两个不同的地名，由于两地军事防卫体系上的
一体化，因而合则一城，分则两地，均指武庚禄父封国所在的中心城邑。待
三监叛乱被平定后，殷畿故地成为康叔的封国，当然这个诸侯国不宜复以
"殷"名之，而卫与殷都的一体化，用"卫"来称呼康叔的封国便成为与殷都
既相区别又有联系的最佳选择。从此卫不再是原来的一个小地名，而是把整

---

1 （清）孙诒让：《大戴礼记斠补》附《周书斠补》，雪克点校，齐鲁书社，1988，第105页。

2 刘师培：《左盦外集》卷一《邶鄘卫考》，《刘申叔遗书》第41册，江苏古籍出版社，1997年。

3 陈梦家：《西周铜器断代》，中华书局，2004，第359页。

4 刘起釪：《周初的"三监"与邶鄘卫及康叔封地问题》，中国地理学会历史地理专业委员会《历史地理》
编辑委员会编：《历史地理》第2辑，上海人民出版社，1982。

5 王玉哲：《周初的三监及其地望问题》，《古史集林》，中华书局，2002，第245—255页。

6 （清）穆彰阿、潘锡恩等纂修：《大清一统志》卷200《卫辉府》，上海古籍出版社，2008。

7 （清）顾祖禹：《读史方舆纪要》，贺次君、施和金点校，中华书局，2005，第2311页。

8 （清）顾祖禹：《读史方舆纪要》，贺次君、施和金点校，中华书局，2005，第2302页。

个殷畿包括朝歌、邶、鄘、卫等地全面加以覆盖。明确卫即殷这种一体化的关系后，说它在周初四五年间是武庚的封邑，不为无据。

以此观之，邶鄘卫作为三监的封邑，具体情况是不同的。邶位于今汤阴东南的邶城村，为管叔驻邑；鄘位于今卫辉市东北的倪湾村，为蔡叔驻邑；卫位于今浚县西南的卫贤镇，因与朝歌是一体化的城邑，实指殷都，为武庚封邑。就邶鄘卫的性质而言，卫（殷都）是武庚禄父封国所在的中心城邑，至于邶与鄘，还算不上真正的诸侯国，名义上只是管叔和蔡叔傅相武庚的军事驻邑，实际是为了防范武庚有"贼心"而采取的一项带有钳制和监督性质的措施。后世将邶鄘卫视为性质相同的三个封国或其政治中心所在地，是一种不明真相的误解。而《诗经》中的《邶风》《鄘风》《卫风》本质上并非三国之诗，而是一国三地之诗，故相与同风。陈槃说："邶、鄘、卫三国歌诗之土风同，由此说明三国境地互相毗连，而其后邶、鄘亦并于卫，则邶、鄘名存实亡，故得统以卫诗目之矣。"[1]陈氏所言除称三地为三国外，总体上是可以信从的。

（三）从三监看武王大分封的性质

武王克商后的大分封，是其君临天下所采取的一项重要政治措施。它对于周邦政治角色的转换，以及共主地位的确立，具有无可替代的重要作用。据《逸周书·世俘解》载，武王伐纣返回镐京的第三天，即四月壬子日，"王服衮衣，矢琰，格庙。籥人造，王秉黄钺正邦君"[2]。所谓"正邦君"，就是确定诸侯的名分，对旧爵重新认定，对新君正式册封。关于具体的分封对象，《史记·周本纪》所载较为详备，兹节录如下：

> 封商纣子禄父殷之余民。武王为殷初定未集，乃使其弟管叔鲜、蔡叔度相禄父治殷。……武王追思先圣王，乃褒封神农之后于焦，黄帝之后于祝，帝尧之后于蓟，帝舜之后于陈，大禹之后于杞。于是封功臣谋士，而师尚父为首封。封尚父于营丘，曰齐。封弟周公旦于曲阜，曰鲁。封召公奭于燕。封弟叔鲜于管，弟叔度于蔡。余各以次受封。[3]

在这段记载中，应有周公、成王时期分封情况的并入，从而形成武王大分封

---

1 陈槃：《春秋大事表列国爵姓及存灭表撰异》三订本，上海古籍出版社，2009，第892—893页。

2 黄怀信、张懋镕、田旭东：《逸周书集训校释》修订本，上海古籍出版社，2007，第425页。

3 《史记·周本纪》，中华书局，1959，第126页。

的盛况。但武王封建的基本史事是清楚的，从中可以看出所封诸侯大致有以下三种类型：

一是褒封古代圣胄后裔，以收揽民心，确立周人天下共主的政治地位。先圣之王苗裔广被，有的式微了，有的仍当具有相当的实力和影响。故褒封的对象可能很多，并不以焦、祝、蓟、陈、杞诸国为限，其他殷商旧国被武王册封者亦应不少。如任姓奚仲之后，"武王复以其胄为薛侯"[1]。特别是参加伐纣的庸、蜀、羌、髳、微、卢、彭、濮八个方国，必在武王册封之列。但这种分封除重定国号、班赐宗彝之外，并不具有"授民授疆土"的实质内容，说到底无非是争取他们与周人合作，并在他们原来据以立国的土地上竖上一面以周为天下共主的新旗帜。所以武王褒封先圣后裔只是一种政治策略，还不完全反映周代分封制度的本质。

二是复封殷代王室显贵，继续统治殷之余民，以弭其反抗情绪。如微子之微、箕子之箕、录子圣之录，皆殷时故国，武王"复其位如故"[2]，以分化拉拢旧贵族势力。至于河淇间的殷畿腹心地带则"封纣子武庚禄父，以续殷祀""为诸侯，属周"[3]。这表明武王伐纣虽代殷而为天下共主，但武庚治殷仍不失其大国诸侯的地位。殷周间的主从关系发生颠倒，殷人的政治势力却未因此遭受彻底毁灭，这是后来武庚集团得以发动反周复国叛乱的一个重要因素。此与周公东征胜利后于殷畿建卫，将殷民四分（一留于卫，一徙于宋，一迁于洛，一封于鲁），予以有效统治的做法相比，不能说不是一个败笔。所以武王对殷代旧贵族的分封在很大程度上不过是一种安抚怀柔政策，也未反映周人分封的本质特征。

三是封功臣同姓，以蕃屏周。这本是周人封建的重心所在，但这个重心在武王分封时似未形成。例如，卫、晋封于周公东征之后，尽人皆知；而燕、齐、鲁则封于成王亲政之时，史亦有征[4]。这几个主要封国既未建立，武王分封的成果就很难再作夸大的估计。即以管叔、蔡叔、康叔所封管、蔡、康三国而论，亦非对新征服区的武装殖民。管、蔡、康位于大河以南的成周东部，早在文王"既伐于（邘）崇（嵩）"之后，这一带大致已成了周人的势

1　《左传·隐公十一年》疏引《世族谱》，（清）阮元校刻：《十三经注疏》，中华书局，1980，第1735页。

2　《史记·宋微子世家》，中华书局，1959，第1610页。

3　《史记·殷本纪》，中华书局，1959，第108—109页。

4　杜勇：《关于鲁、燕、齐始封年代的考察》，《大陆杂志》1998年第3期。

力范围。管叔、蔡叔、康叔封此三地，其裂土分民以整合新的族群结构作为周人统治基础的意义并不明显。从武王死后管蔡随即勾结武庚发动叛乱和康叔"捍禄父之难"[1]来看，他们三人可能各自掌握着一支举足轻重的王室武装力量，成为武王在此布下的一道战略防线，以备武庚及淮夷可能发动的叛乱。这就是说，管、蔡、康之封未必真有建国于东的规模与气象，或因军事驻防兼食采于此，始有所封。这固然是势之所致，却也暴露出武王分封手段的不成熟，乃至于成为三监之乱发生的又一个潜在因素。

根据上面的分析，我们对武王分封的性质大致可以获得这样一些认识：第一，武王分封的规模甚大，但实质性的内容很少，尚不完全具备赐姓、胙土、命氏的封建要素[2]，也未改变原来的贵族国家结构形式，使封国变成中央政府管辖的地方行政区域，只不过是周人初始分封以确立自己天下共主地位的一个不成熟的创意而已。第二，武王所封诸国大多居其故壤，治其旧民，并未形成征服、殖民、封建三位一体的政治范式[3]。因此，这种分封的策略意义大于拓疆建国的政治意义，无助于封国衍生新的族群结构以发展地缘单位的政治性格，也不利于有效巩固新建国家的统治。第三，武王所封管、蔡、武庚三监在诸国之中地位最为重要，因其缺乏有效的制约机制终使潜在的危险因素最终爆发，给周初政局的稳定造成很大困难。这只有待周公东征胜利后，分封制才得以全面推行并渐趋完备，真正成为周王朝巩固统治的一项重要措施。

1　《史记·三王世家》，中华书局，1959，第2108页。

2　杨希枚：《先秦赐姓制度理论的商榷》，《"中央研究院"历史语言研究所集刊》1955年第26本。

3　杜正胜：《西周封建的特质》，中华文化复兴运动推行委员会主编：《中国史学论文选集》第4辑，幼狮文化事业公司，1981。

第三章　周公东征与东封

第一节　管蔡启商以叛

武王死后不久，管叔、蔡叔勾结武庚发动了一场大规模的武装叛乱，徐奄响应，东夷蠢动，周邦天下共主地位一时陷入风雨飘摇之中。周得天下不过短短两三年，何以迅即面临如此惊天危机？过去学者大都把三监之乱的爆发，归结为管叔个人政治野心的膨胀，视此为一场王位争夺战，实际是多种因素导致的结果。

一、地方控制的制度性缺失

三监之乱的爆发，固然与管叔个人政治野心的膨胀有关，但西周中央王朝控制地方的制度性缺失，作为一个非常重要的不安定因素，更值得我们关注。

武王克商以后，周为天下共主，表面上万邦来朝，实则"天下未宁"[1]，危机四伏。从国家结构形式上看，西周与殷商并无实质性差别，依然是以一国统领天下万国的贵族国家，只是宗主国由殷商变成了先前曾为一方诸侯的周邦。方国诸侯输诚效忠的对象变了，但其自身作为一个独立共同体，内部的政治、经济和氏族结构依然故我。他们变成周人的藩属诸侯，对新宗主同样须尽政治上效忠、经济上纳贡、军事上从征的诸多义务[2]。而这种义务的加身，不完全是自愿的，更多的是慑于周邦的军事压力。在他们看来，倘有机会脱离宗主的政治控制，拥有更大的自治权和独立性，将会促进部族更大的发展。因而一有风吹草动，他们就企想丢掉为人附庸的枷锁，换成宣告独立

1　《史记·封禅书》，中华书局，1959，第1364页。

2　参见杜勇：《中国早期国家的形成与国家结构》第3章第2节"商朝国家结构新论"，中国社会科学出版社，2013，第107—132页。

的大纛。这种由国家结构本身所带来的不稳定因素，没有深刻的制度性变革是无法消除的。

牧野一战，殷军败绩，都城朝歌被攻占，纣王自焚后犹被斩首，一帮商廷恶臣也都成了周人宗庙的祭品，历世称雄的商王朝归于覆灭。但是，武王率领的伐纣大军很快就撤出了朝歌，只留下管叔、蔡叔驻守殷郊，名义是辅助武庚治理河淇间故商墟。武庚为商纣王之子，此时虽非天子，但经周武王的册封，得以续其宗祀。其国土未遭分割，人口未被迁徙，最高统治者仍是商王的子裔，社会结构一如往昔。殷国族地位沉降，元气大伤，但有数百年基业为基础，经过一番休养生息，仍是一等一的大国。管叔、蔡叔要发动叛乱，不惜饮鸩止渴，借助武庚的军事力量，其原因即在于此。

不只殷之余民如此，其他被征服方国的情况亦复如是。《逸周书·世俘解》说："武王遂征四方，凡憝国九十有九国……凡服国六百五十有二。"[1]所伐恶邦及征服方国多达751国。《吕氏春秋·观世》亦谓"服国八百余"，虽多夸饰，仍可看出独立族邦为数甚巨。从《逸周书·世俘解》的具体记述看，武王克商后发起南征之役，战争范围主要集中在殷畿以南及以东地区，只涉及越戏方、陈、卫、磨、宣方、蜀、厉七国，规模并不大。即使受到军事打击的越戏方等七国，也未必全都灭国绝祀。尤需注意的是，当时大量的方国诸侯并未遭受周邦的军事打击，山河依旧，一切如常。只不过他们对周邦不敢撄其兵锋，被迫改旗易帜，奉周为新宗主而已。天下共主易人，但国家结构却无根本性变化。这种长期沿袭的政治体制具有巨大的历史惯性，由于武王统治时间短暂来不及改造它，似乎也未想到要有效改造它。西周中央王朝没有加强控制地方的制度性措施，新宗主的统治也没有形成一种令人接受的传统，故一旦宗主国内部发生动乱，外部臣服的藩属诸侯对中央王朝的离心力势必加大，乃至大闹独立性，致使西周国家联合体不能不陷入分崩离析的状态。

或许武王大行分封，将一批王子远封东土，多少带有镇抚地方的用意。但可惜的是，他分封的手段并不成熟，尚未形成征服、殖民、封建三位一体的政治范式，难以发挥预想的作用。在周人新征服地区，即使新建姬姓封国，也未形成以武装殖民改变其原有族群结构的格局，而那些不曾遭到军事打击的地区，情况更是如此。新封诸侯到了封地，最初除了自保，很难将中

---

1 黄怀信、张懋镕、田旭东：《逸周书集校汇注》修订本，上海古籍出版社，2007，第434—436页。

央政权的意志延伸到地方，对方国诸侯形成强大的威慑力和控制力。马基雅维里说："对于征服者来说，最好的和最快捷的办法之一或许是御驾亲征，驻守在那里……另一个更好的措施是向这个国家的一两处看来是其薄弱环节的地方派遣殖民。"[1]前一个办法能做到一半即御驾亲征已属不易，更不要说派遣军队驻守在那里。后一个办法即武装殖民虽可实施，但那已是周公平叛以后的事情。因此，作为武王封藩建国的重头戏，分封诸子离开京畿，远赴东土，更像是一种福利政策，使之能够安享富贵。这样的政治设计，对于安定天下的作用是有限的。

与商朝国家结构相比，西周初期国家对地方的控制实际更显弱化。一个重要原因在于，周人的政治中心不在中原，而是偏居西隅。受当时交通和信息传递条件的限制，政治中心的偏远不是增强而是削弱了控制地方诸侯的力度。英国学者罗素指出："一个国家的力量或多或少是地理上的：它通常从一个中心点辐射，随着与中心点距离的拉大而不断减弱。"[2]在东都成周建成之前，周人对东土的统治不免鞭长莫及。周武王对于分封诸子实际也未寄予太大的期望，而是把营建洛邑看成是"定天保，依天室"[3]的重要战略措施。天下未宁，洛邑未建，使他忧心萦怀，夜不能寐。他对周公推心置腹地说，要在近于天室山的自洛汭延于伊汭一带，建立新都洛邑，才能得到上天的佑助，真正把到手的天下巩固下来。武王在克商返周途中，曾对洛地营建东都有过实地考察和规拟，但因工程浩大一时还提不上日程。伐纣之役造成国力消耗巨大，亟须解兵释旅，与民休息，营建新都的计划有待条件成熟方可实施。惜武王辞世过早，其遗愿直到七年后才由周公完成。

制度上的缺失，地理上的局限，使西周王朝对东土的控制弱而无力，贵族国家统治下的藩属诸侯变成了滋生动乱的温床。一场大规模的反周叛乱在武王死后急剧发酵，最终变成了残酷的现实。

二、王权名与实的分离

武王死后，成王年幼继位，造成王权名与实的分离，为管蔡启商发动叛乱，提供了蛊惑人心以售其奸的借口和时机。

---

1 〔意〕马基雅维里：《君主论》，张志伟等译，陕西人民出版社，2001，第13页。

2 〔英〕伯特兰·罗素：《权力论》，靳建国译，东方出版社，1988，第130页。

3 黄怀信、张懋镕、田旭东：《逸周书集校汇注》修订本，上海古籍出版社，2007，第472页。

成王年幼继位，古籍咸无异辞。《逸周书·明堂解》《尸子》《荀子·儒效》等如是说，《尚书·召诰》亦云："有王虽小，元子哉。"《尚书·洛诰》《尚书·立政》记周公称成王为"孺子"，郑玄注为"幼少之称"[1]。近出清华简《金縢》与传世本《尚书·金縢》所载管蔡七字流言一字不差，且有"成王犹幼在位"[2]之语，均为成王年幼继位的坚证。据《逸周书·度邑解》说："王曰：'旦，汝为朕达弟，予有使汝，汝播食不遑暇食，矧其有乃室？今维天使予，维二神授朕灵期，予未致于休，予近怀于朕室。……乃今我兄弟相后，我筮、龟其何所即？今用建庶建。'叔旦恐，泣涕共手。"这里记载的是武王病危，灵期将近，叫来明达有智、勤勉理政的周公，表示要"兄弟相后"，把王位传给他。但周公泣涕沾裳，拱手不肯接受。若非成王年幼，武王不致产生让周公弟及王位的想法，管、蔡亦不会制造"公将不利于孺子"的流言，其间的逻辑关系是不言自明的。

《荀子·儒效》云："武王崩，成王幼……成王冠，成人，周公归周反籍焉。"古人认为："人生十年曰幼，学。二十曰弱，冠。"[3]甚至说"幼者，自始生至十九时"[4]，年龄放得更宽。成王在周公摄政七年举行冠礼而后亲政，年值二十，则继位时约当十三岁，其年幼少，自可以孺子相称。然清人崔述一反成说，他认为："《金縢》之孺子流言也，未成乎君之称也。《立政》《洛诰》之孺子，则周公自以亲之少之之故而称之耳，岂得遂以为童子哉？"[5]此说不只有人信从，还有学者试图用金文资料加以证实。例举晋公盆铭文云："我皇祖唐公，[膺]受大命，左右武王。"（《集成》10342）认为唐叔虞膺受大命而左右武王，他必曾在克殷时参与军事，其年不幼，故其长兄成王亦在壮年[6]。其实，铭文所谓"膺受大命"，是指叔虞受封于唐而成为晋之皇祖，此事发生在成王继位以后，与武王伐纣无关。《左传·昭公元年》说："及成王灭唐而封大叔焉。"《左传·定公四年》又云："周公相成王……命以《唐诰》

---

1 《尚书·洛诰》疏引，（清）阮元校刻：《十三经注疏》，中华书局，1980，第215页。

2 李学勤主编：《清华大学藏战国竹简（一）》，中西书局，2010，第158页。

3 《礼记·曲礼上》，（清）阮元校刻：《十三经注疏》，中华书局，1980，第1232页。

4 《礼记·曲礼上》孔疏，（清）阮元校刻：《十三经注疏》，中华书局，1980，第1232页。

5 （清）崔述：《崔东壁遗书》，上海古籍出版社，1983，第201页。

6 顾颉刚：《武王的死及其年岁和纪元》，《顾颉刚全集》第10册《顾颉刚古史论文集》卷10（下），中华书局，2011，第1155—1225页。

而封于夏墟。"《吕氏春秋·重言》云:"成王……遂封叔虞于晋。"《史记·晋世家》云:"武王崩,成王立,唐有乱,周公诛灭唐……遂封叔虞于唐。"凡此说明,叔虞封唐在成王继位之后,故晋公盆说他"左右武王",只能理解为成王时叔虞受封于唐,是佐助武王开创的基业,并不能证明他早在克商时就曾参与军事,更不能由此推证其长兄成王时值壮年。

由于成王年幼继位,不谙政事,无力应对当时过于严重和复杂的政治局面,因而由周公实际执掌国家大权。周公摄政七年期间,成王作为法统上的王位继承者,不仅须臾未离王位,而且参与过有关国务活动。周公摄政三年,他东征归来,驻师郊外,等待宣命入京。不巧适逢险恶天气,雷雨交加,飓风拔木,禾稼尽偃。这对当时颇多迷信思想的周人来说,不免产生祸福莫测的重重疑虑。三监被诛,东土以宁,周公归报并遗诗于王,但成王及朝中大臣或因先前管蔡流言而疑虑未消,暂未迎接周公入京。待雷雨飓风发生,始求卜以问应对之策,启金滕之柜,得周公之书,众人方知周公旦忠公为国的一片赤诚。于是成王等人出城至郊,以国家大礼亲迎周公班师回朝。此于《金滕》传世本和竹书本均记为周公东征返朝之事,无疑是正确的,而《史记·鲁周公世家》置于周公死后则为传闻之误。周公摄政七年,"惟二月既望,越六日乙未,王朝步自周,则至于丰"。此王为成王,二月前去丰邑祭祖,开始亲政前的准备工作。又继召公、周公之后前往洛邑,察看成周营建情况,并参加亲政大典。待周公"复子明辟"[1],即复还明君之政于成王,便真正成了亲理朝政的一国之君。这两件事充分说明武王死后,"太子诵代立,是为成王"[2],绝无可疑。

有的学者看法不同,认为"武王崩,其弟周公立"[3],周公兄终弟及,"继承兄的王位继续治天下"[4]。此与前引崔述说管蔡流言之"孺子",是其未成为国君时的称呼可谓一脉相承。这就意味着只有到了周公摄政七年致政成王后,成王才继位为君。其主要依据来自《荀子·儒效》载:

> 武王崩,成王幼,周公屏成王而及武王以属天下,恶天下之倍(背)周也。履天子之籍,听天下之断,偃然如固有之,而天下不称贪

1 《尚书·洛诰》,(清)阮元校刻:《十三经注疏》,中华书局,1980,第214页。

2 《史记·周本纪》,中华书局,1959,第131页。

3 王玉哲:《中华远古史》,上海人民出版社,2000,第516—517页。

4 杨宽:《西周史》,上海人民出版社,1999,第142页。

焉。……周公归周，反籍于成王，而天下不辍事周，然而周公北面而朝之。天子也者，不可以少当也，不可以假摄为也。能则天下归之，不能则天下去之。是以周公屏成王而及武王以属天下，恶天下之离周也。[1]

这段话的关键是"周公屏成王而及武王以属天下"，杨倞注："屏，蔽。"《汉书·王莽传上》曰："周公幼少，周公屏成王而居摄，以成周道。"颜注："屏犹拥也。"唐代学者训"屏"或为屏蔽，或为护卫，均以成王身居王位为前提，与事理相合。接下来的"及武王"之及，杨倞训为"继"，只能理解为周公继武王之后执掌国政，治理天下。若训"及"为兄终弟及，即武王死后直接由周公继承王位，那就谈不上"屏成王"了。《史记·鲁周公世家》说："周公恐天下闻武王崩而畔，周公乃践祚代成王摄行政当国。"这里说的"代成王"即与"屏成王"同义，"摄行政当国"也就是"及武王以属天下"。所以荀子后文又说，天子的职位非常重要，事关国家的兴亡。既不可由他人少顷当其位，亦不可由他人"假摄"而为。能够担此重任者，天下人就归顺他，否则天下人就背离他。但周公以其大儒大圣特有的德行和才干却能做到，这就是"周公所以少顷假摄天子之位，盖权宜以安周室也"[2]。也就是说，"周公屏成王及武王以属天下"，固然是"履天子之籍（位），听天下之断"，采取的方式却是"假摄"，也就是代理执政的意思。这恐怕才是荀子所言的真正意蕴，不可以此"及"字而生误解。

除《荀子·儒效》外，记载周公摄政的历史文献俯拾即是。例如：

《尸子》："昔武王崩，成王少。周公践东宫，祀明堂，假为天子。"[3]

《逸周书·明堂解》："周公摄政君天下，弭乱六年而天下大治。"[4]

《韩非子·难二》："周公旦假为天子七年，成王壮，授之以政。"[5]

《嘉禾篇》："周公奉鬯立于祚阶，延登，赞曰：'假王莅政，勤和天下。'"[6]

上引诸书称周公"假为天子""摄政君天下""假王"，与汉代《尚书大传》

1 （清）王先谦：《荀子集解·儒效篇》，沈啸寰、王星贤点校，中华书局，1988，第114—115页。

2 （清）王先谦：《荀子集解·儒效篇》，沈啸寰、王星贤点校，中华书局，1988，第115页。

3 《诗·大雅·灵台》孔疏引，（清）阮元校刻：《十三经注疏》，中华书局，1980，第524页。

4 黄怀信、张懋镕、田旭东：《逸周书汇校集注》修订本，上海古籍出版社，2007，第710页。

5 （清）王先慎：《韩非子集解》，钟哲点校，1998，第365页。

6 《汉书·王莽传上》所引逸《书》，中华书局，1962，第4080页。

《韩诗外传》《淮南子》《史记》《论衡》所记略同。在周公摄政称王的具体称呼上，《嘉禾篇》赞者谓周公为"假王"，是否有如西汉末年王莽篡位前一度称"假皇帝""摄皇帝"，或如今日某些国家在特殊时期设立"代总统""代总理"一样，没有更多的材料可以确证。但史官称周公为"王"，却是铁的事实。如《尚书·大诰》云："王若曰……无毖于恤，不可不成乃宁（文）考图功。"所谓"宁考"为文考之误，文指文王，武王死后称文王为考者，当然是周公而非成王。《尚书·康诰》开篇云："王若曰：孟侯，朕其弟，小子封。"此"王"称康叔封为弟，亦必周公而非成王，因为成王决不能称其叔父为"朕其弟"。宋代有学者认为《尚书·康诰》中的王是武王，故可称康叔为弟。然康叔封卫在平定三监之乱后，武王早已辞世，又岂能为康叔封卫作诰？不仅西周朝臣称周公为王，有时周公也自称"余一人"（或"予一人"），此于《尚书·康诰》《尚书·酒诰》《尚书·多士》以及清华简《皇门》均可见及。这种天子的专称为周公所用，也从一个侧面说明周公摄政称王当属事实[1]。

周公摄政称王虽不是真正的王，而是一位代理天子，但朝中官员仍以"王"相称，在很大程度上是出于礼仪的需要。代王行政也是有一套规程和礼仪的。比如政事堂（古称明堂）布政的方式，各色人等所在的位置和衣冠，都是有讲究的。《礼记·明堂位》说："昔者周公朝诸侯于明堂之位：负斧依南乡而立，三公中阶之前，北面，东上；诸侯之位，阼阶之东，西面，北上。"郑玄注："天子，周公也。"《论衡·书虚篇》也说："周公居摄，带天子之绶，戴天子之冠，负扆南面而朝诸侯。"周公着天子衣冠，怀天子印绶，站立朝堂屏风之前，南面百官发号施令。这种威仪和布政方式，与真正的天子并无二致。所以群臣称周公为"王"，在朝廷礼仪上是必要的。至于日常政治活动，"周公为太宰"[2]，"掌建邦之六典，以佐王治邦国"[3]。 自然仍可以"公"相称。管、蔡流言"公将不利于孺子"，即是周公身兼多种政治角色的反映。

由于成王是名义上的天子，周公是实际执掌国政的代理天子，于是周初政治舞台上出现了二王并存的局面。这种君权名实分离的情况，不独见于周

---

1 杜勇：《清华简〈皇门〉的制作年代及相关史事问题》，《中国史研究》2018年第3期。

2 《左传·定公四年》，（清）阮元校刻：《十三经注疏》，中华书局，1980，第2135页。

3 《周礼·天官冢宰·大宰》，（清）阮元校刻：《十三经注疏》，中华书局，1980，第645页。

王室，春秋诸侯国中亦有发生。例如，鲁惠公卒，太子允年少，由长庶子息摄政，后称隐公。故隐公开始执政，《春秋》所以"不书即位，摄也"[1]。隐公死后，太子允即位，是为桓公。又如，卫献公曾派人对宁喜说，若能助其复国，"政由宁氏，祭则寡人"[2]。这是把国君拥有的祭祀权和行政权分由两人行使，其后宁喜专权，与一国二君无异。国家政治体制因受多种因素制约而略有变通，一时出现超越常规的非制度化局面，或君权一分为二，或其名与实不同，并非不可思议的事情。

历史上，宋儒狃于君臣名分，深信儒家"天无二日，民无二王"[3]之说，竭力否定周公摄政称王一事。如叶梦得认为："周公以冢宰摄政，此礼之常。摄者，摄其事，非摄其位。"[4]今人亦有力主此说者，认为周公只是摄政，而未称王[5]。前修考虑更多的是君臣名分，时贤则试图利用出土文献以证其说[6]。例如：

（1）小臣单觯："王后眔克商，在成师。周公赐小臣单觯，用作宝尊彝。"（《集成》4059）

（2）禽簋："王伐楚（◨）侯，周公谋，禽祝，禽又㪔祝。王赐金百锊，禽用作宝彝。"（《集成》4041）

论者以为两器均为周公东征时物，而王与周公偕行，说明成王不只年之不幼，而且证实周公不曾称王。但仔细比较两器铭文的表达方式，即可发现铭中的"王"对于王权的运用是大相异趣的。前者记王与周公偕行，行使诛赏大权的却是周公。后者记王与周公偕行，行使诛赏大权的却是王。这种差别恐怕只有用周公摄政前后政治地位的变化，才能给予更好的说明。小臣单觯作于周公摄政平叛之时，有如前引《礼记·明堂位》的表达方式一样，王（天子）与周公对文互见，是为一人，故诛赏大权可由周公行使。沫司土疑簋铭文称："王来伐商邑"（《集成》4059），与近年发现的卿盘铭文亦称："周公

1　《左传·隐公元年》，（清）阮元校刻：《十三经注疏》，中华书局，1980，第1715页。

2　《左传·襄公二十六年》，（清）阮元校刻：《十三经注疏》，中华书局，1980，第1988页。

3　《孟子·万章上》引孔子之语，（清）阮元校刻：《十三经注疏》，中华书局，1980，第2735页。

4　〔元〕董鼎：《书传辑录纂注》卷五引，《景印文渊阁四库全书》第61册，商务印书馆，1986年。

5　杨向奎：《宗周社会与礼乐文明》，人民出版社，1997，第160页；杨升南：《周公摄政未称王》，《洛阳师范学院学报》2012年第1期。

6　〔美〕夏含夷：《周公居东新说——兼论〈召诰〉〈君奭〉的著作背景》，《古史异观》，上海古籍出版社，2005，第306—319页。

来伐商"(《铭图》14432），均可说明小臣单觯铭中的王就是周公。而禽簋作于周公致政之后，王与周公通常别为两个人，其时周公退居臣列，故诛赏制断的大权由成王行使。过去不少学者释禽簋铭中的"楚"为盖，指为"商奄"，定此为周公东征践奄时器。然近出清华简《系年》有"成王伐商盍（盖）"[1]的记载，此盖字与禽簋铭中认作的盖字截然有别。马王堆汉墓帛书《战国纵横家书》有云"秦将不出商阉"[2]，阉即奄。是知释楚比释盖更为可信。只不过这个楚（図）字的林中之"足"，倒写为止上口下，变成楚字的异构。而周初"伐楚"又见于令簋、刚劫簋等器，都是成王亲政以后的事情[3]。可见这两件铜器铭文，不仅否定不了周公摄政称王，反而成了可以佐证其事的根据。当然，从法统上讲，周公摄政称王毕竟只是代理天子，故史墙盘、逑盘历数西周列王而不及周公，不足为异。

由于周公摄政期间，王权出现名与实的分离，因而相关文献中的"王"也随之呈现多种语义。一是指身居法统地位的成王。如《尚书·召诰》云："有王虽小，元子哉。"《诗·鲁颂·閟宫》云："王曰叔父：建尔元子，俾侯于鲁。"清华简《金縢》云："王乃出迎公，至郊。"[4]二是指摄政称王的周公。如《尚书·大诰》《尚书·康诰》所谓"王若曰"，《尚书·多方》"王来自奄，至于宗周。"小臣单觯"王后坒克商"，沬司土疑簋"王来伐商邑"。三是指时间符号意义上的成王。如清华简《系年》载："成王屎（炓）伐商邑"和"周成王、周公既迁殷民于洛邑。"这三种情况，反映了汉语使用过程中的复杂性。只有充分了解"王"字在不同语境下的多重含义，才能对周初史实做出正确解读。

三、内乱与外患的交织

王权名与实的分离，对世袭君主制国家来说是司空见惯的现象。因为作为人类个体的人，生男的早晚，寿命的长短，并无什么必然规律可言，即使帝王也不例外。周人设计嫡长继统法，偏偏又以自然法则为基础，这就难免

1　李学勤主编：《清华大学藏战国竹简（二）》，中西书局，2012，第141页。

2　（西汉）刘向集录：《战国策》，上海古籍出版社，1985，第1342页。

3　杜勇：《令簋、禽簋中的"伐楚"问题》，《中国历史文物》2002年第2期；杜勇：《清华简〈楚居〉所见楚人早期居邑考》，《中国国家博物馆馆刊》2011第11期。

4　李学勤主编：《清华大学藏战国竹简（一）》，中西书局，2011，第158页。

因继位者幼弱，出现王权名与实相分离的情况。当这种情况出现后，引发剧烈的政治动荡是经常的事，周初管蔡之乱即与此有关。

管蔡流言"公将不利于孺子"，细绎其意涵，似乎重点不是质疑周公摄政称王的政治地位，或许此为武王生前的政治安排，因而使管、蔡无从置喙。于是只好拿不曾发生的事做文章，诬陷周公将来会对成王执政造成"不利"。至于有何不利，无非两种可能性：一是将来可能废除成王的王位，由周公来做名副其实的王；二是将来周公并不还政于成王，成王仍做徒具虚名的王。前一种可能性不大，因为武王曾打算让周公继承王位，周公并未接受。管叔等人作为王室高级贵族，对此事应有知闻，故不宜用作攻击周公的把柄。后一种可能性则是当前事实的延续，至于延续到何时周公才会交权，这就成了谁也无法预测的事情。管、蔡等人正是抓住了这一点，才得以制造流言，以便达到颠倒是非、混淆黑白的目的。

然而，管、蔡等人何以要把斗争的矛头指向周公？为什么还有不少血亲兄弟站在他们一边？有的学者认为："管叔主谋发动叛乱，具有争夺王位的性质。因为他是武王之弟，周公之兄，武王死后，成王年幼按殷兄终弟及的继承法，该由他继承王位。"[1]"因此，他联合东方的商遗，举起反周的旗帜。"[2]这种看法是基于武王死后由周公继承王位来立说的，与事实并不相符。但是，管蔡之所以发动叛乱，又不能说与周公摄政称王毫无干系。个中缘由在于，不打倒摄政称王的周公，管叔及其群弟的政治处境则无由得到改善。

《左传·僖公二十四年》富辰说："昔周公吊二叔之不咸，故封建亲戚，以蕃屏周。管、蔡、郕、霍、鲁、卫、毛、聃、郜、雍、曹、滕、毕、原、酆、郇，文之昭也。"此言文昭十六子，有嫡子，也有庶子。武王在世时，他们大都被册封为诸侯，并非都是后来由周公分封的。文王正妃太姒所生嫡子十人，"其长子曰伯邑考，次曰武王发，次曰管叔鲜，次曰周公旦，次曰蔡叔度，次曰曹叔振铎，次曰成（郕）叔武，次曰霍叔处，次曰康叔封，次曰冉（聃）季载。"[3]嫡长子伯邑考早逝，次子武王立为太子，继位为王。武王八弟中，周公食采周原（今陕西岐山），留任王室，封鲁以伯禽就国是后来的事。《史记·管蔡世家》说康叔、聃季载"皆少，未得封"，也与事实相出入。康

---

1 杨宽：《西周史》，上海人民出版社，1999，第142页。

2 王玉哲：《中华远古史》，上海人民出版社，2000，第517页。

3 《史记·管蔡世家》，中华书局，1959，第1563页。

叔始封于康（今河南禹州与颍州间），后徙封于卫[1]。聃季载年龄最小，食采畿内不知何时。余下五叔，与康叔同封东土，衔命就国。叔鲜封于管（今河南郑州），并驻守殷畿邶邑，以监殷民。叔度封于蔡（今河南上蔡），并驻守殷畿鄘邑，亦监殷民[2]。叔处封于霍（今山西霍州市），叔振铎封于曹（今山东定陶），叔武封于郕（今河南范县）。至于文王庶子八人，可能亦在武王时册封。其中毛（今陕西岐山）、毕（今西安市长安区）、酆（今西安市鄠邑区）三国地处关中，郇在今山西临猗，原在今河南济源，雍在今河南修武，滕在今山东滕州，郜在今山东成武。

文昭十六子是周王室的重要成员，武王克商后面临的政治进路有两条：一是食采关中，留任王室，执掌国家大权，成为汉儒所说的畿内诸侯。二是远赴东土，建国归藩，监临地方政权，成为畿外诸侯。两者名义上都是封君，一同拱卫王室，以蕃屏周，但其实际政治地位和作用似有分工上的不同。王室即朝廷，是西周王朝的中央政权机构，主要由周天子及众大臣组成。大臣多为王子王孙及姬姓贵族，如周公、召公、毕公、荣伯等人，《国语·晋语四》所谓文王"重之以周、邵、毕、荣"者即是。同时王室也包括少量异姓贵族，如周初太公望、苏忿生[3]等人。王室已有老旧贤臣身居要职，剩下的高级职位不多，不可能将文王诸子都安排到朝廷任职，何况这里还有一个是否贤能的考量。为了稳固东土的统治，也可能为了防止对年幼的成王造成政治上的威胁，文王诸子这支强大的王室贵族，大都被外封东土就国，可以起到一石二鸟的作用。

对文王诸子实行外封，周公是参与决策的重要人物。《史记·鲁周公世家》说："及武王即位，旦常辅翼武王，用事居多。……封纣子武庚禄父，使管叔、蔡叔傅之。"《孟子·公孙丑下》亦云："（周公）使管叔监殷。"同为文王之子，周公成了畿内诸侯，留朝用事，权势如日中天。而管叔及其群弟却成了畿外诸侯，远离王室权力核心，成为地方封君。需要说明的是，在洛邑成周建成之前，王畿主要限于克商前为周人占据的关中一带，之后则洛邑左近地区也被纳入王畿（甸服）范围。故文王诸子的东封，大都处于先前殷商

---

1 杜勇、孔华：《从清华简〈系年〉说康叔的始封地问题》，《管子学刊》2017年第2期。

2 杜勇、孔华：《关于邶鄘卫与涞水邶国的纠葛》，《中原文化研究》2016年第3期。

3 《左传·成公十一年》记刘康公、单襄公说："昔周克商，使诸侯抚封，苏忿生以温为司寇，与檀伯达封于河。"《国语·郑语》说："己姓，昆吾、苏、顾、温、董。"是知苏忿生为己姓。

属国的势力范围，而且这些邦族的自治性与独立性都很强，对宗主国周邦也不是完全心悦诚服，致使新封诸国面临着巨大的政治压力。至于经济上也得靠自己白手起家，筚路蓝缕，以启山林，一开始还过不上坐享富贵的日子。如果没有以蕃屏周的大局意识，必会产生一种政治上被排挤和冷落的不公平感。这些东封的姬姓诸侯，心怀怨恨和不满，只是先前慑于武王的权威，不敢造次。待武王死后，管叔的政治野心急剧膨胀，其群弟也各怀异志，把斗争的矛头指向周公，借口保护成王的合法地位，逼使"专王室"[1]的周公下台，以便重组中央政府，分享入朝执政的盛宴，改变他们置身东土的窘迫地位。这恐怕就是管、蔡不惜勾结宿敌武庚发动叛乱的真实目的。

《左传·定公四年》祝佗曰："管、蔡启商，惎间王室。"是说管蔡诱使武庚一同发动叛乱，意在毒害和离间周王室。在这场动乱中，成叔、冉季等为"辅拂"[2]，康叔"捍禄父之难"[3]，坚定支持周公平叛。而管、蔡、霍等成为反对周公最得力的人，故后世有称其为"三监"者。管叔作为叛乱的主谋和主推手，煽动群弟起来造反，这是统治阶级自身的内乱。但管蔡驻邑殷畿，一南一北，虽有少量常备武装可用，但力量明显不足。所以他需要借助武庚治殷的有利条件，动员殷之余民组建强大的军队，大举西进，才有可能操其胜算。就武庚禄父来说，宗祀虽存，但生父商纣王战败自焚，商王国由天下共主一降而为周人治下的诸侯，这是其无法抹掉的亡国之痛。经过管、蔡的鼓动和裹挟，武庚加入反叛阵营，试图借此颠覆周朝中央政权，以便光复昔日的共主地位。这样，由于周朝统治阶层内部的分裂和矛盾，叛乱进一步升级，以徐、奄等为代表的东夷国族也群起响应，内乱与外患叠相交织，烽烟滚滚，从而形成了一场大规模的武装叛乱。

第二节　周公二度东征

周公东征是西周开国史上的一件大事，它不仅稳定了刚刚诞生不久的姬周中央政权，而且对周人进一步开疆拓土号令天下发挥了不可低估的积极作用。但是，古籍关于周公东征的记载十分简略，历来人们的认识也就大致局

1《史记·管蔡世家》，中华书局，1959，第1565页。

2《史记·管蔡世家》，中华书局，1959，第1570页。

3《史记·三王世家》，中华书局，1959，第2108页。

限在"周公居摄，一年救乱，二年克殷，三年践奄"[1]的范围之内。近世学者根据铜器断代的科学成果，利用金文资料并参照文献记载对周公东征进行再探索，证明周公东征并不止于平定三监及东夷之叛，而在周公致政成王后亦曾发起过东征之役[2]。这个见解是可取的，但相关金文资料的鉴别尚有争议。这里先谈谈成世铜器断代问题，进而申论周公、成王二度东征说，以见西周国家政权缔造的艰难历程。

一、成世铜器鉴别

《左传·昭公二十六年》王子朝说："武王克商，成王靖四方。"说明军事征服是武王、成王时期的一大特征。然成王到底如何平定四方，未作明确交代，传世文献也看不到相关记载。于是人们多以为"成王靖四方"，无非是指成王在位前期，周公伐三监、征东夷、践商奄诸事。至于成王亲政之后，周王朝似已停止东征的脚步，东土再无战事。故《史记·周本纪》说："成康之际，天下安宁，刑错四十余年不用。"同时，人们还认为成王即政后统治时间也不长，最多十几年时间，建立垂世武功的机会不多。这样，所谓"成王靖四方"便成了一句没有实际内容的空话。

随着新材料的不断涌现，证明过去有些认识需要改变。就成王在位时间来说，就可能不止22年[3]。近出觊公簋铭文云：

觊（觉）公作妻姚簋，遘于王命易（唐）伯侯于晋。唯王廿又八祀。（《铭图》4954）

据郑玄《诗谱·唐谱》云："成王封母弟叔虞于尧之故墟，曰唐侯。南有晋水，至其子改为晋侯。"说明铭文"唯王廿又八祀"的"王"应为成王[4]。关于成王的纪年问题，由于何尊铭文的历日及史实与《尚书·召诰》《尚书·洛诰》不能对接，可知铭文所言"唯王五祀"当为成王亲政第五年[5]。成王即政

1　《诗·豳风·豳谱》疏引《尚书大传》，（清）阮元校刻：《十三经注疏》，中华书局，1980，第388页。

2　杜正胜：《尚书中的周公》，《周代城邦》附录，联经出版事业公司，1979；王玉哲：《周公旦的当政及其东征考》，《西周史研究》，1984年。

3　夏商周断代工程专家组：《夏商周断代工程1996—2000年阶段成果报告（简本）》，世界图书出版公司北京公司，2000，第88页。

4　朱凤瀚：《觊公簋与唐伯侯于晋》《考古》2007年第3期；李伯谦：《觊公簋与晋国早期历史若干问题的再认识》，《中原文物》2009年第1期。

5　杜勇：《〈尚书〉周初八诰研究》增订本，中国社会科学出版社，2017，第67—69页。

后有新的纪年系统，此与武王继位延续文王纪年不同，制度上更为规范。至于周公摄政时期，另有独立的纪年系统，此即《尚书·洛诰》所云："惟周公诞保文武受命，惟七年。"因此，觉公簋"唯王廿又八祀"应为成王亲政二十八年[1]。《汉书·律历志》载刘歆《世经》说，周公摄政七年后，成王即政"三十年"而崩，或有所本。由于成王在位达到 37 年（含周公摄政七年），因而具备征伐东土平定四方的时间条件。

虽然文献上鲜见成王东征的史迹，但有大量金文材料可弥补其不足。关于成王时期的青铜器铭文，由于康宫问题带来诸多争议，有必要略作分析和鉴别。值得庆幸的是，2019 年随州枣树林曾国贵族墓地出土的曾公畟编钟，为解决康宫问题投射了新的曙光。

据介绍，随州枣树林曾侯墓地 M190 出土一套编钟，计 34 件。其中镈钟铭文单独成篇，较为完备，第一部分释文（用宽式）如下：

> 唯王五月吉日丁亥，曾公畟曰："昔在辝丕显高祖，克逑匹周之文武。淑淑伯括小心有德，召事一帝，適怀多福。左右有周，□神其圣。受是丕宁，丕显其霝，匐匐辰敬。王客（格）我于康宫，呼厥命，皇祖建于南土，蔽蔡南门，质应京社，适于汉东。［南］方无疆，涉政淮夷，至于繁阳。"[2]

发掘者根据墓葬特征，推断钟铭"唯王五月吉日丁亥"当在公元前 646 年。铭文未记王年，仅凭现有历日要素，也不考虑建正和置闰问题，要准确推算出相对应的公元年代是困难的。但墓为春秋冢，器为春秋物，应可信从。

钟铭"高祖"与"皇祖"对言，当为二人，如同史墙盘铭称"静幽高祖""微史烈祖"一样，区别是明显的。高祖谓始祖，此即《礼记·大传》所说"宗其继别子之所自出者"。高祖之名不知，谓能辅佐周文王、武王克成大业，或有夸饰。铭中伯括又见于曾侯與编钟："伯括上庸，左右文武，挞殷之命，抚奠天下。王遣命南公，营宅汭土，君庇淮夷，临有江夏。"[3]这里的伯括与南公看似两个人，然据本钟铭所言"皇祖建于南土"，又称"皇祖南公"，

1 朱凤瀚：《简论与西周年代学有关的几件铜器》，《新出金文与西周历史》，上海古籍出版社，2011，第 33—51 页。

2 郭长江等：《曾公畟编钟铭文初步释读》，《江汉考古》2020 年第 1 期。

3 湖北省文物考古研究所、随州市博物馆：《随州文峰塔 M1（曾侯與墓）、M2 发掘简报》，《江汉考古》2014 年第 4 期。

是知伯括即南公，又称皇祖。近出嬭加编钟铭云："伯括受命，帅禹之堵，有此南洯。"[1]可证伯括为曾国首任封君，被曾公畎尊称为"皇祖"，以显扬其功烈。

伯括即传世文献提到的南宫括（适），这是大多数学者共同的认识。《尚书·君奭》谓其为文王贤臣，《尚书大传》称："文王以闳夭、太公望、南宫括、散宜生为四友。"文王被囚羑里之后，他们一同设法营救文王，继之辅佐文王兴师东进。《国语·晋语四》言"（文王）询于八虞，而咨于二虢，度于闳夭而谋于南宫。""二虢"即虢仲、虢叔，为文王姬姓族人。"八虞"指八位谋士，南宫括即其一。南宫括建曾于南土，其裔氏自称"后稷之孙"，或谓"文王之孙"，说明他与"二虢"一样同为姬姓，然未必真为文王之子。文王殁后，南宫括仍为周廷重臣，被武王称为同心同德的"乱（治）臣十人"之一。牧野之战后，南宫括进入朝歌，受命发鹿台之钱，散巨桥之粟，以赈贫弱；又与史佚迁九鼎宝玉，成为新造周邦的开国功臣。由于武王克殷后二年而崩，故南宫括的政治活动一直延续到成王时期。《后汉书·班彪传》记班彪说："昔成王之为孺子，出则周公、召公、太史佚，入则大颠、闳夭、南宫适、散宜生，左右前后，礼无违者，故成王一日即位，天下旷然太平。"成王死后，南宫毛与齐侯吕伋一道迎接太子钊于南门之外。此时南宫括应已辞世，故由其子南宫毛担任宿卫武臣，其身份与吕伋相当，同为一国封君。由于南宫括历仕文、武、成三朝，一直为朝中重臣，他的分封必在成王即政之后，断不会晚至昭王之时。本钟铭后文有言："昭王南行，豫（舍）命于曾。"说明昭王南征之时，曾国早已成为镇抚南土的重要封国。

本钟铭又云："王客（格）我于康宫，呼厥命"，同出甬钟 B 铭于后句写作"呼命尹厥命"，此"尹"或即《尚书·大诰》所言"尹氏"，以代宣王命，册封伯括，立国汉东。被呼来康宫受命的"我"，与后文"皇祖"互文见义，实为"我皇祖"的省称。这种修辞方法在古文献中屡见不鲜。晋公盆称唐叔虞为"我皇祖"，也是对始封之君的尊称。或谓这里的"我"应指曾公畎，然钟铭末段显示，曾公畎自称"余"，不用"我"。"余"凡三见，用为主辞和宾格，而"我"则用作定语，铭称"复我土疆"。不只"我"非曾公畎自谓，而且此段文字前前后后都是言说伯括（皇祖）德业，也不可能无端插入

1　郭长江等：《嬭加编钟铭文的初步释读》，《江汉考古》2019年第3期。

曾公䛒自己的事情，以致头绪纷乱，义不相谐。再说，春秋时期礼崩乐坏，大小诸侯尊崇的是霸主，并不把周天子当回事，也从未出现过周王在康宫重新册封诸侯之事。钟铭第一部分文字意在追述显扬先祖功烈，以言曾国分封之由。这是南宫氏的家族史，即使代远年湮，档案文书失传，也会由南宫氏公族众口相传，历久不泯。故曾公䛒可以铸器言之，"以享其皇祖南公"。

　　曾公䛒编钟的发现，使我们继令方彝之后再次见到成王时期的康宫。二者正可相互发明，益彰真相。自令方彝1929年发现以来，铭文"康宫"究为何物，一直就是学者激烈论辩的焦点。1932年，郭沫若《两周金文辞大系》在日本出版，对两周500余件铜器进行考释和断代分域，在化彝铭为史料方面做出了开创性的贡献。书中把令簋、令方彝作为成王时期的标准器，放在打头位置，以系联相关金文。之后唐兰依循王国维、罗振玉的意见，以康宫为康王之庙，重定令方彝为昭王时器[1]。在唐氏看来，令方彝、令簋铭文中出现"康宫""伐楚"字样，绝不可能早到成王时期。理由是康宫为康王之庙，凡铜器上有了康宫的记载就一定在康王以后，故令方彝中的周公是第二代周公，周公子明保是周公旦的孙子，令簋中的王姜为昭王之后，伐楚为昭王南征之事，南征时伯懋父负有伐东夷的重任，等等。这些说法经过唐氏一系列论著的阐发，广为学者所遵信。

　　令方彝铭文说："唯十月月吉癸未，明公朝至于成周，出命，舍三事命。……甲申，明公用牲于京宫，乙酉，用牲于康宫。"（《集成》9901）唐兰认为，从这里京宫与康宫的对列可以看出康宫是康王之庙。《逸周书·作洛解》云："乃位五宫，太庙、宗宫、考宫、路寝、明堂"，其"宗宫"就是京宫，"考宫"相当于康宫。又据《诗·大雅·下武》云："三后在天，王配于京。"说京宫所祭对象为太王、王季、文王、武王、成王，成王是京宫里最后一个宗，故与京宫相接的考宫（亦即康宫）就是康王之庙。这是唐氏确定康宫原则最重要的依据。然《逸周书·作洛解》所谓"五宫"，清人整理《逸周书》大多认为大庙是后稷庙、宗宫是文王庙、考宫为武王庙。周公营建成周之时，成王尚未亲政，一个大活人怎么可能入列宗宫？《诗·大雅·下武》本是一篇赞美武王、成王能继承先王功德的诗，故曰"三后（太王、王季、文王）在天"，何以成王就成了京宫里最后一个宗？由于成王不能入列京宫，

1　唐兰：《西周铜器断代中的"康宫"问题》，《考古学报》1962年第1期。

接下来的考宫自非康宫或康王之庙。事实上，令簋、令方彝的作者作册矢令，称其父为"父丁"，而同地所出的作册大鼎也有"雋册"的族徽，又称其祖为"祖丁"。郭沫若由此推断"作册大乃矢令子，令为作册，大亦为作册，父子世官。"[1]从亲属称谓上确定铭刻时代先后，这是甲骨文、金文分期断代常用的方法，其有效性是公认的。由于作册大鼎说到太保奭以及武王、成王谥号，知其为康王初期器。那么，作册大的父亲矢令，担任史官作册必在成王时期。这个推论简洁明快，无懈可击，真可谓"风雨不动安如山！"

令方彝铭文中的明保又称明公，为周公之子。这位周公不是别人，就是周公旦。成周建成以后，周公旦居洛留守，主持东都大政，经略四方。后年老致仕之时，又让其子明保接任，"尹三事四方，受卿士僚"，以承其志。其时周公尚未谢世，其子明保又袭公爵，成为首席执政大臣。父子相继主政成周，地位如此显赫，绝非任何一代周公可比。周公旦名义上封于鲁，但代为就封的是长子伯禽，次子则留相王室，代为周公，同时另有庶子六人（凡、蒋、邢、茅、胙、祭）封于东土。明保当即周公次子，亦即畿内（岐山）周公采邑的继承人，其政治进路即是入为王朝卿士。各种资料显示，成王死后，朝中首席执政大臣先后有召公、毕公、祭公等人，别无周公厕身其间。直至厉宣之前，岐山周公家族无人身居高位，执掌机枢。可见令方彝中的周公非周公旦莫属，此器制作不会晚至昭王之时。

此外，令簋所记"伐楚"之事，亦与昭王南征荆楚无涉。由清华简《楚居》可知，楚人源起中原，周初南迁。楚人南迁时尚有一支留居中土，活动在楚丘（今河南滑县东）一带。此支楚人与周人保持敌对立场，因而受到成王征伐。至于康叔之子伯懋父（康伯髦）主要活动于成康时期，亦不可下移到康昭之世。曾与周王偕行伐楚的王姜当为成王之后，并非昭王新后。凡此表明，令方彝、令簋当作于成王之世。令方彝所见康宫既在成王之世，康宫非康王之庙不言自明。

曾公畔编钟、令方彝铭文表明，东都成周始建之时即有康宫这一建筑，后来续有增修，终西周一代未见废毁。康宫规模宏大，用途非一，是一座兼有宗庙礼仪建筑的多功能大型王宫[2]。

1　郭沫若：《两周金文辞大系图录考释（六）》，科学出版社，1957，第33页。

2　参见杜勇：《曾公畔编钟破解康宫难题》，《中国社会科学报》2020年6月8日；杜勇、沈长云：《金文断代方法探微》第二章，人民出版社，2002。

由于人们长期遵信康宫是康王之庙，奉为铜器断代的圭臬，致使成王时期的铜器断代出现严重分歧。如郭沫若《两周金文辞大系图录考释》所定成世铜器 27 件，就有 24 件被唐兰定为昭穆时器。以今观之，郭氏对成康时期的铜器断代固然并非尽如人意，但总体上是成功的，至少是得大于失的。如果要总结失的一面，亦有小失与大失之别。在小失方面，主要表现在把成王即政后的部分铜器如禽簋、大保簋等，以及成王后期的令簋、明公簋、矢鼎、小臣谏簋、御正卫簋、吕行壶、小臣宅簋、师旂鼎、旅鼎、窖鼎、员卣、员鼎、厚趠鼎等，都不恰当地说成是周公东征时物。在大失方面，集中表现在把穆王时的班簋，康王时的作册睘卣、趞尊和安州六器也视为周公东征时器。这种失误与铜器断代法创制之初，受各种条件限制而未臻成熟有关，并非无视康宫标准的结果。实际上，事情可能正好相反，以康宫原则进行铜器断代，非但不能避免失误，反而带来更大的失误。因此，我们研究周公、成王东征的史事，对康宫原则指导下的铜器断代方案不予采信，对郭沫若、陈梦家的铜器断代成果也会有局部调整，以期更准确地反映周初的历史实际。

二、周公东征

周公东征并不止于平定三监及淮夷之叛，而在周公致政成王后亦曾发起过东征之役。前者发生在周公摄政期间，可仍其旧惯称为"周公东征"；后者发生在成王亲政后，不妨名之曰"成王东征"。

（一）周公"居东"即东征

《尚书·金縢》云："武王既丧，管叔及其群弟乃流言于国，曰：'公将不利于孺子。'周公乃告二公曰：'我之弗辟，我无以告我先王。'周公居东二年，则罪人斯得。"其中周公所言"我之弗辟，我无以告我先王"一句，近出清华简《金縢》断残缺失"弗辟我"三字。特别是今本"周公居东二年"，简文作"周公石（宅）东三年"[1]，从而成为最重要的异文之一。《尔雅·释言》云："宅，居也。"是"宅东"与"居东"同义。然"居东"当作何解？历史上看法颇为分歧，大体有东征说与待罪说两种意见。前者如《史记·鲁周公世家》说："周公乃告太公望、召公奭曰：'我之弗辟（避）而摄行政者，恐

1　李学勤主编：《清华大学藏战国竹简（一）》，中西书局，2010，第158页。

天下畔周，无以告我先王太王、王季、文王'……管、蔡、武庚等果率淮夷而反。周公乃奉成王命，兴师东伐，作《大诰》。"此以"居东"为"兴师东伐"，所获"罪人"即管、蔡、武庚等反叛势力。伪孔传《金縢》亦云："周公既告二公，遂东征之，二年之中，罪人斯得。"后者如马融、郑玄以为"居东"是"避居东都"[1]，即管蔡流言一出，周公即"出处东国待罪，以须君之察己"[2]。对于这两种意见，后世学者各有阐发，所见不一。

由于清华简《金縢》的面世，学者以为关于周公居东的种种异说，都是由于《金縢》"居东二年"与《诗·豳风·东山》所云周公东征三年不合。"现在清华简的这一句不是'二年'而是'三年'，就恰与东征一致了。"[3]实际上，单凭"居东三年"一语，还谈不上"破解了西周史研究上的一大疑难"[4]。今本《列子·杨朱》篇即有周公"居东三年"之说，在历史上却未起到澄清是非的作用。就汉语的使用习惯来说，"二年"或"三年"往往具有不确定性。《尚书·金縢》孔疏即云："《诗》言初去及来，凡经三年。此直数居东之年，除其去年，故二年也。"如某一事件历时两周年，其起讫年代却占了三个年头，谓之二年可，谓之三年亦可。前者如《诗·豳风·东山》云："自我不见，于今三年。"《尚书大传》云："周公居摄，一年救乱，二年克殷，三年践奄。"[5]《史记·周本纪》云："管蔡叛周，周公讨之，三年而毕定。"后者如《史记·鲁周公世家》云："（周公）宁淮夷东土，二年而毕定。"可见用两年或三年记述周公东征的时间，只说明计算方法略有不同，本质上并无差异。因此，欲说周公"居东"即是东征，还需要从其他方面加强论证。这里不妨再补充几点理由。

第一，从《尚书·大诰》看，"居东"当为东征。武王死后不久，管蔡放出流言，攻击周公摄政当国，将对成王保持王位或适时亲政不利。然周公真想得到王位，完全可以接受武王生前的提议，何待武王传位于成王后才处心积虑来篡夺王位？在王位继承问题上，周公心迹可昭日月，何至于流言一出，他就顿感有罪，甚至弃位东去，来证明自己的清白？

---

1 《尚书·金縢》疏引，（清）阮元校刻：《十三经注疏》，中华书局，1980，第197页。
2 《诗·豳风·七月》疏引郑玄注，（清）阮元校刻：《十三经注疏》，中华书局，1980，第388页。
3 李学勤：《清华简九篇综述》，《文物》2010年第5期。
4 廖名春：《清华简与〈尚书〉研究》，《文史哲》2010年第6期。
5 《诗·豳风·豳谱》疏引，（清）阮元校刻：《十三经注疏》，中华书局，1980，第388页。

武王死后，管、蔡与武庚暗中勾结，散布周公意欲篡权的流言，显然是煽动是非，包藏祸心。这一点，周公是看得很清楚的，东征的态度也是很坚决的。《尚书·大诰》作为东征的战前动员令，充分显示了周公平定三监之乱的刚毅果敢的政治性格。周公说："殷小腆诞敢纪其叙"（殷小主武庚竟敢整理他的王业），他又说："西土人亦不静"（管、蔡流言滋事），表明周公清醒地看到"管蔡启商，惎间王室"[1]，使新造周邦面临被颠覆的严重危机，东征平叛已是刻不容缓。虽然兹事体大，当时邦君庶士认为"不可征"，劝周公说"王害（曷）不违卜"，但周公表示"不卬自恤"（不暇忧及自身），"予曷不越卬敉宁（文）王大命"（我怎敢不在这时来安定当年文王所受的国运），"朕诞以尔东征"（我一定要和你们同去东征）。凡此说明，尽管管、蔡流言汹汹，周公并未消极地避位待罪，让成王这个不具政治经验、年仅十多岁的小孩子经过一番历练后再来明察是非。相反，周公面对重重危机，不顾个人得失，积极采取对策，动员各种力量，全力兴师东伐，以确保周室于不坠。而居东待罪说与史实相违，全然不像一代大政治家解决问题的方式。

第二，从《诗·豳风·鸱鸮》看，"居东"当为东征。今本《金縢》说：周公居东归来"乃为诗以贻王，名之曰《鸱鸮》。"其后《史记·鲁周公世家》《诗》小序均谓《诗·豳风·鸱鸮》为周公所作。于今清华简《金縢》不言周公"为诗"，只说"周公乃遗王志（诗）曰《周鸮》"。简本误鸱鸮为"周鸮"，今本却将"遗王诗"误作"为诗"。因"遗"（余纽微部）与"为"（匣纽歌部）音近，致使后世在文献传抄整编过程中发生混淆。《孟子·公孙丑上》称引《诗·豳风·鸱鸮》第二章"迨天之未阴雨"诸句，谓孔子曰"为此诗者，其知道乎！"是知至、亚二圣亦不知《诗·豳风·鸱鸮》为周公所作，故未言及"为此诗者"之名。现在看来，《诗·豳风·鸱鸮》可能只是当时流传的一首禽言诗，"这是一个人借了禽鸟的悲鸣来发泄自己的伤感"，"是做诗的人在忧患之中发出的悲音"[2]。周公以此诗遗王，其性质与春秋时期"赋诗言志"应相仿佛。

虽然《诗·豳风·鸱鸮》不必为周公所作，但周公居东归来拿它赠给成王，其心境必与诗义有所契合，始可为用。全诗今见于《诗·豳风》，核心在

1 《左传·定公四年》，（清）阮元校刻：《十三经注疏》，中华书局，1980，第2135页。

2 顾颉刚：《诗经在春秋战国间的地位》，《古史辨》第3册，上海古籍出版社，1982，第316页。

于开篇的头三句:"鸱鸮鸱鸮,既取我子,无毁我室。"用的是比兴艺术表现
手法。那么,周公遗诗于王,用"鸱鸮""我子""我室"所比何事?毛传云:
"宁亡二子,不可毁我周室。"孔疏:"其意言:宁亡管蔡,无能留管蔡以毁我
周室。"这是切合诗义的,故朱熹、马瑞辰等均同此说。周公遗诗于王,把
"鸱鸮"比作武庚,"我子"比作管、蔡,"我室"比作周室,与今本《尚
书·金縢》说"周公居东二年,罪人斯得"正相表里。周公历时两年之久,
所获罪人非武庚、管、蔡等叛乱势力不足以称其事。周公遗诗《鸱鸮》,无非
借以说明管、蔡虽为兄弟,但勾结武庚作乱,危害周室,不得不进行征伐,
目的是进一步消除朝中君臣的疑虑,求得更多的理解与支持,也为嗣后封藩
建卫、营洛迁殷、经略东土作好统一思想的准备。可见周公遗诗《鸱鸮》与
其东征归来的境况相合,所谓"居东"不过是东征的别样表述。

那么,《诗·豳风·鸱鸮》可否支持郑玄的避居待罪说呢?郑玄对《诗·豳
风·鸱鸮》头三句的解释是:"鸱鸮言:已取我子者,幸无毁我室。"他又说:
当管、蔡流言时,"成王不知周公之意,而多罪其属党"。周公贻诗"喻此诸臣
乃世臣之子孙,其父祖以勤劳有此官位土地,今若诛杀之,无绝其位,夺其土
地。"这是说周公避居东都,成王欲罪其属党,故周公遗诗意在阻止成王罚杀无
辜的乱政。虽说诗无达诂,郑玄的诠释也不免太离谱了。一是以"我"为鸱
鸮,既非诗意,又悖情理。从《诗》中"硕鼠硕鼠,无食我黍"的相同句式
看,绝不能把"我"与鸱鸮混为一谈。鸱鸮今俗称猫头鹰,现代科学认为是一
种益鸟,但在古人眼中却是不祥之鸟。如《诗·陈风·墓门》云:"有鸮萃
止",毛传:"鸮,恶声之鸟也。"《诗·大雅·瞻卬》云:"为枭为鸮",郑笺:
"鸮,恶声之鸟。"鸱鸮既为恶鸟,作诗者或遗诗者岂能以此自比?二是以"我
子"比"世臣之子孙",以"我室"喻世臣之官属土地,说成王得周公属党,欲
加杀罚,不只于史无征,也与《金縢》明言"罪人"乃为周公所得大相抵牾。
三是当时东都洛邑尚未营建,周公如何避居待罪?如果周公已成罪魁,不论避
居何处,又岂有资格佑其属党?王肃认为郑玄"横造此言"[1],清人牟庭说:
"郑君经注之谬,当以此为最"[2],并非诬言。可见若把"周公居东"说成避居
待罪,周公归而遗诗将无法得到合理的解释。

---

1 《诗·豳风·鸱鸮》疏引,(清)阮元校刻:《十三经注疏》,中华书局,1980,第395页。
2 (清)牟庭:《同文尚书》,齐鲁书社,1981,第749页。

　　第三，从竹书《金縢》看，"居东"即是东征。对于传世本《尚书·金縢》，清代经学家孙星衍曾将其分为三节，第一节从开篇到"王翼日乃瘳"，是为经文；第二节始于"武王既丧"，止于"王亦未敢诮公"，为史臣附记其事；第三节自"秋大熟"以下，则是《亳姑》逸文[1]。这个意见颇得经学家赞同，如皮锡瑞即称"孙说近是"[2]。孙氏把《尚书·金縢》最后一节割裂开来，理由是《史记·鲁周公世家》载"秋未获，暴风雷"一事，发生在周公卒后。如今清华简《金縢》显示，第二节与第三节实际是不可分割的整体。上节末尾说"王亦未逆公"，后节说"王乃出逆公至郊"，前后正相呼应。而第三节"秋大熟"之前，简文亦有"是岁也"一句，对前后两段记事起连接作用，说明"王亦未逆公"与"王乃出逆公至郊"发生在同一年，均为周公生前而非死后之事。

　　由于《尚书·金縢》第二节与第三节同为周公生前之事，则说明周公居东并非待罪。因为对于一个待罪归来之人，成王及一班大臣似无必要"出郊"亲迎，而且成王也不应说出"惟余冲人其亲逆公，我邦家礼亦宜之"这样的话来。相反，只有把第三节视作周公东征归来发生的史事，才能弄清成王何以用"邦家礼"出郊相迎的缘由。成王以"邦家礼"亲迎周公，充分说明这是周公东征凯旋，而非待罪归来。同时可证《史记·鲁周公世家》所谓"周公奔楚"亦属虚妄。《史记·鲁周公世家》说："成王用事，人或谮周公，周公奔楚。成王发府，见周公祷书，乃泣，反周公。"[3]所谓"人或谮周公"，同记此事的《史记·蒙恬列传》称"有贼臣言"，《论衡·感类篇》称"管蔡流言"，是知周公"奔楚"不过是周公居东待罪的另一种说法。《史记·鲁周公世家》记成王两见周公祷书：一在周公生前，泣而返公；一在周公死后，出郊而祭。显然为司马迁调停传闻异辞，对《尚书·金縢》记事所做的割裂与误读。

　　以上说到的三条理由，第一、二条得自于传世文献的实证分析，第三条则是清华简《金縢》为我们提供的一条最新的有力证据。这就是说，与其过于倚重简文"居东三年"的佐证，倒不如把《尚书·金縢》三部分作为一个整体更易看清所谓"周公居东"实即东征。至于简文称"周公宅东三年"，不

1　（清）孙星衍：《尚书今古文注疏》，陈抗、盛冬铃点校，中华书局，1986，第323页。

2　（清）皮锡瑞：《今文尚书考证》，盛冬铃、陈抗点校，中华书局，1989，第299页。

3　此说又见《史记·蒙恬列传》《论衡·感类篇》。

过是改用了另一种时间计算法而已。周公东征，战事相当激烈绵长，不只"既破我斧，又缺我斨"[1]，而且是"我徂东山，慆慆不归"和"自我不见，于今三年"[2]。广大将士在周公的率领下，身居东土，进退相依，转战有期，待战事告捷，始见归程。故以"居东"言东征，以见战期之长，故土难归，实无不当。

（二）王子禄父"北奔"辨非

周公东征主要的军事打击对象是管叔、蔡叔和武庚。武庚又称武庚禄父，如《史记·卫康叔世家》说："武王已克殷纣，复以殷余民封纣子武庚禄父，比诸侯，以奉其先祀勿绝。"武庚为商纣王之子，故又称王子禄父。他在周公东征平叛过程中最后结局如何？文献记载亦有歧异。《逸周书·作洛解》说："（周公）降辟三叔，王子禄父北奔。"其他文献则说武庚禄父为周公所杀。例如：

　　《尚书·微子之命》序："成王既黜殷命，杀武庚，命微子启代殷后，作《微子之命》。"

　　《尚书大传》："周公以成王之命杀禄父。"[3]

　　《史记·周本纪》："周公奉成王命，伐诛武庚、管叔，放蔡叔。"（《史记·宋微子世家》《史记·管蔡世家》亦云"诛武庚"，《史记·鲁周公世家》《史记·卫康叔世家》曰"杀武庚"。）

　　《史记·太史公自序》："武庚既死，周封微子。"

顾颉刚对于这两种不同的记载，更为相信《逸周书》的说法，并借此建立他的假说——"武庚北奔后立国于燕北和肃慎南而名其都曰亳"，因而认为《书序》《尚书大传》这两书的文字，"其为东汉以下人的笔墨则无疑，所以我们还是该信早期的北奔说"[4]。《书序》《尚书大传》并非东汉以下的文字，可置不论，即以《史记》言之，其史料价值绝不低于《逸周书》。清人赵翼说："一代修史，必备众家记载。兼考互订，而后笔之于书。观各史《艺文志》，所载各朝文士著述，有关史事者，何啻数十百种。当修史时，自必尽取之，彼此校核，然后审定去取。其所不取者，必其记事本不确实，故弃之。而其

1　《诗·豳风·破斧》，（清）阮元校刻：《十三经注疏》，中华书局，1980，第398页。

2　《诗·豳风·东山》，（清）阮元校刻：《十三经注疏》，中华书局，1980，第396页。

3　（宋）李昉等：《太平御览》卷647《刑法部十三》，中华书局，1960。

4　顾颉刚：《三监的结局》，中华书局编辑部编：《文史》第30辑，中华书局，1988。

书或间有流传，好奇之士，往往转据以驳正史，此妄人之见也。"[1]这话虽然说得绝对了一点，但总的来说正史的史料价值高于其他古籍是没有错的。因此，我们宁愿相信《史记》，而不去信《逸周书》的一条孤证。

唐兰从另外的角度也曾对北奔说给予肯定。他说："武庚的名称，跟纣称帝辛一样，显然不是王子禄父生存时的名，如果在攻克殷都时王子禄父就被杀了，周人决不会把祭日的庚作为他的称号而且冠以武字的。那末，北奔的话是真的。"[2]其实不然。一则，三监之乱，武庚为首恶，周公平叛岂可轻易放过他，甚至让他在北疆堂而皇之立国，文献屡见"杀武庚"应非空穴来风。二则，武庚未死，殷祀不绝，这就谈不上命微子启代殷后奉其先祀的问题。三则，周封微子，以续殷祀，其遗臣要定王子禄父死后的庙号为武庚，是无须周人来劳神的。可见唐氏对武庚日名的分析，仍然不能证明"王子禄父北奔"的真实性。

清华简《系年》的发现，似乎可对北奔说构成新的佐证。清华简《系年》第三章说："武王陟，商邑兴反，杀三监而立 彔子耿。"[3]简文中的"彔子耿"，李学勤从白川静说，以为就是大保簋中的"录子聖（圣）"，亦即"王子禄父"名与字的联称[4]。耿与圣同在耕部可相通转，录子耿与录子圣为一人应无问题。据唐兰研究，录子圣的封邑在殷畿之北，即今河北平乡县一带。他说：

> 录与鹿古字常通用，录子之国当在今河北平乡县一带，汉代为钜鹿县。《续汉书·郡国志》说："故大鹿。"《水经·浊漳水注》："衡漳故渎东北迳南曲（周）县故城西，又迳曲周县故城东，衡漳水北迳巨桥邸阁西，衡水又北迳钜录县故城东。"注引应劭曰："鹿者林之大者也。"《尚书》曰："尧将禅舜，纳之大录之野，烈风雷雨不迷。"《尧典》："纳于大麓"，王肃注："麓，录也。"《说文》麓从林鹿声，古文作錄，从林录声。铜器錄伯簋即作錄。今平乡在殷墟之北，约一百余公里，王子禄父北奔，当即至此。[5]

1　（清）赵翼：《廿二史札记》，中国书店，1987，第10—11页。
2　唐兰：《西周青铜器铭文分代史征》，中华书局，1986，第20页。
3　李学勤主编：《清华大学藏战国竹简（二）》，中西书局，2011，第141页。
4　李学勤：《清华简〈系年〉及有关古史问题》，《文物》2011年第3期。
5　唐兰：《西周青铜器铭文分代史征》，中华书局，1986，第81页。

唐氏关于"录"国地望的推定是很合理的。因为清华简《系年》还说录子耿被征伐，助推反周的飞廉东逃于商奄，方位上正相适合。但是，录子圣立国殷畿之北，仍不能说明他就是王子禄父。清华简《系年》显示，录子耿（圣）是在三监被杀后为周人所立，并非北奔后自立。而武庚是周武王斩杀商纣王后所立，与所设三监中的管、蔡监殷同时。可见录子耿（圣）与武庚禄父封立的时间并不相同，此其一。又据太保簋铭文云："王伐录子圣，叔厥反，王降征令于大保。"（《集成》4140）太保即召公奭，在本铭中是征伐录子圣的主将。而周公东征率师讨伐武庚时，召公奭、太公望均留守镐京，故今本《尚书·金縢》及竹书本均记周公班师归来，他们偕同成王出郊相迎。可知录子圣与武庚的反叛，周军征伐的主将有别，此其二。又据天子圣觚铭文云："天（大）子圣作父丁彝。"（《集成》7296）"大子圣"即录子圣，他父亲的日名为丁，而武庚之父商纣王的日名却是辛。录子圣与武庚的先父庙号不同，自非一人，此其三。有此三证，足以把录子圣与武庚区别开来，自然"王子禄父北奔"说得不到有效支持。

关于录子圣的身份，或可从青铜器铭文中找到一些线索。有一件青铜觚铭云："王子圣"（《集成》9282），说明他是商王室子姓家族的核心成员，由于他父亲日名为丁，可知他也不是武庚之子。揆诸情势，录子圣或为武庚禄父的亲侄子，被安排接续武庚的嗣统，因称"王子圣""大子圣"，后称"录子圣"。"录"作为氏名，可能源自武庚禄父之字。这种情况与周代广义的"以王父字为氏"制度颇相近似[1]。春秋中期齐侯镈铭称："齐辟鲍叔之孙，跻仲之子綌"，又称"鲍子綌"（《集成》271），此即"以王父字为氏也"[2]，与"录子圣"为例略同。武庚禄父被杀后，周公乃命微子启代为殷后，奉其先祀。可能同时使录子圣（耿）接续王族嗣统，并迁至殷畿之北聊以存世。其后录子圣反叛，由召公奉命征伐而杀之。

由此看来，把"王子禄父北奔"理解为武庚北奔且在涞水流域复建邶国等说法，根据不足。如果北奔说还多少有一点史影的话，最大可能是武庚禄父在周公平叛之役中曾试图北逃，结果被周公截杀，仅此而已。

---

1 杨希枚：《联名与姓氏制度的研究》，《先秦文化史论集》，中国社会科学出版社，1995，第282—353页。

2 郭沫若：《两周金文辞大系图录考释（八）》，科学出版社，1957，第211页。

（三）伐奄非一役灭奄

《诗·豳风·破斧》云："周公东征，四国是皇。"毛传："四国，管、蔡、商、奄也。"四国实际是指四方之国，但周公东征有伐奄之役是无可疑。银雀山汉墓竹简《孙膑兵法·威王问》说："帝〔商〕奄反，故周公浅（践）之。"汉初伏生说周公居摄"三年践奄"，他又释《尚书·成王政》"遂践奄"说："践之者，籍之也。籍之，谓杀其身，执其家，潴其宫。"郑玄则直接读践为翦，训"翦，灭也"[1]。是践奄与灭国无异。伏生、郑玄这种以周公东征即一役灭奄的说法，颇得后世学者信从。

与此不同的是，《史记》却把伐奄之役分作两次。《史记·鲁周公世家》说："管、蔡、武庚果率淮夷而反"，周公"兴师东伐"和"宁淮夷东土，二年而毕定"。这里所说的"淮夷"又称东夷或九夷，其中以商奄、薄姑最为大国。故伐奄必为平定淮夷的题中之义。但《周本纪》又说周公致政成王后，"召公为保，周公为师，东伐淮夷，残奄，迁其君薄姑。成王自奄归，在宗周，作《多方》"。在这里，司马迁综合《书序》和《成王政》《将蒲姑》《多方》有关内容，认为成王即政后，又偕同召公、周公亲征淮夷，复有伐奄之役。伪孔传解释《尚书·成王政》序也说："成王即政，淮夷奄国又叛。王亲征之，遂灭奄而徙之，以其数反覆。"[2]孔颖达疏不破注，益申其说。清儒皮锡瑞亦认为："《孔传》成王亲征之说甚合经义，郑君偶有不照。"[3]他也对《史记》、伪孔传关于周人两次伐奄的说法加以肯定。

问题产生的根源，在于人们对《尚书》中《成王政》《将蒲姑》《多方》三篇伐奄文献的制作时代各有不同的理解。《成王政》《将蒲姑》早已亡佚，于今仅存《多方》一篇。据我们研究，《多方》当作于周公东征归来之时。如篇中周公对有方多士及殷多士说："今尔奔走臣我监五祀。"这个"五祀"即应从武王克商大封诸侯以治天下算起，即武王克商后的二年，加上周公东征三年，适在周公摄政三年[4]。说明郑玄等人主张《多方》当在《多士》之前的意见是可取的，而司马迁、伪孔传的看法则不免有误。仔细分析《书序》所

1 《诗·豳风·破斧》正义引，（清）阮元校刻：《十三经注疏》，中华书局，1980，第398页。
2 《尚书正义》卷十九《蔡仲之命》，（清）阮元校刻：《十三经注疏》，中华书局，1980，第227页。
3 （清）皮锡瑞：《今文尚书考证》，盛冬铃、陈抗点校，中华书局，1989，第527页。
4 杜勇：《〈尚书〉周初八诰研究》增订本，中国社会科学出版社，2017，第83页。

说："成王东伐淮夷。遂践奄，作《成王政》。成王既践奄，将迁其君于蒲姑，周公告召公，作《将蒲姑》。"不难发现《成王政》《将蒲姑》与《多方》的内容是有区别的，此时已由成王率师亲征，且有周公、召公偕行伐奄，是知当作于周公致政之后。以此看来，司马迁、伪孔传的二次伐奄说不为无据。更重要的是，此由清华简《系年》得到进一步证实。

清华简《系年》第三章本是一段讲述秦国始源及其发展的文字，但在交代有关秦人先祖飞廉被杀的背景时，间接地揭示了成王亲政后二次伐奄的史实。为了便于分析，这里将其前半段移录如下：

> 周武王既克殷，乃设三监于殷。武王陟，商邑兴反，杀三监而立录子耿。成王屎（救）伐商邑，杀录子耿，飞廉东逃于商盖氏。成王伐商盖，杀飞廉，西迁商盖之民于邾虐，以御奴䖂之戎，是秦先人。[1]

前已言之，简文中的录子耿即录子圣，并非武庚禄父。细玩竹简文义，更有数点可以析出。（1）录子耿之立，当在周公东征之时。武王死后，周公摄政凡七年。前三年周公全力东征，诛杀三监，东土初定。后四年的主要工作为营洛迁殷，制礼作乐，致政成王，此时不可能再伐录子圣。（2）成王诛杀录子耿，必在成王亲政之后。据太保簋铭，录子圣反叛，前往征伐的主将是召公奭，应是成王派遣的一支独立作战的周军，故可称"成王救伐商邑"。不过这个商邑已非封卫的朝歌，而是录子耿的封邑"录"（今河北平乡）。录子圣之"子"，或为爵称，或指其王子身份。（3）成王伐商奄杀飞廉，亦在成王即政后亲征东夷之时。飞廉为秦人先祖，与其子恶来俱事殷纣。武王伐纣时，恶来被杀，"飞廉为纣石［使］北方"[2]，幸免于死。后来他可能臣事录子圣，助其反叛活动，因而在召公伐录时又东逃于商奄，结果被东线伐奄的成王、周公诛杀。《书序》说："成王既践奄，将迁其君于蒲姑，周公告召公，作《将蒲姑》。"此言"周公告召公"，过去让人不知就里，于今方知成王、周公在践奄之时杀死飞廉，并通告召公。（4）商奄之民西迁，表明奄国族经过成王、周公此次征伐，始告覆灭。商奄的一支迁至邾虐（朱圉），居今甘肃甘谷、礼县一带[3]，成为秦的先人。此支可能属于飞廉家族，余者则成为鲁国治

1　李学勤主编：《清华大学藏战国竹简（二）》，中西书局，2011，第141页。

2　（汉）司马迁著、〔日〕泷川资言会注考证：《史记会注考证·秦本纪》，新世界出版社，2009，第329页。

3　李学勤：《清华简关于秦人始源的重要发现》，《初识清华简》，中西书局，2013，第140—144页。

下之民。《汉书·王莽传下》说："成王之于周公也，度百里之限，越九锡之检，兼商奄之民，赐以附庸殷民六族。"奄国族经过分割迁徙，已失去先前的政治地位，作为一个独立政治实体的奄国族已不复存世了。由此可以看出，奄国之灭不在周公东征之时，而是成王即政后与周公第二次伐奄，得以诛杀飞廉，西迁奄民，才使强大一时的奄国族真正归于灭亡。

现在回过头来重新审视传世文献，也可找到不少蛛丝马迹。仅存《书序》的《成王政》《将蒲姑》可置不论，尤须注意的是《孟子·滕文公下》有云："周公相武王，诛纣。伐奄，三年讨其君。驱飞廉于海隅而戮之，灭国者五十，驱虎、豹、犀、象而远之，天下大悦。"在这里，孟子把周公两次伐奄并作一谈，容易给人造成误解。实际是周公摄政三年为第一次伐奄讨其君，然未灭奄。奄于东夷最为大国，殷季纣伐东夷，劳师靡时，屡攻不克，何至于周公就能一役制胜？再说当时周公东征的主要目标是管、蔡、武庚三监，奄君、薄姑虽参与谋叛，但并不构成对周邦最直接的威胁，周公在平定三监之叛后，经过一番破斧缺斨的苦战，兵锋已成强弩之末，也不可能短时间内就一举翦灭东夷叛乱诸邦。《韩非子·说林上》说："周公旦已胜殷，将攻商盖。辛公甲曰：'大难攻，小易服，不如服众小以劫大。'乃攻九夷，而商奄服矣。"可见当时周公的伐奄战略是"服众小以劫大"，即进攻九夷（东夷）小国，使商奄震慑臣服就算达到目的了。故孟子所说"驱飞廉于海隅而戮之，灭国者五十"，当是成王即政后第二次伐奄之役。《吕氏春秋·古乐》说："成王立，殷民反，王命周公践伐之。商人服象，为虐于东夷。周公遂以师逐之，至于江南。"也是指第二次伐奄之事。可以说，若非清华简《系年》的发现，灭商奄为何与戮飞廉有连带关系，恐怕始终无法知其来由，二次伐奄的史事将被历史尘封。

（四）周公东征述略

关于周公东征的过程，文献语焉不详。有学者试图利用金文资料予以全面复原，用意甚佳。但所据彝铭如大保簋、令簋、禽簋、师旂鼎等为成王即政以后的器铭，安州六器为康世器，班簋为穆世器，全部用来说明周公东征史实[1]，并不成功。从现存文献看，《逸周书·作洛解》对此记载较多，可稍加

1　杨善群：《周公东征时间和路线的考察》，《中国史研究》1988年第3期。

分析。该篇云：

> 武王……崩镐，殡于岐周。周公立，相天子，三叔及殷东徐、奄及熊、盈以略（畔）。周公、召公内弭父兄，外抚诸侯。元年夏六月，葬武王于毕。二年又作师旅，临卫政殷，殷大震溃。降辟三叔，王子禄父北奔，管叔经而卒，乃囚蔡叔于郭凌。凡所征熊盈族十有七国，俘维九邑。俘殷献民，迁于九里。[1]

此言"周公立，相天子"，而天子或诸侯继位曰"立"，若周公继立王位，则不得称"相天子"，表述并不准确。这里"三叔"指管、蔡、霍三人，管叔、蔡叔是发动叛乱的主谋和主推手，霍叔的封地在今山西霍州，与殷王畿相距甚远，即使有反叛之意，也不大可能直接与管、蔡会师作战。"殷"即武庚禄父，与蔡、武庚合称三监，成为此次叛乱的风暴中心。群起响应的是徐、奄及熊盈诸国族。《左传·昭公八年》云："周有徐、奄"，杜注："二国皆嬴姓"。《史记·秦本纪》称嬴姓"其后分封，以国为姓"，其中"运奄氏"当即奄国。熊、盈、嬴可相通假，是徐奄为熊盈族。徐为淮夷的主要族邦，时居今山东曲阜一带，故淮夷亦称东夷。参与反叛的"熊盈族十有七国"，《吕氏春秋·察微》谓之"东夷八国"，高注："东夷八国附从二叔，不听王命，周公居摄三年伐奄，八国之中最大。"《左传·昭公九年》说："薄姑，商奄，吾东土也。"是蒲姑与奄国齐名，亦是东夷族邦中的重要反叛者。《尚书大传》说："武王死，成王幼，管、蔡疑周公而流言。奄君、薄姑谓禄父曰：'武王既死矣，成王尚幼矣，周公见疑矣。此百世之时也，请举事！'然后禄父及三监叛也。"[2]这是说东方诸国叛周的起因，先由于管蔡的流言，继成于奄君、蒲姑的鼓动。奄与蒲姑成了反周阵线的重要参与国，自然是周公东征的主要打击对象。

武王卒后，管蔡流言汹汹，武庚举兵相向，东夷遥相呼应，新造周邦的统治一时陷于严重危机。《尚书·大诰》载周公说："天降割（害）于我家，不少延（迟延）。"周公为国家安危计，力排众议，毅然发起东征。

周公摄政元年秋，作《大诰》以定东征之计，与召公"内弭父兄，外抚诸侯"，加强内部团结，争取友邦支持，动员臣民，兴调甲兵，全力做好讨伐

1　黄怀信、张懋镕、田旭东：《逸周书汇校集注》修订本，上海古籍出版社，2007，第514—518页。

2　《诗·邶风·邶鄘卫谱》正义引，（清）阮元校刻：《十三经注疏》，中华书局，1980，第296页。

三监的准备工作。所谓"一年救乱"大致如是。

次年，周公指挥东征大军，与管蔡叛军开始正面接触。《史记·卫康叔世家》载："管叔、蔡叔疑周公，乃与武庚禄父作乱，欲攻成周。"表明管蔡叛军在西向进攻途中，曾于洛阳一带与东征军交战，结果一触即溃。管蔡两人只好带领残兵败将北渡黄河，与集结朝歌的武庚叛军联手，企图又一次负隅顽抗。周公"又作师旅，临卫政（征）殷，殷大震溃。降辟三叔，王子禄父北奔，管叔经而卒，乃囚蔡叔于郭凌。"[1]近出卿盘铭文亦称："周公来伐商。"（《铭图》14432）这是一场硬仗，战事可能相当激烈，故谓"殷大震溃"。此役不仅管蔡叛军彻底覆灭，以致管叔走投无路而自尽，蔡叔聊以求生而被囚，武庚也丧师失地，逃离一直盘踞的老巢朝歌，旋即在北奔途中被东征军截获处死，故史籍有"诛武庚"和"杀武庚禄父"的记载。由于康叔在这次战役中"捍禄父之难"立下功勋，故被周公委以镇守朝歌的重任，此即沬司土疑簋铭文所说："王来伐商邑，诞令康侯鄙于卫。"（《集成》4059）至此，平定三监之叛告一段落。所谓"二年克殷"是也。

《尚书大传》又说："三年践奄"，此为克殷后东伐淮夷之役。淮夷又指东夷，以其部族甚众，又有"九夷"之称，徐、奄、薄姑为其大者。三监叛乱时，徐、奄、薄姑等东夷族邦亦结盟兴兵，起而叛周。由于"殷东徐、奄及熊、盈以略［畔］"[2]，故周公在克殷之后，于出师第三年发起"践奄"之役。小臣单觯铭云："王（周公）后堕克商，在成师。"可见周公东征军从殷都出发，在伐奄途中先于鄌地（今河南濮阳市范县东南）驻师[3]，再节节向前推进。周公采取攻小服大的伐奄策略，"凡所征熊盈族十有七国"[4]，大抵徐、奄、薄姑几个大国因被剪其羽翼不得不宣告臣服。此伐奄之役的结束，也就是周公东征全过程的结束。作于周公摄政三年的《尚书·多方》即谓："惟五月丁亥，王来自奄，至于宗周"。是知周公平奄之后即班师回朝，时在是年夏秋之交。

推算起来，周公东征整整用了两年时间，故《史记·鲁周公世家》说周公"宁淮夷东土，二年而毕定。"但从出师到班师前后却经历了三个年头，故《诗·豳风·东山》言东征战士归来，称"自我不见，于今三年"；《史记·周

1　黄怀信、张懋镕、田旭东：《逸周书汇校集注》修订本，上海古籍出版社，2007，第517页。

2　黄怀信、张懋镕、田旭东：《逸周书汇校集注》修订本，上海古籍出版社，2007，第514页。

3　陈梦家：《西周铜器断代》，中华书局，2004，第10—11页。

4　黄怀信、张懋镕、田旭东：《逸周书汇校集注》修订本，上海古籍出版社，2007，第518页。

本纪》又云："管蔡叛周，周公讨之，三年而毕定。"从《诗·豳风·东山》来看，东征战士归来之时，"果臝之实，亦施于宇""有敦瓜苦，烝在栗薪"，又见"熠耀宵行"（萤火虫），"仓庚（黄鹂）于飞"，皆为夏秋之交的自然景象，说明周公东征于其摄政三年秋天告一段落。这样看来，伏生《尚书大传》说，周公东征"一年救乱，二年克殷，三年践奄"。王肃也说，武王卒后"其明年称元年，周公摄政，遭流言，作《大诰》而东征。二年，克殷，杀管叔，三年归"[1]。这些说法大体上是符合事实的。关于周公东征的具体情况，大略如是。

三、成王东征

《尚书·洛诰》记成王对周公说："公，予小子其退，即辟于周，命公后。四方迪乱未定，于宗礼亦未克敉，公功迪将其后，监我士师工，诞保文武受命；乱为四辅。"这段话的大意是说，成王在从洛邑返回宗周继承君位之前，决定让周公留守洛邑，掌治百官以主东都大政，解救四方治乱未定的潜在危机，确保文王、武王创立的江山。说明东都洛邑的建成，使周人有了镇抚东方的大本营，具备了征服四方、安定天下的有利条件。当时政治局势尚未完全稳定，周公留守东都洛邑，不得不再肩重任，又一次发起东征之役，以便进一步打开拓疆建国的新局面。

成王即政后曾大事东伐的情况，文献记载亦极简略，而且模糊淆乱，几至这段重要史实湮没无闻。除《左传·昭公二十二年》王子朝说"成王靖四方"外，《书序》列有《成王政》《将蒲姑》《贿肃慎之命》，言及成王伐东夷、商奄、蒲姑，且为太史公化入《史记·周本纪》。然因原篇亡佚，仅凭《书序》难知其详，于今只有利用西周金文资料窥其大略。根据金文材料显示的情况，成王即政后的东征，大致可以划分为两个阶段。前一阶段成王挂帅亲征，周公、召公并主其事，意在通过东土北疆武装殖民，封藩建国；后一阶段则因周公谢世，由召公独肩大任，继张挞伐，以巩固东征成果。

（一）成王东征的第一阶段

这个阶段的东征开始由成王亲自挂帅，周公父子偕行襄赞，兵锋凌厉，直

---

1 《尚书·洛诰》疏引，（清）阮元校刻：《十三经注疏》，中华书局，1980，第214页。

捣东夷腹地，终使周人在东土的统治势力扎下根来。此役所见彝铭资料有：

禽簋："王伐楚（楚）侯，周公某（谋），禽祝，禽又啟祝。王易金百
锊，禽用作宝彝。"（《集成》4041）

刚劫尊："王征楚（楚），易刚劫贝朋。"（《集成》5977）

曋方鼎："惟周公于征伐东夷，丰伯、薄姑咸戈。公归票于周庙，戊
辰，饮秦饮。公赏曋贝百朋，用作尊鼎。"（《集成》2739）

上述各器论者以为是成王即政前周公东征时物，似未谛。前已言之，禽簋铭
中的"王"亲掌诛赏大权，而周公只处于谋划辅佐地位，是知"王"为即政
后的成王。曋方鼎铭记东夷大国薄姑的覆亡，亦非周公克殷践奄时所能完成的
事功。故以三器为成王亲政后器较为合宜。

禽簋、刚劫尊中"王伐楚"的"楚"，陈梦家释为"盖"，并推演为"商
盖"即商奄。唐兰基本从陈说，有时也游移不定，谓："成王伐楚，只有禽
簋、刚劫簋两见。"[1]实则"楚"非盖字，如前所述当为"楚"的异构。然
而，周公东征何以伐楚？这是历来就曾令人困惑的问题。郭沫若曾认为楚之
先原居淮河下游，与奄人、徐人同属东国，因周初东征受其压迫始向西南迁
移[2]，但此说与南方荆楚的祖先鬻熊早在殷末即"子事文王"相抵触，难以据
信。沈长云经过研究认为，楚本是颛顼和祝融氏的后裔，原居今河南滑县和
濮阳县之间的楚丘邑一带。其中一支部族因不堪忍受殷末帝辛穷兵黩武的压
迫，便在鬻熊的率领下向西南方迁至汉水流域，后称荆楚。余部仍留居中
原，因与周人对抗而成为成王东征的对象[3]。清华简《楚居》证明，楚人源起
中原是可信的。楚先季连曾居"京宗"（今河南洛阳一带），北上得见盘庚之
子武庚，又娶妣佳为妻，"爰生绖伯、远仲"，暗示殷商后期楚人形成两大宗
族势力，或因对待殷楚关系的立场不同，后来形成两大对立的政治派别。一
派亲殷，继续留居楚丘，此即《史记·楚世家》所言"或在中国"者；一派
疏殷，在鬻（穴）熊带领下沿黄河西去，归服周文王，后至熊绎南迁，终成
"或在蛮夷"的南方大国[4]。由于留居楚丘一带的楚人，政治立场与殷人接近，

1　唐兰：《论周昭王时代的青铜器铭刻》，中华书局编辑部编：《古文字研究》第2辑，中华书局，
1980。

2　郭沫若：《金文丛考·金文所无考》，开明堂，1932，第44页。

3　沈长云：《谈〈令簋〉中的楚及相关诸问题》，《中华文史论丛》1990年第46辑。

4　杜勇：《清华简〈楚居〉所见楚人早期居邑考》，《中国国家博物馆馆刊》2013年第11期。

对周邦统治叛服无常，因而被成王东征加以讨伐。

　　鼍方鼎铭文说到"丰伯、薄姑咸戈"，比照史墙盘"武王既戈殷"（《集成》10175）来看，"戈"无疑有灭亡之意，即丰伯、薄姑悉遭剿灭。"丰伯"当为东夷族邦，其地望陈梦家以为在曲阜西南方[1]，实际当与薄姑相近。"薄姑"文献又作"蒲姑"，《左传·昭公二十年》说："昔爽鸠氏始居此地，季蒯因之，有逢伯陵因之，蒲姑氏因之，而后太公因之。"其地在今山东临淄一带。器铭没有提到泰山以南的奄国之灭，或因奄为东夷实力最强的族邦，遂以东夷大名代奄之小名。近出清华简《系年》云："成王伐商盖，杀飞廉，西迁商盖之民"，可补此一史实之阙。而鼍方鼎说周公返周"饮秦饮"，应为灭商奄、杀飞廉后所获酒浆，以作周庙祭品。这说明薄姑、商奄为东夷最有代表性的国家，以其同声共气，与周为敌，在此役中同被诛灭。这样，周人在泰山南北封建齐鲁两个大国也就有了昨土授民的必备条件。

　　此次东征除周公、伯禽父子均有任务外，大保召公奭也是奉命出征的主帅之一。不过，他并未跟随成王东进，而是另率师旅全力经略北疆。这在大保簋铭中有比较集中的反映。兹录铭文如下：

　　　　王伐录子圣，叡厥反，王降征令于大保。大保克敬亡遣，王永大保，易休余土。用兹彝对令。（《集成》4140）

铭文中"叡厥反"之"叡"，早年曾有学者指出是国名，但不被采用，更多的是将其作为发语词来看待的。诚然，"叡"作为发语词在金文中是有的，然此铭中的"叡"释作发语词则未必允当。自琉璃河1193号周墓出土克罍、克盉之后，人们以克器铭文相比勘，普遍认为此三器中的"叡"应是方国之名。"叡"作为邦方之名，廪辛、康丁卜辞每每可见，它与羞方、羌方、緫方合称"四邦方"，所处位置当与羌方相近[2]，也是商王朝所属方邦之一。入周以后，仍不失其原有地位。此时起而叛周，成为召公征伐的对象之一。

　　铭中的"录子圣"，前文说过并非武庚禄父。"录"为氏名，亦为国名，"圣"则为"录子"之名，此与"微子启"和"楚子熊绎"语例相同。"录"之为国，郭沫若认为："殆即《春秋》文五年'楚人灭六'之六，旧称皋陶之后，地望在今安徽六安县（市）附近"[3]。陈梦家也认为："所征之录疑在南

1　陈梦家：《西周铜器断代》，中华书局，2004，第18页。
2　陈梦家：《殷虚卜辞综述》，中华书局，1988，第298页。
3　郭沫若：《两周金文辞大系图录考释（六）》，科学出版社，1957，第63页。

土。"[1]二氏所说，均不足据。因为地近于录的*方既在北土，录地则不当于南土求之。唐兰考定"录子之国当在今河北平乡县一带"，与"*"在北土相应，也与清华简《系年》说"飞廉东逃于商盖"的方位相合，应可信据。录地既在北土，铭文中"余土"则非徐土，亦当为北疆之地，只是其确切位置有待探求。

从铭文中"王降征令于大保"来看，召公此次北伐，独肩大任。成王、周公则率军在东线作战，彼此配合。《书序》说："成王既践奄，将迁其君于蒲姑，周公告召公，作《将蒲姑》。"此言"周公告召公"，应与召公当时在北线独立作战有关。小臣*鼎称"召公建燕"[2]，应即召公此次北征取得辉煌战果的体现。

要之，这个阶段成王、周公东征不仅在于消除当时"四方迪乱未定"的危机，而且通过进一步开拓疆域，基本实现了周人统治天下的战略意图。经过这次军事行动，燕、齐、鲁几个主要大国相继建立，周人一统天下的政治格局基本形成。

（二）成王东征的第二阶段

此一阶段的东征大概发生在周公辞世以后。关于周公辞世的时间，《通鉴外纪》卷三说："周公归政三年'老于丰，事文王之庙，将没'曰：'葬我成周，示天下臣于王也。'公卒，谥义公。"刘恕于"公卒"之后注引应劭曰："周公年九十九。"清人牟庭作《周公年表》[3]据应劭之说推证周公于成王三十五年薨于成周。刘、牟二氏同据应劭周公年寿之说，结论却大相径庭。尽管这个问题目前还无法准确判断，但刘说失之太早、牟说失之偏晚是十分明显的，估计周公在成王中期过世的可能性比较大。所以这个阶段的东征大致发生在成王中后期，任其役者有召公、伯懋父、明公等人，其目的在于巩固前一阶段东征的成果，进一步扩大周王朝直接统治的区域。以书阙有间，这个阶段的东征情况也主要通过金文资料得以揭示出来。

旅鼎："惟公太保来伐反夷年，在十又一月庚申，公在*师。"（《集成》2728）

1 陈梦家：《西周铜器断代》，中华书局，2004，第47页。
2 裘锡圭：《释"建"》，《古文字论集》，中华书局，1992。
3（清）牟庭：《同文尚书》附录，齐鲁书社，1982。

小臣謎簋："𠭯东夷大反，白懋父以殷八师征东夷。惟十又一月，遣自𡴝师，述东陕，伐海眉。雩厥复归在牧师。"（《集成》4238）

疐鼎："王令遣捷东反夷，疐肇从遣征，攻龠（跃）无敌。"（《集成》2731）

三铭所记时间、人物以及攻伐对象均同，知为一事。旅鼎在光绪二十二年（1896年）出土于山东黄县（今属龙口市），与小臣謎簋所记"伐海眉（海边）"相印合，表明东征军所向披靡，直至海隅澙卤之地。至此，周公"海隅出日，罔不率俾"[1]的未竟事业终于在召公主持下得以完成。由于周人东进的基础由周公奠定，东进的策略由周公谋划，故先秦士人论及周公东征特别称美周公而不必尽为实录[2]。孟子赞颂周公"伐奄，三年讨其君，驱飞廉于海隅而戮之，灭国者五十"[3]，即是一例。是时周公虽已亡故，但其次子明公（明保）以及鲁侯伯禽却在此役中继承父志而大有作为。明公簋铭云："惟王令明公遣三族伐东国……鲁侯有囚功，用作旅彝。"（《集成》4029）《书序》云："鲁侯伯禽宅曲阜，徐、夷并兴，东郊不开，作《费誓》。"《费誓》所记应为此次伯禽征伐徐、夷之事。《诗·鲁颂·閟宫》云："泰山岩岩，鲁邦所詹。奄有龟蒙，遂荒大东，至于海邦。淮夷来同，莫不率从，鲁侯之功。"诗中或有夸大其词之处，但周公父子对周人势力的东伸无论如何也是有功可录的。

又令簋铭云："惟王于伐楚伯，在炎。惟九月既生霸丁丑，作册夨令尊俎于王姜。"铭中的"炎"读如郯，亦即谭，地在今山东历城[4]。从"伐楚"至"炎"，正是由成周东至于海的必经干道。召尊、召卣铭云："惟九月在炎师，甲午，白懋父赐召白马……用追于炎。"（《集成》6004、5416）此与令簋的时间、地点全同，可知白懋父是这次东进战役的具体指挥者，而成王与后妃王姜可能同在东征前线。此次对东夷大张挞伐，战区甚广，颇具规模。𤔲鼎铭云："惟王伐东夷，溓公令𤔲眔史旗曰：以师氏及有司、后国𢦏伐腺。"（《集成》2740）员卣铭云："员从史旗曰伐曾。"（《集成》5387）所伐"腺"国，其字从鸟，当是以鸟为图腾的东夷之国。所伐"曾"国，旧释为"会"（桧），地非东国，当释作"曾"，为东夷之国。《汉书·地理志》东海郡有

1 《尚书·君奭》，（清）阮元校刻：《十三经注疏》，中华书局，1980，第225页。

2 杜正胜：《周代城邦》，联经出版事业公司，1979年，第214页。

3 《孟子·滕文公下》，（清）阮元校刻：《十三经注疏》，中华书局，1980，第2714页。

4 杜勇、沈长云：《金文断代方法探微》，人民出版社，2002，第80—81页。

"缯，故国，禹后"。《说文》释"缯"云："姒姓，在东海"，大概就是这个曾国，其地在今山东枣庄市东。潇公、史旗率部在泰山以南的广大地区作战，可能与配合明公、伯禽平定徐、淮叛乱有关。

经过这次东征，东方不稳定因素得以消除，周人对东土的统治完全确立。其后东土虽仍有叛乱发生，但已不足为周室之大患了。

在这个阶段，周人还曾有过北征之举。吕行壶铭云："惟四月，白懋父北征，惟还，吕行捷俘贝。"（《集成》9689）是知伯懋父是这次军事行动的统帅。又师旗鼎铭云："惟三月丁卯，师旗众仆不从王征于方……白懋父乃罚……今弗克厥罚。懋父令曰'义播诸厥从不厥右征。今毋播，斯有内于师旗'。"（《集成》2809）铭中"王征于方"，或为卜辞屡见之"盂方"，亦即克罍、克盉铭授燕六国中的"雩"。其时"于方"已是燕国治下的臣民，或因闹独立性而被伯懋父征伐，目的在于助燕立国。这次北征可能诛灭了不少殷商旧时方国，使周人在北土的势力也进一步巩固下来。

这里对周公东征和成王东征（两阶段）的情况所做的初步探索，当然是粗线条的，甚至或然性也很大。但有一个基本事实似可肯定，那就是周公东征并非毕其功于一役，而在成王即政后周公还曾主持过大规模的东征，因此我们申论周公二度东征说，以期说明周人东征的历史真相和艰难历程。

第三节　东方大藩次第封建

周公、成王通过大举东征，武装殖民，从华北平原东至于海，西至太行山麓，北抵燕山，南至淮水之北，大抵都纳入了周人的直接统治范围。在东土广大区域内，周人重新分封了许多同姓或异姓诸侯国，其中卫、燕、鲁、齐四国堪称藩屏周室的东方大藩，形成了以东都成周为中心，以卫为后援，齐控东夷，鲁抑淮夷，燕制北戎的战略格局，大大加强了周人对东土的统治。

一、卫国

卫国是周公东征结束后建立的一个封国，康叔封为第一任封君。《尚书大传》说：周公摄政"四年建侯卫"，郑玄以为："封康叔于卫为建侯卫。"[1]依此

---

[1]《周礼·天官冢宰》孔疏，（清）阮元校刻：《十三经注疏》，中华书局，1980，第639页。

卫国的封建，当在周公摄政四年，世无异议。

（一）康叔从康徙卫

武王克商后，始封叔封于康，故称康叔或康叔封，彝铭则称"康侯"或"康侯封"。后徙封于卫，亦称卫康叔、卫叔或卫叔封。叔封何以称"康"，在经学史上是一个颇有争议的问题。或以康为谥号，或以康为国名，两说相抗，僵持千年。近出清华简《系年》明言："卫叔封于康丘"，是知康又称"康丘"，为地名及封国之名。但是，康作为地名或国名，其地理位置何在？又形成不同看法，直接影响康叔封卫史实的认知，有必要续加探讨。

关于康之地望，近年清华简整理者提出其地在殷（卫）的新说，与清代学者考定康在成周东南迥相异趣。为讨论方便，现将清华简《系年》第四章有关简文移录如次：

周成王、周公既迁殷民于洛邑，乃追念夏、商之亡由，旁设出宗子，以作周之厚屏。乃先建卫叔坲（封）于庚（康）丘，以侯殷之余民。卫人自庚（康）丘迁于淇卫。[1]

依此整理者所作句读，不难发现"乃先建卫叔"等后半段行文颇为缭绕，易生疑窦。最大的问题是，既言先建卫叔于康丘，以侯殷之余民，何以成王、周公治国理政如此不慎，紧接着又改封康叔于淇卫？既然康叔封于康丘可治理殷之余民，那么，迁封康叔的用意又在何处？这些问题因与相关史实多有抵牾，不免给人们带来莫大困惑。清华简整理者认为，康丘其地应在殷故地邶、鄘、卫之卫地范围内，或者说："康丘就在殷，是邶鄘卫的卫的一部分，所以康叔封也可称卫叔封，不久卫人迁都淇卫，即在淇卫流域的朝歌，那里便专称卫了。"[2]也有学者认为："康叔最初的封地完全有可能位于殷都所在的洹水流域"[3]。其说略异，但康地在殷的本质未变，都是依据简文"乃先建卫叔封于康丘，以侯殷之余民"所得出的结论。然而，简文是否可以如此句读，所叙史事是否可靠，还不能没有疑问。

其一，殷与卫同在一地，似无二次分封康叔的必要。《史记·卫康叔世家》说："周公旦以成王命兴师伐殷，杀武庚禄父、管叔，放蔡叔，以武庚殷

1 李学勤主编：《清华大学藏战国竹简（二）》，中西书局，2011，第144页。
2 李学勤：《清华简〈系年〉及有关古史问题》，《文物》2011年第3期。
3 路懿菡：《从清华简〈系年〉看康叔的始封》，《西北大学学报》（哲学社会科学版）2014年第4期。

余民封康叔为卫君，居河、淇间故商墟。"此"商墟"指纣都朝歌（今河南淇县），亦即清华简《系年》所言"淇卫"。此地虽然也称"殷墟"或"殷"，如《左传·定公四年》称，周公封康叔于卫，"命以《康诰》而封于殷虚"，《逸周书·作洛解》谓："俾康叔宇于殷"，但与洹水殷墟并非一地。至于"卫"作为具体地名，位于朝歌东二十里（今河南浚县西南的卫贤镇），与当时称为"殷"的朝歌本是两个不同的地方。由于两地军事防卫体系上的一体化，合则一城，分则两地，均可用于指称武庚封国所在的中心城邑。待三监叛乱敉平后，殷畿故地成为康叔的封国，自然不宜复名为"殷"，而卫与殷都的一体化，用"卫"来称呼康叔的封国便成为与殷都既有区别又有联系的最佳选择。从此卫不再是原来的一个小地名，而是把整个殷畿包括朝歌、邶、鄘、卫等地全面加以覆盖[1]。从"卫"这个地名内涵的演变情况看，康丘不可能是邶鄘卫之卫的一部分，谈不上康叔先封于康丘，继迁于淇卫的问题。何况殷与邶鄘卫之"卫"同在一地，周公没有必要再郑重其事地对康叔进行徙封。

其二，康叔封康与封卫分属武成二王，并非发生在同一王世。宋王应麟《诗地理考》引《世本》云："康叔居康，从康徙卫。"此事在周公东征之后，史有明载。除《左传·定公四年》祝佗有说外，《史记·鲁周公世家》亦云："管、蔡、武庚果率淮夷而反。周公乃奉成王命，兴师东伐，作《大诰》。遂诛管叔，杀武庚，放蔡叔。收殷余民，以封康叔于卫。"又沫司土疑簋铭云："王来伐商邑，诞令康叔啚（鄙）于卫。"这里的"鄙于卫"之"卫"，实即上句所说的"商邑"朝歌，互文同指。既然所鄙者为"卫"，则"鄙"为都鄙，显非边鄙之义[2]。这些材料所反映的史实为学者所认同，并无疑义。至于康叔封康，过去不少学者据《史记·管蔡世家》认为武王克商后，因康叔年少"未得封"，今由清华简《系年》可知此种说法是不正确的。《尚书大传》说，成王继位，周公摄政，"一年救乱，二年伐殷，三年践奄，四年建侯卫"，前三年是周公平定三监叛乱的时期，西周王朝政局动荡，不具备大行分封的条件。所以学者多认为康叔封康在武王之世。顾颉刚、刘起釪指出："《周本纪》在叙周公、召公、管叔、蔡叔之封后接着说'余各以次受封'，表明子弟都受封，所以叔封在武王时受封采地于康是完全应有的事。"[3]屈万里认为：

---

1 杜勇、孔华：《关于邶鄘卫与洓水北国的地理纠葛》，《中原文化研究》2016年第3期。
2 杜勇：《关于沫司土疑簋考释的几个问题》，《西华师范大学学报》（哲学社会科学版）2018年第3期。
3 顾颉刚、刘起釪：《尚书校释译论》第3册，中华书局，2005年，第1367页。

"康叔初封于康，后徙封于卫，则封于康时，自当在武庚之乱前，亦即当武王之世。"[1]由此看来，清华简整理者据《系年》说康叔封康与封卫都在成王之世，即封康"不久"即迁封于卫，显与史实相悖，难以凭信。

其三，清华简谓康叔为"卫叔"，乃是作者使用后起称谓叙史，不能证明康叔的始封地在卫。清华简《系年》一曰"乃先建卫叔"，再曰"卫人自康丘迁于淇卫"，似乎表明康叔封康之时，其地在卫，故称"卫叔"或"卫人"。其实，"卫人"或"卫叔"在这里虽指康叔而言，但这是清华简《系年》作者用后起称谓来叙述史事，起不到间接证明康丘在殷（卫）的作用。用后起称谓述说前事，在文献中是常见现象。如《逸周书·克殷解》记武王克商后，"立王子武庚，命管叔相，乃命召公释箕子之囚，命毕公、卫叔出百姓之囚"；又称"王入，即位于社太卒之左，群臣毕从，毛叔郑奉明水，卫叔封傅礼"。其时武王刚在牧野之战打败商纣王，进入商都朝歌，分封之事尚未提上日程，但康叔封即被称为"卫叔"或"卫叔封"。可见若非实录性档案文件，仅从人物称谓上是无法判断事件发生的早晚的。康叔封康之时，清华简《系年》即称康叔为"卫叔"或"卫人"，与康地是否在殷（卫）无关。

从上述三个方面的分析来看，不仅清华简《系年》的文字表述很不周密，而且整理者的相关诠释也存在问题。依据相关史实，细味简文，笔者觉得有必要对上引简文重新进行句读，才能够更好地体现清华简《系年》的真正意蕴。这里有两点值得注意，一是从逻辑上分析，"卫叔"二字后面应有被省略的重文，因此"乃先建卫叔封于康丘"当析为两句；二是"卫叔"后面的"封"字不宜视为康叔之名，而应理解为动词，为封建之义。据此，可将简文补上"重文"重新标点如下：

> 周成王、周公既迁殷民于洛邑，乃追念夏、商之亡由，旁设出宗子，以作周之厚屏。乃先建卫叔，[卫叔]封于康丘，以侯殷之余民，卫人自康丘迁于淇卫。

简文前半部分大意是说，周成王、周公把部分殷商遗民迁至洛阳后，追念夏商二国灭亡的缘由，广置诸侯以封宗子，作为维护周王室统治的屏障。后半部分则可翻译为：于是首先封建卫叔，卫叔本封于康丘，为了统治殷之余民，由康丘迁往淇卫。这样，不仅文从字顺，而且与相关史实吻合无间。

---

1 屈万里：《尚书集释》，中西书局，2014，第147页。

这里尚需进一步探讨的问题是，如果康丘不在殷（卫），又当位于何地呢？早在汉唐时期，学者对"康"地所在即不甚了然。《史记·卫康叔世家》索隐曰："康，畿内国名。"又引宋忠言："畿内之康，不知所在。"直至清代，才有学者对康的地理位置陆续做出了令人信服的考证。如阎若璩考证说：

> 《括地志》云："故康城在许州阳翟县西北三十五里。"阳翟，今禹州，正周畿内地。[1]

江永承其说，亦谓："（襄公廿九年）传'吾闻卫康叔、武公之德如是。'今按康叔始食采于康，后徙封卫。《括地志》云：'故康城在许州阳翟县西北三十五里。'阳翟，今许州府禹州。"[2]民国时期，熊会贞据《水经注·颍水》谓"颍水又东出阳城关，历康城南"作疏云："《寰宇记》，康城，《洛阳记》云，夏少康故邑也。接引此作康城。《名胜记》同。《晋书·石勒载记》，石生陷攻康城。《地形志》，阳翟县有康城，至孝昌中，因置康城县，属阳城郡。……《括地志》，故康城在阳翟县西北三十五里。在今禹州西北三十里。"[3]说明其地称"康"由来已久，以夏代少康故邑得名。

继阳翟说之后，孙星衍又提出颍川（汝州）说：

> 《路史·国名纪》云："《姓书》康叔故城在颍川，宋衷以为畿内国。"《姓书》盖何氏《姓苑》，今亡。云"在颍川"者，《说文》："邟，颍川县。"《汉书·地理志》颍川有周承休，侯国，元始二年更名邟。《集韵》："邟，县名，在颍川。"又有鄺，同音地名，则即康也。元始二年复古称邟，今河南汝州是。[4]

孙氏所说汝州有周承休侯国，后复置县，亦见于相关文献。如正德《汝州志》卷二《古迹》云："汝州子城，在城内州治西北。……周承休城，在子城东。汉元帝置此县。"[5]清顾祖禹《读史方舆纪要》"汝州"条下有云：

> 承休废县，在今州治子城东。本曰周承休城，汉武帝元封三年封姬嘉为周子南君，以奉周祀，邑于此。元帝永光五年更置周承休侯国，属

1 （清）阎若璩：《四书释地》，《景印文渊阁四库全书》第210册，商务印书馆，1986。

2 （清）江永：《春秋地理考实》，《景印文渊阁四库全书》第181册，商务印书馆，1986。

3 （北魏）郦道元注，杨守敬、熊会贞疏：《水经注疏》，江苏古籍出版社，2001，第1807—1808页。

4 （清）孙星衍：《尚书今古文注疏》，陈抗、盛冬铃点校，中华书局，1986，第354页。

5 正德《汝州志》，上海古籍书店，1962。

颍川郡。成帝绥和初更进为公，平帝元始四年更名为郅。光武改封姬常于东郡畔观县曰卫公，以郅县废入阳城县。……《括地志》："周承休城一名梁崔坞，在梁县东北二十六里。"魏收《志》："东魏武定中汝北郡移治梁崔坞。"或曰即梁瞿乡也。《水经注》："承休东南有梁瞿乡，后魏世祖尝驻军于此。"杜预曰："故承休城在梁县东。"[1]

上引清人对康地的考证看似不同，实际差别不大。禹州即今河南禹州市，汝州即今河南汝州市，两地东西接壤，直线距离不过六十公里。所谓禹州西北与汝州东北，在方位上是一致的，至于具体里程不过概数而已，未可拘泥。总之，"承休城"或后来改称"康城"，与禹州或汝州都有一段距离，更具体的地理位置尚难考定，但其地在汝州与禹州之间[2]、颍水之北，应无问题。由于清华简《系年》行文不够精确，逻辑不够严密，因而易生误解，乃至形成康地在殷的说法，与相关史实大相违牾。前贤以为康叔始封于康，其地在成周东南即今禹州与汝州之间、颍水之北，仍是最合理的推测。

（二）卫国封建的新机制

卫国是周公平叛后在原武庚统治中心区新建的一个诸侯国。《汉书·地理志上》河内郡属县有"朝歌"，班固自注："纣所都，周武王弟所封，更名卫。"是卫国都邑与此前帝纣、武庚的故都朝歌，一脉相承。朝歌故城在今河南淇县城内，其城垣遗迹至今犹见。1990—1991年，考古工作者曾对朝歌故城进行了第一次科学发掘。在故城东北角开挖横断城墙的探沟两条，地层和遗迹基本相同，均发现有从外侧向内侧依次叠压的九期城垣遗迹。其中一期城垣系平夯，夯层所叠压的地层中未见任何文化遗物，故其始建年代难以准确判断。二至五期城垣系从外侧修补一期城垣，其间发现有战国晚期墓葬打破二期城垣的情况。六期城垣系倾斜堆积的夯层，出土有战国早期的遗物。七至九期的城垣系从外侧进行大规模重筑，夯层中多见战国时期的器物，第九期城垣约属战国末期或更晚一些。后来，又在北城墙中部开挖探沟发掘，发现有七期城垣遗迹。其中一至三期修筑方式近似，四、五期系从外侧修补早期城垣，六期系战国时期较大规模的重筑，七期系从内侧重筑，其下叠压

---

1 （清）顾祖禹：《读史方舆纪要》，贺次君、施和金点校，中华书局，2005，第2436页。
2 刘启钎：《周初的"三监"与邶、鄘、卫三国及']康叔封地问题》，中国地理学会历史地理专业委员会《历史地理》编辑委员会编：《历史地理》第2辑，上海人民出版社，1982。

有战国时期的灰坑、灰沟。另在城址中部发现先商文化层，城址东部发现西周、春秋、战国及汉代窖穴、灰坑、墓葬等[1]。1998 年，考古工作者为了配合夏商周断代工程，又对淇县城内摘心台、二道沟两处遗址进行了考古调查。相传为商纣王所建的摘心台出土陶片的年代多属周代，且不乏春秋战国时期的标本。二道沟相传为商末朝歌的第二道城垣，为夯土建筑，出土陶片年代多属东周。由此推测，纣都朝歌或不在淇县城内[2]。这个意见并不成熟，无疑需要今后进一步的考古工作来检验。此外，卫国公室墓地早在 20 世纪 30 年代即被发掘。墓地位于河南浚县西南隅的辛村，面积 15 万平方米。墓地年代为西周至东周初，共发掘清理了 82 座墓葬，其中有墓道的大型墓 8 座，中型墓 6 座，小型墓 54 座，车马坑 2 座，马坑 12 座[3]。其中 17 号墓和 5 号墓东西相距仅 6 米，均为两墓道的中字形大墓。5 号墓有红玛瑙串饰出土，又出有青铜鬲，铭文称："卫文君夫人叔姜作其行鬲，用从遥征。"（《铭图》2863）学者推断两墓应为卫君及其夫人，有可能是卫惠公或卫懿公[4]。

卫国建都朝歌，统治地区是子姓殷遗家族的集中居住地，有着二三百年的发展基础，人口的密度和数量相对较大。即使经过武王、周公二度克商的打击，殷之余民的社会组织和族群结构也未发生根本改变，依然潜存着与周朝对立的不安定因素。如何彻底消弭殷之余民的反抗力量，巩固周人在殷畿地区的统治，是对周公政治智慧的考验。

最重要的当然是卫君的选建。《左传·定公六年》说："太姒之子，唯周公、康叔为相睦也。"康叔在周公东征时"捍禄父之难"[5]，与周公并肩作战，共克时艰，关系亲密程度非其他兄弟可比。因而周公把统治卫国的重任交给了康叔。康叔封卫，周公对其诫励有加，寄予厚望。其诰辞即今文《尚书》中的《康诰》《酒诰》《梓材》三篇。《史记·卫康叔世家》对诰辞内容简要概括说："周公旦惧康叔齿少，乃申告康叔曰：必求殷之贤人君子长者，问其先殷所以兴，所以亡，而务爱民。告以纣所以亡者以淫于酒，酒之失，妇人是

1　张玉石、赵清、魏兴涛：《淇县朝歌故城》，中国考古学会编：《中国考古学年鉴（1992）》，文物出版社，1994。

2　夏商周断代工程朝歌遗址调查组：《1998 年鹤壁市、淇县晚商遗址考古调查报告》，《华夏考古》2006 年第 1 期。

3　郭宝钧：《浚县辛村》，科学出版社，1964，第 9—33 页。

4　李学勤：《东周与秦代文明》增订本，文物出版社，1991，第 70 页。

5　《史记·三王世家》，中华书局，1959，第 2108 页。

用，故纣之乱自此始。为《梓材》，示君子可法则。故谓之《康诰》《酒诰》《梓材》以命之。"周公要求康叔抚绥殷遗，厉行禁酒，严守周法，做到"用康义民""以殷民世享"[1]。

周人创立的分封制度，具体内容当然不止立君一项。《左传·隐公八年》，鲁国大夫众仲说："天子建德，因生以赐姓，胙之土，而命之氏。"这里说到的"赐姓""胙土""命氏"，体现了封建制度的三要素，"其义是指赐族属、分土地、封邦国，也就是分民、裂地、建国"[2]。封建对象简选的是明德有功者，且必须生时分封，使其承担疆土属民的统治责任，以蕃屏王室。不过，这样的制度内涵并不是一开始就有的，实际是周公在治国实践中不断总结经验教训，注入体制创新元素，才逐渐完备起来的。这在周公对卫国的分封过程中，即有充分的体现。

一是"命氏"。命氏就是建立诸侯国。孔颖达对众仲的话作疏说："封之以国名，以之为氏。诸侯之氏，则国名是也。"国名看似没有多少实质性意义，实则代表新建诸侯政治身份和共同体上层组织构成的确立，是立国的必备条件。武王克商以后，封武庚以续殷祀，商国由天下共主沦为一个臣属于周的诸侯国。但其国名未易，上层组织结构亦未改组，统治者仍是以武庚为首的子姓王室贵族。结果除了殷的政治地位下降外，余则照旧。因而未过几年，待国力有所恢复，武庚又伙同管、蔡发动叛乱。有鉴于此，周公平叛后不再任用殷人为诸侯，而是改国名为卫，以自己的亲弟弟康叔为卫君。至于卫国的政府机构也实行改组换班，由周邦派出大小官吏进行管理和统治。当然，为了安抚和笼络殷之余民，对那些愿与周人真诚合作的殷遗贵族，也给他们奔走效力的机会。如金文所见沫司土疑即是一位殷遗贵族，原为商郊沫邑的封君（沫伯），后被起用，担任康叔政府的司徒，因称沫司徒[3]。总体来说，通过重新"命氏"，无异于宣告了殷的彻底灭亡，有效阻断了殷遗民反周复国的政治桥梁和感情纽带，充分发挥了周人分封以治天下的制度性作用。

二是"胙土"。胙土就是赐授疆土，确定封国的疆治范围。武王克商后，"封商纣子禄父殷之余民。武王为殷初定未集，乃使其弟管叔鲜、蔡叔度相禄

1　《尚书·康诰》，（清）阮元校刻：《十三经注疏》，中华书局，1980，第205页。
2　杨希枚：《先秦赐姓制度理论的商榷》，《先秦文化史论集》，中国社会科学出版社，1995，第106、154页。
3　杜勇：《关于沫司土疑盨考释的几个问题》，《西华师范大学学报》（哲学社会科学版）2018年第3期。

父治殷"[1]。武庚封国的疆域来自商纣王统治的王畿，管叔、蔡叔虽于畿内各有驻邑，但对其疆土的盈缩影响不大。继后封建卫国，"以武庚殷余民封康叔为卫君，居河淇间故商墟"[2]。河即黄河，淇为淇水，其间的商墟为朝歌，是卫国的几个主要地理标识。《左传·定公四年》，卫国大夫祝佗言及卫国疆至较为具体："封畛土略，自武父以南及圃田之北竟。"惜其地名殊难考究。如"武父"为卫国北界，地望不详；南至"圃田"，或谓即"原圃"（今河南中牟西的圃田泽），亦难确证。由于卫国疆域与武庚封土、纣王王畿一脉相承，或许可以从这里稍作推测。《战国策·魏策》载吴起说："殷纣之国，左孟门（今河南辉县西），而右漳滏（今河北漳河），前带河（古黄河），后被山（今太行山）。"郑玄《诗谱·邶鄘卫谱》云："邶鄘卫者，商纣畿内方千里之地。其封域在《禹贡》冀州大行（今太行山）之东，北逾衡漳（今河北漳河），东及兖州桑土（今河南濮阳）之野。"吴起所言殷纣之国，郑玄所说商纣王王畿，应该就是卫国的疆域范围，大致在今河南省北部和河北省南部。由于在此范围内，考虑到还有凡（今河南辉县市西南）、共（今河南辉县市）、胙（今河南延津县北）、邢（初封地今河南温县）等其他几个封国，卫国的实际辖境可能比殷商王畿要小一些。尽管如此，卫在当时无疑还是一个疆域广大的头等封国，只因春秋以后日趋衰微，其重要地位逐渐被淡忘。

三是"赐姓"。西周分封的赐姓，不仅与命氏相异，而且有别于汉唐以后所谓"赐姓氏"即赐族名的制度。其实际意涵是赐予封君族属民人，构成分封制的三大要素之一。武庚受封时，周武王让其领有殷之余民。康叔受封时，虽然也说领有"武庚殷余民"，但实际只有"殷民七族"这样一小部分，且大多为手工业家族。如陶氏为陶工，繁氏为马缨之工，锜氏为锉刀工或釜工，樊氏为篱笆工，饥氏、终葵氏或曰锥工。《尚书·酒诰》曰："妹土嗣尔股肱，纯其艺黍稷，奔走事厥考厥长。肇牵车牛远服贾，用孝养厥父母。"这些"艺黍稷"的属于农人，"远服贾"的是商人，不知他们是由"殷民七族"兼此生业，还是来自其他的殷遗支族。康叔所领已非殷遗全族，是因为周对殷之余民采取了强制迁徙分割的措施，从地缘上消除可能发生叛乱的隐患。《史记·管蔡世家》说："（周公）分殷余民为二：其一封微子启于宋，以续殷

1 《史记·周本纪》，中华书局，1959，第126页。

2 《史记·卫康叔世家》，中华书局，1959，第1589页。

祀；其一封康叔为卫君。"其后还有大批殷遗民西迁洛邑，又有"殷民六族"东徙于鲁。整个殷之余民被切分为四，卫国领有的殷之余民也就为数不多了。与此迁徙政策相对应的另一项措施，是周公在殷之王畿地区的武装殖民。有的学者认为，这是一种侵略性的武装移民和军事占领[1]。然周族人口有限，武装殖民的数量不会太大。《尚书·酒诰》说："庶士有正越庶伯君子，其尔典听朕教……兹亦惟天若无德，永不忘在王家。"这里说到的庶士有正等大小官吏来自"王家"，供职卫廷，其家族成员亦必随之东迁，占有相应的土地资源，以维持整个家族的生计。他们生活在卫国，如同其他殷遗民一样，亦须"疆以周索（法）"。故《酒诰》载周公申明严格禁酒，对于其"群饮"者，必须"尽执拘以归于周，予其杀"。但对于殷遗民，政策有所放宽，"勿庸杀之，姑惟教之"。若经三令五申仍不遵从法令者，亦须严加处罚。这两种政策针对的是不同的族群，后者为殷之余民，前者应为殖民卫国的姬姓族众。这种族群结构的改变，除了有利于强化周人的统治地位外，对于增进民族交流与融合，也是具有积极意义的。

从上述封建卫国的个案分析来看，分封制虽在武王克殷后即已大规模施行，但具体手段并不成熟，实际效用有限。周公东征平叛以后，在利用分封制加强对被征服国的统治上，注入新的政策机制，进一步完善了赐姓、胙土、命氏的核心要素，从而使西周中央王朝对地方的管理、地方对封国民众的统治都得到加强，切实完成了武王治国未竟的一项伟业。

二、燕国

燕国是召公奭的封国，位于华北平原北部，对于周代疆域的北伸具有重要意义。北京琉璃河1193号大墓新出的青铜器铭文，为我们了解燕国的始封情况提供了新的材料，有助于形成新的历史认知。

（一）召公奭的家世问题

召公家世如何？古籍并无明确的记载。《史记·燕召公世家》仅仅说道："召公奭与周同姓，姓姬氏。"从召公"与周同姓"来看，他与周人应有某种程度的血缘关系存在。对于这种血缘关系的亲疏远近，历史上有两种不同的说法：一说召公为姬姓别支；一说召公为文王之子。这两种说法哪一种更可

1　钱穆：《国史大纲》，商务印书馆，2008，第45页。

信？清人梁玉绳在《史记志疑》中说：

> 《谷梁》庄公三十年传云："燕，周之分子也。"《白虎通·王者不臣章》："召公，文王子。"《论衡·气寿篇》："召公，周公之兄。"《书》、《诗》疏及《诗》、《礼》释文引皇甫谧曰"文王庶子"。《书·君奭》疏及《史》集解引谯周曰："周之支族。"皇甫之说，本于《白虎通》、《论衡》，然不可信。孔颖达、陆德明并言《左传》富辰数文昭十六国无燕，则召公必非文王子，斥士安（皇甫谧）为谬。盖既为周同姓，称分子也可，称支族也可。[1]

梁氏的考证是很正确的。一方面他对据以立说的材料采取了科学的取舍态度，即把《谷梁传》《史记》的可信度置于晚此成书百余年的《白虎通》《论衡》之上。另一方面他据富辰言文昭十六国无燕，以证召公必非文王子也是很有说服力的。《左传·昭公二十八年》云："昔武王克商，光有天下，其兄弟之国者十有五人，姬姓之国者四十人，皆举亲也。"此言武王兄弟之国十五人，与富辰所说文昭十六国略有小异，或以管叔灭国不得嗣封，不在其数也。两相比勘，可证文昭十六国当为全数而别无遗漏。召公奭姬姓，然姬姓不必皆为亲兄弟。故文昭十六国无燕，召公非文王子是可以成立的。

但也有学者笃信皇甫谧之说，认为《左传》中提到的文王之子十六人并不是全部人数，因为文王之子甚多，不能排除在这数字之外另有召公奭为文王庶子的可能性[2]。这种可能性据说可以从《诗·大雅·思齐》中反映出来："大姒嗣徽音，则百斯男。"毛传："大姒，文王之妃也。大姒十子，众妾则宜百子。"这大概就是文王庶子甚众的证据。然细味原诗，不难发现毛传这个解释是很牵强的。诗句分明是说大姒有子百男，与众妾并不相干。可大姒一人不能生百子，"百"者无非言其多意，与《诗》云"逢此百罹"和"人百其身"为喻相同。当然，我们并不否认文王除嫡子十人外尚有庶子这一事实。然庶子何在？就在《左传·僖公二十四年》富辰所言中：

> 管、蔡、郕、霍、鲁、卫、毛、聃、郜、雍、曹、滕、毕、原、酆、郇，文之昭也。[3]

1　（清）梁玉绳：《史记志疑》，中华书局，1981，第892页。

2　王彩梅：《召公与西周燕国的建立》，《北京社会科学》1994年第3期；蔡运章：《召公奭世系初探》，《西周史研究》（《人文杂志》丛刊第2辑），1984年。

3　《左传·僖公二十四年》，（清）阮元校刻：《十三经注疏》中华书局，1980，第1817页。

在这文昭十六国中，据《史记·管蔡世家》可知，管、蔡、郕、霍、鲁、卫、聃、曹为"武王之母兄弟八人"[1]，余者当为文王庶子。富辰所言"文之昭"，嫡子除伯邑考早逝而武王继位为王外无一遗漏，何至于庶子八国就不是全数呢？就算是庶子之国或有遗漏，又何至于单单漏掉燕国？因为富辰紧接着就言及召穆公之事，又怎么可能把他的先祖召公奭置之脑后而疏于提及呢？可见以文王有子甚多，就说富辰所举文昭十六国并非全数来说明召公有可能是文王庶子，是缺乏根据的。

其实，召公非文王子，除《左传》外还可以从《尚书》中找到旁证。如《尚书·康诰》是周公册封康叔于卫的诰辞，在诰辞中，周公称康叔为"朕其弟，小子封"，自称"乃寡兄"，并一再言及先考文王之德，称"惟乃丕显考文王"，"今民将在祗遹乃文考"，可谓手足之情溢于言表。可在《尚书·君奭》篇中，情况却与此迥然不同。《尚书·君奭》是周公东征胜利后为了劝勉召公与之共襄兴周大业所做的诰辞。若召公奭真是文王之子，哪怕是文王庶子，这种称兄称弟，言父言考的语句绝不会一无所见。特别饶有趣味的是，周公对召公竟以"君"相称，谓之"君奭"。伪孔传云："尊之曰君。"时周公摄政称王，主持大局，权倾朝野，居然对召公如此礼敬有加，恐非兄弟之情使然。又如在《尚书·召诰》中，召公称周公曰"旦"，自称"余小臣"，也看不出周、召二公亲为兄弟的任何蛛丝马迹。这些材料所透露给我们的信息，应该就是召公必非文王子的又一佳证。

召公虽非文王子，但为姬姓应无问题。《左传·僖公二十四年》载："召穆公思周德之不类，故纠合宗族于成周而作诗，曰'常棣之华'。"召穆公为召公奭之后，能纠合周之宗族以增强凝聚力，足见召公奭必然与周同宗。又有周初彝铭云："太保，彌作宗室宝尊彝"（《集成》2372），亦为太保氏与周同宗之证。至于《逸周书·作洛解》记三监之叛时，"周公、召公内弭父兄，外抚诸侯"；又《逸周书·祭公解》云："有若文祖周公暨列祖召公"。这两条材料即使没有讹误，最多也只是说明召公因为与周同姓，故辈分相当并同列祖位，却不必定为亲兄弟。所以召公为姬姓别支而非文王之子应可肯定。

召公历文、武、成、康四世，一直是王室重臣。早在文王之世，召公就

---

1 《左传·定公四年》，（清）阮元校刻：《十三经注疏》，中华书局，1980，第2134页。

曾引荐纣臣辛甲大夫入仕于周[1]。武王即位之初，他又与太公、周公、毕公等人一道"左右王，师修文王绪业"[2]。及至武王伐商，"破殷，入商宫，已杀纣，周公把大钺，召公把小钺，以夹武王"[3]，其政治地位之高是赫然在目的。召公作为王室远宗，何以如此见重于周室？除了他的忠诚与才干之外，是否还有别的原因？这是一个很值得深思的问题。杜正胜曾据日本学者白川静所作《召方考》对此有过推测，认为召族本是盘踞在今河南西部的姬姓别支，以召公为族长，是殷末周人的东邻[4]。这个见解是有启发性的，只是白川静所说的召方实即旨方，并不是真正的召（𥝥）族。从现有材料看，可能与召公有关的召族其活动多见于第五期卜辞。例如：

（1）戊子卜，贞，王逊于召，往来无灾，在五月。（《合集》36677）

（2）辛未卜，在召庭，唯执，其令𥄂史。（《通》六一五）

（3）……在召𠂤。（《合集》36736）

（4）甲寅卜，贞，王逊于召，往来无灾，兹御，获鹿二。（《续》
三·二二·一）

第（1）辞中"王逊于召"为第五期卜辞所屡见，恕不备举。"逊"字有多种隶释，裘锡圭释此读如愻，以为有戒敕镇抚之意[5]，最为可信。召既为殷王屡往戒敕镇抚的对象，当为国族名无疑。第（2）辞说王"在召庭"，与帝辛时器四祀𨤲其卣所记"在召大庭"相同，大庭即宗庙太室之广庭[6]。召有宗庙太室表明它为殷时方国之一。或与殷人关系不洽，才导致"王逊于召"之事多次发生。第（3）辞"在召𠂤（次）"即是说召曾为商王驻师之地，据第（4）辞可知殷师还在召地搞过"获鹿"一类田猎活动，很可能是威服召族的军事演习。召族在殷末遭受殷人压迫，看来处境并不乐观。

召之地望何在？《卜辞通纂》六二〇有同版卜辞云：

戊申卜，贞，王逊于雖，往来无灾。

己酉卜，贞，王逊于召，往来无灾。

1　此即《史记·周本纪》集解引刘向《别录》所云："辛甲，故殷之臣，事纣。盖七十五谏而不听，去至周。召公与语，贤之，告文王，文王亲自迎之，以为公卿，封长子。"

2　《史记·周本纪》，中华书局，1959，第120页。

3　《史记·鲁周公世家》，中华书局，1959，第1515页

4　杜正胜：《尚书中的周公》，《周代城邦》附录，联经出版事业公司，1980，第162页。

5　裘锡圭：《释柲》，《古文字论集》，中华书局，1990。

6　于省吾：《甲骨文字释林》，中华书局，1979，第86页。

辞中"王逸于召"与"王逸于雝"的时间仅隔一日，是知召与雝必相距不远。据郭沫若研究，雝在今河南沁阳市东北，召在今山西垣曲县东，两地正相邻近[1]。可见召族原居东方，且与殷人时有摩擦，是周人可以利用的一支重要的反殷力量。召公应即上述卜辞所见召族的首领，在不堪忍受殷人压迫的情况下，率领这支姬姓族人西向入周，与同宗首领文王结成了反殷同盟。这样说当然也只是一种推测，不过证据还是有的。这从文献称召公为"召伯"，金文称召公为"召伯父辛"即可看出一些迹象来。"伯"在殷周不只是行第之称，也可以作为爵称或邦国首领的称呼，如殷墟卜辞中已有井伯、易伯、丹伯、羌方伯、孟方伯、人方伯等，又文王称"西伯"，金文中有"邦伯"，均为其证。召公之称召伯，不只说明他是召族中的长子，也可能他原本就是召族的邦君。从燕侯旨鼎、伯宪鼎、和鼎铭文称召伯为"父辛""召伯父辛"来看，此以日为名原是殷人的习俗，西周王室姬姓族人很少使用，召族有此习俗与其久居东方深受殷文化之染有关。这样看来，召公及其族人自东方入周不是没有可能的。传统看法认为："召本康公采邑之名，后世子孙取其采邑之名为氏"[2]，恐非事实。情况很可能是，召公之"召"，起初本为召公这支姬姓别支远离西土的东方居住地，进而演变为国族名。后召族西向入关，文王赐采岐山之阳，仍以"召"名。前此召公已为召方伯，是时则尊以公爵，为周之辅弼大臣。召公之所以能以周之支族见重于周室，其奥妙恐怕就在这里。

（二）第一任燕侯问题

《史记·周本纪》《史记·燕召公世家》都说武王克商之后，"于是封功臣谋士""封召公于北燕"。此记召公封燕事，明白无疑。然召公是否赴燕就封？若未就封，第一任燕侯当是何人？因司马迁不曾言明，争论也就随之发生。传统看法以司马贞为代表，他在《史记·燕召公世家》索隐中说召公当与周公同，"亦以元子就封，而次子留周室，代为召公。至宣王时，召穆公虎其后也"。此说当本郑玄《诗谱·周南召南谱》："周公封鲁，死谥曰文公，召公封燕，死谥曰康公。元子世之，其次子亦世守采地，在王官，春秋时周公、召公是也。"汉唐学者的这些看法是否可靠？赵光贤曾举证详加申论，以

---

1 郭沫若：《卜辞通纂》，《郭沫若全集·考古编》第二卷，科学出版社，1983，第491—492页。

2 丁山：《召穆公传》，《中央研究院历史语言研究所集刊》1930年第2本第1分。

见其说不误[1]。有人根据琉璃河 1193 号大墓出土铜器铭文有"王曰太保"诸语，即断言召公奭以太保之职兼领第一任燕侯，恐非正解。

召公既未就封，那么代他就封的第一任燕侯是谁？过去人们大多认为是铜器铭文中的"燕侯旨"，自琉璃河大墓铜罍、铜盉铭文出土之后，便形成另外两种主要看法：一谓"克"为第一任燕侯；一谓"召伯父辛"为第一任燕侯。这种分歧与对器铭的理解有关，故将原铭移录如下：

> 王曰："太保，唯乃明乃心，享于厥辟。余大对乃享，令克侯于匽（燕），使羌、马、叡、雩、驭、微。"克窖燕，入土眔有司，用作宝尊彝。

铭中的"克"是人名还是助动词？大多数学者认为应是人名，即太保召公奭之子[2]。这个意见符合铭文原意，是极为正确的。"令克侯于燕"的"克"就是文献失载的第一任燕侯。

主张"召伯父辛"为第一任燕侯的学者，对"令克侯于燕"的"克"认识亦有差别，有人认为"克"不是人名[3]，也有人认为"克"是"召伯父辛"的私名[4]，但都认为"召伯父辛"是召公奭的长子。看来，弄清"召伯父辛"与召公的关系，无疑有助于澄清问题的是非。

从称谓的行第上来说，召公长子固然应当称召伯，但这并不排斥召公奭也可以称召伯。有人认为召公是文王庶子，召公不得称召伯不过是个常识问题[5]。然据上文所论，召公并非文王庶子，而是姬姓别支，当然不能剥夺他可以作为长子而称召伯的权利。再说，"某伯"之称往往可兼有诸侯之伯与行第之伯的双重意义[6]，这就更不能排除召公可称召伯的可能性了。当然，这还不是问题的关键。关键在于召公奭在历史上是否有过召伯之称。从文献上来看，答案是肯定的。《尚书·顾命》云：

> 太保命仲桓、南宫毛俾爰齐侯吕伋，以二干戈、虎贲百人，逆子钊

1　赵光贤：《关于琉璃河 1193 号周墓的几个问题》，《历史研究》1994 年第 2 期。

2　参见以下诸文：《北京琉璃河出土西周有铭铜器座谈纪要》，《考古》1989 年第 10 期；赵光贤：《关于琉璃河 1193 号周墓的几个问题》，《历史研究》1994 年第 2 期；陈平：《克罍、克盉铭文及其有关问题》，《考古》1991 年第 9 期。

3　张亚初：《太保罍、盉铭文的再探讨》，《考古》1993 年第 1 期。

4　何幼琦：《召伯其人及其家世》，《江汉考古》1991 年第 4 期。

5　何幼琦：《召伯其人及其家世》，《江汉考古》1991 年第 4 期。

6　俞伟超、高明：《周代用鼎制度研究》，《北京大学学报》（哲学社会科学版）1978 年第 2 期。

于南门之外。延入翼室，恤宅宗。丁卯，命作册度。越七日癸酉，伯相命士须材。[1]

文中三"命"之人，一命为太保；二命无说，当是太保之省；三命为"伯相"，依文例应是太保之别称。蔡传云："伯相，召公也。召公以西伯为相。"孙星衍疏云："伯相者，召公以西伯入相，初时与周公为二伯，周公既殁，毕公代之，下文'太保率西方诸侯，毕公率东方诸侯'是也。"[2]此言召公为西伯，周公为东伯，大概与周、召二公"分陕（郏）而治"因称"二伯"有关。这样看来，召公之称"召伯"既有畿内诸侯之意，也有诸侯之长的特殊含义。其由来有自，向无异辞。《诗·召南·甘棠》云：

蔽芾甘棠，勿翦勿伐，召伯所茇。[3]

《左传·襄公十四年》载晋臣士鞅说："如周人之思召公焉，爱其甘棠。"这无疑是说诗中的召伯就是召公了。司马迁亦说："召公卒，而民人思召公之政，怀棠树不敢伐，歌咏之，作《甘棠》之诗。"[4]后郑玄作《甘棠序》笺云："召伯，姬姓，名奭。食采于召，作三公，为二伯，后封于燕。比美其为伯之功，故言'伯'云。"可见先秦两汉时人都认为召伯即是召公奭。这一点，还有金文材料亦可为证。周初宪鼎铭云：

惟九月既生霸辛酉，在匽，侯锡宪贝、金，扬侯休。用作召伯父辛宝尊彝。宪万年子子孙孙宝，光用太保。（《集成》2749）

陈梦家考释说："作器者宪是召伯父辛之子，于九月在匽，侯锡以贝、金，乃作其父奠彝以光大保。《令方彝》'用作父丁宝奠彝，敢追明公赏于父丁，用光父丁'，所光者即奠彝所祭之父丁，则此鼎所光之太保当即作奠彝所祭召伯父辛。"[5]这是通过对宪鼎与令彝的语例对比所得出的结论，即使撇开有关文献不谈，也是可以成立的。总之，召公的称谓繁多，而含义各有不同：召是氏，奭是名，公、伯是爵称，康是谥号，辛是日名。以其未尝赴燕就封，死后其子称召康公可，称召伯父辛亦可，这并没有什么不合情理的地方。诸家定燕侯旨鼎、宪鼎、伯龢鼎为康王中晚期时器，此与召公故去的时间正相承

1　（清）孙星衍：《尚书今古文注疏》，陈抗、盛冬铃点校，中华书局，1986，第486—488页。

2　（清）孙星衍：《尚书今古文注疏》，陈抗、盛冬铃点校，中华书局，1986，第488页。

3　《诗·召南·甘棠》，（清）阮元校刻：《十三经注疏》，中华书局，1980，第287页。

4　《史记·燕召公世家》，中华书局，1959，第1550页。

5　陈梦家：《西周铜器断代》，中华书局，2004，第96页。

接。所以确定召伯父辛为召公奭与相关铭文亦无抵牾，何况文献有征，更非妄说。这个事实告诉我们，召伯（父辛）就是召公奭，那么他未就封第一任燕侯是无可怀疑的。

当我们确定召公未曾赴燕就封而以克代为第一任燕侯之后，接着便产生两个不容回避并令人困惑的新问题：一是所知召公四子（克、旨、宪、穌）中谁为元子的问题；二是召公在世的成康时期燕侯克、舞、旨是何种关系的问题。只有对这两个问题给予合理的解释，才能进一步廓清召公封燕一事的重重迷雾。

第一个问题的缘起，是由于"克侯于燕"当系元子，为何他的兄弟中另有称"伯"者？这是一个非常奇特的现象。试看下面两条金文：

> 伯宪盂："伯宪作召伯父辛宝尊彝。"（《集成》9430）
>
> 伯穌鼎："伯穌作召伯父辛尊彝。"（《集成》2407）

前者为著名的梁山七器之一，曾多次被著录；后者旧藏故宫博物院，鲜为人知，至《殷周金文集成》成编，才广为流布。二铭中的召公之子伯宪、伯穌同有"伯"称，"按惯例，凡'伯某父'或'伯某'的'伯'，必指行弟而非爵称"[1]。当年陈梦家只看到伯宪鼎铭，故认为旨当以次子就封而为第一代燕侯[2]。这个说法受到唐兰的诘难，因为周人的宗法制度最重长子，比次子更有优先继承封爵的权利，故又提出召伯父辛乃召公长子并就封于燕的意见[3]。即使近年燕侯克器的出土，人们在这个问题上的争议也带有前贤论辩的余波流绪。看来，正确理解"伯某"之"伯"的含义，是解决这个问题的关键。李学勤曾指出："伯宪"之"伯"应是侯伯之伯，当为召公另一子[4]。则"伯穌"亦然。这个意见是正确的。"伯某"之"伯"并非尽为伯仲之伯，在某人身为封君的情况下，应该可指爵称。如金文中"录伯戜"又称"伯戜"，"散伯车父"又称"伯车父"，是可为证。召公以其功高德劭，除长子克就封燕侯外，宪、穌被册封为小国之君，冠以"伯"爵。此与召公在周王室中的地位是相称的。由此看来，尽管召公之子"伯宪""伯穌"有"伯"之称，也不能排除

1　盛冬铃：《西周铜器铭文中的人名及其对断代的意义》，中华书局编辑部编：《文史》第17辑，中华书局，1983年。

2　陈梦家：《西周铜器断代》，中华书局，2004，第97页。

3　唐兰：《西周青铜器铭文分代史征》，中华书局，1986，第99页。

4　晏琬（李学勤）：《北京、辽宁出土青铜器与周初的燕》，《考古》1975年第5期。

克为召公元子的可能性。

第二个问题的缘起，是由于成康之世召公尚未谢世，燕初政治舞台上即有燕侯克、燕侯舞、燕侯旨三人相继上场，形成了父之老寿与子之命促的极大反差。其个中原委应该有所说明。

在琉璃河 1193 号大墓中，"燕侯舞戈""燕侯舞易（钖）"与克罍、克盉同出，殷玮璋认为两者必有某种联系，这是很有见地的。但殷氏以为古文舞乃奭字之误，进而把这种联系演绎为燕侯舞就是克器中的太保奭[1]，却未必正确。这一点，陈平已为文指出[2]。然而，陈氏在此基础上提出的新说，即"燕侯舞戈""燕侯舞钖"并非燕侯名舞者所作兵器，而是燕侯为宫廷大武舞所做的舞器，却仍有可商。据文献记载，大武乃周天子之礼乐，以祭先祖文武，除鲁国唯文王、周公庙可用之外，其他诸侯国用之则为僭礼。燕为周之支族，不必设文武之庙，即使召公奭有功于王室，周天子亦无必要特许其舞大武之乐。要说燕侯僭礼以用，周代的礼乐制度恐怕还不至于一开始就崩坏到这种程度。所以燕侯舞大武之乐的可能性是不存在的，此其可疑一也。再就大武舞的舞器而言，今所知者，干戚二器。《礼记·效特性》云："朱干设钖，冕而舞大武"，郑注："干，盾也；钖，傅其背龟也。"是钖（俗称铜泡）乃干之饰，二者实为一物。又《礼记·明堂位》云："朱干玉戚，冕而舞大武"，郑注："朱干，赤盾也；戚，斧也。"可见大武舞的舞器为干为戚，故有"干戚舞"之称。而"戈"不在干戚之列，不得视"燕侯舞戈"为舞器。此其可疑二也。另从"燕侯舞戈""燕侯舞钖"款识上的语例来看，也与舞器不类。1960 年湖北荆门出土"大武闢兵"的铜器，据俞伟超研究即是大武舞所用的铜器，其铸象华缛，迥异寻常兵器[3]。而"燕侯舞戈""燕侯舞钖"不仅用语与之有别，而且也看不出它们与寻常兵器的相异之处。故以铭中的"舞"字作为表示器之用途的用字，未必恰当。此其可疑三也。所以"舞"为舞器说也缺乏足够的说服力。在这个问题上，学者主张"舞"是一代燕侯之名是正确的。

燕侯舞既为一代燕侯，那么，他与燕侯克又是什么关系呢？这里我们也提出一种假说：燕侯舞者，实即第一任燕侯克也。克为其名，舞为其字。克

1 殷玮璋：《新出土的太保铜器及其相关问题》，《考古》1990 年第 1 期。

2 陈平：《克罍、克盉铭文及其有关问题》，《考古》1991 年第 9 期。

3 俞伟超：《"大武闢兵"铜戚与巴人的"大武"舞》，《考古》1963 年第 3 期。

器中称"克",是为君前臣名,兵器中称"舞",是为以字示尊。古人行冠礼时取字,常与其名有某种意义上的联系。或同训,或相对,或连类,不一而足。"克"与"舞"之所以可视为一名一字,除"克"器与"舞"器同出一墓值得注意外,其字义上的联系也是很清楚的。"克"有攻伐制胜之意,不必细说,而周人所尚之"舞"多为战舞,亦与攻伐之事有关。如周人创制的大武舞,据《礼记·乐记》云:"且夫'武'始而北出,再成而灭商,三成而南,四成而南国是疆,五成而分周公左召公右,六成复缀以崇。"此即多为战象。又有传说"武王伐纣前歌后舞",这是一种用于实战的战舞。据汪宁生研究,"武王伐纣前歌后舞"传说的产生,与巴人曾用"歌舞以凌"方法参加这次战役有关。所谓歌就是高唱战歌或高声吼叫,所谓舞就是先锋或先头部队做出冲杀和刺击的恐吓性动作。大武舞即是模拟巴人这些动作而产生的[1]。这样看来,周人眼中的"舞"必与耀武扬威以克敌制胜有关。这大概就是第一代燕侯名克字舞的原因所在。"克"被时王任命为燕侯,其诰命当铸此一次,故"克"器较为少见。而"克"作兵器则不必以一两次、一两件为限,故琉璃河1193号大墓中的"舞"器多于"克"器,且于别的中等墓中亦有发现。问题的症结应该就在这里。

现在再谈谈燕侯旨与燕侯克的关系问题。"克"与"旨"的关系,李学勤曾推想可能是一名一字[2]。然"克"与"旨"缺乏字义上的联系,不太符合周人取名命字的总体习惯。退一步讲,就算是"克"与"旨"是名与字的关系,则燕侯舞在燕国历史上就没有他的一席之位。因为"旨"在召公奭死后犹为燕侯,而燕侯舞诸器则只能铸于燕侯旨死后,这就不可能出现在不晚于召公死时的琉璃河1193号大墓之中了。可能"克"与"旨"还是以兄弟行较为妥当。旨之为燕侯,应是召公生前之事。燕侯旨鼎铭云:"燕侯旨初见(觐)事于宗周,王赏旨贝廿朋,用作有始宝尊。"(《集成》2628)此当是燕侯旨为其亡母所作奠器,此时召公奭应犹在世。召公老寿,这是人所共知的。者减钟六有铭云:"若召公寿,若参(叁)寿。"(《集成》198)据《庄子·盗跖篇》称:"人上寿百岁,中寿八十,下寿六十",则召公"叁寿"就可能在百岁左右。召公长寿,其长子克不见得也就长寿,这就是说,"克"先

1 汪宁生:《释"武王伐纣前歌后舞"》,《历史研究》1981年第4期。
2 殷玮璋等:《北京琉璃河出土西周有铭铜器座谈纪要》,《考古》1989年第10期。

召公而去的可能性是很大的。若然，燕侯克辞世以后，以召公尚在人世，不便以"克"子袭其父爵，故封"克"弟"旨"继为燕侯，也就在情理之中了。《世本》说："燕自宣侯以上，皆父子相传，无及"，恐怕也只是推测。如果确有实据，司马迁依《世本》以作《史记》，大概不会对燕宣侯以上的世系留下空白。再从燕侯克至宣侯所历王世来看，成王至厉王是八代九王，而"克"至宣侯也正好是八代九侯，两者在时代上是大致吻合的。因此，我们以"克"弟"旨"为第二代燕侯，虽不中亦不远，能够比较合理地解释"克""舞""旨"在燕初短暂的历史上同为燕侯这一奇异现象。

总而言之，所谓召公封燕，并非指召公奭亲自赴燕就封，而是以长子"克"（字舞）代为第一任燕侯。待燕侯克先召公而去之时，召公则让克弟旨继任为第二代燕侯，继续治理周之北疆。

（三）克侯于燕的时间问题

琉璃河1193号大墓出土克罍、克盉的同时，还发现带有"成周"铭文的青铜戈。学者据此认为："此墓的年代上限不得早于成王时期，但其他器物也不会晚于康王时期。所以，将此大墓定在西周早期或成康时期是合适的。"[1] 与1193号大墓相距不远的董家林城址，被定性为西周早中期的燕国都邑。20世纪70年代和90年代，考古工作者曾对城墙进行过发掘。由于南城墙被大石河冲毁，情况不明，估计城址可能是长方形。北城墙长约829米，东西城墙北半段长约300米。城墙外还发现有城壕。在1996年的发掘中，在H108内获得刻有"成周"字样的卜甲，H108是遗址中时代最早的西周遗存之一。发掘者认为，琉璃河城址的始建年代在西周初年，使用时间是在西周早中期，到西周晚期已由燕国的都城变为一般的居民点[2]。

琉璃河大墓和城址的时间断限有很大的跨度，要从这里精确推断克罍、克盉的年代并说明"克侯于燕"的时间，显然是不具备条件的。比较可行的办法还是只有通过对铜器铭文内容的分析入手，再结合有关史实加以综合考察，或可得出较为准确的结论。

---

1 中国社会科学院考古研究所、北京市文物研究所琉璃河考古队：《北京琉璃河1193号大墓发掘简报》，《考古》1990年第1期。

2 中国社会科学院考古研究所、北京市文物研究所、北京大学考古系琉璃河考古队：《琉璃河遗址1996年度发掘简报》，《文物》1997年第6期。

　　关于燕国始封的年代，司马迁说在武王之时。由于武王时周人政治势力北不及燕地，故傅斯年提出燕之初封在今河南郾城[1]。以今观之，傅说并非允当。一则燕侯克器出土于燕地早期周墓中，并与"成周"戈同见，知燕之始封不在成周东南一带，而是一开始就实领北燕之地。二则克器铭文中有"王曰太保"字样，表明燕之初封不会早于成王时。伪古文《尚书·旅獒》以及《吕氏春秋·诚廉》曾说到召公在武王时已为太保，这是不正确的。清人崔述对此有过很好的考析，他说：

> 古之师保皆所以辅导人主，体隆礼重，故常以耆宿大臣为之。非若后世止为官阶以宠贵臣，虽子弟武夫皆可循次而迁转也。……召公在文王时无所知名，而至康王时犹存，则其年当与周公相若。少于武王者，不得为武王太保也。是以《史记·周本纪》于文王时无一言及于召公者；武王即位，乃云"召公、毕公之徒左右王"；其后召公凡屡见，皆称为"召公"，不称为太保；至成王世，迁殷遗民之后，乃云"召公为保，周公为师"。而《书·君奭篇》序亦云"召公为保，周公为师，相成王为左右。"然则是召公于成王时始为太保，不得为武王时豫书为太保也。周公不得为武王师，召公安得遽为武王保也！作伪《书》者盖见《召诰》、《顾命》之于召公皆称之为"太保"，不求其故，而遂于武王之世亦以是称之；正如《吕览》之称"武王使保召公与微子盟"者然，皆由臆度而伪撰，是以考其时势而不符耳。[2]

可见召公为太保当在成王世而不在武王时。有的学者把克器定为武王时器并谓召公封燕始于武王时，可能是不妥当的。只有把"克侯于燕"的年代放在成王之世经略北疆的历史背景下加以考察，才不致与召公在成王时始为太保这个基本史实相矛盾。

　　不过，成王嗣位前七年，是为周公摄政时期，待成王亲政之后始有独立纪元。这就意味着"克侯于燕"的时间到底是在周公摄政时还是在成王亲政后，还有待进一步推定。在这个问题上，大家都注意到大保簋提供的有关线索，思路是很正确的。因为大保簋铭说到"叡厥反"，而叡方在克罍、克盉铭

1　傅斯年：《大东小东说——兼论鲁燕齐初封在成周东南后乃东迁》，《中央研究院历史语言研究所集刊》1930年第2本第1分。

2　（清）崔述：《丰镐考信录》卷八《辨〈伪书旅獒〉及〈书序〉》条，《崔东壁遗书》，上海古籍出版社，1983，第255—256页。

中又成为授予燕侯统治的六族之一，这只有在㱙方叛乱被平定之后，才有可能作为被征服民族直接受治于燕侯。这就是说，确定了大保簋的时代，"克侯于燕"的时间也就有了答案。据《尚书·金縢》的记载，周公平定三监之叛时，召公自始至终未曾参加，大保簋所记"王伐录子圣"非谓平定武庚禄父之叛，而是成王亲政后大举东征的一个军事步骤，即由召公奭帅师北征，以拓北疆之土，亦即小臣𧅓鼎所说"召公建燕"。唐兰认为，大保簋记载成王伐录子圣一事，说明周公归老后，成王还在北征，而当时的重臣，主要就是召公了[1]。这次北征倒不一定发生在周公归老之后，但唐氏把簋铭记事的年代定在成王亲政之后，却是符合事实的。大保簋既作于成王即政之后，"克侯于燕"则亦在此时。

至此，关于召公封燕的问题大体可作如下概括：召公乃姬姓支族，文王时率其族人自东徂西，成为周人反殷同盟的重要力量；武王伐纣，召公身为王室重臣，颇多建树。武王可能有过封召公于北燕的设想，但并未实现。周公平定三监之乱后，召公全力配合周公共襄兴周大业。待成王亲政，召公受命开拓北疆，战绩辉煌。故成王得以实施武王的计划，册命召公长子"克（字舞）侯于燕"，以蕃屏周。其后克死，由弟旨继任第二代燕侯，召公则一直留居王室，成为周初安邦定国的重臣之一。

三、鲁国

鲁国是周公旦的封国，《左传·僖公二十四年》富辰说文昭十六国有"鲁"，鲁定公四年（前506年）祝佗详言鲁公分封伯禽的隆重礼仪。《史记·周本纪》《史记·鲁周公世家》则谓武王封弟周公于曲阜，使其子伯禽代为就封于鲁。鲁国初封之时，有周公在朝执政的特殊背景，蔚为大国气象。即使后来鲁国有所衰微，也仍为文化大国，在保留和传承周文化方面发挥了重要作用。

（一）鲁国都邑与曲阜故城

早在1942年，日本学人即在曲阜进行试掘，搜集和整理出一批资料。20世纪50年代以后，考古工作者又有过考古普查和复查，所获材料不多。1971—1978年，考古工作者对曲阜鲁国故城进行了全面系统的普探与试掘，收获颇

1　唐兰：《西周青铜器铭文分代史征》，中华书局，1986，第84页。

丰，并有发掘报告《曲阜鲁国故城》的出版[1]。

曲阜故城平面呈横长方形，城垣四角呈圆形，城墙断断续续犹残存于地面，有的残高尚余 10 米左右，墙基宽在 30—50 米不等。城垣周长 12 公里，发现城门 11 座，并有干道与城门相连。故城中部隆起，东西近 1 公里，南北约 2 公里，集中了许多大型夯土建筑基址。在最高处周公庙建筑基址的周围，发现夯土墙的遗迹，宽约 2.5 米，估计可能是宫城遗迹。故城内发现冶铁、铸铜、制骨和制陶手工业作坊遗址 10 处，其中盛果寺冶铜遗址可能始于西周，并延续到春秋时期。两处冶铁遗址则属于战国至西汉时期。城内发现比较重要的居址 11 处，分布在东、西、北三面，其年代有的可能到西周初，大部分历经春秋战国，甚至到了汉代。在城内发掘四处墓地，清理大中小型墓葬 128 座，年代自西周初年至春秋战国时期。

关于曲阜古城的年代，发掘者认为，由于城内发现了范围颇广的西周早期遗址和墓葬，可以推定这座鲁城就是伯禽受封的曲阜，位置亦未变动[2]。这一主流观点被广泛接受，但也有学者提出不同看法。许宏通过对已有资料的细致分析，认为尚未发现西周早期独立的遗存单位，曲阜鲁城的始建年代应在两周之交或略晚，伯禽灭奄后的初期都城可能不在这里，大约伯禽封鲁五十年后，"炀公徙鲁"，曲阜才成了鲁的都城，而且一直到两周之交也未筑建城垣[3]。这个意见在近年的考古发掘中得到一定程度的验证。

2012—2015 年，考古工作者为了配合遗址本体保护和遗址公园建设，对曲阜外郭城的城墙进行了勘探，重新确定了城墙、城壕的范围。其中南东门遗址发掘 3000 余平方米，门址由东、西对峙的两大门阙和中间门道构成，阙台时代可早到春秋时期，是目前我国所见最早的门阙实例。通过解剖门址东侧的城墙建造和使用过程，可分为四期。春秋早期的墓葬打破一期城墙的护坡，为判断早期城墙提供了可靠的层位关系。再经过各阶段的夯筑技术及包含的陶片分析，推测城墙始建于西周晚期，延续至战国晚期。此次考古发掘的另一个重要成果，是在周公庙台地边缘发现东周时期的城墙和壕沟，可以

1　山东省文物考古研究所等：《曲阜鲁国故城》，齐鲁书社，1982。

2　田岸：《曲阜鲁城勘探》，《文物》1982 年第 12 期；张学海：《浅谈曲阜鲁城的年代和基本格局》，《文物》1982 年第 12 期。

3　许宏：《曲阜鲁国故城之再研究》，中国社会科学院考古研究所夏商周考古研究室编：《三代考古（一）》，科学出版社，2004。

确认是曲阜故城的宫城城墙。宫城面积约 12 万平方米，始建于春秋晚期，废弃于战国晚期[1]。

　　曲阜鲁国故城两次系统发掘材料，证明鲁国不是一开始便建筑有城墙。那么，最初的鲁都是否不在曲阜？或如《世本》所言"炀公徙鲁"[2]后，曲阜才成为鲁国的都城？这当然不失为一种思考的路径。但需要注意的是，《世本》在汉代尚未佚亡，司马迁撰写《史记》时不仅可以看到，而且它还是《史记》的重要材料来源之一。太史公确定鲁国始建即都曲阜，一定对各种材料进行过认真分析才决定取舍的，他之所以对"炀公徙鲁"舍弃不用，必是认为其史料价值不高的缘故。我们今天更不能轻易地弃周鼎而宝康瓠，把思维锁定在一种只可存疑的说法上。《费誓》序说："鲁侯伯禽宅曲阜，徐、夷并兴，东郊不开。"是曲阜有城有门。是文亦云："鲁人三郊三遂，峙乃桢干。"也是说准备筑城工具，以加固城防。或许当时城墙较为简陋，易于毁坏，后经重修，就只能看到两周之际比较宽厚的城墙遗迹了。

　　（二）鲁国分封的时间问题

　　鲁国始封于何时？司马迁作《史记》即已言无定说了。在《史记·周本纪》中，司马迁说鲁国之封在武王克商之后，但在《史记·鲁周公世家》中他又说：

　　　　（武王）遍封功臣同姓戚者，封周公旦于少昊之虚曲阜，是为鲁公。
　　　　周公不就封，留佐武王。武王克殷二年，天下未集，武王有疾，不
　　　　豫……其后武王既崩，成王少……周公乃践阼代成王摄行政当国。……
　　　　于是卒相成王，而使其子伯禽代就封于鲁。 [3]

在这里，司马迁一方面说武王封周公于鲁，并未就封；另一方面又说伯禽代父就封，事在成王嗣位之初、三监叛乱之前。这样，鲁之册封与伯禽就封便间隔了两年时间，一事被分为二事了。司马迁在行文上的这种疏漏恐怕不是偶然的。《左传》对于鲁国始封的年代也是人异其说的。如《左传·昭公二十八年》成鲋说："昔武王克商，光有天下，其兄弟之国者十有五人"。这十五人中自然少不了周公封鲁，换句话说，周公封鲁在成鲋看来当在武王克商之

1　韩辉等：《曲阜鲁国故城考古工作取得重要成果》，《中国文物报》2017年3月10日，第5版。

2　《史记·鲁周公世家》集解引，中华书局，1959，第1526页。

3　《史记·鲁周公世家》，中华书局，1959，第1515—1518页。

后。《左传·僖公二十四年》富辰却说："昔周公吊二叔之不咸，故封建亲戚，以蕃屏周"，下言文昭十六国即有鲁国，这就是说鲁之分封在周公平定三监叛乱之后。应该怎样看待《左传》纷纭其事的说法，司马迁似未深思，仅作有限度的调停而已，于是不可避免产生一系列前后矛盾的记述。在这个问题上，孔颖达的见识似有过人之处，他在《左传·昭公二十八年》之《正义》中说：

> 由武王克商得封建诸国，归功于武王耳。僖二十四年《传》称"周公吊二叔之不咸，故封建亲戚，以蕃屏周"，亦以周公为制礼之主，故归功于周公耳。九年《传》曰："文武成康之封建母弟"，则康王之世尚有封国。宣王方始封郑，非独武王、周公封诸国也。[1]

在此，孔颖达以鲁、卫、郑分封不在武王世参验周初封建亲戚之事，认为并非一人一世所为，这是很有见地的。不同的封国有不同的分封时间，因此不能不加分析地一概而论，笼统言其在武王之世或周公之时。现在我们就来仔细探讨一下鲁国始封的具体年代究竟当在何时的问题。

关于鲁国的始封年代，历史上已有四种不同的说法：一是武王克商之后分封说；二是成王嗣位之年分封说；三是周公致政之年分封说；四是成王改元元年分封说。在讨论这四种说法谁是谁非之前，我们先征引《左传·定公四年》祝佗所说的一段话：

> 昔武王克商，成王定之。选建明德，以蕃屏周。故周公相王室，以尹天下，于周为睦。分鲁公以大路、大旂，夏后氏之璜，封父之繁弱，殷民六族，条氏、徐氏、萧氏、索氏、长勺氏、尾勺氏，使帅其宗氏，辑其分族，将其类丑。以法则周公，用即命于周。是使之职事于鲁，以昭周公之明德。分之土田陪敦、祝、宗、卜、史，备物、典策，官司、彝器；因商奄之民，命以伯禽而封于少皞之虚。[2]

这段文字是大家所熟知的，其可靠性今已无人怀疑，可以说是鲁国的盛大分封典礼的一次实录。这项实录中的分殷民应即"赐姓"之义，分土田应即"胙土"之义，而以命诰封鲁于少皞之墟自即"命之氏"之义。此即所谓"天子建德，因生以赐姓，胙之土，而命之氏"[3]。杨希枚据此认为："分民、裂

1　《左传·昭公二十八年》，（清）阮元校刻：《十三经注疏》，中华书局，1980，第2119页。

2　《左传·定公四年》，（清）阮元校刻：《十三经注疏》，中华书局，1980，第2134页。

3　《左传·隐公八年》，（清）阮元校刻：《十三经注疏》，中华书局，1980，第1733页。

土、建国则是先秦分封制度的三项重要措施"[1]，这是很正确的。因此，我们在探讨周初诸侯分封年代时，一定要把这三项封建要素综合起来加以考察，才不致顾此失彼，以偏概全。

据《史记·周本纪》载，武王克商之后，"封弟周公旦于曲阜，曰鲁"。可这在事实上是不可能的。正如傅斯年《大东小东说——兼论鲁燕齐初封在成周东南后乃东迁》一文所说，武王伐商，诛纣而已，犹不能尽平其国，武庚仍为商君，则东土之未大定可知，故此时不可能建鲁于近淮之曲阜[2]。但傅氏似乎不愿意彻底放弃武王分封鲁国的旧说，于是另创鲁之初封在今河南鲁山县的新说，表面上可以解决鲁为武王所封说的矛盾，但观其证据也是有问题的。

《诗·鲁颂·閟宫》云："王曰叔父，建尔元子，俾侯于鲁。大启尔宇，为周室辅。乃命鲁公，俾侯于东。锡之山川，土田附庸。"傅斯年认为"俾侯于鲁"是说鲁之始封，而"俾侯于东"是说鲁侯后来徙封奄地鲁境。所谓鲁有始封、徙封之事，不但文献无征，而且是对《诗·鲁颂·閟宫》诗意的曲解。诗中"俾侯于鲁"与"俾侯于东"，分明是为了用韵的需要，对同一件事采取了不同的语言表达方式，前言"俾侯"之国名，后言"俾侯"之方位，相得益彰，内涵无异。郑笺云："东，东藩鲁国也。既告周公以封伯禽之意，乃策命伯禽使为君于东，加赐之以山川土田及附庸。"这是切合诗义的。傅氏不顾分封与授民授疆土相依存的事实，人为地将诗中封鲁一事分为二事，未必妥善。

《诗·鲁颂·閟宫》又云："居常与许，复周公之宇"。傅斯年再次推论说："许在春秋称男，亦当以其本为鲁附庸，其后郑实密迩，以势临之，鲁不得有许国为附庸，亦不得有许田，而割之于郑。然旧称未改，旧情不忘，歌于颂，书于春秋。成周东南既有鲁为称之邑，其东邻则为'周公之宇'，鲁之本为此地无疑也。"此亦有误。诗中"常与许"，毛传为鲁南鄙、东鄙，不确。郑笺云："许，许田也，鲁朝宿之邑也。"孔疏云："诸侯有大德受采邑于京师，为将朝而宿焉，谓之朝宿之邑。鲁以周公之故，成王赐之许田。"这说明鲁之有许田，并非因为许是鲁国附庸之故，而是近许有朝宿之邑。许是周初

<hr />

1　杨希枚：《〈左传〉"因生以赐姓"解与"无骇卒"故事的分析》，《先秦文化史论集》，中国社会科学出版社，1995。

2　傅斯年：《大东小东说——兼论鲁燕齐初封在成周东南后乃东迁》，《中央研究院历史语言研究所集刊》1930年第2本第1分。

所建伯夷后文叔的诸侯国，应有它独立的政治地位，恐非一开始就成了鲁国的附庸。故鲁之有许田并不意味着许之山川田邑尽为鲁国所有，而后割之于郑。《春秋·桓公元年》称："郑伯以璧假许田"，许邑不复为鲁地。《诗·鲁颂·闷宫》言鲁僖公"居常与许，复周公之宇"，是说曾为鲁朝宿之邑的"许"当时又复归于鲁，以彰僖公保疆卫土之功。要从这里得出鲁之初封与许为邻的结论，是有困难的。

由此看来，傅斯年认为武王封鲁在今河南鲁山的看法，除了古今地名的巧合之外，一与《左传》言鲁之始封"赐姓、胙土、命氏"相违；二与《诗·鲁颂·闷宫》原意不合，很难令人信服。尤其是《诗·鲁颂·闷宫》诗中"王曰叔父"之"王"必是成王，更与武王分封鲁国相矛盾。因此，经过傅氏补苴的武王分封鲁国说仍是无法成立的。

第二种说法认为封鲁在成王嗣位之初即周公平叛之前，此见于《史记·鲁周公世家》[1]。此说的困难在于是时武庚之叛未平，徐奄之乱未定，封鲁何得因商奄之民，领殷民六族，居少昊之虚？《史记·鲁周公世家》说："伯禽即位之后，有管、蔡等反也，淮夷、徐戎亦并兴反，于是伯禽率师伐之于肸，作《肸誓》。"这似乎可以作为伯禽于周公东征前就封于鲁的证据。其实不然。《肸誓》在今本《尚书》中经唐代卫包所改而名为《费誓》。《书序》云："鲁侯伯禽宅曲阜，徐、夷并兴，东郊不开，作《费誓》。"此言伯禽作誓与《史记·鲁周公世家》同，但编篇置次于《尚书·顾命》与《尚书·吕刑》之间，明显不同于《史记》所谓此誓作于成王嗣位之初。《费誓》的制作年代经近人余永梁研究，认为是春秋时僖公伐徐在费誓师时所作[2]，这当然不是定论，但《费誓》不作于周公东征时却是可以肯定的。别的不说，篇中称"鲁人三郊三遂，峙乃桢干""鲁人三郊三遂，峙乃刍茭"，就绝不是周初可能发生的事，至少不能在成王嗣位之初、伯禽刚刚就国之时，鲁国就有如此臻于完善的郊遂系统，以用于征发劳役和军赋。所以，即令《费誓》是伯禽所作，也应是伯禽就国以后数年始可发生的事情。且"淮夷、徐戎并兴反"，不只在周公东征之时，而且在成王亲政后仍有发生，故把伯禽就封于鲁的时间定在周公平叛前夕似嫌证据不足，《费誓》之作还是置于成王中后期东征之时

1　今人持此说者有郭克煜等《鲁国史》，人民出版社，1994；陈恩林：《鲁、齐、燕的始封及燕与邶的关系》，《历史研究》1996年第4期。

2　余永梁：《粊誓的时代考》，顾颉刚编著：《古史辨》第2册，上海古籍出版社，1982。

较为适宜。

第三种说法认为鲁之始封在周公致政之年，亦即周公摄政七年。明确提出这种意见的是唐代学者孔颖达。除前引《左传·昭公二十八年》之《正义》外，他对《尚书·洛诰》"王命周公后"诸语作疏时又说："王命周公后，令作册书，使逸读此册以告伯禽，言封之于鲁，命为周公后也。又总述之在十有二月，惟周公大安文武受命之事，于此时唯摄政七年矣。"孔氏此说的问题在于，他对"王命周公后"的理解并不符合《尚书·洛诰》的原意。把"王命周公后"解释为尊立周公之后即封伯禽于鲁，从郑玄、伪孔到孔颖达都作如是说，至宋人始发其覆，谓成王命周公居后留守成周，坐镇东都，"监我士师工，诞保文武受民，乱（治）为四辅"。孔氏立说的依据既有问题，他的结论也就没有信从的价值。

第四种说法认为鲁之始封在成王即政元年，此为刘歆首倡。《汉书·律历志》引刘歆《世经》云：

> 《召诰》曰："惟三月丙午朏。"古文《月采》篇曰："三日为朏"。是岁十二月戊辰晦，周公以反政。故《洛诰》篇曰："戊辰，王在新邑，烝祭岁，命作册，惟周公诞保文武受命，惟七年。"成王元年正月己巳朔，此命伯禽俾侯于鲁之岁也。[1]

在此，刘歆把成王元年置于周公摄政七年之后，是符合历史事实的。有的学者把"成王元年"解作武王死后成王嗣位之年，似非确当。是知刘歆所说伯禽封鲁是在周公致政次年即成王即政元年。郑玄的看法与此貌合神离，其《尚书·洛诰》注说："岁，成王元年正月朔日也。以朝享之后，用二特牛祫祭文王武王于文王庙，使史逸所作册祝之书，告神以周公其宜立为后者，谓将封伯禽也。"郑玄把《尚书·洛诰》"惟告周公其后"误解为"将封伯禽"，因而认为伯禽封鲁在成王元年，又把"成王元年"说成以周公"居摄六年为年端"[2]，更是一误再误。对于郑说我们不拟详论，这里只是着重申论一下刘歆此说大致可信的理由。

其一，从上引刘歆《世经》中的这段话可以看出，他并未言明伯禽封鲁在成王即政元年的证据，很可能是根据相关年代推算出来的。观其下文称：

1　《汉书·律历志》引《世经》，中华书局，1962，第1016页。

2　《诗·周颂·烈文》疏引，（清）阮元校刻：《十三经注疏》，中华书局，1980，第585页。

"后三十年……成王崩。……鲁公伯禽，推即位四十六年，至康王十六年而薨。"成王在位年数，《史记》缺载，刘歆称之"三十年"，可能另有所本。郑玄注《康诰》亦云："周公居摄六年制礼班度量，至此积三十年。"[1]按照郑玄以周公居摄六年为成王纪年之始，说明郑玄也认定成王在位年数为三十年。又皇甫谧云："伯禽以成王元年封，四十六年康王十六年卒。"[2]此未言及成王在位年数，但所说伯禽在位年数及卒年与刘歆同。根据成王在位三十年，伯禽在位四十六年至康王十六年卒，即可反推出伯禽封鲁在成王即政元年。刘歆的推算或即如此。

其二，从《诗·鲁颂·閟宫》称"王曰叔父"的语气来看，此时成王必已亲政，始可履行封侯事宜。此前成王尚幼，虽嗣王位，实由周公摄政当国。故在成王嗣位前七年不可能听政以告周公册封伯禽于鲁。据《尚书·洛诰》载，成王亲政在周公摄政七年。于年底举行登基改元大典，至十二月戊辰，尚在新邑成周举行烝祭，告庙文武。故改元在次年，表示正式亲政。所以成王于此年建议退居臣列的周公接受册封伯禽于鲁的诰命是可能的。尽管《史记·鲁周公世家》说伯禽封鲁在成王嗣位之初，但索隐述赞却说："武王既没，成王幼孤。周公摄政，负扆据图。及还臣列，北面匑如，元子封鲁，少昊之墟。夹辅王室，系职不渝。"可见司马贞读《史记》还是有从中洞察历史真相的本领的。

其三，据《左传·定公四年》祝佗称，伯禽封鲁不只分得"殷民六族"，且"因商奄之民"为治，其事亦当发生在成王即政之后。据上文所论，成王亲政后曾在周、召二公辅佐下大举东征，商奄、薄姑最后被翦灭，则伯禽封鲁"因商奄之民"也就具备了成熟的政治条件。是役或即始于成王即政元年，迁"殷民六族"以封伯禽应该就是这次东征的配套措施之一。据《尚书·多士》载，殷遗民大举西迁洛邑成周，事在成王即政元年，此时封鲁并授以"殷民六族"当即周公迁殷遗民以弭其反侧的一种特殊手段。其后，不见周室再有大举迁徙殷遗民的举动，故伯禽封鲁晚于成王即政元年的可能性似乎不大。

从以上分析可以看出，刘歆说伯禽封鲁在成王即政元年，大体与历史事

1 《诗·周颂·周颂谱》疏引，（清）阮元校刻：《十三经注疏》，中华书局，1980，第581页。

2 《史记·鲁周公世家》集解引徐广曰，中华书局，1959，第1526页。

实相去不远。其他有关伯禽封鲁年代的异说，或可放弃。

四、齐国

《史记·周本纪》说，武王克商之后，"封功臣谋士，而师尚父为首封。封尚父于营丘，曰齐"。太公吕尚以助武王伐纣有功，被册封于齐，成为以蕃屏周的东方大国。

（一）齐国都邑与陈庄城址

齐国始封于营丘，至周夷王时，"周烹哀公而立其弟静，是为胡公。胡公徙都薄姑……哀公之同母少弟山怨胡公，乃与其党率营丘人袭攻杀胡公而自立，是为献公。献公元年，尽逐胡公子，因徙薄姑都，治临菑"[1]。其后齐都未变，直到秦灭田齐。

临淄齐国故城的地理位置是清楚的，位于今山东淄博市临淄区西北部的齐都镇。临淄故城已由考古勘察所发现，由大城和小城两部分构成，城址面积约 15 平方公里。大城的修筑年代早于小城，其北垣东段发现有西周、春秋及秦汉时期的夯土层，说明始筑时间较早。宫殿建筑基址主要见于小城内，冶铁、炼铜遗址大小城均有发现，小城还发现一处战国齐刀币遗址。大城发现墓地两处，有的墓葬有南北墓道，时代为西周晚期至春秋时期，属于姜齐的贵族公墓区[2]。但与临淄故城有密切关系的齐都营丘和薄姑考古遗址迄今尚未发现，故多歧说。

从文献上看，营丘与临淄不可分割，实即一地二名的关系。齐哀公死，胡公立，迁都薄姑。胡公在薄姑立国未稳，即被献公"与其党率营丘人"袭杀。随后尽逐胡公之子，并迁都临淄。这个临淄必在献公势力和根基所在的营丘，否则他通过非常手段夺取的政权便无法得到支持，这是再明显不过的道理。《汉书·地理志下》说："临淄名营丘。"《汉书·地理志上》齐郡有"临淄"县，班固自注："师尚父所封。"同篇北海郡"营陵"班固又注："或曰营丘"，以存异说。嗣后，应劭对班固并不认同的营陵说却深信不疑，他说："师尚父封于营丘，陵亦丘也。"[3]又说"齐献公自营丘（按即营陵）徙

1　《史记·齐太公世家》，中华书局，1959，第1481—1482页。

2　中国社会科学院考古研究所：《中国考古学·两周卷》，中国社会科学出版社，2004，第248—251页。

3　《汉书·地理志上》注引，中华书局，1962，第1584页。

此"。西晋臣瓒反对应说，指出："临淄即营丘也。营陵，春秋谓之缘陵。"他又说："今齐之城中有丘，即营丘也。"[1]在这个问题上，郦道元赞成臣瓒之说，对应劭营陵即营丘说予以严厉驳斥，他提出的理由主要有三条：一是营陵是汉代的县名（今山东昌乐县东南），《春秋》经传仅称"缘陵"，曾为杞国都邑，与营丘并不相侔。二是据《尔雅·释丘》"水出其左，营丘"，郭璞注："今齐之营丘，淄水过其南及东"，指出临淄城中有丘，淄水出其前，与《尔雅》及郭注相符。相反营陵，城南无水，唯城北有一白狼水东北流向，与《尔雅》所言营丘的地貌不合。三是齐献公徙都临淄，是从薄姑迁回营丘，但将宫城徙至营丘"外郭，即献公所徙临淄城也"[2]。此与晋国在翼城深筑其宫而易名为绛事相类同。郦氏深谙水文地理，所考持之有据，足以破营陵即营丘之说。是知营丘与临淄实为一地二名，只是都城的宫殿区在齐献公时略有迁动。

关于"胡公徙都薄姑"的地望，文献上有三种说法。一为临淄说。《汉书·地理志下》云："至周成王时，薄姑氏与四国共作乱，成王灭之，以封师尚父……临淄名营丘，故《齐诗》曰：'子之营兮，遭我乎峱之间兮。'"颜师古注："言往适营丘而相逢于峱山也。"故薄姑与太公居地一脉相承，同在临淄。二为姑幕说。《汉书·地理志上》琅玡郡有"姑幕"县，班固自注："或曰薄姑。"《水经注·潍水》是其说，称潍水"东北迳姑幕县故城东……故薄姑氏之国也"。地在今山东莒县东北。三为博昌说。《左传·昭公九年》云："及武王克商，蒲姑、商奄，吾东土也。"杜注："乐安博昌县北有蒲姑城。"《后汉书·郡国志四》云："博昌，有薄姑城。"《括地志》云："薄姑城在青州博昌县东北六十里。"[3]博昌县即今山东博兴县。在这三种说法中，班固认定营丘即薄姑，主要拘泥于《左传·昭公二十年》晏子之言："昔爽鸠氏始居此地，季荝因之，有逢伯陵因之，蒲姑氏因之，而后太公因之。"设若营丘与薄姑同在一地，则胡公徙都无从说起。所谓薄姑因其地，而后太公因之，应该是指同一地域，未必是同一城邑。但薄姑与营丘又不能相距太远，否则晏子言其居地相因是所不宜。以此观之，姑幕与临淄相距过远，而距离较近的博昌最有可能是薄姑居邑。这一点，还可通过高青陈庄考古遗址的材料来证明。

1 《汉书·地理志上》注引，中华书局，1962，第1584页。

2 （北魏）郦道元著、陈桥驿校证：《水经注校证·淄水》，中华书局，2007，第622页。

3 《史记·齐太公世家》正义引，中华书局，1959，第1482页。

陈庄遗址位于鲁北平原的小清河北岸，隶属于高青县花沟镇。遗址面积约9万平方米，文化内涵以周代遗存为主。经考古发掘，确认该遗址为西周城址及东周时期的环壕聚落，发现大量灰坑、窖穴及房基、道路、水井、陶窑等生活遗迹，以及西周时期的贵族墓葬、车马坑、祭祀台等重要遗迹。除出土陶器、蚌器、骨器外，还有50余件青铜器，其中近10件有铭文，另有少量精美玉器及蚌、贝串饰等[1]。

一直以来，齐国考古成果主要集中在东周时期，始终未发现西周时期的贵族墓葬，直到陈庄遗址的发掘，这一局面才得以改观。城址大约始建于西周早期，至中期废弃，是目前所见最早的西周城址。城内发现墓葬14座，其中甲字形大墓2座，有青铜器出土的6座，显示了城址的重要地位。关于城址的性质，学者有营丘说、薄姑说、军事堡垒说、封邑说等多种意见[2]。所谓营丘说可能性不大，上文已言营丘与临淄是一地二名的关系，不宜分置两地。而陈庄城址不足4万平方米，作为齐都规模也显得太小。至于薄姑其地，文献记载在今博兴县东北六十里，与此方位不合。同时，陈庄城址面积较小，仅南墙有一个城门，这种规模及其结构比例适合做军事城堡使用。若胡公建都此地，献公袭攻胡公则不易得手。可见陈庄城址既非营丘，亦非薄姑。从其地理位置来看，它很可能是与薄姑相近的丰邑所在。矍方鼎铭文云："惟周公于征伐东夷，𡐦伯、薄姑咸戈。"（《集成》2739）"𡐦伯"过去释为"豊（丰）伯"，"豊（丰）"与标准字形有异，但与陈庄遗址所出铜器铭文"𡐦启"之"𡐦"为同一字形。许多学者把这两个读作"丰"的地名联系起来，认为是同一个地方，且与薄姑相近，应该是正确的。丰伯与薄姑同为东夷族邦，以其地相邻近，故被周公征讨，一并伐灭。陈庄遗址M18出土的9件青铜器，其中7件有铭文，内容有"丰启作厥祖甲齐公宝尊彝""丰启作文祖齐公尊彝""丰启作祖甲宝尊彝""丰作厥祖齐公尊彝"等。诸器同出一墓，墓主亦即器主"丰启"，或简称"丰"，丰显然是以地为氏，启为私名。

丰器铭文中有"齐公"，即齐国始封之君齐太公，其日名为甲，这是过去不知道的。丰启以太公为祖，当与太公之孙乙公同辈，年代在康昭之时。丰

1　山东省文物考古研究所：《山东高青县陈庄西周遗址》，《考古》2010年第8期；山东省文物考古研究所：《山东高青县陈庄西周遗存发掘简报》，《考古》2011年第2期。

2　李学勤等：《山东高青县陈庄西周遗址笔谈》，《考古》2011年第2期；李秀亮：《高青陈庄遗址研究综述》，《管子学刊》2019年第2期。

启的墓地在陈庄，此地在丰伯灭国后封为他的采邑，是很有可能的。

遗址 M35 是一座甲字形大墓，出土引簋 2 件。其铭文云：

> 唯正月壬申，王格于龚（共）大室。王若曰："引，余既命汝更乃祖
> 虩司齐师，余唯申命汝，赐汝彤弓一。彤矢百，马四匹。敬乃御，毋败
> 绩。"引拜稽首，对扬王休，同随追，俘吕（莒）兵，用作幽公宝簋，子
> 子孙宝用。（《铭图》5299）

上述引文铭文中因出现共大室，这位"引"则可能是懿王以后的人。他是齐师的统帅，职位是赓继祖父而来，且由周天子任命。于是"师"为王师还是齐师，"引"为王臣还是齐臣，便引起极大争议。引的墓葬在齐地，俘获的兵器也来自莒国，说明他出任齐师统帅虽由周天子册命，但仍是齐国的大臣。引的墓葬规格较高，可能是齐侯卿一级大臣，相应的齐师也应是齐国之师。从周夷王烹齐哀公一事看，周王室对齐国的政治介入是相当深入的。齐师统帅由周天子册命，也是对齐国加强控制的一种手段。

陈庄城址发现齐师统帅引的大墓，而城内又发掘几处马坑和车马坑，植物遗存以粟为主，兼种黍子、小麦、大豆，也保留了较丰富的优良牧草草木樨属种子，其生长的植物可作战马饲料。综合这些因素来看，陈庄城址可能是齐国的一个军事重镇，并在很大程度上受周王室支配。齐胡公继位后，迁都薄姑，而齐献公攻杀胡公又采取袭击的战术，可能都与丰邑驻扎有亲周的军队有关。这也说明丰邑在西周中期后段大概不再是丰氏家族的封邑，而成为齐国一个重要的军事据点。但到东周时期，它又降级为一个普通的环壕聚落。

就齐国都邑来说，薄姑建都时间不长，先前为薄姑夷族故地，惜考古发掘迄今尚未发现。营丘与临淄为一地二城，立国二百余年，考古上亦未寻得踪迹。薄姑与营丘不知当时无城，还是历经沧桑岁月，城垣毁灭尽净，都有待考古工作的进一步证实。

（二）齐国始封的时间问题

《史记·齐太公世家》说："武王已平商而王天下，封师尚父于齐营丘。东就国，道宿行迟，逆旅之人曰：'吾闻时难得而易失。客寝甚安，殆非就国者也。'太公行之，夜衣而行，黎明至。莱侯来伐，与之争营丘。营丘边莱，莱人夷也。会纣之乱，而周初定，未能集远方，是以与太公争国。"这段

记载看起来绘声绘色，实乃齐东野语。首先，太公东就其国，不以师旅，不从族众，仅孤身前往，昼夜兼程，即使至国，又何能与莱夷争营丘？其次，太公所都营丘在今山东临淄，本为薄姑旧地。武王时薄姑未灭，又如何能将其地册封太公？再次，据《尚书·金縢》载，周公东征时太公尚辅周室，文献亦无太公以子就封的记载，足见武王克商后的两年里太公并未东封就国。所谓武王封太公于齐营丘的说法，恐非事实。

对于这个问题，傅斯年早就认识到了。他说："武王之世，殷未大定，（太公）能越之而就国乎？尚父侯伋两世历为周辅，能远就国于如此之东国乎？"怎样解决这个矛盾？傅氏仍以初封、徙封为说，他认为："综合经传所记，则知太公封邑本在吕也。"他还提出："传记称齐大公为吕望，《书·顾命》称丁公为吕伋。此所谓吕者，当非氏非姓。男子不称姓，而国君无氏。此之父子称吕者何谓耶？准以周世称谓见于《左传》等书者之例，此父子之称吕，必称其封邑无疑也。然则齐大公实封于吕，其子犹嗣吕称，后虽封于齐，当侯伋之身旧号未改也。"[1]傅氏说太公父子之称"吕"，当非氏非姓，这是不对的。"吕"既为太公封邑之名，进一步演变为氏名则是很自然的事。据盛冬铃研究，"西周铜器铭文中所见的氏在三百以上，要比姓多得多。大多数氏名是由地名转化来的，诸侯有封国，卿大夫有封邑，他们及其后裔往往就以所封国邑名为氏，如毛、毕、吴、散、杜、微等"[2]。准此，太公父子之称"吕"，必当以地为氏无疑。那么，太公以吕为氏是否始于武王分封之时呢？《史记·齐太公世家》云："其先祖尝为四岳，佐禹平水土，甚有功。虞夏之际封于吕，或封于申，从其封姓，故曰吕尚。"这里所谓"从其封姓"实即以封地为氏，可见太公之称吕尚，由来有自，不自武王始。而吕之地望何在？《国语·郑语》载史伯云："当成周者，南有荆蛮、申、吕……"，傅斯年循此考证的结果是，申在宣王时曾邑于谢（今南阳市境），申与吕近，《水经注》所谓宛西吕城当为太公封邑所在[3]。其实，申吕之在南阳乃西周末年之事，与

1　傅斯年：《大东小东说——兼论鲁燕齐初封在成周东南后乃东迁》，《中央研究院历史语言研究所集刊》1930年第2本第1分。

2　盛冬铃：《西周铜器铭文中的人名及其对断代的意义》，中华书局编辑部编：《文史》第17辑，中华书局，1983。

3　傅斯年：《大东小东说——兼论鲁燕齐初封在成周东南后乃东迁》，《中央研究院历史语言研究所集刊》1930年第2本第1分。

太公居吕并不相涉。申吕迁往南阳之前，申居陕北，吕居晋南，隔河相望。说明以为太公初封在吕（今河南南阳），后东迁为齐的说法是靠不住的。换句话说，太公始封不在吕而在齐，而武王克商后又不可能封太公于营丘，则齐国始封的年代当不得于武王之世求之。

近年来，大多数学者认为齐鲁之封是周公平叛以后的事，此说的基点在于周公东征彻底平定了商奄、薄姑之乱，故得其居地封建齐鲁。实际如上所说，商奄、薄姑之灭在成王大举东征之时，故周公摄政期间还不可能封建齐国。这就是说，太公封齐只有放在成王即政之后才比较适宜。《汉书·地理志》说："周成王时，薄姑氏与四国共作乱，成王灭之，以封师尚父，是为太公。"综合各种材料来看，太公封齐可能与伯禽封鲁一样，也在成王即政元年。这从以下两点可以觅其踪迹。

其一，从齐鲁报政说看太公封齐的时间。《史记·鲁周公世家》云："鲁公伯禽之初受封之鲁，三年而后报政周公。周公曰：'何迟也？'伯禽曰：'变其俗，革其礼，丧三年然后除之，故迟。'太公亦封于齐。五月而报政周公。周公曰：'何疾也！'曰：'简其君臣礼，从其俗为也。'及后闻伯禽报政迟，乃叹：'呜呼！鲁后世北面事齐矣。'"又《说苑·理政》云："伯禽与太公俱受封而各之国，三年，太公来朝。周公曰：'何治之疾也！'对曰：'尊贤者先疏后亲，先义后仁。此霸者之迹也。'周公曰：'太公之泽及五世。'五年伯禽来朝。周公问曰：'何治之难？'对曰：'亲亲者先内后外，先仁后义。王者之迹也。'周公曰：'鲁之泽及十世。'"崔述认为："此乃后人据其后日国事而撰为此说者，不足据。"[1]这是有道理的。然而我们也应看到，某种传说虽不可尽信，但也不排除或有个别真实史事为其素地的成分。比较《史记》与《说苑》所说报政时间，虽然前者以齐为五月，以鲁为三年，后者以齐为三年，以鲁为五年，但这些时间应有一个共同的起点，才可作这番报政迟速的对比。这就是说，齐鲁分封的时间应该同时，才能派生出这个传说。故知太公封齐也应在成王改元元年。

其二，从召公策命看太公封齐的时间。《左传·僖公四年》载管仲说："昔召康公命我先君大公曰：'五伯九侯，女实征之，以夹辅周室。赐我先君履，东至于海，西至于河，南至于穆陵，北至于无棣。'"这段文字也被司马迁

1（清）崔述：《崔东壁遗书》，上海古籍出版社，1983，第254页。

录入《史记·齐太公世家》中，其真实性应无可疑。但这里有一个问题值得我们思考，那就是太公封齐为什么由召公策命？召公享有封侯策命的政治地位，应该不在周公摄政时，只有洛邑成周建成，周、召二公"分陕（郏）而治"以后才具备这种可能性。其时周公留守洛邑，镇抚殷遗，以制东方诸国，而召公则在宗周辅佐成王。则太公久居宗周，此时被册封于齐，由召公代宣王命便成为情理中事。由此看来，太公封齐发生在成王亲政元年的可能性是很大的。故班固说成王以齐封师尚父，应该是有根据的。

齐国作为周初分封的东方大藩之一，位于泰山之北，淄水以西，是周人控制东夷的主要据点，具有重要的战略地位。这是成王亲政后，在周、召二公辅佐下，随即大举东征的重要成果，周人直接统治东方的战略目标最终得以实现。这对于周初政治的统一和华夏国家的形成，都是具有积极意义的。

第四章　宅兹中国乂民

第一节　东都成周的营建

为了有效控制东方局势，周公继承武王遗志，实施了营建东都成周的战略计划，成为西周开国史上的一大创举。它不仅对当时周王朝的政治统一发挥了积极作用，而且对后来中国历史的发展也产生过深远影响。

一、双城与一城之争

周初在今河南洛阳一带营建东都，到底是一座还是两座城市？自汉迄今，聚讼不息。大多数人信奉双城说，在学术界占压倒优势。陈梦家说："西周时代东西两都并立，而各有双城，一为宗庙而一为王宫。王城是王宫，故争位必争入王城。王城为王宫，其事固无害乎成周之为东都或京师。"[1]许倬云亦认为周初营建新邑大约有两个城，一为周王东都的王城，一为殷遗迁入的成周。王城在西，成周在东，两地合称新邑[2]。还有学者认为："周初王城的居住者主要是与商王室有血缘关系的'王士'，周王不住在王城。周王与周之百官都住在武王时营建的'周居'，即成周。周王居王城是平王以后的事。"[3]这些学者对成周与王城的功能虽各异说，但他们对周初营洛而双城并立则是一致的意见。

双城说的根据来源于班固与郑玄。班固《汉书·地理志上》说："河南，故郏鄏地，周武王迁九鼎，周公致太平，营以为都，是为王城，至平王居之。""洛阳，周公迁殷民，是为成周。《春秋·昭公三十二年》，晋合诸侯于狄泉，以其地大成周之城，居敬王。"郑玄在《诗谱·王城谱》中说："周公摄政五年，成王在丰，欲宅洛邑，使召公先相宅，既成，谓之王城，是为东

1　陈梦家：《西周铜器断代》，中华书局，2004，第368页。
2　许倬云：《西周史》增补二版，生活·读书·新知三联书店，2012，第139页。
3　彭裕商：《新邑考》，《历史研究》2000年第5期。

都，今河南是也。召公既相宅，周公往营成周，今洛阳是也。"班、郑二氏的说法虽然细节有异，但都认为王城即周营东都，成周乃殷遗居处。前此曾有《公羊传》以西周、东周解《春秋》中的王城、成周，这在很大的程度上是以战国史说春秋事，不必视为开双城说之先河。对于班固、郑玄的说法，学者多以为他们去古未远，所述洛阳当地城址变迁的事情，自应可信。其实这一传统的双城说经不起仔细推敲，主要问题在于它与先秦文献材料和出土金文资料大相抵触。

在可信的西周文献中，我们不曾看到"王城"一词，即使《尚书》有多篇言及营洛之事，"王城"也无一见。《春秋》《左传》文涉王城处甚多，并无一例可以说明西周所营东都谓之王城。有言周初东都者，却谓之成周，与班固、郑玄之说大相径庭。如《左传·昭公三十二年》云："昔成王合诸侯，城成周。以为东都，崇文德焉。"此语出自周天子敬王之口，应该不是非可信据的讹传。又《左传·僖公二十四年》云："召穆公思周德之不类，故纠合宗族于成周以作诗"，杜注："召穆公于东都收会宗族，特作此周公之乐，歌《常棣》。"召穆公纠合宗族以作《常棣》之诗，当不会跑到殷遗聚居的地方，只能在有宗族可以收会的东都，故杜预以成周为东都亦应可信。《逸周书·作洛解》云："周公……及将致政，乃作大邑成周于土中。"《国语·郑语》记史伯与郑桓公语云："当成周者，南有荆蛮、申、吕、应、邓、陈、蔡、随、唐；北有卫、燕、狄、鲜虞、潞、洛、泉、徐、蒲；西有虞、虢、晋、隗、霍、杨、魏、芮；东有齐、鲁、曹、宋、滕、薛、邹、莒。……虢叔恃势，郐仲恃险……君若以成周之众，奉辞伐罪，无不克矣。"这两条材料都反映了成周作为东方政治中心的地位，照《尚书·召诰》称周公旦曰："其作大邑，其自时配皇天，毖祀于上下，其自时中乂。"说明大邑成周即是西周东都无疑。《逸周书·王会解》说："成周之会……天子南面立"，诸侯前来觐见，亦见成周非东都不足以当其位。总之，先秦文献但言成周为东都，无以王城为东都者，这是班固、郑玄双城说首先遇到的一大障碍。

问题还不止此，迄今所发现的大量西周金文材料也无法对双城说形成支持。与成周有关的青铜器铭文除去重复今已发现数十件，这里分类摘录如下：

（1）王在成周。

厚趠鼎："惟王来格于成周年。"（《集成》2730）

小臣夌鼎："正月，王在成周，王逇于楚麓。"(《合集》2775)

丰尊："王在成周，令丰殷大矩。"(《集成》5996)

鲜钟："王在成周司徒虔宫，王锡鲜吉金。"(《集成》143)

郑季盨："唯王元年，王在成周。"(《集成》4454)

倗生簋："唯正月初吉癸巳，王在成周。"(《集成》4262)

伯寛父盨："唯卅又三年八月既死辛卯，王在成周。"(《集成》4438)

（2）成周祭祀活动。

何尊："惟王初迁宅于成周，复禀武王礼，福自天。"(《集成》6014)

叔矢鼎："唯十又四月，王彫大褅褅在成周，咸褅。"(《新收》915)

史此觥："王既褅于成周。"(《铭续》[1]30892)

吕壶盖："辛巳，王祭烝，在成周。"(《新收》1894)

孟爵："惟王初褅于成周，王令孟宁邓伯。"(《集成》9104)

圉卣："王褅于成周，王锡圉贝。"(《集成》5374)

司鼎："王初□恒于成周。"(《集成》2659)

棘犾鼎："唯王初褅于成周，乙亥，王彫祀在北宗，锡棘犾贝十朋。"(《铭续》30217)

（3）成周政务活动。

令方彝："惟八月，辰在甲申，王令周公子明保尹三事四方，受卿事寮。……惟丨月月吉癸未，明公朝至于成周，出令……既咸令，甲申，明公用牲于京宫，乙酉，用牲于康宫。咸既用牲于王，明公归自王。"(《集成》9901)

作册申卣："惟明保殷成周年。"(《集成》5400)

易鼎："唯十月，事（使）于曾，宓白（伯）于成周休眂小臣金"(《集成》2678)

小臣传簋："王在莽京，令师田父殷成周年。"(《集成》4206)

史兽鼎：王令史兽立工于成周。(《集成》2778)

询簋："王若曰：'询!……今余令汝啻官司邑人、先虎臣后庸……成周走亚'。"(《集成》4321)

1　吴镇烽：《商周青铜器铭文暨图像集成续编》，上海古籍出版社，2016年。简称《铭续》，下引不另注。

十三年痶壶："王在成周司土淲宫，格大室，即位。"（《集成》9723）

黻簋："王曰：'黻，命汝司成周里人眔诸侯大亚'。"（《集成》4215）

颂鼎："王曰：'颂，令汝官司成周贾廿家，监司新造贾，用宫御'。"（《集成》2827）

兮甲盘："王令甲政（征）司成周四方积，至于南淮夷。"（《集成》10174）

（4）成周军事活动。

諆簋："唯九月，鸿叔从王、员征楚荆，在成周，諆作宝簋"（《集成》3950）

肃卣："肃有（佑）王于东征，付肃于成周。"（《铭续》30882）

录戉卣：王令戉曰："叔！淮夷敢伐内国。汝其以成周师氏戍于叶师。"（《集成》5420）

智壶盖：王呼尹氏册命智，曰："更乃祖考冢司徒于成周八师。"（《集成》9728）

戚簋："唯王正月初吉庚寅，王在成周大室，单伯内（入）右戚，微史册命戚。"（《铭续》30450）

虢仲盨盖："虢仲以王南征，伐南淮夷，在成周。"（《集成》4435）

伯戋父簋："唯王九月初吉庚午，王出自成周，南征，伐艮（服）子。"（《铭图》5276）。

敔簋："惟王十月，王在成周，南淮夷遷殳，内伐……惟王十又一月，王格于成周大庙，武公入右敔，告擒馘百，讯四十。"（《集成》4323）

（5）成周与宗周对举。

德方鼎："惟三月，王在成周，延武福，自镐，咸。"（《集成》2661）

士上盉："惟王大禴于宗周。出馆荼京年，在五月既望辛酉，王令士上眔史黄殷于成周。"（《集成》9454）

静鼎："唯七月甲子，王在宗周，令师中眔静省南国相……八月初吉庚申至，告于成周，月既望丁丑，王在成周大室，令静。"（《近出》[1]357）

---

1 刘雨、卢岩：《近出殷周金文集录》，中华书局，2002，简称《近出》，下引不另注。

应侯视工钟："惟正二月初吉，王归自成周，应侯见工遗（贻）王于周。"（《集成》107）

小克鼎："惟王廿又三年九月，王在宗周，王令膳夫史克舍令于成周遹正八师之年。"（《集成》2796）

史颂鼎："惟三年五月丁巳，王在宗周省苏……百生（姓）帅（率）偶盩于成周。"（《集成》2787）

晋侯苏钟："惟王三十又三年，……正月既生霸戊午，王步自宗周。二月既望癸卯，王入格成周。"（《近出》35）

以上40器从年代上来说，早自成王而晚至宣王，几乎与西周王朝相始终，应该是有代表性的。分析铭文揭示的内容，有两个问题颇值得我们认真思考。

其一，王城既为东都，何以周王不曾驻足反倒频频活动于成周？西周金文无"王城"一名，应是不争的事实。御正卫簋铭云："唯五月初吉甲申，懋父赏御正马匹，自王。"（《集成》4044）上举令彝铭文亦云："咸既用牲于王，明公归自王"。陈梦家也认为此二器"自王"之王"同为王城地名"[1]，赞同唐兰的意见。其实，在西周金文未见王城一名的情况下，"自王"之王可否解为王城，不能令人无疑。即从令彝铭文本身来看，此一解读也不妥当。该铭文显示，明保到达成周的第一天（癸未）先舍三事四方令，第二天（甲申）在成周京宫举行禘祭，第三天（乙酉）又在康宫举行禘祭，接着（很可能是第四天）"用牲于王"，最后"归自王"。这个"王"应该也在成周，即命明保尹三事四方的成王，也可代指王所。待明保在王所举行旅祭完毕，便回到自己的官署，若把"自王"之王解为王城，就很难说明前两次祭祀为什么在成周而后一次却要在王城。所以这两条金文材料不能证明西周有王城一名，更不能证明王城与东都为一事。至于说王城即周公所作新邑，为"商王士"所居之地，故名王城，似是对文献的误读。要言之，周王频频活动于成周而与王城不相瓜葛，是成周乃东都，王城为子虚。

其二，成周既为殷遗迁居之地，何以变成周人镇抚东土的战略重镇？成周有中央政府机构由周王任命公尹所领，管理三事（内务）四方（诸侯），卿事寮中有司徒、作册、走亚、膳夫、里君诸职协理政事，显然为东方政治中心。故诸侯为之朝贡，以输四方之积；征伐由此兴师，以拓东南之土。且成

1　陈梦家：《西周铜器断代》，中华书局，2004，第34页。

周有大庙、京宫、康宫等宗庙祭祀建筑，周王不时举行祭祀活动，以"神不歆其类，民不祀非族"[1]，自应设在周人治事之地，而不宜与殷遗聚居处相混。上举德方鼎等七器铭文，每每以成周与宗周（或称镐、周）对举，说明两者具有相同的政治功能。何尊铭言："宅兹中国，自之乂民"（《集成》6014），更是成周作为都邑的铁证。成周拥有这样重要的政治地位，不可能仅是一个无足轻重的殷遗迁居之地。合理的解释只能是，唯有成周才是西周时期真正的东都。不过这里尚需补充一点，成周作为东都之名，该是始于成王改元五年，即何尊所说："唯王初迁宅于成周"，盖与成王亲政志成周业有关。之前，周公"来相宅，其作周匹休"[2]，即营建与镐京相匹偶的东都，并无成周之称。可考者是《尚书·康诰》称"新大邑"，《尚书·召诰》《尚书·洛诰》称"新邑"，《尚书·多士》称"新邑洛"，周初鸣士卿尊、卿尊、王来奠新邑鼎等彝铭亦称"新邑"。由于"新大邑"位于洛地，故以"洛邑"称之较为正式。待成王更名洛邑为成周，二名并行不悖，同为后世所遵用。

以上我们根据先秦文献材料和西周金文资料，对班固、郑玄所谓双城说进行商榷，指出其失之偏颇，没有据以立论的价值。这一点，早在1937年童书业本吕祖谦说作《春秋王都辨疑》即有所辨析。他说："周初所谓新大邑实惟一无二"，"王城即成周之内城，成周乃东都之总名"[3]。从表面上看，童氏好像是主张一城说的，但就其实质论依然没有摆脱双城说束缚，只不过将东西并立的双城变为大小相包的双城，故可视为一种新双城说。此说也不乏信从者，如杨宽就说："成周是东都的总称，王城只是东都的宫城，并非相距四十里的两个邑。"[4]史为乐也认为："周公所营洛邑即成周，王城是成周的一部分。"[5]然而此说也有问题，正如李学勤所说："（童书业）曾推想'王城为成周内城'，经过长时间的实地发掘，现已知道王城面积很大，规制宏伟，并不是'内城'，这一想法便不能成立了。"[6]那么，问题的症结在哪里呢？我们认为无论是旧双城说也好，还是新双城说也好，都未真正弄清东都成周的地理位置及其名称的变化，以致出现种种误解。

---

1 《左传·僖公十年》，（清）阮元校注：《十三经注疏》，中华书局，1980，第1801页。

2 《尚书·洛诰》，（清）阮元校注：《十三经注疏》，中华书局，1980，第214页

3 童书业：《中国古代地理考证论文集》，中华书局，1962。

4 杨宽：《西周初期东都成周的建设及其政治作用》，《历史教学问题》1983年第4期。

5 史为乐：《西周营建成周考辨》，《中国史研究》1981年第1期。

6 李学勤：《东周与秦代文明》增订本，文物出版社，1991，第19页。

二、东都成周的地理位置

关于周初营建东都成周（洛邑）的地理位置，最早是《尚书·洛诰》给我们提供了有关线索。其载周公曰：

> 予惟乙卯，朝至于洛师，我卜河朔黎水，我乃卜涧水东、瀍水西，惟洛食；我又卜瀍水东，亦惟洛食。伻来，以图及献卜。[1]

这是说周公于其摄政七年三月乙卯这天早晨到达洛地，随即开始卜宅，首先卜的是黄河北岸的黎水，大概没有得到吉兆，于是卜涧水、瀍水之间而又靠近洛水的地方，兆顺食墨，得其吉兆。又卜瀍水东边的近洛处，亦兆顺食墨，复得吉兆。嗣后遣使把城邑设计图和卜兆送给远在镐京的成王，以为审查备案。从这段记载来看，周公选择了三处地方予以卜宅，其中两处是吉地，那么，这两处吉地是否都建有城邑呢？文中并未交代。郑玄无视这个事实，便匆忙地下了肯定的结论。他说："我以乙卯至于洛邑之众，观召公所卜之处，皆可长久居民，使服田相食。瀍水东既成，名曰成周。今洛阳县是也。召公所卜处名曰王城，今河南县是也。先卜河北黎水者，近于纣都，为其怀土重迁。故先卜近以悦之。"[2]在这里，郑玄把召公所卜与周公所营分为两地，还有点含糊其词，但前引《诗谱·王城谱》则表述得相当明确。观其依据明显是曲解《尚书·洛诰》书序："召公既相宅，周公往营成周，使来告卜，作《洛诰》。"郑玄以"召公既相宅"为一事，以"周公往营成周"为另一事，然后再附会《尚书·洛诰》经文，以建立他的双城说。这似乎是郑玄比班固更高明的地方，好像言之有据。可是把郑玄的说法与《尚书·召诰》一对照，两相抵牾再也明显不过了。《尚书·召诰》云：

> 惟二月既望，越六日乙未，王朝步自周，则至于丰，惟太保先周公相宅。越若来三月，惟丙午朏，越三日戊申，太保朝至于洛，卜宅。厥既得卜，则经营。越三日庚戌，太保乃以庶殷攻位于洛汭。越五日甲寅，位成。若翼日乙卯，周公朝至于洛，则达观于新邑营。越三日丁巳，用牲于郊，牛二。越翼日戊午，乃社于新邑，牛一、羊一、豕一。越七日甲子，周公乃朝用书，命庶殷侯、甸、男邦伯。厥既命殷庶，庶殷丕作。[3]

---

1 《尚书·召诰》，（清）阮元校刻：《十三经注疏》，中华书局，1980，第214页。

2 （清）孙星衍：《尚书今古文注疏》，陈抗、盛冬铃点校，中华书局，1986，第403页。

3 《尚书·召诰》，（清）阮元校刻：《十三经注疏》，中华书局，1980，第211页。

此言"惟太保先周公相宅",与《尚书·洛诰》周公称"予乃胤保大相东土"正相印合,说明召公、周公至洛相宅,只有时间上的先后,没有地点上的异同,否则不能说先后相继。召公先行至洛,卜宅攻位,周公后至,卜宅亦吉,便通观新邑规划,再举行郊祭、社祭,最后命令前来服役的众多殷遗民,开始大规模的兴作。足见周、召二公同在一地卜宅,又同在一地指挥殷遗民筑城。这一点司马迁就看得比较清楚,他说:"成王在丰,使召公复营洛邑,如武王之意。周公复卜申视,卒营筑,居九鼎焉。"[1]即以《书序》论,"召公既相宅,周公往营成周",也说的是同一个意思,不过称洛邑为成周而已,而这个称呼正如我们前文所说只是一地之异名,并无不妥。郑玄曲解《书序》以附会经文,认为周初洛地建有两城,明显是靠不住的。有的学者不加详察,即奉郑说为圭臬,认为"成周与王城实为二地",并认为"应是《洛诰》的真实记载"[2],显然是上了郑玄的当,结论并不真实。

既然召公所卜与周公所营为一城即洛邑成周,那么这个城在什么地方呢?《尚书·洛诰》不曾言明,《尚书·召诰》也只说了一句:"太保乃以庶殷攻位于洛汭。"《说文》:"汭,水相入也","洛汭"则为洛水入河处,地在今河南巩义市以东。此地向无营洛之说,故可排除。《小尔雅·广器》云:"水之北谓之汭",据此"洛汭"当为洛水之北。在洛水之北考虑洛邑成周的位置,当然只能在周公所卜涧瀍两水之间和瀍水之东两地抉择。《尚书·召诰》《尚书·洛诰》本身没有给我们提供答案,解决这个问题的办法只有从西周东都的沿革关系入手。众所周知,周初所营东都在平王东迁后成了东周的都城,名曰王城,如果找到了东周王城的城址,西周东都成周的位置也就大致可以确定了。所幸考古工作者以《国语·周语下》所载"谷(按即涧水)洛斗,将毁王宫"为线索,终于在20世纪50年代发现了东周王城遗址,为我们确定东都成周的地理位置提供了依据。

《考古学报》1959年第2期发表了《洛阳涧滨东周城址发掘报告》,披露东周王城城址位于涧水东岸,其北城垣保存完整,全长为2890米,走向是北偏东78°30′,北面有一条与之平行的东西向护城河遗迹。西城垣迂回曲折,北端与北城垣西端相接,向南进入东干沟一带,走向为北偏西14°。沿着涧河东岸

---

1 《史记·周本纪》,中华书局,1959,第133页。

2 陈昌远:《有关周公营洛邑的几个问题》,中国先秦史学会秘书处编:《中国古代史论丛》第8辑,福建人民出版社,1983。

在王城公园处跨过涧河向西，在七里河村北转南。靠近南段，城墙不做直线，向外稍有弧度，在兴隆村的西北向东直拐，形成城址的西南角。南城垣从西南城角向东，由兴隆村北跨涧河至瞿家屯东小路中止，其走向为北偏东89°。与此相距不远处另发现一段往北稍拐的城墙，长度不过30米。再往东因地势低下，城墙东段已湮没不见，因而其东南角没有寻到。东城垣自北城垣转弯处直向南行，残存约1000米，走向为南偏东5°30′。这就是东周王城城址的大致轮廓。据发掘者推测，城墙大约建于春秋中叶以前，从战国时期至秦汉之际均曾多次修补，到了西汉后期以后，就逐渐荒废了。代之而起的当是大城圈里的小城圈（汉河南县城）。这与文献所载王城的兴废情况是相吻合的。

　　这个东周王城城址与西周时期的成周城是什么关系？是否就是同一座城？发掘者未做进一步推测。曲英杰经过研究认为："此地在西周时期只存有一座成周城……此一座城址即为周初所营筑的成周城。"[1]这个意见值得重视。从地层关系上来说，北城垣和西城垣部分夯土下既压有晚商的灰坑，则其最初的修筑年代有可能早至周初。再从王城城址的面积来看，也与文献记载周初成周城的规模基本相合。《逸周书·作洛解》说成周"城方千七百（当以《艺文类聚》等引作六百为是）二十丈"，又《周礼·考工记·匠人》云："匠人营国，方九里。"清人焦循据此进行推算："方九里，以开方计之，径九里，围三十六里，积八十一里也。""今案《周书·作洛》篇云作大邑成周于土中，城方千六百二十丈，计每步得三丈，每百八十丈得一里，以九乘之，千六百二十丈，与《考工记》九里正合，则谓天子之城九里者是也。"[2]现在我们不妨据此再来一次折算，以便与王城城址实际面积相比较。由于西周尺迄未发现，我们可以暂时使用吴大澂根据"璧羡度尺"测出的周尺长度，即一周尺为0.1977米[3]。准此，径九里亦即1620丈则可折合为约3202米，此与王城西城垣北段至南城垣东端北折处作直线计长约3300米出入不大，比北城垣长约2890米要多300余米。"方九里"于今约10.25平方公里，比王城城址按长方形计算约9.53平方公里略大，但两者毕竟比较接近。这恐怕不是偶然的，很可能东周王城城址就是西周东都洛邑成周的所在地。这样说也许考古

1　曲英杰：《周都成周考》，《史学集刊》1990年第1期。

2　（清）焦循：《群经宫室图》，清光绪二年（1876年）刊本。

3　吴承洛：《中国度量衡史》，商务印书馆，1957，第42页。

学上的证据单薄了些，但退一步讲，即便不是如此，西周东都洛邑成周也不会与东周王城城址相距太远。《水经注》卷十六《谷水》云："谷（涧）水又经河南王城西北，所谓成周矣。"《续汉书·郡国志》"河南尹"条云："河南，周公所城洛邑也，春秋时谓之王城。"这一沿革关系是清楚的，即便班固、郑玄的双城说也有此合理内核。近年来，洛阳博物馆在洛阳东火车站北边的台地上，发现并试掘了西周前期的铸铜器作坊遗址，遗址北边是庞家沟西周墓地，从出土青铜器可以看到"康伯""毛伯""太保"等字样[1]。这些重要发现无一不在瀍河西岸。因此，可以判断西周东都成周位于洛北的涧东瀍西一带应该是不成问题的。

现在有待解决的问题是：瀍水以东既为周公所卜吉地，若不建城，又用来做什么呢？我们认为周初洛地虽只建有一座成周城，但它的郊区范围却是很大的。这就是《逸周书·作洛解》说的"郛方七十里"。《说文》曰："郛，郭也"，此"郛"似不当理解为城郭之郭，因为当时营城并非一定要有内外城这样的建制，洛邑成周更不可能建成滨河跨瀍郛方七十里的大城。所谓方七十里实指其郊。《书序》云："周公既没，命君陈分正东郊成周，作《君陈》。"《史记·周本纪》云："康王命作策毕公分居里成周郊，作《毕命》。"均可为证。又《左传·隐公三年》载，周郑交质，关系并未改善，"四月，郑祭足帅师取温之麦。秋，又取成周之禾。周郑交恶"。这里的成周亦当指其郊区，否则郑师去成周城内取禾便成为不可思议的事了。周公营洛以迁殷遗民，可能只有部分殷遗贵族被迁往城内，其余大部分殷遗民当集中安置在成周郊区，后来的汉魏洛阳故城一带应是殷遗民聚居的重要地区之一。此地营洛前已有殷遗民居住，即三监之乱后，周公"俘殷献民，迁于九毕"[2]。据清人王念孙考证说："《书》《传》皆言毕，无言九毕者，《玉海》十五引此作九里。据孔注以为'成周之地近王化'，则作九里者是也。盖里、毕字相似，又涉上文'葬武王于毕'而误。"[3]王念孙认为《逸周书·作洛解》的九毕，应是成周的九里，其说可从。《东观汉记·鲍永传》云："赐洛阳上商里宅。"《后汉书·鲍永传》作"赐永洛阳商里宅"，李注引《洛阳记》云："上商里在洛阳东北，本殷人所居，故曰'上商里宅'也。"可见九里确是殷遗民居住的地

---

1 文物编辑委员会编：《文物考古工作三十年》，文物出版社，1979，第277页。

2 黄怀信、张懋镕、田旭东：《逸周书汇校集注》修订本，上海古籍出版社，2007，第518页。

3 （清）王念孙：《读书杂志·逸周书第二》，徐炜君等点校，上海古籍出版社，2014，第31页。

方。在今洛阳东郊塔湾曾发现一座西周墓，墓中出土的几件青铜器均有辶族的族徽符号[1]，此种族徽符号在安阳殷墟的商墓中也有发现，表明这是商族的一个分支。此墓主人当是由殷都迁往成周东郊的殷遗民。《尚书·多士》记周公对所迁殷遗民说："今尔惟时宅尔邑，继尔居，尔厥有干有年于兹洛。"说明洛邑城郊也建有居邑以供安置殷遗民之用，但没有必要修筑城墙来加强殷遗民的自我防御能力，这与营洛迁殷的意图是相违背的。周公卜宅以瀍水以东为吉地，不过是安抚殷遗民的一种策略。洛邑东郊有大量殷遗民居住，后来也逐渐发展为城市，但当时并未修筑城垣。考古工作者曾对洛阳东郊的汉魏洛阳故城做过较为详细的勘测，并未发现西周城址，与此不无关系。要之，周初营建东都洛邑，只有一座位于涧东瀍西的成周城，双城说与历史事实可能是不相符合的。

三、成周地名内涵的变化

成周始建之时，只称"新邑"或"新邑洛"。这在《尚书·召诰》《尚书·洛诰》《尚书·多士》篇中言之甚明。《尚书·召诰》《尚书·洛诰》记述周初营洛之事，同为周公摄政七年制作[2]。此即《尚书·洛诰》所云："戊辰，王在新邑烝，祭岁。……王宾杀禋咸格，王入太室祼。王命周公后，作册逸诰，在十有二月。惟周公诞保文武受命，惟七年。"但自何尊发现以后，有的学者认为东都成周的营建当在成王五年，成周的得名别于新邑，也先于新邑。这可能是有问题的。为方便讨论，兹录何尊铭文如下：

> 惟王初迁宅于成周，复稟武王礼，福自天，在四月丙戌。王诰宗小子于京室，曰：昔在尔考公氏，克逑文王，肆文王受兹大令。惟武王既克大邑商，则廷告于天。曰：余其宅兹中国，自之义民。呜呼！尔有惟小子亡识，视于公氏，有爵于天。彻令敬享哉！唯王恭德裕天，顺我不敏。王咸诰，何易贝卅朋。用作庚公宝尊彝。惟王五祀。（《集成》6014）

关于何尊铭文考释的分歧，过去主要集中在"惟王初迁宅于成周"和"惟王五祀"的问题上。对于"迁宅"一事，比较有影响的是"迁都"和"营洛"两说。主张迁都说的人，把"惟王五祀"解释为周公归政成王后的第五年[3]；

---

1 傅永魁：《洛阳东郊西周墓发掘简报》，《考古》1959年第4期。
2 参见杜勇：《〈尚书〉周初八诰研究》增订本，中国社会科学出版社，2017。
3 唐兰：《何尊铭文解释》，《文物》1976年第1期。

主张营洛说的人，则把"惟王五祀"说成成王即位的第五年（周公摄政五年），也就是《尚书·召诰》《尚书·洛诰》所作之年[1]。应该如何看待这两种说法呢？

从何尊铭文的内容来看，是说成王在天（太）室山举行福祭，又在京室诰训宗小子，并赐贝于何等事，通篇全无初始营洛的气象。如果按照杨宽的意见，"《召诰》应与何尊作于同年"[2]，何尊的月份干支亦与《尚书·召诰》《尚书·洛诰》同年，那么，营成洛邑之神速就令人不可想象。从三月甲子周公命"庶殷丕作"算起，到四月丙戌成王于京室作诰，其间不过二十三日。周公秉武王遗命，营建东都，必有宫室宗庙，即所谓"左祖右社，面朝后市"[3]，即令这些建筑不如后世豪华，也绝非不及一月的时间就能完成。何况周公"乃作大邑成周于土中，城方千七百二十丈，郛方七十里"[4]。规模如此庞大的建筑，毕其功于一年尚且费事，怎么可能在短短的一月之内竣工？又怎么可能在不曾竣工的京室来举行福祭并诰训宗小子？前文还曾说道，是年三四月间成王并未至洛，四月丙戌也就不可能在成周作诰。这样看来，"迁"字即使有营造之意，也不能以此求解何尊之铭。要把何尊的年月干支与《尚书·召诰》《尚书·洛诰》的年月干支相整合，进而得出二诰与何尊制作同年的结论，在事实上是行不通的。

比较起来，还是迁都说更合理些。在古人观念中，成周（洛邑）位于天下之中，故称"中国"，地理位置自极重要。《何尊》所谓"迁宅"，无非是把成周洛邑作为与宗周镐京并立的两个政治中心，周天子可以根据形势需要选择居处以备事急，而镐京仍然保持作为旧都的特殊地位。由《尚书·洛诰》可知，当新邑落成，成王举行改元大典之后，随即返回宗周，是年并无迁居之事。因此把"惟王五祀"确定为成王亲政后的第五年，是可信的。

成王亲政以后，新邑洛（洛邑）正式命名为成周，但后世有时仍称洛邑。如《左传·桓公二年》云："武王克商，迁九鼎于洛邑。"《书序》说："成王在丰，欲宅洛邑，使召公先相宅，作《召诰》。"需要注意的是，《尚书·多方》作于周公摄政三年，篇中虽有"尔乃自时洛邑"之语，但不能视

1　马承源：《何尊铭文初释》，《文物》1976年第1期。

2　杨宽：《释何尊铭文兼论周开国年代》，《文物》1983年6期。

3　《周礼·考工记·匠人》，（清）阮元校刻：《十三经注疏》，中华书局，1980，第927页。

4　黄怀信、张懋镕、田旭东：《逸周书汇校集注》修订本，上海古籍出版社，2007，第525—526页。

作新邑最早的正式名称。此"洛邑"之"邑"当为动词，意指在此洛地建邑，与《左传·隐公十一年》称"吾先君新邑于此"为例正同。洛邑与成周作为一地之异名的情况，直至春秋末期才发生了根本性改变。

平王东迁，镐京败弃，原来仅为东都的成周城便真正成了平王以下十二王定鼎治周的都城。在这二百五十年的时间里，东周都城除继续使用成周（洛邑）这一名称外，又有王城一名的出现，二者均指一地，兼用无别。

王城在《春秋》经中仅有一见，即《春秋·昭公二十二年》载："秋，刘子、单子以王猛入于王城。"杜注："王城，郏鄏，今河南县。"《左传》中王城一名的出现比《春秋》为早，首见于鲁庄公二十一年（前 673 年）："夏，同伐王城。郑伯将王自圉门入，虢叔自北门入，杀王子颓及五大夫。"杜预于此王城无说，想必与经注无异，故而略去。此后，《左传》僖公十一年、僖公二十五年、昭公二十二年、昭公二十三年、昭公二十六年，定公七年相继出现了有关王城的记载，均指春秋王都无疑。此于《左传》本身即有内证，如《左传·僖公十一年》载："夏，杨拒、泉皋、伊洛之戎同伐京师，入王城，焚东门。王子带召之也。秦晋伐戎以救周。秋，晋侯平戎于王。"据此，周之京师，是为王城，确凿可信。至若春秋时，成周何以又有王城之称呢？这恐怕与当时大国争霸的政治形势有关。东迁以后，天子式微了，但还可以作为诸侯争霸竞相利用的一面旗帜，会盟谓之"尊王"，周都名之"王城"，无非是借助这面旗帜以壮争霸的雄风罢了。

王城之称是兴，成周一名未废。在周敬王"城成周"（汉魏洛阳故址）之前，《春秋》《左传》中的成周与王城一样，都是春秋王都的名称。这是一个关键问题，可惜两千多年来一直被学者误解，殊为憾事。下面即就经传有关成周的材料予以辨析。

《左传·隐公三年》云："秋，又取成周之禾。周郑交恶。"这是成周之名第一次在《左传》中出现。杜注："成周，洛阳县。"这是不正确的，观后面几条材料即知。

《左传·庄公二十年》云："秋，王及郑伯入于邬，遂入成周，取其宝器而还。"又《左传·昭公二十四年》云："冬，十月癸酉，王子朝用成周之宝珪于河。"此成周城良多宝器，又是王室诸子歌舞不息、争权夺位之地，必是王都所在。《战国策·东周》云："西周（按指王城），故天子之国也，多名器重宝。"可见成周若非天子之都王城，名器重宝从何而来？

《春秋·宣公十六年》云："夏，成周宣榭灾。"同年《左传》云："夏，成周宣榭火。"此言成周有宣榭，也是考订成周究为何指的一条重要线索。宣榭一名在青铜铭文中今有两见：

> 惟二年正月初吉，王在周邵宫。丁亥，王格于宣射（榭），毛伯内（入）门立中廷，右祝鄘，王呼内史册命鄘。（鄘簋，《集成》4296）

> 惟十又二年正月初吉丁亥，虢季子白作宝盘。丕显子白，壮武于戎工（功），经维四方，搏伐猃狁于洛之阳，折首五百，执讯五十，是以先行，桓桓子白，献馘于王。王孔加（嘉）子白义。王格周庙宣廄（榭），爰飨。（虢季子白盘，《集成》10173）

二器均为西周晚期物，其载天子曾在宣榭册命班赏。宣榭是为周庙，在周邵宫。据《颂鼎》，"王在周康邵宫"，知邵宫与康宫一样同在成周。则上述二器所言"周"即指成周洛邑，故有王室宗庙以供天子锡命大臣。那么，《春秋》《左传》所言"成周宣榭"应与彝铭中的宣榭一样，亦应是王都所在地。

《春秋·昭公二十六年》云："冬，十月，天王入于成周。"《左传·昭公二十六年》曰："（十一月）癸酉，王入于成周。甲戌，盟于襄宫。……十二月癸未，王入于庄宫。"此言成周有庄宫，而庄宫又在王城。《左传·昭公二十三年》载："王子朝入于王城，次于左巷。秋七月戊申，郭罗纳诸庄宫"；又，《左传·定公七年》载："王入于王城，馆于公族党氏，而后朝于庄宫"，均可为证。是知成周与王城并无区别，都是春秋王都的名称。最明显的例证是，《左传·僖公二十五年》记王子带之乱，曰："晋侯辞师而下，三月甲辰，次于阳樊，右师围温，左师逆王。夏四月丁巳，王入于王城。"而《国语·晋语四》同记此事则曰："左师逆王于郑，王入于成周。遂定于郏（王城）。"凡此说明在周敬王徙都之前，成周与王城实一非二，可以互代春秋王都之名。

成周一名内涵发生变化，以《春秋》《左传·昭公三十二年》所记"城成周"一事为分水岭。前此成周与王城可以互代合一，兼用无别，之后则析分为二，判然两地。此一变化，《左传》言之甚明，昭公三十二年（前510年）载：

> 秋，八月，王使富辛与石张如晋，请城成周。天子曰："……昔成王合诸侯城成周，以为东都，崇文德焉。今我欲徼福假灵于成王，修成周之城，俾戍人无勤，诸侯用宁，螫贼远屏，晋之力也。……"范献子谓

魏献子曰:"与其戍周,不如城之,天子实云……"冬十一月,晋魏舒、韩不信如京师,合诸侯之大夫于狄泉,寻盟,且令城成周。……己丑,士弥牟营成周。计丈数,揣高卑,度厚薄,仞沟洫,物土方,议远迩,量事期,计徒庸,虑材用,书糇粮,以令役于诸侯。[1]

又,《左传·定公元年》云:

春,王正月辛巳,晋魏舒合诸侯之大夫于狄泉,将以城成周。……三月,归诸京师,城三旬而毕,乃归诸侯之戍。[2]

从这两段记载中,可以看出这样几个问题:其一,敬王"城成周"的目的与前此鲁襄公二十四年(前549年)"齐人城郏(王城)"不同,是要像成王一样营建新邑成周以为东都。若这个成周还是王城,所谓东都则无所对举,当不会与废弃已久的镐京相对为言。其二,在"城成周"之前,敬王避王子朝之乱居于狄泉,晋从王命合诸侯之大夫商议筑城计划亦在狄泉,此成周逼近狄泉不在汉魏洛阳故址是说不过去的。《春秋·昭公二十二年》杜注:"狄泉,今洛阳城内大仓西南池水也,时在城外。"正义引《土地名》云:"定元年城成周,乃绕入城内也。"今汉魏洛阳故城西墙外犹有翟泉镇,亦可相辅为证。其三,成周未能营筑之前,恐怕并无像样的城垣,故有诸侯成周、护卫京师之劳。这次筑城时间虽只三旬,但计划周密,施工规模很大,绝不是对原有城防的简单修复。《春秋公羊传·昭公二十二年》徐彦疏云:"言城,明其功重,与始作城无异。"可谓道出了问题的真谛。由此看来,成王与敬王虽然同有"城成周"之举,但成周所在的地理位置却是各不相同的,前者位于汉代河南故址,后者位于汉代洛阳故址,敬王"徼福假灵于成王",复营东都成周,其实是玩了一个同名异实的政治魔术,确实欺骗了不少的人。敬王所城成周,原为周初成周东郊殷遗民的聚居地,经过五百多年的发展和殷周民族的同化,这里大概也成了相当繁华的城市,只是没有像样的城垣,似乎无以名城。现在,经过这一番大规模的筑城工程,这里便成为名副其实的都邑,可与四十里外的王城遥相抗衡了。

成周筑城竣工以后,敬王必当徙都于此,否则"城成周"便失去应有的意义。《左传》不曾明言敬王徙都一事,相关的材料还是可以说明这个问题的。《太平御览》一百五十五引《世本》云:

---

1 《左传·昭公三十二年》,(清)阮元校刻:《十三经注疏》,中华书局,1980,第2127—2128页。

2 《左传·定公四年》,(清)阮元校刻:《十三经注疏》,中华书局,1980,第2131页。

> 平王即位，徙居洛。敬王避子朝之乱，东居成周。……赧王又徙居西周。[1]

又《左传·昭公三十二年》杜注云：

> 子朝之乱，其余党多在王城，敬王畏之，徙都成周。成周狭小，故请城之。[2]

这些记载应该是符合事实的。至于其后《左传·定公七年》载："王入于王城"，不见复还，亦不足怪，因为成周筑成，只把原来可能是行宫的狄泉围进了城内作为王宫，却并未另建周庙。敬王因事前往行祭，祭毕必然复归成周，绝不能据此否定敬王徙都成周一事。这有如《尚书·洛诰》记："王朝步自周，则至于丰"，亦未言及成王何时返回镐京，却没有人怀疑镐京为西周都城一样。实际上，敬王徙都成周还有不少旁证，第一，《史记·周本纪》云："考王封其弟于河南，是为桓公，以续周公之官职。桓公卒，子威公代立。威公卒，子惠公代立，乃封其少子于巩以奉王，号东周惠公。"若无敬王徙都成周，考王怎么可能把都城所在的王城封给弟揭，号为西周桓公呢？第二，《战国策·东周》云："西周（王城）故天子之国也。"既称故天子之国，说明当时王都已不在此，而是东徙成周了。第三，《史记·周本纪》又云："王赧时东西周分治，王赧徙都西周。"若周赧王不居成周，亦不可能居东周巩城，徙都西周（王城）便成无稽之谈。童书业作《春秋王都辨疑》极力否定敬王迁都一事，曲英杰亦同此说，认为"整个周代作为王都者一直是只有一座城，即成周城"[3]，都是失之偏颇的。

要之，周初营建东都，始称洛邑，复称成周。地在洛北涧东瀍西一带，亦即春秋时王城所在地。平王东迁，成周渐有王城之称，然二者兼用无别，长达二百多年。及至敬王"城成周"，成周称名的内涵遂发生改变，开始与王城析分为二，王城所指未变，后称河南，成周则专属东城，后称洛阳。周初营建东都成周，使之成为近制殷遗、远治四方的东方政治中心，不仅有利于西周统一局面的形成与巩固，而且有利于促进西周经济文化的交流与发展，有着重大的战略意义。

---

1 （宋）李昉等：《太平御览》，中华书局，1960，第755页。

2 《左传·昭公三十二年》杜注，（清）阮元校刻：《十三经注疏》，中华书局，1980，第2127页。

3 曲英杰：《周都成周考》，《史学集刊》1990年第1期。

第二节　怀柔与迁殷

周公平定三监之乱后，采取了迁徙殷遗民的重要措施。所谓殷遗民，是指殷王畿内的子姓贵族家族及其后裔，非泛指原臣属于殷的东方大族。为了分化瓦解殷遗民的反抗势力，维护国家的安定统一，周公对殷遗民进行了多次大规模的迁徙，以便分而治之，彻底消除其兴风作浪的祸根。对殷遗民分割迁徙的措施是严厉的，但并非像通常所说将其尽行夷为"种族奴隶"[1]，也未使之遭受特别的压迫和悲惨的命运[2]，基本上体现了周人宽猛相济的怀柔政策。

一、徙微封宋

在武庚统治殷畿两三年的时间里，殷遗民的族居地、族群结构以及社会地位并未发生根本改变。武庚叛乱被平定后，殷遗民开始面临多次被分割迁徙的命运，这当然是他们并不乐意的一件怨事。作为亡国之余，由不得他们再留恋故土，只好听任周人的摆布。

《史记·周本纪》说："成王既迁殷遗民，周公以王命诰，作《多士》。"《书序》也说："成周既成，迁殷顽民。周公以王命诰，作《多士》。"这似乎是说成王即政元年，周人始有迁殷遗民的措施出台。实际说来，周人开始迁殷遗民应该始于微子封宋，继之才是西迁洛邑，东封鲁卫。《史记·殷本纪》云："周武王崩，武庚与管叔、蔡叔作乱，成王命周公诛之，而立微子于宋，以续殷后焉。"《史记·宋微子世家》云："武王崩，成王少，周公旦代行政当国。管蔡疑之，乃与武庚作乱，欲袭成王、周公。周公既承成王命诛武庚，杀管叔，放蔡叔，乃命微子开代殷后，奉其先祀，作《微子之命》以申之，国于宋。"《书序》亦云："成王既黜殷命，杀武庚，命微子启代殷后，作《微子之命》。"已佚《微子之命》是周公封微子于宋的命书，《史记·周本纪》与《书序》将篇名次于《尚书·大诰》之后，说明宋国是周公东征结束后首先徙立的一个子姓封国。

微子名启，为纣之庶兄。殷时微子封微（今山西潞城东北），系畿内之

国，以国为氏。"纣既立，不明，淫乱于政，微子数谏，纣不听"[1]，微子遂与太师、少师合议，相与亡去。"周武王伐纣克殷，微子乃持其祭器造于军门，肉袒面缚，左牵羊，右把茅，膝行而前以告。于是武王乃释微子，复其位如故。"[2]由于微子与周人采取积极合作的态度，故得复有其国，领其族众。及至周公平定三监之乱，微子始被徙封于宋（今河南商丘），随之迁徙的除微氏族众外，还有相当数量的殷之余民。《史记·管蔡世家》说："（周公）分殷余民为二，其一封微子启于宋，以续殷祀；其二封康叔为卫君，是为卫康叔。"与武庚相比，虽是同续殷祀，微子却远去畿外，已离其本根，殷遗民可能潜存的反叛势力得以部分削弱。这是周初第一次对殷遗民的迁徙，以其带有徙封的温和色彩，必不至于在殷遗民中造成过大的社会震荡，不失为一种巧以治殷的良策。

20 世纪 70 年代，河南固始侯古堆一号墓曾发现一对宋景公为其幼妹陪嫁的青铜簠，铭中宋景公自称："有殷天（大）乙唐（汤）孙"[3]，说明宋君确为商王室后裔。又传世宋眉父鬲铭云："宋眉父作宝子媵鬲。"（《集成》601）此为宋人媵女之器，"宝子"为女字，"宝子"之"子"正是宋为子姓国的明证。宋之贵族后裔孔子曾说："而丘也，殷人也"[4]，也揭示了宋人多为殷遗民的事实。

宋人虽是亡国之余，但在周代诸侯国中的地位并不低。周初眉鼎铭云：

> 兄（貺）厥师，眉（微）见王，为周客，锡贝五朋，用为宝器，鼎
> 二，簠二，其用享于厥帝考。（《集成》2705）

眉与微通，此谓微子[5]。微子作为有周之客来见周王，被赏贝五朋，他的军队也受到赐赏。铭记周王待宋君以客礼，亦与文献相印合。《诗·周颂·有客》云："有客宿宿，有客信信，言授之絷，以絷其马，薄言追之，左右绥之"，序云："微子来见祖庙也"，所受接待是极为隆重而殷勤的。《左传·僖公二十四年》载，郑皇武子对郑伯说："宋，先代之后也，于周为客。天子有事膰

1 《史记·宋微子世家》，中华书局，1959，第1607页。
2 《史记·宋微子世家》，中华书局，1959，第1610页。
3 固始侯古堆一号墓发掘组：《河南固始侯古堆一号墓发掘简报》，《文物》1981年第1期。
4 《礼记·檀弓上》，（清）阮元校刻：《十三经注疏》，中华书局，1980，第1283页。
5 杨树达：《积微居金文说》增订本，中华书局，1997，第61页。

焉，有丧拜焉"。孔疏云："宋是先代之后，王以敌礼待之，故拜其来吊，其余诸侯则否"，似乎宋的地位还在一般诸侯之上。前517年赵鞅令诸侯向周敬王贡纳粮食，宋右师乐大心却说："我不输粟。我于周为客，若之何使客？"[1]《左传·定公元年》载，晋合诸侯城成周，宋大夫仲几不受功，欲使滕、薛、郳三国为其代役，薛国不肯，双方发生争执，主持工程的士弥牟对仲几说："子姑受功。归，吾视诸故府。"宋以周王朝素以宾客之礼待之为由，在输粟服役方面要求优待，若无王室档案可稽，想必一个区区小国是不至于在春秋霸主面前据理力争，作此外交折冲的。固然宋为周客不免多少有些言过其实，但宋国不曾遭受周人特别的压迫应无疑问。作为一个以殷治殷的国家，既然不存在严酷的外部压迫，其殷遗民上下层之间也不会存在严酷的内部对抗，所谓种族奴隶制在这里自是无迹可寻的。

二、殷遗民西迁后的境遇

迁往西周京畿地区的殷遗民，从文献上看主要集中在东都洛邑。但随着陕西关中一带殷系彝器的不断发现，人们认识到宗周附近也是殷遗民的迁居地之一。甚至有的学者认为，武王克商后的一项重要措施即是将东土俊杰成族地迁到陕西，强干弱枝，使东土人才能为周用，"这一措施也可说是西周建立新国族的第一步"[2]。这不免对客观事实有所夸大。殷遗民往居宗周，可能不是周人强制迁徙的结果，大多是有如微史家族那样的自愿降顺者。从文献记载来看，这种情况早在文王时期就已屡见不鲜。《史记·周本纪》称，文王礼贤下士，"辛甲大夫之徒皆往归之"。《集解》引刘向《别录》云："辛甲，故殷之臣，事纣。盖七十五谏而不听，去至周。召公与语，贤之，告文王，文王亲自迎之，以为公卿，封长子。"此类西迁的殷遗，化被动为主动，比较明智地承认周革殷命的现实，采取与周人积极合作的态度，愿意利用自己的专长为周王室效力，自然乐于为周人接纳，且易受到礼遇和重用。微史家族就是一个明显的例子。

1976年，陕西扶风庄白发现西周铜器窖藏，出土青铜器103件，有铭者74件，其中最重要的一件是史墙盘，铭文长达284个字。前半篇是对周王朝

---

1 《左传·昭公二十五年》，（清）阮元校刻：《十三经注疏》，中华书局，1980，第2109页。
2 许倬云：《西周史》增补二版，生活·读书·新知三联书店，2012，第134页。

诸先王和当时天子共王的颂词，后半篇则是历述微史家族的简史。涉及微史家谱的部分说：

> 静幽高祖，在微灵处。雩武王既坅殷，微史剌（烈）祖乃来见武王，武王则令周公舍宇于周俾处。通惠乙祖，来匹厥辟，远猷腹心子纳。炎明亚祖祖辛，迁毓子孙，繁被多厘。齐角炽光，宜其禋祀。害屖文考乙公，遽爽，德纯无剌，农啬越历。唯辟孝友，史墙夙夜不坠，其日蔑历。（《集成》10175）

从铭文内容来看，微史家族与殷商国运息息相关，又保留以日为名的殷商旧俗，当是殷商王族后裔。微史高祖虽不必是微子启，但应与微子属于同一家族。武王克殷以后，微史烈祖始来归顺武王，武王命令周公把他安置于周人本土，此即痶钟铭文所说"以五十颂处"（《集成》252）。"五十颂"即五十通，"颂"与"通"古音同字通。《司马法》云："井十为通。"[1]这是说微史家族不仅被授予周王畿内五百井的采邑，而且几代人都担任周王室的史官，俨然成为周邦的新贵。微史家族能受到这样尊荣的礼遇，显然与其主动降顺又能为周所用有关，自不在被周人刻意西迁的"庶殷"之列。周人接纳微史家族，实为招降纳叛以瓦解敌对势力，与迁殷遗民并不相涉。

关中地区有许多殷系墓葬被发掘，周原几乎成为殷遗民广为居住的地区。这可能只是文化交融问题，未必是大批殷遗民西迁的结果。西迁宗周的殷遗民多属归顺事周的友民而不免受到优待，迁往洛邑的殷遗民情况又如何呢？

殷遗民被大批迁往洛邑成周，今已得到考古发掘的证实。在洛阳中州路及东郊北瑶村一带发掘的一些西周前期墓葬，有一类带有腰坑，坑内有殉狗，与殷人习俗相同，当为殷遗民墓。在北瑶村的一座西周墓中，葬式除保留若干殷俗外，随葬的青铜器种类繁多，形制与花纹亦为殷周之际所习见。其中卣、尊、斝、觚、爵均有铭文，同为"登作尊彝"，知墓主为登[2]。登为族名而非私名，亦见于卜辞："庚寅卜，争贞：令登及嶽工卫，有禽？"（《合集》9575）又金文著录的登鼎铸有常见于殷器的族微"析子孙"（《集成》1491）[3]，则此无疑为殷遗多士迁居洛邑后的墓葬，主人生前明显具有较高的

---

[1] 《论语·学而》注引，（清）阮元校刻：《十三经注疏》，中华书局，1980，第2457页。

[2] 洛阳博物馆：《洛阳北瑶西周墓清理记》，《考古》1972年第2期。

[3] 铭中"析子孙"，今暂从宋人吕大临《考古图》所释。于省吾释作"举"，亦可参考。

政治地位。

据传1929年洛阳马坡出土一批青铜器，多至50余件，颇多铭文值得我们注意。如士上盉有铭云：

　　王令士上眔史黄殷于成周，礼百姓豚眔赏卣、鬯、贝，用作父癸宝尊彝。臣辰册先。（《集成》9454）

这是说周王命令士上和史黄两人朝觐于成周，两人作为百姓得到了豚、卣、鬯、贝的赏赐。铭末四字是族氏名，其后两字是族徽，"册"则表示他们的官职是史官，"先"表示他们原为殷商旧族。卜辞记事刻辞有"先致五十"（《合集》1779反），"先"为人名；武丁卜辞有"贞气令受田于先侯"（《合集》10923），"先"为诸侯；卜辞又有"贞阜往先"（《合集》4068），"先"为先氏族居地。可见这个"先"族是殷遗民，"他们虽被周公召公迁到洛邑，却保全了氏族组织和旧有的习惯"[1]，还可入朝为官。铭中所谓"百姓"于族人则为氏族长，于王庭则为百官。《国语·楚语下》载观射父说："百姓、千品、万官、亿丑、兆民"，韦注云："百姓，百官受氏姓也"，是其证。故士上、史黄两人得以参加天子会见诸侯布达政令的大典，并受到周王的赏赐，做器以光宗耀祖。

与臣辰诸器一并出土的还有矢令家族之器，如令簋、令彝、令尊、作册大鼎等。在令簋、令方彝铭中，作器者称作册矢令、作册令，或单称矢，铭末又同铸"隽册"族徽，知为同一人。令簋铭云："用作丁公宝器"，令彝铭云："用作父丁宝尊彝"，则丁公与父丁亦是同一人，当为矢令之父。不过前器之作丁公尚在，以为纪念，后器之作父丁已故，以为祭祀。过去陈梦家根据宜侯矢簋称："宜侯矢扬王休，作虞公父丁尊彝"（《集成》4320），认为作册矢与宜侯矢同父，应是一人[2]，可能是有问题的。宜侯矢应是虞侯矢从山西平陆迁往河南宜阳后的称呼，当为姬姓，与矢令家族并不同源，不可牵合为一。从矢令称父不称考，铭末铸商代鸟形族徽诸方面来判断，似可确定矢令家族是属殷遗民。同地所出的作册大鼎也有"隽册"族徽，又称先祖为"祖丁"，是知作册大为矢令之子，在康王初年继续担任作册职务，为周人文化建设效力。矢令以作册之职出纳王命，左右于卿事寮，乃成周重臣，先有王姜

1　张政烺：《古代中国的十进制氏族组织》，《历史教学》1951年第4期。

2　陈梦家：《西周铜器断代》，中华书局，2004，第17页。

"赏令贝十朋，臣十家，鬲百人"（令簋，《集成》4300），继有明公"锡令鬯、金、小牛"（令彝，《集成》9901）。这样显赫的殷遗民家族无论如何都是不能以种族奴隶目之的。

其实，关于殷遗民西迁洛邑后的社会境遇，《尚书·多士》《尚书·多方》篇本有比较明确具体的记载，比照前引金文材料，只要不抱成见，应该说是可以达成一致认识的。《尚书·多士》记周公对西迁殷遗民说：

> 告尔殷多士，今予惟不尔杀，予惟时命有申，今朕作大邑于兹洛，予惟四方罔攸宾，亦惟尔多士攸服奔走，臣我多逊。尔乃尚有尔土，尔乃尚宁干止。尔克敬，天惟畀矜尔；尔不克敬，尔不啻不有尔土，予亦致天之罚于尔躬！今尔惟时宅尔邑，继尔居；尔厥有干有年于兹洛。尔小子乃兴，从尔迁。

又《尚书·多方》记周公对"有方多士暨殷多士"训诫说：

> 今尔奔走臣我监五祀，越惟有胥伯小大多正，尔罔不克臬。……尔乃自时洛邑，尚永力畋尔田，天惟畀矜尔，我有周惟其大介赉尔，迪简在王庭，尚尔事，有服在大僚。……尔不克劝忱我命，尔亦则惟不克享，凡民惟曰不享，尔乃惟逸惟颇，大远王命，则惟尔多方探天之威，我则致天之罚，离逖尔土。

细读这两段文字，不难看出殷遗多士的真实身份。第一，周人对殷遗多士确有生杀之权，但绝不是动辄"予其杀"或"致天之罚"，而是有其特定前提的。这个前提就是"尔不克敬""尔不劝忱我命""尔乃惟逸惟颇，大远王命"，也就是说他们不谨守王命，还要放荡邪恶、兴风作浪的话，有周就将"致天之罚于尔躬"或"大罚殛之"。这早在武王作《商誓》时已有告诫，却不为殷遗民所警，致生武庚之叛，逼使周公东征，颇有诛杀。现在周公又重申此命，无非是说殷遗民要吸取教训，无违天命，始得康宁。不要说殷遗多士图谋叛周，不免非杀即刘，就是骨肉血亲如管蔡者流也会遭到同样下场。严酷镇压反叛敌对势力，这是国家政权赖以确立的根本前提，凡阶级社会概莫能外。如果我们据此就说在周王朝统治下的殷遗民没有生命保障和人身自由，是可以任意杀害的奴隶，不免是把问题简单化了，忽略了国家应有的职能所在。

第二，殷遗多士"尔小子乃兴，从尔迁"，举族来到洛邑，"尚有尔土"，可以"宅尔宅""畋尔田""有干有年于兹洛"，也就是说他们农耕可望丰收，生活可望康宁，子孙可望兴旺，这哪是来当奴隶可以企想的呢？固然这些田宅非其所有，只是他们享有的对象，以此就说他们是农业奴隶，倒不如说他们是国家授田制下的农夫或许更恰当些。所谓"惟有胥伯小大多正"，《尚书大传》引此文"胥伯"作"胥赋"，"正"作"政"。胥是胥徒，即提供徭役的人，此指徭役；赋指一切征课，"正"和"政"都是"征"的借字。这表明国家对殷遗民征有多少不等的徭役赋税，是周人经济剥削的对象之一。在这种剥削方式下的殷遗民，不应是全部剩余劳动被榨取的奴隶。

第三，殷遗民多士西迁洛邑，还提出了分享政治权力的要求。他们希望能像"殷革夏命"一样，可以"迪简在王庭，有服在百僚"。周公表示"予一人惟听用德"，即对殷遗民中有德行的人可以加以任用，授予适当的官职，鼓励他们为新政权效力。周公要把迁洛殷遗夷为奴隶当不会有如此承诺的，也不会将此承诺兑现。尽管能够跻身于统治阶层的只是少数氏族长（百姓），大多数殷遗民已由原来治人的一等公民降为治于人的二等公民，但他们毕竟保留着一定的自由身份，不能与奴隶阶级相提并论。

总之，殷遗民西迁京畿地区，无论是作为友民徙居宗周，还是作为仇民迁至洛邑，他们同宋、鲁、卫等国的殷遗民一样，都没有因此沦为种族奴隶。他们当中的一些家族西迁后颇受信用，不少身为氏族长的百姓还被周王室委以要职，或为史官出纳王命，或为武将受命征伐，或为领土享有采邑，具有相当尊荣的社会地位。至于所领大多数族众，也有宅可居，有田可耕，虽然不免受到周人赋税徭役方面的剥削，社会地位有所下降，但并非种族奴隶，而是国家授田制下的庶民，是周王朝维持政治统治的社会基础。

三、鲁卫治下的殷遗民

周初分封，鲁卫瓜分大批殷遗民，成为周人有效控制东方的重要据点。《左传·定公四年》载祝佗说：

昔武王克商，成王定之，选建明德，以蕃屏周。故周公相王室，以尹天下，于周为睦。分鲁公……殷民六族，条氏、徐氏、萧氏、索氏、长勺氏、尾勺氏，使帅其宗氏，辑其分族，将其类丑，以法则周公。用即命于周。是使之职事于鲁，以昭周公之明德。分之土田陪敦……因商奄之民，命以《伯禽》而封于少皞之虚。分康叔……殷民七族，陶氏、繁氏、锜氏、樊氏、饥氏、终葵氏……聃季授土，陶叔授民，命以《康诰》而封于殷虚。皆启以商政，疆以周索。[1]

鲁国所受萧氏与卫国所受饥氏又见于《逸周书·商誓解》，是武王曾予训诰的世家大族，其余各族亦当与此相类似。这些殷遗旧族被鲁卫分割迁徙，其血缘与地缘关系虽经重新整合，但族群结构并未解散，形成与少数周族融合共处的局面。

在山东出土的铜器铭文中，至今未见鲁侯左右也有殷商旧族的证据。唯可说者，是鲁公室与殷遗民尚有联姻关系的发生。鲁都曲阜故城曾发掘过风格不同的两种墓葬，乙组西周墓随葬的陶器主要是仿铜器的鬲和罐，完全没有豆簋，不用腰坑，也不殉狗，这些都与灭商前周人墓的风格相一致。其中有两座墓葬发现有铭的铜器，墓主人叫鲁伯悆和鲁仲齐，后者是鲁国的一个司徒，当为鲁宗室成员，可以判定乙组西周墓是周人墓。甲组西周墓的风格与乙组西周墓迥然有别，随葬的陶鬲早期用明器，中晚期用实用器，不见乙组墓那种仿铜陶鬲。流行豆簋等圆足器，腰坑、殉狗的风气兴盛，凡此都与商人墓的作风相似[2]。这实际上就是迁居鲁国的殷遗民墓葬，在甲组 M200 中，发现有铭的铜盘、铜匜，盘铭云：

鲁伯诸父作孟姬媵媵盘。（《集成》10087）

器为周人名伯诸父者为其长女陪嫁所作。姬姓媵器在殷遗民墓中发现，证明两个族群之间存在通婚关系。文献记载鲁有两社：一为周社；一为亳社。亳社乃殷人之社，亦存在于宋国。《左传·定公六年》说阳虎专政，"盟公及三桓于周社，盟国人于亳社"，则殷遗民在鲁属于国人范畴，并非奴隶。也正是由于这个原因，才有周人与殷遗民联姻的可能。

与鲁国有所不同，卫国殷遗民上层与公室的联系似乎要密切得多。1932年，在距卫都朝歌不远的河南浚县辛村，曾发掘过一批卫贵族墓葬，其中属于西周早期的第 60 号中型墓，出土青铜礼器 6 件，另有兵器，车马饰多种。6 件青铜礼器除簋外余皆有铭，其文如下：

鼎：束父辛。

爵：父癸。

1　《左传·定公四年》，（清）阮元校刻：《十三经注疏》，中华书局，1980，第2134页。

2　山东省文物考古研究所等：《曲阜鲁都故城》，齐鲁书社，1982，第214页。

甗：𤔲。

卣：边作车彝，亚矣。

尊：唯公原于宗周，陆从公亥既，洛（格）于官（馆），赏陆贝。用作父乙宝尊彝。[1]

陆尊铭文是说卫公再次在宗周，陆随从到了亥既，住到馆舍，陆得赏贝，作父乙宝器以为纪念。此尊为陆所自造，余则可能是其先世的遗存物。尤其是甗之"𤔲"，卣之"亚矣"，作为族徽习见于殷墟青铜器，佐之诸铭屡以日干为名，可以判定此为殷遗民陆之墓，墓中兵器、车饰等随葬品表明陆大概是担任卫公警卫的一员武将。又沬司土疑簋据传 1931 年出土于河南北部，具体地点有汲县、浚县和辉县固围村三说，都不出卫地范围。陈梦家以为这位作器者沬司徒疑也是文王之子，为沬邦之伯[2]。卫国有康叔为诸侯，不能再有一位王子任沬邦的司徒。所谓"沬伯"者可能是殷商旧爵。此器铭末的族徽𤕢于商器常见之，则沬司徒疑可能不是文王之子，反而是殷商旧族后裔。这样看来，殷商旧族不乏出任卫国要职者，成为康叔以殷治卫的股肱之臣，地位相当显赫。

如果说以上金文材料显示的主要是殷遗民上层的社会境遇，还不一定具有代表性的话，那么，我们再来考察一下鲁卫整个殷遗旧族的政治经济状况，或许有助于问题的进一步说明。

鲁卫立国治殷，按照祝佗的说法，是"皆启以商政，疆以周索"。这是对整个殷遗民而言的，应不存在什么贵贱有别的内部区分，故可作为探讨殷遗民身份地位的依据。

现在我们就从鲁卫所施商政说起。孔子曾说："鲁卫之政，兄弟也。"[3]说明鲁卫两国国情与施政当有近似之处。由于伯禽封鲁的命书失传，鲁国的政治状况我们只好通过卫国予以推知。关于"启以商政"，杜预说："居殷故地，因其风俗，开用其政。""因其风俗"固然可以包括各种礼俗在内，恐怕最重要的还是殷遗民政治生活习惯。《尚书·康诰》《尚书·酒诰》《尚书·梓材》三篇是康叔受封于卫的命书，它比较集中地反映了周公诰命康叔如何统御殷遗民的政治准则。周公二度克殷后，于殷商旧地封建卫国，授康叔以治

---

1 郭宝钧：《浚县辛村》，科学出版社，1964，第34—36页。

2 陈梦家：《西周铜器断代》，中华书局，2004，第13页。

3 《论语·子路》，（清）阮元校刻：《十三经注疏》，中华书局，1980，第2507页。

殷方略，言之谆谆，唯恐有失。其核心思想可以概括为"明德慎罚"四字。周公对康叔说，治国安邦要像文王那样"克明德慎罚，不敢侮鳏寡，庸庸，祗祗，威威，显民"。意思是要康叔以德治民，慎用刑罚，不要欺侮那些无依无靠的人，善于任用那些可以任用的人，尊敬那些应该受到尊重的人，镇压那些应该受到镇压的人，要让庶民明确了解这种治国之道。周公又说："德之说于罚之行"，这就是说，"明德"是施政的根本前提，"慎罚"是"明德"的具体体现。"明德慎罚"的基本要求：一是"罚蔽殷彝"，严防乱罚。"罔不克敬典""敬明乃罚"，是司法判案的原则。"外事，汝陈时臬司，师兹殷罚有伦"，此谓听狱判案之事，要效法殷人合理的刑罚。"罚蔽殷彝，用其义刑义杀，勿庸以次汝封。"要根据殷法裁判，刑杀必得其宜，非康叔可以一人恣肆其意。判罪量刑，不仅要看罪行大小，尤其要注意故意犯罪与过失犯罪，惯犯与偶犯的区别。对于犯人的供词，要仔细分析考察，少则五六日以至十日，多则三个月才下判决，切莫草率定谳。可见殷遗民的人权还是受到尊重的。二是济以周罚，宽严分明。比如，违反禁酒令，放纵群饮者，"尽执拘以归于周，予其杀"。对于"殷之迪诸臣惟工，乃湎于酒，勿庸杀之，姑惟教之"，若仍然不遵从教令，则与群饮者同罪。至于"寇攘奸宄，杀越人于货，暋（强横）不畏死""不孝不友""不率（遵循）大戛（常法）"者，"乃其速由文王作罚，刑兹无赦"，以整齐社会风气。这说明"慎罚"不是不罚，也不是滥罚，而是以法律作为准绳的。三是擢殷旧人，以民为鉴。周公要康叔"绍闻衣（殷）德言，往敷求于殷先哲王，用保乂民，汝丕远惟商耇（老）成人，宅心知训"，意即普遍寻求殷商历代圣明先王的嘉言懿行，作为统治殷民的典范政治，对于殷遗民中的长者贤人不只要向他们求教治国之道，还要注意擢用以协理政事。周公说："天畏棐忱，民情大可见，小人难保。"要康叔体察民情，以民为鉴，以衡量自己为政的得失。要注重德教，"引养引恬"，即以长养民、长安民为要。"自古王若兹监，罔攸辟"，是说自古圣王监治其国，未有专任刑罚的，绝不可以刑罚来代替德教。由此可见，"明德慎罚"作为"商政"的核心内容施之于殷遗民，殷遗民不为奴隶明矣！否则对奴隶怀之以德，慎之以罚，不为荒唐，也是多余。

再说"疆以周索"的问题。杜预释此为："疆理土地以周法。"什么样的周法？仍未言明。从与疆理土地相关的制度来推断，这里的周法应是孟子所说"周人百亩而彻"的彻法。孟子说："夏后氏五十而贡，殷人七十而助，周人百亩而彻，其实皆什一也。……《诗》云：'雨我公田，遂及我私。'惟助为有公田。由此观之，虽周亦助也。"何谓"彻"？孟子的解释是："彻者，彻也。"可能当时人明白，后世则难以索解了。赵岐注《孟子·滕文公上》云："彻犹人彻取物也""耕百亩者，彻取十亩以为赋。"郑玄注《论语·颜渊》"盍彻乎"之"彻"云："周法什一而税谓之彻。彻，通也，为天下之通法。"毛公注《诗·大雅·崧高》"彻申伯土田"云："彻，治也。"朱熹《集传》曰："定其经界，正其赋税。"诸家释"彻"，取义各有不同。但有一点是一致的，就是把彻作为一种税制，既是税制，训彻为取就显得更妥帖些。周人实行彻法这种税制，早在公刘时期就开始了。《诗·大雅·公刘》云：公刘徙豳，"其军三单，度其隰原，彻田为粮"。但要把所彻之田转化为税粮，就只有借助民力耕种，才能达到课税的目的。也就是说，彻田是彻取耕者所私百亩之十分之一的土地作为公田，并借民力耕种以为税粮，而不是直接征取十分之一的实物税。从耕者佐治公田这一点来看，周人的彻法与殷人的助法确无实质性的差别，正如孟子所说"虽周亦助也"。差别只在耕者受田的基数方面，殷人是七十亩，周人是一百亩。当然这些数字可能不尽是实数，但周代授田基数多于商代应与事实相去不远。因为周族靠不断征服立国，克殷之后又要作出革故鼎新的姿态，故有可能提高授田基数，以怀柔羁縻殷商旧族。

由于彻田需借民力耕种，因之又称为"藉田"。西周金文夨簋盖铭文云："工口：'夨，令汝作司徒官司耤田'"（《集成》4255），又令鼎铭文云"王大耤农于諆田"（《集成》2803），是畿内有藉田。卫国有殷遗民疑任沫司徒，职掌应与夨相同，是卫国有藉田。鲁国在实行"初税亩"之前，亦当有"藉而不税"的藉田。鲁卫殷遗民当然是助耕公田的主要劳动者，他们"同养公田"，且"公事毕，然后敢治私事"，说明他们除了在藉田上的劳动被榨取外，还有自己相对独立的经济和人格。《尚书·酒诰》言妹土之人"纯其艺黍稷，奔走事厥考厥长，肇牵车牛远服贾，用孝养厥父母"，是其证。应当承认，他们所受的剥削和奴役是沉重的、残酷的，既要耕种藉田，又要把农副业收成中的一部分上缴统治者，还要服各种徭役，但毕竟有自己的农具、房屋和独立的家庭经济，也有一定的生产积极性。可见彻法的实行，不过是一种力役地租。鲁卫"疆以周索"的结果，只能使殷遗民成为授田制下的庶民，而不是将其夷为全部剩余劳动都被榨取的奴隶。

总而言之，西周封国治下的殷遗民与京畿地区的殷遗民一样并非奴隶身份，其上层与公室保持着婚姻等多方面的密切联系，甚至不少人跻身于统治者的行列，具有显赫的社会地位，至于大多数殷遗族众也未沦为"种族奴隶"，而是"宅天命，作新民"[1]，其真实身份不外是国家授田制下的平民。当然殷遗民中也不是完全没有奴隶。他们被举族迁徙时，"帅其宗氏，辑其分族，将其类丑"，此"类丑"者当即奴隶，但这些奴隶并非因为周人的特别压迫才产生的，而是其族内自身阶级分化的结果。

第三节　异姓古国的显微

在西周星罗棋布的封国中，有一类是自殷商以来即已存在的异姓古国，大都不为文献所提及。《荀子·儒效》说："（周公）兼制天下，立七十一国，姬姓独居五十三人。"《礼记·王制》说："凡九州千七百七十三国。"《史记·汉兴以来诸侯年表》说："武王、成、康所封数百，而同姓五十五。"荀子所谓"七十一国"，大概仅指周初新封的诸侯国而言，《礼记》《史记》所言则为周代封国的总数。不管是1773国，还是"数百"，周代尚有大量异姓方国的存在，是不必怀疑的事实。入周以后，此类方国也可能重新受到册封，成为周朝国家联合体的成员。只因它们不具实力或地位卑微，除炎、黄、尧、舜、禹等先圣裔族被高调册封外，余则籍籍无名，一向被忽略。但它们在数量上占有优势，偶尔也在历史长河中激起小小浪花，维持着西周王朝的政治生态平衡。周人允许它们作为政治实体继续存在，也是其绥靖怀柔政策的体现。这里先说圣胄后裔之国的分封情况，再举北、冀、孤竹三个族邦，以见一斑。

一、圣胄之国

《吕氏春秋·慎大览》说："武王胜殷，入殷，未下轝，命封黄帝之后于铸，封帝尧之后于黎，封帝舜之后于陈；下轝，命封夏后之后于杞，立成汤之后于宋以奉桑林。"《史记·周本纪》还说："封神农之后于焦。"武王未及下车或一下车，就急切地分封先圣苗裔，当然有些夸张。但以此怀柔之举，昭示天下，收揽人心，宣告周人取得天下共主地位，事非虚妄。

---

1 《尚书·康诰》，（清）阮元校刻：《十三经注疏》，中华书局，1980，第203页。

（一）焦

焦为炎帝神农氏之后，周人予以册封，承认它作为一个族邦继续独立存在的地位。但这个共同体在周代影响甚小，几乎没有留下多少历史痕迹。《史记·周本纪》集解说："《地理志》弘农陕县有焦城，故焦国也。"又《水经注》卷四《河水》载："昔周、召分伯，以此城（陕县）为东西之别，东城即虢邑之上阳也。……其大城中有小城，故焦国也，武王以封神农之后于此。"陕县位于河南三门峡市西，今易名陕州区。这里曾有一个焦国，见诸史籍。《左传·襄公二十九年》公侯曰："虞、虢、焦、滑、霍、杨、韩、魏，皆姬姓也。"杜注："焦在陕县。"所言八国皆为晋灭，晋由此成为大国。由于此焦国为姬姓，自然不是神农氏的姜姓裔氏。或谓焦在今山东嘉祥县南，根据不足。[1]从地名的稳定性和沿袭性上考虑，神农之后焦在陕县可能性较大。或因武王所封的姜姓焦国后为周灭，又在原地建立了姬姓焦国，前后相因，同为焦国之名。据唐代吴通征《内侍省内侍焦希望神道碑》说："旧史称，周武王克殷纣，封神农之后于焦。至武王孙康王，生子曰文，手中画如焦字之数，又以封焉。爰初启土，实居陕服。"[2]若然，为晋国所灭的焦国当为康王之子文的封国。

（二）祝

祝又作铸，古本一字。今本《史记·周本纪》说"祝"为黄帝之后，同于《吕氏春秋·慎大览》。但唐本《周本纪》却谓武王"封黄帝之后于蓟，封帝尧之后于祝"[3]，祝与蓟适相易位，与《史记·乐书》、《韩诗外传》卷三、《礼记·乐记》所记相同。对这两种歧说，王国维证以铸公簠铭："铸公作孟妊车母媵簠"（《集成》4574），以为铸（祝）为妊姓，为黄帝十二姓之一，"其为黄帝之后，信矣"[4]。其说可从。《左传·襄公二十三年》载："臧宣叔取于铸"，杜注："铸国，济北蛇丘县所治。"《后汉书·郡国志》亦云：济北国蛇丘县"有铸乡城"。故铸（祝）国在今山东肥城县南、宁阳县西北。铸国铜

1 （清）顾祖禹：《读史方舆纪要》卷33《山东四·济宁州嘉祥县》，贺次君、施和金点校，中华书局，2005，第1546—1547页。

2 （宋）李昉等编：《文苑英华》卷931《宦官上》，北京：中华书局，1966年。

3 《礼记·乐记》孔疏引，（清）阮元校刻：《十三经注疏》，中华书局，1980，第1543页。

4 王国维：《观堂集林（外二种）》，河北教育出版社，2001，第551页。

器多有发现，大都出土于泰山以南。铸国文献有见，然为小国，约在春秋晚期被灭，其地先为鲁邑，后则属齐。

（三）蓟

蓟又假作黎，为帝尧之后。蓟与燕本为二国，但古籍常相混淆。如《汉书·地理志下》即称："蓟，故燕国，召公所封。"清人全祖望以为"蓟与燕各是一国，其后燕并蓟也"，以一地视之是"班《志》之误"[1]。班固试图通过古今地名的对照以说明蓟的地望，结果弄得语义不明。《水经注》卷十三《漯水》载："漯水又东迳广阳县故城北……又东北迳蓟县故城南。《魏土地记》曰：蓟城南七里有清泉河，而不迳其北。盖《经》误证矣。昔周武王封尧后于蓟，今城内西北隅有蓟丘，因丘以名邑也。"细味郦道元注，可知是时"蓟城"与"蓟县故城"相近，都在漯水之北，而蓟城内西北隅有"蓟丘"，即是武王封帝尧之后的地方，位于今北京广安门白云观一带[2]，与召公封燕在北京房山区琉璃河地区并非一地。约当西周中晚期，蓟被北燕所并，不复存世。

（四）陈

陈为虞舜之后，世无异辞。《左传·襄公二十五年》子产说："昔虞阏父为周陶正，以服事我先王。我先王赖其器用也，与其神明之后也，庸以元女大姬配胡公，而封诸陈，以备三恪。"杜注："阏父，舜之后。当周之兴，阏父为武王陶正。"胡公名满，为阏父之子，武王以长女嫁之，封之于陈，以续舜祀。陈为妫姓，地在今河南淮阳。陈国铜器多出，西周晚期有器铭"陈侯作王妫媵簋"（《集成》3815），春秋早期器铭"陈侯作王仲妫瓶簠"（《合集》4604），说明陈国与周王室一直保持姻亲关系，与蔡、齐等国往来亦较密切。春秋时期，陈国屡为楚国所侵，几度亡而复立，最终为楚国所灭。

（五）杞

杞为禹后，姒姓之国。《国语·周语下》说："有夏虽衰，杞、鄫犹在。"是知杞、鄫为夏禹之后，周初几近衰灭。杞在《史记》中尚列入《陈杞世家》，亦被孔子视为夏礼的传承者，然其事究竟不足称述。杞在甲骨文中每每

---

1 （北魏）郦道元注，（民国）杨守敬、熊会贞疏：《水经注疏》疏引，江苏古籍出版社，1989，第1193页。

2 侯仁之：《关于古代北京的几个问题》，《文物》1959年第9期。

可见，是受制于殷的一个古老方国，世居杞地（今河南杞县）。"周武王克殷，求禹之后，得东楼公，封之于杞，以奉夏后氏祀。"[1]及至西周末年，东迁山东新泰一带重新立国，春秋中期又迁缘陵（今山东昌乐县境），继都淳于（今山东安丘东北）。东迁后的杞国，不但未能找到可持续发展的机会，连生存也一次一次受到威胁。国运多舛，都邑几迁，一个不绝若缕的千年古国，终于在前445年被楚国灭亡[2]。

上述五国分别为神农、黄帝、帝尧、帝舜、大禹之后，虽经周人褒封，除了有利于提高其政治地位外，实际上并无多少帮助，邦族的发展最终还得依靠自己的力量。褒封先圣后裔，大体选择实力稍强而具有代表性的族邦。譬如禹后十二族，周代尚可见及杞氏、褒氏、缯氏，受封奉其先祀的只有杞氏。周幽王的后妃褒姒即褒君之女，弄出太子废立的恶性事件。而缯氏文献又称"缯衍"或"鄫"，甲骨文、金文则称"曾"或"上曾"，与江汉流域姬姓之曾别为二国。从甲骨卜辞看，鄫国在商代晚期即已存在，可能在两周之际才从今河南睢县一带迁至山东，即今兰陵县城西北约四公里处的鄫国故城址。武王克商以后，鄫国可能重新受到册封，尽管不具奉祀先祖的地位，但仍不失为周王朝统治下的一个异姓方国。鲁襄公初年，鄫为莒国所灭，沦为莒的附邑，后归于鲁，消失于波澜壮阔的历史舞台[3]。周人对先圣胄裔的褒封，主要在于宣示其共主地位和抚绥政策，以收揽人心，稳定东土，平治天下。

二、北国

北国不见于传世文献，唯殷周甲骨文、金文有载。西周金文中的北伯、北子器之"北"，吴式芬《攗古录金文》、方濬益《缀遗斋彝器款识考释》均读为"邶"。王国维作《北伯鼎跋》亦认为，北即古之邶国，进而推论"邶即燕，鄘即鲁也"[4]。诸家读"北"为邶，音韵上固然可通，但金文中的北国是否邶鄘卫之邶尚有疑窦，更不要说视邶与燕为同一国家。

从有关铜器铭文的出土地看，西周时期有两个北国：一是河北涞水地区

1　《史记·陈杞世家》，中华书局，1959，第1583页。

2　杜勇：《中国早期国家的形成与国家结构》第4章第1节，中国社会科学出版社，2013。

3　杜勇：《鄫非二支辨》，《天津师范大学学报》（社会科学版）2018年第3期。

4　王国维：《观堂集林（外二种）》，河北教育出版社，2001，第548页。

的北伯之国；二是湖北江陵地区的北子之国，均与邶鄘卫之邶不相瓜葛。

（一）涞水地区的北国

从《殷周金文集成》提供的资料看，可以确认涞水出土的北国铜器铭文如下：

> 北伯鼎："北伯作尊。"（《集成》1911）
>
> 北伯叕尊："北伯叕作宝尊彝。"（《集成》5890）
>
> 北伯叕卣："北伯叕作宝尊彝。"（《集成》5299）

据罗振玉《贞松堂集古遗文》说："光绪十六年直隶涞水张家洼出土古器十余，皆有北白字，此鼎（按指北伯鼎）其一也。"[1]所谓"古器十余"，今天能够见到的已经不多了，以下两件铸有"北伯"字样的铜器估计也应该出自涞水：

> 北伯邑辛簋："北伯邑辛作宝尊簋。"（《集成》3672）
>
> 北伯鬲："北伯作彝。"（《集成》506）

上举北伯器凡五件，时代均为西周早期，应为同一北国之物。其中，北伯叕、北伯邑辛可能是两代国君，而"北伯邑辛"生时制器用名有日干曰"辛"，与周人的文化习俗有所不同。

北伯诸器在涞水张家洼出土，是否意味着那里就是北国政治中心的所在地呢？虽然铜器铭文本身并没有直接提供这方面的线索，但根据铜器出土地一般是可以下这样的断语的。青铜器是可移动物品，或被赏赐、被馈赠、被掠夺，或因赗赙制度用于助葬，都有可能从原在国转移到另一国族。但是，某一国族若有一批铜器在同一地点出土，且无他国之器混杂其间，那就表明这批铜器的出土地很可能就在铭文所见国族的政治中心，至少离其政治中心不会太远。上古时期一个国族的政治活动范围是有限的，其国君所铸铜器成批流往他国的情况并不多见。所以王国维把北伯国的地望定在涞水地区也得到学者的普遍信从。

北伯国位于涞水地区，其实还可以从甲骨文找到证明。种种迹象表明，这个北国就是甲骨文中"北方"的后身，或者说是商代北方国在周初的延续。在殷墟甲骨文中，北方国称作"北方"，或单称"北"。例如：

> 辛亥卜，北方其出。（《合集》32030）

---

1 罗振玉：《贞松堂集古遗文》，北京图书馆出版社，2003，第141—142页。

庚寅贞，王其征北方。（《屯南》1066）

癸酉贞，毕以伐［呼］北土。/……寅贞，王……北方，惟伐令途……方。（《屯南》1066）

……在北称册。（《合集》7423）

贞北受年。（《合集》9734）

贞呼黍于北，受年。（《合集》9535）

其北牧擒。（《合集》28351）

丁卯卜，贞王其令毕共众于北。（《屯南》2260）

癸巳卜，其呼北御史卫。（《合集》27897）

上文所引为一至四期卜辞，其中的"北"或"北方"已非方位词，而是方国之名。"北方其出"与卜辞"舌方其出"（《合集》6110 正）、"土方出"（《合集》6381）、"刀方其出"（《合集》33032）、"人方不出"（《合集》6456）等为例相同，都是代表某某方国是否出兵侵扰。在武乙文丁时期，北国与商王朝一度处于敌对状态，故有商王"征北方"的军事行动。北国以农业为主，也有畜牧业，其经营状况时常引起商王关注，说明商代晚期北国一直是商王国的附庸。商王命令毕在北国征召众人以事征伐，还在北国举行献册仪式，又派驻"御史"到北国治事，都说明这个北国是商朝国家联合体的成员国，基本与宗主国商朝保持着臣属关系。

从卜辞"北方"与"北土"同版等情况看，北国无疑是商王朝在北土的一个重要方国。在卜辞中，北土与中商相对举，所指当为商王畿以北的区域。商代晚器还有"北"字铭文的北斝、北爵（《集成》9120、7402），以及北享父己簋、北享父癸爵（《集成》3324、8962）等北国之器，也都反映了当时北国的存在。这样，通过考察甲骨文中北国的活动范围，或许有助于进一步确定周初北国的地理位置。在这方面，已有学者作过一些有益的探索，提出北方"地当涞、易二水间的山北之旁"[1]，或谓北方位于泚水，"泚当指滴水（即清漳河下游）以北的某一条河，盖即今河北武安县南的釜洺河"[2]。这些意见有其合理成分，尤其是涞易之间说更值得重视。

在甲骨文中，地名为"北"，水名称"泚"，故可从泚水来推求北地。兹略

1　金岳：《滹沱河商族方国考——论燕初并灭商族方国》，《文物春秋》1995年第2期。

2　刘桓：《殷契存稿》，黑龙江教育出版社，1992，第160页。

引有关沘水的卜辞如次：

> 丁酉卜，戊，王其田，从沘无灾。（《合集》30287）
>
> 贞翌庚子步于沘。（《合集》19257）
>
> 贞侑不若，在沘。（《合集》8339）
>
> 贞我勿涉于东沘。（《合集》8345）
>
> 王其涉东沘，田三麓淲。（《屯南》2116）
>
> 于滴，南沘。（《合集》33178）
>
> ……贞其涉……于西沘。（《屯南》1111）
>
> 丁未贞，王令𡩋共众伐，在河、西沘。（《屯南》4489）
>
> 丁丑卜，贞王其田于盂𠧧，南沘立（莅）。贞呼北沘立（莅）。（《合集》29084）
>
> 庚申王卜，在□贞其从苋、北沘。（《合集》36758）

从上述引文卜辞可以看出，沘为水名，流向委曲，大体有东、南、西、北四大河段或其支流，流域甚广。商王常常涉过此水，进行田猎或征伐活动。同时，沘也代表北国，故商王或"在沘"侑祭，或田猎时以沘国相从。从这些卜辞来考察沘水的大体位置，有两条线索特别值得注意：一是沘水较长，四大河段或其支流有的是南北（或北南）流向，故有东沘、西沘之称；有的是东西流向，故有南沘、北沘之名。二是"南沘"近于滴水，"西沘"近于河水。

关于卜辞中的滴水，自葛毅卿读滴为漳之后[1]，学者多以为就是漳水。如杨树达说："滴水盖亦今河南省境之水，以字音求之，盖即今之漳水也。"[2]丁山也认为："卜辞中所见滴字，确乎是漳水的古名。"[3]但郑杰祥不同意这种看法，他认为："它很有可能就是后世的清水。"[4]比较起来，漳水说可能更优于清水说。滴之声读不仅比清字更近于漳，而且文献还有商水可称漳水的证据。《水经注·河水》云："（河水）又东北过杨虚县东，商河出焉。"郦道元注："商水首受河水，……亦曰小漳河。"[5]就漳水而言，《水经》言其上源分为浊漳与清漳二水，均发源于山西上党地区。在《水经》之前，《尚书·禹贡》《周

1　葛毅卿：《说滴》，《中央研究院历史语言研究所集刊》1938年第7本第4分。

2　杨树达：《积微居甲文说·释滴》，上海古籍出版社，2006，第70页。

3　丁山：《商周史料考证》，中华书局，1988，第13页。

4　郑杰祥：《商代地理概论》，中州古籍出版社，1994，第55页。

5　（北魏）郦道元著、陈桥驿校证：《水经注校证》，中华书局，2007，第146页。

礼·职方氏》《汉书·地理志》均曾言及漳水。《周礼·职方氏》云："河内曰冀州……其川漳，其浸汾潞。"清孙诒让据《汉书·地理志》《水经注》等文献考证说：

> 汉长子故城在今山西潞安府长子县西南，浊漳水出县南五里发鸠山，又清漳出山西乐平县西沾岭之大黽谷。浊漳至河南林县北之交漳口，与清漳会。二漳既合，入山东界，经邱县南，又分为二派，一至青县会运河，北达直沽，一至直隶新河县入北泊，东北流会滹沱，至天津入海。[1]

漳水源出山西上党，东至河南安阳地区，折而东北流向河北境内，基本成为河南、河北两省的界河。

卜辞除有"于滴，南沘"连称外，还有"滴"与"北"并举者。例如：

……滴…北。(《合集》15784)

……滴、北……九录。(《合集》33177)

从这些卜辞看，滴（漳）水与北国在地缘上是有联系的。所谓"于滴，南沘"，则意味着滴（漳）水在沘水之南，这很符合人们由近及远的思维习惯。屈万里认为，沘水"当在漳水之北"[2]，这是很有见地的。但是，与滴水相近的只是沘水南段或其支流，表明北国的政治中心还在漳水以北更远的地方，似不可能是清漳水附近的某一条河。考滴（漳）水以北流向曲折的河流，滹沱河大体具备东南西北诸河段，而且南与滴（漳）水、西与河水相距不是太远，或即卜辞中的沘水。

《周礼·职方氏》云："正北曰并州……其川虖池、呕夷，其浸涞、易。"郑注："虖池出卤城、呕夷、祈夷与？出平舒，涞出广昌，易出故安。"清孙诒让《周礼正义》释其水名说：

> 汉卤城故城在今山西代州繁峙县东百里，滹沱河出县东北百二十里泰戏山，入直隶界，至献县南分为二派，复合，至天津府静海县入海。……《水经·巨马水篇》云："巨马河出代郡广昌县涞山，至勃海东平舒县入海。"郦注云："即涞水也。于平舒城北，南入于嘑池，而同归于海也。"案：汉广昌故城在今直隶易州广昌县北，涞水今名拒马河，出

1 （清）孙诒让：《周礼正义》，王文锦、陈玉霞点校，中华书局，1987，第2677页。
2 于省吾主编：《甲骨文字诂林》，中华书局，1996，第148页。

县北厓古塔，至东安县，会桑干河入清水河。……汉故安县即今直隶易
州治，易水在州南三十里，源出西山龙华店，西北会濡水，至新城县会
拒马河，俗名白沟河。[1]

由此可知滹沱河从山西繁峙发源，大体由北向南流入河北境内，再自西向
东，流经献县等地，然后呈东北流向，由天津入海。在滹沱河的北边有拒马
河，此即涞水，发源于河北广昌县（今涞源北）涞山，曲折东流，至新城县
（今高碑店市新城镇）与易水相合，再南入滹沱河，而后归于海。所谓"其浸
涞、易"，从某种角度上讲，涞水也可算作滹沱河的支流。这样，滹沱河就形
成东、南、西、北四段河流，由山西到河北境内的河段可称西沘，河北境内自
西向东的河段可称南沘，由献县呈东北流向至天津入海的河段可称东沘，而与
滹沱相汇合的涞水或即北沘。西沘与河水相近，南沘与滴（漳）水相近。凡
此均较符合甲骨文中沘水的特征。因此，把滹沱河作为殷墟卜辞中的沘水，
虽在水名上还看不出渊源，但应该与事实相近。

前引卜辞有云："丁丑卜，贞王其田于盂🔸，南沘立（莅）。贞呼北沘立
（莅）。"是说商王在盂地（今濮阳县东南[2]）田猎，让南沘一带的部族前来会
猎，同时又命令"北沘"的部族莅临会猎。卜辞还有商王以"北沘"相从的
记录，都说明涞水一带的北沘应是北国的中心统治区，并可作为北国的代
称，因而才有商王对北沘发出的各种指令。可见周初北伯器在涞水张家洼出土
不是偶然的，原因即在于晚商的北国和周初的北伯国是同居一地而前后相承
的古老族邦。唐兰说："北（邶）国应是异姓诸侯，很可能是北戎的一支而接
受华夏文化，并接受周王朝的封号的"[3]，是有一定道理的。

（二）江陵地区的北国

1961年12月，湖北江陵万城的一座墓葬中出土青铜器17件，计爵3，
鼎、甗、簋、罍、瓿各2，尊、卣、觯、勺各1[4]。其中7件有铭文，兹移录
如下：

　　　　北子鼎：北子，🔸。（《集成》1719）

1（清）孙诒让：《周礼正义》，王文锦、陈玉霞点校，中华书局，1987，第2680—2681页。
2　郑杰祥：《商代地理概论》，中州古籍出版社，1994，第104页。
3　唐兰：《西周青铜器铭文分代史征》，中华书局，1986，第58页。
4　王毓彤：《江陵发现西周铜器》，《文物》1963年第2期；李健：《湖北江陵万城出土西周铜器》，《考古》1963年第4期。

北子甗：兴，北子，♨。（《集成》847）

翏簋：翏作北子乍簋，用兴厥祖父日乙，其万年子子孙孙永宝。（《集成》3993）

翏簋：翏作北柞簋，用兴厥祖父日乙，其万年子子孙孙宝。（《集成》3994）

小臣觯、尊、卣：小臣作父乙宝彝。（《集成》6468、5870、5268）

根据《殷周金文集成》考订，以上七器除北子鼎为西周中期外，其余皆为西周早期器物。北子鼎敛口折沿方唇，下腹外鼓。口沿上有一对立耳，口饰变形兽面纹和弦纹两道。圜底三柱足，柱足较矮，上粗下细。其形制与师𰳍父鼎、五年卫鼎颇相近似[1]，说明专家考订北子鼎为西周中期器应属可信。这批铜器出土后，郭沫若发表文章说："江陵的一批比较古，当是西周初年的东西。铭中有北子、'北柞'，北即邶、鄘、卫之邶。邶国疆域，在今河南汤阴或者淇县附近，不能远至江陵。北国器在江陵出土，可能是经过曲折的经历，为楚国所俘获。"[2]陈恩林亦持相同意见，他认为："这批'北子'器可能是作为周人的战利品，通过'分器'的形式流入江陵地区的。"[3]刘彬徽不赞同这种意见，他说："已发现有'北伯'铜器，与'北子'铜器爵称不同，应是两个族姓不同的北国。江陵北国器有族徽符号♨，♨族源于商，♨族铜器在湖北鄂城和湖南多有发现，大概这支♨族在商末周初一部分已南迁……在西周早期已立国于江陵地带，国名为'北'，爵称为子，与中原地区的邶不是一个国。"[4]此外，还有学者认为，江陵铜器中的"北子"即"别子"，也就是"支子"，并非中原邶、鄘、卫之邶[5]。这些意见所观察问题的视角各有不同，都给人不少有益的启迪，有助于相关问题的深入探索。

1. 关于北子的身份问题

江陵铜器中的北子是"别子"，还是北国之君，是一个首先需要考察的问题。把北子释作"别子"，在训诂上是讲得通的。但具体到江陵北子诸器，铭

1　王世民、陈公柔、张长寿：《西周青铜器分期断代研究》，文物出版社，1999，第30—31页。

2　郭沫若：《跋江陵与寿县出土铜器群》，《考古》1963年第4期。

3　陈恩林：《鲁、燕、齐的始封及燕与邶的关系》，《历史研究》1996年第4期。

4　刘彬徽：《湖北出土两周金文国别年代考述》，中国古文字研究会、中华书局编辑部、陕西省考古研究所编：《古文字研究》第13辑，中华书局，1986。

5　李学勤：《长子、中子、别子》，《故宫博物院院刊》2001年第6期。

文中的北子似乎不好用"别子"来解释。翏簋铭文说："翏作北柞簋，用兴厥祖父日乙。"若"北（子）柞"为别子，则"翏"为宗子[1]，宗子便不可能为别子作器。宗子是君位继承人，在他父亲死后继世为君，不能像小臣觯等器自称"小臣"。若谓"小臣作父乙宝彝"，则意味着翏还别有君长。这显然是不合适的。就算翏与小臣并非一人，作为嫡长子的翏也不可能无缘无故地放弃主祭权，并通过给别子柞制器的方式，赋予他祭祀父祖的权力。春秋时期就有同类的事例。如《左传·襄公二十六年》载，卫献公欲复君位，请求卫国当政的宁喜助成其事，许诺说："政由宁氏，祭则寡人。"说明作为一国之君宁愿放弃执政大权，也不能将祭祀权力轻易赋予他人。可见把"北子"释作别子，对解释铭文是有困难的。

　　一个族氏的嫡长子，继位后实际就是当时的族邦之君。在两周金文中，某子作为一个族邦之君的情况并不罕见。例如：

　　　　蔡子佗匜："蔡子佗自作会匜。"（《集成》10196）

　　　　黄子鬲："黄子作黄甫（夫）人孟姬器则。"（《集成》624）

　　　　许子妆簠盖："许子妆择其吉金，用铸其簠"。（《集成》4616）

　　　　邓子与盘："邓子与媵叔［嫚］盥盘"。（《近出》1005）

　　　　楚子弃疾簠："楚子弃疾择其吉金，自作饲簠"。（《近出》517）

　　　　曾子单鬲："曾子单用吉金，自作宝鬲。"（《集成》625）

　　　　秦子镈："秦子作宝龢钟。"（《铭图》15771）

　　　　荣子鼎："荣子作宝尊鼎。"（《集成》2206）

　　　　单子白盘："单子白作宝盘。"（《集成》10070）

　　　　芮子仲鼎："芮子仲作旅鼎。"（《铭图》1910）

上举铭文中的某子之"子"，是尊称还是爵称，不好作确切分辨，但"某子"为一国之君似无疑义。《广雅·释诂一》云："子，君也。"铭文中的蔡、黄、许、邓、楚、曾、秦均为国名，荣、单、芮为畿内国名（或谓采邑名），都是人所共知的事实。以此例之，把"北子"释作北国之君，可能比视为"别子"要合理一些。

　　在翏簋铭文中，北子柞（北柞）为宗子，翏则可能是真正的别子，亦即北子柞的叔父。由于宗子掌握祭祀大权，别子翏当然不能主持祭祖大典，因

---

　　1 黄国辉：《江陵"北子"器所见人物关系及宗法史实》，《历史研究》2011年第2期。

而他只能通过为宗子（北子柞）制器的方式来参与祭祀典礼。此次祭祀对象为“祖父日乙”，“祖父”犹周系铜器所言“祖考”，其日名为“乙”。对北子柞来说，“日乙”为其祖；对于翏来说，“日乙”为其父。翏虽是北子柞的叔父，但与他的父亲或侄子乃是君臣关系，故作器祭祀父亲（父乙）时，只能称“小臣作父乙宝彝”。

江陵北子诸器同出一墓，墓主不是翏，也不可能是北子柞，当为西周中期北子鼎中的“北子”，其他那些西周早期器物应是其先祖传下来的，死后被同葬一墓。器铭所涉三位“北子”，具体为何种亲属关系尚不清楚，但都是北国之君似无疑问。

2. 关于传世北子器的归属问题

除江陵北子器外，还有一批传世北子器铭文。由于器物出土地点不明，当归属何国便成为一个有争议的问题。为了便于分析，先把传世北子器铭文移录如下：

北子方鼎：“北子作母癸宝尊彝。”（《集成》2329）

北子尊：“北子作彝。”（《集成》5762）

北子卣：“北子。父辛”（盖铭）；“父辛”（器铭）。（《集成》5165）

北子䢅觯：“北子䢅作旅彝。”（《集成》6476）

北子觯：“北子作宝尊彝，其万年孙子子永宝。”（《集成》6507）

北子宋盘：“北子宋作文父乙宝尊彝。”（《集成》10084）

从《殷周金文集成》的分期情况看，专家认为前三器的时代为西周早期，后三器为西周中期。以北子卣为例，截面呈椭圆形，长子口，鼓腹，圈足沿外侈，颈部有一对小环钮，套接索状提梁。盖面隆起，沿下折，盖上有花苞状钮。盖沿饰三角雷纹，器颈饰浮雕牺首和联珠纹镶边的雷纹带，圈足饰两道弦纹。其形制与1974年北京琉璃河西周墓出土父戊卣颇相近似[1]，时代定为西周早期是正确的，似不宜视作商末之器。

前面说过，王国维将北伯、北子器并举，意味着他认为这些北子器与北伯器同属一国之物。陈梦家起初并不认同此类看法，他说：“方氏（濬益）以北子之器亦属诸邶，恐不可据。北子器出江陵，与北白之北不同，北子器应

1 王世民、陈公柔、张长寿：《西周青铜器分期断代》，文物出版社，1999，第122页。

属西周初楚之与国之器。北白皆仅限于西周初期，可认作武、成间殷遗的铸作。"[1]但是陈梦家的看法后来又发生了改变，他说："传世又有北子诸器，亦为邶国器。"[2]这里牵涉北伯与北子不同称呼的问题，需要略作说明。

从金文资料看，"伯"与"子"可以兼称。过去杨树达曾举曾伯又称曾子，录伯又称录子，荣伯又称荣子诸例，认为"子或为尊美之称，此与爵名之伯子字同"[3]。其实，这种例子还有很多，如邓伯又称邓子，杞伯又称杞子，彭伯又称彭子，单伯又称单子，均是。杨氏认为这里的"子"为尊称而非爵名，当有这种可能性，至少其中有一部分应是如此。虽然把传世北子器归属于涞水北伯之物不存在称呼上的窒碍，但北子菫觯、北子觯、北子宋盘的时代在西周中期，则不可能与西周早期的北伯器同出涞水。特别是北子卣与江陵北子器都有相同的族氏铭文"🉂"，两者必为同族之器。因此，从总体上来看，这批北子器与涞水北国关系不大，应属江陵北国之物。

在江陵万城出土的北子器中，属于西周中期的只有北子鼎一器。在传世的北子器中，北子菫、北子宋、北子觯涉及西周中期的三位"北子"，北子方鼎、北子尊、北子卣涉及西周早期的三位"北子"。这六位"北子"加上江陵出土器中的三位"北子"，已多达九人。其中有的"北子"身份可能有重叠，即两个或三个"北子"实际只是一个人。尽管如此，这也说明从西周早期到中期，江陵北国是一个继统不曾中断的邦国。

3.关于江陵北国的来历与地望问题

当年郭沫若对于江陵北子器的来历问题，主要从文献上来考虑，认为这个北国是邶鄘卫之邶，因而把这批铜器视为楚国俘获之物。实际上这种可能性不大。因为最早出现在《诗经》中的邶鄘卫，作为三监属地在周初存在的时间并不长。卫即殷，为武庚封邑。邶与鄘只是管叔、蔡叔受命监督和钳制武庚的军事驻邑，他们真正的封国则在管、蔡两地[4]。待周公平定三监之乱后，邶鄘卫随之纳入康叔所封卫国的统治范围。正如顾炎武《日知录》所说："邶、鄘、卫本三监之地，自康叔之封未久而统于卫矣。"[5]因此，无论"俘

1　陈梦家：《西周铜器断代》，中华书局，2004，第78页。

2　中国科学院考古研究所编：《美帝国主义劫掠的我国殷周青铜器集录》，科学出版社，1962，第116页。

3　杨树达：《积微居小学述林全编》，上海古籍出版社，2007，第396页。

4　杜勇、孔华：《关于邶鄘卫与涞水北国的地理纠葛》，《中原文化研究》2016年第3期。

5　（清）顾炎武著、黄汝成集释：《日知录集释》卷3《邶鄘卫》，上海古籍出版社，2006，第135页。

获"也好，还是"分器"也好，都与邶鄘卫之邶无关。由于北子国尚有西周中期的器物，因而也与西周早期即已灭国的涞水北伯国无关。江陵北子国实际是一个另有来历的族邦。

传世或出土的北子器均有族氏铭文"𢎿"，而涞水北伯国不只称呼有异，更重要的是它没有族徽"𢎿"，因而它与涞水北国并不同源[1]。关于族徽"𢎿"，商周铜器铭文所见甚多。据学者统计，与此族徽相关的商周铜器铭文多达 240 余件，已知出土地点分布极为广泛。不只安阳殷墟有所发现，还在陕西宝鸡，河北灵寿，湖南湘潭，湖北襄阳，河南洛阳、信阳，辽宁喀左，山东胶县等地都有出土，其上限起自二里岗上层末期，下限则延续到了西周中期[2]。由于𢎿族氏铭文曾见于安阳侯家庄 1550 大墓，因有学者估计此族可能是商朝的王族[3]。𢎿族是否属于商朝王族不好遽定，但它使用族徽文字和日名，表明它应属于殷系族氏。在江陵出土的北子甗铭中，除有"𢎿"字族徽外，前面还有一个"屮"字族徽，构成一个复合氏名。刘彬徽认为屮族是由𢎿族分化的新族氏[4]，有其合理性。可以说江陵北国是𢎿族的一个分支即屮族建立的族邦。在周人代殷而为天下共主之后，𢎿族中的一支殷遗民可能深感形势严峻，便由北而南迁徙到了江陵地区另立其国。大约在西周中期以后即被逐渐强大的楚国吞并，从此退出了历史舞台。

江陵北国的铜器，出土的加上传世的，其数量已相当可观，表明它是江汉流域一个颇有实力和影响的邦国。然其地望或政治中心所在，由于金文资料内容有限，看不出太多的线索。目前只有根据器物的出土地来做推断，姑以江陵万城地区作为这个北国的政治中心所在地。在这个问题上，望山楚简可为佐证。1965 年，考古工作者在江陵望山发掘的战国楚墓中，曾有一批卜筮祭祷类的竹简出土。其中数支出现"北子"字样。如：

（1）☐册于东宅公、社、北子、行☐☐☐。（《望山楚简》115）

（2）☐蔵陵君肥冢、酒食。举祷北子肥冢、酒食。（《望山楚简》116）

1　王进锋：《商周时期邶国的地望与迁封》，中国地理学会历史地理专业委员会《历史地理》编辑委员会编：《历史地理》第 28 辑，上海人民出版社，2013 年。

2　何景成：《商周青铜器族氏铭文研究》，齐鲁书社，2009，第 101—112 页。

3　晏琬（李学勤）：《盘龙城与商朝的南土》，《文物》1972 年第 2 期。

4　刘彬徽：《湖北出土两周金文国别年代考述》，中国古文字研究会、中华书局编辑部、陕西省考古研究所编：《古文字研究》第 13 辑，中华书局，1986。

（3）☑□王之北子各冢冢、酒食。荐之。（《望山楚简》117）

（4）☑北子各冢冢、酒食。（《望山楚简》118）[1]

关于简文中的"北子"，商承祚认为是祷的对象或神名[2]。"北子"作为神灵出现于楚国贵族的精神生活中，是当地民情风俗影响的结果。这种民俗的出现，应是北子在这里建国并被神化的产物。虽然北子国被楚国灭亡已久，却以祭祷神灵的方式使这种朦胧的历史记忆得以保留。这可能反映了江陵地区曾为北子国政治中心的事实。

根据前面的论述，我们对西周金文中的北国可以形成如下初步认识：

（1）西周金文所见北国，可分为涞水北伯国与江陵北子国两个族邦。但两者并不同源，不宜视作一国之分化。北子国是来自殷人"�"族氏的一支所建，所用"𠤏"字族徽与北伯国有异，足以将两者区别开来。

（2）西周金文所见北子为北子国之君，不宜解作别子。北子国的铜器从西周早期到中期均有发现，不可能是北国本身或其南迁的遗留物。北子国的地望或在湖北江陵一带，约在西周中期为楚国所灭。

（3）北伯国的地望或政治中心在河北涞水一带，是由商代晚期活动于滹沱河流域的北方国发展而来的一个族邦，与邶鄘卫之邶不相关涉。北伯国只发现西周早期的铜器，可能后来为燕国所并。

三、異国

異国作为商周时期的一个古老方国，在传世文献中渺无踪迹，仅甲骨文、金文略有所见，其史迹一直处于扑朔迷离之中。这里拟就異与杞、纪、莱等国的纠葛，異国的地望及其变迁，以及異国与周王朝的关系等问题略作考察。

（一）異与杞、纪、莱等国的纠葛

在周代異国历史的研究中，有的学者把它同文献中的杞、纪、莱等视齐观，认为它们是同一国家的不同称名。这种看法或有不当，有必要先作辨析。

1. 異非杞国

《说文·己部》云："異，长踞也。从己其声，读若杞。"许氏所谓"读若

---

1 湖北省文物考古所、北京大学中文系：《望山楚简》，中华书局，1995，第78页。

2 商承祚：《战国楚竹书汇编》，齐鲁书社，1995，第229、253页。

杞"，不过注音而已，并非认定觐与杞为同一国名。南宋薛尚功《历代钟鼎彝器款识》解觐公匜之觐为杞，并说："觐者，古国名。卫宏云：与杞同。"段玉裁注《说文》驳议云："盖卫宏以觐为杞宋之杞，此出唐人所谓卫宏官书，多不可信。即如此条，乃因许语而附会之也。"[1]晚近甲骨学大师董作宾对段注不以为然，认为杞侯在武丁时作杞，到帝辛时便作觐侯，"杞，觐，古今异字，便易误认为两国"[2]。郑杰祥认为觐"或即后世杞地，位于今河南杞县境。"[3]前者以觐为国名，后者以觐为地名，并无实质性区别。

《史记·夏本纪》太史公曰："禹为姒姓，其后分封，用国为姓"，所列十二国族中即有"杞氏"。《大戴礼记·少闲》篇亦云："（成汤）乃迁姒姓于杞。"杞为姒姓，文献有征。而觐为姜姓，则有金文资料可证：

觐孟姜匜："王妇觐孟姜作旅匜"。（《集成》10240）

觐公壶："觐公作为子叔姜媵盥壶"。（《集成》9704）

觐侯簋："觐侯作觐邢姜妢母媵尊簋"。（《近出》470）

觐孟姜匜属于王妇自称名的形式，"王妇"是沿用殷人传统，这里指周王之妇。"觐孟姜"则是"父家氏名+排行+父家族姓"的表述形式。觐公壶和觐侯簋均属陪嫁的媵器。一般而言，父母在为女儿作媵器时，对女儿的称呼必须加上"父家族姓"[4]。是知觐为姜姓无疑。

杞与觐既不同姓，当然不能以同一族邦视之。这一点，早在20世纪30年代，郭沫若就已正确指出："杞乃姒姓之国，此觐乃姜姓之国，觐与杞非一也。"[5]如今觐非杞国已成学者共识，无须多论。

2. 觐非纪国

觐为纪国的见解，最早似为余永梁所提出："觐后省作己，经典作纪。"[6]郭沫若在觐公壶的考释中说："余谓觐亦是纪，同一纪国而作觐若己者，亦犹句吴之作工㪣若工吴。"[7]此说影响甚巨，是目前学术界的主流意见。

---

1 （汉）许慎撰、（清）段玉裁注：《说文解字注》，上海书店，1992，第741页。

2 董作宾：《甲骨文断代研究例》，刘梦溪主编：《中国现代学术经典·董作宾卷》，河北教育出版社，1996，第73页。

3 郑杰祥：《商代地理概论》，中州古籍出版社，1994，第274页。

4 陈絜：《商周姓氏制度研究》，商务印书馆，2007，第315页。

5 郭沫若：《两周金文辞大系图录考释（八）》，科学出版社，1957，第200页。

6 余永梁：《金文地名考》，《国立中山大学语言历史学研究所周刊》1928年第53、54期合刊。

7 郭沫若：《两周金文辞大系图录考释（八）》，科学出版社，1957，第200页。

纪为姜姓，文献有载。《世本·氏姓篇》说："纪氏，姜姓，炎帝之后，封纪，为齐所灭，以国为氏。"[1]《通志·氏族略》亦云："纪氏，炎帝之后，侯爵，姜姓。庄四年，齐灭之。"纪在金文中作己，且为姜姓确然无疑。己侯貉子簋铭云："己侯貉子分己姜宝，作簋。"（《集成》3977）郭沫若考释说："此乃纪侯媵女之器，有己侯钟出土于山东寿光县纪侯台下，可证。又纪乃姜姓，此言'分己姜宝'者，即纪女将嫁，作宝器以媵之。"[2]己侯簋铭亦云："己侯作姜縈簋，子子孙其永宝用。"（《集成》3772）此亦为媵器，姜縈即己侯之女。这些都反映了纪为姜姓的事实。

纪为姜姓之国，位于今山东寿光市境。《左传·隐公元年》云："纪人伐夷。"杜注："纪国，在东莞剧县。"《通志·氏族略》说："纪讹为剧，在青邱临朐县东寿光县西。"其实，剧非《通志》所言为纪字之讹。清人顾祖禹在《读史方舆纪要·山东六》"寿光县"条考证说："剧城，县东南三十里。亦曰剧南城，春秋时纪国地。汉置剧县。……纪城，亦在县东南。刘昭曰：'剧县西有纪城。'亦曰纪亭，故纪国也。城内有台，俗名纪台城。《春秋·庄公四年》，'纪侯大去其国'，违齐难也。战国时为齐之剧邑。"[3]这说明纪在寿光，其历史沿革非常清楚，不存在讹字问题。

由于夐与纪国同为姜姓，音读又同从己声，因而郭沫若主张两者为一国之异名很容易被人接受。但是，王献唐认为这个结论并不可靠。他主要从两个方面质疑：一是经传史籍中的国名纪，"金文都作'己'，从来没有把'纪'写作'夐'的证据，更没有把'己'写作'夐'的证据。"二是纪国灭亡于鲁庄公四年（前690年），而黄县（今龙口市）出土的铜器夐国已不是春秋前期，难道纪国灭亡以后，"还能更改国号书体为夐，再铸造铜器吗？这是纪、夐铜器最主要的时间矛盾"[4]。以今观之，这两条理由还是可以成立的，只是存在一些薄弱环节。如把夐写作"己"的证据，虽未见于金文，却在郭店楚简《缁衣》中出现了。简文说："则民至（致）夐以悦上"[5]，其中"夐"今本《礼记》即作"己"。至于黄县夐国铜器，王献唐认为并非春秋前期之

1 （汉）宋衷注、（清）秦嘉谟等辑：《世本八种》，中华书局，2008，第188页。

2 郭沫若：《两周金文辞大系图录考释（八）》，科学出版社，1957，第199页。

3 （清）顾祖禹：《读史方舆纪要》，贺次君、施和金点校，中华书局，2005，第1638—1639页。

4 王献唐：《山东古国考》，齐鲁书社，1983，第67、68页。

5 荆门市博物馆：《郭店楚墓竹简》，文物出版社，1998，第129页、

物，这在时间上也很难截然分开。

对王献唐关于异非纪国的看法，当人们还处在信疑参半之时，己、异两国铜器同出一墓的报道似乎一下子打破了僵局。不仅纪、异一国说令人深信不疑，而且还有人进而提出纪、异、莱一国说。

1969年，烟台上夼村抢救发掘了一座古墓，遗物中两件铜器铸有铭文。一为异侯弟叟鼎铭文说："异侯易弟叟司㦰，弟叟作宝鼎，其万年子子孙孙永宝用。"（《集成》2638）二为己华父鼎铭文说："己华父作宝鼎，子子孙孙永用。"（《集成》2418）据发掘者推断："这几件异国器，就其形制纹饰看，属西周晚期至春秋初期"，并认为："上夼村异国墓两鼎铭文作'异侯'，一作'己华父'。两器同出一墓，应系一人之器，即墓主名叟，号华父。当然也有可能己华父是异叟的长辈，但从鼎的形制看，无甚差别。不管怎样，同是一个家族是不成问题的。证明异、己本是一国之称。"[1]这个意见迅即得到一些学者的呼应，他们认为："原报道认为作器者系同一人，华父是字，是正确的。己、异互见，证明异在周金文里是纪的又一写法，而不是另一姜姓国。"[2]还有学者说："这个姜姓异国和文献中的姜姓纪国是否一国，近代曾有争论。1969年烟台上夼的一座墓葬中出土了异侯鼎和己华父鼎，异器与己器共存于一墓的事实结束了已往的争论，证明异、纪（己）确系一国。"[3]

事情恐非如此简单。实际上，异、己（纪）两国铜器同出一墓，并不能有效证明两者同为一国。设若异、己为一国之异名，何以同一时期同一人作器要一字二写？须知国名的确定是一件很严肃的事情，异侯弟叟既为本国高级贵族，对众所周知的国名使用假借字，这就说不上严肃了。至于两国甚至三国铜器同出一墓，本有各种原因，不足为怪。如殷墟西区墓地即有同一墓组或同一墓葬出现两种以上族氏铭文的情况，或者可用族或分族之间的婚姻、联盟等关系来解释[4]。1981年，山东临朐乙墓就发现过分别属于曾、齐、郳三国的铜器[5]，表明三国存在一种文化交流关系。1984年，陕西张家坡邢叔墓出土的两件邓仲牺尊，即是邓国和邢国存在婚姻关系的证据[6]。纪、异两国

1　李步青：《烟台市上夼村出土异国铜器》，《考古》1983年第4期。

2　李学勤：《论山东新出青铜器的意义》，《文物》1983年第12期。

3　王恩田：《再说纪、异、莱为一国说》，《管子学刊》1991年第1期。

4　韩建业：《殷墟西区墓地分析》，《考古》1997年第1期。

5　临朐县文化馆：《山东临朐发现齐、郳、曾诸国铜器》，《文物》1983年第12期。

6　张长寿、卢连成：《长安张家坡西周井叔墓发掘简报》，《考古》1986年第1期。

同为姜姓国家，虽不存在婚姻关系，但不排除因赠送、助葬等原因导致异国铜器同出一墓的可能。故难以根据夐侯弟叟鼎和己华父鼎出于同一墓葬就判定夐与纪为一国之异名。

从目前新见考古材料看，当初王献唐提出夐、纪非一国的见解仍可信据。

其一，虽然战国竹书有己与夐同音假借现象，但作为国名在出土文献中从不混用，至今未曾出现两者相互替代的文例。至于夐器与己器同出一墓，如前所言有多种可能性，并不构成夐与己同为一国的直接证据。

其二，己国在商周时期的称名，始终未曾改变。陈梦家所编《海外中国铜器图录》，谓国族分合迁徙，称名往往先后不同，并以夐国为例，认为殷末周初纪国称名为夐，西周作己，春秋时期复作夐[1]。然 1983 年寿光县（今寿光市）发现一批殷末己国铜器[2]，说明早在商末周初，己与夐二字即同时并存，分别代表两个不同的族邦，并不存在中途改字的问题。

其三，己国灭亡之后，夐国犹存于世。据《左传·庄公四年》载，纪侯不能屈己服齐，又将自己的领地交给纪季，致使纪国完全沦为齐国的附庸。同年夏天，"纪侯大去其国，违（避）齐难也"。纪侯弃其宗庙社稷，可能仍有少数族人随行，但作为一个政治共同体则至此消亡。若己、夐为一国，则春秋中期以后不应再有夐国铸造的铜器。如果说黄县夐器在时间上不好截然划分，那么，近年所见哀鼎（图 4-1）则为夐国在战国时期依然存在提供了新的证据。

图 4-1　哀鼎

---

1 参见王献唐：《山东古国考》，齐鲁书社，1983，第 66 页。
2 贾效孔：《山东寿光县新发现一批纪国铜器》，《文物》1985 年第 3 期。

哀鼎铭文（图4-2）云：

　　夐晏生之子孙哀为改善会鼎，用征用行，万年无疆，子子孙孙，永保
用之。（《铭图》2311）

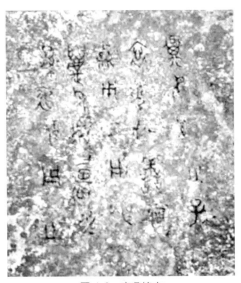

图4-2　哀鼎铭文

　　据吴镇烽介绍，该鼎2007年见于北京民间国宝评选会。时代为战国早
期。敛口直唇，口沿下有一对高附耳，各有两根直条与口沿相连，腹部微
鼓，圜底之下有三条蹄形足，足内壁呈弧形。平盖折沿，盖面中部有一桥形
钮，外围均匀分布着三个曲尺形钮。盖面和腹部各饰一周双头龙纹。器盖同
铭，各二十七字。[1]铭文中的"夐晏生"为人名，哀为夐晏生之子孙。夐晏生
之夐，应为国族名，即金文中常见的夐国。张亚初曾正确指出："某生之某，
是国族氏名。翏生之翏、周生之周、陈生之陈、蔡生之蔡、虢生之虢、鲁生
之鲁、夐生之夐、微生之微，都是比较明显的例子。"[2]此外，该鼎铭称"用征
用行"，与黄县（今龙口市）出土的夐伯子宝父盨所说"以征以行"，为例正
同。这说明夐国在战国早期依然见存于世。若夐为纪国，则鲁庄公四年（前
690年）早已亡国的纪，不可能在后来仍有人沿用旧时国名铸作铜器，并保持
"子子孙孙永宝用之"的乐观心态。

1 吴镇烽：《近年新出现的铜器铭文》，《文博》2008年第2期。
2 张亚初：《西周金文所见某生考》，《考古与文物》1983年第5期。

以上对相关新出土资料的分析，说明王献唐把𣊟与己（纪）确定为两个不同的姜姓之国，并未遭遇不可克服的障碍，反而得到更有力的支持，值得信从。

3. 𣊟与莱亦非一国

关于𣊟与莱的关系，李白凤曾说："𣊟族乃莱夷中最大的一个氏族或部族"[1]。后来王恩田在赞同𣊟、纪一国说的基础上，又提出𣊟、纪、莱为一国的新说。他先后发表三篇论文[2]，反复申说这一意见。不过未见有人响应，持异议的倒是不少。

细观王文，最重要的证据有两条：一是纪与莱均为姜姓；二是师衰簋铭以"𣊟釐（莱）"连称。在我们看来，这些资料不仅无法支持王恩田的观点，而且适成反证。

文献对莱之姓氏无明确记载，从各方面情况推断，当为子姓[3]。清人顾栋高在《春秋大事表》中列莱为姜姓，本无根据，却为王恩田所特别坚持。《左传·襄公二年》载，鲁成公的夫人齐姜过世，"齐侯使诸姜、宗妇来送葬，召莱子，莱子不会"。王恩田认为："前句明言'诸姜、宗妇'，莱子如非姜姓，为何召之？"[4]这里需要注意的是，为齐姜送葬的"诸姜、宗妇"的身份。孔颖达疏云："诸姜，同姓之女也。宗妇，同姓之妇也。夫人齐姜，是齐国之女，故使其宗亲之妇女来会葬也。"孔氏这个解释是对的。因为辞世的人是齐姜，前往鲁国会葬的都应该是妇女。王恩田以为这里的"诸姜"是指"姜姓诸国"[5]，把姜姓诸侯与"宗妇"相提并论，无论怎样讲都是不合适的。那么，齐侯为什么要"召莱子"？孔颖达认为："齐侯召莱子者，不为其姓姜也。以其比邻小国，意陵蔑之，故召之，欲使从送诸姜宗妇来向鲁耳。莱子以其轻侮，故不肯会。"齐侯要"诸姜、宗妇"来鲁国会葬，并不符合《礼记·檀弓下》所称"妇人不越疆而吊人"的礼规。但是，就算齐侯如何无视礼制礼规，也不会荒唐到让莱子一个大男人加入到妇女会葬的队伍中去。实

1　李白凤：《东夷杂考》，齐鲁书社，1981，第63页。

2　王恩田：《纪、𣊟、莱为一国说》，《齐鲁学刊》1984年第1期；王恩田：《再说纪、𣊟、莱为一国》，《管子学刊》1991年第1期；王恩田：《三说纪、𣊟、莱为一国——答郭克煜》，《管子学刊》1993年第3期。

3　杜勇：《中国早期国家的形成与国家结构》，中国社会科学出版社，2013，第86—87页。

4　王恩田：《纪、𣊟、莱为一国说》，《齐鲁学刊》1984年第1期。

5　王恩田：《再说纪、𣊟、莱为一国》，《管子学刊》1991年第1期。

际应该是让莱子派夫人前往鲁国为齐姜送葬。这只能说明莱子之妇有可能是姜姓[1]，相反莱子就不是姜姓了。是年春天，齐师伐莱，莱人通过贿赂马百匹、牛百头，齐师始退。此时齐侯又召莱子夫人会葬，显然也不怀好意。果然，齐侯以"莱子不会"为借口，随即派晏弱"城东阳以逼之"，不几年即伐灭莱国。可见此一材料不能证明莱为姜姓，更无法证明夐、莱为一国。

至于宣王时期的师寰簋铭文，同样不能对夐、莱一国说形成支持。本篇铭文记彼时淮夷作乱，周王命令师寰"率齐师、夐、釐（莱）、僰、尿、左右虎臣征淮夷"（《集成》4313）。郭沫若曾在"齐师、夐、釐、僰、尿"下面加下划线[2]，视其各为一个整体语言单位。这本来是不可取的，王恩田却以为夐釐为莱国的二字连称，如同楚称荆楚一样，就更不可取了。楚称荆楚尚有文献可征，莱连称夐釐（莱）则无所依凭。本铭还是依目前大多数学者的断句，把齐、夐、釐（莱）、僰、尿视为五个不同的族邦为宜。其中齐、夐不必说，釐（莱）、僰、尿作为国名又见于史密簋，铭称"釐伯、僰、眉（尿）"[3]。这也证明夐、莱为一国的想法是没有根据的。

以上所言夐与纪、莱的关系，意在说明他们各为独立的族邦，不可混为一谈。厘清这些混乱的说法，对于我们进一步考察夐国有关地理与历史，避免郢书燕说，是大有助益的。

（二）夐国地望的变迁

商周时期不少族邦的政治中心，由于各种原因迁徙无常，并不固守一城一地，致使不同时间其活动空间有所不同。夐国的情况亦是如此。

1. 两周之际夐国的地望

1951 年，在山东黄县（今龙口市，下同）出土了八件夐国铜器，其中六件有铭文，经王献唐研究，时代为春秋前期，并由此推断当时夐国位于山东东南部的汉代箕县境内，即今莒县北部的箕山、东莞镇、响场一带[4]。王氏讲了很多理由，核心是夐国铜器出土于山东，而山东地名只有汉代箕县与夐国国名相应，是可据以立论。此说得到学术界广泛认同，如谭其骧主编《中国

1　陈槃：《春秋大事表列国爵姓及存灭表撰异》三订本，上海古籍出版社，2009，第741页。
2　郭沫若：《两周金文辞大系图录考释（七）》，科学出版社，1957，第146页。
3　张懋镕、赵荣、邹东涛：《安康出土的史密簋及其意义》，《文物》1989年第7期。
4　王献唐：《山东古国考》，齐鲁书社，1983，第151—152页。

历史地图集》即将異国置于莒北，其影响之大可见一斑。但仔细分析起来，王说似乎不足以成为定论。

疑点主要来自三个方面。一是異与箕虽然音同可借，但山东箕县为汉代所置，未必是两周之际的異国在此立国留下来的地名。在《春秋左传》中，以箕为地名者并非个别，说明箕与異国并不存在必然联系，没有必要非得泥此以考彼时異国所在的方位不可。二是在师寰簋铭中，齐、異、莱等国同时受命对淮南夷联合作战，自是一个有实力、有影响的族邦。近年在莒文化区域内，不仅发现不少莒国铜器，而且出土有齐、鲁、诸、莱、郚、曹、陈、徐、吴、越、樊、黄、邛、楚 14 个国族的有铭铜器[1]，却始终不见異国铜器的踪迹。这与異国实际具有的实力与地位是很不相称的。三是若異国位于莒县北部东莞镇至响场一带，则春秋初期莒国从计斤（今胶州市）迁至莒，与其相距不过四五十公里。《左传·隐公四年》载："莒人伐杞，取牟娄。"牟娄在今山东诸城西南[2]，与莒国相距也只有四十多公里。这就意味着莒国从南面和东面对異国形成半包围态势，早已在此立国的異国岂可安处其间？就算莒国去别处扬威，与異国为友邻，多少也应有所交集。但众多金文全无这方面的记载，显然与历史常态不合。这些都使我们难以相信王献唐的说法。

那么，两周之际異国到底位于什么地方呢？过去李白凤曾说："关于異族之地望，据出土于山东黄县、烟台等地的西周晚期青铜器中的異器来观察，其本支应在今山东登州海角一带。"[3]我们认为，当以黄县的可能性为最大。这不仅因为異国铜器（图 4-3）成批出土于黄县灰城，考其铜器铭文（图 4-4）也可支持这一推论。为了论述方便，不妨先将相关铭文移录如次：

異伯子宝父盨："異伯子宝父作征盨。"（四件盖器同铭，《集成》
4442—4445）

異伯宝父盘："異伯宝父媵姜无沫盘。"（《集成》10081）

異伯宝父匜："異伯宝父媵姜无沫匜。"（《集成》10211）

1　孙敬明：《从莒地出土两周十四国金文看莒文化的交流与影响》，《山东师范大学学报》（人文社会科学版）2013年第1期。

2　杜勇：《中国早期国家的形成与国家结构》，中国社会科学出版社，2013，第164页。

3　李伯凤：《东夷杂考》，齐鲁书社，1981，第54页。

图 4-3　異伯子宝父盨

图 4-4　異伯子宝父盨铭

诸铭中的"父"字，王献唐释为"左"，"㝉"（宝）字释为"嬂"，其具体释义为：

> "嬂左"的"嬂"当为氏而"左"为字。異本姜姓，现在称嬂，应是嬂氏女子名左者嫁为異妇。……现在嬂左称伯子，也是指的她为嬂氏长女，嫁于異君，因称"異伯子"，省称"異伯"，并不是異君长子名嬂左。

> 这种解释，骤看似乎可怪，但若联系媵器铭例来讲，也很平常。在一切媵器中，凡是作器者为一姓名，受器者为一姓名，两姓不同，大抵是母亲为女儿所作，其母则从母家的父姓，因而有别。[1]

王氏释"父"为"左"，以铭文残泐过甚致误。《金文编》释作"父"[2]，今为学者所从。王国维说："男子字曰某父，女子曰某母，盖男子之美称莫过于父，女子之美称莫过于母。"[3]这个"父"字是周代贵族男子的美称，意味着作器者并非姜无之母，而只能是姜无之父。異器铭文中的"異伯子宝父"又省称"異伯宝父"。省去的"子"字也不是指其长女，而应是父子之子。陈梦家说："盨铭称'異伯子宝父'，则作器者之父尚在；盘、匜省去中间的'子'字，则宝父已为異伯，应在其后。"[4]此与王献唐分析盨铭作于盘、匜之前正相吻合。称異伯子宝父，宝父为储君；称異伯宝父，宝父则已继为異国之君。

1 王献唐：《山东古国考》，齐鲁书社，1983，第29—30页。
2 容庚：《金文编》，中华书局，1985，第185页。
3 王国维：《观堂集林（外二种）》，河北教育出版社，2001，第98页。
4 陈梦家：《西周铜器断代》，中华书局，2004，第331页。

这种某伯某父的称呼，金文习见。如散伯车父、鲁伯愈父、郑伯筍父、单伯原父、晋伯隆父、鲁伯大父、丰伯车父、芮伯多父、成伯邦父、曾伯宫父，等等，大体都是某国国君的称呼。王献唐将夒伯子宝父与夒伯宝父理解为相同身份的同一人名，应该是不准确的。

　　王献唐对夒器铭文的解释，他自己也感到多少有些可怪。现在看来，问题确实不少：一是把为女儿作媵器的父亲说成了母亲；二是把父亲的自作用器说成了随嫁女儿的陪品；三是把父亲的墓葬说成了女儿的墓葬；四是把本是女儿父亲所在夒国的都邑说成了女儿丈夫的领地。下面就此略作分析。

　　由于王献唐对夒器铭文"父"字误释为"左"，从而严重影响了他对铭文内容的整体解读。今知夒伯子宝父为女儿姜无的父亲，因而自作"征盨"有"以征以行"之语就很好理解了。"征"字虽可训为远行，但征与行连用则不免带有强烈的军旅色彩[1]。这通常与男子武事行为有关。如西周晚期史免簋曰："史免作旅簋，从王征行"（《集成》4579）；叔邦父簋曰："叔邦父作簋，用征用行，用从君王"（《集成》4580）；春秋早期侯母壶曰："侯母作侯父戎壶，用征行"（《集成》9657），中子化盘曰："中子化用保楚王，用征莒"（《集成》10137），均其例。固然，有时为妇人作器也有类似情况，如为甫人盨称："为甫人行盨，用征用行。"（《集成》4406）卫夫人鬲称："卫夫人作其行鬲，用从遥征。"（《新收》1700）但这些器物的性质是"行"器而非"征"器，军旅色彩也就要淡化许多。宝父四件"征盨"之作，既是军旅用器，又"庆其以藏"，即归自己收藏和使用，这就没有必要再把它作为随嫁女儿的陪品。若要表示妆奁的丰厚，夒伯宝父完全可以再作几套媵器相赠，大可不必把先前作好并由自己使用的器物再送给出嫁的女儿，以致显得捉襟见肘。

　　如果四件征盨不是夒伯子宝父送给女儿的陪品，那么，黄县灰城的墓葬也就与他女儿姜无及其夫君的领地不相关涉，很有可能就是夒伯宝父自己的墓葬。那么，夒伯宝父的墓葬为什么还保留着自家女儿的媵器呢？就一般情况而论，媵器作为妆奁，自应出现在女儿丈夫家族的墓葬中。不过，凡事总有例外。譬如，女儿未及完婚，双方即有一人猝弃人间，作好的媵器就只有留在娘家。或者出于对女儿的疼爱，父亲将做好的媵器留下一部分，以寄思念之情。诸如此类，都有可能。这虽然只是一种揣想，但同类的事实却是存

1　陈梦家：《西周铜器断代》，中华书局，2004，第332页。

在的。如曾子原彝簠铭文曰："唯九月初吉庚申，曾子原彝为孟姬䢷铸媵簠。"（《集成》4573）此是曾君为其长女所作媵器，1975 年出土于溳水西岸鲢鱼咀，位于随枣走廊一带，属湖北曾国的地理范围[1]。又蔡侯尊、盘铭文曰："元年正月，初吉辛亥，蔡侯申虔恭大命……用作大孟姬媵彝缶……敬配吴王。"（《集成》10171、6010）这是 1955 年安徽寿县蔡侯墓诸多铜器中的两件，是蔡侯为大孟姬所做的陪嫁器物。既为媵器，应在元年与吴通婚之时带至吴国，何以会出现在娘家的蔡侯墓中？陈梦家认为，大孟姬所嫁之人为王僚，然其被公子光所杀，大孟姬当于此时归蔡国，故其铜器附殉于昭侯墓中[2]。其说可参。又鲁伯者父盘铭文曰："鲁伯者父作孟姬媵媵盘。"（《集成》10087）此器为鲁伯者父为其长女所作媵器。按常理也应见于孟姬所嫁之国，实际却出土于山东曲阜鲁国故城墓葬[3]。凡此说明，即使是媵器，由于各种原因也是可以留在娘家的。

如果说黄县异器的出土地可以确定为异伯宝父自己的墓葬，而异伯又是异国之君，那么，逻辑的结论就是这里属于异国的都邑所在。现在看来，1969 年在烟台上夼村出土异侯弟叟鼎绝不是偶然的，此地与异国都城相距不远必是一个重要原因。据清代著名金石学家陈介祺批校《筠清馆金石文字》所记，称西周晚期的师衮簋"出登莱地，归余器盖二"[4]，也可得到合理的解释。该器铭文记载周王命令师衮率领齐、异、斄（莱）诸国之师征伐淮夷，说明齐、异、莱等国地相邻近，这样才便于协调各国军事力量，由北向南对淮南夷之乱发起攻击，以确保周人对东土的统治。

总之，从西周晚期到春秋中晚期，异国的都邑不在莒县北部，而是在异器所出的黄县灰城。这里不仅有春秋时期的古城遗迹，而且清代以来多有铜器出土，正反映出此地曾经作为一个有实力有影响的古国都邑所在。

2. 商周之际异国的地望

王献唐不仅认为春秋时期异国的方位在山东莒县北部，而且肯定"殷代及西周的异国，在这一带不会有多大改变"[5]。这是一个未经论证的判断，更

---

1 程欣人：《随县溳阳出土楚、曾、息青铜器》，《江汉考古》1980 年第 1 期。
2 陈梦家：《寿县蔡侯墓铜器》，《考古学报》1956 年第 2 期。
3 山东省文物考古研究所等：《曲阜鲁国故城》，齐鲁书社，1982，第 108 页。
4 王献唐：《黄县异器》，《山东古国考》，齐鲁书社，1983，第 140 页。
5 王献唐：《黄县异器》，《山东古国考》，齐鲁书社，1983，第 156 页。

是一个有问题的判断。原因在于他当时未能看到经过科学发掘的有关雐国铜器的资料。商末周初的雐国铜器虽然流传很多，但出土地点多不明确，只有部分相传出土于安阳和洛阳。待 1973 年辽宁喀左北洞村二号窖藏出土商代晚期的婴方鼎后，发掘者便提出北方燕地是商代雐族的所在[1]。继之有学者提出商代雐侯的封地在今河北沙河市的沙河附近[2]。也有学者认为雐国最初的封地在淇水流域，周初迁至辽宁大凌河附近，西周中晚期始有雐人支族迁居山东[3]。诸如此类，不烦备举。

商末周初的雐国铜器多有"雐侯亚雐"或"雐亚雐"的族徽，一般认为此为复合氏名，雐侯即是亚雐族中封为侯爵的一个分支。据学者研究和统计，目前所见亚雐铜器约有二百件，依其形制大体可分为三组，第一组约当殷墟前期，第二组接近殷墟后期，第三组为商末周初。从第三组雐族铜器出土情况看，已知有河南的安阳西北岗、洛阳庞家沟等；陕西扶风；河北邢台；辽宁喀左北洞和小波汰沟；北京顺义牛栏山、房山琉璃河等地点。[4]其中何处为雐国封地，据此尚无法作出判断。但相关铜器铭文还是给我们提供了一些颇有价值的线索。例如：

婴方鼎："丁亥，雧商（赏）右正婴婴贝，在穆朋二百，婴扬雧商（赏），用作母己尊铼。雐侯亚雐。"（《集成》2702）

孝卣："乙亥，雧锡孝贝，用作祖丁彝。雐侯亚雐。"（《集成》5377）

婴方鼎出土于喀左北洞村二号坑，发掘者定为商代晚期器物[5]。铭文说，右正婴得到雧的赏赐，赐品是贮存在穆的婴贝一朋及二百散贝。鼎底的"雐侯亚雐"与孝卣铭文末四字族徽一样，不只代表受赏者婴与孝属于雐侯亚雐族氏，而且说明他们本身就是侯爵承袭人。否则其族徽不会含有"雐侯"二字，当如徙角铭文云："丁未，雧商（赏）徙贝，用作父辛彝。亚雐。"即仅称"亚雐"（《集成》9099）才符合非为侯爵的身份。铭中施赏者雧，商末铜器习见，

1　喀左县文化馆、朝阳地区博物馆、辽宁省博物馆北洞文物发掘小组：《辽宁省喀左县北洞村出土的殷周青铜器》，《考古》1974 年第 6 期。

2　晏琬（李学勤）：《北京、辽宁出土青铜器与周初的燕》，《考古》1975 年第 5 期。

3　孙敬民：《考古发现与雐史寻踪》，刘敦愿、逢振镐主编：《东夷古国史研究》第 1 辑，三秦出版社，1988，第 163—186 页。

4　曹淑琴、殷玮璋：《亚雐铜器及其相关问题》，《中国考古学研究》编委会编：《中国考古学研究——夏鼐先生考古五十年纪念文集》，文物出版社，1986。

5　辽宁省博物馆等：《辽宁省喀左县北洞村发现殷代青铜器》，《考古》1973 年第 4 期。

或以为是职官名[1]，或以为是商末武职官员中最为显赫的职位或爵称[2]。但𢦚父丁簋铭文云："辛未，蛭□赐𢦚贝廿朋，𢦚用作父丁尊彝。亚。"（《集成》3905）𢦚在这里分明是一人名，且属亚族，自非职官或爵称。另有小子𫞵簋称："𢦚赏小子𫞵贝十朋……唯𢦚令伐人方"（《集成》4138），也说明𢦚是传达商王命令的大臣。虽然到了西周时期，𢦚有时也用作人名，但常有前缀或后缀，称某𢦚或𢦚某，已非殷商晚期单称𢦚的这位人物了。是知𧊒方鼎作于商代末年是可信的，也证明𤊾侯在商代晚期是具有显赫地位的旧邦巨族。

除了殷末铜器外，殷墟甲骨文中亦可见到𤊾侯。例如：

（1）贞翌日乙酉小臣□其…又老𤊾侯，王其……以商庚卯，王弗悔。（《合集》36416）

（2）癸未卜，在□餗，贞祸亚九备，王于𤊾侯缶师，王其在𤊾□正……（《合集》36525）

此为目前所知有𤊾侯的两条乙辛时期卜辞，前者提到"老𤊾侯"，后者言及"𤊾侯缶"，正与𧊒方鼎、孝卣族徽中的"𤊾侯"相应。大致说来，两条卜辞中的𤊾为国族名，𤊾侯即𤊾国首领，爵称为侯，或因高寿又称老𤊾侯。至于"𤊾侯缶"，有学者认为就是商代晚期铜器小臣缶方鼎中的"小臣缶"[3]。然𤊾侯为"亚矣"族，小臣缶为举族（旧称析子孙），两者恐非一人。卜辞中的"𤊾侯缶"，缶为𤊾侯的私名，𤊾则为国名、族名兼地名，故下文言称"王其在𤊾"。这也说明𤊾族是殷代晚期享有侯爵的一个重要方国。进入周朝以后，𤊾国的侯爵得到承认，并以一个独立的政治实体继续存在。

1973—1974年，北京市房山县（今房山区）琉璃河镇M54号出土的周初铜盘铸有"亚矣母巳"四字，M52出土有"匽侯"铭文盾饰[4]，表明亚矣族与匽侯有密切关系。1982年，北京顺义县（今顺义区）牛栏山出土了八件周初青铜器，计有鼎、卣、尊、觯各一件，觚、爵各两件，均有铭文。其中的䵼鼎铭云："䵼作妣辛尊彝，亚矣。"其他器铭均有复合族氏铭文"𤊾亚父己。"[5]

---

1 晏琬（李学勤）：《北京、辽宁出土青铜器与周初的燕》，《考古》1975年第5期。

2 闫志：《商代晚期赏赐铭文》，《殷都学刊》2012年第1期。

3 李学勤：《小臣缶方鼎与箕子》，《殷都学刊》1985年第2期。

4 中国科学院考古研究所、北京文物管理处等：《北京附近发现的西周奴隶殉葬墓》，《考古》1974年第5期。

5 程长新：《北京市顺义县牛栏山出土一组周初带铭青铜器》，《文物》1983年第11期。

这也是羌族在北方燕地活动的反映。特别是清同治年间北京近郊出土的亚
盉，更是直接揭示了"羌侯"与"匽侯"间的政治关系。亚盉铭云：

羌侯亚矣，匽（燕）侯锡亚贝，作父乙宝尊彝。（《集成》9439）

燕侯为西周所封，此器无疑为周初之器。受赏者亚不只属于羌侯亚矣族，而且
本人同样是侯爵承袭人。该族氏中的覃、孝等人在商代末年曾受到朝中执政大
臣凱的赏赐，入周以后亚又得到燕侯的奖赏，足见其政治地位不曾稍降。《说
文》云："赏，赏有功也。"《群书治要》卷四十五引汉仲长统《昌言》曰：
"赏锡期于功劳，刑罚归乎罪恶。"亚因何功受赏虽不可知，但羌侯亚矣族在周
王朝统治下仍然保有侯爵则毫无疑问。在本铭中，燕侯给予亚赏赐，亚作
"父乙宝尊彝"，把这次受赏看作极大的尊显与荣宠。这当然不可能是一般的
礼尚往来，而是有着特定的政治意义，实际代表羌侯亚矣族服事燕侯的一种上
下主从关系。

由此看来，大批羌族的青铜器在北京一带出土，而羌侯又是从属于匽侯
的附庸，学者推断商末周初羌族的封地距周初的燕国不远，应该是符合实际
的，只是其确切地望还有待今后考古发现进一步证实。

3. 羌族政治中心的转移

商周之际的羌国在北方燕地，两周之际的羌国在山东龙口，这两个羌国
虽然在时间和空间上相隔甚远，但并不代表两者不是同一邦族。他们同为侯
爵，并与周王室保持婚姻关系（详后），若非同一邦族，绝无如此巧合。这就
意味着商周之际的羌国不好视作微、箕的"箕"。箕子为商王室成员，当属子
姓，其封国不可能是姜姓的羌国。

那么，商末周初地处北方燕地的羌国，何以在两周之际出现在山东龙口
一带呢？这可能与远避戎祸而举族迁徙有关。

据学者研究，在《春秋左传》中，鲁庄公三十二年（前 662 年）始有狄
称，之前的北方民族称为戎、北戎、山戎，之后则称为狄，或赤狄、白狄、
长狄[1]。近出清华简《芮良夫毖》有序文说："周邦骤有祸，寇戎方晋。"[2]所言
是周厉王统治时期的情形。这里的"寇戎"非谓北戎，而是指后世典籍所称
的犬戎，亦即《诗经》或西周金文所称獫狁。至于北戎为患，早在周初即已

1 田继周：《先秦民族史》，四川民族出版社，1996，第389页。
2 李学勤主编：《清华大学藏战国竹简（三）》，中西书局，2013，第145页。

发生。据康世臣谏簋铭说："唯戎大出于軏，井（邢）侯搏戎。"（《集成》
4237）已有学者指出，邢侯所御之"戎"即是散居晋国境内的北戎，多数在
今山西省的东部和东南部[1]。《后汉书·西羌传》曾提到周宣王三十八年（前
790年），"晋人败北戎于汾隰"，又说周室东迁"秦襄公攻戎救周。后二年，
邢侯大破北戎"。之后，北戎经常与诸夏发生战争，郑、齐、燕、邢、卫等诸
侯国屡遭北戎的侵扰。《左传·隐公九年》云："北戎侵郑……十一月甲寅，
郑人大败戎师"。鲁桓公六年（前706年），"北戎伐齐，齐使乞师于郑"。郑
救之，大败戎师。鲁庄公三十年（前664年），"齐人伐山戎"，《史记·燕召
公世家》亦记其事云："山戎来伐我，齐桓公救燕，遂北伐山戎而还。"又
《史记·齐太公世家》载，齐桓公二十三年（前663年），"山戎伐燕，燕告急
于齐。齐桓公救燕，遂伐山戎，至于孤竹而还"。此"山戎"即是北戎的一部
分。鲁庄公三十二年（前662年），"狄伐邢"。此"狄"即是先前北戎的改
称。鲁闵公二年（前660年），"狄伐卫"而灭之，逼使卫迁楚丘（今河南濮
阳）。鲁僖公元年（前659年），诸侯救邢，驱逐狄人，"邢迁于夷仪"（今山
东聊城西南）。可见从西周初年到春秋前期，北戎（狄）始终是危及北方和东
方诸侯国安全的部族之一。

前面说过，異国与燕侯有主从关系，实为燕国的附庸。燕国既遭北戎侵
扰，则其附庸異国亦必不能幸免。与邢、卫等周初所封姬姓大国相比，異国
作为异姓诸侯其实力自然相对弱小一些。卫与邢尚不足以抵御北戎的侵犯，
以致先后亡国而徙居黄河以南。在同一历史背景之下，異国从北方燕地徙至
山东便成为情理中事。只是異国面临的形势可能过于急迫，所以在西周晚期
即先于卫、邢从北方南迁胶东半岛了。

（三）異国与周王朝的关系

武王克商以后，周人取代商王朝成为新的天下共主。为了巩固自己的统
治地位，周人大规模推行分封制度，同姓贵族显然是其主体。至于那些异姓
贵族，特别是那些早在商代即是独立政治实体的旧邦大族，周人采取何种处
置方式？異国的存在与发展为此提供了研究的实例。

---

1 李学勤、唐云明：《元氏铜器与西周的邢国》，《考古》1979年第1期。

　　冀侯亚夨作为殷商旧族，具有强大的实力与影响。从亚夨族传存下来的铜器看，其数量之多，制作之精，品类之全，不仅反映了他们已掌握熟练的工艺技术，而且说明其文明程度已达到较高水准[1]。商王委派执政大臣魙对冀侯频加赏赐，也体现了冀国在北土诸方国中的重要地位。周人代殷而有天下，如何以偏居西隅的蕞尔小邦统治全国范围内的广土众民，确是一个需要精心谋划的问题。一般说来，对于商代即已存在的异姓诸侯，只要他们与周人合作，并在他们原来据以立国的土地上竖起一面以周为天下共主的新旗帜，目标即算达成。但对待冀人这样的北方巨族，看来周人是很注意政治策略的。

　　一是承认固有社会地位。入周以后，冀国作为一个独立的政治共同体，不仅原有的政治社会结构得以保留，而且照常享有旧时侯爵的政治待遇。周初冀国铜器每每可见"冀侯亚夨"这样的族氏铭文，即是冀族继续享有侯爵的反映。其后此种族徽虽因文化趋同渐至消失，但直至两周之际仍可看到铸有"冀侯"字样的铜器铭文，如冀侯簋、冀侯弟叟鼎即是。此外，同其他同姓诸侯一样，冀侯亦称"冀伯""冀公"，"伯"表示一国之君，"公"则为国君的尊称，实际爵秩仍为侯爵，并一直延续下来。

　　二是建立政治联姻关系。1971年，陕西扶风齐镇一号墓出土冀母鼎铭文曰："冀母尊彝。亚夨。"（《集成》2146）当为西周早期冀侯亚夨族中的女子嫁于周族留下的遗物。据前引冀侯簋铭："冀侯作冀邢姜妢母媵尊簋"，知西周晚期冀侯还与邢国保持婚姻关系。同一时期的冀孟姜匜铭云："王妇冀孟姜作旅匜"，是说冀国女子嫁为周王之妇。冀族与王族通婚，主动方或决定方必在王室而非冀国，以便加强甥舅之国间的血缘关系，巩固其政治军事同盟，维护周人的统治。冀甫人匜铭云："冀夫人余，余王嫠叔孙，兹作宝匜。"（《集成》10261）此为春秋早期器，冀侯夫人余娶自王族裔孙。是时天子虽不济事，但王族的尊显地位还在。这也是冀国在当时具有较高政治地位的反映。

　　三是不断加以恩赏安抚。据周初亚盉记载，匽侯对冀侯亚夨族的亚进行贝的赏赐。这个亚即是冀侯，说明燕国对一定区域内的异姓诸侯有代为治理的责任，从而形成上下从属关系。西周早期的繁簋残底铭文显示，冀国之君还

---

　　1 曹淑琴、殷玮璋：《亚夨铜器及其相关问题》，《中国考古学研究》编委会编：《中国考古学研究——夏鼐先生考古五十年纪念文集》，文物出版社，1986。

曾得到中央王朝的褒奖：

　　唯十又一月初吉辛亥，公令繁伐（阀）于眉伯，眉伯蔑历，宾被廿、贝十朋，繁对扬公休，用作祖戊宝尊彝。（《集成》4146）

铭中的"伐"与阀通，具有功状等级之意。"公"可能是周初的召公，因眉国居处燕地，召公派繁去表彰眉伯功勋，是很自然的。眉伯宾献给繁披、贝等礼物，以示答谢。又西周中期的公贸鼎铭文云："唯十又二月初吉壬午，叔氏使贫安眉伯，宾贫马筈乘，公贸用牧休鲁，用作宝彝。"（《集成》2719）铭中叔氏的身份不明，叔氏派遣贫去安抚眉伯，陈梦家以为是"安抚异姓诸侯与裔邦"[1]。

　　以上这些措施体现了周人经略北土，加强对异姓诸侯统治的策略方式，有利于增强眉族对周王朝的向心力，有效维护周人的统治。事实证明，周人对眉族实施的统治策略是成功的。不仅眉国始终对周王朝称臣纳贡，忠实履行异姓诸侯的职责，而且在军事上也成为周人倚重的对象。这在西周晚期眉族迁居山东地区，协助王室平定淮夷叛乱的过程中得以充分体现出来。据师袁簋铭云：

　　王若曰："拔淮夷繇我帛晦臣，今敢薄厥众暇，返厥工吏，弗迹我东国，今余肇令汝率齐师、眉、釐（莱）、夒、尻、左右虎臣征淮夷，即贅厥邦首，曰冉、曰装、曰铃、曰达，师袁虔不坠，凤夜恤厥将事，休既有功，折首执讯，无蓍徒驭，殴俘士女、羊牛，俘吉金，今余弗遐诅，余用作朕后男巤尊簋，其万年，孙孙子子，永宝用享。"（《集成》4313）。

此记宣王时淮夷作乱，周王命令师袁率领左右虎臣征伐淮夷，齐、纪、釐、莱、夒等五国即是协同作战的重要军事力量。淮夷在厉王时期发生大规模叛乱，曾被严厉镇压。但问题并未彻底解决。所以到宣王统治时期，淮夷依然时服时叛。故宣王命令齐、眉诸国之师协助师袁征讨淮夷。在此"贅厥邦首""折首执讯"的战争中，眉国为敉平淮夷之乱贡献了力量。

　　综上可见，眉国在商周时期是一个地位煊赫的古老方国，但它与文献中的杞、纪、莱诸国没有等同关系。商末周初，眉国居于北土燕地，可能在西周晚期为避戎祸而迁居山东龙口一带。周朝统治者对于眉国族众，采取承认

---

1 陈梦家：《西周铜器断代》，中华书局，2004，第332页。

爵秩、实行联姻、屡加奖赏等多种安抚措施，使之成为归服于周并称臣纳贡的异姓诸侯，对于维护周人在北土、东土的统治发挥了积极作用。

四、孤竹

孤竹是商周时期我国北方一个古老的方国。商周之际，孤竹国君之子伯夷、叔齐，因辞让君位，西向入周，道遇武王伐纣，叩马而谏，后隐于首阳山，以采薇充饥，竟至不食周粟而死。孔子谓其求仁得仁，从此伯夷、叔齐名扬千古，孤竹古国也广为世人所知。但是，考古资料中有无孤竹国的踪迹？其姓氏如何？具体地望何在？与商周王朝是何关系？仍需探讨。

（一）古文字中孤竹考索

关于孤竹国的传世文献不是很多，人们希望通过考古和古文字材料的补充，进一步丰富和深化学界对孤竹历史文化的认识。非常幸运的是，文物考古工作确实在这方面提供了有力的支持，从而使古孤竹国的研究别开生面。这里，拟就古文字中"孤竹"二字的考释过程略加分析，以澄清认识上的一些误区。

关于"竹"字，甲骨金文均有所见，其篆体为ᙯ。此字的释读主要有两种意见，或释为"竹"，或释为"丯（冄）"，长期存在分歧。最初释为"竹"的学者是叶玉森，谓为"竹之象形"，郭沫若《殷契粹编》、李孝定《甲骨文字集释》是之，而商承祚、孙海波、朱芳圃等则释为"丯"[1]，徐中舒主编《甲骨文字典》从之。在这个问题上，释字为"竹"的意见长期不能得到公认，关键在于道理讲得不够充分。后来，曹定云撰文讨论，其说较备，基本可以消除人们心中的疑团。他说：

> 我认为从字形看，"ᙯ"释"竹"或释"丯"（冄），似乎都可以讲得通。然而，细致分析，情形就不一样。丯，《说文·丯部》："ᙅ，毛丯丯也，象形。""丯"在周代金文中作ᙅ、ᙅ、ᙅ等形。我们知道，甲骨文中的"毛"字作"ᙯ"象动物之尾，二"毛"相连则成"ᙅ"。故《说文》云："毛丯丯也，象形"是切合实际的科学的解释。而"竹"字呢？《说文·竹部》："ᙅ，冬生草也，象形。下垂者，箁箬也。""竹"在周代金文中作偏旁时均作"ᙅ"；但"ᙅ"在甲骨文却很少见。目前，在近

1　于省吾：《甲骨文字诂林》，中华书局，1996，第3127页。

十多万片的卜辞中，只见到两例以"林"作偏旁的字：𦥑（金四〇一）、𦥯（后上一三、一二）。此二字所属卜辞属康丁时代。这里提出一个问题，"林"的原体是什么？从文字的发展规律上看，在殷代早期，例如武丁时期，应该有它的原体，我认为："从"是"林"的原体，是原始的象形字。后来，为了契刻的方便，将"从"的字形分开刻成"林"。这是汉字早期演化趋势之一。这种甲骨文中不见或少见的原始象形字，往往在殷代金文中保存下来。"从"字就是其中之一。"林"与"从"在形体上的区别是明显的，而在性质上却截然不同：林是动物之毛，从是植物中之竹，所以必须把两者分开。可是，这差别并没有被前人注意，而是将它们混而为一。[1]

在这里，曹定云把"竹"字形体的演变规律以及它与冄字的本质区别，都讲得非常透彻，足以成为定论。然《甲骨文字诂林》未及引用，实为一憾。《古文字类编》旧版释"冄"（冉），新版释"竹"[2]，可以说代表了当今古文字学界对"竹"字考释的认同。

关于"孤"字，传世青铜器早已出现过几例，但不为人们所认识。事情后来发生转机，是因为1973年辽宁喀左县北洞村发现的一号铜器窖藏坑，出土了五罍一瓿的青铜器。其中一个的亚微父丁罍（图4-5）有铭文六字（图4-6），发掘者隶定为"父丁瞽冄㞱亚"[3]。唐兰看到这组青铜器后，也认为是殷代后期器，并说："从文献上考察，这个地区，在商代属于孤竹国，也就是伯夷叔齐的老家，现在从出土实物上可以得到证明了。"[4]但唐氏引及铭文时未加考释，只是对其中的"瞽"字重新隶定为"瞽"。其后，善于从考古材料中及时捕捉最新信息的李学勤，非常敏锐地做出反应，首次从铭文中考释出"孤"字。他说：

这个坑的二号罍铭文非常重要，其第三、四字曾见于几件晚商铜器……前一字从"子"从"曰"，上左从"瓜"得声，应隶定为"瞽"。《说文》"瓜"字"象形"，徐锴说："外象其蔓，中象其实"，铭文🜚、🜚等形

1　曹定云：《殷代的"竹"和"孤竹"——从殷墟"妇好"墓石磬铭文论及辽宁喀左北洞铜器》，《华夏考古》1988年第3期。

2　高明、涂白奎：《古文字类编》增订本，上海古籍出版社，2008，第1051页。

3　辽宁省博物馆、朝阳地区博物馆：《辽宁喀左县北洞村发现殷代青铜器》，《考古》1973年第4期。

4　唐兰：《从河南郑州出土的商代前期的青铜器谈起》，《文物》1973年第7期。

式正是如此。《古玺文字征》战国私印"令狐佗","狐"字偏旁"瓜"作
🜚；战国前期令狐君嗣子壶"瓜"字作🜚。互相参照，不难看出"瓜"字
演变的途径。后一字从，在卜辞和铜器铭文中常见，前人或释"竹"，或
释"冉"。按周代铭文中的"冉"都从"毛"作🜚，象毛冉冉，不同于
从，而作为偏旁的"竹"作从，则与从相近。因此，北洞罍中这两个字
是"晉竹"，即文献里的孤竹，全铭应为：父丁，孤竹，亚🜚。[1]

图4-5　亚微父丁罍

图4-6　亚微父丁罍铭文

这个考释很精当，不仅有文字学上的证据，而且把铜器中的古国名与文
献所载地望亦即铜器的出土地高度对应了起来，因而具有极强的说服力。

当然，也有学者对铭文中"孤"字的考释提出不同意见，认为"字形上
难以说通"[2]，或当隶定为"智"字[3]。然甲骨金文中已有"智"字[4]，字形迥
异，不可混一。还有学者根据亚夒父丁卣（图4-7、图4-8）中的"晉"字又
作"晉"（《集成》5271），以为此即本字，《说文》作"睿"，有孤儿之意思，
"知孤当是晉字造字的本意"[5]。亚夒孤竹器今所知者凡五件，仅有一器字作

1　晏琬（李学勤）:《北京、辽宁出土铜器与周初的燕》,《考古》1975年第5期。

2　曹定云:《殷代的"竹"和"孤竹"》,《华夏考古》1988年第3期。

3　刘正:《金文氏族研究》引日人白川静说,中华书局,2002,第190页;曹定云:《殷代的"竹"和
"孤竹"》,《华夏考古》1988年第3期。

4　高明、涂白奎:《古文字类编》增订本,上海古籍出版社,2008,第1051页。

5　金耀:《亚微罍考释——兼论商代孤竹国》,《社会科学战线》1983年第2期;金岳（金耀）:《北方民
族方国历史研究》,中州古籍出版社,1994,第180—188页。

"晉"形，故视左上"子"形为诡变是合适的。虽然"孤"字的考释尚有异说，但并未动摇大多数学者遵从的信心。如有的学者追溯战国文字"瓜"字形体的演变时，即认为是承袭商代金文晉字所从的 ♀ 而来[1]。新版《古文字类编》"孤"字头收有商代金文晉字，反映了学术界认识的趋同。

图 4-7　亚寰父丁卣

图 4-8　亚寰父丁卣铭文

　　"孤竹"二字的释出，极大地推动了孤竹国历史文化的深入研究，从而产生了一批颇有价值的学术成果。但是，研究中有的说法影响很大，却未必全然合乎历史事实。如金耀通过对亚微罍铭义的进一步推考，所得孤竹国最后三代国君之名即是一例。他说：

　　　　孤竹国从商汤初封（公元前 1600 年）至殷纣共传了九世，每一世孤竹君在位的时间都很长。……在这九世中，现在我们所能考知的，仅前面所述的"父丁（竹猷）"、"亚微（初）"、"亚寰（凭）"三代，在这三代里，第七世是甲骨文里的"竹侯"，历任殷王朝的贞人和司卜，名叫竹猷，庙号为丁；第八世亚竹侯是亚微罍的亚微，继父业为王朝的亚官，名微，古文献称为墨胎初；第九世竹侯是亚寰鼎的亚寰，仍袭父职为王朝的亚官，名寰，古文献叫做凭。[2]

关于孤竹君的世系，不见于先秦两汉的文献记载。金耀所谓"九世说"来自

1　何琳仪：《战国古文字典》，中华书局，2004，第 480 页。

2　金耀：《亚微罍考释——兼论商代孤竹国》，《社会科学战线》1983 年第 2 期。

晋人皇甫谧的《帝王世纪》云："汤特封墨胎氏于孤竹，后九叶，孤竹君二子伯夷、叔齐以让国去之。"《帝王世纪》在宋代以后即已亡佚，今天我们只能看到各种古书的引文。经查，金氏所引出自清人吴卓信的《汉书地理志补注》[1]。在此之前，清初顾祖禹《读史方舆纪要》亦曾引及，文字略有不同："《世纪》：汤十有八祀，封墨胎氏孤竹国，后九叶，孤竹君二子伯夷、叔齐以让国逃去。"[2]这一材料引用的时间较晚，《帝王世纪》各种辑本都没有收录，不知是否怀疑过其可靠性？不过这并不重要，因为即使它真出自《帝王世纪》，也不能说孤竹国在商代历时 9 世是可信的。若以商朝 555 年计[3]，孤竹国每位国君几乎在位 60 年以上，这在历史上是不可能发生的事情。即使像有的学者理解为 11 世[4]，仍然无补于事。更重要的问题是，金耀利用铜器铭文资料，发现的孤竹后三代国君之名，当属错误解读，却得一些学者的信从。看看下面引录的有关金文资料，即可知其究竟。

　　亚微父丁罍："父丁，孤竹，亚微。"（《集成》9810）

　　亚𥄂孤竹罍："亚𥄂，孤竹。"（《集成》9793）

　　亚𥄂孤竹鼎："亚𥄂，孤竹。"（《铭图》1218）

　　亚𥄂孤竹鼎："亚𥄂，孤竹，乃。"（《集成》2033）

　　亚𥄂父丁觚："亚𥄂宷父丁，孤竹。"（《集成》7293）

　　亚𥄂父丁卣："亚𥄂宷孤竹，父丁。"（《集成》5271）

上引金文涉及两种族氏铭文，一是"亚微"，一是"亚𥄂"。一般认为，这种"亚某"族氏铭文中的"亚"，是一种职官（或武官）称谓，用以表示某一方国或诸侯受封时的名号和身份。凡担任这一职官的诸侯，往往在其国名或其私名前加亚字或框以亚形，其地位可能在一般诸侯之上[5]。考虑到"亚微"或"亚𥄂"族氏铭文与国族名"孤竹"并出共见，则"微"与"𥄂"似乎是私

　　1 （清）吴卓信：《汉书地理志补注》卷 73《辽西郡》，二十五史刊行委员会：《二十五史补编》，开明书店，1937。

　　2 （清）顾祖禹：《读史方舆纪要》，贺次君、施和金点校，中华书局，2005，第 750 页。

　　3 夏商周断代工程专家组：《夏商周断代工程 1996—2000 年阶段成果报告（简本）》，世界图书出版公司北京公司，2000。

　　4 何光岳：《孤竹的来源和迁徙》，《黑龙江民族丛刊》1991 年第 2 期；孟古托力：《孤竹国释论——支华夏化的东北夷》，《学习与探索》2003 年第 3 期。

　　5 曹定云：《"亚其考"——殷墟妇好墓器物铭文探讨》，文物编辑委员会编：《文物集刊》第 2 辑，文物出版社，1980。

名，所指为孤竹国两个分支族氏首领。如果"亚微"与"亚𢧜"为人名，就意味着他们有一个共同的父亲，庙号为"丁"。这样，他们就不可能是父子关系，而应是兄弟关系。至于"亚微"的"微"，也有学者主张释为"长"或"彭"[1]，其字义是否与"墨胎初"的"初"相通，也是一大问题。可见把"亚微"与"亚𢧜"说成父子关系，并谓"亚微"即伯夷之父墨胎初，都缺乏足够的根据，以此来谈孤竹国最后三代的世系，恐非可信。

亚微的铜器铭文目前仅此一见，亚𢧜器已近 30 件。后者在"亚𢧜"之后常有私名，如"亚𢧜止"（《集成》1434）、"亚𢧜址"（《近出》924）、"亚𢧜市"（《集成》8777）等，而制器纪念的父辈，除了"父丁"，还有"父癸"和"父乙"。例如：

亚𢧜鼎："亚𢧜宝父癸宅于二。"（《集成》2427）
明亚𢧜父乙觯："明亚𢧜父乙。"（《铭图》10572）

从这些情况来看，"亚微"与"亚𢧜"似乎又不是一个具体的人名，而是两个分支族氏之名，故亚𢧜后面可以有"止"（址）、"市"等不同私名。而亚𢧜家族作器纪念的父辈有"父丁""父癸""父乙"三人，自然与"亚微"不是同一家族。这两个家族可以共同制作铜器以纪念作为孤竹国君的"父丁"，似乎意味着他们都有继承君位的权利。伯夷、叔齐相互辞让君位，或许在一定程度上反映了这样的历史背景。

（二）孤竹的姓氏问题

关于孤竹的姓氏，也是一个颇有争议的问题。目前所见主要有三种说法：（1）姓墨胎；（2）姜姓；（3）子姓。这里先就前三种说法加以分析，然后提出我们的意见：（4）妊姓。

关于孤竹姓墨胎氏的说法，是目前学界的主流意见。其依据不少人认为来自东汉的应劭，此即《史记·伯夷列传》索隐说：

《地理志》孤竹城在辽西令支县。应劭云伯夷之国也。其君姓墨胎氏。[2]

---

1 彭邦炯：《从商的竹国论及商代北疆诸氏》，王宇信主编：《甲骨文与殷商史》第3辑，上海古籍出版社，1991；林沄：《释史墙盘中的"逖虘彭"》，陕西省历史博物馆馆刊编辑部编：《陕西历史博物馆馆刊》第1辑，三秦出版社，1994。
2《史记·伯夷列传》，中华书局，1959，第2123页。

这里所谓"其君姓墨胎氏",其实是唐代司马贞的按语,与应劭无关。查今本《汉书·地理志下》颜注引应劭语,只有"故伯夷国"一句,即可为证。前面提到的吴卓信所引《帝王世纪》说:"汤特封墨胎氏于孤竹",如果这真是皇甫谧的文字,则意味着西晋就有了孤竹姓墨胎氏这样的说法。但真正把这个说法明确下来的是南朝的皇侃(488—545年)。《论语·公冶长》云:"伯夷、叔齐不念旧恶,怨是用希",皇侃疏云:

> 孤竹之国,是殷汤正月三日丙寅日所封,其子孙相传至夷、齐之父也。父姓墨台,名初字子朝。伯齐名允字公信,叔齐名致字公达。伯夷大而庶,叔齐小而正。父薨,兄弟相让,不复立也。[1]

在这里,皇侃没有交代材料来源,不知所据何书。至唐初陆德明(约550—630年)作《经典释文》,始言出自《春秋少阳篇》:

> 伯夷,姓墨名允,字公信,孤竹君之子。伯,长也。夷,谥。叔齐,名智,字公达,伯夷之弟。齐,亦谥也。夷、齐名见《春秋少阳篇》。[2]

稍后《括地志》也说:"殷时诸侯孤竹国也,姓墨胎氏。"[3]宋代孙奭《孟子》疏、邢昺《论语》疏,都说孤竹姓墨胎氏源自《春秋少阳篇》。《春秋少阳篇》在《隋书》、新旧《唐书》中已不见著录,它到底是一部什么样的书,今天已经不清楚了。略可推断的是,应劭所在的东汉时期应该还没有出现《春秋少阳篇》,估计它是六朝时期编撰的一部作品。至于成书是在皇侃之前还是之后,同样难以准确判断。这样,皇侃的说法实际成了有关孤竹国姓氏的最早文献依据。这种材料对于上古史研究来说,其史料品质并不算高,因而学者还是期待有更早、更权威的证据来说明这个问题。

关于孤竹姜姓的说法,晚至宋代才见于文献。《广韵》卷五《一屋》云:"竹,本姜姓,封为孤竹君,至伯夷、叔齐之后,以竹为氏,今辽西孤竹城是。"[4]《通志·氏族略》说:"竹氏:姜姓。孤竹君,成汤封之辽西,至伯夷、叔齐,有让国之贤,子孙以竹为氏。"《路史·后纪四》则说:"禹有天

---

1 (魏)何晏撰、(梁)皇侃义疏:《论语集解义疏》卷3,《丛书集成初编》第481册,商务印书馆,1935,第65页。

2 (唐)陆德明:《经典释文》,上海古籍出版社,1985,第1359页。

3 《史记·周本纪》正义引,中华书局,1959,第116页。

4 余迺永:《新校互注宋本广韵》,上海辞书出版社,2000,第457页。

下，封怡以绍列山，是为默台。成汤之初，析之离支，是为孤竹。"清人梁玉绳《古今人表考》据此认为："盖姜其姓，默其氏，台是夏所封国名。其后复封孤竹，遂以默台为氏耳。"[1]这些说法看不到更早的文献根据，李学勤认为："大概是把孤竹的伯夷与四岳的伯夷弄混了。"[2]但金岳却对此却深信不疑，并用甲骨金文续加论证，看似详密，实亦非是。因为他把甲骨金文中的"𡿨"字读作"台"[3]，系根据前人释此为"冉"或"再"推衍而来，前提本不牢靠，故其结论不免悬空。

关于孤竹子姓的新说，是由李学勤明确提出来的。他说：

> 墨胎氏在文献中或作墨夷氏、目夷氏，《世本》《潜夫论》等书认为是春秋时才出现的宋国族氏。但是，《史记·殷本纪》称："契为子姓，其后分封，以国为姓，有殷氏、来氏、宋氏、空桐氏、稚氏、北殷氏、目夷氏。"所以目夷也可能是子姓的古国。孤竹君既然是墨胎氏，孤竹便是子姓国。[4]

此前钱穆亦谓："殷后分封，有目夷氏，或即墨胎氏。"[5]对此，笃信姜姓说的何光岳不以为然，他认为："李错把子姓宋国之后的墨夷氏、目夷氏当成姜姓墨胎氏而弄混了，并非古史及《路史》有误，古史无一把墨胎氏说成是殷后子姓。"[6]这种看法不只是苛责，而且曲解了原文旨意。实际上，根据声韵通假关系，把目夷氏看作墨胎（怡）氏的异文是无可厚非的。只是这样一来，作为子姓的竹氏与殷工室发生婚媾关系就不好理解了。卜辞有云：

（1）乙丑，妇笐示一屯。（《合集》17508白）

（2）甲子，妇笐示四屯。（《合集》17510白）

（3）癸巳，妇笐示五屯。（《合集》7384白）

（4）……巳，妇笐示五屯。（《合集》17507白）

（5）［丁］丑卜，妇笐不𠦪。（《合集》22266）

卜辞所记为妇笐（或释作妌）检视方国入贡卜骨之事，或一屯（对），或四、

1　（清）梁玉绳等：《史记汉书诸表订补十种》，中华书局，1959，第552页。

2　李学勤：《试论孤竹》，《社会科学战线》1983年第2期。

3　金岳：《北方民族方国历史研究》，中州古籍出版社，1996，第285页。

4　李学勤：《试论孤竹》，《社会科学战线》1983年第2期。

5　钱穆：《史记地名考》，商务印书馆，2001，第25页。

6　何光岳：《孤竹的来源和迁徙》，《黑龙江民族丛刊》1991年第2期。

五屯。同时，商王对妇笰是否有灾祸亦表关切。卜辞中的妇笰，是商王武丁诸妇之一。"笰"字从竹从女，当为竹氏女子之名，因嫁入殷王室而称为妇笰。王国维曾说："商人六世以后或可通婚，而同姓不婚之制，实自周始。"[1]此说并非定论。如商王武丁之妻妇好，有人说是子姓之女，也有学者认为子方之女[2]，不足以证明殷代存在同姓通婚之制。而我们熟知的还是以异姓通婚为常态。如《列女传》说："汤妃有㜪（莘）者，有㜪（莘）氏之女也。"[3]清华简《汤处于汤丘》说："（汤）娶妻于有莘。"[4]有莘氏，据《史记·夏本纪》为姒姓。又商纣娶妲己于有苏氏，是为己姓。又如王季之母大姜，文王之母大任，武王之母大姒[5]，均属异姓通婚。由此看来，妇笰既是武丁诸妇之一，则依然不能排除孤竹非子姓的可能性。

以上三说，不管是传统看法，还是后出新见，似乎均嫌证据不足，无法完全取信于人。有鉴于此，我们想根据殷墟妇好墓出土的石磬铭文，提出孤竹当为妊姓的新说，以供商榷。妇好墓的石磬铭文有四个字："妊 ⋀（竹）入石（磬）"[6]。这个石磬应该是某个方国的贡纳品，所以称"入"，具体的入贡者是"妊竹"。曹定云认为铭文中的"妊"字，在古文字中可以通"任"，即后世文献中的"男"，在这里是一种比较低的爵称[7]。此以孤竹为任（男）爵，与甲骨文明言"竹侯"（《合集》3324）相悖。在我们看来，"妊"非爵称，或为姓称。卜辞有云：

（1）壬辰子卜，贞，妇妊。（《合集》21556）

（2）丙辰，呼妇妊。（《合集》21557）

（3）乙酉卜，宾，贞翌丁亥将妇妊。（《合集》2799）

（4）惟豕，御妇妊、妣妊。（《合集》21725）

辞中说到商王贞问或呼命妇妊，或御祭死去的妇妊、妣妊，表明嫁入王室的妇妊不止一位，且其地位不低。她与妇好、妇妌、妇婡等人一样，也应是商

---

1 王国维：《殷周制度论》，《观堂集林（外二种）》，河北教育出版社，2001，第300页。

2 曹定云：《"妇好"乃"子方"之女》，《庆祝苏秉琦考古五十五年论文集》编辑组编：《庆祝苏秉琦考古五十五年论文集》，文物出版社，1989。

3 张敬：《列女传今注今译》，商务印书馆，1994，第11页。

4 李学勤主编：《清华大学藏战国竹简（五）》，中西书局，2015，第135页。

5 张敬：《列女传今注今译》，商务印书馆，1994，第13页。

6 中国社会科学院考古研究所安阳工作队：《安阳殷墟五号墓的发掘》，《考古学报》1977年第2期。

7 曹定云：《殷代的"竹"和"孤竹"》，《华夏考古》1988年第3期。

王诸妇之一。这些妇某的某，有的学者认为是姓称[1]，也有学者认为是"父家之族名"[2]。过去王国维说："男子称氏，女子称姓，此周之通制也。上古女无称姓者。"[3]此言似过绝对，这里姑取前说，以妇妊之"妊"为姓称。至于妊竹之"竹"，有可能是姓的分支，即以国为氏的族氏名。所谓"妊竹"是指任姓的竹氏女子，她给武丁的妻子妇好进献了一件石磬。

　　就"妊竹"的身份而言，一种可能是孤竹君之女，在未嫁入殷王室之前用此称呼，嫁入王室后则称"妇妊"。但是，也不排除另外一种可能性，即某方国之君的妻子，类似"妆妻笈"（《合集》6057反），为了密切与殷王室的政治关系，特制作石磬进献给妇好。需要说明的是，"妊竹"这种称呼与周代贵族"礼妇人称国及姓"[4]的情况有所不同，后者一般是国族＋姓，如"褒姒""齐姜""徐嬴""蔡姬"之类，而"妊竹"之称则为姓＋国族，秩序正好相反，有如文献上的"姜嫄"，晚商金文中的"姒屮""姒丁""姒康"（《集成》9098、6000、1906）一样。如"姒屮"的屮，又见于甲骨卜辞："……史人，屮告启……"（《屯南》579），"丙午卜，屮贞"（《屯南》2113）。辞中的"屮"可能是国族名与人名的合一，说明屮族首领曾到殷王室担任贞卜之官。晚商金文中"王赏姒屮，在寝"（《集成》9098），是说姒姓屮族之女（或为王妇），在寝宫受到商王的赏赐。如果妇好墓石磬铭文中的"妊竹"可以比照"姒屮"铭文来解读，则孤竹为妊姓就存在一定的合理性。不过，这一推想还有待今后更多的考古材料来证明。

　　关于妊姓之妊，文献或作任。《左传·僖公二十年》说："任、宿、须句、颛臾、风姓也，实司大皞与有济之祀，以服事诸夏。"是说任为大皞之后，风姓。然据《国语·晋语四》说："凡黄帝之子，二十五宗，其得姓者十四人为十二姓。姬、酉、祁、己、滕、箴、任、荀、僖、姞、儇、依是也。"周代薛侯即为任姓，如《左传·隐公十一年》说，滕侯、薛侯来朝，互争行礼先后。鲁隐公派人对薛侯请求说："周之宗盟，异姓为后。寡人若朝于薛，不敢与诸任齿。"不过，作为妊姓的孤竹国似非太皞之后，或为黄帝之

1　胡厚宣：《殷代婚姻家族宗法生育制度考》，《甲骨学商史论丛初集（外一种）》，河北教育出版社，2002。

2　陈絜：《商周姓氏制度研究》，商务印书馆，2007，第89页。

3　王国维：《殷周制度论》，《观堂集林（外二种）》，河北教育出版社，2001，第299页

4　《史记·周本纪》索引，中华书局，1959，第147页。

裔，是一华夏族邦。观其铜器成批的制作，文字纯熟的使用，日名祭典的流行，无不同于殷人。它代表的是定居的农耕民族文化，绝非迁徙不定的戎狄之邦可比。《尔雅·释地》说："觚（孤）竹、北户、西王母、日下，谓之四荒。"邢疏云："云'谓之四荒'者，言声教不及，无礼义文章，是四方昏荒之国也。"孤竹国铜器的发现，证明孤竹"无礼义文章"的说法并不可靠。

《国语·齐语》载齐桓公北伐山戎、令支、孤竹，"滨海诸侯莫不来服"。韦昭注："二国，山戎之与也。"是把令支、孤竹看作山戎的盟国。可能因为山戎势力过于强大，使令支、孤竹不得不依附之，采取共同的军事行动，不能说明孤竹是山戎的分支。《逸周书·王会解》记载周初成王时四方来贡，实际反映的是东周的地理观念，文中说："孤竹距虚，不令支玄貘……山戎戎菽"。虽然孔晁作注均谓之"东北夷"，但由于孤竹、令支、山戎三者分述，可知孤竹并非山戎。孤竹进贡的"距虚"，孔晁注为"驴骡之属"[1]，不过是地方珍稀物品，也不能说明孤竹国主要是游牧经济。正如山戎进贡的"戎菽"是特殊的豆类，却不能把山戎视为华夏化的农业民族一样。

（三）孤竹都邑的地望

孤竹国在先秦文献中时有所见，但言其都城地理位置的著作却出现在西汉以后，且有卢龙、迁安、喀左三说。在当代学者中，吕思勉、唐兰等都是主张迁安说的。唐氏说：

> 《汉书·地理志》辽西郡令支县下说："有孤竹城"，应劭注"故伯夷国"。清《一统志》"令支故城今迁安县西"，又"孤竹山在卢龙县西，孤竹城在其阴"。据《尔雅·释地》孤竹是北荒，《逸周书·王会解》有孤竹、不令支，《国语·齐语》、《管子》和《史记·齐世家》都记载齐桓公伐孤竹事。今河北省迁安县附近的古孤竹城，可能是孤竹国的一个都邑，而孤竹国的国境决不止此。清吕调阳的《汉书地理志详释》则说："（今喀喇沁左翼）旗南八里有故龙山城，盖即令支城也。……又旗东北二十五里有元利州城，盖志所云孤竹城。"汪士铎《水经注图》所附《汉志释地略》则以喀喇沁左翼为《汉书·地理志》的辽西郡文成县。今按

---

1 黄怀信、张懋镕、田旭东：《逸周书汇校集注》修订本，上海古籍出版社，2007，第878—881页。

喀左在迁安东北，离迁安不到三百公里。这种属于四荒的国家，还在游
牧情况下，地广人稀，喀左应属孤竹是无疑的。[1]

此以汉代的令支县为今河北迁安的前身，但未考虑迁安地域有无变化，认为
孤竹城的地望一直在由令支县演变而来的河北迁安境内。同时调停喀左说，
把那里视为孤竹国的国境范围。

卢龙说是今日学者的普遍看法，如李学勤说：

> 孤竹的地望，古书有比较详细的记载。《汉书·地理志》辽西郡令支
县下云"有孤竹城"；《水经·濡水注》引《魏土地记》云："肥如城西十
里有濡水，南流径孤竹城西，左合玄水。世谓之小濡水。"《濡水注》又
云："玄水又西南径孤竹城北，西入濡水。"……《濡水注》记载孤竹城
附近有孤竹君祠，"祠在山上，城在山侧，肥如县南十二里，水之会也。"
《括地志》云："孤竹故城在平州卢龙县南十二里。"按肥如县唐武德时改
名卢龙，所以两说实际是一样的。卢龙县相沿未改，康熙《卢龙县志》
论证甚详。《清一统志》则说孤竹山在卢龙县西，孤竹国城在其阴，其说
略有不同。总之，孤竹城在今河北卢龙县境是没有疑问的。[2]

此以孤竹城在今卢龙县境内，并非位于迁安或喀左。但《水经注》谓孤竹城
在"肥如县南十二里"，《括地志》说在"卢龙县南十二里"，两说是否真的一
样，是问题的症结所在。

喀左说为清人吕调阳所提出，明显出于附会，于今很少有人信从，可置
勿论。但不少学者相信那里属于孤竹的国境范围，这是否符合事实，有待
考析。

为了辨明孤竹国在周代的确切地望，先就迁安说和卢龙说加以考察。

其一，迁安与卢龙的建置沿革问题。自汉至清，历史跨度很长。考察迁
安与卢龙的建置沿革，宜于使用嘉庆《大清一统志》。这是一部内容丰富、体
例严密、考订精详的全国地理总志。书中讲郡县建置沿革，上下贯通，脉络
清晰，颇为实用。其中个别不太清楚的地方，则用其他材料作补充分析。

关于迁安县（今迁安市，下同）的建置沿革，《大清一统志》卷18《永平
府一》有简明的叙述：

---

1 唐兰：《从河南郑州出土的商代前期的青铜器谈起》，《文物》1973年第7期。
2 李学勤：《试论孤竹》，《社会科学战线》1983年第2期。

> 春秋山戎令支国。汉置令支县，属辽西郡，后汉因之。晋初，没于
> 鲜卑，为辽西郡治。后魏太平真君七年，省入阳乐，后为肥如县地。五
> 代时，入辽，改置安喜县，属平州。金大定七年，改曰迁安。元至元二
> 年，省入卢龙，后复置，属永平路。明属永平府，本朝因之。[1]

这里值得注意的是：从汉代的令支县到金朝的迁安县，虽然县名数易，但其
地望大致未变。金时的迁安县相对于汉代的令支城来说，位置略有北移。故
《水经注·濡水》称"令支县故城"，而《大清一统志》卷19《永平府二》"古
迹"则说："令支故城在迁安县南。"不过这种细微的差别，并不影响我们把
汉令支县与金迁安县视为同一个地方。《汉书·地理志》说令支县"有孤竹
城"，故学者据以认为孤竹在迁安县。但由汉代令支县到金朝以后的迁安县，
其政区当有变化，这种变化必然影响到孤竹城的归属，因而无法保证孤竹城
一直都在迁安县境内，这是特别需要留意的。

关于卢龙县的建置沿革，情况要复杂得多。《大清一统志》卷18《永平府
一》云：

> 本商孤竹国。春秋为肥子国。汉置肥如县，属辽西郡。后汉至晋因
> 之。后魏延和初，为辽西郡，及平州治。又侨置新昌县，为北平郡治。
> 北齐废辽西郡，入北平。隋开皇六年，省肥如县入新昌，十八年，改新
> 昌曰卢龙。大业初，复为北平郡治。隋末，移郡治临渝，复改卢龙曰肥
> 如。唐武德二年，仍改曰卢龙，移平州来治。辽因之。宋宣和四年，改
> 曰卢城。金复故。元为永平路治，明为永平府治。本朝因之。[2]

由此可知，卢龙县名始于隋，再定于唐，其后因之。虽然隋开皇六年（586
年）省肥如入新昌，继而新昌易名为卢龙，隋末又改卢龙为肥如，但这个肥
如县位于原侨置新昌县治，之前即北魏时期的肥如县并不在这里。据《魏
书·地形志上》载，辽西郡领县三：肥如，阳乐，海阳；北平郡领县二：朝
鲜，新昌。可知北魏时期的肥如与新昌不在同一个地方，而且当时的肥如也
已移位于汉代肥如故城之西，故《水经注·濡水》分别提及当时的"肥如
县"和"肥如县故城"。据《读史方舆纪要》载，肥如城在永平府治（卢龙）
"西北三十里"[3]。《大清一统志》卷19《永平府二》"古迹"亦云："肥如故

---

1 （清）穆彰阿、潘锡恩等：《大清一统志》卷18《永平府一》，王文楚等点校，上海古籍出版社，2022。

2 （清）穆彰阿、潘锡恩等：《大清一统志》卷18《永平府一》，王文楚等点校，上海古籍出版社，2022。

3 （清）顾祖禹：《读史方舆纪要》，贺次君、施和金点校，中华书局，2005，第750页。

城，在卢龙县北。……旧志：肥如城在卢龙县西北三十里。"这说明北魏时期的肥如县与新昌（卢龙）相距三十里，应是两个县城。如果不作细致分辨而误为一地，则无法弄清孤竹城的确切地望。

其二，《水经注》所见孤竹城的方位。对于孤竹城的确切方位，《水经注》本有明确记述，惜未引起学者足够重视。兹引《濡水》有关材料如下：

> 《魏氏土地记》曰：肥如城西十里，有濡水，南流迳孤竹城西，左合玄水，世谓之小濡水，非也。水出肥如县东北玄溪，西南流迳其县东，东屈，南转，西回，迳肥如县故城南，俗又谓之肥如水，非也。……玄水又西南迳孤竹城北，西入濡水。故《地理志》曰：玄水东入濡，盖自东而注也。《地理志》曰：令支有孤竹城，故孤竹国也。……因为立祠焉。祠在山上，城在山侧。肥如县南十二里，水之会也。[1]

对于这段记载，晚清学者杨守敬有过一番精辟的考证，他说：

> 上言濡水迳孤竹城西，左合玄水，玄水迳孤竹城北，西入濡水，则城在濡水东、玄水南，二水交会处。下言肥如县南十二里，水之会也。故《寰宇记》谓孤竹城正在肥如县南十二里。而《括地志》谓在卢龙县南十二里，误。唐卢龙即今县治。今二水合于卢龙西北，古合处去肥如十二里，则不得在卢龙南。[2]

在这里，杨守敬指出了一个重要问题，那就是《水经注》《太平寰宇记》说孤竹城在肥如县南十二里是正确的，而唐代的《括地志》说在卢龙县南十二里则是错误的。这个错误是怎样发生的？杨氏未作进一步考究。根据上文分析，我们认为是《括地志》的作者误将唐代的卢龙县和北魏时期的肥如县当成了同一个地方，因而说孤竹城在当时的卢龙县南十二里，结果造成与《水经注》相关记载的严重不合。杨守敬根据濡水流经地的分析，认为北魏时的孤竹城在晚清卢龙县西北濡水与玄水的交汇处，实际是从另外一个角度正确揭示了孤竹城的方位所在。然而，这个结论为学术界所忽略，谭其骧主编《中国历史地图集》依然认同《括地志》的说法，将孤竹古城的位置标示在卢龙县南。

在杨守敬之前，清代著名学者顾祖禹似乎也没有搞清这个问题，其《读

1　（北魏）郦道元注，杨守敬、熊会贞疏：《水经注疏》，江苏古籍出版社，1989，第1252—1256页。

2　（北魏）郦道元注，杨守敬、熊会贞疏：《水经注疏》，江苏古籍出版社，1989，第1254—1255页。

史方舆纪要》列"孤竹城"在永平府（治卢龙）西十五里，同时又说："今故迹已不可考，城或后人所筑，而冠以故名云。"[1]这是因为他相信《括地志》的说法，对当时孤竹城在卢龙县西的事实多有不解以至产生疑惑。嘉庆《大清一统志》卷18《永平府一》"山川"条说："孤竹山，在卢龙县西。《水经注》：孤竹祠在山上，城在山侧，肥如县南十二里，水之会也。旧志：洞山，古孤竹山也。距城西十五里，……孤竹国城在其阴。"这个表述非常到位，把《水经注》中肥如县南12里与清代卢龙县西15里的孤竹城正确地统一起来，说明了孤竹城实际所在的地理位置。在当代学者中，陈槃也认为："今卢龙县西有孤竹山，孤竹城在其北。"[2]由于这些意见缺乏必要的考证环节，同样没有受到人们的重视。

其三，从清代卢龙县四至八到考察孤竹故城的隶属关系。金朝在汉代令支县故地设置迁安县，后一度省并，至明清复置。在这个过程中，孤竹故城的归属有何具体变化，没有材料可以清楚说明这个问题。但可以肯定的是，在清代，孤竹城在卢龙县西（或西北）十五里，必在卢龙县境之内。《大清一统志》卷18《永平府一》载：

> 卢龙县："东西距六十五里，南北距八十里。东至抚宁县界三十五里，西至迁安县界三十里，南至昌黎县界三十里，北至迁安县界五十里。东南至昌黎县界二十里，西南至滦州界二十五里，东北至抚宁县界五十里，西北至迁安县界二十里。"[3]

这个材料说明，卢龙县西至迁安界30里，西北至迁安界20里，西南至滦县界25里，都把卢龙县城西（或西北）15里的孤竹故城包括进去了。换句话说，在清代，孤竹城位于卢龙县城西（或西北）15里，亦即卢龙、迁安、滦县的交界地区，而不是卢龙县南12里。尽管迁安县和卢龙县的建置沿革多有变化，孤竹故城的隶属关系也会因时而异，但从清代延续至今，古孤竹国的地望或其政治中心在今卢龙县西而非迁安县，是完全没有疑问的。

2011年，河北省历史学会、文物考古学会组织专家学者到卢龙县蔡家坟

1　（清）顾祖禹：《读史方舆纪要》，贺次君、施和金点校，中华书局，2005，第752页。

2　陈槃：《春秋时代之棼、孤竹、盈由、义渠》，《"中央研究院"历史语言研究所集刊》1969年第40本下册，第763—778页。

3　（清）穆彰阿、潘锡恩等：《大清一统志》卷18《永平府一》，王文楚等点校，上海古籍出版社，2022。

遗址考察，形成了"孤竹都城就在卢龙城南"的共识，有的学者甚至认为孤竹古城的"具体位置在卢龙县的蔡家坟"[1]。这恐怕是需要重新考虑的。即使蔡家坟遗址反映的是商代孤竹文化，也不宜看作是孤竹古国的都城所在。《括地志》误读《水经注》，把孤竹城置于卢龙城南 12 里的错误做法，今天不能再相延续了。

（四）孤竹国的疆域问题

1973 年，辽宁喀左县发现孤竹国的青铜器后，人们在探索古孤竹国都城所在的同时，连带对其疆域问题也进行了研究。清人吕调阳《汉书地理志详释》曾说汉代令支城和孤竹古城在辽宁喀左附近，虽与喀左出土孤竹青铜器巧合，但仍不能令人信服。那么，怎样解释孤竹国的都邑在河北卢龙县，而古孤竹国的铜器却出土在辽宁喀左这一现象呢？

唐兰认为辽宁喀左属于孤竹的国境，得到很多学者的赞同。或以为孤竹的范围包括今河北省东北部及辽宁西部，"恰好在考古学上的夏家店下层文化和夏家店上层文化的分布地带之内"[2]。或以为孤竹国的统治范围，"西起今河北省的迁安、卢龙县，沿渤海北岸，东抵辽宁省的兴城县，北达北票、敖汉南部"[3]。或以为商代竹氏地望在今河北东北部到长城外的辽宁西部、内蒙古东南一隅的范围内，"卢龙则是该国族的中心区或首邑所在，喀左等地则可能是当时竹国范围内的重要城邑"[4]。近在辽宁喀左县山嘴子镇发现商代晚期的土城子遗址，报道即称属于古孤竹国领地的考古文化[5]。这些看法都用静态的眼光观察问题，认为孤竹国的都城始终都在一个地方，自商至周似乎从未有过变化。实际情况恐非如此。

说辽宁喀左地区为古孤竹国地，在唐宋以后的文献中可以找到根据。如唐代杜佑《通典》卷 178《州郡八》记载："营州，今理柳城县，殷时为孤竹国地。"柳城即今辽宁朝阳。宋代《太平寰宇记》卷 71《营州》承其说："柳

---

1 刘军、孟凡栋：《孤竹国都城就在卢龙城南》，《秦皇岛日报》2011 年 8 月 19 日，第 2 版；冯金忠：《孤竹国研究的回顾与思考》，《文物春秋》2014 年第 3 期。

2 李学勤：《试论孤竹》，《社会科学战线》1983 年第 2 期。

3 金耀：《亚微罍考释——兼论商代孤竹国》，《社会科学战线》1983 年第 2 期。

4 彭邦炯：《从商的竹国论及商代北疆诸氏》，王宇信主编《甲骨文与殷商史》第 3 辑，上海古籍出版社，1991，第 380—404 页。

5 张晓丽：《喀左土城子遗址或为古孤竹国领地》，《辽宁日报》2016 年 1 月 29 日。

城郡，今理柳城县……殷时为孤竹国，春秋时为山戎之地。"《辽史》卷 39
《地理志三》载兴中府，"古孤竹国，汉柳城县地"。同书卷 40《地理志四》除
了说平州（治卢龙）"商为孤竹国"外，又说："（营州）本商孤竹国，秦属辽
西郡。"《大清一统志》卷 535《土默特》"建置沿革"说："本古孤竹国。汉置
柳城县，属辽西郡。"土默特左右二旗包括辽宁北票、阜新部分地区和内蒙古
敖汉旗南部。另外，在今辽宁兴城县北、朝阳县南，有一个名叫"孤竹营
子"的地方，有的学者认为这个地名的出现不是偶然的，很可能是孤竹族遗
民的居住地[1]。根据这些资料，不少学者把辽西地区连同河北东北部一起纳入
古孤竹国的疆域范围。这样，对辽西喀左发现孤竹青铜器似乎可以做出相应
的解释了。

但是，商周时期一个从属于中央王朝的边远方国，是否真有这样大的国
境范围，还不能没有疑问。以春秋时期为例，令支与孤竹两个诸侯国的都邑
相距不过 20 多公里，周边还有不少的滨海诸侯。这使人很难想象商周时期的
孤竹国，可以把统治范围扩张到三百公里开外的喀左、辽阳一带。王玉哲曾
经指出："刚刚进入阶级社会的国家，要比后代的国家小得多。由于当时山川
阻隔，交通不便，国家政权是在狭小的地理范围之内形成，其机构简单、基
础薄弱，因而也只能为一个版图狭隘、活动范围较小的国家服务。……在商
代中后期，真正的所谓'国家'出现不久，那时国与国之间的国界，还不像
后来那样明确。所谓'国'，只限于国都，实际就是一个大的邑，大邑有土围
子城墙，所以'国'就是指的这个城。"[2]这种认识比较符合客观历史实际，值
得我们高度重视。而用商周古国疆域广大的思维方式，来说明孤竹铜器出现
在喀左北洞的合理性，似非的当。

针对这些问题，有学者提出，孤竹国虽是商代北方的重要诸侯，但其疆
域并不大，在辽西发现的孤竹器物是商末周初孤竹人逃到那里留下的[3]。这个
说法也有问题。商末周初固然发生了周人取代殷人而为天下共主的政治大变
局，在召公封燕后是否对居于河北卢龙一带的孤竹国造成巨大打击，乃至举

---

1 金耀：《亚微罍考释——兼论商代孤竹国》，《社会科学战线》1983 年第 2 期。

2 王玉哲：《殷商西周疆域史中的一个重要问题——"点"和"面"的概念》，《郑州大学学报》（哲学社
会科学版）1982 年第 2 期。

3 王玉亮：《试论孤竹的地望及"疆域"——兼论辽西出土"孤竹"器物之原因》，《沈阳教育学院学报》
2000 年第 4 期。

族迁往辽西喀左地区，并无史料可作实证。更重要的是，如果在商末周初孤国族已逃往辽西喀左、朝阳一带，何以在春秋早期又出现在今河北卢龙一带，连同山戎、令支同时受到齐桓公的征伐呢？可见这种解释依然难以成立。

现在，我们不妨根据原发掘报告，对辽宁喀左北洞村出土殷周青铜器的情况加以仔细分析，或许可以看出一些问题。

第一，喀左北洞一带是铜器主人的族居地。喀左北洞村北、东、南三面环山，西临大凌河，河两岸是开阔的平川地带，台地上分布有新石器时代以至殷周时期的文化遗址。村南有一座平地突起的山峰，名孤山，为自然岩石结构。出土青铜器的两个窖藏坑相距3.5米，位于山冈中部，地层堆积的上部是褐色表土层，表土层下是厚30—100厘米的一层黑灰土。黑灰土层以及坑内填土中夹有少量陶片，与山下商文化遗址属于同一类型。一号窖藏坑出土六件殷代铜器，计罍五瓿一。出土时器物皆在一个水平面上，口向上立置，二罍一瓿和另外三个罍各呈三角形排列。二号窖藏坑也出土六件殷周青铜器，计方鼎一，圆鼎二，罍、簋、钵形器各一。为了保持所埋器物上口平齐，依铜器高矮将坑底挖成北高南低的斜坡状。六件器物皆立置，由南而北横列为三排，方鼎领先，中间是罍与蝉纹圆鼎并列，第三排是另一圆鼎和簋，带嘴钵形器置于簋内。二号坑出土有明确的西周初年器物，其埋藏时间大致不晚于成康时期。一号坑埋藏时间可能与二号坑同时或稍早。[1]这些情况表明，两个窖藏坑的青铜器是刻意埋藏的，而不是因遭某种政治变故于仓皇出逃间留下的，器物的主人当时应该就居住在这里。

第二，喀左铜器的主人是孤竹族邦。在两个窖藏坑出土的12件青铜器中，4件有铭文，涉及三个族氏。一是"孤竹亚微"；二是"異侯亚吳"；三是"𠂤"族氏。关于𠂤父辛鼎中的𠂤族氏，有关铜器铭文在全国很多地方都有发现。由于𠂤族氏铭文曾见于安阳侯家庄1550大墓，因有学者估计此族可能是商朝的王族[2]。𠂤族是否商朝王族不好遽定，但它属于殷系族氏是没有问题的，所以𠂤族不是这批铜器的主人。至于異方鼎所见的"異侯亚吳"族氏，

1　辽宁省博物馆、朝阳地区博物馆：《辽宁喀左县北洞村发现殷代青铜器》，《考古》1973年第4期；喀左县文化馆、朝阳地区博物馆、辽宁省博物馆北洞文物发掘小组：《辽宁喀左县北洞村出土的殷周青铜器》，《考古》1974年第6期。

2　晏琬（李学勤）：《盘龙城与商朝的南土》，《文物》1972年第2期。

是殷商时期的旧邦巨族，周初居于燕国附近，也不可能是这批铜器的主人。这样，器物的主人只能是亚微罍中的"孤竹亚微"，即孤竹国的亚微族氏或其首领。

第三，孤竹铜器被埋藏的政治动向。这批铜器窖藏，发掘者认为可能与其氏族贵族举行某种祭祀礼仪有关。如果要考虑另外的可能性，或许代表一种新的政治动向。在这批铜器中，有的属于"眞侯亚吴"族氏，有的属于"𤔲"族氏，说明孤竹国与他们多有联系，故有青铜礼器往还。特别需要提到的是，就在喀左北洞村西南约 7.5 公里的马厂沟，1955 年曾发现铜器 16 件，其中一件有"匽（燕）侯作馈盂"的铭文[1]（图 4-9、图 4-10），应该也是孤竹国所得之器，表明它与燕侯也保持着密切的关系。在这些有利因素和其他客观需要的影响下，孤竹族邦决定南迁，行前将一些青铜重器埋于故地，以告祭先祖。这或许就是我们能够看到后来春秋时期孤竹国已在河北卢龙一带的原因。

图 4-9　匽侯盂

图 4-10　匽侯盂铭文

殷周古国可以自由迁徙，不常厥居，文献多载其事。如殷人本身迁都就有十多次，班固曰"殷人屡迁，前八后五"[2]即是。周人自邠至岐，由岐而丰，由丰至镐，亦其例。春秋时期，卫国与邢国的都城也有几次迁徙。可见孤竹国在西周初期从辽西喀左迁往河北卢龙一带，并不足异。虽然文献对此没有明确记载，但考古资料可以说明这个问题，不妨立此假说。这样，孤竹

---

1 热河省博物馆筹备组：《热河凌源县海岛营子村发现的古代青铜器》，《文物参考资料》1955 年第 8 期。
2 《尚书·盘庚上》正义引，（清）阮元校刻：《十三经注疏》，中华书局，1980，第 168 页。

国的铜器在辽西喀左被发现，不把它看作一个疆域广大的古国，也可以得到比较合理的解释了。

（五）孤竹与周王朝的关系

孤竹早在商代即是北土的一个重要方国。它不仅享有侯爵，与商王朝发生婚媾关系，而且与商王朝保持着多方面的政治联系。甲骨文中有关竹氏活动的材料，目前可以见到40余条。兹引数例如下：

（1）竹入十。（《合集》902 反）

（2）取竹刍于丘。《合集》108 反）

（3）丁丑卜，王，贞令竹祟兀于骨，叶朕事。三月。（《合集》20333）

（4）辛卯卜，彀，贞惟冤呼竹攸冥。（《合集》1109 正）

（5）己亥卜，贞竹来以召方于大乙，束。（《屯南》1116）

（6）己酉卜，竹有冊，允。（《英藏》1822）

（7）丙寅卜，彔贞，卜竹曰：其侑丁牢。王曰：弜畴，翌丁卯辇若。八月。（《合集》23805）

（8）庚寅，竹亡灾。（《合集》31884）

以上为一至四期卜辞。第（1）、（2）辞是说竹国向商王室贡纳龟板、饲草之事。第（3）、（4）辞是说商王命令竹族服事于王室。第（5）辞是竹国出征归来，用召方的战俘祭祀成汤。第（6）辞的"冊"有杀伐之意，可能指竹氏参加某次战争。第（7）辞是说竹国有人（也可能是其首领）担任王室卜人，曾与贞人"彔"同朝供职。第（8）辞表示商王对竹国是否可能发生灾祸表示关切。这些情况表明，孤竹国作为一个藩属诸侯，对商王朝在经济上、政治上、军事上都要尽自己的义务，从而获得宗主国的庇护，以保障自身的统治秩序。

入周以后，未见孤竹国青铜器的出土，只有依靠文献来探讨孤竹国与周王朝的关系。《史记》列传第一篇即是《伯夷列传》，记载了伯夷、叔齐让国饿死之事。该篇说：

伯夷、叔齐，孤竹君之二子也。父欲立叔齐，及父卒，叔齐让伯夷。伯夷曰："父命也。"遂逃去。叔齐亦不肯立而逃之。国人立其中子。于是伯夷、叔齐闻西伯昌善养老，盍往归焉。及至，西伯卒，武王载木主，号为文王，东伐纣。伯夷、叔齐叩马而谏曰："父死不葬，爰及干戈，可谓孝乎？以臣弑君，可谓仁乎？"左右欲兵之。太公曰："此义人也。"扶而去之。武王已平殷乱，天下宗周，而伯夷、叔齐耻之，义不食周粟，隐于首阳山，采薇而食之。及饿且死，作歌。其辞曰："登彼西山兮，采其薇矣。以暴易暴兮，不知其非矣。神农、虞、夏忽焉没兮，我安适归矣？于嗟徂兮，命之衰矣！"遂饿死于首阳山。[1]

在《史记》之前，有《吕氏春秋·诚廉》和《庄子·让王》言伯夷故事较详。兹引较早的《庄子·让王》篇如下：

昔周之兴，有士二人处于孤竹，曰伯夷、叔齐。二人相谓曰："吾闻西方有人，似有道者，试往观焉。"至于岐阳，武王闻之，使叔旦往见之，与盟曰："加富二等，就官一列。"血牲而埋之。二人相视而笑曰："嘻！异哉！此非吾所谓道也。昔者神农之有天下也，时祀尽敬而不祈喜；其于人也，忠信尽治而无求焉。乐与政为政，乐与治为治，不以人之坏自成也，不以人之卑自高也，不以遭时自利也。今周见殷之乱而遽为政，上谋而下行货，阻兵而保威，割牲而盟以为信，扬行以说众，杀伐以要利，是推乱以易暴也。吾闻古之士遭治世不避其任，遇乱世不为苟存。今天下暗，周德衰，其并乎周以涂吾身也，不如避之以洁吾行。"二子北至于首阳之山，遂饿而死焉。若伯夷、叔齐者，其于富贵也，苟可得已，则必不赖。高节戾行，独乐其志，不事于世，此二士之节也。[2]

此篇未能言及人物行藏，同书《盗跖》篇有互文说："世之所谓贤士，伯夷、叔齐。伯夷、叔齐辞孤竹之君，而饿死于首阳之山。"其后《战国策·燕一》载苏秦说："廉如伯夷，不取素飡，污武王之义而不臣焉，辞孤竹之君，饿而死于首阳之山。"都把他们看作廉洁正直、轻身重名的典范。孔子也说："不降其志，不辱其身，伯夷、叔齐与！"又说："伯夷、叔齐不念旧恶，怨是用希。"[3]孟子说："非其君不事，非其民不使；治则进，乱则退，伯夷也。"[4]是儒家认为伯夷、叔齐不恋权位、志行高洁、求仁得仁的贤人。但法家韩非子

---

1 《史记·伯夷列传》，中华书局，1959年，第2123页。

2 （清）王先谦：《庄子集解》，沈啸寰点校，中华书局，1987年，第259页。

3 《论语·微子》，（清）阮元校刻：《十三经注疏》，中华书局，1980，第2529页；《论语·公冶长》，（清）阮元校刻：《十三经注疏》，中华书局，1980，第2475页。

4 《孟子·公孙丑上》，（清）阮元校刻：《十三经注疏》，中华书局，1980，第2686页。

却认为是"无益之臣""不令之民"[1]，有碍于刑赏与法令的推行。儒法两家对伯夷、叔齐有不同的评价，唐宋时期韩愈的《伯夷颂》、王安石《伯夷论》亦有各自不同的看法，这些都不是本书关注的重点。这里只想通过伯夷、叔齐让国饿死的故事，来分析孤竹国与周王朝的关系。

　　大致说来，孤竹国与西周王朝的关系主要表现在：一是入周以后，孤竹国依然保持其独立的政治实体地位。伯夷、叔齐虽然辞让了孤竹国的君位，但"国人立其中子"，孤竹的嗣统未曾中断，一直到春秋初期还是周代北疆的一个异姓诸侯国。二是伯夷、叔齐代表了一部分孤竹国人，对周王朝抱有不合作或敌对的政治倾向。虽然伯夷、叔齐对商纣王的暴政也有不满，"辟纣，居北海之滨"[2]，但对武王伐纣之举同样表示反对。他们不仅"叩马而谏"，而且有"以暴易暴""以臣弑君"的严词批评。对于周人"加富三等，就官一列"的怀柔政策，予以坚决拒绝，宁愿饿死，也要坚持"义不食周粟"。后来周王朝册封燕国加强北疆统治，即是应对孤竹这样的殷商旧邦的一大战略部署。三是孤竹国在核心政治力量的主导下，成为周王朝的藩属诸侯。在伯夷、叔齐逃离之后，孤竹的嗣立国君不仅与燕侯、暠侯多有联系或礼器往还，而且约在成康以后从辽宁喀左南迁河北卢龙一带。这实际是在政治上向周王朝靠拢，愿意尽其效忠和服从的义务。

　　到了春秋时期，天子式微，诸侯力政，霸业勃兴，统一的贵族国家日趋解体。一些诸侯国对中央王朝的离心力加大，甚至形成公开的对抗。此时，孤竹国受山戎的裹挟，对燕侯在燕山南北代表周王朝实行二级治理的体制发出了挑战。《国语·齐语》说："（齐桓公）遂北伐山戎，刜令支、斩孤竹而南归。海滨诸侯莫敢不来服。"韦昭注："刜，击也。斩，伐也。令支，今为县，属辽西，孤竹之城存焉。"《管子·小问》说："桓公北伐孤竹，未至卑耳之溪十里，闟然止。"《韩非子·说林上》说："管仲、隰朋从于桓公而伐孤竹。"《史记·秦本纪》说："（秦成公元年）齐桓公伐山戎，次于孤竹。"诸书所言皆为一事。齐桓公北伐山戎、孤竹等国，以"尊王攘夷"为旗帜，实为谋求霸业的举措之一。《左传·庄公三十年》载："冬，遇于鲁济，谋山戎也，以其病燕故也。"何为"病燕"？同年《谷梁传》说："燕，周之分子

　　1《韩非子·奸劫弑臣》，《诸子集成》第5册，上海书店，1986，第76页；《韩非子·说疑》，《诸子集成》第5册，上海书店，1986，第308页。
　　2《孟子·离娄上》，（清）阮元校刻：《十三经注疏》，中华书局，1980，第2721页。

也。贡职不至，山戎为之伐矣。"集解云："言由山戎为害，伐击燕，使之隔绝于周室。"据《史记·齐世家》载，齐桓公二十三年（前643年），"山戎伐燕，燕告急于齐。齐桓公救燕，遂伐山戎，至于孤竹而还"。这是说山戎、孤竹等侵犯燕国，要使之与周室隔绝，不能履行贡职方面的义务。虽然他们直接反对的是燕国，实际却是对周王朝国家政治制度的挑战。而燕国随着周室东迁，似乎也开始走向衰微，无力有效控制燕山南北的众多诸侯，乃至于山戎、令支、孤竹及其他海滨诸侯开始闹独立性。经过齐桓公这次"北伐孤竹，还存燕公"[1]之役，孤竹国不再见于文献记载，大概作为一个政治实体也就从此消亡了。

要言之，孤竹是商周时期隶属中央王朝的一个古老方国。商代金文中"孤竹"二字的释出，极大地丰富了人们对孤竹古国历史文化的认识。孤竹或为任姓竹氏，为黄帝后裔，所用文字和礼制多与商周王朝相类似，是一个遥居北方的华夏古国，并非游牧民族。其族居地在商代可能在辽西喀左地区，西周成康以后则迁至今河北卢龙县西北方向。武王克商之后，孤竹国与中央王朝的政治关系似有不谐，但仍然保持其作为一个独立的政治实体的地位。伯夷、叔齐死后，孤竹国与周王朝关系渐趋正常，是西周统一贵族国家的成员国之一。春秋初期，因与山戎、令支一道反对燕侯对北疆的治理，因而受到齐桓公的大举征伐，孤竹从此消失于历史舞台。

---

1 《管子·霸形》，《诸子集成》第5册，上海书店，1986，第141页。

第五章　经略四方

第一节　康王分封与征伐

从周武王、成王到康王、昭王，西周早期的治国方略发生重大转变，即由全力经营东土、北土，开始重点转向开拓南土，表现出新兴王朝锐意进取的雄心与气魄。历史上多将成康时期称为治世，以为"刑错四十余年不用"[1]，实际并未揭示出这个时代的本质特征。

一、重新认识周初治世

《三国志·吴书·贺邵传》记载中书令贺邵，针对吴国孙皓统治"凶暴骄矜，政事日弊"，上疏谏曰："愿陛下远考前事，近鉴世变，丰基强本，割情从道，则成康之治兴，而圣祖之祚隆矣。"[2]此一疏文后来被《通典》《资治通鉴》等广为征引，以成康为治世遂成人们的共同见解。

历史上被人艳称的治世并不多，一般是历经改朝换代的沧桑巨变之后，新朝统治者锐意进取，革故鼎新，得以开创社会安定，经济繁庶，刑罚宽简，与民休息的政治局面，因而被称为治世。诸如成康之治、文景之治、贞观之治、康乾之治等，大多具有这样的历史特征。《汉书·景帝纪》赞曰："周秦之敝，罔密文峻，而奸轨不胜。汉兴，扫除烦苛，与民休息。至于孝文，加之以恭俭，孝景遵业，五六十载之间，至于移风易俗，黎民醇厚。周云成康，汉言文景，美矣！"在这里，班固对"成康"与"文景"时代的称美，反映了古人对王朝治世内涵的基本认识。

从这样的认识出发，成康时代被看作中国历史上第一个治世。《史记·周

---

1 《史记·周本纪》，中华书局，1959，第134页。

2 《三国志·吴书·贺邵传》，中华书局，1959，第1456、1458页。

本纪》说："成康之际，天下安宁，刑错四十余年不用。"这一材料又见于古本《竹书纪年》。成康时期政宽刑简，天下安宁，正是遵循周公"明德慎罚""用康乂民"[1]的治国方略取得的政治成果。汉儒董仲舒将殷周、秦汉作对比，强调："武王行大谊，平残贼，周公作礼乐以文之，至于成康之隆，囹圄空虚四十余年，此亦教化之渐而仁谊之流，非独伤肌肤之效也。"[2]主张借鉴商、秦两代律令严苛、暴政误国的历史教训，以儒家仁义教化治国。于是"刑错不用"便成为衡量成康治世的主要标准，尽管其中也包含对统治者治国理政的深切期待和价值诉求。

对王朝治世的判定，实际只是一个观察问题的特定角度，重在以史为鉴，激浊扬清，并非对其施政历史的全盘考量。就成康治世来说，尽管可供研究的历史文献十分有限，但仍非"刑错不用"可以了得。如《诗·周颂·执竞》云："执竞武王，无竞维烈。不显成康，上帝是皇。自彼成康，奄有四方，斤斤其明。"古时说诗者大都把"成康"二字解作"成大功而安之"[3]，作为对武王功业的夸耀。其实"成康"与"武王"相对为言，同为周王之称才是，意即成王、康王继承文王、武王的德业，征服四方，功昭天下。此与《左传·昭公二十六年》王子朝所言颇有相通之处："昔武王克商，成王靖四方，康王息民，并建母弟，以蕃屏周。"以往对"成王靖四方，康王息民"的理解，偏重成康时期与民休息，天下一片安宁。即便是把"成王靖四方"看作平定四方之乱，也仅限于成王继位后的周公东征，平定三监之乱。至于"康王息民"，更是休养生息，载戢干戈，完全是以仁立国的太平景象。古时兵刑不分，"刑错不用"意味着战争也不曾发生。所以小盂鼎记载康王末年征伐鬼方，学者认为："成康之间，刑错四十余年不用的局面，已经一去不复返了。"[4]这种看法颇为流行，却未必符合历史的真实。

史墙盘铭文言及成康的功烈说："宪圣成王，左右绶绘刚鲧，用肇彻周邦。渊哲康王，分尹亿疆。"（《集成》10175）"绶绘刚鲧"指成王左右身着组绶彩绘官服的刚毅正直的大臣，"肇彻周邦"指成王肇始开拓周王朝的

1　《尚书·康诰》，（清）阮元校刻：《十三经注疏》，中华书局，1980，第203、205页。

2　《汉书·董仲舒传》，中华书局，1962，第2510页。

3　《诗·周颂·执竞》毛传，（清）阮元校刻：《十三经注疏》，中华书局，1980，第589页。

4　唐兰：《西周青铜器铭文分代史征》，中华书局，1986，第190页。

疆域[1]。而康王"分尹亿疆"，不仅是指持盈守成，实际也有启土安疆的意旨。故逨盘铭文说："会绍康王，方怀不廷。"（《铭图》14543）可以说，周人的建国道路是艰难而又漫长的，历经几代人的不懈努力，才得以在全国范围内巩固自己的统治。这一点，周人自己就有清楚的表述。《国语·周语下》引灵王太子晋的话说："自后稷以来宁乱，及文、武、成、康而仅克安之。自后稷之始基靖民，十五王而文始平之，十八王而康克安之，其难也如是。"此言"宁乱""克安"，以文、武、成、康并称，映射出周人征服天下的艰难历程。证以大量金文资料，可知这种说法并不空泛，成王对东土、北土的开疆拓土，康王、昭王对南土的苦心经营，史迹昭然。因此，我们对成康治世的认识，不能囿于"刑错不用"的思维模式，以成王为太平君主，把康王看作"康娱自纵""使周道逐渐衰微"[2]的庸君。

二、新封与徙封诸侯

康王继位后，随即调整治国方略，把经略南土作为头等大事，亲自出巡南国，征伐虎方，力图打开拓土开疆的新局面。即使是分封或徙封诸侯，或北伐鬼方，亦是服从总体发展战略的需要。

史墙盘说康王"分尹亿疆"，王子朝说武、成、康三王"并建母弟，以蕃屏周"[3]，似乎康王时犹在广封诸侯以巩固周疆[4]。细加考察，康王并无"并建母弟"的事例。《左传·僖公二十四年》富辰所说文之昭、武之穆、周公之胤凡二十六国，均不涉及康王"并建母弟"的问题。从相关文献看，焦、贾二国或与康王时期的分封有关。

焦国，据唐代吴通征《内侍省内侍焦希望神道碑》说："旧史称，周武王克殷纣，封神农之后于焦。至武王孙康王，生子曰文，手中画如焦字之数，又以封焉。爰初启土，实居陕服。"[5]此记焦初为神农之后的封国，康王取其地，分封其子"文"，地在今河南三门峡市陕州区。《左传·襄公二十九年》称焦为姬姓，未言何人封国。神道碑的材料较为晚出，又是孤证，不易

1　晁福林：《〈史墙盘〉铭文补释——兼论"成康之治"》，《学术月刊》2019年第11期。

2　唐兰：《西周青铜器铭文分代史征》，中华书局，1986，第190、128页。

3　《左传·昭公二十六年》，（清）阮元校刻：《十三经注疏》，中华书局，1980，第2114页。

4　裘锡圭：《史墙盘铭解释》，《文物》1978年第3期。

5　（宋）李昉等编：《文苑英华》卷931《宦官上》，中华书局，1966年。

坐实。

贾国，据《左传·桓公九年》载，"秋，虢仲、芮伯、梁伯、荀侯、贾伯伐曲沃"。《正义》引《世本》："荀、贾皆姬姓。"《元和姓纂》卷七云："唐叔虞少子公明，康王封于贾，后为晋所灭，以国为氏。"[1]《新唐书》《古今姓氏书辩证》所记略同。是叔虞之子"公明"由康王封于贾，其地在今山西襄汾县东。1974 年，山西闻喜上郭村出土贾子己父匜，与荀侯匜同出一地[2]。荀、贾位置密迩，非在陕西蒲城可知。

除焦、贾两国外，大盂鼎还记有康王对南宫盂的分封。现将铭文后半段节录如下：

> 王曰："而！命汝盂井（型）乃嗣祖南公。"王曰："盂！乃绍夹死（尸）司戎，敏谏（敕）罚讼，夙夕绍我一人烝四方，雪我其遹省先王受民受疆土，锡汝鬯一卣，冂、衣、市、舃、车、马。锡乃祖南公旂，用狩。锡汝邦司四伯，人鬲自驭至于庶人六百又五十又九夫。锡夷司王臣十又三伯，人鬲千又五十夫，亟寰迁自厥土。"王曰："盂！若敬乃正，勿废朕命。盂用对王休，用作祖南公宝鼎。唯王廿又三祀。"（《集成》2837）

大盂鼎为康王二十三年器，铭文说到康王授予"盂"民人和疆土。民人则包括两个部分，一是邦司四伯管理的人鬲 659 夫，盖为姬姓本族之人；二是夷司王臣十三伯管理的人鬲 1050 人，盖为异族服属之人。人鬲是对黎民百姓的泛称，其中"自驭至于庶人"，虽有分工不同，然非奴隶[3]。铭文未说盂的封地所在，分析大小盂鼎于清道光初年同出于陕西岐山礼村沟岸中[4]，而同一家族的南宫乎钟 1979 年又出土于陕西扶风县豹子沟，两地相距不过八九公里，据此推测盂的封地可能在岐山与扶风两县交界一带。说明康王对于盂的分封不是新建畿外诸侯，而是册封畿内采邑。而畿内封君的政治进路是出任王官，故盂的职务是辅助荣伯"夹尸司戎"，参与朝中军务。小盂鼎记载盂伐鬼方，

---

1 （唐）林宝：《元和姓纂（附四校记）》，岑仲勉校记，中华书局，1994，第 1044 页。

2 朱华：《闻喜上郭村古墓群试掘》，山西省考古研究所编：《三晋考古》第 1 辑，山西人民出版社，1994，第 104—105 页。

3 沈长云：《释〈大盂鼎〉铭"人鬲自驭至于庶人"》，《上古史探研》，中华书局，2002，第 219—231 页。

4 李学勤：《青铜器与古代史》，联经出版事业公司，2005，第 228 页。

克捷而归，即是其职责的体现。

本铭三次提到"祖南公"，即"型乃嗣祖南公""赐乃祖南公旂""作祖南公宝鼎"。是知盂为南公之孙。这位"南公"一般认为是周初的南宫括，未必然。南宫括在成王时期应已辞世，他使用的旗帜应该赏赐给盂的父亲，不大可能隔一代人再由康王赏给盂用于狩猎。铭文说"嗣祖南公"，说明盂的职爵袭自"祖南公"，如同穆王时司马井伯觌"更（赓）乃祖服"[1]。如是南公在康王时应犹在世。这位南公或为南宫括之子，也就是南公乎钟铭所说的"亚祖公仲必父"（《集成》181）。"公仲必父"在长兄南宫毛外封于曾的情况下，他作为次子留相王室。"公仲必父"的"公"，暗示他也是可以称为南公的。铭称"用作□伯宝尊彝"，"某伯"当为盂之生父，可能因其早逝，未能嗣立，故盂在康王末年"嗣祖南公"，成为畿内南宫氏家族的继承人。南宫氏本身已有封地，而康王对盂的分封，可能是因为盂新任要职，予以"加封"以示奖掖。

依此看来，盂当为南宫氏第四代，即南宫括的曾孙，是与曾国公族有别的另一系南宫氏。李学勤说："南宫括的后裔分为两系，一系留于周王朝，历代多居显职，称南宫氏；另一系为曾国诸侯，远在江汉。"[2]这是很正确的。其早期世谱如图 5-1 所示：

图5-1 南宫氏早期世谱图

康王时期新封的诸侯，屈指可数。除曾国可能是畿外诸侯外，焦、盂属于畿内封国，而且盂还只是加封性质。此外，畿内井邦也可能是康王时期册封的，说详下章。但未看到康王"并建母弟"的史事，其他"亲戚"的封建也为数寥寥。可见康世分封诸侯的规模不宜作过高估计。但康王对诸侯的徙封却耐人寻味：一是虞侯矢徙封于宜；二是井侯徙封于邢。

关于虞侯矢的徙封，见于人所熟知的宜侯矢簋。簋铭有云："王命虞侯矢

1 杜勇：《清华简与古史探赜》，科学出版社，2018，第170—171页。

2 李学勤：《试说南宫与南宫氏》，《清华简及古代文明》，江西教育出版社，2017，第116—121页。

曰：迁侯于宜。"（《集成》4320）关于宜侯夨徙封的起讫地点，比较有影响的说法有三种：

    （1）从吴（今江苏无锡）迁徙至宜（今江苏丹徒）[1]；

    （2）从夨（今陕西陇县）迁徙至宜（今江苏丹徒）[2]；

    （3）从虞（今山西平陆）迁徙至宜（今河南宜阳）[3]。

    由于宜侯夨簋出土于江苏丹徒烟墩山，墓葬大体属于春秋时期，具有中原和当地文化因素，故不排除宜侯夨簋是输入品[4]，有如邢侯簋出土于江苏扬州一样[5]。若仅以器物出土地来推断宜在江南，证据并不充分。若宜为江南之地，与所授"在宜王人""奠（郑）七伯"等无法协调。所谓"在宜王人"必是周天子直接统治下的民人，丹徒说无法满足这一条件。而黄盛璋的宜阳说，地处王畿地带，故有"在宜王人"可授，也与铭文言称"东国"相应，与伐商路线上的"郑"（陕西华县东）和"虞"（山西平陆东北）距离较近，符合簋铭的整体意涵，可信度较他说为高。

    "宜"作为地名，已见于商代晚期的戍𠁩鼎铭文："王命宜子迨（会）西方于省，唯返。"（《集成》2694）宜子是宜族首领，商王在巡视途中，命其参与西方诸侯会同之礼，与宜地（宜阳）方位相合。宜之得名似与宜水有关。据雍正《河南通志》云："宜水，在宜阳县西五十里，本名西渡，自永宁县流经宜谷西南入洛。"[6]宜临宜水，是洛水的支流，故簋铭说："赐土，厥川三百□。"西周金文过去一直未见宜侯行踪，近出西周中期霸伯盘铭云：

        唯正月既死霸丙午，戎大捷于霸，伯搏戎，获讯一夫，伯对扬，用

    作宜姬宝盘，孙子子其万年永宝用。[7]

"宜姬"为霸伯之妻，宜侯之女，则宜为姬姓之国，当即宜侯夨的后裔。霸国在今山西翼城一带，同宜国联姻自与地缘相近有关。这说明宜侯夨的徙封地不会远在江南，与吴国之君无涉。

---

1 唐兰：《宜侯夨簋考释》，《考古学报》1956年第2期。

2 刘启益：《西周夨国铜器的新发现与有关的历史地理问题》，《考古与文物》1982年第2期。

3 黄盛璋：《铜器铭文宜、虞、夨的地望及其与吴国的关系》，《考古学报》1983年第3期。

4 李学勤：《从新出青铜器看长江下游的文化发展》，《文物》1980年第8期。

5 陈梦家：《西周铜器断代》，中华书局，2004，第82页。

6 雍正《河南通志》卷七《山川上·河南府》，《景印文渊阁四库全书》第535册，商务印书馆，1986。

7 山西省考古研究所、临汾市文物局、翼城县文物旅游局联合考古队，山西大学北方考古研究中心：《山西翼城大河口西周墓地1017号墓发掘》，《考古学报》2018年第1期。

早在文王时期，平陆一带即有虞芮两国。他们对文王治岐知之甚少，应非姬姓国族，入周以后被姬姓芮伯、虞仲所取代，这在本书第一章已有论述。康王时，虞侯矢迁徙至宜阳，可能与应国共同防卫南淮夷有关。大河口霸国墓地 M6096 新出厉王时器玃盆记载："王命应伯征淮南夷，玃从，率厥友搏于为山。"[1]此为应国器而出现于霸国墓中，说明应与宜一样，也与霸国有密切交往。徙封虞侯矢于宜，配合应国共同防御南淮夷，当属康王经略南土的重要举措。至于春秋时期仍有虞国居于平陆，是虞侯矢的余嗣之国还是后来宜侯重返平陆更名为虞，有待新材料的证明。

关于邢侯徙封北土，也是为了防御北方戎狄来犯，确保南土经营战略的有效实施所采取的措施之一。邢是周公之子的封国，后有裔氏封于畿内，为井氏采邑之主，形成大小宗的关系。这里单说邢侯的封徙，即由畿内封君转化畿外诸侯的过程。《左传·僖公二十四年》富辰说："凡、蒋、邢、茅、胙、祭，周公之胤也。"《汉书·王莽传上》载："成王广封周公庶子，六子皆有茅土。"是邢的分封在成王之时。邢侯簋铭文云："唯三月，王命荣眔内史曰：'介邢侯服，赐臣三品：州人、重人、庸人。'……朕臣天子，用典王命，作周公彝。"（《集成》4241）"介邢侯服"，是说授予邢侯服事王室的有关职务，则邢侯非畿外诸侯，"赐臣三品"只能是采邑之民。代宣王命的"荣"又见于大盂鼎，且本铭"宁迹与大小盂鼎之笔意相同，花纹为象"，郭沫若因定邢侯簋为康世器[2]，陈梦家则定为成王末[3]。若成王封邢不久，又随即调整邢侯职事，赐臣三品，似显不慎，故此器作于康世的可能性更大。铭文末称"作周公彝"，知此邢侯必为周公之子，也就是封于邢国的第一代邢侯。

邢侯的徙封见于麦方尊，其铭云："王命辟邢侯出矿（坏），侯于邢。雩若二月，侯见于宗周，亡尤。"（《集成》6015）铭文所说"侯于邢"，或谓邢侯初封[4]。但铭文又说"用羍义宁侯，显孝于邢侯"，此所显孝的"邢侯"必为前代之邢侯，故作册麦所从"辟邢侯"已非始封之君。既然"辟邢侯"不是第一代邢侯，为什么铭文要说"侯于邢"呢？比照宜侯矢簋"迁侯于宜"的文例，可知是周王对"辟邢侯"进行的一次徙封，只是封地虽变而国名未

1　黄益飞、谢尧亭：《大河口墓地 M6096 出土玃盆铭文简释》，《文物》2020 年第 1 期。

2　郭沫若：《两周金文辞大系图录考释（六）》，科学出版社，1957，第 39 页。

3　陈梦家：《西周铜器断代》，中华书局，2004，第 84 页。

4　李学勤、唐云明：《元氏铜器与西周的邢国》，《考古》1979 年第 1 期。

改，与后来邢国从今邢台迁往夷仪（今山东聊城西）仍以"邢"名国的情况一样。铭文先言"辟邢侯"，从称谓上反映出他已是邢国的封君，而且这位封君返国后又显孝前代之邢侯，说明邢之建国已非一时了。因此铭文继言"侯于邢"，只有理解为邢侯的徙封才比较切合文义。过去一般根据《汉书·地理志》赵国属县"襄国"所注"故邢国"，把邢国的始封地确定在今河北邢台。但从本铭来看，河北邢台当为此次徙封的去处，而始封地则与"出坏"的"坏"有关。

铭文中的"坏"，原篆作 █。王国维结合鄂侯驭方鼎、秦公簋、竞卣诸铭的字形，读为"坏"，亦即大坏山之"坏"[1]。此说得到郭沫若的赞同，指出即今河南浚县之大坏山[2]。关于大坏山的地望，王未细说，郭说也有欠准确。实际上，早期的大坏山横亘于黄河前进的道路上，为西南东北走向，导引黄河由此北行。大坏北端在河内（今河南修武、武陟县境），南端在成皋（今河南荥阳市汜水镇）。后被黄河拦腰断为两截，北段逐渐泯灭，南段犹有成皋故丘[3]。鄂侯驭方鼎、竞卣中的"坏"指的大坏山成皋段，而麦方尊中的"坏"当在北段，地在与修武、武陟相近的平皋（今河南温县）。所谓"出坏"就是离开黄河北岸的大坏山一带，前往新地就国。

那么，大坏山一带历史上有没有一个称为"邢"的地方呢？《史记·殷本纪》说："祖乙迁于邢"，王国维考证这个"邢"就是文献所载的"邢丘"[4]。《左传·宣公六年》载："秋，赤狄伐晋。围怀及邢丘。"许慎《说文》云："邢，周公子所封，地近河内怀（今河南武陟西南）。"又《续汉书·郡国志》河内郡记："平皋有邢丘，故邢国，周公子所封。"汉代的平皋在今河南温县东南。1979 年，考古工作者在河南温县东南 10 公里的北平皋村发现了古代城垣遗址，还采集到戳印有"邢公"的东周陶文，"邢丘"的地望于此得到确证[5]。此地与成皋大坏山仅一河相隔，属于《尚书·禹贡》"东过洛汭至于大坏"的区域范围。这就是说，河南温县一带早在商代就有了"邢"的地名，后来此地有周公庶子名"邢"的封国，邢国北徙后此地又称"邢丘"（邢国之

1　王国维：《观堂集林》附《别集》卷二《鄂侯驭方鼎跋》，河北教育出版社，2001。

2　郭沫若：《两周金文辞大系图录考释（六）》，科学出版社，1957，第41页。

3　刘起釪：《卜辞的河与〈禹贡〉大坏》，《古史续辨》，中国社会科学出版社，1991。

4　王国维：《说耿》，《观堂集林（外二种）》，河北教育出版社，2001，第331页。

5　北京大学考古专业商周考古组等：《晋豫鄂三省考古调查简报》，《文物》1982年第7期。

墟），都是由来有自的。可见陈梦家、唐兰等人以河南温县作为邢国的始封地不为无据。

虽然邢国始封地在今河南温县，但立国时间却以它的徙封地即今河北邢台最长。《春秋·庄公三十二年》说："狄伐邢。"杜注："邢国在广平襄国县（今河北邢台西南）。"1978年，河北元氏县出土臣谏簋，其铭文云："唯戎大出于軧，邢侯搏戎。"（《集成》4237）据李学勤考证，軧就是古㴲水之㴲，其地即今河北元氏县[1]。元氏位于邢台之北，符合邢侯就近出师伐戎的路线。这说明邢国必有一个由彼至此的徙封过程，才会有其地理位置的变迁。麦方尊所记这次册命是在宗周进行的，邢侯到了那里适逢王室祭典，颇受礼遇，所得赏赐亦不同寻常，计有臣二百家、雕戈、车马、衣甲、蔽膝、鞋帽等，与大盂鼎所说"授民授疆土"的礼仪全同，无疑是邢侯被徙封的直接记录。

邢之徙封发生在何时？这需要对麦氏四器的制作时代详加考察始可知之。麦氏诸铭，辞均古朴，用字多与盂鼎、邢侯簋相同，特别是麦鼎字体几与盂鼎同出一源，而麦方尊其形制同于作册折尊，且尊腹及圈足所饰龙纹与作册折尊亦同。再从麦方尊铭文来看，这次邢侯受到优渥的赏赐，其地点是"王在庬（庍）"，而记有"王在庍"的彝铭还有作册睘卣（尊）、遣尊（卣）、作册折方彝（尊、觥）等七器，均为康王时物。[2]由此可知，麦氏四器与"王在庍"组铜器一样，也是康王时器。由于邢侯簋的作者是第一代邢侯，而麦器所记已非始封之君，故两者虽然同为康世物，麦器却应置于邢侯簋之后，铭中言及的邢侯应是第二代邢侯[3]。邢侯初封于大伓山一带，属于战略要地，而第二代邢侯在康王后期被徙封，可能与防范北戎为患有关。估计在麦方尊所记徙封册命不久，这位"唯归"的邢侯就举国北迁了，无怪乎他的属吏作册麦作器"用从邢侯征事，用奔走凤夕"。而臣谏簋形制花纹与邢侯簋同，也是康世之物，当制作于邢侯北徙邢台之后，所记为康王末年邢侯抗击北戎之事。

从上面的分析可以看出：（1）康王时期的分封有两种类型，有畿内诸侯如焦、井、盂者；亦有畿外诸侯如贾者，然不多见。说明周人大分封的时期已然过去，康王的新封属于政治格局的适度调整。（2）康王对虞、邢的徙封，具有北抗戎狄、南征淮夷的战略意图，表明周人开疆拓土的重点，已从

1　李学勤、唐云明：《元氏铜器与西周的邢国》，《考古》1979年第1期。

2　杜勇：《关于今方彝的年代问题》，《中国史研究》2001年第2期。

3　杜勇：《安州六器与麦氏四器年代考辨》，《管子学刊》2001年第4期。

武王、成王时期对东土的经营，开始向南北两翼转移，重点则是南土的经营。（3）对虞、邢的徙封，说明当时的土地资源并不是问题，缺乏的是开疆拓土的能人俊才。分封主要不是解决人的政治安排问题，而是如何防守战略要地，达到“以蕃屏周”的目的。

三、南巡伐虎方

周天子南巡伐虎方，书阙有间，仅安州六器、静方鼎、𤔲甗诸铭略有记述。学界普遍认为“省南国”“伐虎方”为昭王南征荆楚之事，众口铄金，几不可易。近来随州曾国墓地所出曾公畭编钟铭文表明，长期被学者遵奉的康宫原则并不可靠，从根本上颠覆了昭王时期铜器断代的基础。据此重新审视安州六器诸铭，南巡伐虎方作为康王时期的史实得以清晰呈现。

（一）中器年代是康非昭

安州六器的作器者名中，又称中器，是北宋时期在今湖北孝感同时出土的六件铜器，计方鼎三，觯一，圆鼎一，甗一。中器与新出静方鼎、𤔲甗铭文均记周王南巡伐虎方的史事，适可互补。然此周王究系何人？尚需深入考索。

关于中器的时代，郭沫若、陈梦家、刘启益等主成王，唐兰、李学勤等主昭王，今日学者多从后说。我们认为，定为康王时器可能更接近事实。据新出曾公畭编钟铭文可知，南宫括受封于曾，适彼南土，典礼是在成王时期的康宫举行的[1]。成王时期既然有了康宫，出现康宫字样的令方彝以及同人所作令簋，郭沫若由康世作册大鼎推定此为成王时器，也就有了更为坚确的证据[2]。这样，令簋铭文所见王姜自然不可能是昭王之后，而只能是成王之后。作册睘卣（尊）因有王姜其人，也就只能作于昭王之前。这对我们考察中器的年代是很有意义的。

在判定中器的年代时，各家都非常注意中方鼎与遣尊的历日关系。中方鼎（一）铭云：“唯十又三月庚寅，王在寒𠂤”（《集成》2785），遣尊铭文云：“唯十又三月辛卯，王在序。”（《集成》5992）郭沫若以为两器“日辰相差一日，彼云‘王在斥’，此云‘王在寒𠂤’，寒斥古同元部，而喉牙亦相近转，知

1 杜勇：《曾公畭编钟破解康宫难题》，《中国社会科学报》2020年6月8日，第5版。

2 杜勇：《关于令方彝的年代问题》，《中国史研究》2001年第2期。

二者必为一地。”[1]郭氏把记有“王在庈”的遣尊（卣）、作册睘卣（尊）等器定在成王时，因而推定安州六器亦为成王时器。唐兰循此思路也说：“十又三月是闰月，不是每一年都有的，同在十又三月，相差只有一天，很可能就是同时的事情。”[2]只是唐氏把遣尊、作册睘卣等“王在庈”诸器定在昭王时，故将安州六器所言南巡伐虎方视为昭王南征之事。

“王在庈”诸器计有七件，除传世品遣尊（卣）、作册睘卣（尊）外，还有后来出土的作册折方彝（尊、觥）。就其铜器年代来说，当为康王时器[3]。其一，从时间上看，由于“王在庈”诸器历日不能分置两年，则铭文中的十九祀“十又三月辛卯”就绝不会是昭王纪年。因为昭王十九年殁于汉水，断不至于在此年底尚未发生。后来李学勤意识到这一点，他提出：“昭王在其十九年的最后闰月仍然健在，他死于汉水，丧失六师，应在次年。”也就是穆王元年，故古本《竹书纪年》称之为“周昭王末年”王南巡不返。[4]这个解释很独特，给人不少启发，但并不能真正解决问题。因为古本《竹书纪年》还有一条记载明确说道：“周昭王十九年……丧六师于汉。”[5]其二，从空间维度看，中方鼎所言“王在寒𠂤（次）”与“王在庈”并非一事。“寒”位于南土，应即安州六器出土之地（今湖北孝感一带）。而“王在庈”的“庈”当在宗周。据麦方尊铭文记载，邢侯到宗周觐见天子，当时周王在莽京举行祼祭，所以第二天邢侯也赶到那里，参加周王在辟雍举行的大礼。当天晚上，周王与邢侯到达寝殿，邢侯受到黑色玉戈的赏赐。接着“王在㡴（庈），巳（祀）月”（《集成》6015），邢侯又一次受到赏赐。这个“庈”字不管如何释读，都是莽京范围内的地名。莽京位于镐京南郊（今西安市长安区斗门街道办事处以南），与宗周相距只一日路程，是当时朝廷的行政副中心[6]，故周王可以在这里处理各种政务。唐兰后来也同意陈梦家的意见，认为“㡴地应与宗周相近”[7]。这样，由于受交通条件的限制，周天子绝不可能前一天尚在“寒”地，次日又出现在“庈”地。这说明用“王在庈”诸器来推定中器的年代并非可行，其

1 郭沫若：《两周金文辞大系图录考释（六）》，科学出版社，1957，第16页。
2 唐兰：《西周铜器断代中的“康宫”问题》，《考古学报》1962年第1期。
3 杜勇：《关于令方彝的年代问题》，《中国史研究》2001年第2期。
4 李学勤：《基美博物馆所藏令簋的年代》，《文物中的古文明》，商务印书馆，2008，第534—537页。
5 方诗铭、王修龄：《古本竹书纪年辑证》，上海古籍出版社，2005，第46页。
6 杜勇：《〈诗经·六月〉和金文莽京的地理问题》，《中国史研究》2018年第3期。
7 唐兰：《西周青铜器铭文分代史征》，中华书局，1986，第252页。

三，从人物关系看，由史墙盘可知作册折是共王时史墙的祖父，其活动年代绝不会早于康昭时期。作册折之前还有"烈祖""乙祖"，而"微史烈祖乃来见武王"（《集成》10175），则作为烈祖之孙的作册折就不可能生活在成王时期，否则"乙祖"就相当短寿，相反作册折与其子"乙公"（丰）及其孙"丁公"（史墙）三人就会历成、康、昭、穆、共五世，这显然是不合情理的。以此观之，"王在斥"诸器既不作于昭王时，也不作于成王时，无疑是康王时器[1]。

由于"王在斥"与"王在寒次"了无关涉，安州六器的年代不能依据"王在斥"诸器来判定。在这个问题上，陈梦家较早注意到太保玉戈铭与中器的关联性，是为洞见。太保玉戈在清光绪年间出土于岐山县，现藏美国华盛顿弗利尔美术馆。李学勤目验过玉戈铭文，并有考释如下：

> 六月丙寅，王在丰，令太保省南国，帅汉，遂殷南，令厉侯辟，用鼁走百人。

铭文中提到的"省南国"又见于中方鼎、中觥，"帅（循）汉"与中觥"成汉中州"有地理上的关联，"厉侯"亦见于中觯铭文。至于"太保"是成康时期的召公奭，更为学者所公认。陈梦家据此认为："玉戈铭与安州六器关系甚大"，并定其为成王时器[2]。李学勤也认为："玉戈不少地方承袭商末的特点，其年代很可能是成王时，特别是成王的前期。"[3]这些都是非常敏锐的观察。

但是，从周初复杂的政治局势看，成王即政后主要以经营东土、北土为战略目标，召公奭的政治任务也集中在建立和巩固北方的燕国。至于经略南土的重担，恐怕一时还落不到召公肩上。从曾公畎编钟铭文可知，曾国始封于成王，估计汉阳诸姬的分封亦在此时。因此，只有在汉阳诸姬封建以后，经过一段时间的统治，才有加以巡省视察的必要。成王死后，康王新立，召公位列顾命大臣之首，执掌机枢，职责更为重大。南土的稳定与发展，直接关系周邦的兴衰。此时召公受命南巡，适逢其时。故玉戈铭所记"太保省南国"更有可能发生在康王即位之后。

不过，"太保省南国"与中觥所说"王命中先省南国"并不是一回事。太

---

1 杜勇：《安州六器与麦氏四器年代考辨》，《管子学刊》2001年第4期；沈长云：《静方鼎的年代及相关历史问题》，《中国国家博物馆馆刊》2013年第7期。

2 陈梦家：《西周铜器断代》，中华书局，2004，第47页。

3 李学勤：《太保玉戈与江汉的开发》，《走出疑古时代》修订本，辽宁大学出版社，1997，第135—141页。

保召公"省南国"从丰京出发，循汉水南下，抵达厉国（今湖北随州北），在那里殷见当地诸侯，并赏赐厉侯仆御一百人。中"省南国"则是从宗周出发，先到成周然后南下，最后至曾、鄂（今随州一带）驻地。待周天子到达后，才发起"伐虎方"之役。至振旅班师时，又将厉侯进贡的四匹马赏赐给中。这些差异表明，太保与中"省南国"不是同一次行动，当是王命太保南巡在前，命中南巡在后，体现了西周国家一段时期以来持续施行的重大治国方略。

继太保召公奭之后，中受命"省南国"，核心事件是南宫"伐虎方"。这位南宫不是别人，可能就是文献所见的南宫毛。成康时期，南宫氏的显赫人物只有两个：一是南宫括；二是南宫毛。至于《逸周书·克殷解》提到的"南宫忽""南宫伯达"，以其事迹与南宫括相同，前贤指明乃是讹误。新出曾公敤编钟、嬭加编钟铭文表明，南宫括又称南公，是曾国的始封之君，由于他年事已高，实际就国的当是南宫之子，与周公封鲁、召公封燕的情形略同。据《尚书·顾命》载，南宫毛在成王死后，遵照太保召公奭的命令，担任武臣宿卫，与吕伋一道迎接太子钊于南门之外。南宫毛《汉书·古今人表》又作"南宫髦"，在这里的身份与齐侯吕伋一样，亦应为一国封君，不是普通的一介武夫。南宫毛作为一国封君，当然只有曾侯的身份才能与之相符。所以南宫毛是南宫括之子的可能性非常大。由于南宫毛作为事实上的第一任曾侯，故可仍其旧惯，称其氏名"南宫"。他的后裔以国为氏，称之为曾侯，或曾伯、曾公均可，一般不宜再称南宫氏了。至于西周金文中另有称南宫氏者，当是南宫括次子公仲必父的裔氏。南公乎钟铭云："先祖南公，亚祖公仲必父"（《集成》181），此"南公"应即南宫括，其采邑由次子公仲必父继承，成为出任王官的畿内南宫氏家族。西周厉宣时期，金文所见南宫柳"司六师牧场"（《集成》2085），南宫乎为王朝"司徒"（《集成》181），《左传·昭公二十四年》所见"南宫极"，杜注为"周卿士"。他们即是畿内南宫氏家族的后裔，与曾国公族并非同一支脉。

从"王在斥"诸器作于康王时，继太保召公奭之后周天子再度南巡，南宫毛奉命"伐虎方"等各方面的情况来看，安州六器、静方鼎、䍤甗诸铭均应作于康王前期，而不宜定为昭王时器。因此，诸器铭文中的"王命中先省南国"和"王命南宫伐虎方"，是康王即位后经略南土的重大举措之一，与昭王南征荆楚无关。

（二）时间逻辑下的南巡诸将

由于近年静方鼎的发现和𣪕甗的出土，安州六器所涉“省南国”“伐虎方”的内容随之丰富起来，相关史实日见清晰。这不仅有助于澄清器铭理解上的不少混乱，也有利于形成新的历史认知。为便于说明问题，先将有关器铭节录如次：

静方鼎：唯十月甲子王在宗周，命师中眔静省南国，相埶（设）应（居）。八月初吉庚申至，告于成周。月既望丁丑，王在成周大室，命静曰：“俾汝司在曾、噩（鄂）师。”（《铭图》2461）

中方鼎（二、三）：唯王令南宫伐反虎方之年，王命中先省南国贯行，艺王应（居），在夒隞真山，中呼归生凤于王。（《集成》2751、2752）

中甗：王命中先省南国贯行，设居，在曾，史儿至，以王命曰：“余命汝使小大邦，厥有舍汝刍量，至于女庸，小多□。”中省自方、邓，舟□邦，在噩（鄂）师帥（次），伯买父乃以厥人戍汉中州，曰叚、曰旋，厥人鬲廿夫。（《集成》949）

𣪕甗：唯十又［一］月王命南宫伐虎方之年，唯正月既死霸庚申，王在宗周，王□□𣪕使于繁，锡贝五［朋］。（《铭图》3363）

中方鼎（一）：唯十又三月庚寅，王在寒帥（次），王命太史贶福土。王曰：中，兹福人入事，锡于武王作臣，今贶畀汝福土，作乃采。（《集成》2785）

中觯：王大省公族于庚（唐），振旅，王锡中马，自厉侯四𩡧，南宫贶。王曰：“用先。”中设王休。（《集成》6514）

上列诸器铭文，有几个问题需要略作说明。（1）𣪕甗为晋侯墓地新出土之器[1]，其铭文可贵之处在于明确了南宫伐虎方（或释豻方[2]）的具体时间是某年“十又一月”。其中的“一”字残泐。有了这个月份，我们就知道“伐虎方”不过是此次“省南国”过程中的一环，甚至可以说是此次康王南巡的主要目的，而与昭王南征荆楚无关。由于事关重大，“南宫伐虎方”成了一个标志性事件，被时人用于纪年。过去因为纪年关系，不少人认为“省南国”为一件事，“伐虎方”为另一件事，从而将两者割裂开来，互不相干。这是不妥当的。

1 孙庆伟：《从新出𣪕甗看昭王南征与晋侯燮父》，《文物》2007年第1期。

2 吴镇烽：《𣪕壶铭补释》，西南大学出土文献综合研究中心、西南大学汉语言文献研究所：《出土文献综合研究集刊》第15辑，巴蜀书社，2022。

（2）中方鼎（二、三）说，中"在夔陼真山"设立王的行帐，这个"夔"字学者有不同隶释，如释作"夔"[1]、"射"[2]、"弟"[3]、"离"[4]、憂[5]等，意见极为纷纭。陈梦家认为："王在夔陼或即《郑语》与楚同姓之夔越。"[6]楚先王熊挚因患恶疾自窜于夔是在西周晚期，与此铭文时代相异，缺乏可比性。但学者大多认可其字读"夔"，地在今湖北秭归故址。然中先行省视南国，已经"在鄂师次"，防线也设在"汉中州"，何以还要渡过汉水在长江岸边设立行帐，似无特别的道理可讲。南宫所伐"虎方"，可能地近于"寒"，位于汉东，亦无必要在夔地设立王的行帐。此说只可存疑，其地待考。（3）由于"王在寒"与"王在序"事不相侔，加之中器铭文本身并无纪年，因此将其年代定为昭王或康王十九年，均无凭据。时贤每每用作册夨令、作册折方彝铭文中的十九年来整合中器历日，用以推排验证西周王年历谱，实际是没有意义的。目前我们只能保守地说，中器、静方鼎、敔簋所记南巡事件大致发生在康王前期，而不必再作过度阐释。

从前司马迁撰作《史记》除有年表外，还有一篇《秦楚之际月表》，依月记事，以理纷乱。这里也仿效司马迁的做法，将诸器所记南巡一事略加梳理，列为月表，以便厘清相关历史事件的发生次第和逻辑关系，避免造成不必要的误读。经过提炼后的康王南巡记事月表如次：

某年十月	甲子	王在宗周命中、静先省南国（静方鼎）。
正月既死霸	庚申	王在宗周命敔使于繁（敔簋）。
八月既望	丁丑	王在成周命静司在曾、鄂师（静方鼎）
十一月		王命南宫伐虎方（敔簋）
十三月	庚寅	王在寒次赐中采土（中鼎一）

从上述月表可以看出，此次康王南巡，从某年十月命中、静先省南国开始，至次年年底闰十三月赏赐中止，不计振旅班师时间，已历时一年又两个月。考虑到次年八月康王已至成周，其出发时间大约在此前的六七月份。在成周稍事休整后，康王随即南下，十一月命南宫对反叛的虎方进行军事打击，获

1 郭沫若：《两周金文辞大系图录考释（六）》，科学出版社，1957，第18页。
2 于省吾：《双剑誃吉金文选》，中华书局，1998，第114页。
3 唐兰：《论周昭王时代的青铜器铭刻》，《唐兰金文论集》，紫禁城出版社，1995，第236—333页。
4 杨树达：《积微居金文说》增订本，中华书局，1997，第110页。
5 黄锡全："安州六器"及其有关问题》，《古文字与古货币文集》，文物出版社，2009，第94—101页。
6 陈梦家：《西周铜器断代》，中华书局，2004，第87页。

胜后赏赐将领，最后还师镐京。

此次康王南巡伐虎方，在中器诸铭中涉及四位将领，即中、静、伯买父、南宫。伯买父除了戍守汉中州的叚、旟两地外，别无事迹可述，不作专门讨论，只对其余三人的情况略作说明。

中，又称"师中"。"师"的职官在西周以管理军事为主，也有管理教育或行政的，基本上都是王官[1]。安州六器的主人中无疑是一位军事将领。他在此次南巡中屡建功勋，因而三次受到康王的赏赐。第一次是在夒陵真山，中被赐予"生凤"，即珍稀鸟类活物。第二次是伐虎方战役结束不久，"王在寒次"命太史授中禈土，以作采邑。这当然是一种高规格的赏赐，当与中立有战功有关。第三次是康王大省公族于唐（今随州西北），并在此地举行振旅班师典礼，又把厉国进贡的四匹马赏赐给中。康王的表彰词是"用先"，即整个南巡过程中，师中的先期工作表现出色，予以表彰奖赏。比较费解的是，一般情况下身为王官的贵族多在王畿之内授予采邑，而中的采地"禈土"显然就在寒地即今湖北孝感一带，因为他铸造的铜器不会轻易埋在别人的土地上。这里的禈人早在武王时即是归服于周的臣民，土地也可供周王朝支配。康王打败虎方以后，回师驻跸寒地，授中采邑。春秋时期中子化盘说："中子化用保楚王，用征营"（《集成》10137），中子国地近于楚，又配合征营，有学者以为此即"中"的封国。并据辛中姬皇母鼎铭认为中为姬姓，可能是汉阳诸姬之一[2]。中后来是继续担任王官，还是出任畿外诸侯，尚不能完全确定，有待进一步研究。

静，是与中一道奉命巡视南国的大臣。传世青铜器中的小臣静簋亦为此静所作，至于静卣、静簋则可能是穆王时另一位名静者的彝器[3]。在周廷职任小臣的人，有的地位相当高，带兵打仗或受命出巡时有所见。执行此次南巡任务的小臣静，与中一同到达曾、鄂一带，然后由中留守，他前往成周向康王报告情况。康王除了赏赐他香酒、旗帜、蔽膝、采罍（或为彩色丝织品）等物外，还命其"司在曾、鄂师"。这里说的"在曾、鄂师"应非曾、鄂两国的地方部队，而是驻扎在曾、鄂两地的王朝之师。这说明中、静先省南国，是带有大量军队随行的。军队在行进过程中，整治贯通道路，建立天子行

1　张亚初、刘雨：《西周金文官制研究》，中华书局，1986，第7页。

2　张亚初：《论鲁台山西周墓的年代和族属》，《江汉考古》1984年第2期。

3　沈长云：《静方鼎的年代及相关历史问题》，《中国历史博物馆馆刊》2013年第7期。

帐，以保证康王后续行动的顺利进行。静作为中的副将，可能只参与军队某方面的管理工作，与中领兵作战的职责似有不同。

南宫是率师征伐虎方的主将，地位当在中、静之上。南宫是氏名，或以为第三代南宫氏，即大小盂鼎的作器者南宫盂[1]。此说以安州六器作于昭世为前提，未必可信。如上文所言，南宫当为成康时期的南宫毛，只有他作为实际上的首任曾侯，继续使用氏名而不用爵称，才比较符合习惯。南宫毛虽是伐虎方的主将，但他并未与中、静一道从宗周率兵南下，与他身为曾国的封君有关。正是因为他在南国苦心经营已久，才使曾国成了此次康王南巡伐虎方的可靠根据地。中、静率领王师千里行进，抵达曾、鄂驻师，随即加紧备战，等待进军虎方。曾为姬姓诸侯，鄂为姞姓诸侯，可能都对王师提供了必要的后勤保障。而且参加伐虎方的军队，除了王师也可能有一部分曾国的武装力量，故由南宫毛统一指挥，协同作战，最终克敌制胜。中觯铭说，康王对中予以赏赐，南宫也对中有所赏赐。可见此次战争的胜利，南宫毛与中的密切配合发挥了关键作用。

（三）不仅仅是"伐反虎方"

"南国是疆"始于武王。克商后不过数日，武王即撤离朝歌，举兵南征，兵锋直指江汉流域[2]。或即此时，虎方易帜，臣服于周。虎方在商代就是一个强大的政治共同体，甲骨卜辞记录"贞令望乘罘举途虎方"（《合集》6667），说明它是商王朝的一个敌对方国。入周以后，虎方实力未减，又萌动反叛，企图摆脱周王朝的政治控制。康王即位后，调整治国方略，巡省南国，名义上充满温煦和平的色彩，实际已将虎方列为头号军事打击目标，以克服南土的动荡局面，巩固周人的统治。

关于南宫所伐虎方，或以为徐方[3]，或以为舒方[4]，或以为巴方[5]，均无确

1　尹盛平：《西周史征》，陕西师范大学出版社，2004，第126页；李学勤：《试说南宫与南宫氏》，《清华简及古代文明》，江西教育出版社，2017，第116—121页。

2　杜勇：《武王伐纣日谱的重新构拟》，《古代文明》2020年第1期。

3　郭沫若：《两周金文辞大系图录考释（六）》，科学出版社，1957，第17页。

4　李修松：《淮河流域古国族考述》，《淮河流域历史文化研究》，黄山书社，2001，第56页。

5　刘自兵：《"虎方即巴"举证》，三峡大学三峡文化与社会经济发展研究中心、湖北省三峡文化研究会编：《三峡文化研究丛刊》第3辑，武汉出版社，2003；尹盛平：《西周史征》，陕西师范大学出版社，2004，第127—128页；李学勤：《论周初的鄂国》，《通向文明之路》，商务印书馆，2010，第183—187页。

证。其地理方位亦难具体落实，大体有江淮流域、汉水流域，或赣江、湘江流域等不同意见[1]。赣、湘流域相对遥远，周初的政治触角恐难伸到长江以南的广大地区。有的学者把静方鼎铭"命师中眔静省南国相"作一气读，以为此次南巡的目的地是湖南的湘水流域[2]。铭文拓片上的"相"字不很清楚，即使可以如此隶释，或当属下读，即"相设居"。此与《尚书·召诰》"惟太保先周公相宅"之"相"其义相近，即察看后设立王的行帐。要把"相"说成族居湘水流域的相侯，根据似显不足。说虎方居于江淮地区，也与康王南巡路线不合。中器等铭文显示，康王此次南巡是以宗周为起点，道出成周（今河南洛阳），经应国之南的"方"（今河南方城），次及邓（今河南邓州），次至舟（唐兰读为朝，即汉代朝阳县，在今河南邓州东南[3]），再经随枣走廊抵达曾、鄂（今湖北随州地区）。这条路线位于桐柏山、大别山以西，不在江淮流域的范围。从中"在鄂师次"、静"司曾、鄂师"等情况看，周王朝的军队行至随州不再前进，应与其休整备战有关，故虎方与这里相距不会太远。伐虎方之后，"王在寒次"赏赐师中，则虎方与寒地（今湖北孝感）亦相近。或许虎方是当时居于大别山南端西侧的一个方国部落，因与周邦为敌，遭到征伐。经此打击后，虎方似有迁徙。西周中期史密簋铭云："唯十又一月，王命师俗、史密曰：'东征。'敆南夷卢、虎，会杞夷、舟夷，欢不悊，广伐东国。"（《铭图》5327）卢、虎既属南淮夷，又兴师广伐东国，表明虎方已迁离汉东，立国淮南。《左传·哀公四年》所见"夷虎"，或其后身，地在今安徽长丰一带[4]。

康王南巡伐虎方，不是一次平常的军事行动。它表明周人经营四方的施政方略开始转向南土，具有深远的政治和经济意义。

第一，推进国家施政方略的重大转变。黄河流域一直是中国上古时期主要的政治舞台，各种共同体相与争锋的活剧在这里不断上演。对这片土地上的百草枯荣、万邦兴亡，人们置身其地是较为熟悉的。但南土对周人来说，既广袤而又富饶，既疏离而又神秘。周王朝建立后，试图在南土经营上开创新局，扩张版图，增强国力，远比夏商两朝气象博大。速盘铭文说："会绍康

---

1 郭静云：《商周虎方和卢方：两国空间范围考》，《南方文物》2014年第4期。
2 李学勤：《论西周的南国湘侯》，《通向文明之路》，商务印书馆，2010，第175—179页。
3 唐兰：《西周青铜器铭文分代史征》，中华书局，1986，第287页。
4 谭其骧：《中国历史地图集》第1册，中国地图出版社，1982，第17—18页。

王，方（旁）怀不廷。"（《铭图》14543）"不廷"典籍习见，指不肯归顺朝廷者。此言康王曾广为征服那些不臣属的方国部族，使之归服。经武王、成王时期安定东土、北土之后，康王把经略南土作为新的施政方略，遂有南巡伐虎方的重大举措。

《左传·昭公九年》詹桓伯说："及武王克商……巴、濮、楚、邓，吾南土也。"《国语·郑语》载史伯说："当成周者，南有荆蛮、申、吕、应、邓、陈、蔡、随、唐。"这里提到的邓、唐等国，也出现在康王"省南国"的铜器铭文中，说明南国与南土在意涵上多有叠合相通之处。西周时期的南国大体包括淮水以南、长江以北的广大地区，并由桐柏山、大别山界划为江汉平原、江淮平原两大板块。《左传》《国语》提到的南土诸国，大都集中在江汉平原，表明周人对其政治控制的力度要强于江淮地区。加强对江汉平原诸多同姓和异姓诸侯国的行政管理，便是周人经略南土的重要手段。

南土江汉地区不是一块平静熙和的土地。西周前期虎方、荆楚的异动，后期鄂国联合南淮夷发动大规模叛乱，都是凭借江汉平原的政治地理优势来对抗中央王朝的。周康王不能听任虎方的坐大与反叛，巡省南国，兴师伐虎方，对于推进国家发展战略的转变，加强南土经略，巩固周邦统治，都是具有重大政治意义的。

第二，促进南土道路交通的根本改善。康王命中"省南国贯行"，"贯行"即贯通、开通道路之义。《楚辞·招魂》云："路贯庐江兮左长薄"。《尔雅·释宫》云："行，道也。"均可为证。周公营建东都成周以后，宗周与成周两京之间的道路交通大为改善，整个东土、北土的交通体系也有较好的基础。《诗·小雅·大东》云："佻佻公子，行彼周行。"朱熹《诗集传》云："周行，大路也。"[1]《诗·小雅·大东》又称："周道如砥，其直如矢"，反映了周代东方道路交通的畅达。但成周以南、长江以北的道路交通建设则较为滞后，极不利于南土的经营与开发。因此，康王借此用兵虎方的机会，对南国的道路交通进行大规模的改造。中率师南下，且行且开道，既便于设立天子行帐，又要保证后续部队的快捷抵达，从而赢得伐虎方战争的胜利。

交通道路的建成，不只是满足一时之需，还有长期的积极效应。对疆域辽阔的古代国家来说，其行政管理主要是通过完善的道路交通系统来运行

1　宋元人注：《四书五经》中册，中国书店，1995，第100页。

的。无论信息传递、危机处理、军队运送、资源调配以及各种商贸活动，都必须借助有效的交通网络来实现。"省南国贯行"是历时经年的一项巨大工程，反映了西周王朝对改造南国交通条件的主动性、目的性和战略性。自此以后，从成周经南阳、随州到长江北岸孝感一带的道路交通，经过全面整治而臻于完善。它不仅适应了此次南巡伐虎方的需要，而且对于周王朝经略南土长期发挥着积极作用。

第三，拓展江南铜料资源的获取通道。康王此次南巡的直接目标是打击虎方的反叛，更长远也更重要的战略目标则在于加强对南国的统治，保障江南铜料资源的获取。铜锡青铜原料的重要性，从铜器铭文屡有"俘金"记录可见一斑。伯㦰父簋说到一次对淮夷作战"俘金五十钧"（《铭图》5276），古时三十斤为一钧，五十钧即一千五百斤。西周时期，长江中下游有两个矿冶中心：一个在鄂东南大冶一带；另一个在皖南铜陵一带。从铅同位素检测结果可知，这两个矿冶中心的大部分铜料通过当时的"金道锡行"被运往中原地区。"金道锡行"的主要交通线有两条：一条是从鄂东南大冶地区，经长江水路到达武汉，再经孝感、随州，沿随枣走廊，经南阳盆地，北经方城、叶县到达洛阳；另一条是从皖南过长江，经桐城、六安过淮，经汝、颍间河谷平原到达漯河、平顶山，再经汝州、伊川到达洛阳。这两条路线还可以通过一些支线加以连接，"繁汤"就是一个重要连接点，也是当时青铜原料的集散中心[1]。

新出敄甗铭文显示，在中、静二人出行之后，次年正月康王又在宗周命"敄使于繁"，繁又称"繁汤""繁阳"。春秋时期曾伯桼簠盖铭文云："克狄淮夷，抑燮繁汤，金道锡行，俱既俾方。"（《集成》4632）又晋姜鼎铭文云："征繁汤员雠，取厥吉金。"（《集成》2826）曾公畎编钟云："[南]方无疆，涉政淮夷，至于繁阳。"[2]金文中的"繁汤""繁阳"，也就是《左传》中屡见的"繁阳"（今河南新蔡北），其地近淮，是"金道锡行"的重要中转站。繁阳亦可通过铜柏山义阳三关等关隘，与途经随州的江汉地区另一条"金道锡行"相连接，因而具有极为重要的战略地位。康王一边在江汉地区用兵，一边派人出使繁阳，明显具有加强控制江南矿冶中心的战略意图。这说明康王此次

---

1 易德生：《周代南方的"金道锡行"试析——兼论青铜原料集散中心"繁汤"的形成》，《社会科学》2018年第1期。

2 郭长江等：《曾公畎编钟铭文初步释读》，《江汉考古》2020年第1期。

"省南国""伐虎方"不只是一次单纯的军事行动，实际具有政治上、经济上的双重意义，甚至在一定程度上其经济意义还要大于政治意义。

四、盂伐鬼方

康王把经营四土的治国方略重点转向南土，对北方少数部族地区基本上采取守势。但北方有异族来犯，亦必征伐，以保证南土经营战略的重点实施。康王统治末年，鬼方作乱，故命南宫盂率师讨伐，对其进行毁灭性的军事打击。此事文献失载，仅见于小盂鼎铭文，兹移录如下：

> 唯八月既望辰在甲申，昧爽，三左三右多君入，服酒。明，王格周庙，□□□宾延邦宾尊其旅服，东向。盂以多旂佩，鬼方□□□入南门，告曰：王命盂以□□伐鬼方，□□□馘□，执酋三人，获馘四千八百又十二馘，俘人万三千八十一人，俘马□□四，俘车卅辆，俘牛三百五十五牛，羊卅八羊。盂或告曰：□□□□呼蔑我征，执酋一人，获馘二百卅七馘，俘人□□人，俘马百四匹，俘车百□辆。王若曰：□。盂拜稽首，以酋进，即大廷，王令荣邋酋，荣即酋邋厥故，□越伯□□鬼闻，鬼闻虘以新□从。咸，折酋于□，王呼费伯令盂以人、馘入门，献西旅，□□入，燎周庙。盂以□□入三门，立中廷，北向。盂告费伯，即位，费伯□□□□于明伯、继伯、□伯告。咸，盂以诸侯侯、田、男□□盂征。既成，宾即位，赞宾，王呼赞盂于厥□□□进宾，□□大采，三周入，服酒。王格庙，祝延□□□邦宾，丕祼。□□用牲祎周王、武王、成王，□□卜有臧，王祼，祼述，赞邦宾。王呼□□□令盂以区入，凡区以品。雩若翌日乙酉，□三事□□入，服酒。王格庙，赞王，邦宾延。王命赏盂，□□□□□弓一、矢百、画臯一、贝胄一、金干一、戚戈二□□□用作□伯宝尊彝。唯王廿又五祀。（《集成》2839）

关于小盂鼎的年代，可由铭文纪年和祎祭诸王知之。用牲祎祭对象是周王（当为太王、王季、文王合称）、武王、成王，王国维以为共懿以前的王号是生称，故定此为成王时器[1]。实则谥号始于周初，武王、成王当为谥号[2]，知时王非成王。成王后面残缺的两个字也不可能是康王。若称康王谥号，时王即

---

1 王国维：《观堂集林（外二种）》，河北教育出版社，2001，第369—382页。

2 杜勇：《金文"生称谥"新解》，《历史研究》2002年第3期。

为昭王，但昭王在位只有十九年，不到二十五年。故郭沫若以三次"格庙"
之王为康王，实无可疑。《太平御览》八十四引《帝王世纪》说："康王在位
二十六年崩"，看来是有根据的。

器铭所载为周康王命盂伐鬼方，告功返京，献俘庆赏之事，涉及献俘
礼、饮至礼、官制及门朝制度等多方面的内容。如铭文中的"南门""三
门"，与清华简《皇门》的内容颇有关联，细加研究可知西周门朝制度不是通
常所说的三朝五门，而是三朝三门[1]。不过，这里对鼎铭所涉西周门朝制度不
拟多谈，只是重点讨论伐鬼方的有关问题。

康王此次伐鬼方，杀掠数量之大，为西周所仅见。从盂报告的战情分
析，战事分为大小两次战役，具体获俘情况可列表 5-1 如下：

表5-1　盂伐鬼方俘获数目表

战　役	执酋	获馘	俘人	俘车	俘马	俘牛	俘羊
大战役	3	4812	13 081	30	?	355	38
小战役	1	237	?	100+?	104		

因铭文残泐不清，有的统计数据不能确定。其中两次战役均有"俘车"，
计 130 辆以上。这里的"车"当为战车，若是运输辎重的车辆应如师同鼎称
为"大车"[2]。说明鬼方作战，除了徒兵还有车兵，其物质文化并非过去想象
的那样落后。然而，两次战役俘获类别与杀掠数量差异较大，其间有何奥
秘，值得仔细探讨。

（一）李家崖古城与鬼方政治中心

鬼方是一个古老的方国部族，甲骨卜辞已可见及。"鬼"字作🜨，从人，
像鬼头，与《说文》相合。西周金文其字形略异，小盂鼎作𢧑（戚）或𢧐
（魅），梁伯戈作🜨（魅），虽增形符，或带有"击"义，然不碍其为一字，
或许表明鬼方具有重武好战的族群特性。由于鬼方卜辞较少，而武丁屡伐舌
方，董作宾等以为舌方即鬼方，不被认同。王国维读鬼方为"畏方"字，因
其音变而为昆夷、獯鬻、猃狁，均一族之称[3]，亦非确当。经学者研究，鬼方

---

1 杜勇：《清华简与古史探赜》第六章，科学出版社，2018，第121—156页。

2 李学勤：《师同鼎试探》，《文物》1983年第6期。

3 王国维：《观堂集林（外二种）》，河北教育出版社，2001，第369—382页。

在甲骨金文中为独立的族群名称，今已渐成共识[1]。

　　对于鬼族的考索，王国维是有其开创性贡献的。他把鬼方与昆夷、猃狁视为一族，又说鬼方为"游牧之族，非有定居"，其活动范围自宗周之西（汧陇之间）而包其东北，当然是不可取的。但他由梁伯戈铭以证"鬼方蛮"在梁伯国（今陕西韩城[2]）之北，又以《国语·郑语》所言"隗"国为晋之西北诸族，却对我们探寻鬼方的活动地域具有重要的启示作用。

　　从文献上看，《诗·小雅·荡》云："覃及鬼方"，毛传："鬼方，远方也。"是汉儒不以鬼方为部族名，更不知其居邑何在。东晋干宝注《易》始言："鬼方，北方国也。"[3]徐广则曰："（九侯）一作鬼侯。邺县有九侯城。"唐代《括地志》亦谓："相州滏阳县西南五十里有九侯城，亦名鬼侯城。"[4]不管是邺县（今河北临漳），还是滏阳（今河北磁县），均距河南安阳不远。此与古本《竹书纪年》称殷末"西落鬼戎"的方位不合，应是后起的误传。王玉哲对鬼方地域详加考订，以为在山西南境，与事实相近。晋南侯马、曲沃一带，周初属于晋国的政治疆域，鬼方当在其北。从考古发现上看，在晋陕交界的黄河两岸山地，以石楼—绥德铜器群为代表的文化，不同于商系文化系统的旌介类型，是与商文化并行发展又互相影响的一支考古学文化。其所代表的族体基本上与商王朝处于敌对状态[5]。此支文化在年代和地域上与李家崖文化基本相合，后被归入李家崖文化的范畴。李家崖文化最具有代表性的遗址，是1983年在陕西清涧县李家崖村发现的一座商周古城址。其年代发掘者定为商代晚期至西周中期[6]，进一步研究表明其年代上限为殷墟一期，下限为西周早期[7]。李家崖城址的文化面貌与中原地区不同，特别是出土的三足瓮口沿上刻有"鬼"字陶文，与甲骨文从鬼从人（正面）的鬼字大体一致[8]，说明居住在这里的族群当是自称为"鬼"的鬼方主体。学者据以判定李家崖文化

　　1　王玉哲：《鬼方考》，《古史集林》，中华书局，2002；沈长云：《猃狁、鬼方、姜氏之戎不同族别考》，《人文杂志》1983年第3期。

　　2　陈槃：《春秋列国大事表列国爵姓及存灭表撰异》三订本，上海古籍出版社，2009，第412页。

　　3　（唐）李鼎祚：《周易集解》卷十二引，《景印文渊阁四库全书》第7册，商务印书馆，1986年。

　　4　《史记·殷本纪》，中华书局，1959，第107页。

　　5　李伯谦：《从灵石旌介商墓的发现看晋陕高原青铜文化的归属》，《北京大学学报》（哲学社会科学版）1988年第2期。

　　6　吕智荣：《陕西清涧李家崖城址陶文考释》，《文博》1987年第3期。

　　7　张映文、吕智荣：《陕西清涧县李家崖古城址发掘简报》，《考古与文物》1988年第1期。

　　8　吕智荣：《陕西清涧李家崖古城址陶文考释》，《文博》1987年第3期。

是与鬼方先民有关的文化遗存[1]，看来是有道理的。由此可作推测，鬼方大体活动在晋西北与陕东北黄河两岸的高原地带。

鬼方是一个由众多部落组成的政治共同体，有的部落可能以游牧为主，但李家崖古城的人群应已定居，至少是过着半农半牧的经济生活。清涧李家崖古城平面呈不规则长方形，东西长 495 米，南北宽 122—213 米，城内面积近 7 万平方米。城内发现房屋、窖穴，也有青铜、石、骨、玉制生产工具，并发现"稷"一类谷物，还有家畜、野生动物骨骸的出土，表明此地先民从事着农、牧、猎多种经济生产活动，并非单纯"以游牧、狩猎为生"[2]。在古城的东部，有一座规模较大、布局严整的院落式建筑，四周筑有夯土围墙。院内房子分布井然有序，别具一格，具有相对的独立性。它的整体布局与古书记载的宗庙、宫室有相同之处，应是城内事神和行政场所[3]。可见李家崖古城就是当时鬼方各部的主要政治活动中心。

（二）对鬼方的毁灭性打击

殷墟卜辞称"鬼方易"（《合集》8591），意即鬼方受到武丁征伐，飞扬而逃[4]。《周易·既济》爻辞言"高宗伐鬼方，三年，克之"，或与此有关。商末王季"伐西落鬼戎，俘二十翟王"，可见鬼方是由众多部落组成的共同体。周初授予唐叔虞的"怀（懷）姓九宗"，王国维以为即鬼方的一支，是为卓见。"懷"与襄、襄古本一字，与鬼相通。《汉书·外戚传下》载："襄诚秉忠"，颜师古注："襄，古懷字。"襄从衣鬼声，义与襄近。襄亦可借为鬼字，如伯
貨簋铭文云："唯用绥神襄（鬼）。"（《集成》4115）可见"怀姓九宗"出于鬼方，实即鬼族某支九个家族。说明周人克商以后，通过分割与迁徙，对鬼方加强政治控制。康王命盂伐鬼方，则是对鬼方进一步的军事打击。

盂伐鬼方的两次战役，细加比较有很多耐人寻味的地方。其一，两次战役所俘牛羊有别。一次计 393 头，另一次则没有牛羊。即使是游牧民族，作战过程中也没有必要驱赶牛羊随行。可见俘获牛羊的战役应是攻下某一聚落中心的俘获。其二，两次战役所俘车辆的多少不同。大的战役获俘车辆少

1　吕智荣：《鬼方文化及相关问题初探》，《文博》1990年第1期。

2　杨宽：《西周史》，上海人民出版社，1999，第555页。

3　吕智荣：《李家崖古城址 AF₁ 建筑遗址初探》，《周秦文化研究》编委会编：《周秦文化研究》，陕西人民出版社，1998，第116—123页。

4　于省吾：《甲骨文字释林》，中华书局，1979，第425页。

（30 辆），小的战役获俘车辆反而多（100 辆以上），说明大的战役可能发生在后，而不是通常所说的是第一次战役。而且车辆数量少可能只是用于防守，意味着战争的最后防线是其中心聚落。其三，两次战役俘人数量太过悬殊。小的战役为周师与鬼方的正面交锋，馘杀和俘虏的人数符合当时战争的常态。此可与多友鼎铭记伐猃狁的漆之战相对比。多有鼎铭文记周军西追猃狁，曾有过四次交战，其中漆之战最为激烈："甲申之晨，搏于郗（漆），多友有折首执讯：凡以公车折首二百又□又五人，执讯廿又三人，俘戎车百乘一十又七乘。"（《集成》2835）"折首"即斩首，与"馘"即割敌左耳计功相同，因有缺字估计在 215 人以上。"执讯"即虏获和审讯俘虏，也与"俘人"无异，计 23 人。俘车 117 辆，然未俘马。兹将两次战役作一简表 5-2 比较如下：

表 5-2　伐鬼方与伐猃狁两次战役对照表

战　役	执酋	获馘、折首	俘人、执讯	俘车	俘马
伐鬼方（一）	1	237	?	100+?	104
伐猃狁（漆）		215+?	23	117	

从表 5-2 可以看出，这两次战役杀掠情况大体相当，特别是俘人数量少于杀敌人数，符合战争一般规律。但我们回头看看伐鬼方的第二次大战役，便会发现俘虏人数接近杀敌人数的三倍，这是很诡异的。合理的解释应是，此战攻克了鬼方一个大的聚落中心，大量俘虏了其中居民。由此我们可以做出推测，此役伐鬼方可能在军事反击中攻占了鬼方的政治中心，因而得以大量俘人以及俘获了一定数量的车辆和牛羊。

如果李家崖古城是当时鬼方各部的政治中心，那么，此次盂伐鬼方即有可能在反击战中乘胜攻占了鬼方的都邑，从而给予鬼方以毁灭性的军事打击。此次伐鬼方之战，鬼方城邑被攻毁，酋领被俘虏，财产被劫掠，城中居民被俘带走，这对鬼方来说完全是一次毁灭性的军事打击。自此之后，鬼方不再是一个强大的部落联合体，而是分散活动于北方多个地方。

（三）鬼方的遗裔

经过盂伐鬼方的沉重打击，鬼方虽未灭绝，但实力已大为削弱。继之鬼族的政治活动中心发生变化，由陕东北转移到晋西北的河东一带。宗周末年，尚可见到的隗国即是鬼方的遗裔。《国语·郑语》载史伯对郑桓公说："当成周者……西有虞、虢、晋、隗、霍、杨、魏、芮。"韦昭注此"八国，皆姬姓也"，是错误的。其中的隗国与另外七国以国为氏并为姬姓不同，而是姓氏与国族名的统一体。王国维论其差别说：

> 此隗国者，殆指晋之西北诸族，即唐叔所受之"怀姓九宗"。春秋隗姓，诸狄之祖也。原其国姓之名，皆出于古之畏方，可得而征论也。案：《春秋左传》凡狄女称"隗氏"，而见于古金文中则皆作"媿"。经典所以作隗字者，凡女姓之字，金文皆从女作，而先秦以后所写经传，往往省去女旁……然则媿字依晚周省字之例，自当作"鬼"。……鬼方礼俗与中国异，或本无姓氏之制，逮入中国，与诸夏通婚媾，因以国名为姓。[1]

在这里，王氏读鬼方为"畏方"，以鬼为畏的借字，正好把事情弄反了，因而在逻辑上存在矛盾。又说隗国即"怀姓九宗"，也与事实不合。"怀姓九宗"早在周初即被授予唐叔，成为晋国治下之民，不至于宗周之末还是一个独立的政治实体。但是，王氏此论的精彩之处在于，正确揭示了鬼方之"鬼"，一变为"媿"，再变为"隗"，隗为国名又是族姓之名，以及源出鬼方的演变过程。这对于我们深入了解鬼方发展演变的源流是很有意义的。

春秋时期的隗姓，被称为狄人，狄或作翟。狄之种类繁多，要分赤狄、白狄、长狄三类。《国语·周语中》载周襄王欲以狄女为后，富辰以为不可，他说："狄，隗姓也……夫礼，新不间旧，王以狄女间姜、任，非礼且弃旧也。"富辰说狄为隗姓，王国维也说隗姓为诸狄之祖，不免过于笼统。《潜夫论·志氏姓》说："隗姓赤狄，姞（姬）姓白狄。"可见狄人内部的族姓未必划一。但赤狄为隗姓，应无可疑。《左传·僖公二十三年》说："狄人伐廧咎如，获其二女叔隗、季隗，纳诸公子。公子取季隗生伯儵、叔刘；以叔隗妻赵衰，生盾。"杜注："廧咎如，赤狄之别种也，隗姓。"《国语·郑语》说："当成周者……北有卫、燕、狄、鲜虞、潞、洛、泉、徐、蒲。"韦注："狄，北狄也。鲜虞，姬姓在狄者也。潞、洛、泉、徐、蒲，皆赤翟，隗姓也。"说明春秋赤狄就是西周隗（鬼）国的后裔。

春秋之世，戎狄为祸，尤以赤狄为烈。顾栋高《赤狄白狄论》说："（赤狄）合诸部为一，力大势盛。故能以兵威伐邢入卫，灭温伐周，又能仗义执

---

1 王国维：《观堂集林（外二种）》，河北教育出版社，2001，第373—374页。

言，救齐伐卫。以齐晋之强，莫之能抗也。"[1]及至《左传·宣公十五年》载晋败赤翟"灭潞"，鲁宣公十六年（前593年），晋"灭赤狄甲士及留吁、铎辰"，乃不见赤狄为患。

综上所述，小盂鼎所记康王二十五年盂伐鬼方，是西周早期的一次重大战役，对于巩固西周西北疆域的统治具有重要意义。此役打败了鬼方的主力部队，攻占了鬼方部族的中心聚落（很可能就是李家崖古城），对其进行了毁灭性的军事打击。之后，鬼方遗裔的政治活动中心由陕东北转向晋西北河东一带，又形成隗姓方国。春秋之世，隗姓赤狄一时为患甚烈，至晋国灭掉赤狄诸部，乃逐渐融合于华夏民族。

第二节　昭王南征楚荆

昭王南征是康王以来经营南土方略的继续，重点仍在江汉流域。此时楚国逐渐发展壮大，开始与周王朝争夺对江汉地区的控制权。为了加强对南土的统治，昭王两次南征荆楚。由于第二次南征失利，周人对南土地区的经略被迫中止，控制力从此减弱。

一、两次南征史迹厘正

昭王两次南征楚荆，文献记载极为简略，其具体史事不为人知。然而，由于金文断代的误判，过去多把大量成康时期的铜器视作昭世之物，致使昭王南征的金文资料骤然增多。人们据以复原诸多历史细节，看似言之凿凿，实则不可据信。为什么昭王南征的文献和金文资料不会太多呢？《史记·周本纪》道明了个中缘由："昭王之时，王道衰微。昭王南巡狩不返，卒于江上。其卒不赴告，讳之也。"所谓"不赴告"，"赴"字后世作讣，就是周王室对诸侯国不报丧，也不举行丧礼。因为昭王南征"卒于江（汉）上"，丧师殒命，并不是一次普通的军事失利。这对周王朝来说，是颇失颜面的事情，当然不便大肆宣扬。由于不发讣告，各种文献也就鲜少记录。《左传·文公十四年》载："顷王崩，周公阅与王孙苏争政，故不赴。凡崩、薨，不赴，则不书。"这是说天子崩逝，诸侯薨殁，不发讣告，《春秋》即不加记载。昭王死

1（清）顾栋高：《春秋大事表》卷三十九，吴树平、李解民点校，中华书局，1993。

后的情况正是如此。故官方档案文书不载此事，贵族制器铭功亦须有所顾忌。加之昭王第二次伐楚，全军统帅死了，无人振旅班赏；将士死了，也无人领功受赏，哪里会有众多的功臣纷纷制器以扬功烈？其中的道理简单明了，无需多说。

从文献上看，有关昭王南征的材料主要分为两类：一类属于历史大事纪；另一类则偏重昭王死难的细节描述。前者如古本《竹书纪年》说：

（1）"周昭王十六年，伐楚荆，涉汉，遇大兕。"

（2）"周昭王十九年，天大曀，雉兔皆震，丧六师于汉。"

（3）"周昭王末年，夜有五色光贯紫微。其年，王南巡不返。"[1]

据此可知昭王伐楚分为两次。第一次是其在位十六年，师渡汉水，遭遇大兕。"兕"为犀牛类水中之兽。《楚辞·天问》说："昭后成游，南土爰底，厥利维何，逢彼白雉。"闻一多以为，"雉当为兕，声之误也。"[2]兕多为青色，昭王伐楚却遇见了白兕。这是有利的吉兆还是不祥的凶兆？屈原对此大惑不解。昭王第二次伐楚，在归途中溺于汉水，应与风云突变，洪水暴涨有关。"天大曀"，《尔雅·释天》云："阴而风为曀。"是说飓风席卷，天昏地暗。而"雉兔皆震"，应是雷雨交加，吓得山鸡乱飞，野兔奔逃。随之洪水暴涨，不只渡船或舟桥被巨浪打翻，而且汉水两岸的周军也被席卷淹没。后一条说"周昭王末年"当是指其最后几年，出现"夜有五色光贯紫微"的奇异天象，以附会昭王出师不利。后文"其年"则是指十九年，"王南巡不返"，亦即管仲所说"昭王南征而不复"[3]。恐不能据此认为指昭王十九年的次年，昭王还健在南巡[4]。此类大事纪虽含有荒诞成分，基本史事却是可信的。

关于昭王死难的细节描述，主要见于《吕氏春秋·音初》载："周昭王亲将征荆，辛余靡长且多力，为王右。还反涉汉，梁败，王及蔡（祭）公抎（陨）于汉中。辛余靡振王北济，又反振蔡公。"这是说昭王涉汉北济，用舟船架设桥梁，舟坏桥毁，昭王与祭公均坠水而亡，车右辛余靡来回拯救，仅得其尸。整个叙事细密平实，不似造作。其后《帝王世纪》衍生出的胶船说，却明显是齐东野语，其言："昭王德衰，南征，济于汉，船人恶之，以胶

---

1 方诗铭、王修龄：《古本竹书纪年辑证》修订本，上海古籍出版社，2005，第45—46页。

2 闻一多：《楚辞校补》，巴蜀书社，2002，第56页。

3 《左传·僖公四年》，（清）阮元校刻：《十三经注疏》，中华书局，1980，第1793页。

4 李学勤：《基美博物馆所藏令簋的年代》，《文物中的古文明》，商务印书馆，2008，第534—537页。

船进王，王御船至中流，胶液船解，王及祭公俱没于水中而崩。其右辛游靡长臂且多力，游振得王，周人讳之。"[1]此言昭王乘坐的渡汉船只，为船人进献，由胶液粘连，故至中流解体，堕水而亡。船体巨大，不是胶液可以粘连而成的。再说昭王涉汉，也不可能单舟横渡，即使王舟发生故障，护卫船只也有施救的机会。可见《帝王世纪》关于胶船的细节描述，不可凭信。

此外，《水经注》卷二十八《沔水》还言及昭王南征死难的地点，其文云：

> 沔水（汉水）又东迳左桑，昔周昭王南征，船人胶舟以进之。昭王渡沔，中流而没，死于是水。齐、楚之会，齐侯曰：昭王南征而不复，寡人是问。屈完曰：君其问诸水滨。庾仲雍言：村老云，百姓佐昭王丧事于此，成礼而行，故曰佐丧。左桑，字失体耳。……沔水又东得合驿口，庾仲雍言：须导村耆旧云，朝廷驿使合王丧于是，因以名焉。今须导村正有大敛口，言昭王于此殡敛矣。沔水又东，谓之横桑，言得昭王丧处也。沔水又东谓之郑公潭，言郑武公与王同溺水于是。余谓世数既悬，为不近情矣。斯乃楚之郑乡，守邑大夫僭言公，故世以为郑公潭耳。沔水又东得死沔，言昭王济沔自是死，故有死沔之称，王尸岂逆流乎？但千古芒昧，难以昭知，推其事类，似是而非矣。[2]

在这里，郦氏采《帝王世纪》胶船说，自不可取。所引东晋庾仲雍《汉水记》，以言昭王死难之地在"左桑"，应属可信。"左桑"本为"佐丧"，是百姓佐助昭王治丧的地方，东面的"合驿口"是朝廷驿使在此会合殡殓王尸处，其地在今湖北天门东南[3]。下文提到汉水东流经过的三个地名，传说"横桑"是捞得昭王尸体处，"郑公潭"是郑武公与昭王溺水处，"死沔"是昭王济汉溺死处，郦氏指斥这种说法不近事理，"似是而非"。原因是郑武公是平王时人，岂能与上距百余年的昭王同时溺死于汉水？若昭王死于汉水下流的"死沔"，其尸体又岂能逆流到上游的"横丧"而被打捞上岸？他认为郑公潭是由于楚国郑乡邑守大夫僭称"公"而得名，与昭王之死无关。对于"死沔"得名的由来郦氏无说，熊会贞以为汉水至天门分南北二派，东流复合，

---

1 《史记·周本纪》正义引，中华书局，1959，第135页。

2 （北魏）郦道元著、陈桥驿校证：《水经注校证》，中华书局，2007，第671页。

3 （北魏）郦道元注，（民国）杨守敬、熊会贞：《水经注疏》，江苏古籍出版社，1989，第2414—2416页。

或其一派时通时塞，故有死沔之称[1]。值得注意的是，郦氏虽对"横桑""郑公潭""死沔"三地得名的缘由表示异议，却并未对昭王死于"左桑"持任何否定意见。从安州六器看，周康王伐虎方已深入到随州、孝感一带，昭王南征在天门东南"涉汉伐楚"是符合周人经营南土的地理背景的。楚人把战场选在这里，正好利用汉水以南的云梦沼泽地带，与远征而来的王师周旋。虽其具体战况不详，但昭王还师途中殁于汉水，无疑是信而有征的。若谓昭王南巡因横渡长江遇难，似非正解。

关于昭王南征的文献资料属于叙史性质，对历史事件的始末都有必要交代，史料价值较高。只是其数量有限，加之个别地方真赝杂陈，令人无法知晓更多的历史细节。人们试图借助金文资料进行历史的复原，其出发点是值得称道的。唐兰说："补充西周史是今后研究铜器铭刻的新的重大任务。司马迁在两千多年前写的《史记·周本纪》所依据的史料，贫乏得太可怜了。我们如果把全部西周铜器都整理了，以大量的可靠的地下史料为根据，结合文献资料，写一部新的比较详尽的西周史，难道不是值得一做的巨大工作吗？"[2]唐氏认为，只要把昭王时期的铜器定下来之后，其他的问题就容易解决了。因而潜心研究，找出昭王时期的铜器铭刻五十三篇六十五件铜器，进行仔细的梳理和考证，以述说昭王南征的历史。可惜其中除少量铭刻外，绝大部分都不属于昭王时期，诸如矢令器、安州六器、麦氏四器、作册睘器、作册折器等，如前所言当为成康时器，不宜用来绎说昭王南征史实。又如与"上侯"地名有关的一组铜器，即启卣（尊）、不栺鼎、师俞尊（鼎）等，其中师俞与师俞簋（盖）的作者是一人[3]。师俞簋盖铭云："唯三年三月初吉甲戌，王在周师录宫，旦，王格大室，即位，司马共右师馀（俞）入门立中廷，王呼作册内史册命师馀（俞）。"（《集成》4277）铭文历日要素齐全，又涉及右者"司马共"，一望即知非昭世器，则师俞尊（鼎）"王女（如）上侯"（《集成》5995、2723），自与昭王南征无涉。

如果我们抛开康宫原则的羁绊，仔细分析有关铜器铭文，发现反映昭王南征的铜器并不多，而且大都集中在第一次南征之役。史墙盘铭文云："宏鲁昭王，广惩楚荆，唯寏南行。"（《集成》10175）逑盘铭云："用会昭王、穆

---

1 （北魏）郦道元注，杨守敬、熊会贞：《水经注疏》，江苏古籍出版社，1989，第2416页。

2 唐兰：《论周昭王时代的青铜器铭刻》，《唐兰金文论集》，紫禁城出版社，1995。

3 陈梦家：《西周铜器断代》，中华书局，2004，第194页。

王，溢政四方，扑伐楚荆。"（《铭图》14543）这都是针对昭王第一次伐楚而言的，而且词多溢美。如同《国语·齐语》管子说："昔吾先王昭王、穆王，世法文、武远绩以成名。"其例略同。昭王第一次南征的铜器铭文，首先需要提到的是䛊簋、䛊鼎。鼎为传世器，簋则于 1981 年冬在西安市长安区斗门镇花园村出土，系一人所作之器。铭文内容如下：

　　䛊簋：唯九月，鸿叔从王员征楚荆，在成周，䛊作宝簋。（《集成》3950）

　　䛊鼎：鸿叔从王南征，唯归，唯八月在䣄应（居），䛊作宝鬲鼎。（《集成》2615）

䛊鼎说到鸿叔"王南征，唯归"，而不是南征不复，知为第一次南征伐楚。即昭王十五年某月从宗周出发，九月到达成周，次年八月班师，驻跸䣄应地行宫。此役大有俘获，主要战果是掠得大量青铜原料。相关铜器铭刻有云：

　　狱驭簋：狱驭从王南征，伐楚荆，有得，用作父戊宝尊彝，吴。（《集成》3976）

　　过伯簋：过伯从王伐反荆，俘金，用作宗室宝尊彝。（《集成》3907）

　　霰簋：霰从王戍（伐）荆，俘，用作餗簋。（《集成》3732）

所谓"俘金"就是俘获青铜原料，"有得"也是指"俘金"。狱驭、过伯、霰等三位将领对昭王南征荆楚的俘获作同一记述，清楚说明了战争的主要目的。既称"俘"又言"得"，就不会是落败而归，必是昭王第一次伐楚取得的战果。此外，还有三件铜器记录了昭王南征时对有关人员的赏赐：

　　京师畯尊：王涉汉伐楚，王有奕（夜）功，京师畯克匹王，釐贝。（《铭图》11784）

　　胡应姬鼎：唯䰙（昭）王伐楚荆，猷（胡）应姬见于王，辞皇，锡贝十朋，玄布二乙，对扬王休。（《铭图》30221）

　　小子生尊：唯王南征，在□，王命生办事于公宗，小子生锡金、郁鬯，用作簋宝尊彝。（《集成》6001）

铭刻中的"京师畯"，大概是宗周的一位官员，因其"克匹王"，即辅助昭王涉汉伐楚，受到奖赏，获赐贝币。"匹"或释为"斤"，视作地名，如此后句则成了"王釐贝"，金文未见这样的语例。故以释匹于义为长[1]。"胡应姬"是

1　黄锦前：《京师畯尊读释》，《文物春秋》2017年第1期。

应侯之女嫁于胡国者，胡在今河南漯河市，表明昭王南征途中到过胡国，胡应姬也得到赏赐。"小子生"在某地办理宗室事务比较得力，昭王也赐予青铜、香酒。这三件铜器所记录的也应该是昭王第一次南征伐楚的事情。由于铜器制作工艺复杂，一般不可能即时铸作，往往滞后于铭文所记事件的时间。即使昭王第二次南征失败，为人所讳言，但贵族们要铸造第一次伐楚记功的铜器，应无问题。

在昭世铜器中，目前尚难找到真正记载第二次南征的器物，无以复原历史的原貌。但无论如何，不能把本来不属于昭王时期的铜器铭文，用来叙述昭王南征的史实，人为制造出并不存在的历史情节。

二、楚居丹阳识地

昭王南征伐楚，还牵涉当时楚国都邑所在地的问题。因为就常理而论，周楚两军交锋，战场与楚都似乎相距不会太远。而且"王涉汉伐楚"，楚应当在汉水的南面，故昭王必须渡过汉水，才能进攻楚人[1]。那么，昭王时的楚都究竟在什么地方呢？

《史记·楚世家》说：

> 周文王之时，季连之苗裔曰鬻熊。鬻熊子事文王，蚤卒。其子曰熊丽。熊丽生熊狂，熊狂生熊绎。熊绎当周成王之时，举文、武勤劳之后嗣，而封熊绎于楚蛮，封以子男之田，姓芈氏，居丹阳。楚子熊绎与鲁公伯禽、卫康叔子牟、晋侯燮、齐太公子吕伋俱事成王。[2]

《世本·居篇》则云：

> 楚鬻熊居丹阳，武王徙郢。[3]

楚人是源起中原地区的一个古老部族[4]，周初南迁江汉地区，居于"丹阳"。然丹阳地望何在？文献记载多异，今人亦多歧见，大体有当涂说、枝江说、秭归说、丹淅说等不同主张，长期处在争议之中[5]。近出清华简《楚居》为解决

1 李学勤：《由新见青铜器看西周早期的鄂、曾、楚》，《三代文明研究》，商务印书馆，2011，第90—96页。

2 《史记·楚世家》，中华书局，1959，第1691—1692年。

3 《左传》桓公二年疏引，（清）阮元校刻：《十三经注疏》，中华书局，1980，第1743页。

4 杜勇：《清华简〈楚居〉所见楚人早期居邑考》，《中国国家博物馆馆刊》2013年第11期。

5 徐少华：《楚都丹阳地望探索的回顾与思考》，《荆楚历史地理与长江中游开发》，湖北人民出版社，2009。

此问题提供了新材料和新线索，或可据以究明。清华简《楚居》有云：

穴酓（熊）迟徙于京宗，爰得妣隈，逆流载水，厥状聂耳货，乃妻之，生侸叔、丽季。……至酓狂亦居京宗。至酓绎与屈紃，使郢嚣卜徙鄩宅。[1]

简文中的"穴熊"，又见于《史记·楚世家》："季连生附沮，附沮生穴熊。其后中微，或在中国，或在蛮夷，弗能纪其世。"司马迁以穴熊为季连之孙，并别鬻熊为二人，是其舛误。清人孔广森曾经指出："鬻熊即穴熊声读之异，史误分之。"[2]近年一些学者通过对望山简、包山简和葛陵简中"楚先"的研究，进一步肯定穴熊即鬻熊[3]。今以清华简《楚居》验之，穴熊为丽季（熊丽）之父，而《史记·楚世家》则以鬻熊为熊丽之父，证明二者确为一人。

清华简《楚居》简文中的"京宗"，是楚人南迁前的最后一站，也是楚人在中原地区的族居地之一。清华简整理者"疑与荆山之首景山有关"，实则"京宗"当即《左传·昭公二十二年》所言"京楚"。传文云："十二月庚戌，晋籍谈、荀跞、贾辛、司马督帅师军于阴，于侯氏，于溪泉，次于社。王师军于氾，于解，次于任人。闰月，晋箕遗、乐徵、右行诡济师取前城，军其东南。王师军于京楚。辛丑，伐京，毁其西南。"杜注："洛阳西南有大解小解"，又注"济师，渡伊洛"。虽然杜预于"京楚"地望无说，但联系解、京等地名，清人江永谓其"近京邑之地"[4]，当可信从。《说文》云："京，人所为绝高丘也。"郭沫若说："在古朴素之世非王者所居莫属。王者所居高大，故京有大义。"[5]可见"京楚"当是楚先所居之地，具有都邑的性质。《左传·庄公二十八年》云："有宗庙先君之主曰都，无曰邑"，故京楚又称"京宗"是很自然的事。

清华简《楚居》说"穴熊迟徙于京宗"，那么，他是何时迁徙到京宗的呢？据历组卜辞"岳于南单，岳于三门，岳于楚"（《合集》34220），可知楚人是时犹居今河南滑县的楚丘一带，说明楚人从楚丘迁走当不早于帝乙、帝辛时期。《史记·楚世家》言及"鬻熊子事文王"，又载楚君熊通说："吾先鬻

1　李学勤主编：《清华大学藏战国竹简（一）》，中西书局，2010。《楚居》释文见181—182页。注释见第182—192页。下引不另注。

2　黄怀信：《大戴礼记汇校集注》，三秦出版社，2005，第795页。

3　李家浩：《楚简所记楚人祖先"媸（鬻）熊"与"穴熊"为一人说》，《文史》2010年第3辑。

4　（清）江永：《春秋地理考实》卷二，《景印文渊阁四库全书》第181册，商务印书馆，1986。

5　郭沫若：《两周金文辞大系图录考释（七）》，科学出版社，1957，第113页。

熊，文王之师也"，则鬻熊主要活动在文王时期。《史记·周本纪》说："西伯曰文王，遵后稷、公刘之业，则古公、公季之法，笃仁，敬老，慈少。礼下贤者，日中不暇食以待士，士以此多归之。伯夷、叔齐在孤竹，闻西伯善养老，盍往归之。太颠、闳夭、散宜生、鬻子、辛甲大夫之徒皆往归之。"说明鬻（穴）熊往归周文王在商纣统治末期，其西迁京宗亦在此时。周原甲骨有云："曰今秋，楚子来告，父后哉。"即是鬻（穴）熊率其族人往归文王的卜问记录[1]。

穴熊率其族人西迁京宗，应与不堪忍受商纣的暴虐统治有关。《史记·楚世家》说："彭祖氏，殷之时尝为侯伯，殷之末世灭彭祖氏。"彭祖氏同为陆终六子之一，殷末被商纣所灭，预示着与之同为季连裔氏的楚人也面临危险处境。在这种情况下，穴熊带领族人"逆流载水"，即逆河水而行，不只是为了娶妣厥为妻，也是为了西去京宗，远离殷商中心统治区，复归楚人旧地，归服礼贤下士的周文王，在政治上寻找新的依靠力量。刘向《别录》云："鬻子名熊，封于楚。"[2]此言"封于楚"，即是文王与楚人建立反殷同盟，支持鬻（穴）熊在楚人早年居地京宗立国。而鬻熊本人则前去岐山，成为辅佐文王的高层智囊人物，楚人谓为"文王之师"。然其功业未成，即先于文王驾鹤西去，故有"早终"之说。

必须说明的是，鬻（穴）熊带领的族人只是当时楚族中的一支。季连娶妣佳为妻，"爰生缇伯、远仲"，可能暗示在殷商后期楚人有两大势力集团。或因对待殷楚关系各有不同立场，后来便形成两大对立的政治派别。一派亲殷，继续留居楚丘，此即司马迁所言"或在中国"者，结果成为周初令簋、禽簋铭中被周公征伐的对象。[3]一派疏殷，在穴熊带领下沿黄河西去，复归京宗暂作立足之地，至熊绎南迁，终成"或在蛮夷"的南方大国。

自穴熊徙居京宗，历经丽季、熊狂三代人的惨淡经营，京宗应已具备立国的条件。为什么到了熊绎时期这支楚人又要离开京宗，"辟在荆山，筚路蓝缕，以处草莽"呢？这可能与京宗所在的洛阳地区处于战略要冲有关。武王克商之后，为了有效地控制东方局势，曾有营建洛邑成周的战略计划。周公平定三监之叛后，继承武王遗志，大规模营洛迁殷，使成周变成了近制殷

1　杜勇：《令簋、禽簋中的"伐楚"问题》，《中国历史文物》2002年第2期。

2　《史记·周本纪》集解引，中华书局，1959，第116页。

3　杜勇：《令簋、禽簋中的"伐楚"问题》，《中国历史文物》2002年第2期。

遗、远治四方的东方政治中心。在这种背景下，此支楚人要在洛阳一带立国发展显然不具地利优势。故在熊丽之时，一方面暂以京宗作中转站；另一方面又向南方开拓，开始寻找新的根据地。这就是《墨子·非攻下》所说："昔者楚熊丽始讨此雎山之间。"毕沅云："'讨'字当为'封'。雎山，即江汉沮漳之沮。"[1]毕氏以"讨"为"封"，未必可信。因为不只史无熊丽始封之说，而且与《墨子》本篇所讲"非攻"的主旨不合。所谓"雎山"亦可视作雎水，在文献上与古荆山有关。《山海经·中次八经》说："荆山之首，曰景山，其上多金玉，其木多杼檀。雎水出焉，东南流注于江。"《淮南子·地形训》云："雎出荆山。"《水经注·沮水》云："沮水出东汶阳郡沮阳县西北景山，即荆山首也。"说明雎山（雎水）与荆山多有关联。据石泉考证，在丹淅附近古有荆山，"是比南漳西北的古荆山还要古一些的荆山。它同楚都丹阳之得名，应是同步的、配套的"[2]。这说明"熊丽始讨此雎山"实际是通过军事手段在江汉流域开辟新的据点，以作南下准备。待熊丽之孙熊绎成为此支楚人领袖时，便以成王册封的名义，南迁荆山雎水，成为真正代表芈姓一族的南土楚邦。

清华简《楚居》显示，穴（鬻）熊居京宗，熊绎从京宗迁徙塞屯，说明他们的居邑划然有别，必非一地。那么，塞屯位于何地？它与文献所说的丹阳又是何种关系呢？

对于塞屯，清华简整理者说："当即史书中的丹阳，近于都。"这个推断大体不误。一方面，熊绎所徙塞屯为都嗌所卜，是知楚与都族有着密切联系；另一方面，熊绎建好新邑因无牺牲举行祭典，竟然偷走都人的无角小牛，因担心被发现，便在夜间举行祭祀。这说明塞屯与都地必相邻近，同处一域。这样，即可以都地为线索，来考知塞屯的大致方位。

在清华简《楚居》中，"都"作为地名出现过三次：第一次是楚人"窃都人之犝"；第二次是"若敖熊仪徙居都"；第三次是"至堵敖自福丘迁袭都郢"。第一次言及的"都"为国族名兼地名，与简文"都嗌"之都同义；后两次的"都"是地名兼楚都邑名，已不具备国族名的含义。虽然这三个"都"在地名上有其共性，但实际地望却大相径庭。

1（清）孙诒让：《墨子间诂》，孙启治点校，中华书局，2001，第153页。

2 石泉：《楚都丹阳及古荆山在丹、淅附近补证》，《江汉论坛》1985年第12期。

　　首先，谈楚都邑之"都"。这个问题不妨从楚郢都说起。楚人以郢为都，始于楚武王（前740—前690年在位）。《世本》说"武王居郢"，与《史记·楚世家》《史记·十二诸侯年表》谓楚文王"始都郢"相异。今据清华简《楚居》云："至武王熊䚞（《楚世家》作熊通）自宵徙居免……众不容于免，乃溃疆浧之陂而宇人焉，抵今曰郢"，可以确定楚人以郢为都始于武王。郢都本名为免，扩建之后曰"郢"，或称"疆郢""免郢"。郢之地望，可从"抵今曰郢"考知。清华简《楚居》记事终于楚悼王（前401—前381年在位），表明本篇作于楚悼王以后的战国中期。所谓"抵今曰郢"，说明楚武王所建之郢与清华简《楚居》作者所处战国时期之郢是同一个地方。而战国时期的郢都所在，史籍有明确的记载。《史记·货殖列传》说："江陵故郢都，西有巫巴，东有云楚之饶。"《汉书·地理志上》说："江陵，故楚郢都，楚文王自丹阳徙此。"《左传·桓公二年》杜注言之更详："楚国，今南郡江陵县北纪南城也。"《括地志》亦云："纪南故城在荆州江陵县北五十里。杜预云国都于郢，今南郡江陵县北纪南城是也。"[1]汉唐学者众口一词，郢在江陵（今湖北荆州市荆州区）应无可疑。特别是司马迁生活的时代与"白起拔郢"事件（前278年）相距不到二百年，所言尤可信据。经过对江陵纪南城的考古发掘，"可以肯定纪南城就是楚之郢都"，至于纪南城是否楚武王"始都之郢"，发掘报告在当时"还难以作出明确的回答"[2]。于今清华简《楚居》的发现，这个问题可以得到解决了。

　　据清华简《楚居》可知，在楚武王都郢之后，楚都仍有迁徙，但郢作为都邑名称大多随地相附，故所迁之地每每称作"某郢"，鄀郢即其中之一。清华简《楚居》整理者认为："鄀郢，即若敖所居之都。"是可信从。都敖熊仪为武王祖父，卒于春秋初年（前764年），清华简《楚居》谓其子"焚冒熊率（《楚世家》误为熊仪之孙）自鄀徙居焚，至宵敖熊鹿自焚徙居宵，至武王熊䚞自宵徙居免"，免经扩建而称为郢（疆郢）。这说明鄀、焚、宵作为王居的时间都不长，且其地必与郢都（疆郢）相近，故后来堵敖又曾一度迁回鄀郢。根据鄀与郢相距不远这一点来推断，此鄀当即《左传·定公六年》所载楚昭王"迁郢于鄀"之"鄀"。此事于《史记·楚世家》《汉书·地理志上》

1　《史记·楚世家》正义引，中华书局，1959，第1696页。。

2　湖北省博物馆：《楚都纪南城的勘查与发掘》，《考古学报》1982年第3、4期。

均有所载，尤其是《汉书·地理志》言"鄀"之地望甚明："若（鄀），楚昭王畏吴，自郢徙此，后复还郢"。鄀在汉代为南郡属县，距今湖北宜城不远。日本学者竹添光鸿《左氏会笺》曰："由南而北迁，以避吴也。改郢为鄀，故曰迁郢于鄀。……秦于其地置若县，后汉改为鄀县晋因之。今湖北襄阳府宜城县东南九十里，有鄀县故城。"[1]杨伯峻《春秋左传注》亦同此说。然据清华简《楚居》记载，吴王"阖庐入郢"之时，楚昭王不是迁郢于鄀，而是"焉复徙居秦溪之上"。此"秦溪"与"鄀"到底为何种关系，有待探考。这里笔者只想强调的是"鄀"与"鄀郢"应为一地，位于今湖北宜城东南，与郢都（古江陵）邻近。不过，这个"鄀"或"鄀郢"与熊绎时期鄀人所居之"鄀"是不能等视齐观的。一方面，清华简《楚居》对其表述判然有别，前者为楚居，后者为鄀人之邑，自不可混；另一方面，自熊渠从睽宅"徙居发渐"，至熊挚"徙居旁屽"，至熊延"徙居乔多"，再至若敖于两周之际"徙居鄀"，历时二百多年，楚人渐行渐远，已与熊绎时期的鄀人之居不相邻近了。

其次，言鄀人之"鄀"。文献上除有南郡之鄀外，尚有商密之鄀。清华简《楚居》整理者认为，本篇鄀人之若（鄀）"当即商密之鄀，亦即铜器中的上鄀，在今河南淅川西南。熊绎所迁之睽宅与之相距不远。"这个推断大致可信，但有些问题仍须辨析。

《左传·僖公二十五年》云："秋，秦、晋伐鄀。"此役秦、晋合师伐鄀，鄀、楚联军相抗，结果鄀降于秦，楚帅被囚。杜预注："鄀本在商密，秦、楚界上小国，其后迁于南郡鄀县。"其地望杜注云："商密，鄀别邑，今南乡丹水县。"《水经注·丹水》亦云："丹水又迳丹水县故城西南，县有密阳乡，古商密之地，其申、息之师所戍也。"又《水经注·沔水》云："沔水又迳鄀县故城南，古鄀子之国也。秦、楚之间，自商密迁此，为楚附庸，楚灭之以为邑。……楚昭王为吴所迫，自纪郢迁都之。"所言丹水县即今河南淅川县，商密位于该县故城西南，为春秋早中期鄀国所在。根据杜预、郦道元等人的说法，古鄀国只有一个，先鄀商密，继迁南郡，终灭于楚。

但是，春秋时期金文资料显示，其时鄀分上下，有二国并存。郭沫若证以鄀公缄鼎出自与商密接壤的上洛（陕西商洛市商州区），铭文又自称下鄀，故认为："南郡之国为本国，故称上，上洛（按即商密）之鄀为分枝，故称

1〔日〕竹添光鸿：《左氏会笺》，巴蜀书社，2008，第2186页。

下。"[1]谭其骧《中国历史地图集》采信其说，影响益巨。现在看来，郭沫若以为春秋时期有两个鄀国并存是其洞见，但对于上、下鄀地望的考证并无确证。因为单凭铜器出土地点来确定二鄀地望未必可靠。譬如后来发现的上鄀府簠出土于湖北襄阳春秋楚墓中[2]，而上鄀公簠却出土于河南淅川下寺春秋楚墓中[3]，这就意味着与器铭发现地相近的商密之鄀与南郡之鄀都有可能是上鄀。再从清华简《楚居》看，南郡之鄀早在若敖所处两周之际即为楚人都邑，这就存在两种可能性，或已亡国，或已他徙。但不管哪种情况，南郡之鄀的地位与商密之鄀都无法匹敌。以情理言之，若南郡之鄀为本国，则应比枝国更为强大，亡国或淡出历史舞台的时间会更晚一些。然而，南郡之鄀却早早地销声匿迹，商密之鄀到春秋中期犹显于世。据此看来，倒是商密之鄀为上鄀的可能性更大。1979年，河南淅川下寺M8出土的上鄀公簠，其铭有云："上鄀公择其吉金，铸叔妳番妃媵簠"[4]，是知本器为上鄀公嫁女的陪品。"叔妳"为其女字，"妳"（芈）为族姓。说明此时的上鄀公已非《世本》所载允姓之鄀，而是由芈姓楚人履职的县公[5]。该器年代属春秋中期晚段，楚人在此设县治民，表明当时商密之鄀已不复存在。而上鄀公簠出自淅川下寺，则是上鄀即鄀之本国原在此地的重要佐证。

最后说墅屯的方位。熊绎时期的都人之鄀既为商密之鄀，则与之相近的墅屯亦必在今淅川境内，只是其具体位置因文献失载，尚难确考。清华简《楚居》整理者以为墅屯当即丹阳，只有不把丹阳理解成一个固定的地名而视作丹水之阳，才是正确的。因为墅屯在音义上与丹阳并无联系，不好直接说墅屯就是史书中的丹阳。《史记》多次提到战国时期楚地的丹阳，虽可在今淅川县境求之，但仔细查考也不是一个固定的地名。《史记·楚世家》说："（楚怀王）十七年，与秦战丹阳，秦大败我军，斩甲士八万，虏我大将军屈匄。"此事又见载于《史记·秦本纪》《史记·韩世家》《史记·张仪传》《史记·屈原传》，但《史记·屈原传》称丹阳为"丹、淅"："秦发兵击之，大破楚师于

1　郭沫若：《两周金文辞大系图录考释（八）》，科学出版社，1957，第175页。

2　杨权喜：《襄阳山湾出土的鄀国和邓国铜器》，《江汉考古》1983年第1期。

3　河南省文物研究所、河南省丹江库区考古发掘队、淅川县博物馆：《淅川下寺春秋楚墓》，文物出版社，1991，第9页。

4　河南省文物研究所、河南省丹江库区考古发掘队、淅川县博物馆：《淅川下寺春秋楚墓》，文物出版社，1991，第9—10页。

5　徐少华：《鄀国铜器及其历史地理研究》，《江汉考古》1987年第3期。

丹、淅，斩首八万，虏楚将屈匄，遂取楚之汉中地。"《索隐》云："丹，淅，二水名也。谓于丹水之北，淅水之南。皆为县名，在弘农，所谓丹阳、淅是也。"而《正义》谓："丹阳，今枝江故城。"钱穆考证说："此丹阳即丹水之阳。《索隐》说是也。楚先世封丹阳即在此，故曰'辟在荆山，荜路蓝缕，以处草莽'，《汉志》以丹阳郡丹阳说之，大误；《正义》说亦非。"[1]这说明直到战国时期丹阳仍指丹水之阳，如同"汉阳诸姬"之汉阳为汉水之阳一样，也是一个区域名称。《玉篇·阜部》云："阳，山南水北也。"丹阳即是丹水北岸地区，可以有若干地名，睪屯不过其中之一。因此，不宜把睪屯与丹阳直接画上等号。《史记·楚世家》谓熊绎"居丹阳"是言其区域所在，清华简《楚居》说熊绎"徙于睪屯"是言其具体地名，二者各有所指，不可混一。虽然目前在淅川尚未发现西周早中期的考古遗址可与睪屯对应，但睪屯近于都人之都，位于淅川境内则是没有问题的。近年所见士山盘铭云："唯王十又六年九月既生霸甲申，王在周新宫，王格大室，即位，士山入门，立中廷，北向。王呼作册尹册命山，曰：于入䣅侯，出征蘁（鄀）、荆、方服。"（《铭图》14536）此为共王时器，铭刻"荆"即楚，西邻于"鄀"（今陕西商洛），东近于"方"（今河南方城），说明直到共王之时楚人的都邑一直都在淅川境内而不曾迁徙。

把睪屯的位置确定在淅川境内，还存在一个如何解释"熊绎辟在荆山"的问题。按照一般看法，荆山在今湖北南漳境内，与丹淅地区相距略显遥远。在这个问题上，石泉对《山海经·中次十一经》所言"荆山之首曰翼望之山，湍水出焉，东流，注于济"等材料加以研究，得出结论说："丹淅附近，古有荆山"，即"在今河南淅川县东、湍河以西的邓县与内乡县交界处"，至于在今湖北南漳县境内的荆山，"其得名，当在春秋初期楚都自丹阳迁郢之后"[2]。这样，"熊绎辟在荆山"也就有了合理的解释。

自熊绎徙于睪屯，至熊渠由睪屯徙居发渐，楚人的活动中心开始向江汉之间转移。据《史记·楚世家》载，熊渠"当周夷王之时"，说明此前楚人的都邑一直在丹淅流域，古称丹阳，具体地点在今淅川境内的睪屯，此与昭王南征死难之地相距甚远。即使像有的文献说的那样，楚都或在枝江，或在秭归，同样面临这个问题。其间的奥秘何在，尚需进一步探讨。

---

1 钱穆：《史记地名考》，商务印书馆，2001，第532页。
2 石泉：《楚都丹阳及古荆山在丹、淅附近补证》，《江汉论坛》1985年第12期。

三、广惩楚荆

昭王南征，楚荆是伐，为多种文献所共见。史墙盘铭即云："宏鲁昭王，广惩楚荆，唯寏南行。"（《集成》10175）然近年来，此事的真实性备受质疑，理由是楚国在当时还是一个国势卑弱的弹丸小邦，远居丹阳，与昭王南征死难之地相距遥远，并不构成周人大兴六师的征伐对象。于是有学者提出新说以解其惑，以为昭王南征对象或为殷遗民[1]，或为与楚有别的荆[2]，或汉江土著亦即楚蛮[3]，一言以蔽之不是习称的芈姓之楚。

昭王南征殷遗民的说法，有悖于多种文献记载，对殷遗民的政治走向也未做出正确的观察。殷遗民是指原居殷商王畿内的子姓大族。周公东征之后，为防止他们继续反抗，采取分割肢解的策略，或封鲁卫，或徙洛邑，或迁关中，大都成了周人治下之民，并不具备兴风作浪的政治条件。即使有少量殷商旧族逃往南土，生存已属不易，更难于形成强大的反周力量，与周王朝兵戎相向。至于世居南土的方国部落，有的可能原为商代贵族国家联合体的成员，且有一定政治实力，甚或与新建的周王朝处于敌对状态，然不属于殷遗民的范畴。

论者或谓楚与荆别为二国，昭王所伐是荆非楚，亦非解决问题的正途。文献与金文或单称楚、荆，或合称楚荆，用名虽异，其义则一。《说文·林部》云："楚，丛木。一名荆也。"从文字的本源上说明了荆、楚的同一性。清华简《楚居》说："妣隹宾于天，巫并该其胁以楚，抵今曰楚人。"妣隹为楚先鬻熊之妻，相传因难产而死，死后巫师用荆条包扎胁下伤口，故其后裔称"抵今曰楚人"。此即楚人又称荆的来历，并不带任何褒贬色彩。包山楚简246简称："祷荆王，自楚绎以庚武王"[4]，说明荆与楚并无分别。强分楚、荆为二国，以论昭王所伐是荆非楚，断不可从。

1　龚维英：《周昭王南征史实索隐》，《人文杂志》1984年第6期；曹建国：《昭王南征诸事辩考》，《阜阳师范学院学报》2003年第5期。

2　王光镐：《黄陂鲁台山西周遗存国属初论》，《江汉考古》1983年第4期；牛世山：《西周时代的楚与荆》，北京大学中国考古学研究中心、北京大学震旦古代文明研究中心编：《古代文明》第5卷，文物出版社，2006，第285—299页。

3　张正明：《楚史》，中国人民大学出版社，2010，第33页；尹弘兵：《地理学与考古学视野下的昭王南征》，《历史研究》2015年第1期。

4　湖北省荆沙铁路考古队：《包山楚简》，文物出版社，1991，第36页。

有的学者虽不认为楚、荆有别，但主张楚或荆作为国族概念，有芈姓楚国和楚蛮族群之分，昭王南征的对象是汉东地区的楚蛮族群[1]，这也是缺乏依据的。一则，《史记·楚世家》称："封熊绎于楚蛮"，不能证明西周时期的楚蛮与楚国并立。"楚蛮"在这里是区域名，如同《史记·楚世家》又称："江上楚蛮之地"，本是用后起地名述说前事，不能视为一个带有共同体性质的国族。否则封熊绎于楚蛮，就等于把一个国族封给了另一个国族，如同封殷民六族于鲁，封怀姓九宗于唐。《国语·晋语八》说："楚为荆蛮"，楚君熊渠自谓："我蛮夷也"[2]，均表明楚国与楚蛮并无实质性区别。二则，《诗·商颂·殷武》云："挞彼殷武，奋伐荆楚"，是宋襄公称美其父的诗句，非谓商王武丁征伐楚蛮。商代有楚，为季连之后，久居中原，其中一支在周初南迁江汉[3]。因居后世所谓蛮夷之地，故又称其国族为楚蛮，而不是另有楚蛮国族，先于芈姓楚国世居江汉地区。三则，商周时期江汉地区土著部族众多，黄陂盘龙城、长子国的属民即其代表。这些国族各自分立，不相统属，并未形成一个名为"楚蛮"的统一共同体。周人征伐楚地土著，也是各称其名，如康王"伐反虎方"，并非笼统地以"楚蛮"言之。可见把昭王"广惩楚荆"说成是征伐"楚蛮"，亦非允当。

昭王兴师南征，讨伐芈姓之楚，或许材料过于简略，容易产生歧义。但《左传·僖公四年》的记载可让我们摆脱概念之争，洞明事实的真相。其文云：

> 四年春，齐侯以诸侯之师侵蔡。蔡溃，遂伐楚。楚子使与师言曰："君处北海，寡人处南海，唯是风马牛不相及也，不虞君之涉吾地也，何故？"管仲对曰："昔召康公命我先君大公曰：'五侯九伯，女实征之，以夹辅周室。'赐我先君履，东至于海，西至于河，南至于穆陵，北至于无棣。尔贡包茅不入，王祭不共，无以缩酒，寡人是征。昭王南征而不复，寡人是问。"对曰："贡之不入，寡君之罪也，敢不共给？昭王之不复，君其问诸水滨！"[4]

在这里，管仲为了说明齐之伐楚，师出有名，列举了楚人两条罪状：一是不可申辩的现实，即"包茅不入"；二是难以道清的历史，即"昭王南征而不

1　尹弘兵：《地理学与考古学视野下的昭王南征》，《历史研究》2015年第1期。
2　《史记·楚世家》，中华书局，1959，第1692页。
3　杜勇：《清华简与古史探赜》，科学出版社，2018，第306—311页。
4　《左传·僖公四年》，（清）阮元校刻：《十三经注疏》，中华书局，1980，第1792—1793页。

复"。楚使认可前者，表示"贡之不入，寡君之罪"。对于后者并不服罪，但请管仲"问诸水滨"，答语巧妙而又俏皮。杜预解释说："昭王时汉非楚竟，故不受罪。"孔疏引宋仲子云："丹阳，南郡枝江县也。枝江去汉，其路甚遥。昭王时汉非楚竟，故不受罪也。"[1]今人据此认为昭王南征对象并非芈楚，故楚使矢口否认。楚境是否远至汉南，留待后文再议。这里所要讨论的是，楚国对昭王之死不予承担责任，是否可以得出昭王所伐非楚的结论。

昭王南征归途之中，殁于汉水，按照东汉学者王逸的说法是："昭王背成王之制而出游，南至于楚，楚人沈之，而遂不还也。"[2]《帝王世纪》更是铺张其事，以楚人进献胶船以言昭王死难之由。胶船说不过后世牵强附会的笑料，不能据以言说昭王"遭楚人之暗算"[3]。古本《竹书纪年》所记暴雨骤至，洪水急袭，才是导致昭王死难的直接原因。唐兰说："昭王的死，不知是什么季节，很可能在夏历六七月间，那时间是常常有暴风雨的。"[4]尹弘兵也认为，昭王南征，六师尽出，没有秋季洪水这一不可抗力因素，是不可能全军覆没的[5]。这说明昭王并非死于周楚争锋的战场，与楚国没有直接的关系，所以楚使才能把责任推给奔流无言的汉水。而管仲也不是真要楚国承担连昭王之子穆王也不曾追究的罪责，只不过以此为口实，表明齐师伐楚的正当性。昭王虽非死于楚人的暗算，但毕竟是因为伐楚招致的意外。所以就事情的起因讲，多少与楚国有关。否则管仲以此问罪于楚，就成了无中生有，乱扣帽子，无法取信于诸侯，争取齐国的霸主地位。假设昭王死难与楚国没有半点关系，楚使完全可以对整个事件全部否认，甚至责难管仲歪曲事实，张冠李戴，让楚国代人受过，而不仅仅是对昭王之死诿责于汉水。齐楚双方都习于使用外交辞令，委婉之中颇多机智。管仲说"昭王南征而不复"是讲事情的缘起与后果，南征对象不言自明。而楚使让"问诸水滨"却是偷换概念，说的是昭王直接的死因，楚国不负任何责任。此番对话机锋隐现，饶有意趣，但相关事实是清楚的。不能因为楚国否认对昭王之死负有直接责任，就说昭王南征的对象不是楚国，而是殷遗民，或者荆国，或者楚蛮，给昭昭史事笼

1 《左传·僖公四年》杜注，（清）阮元校刻：《十三经注疏》，中华书局，1959，第1793页。

2 （宋）洪兴祖：《楚辞补注》，白化文等点校，中华书局，1983，第110页。

3 童书业：《春秋左传研究》校订本，中华书局，2006，第34页。

4 唐兰：《论周昭王时代的青铜器铭刻》，《唐兰金文论集》，紫禁城出版社，1995。

5 尹弘兵：《地理学与考古学视野下的昭王南征》，《历史研究》2015年第1期。

罩本不该有的层层迷雾。

　　周初楚国南迁以后，抓住周王室分封的契机，加快发展步伐，到周昭王已非弹丸小邦。《史记·楚世家》说："当周成王之时，举文、武勤劳之后嗣，而封熊绎于楚蛮，封以子男之田。"子男的爵秩较低，封土不大，成王岐阳之会时楚国因此不得与盟。《史记·孔子世家》记楚令尹子西说："且楚之祖封于周，号为子男五十里。"孟子言及周王室爵禄等级说："天子之制，地方千里，公侯皆方百里，伯七十里，子男五十里。"[1]《礼记·王制》也有类似说法。《史记·十二诸侯年表》亦云："齐、晋、秦、楚其在成周甚微，封或百里或五十里。""百里或五十里"主要是说明诸侯禄田的多少及其爵秩的高低，并不是用来框定诸侯统辖的疆域，必须以此画地为牢。早在熊绎分封之前，其祖、父即熊丽、熊狂，尽管都邑仍在"京宗"，却对丹阳地区的荆山雎水进行了先期开发。《墨子·非攻下》云："楚熊丽始讨此雎山之间……地方数百里。"清人梁玉绳说："丽为绎祖，雎为楚望。然则绎之前已建国楚地，成王盖因而封之，非成王封绎始有国也。"[2]至熊绎受封后，南迁丹阳，统治疆域进一步扩大。《左传·昭公二十年》说："（楚君）若敖、蚡冒至于武、文，土不过同……今土数圻。"方百里为一同，方千里为一圻。圻与同相对为言，是说春秋初年楚国疆土尚未超过以同计量，故杜注："言未满一圻"，非谓楚国此时仍未达到方百里之地。从成王继位到昭王末季，依夏商周断代工程拟定的年表已有66年。而新出觉公簋表明成王在位当有37年而不是22年，则昭王末季楚国南迁有80年左右。这已不是一个很短的时间了。《孟子·公孙丑上》说："文王犹方百里起"，说明文王治岐时辖境也不大，经过50年的苦心经营，不仅尽占关中之地，而且后来周武王据以兴师伐纣，一举灭商。而楚人南迁，同样意在寻求更大的发展空间，乃至"筚路蓝缕，以启山林"，不畏艰辛，砥砺前行，使其国力迅速增强。到熊疑统治之时，楚国竟可与宗主国分庭抗礼，敢与周王室争高下了。

　　楚国与周王室发生冲突，主要由于经济上的原因。康王南巡，贯通成周至江汉地区的交通道路，除了便于伐虎方，也是为了获取江南的铜料资源。铜料资源是一种非常重要的战略性物资，不只可以制造生产工具，更重要的

1 《孟子·万章下》,（清）阮元校刻:《十三经注疏》, 中华书局, 1980, 第2741页。
2 （清）梁玉绳:《史记志疑》, 中华书局, 1981, 第1006页。

是可用来制作青铜礼器和武器，以满足"国之大事，在祀与戎"对铜料的需求，从而使青铜器成为"中国古代政治权力的工具"[1]。青铜原料不独为周王朝所需求，对其他方国部族来说也是稀缺资源。楚国居于丹阳，铜料匮乏，不免染指周人大力控制的江汉地区的铜料贸易，因而触及周王朝的经济利益，导致周楚战争的发生。张光直说："在古代社会里面，贸易的主要对象是与政治有关的物资，而战略性物资的流通则是以战争的形式来实现的。"[2]金文所记昭王第一次南征，每每可见从楚人手中"俘金"的记载，即可说明周楚之战的起因和性质。

由于昭王南征楚荆所要解决的是争夺铜料资源问题，因而战争发生的地点远离楚都丹阳，临近鄂东南矿冶中心的汉水末梢一带。从楚国发展的历史看，常常是以都邑为中心，进行远距离的点状势力扩张。如熊丽、熊狂时期，都城虽在"京宗"（今洛阳一带），其政治势力却发展到了丹水流域。又如《史记·楚世家》说：

> 熊渠生子三人。当周夷王时，王室微，诸侯或不朝，相伐。熊渠甚得江汉间民和，乃兴兵伐庸、杨粤，至于鄂。熊渠曰："我蛮夷也，不与中国之号谥。"乃立其长子康为句亶王，中子红为鄂王，少子执疵为越章王，皆在江上楚蛮之地。及周厉王之时，暴虐，熊渠畏其伐楚，亦去其王。[3]

《世本》《大戴礼记》亦有类似记载。熊渠时楚居丹阳，所伐三地，庸在上庸（今湖北竹山西南），杨粤（越）当为江汉间古族，鄂可能是指东鄂州（今湖北武昌），与铜绿山矿冶区相近。熊渠占领三地后，又立其三子为王，建立政权分支机构，以加强统治。楚国这种政治传统表明，周昭王时，楚子熊艱（或作𪁪）为了掠取铜料资源，也有可能在汉尾一带建有军事据点，甚至与其他部落联手，合力截断了周王朝的铜料贸易通道。因而导致昭王大兴六师，南征荆楚。六师是指来自宗周的精锐部队，不一定是悉数出动。楚人经过昭王第一次南征的打击，仍未收手，故有第二次南征之役。此役具体战况不详，即使周人克敌制胜，也因还师途中丧六师于汉，在实际上归于失败。

1　张光直：《中国青铜时代》，生活·读书·新知三联书店，1999，第476页。
2　张光直：《中国青铜时代》，生活·读书·新知三联书店，1999，第481页。
3　《史记·楚世家》，中华书局，1959，第1692页。

昭王兴师南征，丧师殒命，标志着康昭时期重点经营南土的战略严重受阻，也使周王朝从此销蚀了开疆拓土的坚强意志。相反，楚国此后的发展步伐不断加快，国力迅速增强，至夷厉时期熊渠竟以蛮夷自嘲，藐视周礼和宗主的权威，在江汉地区一度称王。周王室东迁以后，楚国迁都于郢，发展势头更为强劲，乃至要问鼎中原。中央王朝丧失了统驭天下的宗主地位，楚国再也不装作臣属于周的样子了。

第六章　制度文明

第一节　嫡长子继承制

在世袭君主制国家里，即使君主的权力在一定程度上受到贵族阶层的制约，不绝对是专制的，但他仍然站在国家权力的巅峰，影响着社会发展的走向甚至国家的兴亡。因此，决定由谁来继任君主的王位继统法，自是国家最重要的政治制度之一。殷商时期实行兄终弟及的王位继承制，到西周经过周公的损益和变革，进而发展为更加完备的嫡长子继承法，为最大限度保证国家最高权力的平稳更迭与社会健康发展发挥了重要作用。

一、商代王位继承制的特质

关于商代的王位继承制，自王国维在其名文《殷周制度论》中提出"以弟及为主而以子继辅之"后，广为学界认同。然亦有学者认为，商代继统法是子继与弟及并用，或子继为主弟及为辅，而子继又有立嫡、立幼、立壮等多种说法，分歧迄未消弭。以今日甲骨学研究的新进展观之，王氏此说或有不周备的地方，但基本观点仍可信从。

（一）商代继统的主辅问题

关于商代王位继承法的基本精神，在周代殷遗的记忆中尚有存留。春秋时期，宋宣公病重，决定立弟和为君，他说："父死子继，兄死弟及，天下之通义也。"[1]这个说法当然太过笼统，无助于我们对商代继统法的全面了解。王国维以独特的眼光和深邃的观察，发前人所未发，提出："商之继统法，以弟及为主而以子继辅之，无弟然后传子。自成汤至于帝辛三十帝中，以弟继兄者凡十四帝；其以子继父者，亦非兄之子，而多为弟之子。……商人无嫡庶

---

1 《史记·宋微子世家》，中华书局，1959，第1622页。

之制，故不能有宗法。"[1]王氏所说，多有卓见。

对于商代继统的主辅问题，陈梦家认为："子继与弟及是并用的，并无主辅之分"，尽管商人传弟"确为其继统法的特色"[2]。其实这样讲并没有多大意义，因为传弟终有传尽的一天，不传子则无以为继。传子是弟及的中介和桥梁，二者并用是必然的。至于说以子继为主、弟及为辅[3]，或子继为常、弟及为变[4]，子继或谓立嫡[5]，或谓立幼[6]，或谓立壮[7]，也都是缺乏根据的。

欲明商代王位继承制的特质，首先需要考析商汤以后的王位世次。据《史记·殷本纪》，商代自汤至纣三十王。依其是否有子继承王位，又可分为直系先王和旁系先王两大类。直系先王是商王世次的核心和主轴，死后的祭祀比旁系先王隆崇，在祖神殿中享受特殊地位。卜辞研究表明，除商人先公报乙、报丙、报丁的即位次序被误置外，还有两项成果值得注意。一是中丁之父大戊虽为直系先王，但他不是雍己之弟，而是雍己次兄，小甲次弟。二是祖乙乃中丁之子，非河亶甲之子。河亶甲（戋甲）当为旁系先王，中丁为直系先王。这对于纠正《史记·殷本纪》的失误，重建正确的商王世次，具有重要的学术意义。

旁系先王的情况相当复杂，与文献严重不合的主要问题有两个：一是中壬、沃丁、廪辛不见于周祭卜辞，是否本无其人，或未即位为王；二是外丙（卜丙）周祭的次序在大甲之后，是否他继位不在大甲之前？甲骨卜辞今已发现十余万片，看似数量庞大，具体到某些细节问题，资料仍显不足，是以说有易，说无难。而商代周祭制度的研究，有些问题并不十分清楚，据以考史亦须审慎。

学界通常认为："周祭中先王的祭祀次序是以其即位次序为准进行安排的，即先即位为王者先被祭祀，后即位为王者后被祭祀。这是周祭的祭祀原

1　王国维：《殷周制度论》，《观堂集林（外二种）》，河北教育出版社，2001，第287—303页。

2　陈梦家：《殷虚卜辞综述》，中华书局，1988，第370页。

3　范文澜：《中国通史》第1册，人民出版社，1978，第56页。

4　李学勤：《论殷代亲族制度》，《文史哲》1957年第11期。

5　杨升南：《从殷墟卜辞中的"示"、"宗"说到商代的宗法制度》，《中国史研究》1985年第3期；常玉芝：《论商代王位继承制》，《中国史研究》1992年第4期。

6　赵锡元：《论商代的继承制度》，《中国史研究》1980年第4期。

7　郑宏卫：《商代王位继承之实质——立壮》，《殷都学刊》1991年第4期。

则。"[1]《左传·文公二年》言及古礼:"子虽齐圣,不先父食",意即儿子即使聪明圣哲,也不能在父亲之前歆享祭祀。这就要求周祭的祭序不仅与商王庙号日干相应,还要真实反映商王的即位次序。应该说,周祭祀谱基本做到了这一点,但对有些特殊情况的处理,祭序与即位次序也不是完全对应的,因而"逆祀"现象偶有所见[2]。王玉哲曾经指出:"祭序不见得必与即位序相合。后世子孙祭祀祖先,可能有时把所自出之祖置于旁系之前。所以我们不能以祭序很死板地去改即位序。"[3]这是极具卓识的。个中缘由在于,先王的庙号干支早已确定,而周祭制度却始于祖甲而完备于乙辛之时,是后世人为设计的。要使周祭次序与先王庙号日干相吻合,又要与即位次序相吻合,事实上是有困难的。最有说服力的例证,就是周祭祀谱无法安排廪辛的位置,致使廪辛被置于谱外。卜辞有云:

　　……爸祖丁,父甲。[父]甲以兄辛。(《合集》27364)

陈梦家分析说:"此'父甲'是廪辛、康丁之所以称祖甲,此'兄辛'是康丁所以称廪辛。"[4]其说甚是,说明廪辛是实有其人的。那么,为什么廪辛不见于周祭祀谱呢?其实道理很简单。由于廪辛的庙号日干为辛,其祭序只能排在康丁之后,这就不免与他的即位次序相冲突。当然也可考虑按祖甲—廪辛的次序安排在同一旬次,但下一旬又不能以康丁—武乙—文丁为祭序。除非康丁一人占用一旬,否则无法化解这一矛盾。以一个旬次祭祀一位先王,不合周祭常例,还会增加周祭旬数,影响一祀时长的确定。可见无论怎样安排周祭祀谱,廪辛都无法厕身其间。在这种情况下,最后只有舍弃廪辛这位旁系先王,按祖甲—康丁的次序在同一旬安排祭祀。因此,要从这里来推断廪辛其人的有无或其即位次序,恐怕只能渐行渐远,自陷迷阵。

　　与廪辛情况类似的还有中壬。中壬的庙号日干在大甲之后,即位却在大甲之前。故在一旬之中既不能把他的祭日安排在大甲之前,又不能置于大甲之后。除非把外丙、中壬安排在同一旬次祭祀,否则不能避免前与大丁、后

1　常玉芝:《商代的周祭制度》,线装书局,2009,第63页。
2　裘锡圭:《甲骨卜辞中所见的逆祀》,《裘锡圭学术文集》第1卷,复旦大学出版社,2015,第270—273页。
3　王玉哲:《试论商代"兄终弟及"的继统法与殷商前期的社会性质》,《古史集林》,中华书局,2002,第26—49页。
4　陈梦家:《殷虚卜辞综述》,中华书局,1988,第378页。

与大甲在干支序列上的冲突。但周祭祀谱一旬祭二王者，必有一位直系先王。把三位旁系先王安排在同一旬祭祀，也只有阳甲、盘庚、小辛[1]，其中盘庚还是复兴殷道的名王。而外丙、中壬都是旁系先王，且在位时间不长，一为三年，一为四年，亦非卓有功烈的名王。要单独安排一个旬次来祭祀他们，似乎不具备应有的特殊地位和条件。因此中壬也必须置于谱外。至于沃丁，除见于多种文献外，《书序》明言尚有《沃丁》篇，其人必非子虚。他与中壬同为旁系先王，其庙号日干在安排祭序时并不发生抵牾，何以也被置于谱外，情况不明。或许当初设计周祭祀谱时，意欲说明周祭以直系先王为主，并不是要把所有旁系先王都安排在内。不管怎样，廪辛、中壬、沃丁三位先王不见于周祭祀谱，既不能说明历史上实无其人，或并未即位，或其王位为非法取得，也不能以此重订殷代先王的即位次序。

关于外丙在大甲之前继位的情况，《世本》《孟子》《竹书纪年》《史记》都有较为详细的记载。由于大丁未立而卒，大乙死后由外丙、中壬相继即位。周祭祀谱对未能即位的大丁也有安排，把他与大乙放在同一旬次祭祀。接下来应可安排外丙、中壬同旬共祭，但前文已言这并不合宜。由于中壬受庙号日干限制不能入谱，因而只有把外丙与大甲放在同一旬次。又由于外丙的庙号日干在大甲之后，无法调适，最后只有把大甲的祭序置于外丙之前，以至形成大甲—外丙—大庚这样的祭祀序列，成为周祭祀谱中一种少见的"逆祀"现象。陈梦家根据周祭祀谱并结合《书序》及孔疏加以考察，对大甲继位在外丙之前的论证，既忽略了诸多文献记载，也未考虑殷人设计周祭祀谱时可能遇到的特殊情况，未必可信。

根据上文分析，说明商王世次还不能完全按照周祭祀谱来厘定，总体上仍须以《史记·殷本纪》为据，尤其是不能否定中壬、沃丁、廪辛三王的存在，也不能说大甲在外丙、中壬之前即位。这样，我们就会发现王国维统计商代弟及王位者凡十四人是可信的。而商代先王十七世（含未即位的大丁），其中九世为兄终弟及，数量上居于优势。若再考虑大甲、祖乙、武丁三人，或因无弟而传子，亦可纳入弟及体系，则商代实际只剩下武乙、文丁、帝乙、帝辛四世是真正的传子制，所占比例很小。因此，商人继统以子继为主而弟及为辅的说法，应该是不符合历史实际的。

---

1 常玉芝：《商代周祭制度》先王先妣祀序表，线装书局，2009，第88页。

（二）商代有无嫡庶与宗法之制

宗法制本质上是一种财产和权力分配的政治制度。对商王室来说，最大的财产和权力分配莫过于王位的继承。商代有无宗法制，关键要看王位继承上有无嫡庶之分。王国维关于商无嫡庶则无宗法的看法，受到很多学者的反对。其实，这是需要从不同角度来理解的。

嫡庶之制重点体现在王位继承上，其基础则在婚姻形态。商王实行多妻制，多妻则多子。但继承王位者或一人，或二人，至多不过四人，不是所有王子都可以继承王位的。陈梦家相信商代无嫡庶之制，认为"商人兄弟不限于同父母，故凡从兄弟均有继为王的权利"。可事实上继承王位的兄弟并不多，说明"商代传统法并没有一种固定的传弟传子之法，凡弟或子之所以及王位必另有其法规，可惜我们无法推知。"[1]陈氏有这样的疑思，反映了他对商王婚姻形态的认识尚未到位。

从婚姻形态上看，商王妻室是有嫡庶之分的。嫡妻也就是正妻。《广韵·锡部》云："嫡，正也。"《诗·召南·江有汜》序云："勤而无怨，嫡能悔过。"陆德明《经典释文》云："嫡，正夫人也。"既曰嫡妻、正妻，当然只能是一人，其余均为庶妻。从周祭卜辞可知，不是商王所有妻室都纳入周祭祀谱的，只有直系先王的配偶才能入谱受祭。直系先王的配偶是很多的，绝大多数也只有一位配偶名列祀谱。这位配偶就是商王正后，亦即嫡妻，又称为法定配偶。至于中丁、祖乙、祖丁、武丁等商王，各有两个或三个配偶被祭祀，并不代表他们同时拥有几位正妻。据学者研究，这是由于前一个法定配偶死了，又续立一个的结果[2]。

商王妻室区分嫡庶的目的，在于为财产和权力分配提供制度上的保障。法定配偶之子，是为嫡子，均有继承王位的权利。至于庶妻之子，无论贤愚或数量多少，都与王位继承无缘。据胡厚宣研究，武丁有妻计六十四人，有子五十三人[3]。这些数字可能与实际情况有所出入，但武丁有众多的妻与子应无可疑。其中具有继承王位资格的却只有祖己、祖庚、祖甲等嫡子三人。嫡妻生子的数量当然是有限的，加上过早死亡等原因，也不是每位嫡子都能加

---

1 陈梦家：《殷虚卜辞综述》，中华书局，1988，第369—370页。

2 常玉芝：《论商代王位继承制》，《中国史研究》1992年第4期。

3 胡厚宣：《殷代婚姻家族宗法生育制度考》，《甲骨学商史论丛初集（外一种）》，河北教育出版社，2002，第82—133页。

戴王冠。如商汤的太子大丁，先于其父谢世，就没有机会继位为王。又如祖己，也曾预立为太子，但他未曾即位身先死，实际只有祖庚、祖甲兄弟二人继位。有时嫡妻只有一个儿子，当他继位后无弟可传，就只能再传其子，商王大甲、祖乙、武丁，大概就属于这种情况。

陈梦家认为："凡从兄弟均有继为王的权利"，实际并非常态。从（堂）兄弟继位为王的事，只发生在中丁以后的"九世之乱"（实即九王之乱）时期。据《史记·殷本纪》载：

帝祖辛崩，弟沃甲立，是为帝沃甲。

帝沃甲崩，立沃甲兄祖辛之子祖丁，是为帝祖丁。

帝祖丁崩，立弟沃甲之子南庚，是为帝南庚。

帝南庚崩，立帝祖丁之子阳甲，是为帝阳甲。[1]

其中祖丁死后所立弟"南庚"，为叔父沃甲之子，就是他的从兄弟。南庚死后，"阳甲"继立，也不是南庚亲兄弟之子，而是从兄弟祖丁之子。整个有商一代，就只有"南庚"和"阳甲"的王位继承，属于从兄弟或从兄弟之子。是时正值"九世之乱"，政治上处于混乱和无序状态，故有偏离常规的现象出现。

婚姻形态上的嫡庶之分，是为王位继统法的需要而设定的。在王位继承制上，严格意义的嫡庶制还有进一步的嫡庶之别，这是需要注意的。《仪礼·丧服》云："庶子不得为长子三年，不继祖也。"贾公彦疏："庶子，妾子之号，适（嫡）妻所生第二者是众子，今同名庶子，远别于长子，故与妾子同号也。"这就是说，庶子除了指庶妻所生之子外，嫡妻所生嫡长子的同母弟（嫡昆弟）也是庶子。又《周礼·司服》贾公彦疏云："王礼亦适（嫡）子死有适孙，适孙死有适曾孙，向下皆然也。"商代王位继承排除了庶妻之子，但作为嫡昆弟这一部分庶子，却与嫡长子一样都有继承王位的资格，这就不是严格意义上的嫡庶制了。从这个角度看，王国维说商人无嫡庶之制，并没有错。因为商人嫡庶制的实行，并未从婚姻形态到王位继承一路贯彻到底，走到一半就中止了。

由于王位继承对嫡子本身不再区分嫡庶，当然也就无法形成大宗、小宗有别的宗法制。有的学者认为："同是商王而直系旁系是有别的，这种区别就

1 《史记·殷本纪》，中华书局，1959，第101页。

是宗法制的反映。"[1]实际上，商王有直系、旁系的区分，是以有无王子继位为标准的，并不是对嫡子再分嫡庶的结果。所以周祭祀谱中有的直系先王并不是嫡长子，如大庚、大戊、小乙、祖甲、康丁等；而有的旁系先王却是嫡长子，如沃丁、小甲、阳甲、禀辛等。自大庚开始，商汤嫡长一脉即告中断。继之嫡长与庶子二脉交织，至武乙时才稳定在嫡长一脉，不过此时已非殷初的嫡传了。这种状况与周代嫡长子继承制相比，是迥相异趣的。王国维说商无宗法，道理就在这里。

要言之，商代虽有嫡庶之制，但并不彻底也不完备，具体表现在有不少商王是通过兄终弟及的途径得以加戴王冠的。由于王位传承施于所有嫡子，不足以牢固确立嫡长子的特殊地位，因而也不能形成大小宗有别的宗法制度。

（三）王位传子的基本规则

在兄终弟及制下，当无弟可传之时，王位必然传位于子。但这个"子"到底是"兄子"（长兄之子）还是"弟子"（季弟之子）？有无基本规则可以遵循？学者意见不一。

在王国维看来，"其以子继父者，亦非兄之子，而多为弟之子"。王氏统计，为弟之子者，有小甲、中丁、祖辛、武丁、祖庚、禀辛、武乙七人。而为兄之子者，他只列举了祖丁、阳甲二人，而且阳甲还是从兄之子。然据周祭卜辞可知，祖辛为祖乙之子，非为其弟之子。中丁不是季弟雍己之子，而是次兄大戊之子。至于为兄之子者，除祖丁、阳甲外，还应包括大甲、祖乙在内。大甲之父大丁虽因早逝未能继位，但在亲属关系上依然是外丙、中壬之兄子。祖乙为长兄中丁之子，非中丁季弟河亶甲之子。王氏把"九世之乱"时两位兄子继位作为特例，意在证明弟及制的内涵：一是兄终而后弟及；二是子继亦为弟子。

杨升南坚决否定这个说法，他认为从大乙到阳甲八世，为传兄之子（沃丁不计，仲丁非常法为例外）。从武乙到帝辛四世为嫡长子相传，亦可视作传兄之子。只有从小乙到康丁四世，为传弟之子。因而他的结论与王国维恰好相反：其以子继父者，"多为兄之子"[2]。

1　杨升南：《从殷墟卜辞中的"示"、"宗"说到商代的宗法制度》，《中国史研究》1985年第3期。
2　杨升南：《从殷墟卜辞中的"示"、"宗"说到商代的宗法制度》，《中国史研究》1985年第3期。

　　这两种意见是通过统计方法得出的。由于各自用以统计的标准有宽严之异，产生分歧是必然的。王位继承制作为君主制国家一项基本的政治制度，古今中外都非常重视，常用成文法予以规范。1688年英国"光荣革命"后，随即在1701年颁布了《王位继承法》，规定了安妮之后可以继承王位的人选范围，禁止天主教徒继承王位。在神圣罗马帝国时期，也可看到查理四世对诸侯继承人的具体规定。1356年颁布的《黄金诏书》说："自此至将来任何时候，诸卓越而宏大之选侯领地……长子应为彼等之继承人，除非长子为心志失常之人，或白痴或有任何其他缺陷而不能君临人民者，否则一切统治权与领地均应属于彼一人。如有上述情形，长子不能继承，则余等命令，如此家庭有次子，应由次子继承，或由死者之长弟或其他在俗戚属继承，但必须为父系之直系后嗣。"[1]在古代中国，最有名的是见于《史记·秦始皇本纪》的一道诏令："自今已来，除谥法。朕为始皇帝，后世以计数，二世三世至于万世，传之无穷。"这是秦始皇统一六国（前221年）后以诏令形式颁布的皇家继统法，父子相传为一世，世世代代由嫡长子继承皇位。至于商朝是否有此类继统法的颁布，今不可知。但商汤在政治实践中的具体做法和措施，至少会作为一种政治传统或成例为后世所遵循，从而成为历史上所谓"汤法"的组成部分。从这里出发来考察商代继统法的制度内涵，或许要比包含各种变数在内的统计更可靠一些。

　　《史记·殷本纪》载，汤立嫡长大丁为太子，大丁是合法的王位继承人。由于大丁早逝，汤死后由外丙继位，外丙死后由中壬继位，中壬死后则由其兄子大甲继位。这几位商王不是汤之子，就是汤之孙。他们的即位次序无疑出自商汤生前的政治安排。不管当时伊尹如何受汤的信任，或者伊尹的权势有多煊赫，在这个重大问题上他都不可能擅作主张，也不可能不依照汤的遗志办事。这就是说，从大丁到大甲的王位继承过程中，可以体现商汤确定的王位继承原则：先王死后，由嫡长子继位，继之诸弟顺次即位，待无弟可传时，再传长兄之子继位。其核心内涵是嫡长子与嫡昆弟依次继位执政，而下一世犹自嫡长始。这项政治原则主要适用范围当然是商王室，但在商代贵族身份与财产的继承过程中也多少可以看到一些踪迹。现藏英国的一片家谱刻辞说：

1　法学教材编辑部：《外国法制史资料选编》，北京大学出版社，1982，第285页。

　　　　儿之先祖曰吹，吹子曰魌，魌子曰羹，羹子曰崔，崔子曰壹，壹弟曰
　　　启，壹子曰衰，衰子曰养，养子曰洪，洪子曰御，御弟曰魌，御子曰魌，
　　　魌子曰蓍。（《库¹》1506，《英²》2674 正）

此片为黄组卜辞。辞中名叫"儿"的贵族追溯自己的家世，其先祖始自吹，
十一世中主要是传子，但有两次属于传弟，即"壹弟曰启""御弟曰魌"。在
"启"与"魌"死后，身份与财产的继承权又返还长兄之子的手中。这种情况
与成汤确定的王位继承法适相一致。

　　不过，这样的制度设计有一个非常脆弱的地方，那就是在君主权力的诱
惑下，很难保证季弟把王位再传到兄子手中，而不是传给自己的儿子。商汤
死后，有他信任的政治盟友伊尹掌理朝政，可以依照他的政治安排，有序进
行交班。但后来事情的发展，便不免有了变数。范文澜认为："大庚传自己的
儿子小甲，破还位长兄子的例，大戊传自己的儿子中丁，又破一次例。"³大庚
死后并未把王权交给长兄沃丁之子，是否违法乱制还不好说。因为历史上对
大庚并无这方面的指责，故不排除沃丁膝下无子，大庚才让自己的儿子小甲
继位。但中丁的情况有所不同。据周祭卜辞显示，大戊不是雍己之弟，而是
小甲之弟，雍己次兄。故中丁既非弟之子，亦非兄之子。他处在这样一个尴
尬的位置上，要继承王位完全没有先例可循。估计中丁可能是通过使用非法
的暴力手段，才登上王位的。故《史记·殷本纪》说："自中丁以来废嫡而更
立诸弟子，弟子或争相代立，比九世乱，于是诸侯莫朝。"司马迁这个说法是
有史料依据的，并非从周制生出来的想象。

　　中丁死后，大体上仍是弟及而后传位兄子。只有祖丁死传从弟南庚，南
庚死传从兄之子阳甲，严重背离法统。由于中丁的继位公然违制，所以他的
后裔也不可能安分，相继展开了争夺王位的激烈斗争。此从中丁以后都邑屡
迁，即可看出端倪。"迁徙和外来侵略是破坏习惯的强大力量，因而也是产生
政府需要的强大力量。"⁴频繁迁徙都邑，正可成为打破习惯、战胜对手、加强
王权的重要手段。自成汤居亳以后，殷都五迁，其中四次迁都发生在"九世

1　〔美〕方法敛摹：《库方二氏藏甲骨卜辞》，〔美〕白瑞华校，商务印书馆，1935，简称《库》，下引不
另注。

2　李学勤、齐文心、〔英〕艾兰：《英国所藏甲骨集》，中华书局，1992，简称《英》，下引不另注。

3　范文澜：《中国通史》第1册，人民出版社，1978，第56页。

4　〔英〕罗素：《权力论》，靳建国译，东方出版社，1988，第56页。

之乱"期间。此即中丁迁于隞，河亶甲居相，祖乙迁于邢，南庚迁于奄。平均两个王就有一次迁都，足见"弟子或争相代立"的权力之争达到了白热化的程度。动乱持续时间很长，都城屡迁，国力益衰，疆土日蹙，贵族国家联合体的统治力、凝聚力和向心力都受到极大削弱，以至"诸侯莫朝"。

"九世之乱"后，商代王位继承制的传统习惯遭到严重破坏，原来以子继父的是兄子，从小乙开始则一变而为弟子，再从武乙开始由弟子二变为嫡长子。子继者的亲属关系虽有变化，但在武乙之前基本上保持兄终弟及的格局，从而显现出商代王位继承制的特质。

（四）商代继统法的利与弊

殷因于夏礼，其损益可知。从《史记·夏本纪》看，夏朝王位继承以传子制为主，间有传弟或传从兄弟者。如太康崩，弟中康立；帝不降崩，弟帝扃立，帝扃崩，子帝廑立，帝廑崩，立帝不降之子孔甲。孔甲即帝廑的从兄弟。与夏朝相比，商代的王位继承制表现出两点差别：一是传弟不限一人，直至无弟然后传子。二是原则上传子为嫡长之子，而不是传弟之后弟亦传子。

商朝何以开国之初就实行兄终弟及制？或许商汤未及深谋远虑，甚至不免为形势所迫。太子早逝，若以太孙继位，太孙大甲年幼，对治理新建国家和巩固新生政权，将会产生诸多不利因素。而采取弟及制，在外丙、中壬先后继位后，太孙长大成人后再继王位，则有利于提高其执政能力。加之整个过程有商汤深为信任的大臣伊尹从旁监控，可以保证最高权力的平稳更替，有效巩固殷人天下共主的地位。商汤这样的政治设计，实际是确立了王位兄终弟及制的基本原则，保留了后世子孙循此前行的政治路标。

应该说，兄终弟及也是有其制度优势的。由于弟及王位者年龄相对大一些，执政经验更为丰富，执政能力有所增强，对于应对各种复杂的政治局面，维护国家的稳定与发展，自是有其积极作用的。后世立君，也常常有这样的考虑和方案。如《左传·文公六年》载，晋襄公死，太子年幼，权臣赵盾考虑晋国多难，欲立长君，准备让襄公之弟公子雍从秦国回来主持国政。公子雍"好善而长"，赵盾认为："置善则固，事长则顺。"后因襄公夫人抱着太子号啼于朝，卿大夫畏之，只好仍由太子继位，是为晋灵公。又《左传·昭公二十六年》载，楚平王去世后，令尹子常想立子西为王，立足点也是"立长则顺，建善则治"。只是子西不从，其事未果。这说明弟及制由年长者继承王位，对国家治理是有裨益的。此外，兄终弟及制在一定程度上也可以防止兄弟之间对王位激烈相争，祸起萧墙。因为作为嫡子，迟早都有机会继承王位。故王国维说："然使于诸子之中可以任择一人而立之，而此子又可任立其欲立者，则其争益甚，反不如商之兄弟以长幼相及者犹有次第矣。"[1]

不过，凡事总是有利有弊的，兄终弟及制也不例外。其弊端可从两个方面加以分析。一是从弟及角度看，同为嫡子，年龄差别不会很大，若等到长兄死后再由诸昆弟次第继位，他们执政的时间一定很短暂，设若健康出了问题，也可能连即位的机会都没有。这就有可能在诸昆弟中滋生各种阴谋，并以合法的旗帜为掩护，引发提前夺取王位的政变。再者，同辈兄弟虽有同质、同等的地位和权利，都能继承王位，但他们的后代却只有兄子才具备这样的资格。这就不免引起其他从兄弟的不满，甚至不择手段觊觎王位。商王中丁继位并引发"九世之乱"，或许与此有关。二是从子继角度看，一方面当无弟可传时，传于兄子的难度甚大，因为季弟在位时，容易利用掌理国政的优势，培植自身势力，把自己的儿子扶上王位，致使长兄之子继位落空。商代从小乙到康丁四世，由传兄子转向传弟之子，盖缘于此。另一方面，倘若长兄无子，或有子不存于世，自须弟子接替王位。而弟子又不止一人，当由何人接班，也不免引发纷争。这说明在兄终弟及制下，由于王位继承人的候选范围较大，若无严密的法规予以规范，就很容易激起野心家的贪欲，造成王位争夺的祸乱。

英国学者罗素说："君主政体有一些极大的弊端。如果它是世袭的，统治者未必总是有才能的人；如果继承法靠不住，就会发生王朝内战。……王位继承权之争比其他任何东西都能削弱帝国。"[2]经过"九世之乱"，殷商后期的统治者似乎也在深刻反思这个问题，因而对王位继统法不断进行变革，最后终于确立了嫡长子继承制。嫡长子继承制最大的优势在于大大缩小了王位继承人的范围，不给那些觊觎王位的野心家留下可钻的空子，以达到息争止乱的目的。

在嫡长子继承制下，嫡长子对王室财产和权力的继承，具有优先的地位

---

1 王国维：《观堂集林（外二种）》，河北教育出版社，2001，第287—303页。

2 〔英〕罗素：《权力论》，靳建国译，东方出版社，1988，第148—149页。

和权利，至于年龄的长幼，品德的优劣，治国能力的大小，都变成次要的问题了。帝辛的继位可以说明这个问题。《史记·殷本纪》说："帝乙长子曰微子启，启母贱，不得嗣。少子辛，辛母正后，辛为嗣。"《左传·哀公九年》说："微子启，帝乙之元子也。""元子"在周初文献中是嫡长子的意思，后来泛指长子，故《史记·宋微子世家》又称微子启为"首子"。由于微子启的生母为庶妻，因而他不能预立为太子，故由嫡长子帝辛继承王位。《吕氏春秋·当务》说："纣之同母三人，其长曰微子启，其次曰中衍，其次曰受德。受德乃纣也，甚少矣。纣母之生微子启与中衍也尚为妾，已而为妻而生纣。纣之父、纣之母欲置微子启以为太子，太史据法而争之曰：'有妻之子，而不可置妾之子。'纣故为后。"这段话含有不少战国游士的说辞，实属荒诞不经。一位王妃可能因为各种原因会由庶妻被册封为嫡妻，但要把她的儿子也在时间上分出嫡庶来，世所未闻。所谓"太史之言"不过是战国策士编造出来的谎话，用以调和微子启为"元子"的矛盾。但殷商末期王储立嫡不立庶，则是符合事实的。

殷商末期实行嫡长子继承制，成为西周建国以后承继的一项重要政治遗产，并与宗法制相辅为用，更趋严格和完善。这是周公注意吸取历史的经验教训，运用政治智慧在制度创新方面的一大贡献。"自是以后，子继之法遂为百王不易之制"[1]，在中国古代历史上一直发挥着重要作用。

二、周邦从立贤到立嫡的演变

从太王迁岐到成王即政，周邦最高权力更替经历了一个由立贤到立嫡的演变过程，最终形成周代更为严格和完备的嫡长子继统法，在历史上产生了深远的影响。

（一）时势推动继统法的变革

《国语·周语下》说："后稷勤周，十有五世而兴。"是说自后稷至文王，历经十五代人的艰难创业，得以奠定周有天下的基业。《世本》《史记》对此十五世周邦首领虽有具体记载，但时间颇有差互，世系似非齐全，无法具体了解其权力交接方式。自古公亶父迁岐以后，情况才较为明朗。《史记·周本纪》说：

---

[1] 王国维：《殷周制度论》，《观堂集林（外二种）》，河北教育出版社，2001，第287—303页。

> 古公有长子曰太伯，次曰虞仲。太姜生少子季历，季历娶太任，皆贤妇人，生昌，有圣瑞。古公曰："我世当有兴者，其在昌乎？"长子太伯、虞仲知古公欲立季历以传昌，乃二人亡如荆蛮，文身断发，以让季历。[1]

古公亶父有子三人，嫡长子太伯因有优先继承君位的权利，使太王颇感为难。他欲以少子季历继位，以便再传季历之子昌，便说昌有"圣瑞"。所谓"圣瑞"当然只是一种说辞，至多不过是周文王年幼时即已表现出非同寻常的才德，亦即后世所说的"昌贤"[2]，为古公亶父所看重。太伯、虞仲心知其意，于是远徙江南，让太王可以摆脱传统和习惯的束缚，对君位继承人的择立如愿以偿。这里没有兄终弟及，而是周人居岐时代的第一次立子以贤。

第二次立贤是文王以武王发为储君。据《史记·管蔡世家》载："武王同母兄弟十人。母曰太姒，文王正妃也。其长子曰伯邑考，次曰武王发，次曰管叔鲜，次曰周公旦，次曰蔡叔度……唯发、旦贤，左右辅文王，故文王舍伯邑考而以发为太子。及文王崩而发立，是为武王。伯邑考既已前卒矣。"这是说武王发的长兄伯邑考健在时，文王即已立发为太子。也有学者据《礼记·檀弓上》"昔者文王舍伯邑考而立武王，微子舍其孙腯而立衍也"，认为："以立子不立孙而言，伯邑考早死，而文王以发为嗣也，非生时废长之谓。"[3]细绎《礼记》文意，"舍其孙腯"而腯犹在，"舍伯邑考"则伯邑考亦应在世，只是未至武王即位即先死去。这是文王又一次打破惯例，选贤以立太子。

传统和习惯的力量是强大的，太王、文王打破它自是不易。前贤以为这是奉行殷礼使然，其实与其兴周大业有关。《诗·鲁颂·閟宫》云："后稷之孙，实维大王。居岐之阳，实始翦商。"古公亶父迁居岐下，怀抱"翦商"之志，故重立贤，以兴周邦。文王在位五十年，不懈推进东进克商事业，立储不选贤无以竟其功。所以居岐时代周人立贤不立长的继统法，与殷人划然有别。

西周王位继统法由立贤到立嫡的转变，标志性事件是成王的继位与即政。武王病重期间，由于天下未宁，形势险峻，担心成王年幼继位，无法应

1　《史记·周本纪》，中华书局，1959，第115页。

2　《韩非子·外储说左下》，《诸子集成》第5册，上海书店，1986，第224页。

3　（汉）司马迁著、〔日〕泷川资言会注考证：《史记会注考证（六）》，新世界出版社，2009，第2251页。

对当时极为复杂的政治局面，于是拟让贤弟周公继承王位。《逸周书·度邑解》载武王说："昔皇祖底于今，勖厥遗得显义，告期付于朕身。肆若农服田，饥以望获。……乃今我兄弟相后，我筮龟其何所即？今用建庶建。"所谓"建庶"，是指王位继承不传子而传弟，也就是"兄弟相后"。武王希望明达有智的周公弟及王位，甚至不用占筮、占卜就要决定下来，以便祖先的遗德显义可以持续传承下去，不致几代人孜孜以求的克商大业付诸东流。他打比方说，就像农夫种田一样，处在饥饿之中是多么渴望好的收成，表现出要让周公继位的急切心情。但周公听后泣涕沾裳，拱手不肯接受。或许周公对于巩固政权有更为长远的考虑，使武王放弃了立贤的提案，"命诏周公旦立后嗣，属小子诵"[1]。

成王的立储与继位，是武王以诏令形式宣告西周国家实行嫡长子继统法。但成王毕竟只是一位十多岁的少年，无法亲理国政，所以武王死后，政不分主次，事不论大小，都由摄政当国的周公来处理。经过周公东征平叛、封藩建卫、营洛迁殷、制礼作乐等一系列重大举措，终于使国家初步安定下来。周公摄政第七年，决定致政成王，并于岁末举行成王即政大典，完成权力交接仪式。《尚书·洛诰》篇首即记周公对成王说："朕复子明辟。"复，还也；子谓成王；辟，君也。意即"复还明君之政于成王"[2]。自此周公退居臣列，留守成周，继续经略东土。有学者说："在人类无限的欲望中，居首位的是权力欲和荣誉欲。"[3]周公以对国家和民族的高度责任感，坦荡高洁的宽广胸怀，经受住了权力诱惑的考验，不仅坚辞弟及王位，而且决然还政成王，从而使嫡长子继统法真正落地，不致成为虚应故事、表面文章，而是宣示天下，它必须成为西周国家坚守不渝的政治制度。王国维对此评论说："当武王之崩，天下未定，国赖长君，周公既相武王克殷胜纣，勋劳最高，以德以长，以历代之制，则继武王而自立，固其所矣。而周公乃立成王而己摄之，后又反政焉。摄政者，所以济变也。立成王者，所以居正也。""此种制度，固亦由时势之所趋，然手定此者，实惟周公。原周公所以能定此制者，以公于旧制本有可以为天子之道，其时又躬握天下之权，而顾不嗣位而居摄，又由居摄而致政，其无利天下之心？昭昭然为天下所共见。故其所设施，人人

1　黄怀信、张懋镕、田旭东：《逸周书汇校集注》修订本，上海古籍出版社，2007，第485—486页。
2　《后汉书·孝桓帝纪》李贤注，中华书局，1965，第295页。
3　〔英〕罗素：《权力论》，靳建国译，东方出版社，1988，第3页。

知为安国家、定民人之大计，一切制度遂推行而所无阻矣。"[1]

嫡长子在周初文献中又称"元子"。《尚书·召诰》载召公说："有王虽小，元子哉！""王"指成王，"元子"言其嫡长子身份。《尚书·顾命》载成王临终前，命召公、毕公率诸侯辅佐太子钊，"用敬保元子钊弘济于艰难"。此称康王钊为"元子"，同样是立嫡长子为太子。此外，诸侯的嫡长子亦称元子。如《诗·鲁颂·閟宫》云："王曰叔父，建尔元子，俾侯于鲁。"此"王"指成王，"元子"指周公嫡长子伯禽。这是提议分封伯禽为鲁侯，被载入《诗·鲁颂·閟宫》中。值得注意的是，周人思想观念中的元子，不仅是王的嫡系血亲，而且代表上天的长子。《尚书·召诰》记召公说："皇天上帝，改厥元子，兹（终）大国殷之命。"是说皇天上帝改换了元子，终结了殷的国运。召公称成王为元子，要求"王其德之用，祈天永命"。周公称成王为"天子王"[2]，强调王是天之元子，只有元子才堪称天子。这种对嫡长子神圣地位的理论包装，表明周人从实践到观念的不同层面，都在大力强化嫡长子继统法，力图使之成为安邦定国的一大法宝。这是殷商末季同样施行嫡长子继统法所无法比拟的。

（二）嫡长子继统法的制度内涵

关于嫡长子继统法的制度内涵，过去人们的认识并不到位，因而对周王、诸侯或其他贵族地位继承的看法不免产生分歧。为便分析，这里先将有关史料依其时代先后胪列如次：

《左传·襄公三十一年》穆叔说："大子死，有母弟，则立之；无，则立长。年钧（均）择贤，义钧则卜，古之道也。"[3]

《左传·昭公二十六年》王子朝说："昔先王之命曰：'王后无适（嫡），则择立长。年钧以德，德钧以卜。'王不立爱，公卿无私，古之制也。"[4]

《礼记·檀弓上》云："公仪仲子之丧，檀弓免焉。仲子舍其孙而立其子。檀弓曰：'何居？我未之前闻也。'……子游问诸孔子。孔子曰：

1 王国维：《殷周制度论》，《观堂集林（外二种）》，河北教育出版社，2001，第290、300页。
2 《尚书·立政》，（清）阮元校刻：《十三经注疏》，中华书局，1980，第230页。
3 《左传·襄公三十一年》，（清）阮元校刻：《十三经注疏》，中华书局，1980，第2014页。
4 《左传·昭公二十六年》，（清）阮元校刻：《十三经注疏》，中华书局，1980，第2115页。

'否！立孙。'"[1]

《春秋公羊传·隐公元年》云："立嫡以长不以贤，立子以贵不以长。"[2]

上述材料中，以《公羊传》的说法最具概括性，真实揭示了周代嫡长子继统法的精髓。这里就从"立嫡"与"立子"（立庶）两个方面加以分析，以说明嫡长子继承法的基本规则。

1. 立嫡

立嫡是周代王位继承制的基本规则，是决定其他继承路线的前提条件，也是区别于殷人传子制的本质所在。

（1）立嫡长。商朝的王位继承不限于嫡长子，凡嫡子不分长幼，都有同等的权利和资格，因而在武乙文丁之前，兄终弟及是其主要的继承方式。周代的王位继承极大地缩小了候选人的范围，只限于嫡长子一人。"立嫡以长不以贤"，就是不分贤愚，也不考虑治国能力的大小，只有唯一的条件即嫡长子，才有继承王位的法定资格。西周一代，除孝王因特殊情况弟及王位外，其他均为嫡长子继位。并非像有的学者说的那样，是"一继一及"制。彘之乱中，召公即使牺牲自己的儿子也要把太子靖保护下来，即是出于对嫡长子继统法的苦心维护，避免了厉王革典把一继一及制改变为嫡长子继统法带来的严重后果[3]。东周时期礼崩乐坏，各种政治制度无不受到冲击，正常情况下弟及王位的只有周定王、显王二人，王位继承始终以嫡长子为主脉。至于周王室以外的诸侯或其他贵族，也必须奉行立嫡的礼规。《史记·鲁周公世家》载："（鲁）武公九年春，武公与长子括、少子戏，西朝周宣王。宣王爱戏，欲立戏为鲁太子。周之樊仲山父谏宣王曰：'废长立少，不顺；不顺，必犯王命；犯王命，必诛之。故出令不可不顺也。令之不行，政之不立，行而不顺，民将弃上。夫下事上，少事长，所以为顺。今天子建诸侯，立其少，是教民逆也。若鲁从之，诸侯效之，王命将有所壅；若弗从而诛之，是自诛王命也。诛之亦失，不诛亦失，王其图之'。"周宣王干预鲁国君位的继承，废长立少，受到樊仲山父的谏阻，说明嫡长子继统法是周朝"王命"，诸侯国亦

---

1 《礼记·檀弓上》，（清）阮元校刻：《十三经注疏》，中华书局，1980，第1273页。

2 《春秋公羊传·隐公元年》，（清）阮元校刻：《十三经注疏》，中华书局，1980，第2197页。

3 王恩田：《重论西周一继一及继承制——王国维〈殷周制度论〉商榷》，《济南大学学报》（社会科学版）2017年第2期。

须遵行。

（2）立嫡孙。嫡长死，立嫡孙，是立嫡制的向下延伸，也是嫡长子继统法的基本规则之一。西周王位继承未见其例，东周王室仅有一例。《史记·周本纪》说："平王崩，太子洩父蚤死，立其子林，是为桓王。桓王，平王孙也。"据《左传·哀公二年》载，卫灵公死，以太子奔晋，立嫡孙辄，是为出公。《礼记·檀弓上》载，鲁国贵族公仪仲子死后，不以嫡孙作为继承人，而是传其庶子。因此檀弓大惑不解，说是"未之前闻"。子游就此事问孔子，孔子也认为是不对的，应该"立孙"。郑玄注云："公仪盖鲁同姓。周礼适（嫡）子死，立适孙为后。"类似情况，宋国亦有发生。《礼记·檀弓上》说："微子舍其孙腯而立衍也。"是说微子启所立太子早死，嫡孙为腯。但微子死后，未立其孙，而是以其弟衍代立。这种现象汉代经术之士用殷周礼制的不同加以解释。如景帝时袁盎说："周道，太子死，立适孙。殷道，太子死，立其弟。"[1]宋微子是否坚守殷道可以不论，但周代王位继承制有太子死立嫡孙的条例，当是不成问题的。

2. 立庶

需要注意的是，嫡长子继承君位并不是绝对的，它不排斥也不可能排斥嫡长之外的庶子成为候选人。因为当嫡妻无子，或嫡子早死，或其心智失常，身体有严重缺陷，若不择立其他庶子继位，王室继统必然中断。虽然这种异常情况较少出现，但毕竟自然法则不受人的意志左右，无法保证每位周王都能有嫡长子可以作为王储。在这种情况下，除了背逆礼制立妾为妻[2]，解决这个问题的补救措施就只有立庶一途。

《公羊传》所谓"立子以贵不以长"，此"子"是指与嫡长相对应的广义上的庶子，包括嫡长同母弟和庶妻之子。择立庶子的原则：一是"立贵"，即只认身份贵贱，不拘年龄长幼。二是"立长"，即在庶妻身份贵贱不能确定的情况下，以庶子年龄长幼作为择立的标准。

（1）立贵。何为贵？子以母贵。嫡长子以外的庶子，最贵者当首推嫡夫人之子，次则为庶妻贵者之子。当然在具体操作上，也可能考虑年龄问题，

---

1 《史记·梁孝王世家》，中华书局，1959，第2091页。
2 《孟子·告子下》及《谷梁传·僖公九年》，均载齐桓公葵丘盟约，有"无以妾为妻"云云。《左传·哀公二十四年》说："若以妾为夫人，则固无其礼也。"《公羊传·僖公三年》载齐桓阳谷之会规定："无以妾为妻。"这都说明礼制上是不允许立妾为妻的。

但不构成择立的前提。具体说来，"立贵"也可以分为两种情况。

第一种情况，是立嫡长子同母弟。穆叔说："大子死，有母弟则立之。"穆叔为鲁大夫，又名叔孙豹。时鲁襄公死，无嫡夫人，季氏立襄公妾敬归之子子野为太子，三月后子野未即位死去。又立敬归之娣齐归之子公子裯，是为昭公。穆叔依据古制对此表示反对，他认为子野既然无同母之弟，就应选择年长的庶子来继位，而不是年仅十九岁的公子裯，何况公子裯居丧不哀，行为失检。穆叔所言"古之道"，当然不是其他王朝的治道，而是武王克商以后西周诸侯国应该遵守的"王法"。按照穆叔所言，太子死后立太子母弟是第一选择，"无则立长"。择立太子同母弟为储，周王室未见，诸侯国中偶有其事。如卫釐侯时，太子共伯余早卒，则以其弟和为太子，后为卫武公。《史记·卫康叔世家》载，太子共伯余在釐侯死后被其弟和所杀。司马贞《索隐》辨其误云："季札美康叔、武公之德。又《国语》称武公年九十五矣，犹箴诫于国，恭恪于朝，倚几有诵，至于没身，谓之睿圣。又《诗》著卫世子恭伯早卒，不云被杀。若武公杀兄而立，岂可以为训而形之于国史乎？盖太史公采杂说而为此记耳。"故《诗·鄘风·柏舟》序称"卫世子共伯早死"应无可疑，卫武公即是在共伯余早死的情况下被立为太子的。

第二种情况，是立庶妻贵者之子。"太子死"别无母弟，或"王后无嫡"，则须择立庶妻之子，择立的原则是"以贵不以长"，即庶子生母地位高的优先，年龄长幼不在考虑之列。汉代公羊家说："礼，嫡夫人无子，立右媵；右媵无子，立左媵；左媵无子，立嫡侄娣；嫡侄娣无子，立右媵侄娣；右媵侄娣无子，立左媵侄娣。质家亲亲，先立娣；文家尊尊，先立侄。嫡子有孙而死，质家亲亲，先立弟；文家尊尊，先立孙。其双生也，质家据见立先生，文家据本意立后生：皆所以防爱争。"[1]此言"立子以贵"不包括嫡长子的同母弟，其实是不全面的。而庶子的贵贱等级不仅有生母左右媵的区别，还有嫡侄娣、左右媵侄娣的区别，具体实施又有质家（尚实）与文家（尚礼）的区别，看似周密，实则以想象成分居多，未可尽信。择立贵庶子为太子，亦极罕见。东周景王在世时，太子寿早卒，又立王子猛为太子。但王子猛并非穆后所生，与王子朝同为景王庶子。尽管王子朝是"长庶子"，但继为太子的却是王子猛。前贤有一种推测，如杜预认为"王子猛次正"，意即他生

母的地位可能仅次于正妻，故得立为太子。孔疏亦云："猛为次正，不知其本盖是大子寿之母弟，或是穆后偫娣之子，或母贵也。"[1]从《史记·周本纪》称"国人立长子猛为王"来看，猛为长子，自非太子寿之母弟。至于是否为穆后随媵的偫娣之子亦无从判断。但可以肯定，"猛之母贵于子朝母，故景王立猛为太子也"[2]。

（2）立长。长即长庶子，指庶妻众子中的年长者。按照《公羊传》"立子以贵不以长"的说法，长庶子应非王位继承的后备人选。但穆叔和王子朝均有言及，还涉及具体的操作过程，即长庶子年龄相当就选择贤能者，贤能相当就用占卜来决定，显然是有事实依据的。不过细加分析，庶子以年龄长幼或生母贵贱来择立太子，这两种标准是相互矛盾的，不可能同时并用。大概只有在庶妻众多、其贵贱等级并无明确规定的情况下，才适用此项原则。王子朝特别强调"立长"，不言"立贵"，与他身为长庶子有关。周景王死后，王子朝借其私爱，发动叛乱，与王子猛、王子丐争夺王位，一度自立为王，数年后归于失败。他在外逃奔楚的路途中，对全国诸侯发布文告，寻求支持，申明"立长"的合法性。但从史实看，"立长"在两周王室从未发生过，诸侯国亦不多见。鲁庄公死，夫人哀姜无子，立其长子般，不及三月，即被庆父杀害，是为一例。又《史记·鲁周公世家》载："惠公卒，长庶子息摄当国，行君事，是为隐公。初，惠公适夫人无子，公贱妾声子生子息。息长，为娶于宋。宋女至而好，惠公夺而自妻之。生子允。登宋女为夫人，以允为太子。及惠公卒，为允少故，鲁人共令息摄政，不言即位。"太子允年少，由长庶子息摄政，是为鲁隐公。其事与"立长"略相近似。《左传·襄公二十三年》载："（鲁国）季武子无适子，公弥长，而爱悼子。"季武子与家臣申丰商议，欲以立贤为借口，立年少的悼子，不立年长的公弥。申丰不予认可，后在臧纥的支持和运作下，悼子得以继立。这是说大夫之家若无嫡子，也是需要优先考虑"立长"的。

上面通过相关资料和史实的分析，可以看出周代王位继统法的制度内涵：（1）由嫡长子继承王位是基本规则，是决定其他继承路线的前提。太子早死若有嫡孙，则向下延伸，以嫡孙继承王位。（2）太子死，无嫡孙，须择立贵

1 《左传·昭公二十二年》注疏，（清）阮元校刻：《十三经注疏》，中华书局，1980，第2100页。

2 〔日〕竹添光鸿：《左氏会笺》，巴蜀书社，2008，第1980页。

子。贵子以太子同母弟具有优先继承王位的权利，次则为庶妻中地位最高者之子。（3）在不具备立贵的条件下，则须立长，即以长庶子作为王位候选人，并辅之贤德和占卜来决定。以此看来，《公羊传》所谓"立嫡以长不以贤，立子以贵不以长"，虽在修辞上过于注重对仗，未能包括周代继统法的全部内容，但还是深刻阐释了周代继承制度的基本内涵，具有重要的学术价值。

三、两种性质的兄终弟及

前文分析周人嫡长子继统法的制度内涵，主要涉及父死子继问题，子继以嫡长为主，庶子继位只是一种补救措施，但不包括兄终弟及的条例。但事实上，"大人世及以为礼"[1]，"世"即父子相传，"及"即兄终弟及，两者是相辅相成的。在周王室或诸侯国内，兄终弟及并不鲜见，大体可以分为体制性和逆制性的两种情形。

（一）体制性的兄终弟及

人的生育能力或寿命长短，都是自己无法控制的。即使尊如王者，也不可能避免无子胤，或未得子即先谢世。尽管这种情况出现的概率比较小，但一旦发生，君位传承必于昆弟。如《史记·吴太伯世家》说："太伯卒，无子，弟仲雍立，是为吴仲雍。"又如《史记·春申君列传》记李园女弟对春申君说："今君相楚二十余年，而王无子，即百岁后将更立兄弟，则楚更立君后，亦各贵其故所亲，君又安得长有宠乎？"也是说君死无子，当立其兄弟。这种情况实际与"大子死，有母弟则立之"的条例相近，不同之处只在于所立是王储之弟还是先王之弟，本质并无多大差别。

西周王室弟及王位者仅孝王一人，此与先王无后的情况不同，是一个比较特殊的案例。《史记·周本纪》云："共王崩，子懿王囏立……懿王崩，共王弟辟方立，是为孝王。孝王崩，诸侯复立懿王太子燮，是为夷王。"所言孝王为共王之弟、夷王叔祖，其王位传承方式世所罕见。然《世本》《史记·三代世表》称，孝王为懿王弟，夷王为懿王子。此说不仅更合事理，而且为清华简《摄命》显示夷、孝为叔侄关系所证实[2]。周孝王以懿王太子年

---

1 《礼记·礼运》，（清）阮元校刻：《十三经注疏》，中华书局，1980，第1414页。

2 杜勇：《清华简〈摄命〉人物关系辨析》，《中原文化研究》2020年第3期。

幼，继立为王，死后归政于太子，此与周公摄政、共和行政略相类似，是以嫡长子继承制为前提所采取的一种过渡性办法，尚不构成体制上的根本冲突。

东周有两例兄终弟及，或与先王无子有关。《史记·周本纪》云："襄王崩，子顷王壬臣立。顷王六年，崩，子匡王班立。匡王六年，崩，弟瑜立，是为定王。"又记："烈王崩，弟扁立，是为显王。"显王弟及王位的原因不明，但定王弟及王位可能与其兄匡王无子有关。从襄王死后，顷王、匡王相继在位的时间都很短暂来看，匡王继位时年龄不会很大，或未婚，或无子，都是可能的。诸侯国中，如蔡桓侯卒，以其无子，"蔡人召季而立之"[1]，"季"即桓侯之弟哀侯献武。又《史记·楚世家》说："肃王卒，无子，立其弟熊良夫，是为宣王。"大夫之家亦有类似情况，如"甘简公无子，立其弟过"[2]。这种受自然法则制约的情况，属于制度性的兄终弟及。

（二）逆制性的兄终弟及

东迁以后，王室衰微，礼崩乐坏，弟及王位的情况较西周为多。除前面所说定王、显王可能属于自然继承外，发动叛乱以武力夺取王位的事例时有所见。王子猛继位数月即死，其弟王子匄（敬王）与王子朝激烈争夺王位，获得成功。周思王、考王相继弟及王位，则是杀兄自立的结果。

同周王室一样，诸侯国亦有兄终弟及的事例发生，其中尤以鲁国和宋国较为突出。有人据此认为嫡长子继承制的确立在春秋战国之交[3]，则未必符合事实。

先说鲁国。春秋时期，有"鲁不弃周礼"[4]、"周礼尽在鲁矣"[5]等说法，而礼制最重要的是国家政制典章，必须从根本上与中央王朝保持一致。《史记·鲁周公世家》记载庄公之弟叔牙说："一继一及，鲁之常也。"这是不能说明鲁国此时尚未实行嫡长子继承制的。在此之前，周宣王要立武公少子戏

1　《左传·桓公十七年》杜注，（清）阮元校刻：《十三经注疏》，中华书局，1980，第1759页。

2　《左传·昭公十二年》，（清）阮元校刻：《十三经注疏》，中华书局，1980，第2062页。

3　王恩田：《从鲁国继承制看嫡长制的形成》，《东岳论丛》1980年第3期；王恩田：《重论西周一继一及制度——王国维〈殷周制度论〉商榷》，《济南大学学报》（社会科学版）2017年第2期。黄灼耀：《周代继承制度志疑》，《华南师范大学学报》（社会科学版）1983年第3期。

4　《左传·闵公元年》，（清）阮元校刻：《十三经注疏》，中华书局，1980，第1786页。

5　《左传·昭公二年》，（清）阮元校刻：《十三经注疏》，中华书局，1980，第2029页。

为太子，大臣樊仲山父就明确指出："废长立少，不顺；不顺，必犯王命。"与立少相对的是立嫡长子，这是先王之命，即国家由来已久的政治制度，是不能背逆的。周宣王不听劝谏，一意孤行，结果导致其后鲁国公子对君位的激烈争夺。少子戏（懿公）继立后九年，其兄括之子伯御杀懿公自立。周宣王举兵伐鲁，杀伯御，立戏弟称，是为孝公。这是周宣王自乱政制带来的灾难性后果。尽管如此，其后鲁国君位传承仍以立嫡为主流，像襄仲杀嫡立庶等恶性事件只是个别现象。

不过，在懿公之前，鲁国君位继承确实呈现出似有规律性的一继一及现象，然事出有因。《史记·鲁周公世家》说："鲁公伯禽卒，子考公酋立。考公四年卒，立弟熙，是谓炀公。炀公筑茅阙门。六年卒，子幽公宰立。幽公十四年，幽公弟溃杀幽公而自立，是为魏公。魏公五十年卒，子厉公擢立。厉公三十七年卒，鲁人立其弟具，是为献公。献公三十二年卒，子真公濞立。……三十年，真公卒，弟敖立，是为武公。"从中可以看出，魏公是杀兄自立，献公不知何故由鲁人所立，均非制度使然。至于炀公与武公何以弟及，情况不明。"兄弟之亲本不如父子"[1]，所以无论是就制度还是情感来说，父死子继都比兄终弟及更具有现实性。有学者推断炀公之立或为外部力量干预的结果，而武公之立有可能是真公无子所致[2]，是有道理的。尽管这在事实上形成了"一继一及"的传位局面，但这并非真正的鲁之常态，尤其不是制度之常态。因此，叔牙所谓"一继一及，鲁之常也"，不过是以表面现象作为背逆制度的借口，欲让同母长兄庆父继位。结果被季友以庄公之命鸩杀，却找不到理由为自己的行为辩护。由此可见，叔牙的话不能作为鲁国前期实行一继一及制的有效证据，也不能由此推定周邦上下都实行"一继一及"制。

宋国君位的弟及现象，立国之初即有发生。微子启是首任封君，死后由其弟微仲衍继位。郑玄以为这是遵行"殷礼"，实为太子早死，嫡孙年幼不足以治理这个新建的殷遗民国家，故微子传位于弟。微仲之后，一直是传子制。到三传至湣公后，"弟炀公熙立，炀公即位，湣公子鲋祀弑炀公而自立，曰'我当立'，是为厉公"[3]。厉公之所以自认为当继君位，是因为炀公为先君

1　王国维：《殷周制度论》，《观堂集林（外二种）》，河北教育出版社，2001，第290页。

2　李衡眉、梁方健：《"一继一及"非鲁之常说》，《齐鲁学刊》1999年第6期。

3　《史记·宋微子世家》，中华书局，1959，第1621页。

之弟，他为先君之子，传位嫡长子符合继统法的规定，这是他弑叔夺位的法理依据。春秋初年，宋宣公临死前，决定由其弟和继位，他认为："父死子继，兄死弟及，天下通义也。"[1]这话原则上没有错，因为嫡长子继承制不可能绝对排斥兄终弟及，从这个角度看当然是"天下通义"。但是，作为制度性的兄终弟及是有前提条件的，那就是太子早死或先君无后，否则即是逆制行为。宋宣公本有太子与夷，却要立弟为君，所谓"天下通义"就成了掩饰他违制的说辞。由于权力凌驾于制度之上，宋宣公传位弟和（穆公）的计划得以实现，但影响极坏，致使宋国君位争夺长期持续，政治上一片乱象。司马迁评论此事说："春秋讥宋之乱自宣公废太子而立弟，国以不宁者十世。"[2]

除鲁、宋两国外，其他诸侯国亦有兄终弟及的现象。周孝王时，秦人先祖大骆有两个儿子："非子"与"成"。成为嫡子，非子为周朝养马有功，孝王欲以为大骆嫡嗣。由于申侯反对，便封非子为秦附庸，"邑之秦，使复续嬴氏祀，号曰秦嬴。亦不废申侯之女子为骆适（嫡）者，以和西戎"[3]。周孝王欲对秦部族以庶代嫡，因遭反对作罢。古本《竹书纪年》载："（周夷王）三年，致诸侯，烹齐哀公于鼎。"[4]齐哀公"荒淫田游"[5]，严重违背礼制。周夷王召集诸侯，对齐哀公公开审判，施以酷刑，得到诸侯拥戴。但是，周夷王烹杀齐哀公，立其弟静（胡公），亦属违制行为，致使齐哀公同母少弟山率其党人袭杀胡公而后自立。周宣王时，因其私爱，干预鲁国的君位继承，"废长立少"，也给鲁国君位传承带来曲折与动荡。

由此可见，周代王室或诸侯国的兄终弟及现象，有的是体制性的，有的是逆制性的，不可等视齐观。尤其是春秋以后出现的兄终弟及，大多是礼崩乐坏导致的结果，有的与统治者自乱家法、背逆政制有关，也与少数野心家篡权谋位有关，不能认为这是嫡长子继统法在孕育过程之中与旧制度反复交锋的表现。

---

1 《史记·宋微子世家》，中华书局，1959，第1622页。

2 《史记·宋微子世家》，中华书局，1959，第1633页。

3 《史记·秦本纪》，中华书局，1959，第177页。

4 《史记·周本纪》正义引，中华书局，1959，第141页。

5 《史记·齐太公世家》索隐引宋衷言，中华书局，1959，第1481页。

四、继统法变革的新进境

从长时段的历史发展趋势看，商朝王位继承路线由兄终弟及最后向嫡长子继统法转变，周人从岐周时代的立贤也向克商以后的立嫡转变，致使周初变成一个历史的拐点，嫡长子继统法由此成为中国古代历史上一项重要的政治制度，延续长达三千年之久。

商朝实行兄终弟及制，曾引发争夺王位的"九世之乱"，国家被卷入长久的动荡之中。周初成王年幼继位，由周公摄理国政，也引起管叔、蔡叔的强烈不满，随之爆发三监之乱。这些恶性事件严重削弱了国家的统治力量，也给社会带来了沉重灾难。事件发生的原因是多方面的，但与王位继承制度存在严重缺陷是大有关联的。如果说，周人在岐周时代为了完成东进克商大业，不得不把立贤放在首位，那么，当成为天下共主以后，王位继统法不加改革，将不利于开创稳定与发展的时代新局。历史上盛称周公制礼作乐，建立嫡长子继承制即是最重要的内容之一。

嫡长子继统法具有百王不易的生命力，必有其不可低估的制度优势。相对其他制度设计而言，它在某种程度上可以起到息争止乱的作用。《吕氏春秋·慎势》说："故先王之法，立天子不使诸侯疑焉，立诸侯不使大夫疑焉，立适子不使庶孽疑焉。疑生争，争生乱。是故诸侯失位则天下乱，大夫无等则朝廷乱，妻妾不分则家室乱，适孽无别则宗族乱。"这里的"疑"读作比拟的"拟"，意在强调立天子、立诸侯、立嫡子在名分上的重要性。如果不立规矩，任可僭越，必会引起无穷的争斗与动乱。公羊家何休也认为"立嫡""立子"的规则，在于"皆所以防爱争"[1]。近世著名学者王国维的分析尤为精辟，独具卓识。他说：

> 盖天下之大利莫如定，其大害莫如争。任天者定，任人者争。定之以天，争乃不生。故天子诸侯之传世也，继统法之立子与立嫡也，后世用人之以资格也，皆任天而不参以人，所以求定而息争也。古人非不知官天下之名美于家天下，立贤之利过于立嫡，人才之用优于资格，而终不以此易彼者，盖惧夫名之可借而争之易生，其敝将不可胜穷，而民将无时或息也。故衡利而取重，絜害而取轻，而定为立子立嫡之法，以利

---

1 《春秋公羊传·隐公元年》解诂，（清）阮元校刻：《十三经注疏》，中华书局，1980，第2197页。

天下后世。而此制实自周公定之，是周人改制之最大者。[1]
周公以博大的胸怀、卓越的政治智慧，坚定不移的改革精神，把周代王位继承的制度建设推向新的进境。

与兄终弟及制相比，嫡长子继统法最大的优势是王位继承人的候选范围大大缩小，只有嫡长子一人才是明确的法定接班人。而且这个接班人的名分是根据自然法则选定的，不受人为不公平因素的影响，容易为各种政治势力所接受。至于遇到太子早死或先王无子等特殊情况，需要择立的人选也有相应的规则可供依循。因而在制度上可以防止那些政治野心家觊觎王位，保障王位传承的有序更迭。同时，嫡长子通常年长一些，参与国家治理的时间更长，经验更为丰富，也有利于履行治国理政的重要职责。这对于求定而息争，促进国家健康发展，无疑是有积极作用的。当然，这种作用的发挥必须受各种客观条件的制约，并不是有了制度就海晏河清，天下太平。

与兄终弟及制一样，嫡长子继统法也存在诸多弊端。尤其是只顾名分，不分贤愚，往往不能使真正具有治国才干的人成为国家元首。王族本身就是一个很小的人群，而嫡长子又是这个人群中更少的一部分人。其权力地位全由天定，即使不具备领袖素质，也会因其特殊身份戴上威服天下的王冠。这实际是把一个国家和民族的命运交由上天来安排，至于追索进步与光明的希望，只能变成无可捉摸的幻影。再若嫡长晚生，年幼继位，无法亲掌机枢，统驭全局，亦有可能引发政治动乱，偏离发展走向。这些都是制度本身难以克服的问题。

王国维以为，治官以贤，即可匡救此弊，想法并不现实。他说："尊尊、亲亲、贤贤，此三者治天下之通义也。周人以尊尊、亲亲二义，上治祖祢，下治子孙，旁治昆弟，而以贤贤之义治官。故天子、诸侯世，而天子诸侯之卿、大夫、士皆不世。盖天子诸侯者，有土之君也。有土之君，不传子、不立嫡，则无以弭天下之争。卿、大夫、士者，图事之臣也，不任贤，无以治天下之事。"[2]实际上，在君主制国家，治官任贤、共襄国是的空间是有限的。当有暴君当政时，朝中大臣对国家政治偏离常轨其实是很难制衡的。如周厉王统治后期一意孤行，先行"专利"，继则血腥"弭谤"，结果满朝钳口，道

1　王国维：《殷周制度论》，《观堂集林（外二种）》，河北教育出版社，2001，第287—303页。

2　王国维：《观堂集林（外二种）》，河北教育出版社，2001，第299页。

路以目。待国人暴动起，才终止了厉王的暴虐统治。周幽王不受嫡长子继统法约束，任其私爱，废申后和太子宜臼，以褒姒所生伯盘为太子，结果引起政治上的轩然大波，乃至赫赫宗周，一朝覆亡。对于周幽王废嫡立庶的行径，周太史伯阳读史书后说"周亡矣！"最后只有叹息道："祸成矣，无可奈何！"[1]可见嫡长子继统法在制度设计上虽有息争止乱的用意，但并不能从根本上解决君主制本身存在的种种问题。在君主制国家里，君主既是国家法律制度的制定者，同时也是执行者，并无第三方政治力量对其执行进行有效监督和控制，以致君主可以为所欲为，不遵守甚至破坏各种制度。如周宣王干预鲁国立储，废长立少，后果则是"自是后，诸侯多畔王命"[2]。这就决定了嫡长子继统法即使具有息争止乱的政治作用，也很难有效地发挥其制度优势。只有近代民主制度的建立，才能真正兴利除弊，使国家走向长治久安。

第二节 三公之制

西周王朝的最高权力掌握在周天子手中，国家政务则由三公组成的合议制中央政府具体决策和执行。然对西周中央政府的组成和运行，过去人们知之甚微，多有误解。清华简《祭公》一洗文献旧尘，首次揭出了称为"三公"的具体人物，为我们正确认识三公之制提供了新的线索。

一、竹书《祭公》的新发现

清华简《祭公》篇题原作《祭公之顾命》[3]，是战国中晚期流传于楚地的写本，内容与今本《逸周书·祭公》基本一致，主要记载祭公谋父辞世前对周穆王及当朝三公的诫勉之辞。清华简《祭公》见存于今本《逸周书》，自然给竹书的整理与研究带来莫大方便。但是，正因为《祭公》被收入《逸周书》，其史料价值又不免使人怀疑。《逸周书》编成后屡遭变故，今传本更是真赝相淆，纯杂不一。除少数篇章可能是西周文献并具有一定史料价值外，大多数"文体与古书不类，似战国后人依仿为之者"[4]。因此，《逸周书·祭公

1 《史记·周本纪》，中华书局，1959，第147页。
2 《史记·鲁周公世家》，中华书局，1959，第1528页。
3 李学勤主编：《清华大学藏战国竹简（一）》，中西书局，2010，第174—175页。下引不另注，释文尽量用通行字。
4 （宋）陈振孙：《直斋书录解题》，上海古籍出版社，1987，第28页。

解》的制作年代和史料价值如何，便成为首先需要讨论的问题。

相对于《逸周书》其他篇章来说，《祭公》的著作年代较少争议，古今学者大都认为是西周作品。如清人唐大沛说："史序穆王之辞俨是诏书一道，祭公稽首嘉之，宜哉！其序祭公顾命之辞，首言文、武之功德，愿王法文、武以守绪业，复以王所不足者切实戒之。其戒三公，凛然正色，以规其过。古大臣侃侃之风，裁千载犹可想见也。西周真古书渊懿质挚，必出于当时良史之笔。"[1]这是说《祭公》是出自西周良史手笔的真古文，渊懿可信。李学勤曾利用金文资料对今本《祭公》加以研究，进一步肯定它"是真正的西周文字"[2]，"年代与恭王元年的师询簋应该非常接近"[3]。也有学者从语法、语音、修辞等方面加以考察，肯定今本《祭公》篇为西周文献[4]。

清华简《祭公》的发现，为我们研究它的著作年代提供了更好的条件。整个清华简既为战国中后期之物，《祭公》篇必在此前即已流传。郭店简、上博简与清华简约略同时，所见《缁衣》已引及《祭公之顾命》(今本《缁衣》误作《叶公之顾命》)，说明《祭公》成篇必在《缁衣》制作之前。关于《缁衣》的作者，传统上有子思子或公孙尼子两种说法，但篇中内容来源于"子曰"，意味着孔子见过《祭公》篇。即使这个"子曰"不一定是孔子的真实言论，而是子思子或公孙尼子的传述发挥，也说明《祭公》在孔子前后已广为流传。这样，《祭公》的制作年代就只有两种可能性，或作于春秋时期，或作于西周中晚期。在这个问题上，李学勤发表《清华简〈祭公〉与师询簋铭》一文，依据简本列出八点与传世本及相关金文对比，他认为："清华简本《祭公》比传世本更在文句上近似师询簋，证实该篇的可信。"[5]循着这样的思路，我们续加研究发现，清华简《祭公》有些文字仅见于西周金文，即使有的并见于《诗经》《尚书》《左传》《国语》，语义也有所不同。这就进一步证明《祭公》不是后世托古之作，而是西周中晚期史官整理成篇的古文献[6]，其真实性毋庸置疑。

---

1 黄怀信、张懋镕、田旭东：《逸周书汇校集注》修订本，上海古籍出版社，2007，第924页。

2 李学勤：《祭公谋父及其德论》，《古文献丛论》，上海远东出版社，1996，第96—102页。

3 李学勤：《师询簋与〈祭公〉》，《中国古代文明研究》，华东师范大学出版社，2005，第51—53页。

4 周玉秀：《〈逸周书〉的语言特征及其文献价值》，中华书局，2005，第271—272页。

5 李学勤：《清华简〈祭公〉与师询簋铭》，《初识清华简》，中西书局，2013，第135—139页。

6 杜勇：《清华简〈祭公〉与西周三公之制》，《历史研究》2014年第4期。

春秋战国时期《祭公》已广为流传，简本《祭公》即是战国前期楚地的传习本，而传世本当是中原地区流传下来的，二者互有同异，均非《祭公》属笔成篇的初始本。在文献传流过程中，抄写本个别文字有所改动，出现不同于初始本的借音、借义或讹误等情况，这是不可避免的。但无论如何，清华简《祭公》与其初始面貌不会有太大的出入，这就为我们的研究工作奠定了可靠的文献基础。而篇中有关三公人名的记载涉及西周政制一大关节，尤其值得用心探究。

清华简《祭公》记祭公谋父身染沉疴，穆王前往探视，言必称"公"，或曰"祖祭公"，不仅满怀一种难以割舍的亲情，而且视为肱股，礼敬有加。穆王说："余畏天之作威，公其告我懿德。"这是穆王担心祭公的疾病无法痊愈，要他告以治国理政的美德作为遗言，指引国家健康发展。祭公应允穆王的请求，并召来毕桓、井利、毛班三位大臣，陈说自己的劝诫之辞。"毕桓、井利、毛班"本为三公人名，传世本却误作"毕桓于黎民般"[1]，致使后世训释离题万里，真义难明。清华简《祭公》的发现，才使传世本这一讹误得以勘正。祭公话语中，三次以"天子，三公"连称，显见三公是天子臣僚中地位最高的辅弼大臣。简文对身为三公的毕桓、井利、毛班并不以"公"相称，而是直呼其名，说明三公可以使用多种称谓，未必不可须臾离其"公"字。同时，祭公还两次称"三公"，谓"皇天改大邦殷之命，惟周文王受之，惟武王大败之，成厥功"，勉励他们"事，求先王之恭明德；刑，四方克中尔罚"。观其辞气，"三公只是对三位大臣的合称"[2]，似乎祭公不在三公之列。但祭公言国事忧危萦怀，戒三公凛然正色，若无相当或更高的政治地位，即使年高德劭或为王室宗亲，如此话语仍有不宜。又若祭公时已致仕，且弥留之际，穆王还躬身问政，似亦不宜。在天子与三公之间别无其他政治环节的情况下，毕桓、井利、毛班已是三公，而本身以公相称的祭公谋父则不能说与三公之职无缘，更有可能位列三公之首。这样，当朝三公即有四人，与传统认为三公仅由三位大臣担任大相异趣。细考文献，四人并为三公的情况在西周并不鲜见。早在成康之际，朝廷就有四人同时称公，即《尚书·顾命》所言召公、毕公、毛公，《尚书·立政》又提及"司寇苏公"。周厉王时，文献

---

1 黄怀信、张懋镕、田旭东：《逸周书汇校集注》修订本，上海古籍出版社，2007。
2 李学勤：《清华简〈祭公〉与师询簋铭》，《初识清华简》，中西书局，2013，第135—139页。

记载同时称公的执政大臣亦有四人,即虢公长父、荣夷公、邵公、周公。《吕氏春秋·当染》说:"周厉王染于虢公长父、荣夷终。"虢公长父《墨子·所染》误作"厉公长父",荣夷终就是《国语·周语上》所言"好专利"的荣夷公。而邵公谏厉王"弭谤",彘之乱又匿太子靖于宫中,继与周公辅相王室。凡此表明,三公之职当不以三人为限,故以祭公为穆王朝三公之一,应无违碍。这是我们研究西周三公之制的基本出发点。

二、三公姓氏、封地与职爵

由于受材料限制,过去人们对三公之制的认识常常流于概念之争。如今清华简《祭公》言及三公具体人物,则有利于进行个案研究。这里先考察祭公、毕桓、井利、毛班等人的姓氏、封地、职爵等情况。

(一)清华简中三公的姓氏

祭国始封者为"周公之胤"[1],《汉书·王莽传》谓"周公庶子",自是姬姓无疑。因封于祭,后以国为氏,《春秋》《左传》所言"祭公""祭伯"者即是。第一代祭公历成、康、昭三世,死于昭王南征荆楚之役。《吕氏春秋·音初》说:"周昭王亲将征荆,辛余靡长且多力,为王右。还反涉汉,梁败,王及蔡公抎(陨)于汉中。辛余靡振王北济,又反振蔡公。"这里说的"蔡公"即祭公,蔡与祭相通,是为祭国始封之君。祭公作为王朝卿士,得侍昭王左右,故辛余靡先救坠入汉水的昭王,次则返救祭公。然终因振救不及,殁于汉水。穆王时代的祭公谋父为第一代祭公之子。《逸周书·祭公解》载穆王曰"祖祭公",孔晁云:"祭公,周公之后,昭穆于穆王在祖列。"[2]是祭公谋父与康王同辈,其父则与成王同辈,适为周公之子。

毕国始封者为"文之昭"[3],即文王庶子毕公高,当然也是姬姓。西周早期金文称"毕姬"(伯夏父鼎,《集成》2584),与文献所言毕为姬姓相合。《史记·魏世家》说:"魏之先,毕公高之后也。毕公高与周同姓。"司马迁不采《左传》文昭之说,仅称毕公"与周同姓",当是出于对毕氏较他国先行衰微的误解。清华简中的毕桓,今本《祭公》作"毕桓",文献仅此一见。清人于鬯

1 《左传·僖公二十四年》,(清)阮元校刻:《十三经注疏》,中华书局,1980,第1817页。
2 黄怀信、张懋镕、田旭东:《逸周书汇校集注》修订本,上海古籍出版社,2007,第924页。
3 《左传·僖公二十四年》,(清)阮元校刻:《十三经注疏》,中华书局,1980,第1817页。

指出，毕桓当为"毕公高之后"[1]，是正确的。《穆天子传》提到与穆王随行的一位高官毕矩，曾代表天子接受西膜国觐见时奉致的礼品。据同书所载，代表穆王从事此项邦交活动的祭公、井利、逄固等都是朝中重臣，则毕矩的政治地位应相仿佛，很可能他就是穆王时三公之一的毕毚[2]，矩字或因传写致讹。

清华简中的"井利"，井即邢，亦为周公之后。西周早期邢侯簋说井侯"作周公彝"（《集成》4241），白猎父鬲称"白猎父作井姬、季姜尊鬲"（《集成》615），是邢为姬姓之证。《广韵》谓井为"姜子牙之后"[3]，未知所本。姜姓作为周人联姻之族，太公之后文献未见有人出任王朝卿士，是井利为姜姓的可能性不大。

清华简中的毛班，为姬姓毛氏是无疑的。毛为文昭十六国之一，始封之君为毛叔郑。《逸周书·克殷解》说："王入，即位于社太卒之左，群臣毕从。毛叔郑奉明水。"《史记·周本纪》《汉书·古今人表》并作"毛叔郑"，后者谓为"文王子"。《尚书·顾命》载成王辞世时，毛公为顾命大臣之一。这个毛公是毛叔郑还是叔郑之子，不可确知。《春秋》经传所见毛伯、毛伯卫、毛伯过、毛得，均为毛叔郑后裔，西周金文中的毛公、毛班、毛伯亦然。

清华简《祭公》所见祭公、毕毚、井利、毛班均为姬姓，分封后以国为氏。他们的始祖或为文王之子，或为周公之胤，都是王族贵胄，具有尊贵的血统，显赫的身世，崇高的社会地位，为其入仕朝廷职任三公、执掌国家大权奠定了坚固的政治基础。

（二）清华简中三公的封地

由于清华简中的三公即祭公、毕毚、井利、毛班均属以国为氏，故其封地与所在国邑无异。考其地望，无一不在千里王畿之内。

祭之封地，历史上有长垣、管城、中牟三说，陈槃证以《穆天子传》卷五"郑（祭）父自圃郑来谒"[4]，谓穆王时祭公谋父已居郑州，非春秋时自长垣迁来；而管城、中牟本指一地，只因区划变迁致使地有分合[5]。近年考古发掘表明，祭国故城在今郑州市郑东新区祭城路（原金水区祭城镇）祭城村

1　黄怀信、张懋镕、田旭东：《逸周书汇校集注》修订本，上海古籍出版社，2007，第931页。

2　李学勤：《清华简九篇综述》，《文物》2010年第5期。

3　周祖谟：《广韵校本》上册，中华书局，2004，第320页。

4　高永旺译注：《穆天子传》卷五，中华书局，2019，第154页。

5　陈槃：《春秋大事表列国爵姓及存灭表撰异》三订本，上海古籍出版社，2009，第262页。

下，遗址虽遭破坏，但仍保留着几段夯土墙基。遗址内外，有西周、春秋时期的鬲、罐、豆陶器残片出土[1]。祭城的地望由此得到进一步确认。

毕之封地，古有渭北毕陌和渭南毕郢（或曰毕原）二说。毕陌说前人已辨其非。如《皇览》曰："秦武王冢在扶风安陵县西北，毕陌中大冢是也。人以为周文王冢，非也。周文王冢在杜中。"[2]《括地志》亦云："秦悼武王陵在雍州咸阳县西十里，俗名周武王陵，非也。"[3]至于毕郢或曰毕原，既是文王、武王、周公墓地所在，又是毕国封地，位于渭南即丰镐一带。《孟子·离娄下》说："文王生于岐周，卒于毕郢。"古本《竹书纪年》说："毕西于丰三十里。"[4]《史记·周本纪》说："所谓'周公葬于毕'，毕在镐东南杜中。"《左传·僖公二十四年》杜注："毕国在长安县西北。"《括地志》云："毕原在雍州万年县西南二十八里。"[5]其地均不出今西安市长安区。1992年，西安市长安县（今长安区）出土周宣王时器吴虎鼎，铭中记吴虎所受土地，"厥南疆毕人眔疆，厥西疆莽姜眔疆"（《新收》709），表明毕国位于莽京所在的丰镐一带是确然可信的。

邢初封于邢丘（今河南温县东南），继迁于襄国（今河北邢台），邢侯簋所见邢侯即其始封之君[6]。陈槃认为，井利为"邢侯同族之仕于王朝者"[7]，但这个"同族"的说法有些笼统。在西周金文中，除有井侯外，还有井伯、井叔、井季等人。他们以井为氏，应为井侯支裔。徐中舒说："邢侯大宗出坯就封于邢，其次子当仍留居王朝，食采于畿内的井邑。"[8]其说甚是。邢侯为周公之四子，其大宗、小宗各有封土当晚于第一代邢侯，故畿内"井邦"的始封很可能在康王时期。据散氏盘铭文，散氏田界与井邑接壤。散氏盘出土于陕西凤翔，散伯车父鼎等器出土于陕西扶风，是知井邑与凤翔、扶风一带的散国地相邻近，当在扶风周原一带。井侯此一支裔受封于畿内，后来又发生分化，井伯氏为大宗，井叔、井季则别为小宗。

1　马世之：《中原古国历史与文化》，大象出版社，1998，第47页。
2　《史记·秦本纪》集解引，中华书局，1959，第210页。
3　《史记·秦始皇本纪》正义引，中华书局，1959，第289页。
4　《汉书·楚元王传》注引，中华书局，1962，第1953页。
5　《史记·魏世家》正义引，中华书局，1959，第1835页。
6　杜勇、沈长云：《金文断代方法探微》，人民出版社，2002，第119页。
7　陈槃：《春秋大事表列国爵姓及存灭表撰异》三订本，上海古籍出版社，2009，第327页。
8　徐中舒：《禹鼎的年代及其相关问题》，《考古学报》1959年第3期。

毛之封地，传注无考。明代王夫之《尚书稗疏》说："春秋犹有毛伯而随周东迁，非其旧地。安定有毛氏，则其国当在周京之西北也。"[1]清人顾栋高《春秋大事表》以为在今河南宜阳县境，未详所据。杨宽说："《路史》说毛伯簋是刘敞得于扶风，陈介祺《毛公鼎拓本题记》又谓毛公鼎是清代道光末年出土于岐山，可知毛国当在陕西省扶风和岐山之间，今定在岐山县东南。"[2]杨伯峻《春秋左传注》亦同此说。由于铜器是可以移动的，根据铜器出土地点来决定器主居邑所在不免带有或然性。但是，如果不止一器大致出于同一地域范围，则其可靠性就大为增加。故谓毛国始封于扶风、岐山一带应可信从。

上述井国、毛国的封邑大致在凤翔至扶风之间，这里即是古公亶父举族迁往的"周原"，为周人发祥地。毕国封邑所在的长安地处丰镐一带，属于文王、武王东进开拓之土。相比之下，祭公的封邑位于今郑州市郑东新区，地略偏东，但仍在王畿之内。所谓王畿是宗周镐京和成周洛邑两个政治中心统辖的东西相连的行政区域，亦即《国语·周语中》所谓"规方千里以为甸服"。《逸周书·作洛解》说："制郊甸方六百里，因西土方千里。"这里的"郊甸"和"西土"即指东西两都"方千里"的京畿地带。《汉书·地理志》也说："洛邑与宗周通封畿，东西长而南北短，短长相覆为千里。"千里王畿是周王朝君临天下的腹心地带，畿内诸侯与畿外诸侯一道受封，都具有"蕃屏"周室的政治作用。

（二）清华简中三公的职爵

1. 祭公谋父的职爵

祭的爵秩，文献所称有伯、侯、公三种。《春秋·隐公元年》云"祭伯来"，杜注："祭伯，诸侯为王卿士者。祭国，伯爵也。"《汉书·古今人表》称"祭侯"为周公之子，似为侯爵。《春秋·桓公八年》云："祭公来。"同年《公羊传》云："祭公者何？天子之三公也。"《左传》杜注："祭公，诸侯为天子三公者。"这是说祭为公爵。单从这些记载看，确实给人爵无定称，亦无高下之感。其实，细绎《春秋》《左传》之文，知祭为畿内诸侯，本为伯爵，入为王朝卿士，身任三公，则晋为公爵。但公爵并非世代相袭，只有畿内诸侯成为三公之后，始可以公相称。所谓"祭伯来"者，以其时任祭国之君，故

1（明）王夫之：《尚书稗疏》卷四下《顾命》，《船山全书》第2册，岳麓书社，1998，第209页。
2 杨宽：《西周列国考》，《杨宽古史论文选集》，上海人民出版社，2003，第161—244页。

以伯爵相称。所谓"祭公来"者，系"诸侯为天子三公"，担任前往纪国迎娶王后的使臣，故称以公爵。至于"祭侯"之称，是指广义上的诸侯，非谓爵称，此与称"周公八子，并为侯伯"[1]为例相同。

祭公谋父与其父亲一样，既是祭国之君，又入为王朝卿士。《穆天子传》卷五说："遣郊父如圃郑"，又说："天子西游，乃宿于郊""郊公饮天子酒"[2]，说明穆王西征道便，遂宿其国。途中又为天子占梦，傧赞盛姬丧礼，代表天子接受河宗柏夭与赤乌之人进献的礼品。特别是当许国之君前来觐见穆王时，"郊父以天子命辞曰：去兹羔，用玉帛见"[3]，其权力地位显然在其他大臣之上。这与清华简《祭公》所见情形是一致的。

清华简《祭公》载祭公谋父自述"昔在先王，我亦不以我辟陷于难"，表明他在昭王时期即已入仕，身任要职。但祭公谋父在穆王前期应已辞世，这与其父享年较高有关。在此可以进行大致的推算。以"成康之际……刑错四十余年不用"[4]、"周昭王十九年……丧六师于汉"[5]、"穆王立五十五年"[6]等文献记载来考量，成、康、昭、穆四世积年当不少于 114 年。由于第一代祭公历仕成、康、昭三朝，假定成王元年他的年龄与同辈的成王相若，也是 13 岁[7]，到昭王十九年崩逝时当有 72 岁。又假定祭公谋父小于其父 20 岁，到穆王 27 年（以此年为中界可将穆王统治划分前后两个时期）则近 80 岁的高龄了。若以夏商周断代工程所拟西周年表推算，祭公谋父到穆王二十七年则寿高 92 岁。祭公以耄耋之年还继续活跃于穆王后期，不时随王出游，恐非身体条件所允许。今本《竹书纪年》记祭公谋父薨于穆王二十一年，虽属推测，但在时间上大体接近。

2. 毕𤲮的职爵

毕之爵秩，文献无载。近出西周晚期的毕伯鼎铭云："毕伯克肇作朕丕显皇祖受命毕公尊彝"[8]，是毕伯克为其先祖毕公所作祭器。由自称"毕伯"可

1 《三国志·魏书·武帝纪》裴松之注，中华书局，1959，第41页。

2 高永旺译注：《穆天子传》卷5，中华书局，2019，第160、167页。

3 高永旺译注：《穆天子传》卷5，中华书局，2019，第156页。

4 《史记·周本纪》，中华书局，1959，第134页。

5 方诗铭、王修龄：《古本竹书纪年辑证》修订本，上海古籍出版社，2005，第46页。

6 《史记·周本纪》，中华书局，1959，第140页。

7 杜勇：《〈尚书〉周初八诰研究》增订本，中国社会科学出版社，2017，第19页。

8 陕西省考古研究院、渭南市文物保护考古研究所、韩城市文物旅游局：《陕西韩城梁带村墓地北区2007年发掘简报》，《文物》2010年第6期。

知其本爵为"伯"。又春秋晚期吕緒钟铭云："邵（吕）鑒（緒）曰：余毕公之孙，吕伯之子。"（《集成》230）王国维据此考证说："邵即《春秋左氏传》晋吕甥之吕也。……吕甥既亡，地为魏氏所有。此邵伯、邵鑒，皆魏氏也。《史记·魏世家》：'晋文公命魏武子治于魏，生悼子。悼子徙治霍，生魏绛。'……悼子徙霍，或治于吕，故遂以吕为氏。魏锜称吕锜，锜子魏相又称吕相，亦称吕宣子。皆其证也。……魏氏出于毕公，此器云'毕公之孙，邵伯之子'，其为吕锜后人所作，彰彰明矣。"[1]钟铭称吕锜为"吕伯"，并与"毕公"对言，也说明毕为伯爵。

毕公高为毕国第一代封君，毕为采邑，故在朝廷担任执政大臣。至于《顾命》所说毕公"应是第二代毕公了"[2]。这位毕公与召公等人同为顾命大臣，排序却在召公、芮伯、彤伯之后，位列第四，显非武王伐纣时"命释百姓之囚，表商容之闾"[3]的毕公。《尚书·康诰》说："太保率西方诸侯入应门左，毕公率东方诸侯入应门右"，以朝见新王，毕公地位几与召公相若。孔颖达疏："太师毕公为东伯"[4]，此谓毕公官居太师，并无根据。《史记·周本纪》说："康王命作策毕公分居里，成周郊，作《毕命》。"这里的"作册"旧释为命作册书，郭沫若认为是一种职官："作策、作册，乃史职之通称……毕公即大史矣。"[5]康世史酤簋说："王诰毕公，乃锡史酤贝十朋。"（《集成》4030）从本铭文看，毕公之僚属有史，正好印证毕公为太史的说法。太史称"公"，亦有西周早期金文为证，公太史方鼎、作册鬾卣均以"公太史"（《集成》2370、5432）见称，是"公"为爵称，"太史"为官名，即太史寮的长官。自康王之后，再也见不到有关毕公的金文。穆王朝的毕𩣓，作为第三或第四代毕公，除了《逸周书·祭公解》亦不见载于其他文献。若按西周世官制原则推断，毕𩣓的官职应以承继父祖太史之职的可能性为最大。

3. 井利的职爵

畿内井氏非井侯大宗，无由袭其侯爵。西周金文"井伯"屡见，为井侯小宗封于畿内而出任王官者，当以伯为本爵。金文又有井公，则为朝中执政

1　王国维：《观堂集林》卷18《邵钟跋》，中华书局，1994，第891—894页。

2　唐兰：《西周青铜器铭文分代史征》，中华书局，1986，第166页。

3　《史记·周本纪》，中华书局，1959，第126页。

4　《尚书·康诰》，（清）阮元校刻：《十三经注疏》，中华书局，1980，第243页。

5　郭沫若：《金文丛考》，人民出版社，1954，第69页。

大臣，尊享公爵。穆王时期的井利，身任天子三公，故《穆天子传》又称井公，今本《竹书纪年》亦称井公利。

虽然井利可称井公，但与金文中的"井公"似非一人。据曶壶盖铭文，王册命曶任成周八师冢司徒，"井公入右曶"（《集成》9728）。郭沫若定此为孝王时器，认为"井公当即井叔"[1]。唐兰将曶壶盖铭中的井公与《穆天子传》中的井利视同一人，故定此为穆世之器，谓"井公似在穆王后期，井伯、井叔均其后"[2]。然细观曶壶盖，为椭方形，长樽口，捉手饰一道弦纹，盖沿饰窃曲纹，属于西周铜壶Ⅲ型2式[3]。此类铜壶年代多属西周晚期，曶壶也不会早至穆王时期。故曶鼎铭文中的井公与穆王时期的井利不能牵合为一。又有学者认为："井利即穆公簋盖和师遽方彝的宰利"[4]，恐怕也有问题。从《穆天子传》看，井利除与穆王两次下六博棋外，另有三事可述：一是穆王西征途中，由井利代表天子接受郱邦之君进献的豹皮、良马等礼品；二是穆王在河宗举行礼河之祭，命井利、梁固率领六师参加活动；三是穆王在出狩途中举行盛姬的丧礼，由井利主办所需器物财用。其中第三事即主办盛姬丧礼所需物品，与金文和《周礼·宰夫》所见宰的职掌略相吻合。如蔡簋铭云："王若曰：蔡，昔先王既命汝作宰，司王家，今余唯申就乃命，命汝眔曶缵胥对各，从司王家外内，毋敢有不闻。"（《集成》4340）又穆公盖铭文说："（王）呼宰利赐穆公贝廿朋。"（《集成》4191）可见宰为宫内之官，主要料理王家内外事务，或奉命赐予大臣财物，其职司与天子三公不侔。即使井利主办过盛姬丧礼所需器物财用，最多不过是临时兼顾此项事务，所任未必宰职。所以宰利与井利虽然同名，仍不宜以一人视之。

从金文资料看，穆王时期井伯氏家族在朝中担任高级官员者，还有司马井伯寴。他与井利是何种关系呢？寴簋铭云：

> 惟廿又四年九月既望庚寅，王在周，格大室，即位，司工逆入右寴立中廷，北向。王呼作册尹册申命寴曰："更（赓）乃祖服，作冢司马"……用作朕文祖幽伯宝簋。（《铭图》5362）

寴簋记载穆王二十四年，寴被册命为冢司马。这个寴，也就是师痕簋盖铭中担

1　郭沫若：《两周金文辞大系图录考释（七）》，科学出版社，1957，第101页。
2　唐兰：《西周青铜器铭文分代史征》，中华书局，1986，第400页。
3　张长寿、陈公柔、王世民：《西周青铜器分期断代研究》，文物出版社，1999，第138页。
4　李学勤：《清华简九篇综述》，《文物》2010年第5期。

任册命师痹侯右的"司马井伯亲"(《集成》4284)。近有学者认为井利是亲之子，活动于穆王后期，为共懿时期的井伯之父[1]。实际上这种可能性是没有的。《史记·周本纪》说："穆王即位，春秋已五十矣。"即使即位再年轻一点，穆王的征伐和远游也当发生在他统治前期，到晚年老迈时恐怕会力不从心。尤其是上文说过，井利早在穆王前期祭公辞世时已任三公，则不可能在穆王后期亲死后才继为冢司马。

亲任职冢司马是"更乃祖服"，作器纪念的对象是其"文祖幽伯"。"文祖"为其先祖，则"更乃祖服"的"祖"只能是其祖父。李学勤说："如是祖父，亲的父亲早卒，他直接承袭祖父的世职，尽管这种事情少见，仍是可能的。"[2]如宰兽簋铭文载，王命宰兽"更乃祖考事，总司康宫王家臣妾"(《新收》663)；郘盨簋铭文载，王命郘盨"用嗣乃祖考事，作司徒"(《集成》4197)，均同其例。井伯亲继任祖父之职担任"冢司马"(或省称司马)主要在穆王后期，则其祖父出任司马之职必在穆王前期。《周礼·大司马》所言司马职掌是"以九伐之法正邦国"。《荀子·王制》也说："司马知师旅甲兵乘白之数"。《诗·小雅·祈父》毛传云："祈父，司马也。职掌封圻之兵甲。""祈父之职，掌六军之事，有九伐之法。"都说明司马是职掌军事的职官。这很符合《穆天子传》中井利作为六师主帅并随穆王南征的身份。由此看来，亲之祖父应该就是清华简中的井利，两者在姓氏、职官、活动年代方面均相契合。

4. 毛班的职爵

毛之本爵为伯。《左传·僖公二十四年》言及"原伯、毛伯"，杜注："原、毛皆采邑。"孔疏："此原伯、毛伯，盖是文王之子原、毛之后，世为王臣，仍为伯爵。"穆王时，班簋铭文先说："王命毛伯更虢城公服，粤(屏)王位，作四方极"(《集成》4341)，继而又说："王命毛公以邦冢君……伐东国痏戎"。郭沫若指出："上第一命称毛伯，此第二命称毛公，因毛伯代替了虢城公的职位，升了级。"[3]这个分析十分精辟，说明毛为畿内之国，本为伯爵，毛伯代替虢城公的职位后始晋升为公爵。值得注意的是，虢城公与毛伯并非同一家族。《左传·僖公五年》说："虢仲、虢叔，王季之穆也，为文王卿

1　陈颖飞：《清华简井利与西周井氏之井公、井侯、井伯》，李学勤主编：《出土文献》第2辑，中西书局，2011。

2　李学勤：《论亲簋的年代》，《中国历史文物》2006年第3期。

3　郭沫若：《〈班簋〉的再发现》，《文物》1972年第9期。

士。"又《国语·晋语四》说："（文王）询于八虞而谋于二虢。"是说周初有两个虢。虽然不知班簋铭中的虢城公是虢仲还是虢叔的后裔，但与毛伯并非同一家族是可以肯定的。这说明三公之职既可由某一家族世守其官，也可在姬姓高级贵族内部流转。

毛国之君，世为王官，穆王时毛班亦不例外。毛班之名，过去仅见于《穆天子传》与班簋铭文，今出清华简复又见之，为确定班簋为穆世器提供了新的证据。在班簋铭中，"毛伯""毛公""毛父""皇公""昭考"是一人之异称，毛班为其子[1]。由于穆王在位的时间长达五十五年，所以不妨碍毛公父子都在穆王时代建功立业。穆王前期，毛班已身任三公，继其父爵，但具体官职不详。

根据前面对祭公、毕桓、井利、毛班等人姓氏、封地、职爵等方面的个案分析，使我们对穆王朝三公的情况大体可以形成如下一些认识：

第一，三公是天子的辅弼大臣，地位高居群臣之上，但不以三人为限。

第二，三公来自畿内诸侯，姬姓，伯爵，入为王朝卿士即晋升为公爵。

第三，三公在朝中一般都有实际的军政职官，如毕公为太史，井利为司马。

第四，三公职务既可世袭，亦可改任，不必为某些家族所垄断，如毛伯赓继虢城公的职爵即是。

以上概括只是局部揭示了西周三公之制的某些特征，但由此出发有利于后文对西周三公之制的全方位考察。

三、三公合议制中央政府的运行

关于西周三公之制的情况，汉儒已不明了，颇多异说；今人所作研究，仍少胜义。这里，我们想在检视古今各种三公说的基础上，再就三公之制的主要特征加以说明。

（一）三公三相说

《春秋公羊传·隐公五年》云："天子三公者何？天子之相也。天子之相，则何以三？自陕而东者，周公主之；自陕而西者，召公主之；一相处乎内。"公羊家认为三公为天子之相，即辅佐天子的执政大臣，是有一定道理

1　杜勇、沈长云：《金文断代方法探微》，人民出版社，2002，第109—110页。

的。"相",甲骨文已有其字,用为省视之意,与《说文》所言本义相同。战国时期中山王䁄壶铭文云:"使得贤士良佐䁹,以辅相厥身。"(《集成》9735)此以"辅相"联言,是"相"有佐助之意。《周易·泰·象传》云:"后以财成天地之首,辅相天地之宜,以左右民。"孔颖达疏:"相,助也。"可见天子之相就是辅助天子处理政事的朝廷大臣。《墨子·尚同上》说:"天子立,以其力为未足,又选择天下之贤可者,置立之以为三公";《荀子·君道》说:"天子三公,诸侯一相",都有相同的意蕴。但是,公羊家为了说明三公来由,凑足三相之数,在具名周、召二公"分陕而治"之外附加"一相处于内",则于史无征,不足凭信。

(二)三公三司说

此说源自汉初伏生《尚书大传》云:"天子三公,一曰司徒公,二曰司马公,三曰司空公。"[1]其后《尚书》今文三家袭其说。三公三司说强调司马、司徒、司空在西周官制体系中的重要地位,并非无见。《诗·大雅·绵》云:"乃召司空,乃召司徒,俾立室家。"是先周古公时期已有此类职官。《尚书·牧誓》《尚书·梓材》也分别言及司徒、司马、司空,西周早期的铜器铭文同样提到司徒(司土司簋,《集成》3696)、司空(司工丁爵,《集成》8792),中晚期金文盠方尊、毛公鼎更称"三有司"(《集成》6013、2841),为中央政府所属二个重要的军政部门。然据《国语·周语上》记载,虢文公讲到籍田礼最后是各级官员出动巡查,"农师一之,农正再之,后稷三之,司空四之,司徒五之,太保六之,太师七之,太史八之,宗伯九之,王则大徇"。其官职大致由低到高排序,直至周王为止。若三公只限于三有司官长,太保、太师、太史等人则无缘进入三公之列。

(三)三公三太说

此说较早为史家所采。《汉书·百官公卿表》说:"夏、殷亡闻焉,周官则备矣。……太师、太傅、太保,是为三公,盖参天子,坐而议政,无不总统,故不以一职为官名。"班固首肯三太说,存疑三司说,摒弃三相说,对后世影响较大。

许慎《五经异义》云:"古《周礼》说:天子立三公,曰太师、太傅、太

---

1 《周礼·地官司徒》疏引,(清)阮元校刻:《十三经注疏》,中华书局,1980,第697页。

保，无官属，与王同职。"[1]又《周礼·地官司徒》疏引《郑志》赵商问："案成王《周官》，立大师、大傅、大保，兹惟三公。"[2]对此"立大师"等十一字，清人段玉裁《古文尚书撰异》、孙诒让《周礼正义》均认为是真古文，为晚书《周官》作伪者所袭。其实，所谓古《周礼》《周官》云云未必真为周初旧文，很可能只是礼学家者言，故除古文礼学家外，今文礼学家如《大戴礼记·保傅》亦有此说。

关于古文礼学家的三太说，因为涉及真实的人物和具体的官职，故能赢得一些学者的遵信[3]。如果说太公为太师、召公为太保尚有可据，则周公为太傅则疑点甚多。如《左传·定公四年》说："武王之母弟八人，周公为太宰。"《逸周书·周书序》说："周公为太师。"[4]《史记·周本纪》也说："召公为保，周公为师。"这些不同记载表明，以周公官任太傅尚难定于一尊。更为重要的是，西周金文始终未见太傅一职，使三太说失所依据。有学者认为，师 𡎛簋中的"小辅"即文献所说"少傅"，表明西周有与之对应的太傅一职，属教养一类的职官[5]。然小辅即使可称为少傅，或者更有正职太傅，这个太傅所掌也只是鼓乐之事，职务并不显赫，无法与天子三公比肩。

（四）周、召、毛三公说

汉儒关于三公的几种说法，各有所见，亦各有所失，总体上难以成立。今有学者试图突破前人藩篱，另创新说，其认为："在周、召、毛、毕、太公等五公之中，其中有世袭（指本人及其子孙）与非世袭（仅本人）之分，前者为周、召、毛，后者为毕公、太公。周、召、毛子孙世袭为公，即为周代之三公。"[6]此说仍与史实不符。如前文所言，自第一代祭公始，其后裔多有公称，如祭公谋父、祭公敦等，春秋时期亦有祭公为王官，此与周、召、毛子

1　虞世南：《北堂书钞》卷五十《设官部二》引，中国书店，1989，第143页。又《太平御览·职官部四·总叙三师》引《逸礼》亦曰："太公为太师，周公为太傅，召公为太保。"《逸礼》是否真出自孔壁古文，还有待研究。

2　《后汉书·郑玄传》云："门人相与撰玄答诸弟子问《五经》，依《论语》作《郑志》八篇。"《郑志》一书，隋唐时期尚存，后亦散佚。

3　宫长为：《西周三公辨析》，《吉林师范学院学报》1994年第4期。

4　黄怀信、张懋镕、田旭东：《逸周书汇校集注》修订本，上海古籍出版社，2007，第1134页。

5　张亚初、刘雨：《西周金文官制研究》，中华书局，1986，第2页。

6　应永琛：《试论周代三公制度的建立、发展及其衰亡》，尹达等主编：《纪念顾颉刚学术论文集》上册，巴蜀书社，1990，第307—322页。

孙的情况并无不同。此说把祭公子孙排除在三公之外，亦非允当。

（五）三公之制新说

上述各种说法除了把三公限定为三人外还存在这样或那样的问题，都不足以揭示西周三公之制的历史真相，这使我们不能不考虑其他可能。但是，古往今来各种政治制度的设计，为了适应复杂多变的现实需要，总是处在不断调整变化之中，要弄清各种制度细节无疑是有困难的。所以这里只对西周三公之制的主要特征加以分析。

1. 三公是天子辅弼大臣的通称

三公是一个集合性或统括性的职官概念，并不适合只视作三位担任某一职务的执政大臣，这在上文已经说过。古文献中的"三"字具有众多之义，三公即多公、群公。清人汪中《述学·释三九》云："一奇二偶，一、二不可以为数，二乘一则为三，故三者，数之成也。……因而生人之措辞，凡一、二之所不能尽者，则约之三，以见其多；三之所不能尽者，则约之以九，以见其极多。"[1]陈梦家也说："凡此'三'字乃是多、诸之义，不一定是三人。"[2]在古文献中，这种例证甚多，三公之"三"即属此类。故把三公视为辅相天子的执政大臣的统称，而不以三人为限，可能更符合历史实际。《老子·德经》说："故立天子，置三公。"《墨子·尚同下》说："是故天下之欲同一天下之义也，是故选择贤者，立为天子。天子以其知力为未足独治天下，是以选择其次立为三公。"《大戴礼记·虞戴德》说："九卿佐三公，三公佐天子。"这说明在古人眼中，三公是与天子的权力相伴生的，是最高统治者的辅弼大臣。这是三公一词所具有的最根本的含义。因此，自黄帝以来，有不少重臣被视为天子三公。例如，《史记·五帝本纪》集解引郑玄曰："风后，黄帝三公也。"《楚辞·怀沙》王逸注："殷契合神灵之祥知而生，于是性有贤仁，为尧三公。"[3]《墨子·尚贤下》说："昔伊尹为莘氏女师仆，使为庖人，汤得而举之，立为三公。"又《墨子·尚同中》说："傅说被褐带索，庸筑乎傅岩，武丁得之，举以为三公。"《史记·殷本纪》说："（纣）以西伯昌、九侯、鄂侯为三公。"这些所谓三公，名称是后起的，实际就是指辅佐天子的执

1　李金松：《述学校笺》，中华书局，2014，第12—13页。

2　陈梦家：《西周铜器断代》，中华书局，2004，第111页。

3　（宋）洪兴祖：《楚辞补注》，白化文等点校，中华书局，2009，第147页。

政大臣。

在殷墟卜辞中，已有"三公""多公"之名，但其含义与天子辅相大臣无关。例如：

（1）……至于多公，王受……。（《合集》27495）

（2）……巳卜，三公父下岁，惟羊。（《合集》27494）

（3）辛亥贞，壬子侑多公岁。（《合集》33692）

此为三、四期卜辞。卜辞中的"三公""多公"指商族先公，意即岁祭多位先公，以求佑助。这说明作为天子之相的三公之名，必是殷商以后才有的一种官爵称谓。

在周初，"公"作为高级贵族的一种称谓，有尊称意味但并不突出。如"周公"他人可称，本人亦可自称。特别是周公方鼎铭文云："周公作文王尊彝。"（《集成》2268）如果"公"纯为尊称，则周公不宜在先父面前自称为"公"。而《金縢》称太公、召公为"二公"，《洛诰》成王称周公为"公"，《召诰》召公称周公为"公"，《康诰》言康王即位典礼毕，"群公既皆听命，相揖趋出"，说明当时"公"与官爵之称的联系尚不紧密。但是，三公之名的源起，应与周公、召公、太公同秉国政、掌治天下有关。他们执掌国家大权，又适成三人，故后世即以三公称之。待王室爵制建立，三公也就成为尊享公爵的执政大臣的通称了。从清华简《祭公》看，西周穆王时期已有三公之名，且祭公谋父又属赓继父职，则三公作为官爵之称应不晚于昭穆时期。

2. 三公诸臣通常有一人为首席执政大臣

三公是由多人组成的执政群体，具有集体议事、决策、布令、施政的职能。在三公诸臣中，通常有一人担任"无不总统"的首席执政大臣。这一点，与秦汉时期的丞相"掌丞天子助理万机"[1]略相类似。周初武王死后，成王年幼继位，周公、召公、太公均为当朝重臣，但周公一直处于权力核心地位。《顾命》所见成康时期的召公，清华简《祭公》所见穆王朝的祭公谋父，都具有首席执政大臣的地位。祭公谋父曾三次对穆王进谏，第一次是申说"先王耀德不观兵"，谏阻穆王西征犬戎，事见《国语·周语上》；第二次是作《祈招》之诗，婉言"式昭德音"，谏止穆王恣意漫游，事见《左传·昭公十

---

1 《汉书·百官公卿表》，中华书局，1962，第724页。

二年》；最后一次是以临终遗言形式对穆王及三公的殷切劝诫，事见清华简《祭公》或今本《祭公》。有关遗言的核心内容曾被今传本《缁衣》引述，清华简《祭公》亦云："汝毋以戾兹罪辜亡时远大邦，汝毋以嬖御塞尔庄后，汝毋以小谋败大作，汝毋以嬖士塞大夫卿士，汝毋各家相乃室，然莫恤其外。"此言"五毋"，涉及天子远道出游、后宫治理、政务谋划、朝中用人、王室内务等多方面的国家政务，正是首席执政大臣职责所在。

又如共王十二年永盂铭云：

> 唯十又二年初吉丁卯，益公内（入）即命于天子，公乃出厥命，锡畀师永厥田：阴阳洛，疆采师俗父田，厥采公出厥命：井伯、荣伯、尹氏、师俗父、遣仲，公乃命酉司徒函父，周人司工眉，眔史、师氏、邑人奎父、毕人师同，付永厥田，厥率履厥疆宋句，永拜稽首，对扬天子休命。（《集成》10322）

铭文反映的决策施政过程是先由"益公内（入）即命于天子"，领受王命赐予师永田地，接着益公与井伯、荣伯、尹氏、师俗父、遣仲等人共同宣布周王命令，最后交由郑司徒、周司空等人具体办理，完成土地交割程序。在这个过程中，益公作为首席执政大臣的地位是非常清楚的。而实施王命又必须有其他五位执政大臣共同参加，显然是一种集体议政机制。这个过程看上去好像是周天子独裁其事，大臣议政徒具形式，实际上在王命形成之前，应由诸位大臣提出过有关问题的解决方案，不过最后由天子定夺而已。

在西周金文中，具有首席执政大臣身份的人物还有明公、番生和毛公。成王时令方彝铭文云："王命周公子明保，尹三事四方，受卿事寮。"（《集成》9901）西周中期番生簋云："王命缵司公族、卿事（士）、太史寮。"（《集成》4326）宣王时期的毛公鼎云："王曰：父厝，已曰，伇（抄）兹卿事寮、太事寮于父即尹，命汝缵司公族、雩（与）三有司、小子、师氏、虎臣、雩（与）朕褒事，以乃族捍敔王身。"（《集成》2841）铭文所见明公、番生、毛公，所主职事甚广，卿事寮、太史寮、公族（王族）等各方面的事务尽在掌握之中，自非首席执政大臣莫属。

首席执政大臣又称卿士。如《史记·周本纪》说："厉王不听，卒以荣公为卿士，用事。"又说："幽王以虢石父为卿，用事，国人皆怨。"《左传·隐公三年》说："郑武公、庄公为平王卿士。"杜预注："卿士，王卿之执政者。言父子秉周之政。"《诗·小雅·十月之交》云："皇父卿士，番维司徒，家伯维宰，仲允膳夫，聚子内史，蹶维趣马，楀维师氏，艳妻煽方处。"可见"皇父卿士"作为首席执政大臣，位居司徒、太宰、膳夫、内史、趣马、师氏诸职之上。卿士有时也泛指朝廷所有执政大臣。如《尚书·顾命》云："卿士邦君麻冕蚁裳，入即位。"又《尚书·洪范》云："谋及卿士，谋及庶人。"西周中央政府有卿事（士）寮、太史寮两大行政机构，尤以卿事（士）寮为中枢。卿士作为首席执政或所有执政大臣的称谓，或源于此。

杨宽曾推测说，西周初期的中央政权"以太保和太师作为首脑"，并"掌握着朝廷的军政大权"；西周中期以后"太师仍然为卿事寮的长官，掌握军政大权"[1]。这实际是以"太师"为首席执政大臣，所持证据主要来自《诗经》。如《诗·大雅·常武》云："赫赫明明，王命卿士，南仲大祖，大师皇父：整我六师，以修我戎。"《诗·小雅·节南山》云："尹氏大师，维周之氏。秉国之均，四方是维。"其实，这里的卿士不过是泛称而已，太师恐非首席执政大臣的正式官职。从西周金文看，太师是师的上司，且有伯仲（正副）之分。据师𫟒鼎铭，共王对师𫟒的赐物中有"大（太）师金膺"（《集成》2830），即太师所用饰有青铜的马带。这是一种以示恩宠的越级赏赐，说明太师是师的上级。在师望鼎铭中，师望自称"大师小子"（《集成》2812），"小子当谓属官"[2]。可见大师直接领导的是师氏，并非总揽百揆的军政首脑。文献所见的祭公谋父、荣夷公、虢文公、虢石父，金文所见的明公、益公、番生、毛公，都是首席执政大臣，却并无证据显示他们官为太师。虽然大师可能是三公体制下的执政大臣之一，但要视为"无不总统"即负责全局性军政要务的首席执政大臣则不尽适当。

3. 三公体制具有多元化组织结构

《汉书·百官公卿表》说三公"坐而议政，无不总统"，大概只适合首席执政大臣的情况。首席执政大臣总揽百揆，不再担任某一具体职官是合理的。但其他执政大臣当是不同政府部门的长官，从而使三公体制具有多元化的组织结构。如共王时期几个土地交割案例，都有中央政府多位大员参与其事。据三年卫盉、五年卫鼎、十二年永盂铭文，可列三份执政大臣名单如下：

伯邑父、荣伯、定伯、琼伯、单伯　　　　　（卫盉，《集成》9456）

---

1 杨宽：《西周中央政权机构剖析》，《先秦史十讲》，复旦大学出版社，2006，第20—43页。

2 杨树达：《积微居金文说》增订本，中华书局，1997，第66页。

　　井伯、伯邑父、定伯、琼伯、伯俗父　　　　　（卫鼎，《集成》2832）

　　益公、井伯、荣伯、尹氏、师俗父、遣仲　　　（永盂，《集成》10322）

在上述三份执政大臣名单中，除单伯、益公、尹氏、遣仲三人只出现过一次外，井伯、伯邑父、荣伯、定伯、琼伯、伯（师）俗父等六人先后出现过两次，说明当时中央政府已形成较为稳定的常设议政机构，强化了三公议政决策的有序化和官僚化特征。比较三份执政大臣名单，伯邑父在卫盂中排名第一，到五祀卫鼎时井伯却位列第一排在伯邑父之前，到永盂时益公作为首席执政大臣又当列井伯之前。这种排位现象的变化可以有两种解释：一是首席执政大臣是随时可以更换的，但不影响其前任继续担任执政大臣，故十年间首席执政大臣三易其人；二是当时首席执政大臣并未发生变化，只因临时有事缺位，由位居其次的执政大臣代为召集众臣处理相关事务。这到底以何种情况为然，抑或二者兼而有之，都不好确定，但首席执政大臣可由周天子根据需要随时调换应无可疑。

　　三份名单先后涉及十位执政大臣，可以完全确定为首席执政大臣的是益公。益公曾任册命师询、走马休等人的傧相，又曾奉王命“征眉敖”（乖伯簋，《集成》4331），当是武将出身。联系西周前期的周公、召公、祭公，穆王时期的虢城公、毛公，都曾担任领兵作战的军事统帅，说明首席执政多由武职出身的朝廷大员担任。此与当时“国之大事，在祀与戎”[1]的情势是相符合的。定伯、琼伯他器未载，伯邑父仅卫盂、五祀卫鼎两见，具体职务不详。荣伯为荣国族首领，曾任册命应侯视工的傧右，所任职官当为司徒，故其子依世官原则在夷王时称“司徒荣伯”（宰兽簋，《新收》663）。单伯即扬簋中的司徒单伯。井伯，共王十二年走簋作司马井伯，可能是穆王后期司马井伯亲之子。尹氏金文屡见，不具其名，当为内史之首，即太史寮的主官。伯（师）俗父曾任司寇（南季鼎，《集成》2781），又随史密东征南淮夷（史密簋，《新收》636）。遣仲曾随毛公一道征无需（盂簋，《集成》4162），也担任过军事统帅。从这些人员构成看，三公议事机构一般有五六位执政大臣，以三有司为主干，包括行政、军事、史职、司法等职能部门主官，是朝廷议事、决策、施政的常设机关，反映了西周中期以后中央政权的多元化组织结构的特点。

---

1 《左传·成公十三年》，（清）阮元校刻：《十三经注疏》，中华书局，1980，第1911页。

4. 三公爵秩多不世袭

对于西周爵制，孟子有过"其详不可得闻"[1]的感叹。《春秋公羊传·隐公六年》说："天子三公称公，王者之后称公，其余大国称侯，小国称伯、子、男。"此言诸侯爵秩重类别而不重等差，与《礼记·王制》称"公、侯、伯、子、男"为五等爵不同。近人傅斯年、郭沫若、杨树达等人对文献和金文加以考索，根本否认西周五等爵制的存在，一时成为主流意见。其实，爵与禄相互依存，既是官员制禄的依据，也是其政治身份高低的象征，若无等级则其经济利益和政治权力都无从体现。所谓爵名淆乱而无定称恐怕只是表象，实则周代爵制大体有两个系统：畿内诸侯多以伯为本爵，入为王朝卿士则尊享公爵；畿外诸侯多以侯为本爵，次者为子男。两相通观，公高于侯、伯，而侯、伯却不分轩轾，子、男则居其次。

作为爵制，"公"只限于"天子三公称公、王者之后称公"。他如诸侯在国内称公或死后称公等情况，只是一种尊称而非爵秩。三公身为朝中执政大臣，以辅弼天子为职责，享有最高等级的公爵是很自然的。公的爵秩高于伯，金文亦有征。上文所言班簋记毛伯接替虢城公的职事后称毛公，是爵随职迁最显明的例子。接着，王命毛公率师伐东国㾓戎，命吴伯"以乃师左比毛父"，吕伯"以乃师右比毛父"，也是公爵高于伯爵的体现。据敔簋铭文，某年十月南淮夷进犯，已至周人腹地洛水两岸，情形相当危急。周王命敔前往抵御，战功甚著，斩获首级一百，执讯四十，俘人四百，先献于荣伯之所，但最后周王在成周大庙举行献俘礼时，傧右不是荣伯，而是"武公入右敔，告禽：馘百，讯册"（《集成》4323），也从一个侧面说明了公爵在伯爵之上的事实。

据西周金文资料显示，伯与侯的爵位大体相当。如应侯视工在成周接受天子赏赐的册命仪式上，"荣伯入右应侯视工"（应侯视工钟，《新收》82）。一般说来，册命典礼中的傧右其地位略高或相当于受册命者，是荣伯的爵秩不低于应侯，否则不适宜担任傧相。又柞伯鼎载，"虢仲令柞伯曰……令汝其率蔡侯左至于昏邑"[2]。柞伯拥有对蔡侯军队的指挥权，其爵位也不会低于蔡侯。荣仲方鼎铭说："王作荣仲序……荣仲遬芮伯、胡侯、子"[3]，出现了伯先

1　《孟子·万章下》，（清）阮元校刻：《十三经注疏》，中华书局，1980，第2741页。

2　朱凤瀚：《柞伯鼎与周公南征》，《文物》2006年第5期。

3　陈絜：《浅谈荣仲方鼎的定名及其相关问题》，《中国历史文物》2008年第2期。

于侯的排序，表明芮伯与胡侯至少处于同一爵秩，不可强分高下。

三公诸臣大都来自畿内诸侯，其封国即采邑，具有俸禄性质。畿内诸侯以伯为本爵，升任执政大臣即尊享公爵。金文中生称公者约二十余人，较著名的有周公、明公、潇公、毛公、康公、井公、益公、单公、穆公、武公等人，其中不排除个别为尊称而非爵秩的情况，但大多数应该具有执政大臣或首席执政大臣的身份。至于畿外诸侯为统治一方的大员，职责重大，离任到王室担任公卿分身乏术，故很少见到有入为王朝卿士者。周初朝中重臣周公、召公、太公以长子赴国，本人不就封，只是建国初期的情形。《尚书·顾命》所载六位顾命大臣中的卫侯（康叔封）曾为成王"司寇"[1]，与管制殷遗民有关，亦属特例。郑国本为畿内诸侯，故郑桓公为幽王司徒，郑武公、庄公先后为平王卿士。郑国因灭虢、郐而有其地，势力渐大，东迁以后被列为诸侯，是畿内采邑主转化为畿外诸侯的结果。至于《左传·昭公十二年》载楚灵王对子革说："昔我先王熊绎与吕伋、王孙牟、燮父、禽父并事康王"，是说他们在康王时期作为臣属同为国家效劳，并不代表五人"以畿外诸侯的身份入仕周康王"[2]而为执政大臣。

在西周王官体系中，执政大臣或首席执政是可以随时调换的，公爵一般及身而止，不一定世袭相传，所以没有一个家族可以长期占据这一职爵。班簋铭文说到毛伯继虢城公服，虢公子裔则未继其位，说明三公之职既可由某一家族世守其官，也可在姬姓高级贵族内部发生转移。毛氏家族在西周虽有多人断续担任三公，如毛伯、毛班、毛公屑，但其裔孙在春秋时期不为王朝卿士则恢复本爵，故有毛伯得、毛伯过、毛伯卫之称。西周晚期翼簋铭云："翼作皇祖益公、文公、武伯，皇考恭伯鬶彝。"（《集成》4153）这里所说益公、文公、武伯、恭伯者，观其情势不只是死后尊称，生称亦当如此。翼之先祖虽有两代称公，及至祖与父亲却称伯，也是公爵不完全世袭的例证。其他如西周金文中毛公与毛伯、井公与井伯、单公与单伯、芮公与芮伯并出共见，大体也属于这种情况。

5. 三公合议制的民主执政色彩

三公之制的组织形态类似一个国务委员会，主要通过合议协商形式对国

---

1 《左传·定公四年》，（清）阮元校刻：《十三经注疏》，中华书局，1980，第2135页。

2 吕文郁：《周代采邑制度》增订版，社会科学文献出版社，2006，第30页。

家事务进行集体决策。马克斯·韦伯说：

> 从历史上看，合议有过两重意义：a）同一个职务由多人担任，或者若干职务处于相互间直接权限的竞争之中，相互间有否决权。这是旨在统治最小限度化而实行的技术上的权力分立。……b）合议的意志形成：只有通过若干人的合作，才能使一项命令合法产生，或者采用协商一致的原则，或者采取多数表决的原则。这是现代合议的概念，但在古代并不罕见。[1]

早在西周初年，武王病重期间及成王继位后，周公执掌国家大权，遇有国家大事，常与召公、太公共同商议决定。清华简《金縢》所谓"二公告周公"，或"周公乃告二公"[2]，实际就是集体决策。又据《尚书·君奭》记载，为了辅佐成王"咸成文王功"，周公与召公作深度的思想沟通，要他同心协力，共赴时艰。这是周公对领导集体的倾力维护。其后，逐渐形成的三公体制继承了集体决策的传统。卫盉、卫鼎、永盂等铭文显示，国家重大事务均须三公集体到场，通过协商讨论，形成解决问题的决策方案，上呈周王审定通过，再予实施。在这里，虽然作最后裁定的是周王，但经过三公合议形成决策方案，无论如何都是当时中央政府一个至关重要的理政环节。

三公合议制相对于个体决策来说，不仅带有民主决策的内涵，而且对提高决策质量具有明显优势。一是有助于提高决策的正确性。三公成员来自多个政府部门的主官，拥有较为丰富的管理信息和执政经验，可以从不同角度权衡利弊，提供多个选择方案，减少偏差与失误，使决策更全面、更准确。二是有助于增强决策的可接受性。三公成员既是决策者，又是执行者。由于他们自身参与了决策过程，就变得更容易接受决策方案，并在自己的工作范围内努力实施，不致决策方案因有阻力而中途夭折。三是有助于彰显决策的合法性。三公合议决策反映的是集体意志，其权威性和合法性都比个体决策要高。不仅可以增加社会的认可度，而且在一定程度上可以制约君主对决策方案的否决权，促进国家管理健康运行。可见议行合一的三公之制作为西周中央政府重要的决策程序，多少体现出一种权力分立、合议协商、制约君权的民主执政理念。

---

1 〔德〕马克斯·韦伯：《经济与社会》上卷，林荣远译，商务印书馆，1997，第310页。
2 李学勤主编：《清华大学藏战国竹简（一）》，中西书局，2010，第158页。

但是，由于制度化和规范化程度不高，三公合议制的民主火焰很容易被周天子专权的暴戾行为所熄灭。这在厉宣时期表现得尤为突出。如厉王"弭谤"与"专利"，宣王"不籍千亩"与"料民于太原"[1]，前有执政大臣召公、芮良夫的严词谏诤，后有虢文公、仲山父的晓喻规诫，均不曾阻止君王的一意孤行。特别是厉王与首席执政荣夷公联手，强制推行专利政策，终致国人发难，流王于彘。可见三公合议制只是王权羽翼下的权力分立和民主决策，若遇王权过于强大而无从制衡，则易使国家政策偏离正常的轨道。

尽管如此，三公合议制仍不失为中国传统政治一项重要的制度文明成果，其民主执政理念不乏积极意义。若与后来秦始皇的专制统治相比较，这一点可以看得更为清楚。据《史记·秦始皇本纪》载，国家事务的重大决策无不由秦始皇独断其事，言重九鼎。例如，关于王号诸事的议定，虽有丞相王绾、御史大夫冯劫、廷尉李斯等人提出尊称"泰皇"等方案，嬴政却决定自称"始皇帝"，并废除谥法，子孙以世代计数，企想传之无穷。再如，王绾等人提出在燕、齐、楚置王，群臣称便，秦始皇并不采纳，而是分天下为三十六郡。又如，博士淳于越反对仆射周青臣对秦始皇的阿谀奉承，重提分封子弟以为枝辅的政治主张。李斯力言其非，请求焚毁《诗》《书》，消灭私学。秦始皇接受李斯的提议，随即发生焚书坑儒的严重事件。秦始皇通过朝议处理政务，即使群臣称便，即多数人意见如此，也不具备否决权，无法动摇他的独裁统治。合议制的民主执政要素在这里荡然无存，剩下的只是不受约束的专制权力。在其后两千年的中国政治体系中，中央政府的执政制度建设主要围绕君权与相权的矛盾从不同侧面展开，结果是相权屡遭削弱，君权不断加强，民主执政要素无从生长。专制主义政治体制既不利于产生民主思想成果，也严重阻碍了中国传统社会的转型与进步。

综上所述，三公之制源于周初，"公"最初只是高级贵族称谓，昭穆时期逐渐演变为爵秩。三公为朝廷执政大臣的通称，但不以三人为限，主要由卿士寮、太史寮有关部门的主官三四人或五六人组成。三公之中常有一人为首席执政大臣，一般不再担任具体官职。三公多来自具有伯爵的畿内诸侯，以采邑收入作为俸禄，而畿外诸侯入为王朝卿士则较为少见。凡执政大臣都尊享公爵，通常只是及身而止，多不世袭，以保持机构的政治活力。在周天子

---

[1] 《国语·周语上》，上海师范大学古籍整理研究所校点，上海古籍出版社，1988，第14、24页。

享有最高决策权的前提下，三公诸臣实行集体议政、决策、施政的工作机制，实际上行使中央政府职能，具有民主执政色彩。这种王权羽翼下的中央政府三公合议体制，对于提高决策质量，优化国家政策，减少行政失误，具有一定的进步作用。

第三节　从井氏家族看世卿制度

西周王朝实行世卿世禄制，由姬姓贵族执掌中央政权，实施对全国的统治。世禄来自采邑，采邑主的政治进路是世为王官，拔萃者则出任王朝卿士。以采邑制为基础的世卿制度，固然使王室任官范围受到严重局限，但仍有一定程度的尊贤机制，有助于保持王官的精英化和朝廷的政治活力。这里拟对井氏家族进行个案分析，作为深度观察西周世卿制度的窗口。

一、井氏家族姓氏

井氏为周公后裔，是西周颇具代表性的畿内封君家族之一。从西周金文资料看，畿外有邢侯之国，畿内有井氏采邑，是既有区别又有联系的两个政治单位。邢侯之"井"，后世写作"邢"。井邑之"井"，穆共时期以前金文写作"井"，其后多作"邢"，后世文献写作"井"。如《穆天子传》有"邢侯"，亦有"井公"，即其例。"井"与"邢"为古今字，本质无异。为了行文中便于区分，兹称邢侯之井为"邢"，称井（邢）氏采邑为"井"。关于畿内井氏家族的姓氏，学者或谓姬姓，或谓姜姓，意见颇有分歧。虽然过去大多相信姬姓说，但因缺乏有力证据，不足以驳倒姜姓说。故有必要先对井氏家族的姓氏问题重新加以考察。

（一）井氏非姜姓

井为姜姓说的文献依据来自《广韵》载："井……又姓，姜子牙之后。《左传》有井伯。"[1]《左传·僖公五年》所见"井伯"为虞国大夫，是否姜姓，无从查考。陈梦家谓"姜姓之郑井的井叔、井季"[2]，即本《广韵》。后有学者证之金文，亦属误解。井氏姜姓说的主要依据是矢王簋盖铭，

1　周祖谟：《广韵校本》卷3，中华书局，2004。
2　陈梦家：《西周铜器断代》，中华书局，2004，第178页。

其云：

矢王作奠（郑）姜尊簋，子子孙孙其万年永保用。（《集成》3871）

有的学者认为，簋铭中的"奠"是"郑井"的单称，郑姜是郑井之女嫁于矢王为妇者，由此确定井为姜姓[1]。"郑姜"为矢王之妻是可能的，但"郑姜"之"郑"是否为郑井（即井）的简称，则大有疑问。一则，以铜器铭文中的"郑井叔歠父"和"郑叔歠父"为一人，以证"郑井"可简称为"郑"，实际并无说服力。金文中同名异人的情况很常见，这里涉及的"叔歠父"也不好说就是同一人。观郑叔歠父鬲铭文，字体略显清瘦，与郑井叔歠父鬲铭文的肥笔字体有所差异，尤其是"奠"字下部所从之丌，横笔之下前者是两条短线并列，后者则为八字形，结体有别。就时代而言，《殷周金文集成》以前者为春秋早期，后者为西周晚期，说明器非一人所作，故郑（叔歠父）不宜视为郑井（叔歠父）的简称。二则，若"郑井"可简称为郑，则西周金文中的"郑虢"亦可简称为郑，那么，井与虢就成了同一个畿内封国。同时，"丰井"亦可简称为丰，井氏家族在逻辑上就不该称"井"，而应称作"郑"或"丰"，可事实并非如此。例如，作为族氏铭文置于西周金文之末者多称"井"（如伯觐父鼎、伯炙父甗、叔男父匜），有的称"丰井"（犀甗）或"郑井"（康鼎），从未见到井氏家族中人单以"郑"或"丰"作为族氏铭文者。因此，把矢王簋盖铭文的"郑姜"之"郑"说成是"郑井"的简称，无疑是不成立的。

那么，此"郑姜"之郑应如何解释呢？依照文献和金文之例，当是指与女性有关的国族名。周代有"妇人称国及姓"[2]的礼规，以示同姓不婚。《礼记》卷三十三《丧服小记》云："男子称名，妇人书姓与伯仲。"这里的"姓"是父家之姓，"国"指父家之国族，如称"齐姜""鲁姬"者是。但据金文资料显示，实际情况要复杂得多。因为妇人作为受器者，有时是父母为女儿出嫁作器，有时是兄弟为姊妹出嫁作器，有时是丈夫为妻子作器，情况各有不同。故"姓"指父家之姓是通则，"国"则有时指父家国（氏）名，有时却指夫家国（氏）名，须视具体情况而定。因此，矢王簋到底是父家为女儿作器，还是夫家为妻子作器，尚需仔细研究。

1 尚志儒：《西周金文中的井国》，《文博》1993年第3期。

2 《史记·周本纪》索引，中华书局，1980，第147页。

有学者认为："矢王簋盖应为矢王所作以媵矢女之适于奠者，无论如何，矢王姓姜当无问题。"[1]其实，簋铭未曾明言属于媵器，不好断言必是矢王嫁女之物。据陕王尊铭"陕王作矢姬宝尊彝"（《铭图》11684），散伯簋铭"散伯作矢姬宝簋"（《集成》3777），铭文中的"陕"和"散"是两个国族，其国君之女不可能都称"矢姬"，故可判断"矢姬"是陕王、散伯之妻，是娶自矢国族的女子，说明"矢王"实为姬姓。由此可知矢王簋盖铭所谓"郑姜"因非姬姓，只能是矢王之妻，即郑国的姜姓女子嫁入矢国者。那么，西周时期除宣王册封桓公友建立的姬姓郑国外，是否还有一个姜姓郑国呢？

姜姓郑国虽不见于文献记载，但在西周金文中还是班班可考的。有的学者根据郑姜伯鼎认为，郑姜伯自称其族姓"姜"，"很可能是为了与此时已经存在的姬姓郑伯相区别"[2]。由于周代男子不称姓，以此论证郑为姜姓之国是不可取的。郑姜伯的"姜"与"羌"音同字通，学者以为是他器所见"郑羌伯"[3]，是可信的。此"郑"为姜姓国，下列金文材料可资证明：

（1）郑铸友父鬲："郑铸友父作几（季）姜旅鬲。"（《集成》684）

（2）郑义伯匜："郑义伯作季姜宝匜用。"（《集成》10204）

（3）郑义伯罍："郑义伯作季姜罍，余以行以川，我郑即造。"（《集成》9973）[4]

（4）郑羌伯鬲："郑羌伯作季姜尊鬲。"（《集成》660）

上引诸器的时代为西周晚期，作器者郑铸友父、郑义伯、郑羌伯等人，当然不是宣幽时期的郑桓公友。但铭文中的"季姜"是作器者之妻还是作器者之女，因器铭无"媵"字不易确定。郭沫若曾推断郑义伯"盖郑之大夫，娶姜姓女而为作御器也。"[5]如是诸器"季姜"则为作器者之妻。但金文资料显示，同样的文例亦有父亲为女儿出嫁（或出嫁后）制作的铜器，故无法排除"季姜"为郑氏家族之女。例如：

（1）王鼎："王作仲姬宝彝。"（《集成》2147）

1　张政烺：《矢王簋盖跋——评王国维〈古诸侯称王说〉》，《张政烺文史论集》，中华书局，2004。

2　李峰：《西周金文中的郑地和郑国东迁》，《文物》2006年第9期；庞小霞：《商周之邢综合研究》，社会科学文献出版社，2014，第183—187页。

3　吴镇烽：《金文人名汇编》修订本，中华书局，2006，第386页。

4　李米佳：《故宫藏郑义伯罍及相关问题》，《文物》2004年第7期。

5　郭沫若：《两周金文辞大系图录考释（八）》，科学出版社，1957，第180页。

（2）鲁侯鬲："鲁侯作姬番鬲。"（《集成》545）

（3）燕侯簋："匽（燕）侯作姬承尊彝。"（《集成》3614）

（4）应侯簋："应侯作姬原母尊簋。"（《集成》3860）

（5）虢季匜："虢季作中（仲）姬宝匜。"（《集成》10192）

（6）己侯簋："己（纪）侯作姜萦簋。"（《集成》3772）

上引六器中的王为周王，鲁、燕、应、虢为姬姓国，受器者为姬姓，是知诸姬为作器者之女，不排除个别为其姊妹；纪为异姓诸侯，姜姓，受器者"姜萦"与"姬番""姬承""姬原母"一样，均为姓加女字，亦即纪侯之女。以此例之，郑氏诸器中的"季姜"如同"仲姬"等称，未必是作器者之妻，也有可能是郑氏家族之女。就一般情况而论，丈夫为妻子作器多称"父家族姓"和"父家氏名"，如"矢姬""齐姜""鲁姬"等，而郑氏诸器并非如此。尤其是郑氏三人同娶某姜姓之女为妻，都是小女"季姜"的概率太小，只有她们都是郑氏家族之女，才可能在制作媵器（但不一定使用媵字）时出现如此高的频度。这些情况表明，说西周时期有一个姜姓郑国的存在是有根据的。

明确西周还有一个姜姓郑国的存在，对于正确理解矢王簋盖铭中的"郑姜"是有意义的。由于矢王属于姬姓，由此可知受器者"郑姜"不是他的女儿而是妻子，即来自姜姓郑国的女子。这个"郑"与"郑井"即井氏家族无论如何是不能混为一谈的。可见以矢王簋盖铭中的"郑姜"来论证"郑"即"郑井"，进而认定井为姜姓，不足凭信。

（二）井为姬姓说新证

20世纪70年代，在宝鸡茹家庄发现强伯墓地，出土了一批西周昭穆之际的青铜器。其中多件铸有"强伯作井姬用鼎"（《集成》2277）之类的铭文。单从铭文看，由于未标明是否媵器，"井姬"的身份也有两种可能性，或为强伯之妻，或为强伯之女。若为前者，"井姬"之"井"代表其父家族氏，则井为姬姓；若为后者，"井"则代表夫家族氏，姬为强伯之姓。由于学者视角不同，极易见仁见智。然据考古发掘可知，这个强伯墓为夫妻合葬墓，凡强伯为井姬所作青铜器全都出现在M2，而M1只有强伯自作器的出土。加之M2的埋葬规格低于M1，因而发掘者推断M2为强伯之妻的墓葬，墓中铜器铭文中的"井姬"是强伯之妻[1]。这样，"井姬"之井就代表父家氏名，"井"为姬姓

---

1 宝鸡茹家庄西周墓发掘队：《陕西省宝鸡市茹家庄西周墓发掘简报》，《文物》1976年第4期。

由此得到可靠证明。又如伯狷父鬲铭云："白狷父作井姬、季姜尊鬲"（《集成》615），这里的"井姬""季姜"不可能都是伯狷父之女，因为两个女儿不可能一为姬姓，一为姜姓，故知"井姬""季姜"当为伯狷父的妻妾。其中"井姬"称名与夨王簋盖铭同例，也是父家氏名加父家族姓，亦是井为姬姓的力证。

上述彊伯鼎、白狷父鬲过去曾为学者多次引证，但持井为姜姓说者不予置信。这里还可以增加一条新的材料作为坚证。此即近年发现的井公簋铭。此簋共有二器，一直未见著录，待吴镇烽编《商周青铜器铭文暨图像集成》始公诸于世。器为直口鼓腹，腹部一对兽首耳，下有垂珥。盖面隆起，上有圈状捉手，盖沿下折。圈足，足下又连铸三小足。盖面及腹部均饰瓦沟纹。其总体风格与郑虢仲簋接近[1]，专家断为西周晚期器应属可信。井公簋铭云：

井公作仲姊娄姬尊簋，其万年子子孙孙永宝用。（《铭图》4874）

西周懿孝以后，井氏家族在朝廷当权用事的是井叔，此"井公"或与曶壶盖铭中的"井公"一样，亦指井叔[2]。铭文中的"娄姬"，姬为姓，娄为私名或女字，而"仲姊"就是二姐的意思。其文例略同于季宫父簋铭"季宫父作仲姊嬭姬媵簋"（《集成》4572），说明井公簋的受器者是"仲姊娄姬"，亦当为媵姊之器。退一步讲，即使井公簋不是媵器，也无关紧要，因为"仲姊娄姬"与井公为姐弟关系是十分清楚的，故井氏家族是为姬姓断无疑问。

不过以井为姬姓，似与叔男父匜有关铭文内容相冲突，需要有所说明。叔男父匜铭云："叔男父作为霍姬媵旅匜，其子子孙孙其万年永宝用，井。"（《集成》10270）由于铭末有一"井"字，可知叔男父是井氏家族中人。此为叔男父嫁女的媵器，其女称"霍姬"则井为姬姓自无可疑。但霍姬夫家若为霍氏，则为同姓相婚。据《左传·僖公二十四年》富辰所言，"霍"是文王之子霍叔的封国，必是姬姓。陈梦家以为："井、霍通婚乃是同姓为婚。"[3]同姓为婚在春秋时期每每见诸文献，且被视为一种不合礼制的行为。但西周时期恐不至于"礼崩乐坏"如此，所以这个"霍"未必是晋南霍叔的封国，而有可能是另一邦族。《逸周书·世俘解》载，武王伐商，"告禽（擒）霍侯"[4]。

1 王世民、陈公柔、张长寿：《西周青铜器分期断代研究》，文物出版社，1999，第96—97页。
2 郭沫若：《两周金文辞大系图录考释（七）》，科学出版社，1957，第101页。
3 陈梦家：《西周铜器断代》，中华书局，2004，第181页。
4 黄怀信、张懋镕、田旭东：《逸周书汇校集注》修订本，上海古籍出版社，2007，第431页。

《世本》云："霍国，真姓后。"[1] 或此霍侯有后裔自成族氏，与井氏发生婚媾关系亦未可知。西周晚期霍鼎铭云："霍作己公宝鼎，其万年用。"（《集成》2413）铭中霍氏习用日名，亦非姬姓周人常见的习俗。这也说明叔男父之女"霍姬"所适霍氏家族很可能不是霍叔之国，而是真姓的霍氏家族，不能以此否定井为姬姓。

以往对井氏家族的姓氏研究大都失之简略，乃至各执一端，互不相让。现在我们补充一些新发现的金文资料，对井氏家族的姓氏问题详加考析，可以肯定井为姬姓，绝无可疑。

二、井氏居邑寻踪

井氏家族的居邑何在？以往的争论很激烈。由于井既有单称，又有郑井、丰井等复称，而与井氏复称相关的郑地亦多歧说，更增加了井氏居邑问题的复杂性。下面对有关说法先作剖析，再陈己见。

（一）关于井氏居邑的几种说法

1. 散北说

此说最早为王国维提出，其主要依据来自散氏盘和大克鼎有关铭文。王氏认为："散氏者，即《水经·渭水注》之'大散关'、'大散岭'之散"，"井在矢、散二国间，而少居其北。"他又说："克器出于宝鸡县南之渭水南岸，殆克之所都，其地南临散氏，盖古之井地也。"[2] 谭其骧主编《中国历史地图集》采用此说，影响甚巨。

散氏盘提到"井邑"，其铭有云："用矢𢷍散邑，乃即散用田。……履井邑田，自根木道左至井邑，封，道以东一封，还以西一封。"（《集成》10176）铭文中的"履"字，旧释眉，实即履，意即踏勘田界[3]。本铭是说由于矢国侵占了散国田邑，遂以本国田邑来赔偿。所赔付的当非先前侵占之田，故须重新踏勘田界。所谓"履井邑田"不是分割井国的田给散国，而是说矢国用来赔付的田有一区靠近井邑之田，故在勘踏田界时，从根木道向左至井邑的田土须设封为界。与井邑田相连的田界，亦设封于根木道东西两侧，是

---

1 《史记·三代世表》索隐引，中华书局，1959，第507页。
2 王国维：《观堂集林（外二种）》，河北教育出版社，2001，第549—551页。
3 裘锡圭：《西周铜器铭文中的"履"》，《裘锡圭学术文集》第3卷，复旦大学出版社，2015。

知井在矢、散之北。由于此事与井国无关，故井国无相关人员参与田土交割事宜，王国维说此时已无井国是对铭文的误读。

大克鼎提到"井家"，亦是考订井氏居邑的重要线索。器主"克"言其文祖师华父"恭保厥辟恭王"（《集成》2836），是知克为夷厉时人[1]。克时任膳夫之职，出纳王命，权势显赫。器铭言及重申王命，并对膳夫克有衣物、田土、臣妾等赏赐。其田土涉及埜、㽙、峻、康、匽、陴原、寒山等地，多不可考。但"峻"地与井家有关，如谓"锡汝井家𤳂田于峻，以厥臣妾"[2]，是说赐给膳夫克在井家峻地由𤳂人耕种的田和𤳂人臣妾；并谓"锡汝井退𤳂人，羴锡汝井人奔于量"，大意是赐予克井地的退人、𤳂人，让克管理这些奔走到量地的井人。井家田土被分割，依附于田土的民人、臣妾亦易其主，不知事出何因。地名中的"陴原"，王国维以为即《诗·大雅·公刘》所见豳地"溥原"[3]。若然，井在渭水南岸，溥原北至泾水，克受田的地域跨度未免过大，有悖常理，故"陴原"仍有可能是井家邻近之地。大克鼎出土于陕西扶风县，王国维误为渭水南岸，并据以确定井地在渭水之南，是不恰当的。

但是，王国维通过分析散氏盘铭文，把井国的相对位置确定在矢散之北，有其开创之功，且为后来的考古发现所证实。1974年，在陕西陇县南坡和宝鸡县（今宝鸡市陈仓区）贾村先后发现西周墓地和遗址，出土大量矢国青铜器。学者据以认为，散氏盘铭中的"濒水"与散、矢两国的边界有关，当为今之汧水。并结合新出的考古资料推测说："矢国在汧水流域的今千阳、陇县、宝鸡县一带。而散居其东，在今宝鸡县（按即今宝鸡市陈仓区）、凤翔县（按即今宝鸡市凤翔区）二水相会之地。井可能在散、矢之东北。"[4]此说比王国维的考证更具体，也更有科学依据，因而得到学界普遍认同。

2. 凤翔说

此说为陈梦家所倡，多为学者所遵信。陈梦家认为，井为郑井，棫林乃是郑井的封地，"最早的奠（郑）井在雍，其后徙于京兆郑县"[5]。唐兰、尹盛

---

1 杜勇、沈长云：《金文断代方法探微》，人民出版社，2002，第262—263页。

2 "王家"之家，裘锡圭释为寓（宇），以为"井宇𤳂田"意即井人所居之𤳂田，"厥臣妾"是井族原先派去耕种这块田地的奴隶，现在随着田地更换了主人。（裘锡圭：《裘锡圭学术文集》第3卷，复旦大学出版社，2015，第429页。）然细观其字形，除去泐痕，仍以释家为胜。

3 王国维：《观堂集林（外二种）》，河北教育出版社，2001，第551页。

4 卢连成、尹盛平：《古矢国遗址、墓地调查记》，《文物》1982年第2期。

5 陈梦家：《西周铜器断代》，中华书局，2004，第182页。

平等续加论证，认为井氏居邑在今宝鸡市凤翔区以南秦雍城遗址一带[1]，尚志儒则认为在今宝鸡市凤翔区田家庄乡的西劝村遗址一带[2]。

此说的关键点是认为古地名多沿袭相传，从而把郑、棫林、郑井（井）视为一地以言其地望。《世本》云："（郑）桓公居棫林，徙拾。"[3]据此可知，郑与棫林当是同一个地方，即国名为郑，建都棫林。旧说棫林在今渭南市华州区，受到陈梦家、唐兰等学者的坚决否定。据《左传·襄公十四年》记晋国伐秦，"济泾而次……至于棫林"，此"棫林"无疑在泾水之西，但并非唐氏所说即戜簋铭文中的"賦林"。伯戜攻伐淮戎之役[4]，战事不可能在关中发生。裘锡圭考证此"賦林"当是《左传·襄公十六年》所记诸侯之师的驻扎地，为另一"棫林"，其地在今河南叶县东北[5]，这一论断是很正确的。因此，戜簋铭文作为出土文献虽然很珍贵，但不能支持棫林在雍城的结论。鲁襄公十四年（前559年），伐秦之师渡过泾水，逡巡不前，最后朝秦都雍城方向进发，也只行至棫林，无功而返，故被称为"迁延之役"。李学勤说："秦地棫林离有棫阳宫的凤翔还远得很，后者绝非当时诸侯之师所能到"[6]，可谓切中肯綮。这里必须确定一个基本事实，即棫林与雍城一定是两个地方，不可相提并论。散氏盘中的"棫"与长由盉铭中的"下减"，均与井氏居邑相近（说详后），可能与棫林有关。由于棫林不在雍城，与下减或棫林相近的井氏居邑亦不可能在雍城。尽管雍城有过"棫阳宫""大郑宫"等旧宫之名，亦无助于证成井在凤翔说。

3. 扶风说

此说为朱凤瀚所主张，主要是依据禹鼎、妄钟的出土地及铭文所言"井

---

1 唐兰：《用青铜器铭文来研究西周史——综论宝鸡市近年发现的一批青铜器的重要历史价值》，《文物》1976年第6期。尹盛平：《邢国改封的原因及其与郑邢、丰邢的关系》，《三代文明研究》编辑委员会编：《三代文明研究（一）——1998年河北邢台中国商周文明国际学术研讨会论文集》，科学出版社，1999，第126—132页。

2 尚志儒：《奠井国铜器及其史迹之研究》，《中国考古学研究论集》编委会编：《中国考古学研究论集——纪念夏鼐先生考古五十周年》，三秦出版社，1987，第294—303页。

3 《史记·郑世家》索隐引，中华书局，1959，第1758页。

4 淮戎即淮夷。晋侯铜人铭称："淮夷伐格，晋侯博戎"（《铭图》19343），翏生盨铭谓："王征南淮夷……俘戎器"（《集成》4459），是知淮夷亦可称戎。

5 裘锡圭：《说戜簋的两个地名——"棫林"和"胡"》，《裘锡圭学术文集》第3卷，复旦大学出版社，2015，第33—38页。

6 李学勤：《论西周郑的地望》，《夏商周年代学札记》，辽宁大学出版社，1999，第40—47页。

邦"来立论的。禹鼎为厉世之器，其铭有云：

> 禹曰："丕显桓桓皇祖穆公，克夹召先王，奠四方，肆武公亦弗遐望（忘）朕圣祖考幽大叔、懿叔，命禹㔽朕圣祖考，政于井邦。肆禹亦弗敢蠢，惕共朕辟之命。"（《集成》2833）

铭文中的"武公"是禹的上司，曾任本铭所言伐鄂之役和多友鼎伐戎之役的主帅，是当时朝中重臣。"禹"为武公部将，直接指挥王室军队讨伐鄂侯驭方，一举灭鄂，平淮靖乱，荣立战功。禹又称叔向父禹，自云："奠保我邦我家，作朕皇祖幽大叔尊簋"（叔向父禹簋，《集成》4242），是知"幽大叔"为其祖，"懿叔"为其父。其祖与父均以"叔"称，说明"政于井邦"的禹家族，当为井氏小宗，即井叔氏后裔。但这个"井邦"位居何地，单从本铭是看不出就里的。朱凤瀚根据禹鼎出土于陕西扶风县法门镇任家村铜器窖藏，结合井人妄钟出自扶风县齐镇村，推测扶风县任家、齐镇一带"于西周晚期有畿内井氏之居处"[1]。

西周晚期王室多故，厉王流彘，周室东迁，使不少贵族家族面临跌宕起伏的政治命运。为了避免珍藏的青铜礼器落入他人之手，他们在遭逢政治变故之时，不得不把这些器物加以窖藏。出于保密和安全的需要，当初窖藏这些铜器一般都会埋在自己家族的土地上。之后或因逃亡未归，或因家道中落，乃至一直无法起窖。这便成为保留至今并得以出土的珍贵文物。由于各窖藏地点距离其家族居址不会太远，所以朱氏根据禹鼎、妄钟的出土地，把井氏家的居邑确定在扶风县任家村、齐镇村一带。此说甚有理致，只因未能详加论证，不为学者所重。

（二）井氏居邑考索

井氏家族有井伯、井叔、井季三个分支，其中井叔又分为丰井叔和郑井叔两支。丰井叔氏一支的居邑是明确的。1983—1986年，西安市长安县（今长安区）张家坡村井叔家族墓地的发现，表明其居邑即在附近。在井叔家族墓地中，规模最大、规格最高的是墓地西边的 M157，是有南北两个墓道的"中"字形大墓。根据旁边的 M163 出土 2 件"井叔采钟"及墓主人为女性来推测，M157 的主人可能是其夫君，也就是墓地最早的一代井叔，其名曰

---

1 朱凤瀚：《商周家族形态研究》增订本，天津古籍出版社，2004，第350页。

"采"。此外，还有三座东西并列的"甲"字形墓葬，亦有井叔所作彝器，当各为一代井叔[1]。张家坡墓地的时代约当西周中期后段的懿孝时期，与铜器铭文反映的井叔在懿王以后掌权用事，为朝中重臣的情况相契合。

井叔家族另一支是郑井叔氏。在相关彝铭中，常见"井叔"之前冠有"郑"字，如郑井叔钟、郑井叔甗、郑井叔康盨、郑井叔叡父鬲等，故可称郑井叔氏。与"丰井叔"之丰同例，"郑井叔"之郑也应该是地区名称，意味着此一井叔分支的居邑当在郑地。不仅如此，此支井叔家族与井氏大宗的居邑应在一地。据近年新发现的西周晚期郑井伯奠父甗铭云："郑井伯奠父作宝甗，其子子孙孙永宝用。"（《铭图》3333）说明井氏家族大宗"井伯"的政治地位虽有稍降，但其家族仍存立于世，且与郑井叔氏同居郑地。《说文·邑部》云："邢，郑地有邢亭。"井、邢、邢三字为古今字，此亦说明井与郑地有关。可见明确"郑"的地理方位，无疑有助于考察井氏家族本家的居邑所在。

从西周金文的情况看，"郑"似有大名、小名之别。小名指一个具体的地理位置，如"王在郑""郑羌伯""郑姜"之郑；大名则指区域名称，如"郑虢仲""郑井""郑登（邓）伯"之郑。郑作为区域名，似乎还有东西之别。陈梦家认为："据金文西周二郑，奠井在陕西省，奠虢在河南省。"[2]不管怎样，作为区域名称之下的虢、井等地，只是"郑"这个大地名中的　个具体地点，是不能直接与区域之名的"郑"画等号的。否则就会出现"郑虢""郑井""郑姜"所代表的三个小国与一个"王在郑"的行宫，同处一地，并世而存，这显然是不合逻辑的。但在"郑"这个大区域内，同时并存虢国、井邦和"王在郑"的行宫，却是合理的。三年痶壶铭云："王在郑，飨醴，呼虢叔召痶，锡羔俎。"（《集成》9726）此器出于扶风县庄白村铜器窖藏，是知痶所在的微氏家族世居此。痶受召前来参加"飨醴"，其居邑与王的行宫"郑"必相邻近，始便于事。《穆天子传》卷五载："庚寅，天子西游，乃宿于祭。壬辰，祭公饮天子酒。"[3]是说穆王西游到了祭公封地就宿，随后举行饮酒礼，祭公也受召参加，其情状适与痶相类。这说明"王在郑"之郑作为具体地名有

1 中国社会科学院考古研究所沣西发掘队：《长安张家坡西周井叔墓发掘简报》，《考古》1986年第1期；张长寿：《论井叔铜器》，《商周考古论集》，文物出版社，2007。

2 陈梦家：《西周铜器断代》，中华书局，2004，第182页。

3 高永旺译注：《穆天子传》卷五，中华书局，2019，第167页。

可能就在扶风县境内。

又据长甶盉铭文云："穆王在下减应，穆王飨礼，即井伯、太祝射，穆王蔑长甶以逨即井伯。"（《集成》9455）此先燕后射之礼，亦见于鄂侯驭方鼎铭："（王）在坏，鄂侯驭方内醴于王，乃裸之，驭方侑王，王休宴，乃射。"（《集成》2810）穆王在"下减应"举行飨礼，井伯受召前来参加，其居邑当与"下减"相近，故礼毕穆王可以至其居邑游走一遭。陈梦家认为："作器者乃随穆王至于井白（伯）所在之地，于王之行屋行飨射之礼，并至于井白（伯）之所，是下减当是井白（伯）所在之地。"[1]此言不够确切，"下减"既是穆王的行宫，就不可能是井伯所在之地，但井伯的居所与"下减"相距不远，应该是符合事实的。长甶盉铭中的"下减应"与蔡簋、元年师旋簋所言"减应"，都是周天子的行宫，同以"减"名，理当同地，即使稍有距离也可忽略不计。此"减"与散氏盘之"棫"以及文献中地处泾西的"棫林"，都应该是同一个地方。从水与从木的字可相通假，古籍习见，如注与柱、漂与标、涿与椓，即是。《左传·襄公十四年》所见"棫林"，清高士奇《春秋地名考略》以为在泾阳之境，杨伯峻定在泾阳县泾水西南[2]，都是不正确的。是役诸侯之师渡过泾水扎营，因饮用有毒的泾水，士卒多死。随后郑国司马率先向雍都进军，即使行军一日，所至棫林也与泾阳相距数十公里。从文献上看，在泾阳与雍都之间，只有扶风县存在与棫林相关的线索。如《三辅黄图》载："棫杨宫，秦昭王所作，在今岐州扶风县东北。"[3]《括地志》载："（棫阳宫）在岐州扶风县东北。"[4]《关中胜迹图志》载："（棫阳宫）在扶风县东北三十里，秦穆公建，遗址尚存。"[5]《大清一统志》卷236除列扶风说外，又载《汉书·地理志》雍县有"棫阳宫，秦昭王起"[6]。扶风、雍县均有棫阳宫，可能为秦国先后所建，不足为异。扶风境内有棫阳宫，其得名应与棫林有关。故可把晋师伐秦所至棫林的地望确定在扶风县东北。这样，金文所见"王在减应"与"王在郑"的所在地，以及郑桓公最初在棫林的封国，都可以定位在扶风县东北一带。

1　陈梦家：《西周铜器断代》，中华书局，2004，第143页。

2　杨伯峻：《春秋左传注》，中华书局，1981，第1009页。

3　何清谷校注：《三辅黄图校注》卷1《三辅沿革》，三秦出版社，1995。

4　（宋）司马光：《资治通鉴》卷15《文帝纪》注引，中华书局，1956，第504页。

5　（清）毕沅：《关中胜迹图志》卷18《古迹》，张沛校点，三秦出版社，2004。

6　（清）穆彰阿、潘锡恩等纂修：《大清一统志》卷236《凤翔府》，上海古籍出版社，2008，第735页。

不宁唯是，还有地下出土资料同样可以支持这样的推断。1979—1980年，陕西周原考古队在岐山县凤雏村和扶风县召陈村清理西周建筑基址时，发现一批陶文，其中一条为"𢍰"，由六七六井四字组成；另一条为"井丁"，可能是井示二字的合文[1]。与青铜器相比，陶器的流动性较差，具有较强的地点指示性。扶风周原一带有"井"字陶文出土，是井氏家族在此活动的重要物证。井氏家族可以确定出土地的青铜器，也都集中在扶风县城以北十四公里左右的任家村、齐镇村一带。如禹鼎，今所知见者有两器，宋代出土并见于著录的穆公鼎（又称成鼎），铭文与禹鼎全同。1942年9月，禹鼎在扶风县任家村出土，同出器物一百余件，后仅存此鼎，余皆散失。这两件鼎是列鼎，列鼎应为奇数，故不排除当时还有别的禹鼎共出。此批铜器有禹鼎这样的重器，极有可能属于井氏家族的青铜器窖藏。又如井人妄钟，今存4件，其中3件为传世品。只有妄钟四于1966年在扶风县齐镇村东出土[2]，其铭文与妄钟三的铭文先后相接，正好配成一组。妄钟铭文称："妄作龢父大林钟，用追孝孝侃前文人"（《集成》112），郭沫若以为"龢父"即共伯和，"井人妄"为共伯和子[3]，非是。井人妄当为井氏家族成员，因追孝先祖考而作此钟。禹鼎与井人妄钟分出两地，其窖藏情况不明，但有扶风县任家村大克鼎的出土，可证井氏居邑大体就在这一带。据《陕西金石志》《贞松堂集古遗文》载，光绪十六年（1890年），陕西扶风县仟家村发现青铜器窖藏，出土120余器，克钟、克鼎及中义父鼎并出窖中。1940年在这里又发现一处青铜器窖藏，传出梁其诸器60余件。凡此皆属克之家族所制之器[4]。大克鼎言及克受田土有原属"井家"者，是知井邑与之相近。此外，西周晚期的㝬盨，1960年出土于扶风县齐家村，铭末有"丰井"二字（《集成》919）。同一时期的丰井叔簋，1978年也出土于扶风县齐村一个灰窖中[5]，有"丰井叔作伯姬尊簋"（《集成》3923）等铭文。这两件铜器或为赠品，或为媵器，具体流动原因不明，但它们在今扶风县法门镇出土，多少与井氏家族的居邑在此有关。

1　陈全方：《周原出土陶文研究》，《文物》1985年第3期。
2　周文：《新出土的几件西周铜器》，《文物》1972年第7期。
3　郭沫若：《两周金文辞大系图录考释（七）》，科学出版社，1957，第150页。
4　朱凤瀚：《商周家族形态研究》增订本，天津古籍出版社，2004，第239—241页。
5　罗西章：《陕西扶风发现西周厉王㝬盨》，《文物》1979年第4期。

关于井氏家族的居邑问题，涉及面广，纠葛甚多，迷障重重，不易廓清。但从各种资料的综合分析来看，还是以扶风县任家村、齐镇村一带为井氏家族居邑的说法富有理据，远较他说为可信。

三、世卿制的双重功能

上文所论井氏家族的姓氏与居邑，是从井氏家族本身的角度考察有待解决的一些问题。但这个家族形成与发展的情况很特殊，与西周实行的采邑制和世卿制大有关联。因此，深入分析井氏采邑的封立情况，对于全面认识西周世卿制度是大有裨益的。

（一）井氏及其采邑的来历

关于井氏家族的来历，或谓商代井方之后，或谓周代邢侯之裔。前者信从者微，后者虽为主流意见，然周公之子既已封为畿外邢侯，其后大宗承其爵位，何以小宗又再封于畿内之井？仍是值得思考和探讨的重要问题。

西周井氏家族是商代井方后裔的说法，应与王国维、郭沫若相关见解的影响有关。郭氏认为，井方为周人所灭，其遗民遗地被周人瓜分，并依王国维对散氏盘、大克鼎的分析，推断"井方当在散关之东、岐山之南、渭水南岸"[1]。有的学者对井方居于关中西部深以为然，只是不认为井方入周以后被周人所灭，而是作为炎帝之后重新受到周王的封建，继续存立于世。周初井伯鼐中的"井伯"，就是井方的方伯[2]。此说把周代的井氏家族与商代的井方混为一谈，是很不可取的。一方面，从考古学文化看，西安以西在殷商后期完全是周人的势力范围，商王朝根本不可能与宝鸡一带的土著发生关系[3]。故商王以"妇井"为妃或发兵"征井方"，当为今河北邢台一带的方国[4]。另一方面，周人代殷而为天下共主之后，有的异姓方国改旗易帜，愿意效忠周王朝，因而仍可作为独立的政治实体加盟新的贵族统治国家。但是，他们要在

---

1 郭沫若：《卜辞通纂》，《郭沫若全集·考古编》第二卷，科学出版社，1982，第450页。

2 尚志儒：《奠井国铜器及其史迹之研究》，《中国考古学研究论集》编委会编：《中国考古学研究论集——纪念夏鼐先生考古五十周年》，三秦出版社，1987，第294—303页；《西周的井国》，《文博》1993年第3期。

3 徐良高：《邢、郑井、丰井刍议》，《三代文明研究》编辑委员会编：《三代文明研究（一）——1998年河北邢台中国商周文明国际学术研讨会论文集》，科学出版社，1999，第118—125页。

4 孟世凯：《甲骨文中井方新考》，杨文山、翁振军主编：《邢台历史文化论丛》，河北人民出版社，1990，第77—81页。

西周国家中央政府中占有一席之位，这种可能性不大。周礼崇尚"亲亲"和
"以亲屏周"[1]，异姓贵族除为甥舅关系且伐商有功的吕尚能在周初一度成为王
室重臣外，几乎再也无人可以入掌机枢。所以井氏家族为井方后裔的说法，
与西周基本史实相违异，不可信从。

以井氏家族为邢侯裔氏，最早为徐中舒提出，广为学者所宗。徐氏说：
"邢侯大宗出坯就封于邢，其次子当仍留居王朝，食采于畿内的井邑。"[2]这个
论断主要是根据畿内井邦与畿外邢侯均为姬姓，并类比鲁、燕两国的分封情
况得出的。关于周公封鲁、召公封燕，郑玄曾谓："元子世之，其次子亦世守
采地，在王官。"[3]《史记索隐》言及鲁、燕分封，其说略同。今以克罍、克盉
验之，可谓其言有征。但也有学者稍异其说，认为邢侯初封在郑，康王时改
封于邢，后以次子袭位，原封地则由长子所继承，此即井邑和郑井的由来[4]。
此说存在的问题很多，如邢侯初封于郑，当称郑侯，然周公之子绝无此称
者。比较起来，仍以徐说较为合理。一则，周初封君以国为氏，国名亦即地
名。商代井方活动于河北邢台一带，是一个较有实力和影响的方国，灭国后
成为邢侯的封国。邢侯始封平皋（今河南温县），继迁襄国（今河北邢台）[5]，
国名一仍其旧。除此之外，周初不可能再有第二个邢国。二则，关中虽有井
地，然其名后起。目前所能见到的畿内井邦之器多属西周中晚期，没有一件
可以像邢侯簋、麦方尊那样可以早到成康时期。这正符合畿内井氏从邢侯家
族分化而出的时间序列。三则，从后来发现的邢台邢国墓地和沣西井叔墓地
看，"两处墓地具有明显的相似性和可比性，如墓地的构成、墓葬规模、墓道
的有无及多少、随葬车马、青铜器、玉器等均具有很大的相似性，显示出双
方在西周统治阶层中地位近似"[6]。这也是畿外邢侯与畿内井氏共出一脉而地
位相近的历史渊源在考古文化上的反映。可见徐中舒关于畿内井氏来历的见

1 《左传·僖公二十四年》，（清）阮元校刻：《十三经注疏》，中华书局，1980，第1818页。

2 徐中舒：《禹鼎的年代及其相关问题》，《考古学报》1959年第3期。

3 《诗·周南召南谱》，（清）阮元校刻：《十三经注疏》，中华书局，1980，第256页。

4 尹盛平：《邢国改封的原因及其与郑邢、丰邢的关系》，《三代文明研究》编辑委员会编：《三代文明研究（一）——1998年河北邢台中国商周文明国际学术研讨会论文集》，科学出版社，1999，第126—132页。

5 杜勇：《安州六器与麦氏四器年代考辨》，《管子学刊》2001年第4期。

6 徐良高：《邢、郑井、丰井刍议》，《三代文明研究》编辑委员会编：《三代文明研究（一）——1998年河北邢台中国商周文明国际学术研讨会论文集》，科学出版社，1999，第118—125页。

解，起初虽未系统论证，但事实证明当为不刊之论。

邢侯为周公之子，其封建当在成王之世。《左传·僖公二十四年》富辰曰："昔周公吊二叔之不咸，故封建亲戚以蕃屏周。"所封"周公之胤"有"邢"。周公元子伯禽，始封于鲁在成王即政元年[1]。从"武王年五十四"[2]崩逝来推算，此时周公可能年近六十，伯禽及诸弟三十上下，其次第受封亦当在成王时期。新出觉公簋多以为是成王时器，铭文称"唯王廿又八祀"（《铭图》4954），说明汉儒以为成王在位三十年或有所据。以此观之，第一任邢侯其元子继位为侯，以及次子畿内受采，有可能在成末康初。畿内井邦首任封君因非邢侯长子不可称"井伯"，只有首任封君的嫡长子继别为宗之后，始可以伯相称。如觉公簋铭反映的唐叔封晋，其子燮父继侯于晋，始称"唐伯"[3]。这就意味着只有到了康昭之时，畿内井氏才会出现"井伯"字样的青铜器。今所知见的井氏家族铜器以井伯甗为早。此器为鬲甑连体，侈口束腰，立耳，鬲作分裆鼓腹，三足中空，下端呈圆柱状。颈饰顾龙纹，鬲腹饰兽面纹。其时代《集成》断为西周早期，也有人定为共王、穆共时期[4]。观其腹部兽面纹，角为牛角状，是西周早期铜甗足部常见的纹饰[5]。铭文"井伯"之"井"内无一点，也是穆王之前的写法。故井伯甗可定为康昭时器。此与上文推算井邦首任封君的嫡长子可称"井伯"的时间正相吻合。这也从一个侧面说明，畿内井邦为第一任邢侯之子的封国应该是符合历史事实的。

邢侯大宗小宗一脉所系，别为二国，职爵亦异。在《穆天子传》中，有井公（井利）任六师统帅，为天子重臣，也有邢侯受天子倚重，为一方诸侯。前者封国名"井"，爵称为伯，后者封国名"邢"，爵称为侯，区别是明显的。在西周特殊的政治体制下，畿内封国是采邑，畿外封国是诸侯，各自肩负着不同的政治使命。采邑主主要在中央政府任职，执掌国家大政；诸侯则为地方行政区首脑，主持地方政务。第一任邢侯其次子分封畿内，性质与母国有别，实际是新建一个采邑。对畿内井邦这个具有代表性的典型采邑详

1　杜勇：《关于鲁、燕、齐始封年代的考察》，《大陆杂志》1998年第3期。

2　方诗铭、王修龄：《古本竹书纪年辑证》修订本，上海古籍出版社，2005，第44页。

3　朱凤瀚：《简论与西周年代学有关的几件铜器》，朱凤瀚主编：《新出金文与西周历史》，上海古籍出版社，2011，第33—51页。

4　陈梦家：《西周铜器断代》，中华书局，2004，第148页；刘启益：《西周纪年》，广东教育出版社，2002，第272页。

5　王世民、陈公柔、张长寿：《西周青铜器分期断代研究》，文物出版社，1999，第226页。

加剖析，可以对西周以采邑为基础的世卿制度形成一些新的认识。

（二）井邦的性质与世卿制度的双重功能

邢侯之子本应随父离京，置身邢国，做一个养尊处优的贵族公子，为什么周天子要将其分封畿内呢？畿内封国对西周王朝的统治到底发挥何种作用呢？

井氏家族可称为"井邦"或"井家"。称"邦"重其政治属性，称"家"重其宗法属性，都说明井是一个政治共同体，体现了西周王朝以封君治天下的政治体制。在史墙盘和逑盘铭文中，"周邦"与"万邦"对举，形成政治上的主从关系。"周邦"指"匍受万邦"（疢钟，《集成》251）的周王朝，有时也指周王朝直辖的王畿地区。而"万邦"则把畿内畿外的封国乃至所谓蛮夷之邦均已涵括其中。在春秋金文中，畿外诸侯称"某邦"者已很常见，如晋邦、齐邦、郑邦、邾邦、黄邦、楚邦者皆是。对于畿内畿外不同的"邦"，春秋时人并不加以区分，认为都有"以蕃屏周"的作用。如《左传·僖公二十四年》富辰所言文之昭、武之穆、周公之胤凡二十六国，即是如此。但在这二十六国中，实际有一部分只是采邑。正如郑玄所说："公卿大夫之采邑，王子弟所食邑，周、召、毛、聃、毕、原之属在畿内者。"[1]对于畿内采邑主，郑玄又称畿内诸侯，《诗·大雅·桑柔》郑注："芮伯，畿内诸侯，王卿士也。"[2]这是相对于畿外诸侯而言的。畿外诸侯可以发挥"以蕃屏周"的作用易于理解，对作为采邑主的畿内诸侯来说则有人不以为然。如唐代孔颖达以春秋时期的"原伯、毛伯"为例，他认为："盖是文王之子原、毛之后，世为王臣，仍为伯爵，或本封灭绝，食采畿内。"[3]此以畿内诸侯因本封灭绝，始食采畿内，受到清人阎若璩的严厉批驳，以为是泥看"蕃屏"二字，畿内、畿外诸侯都有蕃屏周室的作用[4]。这是有一定道理的。但从政治体制上看，畿内采邑与畿外封国的性质还是判然有别的。

---

1 《周礼注疏·天官冢宰·大宰》郑注，（清）阮元校刻：《十三经注疏》，中华书局，1980，第646页。

2 今按：畿内诸侯又称县内诸侯。《礼记》卷十一《王制》"天子之县内"，郑玄注："县内，夏时天子所居州界名也。殷曰畿……周亦曰畿。"也称寰内诸侯。《谷梁传·隐公元年》："寰内诸侯，非有天子之命，不得出会诸侯。不正其外交，故弗与朝也。"范宁集解："天子畿内大夫有采地，谓之寰内诸侯。"

3 《左传·僖公二十四年》孔疏，（清）阮元校刻：《十三经注疏》，中华书局，1980，第1817页。

4 （清）阎若璩：《尚书古文疏证》，黄怀信、吕翊欣校点，上海古籍出版社，2010，第235页；朱凤瀚：《商周家族形态研究》增订本，天津古籍出版社，2004，第239页。

畿内封国被称为"采邑"，是东汉今古文经学家都曾使用的概念。如郑玄注《周礼·夏官司马·司勋》即引及郑司农云："不以美田为采邑。"说明东汉之初"采邑"一词已很流行。但从战国到西汉的文献中则多称为"采地"。如《世本》谓："梁丘、虞丘，皆齐采地。"[1]《韩诗外传》卷八载："古者，天子为诸侯受封，谓之采地。"[2]《说苑》卷十四《至公》云："赐虞子采地三百。"战国之前则多称"采"。如《左传·襄公十五年》云："王及公、侯、伯、子、男、甸、采、卫大夫，各居其列。"《尚书·康诰》云："侯、甸、男邦，采、卫。"西周金文亦只称"采"：

    （1）中鼎："今贶畀汝福土，作乃采。"（《集成》2785）

    （2）遣尊："王在序，锡遣采曰赵。"（《集成》5992）

    （3）卌二年逨鼎："余肇建长父，侯于（与）采。"（《铭图》2501）

文献和金文所见西周春秋时期的"采"，可能含义比较宽泛，但有一部分是指采邑应无问题。采邑制是西周分封制度的重要组成部分，又是世卿制度赖以存在的经济和政治基础，其作用不可小觑。下面即以井氏采邑为着眼点，把采邑制与世卿制结合起来加以研究，着重谈三个问题。

一是封建采邑是西周任官制度的产物。周、召二公食采周原，最初可能是对他们有功于王室的奖赏，同时也作为身任王朝执政大臣的俸禄。随后逐渐形成制度，王室重臣均以采邑封授，视同诸侯。《礼记》卷十一《王制》云："天子之县内诸侯，禄也。"郑玄注："选贤置之于位，其国之禄如诸侯，不得世。"这是说采邑是畿内诸侯的俸禄，其数量与畿外诸侯相同，但其朝中职位须任之以贤，不能像畿外诸侯一样世袭。由于职爵高低的不同，采邑有大小之别。《白虎通·考黜》云："大夫有功成封五十里，卿有功成封七十里，公有功成封百里。"《孟子·万章下》云："天子之制，地方千里，公侯皆方百里，伯七十里，子、男五十里。"也许畿内、畿外诸侯始封之时作为俸禄的采地面积大体相近，只是到了春秋以后由于不断扩张和兼并，诸侯国领地的面积才大为增加。畿外诸侯是一方大员和行政首脑，位高权重，但采邑主出任王官其政治地位似乎更高。在康王即位大典上，"太保率西方诸侯入应门左，毕公率东方诸侯入应门右"[3]，即可概见。周初周公、召公、毕公、毛

1 （宋）罗泌：《路史》卷24《国名纪》引，《景印文渊阁四库全书》第383册，商务印书馆，1986。

2 （汉）韩婴撰、许维遹校释：《韩诗外传集释》，中华书局，1980，第287页。

3 《尚书·康诰》，（清）阮元校刻：《十三经注疏》，中华书局，1980，第243页。

公、祭公等执政大臣均有畿内采邑的封建[1]，应缘于此。

随着老一辈朝中重臣的谢世，固然其子嗣有条件袭其父爵，但若非贤者亦难上位。昭穆时期未见周召二公的裔氏出任王朝卿士，应与此有关。为了使更多姬姓贵族的精英人物可以出任王朝要职，根据实际需要从畿外诸侯的子嗣中选用少量贤能之士，授予采邑，委以重任，荫其子嗣，便成为候补王朝卿士的重要渠道。邢侯之子、周公之孙作为井氏采邑的首任封君，应该就是通过此一途径从邢国来到王室任职而受采周原的。

据康世臣谏簋铭文云："唯戎大出于軝，邢侯搏戎。"（《集成》4237）此次搏戎之战，当有辉煌战绩，故臣谏铸器以言其功。或许邢侯父子均有参战，表现出卓越的军事才干，被当时朝廷看重，故将其次子分封畿内，以示嘉奖。当然不仅仅是嘉奖，同时也是朝廷选任贤能之臣的需要。第一代井氏采邑主到王室担任何职不得而知，但自昭穆时期起，井氏家族却不断有人出任朝廷要职。如《穆天子传》和清华简《祭公》中的井利，已高居三公之位。西周中期金文中的"井伯"，除每每担任册命官员的傧右外，本身也职任司马。这些情况表明，邢侯之子授采畿内，可能与朝廷选任军事高官有关。所以即使大分封的时代已然过去，采邑的封授仍可随时进行。周宣王二十二年，桓公友封于郑，幽王时担任司徒，亦属此类情况。只不过东迁以后，郑武公通过兼并邻、虢领地，职权范围随之扩大，最后由畿内采邑主进一步转化为畿外诸侯，并得以参与诸侯会盟与争霸。此与西周授采任官制度有所区别，是一特例。

二是世卿制度的"尊贤"机制。西周实行世卿制度，在文献和金文中多有反映。所谓世卿指王朝卿士多由畿内封授采邑的大贵族世袭担任，执掌政权。周公、召公的情况人所熟知，他如毕公、祭公、毛公、虢公、荣公这些颇有声名的姬姓贵族家族，也都有好几代人担任过王朝卿士。王朝卿士的候选人基本由畿内采邑主家族所垄断，成为世卿制度的基本特征。这种世袭贵族统治体制，以"亲亲"为准则，与"尊贤"相对立，不利于国家优选人才，历来都是被抨击的对象。但实际上，世卿制度也有"尊贤"因素，只是未能被人们清楚地认知而已。

《礼记·中庸》说："仁者人也，亲亲为大；义者宜也，尊贤为大。"这是强调为政在于得人，"亲亲"与"尊贤"不可偏废。过去人们对世卿制度的理

---

1 杜勇：《清华简〈祭公〉与西周三公之制》，《历史研究》2014第4期。

解过于偏重世卿世禄的一面，对其本身所具有的"尊贤"功能漠然无视。这是不全面的，也不利于发掘传统制度文明中的积极因素。就世卿制度"尊贤"功能来说，其表现是多方面的。其一，采邑作为王朝卿士的俸禄，并不是随意封授的。郑玄说是"选贤置之于位"是有事实根据的。西周早期，周、召、毕、祭、毛几大世族家族，相继成为天子的辅弼大臣，对于稳定政局、开疆拓土、制礼作乐都发挥了重要作用，这是人所共知的。井氏采邑的封建，很可能也是出于选用帅才、加强武备的政治需要。可见采邑封授之初，本身就带有"尊贤"的用意。其二，采邑封授之后，首任采邑主一般都会成为王室执政大臣，其子嗣虽有条件世袭其位，但不是绝对的，只有贤能之人始可选任。所以不是每一代采邑主都能继承父祖的职爵。孔颖达认为："所以畿内诸侯不世爵，而畿外得世者，以畿内诸侯，则公卿大夫辅佐于王，非贤不可，故不世也。"[1]采邑主可以世袭父祖的采邑，但非有贤才不得世袭卿士之位，也说明世卿制度本身仍有"尊贤"的机制。其三，若进一步观察采邑主家族内部各分支的政治走向，候选王朝卿士的权利在大宗、小宗之间亦未固化。如在井氏家族中，逐渐形成井伯、井叔、井季三个分支家族。井伯一支为大宗，穆共以前，可能有几代人出任王朝卿士，权势煊赫。在五祀卫鼎铭文中，裘卫与邦君厉之间发生田土纠纷与诉讼，五位大臣负责处理此事，而井伯排在首位，颇有首席执政大臣的气象。但懿孝以后，井叔一支起而代之。如曶鼎铭中讼事断案的执法大臣是井叔，霸伯簋铭中代宣王命的也是井叔，并同井伯一样有"井公"之称。这说明即使在采邑主家族各支族之间，其政治进路也贯穿着"尊贤"的精神。

三是采邑是西周王官的政治实训基地。西周时期的采邑与战国以降的食邑是大不相同的。何休以为："所谓采者，不得有其土地人民，采取其租税尔。"[2]这是拿汉代食邑比况西周采邑，所言非是。恰恰相反，西周王室对东西两京附近的王畿地区虽有直接的管辖权，但采邑一经封授，采邑主即拥有对其土地人民的治理权。周天子有时将采邑主的田土收回或转授他人，如大克鼎载井家部分田土被分割转赐于克，可能只是出于某种特殊原因。采邑的土田当然不是由采邑主家族子弟自己来经营，而是由所谓"土田附庸"[3]即对土

---

1 《礼记·王制》注疏，（清）阮元校刻：《十三经注疏》，中华书局，1980，第1326页。

2 《公羊传·襄公十四年》何休解诂，（清）阮元校刻：《十三经注疏》，中华书局，1980，第2306页。

3 《诗·大雅·閟宫》，（清）阮元校刻：《十三经注疏》，中华书局，1980，第615页。

田主人有一定依附关系的当地农民来耕种的，并通过籍田方式为贵族家族提供赋税。《周礼·地官·小司徒》郑玄注："采地食者皆四之一"，贾疏云："谓采地之税四之一入于王"，是说采邑的赋税收入四分之三由采邑主留用，四分之一上缴王室。因此，采邑虽不像诸侯国那样基本是地方的一级行政区，但也带有一定程度的社会基层组织的性质。这就给采邑主提出了行政管理的任务和要求。

从春秋时期的情况看，采邑通常是由家臣来具体管理的。西周采邑主固然也有家臣代管相关事务，但仍须本人过问其事。据逆钟铭文，叔氏召来逆说："乃祖考许政于公室"（《集成》61），说明逆为异族家臣，世代服事于叔氏家族[1]。叔氏要求他管理"公室仆庸、臣妾、小子室家，毋有不闻智（知）"（《集成》62）。其"仆庸"即"土田附庸"，是耕种采邑土田的农人。诸般事务都要及时汇报，不得有所隐瞒。这表明采邑主对所属采邑的经营负有直接的行政管理责任。禹鼎铭文说到禹继祖父、先父之后"政于井邦"，对管理井氏采邑的政务不敢懈怠和愚妄行事，亦可为证。采邑本身也有自己一套行政管理系统，如对应王室设立司徒、司马、司空等官吏来处理相关军政事务。这对尚未入为王朝卿士的采邑主来说，可以通过采邑的行政管理受到政治历练，以提高执政能力。这说明采邑不仅仅是王官俸禄，也是采邑主进行政治热身和入为王官的实训基地。同时，朝廷还可借此对采邑主的行政能力和才干加以考察，以便根据其父祖的情况，任命相应的职务，条件成熟则可出任王朝执政大臣。可见采邑制对于王朝卿士的选任，在"亲亲"原则不变的前提下，仍具部分"尊贤"功能。

综上可见，西周井氏家族是姬姓王族周公的后裔，其采邑地处畿内周原一带。井氏家族从畿外邢侯公室中分化而出，其分支井伯氏、井叔氏有好几代人先后担任王朝卿士，成为周天子的肱股之臣。从井氏采邑看西周世卿制度，并非像传统认识的那样，世族政治完全与选官用贤绝缘。以采邑制为基础的世卿制度，固然使王室任官范围受到严重局限，致使只有少数姬姓贵族子弟可以出任王官，但就姬姓贵族内部来说，世卿世禄并不是绝对的，仍有选官任贤的机制。它实际是一个"亲亲"与"尊贤"相辅为用的矛盾统一体，在一定程度上有助于保持王室官员的精英化和朝廷的政治活力。

1　朱凤瀚：《商周家族形态研究》增订本，天津古籍出版社，2004，第319页。

第七章 西周中期王道衰微

第一节 穆王政失常轨

周穆王继位后，复经共、懿、孝、夷四王莅政，习惯上称为西周中期。穆王统治期间，荒怠国政，肆欲西游，徒靡财用；对周边少数部族滥用武力，致使荒服不至，淮夷侵扰，东西受敌；晚年大兴赎法，聚敛民财，构怨伤化。穆王治国理政不循常轨，流弊丛生，西周自此步入王道衰微的历史进程。

一、肆欲西游

《史记·周本纪》载："穆王即位，春秋已五十矣。……立五十五年，崩。"执政超过半个世纪，这在中国古代帝王中是罕见的。若是一位明君，大可利用这个有利条件励精图治，把国家建设推向一个新的高度。然观穆王一生，并无煌煌治绩促进王朝"中兴"[1]，反而将国家发展引入低谷。

穆王政治生涯中备受非议的事件是远离王都，西行漫游。天下的绮丽山水，异域的多姿风情，引起穆王强烈的好奇心，他意欲遍游天下，览胜无余。气概固然豪迈，然非天子职事，因而受到朝中大臣的极力谏阻。《左传·昭公十二年》说：

> 昔穆王欲肆其心，周行天下，将皆必有车辙马迹焉。祭公谋父作《祈招》之诗，以止王心，王是以获没于祇宫。[2]

穆王的旅行计划非常宏大，不管道路远近险易，他都想留下寄情山水的车马印迹。在祭公谋父的谏阻下，穆王似乎放弃了"周行天下"的打算，得以终

---

1 尹盛平：《西周史征》第2章第6节，陕西师范大学出版社，2004，第135—141页。

2 《左传·昭公十二年》，（清）阮元校刻：《十三经注疏》，中华书局，1980，第2064页。

老南郑祇宫。日本学者竹添光鸿认为："欲者未然之谋也，将者未然之事也。抑或穆王西征犬戎，祭公谏而不听，更欲远游，闻《祈招》之诗而遂止。"[1] 这是把穆王西行漫游说成只是一个想法而已，并未付诸实施，概不取信《列子》的寓言、《穆天子传》的附会。其实，"周行天下"是穆王一生的大计划，西行漫游只是其中一个部分，不能因为全盘计划未能实现，就将局部事实一并加以否定。穆王西游不仅见于《列子》《穆天子传》，另有多种载籍并言其事，细节固多疑窦，但基本事实应该是存在的。古本《竹书纪年》说：

> 穆王北征，行流沙千里，积羽千里。
>
> 穆王十三年，西征，至于青鸟之所憩。
>
> 周穆王十七年，西征，至昆仑丘，见西王母，王母止之。
>
> 周穆王巡狩，至昆仑山见之，西王母亦来，宾昭宫。[2]

这里所说"北征""西征"之征，非指征伐，意为远行。《尔雅·释言》曰："征，行也。"杜甫《北征》诗云："杜子将北征，苍茫问家室。"亦取征行之义。穆王十三年、十七年两次西游，远至昆仑山而止，与西王母相见甚欢，乐而忘归。司马迁未见汲冢出土的《竹书纪年》《穆天子传》，但《史记》对此亦有言说。《秦本纪》云：

> 造父以善御幸于周缪（穆）王，得骥、温骊、骅骝、騄耳之驷，西巡狩，乐而忘归。[3]

《史记·赵世家》云：

> 缪（穆）王使造父御，西巡狩，见西王母，乐之忘归。[4]

穆王西游的故事并非晚出，早在战国时期即广为流传，给心忧国事的贤士大夫带来极大的困惑与不解。如屈原《天问》发出疑问：

> 穆王巧梅，夫何为周流？环理天下，夫何索求？[5]

此"梅"训"贪"，"周流""环理"与"周行天下"义近。这是说穆王巧心谋

1 〔日〕竹添光鸿：《左氏会笺》，巴蜀书社，2008，第1832页。
2 方诗铭、王修龄：《古本竹书纪年辑证》修订本，上海古籍出版社，2005，第48—50页。
3 《史记·秦本纪》，中华书局，1959，第175页。
4 《史记·赵世家》，中华书局，1959，第1779页。
5 〔宋〕洪兴祖：《楚辞补注》，白化文等点校，中华书局，1983，第110页。

划，巡狩天下，到底贪求何事？索取何物？屈原并不否定穆王西游的事实，只是认为他背逆典制，是一个贪求无厌的国君。

以上这些材料虽显简略，但事实轮廓是清晰的。拿《穆天子传》来说，固然其细节未可尽信，但也不是全无史料价值。汲冢《穆天子传》发现之初，学者视为帝王起居注，当然有些过头，清修《四库全书》将其列入小说家言，也未必确当。须知古书的形成过程非常复杂，体裁亦非单一，非史书即小说的两极判断似过简单。不能排除《穆天子传》有小说化的成分，但书中也不乏真实性的历史内容。这里仅举三例为证：（1）书中井利，又称井公，井为氏名。井公为穆王执政大臣，游行中多次与穆王弈棋，又指挥天子六军，掌理盛姬丧祭礼器事宜。同时书中另有邢侯，盛姬死后前往吊唁，事毕归于邢邦。从西周金文看，井侯与井公同为井氏。井侯之"井"，后世文献写作"邢"；井公之"井"，穆共以前的金文写作"井"，其后多作"井"，后世文献写作"井"。井侯与井公均为周公后裔。井氏家族为邢侯支裔而出任王官者，食采畿内。邢侯宗子则为畿外诸侯，独擅一方。这些只有金文资料可见的历史信息在《穆天子传》中出现，恐怕不是偶然的。（2）书中毛班，又称毛公，穆王在西行过程中，曾命毛公接收许男所献"币玉"[1]。毛班又见于清华简《祭公》，亦为三公之一。穆世班簋铭文中"毛伯""毛公""毛父""皇公""昭考"为一人之异称，毛班为其子。父子二人世为王官，尊享公爵[2]。毛班不见于其他传世文献，却与出土文献相呼应，绝非巧合。（3）书中的邲公，又称"邲父"，此即文献所见祭公谋父。与穆王随同西行的朝中执政大臣除祭公外，还有毛公、井公、逢公等人，其中祭公的政治地位明显高于衮衮诸公。《穆天子传》卷一说："丙寅，天子属官效器，乃命正公郊父受敕宪。"[3]此"郊父"或即"邲父"之字讹。所谓"正公"当指地位高于诸公的首席执政大臣，祭公适当其位。在河宗伯夭迎接穆天子时，献上束帛玉璧作为觐见之礼，穆天子即授命祭父收下礼物。尤其是许男欲觐见穆天子，祭公代传王命，"去兹羔，用玉帛见"[4]，而具体收受礼物的则是毛公。在举行盛姬丧礼

---

1 高永旺译注：《穆天子传》卷5，中华书局，2019，第157页。

2 杜勇、沈长云：《金文断代方法探微》，人民出版社，2002，第109—110页。

3 高永旺译注：《穆天子传》卷1，中华书局，2019，第37页。

4 高永旺译注：《穆天子传》卷5，中华书局，2019，第156页。

时，穆天子为祭主，"郊父宾（傧）丧"[1]，即主持丧祭礼仪。此与清华简所见祭公身为首席执政大臣的地位适相吻合[2]。这些事例表明，若无可靠材料作依凭，相关人物在姓氏和职官上的细微差别，是作者很难想象出来的。把《穆天子传》完全视作小说家言，或战国时人宣扬赵武灵王西北开疆之功的假托之作[3]，或为战国时期的神仙家书[4]，都不免恍惚无征，非可取信。

在古书形成过程中，真赝杂糅是常见现象，不含杂质的纯史书或纯小说都是极少见的。《穆天子传》也不例外。书中记述沿途诸国地理、互赠礼物数量、往还礼节、盛姬丧礼以及其他细节描写，大都带有虚拟成分，考而后信是必须的。据学者研究，大体上穆王西游从成周出发，经太行山麓，北至河套地区，沿贺兰山南下，又经河西走廊，西至昆仑山（今甘青界上祁连山主峰[5]），与包括西王母在内的西域古国族有所接触和交往，不失为张骞之前开创域外交通的先行纪录[6]。

《穆天子传》的作者为什么要撰写这样一部书？从今本《列子》看，一般认为它成书于《穆天子传》之后，已非先秦故籍。其中《周穆王篇》被看作寓言，应无可疑。然其寓意何在？篇中称穆王"不恤国事，不乐臣妾，肆意远游"，直陈天子苛政之弊。又借穆王之口说："予一人不盈于德，而谐于乐。后世其追数吾过乎！"[7]此语又见于《穆天子传》[8]，说明两者的寓意正复相同，都是指责穆天子"不恤国事"的过失。一代君王固然可以酷爱旅游，观览名胜，寄情山水，不过政治家终归不是旅行家，不能把游览天下与治理天下作为同等事业，更不能忘却天子的职事和本分。这大概就是《穆天子传》不惜真赝杂糅以扬君道的写作用意。

穆王西游，喜讲排场，大臣随从，六师壮行，沿途宴饮作乐，互赠礼品，极尽豪奢。旅途迢迢，劳师费时，不仅荒废国事，而且大队人马一再出

1　高永旺译注：《穆天子传》卷6，中华书局，2019，第210页。

2　杜勇：《清华简〈祭公〉与西周三公之制》，《历史研究》2014年第4期。

3　顾颉刚：《〈穆天子传〉及其著作时代》，钱小柏编：《顾颉刚民俗学论集》，上海文艺出版社，1998，第1—21页。

4　常金仓：《〈穆天子传〉的时代和文献性质》，《二十世纪古史研究反思录》，中国社会科学出版社，2005，第170—201页。

5　谭其骧：《论〈五藏山经〉的地域范围》，《长水粹编》，河北教育出版社，2000，第319页。

6　钱伯泉：《先秦时期的"丝绸之路"——〈穆天子传〉研究》，《新疆社会科学》1982年第3期。

7　杨伯峻：《列子集释》，中华书局，1979，第94页。

8　高永旺译注：《穆天子传》卷1，中华书局，2019，第43页。

行，耗资巨大。《穆天子传》卷六《周穆王美人盛姬死事》记穆王得盛姬，宠幸备至，不意未及一月，盛姬却因感染风寒而病逝。穆王以王后之礼殡葬，规格超常，祭品丰赡，百官众人哭吊，礼仪极为繁复。入葬时"踊者三十行，行萃百人"[1]。踊者即哭跳送丧之人，多达3000人，可见其排场之大。这也可能有夸大不实之处，但穆王不恤国事、恣意游行、不惜财用、极尽铺张的形象跃然纸上。这些超越常规的做法，无论如何也不是一个心系天下、勤政爱民的国君该有的行为。《穆天子传》之作，素材取于史传，褒贬寓于细节，意在讽诫人君以史为鉴。穆王治国不循常轨，在后人眼中是一位不称职的人君，史称其时"王道衰微"[2]，并非刻意贬低他的治绩。

二、西征东伐

穆王对周边少数民族滥用武力，致使民族关系日益紧张。西征犬戎，东伐淮夷，未能取得开疆拓土的积极战果，却留下了严重的边患。

（一）西征犬戎

犬戎是我国西北地区一个古老的少数部族。其别名甚多，又称薰育、獯鬻、昆夷、猃狁等，东周以降多称犬戎。先周时期，犬戎即与周人多次发生冲突，乃至古公亶父为了避其锋芒，去豳止岐。武王克商以后，声威远被，犬戎相安无事。穆王西游之时，犬戎首领胡"觞天子于当水之阳"，东返过程中又"觞天子于雷首之阿，乃献良马四六（二十四匹）"[3]，其时关系尚未恶化，故西征犬戎当在穆王两次西游之后。《国语·周语上》记其事云：

> 穆王将征犬戎，祭公谋父谏曰："不可。先王耀德不观兵。……夫先王之制：邦内甸服，邦外侯服，侯、卫宾服，蛮夷要服，戎狄荒服。甸服者祭，侯服者祀，宾服者享，要服者贡，荒服者王。日祭、月祀、时享、岁贡、终王。先王之训也，有不祭则修意，有不祀则修言，有不享则修文，有不贡则修名，有不王则修德。序成而有不至则修刑，于是乎有刑不祭，伐不祀，征不享，让不贡，告不王。……今自大毕、伯士之终也，犬戎氏以其职来王，天子曰：'予必以不享征之，且观之兵。'其

1　高永旺译注：《穆天子传》卷6，中华书局，2019，第223页。
2　《史记·周本纪》，中华书局，1959，第134页。
3　高永旺译注：《穆天子传》卷1、卷4，中华书局，2019，第9、138页。

无乃废先王之训，而王几顿乎！吾闻夫犬戎树，惇帅旧德，而守终纯固，其有以御我矣！"王不听，遂征之，得四白狼、四白鹿以归。自是荒服者不至。[1]

在这里，祭公谋父提到的"五服"之制，是周王朝对不同地区所采取的不同的统治方式。"服"者，服政事也。自下言之是服从统治，自上言之是使人服从统治。"五服"之制作为五种不同的统治方式，当然未必像祭公说的那样严整规范，但大体上"尚近事实"[2]。具体说来，"五服"可以分为三类：一是"邦内甸服"，甸服即后世所称王畿，是周王朝直接管辖的区域。甸者，田也。畿内田土除部分封为贵族采邑外，大部分由王室直接管理和经营，是国家财政收入的主要来源，祭事、政事、军事各项费用，概从此出。二是"邦外侯服，侯卫宾服"，是指王畿外的其余疆土。"侯服"是周人所封同姓或异姓诸侯的统治区，作为地方政权以蕃屏周；"宾服"为前代圣胄后裔的族邦，经重新册封，以客礼待之，使之帖服新政权的统治。"侯服"与"宾服"交错杂置，与王畿"甸服"共同构成西周国家基本的政治疆域。三是"蛮夷要服，戎狄荒服"，属于周王朝的边疆羁縻地区。要，约也。蛮夷虽非前代帝王圣胄，但与中原交往较密，文化程度较高，多以盟约形式表示臣服，故称"要服"。荒，犹远也。戎狄远离中原，飘忽无常，亲疏不定，只要朝觐周室，即为"荒服"。"要服""荒服"更多的是体现一种国家认同观念，具体治理相对宽略。周王朝对于"五服"的职责和义务，各有不同的规定，相应形成祭、祀、享、贡、王五级朝觐体系。"日祭"为祭祖、考，"月祀"为祭曾、高祖，"时享"与"岁贡"则按四季或六年一次，朝觐天子并提供祭祀物品。贵族、诸侯、蛮邦通过祭、祀、享、贡等不同形式，直接或间接参与王室祭祀活动，以此来加强和神化王权，巩固中央政权对地方的统治。"终王"与王室祭祀活动关联不大，"终"是寿终之意。即荒服部族首领死后，新君继位时必须执其礼品，前往朝觐周王，且周王新立时亦然。这是"荒服"部族臣服于周的一种政治姿态，其他方面的要求则无足轻重。

从祭公谋父这番谏言来看，犬戎一直是按照"荒服"的标准来治理的。如果其未能尽到规定的义务，周天子首先要做的是"修德"，继之以文告晓

1　徐元诰：《国语集解·周语上》，王树民、沈长云点校，中华书局，2002，第1—9页。

2　顾颉刚：《畿服》，《史林杂识初编》，中华书局，1963，第1—19页。

谕，而不是轻用武力，兵戎相见。这叫作"耀德不观兵"。犬戎自其君长大毕、伯士死后，其首领一直按照荒服的职责前来朝见，并无违礼逆制之处。为什么要西伐犬戎呢？周穆王提出的理由是："予必以不享征之，且观之兵。""享"指四时献享，以助祭周人祖先。这本来是侯、卫宾服者的职责，而不是荒服部族应尽的义务，因此犬戎不存在享与不享的问题。穆王以"不享"之罪讨伐犬戎，不单是炫耀武力，也是对周室民族政策的肆意破坏。这相当于把要服、荒服一并纳入侯、卫宾服系统，实施一体化管理，变"五服"为三服，取缔对边地部族的区别对待政策。这种加强政治控制和经济掠取的做法，违背先王之训，不是有效的安边之策，故祭公谋父表示异议，力加谏阻。但穆王刚愎自用，一意孤行，依然发动了对犬戎的战争。

伐戎战争表面上取得了胜利，实际给周王朝带来了严重后果。《后汉书·西羌传》说："至穆王时，戎狄不贡，王乃西征犬戎，获其五王，又得四白鹿，四白狼，王遂迁戎于太原。"所言与《国语》略异，当是櫽栝《竹书纪年》之语而成[1]。《穆天子传》郭璞注引《竹书纪年》亦云："取其五王以东。"[2]当时犬戎诸部并未统一，此役有五位犬戎部落首领被俘获东归，余部也被穆王迁往太原（今宁夏固原一带）。穆王对犬戎的征伐与压迫，引起犬戎部族的强烈反抗，其后犬戎屡屡犯边，兵连祸结，成为周王朝西北地区一大祸患。影响所及，"自是荒服者不至"，严重破坏了西周边疆地区的稳定与安宁。

（二）东伐淮夷

淮夷在西周金文中又称南淮夷、南夷或淮南夷，是淮河流域众多部族的合称。周初淮夷地近山东，与东夷相错杂，有时亦可相互指代。如称周公东征，"宁淮夷东土，二年而毕定"[3]，即是以淮夷指称东夷。淮夷的核心部族是徐国，《尚书·费誓》言及周初"淮夷、徐戎并兴"，凸显了徐戎在淮夷诸部中的主脑地位。

关于徐国故地，古籍多指为淮泗。《汉书·地理志上》临淮郡"徐县"条下班固自注云："故国，嬴姓。"据《大清一统志》，徐县故城在泗州城西北，周时为徐国。《左传·僖公三年》杜注："徐国，在下邳僮县东南。"僮县故城

---

1 范祥雍：《古本竹书纪年辑校订补》，上海古籍出版社，2018，第31页。
2 高永旺译注：《穆天子传》卷1，中华书局，2019，第9页。
3 《史记·鲁周公世家》，中华书局，1959，第1518页。

在今安徽泗县东北。《括地志》云："大徐城在泗州徐城北三十里，古之徐国也。"[1]这些说法在具体方位上略有小异，但都说徐国地望在今安徽泗县境内。其实，徐都淮泗是徐偃王以后至春秋时期的事情，如果追溯到周初，徐国旧居山东，"初迁应在汉东，再迁才到这里（大徐城），而以今江苏徐州市为北境"[2]。

徐夷为东夷族的一个古老族邦，周初曾参与东夷族反叛而被敉平。史称"周有徐、奄"[3]，足见其势力与奄族一样强大。成王即政后大举东征，封立齐鲁，远控东方，部分"徐氏"家族成为鲁国治下之民[4]。这次对徐夷的打击虽很沉重，但徐夷似乎元气未伤。故伯禽赴国后，在成王中后期还不时面临徐夷的侵扰。在这种情况下，成王继续实施东进战略，帮助鲁国彻底解除了淮夷、徐戎在东土作乱的危机。明公簋铭文云："惟王令明公遣三族伐东国，在𢼸，鲁侯有囻功。"（《集成》4029）此次周公次子明公与鲁侯伯禽"伐东国"，讨伐兴风作浪的徐、淮，自是题中应有之义。从文献上看，这次东征所取得的战果是辉煌的，如《诗·鲁颂·閟宫》云："保有凫绎，遂荒徐宅。至于海邦，淮夷蛮貊。及彼南夷，莫不率从。"这里提到的凫山与绎山在今山东邹县境内，则徐夷所居当在此地。所谓"遂荒徐宅"非谓灭徐，而是说鲁东的徐夷在周人东进的鼓角声中已被赶出本地，远徙他乡了。

经过这次成王东征的打击，徐夷本地已被周人占领，只好南迁汉东，以避周人东进的锋芒。其后经过数十年的发展，到徐偃王时国势又开始强大起来，竟联合淮夷诸部，发动反抗战争。这是周王朝第一次被动遭受淮夷进攻的严重事件。《史记·秦本纪》说："徐偃王作乱，造父为缪（穆）王御，长驱归周，一日千里以救乱。"《史记·赵世家》则谓："徐偃王反，缪（穆）王日驰千里马，攻徐偃王，大破之。"另据古本《竹书纪年》记载："（穆王）伐纡，大起九师，东至于九江，比鼋以为梁。"[5]经学者考订，"纡"当作"纾"，

1　《史记·赵世家》正义引，中华书局，1959，第1780页。

2　顾颉刚：《徐和淮夷的迁、留——周公东征史事考证四之五》，中华书局编辑部编：《文史》第32辑，中华书局，1990。

3　《左传·昭公元年》，（清）阮元校刻：《十三经注疏》，中华书局，1980，第2021页。

4　《左传·定公四年》，（清）阮元校刻：《十三经注疏》，中华书局，1980，第2134页。

5　此为《太平御览》卷305《兵部·征伐下》所引。所记伐纡之年在穆王四十七年，然诸书所引《纪年》有谓七年、十七年、三十七年、四十七年等不同，一时尚难考定。参见方诗铭、王修龄：《古本竹书纪年辑证》修订本，上海古籍出版社，2005，第52—53页。

形近而讹。纾、舒、徐皆可通用，古本《竹书纪年》所记穆王伐纾亦即伐徐[1]。此与《史记》记穆王伐徐偃王事，《汉书·古今人表》列徐偃王为穆王时人，均可互证。

徐偃王此次作乱，声势浩大，与国众多，兵锋直指王畿之地。《韩非子·五蠹》说："徐偃王处汉东，地方五百里，行仁义，割地而朝者三十有六国。"《淮南子·人间训》谓："陆地之朝者三十二国。"《后汉书·东夷传》说："后徐夷僭号，乃率九夷以伐宗周，西至河上。穆王畏其方炽，乃分东方诸侯，命徐偃王主之。偃王处潢池东，地方五百里，行仁义，陆地而朝者三十有六国。""汉东"即汉水以东，"潢池"即今河南潢川，此为徐偃王的统治中心，而前引古本《竹书纪年》所言"九江"的地望，《汉书·地理志》谓在浔阳境内（今湖北广济、黄梅一带），当为徐国南境。徐偃王以此为据点，联合淮夷诸邦，举兵北进，西至"河上"（黄河岸边）[2]，致使周王朝京畿地区的统治受到冲击。在王室军队的全力抵御和反击下，徐偃王兵败，"乃北走彭城武原县东山下，百姓随之者以万数，因名其山为徐山"[3]。"武原"在今江苏邳州西北。徐偃王从汉东一带兵败北走，可能企图重返山东故地，然未如愿。其后徐人辗转淮北，立都于大徐城（今安徽泗县北），到周宣王时逐渐恢复国力，以致又与周王朝发生战争，此即《诗·大雅·常武》所云："率彼淮浦……濯征徐国。"其后"徐方来庭"，与周相安。据《左传·昭公三十年》载，徐为吴国所灭[4]。

除文献记载外，西周金文对周王室平定徐戎叛乱亦有反映。最有名的是周穆王时执政大臣毛班，在其父亲死后所做的彝器班簋。铭辞记载的伐东国痟戎事件，具有全局性的战略意义：

> 唯八月初吉，在宗周，甲戌，王命毛伯更虢城公服，粤（屏）王位，作四方极，秉繁、蜀、巢命，赐铃、勒，咸。王命毛公以邦冢君、徒驭、戜人伐东国痟戎，咸。王命吴伯曰："以乃师左比毛父。"王命吕伯

---

1 方诗铭、王修龄：《古本竹书纪年辑证》修订本，上海古籍出版社，2005，第53页。

2 《礼记·檀弓下》载徐国使臣容居前往邾国吊丧，曾说"昔我先君驹王西讨，济于河"，与《后汉书》称徐夷"西至河上"，唐兰以为可能是同一件事（参见氏著《西周铜器断代中的"康宫"问题》，《考古学报》1962年第1期）。

3 《后汉书·东夷传》，中华书局，1965，第2808页。

4 参见杜勇：《中国早期国家的形成与国家结构》第5章第1节，中国社会科学出版社，2013。

曰："以乃师右比毛父。"遣令曰："以乃族从父征，出城卫父身。"三年
靖东国，亡不成尤天威，否畀纯陟。公告厥事于上："唯民亡延哉，彝昧
天命，故亡，允哉显，唯敬德，亡攸违。"班拜稽首曰："呜呼！丕丕扬
皇公受京宗懿釐，毓（后）文王、王姒圣孙，隥于大服，广成厥功，文
王孙亡弗怀型，亡克竞厥烈。"班非敢觅，唯作昭考爽，谥曰大政，子子
孙孙多世其永宝。（《集成》4341）

作器者毛班，即铭文中的毛伯（又称毛公、毛父）之子，"以乃族从父征，出
城卫父身"，可能他是毛伯的副将或助手。毛伯继虢城公后担任首席执政大
臣，"以邦冢君、徒驭、或人伐东国瘨戎"，吴伯、吕伯配合指挥左右之师。同
时毛公还执掌繁（今河南新蔡）、蜀（今河南长葛）、巢（今河南新野）三国
政令，取得地方诸侯对王室军队的支援[1]。据唐兰考证，"瘨戎"当是徐戎的别
称，瘨即"厭"字，读为偃，应该就是徐偃王[2]。所以整个战略部署以成周洛
邑为中心，向王畿东南的潢川一带展开进攻，直逼徐偃王的统治中心。战争
历时三年，"广成厥功"，徐戎之乱终告平定。

毛伯、毛班父子率领的军队是这次平叛战争的主力，配合作战的尚有师
犀父、师雍父等统帅的王室军队。师犀父主要镇守大伾山，抵御叛军对东都
成周的进攻。竞卣铭文说："唯伯犀父以成师即东，命伐南夷，正月既生霸辛
丑，在坯。"（《集成》5425）"成师"指成周八师，"坯"即成周洛邑以东的大
伾山，这里有要塞虎牢关（又称成皋），地在今河南荥阳汜水镇西北，是成周
的东大门。师犀父据守虎牢关一带以御淮夷，当与文献所说徐夷"西至河
上"有关。

另一位高级将领是伯雍父，又称师雍父。他所戍守的战略要地在"由
师"，与驻守大伾山的伯犀父并非一人。录尊铭文云：

王命戒曰：戯！淮夷敢伐内国，汝其以成周师氏戍于由师。伯雍父蔑
录历，赐贝十朋，录拜稽首，对扬伯休。（《集成》5419）

此器作者"录"是戒（又称伯戒）的部属。铭文言王命曰"戒"，是君前称
名；对扬伯休曰"伯雍父"，为下属称其字。由此可知戒与伯雍父是名与字的
关系，本为一人。"内国"指畿内之国，说明淮夷的进攻已至王畿地区。"成

1　杜勇：《说甲骨文中的蜀国地望》，《殷都学刊》2005年第1期。

2　唐兰：《西周铜器断代中的"康宫"问题》，《考古学报》1962年第1期。

周师氏"是指成周王室的禁卫军。据彧鼎铭文云:"彧曰:呜呼!王唯念彧辟烈考甲公,王用肇使乃子彧,率虎臣御淮戎。"(《集成》2824)"虎臣"即文献所说的"虎贲",是守卫王宫的勇士,其勇猛若虎奔兽。师雍父率领的"成周师氏",即是王室精锐部队"虎贲"。"由师"之由(或作珅),旧释古,或释叶[1],近来学者认为当释由,即文献所见商周时期的"畴",春秋时期的"犨",地在今河南叶县之西[2]。"由"是一个战略要地,与徐国统治中心相距不远。师雍父为了察看作战路线,寻求支援与配合,还与邻近的胡国加强联系,赏赐运作此事的部属。相关铭文有:

> 遇甗:唯六月既死霸丙寅,师雍父戍在由师,遇从。师雍父肩史事遇使事于鬲(胡)侯,侯蔑遇历,锡遇金,用作旅甗。(《集成》948)

> 臤鼎:唯十又一月,师雍父省道,至于鬲(胡),臤从,其父蔑臤历,锡金。(《集成》2721)

> 录簋:伯雍父来自鬲(胡),蔑录历,锡赤金。(《集成》4122)

> 贤尊:唯十又三月既生霸丁卯,贤从师雍父戍于由师之年,贤蔑历,仲竞父锡赤金。(《集成》6008)

> 稬卣:稬从师雍父戍于由师,蔑历,锡贝卅锊。(《集成》5411)

师雍父戍守由师时,遇(臤)曾奉命出使胡国,后来师雍父在巡省道路的过程中也到了胡国,进一步落实有关作战方案。古胡子国归姓,是周代的异姓诸侯,地在今河南漯河市偃城区[3]。遇在这个策动和联络过程中工作得力,两次受到师雍父的赏赐。其他部属录、贤、稬等,也在驻扎期间因功受到各种奖赏。

随着战事的发展,师雍父又从"由师"移至"堂师",并在此与淮夷展开激战,立下战功。彧簋铭文云:

> 唯六月初吉乙酉,在堂师,戎伐釥,彧率有司、师氏奔追御戎于械林,搏戎鬲(胡)。朕文母竞敏竆行,休宕厥心,永袭厥身,俾克厥啻(敌),获馘百,执讯二夫,俘戎兵:盾、矛、戈、弓、箙、矢、裨、胄,凡百又卅又五款,捋戎俘人百又十又四人。(《集成》4322)

---

1 徐中舒:《禹鼎的年代及其相关问题》,《考古学报》1959年第3期。

2 黄锦前:《释师雍父诸器的一组地名》,中国文化遗产研究院编:《出土文献研究》第17辑,中西书局,2018。

3 裘锡圭:《说彧簋的两个地名——械林和胡》,《裘锡圭学术文集》第3卷,复旦大学出版社,2015,第33—38页。

铭文所言"敔"地望不详，当与堂地相近。"堂师"应是《春秋·定公五年》吴大夫概奔楚所封之棠溪[1]，在今郾城西八十五里，大致位于"由"与"胡"之间。淮戎在进攻敔地失利后，向东逃到棫林（今河南叶县东北），被敔（师雍父）率师追击，继而在胡地展开搏杀。此役馘首、执讯计 102 人，俘获兵器 135 件，同时夺回被淮夷掳走的 114 人。虽是小胜，却受到周王室的特别嘉奖。敔鼎铭文云："唯九月既望乙丑，在堂师，王姐姜使内史友员赐敔玄衣、朱襮裣。"（《集成》2789）"王姐姜"或为穆王之后，她派内史友员前往班赏，慰问师雍父克敌之功。

　　淮夷反叛被穆王平定的情况，因受材料限制难有更多的了解。但此次叛乱规模大，时间长，叛国众多，战事激烈，却是前所未见的。穆王改变既定的民族政策，西征犬戎，加强对边地部族的控制和压迫，不仅导致"自是荒服者不至"，离心力增强，而且引起"要服"地区淮夷诸部大规模的反抗，烽火连年，乃至周人核心统治区也受到严重威胁，后果极为严重。

三、大兴赎法

　　穆王即位之初，"闵文武之道缺，乃命伯冏申诫太仆国之政，作《冏命》，复宁"[2]。《冏命》又作《囧命》，为古文《尚书》中的一篇。穆王命太仆申诫国政，天下不复动荡。古文《尚书》又有《君牙》篇，一作《君雅》，为穆王早期人司徒君牙所作。《礼记·缁衣》篇引其遗文云："夏日暑雨，小民惟曰怨。资冬祈寒，小民亦惟曰怨。"夏雨冬寒，民恒生怨，表面上是怨天，实为对国家治理现状的不满。穆王末年，各种社会矛盾激化，财用短缺，复作《吕刑》，大兴赎法。

　　《吕刑》是经穆王修订颁行的西周刑罚制度，今已失传。但穆王颁布此法时对诸侯、大臣、宗亲发表的讲话，却保留在今本《尚书》之中，亦称《吕刑》，或作《甫刑》。郭店简、上博简所见《礼记·缁衣》引曰《吕刑》，《缁衣》《尚书大传》写作《甫刑》，是"吕"为古文，"甫"为今文，字相通假而已。《吕刑》篇首云：

　　　惟吕命王，享国百年，耄荒，度作刑，以诘四方。[3]

---

1 黄盛璋：《录伯冬铜器及其相关问题》，《考古与文物》1983 年第 5 期。

2 《史记·周本纪》，中华书局，1959，第 134—135 页。

3 《尚书·吕刑》，（清）阮元校刻：《十三经注疏》，中华书局，1980，第 247 页。

此为史官叙事之辞，后文六节以"王曰"终篇。篇中"王"为何人？《书序》云："吕命穆王训夏赎刑，作《吕刑》。"《史记·周本纪》云："诸侯有不睦者，甫侯言于王，作修刑辟……命曰《甫刑》。"又《史记·三代世表》云："穆王满，作《甫刑》。"《诗·大雅·崧高》郑笺："甫侯相穆王，训夏赎刑。"汉儒的说法得到历代学者的认同，咸无异辞。近世疑古思潮勃兴，傅斯年、郭沫若、顾颉刚、刘起釪等名宿大儒依据金文所见"吕王"之辞，一反成说，提出《吕刑》当为吕王之书。他们认为"吕命王"不应理解为吕受命于王，当如称周昭王一样是吕王名号[1]，或应读作吕灵王[2]，或为吕国英明、盛名之王[3]。其说虽新，然不可信。一则，吕国固然有称王之事，但并无"享国百年"的名王见诸史乘。而周穆王年50继位，在位55年，老迈时通计"享国百年"，可与"耄荒"相应。二则，篇中王所告诫的对象是"有邦有土"的诸侯，或"四方司政典狱"之官，或"伯父、伯兄"宗亲，他们"敬逆天命，以奉我一人"。这种君临天下、凌驾万民的身份和口吻，当不是周天子之外的区区小国之君所应有的。三则，《吕刑》所言五刑律条，是对此前周王室刑法制度的修订和损益。吕国之君不过是周天子统治下的一个诸侯，若非受命于周王，岂可对中央王朝的刑法制度妄加修改，颁布天下？可见《吕刑》篇绝非吕王（吕侯）所作，当为周穆王颁行新法的诰辞。

关于"吕命王"之吕，郑玄注云"吕侯受王命，入为三公"，伪孔传云："言吕侯见命为卿"，孔疏："史述吕侯见命而记王年"，均谓"吕"即吕侯。《国语·周语下》记周灵王太子晋说，虞夏之时"祚四岳国，命以侯伯，赐姓曰姜，氏曰有吕"。《史记·齐太公世家》说吕望之先祖"尝为四岳，佐禹平水土甚有功，虞夏之际封于吕，或封于申，姓姜氏"。是申、吕立国时间大致在虞夏之际。四岳作为地名亦称太岳，在今晋南霍太山一带。吕国久居于此，直到宣王时才奉命迁往南阳地区。作为畿外诸侯，吕国之君不可能入为三公，成为穆王重修周代刑法的倡导者和主持者。在周代分封制下，畿外诸侯主要负责地方政务，不能像畿内封君那样入为卿士，执掌朝政。尤其是对异姓诸侯来说，入掌王室机枢的机会更是微乎其微。过去人们不曾注意，西

1 傅斯年：《大东小东说——兼论鲁、齐、燕初封在成周东南后乃东迁》，《中央研究院历史语言研究所集刊》1930年第2本第1分。

2 郭沫若：《十批判书》，《郭沫若全集·历史编》第2卷，人民出版社，1982，第4—5页。

3 顾颉刚、刘起釪：《尚书校释译论》第4册《吕刑》，中华书局，2005。

周实际有两个吕国：一为畿外诸侯，姜姓；一为畿内封君，姬姓。西周吕姜
簋、我簋铭文言称"吕姜"（《铭图》4075、5321），是为姜姓之吕。春秋吕𩰬
钟铭文称："吕𩰬曰：余毕公之孙，吕伯之子"（《集成》225），即是姬姓之
吕。毕公为文王之子毕公高，吕𩰬为毕公裔孙，吕伯之子，说明毕氏家族另
有别支封于畿内，入为王官，担任朝廷执政大臣。

　　据《史记·魏世家》载，魏为毕公高之后，有苗裔曰毕万，晋封于魏
（今山西芮城），生武子。魏武子袭封，生悼子。后悼子徙治霍（今山西霍
州），又称吕氏。王国维以为，悼子徙霍，或治吕甥之邑，遂以吕为氏，故魏
悼子又称吕锜，锜子亦称吕相（吕宣子），吕𩰬钟即吕锜后人所作[1]。这个见解
很有启迪性，只是魏悼子徙于霍，并无材料证明他移治于吕甥之邑，何况
"吕伯"早在穆王时的班簋铭文中已见其称，自不会晚至春秋才得此氏名。细
味吕𩰬钟铭，毕公高或有支裔册封于吕地，因称"吕伯"，其后裔以吕为氏，
由来有自。春秋时毕万封于魏，其裔孙吕锜、吕相、吕𩰬等人称魏氏可，称
吕氏亦可。故吕伯以国为氏，与吕甥之邑无关，其封地或在吕𩰬钟出土地
（今山西万荣县荣河镇庙前村）一带。西周中期吕伯作为畿内封君，具备参与
王室政务的条件。班簋铭文言其配合祭公征伐东国㾓戎，亦必有功可录。后
为执政大臣进入权力中枢，倡修刑法，适得其宜。以此观之，《吕刑》篇"吕
命王"之吕，当为畿内封君吕伯，而非畿外姜姓"吕侯"。

　　在新修《吕刑》颁布之前，西周王朝的刑罚制度称为"九刑"。《左
传·昭公六年》云："周有乱政而作九刑。"九刑亡佚，所指为墨、劓、剕、
宫、大辟和流、赎、鞭、扑九种刑罚。吕伯受穆王之命，重修周代刑法，有
关内容见于《尚书·吕刑》篇。篇中有云："两造具备，师听五辞；五辞简
孚，正于五刑。五刑不简，正于五罚；五罚不服，正于五过。五过之疵：惟
官，惟反，惟内，惟货，惟来。其罪惟均，其审克之。"这是说在案件审理过
程中，法官（师）要根据五刑的法律条文，认真检核原告、被告双方的证
词，证据真实可信即施以墨、劓、剕、宫、大辟"五刑"，证据不足或有疑点
就降等按"五罚"治罪。"五罚"证据不具说服力，则按"五过"（五种过
失）处理，予以赦免。审判"五过"尤须审慎，要防止畏权势、报恩怨、走

1　王国维：《观堂集林（外二种）》，河北教育出版社，2001，第552—554页。

内线、行贿赂、搞请托等流弊，否则办案者与"五罚"同罪。这说明经过修订的周代刑法，主要分成"五刑""五罚""五过"三个刑种，各依律条，分等治罪。

在五刑、五罚、五过的法律体系中，"五罚"是一种赎刑。《吕刑》言其罚则云：

> 墨辟疑赦，其罚百锾，阅实其罪。劓辟疑赦，其罚惟倍，阅实其罪。剕辟疑赦，其罚倍差，阅实其罪。宫辟疑赦，其罚六百锾，阅实其罪。大辟疑赦，其罚千锾，阅实其罪。墨罚之属千，劓罚之属千，剕罚之属五百，宫罚之属三百，大辟之罚其属二百；五刑之属三千。[1]

五刑"疑赦"即处以赎刑，治罪方式是缴纳百锾至千锾不等的罚金。因与五刑配套实施，故称"五罚"。五刑律条总数原为 2500 条，此次重修增至 3000 条。《周礼·秋官司寇·司刑》说："司刑掌五刑之法，以丽万民之罪。墨罪五百，劓罪五百，宫罪五百，刖罪五百，杀罪五百。"《汉书·刑法志》称此为"周之法"，"所谓刑平邦用中典者也"。重修后的吕刑律条，墨、劓等轻刑成倍增加，重刑略有调整合并。由于犯轻刑者多，犯重刑者少，由此进一步扩大了社会打击面，"所谓刑乱邦用重典也"。值得注意的是，"五罚"属于新增的刑种，实际是在五刑基础上增加了同等数量的律条，法网由疏而密。而且在后来司法实践中，罚金的缴纳实际并不限于"五罚"，而是延伸到其他刑种。如俟匜铭文记载，牧牛告诉上司，结果败诉。主持讼事的伯扬父对牧牛的判决是："鞭汝五百，罚汝三百锊。"（《集成》10285）牧牛既被处以鞭刑，却仍要缴纳约 125 斤的青铜作为罚金。以此类推，"五刑"其他律条以罚金抵罪，当为普遍现象。经过穆王重修后的周代刑法，无不弥漫着浓厚的金钱气味。

周穆王为什么要搞这样一部刑法？《史记·周本纪》言其背景是"诸侯有不睦者"。所谓"不睦"是指诸侯对朝政现状不满，产生离心倾向。《盐铁论·诏圣篇》说："故奸萌而《甫刑》作。"《论衡·非韩篇》云："周穆王之世，可谓衰矣，任刑治政，乱而无功，甫侯谏之。"这是说穆王统治之时，社会矛盾激化，作奸犯科频发，民心不附，治而无功，故新增法条，重典以治乱邦。然所采取的主要手段却是大兴赎法，结果除了罚金增多，可弥补财政

1 《尚书·吕刑》，（清）阮元校刻：《十三经注疏》，中华书局，1980，第249页。

短缺外，恐难产生更多积极的治国效能。朱熹说："古人赎金，只是用于鞭、扑之小刑而已，重刑无赎。到穆王好巡幸，无钱，便遂造赎法，五刑皆有赎。"[1]朱子以赎法敛财为《吕刑》本质特征，洵为卓见。穆王巡游挥霍无度，更兼战事连年，军费开支巨大，致使国匮民劳，财政面临危机，故不惜开利路，伤治化，为此赎法"以敛民财"[2]。

赎刑是否源于夏朝，今不可考。但周代司法诉讼中缴纳罚金却是早就有的。如成康时期的师旂鼎铭文记载，师旂的属官众仆不愿随王征于方，众仆被告到伯懋父那里，伯懋父判处众仆罚金"三百锊"（《集成》2809）。穆王对周代刑法进行改制，形成更加规范和系统的"五罚"制度，以罚金充实国库，其敛财意图非常明显。所以《吕刑》篇对文武成康"明德慎罚"的刑制原则只字不提，反而从遥远的虞夏时代去寻找实行赎刑的依据，足见其机巧用心。对于这部新修的刑法，穆王自我标榜为"祥刑"，认为是治理国家的祥善之刑，而实际不过是为了应对当时尖锐的社会矛盾、动荡的政治时局、严重的财政危机，所采取的一种非理性应对措施，算不上富有积极意义的法制改革。清人崔东壁说："盖周之衰自穆王始，故录此篇以志文、武、成、康之法之所由变，为后世变祖宗之法以聚敛者之戒。"[3]可谓一针见血，得其真谛。

综观周穆王统治的半个多世纪，虽多所兴革，但师心自用，并无励精图治的善政。他即位之初，不顾治国理政的基本职责，肆其私欲，游行天下，后世以"不恤国事"言之，是对其国家元首资格的质疑。继之改变既定民族政策，加重对边地部族的政治控制和经济索取，不仅致使"荒服者不至"，还引起犬戎和淮夷的不断反叛，国家开始受到边地部族不断发起的军事进攻，乃至危及王朝统治的腹心地带。穆王晚年针对日益严重的社会矛盾和财政危机，修改刑法，广收罚金，亦非治国良策。一个国君不以发展国家为己任，反而肆其私欲，极尽骄奢，滥用武力，巧取民财，既不能缓解日益尖锐复杂的社会矛盾，也不能有效应对周边少数部族的军事侵扰，西周王朝从此走上"衰微"之途也就不可避免了。

1（宋）黎靖德编：《朱子语类》卷78《舜典》，王星贤点校，中华书局，1986，第2002页。

2（宋）蔡沈：《书经集传》卷6《吕刑》，中国书店，1984，第132页。

3（清）崔述：《崔东壁遗书》，上海古籍出版社，1983，第233页。

第二节　共懿孝夷四王

共、懿、孝、夷时期，王位继承一度失范，贵族势力急剧膨胀，王权受到多方挑战。同时，国家对土地的管理趋于松弛，贵族间土地交换开始出现，土地经营未尽效能，加之长期奢侈风气下的财富靡费，国力日趋衰弱。

一、王位继统的失范

共、懿、孝、夷四王之中，孝王不是嫡长子继位，他与共王、懿王、夷王的亲属关系异说纷纭，一直无法厘清。清华简《摄命》发现后，为解决这个问题提供了新的线索。从分析《摄命》非穆王所作《冏命》入手，进而考索共、懿、孝、夷四王真实的亲属关系，可以说明当时王位继承制所面临的冲击。

（一）《摄命》非穆王所作《冏命》

清华简《摄命》是近年发现的一篇重要的书类命体文献，记载了周王册命伯摄主管狱讼事务的有关内容。然而篇中的"王"是穆王还是孝王，册命对象伯摄是穆王大臣伯冏还是孝王之侄夷王燮，学者意见不一。早先李学勤撰文披露说："清华简里面还有很长的一篇，有可能是《冏命》。"[1]后来他又针对清华简《摄命》内容说："受王命的人物名'燮'，我个人曾猜想这个字可能被误读为'冏'，那么篇文或者与古文《尚书》的《冏命》有关？"[2]继之贾连翔、程浩撰文力申此说，以为册命伯摄的王是穆王，伯摄是周昭王别子的长子，《摄命》即古文尚书《冏命》[3]，与正式出版的整理报告形成不同看法。

简文伯摄之"摄"，从二耳，从大，隶作"燮"[4]。此字与郭店楚简《缁衣》引《诗·既醉》"摄以威仪"之摄同形，释作"摄"是有一定根据的。但要说古文《尚书·冏命》之"冏"是"燮"的讹误，似有未安。问题在于郭

1　李学勤：《清华简与〈尚书〉、〈逸周书〉的研究》，《史学史研究》2011年第2期。

2　李学勤：《在〈清华大学藏战国竹简（七）〉成果发布会上的讲话》，《出土文献》第11辑，中西书局，2017，第2页。

3　贾连翔：《"摄命"即〈书序〉"燮命""冏命"说》，《清华大学学报》（哲学社会科学版）2018年第5期；程浩：《清华简〈摄命〉的性质与结构》，《清华大学学报》（哲学社会科学版）2018年第5期。

4　李学勤主编：《清华大学藏战国竹简（八）》，中西书局，2018。有关《摄命》说明、释文与注释见该书第109—120页。后引不另注。

店楚简这个"摄"是假字还是本字，事实并不清楚，因为迄今并未真正发现"摄"字的古文字资料。西周金文中有"隮"，见于隮簋，铭称"隮其万年"（《集成》4098），包山楚简 186 号文有"盐阳令隮"[1]，均作人名用，不能证明"隮"即摄之本字。上博简《缁衣》引《既醉》同一诗句，摄字又作"圂"。《说文》："圂，下取物缩臧之，从又，从口。读若聂。"是知"圂"与"摄"只是声韵通假关系。如果郭店简的"隮"亦为"摄"的借字，即使"隮"有可能讹误作"粿"，"圂"也有可能讹误为"囧"，也只是借字发生的讹误，不代表本字所指人物就是"粿"或"囧"，当然更不能由此推定《摄命》就是《粿命》或《囧命》了。

《书序》说："穆王命伯囧为周太仆正，作《囧命》。"《史记·周本纪》云："穆王即位，春秋已五十矣。王道衰微，穆王闵文武之道缺，乃命伯粿申诫太仆国之政，作《粿命》，复宁。"二者所言篇题，用字虽异，其事则一，这是人所公认的。《说文·齐部》曰："《周书》曰：伯粿。古文䜣，古文囧字。"段注："七字当作'古文以为囧字'六字，转写讹舛也。"[2]段氏《古文尚书撰异》又说："盖作囧者，古文尚书；作粿者，今文尚书。"[3]孙星衍亦云："粿盖今文，囧古文也。"[4]由于《囧命》见于较早的《书序》，《粿命》见于稍后的《尚书大传》《史记·周本纪》《汉书·古今人表》《说文》等，说明囧为古文，粿为今文，是可信的。这就是说，《囧命》是先秦时期的古文写法，而《粿命》则是汉代以后的事。因此，战国竹书所见《隮（摄）命》当与《囧命》并传于世，篇名不易发生讹误。如果说《囧命》原作《圂命》，"隮"（摄）不过"圂"的借字，汉代以后才讹作粿字，则"圂"反而成了"摄"的本字，同样与事实不合。

或许这还不是问题的关键，更重要的是《囧命》与《摄命》在内容上具有本质差异，不能视为同一事。《囧命》作为孔壁逸《书》十六篇之一，早已亡于永嘉之乱，而今传孔传本古文《尚书·囧命》又为伪书，故其内容不可详知，但利用《书序》和《史记》仍可观其大略。《书序》早在秦季即已形成，于《尚书》诸篇言其作意，虽不中亦不远。西汉成帝时，张霸伪造《尚

1　湖北省荆沙铁路考古队：《包山楚墓》上册，文物出版社，1991，第363页。

2　（清）段玉裁：《说文解字注》，上海书店，1992，第498页。

3　（清）段玉裁：《古文尚书撰异》卷32《书序》，上海古籍出版社，1996。

4　（清）孙星衍：《尚书今古文注疏》卷30《书序》，陈抗、盛冬铃点校，中华书局，1986，第611页。

书百两篇》献给朝廷，旋被识破，当时朝廷用以鉴定《百两篇》真伪的材料即有《书序》。《史记》引用《书序》，有时文字略有改动，但意涵大体一致。对于逸《书》十六篇，司马迁曾从孔安国问故[1]，相关内容也是由来有自的。这一点，即使晚书作者也心领神会，伪古文《冏命》即紧紧围绕《书序》《史记》有关说法来做文章。故《书序》《史记》所涉《冏命》相关内容的真实性，并无可疑。据此考察《摄命》与《冏命》的异同，至少从以下三个方面足以将二者区别开来。

第一，伯摄与伯冏的职事不同。按《书序》《史记》记载，伯冏职任太仆之长。《史记·周本纪》集解引应劭曰：“太仆，周穆王所置。盖太御众仆之长，中大夫也。”此所依据的是《周礼·夏官司马》序官所说：“太仆，下大夫二人”，故应劭以太仆之长为中大夫。《周礼》言其职位是“掌正王之服位，出入王之大命”。但金文资料不见太仆官职，只有仆为武官的记录。如师旂鼎铭云：“师旂众仆不从于王征于方。”（《集成》2809）众仆的上级长官为“师”，金文中的师望即可“出入王命”（《集成》2812），则师旂亦可有此职责。不过“出入王命”并不限于师职长官，如膳夫克也能“出入朕命”（《集成》2836）。知此职事不为某一职官所专有。太仆为周王身边侍御的近臣，官阶不会很高。但清华简《摄命》中的伯摄，职务可能近于《周礼·秋官司寇》所说：“掌邦禁，以佐王刑邦国。”周天子册命伯摄执掌刑狱，“出入朕命”，告诫其“凡有狱有宠，汝勿受币，不明于民，民其听汝”。故册命伯摄时以“士疌”为傧右，士即治狱之官。可见伯摄与伯冏职事有异，实非一人，此与其名字是否讹误无关。

第二，伯摄与伯冏的册命者不同。伯冏的册命者是周穆王，《书序》《史记》皆有明文。要说伯摄的册命者也是周穆王，则无可靠证据。清华简《摄命》篇末云：“唯九月既望壬申，王在镐京，格于太室，即位，咸。士疌右伯摄，立在中廷，北向。王呼作册任册命伯摄。”这种典型的册命规程，金文和文献资料显示是西周中后期开始出现的，但无明显的时间节点，不能由此推知伯摄的册命者必是穆王、共王或其他周王。或谓“士疌”之士当属上读，“疌”读为祭，即穆王时的祭公，以证伯摄的册命者为穆王，实际也不能成为证据。郭店简、上博简《缁衣》篇及清华简《祭公》，所见“祭”字均非

---

1 参见杜勇：《清华简与古史探赜》，科学出版社，2018，第22—24页。

"䏌"形，不能确定䏌即祭字。特别是把册命伯摄的王确定为穆王后，伯摄便成了昭王别子的长子，亦即昭王之孙。而王孙恐怕是不能泛称"王子"的。

第三，伯摄与伯冏的身份地位不同。清华简《摄命》开篇即云："王曰：劼侄，惢摄。""劼"训嘉，与"侄"形成偏正结构。"侄"指时王兄弟之子，不宜训作坚、牢一类形容词。惢，整理者训为"告"，文义不顺，仍以《说文》释作"慎也"为佳，亦为修饰语，言伯摄做事勤谨。此一语例如同《尚书·康诰》周公称康叔为"朕其弟，小子封"，以"侄""弟"言其亲属关系，以"摄""封"言册诰对象之名。是知伯摄为时王之侄。时王命其总理庶狱庶言，协于畿内御事百官、畿外四大大小邦，可谓"高奉乃身"。又殷殷切切告诫其"敬哉，虔恤乃事""王子则克悉用王教王学""勿淫，勿弗节""勿敢朋酗于酒""亦勿侮其童，恫瘝寡鳏，惠于小民"。可见伯摄职责重大，"允非常人"。而穆王时的伯冏为太仆之长，虽然亦可襄赞国政，使邦家复宁，但毕竟只是天子的侍御之臣，与伯摄作为王子身肩重任，是不能相提并论的。

由此可见，清华简《摄命》中的伯摄与古文《尚书》中的伯冏，虽同为朝廷官员，但其职事迥然有异。且王与伯摄不只是君臣关系，还是叔侄关系，此一身份也是穆王时的伯冏所不具备的。因此，伯摄与伯冏不宜视作同一人，《摄命》与《冏命》也不能视作同一命辞。

（二）《摄命》所见孝、夷叔侄关系

清华简整理者一方面认同伯冀乃伯冏之讹、伯冏为伯冏之讹，以为《摄命》即《冏命》《冏命》；另一方面对《书序》《史记》所言伯冀（冏）为穆王时人又加以否定，认为清华简《摄命》篇中的王当为孝王[1]。此说对《书序》《史记》仅取所需，论证上前后不能自洽，然其结论不误，可谓"失之东隅，收之桑榆"。

孝王说的主要证据有二：一是懿王太子名燮，燮与摄皆叶部，书母、心母音近可通，故可视作一人；二是《礼记·郊特牲》正义引《世本》云："懿王崩，弟孝王立。孝王崩，懿王太子燮立，是为夷王。"此与《史记·三代世表》略同。由此推断清华简《摄命》中王与伯摄为叔侄关系，伯摄即夷王

1 马楠：《清华简〈摄命〉初读》，《文物》2018年第9期。

燮，册命伯摄的王为孝王。无可否认，从声韵上考察摄与燮相通，确为必要条件。但这还不是具有排他性的决定性条件，因而也有学者通过声韵关系，提出伯摄当为平王太子洩、宣王之子幽王涅等不同看法。至于所引《世本》《史记·三代世表》也只代表一种说法，因为《史记·周本纪》及《毛诗正义》引《世本》另有异说。若不加辨析仅取一说立论，不免是非不明，疑云难消。

从文献上看，西周中期共、懿、孝、夷四王先后为君，孝王与夷王的亲属关系有三种不同的说法：

（1）祖孙关系。孝王，共王弟；夷王，懿王子。（《史记·周本纪》）

（2）叔侄关系。孝王，懿王弟；夷王，懿王子。（《史记·三代世表》《礼记正义》引《世本》）

（3）父子关系。孝王，懿王弟；夷王，孝王子。（《毛诗正义》引《世本》）

上述三说中，影响最大的是《史记·周本纪》说："共王崩，子懿王囏立。……懿王崩，共王弟辟方立，是为孝王。孝王崩，诸侯复立懿王太子燮，是为夷王。"此言孝王与夷王为叔祖与侄孙关系，有不少著述采信其说。而孝王的王位来自侄叔相传，夷王的王位来自叔祖与侄孙相传，世所罕见。如此混乱不堪的王位更迭，历史上几乎无人怀疑过。清人崔述对此颇为不解，结论仍是不可考究。他说："懿王之崩，子若弟不得立而立孝王，孝王之崩子又不立而仍立懿王子，此必皆有其故；史失之耳。否则孝王乃懿王弟，兄终弟及而仍传之兄子，于事理为近；然不可考矣。"[1]

事实上，继懿王之后即位的孝王只能是懿王之弟，而非懿王叔父、共王之弟。这不仅有《世本》和《史记·三代世表》可以为证，而且《史记·周本纪》也可能原本如此。《诗·大雅·民劳》孔疏云："《世本》及《周本纪》皆云成王生康王，康王生昭王，昭王生穆王，穆王生恭王，恭王生懿王及孝王，孝王生夷王。夷王生厉王。"在这里，孔颖达所引《世本》与《礼记·郊特牲》疏引《世本》都说孝王为懿王之弟，尤其说到《史记·周本纪》亦然。或许唐版《史记》与今本有别，后世误将"懿王弟辟方"抄作"共王弟"，与《史记·三代世表》说"孝王方，懿王弟"不相一致，致使孝王继位

<hr />

1 （清）崔述：《崔东壁遗书》，上海古籍出版社，1983，第234页。

成了侄叔相传。若再仔细分析共、懿、孝、夷诸王的年龄条件，孝王亦不可能是共王之弟。《史记·周本纪》说："穆王即位，春秋已五十矣。……穆王立五十五年，崩。"假定穆王 20 岁生共王，那么共王继位时当有 85 岁。西周趞曹鼎铭文已见共王 15 年，则共王死时当在 100 岁以上。共王死后其子懿王继位，其在位年数不可确知，即使只有二三年或六七年，此时孝王若为共王弟，亦必在 100 岁以上。当然也可以不考虑王室重子嗣、多早婚这一因素，以穆王得子在 30 岁左右，孝王继位时也不会低于 90 岁，同样不合事理。可见孝王为穆王之子、共王之弟，其王位为侄叔相传的说法，一不符合西周王位继承制度；二不为年龄条件所允许，不可信为事实。相反，依据《史记·三代世表》及《世本》以孝王为懿王之弟，只因某种特殊原因才兄终弟及，死后仍传兄子，则有如崔述所言"于事理为近"。

将《毛诗正义》所引《世本》与《史记·周本纪》《史记·三代世表》对勘，还可发现一个问题：即一说夷王为孝王之子；另一说夷王为懿王之子、孝王之侄。《礼记正义》《毛诗正义》两次引及《世本》，彼此互异，是《世本》版本不同，还是《毛诗正义》引文之误，不好遽断是非。但可以想象，若夷王为孝王之子，不管孝王是共王之弟或懿王之弟，都意味着王室正脉的中断，小宗取得了大宗的王位继承权。果若是，这将是西周王位继承上的一次重大变故，必会引起多方面关注而见载于史乘。观厉世国人暴动，厉王被逐，召公宁愿把自己的亲生儿子交出，以代厉王太子之死，也要保护王室正脉不致中断，说明周王室对嫡长子继承制是拼命加以维护的。尽管孝王以懿王之弟即位，但死后并不像殷人那样立己之子，而是仍立兄子，回归王室正脉。此与周初成王年幼继位，周公摄政称王，后又返政成王略相近似，均体现了嫡长子继承制的基本精神。《礼记·郊特牲》郑玄注云："夷王，周康王之玄孙之子也。"孔疏："懿王是康王之玄孙，夷王是懿王之子，故云玄孙之子也。"郑玄此说实际也是针对王室正脉的延续而言的，否则夷王就不是周康王玄孙之子，而是玄孙之侄了。

在共、懿、孝、夷四王的亲属关系中，孝王处在最关键位置。孝王为懿王之弟、夷王叔父，本身是没有资格继承王位的，结果却走向国家权力的巅峰。除传世文献外，清华简《摄命》亦可见其历史印迹。

前已言之，伯摄为时王之侄，具有王子身份。在西周后期，王子可出任朝廷要职，参与国政。如周幽王时，厉王少子（一说宣王之子）郑桓公就曾担任司徒，是朝廷执政大臣之一。与郑桓公相比，王子伯摄不仅参与国家管理，更重要的还是王位继承人。清华简《摄命》中时王以第三者口吻称伯摄为"王子"，知非己出。而王子称"伯"，是为嫡长。按照周人继统法，周王的嫡长子即是王位继承人。清华简《摄命》又称伯摄为"丕子"，其文云："汝乃敢整极，汝则亦唯肇丕子不学，不啻汝，亦鬼（畏）获勤朕心。""丕子"见于《尚书·金縢》云："若尔三王，是有丕子之责于天，以旦代某之身。"清华简《金縢》作"备子"[1]，此外尚有其他异文。伪孔传训"丕子"为"大子"，学者以为就是大儿子的意思[2]。然此"丕子"指武王，武王非文王长子，但具有长子的政治地位。武王长兄伯邑考早死，他被文王立为太子。所以"丕子"具有长子、太子的意涵，可以泛指王位继承人。清华简《摄命》称伯摄为"丕子"，即是因为他具有太子身份，难怪王说伯摄"允非常人"。只不过与清华简《金縢》相比，武王时已继位，而伯摄尚为储君。清华简《摄命》篇中时王多次称伯摄为"冲子"，又称"毓子"（稚子），是知伯摄年纪不是很大。王对伯摄说："亡承朕乡，余弗造民庚（康），余亦曼窜亡可事（使）。"是说自己以往执政，不能给人民带来安康，是因为长期受困于无贤才可用。这位周王执政既有一段时间，说明伯摄在他刚即位时年龄更小。经过"王教王学"一番培养，伯摄年龄渐长，随即参与国家政务管理。刑狱诉讼不只事关重大，而且极为纷繁复杂，正是历练人才的极佳场所。伯摄处理各种刑狱事务，直接向周王汇报，俨然居于执政大臣之首。这种"高奉乃身"的举措，非王位继承人不相匹配，也是时王为身后交班所做的必要准备。

清华简《摄命》篇中时王与伯摄为叔侄关系，且伯摄为时王身后的王位继承人这种情况，除了西周孝王与夷王外，再也没有与此相应的文献记载。因此，清华简《摄命》篇中的王为孝王，伯摄为夷王燮，清华简《摄命》是孝王册命夷王燮主管刑狱之政的命书，应可成立。同时证明孝王非共王弟，乃懿王之弟；夷王非孝王子，乃懿王之子的有关记载，才真正体现了共、懿、孝、夷四王的亲属关系。

西周中期王位继统的失范，似亦有故。懿王统治时，国家危机重重，险

1　李学勤主编：《清华大学藏战国竹简（一）》，中西书局，2010，第158页。

2　刘起釪：《释丕子》，《古史续辨》，中国社会科学出版社，1991，第373—380页。

象环生。古本《竹书纪年》曰："懿王元年，天再旦于郑。"[1]此一天象被今日学者看作一次日全食，并据以推定懿王元年在公元前899年[2]。但在古人眼里，这种天象或许是作为灾异记录下来的，暗示懿王的统治一开始即陷入困境。《世本》曾记懿王徙都犬丘。《史记·周本纪》亦云："懿王之时，王室遂衰。诗人作刺。"《索隐》引宋忠曰："懿王自镐徙都犬丘，一曰废丘，今槐里是也。时王室衰，始作诗也。"宋忠为东汉末年人，东汉的槐里县在今陕西兴平市东南。懿王一度迁都于此，或与外有犬戎之患、内则权臣是忧有关。《后汉书·西羌传》据《竹书纪年》提供的材料说："夷王衰弱，荒服不朝，乃命虢公率六师伐太原之戎，至于俞泉，获马千匹。"夷王继位后有此大规模的军事行动，应是懿孝时期与犬戎矛盾不断积累的结果。从金文资料看，西周中期后段贵族权势膨胀，毕氏、井氏、荣氏诸贵族家族大有凌驾王权之上的趋势。可能是出于应对这种复杂政治局面的需要，懿王决定不让年幼的太子继位，而是暂由孝王执掌王政，以济时艰。由于太子燮在孝王死后仍可继承王位，并未损害嫡长子继统法的根本，因而可以得到王室贵族的认可，不曾造成影响国家稳定的政治动荡。

二、贵族力量的膨胀

西周王室是以周天子为权力核心，与姬姓贵族世享政治权力来维持运转的，两者相互依赖，共生共荣。但嫡长子继统法不能保证每位周王都是贤明的君主，都能有效执掌统治臣民的国家权力。因此，贵族势力的膨胀，外服诸侯的坐大，也就有了相应的政治空间。

（一）贵族家族势力的消长

共王即位之初，王室执政大臣对掌控中央政府权力的竞争，即初露端倪。三年卫盉、五祀卫鼎、十二年永盂等铭辞，记录土地交换和赏赐事宜，均有朝廷五六位执政大臣到场，办理有关土地交割手续。共王三年，参与其事的有五位执政大臣，伯邑父、荣伯排位在前；共王五年，井伯名列首位，伯邑父次之，荣伯未见；共王十二年，实际排序以益公为首，井伯、荣伯名

1　（宋）李昉等：《太平御览》卷2《天部》引，中华书局，1960。
2　夏商周断代工程专家组：《夏商周断代工程1996—2000年阶段成果报告（简本）》，世界图书出版公司北京公司，2000，第24—26页。

列其后。这些人物排序的先后不是随意的，应与其职权大小、地位高低密切相关。短短十年时间，执政大臣的职位次序不断发生变化，反映了中央政府高层权力的激烈争夺，几乎达到了周天子难以掌控的程度。其间主要涉及毕氏、井氏、荣氏等贵族家族势力的消长。

1. 毕氏家族

毕氏家族的始封者是文王庶子毕公高。武王即位后，"太公望为师，周公旦为辅，召公、毕公之徒左右王，师修文王绪业"[1]。武王伐纣时，周公执大钺，毕公执小钺，以夹辅武王。进入殷都后，毕公释百姓之囚，表商容之闾，极力稳定社会秩序。康王即位时，第二代毕公与召公奭等人同为顾命大臣，率东方诸侯从应门右进入，以朝见新王。后"康王命作策，毕公分居里，成周郊，作《毕命》"[2]。据清华简《祭公》记载，祭公辞世时，毕䣄是穆王朝身任执政大臣的三公之一。

共王统治时期，毕氏家族入为王朝卿士的重要人物是益公。毕鲜簋铭文云："毕鲜作皇祖益公尊簋。"（《集成》4061）益公的"益"是私名，不宜视作族氏名称，有如井氏家族的穆公一样。益公被毕鲜尊称为"皇祖"，"也应是毕公的后裔"[3]。从青铜器铭文看，益公参加过周王对师询、师道、走马休、王臣和申等贵族的册命仪式，担任傧相，职位甚高，地位显赫。

共王九年，乖伯簋铭文曰："九月甲寅，王命益公征眉敖，益公至告。二月，眉敖至见，献帛。"（《集成》4331）铭辞"征眉敖"之征，有征伐与征行两种解释，当以前者为胜。释作征行即为出使眉敖，眉敖前来朝觐献帛就成了一件平常的差事。而征伐眉敖凯旋告归，迫使眉敖于次年前来朝觐天子，重要性就大为不同。所以两三年后，益公的权势迅速上升。据永盂铭辞，共王十二年，益公带领一班执政大臣执行周王对师永赏赐土地的命令。先由益公请命于王，接着由益公、井伯、荣伯、尹氏、师俗父、遣仲六位执政大臣安排三有司承办此事，直至"付永厥田"（《集成》10322）。整个过程益公成为主导者，颇具首席执政的气象。十年后，益公的权势更是达到炙手可热的地步。倗伯再簋铭云：

> 唯廿又三年初吉戊戌，益公蔑倗伯再历，右告，命金车、旂。再拜

---

1 《史记·周本纪》，中华书局，1959，第120页。

2 《史记·周本纪》，中华书局，1959，第134页。

3 刘启益：《西周纪年》，广东教育出版社，2002，第267页。

手稽首，对扬公休，用作剌考宝尊，再其万年永宝用享。(《铭图》
5208）

倗是山西绛县横水镇一带的一个异姓小国，倗伯再为其国君。据横水墓地所
出"倗伯作毕姬宝旅簋"(《铭图》4499），可知倗国与毕氏家族有联姻关系。
此次由益公代表周王室对倗伯的劳绩进行奖赏，赐以铜车和旗帜。饶有意思
的是，最后倗伯不是按照惯例对扬王休，而是"对扬公休"。似乎在那些异姓
小国的眼中，益公不只是周天子的代言人，简直成了周天子的化身，乃至称
扬辞不言天子，却一味恭维益公，表现出一种卿权不让王权的僭礼行为。

益公之后，毕氏家族入朝担任要职的还有盠。盠方彝铭云：

> 唯八月初吉，王格于周庙，穆公右盠，立于中廷，北向。王册命
> 尹，赐盠：赤市幽亢、鋚勒。曰：用司六师王行，三有司：司土、司
> 马、司工。王命盠曰：歔司六师眔八师艺。盠拜稽首，敢对扬王休，用作
> 朕文祖益公宝尊彝。(《集成》9899）

这里的益公被盠称为"文祖"，盠与毕鲜应同为益公之孙，约当孝夷时人。盠
的具体职务不详，被册命管理西六师、殷八师及三有司有关事务，地位也是
相当高的。

迄至西周晚期，毕氏家族还有毕伯克见于铜器铭文[1]，但未见参与王室重
要政治活动。《史记·魏世家》说："魏之先，毕公高之后也。毕公高与周同
姓。武王之伐纣，而高封于毕，于是为毕姓。其后绝封，为庶人，或在中国，
或在夷狄。其苗裔曰毕万，事晋献公。"西周早中期毕氏家族颇有声名，后来
可能在与其他家族的争斗中走向没落，乃至各种文献都很少见到相关记载了。

2. 井氏家族

井氏家族是邢侯的支裔，约在成末康初受封，食采于畿内，效命于王
室。至穆王时，井氏家族的政治地位已极为显赫。亲簋铭云：

> 唯廿又四年九月既望庚寅，王在周，格大室，即位，司工逨入右亲立
> 中廷，北向。王呼作册尹册申命亲曰："更（赓）乃祖服作冢司马。"(《铭
> 图》5362）

铭文中"亲"是受册命者，他赓继祖父的职守，担任冢（大）司马，在师瘨簋

1　陕西省考古研究院、渭南市文物保护考古研究所、韩城市文物旅游局：《陕西韩城梁带村墓地北区
2007年发掘简报》，《文物》2010年第6期。

铭中又称"司马井伯亲",其办公场所称为"周师司马宫"(《集成》4284)。司马是王室三有司之一,主管王朝军事,运筹帷幄。师氏为其下属,直接领兵作战。在共懿以后的册命典礼中,井伯常为师氏的傧右,见于金文的就有师瘨、师毛父、师奎父、师虎、师大等人。其他如趞曹、豆闭、召、利、救、走等人的册命,也是以井伯为傧右的。有关井伯的铭辞时间跨度很大,可能不是同一代人。这说明井氏家族大宗的族长世代供职王室,执掌国家军事大权。

在井氏家族繁衍与发展过程中,逐渐形成井伯、井叔、井季三个分支家族。井伯一支居于关中扶风东北一带,为大宗本家,地位最高。五祀卫鼎铭记裘卫与邦君厉的土地纠纷一案,参与处理此案的几位执政大臣中,井伯排在首位。七年后周王赏赐师永阴阳洛的土地,毕氏家族的益公起而代之,井伯退居次席。但井氏家族在王室中的地位并未动摇。特别是懿孝以后,井叔也成为王室重臣,与井伯一系共为权要。弭叔师察簋铭记册命师察、免尊铭记免被册命为司工,均以井叔为傧右,其职司与三有司相若。曶鼎铭文涉及贵族曶与限之间的讼事,裁决断案的执法大臣即是井叔。霸伯簋铭中井叔代宣王命,霸伯受到赏赐后竟置周天子于不言,而是"对扬井叔休"(《铭图》5220)。井叔家族从井氏大宗分化出来,另有居邑和墓地。今西安市长安区张家坡村发现井叔家族墓地,包括1座双墓道的"中"字形墓,3座单墓道的"甲"字形墓,还有若干竖穴墓、车马坑、马坑等。墓地由数世井叔家族合族而葬,最早的一代为井叔采[1]。井叔墓葬的规格与燕、卫等诸侯同级,不亚于其他畿内封君。

井氏家族长期执掌王室的军事大权,后来成为抗击淮夷、狁的支柱性力量。厉王前期,鄂侯驭方鼓动淮夷发动大规模反叛战争,兵锋直指畿内,西六师、殷八师相继迎战失利,天下震惧。最后武公派遣禹"率公戎车百乘、厮驭二百、徒千"出战,一举伐灭鄂国,平淮靖乱,转危为安。这位王室禁卫军的将领"禹",就是井叔家族小宗的族长。禹鼎铭文云:

> 禹曰:"丕显桓桓皇祖穆公,克夹召先王,奠四方,肆武公亦弗遐望(忘)朕圣祖考幽大叔、懿叔,命禹缵朕圣祖考,政于井邦。肆禹亦弗敢蠢,赐共朕辟之命。"(《集成》2833)

---

1 张长寿:《关于井叔家族墓地》,《商周考古论集》,文物出版社,2007,第328—332页。

铭辞显示，禹"政于井邦"，效命王室，全靠武公的大力支持。禹称其"圣祖考幽大叔、懿叔"，表明他属于井叔家族。禹还提到"皇祖穆公"，井侯采钟亦称"文祖穆公"（《铭图》15290），则穆公为井叔家族的远祖。约为穆共时人。在册命盠和裁的典礼中，盠主管西六师、殷八师有关事务，裁职任司徒，穆公作为傧右其职位是不会低于他们的。这位穆公可能是从井氏大宗本家分化而出的最早一代井叔，故为井叔支族所宗。

在禹鼎铭文中，禹所提到的"武公"这位人物，一直不能确定其家族身份。细绎铭辞，他作为王室执政大臣，既不忘禹的圣祖考之劳绩，又命令禹继承圣祖考的井邦首领之位，可能是井氏家族大宗（井伯）的继承人，故有权过问家族小宗（井叔）族长的嗣位情况。如果武公仅仅是禹的上司，且为外姓之人，恐怕不便干预其他家族的内部事务。晚期井公簋所见"井公"（《铭图》4874），或许就是这位在厉世战场上力挽狂澜的武公。据多友鼎记载，在稍后反击猃狁的战争中，武公又命多友率公车作战，得以解除猃狁对京师（酄地）的威胁。战事结束后，武公得到周厉王的褒奖，并代表周王对将领多友赏赐"圭瓒一，锡钟一肆，铹鋬百钧"，多友"对扬公休"（《集成》2835）。这同样是贵族执政僭越礼制的行为。其后井氏家族悄无政声，也可能是在贵族间的权力斗争中失利退场了。

3. 荣氏家族

荣氏也是一个重要的姬姓家族。《国语·晋语四》说："（文王）重之以周、邵、毕、荣。"贾逵、唐固注："荣，周同姓。"[1]《史记·周本纪》云："成王既伐东夷，息慎来贺，王赐荣伯，作《贿息慎之命》。"《集解》引马融曰："荣伯，周同姓，畿内诸侯，为卿大夫也。"是荣为姬姓，古无异说。根据荣有司再鬲、叔趞父再等荣器的出土地推断，荣氏家族的采邑可能在扶风、岐山交界一带[2]。

西周早期，荣氏家族在政治舞台上相当活跃。成王之时，荣伯曾作赏赐肃慎的命书。康王时，邢侯簋铭记"荣"参与对邢侯的封赏，小盂鼎铭记"荣"审讯由盂俘获的鬼方敌酋。共懿以后，荣氏家族在王室中的地位不断攀升，荣伯在执政大臣中已名列前茅，成为毕氏、井氏强有力的权力竞争对

---

1 徐元诰：《国语集解》，王树民、沈长云点校，中华书局，2002，第362页。
2 王辉：《西周畿内地名小记》，《一粟集：王辉学术文存》，艺文印书馆，2002，第145—158页。

手。从西周中期后段金文资料看，荣伯曾多次出席册命典礼，担任傧右的对象有卫、由、同、衍、康、宰兽、辅师嫠、弭伯师耤、应侯视工等人。其中"卫"为共王时人，"应侯视工"是夷厉时人，是知担任傧右的荣伯也可能不是一代人。说明荣氏大宗首领世为朝中执政大臣，是周王室深为倚重的贵族家族之一。宰兽簋铭文称"司土荣伯"（《铭图》5376），说明荣氏家族执掌国家的土地、人口、赋税等经济大权。按照世官制的原则，荣氏家族的族长荣伯主要在司徒职官系统上下迁转。逨盘铭文记载周王命令逨辅助荣兑管理四方虞林，为王室提供御用物品。虞官是司徒的下属，职司是管理山林川泽。可见直到西周晚期荣氏家族仍有在司徒系统任职者。尤其是厉王时作为执政卿士的荣夷公，鼓动厉王专山泽之利，造成巨大的社会震荡。

荣氏家族的权势煊赫，甚至大有挑战王权的势头。卯簋盖铭云：

> 唯王十又一月既生霸丁亥，荣季入右卯，立中廷，荣伯呼命卯曰："龏乃先祖考死（尸）司荣公室，昔乃祖亦既命乃父死司葊人，不盠（淑），爰我家窠，用丧。今余非敢梦先公有进迷，余懋再先公官，今余唯命汝死司葊宫、葊人，汝毋敢不善。赐汝瓒四、璋毂、宗彝一肆、宝，赐汝马十四、牛十。赐于乍一田，赐于闗一田，赐于队一田，赐于戴一田。"卯拜手稽首，敢对扬荣伯休，用作宝尊簋。卯其万年子子孙孙永宝用。（《集成》4327）

铭文记载的是荣伯对卯的一场册命典礼。册命人是荣伯，傧右是荣季，都是荣氏家族中大权在握的人物，卯为其下属或家臣。陈梦家认为，荣伯于受命者"任以职事，且重加赏赐，与王者廷见之礼相若"，"可见西周中叶诸侯公室比拟王室的情景"[1]。荣氏公室对属下任命职事，也采用王室的册命礼仪，多少都有无视君上、僭越礼制的嫌疑。细味铭辞，卯的先祖父主要是打理荣公室事务，他的父亲除主管荣公室外，同时兼司葊人。到了卯接替职务时，则成了"死（尸）司葊宫、葊人"。葊宫又称葊京，并非荣氏家族的宫室，而是位于镐京南郊的王家行政副中心和文化教育中心[2]。卯所主司的这项工作已非荣公室事务，瓒璋、车马、田地等也不是一个家臣随便可以得到的赏赐品，所以此次册命典礼应该是代表王室的一种政治行为。果若是，井伯对卯的册

---

1 陈梦家：《西周铜器断代》，中华书局，2004，第223页。

2 杜勇：《〈诗经·六月〉与金文葊京的地理问题》，《中国史研究》2018年第3期。

命采取王家仪式，也是贵族势力凌驾于王权之上的一种反映。荣氏家族势力的膨胀，似乎盖过了井氏家族的风头。据厉世敔簋铭文记载，周王命令敔在伊洛流域抗击南淮夷的入侵，告捷，"载首百，执讯卌，夺俘人四百，啚于荣伯之所"。"荣伯之所"当是荣伯在成周的办公场所，敔作战告捷首先要向荣伯报告，然后是"王格于成周大庙，武公入右敔"（《集成》4323），对敔进行嘉奖。井氏武公在赏赐仪式中只是傧相，但荣伯在颁奖仪式前却要受理清点敔的战果，可能还要拟定奖赏方案。这说明在当时井氏与荣氏两大家族的权力斗争中，荣氏已渐居上风。后来荣夷公成为首席执政大臣，开始左右王朝政局，而井氏家族则淡出政治舞台，鲜为人知。

共懿孝夷时期，毕氏、井氏、荣氏三大贵族家族势力急剧膨胀，对中央政府的权力进行激烈争夺，呈现出此消彼长的竞争态势。各家政治力量在其发展的高峰期都有僭越礼制的政治行为，无疑是对王权的一种挑战。

（二）外服诸侯的疏离

王权在贵族争斗中弱化，不仅直接影响中央政府的有序运行，也会削弱对外服诸侯的控制力，增强其离心力。此从下面几个事件可见一斑。

其一，密国灭殒。据《国语·周语上》载，共王游于泾水之上，密康公随从。有三位女子奔赴康公为妾。康公之母告诫他，一定要献给恭王，这才符合礼制。康公不听，自纳三女。一年后，"王灭密"。韦昭注："康公，密国之君，姬姓也。"后世学者多从韦说，以为泾上之密（今甘肃灵台西）为姬姓。其实，《世本》所见姬姓之密，地不在此。《汉书·地理志上》"河南郡"有密县，班固自注"故国"，臣瓒谓此"密，姬姓之国也"。应属可信。西周金文中的"密伯""密叔"，即此畿内密国裔氏而入为王官者。而密康公所在之国，为文王所伐密须的后裔，是为姞姓之国。《左传·昭公十五年》所谓"密须之鼓"，即是文王伐密的战利品。姞姓密国虽经文王讨伐，然未湮灭，后来臣服周人，成为一个异姓诸侯国。共王伐泾上之密，《史记·周本纪》转录其事，《列女传》写入《仁智传》，盛赞"密母为能识微"[1]。密国的灭殒，表面上是不遵周礼，贪恋美色所致，实则是无视周天子权威，意欲强化独立性带来的后果。一个异姓小国之君敢于对抗中央王朝，致使共王采取激烈的

1　张敬注译：《列女传今注今译》，商务印务馆，1994，第89页。

灭国手段，以加强对地方诸侯的控制。这说明王权在受到挑战的同时，仍有力量控制大局。

其二，烹齐哀公。《左传·昭公二十三年》王子朝说："至于夷王，王愆于厥身。诸侯莫不并走其望，以祈王身。"杜预注："愆，恶疾也。"夷王恶疾缠身，体质孱弱，在政治上也被视为一位弱君。《礼记·郊特牲》云："觐礼，天子不下堂而见诸侯。下堂而见诸侯，天子之失礼也，由夷王以下。"郑玄注云："（夷王）时微弱，不敢自尊于诸侯。"后世以为夷王下堂见诸侯，害礼伤尊，是弱君所为。崔述曾举《康诰》称"王出在应门之内，毕公帅东方诸侯入应门左，召公帅西方诸侯入应门右"，认为康王亦未跻阶在堂，而夷王以后未必皆下堂也[1]。是下堂与否要看礼仪需要，此与东周时移世异有别，不可概以弱君观之。夷王在位时间不长，虽未在国家治理上有更多建树，但也曾做过加强王权的努力。齐哀公"荒淫田游"[2]，严重违背礼制。夷王"三年，致诸侯，烹齐哀公于鼎"[3]。这是说夷王召集诸侯，对不遵行礼制的齐哀公公开审判，施以酷刑，得到诸侯拥戴。后来夷王身患恶疾，诸侯犹为之祈祷。不过，夷王对齐国政治的干预，效果并不明显。齐哀公被杀后，周室立其弟静，是为胡公。但"哀公之同母少弟山怨胡公，乃与其党率营丘人袭攻杀胡公而自立，是为献公。献公元年，尽逐胡公子，因徙薄姑都，治临菑"[4]。这说明夷王烹杀齐哀公并未形成多大震慑力，齐国公室也不接受周室对齐君继承人的安排，反而出现对齐君之位的武力争夺，造成齐国的动荡不安。

其三，命卫为侯。《史记·卫康叔世家》记康叔卒后，其子"康伯"继位，以下五代皆称"伯"，及至"顷侯厚赂周夷王，夷王命卫为侯"。司马迁是说，从康伯至顷侯，卫君本爵为"伯"，由于顷侯厚赠财货给夷王，从而把伯爵改为侯爵。司马贞《索隐》以此为史公误说，于是另作诠释云："《康诰》称命尔侯于东土，又云'孟侯，朕其弟，小子封'，则康叔初封已为侯也。比子康伯即称伯者，谓方伯之伯耳，非至子即降爵为伯也。……至顷侯德衰，不监诸侯，乃从本爵而称侯，非是至子即削爵，及顷侯赂夷王而称侯也。"这是说康叔本爵为侯，"康伯"并非伯爵之谓，乃是"方伯"之称，顷

---

1 （清）崔述：《崔东壁遗书》，上海古籍出版社，1983，第235页。

2 《史记·齐太公世家》索隐引宋衷言，中华书局，1959，第1481页。

3 方诗铭、王修龄：《古本竹书纪年辑证》修订本，上海古籍出版社，2005，第56页。

4 《史记·齐太公世家》，中华书局，1959，第1482页。

侯不想监察诸侯，故要求专务侯爵职事。也有人认为伯指伯仲，或以字为谥[1]。这些看法似与前贤头脑中以周行五等爵制有关。依照五等爵制，侯高于伯，故卫顷侯请命为侯。然康叔本为侯爵，除《尚书·康诰》外，沫司土疑簋亦称"诞命康侯鄙于卫"（《集成》4059），其子孙世为侯爵，何须夷王"命卫为侯"？实际上，西周爵制并非五等，大体存在两个系统，畿内封君多以伯为本爵，入为王朝卿士则尊享公爵；畿外诸侯多以侯为本爵，称公是尊称，其次为子男。公爵高于侯、伯，而侯、伯不分轩轾，只有职责的不同。但卫国的封立，情形比较特殊。平定三监之乱后，周公徙封康叔于卫，以治遗殷，本为一大侯国。但王室对康叔颇为倚重，制爵为伯，赋予入朝担任卿士的权力，故康叔曾任朝中主管刑狱的司寇一职。这对卫国来说，实际兼有侯、伯的双重身份，即以伯为本爵，不仅要出任王官，还要履行外服诸侯国的义务和职责。为了减少王室羁束，卫顷侯要求以侯为本爵，做一个完完全全的畿外诸侯，因而不惜对王室馈赠丰厚财物，提出"命卫为侯"的请求，最后得到夷王的批准。徐中舒说："康叔出为方伯，入为王官，地位虽极尊崇，但他还是要受王室节制，实际上反不如诸侯能自擅一国。"[2]此以康叔为方伯未必可信，但说康叔有资格入为王官，与其他自擅一国的诸侯不同，堪称卓见。可见卫国改伯为侯，只有职事的重点不同，并无爵秩高低之分。卫顷侯要求明确单一的侯爵职事，表现出一种疏离王室的倾向，反映了外服诸侯效忠王室的使命感不断减弱。

三、土地管理的松弛

《诗·小雅·北山》云："溥天之下，莫非王土。率土之滨，莫非王臣。"所谓"王土"不仅代表西周国家对所辖疆土的主权，也表示周王对天下山川土田拥有法理上的所有权。从行政管理体系看，"王土"又可分为畿内和畿外两大体系。畿外土地封授诸侯，构成地方行政区；畿内土地除一部分封给出任王官的贵族作为采邑外，余则由王室直接管理和经营。无论畿内或畿外，土地名义上均为周天子所有，其他人都只是领有者或占有者，不能自行转让和买卖。此即《礼记·王制》所谓"田里不鬻"。但自西周中叶起，土地关系

　　1　（汉）司马迁著、〔日〕泷川资言会注考证：《史记会注考证》，新世界出版社，2008，第2300—2301页。

　　2　徐中舒：《禹鼎的年代及其相关问题》，《考古学报》1959年第3期。

发生新的变化，贵族间土地交换开始出现，王室土地赏赐也呈现不同形态。总体上国家对土地管理趋于松弛，土地经营不能尽其效能，与日益盛行的奢靡之风相互激荡，严重削弱了王朝统治的经济基础。

（一）土地交换

关于西周土地交换和转让，文献中了无痕迹，唯有共懿时期的青铜器铭文提供了零星信息。三年卫盉、五祀卫鼎、九年卫鼎、佣生簋、曶鼎五件铜器铭文，记载了当时土地交换的过程，大体上有以田易物和以田易田两种形式。

以田易物的物品多种多样，礼玉、服饰、车马等贵族生活用品备受青睐，追求豪奢是交易的主要目的。如卫盉铭云：

> 唯三年三月既生霸壬寅，王爯旂于丰。矩伯庶人取瑾璋于裘卫，在八十朋厥贮（贾），其舍田十田；矩或（又）取赤琥两、麀絭（韨）两，絭（贲）鞈一，在廿朋，其舍田三田。裘卫乃彘（矢）告于伯邑父、荣伯、定伯、琼伯、单伯，伯邑父、荣伯、定伯、琼伯、单伯乃命三有司：司土微邑、司马单旟、司工邑人服，眔受田。（《集成》9456）

这里矩伯共用十三田，换取一件玉璋，两件赤色玉琥，两件鹿皮披肩，一件杂色蔽膝。矩伯本为畿内封君，或因一度失去贵族身份，沦为"庶人"。当其重新获得名分后，为了参加周天子在丰邑举行的朝会诸侯的"爯旂"（太常）典礼，不惜用自己的采邑之田向裘卫换取玉璋及华美服饰，以供朝觐之用。裘卫是一位新贵，可能祖上世为王室"司裘"类职官，故以官为氏。他所拥有的美玉、皮裘、华车等物品，当然不可能都是自己生产的，也不可能是公开利用职务之便贪占的王室之物，应是自行经营工商业所得的私有财产。在交换过程中，贝币不是交换媒介，而是估价参照的坐标，交易方式仍是以物易物。所谓瑾璋"八十朋厥贮（贾）"，"贮"与"贾"音相通假，"由买卖之义引申为价钱之价"[1]。在这里，"贮"即是作价的意思，不宜作"租赁"讲。大体上"一田"值贝币6—8朋不等，当与土地肥瘠有关。《周礼·考工记·匠人》说："田首倍之。"郑注："田，一夫之所佃田百亩。"一田百亩可能是当时通行的计量单位。曶鼎铭文记载，匡季赔偿曶"田七田，

---

1 赵光贤：《周代社会辨析》，人民出版社，1980，第223页。

人五夫"(《集成》2838)，人与田的比例比一夫百亩略高。贤簋铭文云："公叔初见于卫，贤从，公命使亩（贿）贤百亩鬱（粮）。"(《集成》4105)公叔赠给贤的粮食，也是以田"百亩"来计算产量的。矩伯先后以十三田（1300亩）换取三件玉器、两件服饰，地价颇显低廉。尽管如此，土地交换亦极慎重，须有王室执政大臣和三有司等官员到场见证土地交割，才能完成转让程序。

六年后，矩伯又用自己的林地从裘卫那里换取了一辆马车及车饰等物。九年卫鼎铭云：

> 唯九年正月既死霸庚辰，王在周驹宫，格庙，眉敖者肤卓使视于王。王大黹（致）。矩取省车：軷秦（雕）鞃、虎幎、豻幃、画韐、鞭席鞃、帛縟乘、金镳鋞。舍矩姜帛三两。乃舍裘卫林孤里。(《铭图》2496)

为了参加周王接待眉敖使者的活动，矩伯用"林孤里"换取裘卫一辆精美的马车，以及有关车饰和配件。这个"林孤里"以林地为主，也应有少量土田。由于林地又归地方官员"颜陈"管辖，故又称"颜林"。但颜林的实际占有者是矩伯，否则他没有理由拿来交易。为了使这笔交易顺利完成，裘卫赠给颜陈两匹大马，又给颜陈的妻子和属吏赠送了服饰等礼物。随后踏勘地界，林孤里得以转让给裘卫。

又佣生簋铭云：

> 唯正月初吉癸巳，王在成周，格伯取良马乘于佣生，厥贮（贾）卅田，则析。(《集成》4264)

格伯的封地在今河南荥阳北的张家楼村一带[1]，他用三十田从佣生那里换取了四匹骏马。整个过程是先议定价格，再析券为证。随后踏勘田地，树立界标，并由书史建档，记录在案。铭文特记王在成周，表明格伯的土地交易需要知会天子，获得天子认可。

以田易物的现象不只出现在共王时期，稍后仍有所见。如厉王时的融从鼎记载，融从用自己的田土牧地与攸卫牧交换某种物品，但攸卫牧得到土地后，迟迟未能履行承诺，结果被告到周王那里。融从的讼词是"汝觅我田，牧弗能许融从。"周王派人审查核实，决定让攸卫牧起誓，将原先达成协议的

1　李学勤：《晋侯铜人考证》，《中国古代文明研究》，华东师范大学出版社，2005，第120—122页。

物品"俱付龢从"(《集成》2818)。

土地既然可以交换，自然也能够用作赔偿之物。以田赔物见于懿世曶鼎铭文：

> 昔饉岁，匡众厥臣廿夫寇曶禾十秭，以匡季告东宫。东宫乃曰："求乃人，乃弗得，汝匡罚大。"匡乃稽首于曶，用五田，用众一夫曰嗌，用臣曰疐，[曰]朏，曰奠，曰用兹四夫。稽首曰："余无由具寇足[秭]，不出，鞭余。"曶或以匡季告东宫，曶曰："弋唯朕禾是偿。"东宫乃曰："偿曶禾十秭，遗十秭，为廿秭，[若]来岁弗偿，则付册秭。"乃或即曶，用田二又臣一夫，凡用即曶田七田，人五夫。曶觅匡卅秭。(《集成》2838)

此记某年发生灾荒，匡季的家臣抢走曶的十秭禾(连秆粟米)，被告到东宫那里。匡季无法奉还原物，答应用五田四夫予以赔偿，若不兑现，愿受鞭刑。大概由于灾年粮食短缺，曶坚持要如数赔偿禾谷。东宫判决来年赔偿十秭禾，馈赠十秭禾，否则加倍赔禾四十秭。后经双方私下协商，匡季又增加二田一夫，共用"田七田，人五夫"，才将本案了结。这种司法上的田产赔付当然与一般的土地交换有所不同，但就其物质形态而言，亦可归为以田易物一类。类似的例子也出现在小的诸侯国之间，如厉王时的散氏盘铭文云："用矢㪤散邑，乃即散用田……正履矢舍散田。"(《集成》10176)这是说矢国因翦伐散国造成损失，矢国只得转让部分土地作为对散国的赔偿。

除以田易物外，土地交换的另一种形式是以田易田。一般说来，以田易田不具备互通有无的性质，必要性并不大，只是在某种特殊情况下才可能发生这种同质交换。如五祀卫鼎铭云：

> 唯正月初吉庚戌，卫以邦君厉告于井伯、伯邑父、定伯、琼伯、伯俗父，曰厉曰："余执恭王恤功，于昭大室东逆(朔)营二川。"曰："余舍汝田五田。"正乃讯厉曰："汝贾田否？"厉乃许，曰："余审贾田五田。"井伯、伯邑父、定伯、琼伯、伯俗父乃顡。使厉誓。乃命三有司：司土邑人赿、司马颎人邦、司工隋矩、内史友寺刍，帅履裘卫厉田四田，乃舍宇于厥邑。(《集成》2832)

此铭文记载裘卫领受共王勤政所命之事，在昭大室东北方向营治两条河川。在进行这项水利工程时，可能为了使邦君厉的土地便于耕作，裘卫占用了自己的土地。为此邦君厉答应"贾田五田"，即用五田与裘卫交换，只是迟未兑现。因而裘卫上诉到井伯等执政大臣那里，请求裁夺。经查明事实，交易方案最后略有调整，井伯等人命三有司勘定地界，让邦君厉交付四田及屋宇，作为对裘卫的补偿。

土地交换在西周中晚期频频出现，的确是一个新的历史现象。不少学者认为，这是对当时王有或国有土地所有制的巨大冲击，表明生产关系开始发生变化，孕育着新的封建制的萌芽[1]，致使西周王朝由盛转衰，走上了下坡路[2]。从经济基础的角度来分析一个王朝的兴衰过程，是过去常用的研究方法。但是，在不同或相同经济制度下，何以中国大多数王朝都只是维持二三百年即寿终正寝？看来仅从生产关系的变化着眼，也不能真正解决问题。

应该承认，西周中晚期出现的土地交换的确是一种新的经济因素，也是走向土地私有制的一个重要环节，但它还不是严格意义上的土地买卖。贝币在土地交换中只用于田价的估量，并非真正的交换媒介。这就限制了土地交易面的扩大，势必影响财富的积累。裘卫两次与矩伯进行土地交易，很可能是因为矩伯的田地和山林与他先前占有的土地相邻近，便于经营管理，故千方百计促成交易，以适应家族人口增殖、改善生计、提高社会地位的需要。至于财富积累尚非主要目的，否则完全可以将珠玉等物留作己用，以显豪奢。更重要的是，土地交换须经政府认可才具有合法性。一般来说，执政大臣到场见证和确认，即已代表政府的认可，为什么还要司徒、司马、司空等官员进行具体操作然后备案呢？这是值得深思的。原因恐怕在于土地即使更换了主人，新的土地占有者仍须承担原来土地上的赋税力役，因而才有如此繁杂的手续。《周礼·地官·小司徒》郑玄注："采地食者皆四之一"，贾疏："谓采地之税四之一入于王。"是说采邑主须向王室缴纳 25% 的收入作为赋税。毛公鼎铭文言及毛公"艺小大楚（胥）赋"（《集成》2841），也说明身为王官的采邑主必须承担相应的赋税力役。因此，土地易主后，若非管理失控，尚不至于严重影响国家的财政收入，也谈不上对王有土地制度产生巨大的破坏与冲击。把土地交换看作一种土地私有的表征和西周王朝由盛而衰的决定性因素，未必符合历史事实。

不过，土地交换也的确是一面多棱镜。虽然它不能从生产关系的变化上

1　庞怀清等：《陕西省岐山县董家村西周铜器窖穴发掘简报》，《文物》1976 年第 5 期；林甘泉：《对西周土地关系的几点新认识——读岐山董家村出土铜器铭文》，《文物》1976 年第 5 期。

2　周瑗：《矩伯、裘卫两家族的消长与周礼的崩坏——试论董家青铜器群》，《文物》1976 年第 6 期。

反映西周王朝的衰落过程，却能在国家治理方面折射出种种弊政。一是贵族奢靡生活成风。矩伯、格伯用土地山林换来的不是生活必需品，而是美玉、皮裘、华车、良马等奢侈品，借以提高荣耀程度。贵族阶层用土地交换奢侈品，周王室不加抑制，反而推波助澜，这是穆王以来崇尚奢靡的社会风气进一步恶化的结果。上古社会生产力不发达，社会财富积累困难，过度的奢侈性消费必然导致资源浪费，民生艰困。奢靡之风大张，上行下效，自然无法形成强大的国力。二是贵族土地经营的怠惰。畿内贵族占有的土地，不只是他们出任王官的俸禄，而且是国家赋税力役的来源之一。但贵族封君并不把土地经营当回事，甚至不惜用土地来换取并无实际价值的奢侈品。匡季的家臣抢走昌禾十秭，经东宫判决，来年偿还二十秭即可息事，但他还是愿意用"田七田，人五夫"进行赔偿。由于承平日久，统治者早已失去进取精神，也缺乏对国家治理的危机感。土地管理松弛，经营不善，财政收入不断减少，还要大讲排场，奢靡成风，国家赖以存立的经济基础岂能不日渐削弱，日趋衰敝？

（二）土地赏赐

土地赏赐是西周王朝一项贯彻始终的治国方略，但不同时期土地赏赐的形态和目的各不相同。从西周金文资料看，西周早期的土地赏赐多称"土"，规模较大，意在封建诸侯；中晚期的土地赏赐多称"田"，面积减小，重在奖赏功臣。因而土地赏赐的外在形式上，呈现出"授土"与"赏田"两种不同的形态。

1. 授土

召圜器：召公肇进事……休王自毅使赏毕土方五十里。（《集成》10360）

太保簋：王永太保，赐休余（集）土。（《集成》4140）

亳鼎：公侯赐亳杞土、麋土。（《集成》2654）

宜侯矢簋：王命虞侯矢曰：迁侯于宜……赐土：厥川三百□，厥□百又廿，厥宅邑卅又五，厥□百又四十。（《集成》4320）

中鼎一：王曰：中……今贶畀汝福土，作乃采。（《集成》2785）

遣卣：王在庠，赐遣采曰赹。（《集成》5402）

作册折尊：王在庠，戊子，命作册折贶望土于相侯。（《集成》6002）

静鼎：王曰："静，赐汝鬯、旂、市（韨）、采霸。"（《近出》357）

大盂鼎：王曰："盂！乃召夹死（尸）司戎，敏谏罚讼，夙夕召我一人烝四方，雩我其遹省先王受民受疆土……赐汝邦司四伯，人鬲自驭至于庶人六百又五十又九夫，赐尸（夷）司王臣十又三伯，人鬲千又五十夫，逦戡迁自厥土。"（《集成》4105）

以上九器的制作皆不出成康时期。除亳鼎外，铭文中的授土者都是周王。亳鼎约为成王时器，所记授土者为"公侯"，又称"公仲"，他赐给亳"杞土、麇土"，或为诸侯封赐臣下的采邑。其他器铭记载的是周天子赏赐王畿内外诸侯的土地。畿外诸侯如虞侯矢，徙封于宜，所受疆土有"川"有"邑"，田土必广。相侯所受"圣土"，国名与地名有异，或为益封。畿内封君所受采土，亦有始封与益封之别。中之禭，遣之赵，静之霸，其地无考，都是始封时的采地。召圜器记载召公奭代表周王赏赐召"毕土方五十里"，陈梦家推测这位"毕土之召疑是毕公高"[1]。如是毕土亦即毕公高始封时的采邑。而太保召公奭早先已有封邑，此次领受的"集土"，当为益封。成康之世是周人"封建亲戚，以蕃屏周"的大发展时期，胙土命氏，封国广布。荀子谓"立七十一国，姬姓独居五十三人"[2]。故"授民授疆土"屡见于金文，其土地封授多称某土，或系以地名，通常不加计量单位，与西周中后期的情况大相异趣。

2. 赏田

旟鼎：唯八月初吉，王姜赐旟田三于待劆。（《集成》2704）

季姬尊：君命宰茀赐帝季姬畍臣于空桑……赐厥田。（《新收》364）

永盂：益公内（入）即命于天子，公乃出厥命，赐畀师永厥田：阴阳洛。（《集成》10322）

卯簋盖：荣伯呼命卯曰……赐汝马十匹，牛十。赐于乍一田，赐于図一田，赐于豚一田，赐于戜一田。（《集成》4298）

衍簋：王命汝曰：死（尸）司王家……赐汝田于盍、于小水。（《铭续》30455）

大克鼎：王若曰：克……赐汝田于野，赐汝田于渒，赐汝井宇𪩘田于峻以（与）厥臣妾，赐汝田于康，赐汝田于匽，赐汝田于𢾭原，赐汝田于

1 陈梦家：《西周铜器断代》，中华书局，2004，第52页。

2 （清）王先谦：《荀子集解·儒效》，沈啸寰、王星贤点校，中华书局，1988，第134页。

寒山。(《集成》2836)

大簋盖：王呼吴师召大，赐趞睐里。(《集成》4298)

敔簋：王蔑敔历……赐田：于敌五十田，于早五十田。(《集成》4323)

多友鼎：武公乃献于王，乃曰武公曰：汝既静京师，赟（赉）汝，赐汝土田。(《集成》2835)

鬲从盨：〔王在〕永师田宫……章（赏）厥睿夫吒鬲从田……凡复友（贿）鬲从田十又三邑。(《集成》4466)

不娶簋：白氏曰：不娶……赐汝弓一，矢束，臣五家，田十田，用从乃事。(《集成》4328)

逨鼎：王若曰：逨……赟（赉）汝秬鬯一卣，田于鄭卅田，于陴廿田。(《铭图》2501)

上述十二器除旟鼎为成世制作外，余为西周中后期的器物。旟鼎铭记成王后妃王姜赏赐旟"田三"，或即"田三田"。康昭之世未见赏田，穆共以后却频频出现。季姬尊为穆王末季之器，只说君（王后）赐给季姬田，未计数量。共王至夷王时，有时赏田仅言其地，有时计其田数，数量不大，且较分散。如赏赐师永的田，位于洛水两岸（即"阴阳洛"）。又如卯的赏田分布四处，衍的赏田分布二处，克的赏田分布七处，依照卯的情况看，一处似只一田，总的数量不大。这些赏田来自王室直辖的土地，或因面积较小，或因分散不便管理等特殊原因，便作为赐给功臣的赏赐物之一。这种情况并不代表王室掌控的土地资源严重不足，更不能理解为私有土地所有者侵吞王室土地造成的零散局面。

到了厉宣时期，王室赏田出现新的特点。一是数量剧增。如不娶得赏10田，逨得赏田两处计50田，敔得赏田两处计100田（1000亩），远比西周中期数量为多。二是形态多样。除多友鼎赏"土田"外，还有赐予"里""邑"者。《尔雅·释言》云："里，邑也。"《周礼·里宰》郑注："邑，犹里也。"《说文·里部》云："里，居也。"是里、邑、居同义。古书有"五家为邻，五邻为里"[1]之说，依照不娶簋"臣五家，田十田"的比例，则一邑或一里当有50田。鬲从得赏田"十三邑"则多达650田。即使按"十室之邑"估算，"十三

---

[1]《周礼·地官司徒·遂人》，（清）阮元校刻：《十三经注疏》，中华书局，1980，第740页。

邑"也有 260 田，数量依然可观。三是封土割让。如"趞曂里"本属趞曂，不知何故周天子把这个"里"转让给了"大"。使臣前来传达王命，趞曂表示不敢吝嗇，乐于效命，还对前来办理此事的使臣赠送了玉璋和丝帛。此类情况也见于稍早的大克鼎，井氏家族有一处田产也被转让给了"克"。这说明当时周天子对土地所有权的控制仍具相当力度，外在冲击力不足以动摇王有土地的根基。

（三）"恩惠换忠诚"的虚罔

对土地交换后果的教条式分析，学者多不认同。于是有人把关注的焦点转向西周土地的赏赐政策，认为政府官员领受周王土地维持生计，是一种"恩惠换忠诚"的政治交易。王室对土地资产这种"自杀式"的管理，极大地破坏了国家的经济基础，是西周国家走向衰亡的根本原因之一[1]。这个观点很新奇，颇受青年学人的追捧，实际并不可信。

西周中晚期的土地赏赐是在早期分封采邑的基本格局形成后，继续对有功之臣实行的土地奖赏政策。这些用于赏赐大臣的土田从何而来？当然主要来自周王室直接管理的王畿土地。畿内（甸服）土地是国家财政的基本来源，如《国语·周语中》说："规方千里以为甸服，以供上帝山川百神之祀，以备百姓兆民之用，以待不庭不虞之患。"这说明王室行政、祭祀、军事及日常费用都从这里产出。如果这些土地资源需要持续赏赐给大小官员，作为薪水维持生计，以换取他们对王室的效忠和服务，当然最后必然丧失王室赖以存在的经济基础。问题在于，土地并不是一次性消费的生活资源，一经授受便会带来长期的经济效益，不必像粮食或货币那样年年月月不断发放。当贵族家族被封赐采邑后，也就有了长期入朝为官的俸禄，他们必须尽心服务和效忠于王室。否则采邑主将会受到责罚，采邑也会被王室收回。如丰侯为文王之子，食采于丰，因违反国家戒酒令，带头酗酒，结果受到严厉处罚，仅为一代封君即告绝封。相反，对那些尽忠职守建功立业的采邑主来说，不仅采邑可以世代传承，而且享有出任王官的资格和权利。《诗·大雅·文王》云："文王孙子，本支百世。"郑笺："其子孙适（嫡）为天子，庶为诸侯，皆百世。"这里所说"庶为诸侯"者既指畿外诸侯，也包括畿内封君。畿内封君贵族实行世卿世禄制，维持生计的经济来源即是采邑。东汉王符说："周氏、

1　李峰：《西周的灭亡——中国早期国家的地理和政治危机》，徐峰译，上海古籍出版社，2007，第106—163页。

邵氏、毕氏、荣氏、单氏、镏（刘）氏、富氏、巩氏、苌氏，此皆周室之世公卿家也。"[1]这些畿内世家大族在拥有采邑的同时，当然也乐于出任王官，执掌国家政权，成为政府的大小官员。因为"在人类无限的欲望中，居首位的是权力欲和荣誉欲"[2]。所以在世卿世禄体制下，周天子并不需要对政府官员持续赏赐土地作为恩惠，来换取他们对王室的忠诚。

畿内封君的采邑，受封时的面积和规模是相当大的。孟子道及"周室班爵禄"的情况说："天子之制，地方千里。公侯皆方百里，伯七十里，子、男五十里。"[3]实际情况虽然未必如此整齐划一，但贵族家族的采邑必非几十块田地可以度量的。如召之毕土"方五十里"，即属孟子所说最低一级的爵禄。这样，贵族采邑的收入，不仅可以满足他们担任王官享有俸禄的需要，而且可使家族世代繁衍，泽及子孙。这些世代享有采邑的封君贵族，只有在他们建有功勋后，才能另外得到土地这种特殊的赏赐，不是各级政府的任何官员，年年岁岁都要以土地赏赐作为薪水，以维持家族的生计。

从西周赏赐铭文看，周天子的赏赐物是多种多样的。陈梦家曾将其分为货币、秬鬯、玉器、彝器、衣服、戎器、车马、牲畜、土田、臣妾等十一类[4]。土地赏赐不是新封采邑，而是对已有采邑的封君贵族给予的功赏，尤以军功为主。土地是一种永久性的特殊财富，土地赏赐的重要性当然是不言而喻的。但只有妥善经营，才能使土地真正成为具有永久价值的物质财富。西周中期土地价格相当低廉，甚至有的贵族不惜转让土地来赔偿本由土地生产出来的粮食，说明不是所有贵族都强烈表现出对土地的珍惜和渴望，也不构成他们效忠王室的根本动力。西周中期赏田数量较小，晚期反而越来越大，说明王室直接掌控的土地资源并非严重不足，也未因私家土地的侵吞受到严重破坏，致使王室财产遭到极大缩减。西周中晚期王室财产渐入困境，与统治者挥霍财富，奢靡成风，又不注重土地经营，促进农耕发展有关。将西周国家经济基础的破坏和削弱、西周中晚期国势由盛而衰的走向，说成是持续实行"恩惠换忠诚"的土地政策带来的必然结果，只是一个虚拟的学术命题，并未揭示历史的真相。

1　《潜夫论·志氏姓》，《诸子集成》第5册，上海书店，1986，第191页。

2　〔英〕罗素：《权力论》，靳建国译，东方出版社，1988，第3页。

3　《孟子·万章下》，（清）阮元校刻：《十三经注疏》，中华书局，1980，第2741页。

4　陈梦家：《西周铜器断代》，中华书局，2004，第419页。

第八章　厉王革典与共和行政

第一节　厉王革典的多维审视

公元前 877 年，周厉王继位，历史进入王室多故的西周晚期。厉王在位长达 37 年，由于各种社会矛盾的长期积累，国家再无开疆拓土的辉煌，渐成江河日下的颓势，内忧外患，接踵而至。厉王早期战事纷扰，应对不力，后期贪财"专利"，血腥"弭谤"，最终激起国人暴动，被赶下天子宝座，流彘而亡。对于周厉王的暴虐统治，清华简《芮良夫毖》亦有反映，字里行间折射出西周国家所面临的重重危机。即国防上"周邦骤有祸，寇戎方晋"，内政上"自起残虐，邦用不宁"，整个形势"若重载以行嶮险"。而周厉王却不知"瘼败改缫"，依然"恒争于富，莫治庶难，莫恤邦之不宁"[1]，致使外患与内忧交织，诸侯与国人离心，政乱国危，大厦将倾。这些材料前所未见，对我们进一步认清周厉王的本来面目大有裨益。鉴于近些年来有学者提出要对周厉王进行重新评价，认为他是一位有作为的君主，应该恢复他改革家的名誉[2]，故这里拟用新旧文献对厉王时期的对外战争和专利政策略加讨论，以期形成正确的历史认知。

一、对外战争成败

在有的学者看来，西周青铜器铭文所见厉世征伐战争，不仅与厉王革典密切相关，而且其赫赫武功可圈可点，完全可以为周厉王加戴一顶有为之君

1　李学勤主编：《清华大学藏战国竹简（三）》，中西书局，2012，第145页。释文尽量用通行字，下引不另注。

2　李玉洁：《评周厉王革典》，《河南大学学报》（社会科学版）1986年第1期；罗祖基：《重新评价周厉王》，《学术月刊》1994年第1期；张应桥：《重评周厉王》，《郑州大学学报》（哲学社会科学版）2006年第2期。

的桂冠。但我们结合清华简《芮良夫毖》所给的启示，细考有关金文资料，似感无法证成其说。

（一）厉世对淮夷的战争

关于厉王时期对淮夷的战争，文献仅《后汉书·东夷传》略谓："厉王无道，淮夷入寇，王命虢仲征之，不克。"所幸相关金文资料为我们提供了较为丰富的信息。就厉王时期的铜器断代来说，伯𪨗父簋的发现起到了关键性的作用，使一批厉世铜器的时代问题得以完全解决。伯𪨗父簋铭文有云："惟王九月初吉庚午，王出自成周，南征，伐𠕂（服）子：麇、桐、潏。"李学勤认为，这与厉王宗周钟说的显然是一回事，并由此确定鄂侯驭方鼎、翏生盨、禹鼎、敔簋、晋侯铜人都是厉王时器，只是"未能与有明确纪年的铭文联系起来"[1]，还不易看出当时战争的整个进程和复杂性。所以这里尝试利用相关铭文中的历日要素推导排谱，以期对厉世伐淮战争的全貌有更深入的了解。

从金文资料看，厉世对淮夷的征伐战争大体可以分为三个大的阶段。第一阶段以虢仲受命出征始。虢仲受命征淮夷，除见于《后汉书·东夷传》外，虢仲盨铭亦曾言及："虢仲以王南征，伐南淮夷，在成周，作旅盨，兹盨有十又二。"（《集成》4435）器铭与文献相印证，学者断为厉王时器，是可信的。铭文说到虢仲受命南征淮夷，既未言及战况，又称铸作军旅用盨，当为"行将出师时事"[2]。至于虢仲南征的具体情形，唯新出柞伯鼎铭有所反映：

> 惟四月既死霸，虢仲令柞伯曰："在乃圣祖周公，䌛有共于周邦。用昏无极，广伐南国。今汝其率蔡侯左至于昏邑。"既围城，令蔡侯告征虢仲，遣氏曰："既围城。"虢仲至。辛酉，搏戎。柞伯执讯二夫，获馘十人。[3]

该器的时代有共王、夷王、厉王诸说[4]，当以朱凤瀚所主厉王说为长。铭文中的昏邑，各家都认为是南方淮水流域某个地方，时为昏部族所盘踞，则指挥这场战争的虢仲与前引《后汉书》和虢仲盨中的虢仲同为一人一事的可能性

---

1 李学勤：《谈西周厉王时器伯𪨗父簋》，《文物中的古文明》，商务印书馆，2008，第301页。

2 郭沫若：《两周金文辞大系图录考释（七）》，科学出版社，1957，第120页。

3 朱凤瀚：《柞伯鼎与周公南征》，《文物》2006年第5期。

4 李学勤：《从柞伯鼎铭谈〈世俘〉文例》，《江海学刊》2007年第5期；黄盛璋：《关于柞伯鼎关键问题质疑解难》，《中原文物》2011年第5期；朱凤瀚：《柞伯鼎与周公南征》，《文物》2006年第5期。

最大[1]。由于昏部族"广伐南国",周王朝无法容忍,故由虢仲统领柞(胙)伯、蔡侯的诸侯军队,对昏部族发起进攻。铭中"辛酉,搏戎"可能已到五月初吉时段,因为从虢仲命令柞伯出师,到柞、蔡联军围城,再到虢仲接到报告赶往昏邑,"四月既死霸"这个月末的时段应已过去,故可得其历日五月初吉辛酉。看来此次昏邑之战并不顺利,柞伯"执讯二夫,获馘十人",战果甚微。配合主帅柞伯作战的蔡侯,恐怕也不会有多大斩获。很可能此役未能攻克昏邑,有效遏止淮夷入侵的攻势。

此后,淮夷"广伐南国"的军事行动仍在继续。或在次年正月,应侯视工奉命击退了淮夷逆部族的进犯。应侯视工簋铭云:

> 唯正月初吉丁亥,王若曰:应侯视工伐淮南夷逆,敢搏厥众鲁,敢嘉兴作戎,广伐南国。王命应侯征伐淮南夷逆。休,克扑伐南夷,我俘戈。余弗敢且,余用作朕王姑单姬尊簋。[2]

铭中"正月初吉丁亥"只有系于柞伯鼎次年,才能与其历日"四月既死霸"(五月初吉辛酉)相协调。此次应侯视工"扑伐南夷逆"又见于应侯视工鼎铭:

> 用南夷逆敢作非良,广伐南国。王令应侯视工曰:"政(征)伐逆。"我[受]令扑伐南夷逆,我多俘戎。(《新收》1456)

关于应侯视工簋、鼎的时代有孝王、夷王、厉王等说法[3]。以淮夷"广伐南国"的情况来看,李学勤定为厉王早年时器是很合理的。两器铭文同记一事,所言"俘戈""多俘戎""克扑伐南夷",表明"南夷逆"的进犯被应侯视工击退,战局有所改观。

虢仲、应侯出师攻伐淮夷,当为战争的第一阶段。由于该阶段未能完全遏制淮夷进犯的势头,后来厉王率师亲征淮夷,战争进入第二阶段。伯𧽊父簋铭云:

> 唯王九月初吉庚午,王出自成周,南征伐艮(服)子:麇、桐、潏,伯𧽊父从王伐,亲执讯十夫、馘廿,得俘金五十钧,用作宝簋,对

1 朱凤瀚:《柞伯鼎与周公南征》,《文物》2006年第5期。

2 首阳斋、上海博物馆、香港中文大学文物馆编:《首阳吉金——胡盈莹·范季融藏中国古代青铜器》,上海古籍出版社,2008,第114页。

3 王龙正、刘晓红、曹国朋:《新见应侯见工簋铭文考释》,《中原文物》2009年第5期;李朝远:《应侯见工鼎》,上海博物馆编:《上海博物馆集刊》第10期,上海书画出版社,2005;李学勤:《论应侯视工诸器的时代》,《文物中的古文明》,商务印书馆,2008。

扬，用享于文祖考，用锡眉寿，其万年子子孙孙永宝用享。[1]

此铭"九月初吉庚午"与前引应侯视工簋的历日"正月初吉丁亥"不能协调，表明此次厉王亲征淮夷当发生在应侯视工反击"淮南夷逆"之后的两三年内，具体时间或在厉王十四年。此由无昊簋铭似可推知：

> 唯十又三年正月初吉壬寅，王征南夷，王锡无昊马四匹。(《集成》4226)。

关于无昊簋的时代，学者意见极为纷纭，影响较大的是共王、夷王、厉王诸说[2]。夏商周断代工程定为懿王前后器[3]，但懿、孝、夷三王二世，各王在位时间都不是太长，只好排谱在共王十三年，致使"正月初吉壬寅"在正月十一日，与月相既生霸重叠太多，不可遽信。夷王说与厉王说相对年代接近，但后说更有理据。郭沫若以为本铭无昊与厉世𣄰从盨中大史无𪾼必是一人[4]，徐中舒则联系无昊簋、小克鼎、𣄰从鼎等器，认为无昊与膳夫克皆称"皇祖釐季"，两人必为同祖兄弟，而膳夫克与𣄰从共见一铭，𣄰从鼎显示"王在位达三十二年以上，宣王以前穆王以后也只有厉王在位三十七年，才符合这个条件"[5]。这些证据都非常有力，远较他说为胜。本铭记厉王十三年（前865年[6]）"王征南夷"，无昊因功获赏"马四匹"，可能与无昊为厉王伐南夷作战前的准备有关。而伯𪻠父簋"九月初吉庚午"，只有置于无昊簋铭的次年（前864年），二者历日始可协调。根据《中国先秦史历表》[7]，取本年建丑，九月壬戌朔，庚午为九日，与初吉时段基本相合，表明伯𪻠父簋所记"王出自成周，南征伐服子"可能发生在厉王十四年。伯𪻠父作为随王出征的高级将领，亲自参加了厉王征伐桐、潏等部族的战役，获得"执讯十夫、馘廿，得俘金五十钧"的战绩，故勒铭记功。其时随从厉王南征的将领除伯𪻠父外，还有翏生。

---

1 李学勤：《谈西周厉王时器伯𪻠父簋》，《文物中的古文明》，商务印书馆，2008，第299页。

2 共王说如夏商周断代工程专家组：《夏商周断代工程1996——2000年阶段成果报告（简本）》，世界图书出版公司北京公司，2000，第31页。夷王说如陈梦家：《西周铜器断代》，中华书局，2004，第274页。厉王说如郭沫若：《两周金文辞大系图录考释（七）》，科学出版社，1957，第121页；徐中舒：《禹鼎的年代及其相关问题》，《考古学报》1959年第3期；马承源：《中国青铜器研究》，上海古籍出版社，2002，第95页。

3 王世民、陈公柔、张长寿：《西周青铜器分期断代研究》，文物出版社，1999，第69页。

4 郭沫若：《两周金文辞大系图录考释（七）》，科学出版社，1957，第121页。

5 徐中舒：《禹鼎的年代及其相关问题》，《考古学报》1959年第3期。

6 参见夏商周断代工程专家组：《夏商周断代工程1996—2000年阶段成果报告（简本）》，世界图书出版公司北京公司，2000，第33页。

7 张培瑜：《中国先秦史历表》，齐鲁书社，1987。

翏生盨铭云：

> 王征南淮夷，伐角、津，伐桐、遹（潏），翏生从，执讯折首，俘戎
> 器，俘金，用作旅盨。（《集成》4461）

翏生与伯龡父一道"伐桐、潏"，并参加"伐角、津"之役，"执讯折首，俘戎
器，俘金"，亦有斩获。但整个战况不可详知，总体上周师连续进攻淮夷的中
心区域，产生了巨大的震慑作用，致使南夷、东夷二十六邦遣使前往觐见，
以示臣服。𫓧（胡）钟有云：

> 王肇遹省文武勤疆土，南国𥎦（服）子敢陷处我土，王敦伐其至，扑
> 伐厥都，𥎦（服）子乃遣间来逆邵王，南夷、东夷俱见，廿又六邦。（《集
> 成》260）

𫓧（胡）钟就是有名的宗周钟，据唐兰考证是厉王自作之器，由后来所出胡
簋、五祀胡钟得到确证[1]。张政烺据十二年胡簋铭认为，宗周钟当作于厉王十
三年[2]。从无𤉢簋、伯龡父簋历日相次的情况看，似以定在厉王十四年为宜。
此次征伐的战略目标是"南国服子"，结果东夷也一道前来觐见，说明"服
子"本指南夷，也可能兼指淮夷诸邦的宗主徐国。厉王南征所伐淮夷族邦，
所见有角、津、桐、潏等国族。学者以为"角"位于今江苏宿迁市东南，
"桐"位于今安徽桐城市北[3]，或与事实相近，余则有待细考。所谓"扑伐厥
都"，意味着淮夷诸邦还有一个共同的政治中心，或即徐国都邑所在的大徐城
（今安徽泗县北）。在周师还归途中，厉王还与鄂侯驭方有过一次会晤。鄂侯
驭方鼎铭说：

> 王南征，伐角、僪（潏），唯还自征，在矿，噩（鄂）侯驭方纳醴于
> 王，乃裸之，驭方侑王，王休宴，乃射，驭方会王射，驭方休闌，王
> 宴，咸饮。王亲锡驭方玉五瑴，马四匹，矢五束，驭方拜手稽首，敢对
> 扬天子丕显休釐，用作尊鼎，其万年子孙永宝用。（《集成》2810）

铭中的"矿"字，王国维以为系指"大伾"[4]，郭沫若谓即今河南汜水县里许

1 罗西章：《陕西扶风发现西周厉王𫓧簋》，《文物》1979年第4期；穆海亭、朱捷元：《新发现的西周
王室重器五祀𫓧钟考》，《人文杂志》1983年第2期。
2 张政烺：《周厉王胡簋铭文》，《张政烺文史论集》，中华书局，2004，第531—544页
3 马承源：《关于翏生盨和者减钟的几点意见》，《中国青铜器研究》，上海古籍出版社，2002；李学勤：
《谈西周厉王时器伯龡父簋》，《文物中的古文明》，商务印书馆，2008。
4 王国维：《观堂集林（外二种）》，河北教育出版社，2001，第805页。

之大伾山[1]，地在今河南荥阳西北。至于鄂侯的都邑所在，过去有东鄂、西鄂二说，近年随州羊子山墓地出土噩国青铜器，证明鄂国都邑应在随州，与曾国邻近[2]。联系静方鼎铭文说，王在成周命静“司在曾、鄂师”（《近出》357），其曾、鄂并列，且由一人司其职，说明两国相距不远，今随枣走廊中部的安居镇应是鄂国的政治中心所在。或因鄂侯驭方未直接参与此次叛乱，因而被召北上觐见厉王，得到优渥的赏赐。鄂侯驭方为南淮夷的主脑人物，厉王待以燕射之礼，却没有起到安抚或警示的作用。

在战争的第二阶段，厉王师行千里，战绩不彰，并未使淮夷真正臣服，颇有观兵耀武的色彩，甚至可能暴露了周朝军队缺乏战斗力的弱点。故此后“不久，如禹鼎所记，在厉王征讨回来时曾设宴款待的鄂侯驭方，竟率领南淮夷、东夷内犯，侵扰南国东国”[3]，情形更为严重，战争进入第三阶段。禹鼎铭云：

> 呜呼哀哉！用天降大丧于下国，亦唯鄂侯驭方率南淮夷、东夷广伐南国、东国，至于历内。王乃命西六师、殷八师，曰：“扑伐鄂侯驭方，勿遗寿幼。”肆师弥怵匌恇，弗克伐鄂。肆武公乃遣禹率公戎车百乘、厮驭二百、徒千，曰：“于匡朕肃慕，唯西六师、殷八师伐鄂侯驭方，勿遗寿幼。”雩禹以武公徒驭至于鄂，敦伐鄂，休获厥君驭方。肆禹有成，敢对扬武公丕显耿光。用作大宝鼎，禹其万年子子孙孙宝用。（《集成》2833）

铭文称“呜呼哀哉！用天降大丧于下国”，与《尚书·大诰》谓“不吊！天降割（害）于我家”以言三监之乱颇相近。足见此次鄂侯驭方率淮夷、东夷的反叛来势迅猛，以致朝野震动，认为这是上天降临的一场大灾难。铭文中的关键地名是“历内”，陈梦家以为：“此当作历汭……历水在历城之东。”[4]然地过偏东，不可信据。《国语·郑语》记史伯说：“是其子男之国，虢、郐为大……若克二邑，邬、弊、补、丹、依、𬇙、历、华，君之土也。”徐元诰集解云：“依、𬇙、历、华四国，据《国名纪》，皆古之郐邑。郐在今河南密县、新郑县境，则此四国皆在其地无疑矣。”[5]如是“历”则位于成周东南，正处

1 郭沫若：《两周金文辞大系图录考释（六）》，科学出版社，1957，第41页。
2 张昌平：《论随州羊子山新出噩国青铜器》，《文物》2011年第11期。
3 李学勤：《谈西周厉王时器伯𢦚父簋》，《文物中的古文明》，商务印书馆，2008，第300—301页。
4 陈梦家：《西周铜器断代》，中华书局，2004，第271页。
5 徐元诰：《国语集解》，王树民、沈长云点校，中华书局，2002，第464页。

济、洛、河、颍之间。同时，"历内"当断开来读，"内"即古芮国，地在今陕西大荔县附近[1]。这说明鄂侯所率叛军不限于"广伐南国、东国"，兵锋已指向京畿地区。这在晋侯铜人、十月敔簋等铭文中亦有反映。

晋侯铜人铭文云："唯五月，淮夷伐格，晋侯搏戎，获厥君豖，侯扬王于兹。"（《近出二》[2]968）学术界对于晋侯铜人的真伪尚有不同看法[3]，这里姑从厉王铜器说[4]。铭文中的"格"，据李学勤考证，当系晋地或与晋国邻近，也就是战国时韩地格氏，河南荥阳北的张家楼村曾出土多种"格氏"陶文，应即其所在[5]。这样看来，晋侯铜人所记淮夷进攻河济流域，与鄂侯驭方的叛军"至于历、内"，当属此一战争阶段的不同战役。又十月敔簋铭云：

> 唯王十月，王在成周，南淮夷迁及内，伐滆、昂、参泉、裕敏、阴阳洛。王命敔追御于上洛、炘谷，至于伊、班，长榜载首百，执讯卅，夺俘人四百，畓于荣伯之所，于炘衣肆，复付厥君。唯王十又一月，王格于成周大庙，武公入右敔，告擒馘百、讯卅，王蔑敔历。（《集成》4323）

铭中所说"滆、昂、参泉、裕敏"等地，难以确考，唯其"阴阳洛""上洛""伊"等地名，可以说明成周伊洛流域亦遭南淮夷的大规模入侵。

在这一阶段战争中，周王室投入了全部的军事力量，西六师、殷（成周）八师、公戎车悉数出动，晋侯等诸侯的军队也给予有力的配合，武公、禹、敔成为当时抗敌的名将。令人惊异的是，作为主力部队的西六师、殷八师面对鄂侯叛军的强大攻势，"弥怵匋恇"，表现得惊恐万状，闻风丧胆，几近丧失作战能力。虽然晋侯、敔率部苦战，有所克获，但并不能决定全局。最后由武公率领的王室禁卫军"公戎车"出战，战争始获转机。禹直接指挥这支军队展开反击，一直追至鄂都，擒获鄂侯驭方，对其兵民不分老少，声称杀戮无遗，一举灭掉鄂国，战争方告结束。

综观厉王对淮夷的战争，大体有这样几个特点：一是战争经历的时间久、战线长。从金文历日排谱情况看，战争断断续续进行了五六年的时间，

---

1 沈建华：《卜辞金文中的伓地及其相关地理问题初探》，《初学集：沈建华甲骨学论文选》，文物出版社，2008。

2 刘雨、严志斌：《近出殷周金文集录二编》，中华书局，2010。简称《近出二》，下引不另注。

3 李伯谦：《关于有铭"晋侯铜人"的讨论》，《中国文物报》2002年11月1日。

4 苏芳淑、李零：《介绍一件有铭的"晋侯铜人"》，上海博物馆编：《晋侯墓地出土青铜器国际研讨会论文集》，上海书画出版社，2002。

5 李学勤：《晋侯铜人考证》，《中国古代文明研究》，华东师范大学出版社，2005。

出现防御、进攻、再防御三大阶段，几经反复和曲折，直至灭掉鄂国，战事始告平息。就作战区域论，从淮河流域到京畿腹地，战火从南向北不断蔓延，其激烈程度是罕见的，以致时人惊呼"天降大丧于下国"。二是作为战争总指挥的周厉王，缺乏洞察边患、治兵御敌的军事才干。面对淮夷的频繁入侵，厉王不能有效组织地方诸侯进行防范，发挥其"以蕃屏周"的拱卫作用，也不能精心整治西六师、殷八师等周朝主力部队，以增强战斗力，有效抵御淮夷对王畿地区的入侵。即使厉王帅师亲征，转战千里，也未能重创淮夷，以致随后不久淮夷又发动叛乱，攻势更为凌厉。历史上称其"用兵，不得其所，适长寇虐"[1]，实非虚言。三是战争解除了淮夷为患的严重威胁，但说不上取得决定性、战略性胜利。厉王在战争中对鄂侯叛军"勿遗寿幼"的残暴行为，使楚君熊渠都深感畏惧而去其王号，淮夷自然一时也不再敢兴风作浪。但是，这并不代表淮夷问题已彻底解决。直到宣王统治时期，淮夷依然时服时叛，"王命召虎"，"淮夷来铺"[2]，才将淮夷敉平。

（二）厉王对猃狁的战争

厉世对猃狁的战争，传世文献中唯《后汉书·西羌传》略有提及："厉王无道，戎狄寇掠，乃入犬丘，杀秦仲之族，王命伐戎，不克。"清华简《芮良夫毖》所谓"寇戎方晋"，所指即为猃狁。虽然淮夷亦可称戎，但经过厉王前期几次战争之后，到厉王后期难成大患，所以这里的"寇戎"当非淮夷。至于猃狁，据多友鼎铭文记载，西周王朝对其有过一次征伐，战事相当激烈，但并未从根本上解决戎祸危机，以致其始终成为国防上的一个严重问题。兹引多友鼎铭文如下：

> 唯十月，用猃狁放（方）兴，广伐京师，告追于王，命武公："遣乃元士，羞追于京师。"武公命多友率公车，羞追于京师。癸未，戎伐筍，衣（卒）俘，多友西追。甲申之晨，搏于郗，多友有折首执讯，凡以公车折首二百又□又五人，执讯廿又三人，俘戎车百乘一十又七乘，衣（卒）复筍人俘。或搏于龚，折首卅又六人，执讯二人，俘车十乘，从至。追搏于世，多友或有折首执讯，乃轊追，至于杨冢，公车折首百又十又五人，执讯三人，唯俘车不克以，衣（卒）焚，唯马驱尽。复夺京师

1　《诗·大雅·桑柔》郑笺，（清）阮元校刻：《十三经注疏》，中华书局，1980，第558页。

2　《诗·大雅·江汉》，（清）阮元校刻：《十三经注疏》，中华书局，1980，第573页。

之俘。多友乃献俘馘讯于公，武公乃献于王。乃曰武公曰："汝既静京师，赍汝，锡汝土田。"丁酉，武公在献宫。乃命向父召多友，乃徙于献宫。公亲曰多友曰："余肇使汝，休，不逆，有成事，多擒，汝静京师。锡汝圭瓒一，汤钟一肆，𫗴鐈百钧。"多友敢对扬公休，用作尊鼎，用朋用友，其子子孙永宝用。（《集成》2835）

关于多友鼎的时代，主要有两种说法：一为厉王[1]；二为宣王[2]。从类型学上分析，多友鼎应为"西周晚期偏早时器"[3]。若联系胡钟、伯𫘤父簋、鄂侯驭方鼎等器铭中的国族名、人名、地名作综合考察，把多友鼎置于厉王时期是合宜的。在多友鼎铭中，武公是征伐狁狁（犬戎）的主帅，与禹鼎记其征伐淮夷所处地位相一致。而多友与禹鼎铭中的禹地位亦相仿佛，都是前线直接率军作战的高级将领。多友征伐狁狁还归镐京后，武公在献宫命"向父"召唤多友，给予圭瓒等赏赐。这位"向父"就是禹鼎中伐鄂的将领"禹"，又称"叔向父禹"（叔向父禹簋，《集成》4242）。他在多友接受赏赐时，实际担任傧相角色，其地位高于多友，无疑与他在伐鄂之战中建有军功有关。这说明多友伐狁狁必在禹伐鄂侯之后。武公、叔向父、多友三人同出一铭，在厉王统治时间长达37年的情况下，若器非一世，断无此等巧合。据此可推，此次伐狁狁之战发生在厉王统治中期的可能性较大。

多友鼎涉及诸多地名，以李学勤的考订最具价值[4]。后来有学者实地考察并详加探讨[5]，事实更为清楚。铭文中的"京师"，非谓镐京，当为公刘居豳之野，为周族故地，位于今陕西彬州东北；"𰍛"即旬，在今陕西旬邑东北；"郜"即漆水，其城邑与豳地相近，坐落在泾河河谷；"恭"即共，在今甘肃泾川；"世"与"杨冢"或在甘肃平凉、宁夏固原一带。这些地名的考订，对于确定狁狁居"汧、陇之间"[6]具有重要的坐标意义。

此次狁狁"广伐京师"，其用兵规模和侵掠地域之大都远超从前，给周王

1　李学勤：《论多友鼎的时代及意义》，《人文杂志》1981年第6期。

2　田醒农、雒忠如：《多友鼎的发现及其铭文试释》，《人文杂志》1981年第4期；刘雨：《多友鼎铭的时代与地名考订》，《考古》1983年第2期；夏含夷：《测定多友鼎的年代》，《考古与文物》1985年第6期。

3　王世民、陈公柔、张长寿：《西周青铜器分期断代研究》，文物出版社，1999，第48页。

4　李学勤：《论多友鼎的时代及意义》，《人文杂志》1981年第6期。

5　李峰：《西周的灭亡——中国早期国家的地理和政治危机》，徐峰译，上海古籍出版社，2007，第164—220页。

6　王国维：《观堂集林（外二种）》，河北教育出版社，2001。

朝带来巨大震撼。周天子决定由武公指挥这场御敌之战。战争发生后，应可征召西六师出征，但实际调遣的军队却是"公车"。《周礼·春官宗伯·巾车》云："巾车掌公车之政令。"郑注："公犹官也。"《诗·鲁颂·閟宫》云："公车千乘，朱英绿縢，二矛重弓。"毛传："大国之赋千乘。"是公车为在官兵车，非私家武装，私家武装可以强大到举兵灭国的程度也是不可想象的。禹鼎铭称"公戎车"由武公统帅，编制为"百乘，斯驭二百，徒千"。此与武王伐纣所率"戎车三百乘，虎贲三千人"[1]情形略同，都是具有常备军性质的王室禁卫军[2]。他们平时守卫王宫和都城，战时根据需要投入战斗。在一般情况下，周王派遣西六师或成周八师对外作战即可，而"公车"这支王室禁卫军的出动，则意味着应当有重大的军事行动或战略目标。如禹鼎铭文所载，在西六师和成周八师伐鄂失利的情况下，武公率领"公戎车"对鄂作战，最后彻底打败并俘获鄂侯驭方。那么，此次对猃狁作战调遣"公车"，要达成什么样的军事目标呢？

据铭文显示，从"甲申之晨搏于郜"开始，多友率部与猃狁先后在漆、龚、世、杨冢等地有过四次交战。漆之战猃狁失利败逃，所俘旬地之民得到解救。在追击过程中，周师与猃狁又在龚、世两地交战，到杨冢之战"复夺京师之俘"，战争即告结束。从这个过程看，此次作战目标不过是御敌入侵，"静京师"，夺回被俘周民而已，并未从根本上摧毁猃狁的军事力量，也无彻底解除边患的战略构想。因而四次战役虽有斩获，但战果十分有限，以致厉王后期还面临戎祸威胁的危机。

泾东京师地带不只是周族故地，也是西周国防的西大门，"沿泾水谷地是古来关中通西北的一条通道"[3]。此次猃狁沿谷道"广伐京师"，明显具有入侵丰镐地区的战略意图。多友的军队从京师漆地追敌到杨冢，再从杨冢过京师返回镐京，前后历时14天，中间还有4次交战。这说明从京师到镐京也不过三四天的行程，其战略地位之重要可想而知。然而这道西北防线到厉王时已不堪一击。如在癸未这一天，猃狁对旬邑发起攻击，当天即俘获一批邑民向西转移，并于次日甲申在漆地与周师展开激战。可见泾东京师地带边备废弛的情况相当严重。这种局面直至厉世末季并无改观，故清华简《芮良夫毖》

1　《史记·周本纪》，中华书局，1959，第121页。

2　陈恩林：《先秦军事制度研究》，吉林文史出版社，1991，第92页。

3　黄盛璋：《周都丰镐与金文中的芼京》，《历史研究》1956年第10期。

说："民不日幸，尚忧思。"

此次厉王伐猃狁是一场防御性质的战争，既未有效歼灭寇戎的有生力量，也未体现出彻底解除西北边患的战略目标。虽然此后犬戎犯边的具体材料尚未见到，但可以肯定犬戎的威胁始终存在，所以清华简《芮良夫毖》才说"寇戎方晋"，而序称"周邦骤有祸"。然而，厉王依然不修边备以确保国家安全无虞，反而"自纵于逸，以嚣（遨）不图难"[1]，看不出在国防建设上有所作为的迹象。

二、专利政策利弊

历史上以厉王为无道之君，其备受抨击的是两件事：一是"专利"；二是"弭谤"。对于使用血腥手段高压弭谤，钳制众口，任何时候都是暴君行为，恐怕不宜作翻案文章。但是，一些学者试图通过专利政策的合理性评价，绕个圈子为弭谤清洗罪名，进而塑造厉王的正面形象。所以我们对厉王专利的有关问题还有必要详加探讨，以明是非。

文献中关于厉王专利的记载，最早见于《国语·周语上》云：

> 厉王说荣夷公，芮良夫曰："王室其将卑乎！夫荣公好专利而不知大难。夫利，百物之所生也，天地之所载也，而或专之，其害多矣。天地百物，皆将取焉，胡可专也。所怒甚多，而不备大难，以是教王，王能久乎？夫王人者，将导利而布之上下者也，使神人百物无不得其极，犹日怵惕，惧怨之来也。……今王学专利，其可乎？匹夫专利，犹谓之盗，王而行之，其归鲜矣。荣公若用，周必败！"既，荣公为卿士，诸侯不享，王流于彘。[2]

此段文字被《史记·周本纪》转引，系年于"厉王即位三十年"，说明专利是厉王统治后期发生的事情。然而，何为专利？何以实施专利？犹可再议。

关于专利政策的内涵，一般认为就是独占山林川泽之利。这样理解是正确的，只是略嫌抽象，不能说明事情的原委。许倬云的解读稍详，他说：

> 厉王的罪名中，"专利"一项，《国语》本文并无正面交代。但细玩文义，有数点可以析出。第一，利大约指天然资源，是以谓之"百物之

---

1 李学勤主编：《清华大学藏战国竹简（三）》，中西书局，2012，第145页。

2 徐元诰：《国语集解·周语上》，王树民、沈长云点校，中华书局，2002，第13—14页。

所生"，"天地之所载"。第二，利须上下均沾，是以王人"将导利而布之
上下"。惟有以赏赐的方式，广泛地分配利源，始使"周道"绵延至今。
第三，荣夷公专利的结果，是"诸侯不享"。循此推测，周人在分封制度
下，山林薮泽之利，由各级封君共享。即使以赏赐或贡纳方式，利源仍
可上下分治。厉王专利，相对的也就使诸侯不享。[1]

在这里，许氏以为利为天然资源，须上下均沾，是为卓见。但他把"诸侯不
享"理解为诸侯不享山林薮泽之利，则不确切。所谓"享"当是指诸侯朝贡
祭祀之意，亦即《国语·周语上》所说"日祭、月祀、时享、岁贡、终王。
先王之训也"。而"不享"则意味着诸侯对中央王朝离心力的加大。同时，专
利不但使各级封君的利源受到影响，而且使封君治下的国人也深受其害。这
是问题的关键，否则无以说明后来国人暴动的缘由。

在这个问题上，也有学者认为，专利是把原来公有的山林川泽和分散于
贵族手中的经济利益收归西周王室，是国家发展过程中"具有进步意义的历
史事件，同时也说明厉王是个有作为的君主"[2]。这恐怕与历史实际不合。

第一，山林川泽为多级占有而非公有。西周统治者宣称："丕显文武，膺
受大命，溥有四方。"（师克盨，《集成》4467）说明天命所在是"溥天之下，
莫非王土"[3]的法理依据。正是基于这一前提，西周王朝得以实行"授民授疆
土"（大盂鼎，《集成》2837）的分封制度。但是，"王土"一经分封，实际就
变成了上至天子、下及封君的多级占有制。除了周天子直接控制的王畿土地
外，全国绝大部分土地包括山林川泽都在各级贵族的封土之内。如康叔封卫，
"封畛土略，自武父以南及圃田之北竟。取于有阎之土以共王职，取于相土之
东都以会王之东蒐"[4]。宜侯夨簋铭文云："赐土：厥川三百□，厥□百又廿，
厥宅邑卅又五，厥□百又廿，锡在宜王人十又七姓，锡奠七伯，厥卢□又五
十夫，易宜庶人六百又□六夫。"（《集成》4320）说明诸侯的封疆之内，有土
田，也有山林川泽，还有依附于土田的农夫，这就是所谓"锡之山川，土田
附庸"[5]。在周天子直接控制的王畿之内，贵族受封的土田山川面积虽然小得

1 许倬云：《西周史》增补二版，生活·读书·新知三联书店，2012，第319—320页。
2 李玉洁：《评周厉王革典》，《河南大学学报》（社会科学版）1986年第1期。
3 《诗·小雅·北山》，（清）阮元校刻：《十三经注疏》，中华书局，1980，第463页。
4 《左传·定公四年》，（清）阮元校刻：《十三经注疏》，中华书局，1980，第2135页。
5 《诗·鲁颂·闷宫》，（清）阮元校刻：《十三经注疏》，中华书局，1980，第615页。

多，但与封君实际占有的情形并无二致。如召卣铭说："召启进事，奔走事皇辟君，休，王自毂使赏毕土方五十里。"（《集成》10360）"方五十里"的地域虽不算大，其中必有山林川泽为召所占有是无疑的。据共王时的九年卫鼎记载，贵族矩伯从裘卫那里得到车马用器后，"乃舍裘卫林眚里，叞唯颜林"。（《集成》2831）这块名叫"颜林"的林地虽归林眚里管辖，但其占有权属于矩伯，所以矩伯才能用它来作交换。可见在西周分封制度下，山林川泽为不同层次的封君多级占有，并非完全属于公有。

第二，山林川泽为多级管理而非无禁。西周对山林川泽的管理，主要设司徒之官"掌建邦之土地之图，与其人民之数，以佐王安扰邦国"[1]。在铜器铭文中，司徒或作"司土"，其职事屡有言及。免簋铭文说："王格于大庙，井叔右免，即命，王授作册尹书，俾册命免，曰：命汝胥周师司林。"（《集成》4240）这是周王命免协助周师管理某一林地。继后，免又被正式任命为司徒。免簠铭文说：

> 唯三月既生霸乙卯，王在周，命免作司土（徒），司奠（郑）还林眾虞眾牧，锡织衣、銮，对扬王休，用作旅盨彝，免其万年永宝用。（《集成》4626）

铭文中的"奠"为地名，疑即西郑。"还"当读为"苑"[2]，是为郑地的苑囿。此时免被周王任命为司徒，掌管郑地的苑、林、虞、牧，约当《周礼·地官司徒》中的囿人、林衡、山虞、牧人等司徒属官。同簋铭文说："王命同：左右吴大父司场、林、虞、牧，自淲东至于河，厥逆（朔）至于玄水。"（《集成》4271）铭中"吴大父"也应任职司徒，故周王任命同协助其掌管场人、林衡、泽虞和牧人等属官。又曶壶铭文说："王呼尹氏册命曶，曰：更乃祖考作冢司土于成周八师。"（《集成》9728）这是说军队也设有司徒之官，且不只大司徒一人。又微綝铭鼎说："王在宗周，王令微綝撅司九陂。"（《集成》2790）《诗·陈风·泽陂》云："彼泽之陂"，毛传："陂，泽障也。"表明川泽亦有周王任命的泽官管理。在西周官僚体系中，不仅中央王朝有司徒及其属官管理山林川泽，即使各级诸侯也设有司徒履行相应职责。如散氏盘铭所示，散国有司徒逆寅，矢国则有虞万、虞芀等虞官。这种严格的多层级管理

---

1 《周礼·地官司徒·大司徒》，（清）阮元校刻：《十三经注疏》，中华书局，1980，第702页。

2 郭沫若：《两周金文辞大系图录考释（七）》，科学出版社，1957，第90页。

体制，表明山林川泽不是开放无禁的，亦非"任何人都可以进入山泽中从事采集活动"[1]。

第三，山林川泽为多级征税而非不征。《孟子·梁惠王下》说："昔者文王之治岐也……关市讥而不征，泽梁无禁。"《礼记·王制》也说："关讥而不征，林麓川泽以时而不禁。"周朝统治者虽不禁止民众开采山林川泽，但不代表没有任何税收。依照《周礼》的说法，大司徒的职掌之一就是"以土均之法辨五物九等，制天下之地征，以作民职，以令地贡，以敛财赋，以均齐天下之政"[2]。其"地征""地贡"当然包括从山林川泽收敛的"财赋"。逑盘铭文有云：

> 今余唯经乃先圣祖考，申就乃命，命汝胥荣兑，兼司四方虞林，用宫御。（《新收》757）

是说周王命逑辅助荣兑管理四方虞林，为王室提供御用物品。这虽是宣王时期的事情，但铭文说是重申先圣祖考之命，表明对山林川泽征税是周王朝的一贯政策，非自厉宣始。除了王畿内外的封君须向王室缴纳山林川泽的财税外，依附于土地的农夫即"土田附庸"同样需要向直接领有土田山泽的封君缴纳实物税。《诗·豳风·七月》云：

> 一之日于貉，取彼狐狸，为公子裘。二之日其同，载缵武功，言私其豵，献豜于公。[3]

可见农夫打猎，上好的狐狸皮、肥壮的野猪肉，都要献给贵族，以作衣食之用，自己留下的只能是等而次之的貉子皮、小野猪。至于《诗·豳风·七月》中的"蚕月条桑"和"八月载绩"，表明其丝麻织品也要献给封国的贵族，"为公子裳"。《诗·大雅·棫朴》云："芃芃棫朴，薪之槱之"，表明庶民还要为贵族提供生活所需的柴薪等燃料。庶民贡纳的直接对象是封君，贡纳品中有一部分应是封君上缴王室的赋税。

以上分析说明，在西周分封制下，山林川泽既不是公有的，也不是完全开放可由庶民自行开采利用的，而是由各级封君占有，其利益由王室、封君、庶民上下均沾。这应该是西周山林川泽管理的常态。所谓"厉始革

---

1 杨宽：《西周史》，上海人民出版社，1999，第841页。

2 《周礼·地官司徒·大司徒》，（清）阮元校刻：《十三经注疏》，中华书局，1980，第704页。

3 《诗经·豳风·七月》，（清）阮元校刻：《十三经注疏》，中华书局，1980，第390—391页。

典"[1]，即是通过专利政策改变这一常态，也就是清华简《芮良夫毖》所谓"改变常术，而毋有纪纲"。山林川泽之利本来为各级封君共享，厉王革典变成独占天地百物之利，而非"导利而布之上下"。要独占其利，显然只有在原来的基础上加大贡赋的征取，天地百物之利才会集中到王室中来。由于山林川泽为不同层级的贵族所占有，而实际从事开采的劳动者是作为"土田附庸"的国人，因而实施专利政策，不仅极大损害了王畿内外各级封君的实际利益，也严重影响到国人的生计，动摇了西周国家的统治基础。清华简《芮良夫毖》说："民乃嚣嚣，靡所屏依。"芮良夫也说："专利作威，佐祸进乱，民将弗堪。""下民胥怨，财单竭，手足靡措，弗堪戴上，不其乱而？"又说："民至亿兆，后一而已，寡不敌众，后其危哉！"[2]也就是说，专利政策把人民搞得财殚力尽，无以为生，必然诱发灾难性的后果。当灾祸一旦发生，君主一人，民众千万，寡不敌众，身危可知。这是一种非常精彩、深刻并带有规律性的政治见解。后来发生国人暴动，并有"公卿惧诛而祸作"[3]，证明了芮良夫对厉王君臣"好专利而不知大难"的预见。

专利政策的内涵弄清楚了，接下来需要说明的是，周厉王何以要推行专利政策？

《国语·周语上》称厉王君臣"好专利"，《史记·周本纪》称"好利"。一个"好"字集中体现了周厉王贪得无厌的本性。换句话说，厉王专利就是在其贪婪本性驱使下实行的财税政策。如此评说似乎缺少深度，也看不出一个重大事件的因果关系。这让学者很不满足，于是另辟蹊径，别创新说。如许倬云对专利政策形成的原因就有如下分析：

> 西周王室颇有紧迫的情形，外有国防需要，内有领主的割据。周室可以措手的财源，大约日渐减少。费用多，而资源少，专利云乎，也许只是悉索敝赋的另一面。这是时势造成的情况，厉王君臣未必应独任其咎。[4]

许氏把专利政策看作解决国防和财政危机的需要，为后来学者重新评价周厉王提供了一个高尚的理由，甚至连血腥弭谤都变得熠然生辉起来。如谓"周

1　《国语·周语下》，上海师范大学古籍整理研究所校点，上海古籍出版社，1988，第100页。

2　黄怀信、张懋镕、田旭东：《逸周书汇校集注》修订本，上海古籍出版社，2007，第1004页。

3　《史记·十二诸侯年表》，中华书局，1959，第509页。

4　许倬云：《西周史》增补二版，生活·读书·新知三联书店，2012，第319—320页。

厉王的'专利''弭谤'，主要是出于对外平叛战争的军事需要，在非常时期采取的特殊经济和政治措施"[1]。应该说，周厉王统治时期确实面临着内外交困的政治危机，但专利政策是否真正起到了应对危机的作用，这还要看实际效果如何。

从我们上节的分析看，厉王十三年前后对淮夷的战争及后来对犬戎的反击，都与厉王三十年实施专利相距有年，不好说专利是因战争而起。即使要医治战争创伤，加强国防力量，也只有大力发展生产、薄敛于民、减少不必要的财政开支，才能真正起到寓兵于农的作用。在厉王统治后期，犬戎为患的危机虽然存在，但厉王专利积累起来的财富，并未用于积极备战或军事反击。《逸周书·芮良夫解》说："今尔执政小子，惟以贪谀为事，不勤德以备难。"又说："尔执政小子不图善，偷生苟安，爵贿成。贤智箝口，小人鼓舌，逃害要利，并得厥求，唯曰哀哉！"孔晁注云："专利为贪，曲从为谀。""贤者得默以逃害，小人佞谀以要利，各得其求，君子为之哀。"[2]所言荣夷公等执政大臣爱财而行专利，得其所求，说明实施专利所得财富已落入厉王君臣囊中，供其挥霍享受，并未发挥满足国防需求的特殊作用。

清华简《芮良夫毖》说到"寇戎方晋"时，作者首先想到是谨慎谋划，上下同心，选用贤能，以卫社稷，而不是与民争利，扩大财源，以作御敌之策。诗云：

> 寇戎方晋，谋猷惟戒。和专同心，毋有相负。恂求有才，圣智用力。必探其宅，以亲其状。身与之语，以求其上。[3]

特别是清华简《芮良夫毖》篇首有序云：

> 周邦骤有祸，寇戎方晋，厥辟、御事各营其身，恒争于富，莫治庶难，莫恤邦之不宁。[4]

这段话再清楚不过地把厉王专利的本质揭示了出来。所谓"厥辟、御事"即指厉王及荣夷公等近臣沆瀣一气，实施专利，争相聚敛财富，既不顾及庶民的苦难，也不忧虑"寇戎方晋"给国家安宁带来灾祸，完全堕入"婪贪、狋悢、满盈、康戏，而不智（知）瘝告"的境地。诗人劝诫道："敬哉君子，恪

---

1 张应桥：《重评周厉王》，《郑州大学学报》（哲学社会科学版）2006年第3期。
2 黄怀信、张懋镕、田旭东：《逸周书汇校集注》修订本，上海古籍出版社，2007，第1005—1007页。
3 李学勤主编：《清华大学藏战国竹简（三）》，中西书局，2012，第145页。
4 李学勤主编：《清华大学藏战国竹简（三）》，中西书局，2012，第145页。

哉毋荒。畏天之降灾，恤邦之不臧。毋自纵于逸，以嚣（遨）不图难。"诗人所说的"君子"，芮良夫谓为"贪人败类"，实不为过。

由此可见，厉王专利并非从内治庶难、外安边患的国家利益出发而采取的一项财政改革措施，而是贪财好利、淫逸享乐的误国害民之举。《逸周书·芮良夫解》说："后（国君）除民害，不惟民害。害民，乃非后，惟其仇。"[1]对于这样的害民仇民之君，恐怕是不好以有所作为观之的。

三、千秋功罪评说

历史人物的评价是一个非常复杂的理论和现实问题。从历史评价活动的结构来看，主要包括评价主体、评价客体和评价中介系统三个必不可少的要素。其中评价中介系统是联系评价主体和客体的中间环节，核心内容是评价尺度，亦即直接影响评价结果的价值标准。"评价尺度对于评价活动而言，具有逻辑上的先在性。"[2]这是我们在评价历史人物时不得不高度重视的问题。评价尺度与正确的立场、观点和方法密不可分。如果阶级立场、政治立场无可非议，学者所持观点和方法就显得尤为重要。所谓观点不只是唯物史观的运用，还包括判别是非善恶的价值观，即存在于评价历史人物背后且起支配作用的价值判断。至于方法，主要还是史学研究中对史料的分析和把握。只有在观点与方法上不失偏颇，才有可能对历史人物的功过是非给予恰当的评说。

关于周厉王的评价，学界主流意见从未给予正面的肯定，即使在特殊时期也认为"厉王是一个暴虐的君主"[3]。应该说，这种看法并不是现代史家今日才有的新见，实为历史上早有的定评。这从周厉王的谥号上即可反映出来。

《逸周书·谥法解》说："谥者，行之迹也……是以大行受大名，细行受小名；行出于己，名生于人。"[4]谥号对周代贵族来说，是其一生德行和功绩的总结，过去郭沫若认为西周无谥法是不可信的[5]。谥号所用常为一字，或两

1　黄怀信、张懋镕、田旭东：《逸周书汇校集注》修订本，上海古籍出版社，2007，第1003页。

2　王学川：《历史价值论》，浙江大学出版社，2014，第127页。

3　郭沫若主编：《中国史稿》第1册，人民出版社，1976，第285页。

4　黄怀信、张懋镕、田旭东：《逸周书汇校集注》修订本，上海古籍出版社，2007，第625—627页。

5　杜勇：《金文"生称谥"新解》，《历史研究》2002年第3期。

三字，但褒贬已寄寓其中，均非生时美称。在西周逨盘铭文中，厉王作"剌王"。"剌"字除与"烈"相通外，亦与"厉"通，如《史记·秦本纪》的"厉共公"，《秦始皇本纪》附《秦纪》即作"剌龚公"。《玉篇·厂部》云："厉，虐也。"又《玉篇·犬部》云："戾，虐也。"[1]《说文·束部》云："剌，戾也。"是"厉"与"剌"，其义相通。周厉王以"厉"为谥，按照《逸周书·谥法解》的解释："致戮无辜曰厉。"[2]《周礼·秋官司寇》序官"司厉"，郑注："犯政为恶曰厉。"童书业遍寻《左传》等书例证，认为周代"谥为'厉'者，皆有昏德或不终者"[3]。《国语·楚语上》记载楚恭王制谥的情形，把这一谥号的内涵说得更为具体明了。楚恭王临终前，曾召集大夫说，自己一生多有罪过，可以"灵"或"厉"为谥。待死后临葬制谥之时，经子囊提议，改谥为"恭"，即《谥法》所谓"既过能改曰恭"[4]。可见"厉"为谥字，虽然有时以"剌"相借，却不可以"烈"为训，看作褒美之辞。厉王"专利"残民以逞，"弭谤"草菅人命，即是得此恶谥的题中应有之义。

除谥法之外，史书同样可以体现对人物的臧否。古代史官记事，不仅有秉笔直书的传统，而且命词遣意必带褒贬的意蕴。如晋太史董狐书曰："赵盾弑其君"，孔子称他为"古之良史也，书法不隐"[5]。然董狐记史所用"弑"字，并非仅是书法无隐的直笔，同时也带有认同为臣之道的礼法色彩。晋灵公本身是被赵穿杀死的，当时赵盾正在逃亡途中，并未参与其事。董狐却以赵盾为弑君之人，他认为："子（赵盾）为正卿，亡不越竟，反不讨贼，非子而谁？"[6]因此赵盾必须背负弑君的罪名。同时，这个"弑"字还有臣杀其君、以下犯上的意思。《说文·杀部》云："弑，臣杀君也。"段注："述其实则曰杀君，正其名则曰弑君。《春秋》正名之书也，故言弑不言杀。三传述实以释经之书也，故或言杀或言弑，不必传无杀君字也。许释弑曰臣杀君，此可证矣。"这表明史官"述其实"与"正其名"是既相区别又相联系的两件事。所谓"述其实"是"直书"，而"正其名"则是将史官的价值判断蕴含其

1　胡吉宣：《玉篇校释》，上海古籍出版社，1989，第4564页。

2　黄怀信、张懋镕、田旭东：《逸周书汇校集注》修订本，上海古籍出版社，2007，第692页。

3　童书业：《周代谥法》，《春秋左传研究》校订本，中华书局，2006，第343页。

4　黄怀信、张懋镕、田旭东：《逸周书汇校集注》修订本，上海古籍出版社，2007，第639页。

5　《左传·宣公二年》，（清）阮元校刻：《十三经注疏》，中华书局，1980，第1867页。

6　《左传·宣公二年》，（清）阮元校刻：《十三经注疏》，中华书局，1980，第1867页。

中。这是史书必不可少的内容。正如宋人吴缜所说："夫为史之要有三：一曰事实，二曰褒贬，三曰文采。有是事而如是书，斯谓事实。因事实而寓惩劝，斯谓褒贬。事实、褒贬既得矣，必资文采以行之，夫然后成史。"[1]

就先秦文献记述有关厉王的史实来说，其褒贬色彩是很分明的。《国语·周语上》说："厉王虐，国人谤王。邵公告曰：'民不堪命矣。'"《左传·昭公二十六年》说："至于厉王，王心戾虐，万民弗忍，居王于彘。"《鲁连子》云："周厉王无道，国人作难，王奔于彘。"[2]《墨子·所染》将夏桀、殷纣、厉王、幽王并举，以为"此四王者，所染不当，故国残身死，为天下僇"[3]。其中《国语》《左传》为史书，其他子书对史实也多有涉及。所用"虐""戾虐""无道""为天下僇"等字眼，不仅是陈述事实，而且带有对厉王政治行为的评价成分。后来《史记》多次提到周厉王"暴虐""无道"，也是基于相同的价值判断。《汉书·艺文志》说："古之王者世有史官，君举必书，所以慎言行，昭法式也。"这表明史官记事与周代谥法一样，都具有"因事实而寓惩劝"的褒贬功能和规范人君言行的制约作用。所谓"孔子成《春秋》而乱臣贼子惧"[4]，道理就在这里。后来秦始皇废谥法、焚史书，也是企图防止后世对其专制暴行任加评说。

无论是谥法还是史书，所褒贬的都是具体的个人。后来儒家对人的伦理规范，从个别到一般，上升到理论高度，提出具有普遍意义的为君、为臣之道。孟子说：

> 规矩，方员之至也；圣人，人伦之至也。欲为君尽君道，欲为臣尽臣道，二者皆法尧舜而已矣。不以舜之所以事尧事君，不敬其君者也；不以尧之所以治民，贼其民者也。孔子曰："道二：仁与不仁而已矣。"暴其民甚，则身弒国亡；不甚，则身危国削。名之曰"幽""厉"，虽孝子慈孙，百世不能改也。[5]

在这里，孟子把统治者分为君、臣两类，认为君有君道，臣有臣道，区别有道与无道的标准在于孔子所说的"仁与不仁"。孔子认为："博施于民而能济

1（宋）吴缜：《新唐书纠谬序》，《丛书集成初编》第3835册，商务印书馆，1936，第3页。

2《史记·周本纪》正义引，中华书局，1959，第144页。

3（清）孙诒让：《墨子间诂》卷一《所染》，孙启治点校，中华书局，2001，第14页。

4《孟子·滕文公下》，（清）阮元校刻：《十三经注疏》，中华书局，1980，第2715页。

5《孟子·离娄上》，（清）阮元校刻：《十三经注疏》，中华书局，1980，第2718页。

众。"[1]，孟子说："尧舜之道，不以仁政，不能平治天下。"[2]他曾对梁惠王说："王如施仁政于民，省刑罚，薄税敛，深耕易耨。壮者以暇日修其孝悌忠信，入以事其父兄，出以事其长上。"[3]这说明君道就是"君行仁政"[4]，就是要重视人民的利益，坚持民贵君轻、安民保民的民本主义治国理念。而周厉王、幽王之类"暴其民""贼其民者"，自是无道之君，虽百世不能改也。

儒家宣扬的此类君臣之道，实际上是一种国家伦理。因为为君为臣者掌握着国家执政大权，对国家走向光明还是黑暗起着决定性的作用。德国政治学家赫尔佐克认为，在国家伦理学说方面，"历史所拥有的最古老的自成体系的理论来自中国的儒家"[5]。不管国家伦理的具体内容可以归纳多少条，以民为本必是其基本精神之一。民本主义在早期国家阶段是可贵的治国理念，不只规范着人君的政治行为，实已涉及国家为什么存在、应该完成什么样的任务等国家伦理学的基本命题。拿这样的标准来衡量，周厉王的所作所为，当然与儒家的价值取向是背道而驰的。

那么，由于时代的悬隔和变迁，儒家关于国家伦理的论述及对幽、厉等历史人物的评价，是否可以弃若敝屣呢？恐怕还不能这样做。一个民族、国家的存在与发展总有其生生不息的动力，总有一些具有普适价值的文明因素可以跨越时空，恒久地发生作用。像民本主义这样的治国理念，即是具有普适价值的，是可以跨越时空、恒久发生作用的中华优秀传统文化的基因之一。以它作为价值取向来评价周厉王一类的历史人物，应该是不会过时的。

把历史人物作为评价的客体时，如果主体背后的价值尺度无可置疑，史学研究方法的正确运用就成为至关重要的环节了。随着近年铜器铭文和简帛佚籍的不断发现，人们对西周历史的了解更为具体和深入，形成一些新的见解是正常的，也是必要的。但就周厉王的史实来说，并未发现可以彻底颠覆旧说的新史料。从理论上讲，在给周厉王议定谥号时，当时人们知道并掌握的事实一定不比今人少，可以说再多的新史料也不能改变这一逻辑关系。虽

---

1 《论语·雍也》，（清）阮元校刻：《十三经注疏》，中华书局，1980，第2479页。

2 《孟子·离娄上》，（清）阮元校刻：《十三经注疏》，中华书局，1980，第2717页。

3 《孟子·梁惠王上》，（清）阮元校刻：《十三经注疏》，中华书局，1980，第2667页。

4 《孟子·梁惠王下》，（清）阮元校刻：《十三经注疏》，中华书局，1980，第2681页。

5 〔德〕罗曼·赫尔佐克：《古代的国家——起源和统治形式》，赵蓉恒译，北京大学出版社，1998，第386页。

然古人对历史人物的评价不可避免地存在这样那样的缺陷，但新说的建立一定要用材料说话，做到客观公正。这是史学研究不可不遵循的学术规范。

在重评周厉王的论著中，有些研究方法可能是存在问题的。一是事实不清。如谓厉王革典就是废除周族世代相传的籍田古制，反映了宗法君主制赖以生存的经济基础的崩溃[1]。此说不以《国语·周语上》"宣王即位，不籍千亩"为据，却以"自厉王之流，籍田礼废"的韦昭注立论。实则韦注是说自厉王被放逐后，籍田礼因无天子主持而告停止，到宣王即位后就正式废除了。由此恐怕不能得出厉王废除籍田古制的结论。再说，籍田礼说到底只是一种劝农的礼仪形式，对变革耕作和土地制度的作用不大，说是破坏宗法君主制的经济基础，未免陈义过高。又如《诗·大雅·桑柔》本是厉王流彘后芮良夫写作的诗篇，却被看作芮良夫讽刺荣夷公好专利而作，进而认为周厉王通过暴力弭谤，就是禁止以诗歌讽谏这种行为，标志着王政的结束即《诗》亡的开端[2]。这也是属于曲解史料的牵强附会之说。二是事实因果关系不清。如有的学者为了肯定厉王专利的积极意义，说它扭转了西周王室财力匮竭，使国家出现强盛局面，并以强盛的国力对戎狄入侵进行了成功的反击[3]。但资料显示，厉王对外战争发生在前，专利政策实施在后，并不存在这样的因果关系。又如认为厉王专利是为了解决对外战争引起财政枯竭的问题，不只根据不足，还完全忽略了厉王君臣聚敛民财的实际效果，未能找到正确的因果联系。三是对事实本质认识不清。如厉王时期的对外战争，金文资料所记事实是有局限的，战事失利或失败的一面肯定不会得到充分反映，因为这不符合勒铭记功的制器目的。以现有铜器铭文而论，厉王在战争中多处于被动防御地位，虽有局部获胜，但从战略上看并未起到加强国防、消弭边患的作用。以此为周厉王正名，也不免以偏概全。至于高压弭谤，完全是一种历史上少见的残暴行为，与清除原始民主遗存、涤荡宗法政治体制并无必然联系。

总而言之，欲对周厉王重新进行评价，洗其暴君恶名，树立有为之君的正面形象，不是价值尺度有所偏差，就是史学研究方法多显不当，所得结论自不可信。实际上，无论是国防上轻忽戎患、不修边备，还是内政上专利贪

1　罗祖基：《重新评价周厉王》，《学术月刊》1994年第1期。

2　罗祖基：《重新评价周厉王》，《学术月刊》1994年第1期。

3　李玉洁：《评周厉王革典》，《河南大学学报》（社会科学版）1986年第1期。

财、残民以逞，都表明周厉王的所作所为已严重突破了国家伦理的基本底线，是一个不折不扣的暴虐之君。这样的君主，被时代所唾弃，永远钉在历史的耻辱柱上，是不足为怪的。

第二节 共和行政的历史真相

关于"共和行政"的真相问题，以往学者或信《竹书纪年》"共伯和干王位"，或持《史记》"二相行政"说，久讼不决，殆成千古疑案。清华简《系年》有厉王流彘"共伯和立"的记载，可与《竹书纪年》相呼应，似乎加强了人们从《竹书纪年》不从《史记》的信心。实际上，新材料并未解决老问题，"共和行政"的真相仍然迷雾重重，有待廓清。

一、"共伯和干王位"衡短论长

自西晋汲郡古墓出土《竹书纪年》以后，相信"共伯和干王位"的学者渐渐多起来了。司马彪《庄子注》、郦道元《水经注》、苏辙《古史》、罗泌《路史》、顾炎武《日知录》、梁玉绳《史记志疑》等，大体坚持此说。近世著名学者顾颉刚撰《共和》一文，力主"从《史记》不如从《纪年》"[1]，尤具影响。继之不少著述或采此说，或作申论[2]，渐成学界主流意见。

"共伯和干王位"之说，能够赢得古今不少学者的认同，与其自身具有的学术优势有关。最重要的一点，是有不少文献材料支持此说。其中一类是出自史书性质的文献。如《史记·周本纪》索隐引及《竹书纪年》云："共伯和干王位"，皇甫谧《帝王世纪》同此[3]，当本《竹书纪年》。《经典释文·庄子·让王篇》引文略异："共伯和即于王位。"[4]《太平御览》卷八九七引《史记》云："共和十[四]年，大旱，火焚其屋，伯和篡位立。秋又大旱，其年，周厉王死，

---

1 顾颉刚：《史林杂识初编·共和》，中华书局，1963，第204—208页。
2 诸如方诗铭、王修龄：《古本竹书纪年辑证》修订本，上海古籍出版社，2005，第58—59页；晁福林：《试论"共和行政"及相关问题》，《中国史研究》1992年第1期；王雷生：《关于"共和行政"若干历史问题的再考察》，《人文杂志》1999年第6期；陶兴华：《西周"共"地所在与共伯和"入为三公考"》，中国地理学会历史地理专业委员会《历史地理》编辑委员会编：《历史地理》第29辑，上海人民出版社，2014；刘丽文：《"共和行政"真相探赜》，《中原文化研究》2018年第3期等。
3 《史记·三代世表》索隐引，中华书局，1959，第504页。
4 （唐）陆德明：《经典释文》卷28，上海古籍出版社，1985。

宣王立。"据王国维研究，"《史记》无此文，当出《纪年》"[1]。清华简《系年》第二章云："厉王大虐于周，卿士、诸正、万民弗忍于厥心，乃归厉王于彘，龙（共）伯和立。"[2]古帝王或诸侯继位曰立，故"共伯和立"与"干王位"其义无别。但是，《晋书·束皙传》言及《竹书纪年》称："幽[厉]王既亡，有共伯和者摄行天子事，非二相共和也。"此条引文只说共伯和代行王政，非继王位，其实际内涵是有差别的。《史记·周本纪》索隐说："共，国；伯，爵；和，其名；干，篡也。言共伯和摄王政，故云'干王位'也。""摄王政"是代理王政，亦称"摄行天子事"，司马贞却解释为"干王位"，意即共伯和篡位自立。这显然是不明历史真相，刻意调停之语。由于《竹书纪年》与清华简《系年》均具史书性质，比较注重事实根据，显得颇具权威性。

另一类是来自战国游士的作品。《史记正义》引《鲁连子》云："卫州共城县本周共伯之国也。共伯名和，好行仁义，诸侯贤之。周厉王无道，国人作难，王奔于彘，诸侯奉和以行天子事，号曰'共和'元年。十四年，厉王死于彘，共伯使诸侯奉王子靖为宣王，而共伯复归国于卫也。"[3]所言"卫州共城县"为隋唐建置，不应出现在战国著述中，故有可能是后世窜入的文字。但《汉书·艺文志》著录有《鲁仲连子》十四篇，说明其书非伪。此书谓："诸侯奉和以行天子事"，与《晋书》所引《纪年》谓共伯和"摄行天子事"含义相同。《吕氏春秋·开春论》云："共伯和修其行，好贤仁，而海内皆以来为稽矣。周厉之难，天子旷绝，而天下皆来谓[请]矣。"[4]《庄子·让王》言："共伯得乎共首。"《吕氏春秋》《庄子》言共伯和受诸侯朝请，后逍遥得意于共山之上，但未明确提及"干王位"一事。

以上两类文献，都是战国时期的著作。诸家所引古本《竹书纪年》，文字不相一致，意涵亦有差别，不知何为原文。但历史上有共伯和的存在，是不必怀疑的。《汉书·古今人表》列共伯和为中上等，其历史地位次于厉宣时期的执政大臣芮良夫、召伯虎等人，大体与祭公谋父、虢文公相若，均属正面肯定的历史人物。

过去日知（林志纯）通过分析各种文献材料，认为共伯和之"和"是东

1　范祥雍订补：《古本竹书纪年辑校订补》，上海古籍出版社，2018，第35页。

2　李学勤主编：《清华大学藏战国竹简（二）》，中西书局，2011，第136页。

3　《史记·周本纪》正义引，中华书局，1959，第144页。

4　许维遹：《吕氏春秋集释》，中华书局，2009，第581—582页。

汉以后妄增的窜入字，实际只有身份不明的共伯，并无共伯和其人[1]。此说与清华简《系年》言称"共伯和"相悖，证明共伯和并非东汉以后才出现的乌有先生。不过，有其人与有其事是两个层面的问题，仍需仔细分辨。历史研究是一项科学性极强的工作，只有弄清事实真相，才能形成超越时空的规律性认识，进而成为人类的精神财富。材料多固然有利于探赜索隐，但事实真相并不是由材料多少来决定的。有时，荒诞离奇的说法易成谈资，流播甚广，真正的事实反因平淡而不为世人所重，这也是需要注意的。

"共伯和干王位"之说，多种文献看上去言之凿凿，实际存在严重的致命伤，即作为王位继承者的共伯和身份不明，而诸侯入主王位与当时的王位继承制度亦不相容。

清华简《系年》谓"共伯和立"，意味着"共伯和干王位"是实实在在被立为天子，总揽西周王政大权。清惠士奇说："自古岂有摄天子哉？子代父曰义也，臣代君曰篡也。"[2]故"共伯和干王位"被看作是篡位而立。果若是，此必为当时严重的政治事件，共伯和的政治身份至少不会模糊难辨，乃至后世歧说纷纭。唐代之前，人们并不清楚共伯和为何许人也。如东汉高诱注《吕氏春秋》云："共，国。伯，爵。夏时诸侯也。"[3]晋向秀、郭象《庄子注》谓其"周王之孙也"[4]。唐代张守节提及有人视为"卫武公"[5]，宋罗泌又称其为"商氏后"[6]，清人魏源以为是"凡伯"[7]，梁玉绳说是"厉王后"[8]，今人考为"共武公"[9]，没有一种说法可以成为共识。其中共伯和为卫武公说，经顾颉刚的补苴发挥，似乎可以确认他的真实身份。然细察之，卫武公与共伯和仍无瓜葛，根本就是两个不同身份的人。

以共伯和为卫武公的说法，具体为何人提出，今已无从查考。估计唐代

1　日知：《释共和——共伯〔和〕可以休矣》，《史学理论研究》1993年第1期。

2　（清）惠士奇：《礼说》卷7《春官二》，《景印文渊阁四库全书》第101册，商务印书馆，1986。

3　许维遹：《吕氏春秋集释·开春论》，中华书局，2009，第581页。

4　（宋）罗泌：《路史》卷23《发挥二·共和辨》引，《景印文渊阁四库全书》第383册，商务印书馆，1986。

5　《史记·周本纪》正义，中华书局，1959，第144页。

6　（宋）罗泌：《路史》卷27《国名纪四》，《景印文渊阁四库全书》第383册，商务印书馆，1986。

7　（清）魏源：《魏源全集》第1册《诗古微》，岳麓书社，2004，第548页。

8　（清）梁玉绳：《史记志疑》，中华书局，1981，第101页。

9　王雷生《关于"共和行政"若干问题的再考察》一文，根据《诗·小雅·六月》云"薄伐猃狁，以奏肤公。有严有翼，共武之服"，硬生生臆造出一个"共武公"，并认为他就是共伯和，不可凭信。

已有学者根据《鲁连子》称"共伯复归国于卫",联想卫武公名"和",从而推断共伯和就是卫武公,这才引起张守节《史记正义》的批驳:

> 《世家》云:"釐侯十三年,周厉王出奔于彘,共和行政焉。二十八年,周宣王立。四十二年,釐侯卒,太子共伯余立为君。共伯弟和袭攻共伯于墓上,共伯入釐侯羡自杀,卫人因葬之釐侯旁,谥曰共伯,而立和为卫侯,是为武公。"按此文,共伯不得立,而和立为武公。武公之立在共伯卒后,年岁又不相当,《年表》亦同,明《纪年》及《鲁连子》非也。[1]

张氏措辞极为简洁,但他根据《史记·卫康叔世家》《史记·十二诸侯年表》论证共伯和不是卫武公,相当有力。析其要义有三:一则,卫武公名和,但不称"共伯和"。"共伯余"之"共"是谥号,卫武公卒后不得兄弟同谥。顾颉刚认为共非谥号,亦非国名,不过是卫君离宫别馆之地。共伯余与弟和居此,故可同称"共伯"。然"共"若非国名,"伯"则非爵名,兄弟当分伯仲,亦不可能同称共伯。与《史记·卫康叔世家》记卫武公袭杀共伯余不同,《诗·邶风·柏舟》序称"卫世子共伯早死",卫武公也可能继立为世子,但他仍不能称"共伯",有如周武王继位前称太子发,其长兄称"伯邑考",绝不混同。二则,厉王奔彘时,卫国在位为君的是卫釐侯,直到周宣王十六年,卫武公才得以继位,之前不过是卫国的公子或世子,很难在政治上有所作为,没有条件得到天下诸侯的倾心拥戴。范文澜认为,春秋时期世卿权重,还不敢干诸侯之位,在嫡长子继承制极端严格的西周,"侯国世子岂能干王位"[2]?就算阴差阳错,卫公子和得登天子之位,但共和行政结束后,一度身践王位,号令天下的君主返回卫国,又何以自处?[3]他真要逍遥于共山之上,何以16年后又要继为卫君?三则,卫武公死于周平王十三年(前758年),他在共和之初尚为少年。《国语·楚语上》谓:"昔卫武公年数九十有五矣,犹箴儆于国。"意味着卫武公的年寿当在95岁以上,甚至可能在100岁左右。以95岁或100岁计,共和元年(前841年)他才12岁或17岁。共和纪年是司马迁研究年代学的一项重要成果,是中国历史有确切纪年的开端,

1 《史记·周本纪》正义,中华书局,1959,第144页。

2 范文澜:《中国通史》第1册,人民出版社,1978,第95页。

3 刘卓异:《"共伯和"不是卫武公》,《中国社会科学报》2018年4月10日,第4版。

并无证据显示可以随便推翻。这样，共伯年少若此，既非一方诸侯，亦无治国经历，他要自外进入朝廷，入主王位，从容应对暗波汹涌的动荡局面，这种可能性可以说是微乎其微的。

共伯和不是卫武公，而其他说法更不能清晰说明他的政治身份。这对于干位篡立、入主朝政、叱咤风云的一代天子来说，无论如何都是一件匪夷所思的事情。更为重要的是，即使共伯和是畿外一方诸侯，他也不具备入主王位的政治条件。就殷周制度论，其中最大也最重要的一项区别就是王位继承制度的不同。与殷商王位兄终弟及相比，周人实行"立子立嫡之制，由是而生宗法及丧服之制，并由是而有封建子弟之制、君天子臣诸侯之制"[1]。这对于维护国家政治秩序的稳定，最大限度防止变乱的发生，是一项颇为有效的政治制度。据《史记·周本纪》记载，西周时期只有懿王死后由其叔父即共王弟辟方继位，是为孝王。然由清华简《摄命》及相关文献来看，孝王当为懿王之弟，孝王死后，懿王之子夷王继位，说见上章。余则均为嫡长子继承王位。周幽王死后，一度出现二王并立局面。废太子宜臼被申侯拥立，后为平王。而幽王之弟余臣也被拥立为王，号为携王。由于幽王宠爱褒姒，曾以伯盘为太子，后死于戎祸。伯盘被立为太子，余臣被立为王，虽非幽王嫡长子，但他们都是周王所生，起码具有王室血统。而共伯和为诸侯，与周厉王并无血缘联系，只是君臣关系。他若继立为王，则意味着王室正统的中断。召公不惜牺牲亲生儿子的性命也要保护太子靖，以其忠贞和耿介的性格，恐难容忍非王室血统的诸侯入主王室。即使东周时期，王纲解纽，礼崩乐坏，也无人敢冒天下之大不韪，做出取代王位这种以下犯上、以臣犯君的事情。以楚国为例，楚平王卒，令尹子常欲废太子壬，另立子西为王。子西拒不相从，声明"王有适（嫡）嗣，不可乱也"[2]，迫使子常放弃原来的打算。并不严格遵从周礼的楚国尚且如此，西周王室更不可能随意让诸侯入主王位。故清人崔述说："春秋至闵、僖以后，天下不知有王久矣，然齐桓、晋文犹藉天子之命以服诸侯，不敢公然摄天子事也；况西周之世，乌得有此事！"[3]

正因为从王位继统法上看，"共伯和干王位"不具可能性，故前贤虽从此说，但又有一定程度的保留意见。如罗泌从孟康说，以为"盖周室无君，和

---

1 王国维：《观堂集林（外二种）》卷10《殷周制度论》，河北教育出版社，2001，第288页。

2 《左传·昭公二十六年》，（清）阮元校刻：《十三经注疏》，中华书局，1980，第2113页。

3 （清）崔述：《崔东壁遗书》，上海古籍出版社，1983，第237页。

以三公摄政"[1]。顾炎武则说："天下朝乎共伯，非共伯至周而摄行天子事矣。"[2]梁玉绳亦谓："盖厉王流彘，诸侯皆宗共伯，若霸主然。"[3]罗泌以为共伯和并未代为天子，而是以三公身份摄政。顾炎武、梁玉绳则认为共伯和根本没有进入宗周，只是在周室无君的特定情况下，以宗主或霸主的身份接受诸侯的朝请。这些看法实际是说，虽有共伯和其人，然无干王位之事。

总而言之，"共伯和干王位"说虽在材料支撑上占有优势，但共伯和的政治身份模糊不清，而诸侯入主王位也不符合西周王位继承制度，并未真正揭示其历史奥秘。看来，仅凭材料的多少，并不能遽断是非。

二、二相共和说的是非得失

《鲁连子》《吕氏春秋》俱言共伯和事，这是司马迁撰作《史记》遍读当时传世文献可以看到的资料。太史公未采其说，亦未作为异说略加提及，显然是他认为没有取信的价值，便毫不犹豫加以摒弃了。他对"共和行政"的解释是："召公、周公二相行政，号曰'共和'。"或曰："王室乱，大臣行政，号曰'共和'。"[4]其后，韦昭《国语解》、杜预《左传注》均从之。即使《竹书纪年》出土以后，唐张守节《史记正义》、宋司马光《稽古录》、清何焯《义门读书记》、崔述《丰镐考信录》亦持此说。但是，太史公此说也不断受到质疑。唐代颜师古以为"无所据也"[5]，清梁玉绳谓为"史公之单说也"[6]。顾颉刚则推断：《史记》之说实从成王时事脱化而来……因循周初故事臆为之说。"[7]今日相信二相共和说的学者是越来越少了。

其实，二相共和说也有自身的优势，不好断为臆说。这就是在人君缺位的情况下，由大臣代理国政，是古史中的常见现象。最明显的例证，是伊尹代太甲摄政当国。《史记·殷本纪》云："伊尹乃立太丁之子太甲。太甲，成

---

1 （宋）罗泌：《路史》卷 33《发挥二·共和辩》，《景印文渊阁四库全书》第 383 册，商务印书馆，1986。

2 （清）顾炎武著、黄汝成集释：《日知录》卷 25《共和》，栾保群、吕宗力校点，上海古籍出版社，2006。

3 （清）梁玉绳：《史记志疑》，中华书局，1981，第 101 页。

4 《史记·周本纪》，中华书局，1959，第 144 页；《史记·齐太公世家》，中华书局，1959，第 1482 页。

5 《汉书·古今人表》注，中华书局，1962，第 899 页。

6 （清）梁玉绳：《史记志疑》，中华书局，1981，第 101 页。

7 顾颉刚：《史林杂识初编·共和》，中华书局，1963，第 204 页。

汤嫡长孙也，是为帝太甲。……帝太甲既立三年，不明，暴虐，不遵汤法，乱德，于是伊尹放之于桐宫。三年，伊尹摄行政当国，以朝诸侯。帝太甲居桐宫三年，悔过自责，反善。于是伊尹乃迎帝太甲而授之政。帝太甲修德，诸侯咸归殷，百姓以宁。伊尹嘉之，乃作《太甲训》三篇，褒帝太甲，称太宗。"又如周武王卒后，成王年幼，不能理政，亦属天子缺位，则由周公旦联合召公、太公共同执掌国政，东平三监之乱，西固王室之基。《春秋·僖公二十四年》载，周襄王"出居于郑"，未返京师期间，罗泌以为王子虎即为"周之居守者也"[1]。若然，太宰王子虎册命晋文公，参与诸侯会盟诸事，亦属摄理王政。此外，诸侯国也有这种情况。《左传·僖公二十一年》载，诸侯会宋公于盂，宋襄公本欲借此盟会建立霸主地位，结果被楚国软禁。直至是年冬天，由于诸侯调解始获释放。其间国政则由宋相子鱼代理。《左传·昭公二十五年》载，鲁昭公不满季氏专权，公室卑弱，发兵讨伐三桓，结果失败奔齐，流亡八年不返，死于乾侯。国内则由季氏掌握大权。这些事例表明，当人君缺位之时，由大臣摄政当国，历史上司空见惯，不足为异。

人君缺位之时，代为行政的大臣通常具有较高的政治威望和理政能力，能够有效应对波谲云诡的政治局面，化险为夷，济国安邦。商朝初期的伊尹，西周初期的周公旦，都是此类杰出的政治家。西周共和时期，召公、周公二相行政，其政声虽不及伊尹、周公旦，但其经国之才卓然高标，也是非同凡响的。今本《竹书纪年》谓此周公为周定公，依《逸周书·谥法解》说："大虑静民曰定……安民法古曰定。"[2]然此不知何据，姑置不论。而召穆公具有超越群臣的政治才干，则于史有征。在厉王实行"专利"政策时，他以"民不堪命"相谏，表现出王朝卿士特有的胆识与担当。随后周厉王采取血腥"弭谤"的高压政策，他又提出"防民之口甚于防川"的千古名言，正确地预见了事态发展的严重后果。当国人暴动时，为了使太子靖免遭杀害，即使以亲骨肉冒名代死，召穆公也要保护王位继承人的生命安全，表现出超拔的大局观念和政治智慧。面对分崩离析的政治形势，他团结宗族和衷共济，匡扶王室。如《左传·僖公二十四年》云："召穆公思周德之不类，故纠合周之宗族于成周而作诗，曰'常棣之华'。"团结宗族，共赴时艰，是共和时期治国

---

1 （宋）罗泌：《路史》卷13《炎帝纪下》，《景印文渊阁四库全书》第383册，商务印书馆，1986年。

2 黄怀信、张懋镕、田旭东：《逸周书汇校集注·谥法解》修订本，上海古籍出版社，2007，第643、645页。

理政的关键环节。待厉王崩逝，他和周公及时拥立太子靖继位，促成最高权力的平稳过渡。宣王初年，淮夷叛服无常。王命召虎，陈师江汉，敉平淮夷。"经营四方，告成于王。四方既平，王国庶定。"[1]凡此说明，召公虎是当时苦撑危局的国家柱梁，是一位治国安邦的杰出政治家。可以说，当时无人可与召公的地位和作用比肩。这或许就是司马迁以召公、周公和衷共济来解释"共和行政"的根本原因，当然也是此说的优势所在。

学者以为二相共和说缺乏文献佐证，孤证难立，甚至看作太史公臆为之说，这恐怕是不妥当的。须知司马迁当时能够看到的材料并非悉数传世，今日未见不代表彼时也不存在。如《史记·殷本纪》历述殷人先公并非尽见于传世文献，却为出土甲骨卜辞所证实，即是显例。《史记·十二诸侯年表》记载："太史公读《春秋历谱牒》，至周厉王，未尝不废书而叹也。"此《春秋历谱牒》今已失传，其内容不详，然不能完全排除记有天子失位、二相行政力挽狂澜之类史事。因此，用单文孤证或自所造作来否定《史记》的历史叙事，是缺乏说服力的。

然而，毋庸回护，二相共和说确有窒碍难通之处。完全无视共伯和的存在，无疑是不妥当的。由此产生两大疑点亦难冰释：一是王子朝何以称"诸侯释位以间王政"？二是大臣执政何以年号"共和"？

《左传·昭公二十六年》载，王子朝争夺王位失败，仓皇奔楚，途中使告诸侯说道："至于厉王，王心戾虐，万民弗忍，居王于彘。诸侯释位，以间王政。"杜预注："间，犹与也。去其位，与治王之政事。"孔颖达疏引《史记》，以为二相行政即"是其释位与治王政之事也"。顾颉刚对杜、孔二氏的注疏不以为然，认为服虔注曰"言诸侯释其私政而佐王室"[2]才是的解，理由是："周、召二公本为王朝卿士，十四年中何尝去其职位、释其私政哉！此必圻外诸侯挟其兵力以入朝治政无疑。"[3]这个畿外诸侯即是《竹书纪年》所言"干王位"的共伯和。然从西周政治制度看，诸侯不仅有同姓和异姓之分，且有畿内与畿外之别。畿外诸侯是地方行政长官，统治一方土地和人民，很少有释其私政到王室任职的。畿内诸侯则主要出任王官，担任职爵不同的大小官员，协助周天子处理王室政务，实施对全国的统治与管理。畿内诸侯也有

---

1 《诗·大雅·江汉》，（清）阮元校刻：《十三经注疏》，中华书局，1980，第573页。
2 《三国志·魏书·武帝纪》注引，中华书局，1959，第40页。
3 顾颉刚：《史林杂识初编·共和》，中华书局，1963，第204页。

封地，称为采或采邑，然非地方行政区，而是他们出任王官的俸禄。《左传·僖公二十四年》富辰所言"文之昭""武之穆""周公之胤"凡二十六国，其中毛、毕、凡、祭等即为畿内诸侯，鲁、卫、晋、邢等即为畿外诸侯，两种性质的诸侯内外相依，共同发挥"以蕃屏周"的作用。若共伯和为畿外诸侯，则其政治体制不能允许他释其私政，入为三公，主政王室。至于"挟其兵力以入朝治政"，自居王位，更属政治叛乱，必为朝野所不容。故服虔的注文于理不畅，为世所轻。不过，杜预、孔颖达以"释位"之诸侯为畿内诸侯，认为是召、周二公参与王朝政事，亦非的当。召公、周公本为王朝卿士，其职责就是协助天子处理国家政务，不是厉王居彘以后才有机会"以间王政"。他们不曾有一刻离其职守，更未践居王位，也谈不上"诸侯释位"的问题。二相共和说在这里遇到了难以克服的困难。

从"共和"年号上看，二相共和说也不顺适。司马迁以为二相行政或大臣行政曰"共和"，韦昭解为"公卿相与和而修政事"[1]，张守节以为是"周、召和其百姓行政"[2]。措辞虽异，主旨无别，都是说厉王流彘以后，国之无王，天下失君，由周、召二公和衷共济以行王政，年号"共和"。对此，顾颉刚以周初成王、春秋鲁昭公之事为例提出疑问："既共同行政可以号曰'共和'，何以此号乃不纪于周初？若曰彼时有成王在，则此时亦有厉王在。观鲁昭公二十五年出亡，迄三十二年殁于乾侯，此八年中《鲁春秋》之纪事固仍以昭公纪元也。何以周廷之上曾未易位而辄以二公共和别立一号？"[3]这个诘难甚有理致。"共和"一词多少带有美善吉祥之意，用这样的词语作为年号是汉武帝以后的事，之前未见此法。甲骨文、金文资料显示，商周时期实行的是以君王在位年数为序的王位纪年法：

癸丑卜，贞今岁受禾。弘吉。在八月，唯王八祀。(《合集》37849)

己酉，王在梌，郊其易贝，唯王四祀，翌日。(四祀郊其卣，《集成》5413)

唯八月既望，辰在甲申……唯王廿又五祀。(小盂鼎，《集成》2839)

唯十又八年十又三月既生霸丙戌，王在周康宫夷宫。(吴虎鼎，《近

1 《国语·周语上》韦注，上海师范大学古籍整理研究所校点，上海古籍出版社，1988，第15页。

2 《史记·晋世家》正义，中华书局，1980，第1637页。

3 顾颉刚：《史林杂识初编·共和》，中华书局，1963，第204页。

出》364）

这种"唯王某祀（年）"的纪年法，突出的是王的领袖地位。不管召公、周公怎样同心协力、和衷共济，都只是大臣行政，不具备以王者为中心的纪年要素。在厉王被逐、太子匿藏的情况下，当然不可能使用他们的名号来纪年，所以人们相信年号"共和"即是立为天子的共伯和之名。苏辙说："厉王居彘，诸侯无所适从。共伯和者，时之贤诸侯也。诸侯皆往宗焉，因以名其年谓之共和，凡十四年。"[1]尽管"共和"年号也不能确切表达共伯和的政治身份，但体现了当时以人物为核心的纪年方式，作为一种特殊情况下的权宜之策，大体是可以讲通的。这便成为二相共和说面临的又一个障碍。

以上分析表明，二相共和说尽管有其自身的优长，也可能反映了召公、周公的实际地位，但不能以此否认共伯和的存在，也不能合理解释"诸侯释位以间王政"和"共和"年号的基本内涵，立说的基础同样是不牢固的。

三、共伯和以首席执政摄行王政

"共伯和干王位"或"二相共和"说，都有严重违背史实的地方，不是任选一说即可说明历史真相的。我们有必要跳出固有认知的圈子，开拓视野，洞幽察微，仔细寻觅可以打开这个疑迷之门的钥匙。这里，我们拟提出共伯和以三公首席执政摄行王政的新说，希望有助于问题的解决。下面分几个问题来谈。

（一）共国为畿内诸侯

西周分封制下的畿内诸侯，一般为姬姓贵族，伯爵，封授王畿采邑。其政治进路是出任王官，入为王朝卿士，甚至成为三公首席执政[2]。这些特征都是有别于畿外诸侯的。

共伯为姬姓诸侯，尚无直接证据。前人谓为"周王之孙"或"厉王后"，只是一种推测。然有爵称而任职王室的畿内诸侯，大多为姬姓贵族。如见于《左传》的文王之后原伯、毛伯，周公之后凡伯、祭伯；见于西周金文的井伯[3]、虢伯，均为姬姓。类推共为姬姓，或与事实相近。畿内诸侯称"伯"，不

---

1 （宋）苏辙：《古史》卷4《周本纪》，《景印文渊阁四库全书》第371册，商务印书馆，1986。

2 杜勇：《清华简〈祭公〉与西周三公之制》，《历史研究》2014年第4期。

3 杜勇：《从井氏采邑看西周世卿制度的尊贤功能》，《古代文明》2018年第4期。

只是行辈之称，而且兼为爵名。共伯之"伯"，亦是如此。

畿内诸侯的采邑，有时可称为国（邦）。如金文中井伯所在的井邑，禹鼎即称为"井邦"（《集成》2833）。关于共国的地望，《路史·国名纪四》"商氏后"列有"共"国，并谓："今朝之共城，文王'侵阮徂恭'者，即共伯国。"[1] 罗泌把《诗·大雅·皇矣》"密人不恭，敢距大邦，侵阮徂共"之共国，与共伯和之共国视为同一事，是不正确的。诗中"密"为密须国，阮、共亦古国名。密须氏侵周，及于阮，徂于共，故文王兴兵伐之。密须在今甘肃灵台县西。阮与共，王应麟《诗地理考》谓在泾州（今甘肃泾川县）一带。此地外出王畿，西周晚期犹在猃狁控制范围之内，厉世多友鼎铭文言及周王军队西追猃狁，在"龚"（共）地有过交战，明显不是周人辖境，不可能是共伯之国。

《汉书·地理志上》"河内郡"属县有"共"，班固自注："故国，北山，淇水所出，东至黎阳入河。"《水经注》卷九《清水》云："共县故城……即共和之故国也。共伯既归帝政，逍遥于共山之上。山在国北，所谓共北山也。"[2] 隋代并共县、山阳县设共城县，唐代设卫州，共城为州治，地在今河南辉县市。历代学者以为此即共伯国所在之地，是可信据。《春秋·隐公七年》载："天王使凡伯来聘。"杜注："凡伯，周卿士。凡，国。伯，爵也。汲郡共县东南有凡城。"司马彪《续汉书·郡国志》亦云："共县有凡亭，周凡伯国。"凡为畿内诸侯，是周公之胤的封国。凡与共其地相邻，表明畿内诸侯的封地可以远至成周东北，与卫国接壤。

共伯国地近于卫，后来被卫国兼并成为别邑。《左传·闵公二年》载，卫国在戎狄逼迫下迁都，其遗民即有"共、滕之民"。杜注："共及滕，卫别邑。"共国何时被兼并，已不可考。《鲁连子》说："共伯复归国于卫"，似乎厉宣时期共国已成卫国属地。其实不然。既曰"归国于卫"，说明共与卫并非一国，否则直接说"归于卫"即可，不必赘此"国"字。只是由于共邑后来属于卫国，故鲁连子称"复归国于卫"，无非以此说明共国的方位所在。清华简《系年》云："共伯归于宋（宗）。"[3] 司马彪《庄子注》亦云："共伯复归于

---

1 （宋）罗泌：《路史》卷27《国名纪四》，《景印文渊阁四库全书》第383册，商务印书馆，1986。

2 （北魏）郦道元著、陈桥驿校证：《水经注校证》，中华书局，2007，第226页。

3 李学勤主编：《清华大学藏战国竹简（二）》，中西书局，2011，第136页。

宗，逍遥得意于共山之首。"成玄英疏："共伯退归，还食本邑。"[1]这是符合事实的。宗者，祖庙也。祖庙所在之地，自是共国都邑。《左传·隐公元年》载，郑伯克段于鄢，"大叔出奔共"。杜注："共国，今汲郡共县。"《史记·郑世家》载："段出奔共。"《集解》引贾逵曰："共，国名也。"这种"出奔"现象在春秋时期非常普遍，受奔者多为邻国。杜预《春秋释例》云："奔者，迫窘而去，逃死四邻，不以礼出也。"[2]若此时共为卫国属地，则不得言"出奔共"，当如《左传·隐公十一年》曰："许庄公奔卫"，《左传·桓公九年》曰："郑忽出奔卫。"尤其是《左传·隐公元年》说到叔段奔"共"的同时，又谓"郑共叔之乱，公孙滑出奔卫"。公孙滑为共叔段之子，他出奔卫国，与其父公叔段出奔的共地，界划分明，显然是两个不同性质的诸侯国。这说明此共国尚存，之前"共伯归于宗"必是还归其采邑无疑。

（二）伯龢父即共伯和续证

共伯和作为畿内诸侯，其政治活动的舞台自是西周王廷。传世文献很少见到共伯和的记载，但西周金文给我们留下了相关的历史印迹。

20世纪30年代，郭沫若撰写《两周金文大系考释》，曾以师獸簋、师兑簋、师毚簋诸铭为据，提出"伯龢父"即"师龢父"，"当是厉世人，至宣世犹存者"。而师晨鼎、师俞簋、谏簋等器又有司马共，"则司马共当即师龢父若伯龢父，合之则为共伯和也"[3]。郭氏在西周金文中发现共伯和的踪迹，这是一个前无古人的创获。但他仅从人物称谓上来论证伯龢父即共伯和，说理并不透彻，尤其是"司马共"之共为人名，"共伯和"之共为国名[4]，将其牵合为一则极大地降低了相关论断的科学性。周代生称人名的情况十分复杂，除了姓与氏有别、名与字相分外，有时行第、爵称、官名等多种元素亦在其中，或繁或简，异名杂陈，必须仔细分辨。如共伯和其人，前人谓"共"为国名，即是以国为氏；"伯"为爵称，但周代实行嫡长子制，使其兼有诸侯之伯与行辈之伯的双重意义[5]；"和"为其名，确切说来应为其字。作为简称，共伯

1　（清）郭庆藩：《庄子集释·让王》，《诸子集成》第5册，上海书店，1986，第423页。

2　（晋）杜预：《春秋释例》卷4，中国社会科学出版社，2021。

3　郭沫若：《两周金文辞大系图录考释（七）》，科学出版社，1957，第114页。

4　张政烺：《张政烺批注两周金文辞大系考释》，中华书局，2011，第258页。

5　盛冬铃：《西周铜器铭文中的人名及其对断代的意义》，中华书局编辑部编：《文史》第17辑，中华书局，1983。

和可称为"共和"，有如召伯虎又称召虎，毛伯班又称毛班等。言其字，可加男子美称"父"，称为"伯和（龢）父"，有如散伯车父又称伯车父，兮伯吉父又称伯吉父等。若加其官名，伯龢父也可称"师龢父"，犹如伯雍父又称师雍父[1]。不过，金文中常有同名异人的情况，若仅从人物称谓着眼，别无他证，则往往难于做出正确区分。如周初伯龢鼎铭云："伯龢作召伯父辛宝尊鼎。"（《集成》2407）此"伯龢"为召公裔氏，与共伯和无关。又妄钟铭文云："肆妄作龢父大林钟"（《集成》110），此"龢父"为井氏家族中人，亦非共伯和。

郭说提出十多年后，杨树达重新思考这个问题，才算真正找到了证据。杨氏以为郭说"甚新而确"，但论证"不免迂曲"，求之师𪾢簋本铭，即可了然：

> 彝铭屡见"王若曰"之文，非王而称若曰者，仅此器之伯龢父，若非伯龢父有与王相等之身份，安能有此。且铭文首记命辞，次记锡物，末记扬休制器，与其他王命臣工之器无一不同，证一也。《尚书》屡见"王若曰"之文，非王而称若曰者只有微子与周公，除微子称若曰义不可知，当别论外，"周公若曰"只见于《君奭》、《立政》二篇，二篇皆周公摄政时书也。证二也。以彝铭证彝铭，又以《尚书》证彝铭，则伯龢父非共伯和莫属也。《礼记·曲礼篇》曰："天子未除丧曰予小子"，知古天子有自称小子之事。……今此铭记伯龢父自称小子，与《君奭篇》周公自称相类，则伯龢父又非以共伯和释之不可，此又一证也。[2]

杨氏三证以相关史实立论，远较郭氏为优。尽管论证中也存在一些问题，如逆钟铭文称"叔氏若曰"（《集成》61），说明非王而称"若曰"者并非只有师𪾢簋一器，而自称"小子"也不限于天子，金文中也多见臣工使用，但这些罅漏并不影响其总体结论的成立。今就簋铭细加考析，还可以找到相关证据。

为论述方便，兹引师𪾢簋铭文如次：

> 唯王元年正月初吉丁亥，伯龢父若曰：师𪾢，乃祖考有勋于我家，汝虽小子，余命汝死（尸）我家，𤔲司我西偏、东偏，仆驭百工、牧臣

1　吴镇烽：《金文人名汇编》修订本，中华书局，2006，第154、156、160页。

2　杨树达：《积微居金文说》增订本，中华书局，1997，第119—120页。

妾，东（董）裁内外，毋敢不善。锡汝戈琱威、缫柲、彤柲、毌五、锡钟
一肆五金，敬乃夙夜，用事。獸拜稽首，敢对扬皇君休，用作朕文考乙
仲鸞簋，獸其万年，子子孙孙永宝用享。（《集成》4311）

此器已佚，《博古图录》所摹图像纹饰有所失真。郭沫若定为厉王时器，张长
寿等审器腹及方座所饰分尾大鸟纹、圈足饰波浪纹，断为"夷厉前后器"[1]。
张政烺、晁福林以为作于"共和元年"[2]，其月相纪日与历谱相合。更重要的
是，铭文中的伯龢父两次说到"我家"，有的学者以为是"伯龢父家"[3]，是
"公室册命"[4]，实际应是"王家"。一则，伯龢父册命的对象是师獸，师氏是
西周常见的领兵作战的高级军事职官，而非畿内诸侯本国的下属武官，则此
册命当属中央王朝之事。故戈、钟等赐物规格甚高。二则，铭文所言"我
家"的规模与气象，亦非采邑主所能企及。师獸管理的手工作坊分置"东偏"
"西偏"两地，有"百工"为其仆驭，有"臣妾"供其驱使。除了王家，畿内
诸侯的采邑很难有如此庞大而分工细密的手工制造业。三则，师獸总领"我
家"内外事务，类似铭文又见于毛公鼎王曰："今余唯肇经先王命，命汝乂我
邦我家内外。"（《集成》2841）采邑规模较小，其政务不足以"内外"分治。
只有"王家"即王族内部事务与外朝国家事务有别，须分内外。故伯龢父所
言"我家"内外，非王家无以当之，有如蔡簋所言"王家外内"。可见伯龢父
册命师獸，关乎王家事务，与逆钟"叔氏若曰"所命"公室"即公卿家室事
务是不可同日而语的。

　　西周册命铭文甚多，通常是史官尹氏受"王命"或"王呼"某人代宣王
命，王命则以"王若曰"（或称"王曰"）的形式发布。师獸簋的册命仪式与
此有别，也与同为新王继位而任命王家总管的册命铭文大相异趣。如蔡簋铭
文云："唯元年既望丁亥，王在减应。旦，王格庙，即位。宰曶入右蔡，立中
廷，王呼史敓册命蔡。王若曰：蔡，昔先王既命汝作宰，司王家，今余唯申
就乃命，命汝眾曶叛胥对各，从司王家外内，毋敢有不闻，司百工，出入姜
氏命。"（《集成》4340）两相对比，可知"伯龢父若曰"这种册命程式，确非

　　1　张长寿、陈公柔、王世民：《西周青铜器分期断代研究》，文物出版社，1999，第79页。
　　2　张政烺：《张政烺批注两周金文辞大系考释》，中华书局，2011，第258页；晁福林：《试论"共和行
政"及相关问题》，《中国史研究》1992年第1期。
　　3　陈梦家：《西周铜器断代》，中华书局，2004，第238页。
　　4　陈汉平：《西周册命制度研究》，学林出版社，1980，第144页。

一般代宣王命的执政大臣可相比拟，证明伯龢父就是《竹书纪年》所言"摄行天子事"的共伯和。

（三）共伯和以首席执政摄行王政

《汉书·古今人表》列有"共伯和"，曹魏学者孟康注云："共伯，入为三公者也。"[1] 罗泌以为："孟康谓其入为三公，盖周室无君，和以三公摄政。"[2] 这些看法都是卓有识见的。然三公并非一人，具体又以何种身份摄政，仍然需要考索。

关于西周三公之制，旧时多以司徒、司马、司空或太师、太傅、太保为三公，其实三公并不以三人为限，而是由卿士寮、太史寮等朝廷行政部门的主官组成的执政群体，少者三四人，多则五六人，通常有一人为首席执政大臣，总揽百揆，成为天子联系群臣实施政令的桥梁[3]。共伯和又称师龢父，应是通过担任师职高官入为三公的。据元年师兑簋铭，师龢父职司"左右走马、五邑走马"（《集成》4275），厉王任命师兑为其助手。三年师兑簋记载，此时师龢父离任，厉王任命师兑"司走马"（《集成》4318），是担任走马正职。走马的职务有高低之分，"高者位近师氏"[4]。师龢父主管全国的左右走马及五邑走马，为走马之长，自是走马的最高职务，故可称为师氏。走马休盘铭文云："益公右走马休，入门，立中廷……王呼作册尹锡休"（《集成》10170），益公在共王时为三公首席执政，走马休的册命由益公为傧右，说明走马休属于益公下级并受其领导，反映了走马之长可以进入三公执政集体的事实。十一年师嫠簋器铭文云："师龢父胙嫠，叔（素）市（韍）巩（恭）告于王。"（《集成》4324）这是说师龢父受王命赐胙肉于师嫠，师嫠着素市恭告天子，以表谢忱。《左传·僖公九年》载："王使宰孔赐齐侯胙。"宰孔即周公忌父，时为周襄王重臣。而师龢父受王指派赐胙肉于师嫠，应与宰孔一样为王朝卿士。由此看来，共伯和入为三公并非始于厉王居彘之时，而是在厉王中后期即已进入三公行列，成为周王室执政大臣之一。

厉王流彘以后，共伯和作为执政大臣，当然不可能继立为王。这是严重

1　《汉书·地理志上》注引，中华书局，1962，第1554页。

2　（宋）罗泌：《路史》卷27《国名纪四》，《景印文渊阁四库全书》第383册，商务印书馆，1986。

3　杜勇：《清华简〈祭公〉与西周三公之制》，《历史研究》2014年第4期。

4　张亚初、刘雨：《西周金文官制研究》，中华书局，1986，第21页。

违背西周王位继承法的，何况厉王被逐后仍犹在世。但荣夷公倒台后，共伯和被奉为首席执政则无任何制度上的羁绊。师歔簋铭文曰："唯王元年"，若真有周王主政，代宣王命者当称"王若曰"，而不是称"伯龢父若曰"；受册命者当"对扬王休"，而不是"对扬皇君休"。这说明所谓"唯王元年"，不过是沿用年号制度的惯例，实际上王位已然虚空，只能由首席执政伯龢父以王的口吻颁布册命。但伯龢父并不是真正的王，故称"伯龢父若曰"。在西周政治体制中，首席执政是三公群体亦即国家政务委员会的召集人，其权力可能略高于其他执政大臣，但远不如后世宰相那样显赫，乃至西周金文所见毛公、井公、益公等人，在传世文献中并无反映。

由于共和行政期间，国家政令以"伯龢父若曰"的形式来发布，而此"若曰"对应的又是"唯王某年"，有的官方文书也可能径称"共和某年"。这种权宜之策实已多少超越了三公首席执政的权限，王子朝称其为"诸侯释位以间王政"，道理应该就在这里。而《晋书》引《竹书纪年》称"共伯和者摄行天子事"，《鲁连子》谓"诸侯奉和以行天子事"，显然比说"干王位"更符合历史实际。欧阳修说："所谓摄者，臣行君事之名也。伊尹、周公、共和之臣，尝摄矣。……虽行君事而其实非君也。"[1]欧阳修作为学者型政治家，或者说政治家中的学者，其洞明世事的能力是高人一等的。相反，以为"共伯和干王位"，或曰厉王被逐"共伯和立"，可能是未能认清史事真相所形成的误解。误解使事实超出常规，更显几分离奇，以致在持续流播中形成重重迷雾，久久不能澄清。

（四）召公、周公在共和行政时的实际地位

司马迁尽行舍弃有关共伯和的文献资料，把共和行政说成是"二相行政"，虽未得其真谛，但他肯定召公、周公在共和行政期间的核心地位，仍不失为卓然有见。

厉世末季，围绕"专利"和"弭谤"政策的实施，朝中大臣分化为不同的政治派别。以荣夷公为代表的力政派终于倒台，而以召公、芮良夫为代表的反对派看来也未完全赢得胜利，所以召公匿藏太子靖时不得不付出沉重代价。在这场政治斗争中，共伯和的政治立场如何未见记载，大概不会属于上

---

1 （宋）欧阳修：《欧阳文粹》卷2《春秋二》，《景印文渊阁四库全书》第1103册，商务印书馆，1986。

述两个政治派别，而是以其温和派的面目为各种政治力量所接受，最后走到历史的前台，成为三公群体中的首席执政大臣，得以摄行天子政事。这正是政治斗争的吊诡之处。

当然，共伯和出任首席执政，也有自身的政治优势。他在朝廷担任执政大臣多年，具有较为丰富的治国理政经验。而出身师职高官，熟悉王室武装力量，也有助于安抚当时参加暴动的官员和士卒。《史记·十二诸侯年表》谓此暴动由"公卿惧诛而祸作"，清华简《系年》称："厉王大虐于周，卿士、诸正、万民弗忍于厥心，乃归厉王于彘"，宣世𫭟盨也提及："邦人、正人、师氏人……虐逐厥君厥师。"（《集成》4469）可见暴动者的构成广泛而复杂，尤其是有军队参加，情形相当严重。共伯和出任首席执政，他的政治经历有利于平息国人暴动及其余波，平衡各种政治力量，特别是安抚"师氏人"，平稳渡过难关。

但是，召公的政治才干比起共伯和来，应该更胜一筹。单就匿藏太子靖一事来说，他处变不惊，沉着应对，终使王室血脉得以留存，为日后重拾山河创造了根本的前提和条件。这绝不是一起平凡的事件。如果没有超常的政治远见和全局意识，没有坚忍的意志和过人的智慧，是极难取得成功的。待事态平息下来，召公、周公虽然可以支持共伯和出任首席执政，但朝政实际是按照他们预设的历史轨道来运行的。《史记·周本纪》云："共和十四年，厉王死于彘。太子长于召公家，二相乃共立之为王，是为宣王。"《经典释文·庄子·让王》引司马彪云："十四年，大旱屋焚，卜于太阳，兆曰厉王为祟。召公乃立宣王，共伯复归于宗，逍遥得意共山之首。"[1]所谓厉王为祟，大旱屋焚，当然只是一种附会神灵权威的借口，适时拥立宣王继位，才是召公、周公多年经营所要达到的目的。而《鲁连子》谓："共伯使诸侯奉王子靖为宣王"，不过是权力交接的一种表面形式。若非召公、周公始终掌控政局，决不会厉王一死即有太子即位的巧合。可见召公、周公在整个共和行政期间始终居于权力核心地位，司马迁谓之"二相行政"，无疑认识到了事情的本质。

太子靖即天子位，使国家走向宣王统治的复兴时代，共伯和作为首席执政代行王政的必要性已不复存在。就其年龄而言，共伯和也不再适合继续效

1　（唐）陆德明：《经典释文》，上海古籍出版社，1985，第1564页。

力王廷了。他在厉王元年即任走马之长，以此时二十岁计，宣王元年也是七十出头的人了，与相对年轻且颇具政声的召公、周公相比，精力不逮不说，政治优势也相形见绌，已经不足以继续担此重任了。所以宣王即位后，他告老还乡，逍遥于共山之首，无疑是明智的选择。这也使他博得贤仁之名，受到后世的广泛赞誉。

综上所论，古今关于"共和行政"的诠释，或从《竹书纪年》"共伯和干王位"，或从《史记》"二相行政"说，均有未谛。实际上，国人暴动逐走厉王以后，畿内诸侯共伯和并未篡位自立，而是以三公首席执政的身份，会同召公、周公执掌王室大政，以共伯和的名义（"伯龢父若曰"）发布国家政令，以"共和"为年号，组成贵族合议制政府，维持中央政权的运行。在王室无君的情况下，这种合议制政府的执政大臣在一定程度上超越了朝廷权力运行的制度规范，因而被称为"诸侯释位以间王政"，或"共伯和摄行天子事"。这或许就是西周"共和行政"的历史真相！

第九章　西周的衰亡

第一节　宣幽时期对外族的战争

共和十四年（前 828 年），逃往彘地的周厉王一命归西。在召公、周公的谋划和主导下，太子靖即王位，被尊为首席执政大臣的共伯和归老于共，开始了历时 46 年（前 827—前 782 年）的宣王统治时期。其后幽王继立，在位仅 11 年（前 781—前 771 年），西周国家即在四夷交侵的鼓角声中一朝覆亡，东周王朝开始了文明接续的新里程。

一、对东南蛮夷的战争

周人对东夷、淮夷的征伐，终西周一代几未休止。宣王即位，年纪尚轻，王室大政实际仍由召公、周公"二相辅之，修政，法文、武、成、康之遗风，诸侯复宗周"[1]。为了刷新朝政，重振国威，政行四方，召公发动了征伐淮夷的战争。此役除有拓土固疆的政治意义外，也有征取贡赋力役，攫取资源的经济意义。通过强力扩张，改变了东南蛮夷时服时叛的局面。

（一）伐淮夷

宣世对淮夷的征伐，《史记》不曾言及，《诗·大雅·江汉》《诗·大雅·常武》却极尽渲染。《诗·大雅·江汉》云："王命召虎：'式辟四方，彻我疆土。匪疚匪棘，王国来极。于疆于理，至于南海。'"召虎即召穆公，由他亲自担任征伐淮夷的最高统帅，反映了周王朝意欲拨乱反正、重拾山河、疆理四方的意志。"南海"即南国，为尚未华化的淮夷所居近海之地。"王国来极"，就是要按中央王朝的政治准则来疆理南国。对时服时叛的淮夷实行严厉的军事打击，便成了贯彻国家意志的主要手段。《诗·大雅·江汉》前两章云：

---

1 《史记·周本纪》，中华书局，1959，第144页。

> 江汉浮浮，武夫滔滔。匪安匪游，淮夷来求。既出我车，既设我
> 旟。匪安匪舒，淮夷来铺。江汉汤汤，武夫洸洸。经营四方，告成于
> 王。四方既平，王国庶定。时靡有争，王心载宁。[1]

首章言："淮夷来求""淮夷来铺"，"来"为语词，"求"训诛求，"铺"为陈师伐之。召穆公用兵南土，出车设旟，非为遨游逸乐，乃是对淮夷的大张挞伐。次章言："经营四方，告成于王。"说明大功告成，南土得以安定，天子心情欣畅。

淮夷部族甚众，徐夷为主脑之国，因而是王师主要的打击目标。《诗·大雅·常武》云：

> 赫赫明明，王命卿士，南仲大祖，大师皇父："整我六师，以修我
> 戎。既敬既戒，惠此南国。"王谓尹氏，命程伯休父："左右陈行，戒我
> 师旅。率彼淮浦，省此徐土。"……如雷如霆，徐方震惊。王奋厥武，如
> 震如怒。进厥虎臣，阚如虓虎。铺敦淮濆，仍执丑虏。截彼淮浦……四
> 方既平，徐方来庭，徐方不回（违），王曰还归。[2]

诗中的"南仲"即无更鼎铭的"司徒南仲"（《集成》2814），可能是食采畿内的南宫氏家族中出任王朝卿士者。《国语·周语上》"司徒协旅"，韦注："司徒掌合师旅之众。"说明军队的兵员由司徒负责征召聚合。"大师皇父"是前线军队的主帅。《国语·周语上》提到"司徒省民，太师监之"，说明战争中也需要大师与司徒密切配合，共同加强对军队的管理和指挥。宣王在大祖之庙册命南仲和皇父，"整我六师"，担任"惠此南国"的主帅。诗中还有一位名叫程伯休父的高级将领，可能是畿内程邑（今陕西咸阳东）的封君，旧说任朝中大司马之职。但从金文资料看，直接参加作战的多为师氏，大司马应是前线直接指挥作战的高级将领，故可训诫六师，分列左右阵形。司徒南仲、大师皇父与程伯休父等人，出征前均由周天子册命，足见其地位的显赫，也表明王室"省此徐土"不获全胜绝不收兵的决心。王师以雷霆万钧之势，大征徐国，"仍执丑虏，截彼淮浦"，取得战争的决定性胜利。最后徐夷臣服，朝觐天子，表示不敢违背朝廷政令，实现了周人兴师南国的战略目标。

---

1 《诗·大雅·江汉》，（清）阮元校刻：《十三经注疏》，中华书局，1980，第573页。

2 《诗·大雅·常武》，（清）阮元校刻：《十三经注疏》，中华书局，1980，第576—577页。

　　伐徐方是南征淮夷的关键战役。"王奋厥武，进厥虎臣，阚如虓虎。"其兵锋凌厉，战事激烈，立功将领当不在少数。然相关军赏铭文却很少发现，略有关联的师寰簋记事也被看成另一次战役[1]。簋铭（图9-1、图9-2）云：

　　　　王若曰："师寰，拙淮夷繇我帛畮臣，今敢薄厥众眼，返厥工吏，弗迹我东国。今余肇命汝率齐师、曩、赟（莱）、僰、尿、左右虎臣征淮夷，即贅厥邦酋，曰井、曰裒、曰铃、曰达。"（《集成》4313）

图9-1　师寰簋

图9-2　师寰簋铭文

　　师寰簋为宣王时器。铭文说到"征淮夷"的背景，是因为淮夷煽动东夷诸族"返厥工吏，弗迹我东国"，即背叛周朝官吏，致使东国不循王道，因而成为兴师讨伐的对象。师寰奉命率纪、莱等国之师及左右虎臣征淮夷，但战事不是发生在今山东地区。师寰率领的"虎臣"为王朝军队，即《诗·大雅·常武》中"左右陈行"的虎臣，文献又称"虎贲"，是王师的精锐部队。"贅厥邦酋"是说残杀淮夷族邦首领四人，此与《诗·大雅·常武》中"仍执丑虏"义相近同。"丑虏"的丑，多训为众。虏即俘虏，金文常见俘人若干，不必以"众"相修饰。《诗·小雅·出车》云："执讯获丑"，《隶释》有"执讯获首"之语，"以丑为首之假借"[2]。是知丑（首）与酋其义相通，均指所杀敌酋。由此可见，师寰征淮夷与召公伐淮夷应为一事。师寰可能是配合程伯休父作战的部将，战争中折首执讯，俘人夺金，战功赫赫。

　　师寰簋铭还说到"繇我帛畮臣"，与兮甲盘称"淮夷旧我帛畮（贿）人"

　　1　李学勤：《兮甲盘与驹父盨——论西周末年周朝与淮夷的关系》，《西周史研究》（《人文杂志》丛刊第2辑），1984年。

　　2　（清）马瑞辰：《毛诗传笺通释》，陈金生点校，中华书局，1989，第524页。

同义。"亩"郭沫若读为"贿",并引《周礼·大宰》郑注"布帛为贿",谓"帛贿人"犹言"赋贡之臣"[1]。李学勤认为,赋与贡是有区别的,周王朝向诸侯或少数民族征取的财物,是贡而不能称为赋[2]。兮甲盘铭文记尹吉甫北伐狎狁取胜后,旋被周室派往成周承担新的职务,即负责淮夷地区的贡赋和交易事宜。兮甲盘铭文云:

> 王命甲政司成周四方积,至于南淮夷。淮夷旧我帛亩(贿)人,毋敢不出其帛、其积、其进人,其贾毋敢不即次,即市,敢不用命,则即刑扑伐,其唯我诸侯、百姓、厥贾,毋不即市,毋敢或入蛮宄贾,则亦刑。(《集成》10174)

这里说"淮夷旧我帛亩(贿)人",如今不敢不贡纳布帛。这里的"积"即文献习见的"委积"。《周礼·大司徒》云:"令野修道委积",贾疏:"大司徒令遗人于野路之上,修治道涂及委积刍薪米禾之等,以待宾客。"孙诒让《周礼正义》说:"凡储聚禾米薪刍之属,通谓之委积。"[3]这就是说,淮夷还有向周王朝提供禾米薪刍的义务。"进人"是力役之征,即向周王朝提供服役的民人,未必是奴隶。"即次"的次,指市场管理机构,是说淮夷的商贾必须到规定的市场从事交易,并服从市场机构的管理,若不听命将会受到征伐。即使周之诸侯、百姓、商贾,也同样要到市场进行交易,若与那些蛮夷之地的不法奸商私下交易,同样要受刑罚的惩处。铭文整体上是对淮夷的贡赋和交易进行明确规定和限制,意在将淮夷纳入国家治理体系,加大对他们的榨取与剥削。兮甲盘说:"王命甲政司成周四方积,至于南淮夷",其"积"涉及四方,淮夷亦在其列。这些政令伴随着严厉的惩罚措施,只有在完全征服淮夷之后才能有效推行。由于兮甲盘作于宣王五年(前823年),则伐淮夷应在宣王初年,而不是今本《竹书纪年》所说的宣王六年(前822年)。淮夷平定后,狎狁随后作乱,或许与宣王对淮夷实施的经济政策有关,乃至激起狎狁的恐慌和反叛。

由于宣王时期战事频仍,贡纳的征取和兵员的补充都至关重要。淮夷作为周王朝布帛、粮草、力役之征的重要来源地之一,自会受周王室的高度关注。其后朝廷不时派出大员巡察南国,持续推进国家政令的贯彻执行。驹父

---

1 郭沫若:《两周金文辞大系图录考释(七)》,科学出版社,1957,第144页。

2 李学勤:《兮甲盘与驹父父盨——论西周末年周朝与淮夷的关系》,《西周史研究》(《人文杂志》丛刊第2辑),1984。

3 (清)孙诒让:《周礼正义》卷19《大司徒》,王文锦、陈玉霞点校,中华书局,1987,第767页。

盨铭云：

> 唯王十有八年正月，南仲邦父命驹父即南诸侯，帅高父视南淮夷，厥取厥服，谨夷俗，遂不敢不敬畏王命，逆视我，厥献厥服。我乃至于淮，小大邦亡敢不钦俱逆王命。（《集成》4464）

这是宣王十八年（前 810 年），南仲邦父（即司徒南仲）到南土诸国视察，并率领高父检查淮夷纳贡的情况。而淮夷大小诸邦不敢不敬畏王命，迎接使臣，表示效忠。铭文"厥取厥服"与"厥献厥服"含义相同。"厥"指淮夷，"取"与"献"就是赋税与贡纳，"服"可能是指对周王室提供力役情况，亦即兮甲盘所谓"进人"，以补充兵员。本铭内容与兮甲盘相近，驹父、高父奉命视察，反映了周人对于淮夷政治控制的不断加强。这对于周人利用淮夷地区的经济和人力资源，持续展开对北方戎族的军事斗争，显然是有重要作用的。

（二）伐荆楚

宣王时期，楚国进一步强大起来，成为周王室的敌对势力。方叔作为王室元老重臣，在率兵击败猃狁进攻之后，接着又奉命南征荆楚。《诗·小雅·采芑》有云：

> 方叔莅止，其车三千，师干之试。方叔率止，钲人伐鼓，陈师鞠旅。……蠢尔蛮荆，大邦为仇。方叔元老，克壮其犹（猷）。方叔率止，执讯获丑。戎车啴啴，啴啴焞焞，如霆如雷。显允方叔，征伐猃狁，蛮荆来威。[1]

《诗》云"其车三千"，以每车 12 人计，即达 3 万多人。春秋时期各国用兵尚未达到如此规模，遑论西周，故只能看作是盛赞军威的张皇之辞。"方叔莅止"表明方叔确已莅临南土，对与周邦为敌的楚国进行军事打击。战车出动，"如霆如雷"，列阵出击，"执讯获丑"，最后振旅凯旋，并非"不战而已屈人之师"[2]。或谓"周宣王始终没有向楚国用兵"[3]，或荆蛮之服非实有其事，"乃作者虚拟颂祷之词"[4]，似与诗义不合。《后汉书·南蛮西南夷列传》说："宣王中兴，乃命方叔南伐蛮方，诗人所谓'蛮荆来威'者也。"[5]是切中肯綮的。至

---

1 《诗·小雅·采芑》，（清）阮元校刻：《十三经注疏》，中华书局，1980，第425—426页。

2 （清）方玉润：《诗经原始》，李先耕点校，中华书局，1986，第365页。

3 杨宽：《西周史》，上海人民出版社，1999，第638页。

4 吴闿生：《诗义会通》，蒋天枢、章培恒点校，中西书局，2012，第157页。

5 《后汉书·南蛮西南夷列传》，中华书局，1965，第2830页。

于诗中所言"征伐猃狁"，亦非无端羼入，意在说明方叔以王朝卿士为将，足智多谋，治军有方，故可以先前伐戎的威势，使不逊王命的荆楚畏威来服。

周夷王时，楚君熊渠有三子俱封为王，自诩不与中国之号谥，公然与周王朝分庭抗礼。后来熊渠见周厉王对反叛方国伐灭的手段残暴，便自行削去三子王号，但封地依然存在，成为楚人后续扩张的基地。周宣王七年（前821年），楚君熊徇（绚）在激烈的公室权力斗争中占据上风，继立为君。当时史伯对他的评价是："是天启之心也，又甚聪明和协，盖其先王……天之所启，十世不替，夫其子孙必光启土。"又说："唯荆实有昭德，若周衰，其必兴矣。"[1]对于楚国势力的坐大，周人似有警惕。除了方叔率师伐楚外，还有一个具有战略意义的防御性举措，即迁申、吕于南阳。

申、吕为四岳之后，姜姓部族。四岳立国在大禹之时，初居太岳所在的晋西南地区。作为四岳裔氏的申、吕部族，或在商代即已立国，周初被重新册封，仍居原地。春秋时晋南多见有关吕的称名，如吕锜、吕相、吕伯、吕
甥等人名，吕邑（今霍州）、吕乡、吕梁等地名[2]，著名的吕甥钟也出土于今山西万荣县境内，应与申、吕曾居此地有关。直到宣王初年，申、吕两国始奉王命南迁。

申、吕的徙封，见于《诗·大雅·崧高》。其首章云："崧高维岳，骏极于天。维岳降神，生甫（吕）及申。维申及甫，维周之翰。四国于蕃，四方于宣。"诗中的"崧"，《尔雅·释山》郭注："今中岳嵩高山"，后世学者多为所误。清人阎若璩明确指出："崧高维岳，非当时以太室山为岳，乃诗人借岳来赞美之曰：有崧然而高者维是四岳之山"，四岳即《禹贡》之太岳"[3]。又据马瑞辰考证："嵩、崧皆崇字之异体……《后汉书·灵帝纪》熹平五年改崇高山为嵩高，始误分崇、嵩为二字耳。"[4]是嵩高之名晚出，崧非嵩字，故此当依毛传："山大而高曰崧，岳，四岳也。"申、吕虽非神生，但与四岳关系密切，最初居四岳国境内，亦即《禹贡》太岳山一带。后来申、吕成为周王国的栋梁和屏藩，是宣王命其南迁所要发挥的作用。

1 《国语·郑语》，上海师范大学古籍整理研究所校点，上海古籍出版社，1988，第510、511页。

2 王国维：《邵钟跋》，《观堂集林（外二种）》，河北教育出版社，2001。

3 （清）阎若璩：《潜邱札记》卷2《释地余论》，《景印文渊阁四库全书》第859册，商务印书馆，1986。

4 （清）马瑞辰：《毛诗传笺通释》，陈金生点校，中华书局，1989，第988页。

《诗·大雅·崧高》第二、三章云：

> 亹亹申伯，王缵之事。于邑于谢，南国是式。王命召伯，定申伯之宅。登是南邦，世执其功。/王命申伯："式是南邦。因是谢人，以作尔庸。"王命召伯："彻申伯土田。"王命傅御："迁其私人。"[1]

诗中的"谢"即申、吕南迁之地（今河南南阳），后为申、吕封国，故申又称"南申"（仲爯父簋，《铭图》5199）。"召伯"即召公虎，他秉承宣王之命，在谢地新建城邑，使申伯居有宫室，赋有土田。"私人"指申伯的家臣，意味着申伯是举族南迁。"南国是式"或"式是南邦"，是要申伯成为南邦的典范，为周室效忠，为王国屏藩。

《诗·大雅·崧高》又云："申伯信迈，王饯于郿。申伯还南，谢于诚归。""郿"，毛传为地名。郑笺："时王盖省岐周，故于郿云。"这是以郿为岐周之地（今陕西眉县），后世多从之，甚或谓申即在郿地。宣王为申伯饯行，不在自己的王宫举行，反而跑到申伯那里盛情款待，谆谆告诫，于理不畅。孔颖达作疏说："此言信行，则往前心未欲行，于时乃信，故解其意……申在镐京之东南，自镐适申，涂不经郿。解其得饯郿之意，时宣王盖省视岐周，申伯从王至岐。自岐遣之，故饯之于郿也。"细味全诗，不失为一种合理的解释。迁申、吕于南阳，是宣王在方叔伐楚之后，为巩固南疆采取的一项重要后续措施，本希冀以此"揉此万邦，闻于四国"，不料后来申、吕竟成了覆亡西周的敌对力量。

（三）伐宿夷

宣王东伐宿夷，文献失载，仅见于晋侯苏编钟（图9-3）。编钟计16件，其中两件1992年出土于山西曲沃北赵晋侯墓地，其余则被盗掘流散到香港，经上海博物馆抢救回归。编钟以八件为一组，所刻铭文（图9-4）则16件通为一篇，相关内容如下：

> 唯王卅又三年，王亲遹省东国、南国，正月既生霸戊午，王步自宗周，二月既望癸卯，王入格成周。二月既死霸壬寅，王偾往东。三月方死霸，王至于葟（范），分行。王亲命晋侯苏：率乃师，左复，洀。北复，□，伐夙夷。晋侯苏折首百又廿，执讯廿又三夫。王至于勋城，王亲远

---

1 《诗·大雅·崧高》，（清）阮元校刻：《十三经注疏》，中华书局，1980，第566页。

省师。王至晋侯苏师，王降自车，位南向。亲命晋侯苏：自西北敦伐勋
城。晋侯厥率亚旅、小子、或人先陷入，折首百，执讯十又一夫。王至，
淖淖列列，夷出奔。王命晋侯苏率大室小臣车仆从遣逐之。晋侯折首百
又一十，执讯廿夫；大室小臣车仆折首百又五十，执讯六十夫。王唯
返，归在成周。公族整师，宫。六月初吉戊寅，旦，王格大室……王亲
赐驹四匹，苏拜，稽首。（《近出》35—50）

图 9-3　晋侯苏编钟 A 甲

图 9-4　晋侯苏编钟 A 甲铭文

　　编钟铭文所言"晋侯苏"，文献又称"晋侯籍"。《史记·晋世家》说：
"靖侯已来，年纪可推。……靖侯十七年，周厉王迷惑暴虐，国人作乱，厉王
出奔于彘，大臣行政，故曰共和。十八年，靖侯卒，子釐侯司徒立。釐侯十
四年，周宣王初立，十八年，釐侯卒，子献侯籍立。"《索隐》云："《系
（世）本》及谯周皆作苏。"据此可知，编钟所言"晋侯苏"亦即"晋侯籍"，
在周宣王十八年（前 810 年）继立为侯，则此编钟当为周宣王时器。但是，
依王国维月相四分说，其历日却与周宣王三十三年（前 795 年）不合。出于
合历的需要，马承源定此为厉王三十三年，并谓："《史记·晋世家》载晋侯
苏在位为宣王时也是不对的……西周晋国的世次记载，当有较大的疏漏，《史
记》所列，未必可靠。"[1]太史公对晋国年代的整理确有未当，但马承源予以全
盘否定也不是解决问题的办法。李学勤意识到这一点，对此予以重新解释说：
"厉王卅三年乃献侯祖父靖侯十三年，距献侯元年二十四年。我认为铭文的晋

1　马承源：《晋侯苏编钟》，上海博物馆编：《上海博物馆集刊》第 7 期，上海书画出版社，1996。

侯苏系他即位后追称。猜想编钟的一部分原是他随厉王作战的胜利品。因此将之配成全套，作为纪念。俘获的钟不会有铸好的文字，于是加以镌刻，称号也依刻时的身份改变。"[1]此说后来为夏商周断代工程所采用，亦称铭文是"晋侯苏即位后追记此前跟随厉王东征时的功绩和赏赐"[2]，并据以编制西周金文历谱。然细审铭文，如是解读仍有困难。厉王三十三年既是靖侯当政，则"苏"以靖侯之孙从王东征则不可能以"侯"相称，但在铭文中却反复出现"晋侯苏"字样，即使是后来追记前事，亦非所宜。须知以当时礼制的约束，人们在称谓上对身份的限制是很严格的。其时"苏"既非晋侯，时王发布命令时不可能用"晋侯苏"这样的称呼。此外，据《史记·周本纪》载，从厉王三十年实施"专利"措施，三十四年开始血腥"弭谤"，至三十七年国人"袭厉王"将其逐出宗周，其间施政的主要方向都集中在国内，并无用兵东国、南国六个月的任何迹象。这也说明晋侯苏钟不可能是追记的厉王晚期之事。李伯谦根据山西曲沃北赵村晋侯墓地的墓位安排次序、延续时间以及各晋侯墓墓主推定，认为"M8 晋献侯墓的所属王世只能是宣王，而不可能是厉王"[3]，卓有识见。至于铭文牵涉的历日是否合谱的问题，现在还不能过早地下结论。新近发现的四十二年、四十三年逑鼎公认为宣王时器，但其历日仍与宣王历谱不合。这说明我们对西周纪年和历法的认识可能还有很多盲点，有待深入研究。如果仅以历日是否合谱来确定铜器的制作年代，未必是科学的。晋侯苏钟的绝对年代目前尚未找到合理的解决方案，不妨暂时存疑，但其相对年代为宣王时期恐怕是不可移易的。

关于晋侯苏"伐夙夷"的史实，铭文说到宣王三十三年（前795年）正月，"王遹省东国、南国"，其起因当与禹鼎称厉王时"南淮夷、东夷广伐南国、东国"的情形相类似。三月末，王师经成周东行至"菫"，此字李学勤读为"菡"，以为即《春秋·桓公十一年》所见的阚，在今山东汶上西[4]。裘锡圭读为"范"，以为在今河南范县东南[5]。揆诸情势，当以裘说为长。宣王在

1　李学勤：《晋侯苏编钟的时、地、人》，《缀古集》，上海古籍出版社，1998。

2　夏商周断代工程专家组：《夏商周断代工程1996—2000年阶段成果报告（简本）》，世界图书出版公司北京公司，2000，第22页。

3　李伯谦：《晋侯苏钟的年代问题》，《文明探源与三代考古论集》，文物出版社，2011。

4　李学勤：《晋侯苏编钟的时、地、人》，《缀古集》，上海古籍出版社，1998，第104页。

5　王世民等：《晋侯苏钟笔谈》，《文物》1997年第3期。

"范"地兵分两路，自己亲率王师东进，晋侯则率部北进，"伐夙夷"。夙与宿二字可相通假，夙夷即宿夷。《左传·僖公二十一年》载："任、宿、须句、颛臾，风姓也，实司太皞与有济之祀。"宿为风姓古国，太昊之后，其地望在今山东东平境内。晋侯"伐夙夷"，"折首百又廿，执讯廿又三夫"。此后，晋侯随即南下，在"勛（郓）城"（今山东郓城东）与王师会合。宣王命晋侯率其"亚旅、小子、彧人"，从郓城西北方向首先发起进攻，"折首百，执讯十又一夫"。其后夷人仓皇出逃，宣王命令晋侯苏同时率领王室部队即"大室小臣车仆"予以追击。两支部队在晋侯苏的统一指挥下，大有斩获。晋侯苏所属部队"折首百又一十，执讯廿夫"，而王室军队"折首百又五十，执讯六十夫"。战事结束后，返回成周，周王对晋侯赏赐驹四匹、马四匹、秬鬯一卣、弓矢百。在此次东征之役中，晋献侯不仅独立征伐宿夷获胜，而且作为先锋攻打郓城，继之与王师合击败逃的夷人。东国、南国的夷族诸部，虽在宣王晚期犹有叛乱活动，但已非周人劲敌，真正的威胁来自北方的戎族。

二、对西戎猃狁的战争

戎族又称西戎，主要居于我国西北地区，西周时尚未形成统一的族体。西戎广义上是指西北地区戎族诸部，狭义可指其分支犬戎，犬戎是东周以后对猃狁的称呼。宣幽时期，戎祸加剧，烽烟不息，成为导致西周灭亡的重要原因之一。

（一）从《诗·小雅·六月》看戎祸危机

《诗·小雅·六月》是一首描述周宣王时尹吉甫征伐猃狁，告胜凯旋，宴飨庆功的诗篇。诗中言及猃狁入侵，兵锋直指京师地区，是西周建国以来最为严重的外族入侵事件。诗中"侵镐及方"相关地理，结合金文"蒡京"问题加以考察，可以深化我们对两周之际政治大变局的历史认知。

1. 《诗·小雅·六月》中的地理问题

《诗·小雅·六月》一诗凡六章，每章八句。其中第四章有云："猃狁匪茹，整居焦获。侵镐及方，至于泾阳。"第五章云："薄伐猃狁，至于大原。"这里先后涉及五个地名：焦获、镐、方、泾阳、大（太）原。正确考订这五个地名的实际方位，对于深入理解西周晚期政治空间形势的变化具有重要意义。

"镐及方"的地理位置何在？它牵动和制约着《诗·小雅·六月》中地名群的准确定位，也是整个问题的关键和核心。不知是谨慎还是迷茫，毛传于此无说。郑笺则云："镐也、方也，皆北方地名。言狁犹之来侵，非其所当度为也，乃自整齐而处周之焦获，来侵至泾水之北。"郑玄把"镐""方"释作北方地名，成了无法确定地望的模糊指称，意味着它们与西周镐京并无关联。如果往前追溯，西汉时期刘向即有此种说法。据《汉书》卷七十《陈汤传》载，刘向曾向汉元帝上疏，引及《诗·小雅·六月》"吉甫燕喜，既受多祉，来归自镐，我行永久"，言称"千里之镐犹以为远"，即以为诗中的"镐"远在宗周千里之外。这种"赋诗断章"的做法，本来不足为训，反为郑玄误为正解加以承继。曹魏时期的王肃不以为然，提出诗中的镐是镐京，却随之受到王基的批驳，认为此"与京师同名者也"[1]，进一步肯定郑玄以"镐及方"为北方地名的说法。之后，从唐宋时期的孔颖达、朱熹，到清代的陈奂、方玉润，乃至专门研究《诗经》地理的朱右曾，无不认为镐非丰镐之镐，众口铄金，殆成定案。近世著名学者王国维也认同北方地名说，并试图落实其具体地望，他认为："镐与太原殆是一地。或太原其总名，而镐与方皆太原之子邑耳。"[2]依照王氏所论，镐与方成了太原所属子邑，且太原不在泾水之北而是在河东一带，使问题更为复杂化。

在这个问题上，当代学者赞同王肃"镐"即镐京说的不多。黄盛璋认为："所谓'侵镐及方'，是指入侵的目的地，非谓到达其地。"[3]此说甚有见地，唯其以镐、方即镐、丰作为论证的基点，缺少应有的逻辑力量。王玉哲认为："宣王初年盖即居成周。当时狁犹侵周，乃自山西之太原南犯，循河、渭西指，镐京、泾阳乃被其威胁。王命吉甫先战之于太原，后又曾西追，败敌于泾渭，保护了镐京，大功告成，凯旋返成周。"[4]其所言亦有疑点。宣王初年是否恒居成周，太原是否就在山西，并不确定。特别是吉甫"薄伐狁犹，至于大原"，事在狁犹"侵镐及方，至于泾阳"之后，却被说成先战于太原而后西追于泾渭，与诗义绝相冲突。所以黄、王二氏以镐为宗周的意见还无法得到人们的首肯。在这里，我们想转换一下视角，重新说明"镐"即镐京说的正确性。

1 《诗·小雅·六月》正义引，（清）阮元校刻：《十三经注疏》，中华书局，1980，第425页。
2 王国维：《周荞京考》，《观堂集林（外二种）》，河北教育出版社，2001。
3 黄盛璋：《周都丰镐与金文中的荞京》，《历史地理论集》，人民出版社，1982。
4 王玉哲：《西周荞京、镐京地望的再检讨》，《古史集林》，中华书局，2002。

其一，"侵镐及方"只是反映猃狁来犯的军事企图，而非实至其地。《诗·小雅·六月》云："侵镐及方，至于泾阳"；又云："薄伐猃狁，至于太原。"诗中"至于"两见，文例相同。细味诗意，所谓"薄伐猃狁"不过是尹吉甫攻伐的军事目标，太原为其中心族居地，这是无可怀疑的。同样的道理，猃狁"至于泾阳"，亦当与其军事目标逼近，这就是"镐及方"。诗中的"侵"字不是已然之词，而是代表所要入侵的目的地。因而诗中的"镐"除了西周王朝的政治中心镐京外，恐怕别无其地可以当之。如果"镐及方"只是千里之外的西北边疆之地，诗中"猃狁孔炽，我是用急，王于出征，以匡王国"的危急局势便无从谈起。从前的经学家没有弄清这个道理，只就诗中叙事文字的先后上来考虑问题，误以为猃狁首先侵犯镐与方，然后才攻至泾阳，于是就只好把镐与方看作北方地名。当今学者受其影响，还试图利用金文资料予以证明。如唐兰举例司土斧铭文曰："虢司土（徒）北征，蒿（镐）甫"（《集成》11785），认为"周朝有两个镐，原来的镐，应在北方"[1]。其说亦难成立。遍查西周铜器铭文，凡言"北征""东征""南征"者，"征"字后面均无宾语以言征伐对象。欲言征伐对象，须在"征"字后面加一"伐"字。是知司土斧铭同样当以"北征"断句，后面的"蒿"字指镐京，并非司徒北征的对象，无法对镐为北方地名说形成支持。

其二，"来归自镐"是说吉甫从镐京返归成周，非谓自北而还。吉甫征伐猃狁之役，除《诗·小雅·六月》一诗有所记述外，兮甲盘亦有反映。盘铭云："唯五年三月既死霸庚寅，王初格伐猃狁于䍼膚，兮甲从王，折首执讯，休亡愍，王锡兮甲马四匹、驹车。"（《集成》10174）铭文中的兮甲，又称兮伯吉父，兮为氏名，伯为排行，甲为其名，吉父为其字。王国维推证"兮伯吉父"就是《诗·小雅·六月》诗中的"吉甫"，得到学界公认。若将盘铭与《诗·小雅·六月》合观，可知此役大体分为两个阶段。第一阶段如诗云"王于出征，以佐天子"，即由宣王率师亲征，兮甲从王，对来到家门口的猃狁奋勇还击，"戎车十乘，以先启行"，赢得"䍼膚"之战的胜利。盘铭中的"䍼膚"，王国维释作"彭衙"（今陕西白水），也有学者释作"余吾"（在今山西屯留）[2]，都是出于把古太原定位于河东一带所做的推断，恐非是。揆诸情势，

1　唐兰：《西周青铜器铭文分代史征》，中华书局，1986，第133页。

2　王玉哲：《中华民族早期源流》，天津古籍出版社，2010，第233页。

"�瘕"当为猃狁所至"泾阳"附近一个不见于经传的小地名，是王师首次反击猃狁的作战之地。继后战争进入第二阶段，由吉甫独肩大任，继续追击猃狁败军，直至太原而归。诗中"维此六月，既成我服，我服既成，于三十里"，当是吉甫挥师北进的时间。战争结束大约在数月之后，时至秋收季节，故而吉甫还师镐京，接着便受命前往成周履新，以征四方之委积。诗云："来归自镐，我行永久"，是说吉甫出征时间甚长，现在才从镐京回到可能是先前的任职之地成周，宴飨庆功，"饮御诸友"。这恐怕就是"来归自镐"的真实意蕴，不能由此说明"镐"为北方地名。

其三，泾阳为近京之地，不在泾水之北。诗云猃狁"整居焦获"，而后"至于泾阳"。所言"焦获"的地望是清楚的。《尔雅·释地》言古有十薮（大泽），称"周有焦护"，《经典释文》谓："获，胡故反，又作护，同。"[1]是"焦护"本作"焦获"。郭璞注《尔雅》云："今扶风池阳县瓠中是也。"邢昺疏引孙炎注："周，岐周也。《诗·六月》云'猃狁非茹，整居焦获'是也。时人谓之刬中也。"又《史记·匈奴列传》云："（犬戎）遂取周之焦获，而居于泾渭之间。"《正义》引《括地志》云："焦获亦名瓠口，亦曰刬中，在雍州泾阳县城北十数里。周有焦获也。"凡此说明焦获在汉代池阳县（今陕西泾阳北）是有根据的。有的学者把"焦"与"获"分作二地，以为位于晋南[2]，似过离奇。至于诗中的"泾阳"，郑玄释为泾水之北，本是以镐、方为北方地名作为前提所形成的错误认识，孔颖达作疏却为之辩解说："镐、方虽在其下，不必先焦获乃侵镐、方，据在北方，在焦获之东北。"清儒顾炎武、胡渭、陈奂等循此思路，也认为"泾阳"即汉时安定郡泾阳县（治今甘肃平凉西北）。他们把泾阳确定为一个实有所指的地名，是切合诗义的。但由焦获而泾阳，则泾阳为后至之地，必在其南，这才符合猃狁犯周的进攻方向。所以王国维说："先儒多以汉时泾阳县属安定郡，在泾水发源之处，疑《诗》之泾阳亦当在彼，不知秦时亦有泾阳，在泾水下游"，并正确指出周之泾阳"当为今日之泾阳县"[3]。泾阳作为古邑，秦灵公曾建都于此，后来又成为秦昭王同母弟泾阳君的封邑。此地与猃狁犯周的集结地焦获正相距不远。焦获、泾阳地望既定，益知猃狁"侵镐及方"非谓北方之地，而是以此作为打击宗周的终极战略目标。

---

1 （唐）陆德明《经典释文》卷29《尔雅音义》，上海古籍出版社，1985，第1649页。

2 赵铁寒：《太原辨》，《古史考述》，正中书局，1965，第283—298页。

3 王国维：《观堂集林（外二种）》，河北教育出版社，2001，第369—383页。

从上面的分析来看，《诗·小雅·六月》中的"镐"指镐京，"方"为相邻地名，"泾阳"位于镐京之北，泾阳附近的"罟阳"则是战争初期阶段的主战场。是时猃狁攻占周地"焦获"，以此作为进攻丰镐的大本营，来势凶猛，京师安危告急。宣王率师亲征，初战告捷，继由吉甫独任主帅，北进追击，直至把猃狁驱逐到自身族居地太原。在这场旷日持久的战争中，吉甫指挥若定，尽显文韬武略，力建卓越功勋，为诗人所称颂。

2. "太原"的地理方位

《诗·小雅·六月》中"太原"的地望，历代学者纷纭其说，至今聚讼未已。早在汉代，毛享、郑玄即不详其地，后来朱熹《诗经集传》始定为太原府阳曲县（今山西省太原市）。清代学者质疑朱说，先后提出三种不同的看法：一是陇东说。顾炎武《日知录》谓在今甘肃平凉，胡渭《禹贡锥旨》谓在今宁夏固原，陈奂《诗毛氏传疏》谓在今甘肃镇原，都把太原确定在当时陇东一带。二是五原说。朱右曾《诗地理征》主之，地在今内蒙古包头市西北。三是雍州说。阎若璩《潜邱札记》等认为，太原在雍州，其地近豳。纵观清人新解，五原说其地遥远，与情势不合；雍州说仅言其大略，不能实定其地。唯有固原说最为近实，今已得到大多数学者的认同，同时朱子山西太原说仍有相当影响。

清儒坚持镐、方为北方地名，又以平凉为泾阳所在，可以说一误再误，但对古太原地望的推定却具有极大的合理性。在太原位于陇东的三种说法中，由顾炎武导夫先路，后经胡渭精确修正的固原说颇有理据，可信度较高。这里，我们对固原说有关证据重新整合并加以充实，可使问题更加明了。

第一，固原与猃狁旧壤相符。《汉书·杨恽传》载杨恽报会宗书曰："顷者，足下离旧土，临安定，安定山谷之间，昆夷旧壤。"这条材料很能说明问题，可惜未引起学者的充分注意。杨恽、孙会宗为汉宣帝时人，堪称去古未远，言之有据。孙会宗时任安定郡太守（治高平县），与杨恽为好友。所以杨恽报书言其"临安定"。最值得注意的是，书中说安定为"昆夷旧壤"。昆夷即猃狁，古有其说。《史记·匈奴列传》说："自陇以西有绵诸、绲戎、翟、豲之戎"，《正义》云："上音昆，字当作混。颜师古云：'混夷也。'韦昭云：'《春秋》以为犬戎。'"又《汉书·匈奴传》说："周西伯昌伐畎夷"，颜师古注："畎夷即畎戎也，又曰昆夷。昆字或作混，又作绲，二字并音工本反。昆、绲、畎声相近耳，亦曰犬戎也。"昆夷、犬戎、猃狁乃一族之异名，王国维有详密考证[1]。这说明高平为猃狁旧壤于史可征。这一点非常重要，只有猃狁确曾在高平居住过，才有条件考虑它是古太原所在地。

第二，固原与太原名义相符。胡渭引《小尔雅》"高平谓之太原"，说明在汉代人的观念中，"太原"应当是一个大而高平的地方。《尚书大传》释"东原底平"亦云："大而高平者谓之太原。"[2]《释名·释地》云："高平曰原。原，元也，如元气广大也。"[3]虽然尚无直接证据显示，早在西周高平已有太原之称，但此地无疑是符合"太原"的名义的。近经学者实地考察得知："固原地区的面积超过 80 平方公里，位于清水河的上游，平均海拔 1600 米，比泾河上游地区所有的高原都要高。"[4]可见在泾河上游地区，唯有汉代的高平县（今宁夏固原）具备称为"太原"的地理条件。所以顾炎武相信北魏置原州必是"取古太原之名尔"，不是无端的猜想。同时，这里还是古代关中通往西北地区的交通要冲，古称"萧关道"。后世谓此"据八州之肩背，绾三镇之要膂。左控五原，右带兰会，黄河绕北，崆峒阻南，称为形胜"[5]。猃狁以此作为根据地，也不是没有缘由的。

第三，固原与太原方位相符。《后汉书·西羌传》说："至穆王时，戎狄不贡，王乃西征犬戎，获其五王，又得四白鹿、四白狼，王遂迁戎于太原。"《穆天子传》说："天子北征于犬戎"，郭璞注云："《纪年》又曰取其五王以东。"[6]是知穆王迁戎一事当出自古本《竹书纪年》。从这里虽然看不出太原的具体位置，但在宗周西北应无疑问。《穆天子传》卷四说："自西王母之邦，北至于旷原之野，飞鸟之所解其羽，千有九百里。□宗周至于西北大旷原，一万四千里。"[7]疑此"西北大旷原"即指穆王迁戎之"太原"。据多友鼎铭文，多友率领王师反击猃狁"广伐京师"（今陕西彬州东北），多友西追，在郜（豳地漆水）、龚（今甘肃泾川）等地获胜后，又追击到世和杨冢（平凉、固原一带）[8]。说明猃狁退守之地，必近其老巢太原。又如不其簋铭文，涉及

1　王国维：《观堂集林（外二种）》，河北教育出版社，2001，第369—383页。

2　（汉）伏生撰、（汉）郑玄注、（清）孙之騄辑：《尚书大传》卷1，《景印文渊阁四库全书》第68册，商务印书馆，1986。

3　（清）王先谦：《释名疏证补》，上海古籍出版社，1984，第53页。

4　李峰：《西周的灭亡——中国早期国家的地理和政治危机》，徐峰译，上海古籍出版社，2007，第193页。

5　乾隆《甘肃通志》卷4《固原州》，《景印文渊阁四库全书》第557册，商务印书馆，1986。

6　高永旺译注：《穆天子传》卷1，中华书局，2019，第9页。

7　高永旺译注：《穆天子传》卷4，中华书局，2019，第145页。

8　李学勤：《论多友鼎的时代及意义》，《人文杂志》1981年第6期。

秦庄公抗击猃狁之地者，有西（今甘肃礼县东北）、略（今甘肃秦安县东北）、高陶等，均在陇东南一带[1]，亦与猃狁总部相距不远。

以此观之，前贤谓固原即猃狁所据太原，应该说是很有价值的学术见解。这不仅符合古太原所在方位和地理背景，而且与新旧文献所反映的情况亦相印合，对其怀疑可能是多余的。这样，《诗·小雅·六月》中的地理问题，只剩下"侵镐及方"之"方"有待进一步考订。

3."方"即金文中的"莽京"

《诗·小雅·六月》中"侵镐及方"之"方"，因与镐京并举，是可判断其地相邻。先儒以为此"方"即《诗·小雅·出车》中的"方"，又称"朔方"，意为北方。然朔方之"方"是通名，而《诗·小雅·六月》之"方"为专名，两者不可混为一谈，故此"方"非彼"方"，当与"镐"同为具体地名。但这个"方"在什么地方？它与金文中的"莽京"是何关系？尚需仔细考察，以求其是。

《诗·小雅·六月》中的"方"与金文中的"莽京"，具有本质上的同一性。这个问题可从"莽"字的释读说起。"莽"字为《说文》所无，但在西周金文中却出现近40次。其时代早至成王，晚至宣王，几与西周一代相始终。"莽"字在金文中主要用作人名和地名。人名如称叔莽父、莽酖等；用作地名则指城邑，如谓莽京，或省称莽，或称邑之边鄙为"莽鄙"（楚簋）；至于邑之宫馆，则称为"莽宫"（卯簋盖）、"莽馆"（戒鬲）；对十邑之管理者称"莽人"（卯簋盖），近邑族居者则有"莽姜"（吴虎鼎）。

从字形上看，莽字从茻从佘，佘从方声，是很明确的。但学者对其字义的考释，却颇多歧见。概括起来主要有三种说法，即镐京说、旁京说、方京说。

镐京说为清人吴大澂首倡，理由是"它邑不得称京，其为镐京无疑"[2]。丁山、陈梦家、陈云鸾、李学勤等从之[3]。然镐与莽在形音义上不易讲通，且西周金文中镐作"蒿"，已有德方鼎、司土斧两见。同时，在士上盂、麦尊等

1　杜勇：《不其簋史地探赜》，《天津师范大学学报》（社会科学版）2016年第5期。

2　（清）吴大澂：《说文古籀补录》，清光绪二十四年（1898年）增辑本，第11页。

3　丁山：《由三代都邑论其民族文化》，《中央研究院历史语言研究所集刊》1935年第5本第1分；陈梦家：《西周铜器断代》，中华书局，2004，第373页；陈云鸾：《西周莽京新考》，《中华文史论丛》1980年第1辑；李学勤：《吴虎鼎考释——夏商周断代工程考古学笔记》，《考古与文物》1998年第3期。

铜器铭文中，"宗周"（镐京）与"莽京"共出一铭，说明"莽京"与镐京绝非一事。

旁京说为清人阮元首创，影响甚大。在"旁京"的释义上因与具体地名相关，结果又旁逸斜出蒲坂说[1]、丰京说[2]、豳地说[3]、岐周说[4]等不同支脉。此说违背莽京与镐京邻近的基本史实，仍不可信。

方京说由清人方浚益所提出，他认为《诗·小雅·六月》"侵镐及方"中，"镐即镐京，方即此莽京。方、莽，古今字也"[5]。唐兰后来也认为："莽京为京师的一部分，莽就是方字……莽京不应离开宗周很远。"[6]王玉哲在此基础上进一步研究认为："方或莽、莽京则在渭水南岸，距秦阿房不远。"[7]王辉的看法与此相近，他说："莽从方声，房、方、旁音近，可以通用……莽京乃宗周（镐京）旁之京，最先指丰，其后丰向北扩展，甚至向东扩展到镐之北，仍沿旧名称莽或旁；周末或春秋时人称方（犹蒿后人称镐）；战国及秦附会房宿，称房或阿房，其实都是一地。"[8]

上述三种说法中，我们认为方京说最为合理，只是莽京就是阿房或距阿房不远的看法，可能与实际情况略有出入。在这里，有两个问题尚需特别注意。一是莽京就是方京，不必解作旁京。莽之作"旁"，见于高卣盖铭："王初鑾旁。"（《集成》5431）旁只是借字，莽才是正字。旁与莽不仅同为方声，其义亦通。《广雅·释诂》云："旁，方也。"[9]《仪礼·士丧礼》："牢中旁寸"，郑注：今文"旁为方"。金文者减钟铭文曰："闻于四旁（方）"（《集成》193）；秦伯政丧戈铭文曰："戮政西旁（方）"（《铭图》17356）；亡智鼎铭文曰："徂省朔旁（方）。"（《集成》2746）诸铭均是以"旁"作方，可见高卣盖铭中的"旁"亦应读作方，莽京就是方京。故无必要从旁的字义上再作引申，

1　王国维：《周莽京考》，《观堂集林（外二种）》，河北教育出版社，2001，第333—335页。

2　郭沫若：《两周金文辞大系图录考释（六）》，科学出版社，1957，第32—33页。

3　唐兰：《莽京新考》，《唐兰先生金文论集》，紫禁城出版社，1995，第376—381页。

4　李仲操：《莽京考》，《人文杂志》1983年第5期；卢连成：《西周金文所见莽京及相关都邑讨论》，《中国历史地理论丛》1995年第3辑；罗西章：《西周王盉考——兼论莽京地望》，《考古与文物》1998年第1期。

5　（清）方浚益：《缀遗斋彝器考释》卷13《史懋壶盖》，商务印书馆，1935，第7—8页。

6　唐兰：《论周昭王时代的青铜器铭刻》，《唐兰金文论集》，紫禁城出版社，1995，第236—333页。

7　王玉哲：《西周莽京、镐京地望的再检讨》，《古史集林》，中华书局，2002，第232页。

8　王辉：《金文"莽京"即秦之"阿房"说》，陕西历史博物馆馆刊编辑部编：《陕西历史博物馆馆刊》第3辑，三秦出版社，1996。

9　（清）王念孙：《广雅疏证》，江苏古籍出版社，1984，第132页。

把菶京理解为旁于京师，甚至解作蒲坂、丰邑、豳地、岐周等京外之地。二是菶京乃指辟雍高丘之地，非京都之谓。京字在甲骨金文中均有所见，其构形相近。《说文·京部》曰："京，人所为绝高丘也。从高省，丨象高形，凡京之属皆从京。"郭沫若反对此说，他认为："（京）即象宫观厓巇之形。在古朴素之世非王者之居莫属。王者所居高大，故京有大义、有高义。更引申之，则丘之高者曰京，困之大者曰京，麃之大者曰麖，水产物之大者曰鲸，力之大者曰劢，均京之一字之引申孳乳也。世有以高丘为京之本义者，未免本末颠倒。"[1]京之本义犹可再议，但京有高丘或高丘宫观之义，则是不争的事实。《诗·鄘风·定之方中》云："景山与京"，《诗·小雅·甫田》云："如坻如京"，毛传均谓："京，高丘也。"《诗·大雅·公刘》云："乃觏于京"，郑笺："绝高为之京。"《尔雅·释丘》云："绝高为之京，非人为之丘。"是京为人力作，丘乃自然生。由于镐京为天子之居，则菶京当另有所指，应即"镐京辟雍"所在。据麦尊铭文，菶京有辟雍，而辟雍中央即有高丘，高丘之上建有高大的建筑。《诗·大雅·灵台》言及"辟雍"，毛传云："水旋丘如璧曰辟雍。"这个在菶地四面环水的高丘及其宏大壮观的建筑，正与京之字义相吻合，自可以"京"相称，是知菶京内涵不能与京师同观。

那么，菶京究竟位于何地？1992 年吴虎鼎的发现，本可使问题基本得到解决，只因缺少深入研究，致使情况仍然不明。现在，我们利用这一难得的金文资料加以综合考察，以期弄清事实的真相。

先从宗周与菶京并出共见的两条金文资料说起：

（1）士上盉："唯王大禴于宗周，诞蘘菶京年，在五月既望辛酉，王令士上眔史寅殷于成周。"（《集成》9454）

（2）作册麦尊："王令辟井（邢）侯出坯侯于井，雩若二月侯见于宗周，亡尤，迨（会）王蘘菶京，酌（肜）祀，雩若翌日，在璧（辟）雍，王乘于舟，为大礼。王射大龚（鸿），禽（擒）。侯乘于赤旂舟从。"（《集成》6015）

铭文中的"**蘘**"，郭沫若释为馆[2]，陈梦家疑是居字[3]，唐兰释为裸[4]，当以唐释

1　郭沫若：《两周金文辞大系图录考释（七）》，科学出版社，1957，第 113 页。

2　郭沫若：《两周金文辞大系图录考释（六）》，科学出版社，1957，第 32 页。

3　陈梦家：《西周铜器断代》，中华书局，2004，第 42 页。

4　唐兰：《西周青铜器铭文分代史征》，中华书局，1986，第 257 页。

祭名为长。在莽京举行祭祖祼礼，看来并不是经常性的，故铭文说："祼莽京年"，"会王祼莽京"。土上盂说在宗周举行禴祭（夏祭），又在莽京举行祼祭，足见莽京也是重要的祭祀场所。麦尊说邢侯到宗周觐见天子，当时周王在莽京举行祼祭，所以第二天邢侯也赶到那里，参加周王在辟雍举行的大礼。这说明镐京离莽京不远，绝不超过一日行程。更重要的是，这个辟雍必在镐京而非丰邑。文王迁都于丰，建有辟雍，有《诗·大雅·灵台》可证。但武王迁都镐京之后，同样建有辟雍，此即《诗·大雅·文王有声》所说："镐京辟雍。"作册麦尊作于康王时期，所言辟雍只能是镐京辟雍。因此莽京的地望当在丰水东岸，而不应到丰水之西的丰邑一带去寻找。

关于镐京的考古发掘工作，成果还很有限。可以初步确定的是，今西安长安区斗门街道白家庄村、花园村、普渡村、上泉村、洛水村等地的西周遗址，当是镐京的中心区域。而镐京的大致范围东界古滈水，南近潦河，西界和北界都临丰水，是一处四面环水、相对密闭的地区[1]。那么，莽京辟雍在镐京的什么位置呢？

《礼记·王制》说："大学在郊，天子曰辟雍。"《大戴礼记·明堂》说："明堂者，所以明诸侯尊卑。外水曰辟雍。……在近郊，近郊三十里。"[2]这表明大学、辟雍、明堂本质上是一回事。蔡邕《月令论》说："取其宗庙之清貌则曰清庙，取其正室之貌则曰太庙，取其堂则曰明堂，取其四门之学则曰太学，取其周水圆如璧则曰辟雍。"颍容《春秋释例》亦云："大庙有八名，其体一也。肃然清静谓之清庙，行禘祫、序昭穆之太庙。告朔行政，谓之明堂。行乡射，养国老，谓之辟雍。占云物、望气祥，谓之灵台。其四门之学谓之太学。其中室谓之太室。总谓之宫。"[3]汉代这些说法大体与实际相合。关于辟雍的位置所在，有国中说和南郊说之异。郑玄以为"大学在郊"是殷制，而《礼记·王制》却谓"周人养国老于东胶"，此"东胶"即周之大学，"在国中王宫之东"[4]。这种说法不符合西周金文所见辟雍不在城中的事实。《诗·大雅·灵台》孔疏引《韩诗》说："辟雍者，天子之学……在南方七里

1 徐锡台：《论周都镐京的位置》，《陕西师大学报》（哲学社会科学版）1982年第3期；卢连成：《西周丰镐两京考》，《中国历史地理论丛》1988年第3辑。

2 （清）王聘珍：《大戴礼记解诂》，王文锦点校，中华书局，1998，第149、151页。

3 《诗·大雅·灵台》疏引，（清）阮元校刻：《十三经注疏》，中华书局，1980，第524页。

4 《礼记·王制》及郑注，（清）阮元校刻：《十三经注疏》，中华书局，1980，第1346页。

之内，立明堂于中。"又引马融云："明堂在南郊，就阳位。"据此可知，菶京辟雍当在镐京南郊。这一点，可以从传世文献和新出金文得到二重证明。

宋敏求《长安志·长安县》引《水经注》云："（丰水）又北，交水自东注焉。又北，昆明池水注之。又北，迳灵台西。又北，至石墩注于渭。"[1]这段逸文曾被补入《四库全书》本《水经注》，应该是可靠的。这里所说的灵台，似非周文王时的灵台，而是周武王建都镐京后的灵台即菶京辟雍。因为它不在丰水之西，而是在丰水之东、昆明池之北。据黄盛璋研究，此"灵台的具体位置虽不能确指，但必在马营西北，马务村东南"[2]。这个推断是可信的，并为新出吴虎鼎所证明。鼎铭云：

> 唯十又八年十又三月既生霸丙戌，王在周康宫夷宫，道入佑吴虎。王命善夫丰生、司工雍毅申厉王命：取吴蓝旧疆，付吴虎。厥北疆涵人眔疆，厥东疆官人眔疆，厥南疆毕人眔疆，厥西疆菶姜眔疆。厥具履封：丰生、雍毅、伯道、内司土寺𡚬。吴虎拜，稽首。天子休。（《近出》364）

该铭记载宣王重申厉王之命，把吴蓝的旧有土地授予吴虎，并委派官员勘定其四至疆界。其中说到"厥南疆毕人眔疆，厥西疆菶姜眔疆"，所言"菶姜"当与"毕人"同例，是在菶地享有邑土的姜氏之人。毕是文王之子毕公高的封地，其所在地古有渭北毕陌和渭南毕郢（或曰毕原）二说。毕陌说前人已辨其非。如《皇览》曰："秦武王冢在扶风安陵县西北，毕陌中大冢是也。人以为周文王冢，非也。周文王冢在杜中。"[3]《括地志》亦云："秦悼武王陵在雍州咸阳县西十里，俗名周武王陵，非也。"[4]至于毕郢或曰毕原，既是文王、武王、周公墓地所在，也是毕国封地。《孟子·离娄下》说："文王生于岐周，卒于毕郢。"古本《竹书纪年》说："毕西于丰三十里。"[5]《史记·周本纪》说："所谓周公葬于毕，毕在镐东南杜中。"《左传·僖公二十四年》杜注："毕国在长安县西北。"《括地志》云："毕原在雍州万年县西南二十八里。"[6]唐代万年县与长安县同治都城，万年县辖其东偏，长安县辖其西偏，

1　（宋）宋敏求：《长安志》卷12《长安》引，辛德勇、朗杰点校，三秦出版社，2013。

2　黄盛璋：《周都丰镐与金文中的菶京》，《历史地理论集》，人民出版社，1982，第57—87页。

3　《史记·秦本纪》集解引，中华书局，1959，第210页。

4　《史记·秦始皇本纪》正义引，中华书局，1959，第289页。

5　方诗铭、王修龄：《古本竹书纪年辑证》修订本，上海古籍出版社，2005，第39页。

6　《史记·魏世家》正义引，中华书局，1959，第1835页。

治今西安市长安区韦曲街道。1989 年，韦曲北东韦村出土韦豫、韦最两通墓志都记其葬地为"毕原"，长安县文管会藏韦憕墓志亦云憕葬于"洪固乡之毕原"。王辉据此推断，毕在吴虎鼎铭文中称"南疆"，那么"则吴虎授地必在其北，大约应在今西安市丈八沟、鱼化寨二乡之内"[1]。毕地既已明确，则吴虎封土西疆"莽姜"之莽，当在丈八街道、鱼化寨街道之西、斗门街道之南一带。由于"莽姜"只是贵族个人的封地，当然不在王家"莽京"的区域之内，但两地相邻是可以肯定的。这就意味着学者多年来寻觅的莽京所在地应该就在距今长安区斗门街道不是太远的南边或东南方向。此与《水经注》所示宗周灵台在马营寨村一带若合符契。斗门街道和白家庄村以南的西周遗址，在汉武帝穿昆明池时已遭破坏，或许昆明池曾利用过西周莽京辟雍的水道亦未可知。

由此看来，《诗·小雅·六月》中的"方"不是《诗·小雅·出车》中的"方"或"朔方"，绝非北方普通地名可以比附。此"方"与金文中所见"莽京"其字虽异，事体则一。莽（方）京位于镐京南郊即今西安市长安区斗门街道以南一带，是一个特殊的王家之邑。因有辟雍高丘及其宏大建筑，故有莽京之称。

（二）"侵镐及方"与戎祸加剧

宣王初年，猃狁"侵镐及方"，竟将武装入侵的矛头直指西周统治中心。由此引发我们思考的问题是，"方"（莽京）具备什么资格可与镐京相提并论？这样的军事进攻目标意味着什么？又给西周王朝带来怎样的政治后果呢？

莽（方）之称京，并不代表它与镐京、丰京一样也是一个独立的都邑，实则不过是京师的附邑而已。这个附邑与宗周的王室宫殿相比，虽然只是一个行政副中心，但其文化教育中心、观赏游乐中心的功能与地位却是不可取代的。

从金文资料来看，莽京是有宫殿建筑的。卯簋盖所谓"莽宫"（《集成》4327），可能是其宫室的总称，具体则有上宫（僢匜）、湿宫（史懋壶盖、伯姜鼎）、大室（弭叔师察簋、寏卣）、中寝（王盂）等。周天子在这里可以下榻，处理各种政务。（1）祭祀。在莽京举行的祭祀活动，有裸祭、肜祭、捧

---

1 本刊编辑部：《吴虎鼎铭座谈纪要》，《考古与文物》1998 年第 3 期。

祭、禘祭、等等。如鲜簋铭说："王在蒡京，禘于昭王，鲜蔑历，祼，王赏祼玉三品、贝廿朋，对王休，用作子孙其永宝。"（《近出》482）此即穆王在蒡京禘祭昭王，举行祼礼，赏赐大臣。（2）布政。周王在此"呼尹氏册命师察"（弭叔师察簋，《集成》4253），"命静司射学宫"（静簋，《集成》4273），"命师田父殷成周年"（小臣传簋，《集成》4206），"命史懋路（露）筮"（史懋壶盖，《集成》9714）。此属册命职官，交办政务。（3）司法。最有名的是倗匜铭文，说"王在蒡上宫"，伯扬父对牧牛"以乃师讼"定下判词，最后判处牧牛"鞭五百"，罚铜"三百锊"（《集成》10286）。此外，据六年琱生簋铭，召伯虎处理有关田赋的"狱讼"案也是在蒡京进行的。（4）颁赏。周王在蒡京赏赐臣工非常频繁，赐品多样。有铜（金）和铜器（爵），有玉三品、贝廿朋、贝百朋，有玄衣、黼纯、缁市、赤舄，有鱼与羹，有作战装备鉴勒、銮赤旂、等等。这些政治活动表明蒡京具有一定程度的行政功能。

蒡京也是一个文化教育中心，最重要的是建有国家大学辟雍。除作册麦尊明确说到王在蒡京辟雍主持大礼，乘舟射鸿外，静簋、遹簋铭文也反映了这方面的情况：

（1）静簋："唯王六月初吉，王在蒡京，丁卯，王命静司射，学宫小子眔服眔小臣眔尸（夷）仆学射，雩八月初吉庚寅，王以吴㝅、吕㓪合豳蒀师邦君射于大池，静学无尤，王锡静鞞刻。"（《集成》4273）

（2）遹簋："唯六月既生霸，穆穆王在蒡京，呼渔于大池。王飨酒，遹御无谴，穆穆王亲锡遹爵。"（《集成》4207）

据《史记·封禅书》说："沣滈有昭明、天子辟池。"《索隐》云："今谓天子辟池，即周天子辟雍之地，故周文王都酆，武王都滈，既立灵台，则亦有辟雍耳。"杨树达对上引金文进行比较分析后认为："《史记》之辟池即辟雍，亦即此铭之大池，铭文与传记互相契合如此。"[1]近出伯唐父鼎言及"辟池"（《近出》356），即为辟雍大池的简称。辟雍虽名大池，实则学宫，是西周王家最高教育机构。学宫小子主要是王室高级贵族子弟，还有服政事的官吏、小臣以及被当作臣仆的外族人。其教学内容以"礼、乐、射、御、书、数"六艺为主。《周礼》卷十四《保氏》云："而养国子以道，乃教之六艺：一曰五礼，二曰六乐，三曰五射，四曰五驭，五曰六书，六曰九数。"如静簋铭文所

---

1 杨树达：《积微居金文说》增订本，中华书局，1997，第169页。

示，"静"即是学宫主射的教官，负责教国子习射。两个月后，周王在大池举行大射礼。静在整个过程中因工作出色，得到周王的赏赐。麦尊说王在辟雍举行大礼，乘舟举箭，射中大鸿。可见辟雍既是国子习射之地，又是周天子举行大射礼的重要场所。有时周天子还在辟雍举行饮酒等礼仪活动。如遹簋所谓"飨酒"，赐予臣下爵一类酒器即是。由于礼与乐是相配合的，因而习乐也是学宫小子的重要课程。《诗·大雅·灵台》说："于论钟鼓，于乐辟雍"，可见大学具有弦歌不辍的礼乐氛围。

莽京还是一处有其离宫别馆的王家游乐中心。周人克商之后，周公告诫成王勤政勿逸，怀保小民，这成为周人既定的重要国策。但随着太平日久，淫逸滋生，至厉王时发展到顶峰。京师之中，莽京可能是穆王以后诸王经常往还的游乐之地。请看下面的金文资料：

（1）井鼎：唯七月，王在莽京，辛卯，王渔于㷞池，呼井从渔，攸锡鱼。（《集成》2720）

（2）老簋：唯五月初吉，王在莽京，渔于大瀎（滰），王蔑老历，锡鱼百。（《新收》1875）

（3）王盂：王作莽京中寝归盂。（《近出》1204）

（4）伯唐父鼎：乙卯，王侒莽京，[王] 秉辟舟，临舟龙，咸萃。伯唐父告备，王格，萃辟舟，临萃白旂。用射兕、栌（鳌）虎、貉、白鹿、白狐于辟池。（《近出》356）

上述诸器除王盂可能属于西周早期外，余为西周中期物。王盂所见"中寝"犹言"中宫"，当为天子嫔妃的寝宫。周王在此捕鱼，并赐予臣工若干，多半属于游乐性质，似非礼仪活动。特别是举行消灾祈福的奉祭，可在辟雍大池射击兕、虎、貉、鹿、狐等野兽，意味着莽京存在一个规模甚大的狩猎场，具有原生态的野外环境，否则这些猛兽在这里难以生存。若谓人工圈养，则射猎的兴趣或军事训练的效果都会大打折扣。《诗·大雅·灵台》云："王在灵囿，麀鹿攸伏。麀鹿濯濯。白鸟翯翯。王在灵沼。于牣鱼跃。"情形与莽京相类。可见有野兽出没、林泉泔涴、大池泛舟的莽京，必是一处秋水长天、落霞孤鹜的风景秀丽之地。据《孟子·梁惠王下》载："文王之囿方七十里。"则武王所建灵台辟雍，估计规模也不会太小。楚簋铭文言及"莽鄙"（《集成》4246），是莽京本身亦有郊鄙，可知其面积甚大。这些都反映了莽京具有观赏游乐中心的性质。

上述情况表明，莽京与镐京正式的王宫相比，可能在行政功能方面有所逊色，但其文化教育中心、观赏游乐中心的功能却是无可比拟的，也是独具特色与魅力的。猃狁"侵镐及方"，把中心城邑与郊邑莽京相提并论，不只说明莽京具有与镐京比肩的资格，而且包藏着猃狁东进扩张的野心，企图在政治上、文化上对西周给予毁灭性的打击。这或许就是猃狁把"侵镐及方"作为终极军事目标的缘由所在。

"侵镐及方"虽然只是猃狁入侵的军事目标，但由此发出的政治信号却是强烈的，那就是宣王时代已经面临巨大的戎祸危机。然司马迁作《史记·周本纪》对此认识不足，只说宣王"修政，法文、武、成、康之遗风，诸侯复宗周"。《汉书·匈奴传》引《六月》《出车》之诗，竟谓"是时四夷宾服，称为中兴"。看来，司马迁、班固当时所能接触到的材料，除了《诗经》言及猃狁为祸的四首诗篇外，似乎别无所见。这四首诗中，《六月》《采芑》公认是宣王时诗，而《采薇》《出车》却被当时的经学家说成是文王时代的作品。今据厉世多友鼎所说"猃狁方兴，广伐京师"（《集成》2835）、清华简《芮良夫毖》所说"周邦骤有祸，寇戎方晋"[1]，证明猃狁为祸主要是在厉宣时期。清魏源《诗古微》以为《采薇》《出车》俱为宣王时诗，是很正确的。班固只说《出车》作于宣王时，却把《采薇》改订为懿王时诗，然后从《六月》《出车》《采芑》等诗中看到的就只是宣王抗击猃狁的辉煌战绩，因而认为是时四夷宾服，称为中兴。实际这种认识受到材料的局限，具有很大的片面性。之后范晔撰作《后汉书·西羌传》，由于《竹书纪年》出土可资利用，才对厉宣时期的戎祸危机有了较为真切的反映。虽然戎族不少分支都有军事行动，但以主支太原之戎（猃狁）为祸最烈。厉王初期的多友鼎显示，"猃狁方兴，广伐京师"，主帅武公命多友率部西追，先后经过四次战役，始将猃狁逐出周族故土豳地。厉王末年，猃狁又转向西线寇掠，以至杀戮秦仲之族。清华简《芮良夫毖》谓"寇戎方晋，谋猷为戒"，希冀君王"以力及作，燮仇启国，以武及勇，卫相社稷"。这表明寇戎为患极为猖獗，已到严重威胁国家安全的程度。但厉王不以为意，只顾敛财逸乐，结果给宣王时代留下了一道不易破解的难题。

---

1 李学勤主编：《清华大学藏战国竹简（三）》，中西书局，2012，第145页。

现在，我们把传世文献与金文资料结合起来，对宣王时期征伐猃狁之战略作编年，或许可以看出一些有意义的问题。

周宣王五年（前 823 年），吉甫伐猃狁之战。这次战争见载于《诗·小雅·六月》和兮甲盘。盘铭说"王初格伐猃狁"，知是宣王统治时期与猃狁正面交锋的首次战争。战争是由猃狁企图"侵镐及方"引起的，周王朝处于防御一方。猃狁沿泾河东进，屯兵焦获，直捣泾阳，离镐京也就四五十公里了。《诗·小雅·六月》诗云："六月栖栖"和"猃狁孔炽"，其情势危急可知。在宣王率师还击初战告捷后，第二阶段则由吉甫作为主帅，挥师北进，最后把猃狁赶到自己的老巢太原。吉甫此次征战，无疑是非常艰难的，所以花去好几个月的时间。虽有斩获，但并未彻底解决猃狁继续为患的问题。

周宣王十一年（前 817 年），虢季伐猃狁之战。虢季子白盘铭文曰："唯十又二年正月初吉丁亥，虢季子白作宝盘。丕显子白，壮武于戎工（功），经维四方，搏伐猃狁，于洛（略）之阳，折首五百，执讯五十，是以先行。"（《集成》10173）盘铭所记周宣王十二年（前 816 年）正月为制器日期，则此次搏伐猃狁的"洛（略）之阳"战役当发生在上一年。此役又见载于不其簋铭，铭中白氏（虢季子白）说："不其！驭方猃狁广伐西俞，王命我羞追于西，余来归献禽（擒）。余命汝御追于𣉢（略），汝以我车伐猃狁于高陶，汝多折首执讯。"（《集成》10173）所言"不其"即秦仲长子秦庄公，他由虢季授权指挥王室军队，在略阳川水之北的高陶会战中打败了猃狁的大规模进攻，与《后汉书》所说秦庄公"伐戎破之，由是少却"相合。这说明猃狁除沿泾水河谷进攻外，还从西线汧水河谷经秦地向西周王朝发动进攻。

周宣王三十一年（前 797 年），王遣兵伐太原戎之战。此为《后汉书·西羌传》采自《竹书纪年》。因文辞简略，除知王师未胜之外，其他细节不明。所谓"太原戎"当为盘踞古太原（今宁夏固原市）一带的西戎猃狁。《后汉书·西羌传》接下来还说到"晋人败北戎于汾隰"，"汾隰"当指今山西临汾一带。这也说明古太原不在河东。汾隰一带的北戎，即使与猃狁有某种族源关系，最多也不过是戎族的一个分支，与猃狁绝非一事。

周宣王四十二年（前 786 年），逨伐猃狁之战。卌二年逨鼎记载，王对逨说："戎猃狁出捷于井阿，于历岩，汝不艮戎，汝光长父以追搏戎，乃即宕伐于弓谷，汝执讯获馘，俘器车马。"（《铭图》2501）此役由长父追击猃狁，逨佐其治军，有所斩获。

　　以上编年所用史料，除《诗·小雅·六月》外都是司马迁、班固不曾见到的，由此我们对宣王时期伐戎之战的特点，可以得到一些新的认识。一是持续时间长。从周宣王五年（前823年）到周宣王四十二年（前786年），战争从未停止过。除了上述四次战争外，还有无更鼎、司土斧、《诗经·小雅·出车》提到的司徒"南仲"，以及《诗·小雅·采芑》提到的"方叔"，他们都是名重一时的伐戎将领，均与猃狁有过战事。这就意味着宣王一朝对猃狁的战争具有相当高的频度，绝非尹吉甫可以毕其功于一役，使戎祸彻底消弭。二是攻防战地广。据史念海研究，关中西部横亘着陇山和岍山，两山之间为汧水河谷。岍山东北是泾水河谷。这两条河谷是从西北方面到关中的军事通道所必经之地[1]。比较起来，北线通道相对好走，是猃狁犯周的主要通道。厉王时期猃狁沿着泾水河谷进至豳地一带，宣王时则由此直逼丰镐。或许南仲"城彼朔方"加强了北线守备之后，猃狁的进攻方向则重点转向汧水河谷，自西向东入侵，因而与秦庄公发生略阳之战，与长父发生弓谷之战。这表明猃狁要千方百计打败周王朝，实现其"侵镐及方"的战略目标。三是社会震荡大。表面上看，宣王对猃狁的战争总是从胜利走向胜利，其实应有很多失败的记录因不利于歌功颂德可能未曾保留下来。否则何至于战争旷日持久，迟迟不能解除猃狁的威胁。在对猃狁的长期战争中，饱受灾难和痛苦的当然还是人民大众。《诗·小雅·采薇》云："靡室靡家，猃狁之故。不遑启居，猃狁之故。"可见猃狁的频繁侵掠，已把民众弄得居无宁日，无家无室。《国语·周语上》载："王事唯农是务……三时务农而一时讲武，故征则有威，守则有财。"但这种正常状态的社会秩序，因战争而惨遭破坏。《诗·小雅·采薇》又云："昔我往矣，杨柳依依；今我来思，雨雪霏霏。行道迟迟，载饥载渴。我心伤悲，莫知我哀。"战士自春至冬兵役在身，就算不计自己的饥寒与生死，又哪有时间顾及农事和家人。这对整个社会都造成了极大的冲击和破坏，势必动摇西周王朝的统治基础。宣王时期的伐戎之战如是，对周边其他异族的战争亦相仿佛。这说明班固所谓宣王中兴，四夷宾服，实际只是一种历史假象。是时，民怨沸腾，四夷犯边，危机四伏，西周王朝正在一步一步走向末日。猃狁"侵镐及方"成为一个非常危险的政治信号，一场颠覆西周王朝的历史风暴正在形成。

---

1 史念海：《河山集（四集）》，陕西师范大学出版社，1991，第192—193页。

三、千亩之战的危局

千亩之战是周宣王晚年征伐姜氏之戎的一次著名战役。战争在镐京近郊进行，周王室占有天时地利，结果不仅未能打败姜戎的进攻，反而是王师溃退，奄父快马驾车才使天子脱逃。周王室权威扫地，共主地位一落千丈，统治力量受到严重削弱，无形中也助长了犬戎伐灭宗周的政治野心。

（一）千亩之战的次数

千亩之战到底是一次还是两次？学者的认识各有不同。今人杨伯峻继日本学者竹添光鸿之后，力主千亩之战有二：一在周，未言地望；一在晋，地即岳阳。晋地之战"前于周宣王之役十三年，且晋战而胜，与周宣王之战而败者不同"[1]。杨宽引为同调，认为晋穆侯十年之役"当是另一次千亩之战"[2]。清华简《系年》记"戎乃大败周师于千亩"，整理者认为此役在周都附近，与"晋穆侯千亩之战的千亩在今山西并非一地"[3]，坚持千亩之战分为两次。但也有学者旗帜鲜明反对此说，认为宣王时千亩之战只有一次，两次说是错误的[4]。其是非曲直有必要做进一步探讨。

千亩之战两次说的依据来自《史记》。《史记·周本纪》说：

> 宣王不修籍于千亩，虢文公谏曰不可，王弗听。三十九年，战于千亩，王师败绩于姜氏之戎。[5]

此条史料当取材于《国语·周语上》，且与清华简《系年》相印合："（宣王）立三十九年，戎乃大败周师于千亩。"传世文献与地下材料交相印证，是无可疑。所谓另一次千亩之战见于《史记·晋世家》：

---

1 〔日〕竹添光鸿：《左氏会笺》，巴蜀书社，2008，第149页；杨伯峻：《春秋左传注》，中华书局，1981，第92页。

2 杨宽：《西周史》，上海人民出版社，1999，第573页。

3 李学勤主编：《清华大学藏战国竹简（二）》，中西书局，2011，第136—137页。持此说者另有许兆昌、刘涛：《周代"千亩"地望考》，《古代文明》2014年第4期；刘成群：《清华简与古史甄微》，上海古籍出版社，2016，第163页。

4 裘锡圭：《关于晋侯铜器铭文的几个问题》，《裘锡圭学术文集》第3卷，复旦大学出版社，2015；王占奎：《周宣王纪年与晋献侯墓考辨》，《中国文物报》1996年7月7日；沈长云：《关于千亩之战的几个问题》，《周秦社会与文化研究——中国先秦史学会成立二十周年学术研讨会》，陕西师范大学出版社，2003；谢乃和、付瑞珣：《从清华简〈系年〉看"千亩之战"及相关问题》，《学术交流》2015年第7期；刘光胜、王德成：《从"殷质"到"周文"：商周籍田礼再考察》，《江西社会科学》2018年第2期。

5 《史记·周本纪》，中华书局，1959，第144页。

> 穆侯四年，取齐女姜氏为夫人。七年，伐条。生太子仇。十年伐千亩，有功。生少子，名曰成师。[1]

此一记载主要取材于《左传·桓公二年》云："初，晋穆侯之夫人姜氏以条之役生大子，命之曰仇。其弟以千亩之战生，命之曰成师。"此记穆侯千亩之战并未系年，而《史记·晋世家》《史记·十二诸侯年表》却推为晋穆侯十年。其依据何在？很可能是《史记·晋世家》所说："昭侯元年，封文侯弟成师于曲沃……成师封曲沃号曰桓叔。……桓叔是时年五十八矣。"《史记·十二诸侯年表》拟定晋昭侯元年为周平王二十六年（前745年），此前文侯在位三十五年，再往前是殇叔在位四年，穆侯在位二十七年[2]，故可推得桓叔（成师）生于晋穆侯十年，亦即穆侯"伐千亩"的年代。虽然司马迁说"靖侯已来，年纪可推"[3]，但他所推晋献侯、穆侯、文侯的在位年代实际都存在问题，即使桓叔封曲沃时的年龄不误，也不能说明晋伐千亩必在穆侯十年，不能证成千亩之战两次说。

从前人们不曾注意，司马迁本人并未将千亩之战视为两次不同战役。《史记·周本纪》《史记·晋世家》言及千亩之战，虽在晋穆侯与周宣王的年代对应上两不相谐，但《史记·十二诸侯年表》只列晋伐千亩一役，对周宣王三十九年（前789年）败绩于千亩只字未提。王师败绩于千亩，事态更为严重，远非晋侯"伐条""伐千亩"等战役可比，没有不入《史记·十二诸侯年表》的道理。如若千亩之战确为名同实异的两次战役，司马迁制作《史记·十二诸侯年表》之时，当如宋元时期《通鉴外纪》《通鉴前编》一样，前后分列，划然两事，而不会有此疏漏，顾此失彼。至于千亩之战在纪年上的抵牾，司马迁未必不知，只因一时难于厘清，就只好以客观审慎的态度，信以传信，疑以传疑。

在中国早期历史年代学研究上，司马迁是有卓越贡献的。特别是西周共和以后年代的整理和厘定，使中国历史由此开始有了确切纪年，确是太史公一项杰出的学术成就。但西周年代学研究极为复杂，涉及面广，往往牵一发而动全身。尤其是十二诸侯国的年代资料多寡不同，事与年的联系，侯年与

---

1 《史记·晋世家》，中华书局，1959，第1637页。

2 穆侯与殇叔的在位年代，《史记·十二诸侯年表》与《阜阳汉简》所记相同。参见胡平生：《阜阳汉简〈年表〉整理札记》，文物研究编辑部编：《文物研究》第7辑，黄山书社，1991，第392—402页。

3 《史记·晋世家》，中华书局，1959，第1636页。

王年的对应，很难做到准确无误，甚至有时出现自相矛盾的情况也无从调适。例如，《史记·陈杞世家》说："（陈）幽公十二年，周厉王奔于彘。二十三年幽公卒，子釐公孝立。釐公六年，周宣王即位。"依此推算，共和行政就不是十四年而是十七年，而共和元年（前841年）在《史记·十二诸侯年表》中对应的也不是陈幽公十三年而是十四年，周宣王元年（前827年）对应的不是陈釐公六年而是五年。又如《史记·鲁周公世家》说鲁武公九年卒，《史记·十二诸侯年表》却出现鲁武公十年。《史记·鲁周公世家》说："孝公二十五年，诸侯畔（叛）周，犬戎杀幽王"，《史记·十二诸侯年表》却将此事记在孝公三十六年，竟相差十一年。可见司马迁对十二诸侯纪年的整理也是困难重重，实际结果并没有人们想象的那样精密周详。

晋国历史纪年的情况，同样纷繁复杂。《史记·晋世家》说："自唐叔至靖侯五世，无其年数。"[1]从周初唐叔封立到靖侯所在的厉王之世，晋侯不可能仅历"五世"，"无其年数"也只是说见不到相关文献，不代表各位晋侯原无纪年。年代资料的匮乏，在靖侯之前如此，之后也不会好到哪里去。若无直接材料可据，仅凭相关年代推算，其可靠性自然不能估计太高。若将晋国纪年与后来的出土文献相对照，问题更大。如后文将会谈到，晋文侯元年，依《史记·十二诸侯年表》在周幽王二年（前780年），古本《竹书纪年》显示却在周平王元年（前770年），二者相差十年。如果按照《竹书纪年》所载晋文侯元年即周平王元年（前770年）逆推，加上司马迁所定殇叔四年，穆侯二十七年，则穆侯即位在周宣王二十七年（前801年）。前一年他尚未继位，岂可以穆侯身份主导千亩之战？

新出晋侯苏编钟与古本《竹书纪年》的年代指向亦复相同。该铭云："唯王卅又三年，王亲遹省东国南国……王亲命晋侯苏，率乃师……伐宿夷。"（《近出》35—36）铭文中的晋侯苏就是晋献侯，即穆侯之父。根据《史记·十二诸侯年表》，晋献侯在位时间是宣王六年至十二年，周宣王三十三年（前795年）晋国之君是晋穆侯而不是晋献侯苏，故有学者认为钟铭三十三年当为厉王纪年[2]，若然，《史记》所记晋献侯的年代就错得太离谱了。或以为是晋侯苏即位后追记此前跟随厉王东征时的记录[3]，前已言之，亦非的当。晋侯苏编

---

1 《史记·晋世家》，中华书局，1959，第1636页。

2 马承源：《晋侯稣编钟》，《中国青铜器研究》，上海古籍出版社，2002。

3 李学勤：《晋侯苏编钟的时、地、人》，《夏商周年代学札记》，辽宁大学出版社，1999。

钟的三十三年只能是宣王的纪年，而《史记》所推晋侯苏的年代应有舛误[1]。周宣王三十三年（前795年）晋献侯苏尚在君位，其子晋穆侯在周宣王二十六年（前802年）同样不可能以晋师"伐千亩"。

古本《竹书纪年》不只显示晋国纪年存在严重误差，而且还有材料证明千亩之战只有周宣王三十九年（前789年）一次。《后汉书·西羌传》引古本《竹书纪年》说：

> 及宣王立四年，使秦仲伐戎，为戎所杀……后二十七年，王遣兵伐太原戎，不克。后五年，王伐条戎、奔戎，王师败绩。后二年，晋人败北戎于汾隰，戎人灭姜侯之邑。明年，王征申戎，破之。[2]

在这段记载中，有几个关键点须加注意：

其一，"明年，王征申戎"所指为周宣王三十九年（前789年）伐姜氏之戎的千亩之战。由于申与姜戎同为四岳之后，亦是姜姓，故以申戎代称姜戎可，清华简《系年》省称为"戎"亦可。从文献上看，周宣王三十九年（前789年）除了伐姜氏之戎外，别无其他伐戎之举，故申戎只能是姜戎氏的代称。陈槃说："申戎亦姜姓，盖姜戎之别部，故申戎亦可名姜氏之戎。然曰姜氏之戎、曰姜戎，不即等于申戎。"[3]虽然申是申、姜戎是姜戎，但两者血缘上有一定联系，称姜戎为申戎可谓虽不中亦不远。

其二，此言王破申戎，与《国语》说王师"败绩"不同，胜负双方易主，必有一误。清华简《系年》第一章说："宣王……立三十又九年，戎乃大败周师于千亩。"[4]是知此役以王师败绩为可信。至于《史记·晋世家》说晋穆侯伐千亩"有功"，是司马迁对《左传》"成师"所做的不恰当演绎，后世学者多不采信，故以"能成师众"[5]释之。"成师"实际是说此役晋师得以保全，与战争全局无关。此与赵之奄父为宣王御，"及千亩战，奄父脱宣王"[6]一样，虽然宣王成功脱险，奄父有功，但无改于王师败溃的整个战局。

其三，古本《竹书纪年》所言千亩一役，发生在宣王征伐条戎奔戎之

1　参见裘锡圭：《晋侯苏钟笔谈》，《裘锡圭学术文集》第3卷，复旦大学出版社，2015；李伯谦：《晋侯苏钟的年代问题》，《文明探源与三代考古论集》，文物出版社，2011。

2　《后汉书·西羌传》，中华书局，1965，第2871—2872页。

3　陈槃：《春秋大事表列国爵姓存灭表撰异》三订本，上海古籍出版社，2009，第1036页。

4　李学勤主编：《清华大学藏战国竹简（二）》，中西书局，2011，第136页。

5　《左传·桓公二年》孔疏，（清）阮元校刻：《十三经注疏》，中华书局，1980，第1744页。

6　《史记·赵世家》，中华书局，1959，第1780页。

后，时间上只间隔两年。而《史记·晋世家》《史记·十二诸侯年表》所言穆侯伐千亩亦在伐条之后，时间上同样只间隔两年[1]。裴锡圭认为"彼此显然是一回事"[2]，洵为卓识。这个证据非常有力，不容别作解释。宣王与穆侯征伐的对象同为姜氏之戎，时间同在伐条两年之后，地点又同为千亩，却偏偏不是同一次战役，事情断不至于如此巧合。司马迁不在《史记·十二诸侯年表》中复列周宣王三十九年（前789年）的千亩之战，原因就在这里。据我们后文所考晋文侯在位年代，推得周宣王三十九年（前789年），实际就是晋穆侯十年，两者并无冲突。

过去，人们对《史记·十二诸侯年表》的误差估计不足，过于相信司马迁对晋国纪年的推定，以致误判有两次千亩之战。今将地上地下各种文献对比分析，证明千亩之战只有一次的结论，可能更符合历史的真实。

（二）千亩之战的地理方位

关于千亩之战的地理方位，晋唐学者先后提出京郊、介休、岳阳三说。京郊说为晋孔晁所倡，他说："宣王不耕籍田，神怒民困，为戎所伐，战于近郊。"[3]"近郊"是指周都镐京近郊，大概由推求《史记》《国语》文意所得。介休说来自杜预，其注《左传·桓公二年》"千亩之战"云："西河界休县南有地名千亩。"[4]"界休"后改称介休，于今仍为山西县名。岳阳说是唐代张守节提出来的，其依据来自《括地志》云："千亩原在晋州岳阳县北九十里也。"[5]岳阳在太岳山南（今山西古县），离介休县一百多公里。明末清初顾炎武说"穆侯时晋境不得至介休"，并认为《史记·赵世家》周宣王伐戎及千亩战，应如《史记正义》所言在岳阳县北九十里[6]。诸家说法虽有不同，但都不曾把千亩之战看作两次，因而才能围绕同一议题发表见解。唐代经学大家孔颖达

1　按宋刘恕《通鉴外纪》将伐条戎奔戎列为宣王三十八年，千亩之战列为三十九年。《今本竹书纪年》略同。伐条与伐姜戎在时间上已无间隔，但千亩之战仍是在伐条之后。

2　裴锡圭：《关于晋侯铜器铭文的几个问题》，《裴锡圭学术文集》第3卷，复旦大学出版社，2015，第70页。

3　《诗·小雅·祈父》正义引，（清）阮元校刻：《十三经注疏》，中华书局，1980，第433页。

4　司马彪《续汉书·郡国志》说："界休有界山，有绵上聚。有千亩聚，在县南。"司马彪略晚于杜预，基本上为同时代人。说明当时介休有千亩地名为人熟知，故杜预以此作为千亩之战的地点。

5　《史记·周本纪》正义引，中华书局，1959，第145页。

6　（清）顾炎武、黄汝成集释：《日知录》卷27《左传注》，栾保群、吕宗力校点，上海古籍出版社，2006。

《春秋左传正义》对晋穆侯"千亩之战"作疏，引据《国语》并作评骘说：

> 杜预云："西河介休县南有地名千亩。"则王师与姜戎在晋地而战也。
> 《国语》云："宣王不籍千亩，虢文公谏而不听。三十九年，战于千亩。"
> 孔晁云："宣王不耕籍田，神怒民困，为戎所伐，战于近郊。"则晁意天子籍田千亩，还在籍田而战。则千亩在王之近郊，非是晋地，义或然也。[1]

孔颖达认同孔晁的说法，主张千亩之战地在京郊，无涉晋境，是很有见地的，故能得到后世学者的广泛认同。清汪远孙说："王自伐戎而远战于晋地，必不然也。"[2]阎若璩《潜邱札记》、刘文淇《春秋左氏传旧注疏证》所见略同。其根本依据在于，宣王伐千亩与不籍千亩当在同一个地方，故不可能远至晋地。

清华简《系年》发现后，不少学者觉得"千亩之战"与"不籍千亩"，虽然俱称"千亩"，但其内涵有异，并不在同一个地方，因而坚持两次千亩之战的说法。清华简《系年》第一章说：

> 昔周武王监观商王之不恭上帝，禋祀不寅，乃作帝籍，以登祀上帝天神，名之曰千亩，以克反商邑，敷政天下……宣王始弃帝籍弗田，立三十九年，戎乃大败周师于千亩。[3]

所谓"帝籍"，是指专门为祭祀上帝而设的籍田，又名之曰千亩。汉贾逵即有类似见解："天子躬耕籍田，助民力也。籍田，千亩也。"[4]简文说商王"不恭上帝"，不敬祀神灵，失去上帝眷顾，故周人得以东进克商，光有天下。宣王不籍千亩，也是不敬上帝的行为，终遭惩罚，结果被姜戎大败于千亩。从表面上看，作为籍田的千亩，与作为战地的千亩似乎意涵不同，不能等视齐观。宋金履祥就说："《国语》与不籍千亩同事，非也。不籍千亩，天子之籍田也。此千亩，地名也。"[5]其实，这是一种静止看问题的思维方法，不免以文害辞。田名与地名之间并无不可逾越的鸿沟。籍田并非普通的小块田土，而是远近闻名的大面积王家田产，久而久之转化为地名，是再正常不过的事

1 《诗·小雅·祈父》，（清）阮元校刻：《十三经注疏》，中华书局，1980，第433页。
2 徐元诰：《国语集解》，王树民、沈长云点校，中华书局，2002，第21页。
3 李学勤主编：《清华大学藏战国竹简（二）》，中西书局，2011，第136页。
4 （隋）虞世南：《北堂书钞·礼仪部十二》，天津古籍出版社，1988。
5 （宋）金履祥：《资治通鉴前编》卷9，《景印文渊阁四库全书》第332册，商务印书馆，1986。

情。尤其是天子每年春耕前要在这里举行籍田礼,田名与地名更容易合二为一。《国语·周语上》言及籍田礼说:

> 及期,郁人荐鬯,牺人荐醴,王裸鬯,飨醴乃行,百吏、庶民毕从。及籍,后稷监之,膳夫、农正陈籍礼,太史赞王,王敬从之。王耕一墢,班三之,庶民终于千亩。[1]

其典礼场面浩大,参与人员众多,天子裸鬯飨醴,百官庶民毕从,最后由庶民完成耕作。由于厉王被逐,籍田礼废,周宣王即位后,不想再装样子,重修籍礼,因而受到朝中大臣的谏阻。只是周宣王过于任性,拒不采纳,籍田之礼最终还是废除了。其后籍田的耕种不再受重视,但千亩作为籍田之名,演变为一个人们熟知的地名则不会无端消失的。数十年后,在这里发生一场以地命名的千亩之战,并不费解。

当然,"不籍千亩"与"千亩之战"的确是两个性质不同的历史事件,《国语》与清华简《系年》之所以把它们编连在一起,并非无原则拼凑,而是时人宗教思维使然。他们认为这两件事都关乎上帝的意旨,有着不可分割的因果关系。虢文公劝谏宣王说:

> 民之大事在农,上帝之粢盛于是乎出,民之蕃庶于是乎生,事之供给于是乎在,和协辑睦于是乎兴,财用蕃殖于是乎始,敦庬纯固于是乎成……今天子欲修先王之绪而弃其大功,匮神乏祀而困民之财,将何以求福用民?[2]

这是说籍田事涉农耕,上帝的祭品,民众的繁衍,国事的供给,社会的和谐,财政的增殖,国力的强盛,无不与此息息相关。如果不籍千亩,轻怠农事,必然是"匮神乏祀而困民之财",得不到上帝福佑,也无以使民。因此,千亩之战的失败,时人把它归因于宣王不籍千亩,乃至神怒民困,造成王师败绩的严重后果。在这里,前一个千亩说的是籍田,后一个千亩说的是战场,但地名为其共性。《国语》、清华简《系年》中两个"千亩"相承而言,不仅在逻辑上而且在事实上只能是同一地点。

那么,这个千亩究竟在什么地方呢?由于千亩本为籍田,每年春耕时又要在此举行籍田礼,自然是孔晁所言地近京郊为合理。清人阎若璩说:"此千

---

[1]《国语·周语上》,上海师范大学古籍整理研究所校点,上海古籍出版社,1988,第18页。

[2]《国语·周语上》,上海师范大学古籍整理研究所校点,上海古籍出版社,1988,第15—22页。

亩乃周之籍田，离镐京应不甚远。……盖自元年至今将四十载，天子既不躬耕，百姓又不敢耕，竟久成舄卤不毛之地，惟堪作战场，故王及戎战于此。"[1]日本学者泷川资言引此以证千亩地望，并谓："《括地志》以晋州千亩原当之，殆非。"[2]蒙文通也认为："惟姜氏之戎于其盛时，来战于千亩，则逼王畿之近地。"[3]这些都是明达之见。道理很简单，天子举行籍田礼的地方，不会远离京城。盛大的典礼活动，繁复的表演程序，若是远离镐京，甚至跑到诸侯国的领地上举行，不仅劳师动众，操作不便，就是那长途跋涉的辛劳也不是王公贵族所乐意承受的。因此，把千亩之战的地理方位定在镐京近郊，远比其他说法合理可信。至于千亩确切位置的考定，则有待更多新材料的发现。

（三）千亩之战的起因及影响

发动千亩之战的姜氏之戎，又称姜戎氏、姜戎。姜戎与申、吕、齐、许均为四岳后裔，姜姓部族是周王朝赖以立国的姬姜联盟的成员之一。此时何以风云突变，致使姜戎与周王室兵戎相见？千亩之役又带来怎样的严重后果？这也是需要探讨的问题。

《国语·周语下》说："伯禹念前之非度，厘改制量……共工氏之从孙四岳佐之……祚四岳国，命以侯伯，赐姓曰姜，氏曰有吕，谓其能为禹股肱心膂，以养物丰民人也……申、吕虽衰，齐、许犹在。"此言四岳为共工氏从孙，因佐禹治水有功，被赐姓立国，以吕为氏。四岳裔氏之国有申、吕、齐、许等国，但各自的立国时间并不相同。《国语·周语中》说："齐、许、申、吕由大姜。"意即四国的封建缘于大姜的外戚关系。大姜为太王之妃，王季之母，娶自姜姓部族。武王克商，成为天下共主，得以封建外戚齐、许、申、吕四国。齐、许在周初封立，申、吕属于重新册封。《史记·齐太公世家》说："（四岳）佐禹平水土甚有功，虞夏之际封于吕，或封于申，姓姜氏。夏商之时，申、吕或封枝庶子孙，或为庶人。"是申、吕立国比齐、许要早，夏商时期即已存在。《左传·庄公二十二年》说："姜，大岳之后。"又《左传·隐公十一年》云："夫许，大岳之胤也。"是知四岳又名大岳。作为部族名或其居地名的大岳，其具体方位可由《尚书·禹贡》考知。其文云："壶

1（清）阎若璩：《潜邱札记》卷2《释地余论》，《景印文渊阁四库全书》第859册，商务印书馆，1986。
2（汉）司马迁著、〔日〕泷川资言会注考证：《史记会注考证》，新世界出版社，2009，第285页。
3 蒙文通：《古史甄微》，《蒙文通文集》第2卷，巴蜀书社，1993，第59页。

口、雷首，至于太岳。厎柱、析城，至于王屋。"所涉地名在今晋南及与豫东交界一带。"壶口"在今山西吉县西，以壶口瀑布著名。"雷首"即今山西中条山脉西南端。"太岳"即大岳，指《汉书·地理志》河东郡彘县的霍大山（今山西霍州市东南）。《国语》《左传》《尚书·禹贡》的著作时代相近，书中所用术语的内涵亦必具有同一性。顾颉刚提出四岳不在晋南，而是指今陕西西部陇县一带的古汧山[1]。其说置《尚书·禹贡》等史籍于不顾，也不考虑大禹治水可否在那里与四岳部族发生交集，而只片面强调姜姓族氏初居关中西部，忽略四岳东迁的史实，自然不能动摇传统的说法。申、吕作为四岳之后，可能长期居于晋南，后来申国为了寻求新的发展空间，则迁往与吕国仅一河之隔的陕西安塞以北一带。周宣王时，申、吕又被迁至河南南阳地区，承担"南土是保"[2]的政治使命。

不过，姜戎氏与申、吕并不同地，而是遥居关中，东西悬隔。《左传·襄公十四年》载，晋国范宣子对驹支说："姜戎氏！昔秦人迫逐乃祖吾离于瓜州，乃祖吾离被苫盖、蒙荆棘以来归我先君。"是说姜戎先祖"吾离"居于瓜州，因受秦人迫逐，才归附晋惠公，东迁晋南。杜预释瓜州在敦煌（即今甘肃敦煌），对此学者多有怀疑。因为瓜州若在敦煌，则与当时秦都雍城（今陕西凤翔）相距三千余里，真可谓风马牛不相及，秦人何以迫逐姜戎？姜戎遭受迫逐何以不是西去而是东来？这都是难以解释的问题。顾颉刚考证说："四岳所在当即瓜州所在，部族固容有迁徙，要之必仍在关中、秦岭一带。"[3]顾氏以为四岳即瓜州所在不可遽信，但他说瓜州位居关中、秦岭一带，颇得学者赞同。考古学上把陕甘地区的寺洼文化、刘家文化等看作姜戎文化，即以此故。

《左传·襄公十四年》载，姜戎氏首领戎子驹支对范宣子说："昔秦人负恃其众，贪于土地，逐我诸戎。惠公蠲其大德，谓我诸戎，是四岳之裔胄也，毋是翦弃，赐我南鄙之田。"春秋中期，由于秦穆公称霸西戎，迫逐姜戎，故被晋惠公诱至晋之南鄙。此前姜戎氏世居瓜州，可能在关中一带。姜戎氏不与四岳其他后裔齐、许、申、吕等国相提并称，不仅因为地域上相隔遥远，也与其未曾册封立国有关，故自称"诸戎"。姜戎氏发展比较滞后，

1 顾颉刚：《史林杂识初编·四岳与五岳》，中华书局，1963，第40页。

2 《诗·大雅·崧高》，（清）阮元校刻：《十三经注疏》，中华书局，1980，第567页。

3 顾颉刚：《史林杂识初编·瓜州》，中华书局，1963，第50页。

"饮食衣服不与华同，贽币不通，言语不达"[1]，不可能与周王室发生婚媾关系。有的学者认为姜戎氏又称"申戎"，即平王所奔"西申"[2]，与史实不符。

姜戎同为四岳裔氏，为何远离四岳立国之地？很可能是四岳部族东迁之时，姜戎氏作为四岳原居地的一个分支，并未随迁。故韦昭称："姜氏之戎，西戎之别种，四岳之后也。"《潜夫论·志氏姓》云："炎帝苗胄四岳。"《世本》也说："许、州、向、申，姜姓也，炎帝后。"[3]四岳是炎帝后裔，早先同炎帝一道居于关中。《国语·晋语四》说："昔少典娶于有蟜氏，生黄帝、炎帝。黄帝以姬水成，炎帝以姜水成。成而异德，故黄帝为姬，炎帝为姜。"炎帝与黄帝是由同一母族分化发展而来两个部族，世有婚媾关系。关于姜水所在，《水经注》卷十八《渭水》说："岐水又东迳姜氏城南为姜……母女登游华阳，感神而生炎帝。长于姜水，是其地也。"[4]一般认为："炎帝氏族的发祥地在今陕西境内渭水上游一带。"[5]后来，为了生存与发展的需要，炎帝部族西以氐羌为后援，不断东进扩张。四岳可能就是随炎帝东迁来到晋南地区的部落之一。四岳东迁之时，另有别支留居关中，后来被称为姜氏之戎。

周宣王时，周王朝大力扶植秦国打击西戎势力，以求西部边疆的安定与稳固。《史记·秦本纪》说："周宣王即位，乃以秦仲为大夫，诛西戎。西戎杀秦仲。秦仲立二十三年，死于戎。有子五人，其长者曰庄公。周宣王乃召庄公昆弟五人，与兵七千人，使伐西戎，破之。于是复予秦仲后，及其先大骆地犬丘并有之，为西垂大夫。"在周王室的支持下，不仅为患已久的犬戎（猃狁）成为重点打击对象，而且秦人的实力也随之增强，一步一步向东推进。在这个过程中，姜戎连带受到迫逐，土地也被侵占，从而与秦人及其支持者周王室产生尖锐矛盾，进而升级为武装冲突。千亩之战可能就是在这样的背景下爆发的。

在千亩之战前后，周王朝发起过一连串的伐戎战争，几无例外都惨遭失败。据《后汉书·西羌传》所引古本《竹书纪年》载，周宣王三十一年（前797年），征伐宁夏固原一带的"太原戎"（亦即猃狁），周宣王三十六年（前

1　《左传·襄公十四年》，（清）阮元校刻：《十三经注疏》，中华书局，1980，第1956页。

2　杨宽：《西周史》，上海人民出版社，1999，第573—574页。

3　（北魏）郦道元著、陈桥驿校证：《水经注校证》卷23《阴沟水》，中华书局，2007，第555页。

4　（北魏）郦道元著、陈桥驿校证：《水经注校证》卷18《渭水》，中华书局，2007，第442页。

5　徐旭生：《中国古史的传说时代》，广西师范大学出版社，2003，第48页。

792 年）征伐中条山一带的"条戎奔戎"，周宣王三十八年（前 790 年）征伐襄汾、曲沃一带的"北戎"，周宣王三十九年（前 789 年）征伐姜氏之戎，均以失败告终。周幽王三年（前 779 年），"命伯士伐六济之戎，军败，伯士死焉"[1]。此役不仅周师严重受挫，连军队主帅也惨死沙场。可见宣幽时期的伐戎行动，地不分东西，战不论大小，王师屡遭败北，无功而返。

在诸多伐戎战争中，千亩之战的失败后果最为严重。一是周王室在伐戎战略上被迫转入防御，整体上处于守势。千亩之战是姜戎主动发起的军事进攻，否则战事不会在京郊进行。即使后来周军偶有出击，战斗力也不强，乃至军队主帅性命不保。周王室军事力量因连年战争受到严重削弱，连保卫镐京的使命也难于承担了。二是破坏了广泛意义上的姬姜联盟。姜戎氏虽然发展滞后，毕竟还是姜姓部族的一支。姬姜联盟长期作为维持西周国家政权的政治基础，至此出现不可修复的裂痕。其后申、吕集团的反叛，与此不无关系。三是战事在京郊失败，彻底暴露了周王朝不堪一击的虚弱面目。此役王师背靠都城，后援强大，又有晋师配合，本来占有绝对优势，结果却出人意料，竟是王师败绩。这极大地助长了犬戎长期觊觎宗周的政治野心。十多年后，申、缯联合犬戎攻破镐京，致使赫赫宗周走向陨灭。

第二节　频世政治乱象

西周晚期的政治乱象不独厉王一朝，宣幽二世更显严重。过去人们盛赞宣王中兴，其实只看到宣王早期召公、周公等人为振兴周邦所做的努力。待一班老臣谢世后，宣王亲掌大政，国事日非，乱象频生，实无半点中兴的迹象。幽王继位，倒行逆施，激起更大的内乱外患，终将西周王朝一手埋葬。

一、历史幻影：宣王中兴

周宣王在位 46 年，后世颇多好评。《史记·周本纪》说："宣王即位，二相辅之，修政，法文、武、成、康之遗风，诸侯复宗周。"《汉书·礼乐志》将其与成、康并举，称"宣王中兴"，《汉书·楚元王传》说"宣王贤而中兴"，《汉书·匈奴传》则谓"是时四夷宾服，称为中兴"。《诗·大雅·江

---

1 《后汉书·西羌传》引《竹书纪年》，中华书局，1965，第2872页。

汉》称："（宣王）明明天子，令闻不已。矢其文德，洽此四国（四方）。"可谓颂声大作，美名悠扬。但是，来自东周王室的声音却迥相异趣，宣王非但不是中兴之主，反而是为政不善的昏乱之君。《国语·周语下》记载周灵王时太子晋说："自我先王厉、宣、幽、平而贪天祸，至于今未弭。"韦昭注云："此四王父子相继，厉暴虐而流，宣不务农而料民，幽昏乱以灭西周，平不能修政，至于微弱，皆己行所致，故曰贪天祸，祸败至今未止也。"这是对宣王的另一种评价。

对同一人物的评价，历史上为何形成如此巨大的反差？清人崔述注意到了这个问题，他认为太子晋视宣王与幽、厉无异，未免太过。宣王之失，主要在于"始勤终怠"，与梁武帝、唐玄宗相若，故而前后判若两人[1]。这个解释颇得学者信从[2]，其实未必可靠。彘之乱时，宣王尚为孩童，14年后即位，也不过20来岁，心智尚未完全成熟。加之长期隐居深宫，未经政治历练，即使登上王位，一时也当不了家，无所谓勤惰问题。宣王早期，名为"二相辅之"，实际由召公、周公主政，因而伐猃狁、平淮夷、征荆楚等辉煌战绩都不能计在宣王的功劳簿上。《诗·大雅·江汉》云："江汉之浒，王命召虎。式辟四方，彻我疆土。"诗中的宣王看似为国家政令的发布者，实际只是一种名义，故诗人将当时国势的兴隆归美于召公。待十多年后，召公等一班老臣先后谢世，宣王亲掌朝政，再也看不到对异族战争的节节胜利，反倒是伐太原戎、条戎奔戎、北戎，连遭溃败，特别是千亩之战伐姜氏之戎，若非奄父御车仓皇出逃，几乎性命不保。最耐人寻味的是，《国语》所记宣王当政期间所做的三件大事："立戏""不籍千亩""料民"，无一不是败笔，全然不像中兴英主的作为。所谓"宣王中兴"，看来不过是一个历史的幻影。

（一）立戏为储

周宣王十一年（前817年），鲁武公带着两个儿子觐见天子，长子为括，弟为戏。不知何故，宣王对戏十分偏爱，竟不顾嫡长子继统法的传承规则，欲立戏为鲁国太子。樊仲山父表示异议，劝谏说："不可立也！不顺必犯，犯王命必诛，故出令不可不顺也。令之不行，政之不立，行而不顺，民将弃上。夫下事上，少事长，所以为顺也。今天子立诸侯而建其少，是教逆也。

1　（清）崔述：《崔东壁遗书》，上海古籍出版社，1983，第242页。
2　王玉哲：《中华远古史》，上海人民出版社，2000，第731页。

若鲁从之而诸侯效之，王命将有所壅，若不从而诛之，是自诛王命也。是事也，诛亦失，不诛亦失，天子其图之！"仲山父这番话的关键在于"出令不可不顺"。身为天子，发布政令须按照制度行事，依制为顺，违制为不顺。政令不顺，既丧失民心，也使诸侯无法执行。天子立诸侯，不立嫡长而建少弟，这是纵容诸侯违背国家继统制度。如果鲁国服从命令，其他诸侯随之效法，先王制定的嫡长子继统法就会壅塞不行。诸侯不遵王制就要受到诛伐，诛伐又等于惩罚违制在先的天子本人，结果就会陷入两难的境地。对于仲山父的劝告，刚愎自用的宣王根本听不进去，一意孤行，坚持立戏为太子。

仲山父的谏言，措辞委婉，富有逻辑力量。但宣王不是一个明白人，无法理解破坏嫡长子继统法带来的严重危害。嫡长子继统法是周武王、周公旦在吸取商朝实行兄终弟及制的历史教训基础上，新创立的一项重要政治制度[1]，对于保障王位继承的有序更替与和平过渡、防止野心家对国家最高权力的觊觎与争夺、维护社会的稳定与发展，具有重要的意义。西周政权能够长期有序运行，是与其始终实行嫡长子继统法分不开的。即使周孝王在特殊情况下以懿王之弟的身份继位，但他死后继承王位的仍是懿王之子孝王，不曾中断王室大宗的血统[2]。彘之乱时，召公不惜以亲骨肉冒名代死，也要保住太子靖的性命，同样是对嫡长子继统法的苦心维护。后来太子靖继位，是为宣王。他竟然不知自己就是这项制度的受益者，反倒变成了制度的破坏者。破坏国家继统制度的危害，年代久远的不说，其祖父夷王时期发生的事情应有所闻。由于齐哀公荒淫田游，有违礼制，被夷王治罪烹杀。不知是齐哀公无子，还是因获罪不予立嗣，此次继承哀公君位的是其弟静，后称胡公。由于胡公非嫡长子，随即引起激烈的权力之争。齐哀公的同母少弟山，对胡公心存怨恨，于是与其党徒率领营丘人攻杀胡公，自立为君，是为献公。献公元年，尽逐胡公之子，并将齐国都城从薄姑迁到了临淄。在这场权力斗争中，兄弟阋墙，兵戎相见，都城迁徙，社会震荡，危害十分严重。对齐国政治格局的改变，周王室无力阻止，听之任之，丧失了政治上的控制权。由于胡公被杀事件时间很近，宣王不会一无所知，知其利害关系又不能从中汲取教训，说明他在政治上很不成熟，决策上很不理性，免不了自食恶果。

---

1 李玲玲、杜勇：《西周王位继承法再探析》，《中州学刊》2020年第11期。
2 杜勇：《清华简〈摄命〉人物关系辨析》，《中原文化研究》2020年第3期。

仲山父断言："（政令）行而不顺，民将弃上。"后来的事实证明，这是很有预见性的。宣王强立戏为太子，不久继位，是为鲁懿公。鲁懿公九年，其兄括之子伯御与鲁人攻杀懿公，立伯御为君。伯御继位十一年，宣王对此不能容忍，举兵伐鲁，诛杀伯御，又立懿公之弟称为君，是为鲁孝公。宣王自乱政制，动用武力干预鲁国诸侯的废立，直接后果是"诸侯从是而不睦"[1]，即对宣王不再亲近，离心离德，甚至"多畔（叛）王命"[2]。中央王朝对诸侯的凝聚力和控制力大为下降，严重危及国家的政治统一。

宣王废长立少的另一个间接后果，是对其子幽王带来的不良影响。幽王继位后，重蹈覆辙，在王位继承上也不把嫡长子继统法当回事。申后和太子宜臼无罪见黜，幽王另立褒姒为后，伯盘为太子，从而引起申侯的反叛，并联合缯、许以及犬戎攻打镐京，成为导致西周覆亡的导火索。

从宣王立戏一事来看，其治国理政缺乏政治远见，主观任性，不计后果，将个人意志凌驾于国家制度之上，乃至引发灾难性的后果。这样的国家元首，要使王朝中兴，只能是南柯一梦。

（二）不籍千亩

《国语·周语上》云："宣王即位，不籍千亩。"韦昭注："籍，借也，借民力以为之。天子田籍千亩，诸侯百亩。自厉王之流，籍田礼废，宣王即位，不复遵古也。"郑玄亦谓："籍之言借也，借民力治之，故谓之籍田。"[3]《说文》云："耤，帝籍千亩也。古者使民如借，故谓之藉。"是籍又作藉，本字当为耤。诸家训为借，实非本义。"借民力"只是条件，做什么才是关键。《后汉书·礼仪志》刘昭注引卢植曰："藉，耕也。"从甲骨文"耤"的字形看，正像人持耒耜耕作之形[4]。由于耕作须借助人力或畜力，是耤的本义为耕，引申义为借。所谓借民力"治之""为之"，实即耕之，"千亩"即其所耕之田。清华简《系年》第二章说："昔周武王监观商王之不恭上帝，禋祀不寅，乃作帝籍，以登祀上帝天神，名之曰千亩。"[5]是千亩又称"帝籍"，专为祭祀上帝提供谷物类祭品。《吕氏春秋·孟春纪》高诱注："天子籍田千亩，

1　《国语·周语上》，上海师范大学古籍整理研究所校点，上海古籍出版社，1988，第23页。
2　《史记·鲁周公世家》，中华书局，1959，第1528页。
3　《诗·周颂·载芟序》郑笺，（清）阮元校刻：《十三经注疏》，中华书局，1980，第601页。
4　于省吾主编：《甲骨文字诂林》，中华书局，1996，第182页。
5　李学勤主编：《清华大学藏战国竹简（二）》，中西书局，2011，第136页。

以供上帝之粢盛，故曰帝籍。"帝籍地广千亩，千亩不只是计量单位，也是天子籍田之名。郑玄说"王以孟春躬耕帝籍"[1]，实则天子亲耕只是仪式性和象征性的，真正的耕种过程是通过征调民力，由庶人来完成的。

宣王"不籍千亩"，清华简《系年》表述为"宣王是始弃帝籍弗田"[2]，都很容易造成误解。一种误解是，宣王废弃籍田，千亩抛荒，后来成了与姜戎交战的战场[3]。另一种误解是，宣王改变井田制生产方式，不再借助民力耕种公田，而是履亩而税，变劳役地租为实物地租[4]。这些看法都是不可取的。虢文公的劝谏，苦口婆心，不嫌辞费，却无片言涉及废弃籍田或改变经营方式，即是明证。在这个问题上，韦昭以为"厉王之流，籍田礼废，宣王即位，不复遵古"，即不再举行早在厉王流彘时即已中止的籍田典礼，才是切中肯綮的见解。

虢文公从"民之大事在农"讲起，不惮其烦地说明举行籍田礼的重要性和具体仪节。籍田礼或称籍礼，其程式非常繁复。立春前九天就要开始准备工作，稷官将阳气蒸升、土地润动的情况报告天子，天子派司徒告诫公卿、百吏及庶民，修建祭坛，准备农具。立春前五天，和风吹来，天子莅临斋宫，百官各至其所，一起斋戒三日。立春之日，正式举行籍田礼。王以香酒（鬯）灌地行礼，祭祀天帝。接着与百官、庶民同饮醴酒。然后由太史在前引导，天子百官恭从，到达预定地点。王亲执耒耜翻土一坡，百官三坡，做做样子，具体耕作则由庶民进行。事毕举行宴会，完成天子亲耕仪式。整个典礼过程，都离不开周天子的参与和主导，以示礼敬上帝，劝民力农，为天子治国要政。自武王设立帝籍千亩后，籍田礼从未中断。待厉王流彘，天子缺位，籍田礼只有告停。宣王即位之初，由召公、周公主政，兴师安边为主要国策，恢复古礼恐怕一时也还提不上日程。十多年后，宣王亲掌国政，欲修先王之绪，以建大功，故有大臣提议重修籍礼，结果不被宣王采纳。晋皇甫谧以为，此事发生在周宣王元年（前827年）[5]，可能是对"宣王即位"一语的误解。宣王即位元年，放在首要地位的当是登基大典，不可能急于重修中

---

1 《周礼·天官冢宰·甸师》郑注，（清）阮元校刻：《十三经注疏》，中华书局，1980，第663页。

2 李学勤主编：《清华大学藏战国竹简（二）》，中西书局，2011，第136页。

3 （汉）司马迁著、〔日〕泷川资言会注考证：《史记会注考证》，新世界出版社，2009，第59页。

4 李亚农：《李亚农史论集》，上海人民出版社，1962，第751—755页；胡方恕：《略论西周宣王改革》，《东北师大学报》（哲学社会科学版）1985年第6期。

5 《诗·大雅·云汉序》疏引，（清）阮元校刻：《十三经注疏》，中华书局，1980，第561页。

止多年的籍田礼。故《史记·周本纪》将不籍千亩置于周宣王十二年（前816年）以后，可能更接近事实。

对于宣王不籍千亩，虢文公劝谏说："夫民之大事在农，上帝之粢盛于是乎出，民之蕃庶于是乎生，事之供给于是乎在，和协辑睦于是乎兴，财用蕃殖于是乎始，敦庞纯固于是乎成……王事唯农是务，无有求利于其官以干农功，三时务农而一时讲武，故征则有威，守则有财。若是，乃能媚于神而和于民矣，则享祀时至而布施优裕也。今天子欲修先王之绪而弃其大功，匮神乏祀而困民之财，将何以求福用民？"[1]在虢文公看来，不修籍礼存在两个方面的危害：一是"匮神乏祀"无以"求福"；二是"困民之财"无以"用民"。这实际也体现了籍田礼的主要功能。从设立帝籍的缘起来说，由于商纣王不敬上帝，禋祀不恭，终失天下。周武王乃作帝籍，以登祀上帝天神，显示天命归周的合法性，同时也是感恩和求福于上帝，以固国祚。千亩籍田为祭祀上帝提供"粢盛"，"粢"指黍稷一类谷物，"盛"是将谷物盛放于祭器，作为祭品。早在籍礼举行前，"司空除坛于籍"[2]，即在籍田所在地修好土坛，用于郊祭上帝。《礼记·月令》说："天子乃以元日祈谷于上帝。乃择元辰，天子亲载耒耜，措之于参保介御之间，帅三公、九卿、诸侯、大夫，躬耕帝籍。"天子向上帝祈祷谷物丰稔，是郊祭上天之礼。说明籍礼的举行，实际兼有郊祭上天的性质。然而，籍田千亩所产谷物毕竟是有限的，用于祭礼不失丰厚，作为口粮则仅够十户人家食用。为何籍田的耕作，可以使国家财政增殖，民众财富丰裕呢？显然是籍田礼的举行，其意义不只在于耕好籍田本身，而且宣示全国"王事唯农是务"，劝民力农，上上下下，同心协力把经济发展起来。这样才能起到增殖财富、有民可使的作用。

除了天子有籍田，诸侯亦有籍田。《礼记·祭义》说："天子为籍千亩……诸侯为籍百亩……以事天地、山川、社稷、先古（先祖），以为醴酪齐（粢）盛，于是乎取之，敬之至也。"这是说天子与诸侯祭祀天地、山川等各种神灵，其祭品都取自籍田。天子"藏帝籍之收于神仓"[3]，诸侯也有储藏籍田收获的谷仓。《春秋·桓公十四年》说："（鲁国）御廪灾。"杜注："御廪，公所亲耕以奉粢盛之仓。"在诸侯国中，只有鲁国因周公之故，具有郊祭天帝

1 《国语·周语上》，上海师范大学古籍整理研究所校点，上海古籍出版社，1988，第15~22页。
2 《国语·周语上》，上海师范大学古籍整理研究所校点，上海古籍出版社，1988，第17页。
3 《礼记·月令》，（清）阮元校刻：《十三经注疏》，中华书局，1980，第1379页。

的特许权，其他诸侯除参与助祭王室的祭天祀典外，不得自行祭祀天帝。故《国语·鲁语上》说："天子祀上帝，诸侯会之受命焉。"公卿诸侯参加籍田典礼，即是助祭上帝的一种形式。既要助祭上帝，自应将其籍田收入的一部分上缴王室，以示虔诚。盠簋盖铭文云："王曰：盠，命汝作司土（徒），官司耤田。"（《集成》4255）司徒的职责不只管理王家籍田，也应包括诸侯的籍田在内。令鼎铭文云："王大耤农于諆田。"（《集成》2803）"諆田"可能是某位诸侯在諆地的籍田，周王前往视察并参与相关仪式，为民祈谷，劝民力农，促进经济发展。

宣王"不籍千亩"，不只动摇了周人的宗教信仰，无以消灾祈福，而且对于增殖财政、劝农使民，也会带来不利影响。虢文公的谏言，大体代表了当时统治者的普遍心态。不同著述都将宣王不籍千亩与千亩战败两件事看成一种因果关系，即是例证。尽管并无神意真正支配国家治理的兴衰成败，但对古代农耕社会来说，坚持"民之大事在农"的执政理念，却是非常必要的。废除籍礼，轻怠农事，"这就和厉王的虐政是相似的。两者都违背了治民的原则"[1]。春秋时期，太子晋将厉、宣、幽一道列为昏乱之君，原因即在于此，并非王室后裔有意丑化自己的先祖。

（三）料民于太原

《史记·周本纪》说："宣王既丧南国之师，乃料民于太原。仲山父谏曰：'民不可料也！'宣王不听，卒料民。"此段记述取材于《国语·周语上》，但省略了仲山父反对料民的理由，以及"料民"致使"幽王乃废灭"的后果。"料民"即人口调查，本是政府的一项常态化工作，为什么宣王不能过问此事呢？

宣王亲自下令料民，是在"既丧南国之师"的情况下采取的非常规措施。"南国"指江汉或江淮地区。韦昭《周语上》注云："丧，亡也，败于姜戎氏时所亡也。南国，江汉之间也。"他把"南国之师"看作南国诸侯的军队，可能与史实不合。千亩之战是姜戎氏在镐京近郊发起的一次进攻战，事起仓促，周王朝处于防御地位，不可能从容征调南国之师前来支援。即使距离较近的晋国军队前来助战，也未形成有力支持，结果仍是王师败绩，宣王险些丧命。所以"既丧南国之师"与千亩之战了无关涉，应是此后宣王征伐南土反叛势力所遭到

---

1 李学勤：《试论〈系年〉第一章的思想内涵》，《夏商周文明研究》，商务印书馆，2015。

的又一次军事失败。其详情虽不可知，但损失肯定是惨重的。为了重建王室武装，补充兵员，这才有了宣王"计民数以为兵"[1]的特殊举措。

对于"料民"，理解为一般性的人口调查[2]，未免太简单了。常规性的人口调查有专门的机构去做，朝廷的司民、司徒等人即是负责相关事务的官员。仲山父说："夫古者不料民而知其少多，司民协孤终，司商协民姓，司徒协旅……是则少多、死生、出入、往来者皆可知也。"这里说的"古者"不代表先前的制度已然废弛，而是说自古以来朝廷就在进行此项工作。而宣王的料民，明知人口减少还要重新调查统计，无非是据以制定新的兵役政策，加强王室武装力量。这无疑是有其弊害的。仲山父说："不谓其少而大料之，是示少而恶事也。临政示少，诸侯避之。治民恶事，无以赋令。"[3]在仲山父看来，大举料民等于告诉外人，百姓减少，政事不善，这会引起诸侯对王室的疏远和离心，而且颁布百姓厌恶的法令也不可能真正推行。但宣王并不相信这些说辞，只凭自己不切实际的想象，打破常规，坚持料民。这自然不会是普通的人口调查，也不可能只是统计一下人口数字就算完事。宣王想要的是据以增加足够的兵员，解决军事上的种种危机。至于民众有无能力承担超出常规的兵役，百姓不堪重负又会带来什么后果，似乎都不影响推行新的兵役政策。料民所清查的是在周王朝有户籍登记的国人，也只有国人才有当兵的权利，自与搜捕逃亡奴隶或解放奴隶无关[4]。由于国人的兵役负担本已极为沉重，导致百姓大量逃亡，人口急剧减少，而料民的结果使情况进一步恶化，社会更加动荡不安。

宣王料民何以在"太原"进行？也是一个难解之谜。韦昭只说太原是地名，于事无补。《诗·小雅·六月》言及"薄伐猃狁，至于大原"。顾炎武以为这个"太原"与宣王料民同地，但不是朱熹所说的晋地太原，而在陇东平凉一带，"其地近边而为御戎之备"[5]。今山西太原建置较晚，固非其地，而顾氏所说的太原实际也在今宁夏固原，此为猃狁盘踞之地[6]，宣王岂可在此料

---

1 （汉）司马迁著、〔日〕泷川资言会注考证：《史记会注考证》，新世界出版社，2009，第59页。

2 葛剑雄：《中国人口史》第1卷，复旦大学出版社，2002，第222页。

3 《国语·周语上》，上海师范大学古籍整理研究所校点，上海古籍出版社，1988，第24页。

4 朱绍侯主编：《中国古代史》，福建人民出版社，1991，第127页；李亚农：《李亚农史论集》，上海人民出版社，1962，第751—755页。

5 （清）顾炎武著、黄汝成集释：《日知录集释》，上海古籍出版社，2006，第154页。

6 杜勇：《〈诗经·六月〉与金文菁京的地理问题》，《中国史研究》2018年第3期。

民？或谓太原在今晋南地区[1]，即《左传·昭公元年》子产所说："台骀能业其官，宣汾洮，障大泽，以处大原。"然台骀之后所建四国，子产说："晋主汾而灭之。"此地既为晋侯所领，其地百姓也不在周王朝的户籍账册之中，宣王岂可到诸侯国内去料民？看来尚需变换思考的角度，方可得其真谛。在先秦古籍中，太原有多种含义，有时是具体地名，有时则是泛称。宣王料民的太原，以百姓居邑广布，不可能具体指称某个地方。《尔雅·释地》云："广平曰原……可食者曰原。"是说地势广阔平坦，可种谷物食用的地方就是原。《诗·大雅·绵》云："周原膴膴"，郑玄笺："广平曰原，周之原地在岐山之南。"岐山之南的周原只是关中平原的一部分，"太原"即大原，可能是指整个关中平原。关中平原是西周王朝的西部王畿区，是周王室直接统治的"甸服"主要区域。《国语·周语中》记周襄王说："昔我先王之有天下也，规方千里以为甸服，以供上帝山川百神之祀，以备百姓兆民之用，以待不庭不虞之患。"甸服的土地资源提供上帝百神的祭品，保障百姓万民的生活用度，防备"不庭不虞"的灾祸发生。"不虞"指意想不到的各种灾害，"不庭"是指需要武力解决的那些不朝觐王廷的反叛事件。宣王后期，四夷交侵，战事频发，兵员大减，在王室直辖的王畿西区调查人口，重新制定兵役政策，扩大征兵范围，正是题中应有之义。

要言之，宣王"料民于太原"，是试图通过调查人口，扩充兵源，加强王室武装力量的一种改制措施。大量征调兵员，不仅使精壮劳力脱离农耕，而且国人还要为战争"出稯禾、秉刍、缶米"[2]等军需物资，负担日益沉重。他们只有逃亡，远离故土，另寻生路。《国语·郑语》记郑桓公问史伯曰："王室多故，余惧及焉，其何所可以逃死？"郑桓公身为王朝高官司徒，都在考虑如何逃离关中自己的封邑，西部王畿内的普通老百姓不逃亡就更没有活路了。在当时人口急剧减少的情况下，宣王的料民措施突破了常规，加重了人民的负担，加速了百姓的逃亡，动摇了立国的根本。《国语·周语上》说："王卒料之，及幽王乃废灭。"这也许对料民的危害有所夸大，但田无耕农，战无兵员，这样的国家政权无论如何都是难以长久维持下去的。

古今史家多把周宣王视为中兴英主，与历史事实是有出入的。宣王早期，

1　李广洁：《先秦史籍中的"太原"》，《山西日报》2010年3月18日。
2　《国语·鲁语下》，上海师范大学古籍整理研究所校点，上海古籍出版社，1988，第218页。

朝廷在伐猃狁、平淮夷、征荆楚的战争中，每每出师告捷，战果辉煌。那些长期为患边境的少数部族，或败守老巢，或俯首称臣，一时边境安定，诸侯归心，呈现一派中兴气象。不过，这是在召公、周公主政的情况下，由一班贤臣苦心经营的结果。至于宣王本人，此时年纪尚轻，并无执政经验，实际主宰不了朝廷决策，其勤惰与否并不决定国家的政治走向。但十多年后，待召公、周公等一班辅政大臣相继谢世，宣王亲掌国政之时，情况就为之一变。《国语·周语上》记述此后宣王所做的三件大事，无一不是败笔。强立鲁国太子，肆意破坏嫡长子继统法，致使鲁国政局动荡，"诸侯由是不睦"。不籍千亩，动摇社会信仰，轻怠农事民生，弄得民困财乏，军无战力，伐戎之战连遭败北。尤其是面对姜戎氏的进攻，不能进行有效抵御，全军溃败，作为六师统帅的宣王也快马御车而逃，京师面临威胁。之后又丧师于南国，损失惨重。于是"料民于太原"，企图通过对西部王畿地区的人口调查，制定新规，扩充兵员，壮大王室武装。结果也是天怒人怨，国人散逃，国本动摇。宣王治国数十年，西周王朝并未走向强盛，反而留下一个无法收拾的烂摊子。他死后仅十多年时间，在各种敌对势力的打击下，承继父业的幽王政权终于一朝覆亡。凡此说明，周宣王的统治是不成功的，虽有兴革，但不切实际，反而给国家造成严重危害。他不仅缺乏成熟理性的政治头脑，而且刚愎自用，主观任性，不顾大局，不顺民心，也不具备作为国家元首应有的治国才干。他绝非推动社会进步的改革家，更与中兴英主相去甚远。太子晋将其与幽、厉并列为昏乱之君，实不为过。历代备受称誉的宣王中兴，实际只是一个历史的幻影。

二、祸起萧墙：褒姒夺嫡

周宣王死后，周幽王继位，王室多故，祸起萧墙。周幽王二年（前780年），"西周三川皆震……山川竭，岐山崩"[1]。周幽王三年（前779年），"命伯士伐六济之戎，军败，伯士死焉"[2]。又伐褒国，"褒人以褒姒女焉，褒姒有宠"[3]。周幽王八年（前774年），"平王奔西申，而立伯盘以为大子"[4]。周幽王十一年（前771年），"申侯怒，与缯、西夷犬戎攻幽王……遂杀幽王骊山

---

1 《国语·周语上》，上海师范大学古籍整理研究所校点，上海古籍出版社，1988，第27页。

2 方诗铭、王修龄：《古本竹书纪年辑证》修订本，上海古籍出版社，2005，第61页。

3 《国语·晋语一》，上海师范大学古籍整理研究所校点，上海古籍出版社，1988，第255页。

4 方诗铭、王修龄：《古本竹书纪年辑证》修订本，上海古籍出版社，2005，第62页。

下，虏褒姒，尽取周赂而去"[1]。可谓天灾与人祸并行，内乱与外侵交织，转眼间一代风流天子变成了亡国之君。

周幽王二年（前780年）的震灾极为严重，泾、渭、洛三川均告枯竭，岐山作为王业龙兴之地亦告崩塌，王畿核心区百姓的生产生活难以为继。此时周王室的当务之急当是全力救灾，强本节用，确保受灾区的经济恢复和社会稳定。无论如何，这都不是对外用兵的时候。但是，幽王不以为意，竟于次年发动了对六济之戎的战争，结果损兵折将，徒耗国力。同年，又伐褒国，褒君进献褒姒始得免罪。这位绝色女子进入王宫后，随即引发夺嫡之争，成为其后八年朝政的中心事件。从此王室不宁，政事纷扰，一波又一波政治巨浪席卷而来。

《诗·小雅·正月》云："赫赫宗周，褒姒灭之。"毛传："有褒国之女，幽王惑焉，而以为后。诗人知其必灭周也。"诗人以为幽王嬖爱褒姒将会带来严重后果，对幽王弃贤失德予以劝诫，不料一语成谶，宗周果亡。褒姒的夺嫡之争成为西周王朝走向覆灭的导火索，后世女祸论由此而生。春秋中期，仅离西周灭亡一百多年，晋国史苏对献公宠幸骊姬进行规诫时即说：

> 昔夏桀伐有施，有施人以妹喜女焉，妹喜有宠，于是乎与伊尹比而亡夏。殷辛伐有苏，有苏氏以妲己女焉，妲己有宠，于是乎与胶鬲比而亡殷。周幽王伐有褒，褒人以褒姒女焉，褒姒有宠，生伯服，于是乎与虢石甫比，逐太子宜臼，而立伯服。太子出奔申，申人、鄫人召西戎以伐周，周于是乎亡。[2]

史苏认为："乱必自女戎，三代皆然。"韦昭注："戎，兵也。女兵，言其祸由姬也。""女戎"即女祸，又有妹喜、妲己、褒姒乱政的事实为例，看上去似乎带有一定普遍性和规律性。对于史苏的说法，当时晋国大夫郭偃不以为然，认为三代末季的君主，放纵惑乱，奢侈无度，随心所欲，无所不用其极，亡了国自然得不到后世的追念。献公宠幸骊姬一个女人，就像牙齿衔弄骨头，只会带来小鲠塞，可以造成内伤，尚不至于严重到亡国的地步。但后来事实证明，骊姬干政确实给晋国带来严重危害，故时人称史苏"知难本矣"[3]，即能洞察灾难的根源。自此之后，史苏的女祸论广为流行，成为人们认知三代兴亡原因的主流说法。

1《史记·周本纪》，中华书局，1959，第149页。

2《国语·晋语一》，上海师范大学古籍整理研究所校点，上海古籍出版社，1988，第255页。

3《国语·晋语一》，上海师范大学古籍整理研究所校点，上海古籍出版社，1988，第263页。

关于褒姒害政祸国的具体事实，史载不详，人们津津乐道的只是"龙漦妖子"[1]的神话和烽火戏诸侯的戏言。然其荒唐满纸，不可据信。比如，王宫童妾于厉王末年怀孕，至宣王时始生褒姒，就存在两种可能。若褒姒生于宣王初年，至幽王时则为50来岁的老妇，不会再是"艳妻"备受幽王宠爱；若生于宣王晚年，童妾怀孕则长达40余年[2]，亦非人类生理现象所允许。所以唐代柳宗元《褒神》说："言褒神之流祸，是好怪者之为焉，非君子之所宜言也。"[3]清焦循批评司马迁对此"荒唐舛错"之事，不应"凭而信之"[4]。又如，幽王为了博取褒姒粲然一笑，仪态万方，不惜烽火戏诸侯，实际也不靠谱。清人邵泰衢就曾质疑，诸侯各国远近不同，"夫岂一呼即至，姒从市楼观乎"[5]？从文献和考古资料看，举烽传警作为长城的配套工程，是战国以后才有的军事通信设施，不是幽王可以提前拿来戏耍的[6]。《吕氏春秋·疑似》仅言"传鼓相告"以召诸侯，到《史记·周本纪》却演变成"幽王举烽火征兵"这种新的政治笑话。这些都是男权社会不容"长舌妇"干政，刻意编造出来的对女性抱有偏见的神话传说[7]，当然不能视为历史的真实。

清人崔述不相信褒姒具有亡周的魔力，他认为"幽王失德，群奸擅权"[8]才导致了骊山之变。他说：

> 幽王何以有骊山之变也？曰：宠褒姒也。固也；卫灵之无道不亚于周幽，南子之淫乱亦未必减于褒姒，何以能保其国而无患也？……然则幽王之失，皆由于用人之不当耳。幽王所用之人，若皇父、家伯、仲允之属，《十月》之诗言之详矣。[9]

---

1 《史记·周本纪》索隐，中华书局，1959，第147页。

2 〔清〕崔述：《崔东壁遗书》，上海古籍出版社，1983，第243—244页。

3 〔唐〕柳宗元：《柳河东集》卷45《非国语下》，《景印文渊阁四库全书》第1076册，商务印书馆，1986。

4 〔清〕焦循：《雕菰集》卷8《褒姒辨》，清道光四年（1824年）阮福岭南节署刻本。

5 〔清〕邵泰衢：《史记疑问》卷上《周纪》，《景印文渊阁四库全书》第248册，商务印书馆，1986。

6 从《吕氏春秋·下贤》、古本《竹书纪年》、清华简《系年》和战国早期的骉羌钟铭等各种资料看，在战国初期齐国已修建中国最早的长城，西起平阴，东止于海，是一个由连续性墙体及配套的关隘、城堡、烽燧等构成的军事防御性工程。参见徐卫民：《长城的起源及中国最早的长城考》，侯宁彬主编：《陕西历史博物馆论丛》第28辑，三秦出版社，2021。

7 〔日〕谷口义介：《褒姒传说的形成》，转引自叶舒宪：《中国神话学百年回眸》，《学术交流》2005年第1期。

8 〔清〕崔述：《崔东壁遗书》，上海古籍出版社，1983，第247页。

9 〔清〕崔述：《崔东壁遗书》，上海古籍出版社，1983，第334—335页。

崔述以为"幽王之失，皆由于用人之不当"，这是有事实依据的。《国语·郑语》载史伯说："今王弃高明昭显，而好谗慝暗昧；恶角犀丰盈，而近顽童穷固。"韦昭注："高明昭显，谓明德之臣。暗昧，幽冥不见光明之德也。""角犀，谓颜角有伏犀牛；丰盈，谓颊辅丰满：皆明德之相。顽童，童昏。固，陋也。谓皆昧暗穷陋，不识德义。"这就是说，幽王厌恶弃用那些明德贤臣，自己万事不理，却喜欢亲近那些昏陋而不识德义之人，重用他们来治国理政。史伯又说：

> 夫虢石父谗谄巧从之人也，而立以为卿士，与剸同也；弃聘后而立内妾，好穷固也；侏儒戚施，实御在侧，近顽童也；周法不昭，而妇言是行，用谗慝也；不建立卿士，而妖试幸措，行暗昧也。是物也，不可以久。[1]

幽王任用巴结奉承、巧于媚从的虢石父为卿士，投合其"剸同"的政治口味；宠信佞幸小人以任执政大臣，是其行为暗昧。这都属于用人问题。但是，史伯所说幽王遗弃王后，立内妾褒姒，唯妇言是行，则是法度不明的问题。至于以侏儒、俳优之人随侍左右，耽于逸乐，怠于政务，就更不像国家元首的样子了。

就西周末季的内乱来说，有的学者认为褒姒干政或幽王用人失当似乎都不是问题，党派之争才是事情的关键。如美国哥伦比亚大学李峰在日韩学者研究的基础上，进而提出西周末年王室出现分别以皇父和幽王为核心的政治派别争斗，"扰乱了幽王的朝廷，并且最终将王朝引向灭亡"[2]。

引入党争概念来分析幽王政权的内部矛盾和斗争，不失为一个新的研究视角。党争在中国历史上是一种常见的政治现象。东汉党锢之祸、唐代牛李党争、清末帝后之争，即是其典型事件。党争本质上是一种权力之争、利益之争。但对国家政策和策略具有不同意见，主要反映执政者政治智慧的差异，不一定都是党争。《尚书·洪范》说："无偏无党，王道荡荡。无党无偏，王道平平。无反无侧，王道正直。"其说明有偏私，存朋党，为王者执政之患。在西周实行世卿世禄制的情况下，幽王弃"和同"，尚"剸同"[3]，权力

---

1 《国语·郑语》，上海师范大学古籍整理研究所校点，上海古籍出版社，1988，第518—519页。

2 李峰：《西周的灭亡——中国早期国家的地理与政治危机》，徐峰译，上海古籍出版社，2007，第245页。

3 《国语·郑语》，上海师范大学古籍整理研究所校点，上海古籍出版社，1988，第516页。

之争缺乏丰厚的土壤。"和同"即和而不同，是政治上允许差异性存在的和谐。"剽同"义同专断，即政治上排斥异己，拒绝批评性意见，以专断求统一。幽王这种政治品性，使党派之争难成气候。特别是把幽王看作党争的一方，皇父为另一方，政治上既不对等，事实上也有舛误。幽王掌握国家最高权力，是玩政治魔术的庄家，他可以是某一派系的支持者，但自己不能是没有竞争对手的党首。皇父卿士是受幽王"剽同"意志左右的大臣，也不可能成为与幽王分庭抗礼的派系首领。《诗·小雅·十月之交》一般认为是刺幽王之诗[1]，诗中言及皇父卿士等七子，与"艳妻煽方处"。毛传："艳妻，褒姒。美色曰艳。煽，炽也。"孔疏云："由褒姒有宠，私请于王，使此七人朋党于朝。"郑玄认为此诗作于厉世，"言妻党盛，女谒行之甚也"。清儒胡承珙驳郑申毛，并引据汉魏李寻、孟康等人说法，结论也是"诗历叙七子而终以艳妻，所以见七子皆由艳妻而进"[2]。皇父与艳妻褒姒站在同一战线，把他作为幽王、褒姒的对立面明显有悖诗义，无法支持以幽王和皇父为核心的党争说。

如果一定要引入党争概念来说明幽王一朝的政治生态，或许可以分为废嫡派与拥嫡派两大政治派别的角力。围绕太子的废立问题，褒姒"与虢石甫比（朋比）"[3]，以争夺王后和王储地位为目标，得到幽王的支持，形成废嫡派。与之对立的申后一方，占有制度优势，背后是申侯的支持，坚持维护太子的地位，形成拥嫡派。这种争夺王位继承权的斗争，在一定程度上可视为妻后之争。双方激烈争斗的结果是，废嫡派占据上风，褒姒取申后而代之，太子宜臼出奔西申，伯盘上位。

在这场夺嫡斗争中，幽王的政治态度和决策是决定事情发展走向的关键因素。在男权社会里，掌握政治权力的男性必须对历史后果负主要责任，但完全否定褒姒的作用，以为一个郁郁寡欢的女子不可能掀起什么政治风浪，不免又走向了另一个极端。在这个问题上，将褒姒夺嫡与骊姬乱晋略加对比，或许可以明了事实的真相。

---

1 《十月之交》一诗，汉初毛公以为幽王时诗，郑玄易为厉王。古人已指出诗中所言日食发生在幽王六年，今人精确推算北纬40度才能见到1分，镐京地区是看不见的，因而产生怀疑。其实，诗云"十月之交，朔日辛卯，日有食之"，其朔日只能通过推算而得，日食也应是推算出来的，故所见食分与实际略有出入。结合诗中"百川沸腾，山冢崒崩"的地震情形，以及称"艳妻（褒姒）煽方处"等内容来看，此诗作于幽王时是可信的。

2 （清）胡承珙：《毛诗后笺》，郭金芝校点，黄山书社，1999，第972—973页。

3 《国语·晋语一》，上海师范大学古籍整理研究所校点，上海古籍出版社，1988，第255页。

第一，褒姒是一个带着国仇家恨兼具政治野心的女人，入宫后迅即展开夺嫡之争。嫡长子继统法是周公制礼作乐的重要内容，是保障政权平稳更替的重要政治制度。褒姒以战利品的形式进入后宫，利用自己的美色进行政治报复，首先拿继统法开刀。褒姒虽非龙漦妖女，但神话中蕴含的真实内容表明她是褒君之女。而这个褒国与周王室是有嫌隙的。褒国本是夏后氏的后裔，在今陕西勉县一带立国，历商犹存。周初未得重新分封，反而是不绝若线的杞人以续夏祀。幽王时又定褒君有罪，遭到征伐，地位每况愈下。此时褒姒进入王宫，展开夺嫡之争，不只是受私欲驱使，也体现了褒国借以惑乱天下的政治意图。褒姒的美貌使幽王倾心相宠，言听计从，是其废嫡立庶计划得以实施的前提条件。烽火戏诸侯是后世编造的政治戏言，但这个故事说明幽王对褒姒的宠爱达到了不计后果的程度。《国语·郑语》说："周法不昭，而妇言是行，用谗慝也。""谗"即谗言，擅生是非。"慝"即邪恶，祸乱朝纲。所谓"周法不昭"，最根本的就是王位继统法。废嫡立庶不只是法度不明，简直是恣意践踏国家政治制度。从幽王宠幸褒姒到伯盘立为太子，前后经过了五年时间，褒姒不使用"谗慝"手段扫除障碍，是无法实现目标的。

第二，褒姒依恃幽王的宠信，党同伐异，加剧了幽王"剸同"与群小擅权的腐败程度。褒姒欲立其子为王储，因与国家政治制度不容，即使有幽王支持，也不会一帆风顺。如果朝中大臣反对的声浪太高，事情就难以进行下去。所以褒姒首先拉拢的关键人物就是虢石父。虢石父为西虢（陕西宝鸡一带）封君，其地与褒国相距不远，可能与褒国一直往来密切。褒姒进入幽王后宫，若能拉拢首席执政大臣虢石父，事情就成功了一半。虢石父是一个谗诌巧从之人，必会配合褒姒，迎合幽王施政"剸同"的口味。《诗·小雅·十月之交》言及皇父七子，时与"艳妻煽方处"，即是群小把持政权的例证。这位"皇父卿士"与宣王时的"太师皇父"并非一人[1]。宣王初年的皇父身居太师要职，不可能太年轻，也不可能四十多年后还在幽王朝中继续任职。皇父卿士也不一定是褒姒举荐的外戚，但其政治站位当在褒姒一边，故为诗人连类而及。皇父大权在握，自比圣人，大兴土木以作封邑，罔上营私以敛财货。为建向都，不惜毁人墙屋，荒人田土。诗人谴责他"不憖遗一老，俾守我王"，言其赶走旧时老臣，不愿留下一人来辅卫王室，极为专横跋扈！其他

---

1 （清）陈奂：《诗毛氏传疏》，中国书店，1984。

朝中"三事大夫，莫肯夙夜"[1]，无人肯为国事担当尽责。先前宣王欲立鲁君次子戏为太子，尚有仲山父力加谏阻。而幽王废嫡立庶，却看不到任何大臣的谏诤。此即褒姒、虢石父依恃幽王的宠信，排斥异己的结果。连当时身为王子又担任司徒的郑桓公都深切感到"逃死"的压力，那些不与幽王、褒姒同声共气的大臣，处境更为艰难。朝政卷入夺嫡之争的旋涡，幽王"劓同"与群小擅权愈陷愈深，不能自拔，无法形成应对危机的合力。

第三，褒姒的夺嫡之争，使诸侯对朝廷的离心力加大，从而削弱了周王室的统治力量。烽火戏诸侯事虽乌有，但其深层内涵说明幽王为政失德，诸侯离心，遇有外敌入侵不能得到有效救援。褒姒夺嫡的事件发生在王室，事实上对诸侯国也有不利影响。本来诸侯国的君位时刻面临兄弟相争的危机，若再无王法可循，必然导致不少诸侯国政治上的动荡。《诗·小雅·白华》序说："幽王取申女以为后，又得褒姒而黜申后。故下国化之，以妾为妻，以孽代宗，而王弗能治。"幽王废嫡立庶，让诸侯看清了他不遵祖制、恣意妄为的本性，自然诸侯国也不会把屏藩王室的使命太当回事。"邦君诸侯，莫肯朝夕"[2]，即是言其不肯朝夕勤勉，以敬王事。法度既灭，君臣解体，故王室遭到外敌入侵，诸侯国大都听之任之，不能兴师勤王，共赴国难。尤其是申、缯、许等国诸侯，因申后被黜，更是站在周王室的对立面，举兵叛周，与外族犬戎联手，将幽王政权无情埋葬。

晋国骊姬夺嫡的情况，与此颇相近似。晋献公讨伐骊戎，杀其国君，却虏其女骊姬立为夫人，宠爱有加。骊姬欲立其子奚齐为太子，不断向献公进谗。献公欲废太子申生一时找不到借口，事情拖了五年，最后由骊姬亲自设计陷害申生，逼其自尽。又尽逐群公子，终使奚齐成为太子。在这个过程中，骊姬与褒姒一样，不是消极接受现实，被动等待结果，而是无视国家法度，处心积虑，不择手段。骊姬为了废嫡立庶，常与优施暗中谋划，使尽了种种卑劣手段。优施本是为晋献公乐舞逗趣的艺人，且与骊姬有染，成为骊姬夺嫡的得力谋士。当晋廷的大夫不支持骊姬时，即由优施出面协调，说服里克中立，丕郑称疾不朝，从而得以排除障碍，立子为储。但晋国大夫并不认可，亦无盟国予以支持。待献公一死，里克联合掌权的大夫，杀死奚齐、

1 《诗·小雅·雨无正》，（清）阮元校刻：《十三经注疏》，中华书局，1980，第447页。

2 《诗·小雅·雨无正》，（清）阮元校刻：《十三经注疏》，中华书局，1980，第447页。

骊姬，另立新君。骊姬意欲奚齐执掌晋国权力的图谋化为泡影，却使晋国内乱持续了数十年。

通过对褒姒与骊姬夺嫡之争的比较可以看出，说褒姒亡周固然失之偏颇，但忽略褒姒干政的危害亦非周备。西周国家存续近三百年，各种社会矛盾的长期积累注定它必然走向灭亡，但褒姒的推波助澜也起到了加快历史进程的作用。

三、自乱阵营：申曾叛周

周幽王八年（前774年），太子宜臼逃离京城，褒姒之子伯盘立为太子。《国语·晋语一》载史苏说："逐太子宜臼而立伯服［盘］，太子出奔申。"[1]古本《竹书纪年》却说："平王奔西申，而立伯盘以为大子。"[2]清华简《系年》第二章亦云："周幽王娶妻于西申，生平王。王或娶褒人之女，是褒姒，生伯盘。褒姒嬖于王，王与伯盘逐平王，平王走西申。"[3]西申与申是何关系？其地理位置何在？有待深入探讨。

（一）借问西申何处寻

1. 申吕早期居地求真

关于申、吕的早期居地，文献几无记载，以至唐代孔颖达说："至宣王之时，申伯以王舅改封于谢……以前则不知其地。"[4]其实，申、吕为四岳之后，四岳又称太岳，具有族名和地名的双重含义。《诗·大雅·崧高》云："崧高维岳，骏极于天。维岳降神，生甫（吕）及申。维申及甫，维周之翰。"崧或作嵩，"皆崇字之异体"[5]，为山大而高之意。《逸周书·度邑解》"有岳"（太岳）与"天室"（嵩山）对举，是周代嵩山尚不称岳。嵩作为中岳嵩山的专称，是汉武帝以后的事，因而诗中的"岳"与嵩山无关。毛传以岳为四岳，又以东、南、西、北四岳当之，只说对了前一半。太岳降神而生申吕，是时人宗教思维的神秘附会，但它可以说明申、吕从四岳部族分化而出，同宗共祖，比邻而居。作为族居地的"太岳"，指《汉书·地理志》河东郡彘县的霍太山，在今山

---

1 《国语·晋语一》，上海师范大学古籍整理研究所校点，上海古籍出版社，1988，第255页。

2 方诗铭、王修龄：《古本竹书纪年辑证》修订本，上海古籍出版社，2005，第62页。

3 李学勤主编：《清华大学藏战国竹简（二）》，中西书局，2011，第138页。

4 《左传·隐公元年》孔疏，（清）阮元校刻：《十三经注疏》，中华书局，1980，第1715页。

5 （清）马瑞辰：《毛诗传笺通释》，陈金生点校，中华书局，1989，第988页。

西霍州市东南。四岳及申、吕部族的早期居地应该就在霍太山一带。

从甲骨文看，吕国居于晋南无疑。卜辞有云：

　　（1）贞吕不其受年。（《合集》811 正）

　　（2）丁亥卜，亘，贞呼取吕。（《合集》6567）

　　（3）不惟吕佑。（《合集》2002 反）

　　（4）丙辰卜，殸，贞曰舌方以鼍方敦吕，允……（《合集》8610 正）

殷人关注吕国的"受年"情况，表明农耕为吕国的主要生业，居地也相对稳定。所谓"取吕"，取谓赋敛，此与殷人征取吕国贡纳有关。殷人佑护吕的安危，吕为殷商的臣属方国。舌方策动其他方国一道攻伐吕国，是知吕国与晋西北地区的舌方相距不是太远。此与文献所见吕居晋南霍太山一带适可互证。这一带后世有吕梁山、吕乡、吕阪、吕城等地名[1]，应即吕人早期活动的历史印迹。

卜辞未见申国情况，其族居地谅必与吕相近。后来申国不断发展，越河而西，迁往邻近的陕北地区。《山海经·西山经》言及申山与区水，上申之山与汤水，申首之山与申水，显示了申国所在的地理坐标。区水、汤水并见《水经注·河水》，不失其真。区水即今陕北安塞境内的延河，汤水在今米脂境内，均东流注于河。尤需注意的是申首之山，谭其骧考证当即宁夏盐池县西北之山，《山海经·西山经》说申首山与今甘肃天水东南的泾谷山相近，实际二山根本连接不起来，当系错简所致[2]。申山、上申之山、申首之山显为同一山系的不同区段，大体都在陕北及与宁夏交界地区。有的学者仅据"申首之山"被列在白于山与泾谷山之间，却不考虑它与申山、上申之山的关联，也不分析《山海经·西山经》是否发生错简，即将申首之山与申山、上申之山分割开来，推断申国在今甘肃平凉一带[3]，或谓申国在平凉，申戎在陕北[4]，均未得其真谛。

申部族居于陕北，周初被重新册封为侯，长期与周、秦保持着婚媾关

1　《吕氏春秋·爱类》有"吕梁山"，《后汉书·郡国志》"河东郡"注引《博物记》"有吕乡，吕甥邑也"。《元和郡县志》晋州霍邑县有"吕阪"，《读史方舆纪要》平阳府霍州有"吕城"。

2　谭其骧：《论五藏山经的地域范围》，《长水粹编》，河北教育出版社，2000，第304—305页。

3　李峰：《西周的灭亡——中国早期国家的地理与政治危机》，徐峰译，上海古籍出版社，2007，第258—260页。

4　徐少华：《"平王走（奔）西申"及相关史地考论》，《历史研究》2015年第2期。

系。先周时作为太王之妃、王季之母的大姜，即来自申吕部族，故申、吕、齐、许在周初作为外戚，得以封藩建国。《史记·秦本纪》记申侯对孝王说："昔我先郦山之女，为戎胥轩妻，生中潏，以亲故归周。"申侯先祖娶妻于郦山，有女西嫁，成为秦人先祖戎胥轩之妻。周孝王时，秦人首领大骆之妻亦为申侯之女。故申、秦、周形成三角亲戚关系，秦人亲附于周，以保西垂。

申侯之国与文献所见"申戎"划然有别，不可等视齐观[1]。据古本《竹书纪年》记载，周宣王三十九年（前789年），王师与申戎战于千亩，申戎实即姜氏之戎的代称。姜戎氏与申、吕同为四岳之后，但世居关中西部，华化程度不高。故其首领戎子驹支说："我诸戎饮食衣服不与华同，贽币不通，言语不达"[2]，与周王室并无婚媾关系，也不具备"维申及甫，维周之翰"那样重要的政治地位。春秋中期，姜戎氏因受秦人迫逐迁往晋南，成为晋国的附庸，后逐渐融入华夏族之中。可见姜戎氏虽被称为申戎，但远离陕北地区，不仅与申侯之国不相瓜葛，亦非申人南迁后留下的支裔。

2. 西申即南阳之申

太子宜臼被废，为了活命便逃往娘舅家避难。然平王所奔之地，是申还是西申，或申就是西申，众说纷纭，给人带来极大的困扰。

清华简《系年》发现后，相信平王奔西申的人多了起来。清华简整理者说"申侯、申戎均有学者以为即指西申"[3]，却未明确说明西申究为何国。申戎即姜氏之戎，与周王室不通婚嫁，不得以西申目之。至于申侯之国主要活动在陕北地区，即使南迁时留有支裔，在方位上也不宜称作西申。于是不少学者认为，西申或在关中眉县一带，或在陇东平凉地区。

早年顾颉刚有过申在陕西西部的推测[4]，然未深考。后有学者据《诗·大雅·崧高》云："申伯信迈，王饯于郿"，推断其地当为申伯南迁之前的封地[5]。若依此说，则意味着宣王跑到申伯封地去给他设宴饯行，世间恐无此

1 杨筠如:《姜姓的民族和姜太公的故事》，顾颉刚编著:《古史辨》第2册，上海古籍出版社，1982，第117页；李学勤:《论仲爯父簠与申国》，《中原文物》1984年第4期；杨宽:《西周史》，上海人民出版社，1999，第573—574页。

2 《左传·襄公十四年》，（清）阮元校刻:《十三经注疏》，中华书局，1980，第1956页。

3 李学勤主编:《清华大学藏战国竹简（二）》，中西书局，2011，第139页。

4 顾颉刚:《西周的王朝》注二十，《顾颉刚全集》第2册《顾颉刚古史论文集》第2卷，中华书局，1988，第353页。

5 邵炳军:《论周平王所奔西申之地望》，《南京师大学报》（社会科学版）2001年第4期。

理。前人以为郿是周天子行宫所在，与申伯封地无关，宣王在此为申伯饯行，意在坚定其南迁的信心。其说不无理致。至于把平凉地区看作申国封地，本系对《山海经·西山经》的误释，学者欲从考古学或古文字学上寻求证据[1]，也不是有效的路径。关中姜戎刘家文化的北进，并未显示平凉地区存在一个姜姓政治实体。而甘肃灵台所出"隩伯"铜器要说是西申早期遗物，也因金文䲭（申）字大都从東从田，以"隩"为"申"似显勉强。可见周都丰镐以西并无一个实力强大的西申之国，可让仓皇出奔的太子宜臼得到安全保障。

在关中西部及平凉地区找不到西申的行踪是很自然的。因为并无文献记载申伯南迁时尚有支裔留居原地，即使有也应在申国早期居地陕北一带。事实当如顾铁符所说，西申就是南阳之申[2]。这在传世和出土文献中可以得到双重证明。

《国语·晋语一》载史苏说："太子出奔申，申人、郿人召西戎以伐周，周于是乎亡。"这里所说的"申"，地望是清楚的。同书《郑语》记史伯说："当成周者，南有荆蛮、申、吕、应、邓、随、蔡、陈、唐。"史伯又说："王欲杀太子以成伯服[盘]，必求之申。申人弗畀，必伐之。若伐申，而缯与西戎会以伐周，周不守矣。缯与西戎方将德申，申、吕方强，其隩爱太子亦必可知也。"这些材料的内涵极为明晰，申在南土，不容别作解释。只有南阳之申才是周王室的甥舅之国，亦即深爱太子宜臼的申后娘家。由于缯和西戎的支持，申、吕强盛一时，不只可以庇护太子的安全，而且具有与王室分庭抗礼的力量。太子出奔申，不去南阳之申，真不知还有什么申国可以容身。《诗·大雅·崧高》中宣王称申伯为"王舅"，又称"元（大）舅"，不仅表明他的母后与申伯同辈，而且说明申伯必为申族大宗，具有支配其他小宗支裔的地位和权力。宣王为儿子立后，作为政治联姻，势必以大宗之女为首选。此称申侯为"申伯"，与应侯又称应伯一样，都是同人异称，以凸显其元舅身份。元舅已然南迁，何来本支留居原地？

除传世文献外，清华简《系年》亦可说明这个问题，可惜鲜为学者所察。清华简《系年》第二章说：

1　胡子尧、井中伟：《周代申国考辨及其相关问题》，《考古》2021年第3期；李守奎：《清华简〈系年〉中的"缯"字与西申》，《古文字与古史考——清华简整理研究》，中西书局，2015。

2　顾铁符：《信阳一号楚墓的地望与人物》，《故宫博物院院刊》1979年第2期。

　　王与伯盘逐平王，平王走西申。幽王起师，围平王于西申。申人弗畀，曾人乃降西戎，以攻幽王，幽王及伯盘乃灭，周乃亡。邦君诸正乃立幽王之弟余臣于虢，是携惠王。立二十又一年，晋文侯仇乃杀惠王于虢。周亡王九年，邦君诸侯焉始不朝于周，晋文侯乃逆平王于少鄂，立之于京师。三年，乃东徙，止于成周。[1]

此段文字记事颇为简略，诸多细节无从知晓。但有一点是清楚的，平王逃往"西申"避难，即使幽王派兵索人，申人也拒不交出。西周覆亡后，二王并立，待携王被杀，晋文侯乃迎平王于"少鄂"，立以为王。在这里，最值得注意的是"少（小）鄂"所在的地理位置。清华简整理者疑即《左传·隐公六年》所见晋地鄂（今山西乡宁），实未必然。若平王已在晋地受到保护，晋文侯何需再迎而立之。"小鄂"当在南土，与申国相距不远，平王躲在那里才比较安全。《括地志》说邓州向城县南二十里有西鄂故城[2]，向来令人不解。直至南阳市东北夏饷铺发现鄂侯墓遗址，才揭开这个谜底。原来禹鼎铭文所记，周厉王命武公伐灭鄂侯驭方，命令勿遗少幼，可能灭掉的仅是鄂侯大宗，其支裔或小宗则被迁往南阳一带，以奉鄂祀。此与周公伐杀武庚后，另封宋微子以续殷祀略相仿佛。南阳市东北夏饷铺发现的西周晚期至春秋早期鄂侯墓地，出土有鄂侯、鄂侯夫人、鄂伯、鄂叔、鄂姜等字样的铜器铭文，表明这里就是文献所称"西鄂"，即清华简所称"小鄂"的所在地。器铭曰："鄂姜作旅簠"[3]，"鄂姜"即鄂侯夫人，当娶自申或吕国，说明这支鄂国遗民对周王室心存仇怨，却与南阳申吕的关系相当密近。平王躲在那里既可掩其行踪，亦可得到安全上的保障。因此，平王所奔"西申"，与晋文侯往迎平王的"小鄂"，是既相区别又相邻近的两个地方，也是西申本为南阳之申的坚确证据。

　　3. 一申多名的由来

　　1981年，南阳市北郊西周晚期墓葬出土的仲再父簋有铭文云："南申伯太宰仲再父厥辞，作其皇祖考夷王、监伯尊簋。"（《集成》4189）铭文中的太宰系官名，总领百官，约当后世的相职。作器者伯再父称周夷王为祖父，当与宣王同辈。所谓"南申伯"无疑就是《诗·大雅·崧高》中的"申伯"，仲再

　　1　李学勤主编：《清华大学藏战国竹简（二）》，中西书局，2011，第138页。

　　2　《史记·楚世家》正义引，中华书局，1959，第1692页。

　　3　河南省文物局南水北调文物保护办公室、南阳市文物考古研究所：《河南南阳夏饷铺鄂国墓地M5、M6发掘简报》，《江汉考古》2020年第3期。

父则是随申伯南迁的申国太宰。铭文称此申国为"南申"，方位对应上只有北申最为恰当。申国南迁之前居于陕北地区，符合北申的地理指向，只不过北申有实无名。仲爯父以"南申"称南阳之申，暗示申国并非一直居于南阳，而是刚从北方迁来，肩负着"南土是保"的新使命。

南阳之申既称"南申"，何以又称"西申"？南与西是不相对应的方位词，逻辑上不可能统一在同一国族的正式名称上。但是，国名因有自称和他称语境的不同，后世为加区别，有时会在国名前缀以必要的方位词。如燕分南北，不羹分东西，虢分东西南北，即属这种情况。北燕姬姓，《左传》单称"燕"，唯《春秋》称作"北燕"。南燕姞姓，《春秋》《左传》俱单称"燕"，《汉书·地理志》及《春秋》注疏始名"南燕"。《左传·昭公十二年》称："陈、蔡、不羹"四国，其"不羹"有二，后来《汉书·地理志》称为东不羹和西不羹。又如虢国，初分东西，后西虢东迁，又分南北，然于《左传》《国语》均只称虢，《汉书·地理志》以下始分东、西、南、北四虢。这种区分不是随意的，总是东西相对，南北相应，遵从方位词使用的习惯。从这里可以得到启示，申国又称"西申"当另有缘由。

以西申称南阳之申，唯古本《竹书纪年》、《逸周书·王会解》、清华简《系年》可见。它们无一不是战国中期以后形成的作品。作者对本身只用单称的"申"附加方位词，意在对地望已有变化的申国进行更为清晰的历史叙事。其立足点应是当时申国已然东迁，这才符合把南阳之申叫作"西申"的语境。

申国迁往南阳之后，仅一百多年的光景，即被楚国攻占。原来居住此地的申国公室及其遗民，被强制东迁，另行安置。《左传·庄公六年》载，楚文王联合巴人过邓伐申，是申国历史的转捩点。巴国时在今湖北襄阳附近，邓国在今河南邓州市，均与南阳相距不远。此次楚国兴师北伐，使南阳之申面临灭顶之灾。《左传·哀公十七年》记楚大师子谷追忆往事说："彭仲爽，申俘也，文王以为令尹，实县申、息。"这是说楚文王不拘一格，连申国的俘虏彭仲爽也能委以要职令尹，其执政期间使申、息两国相继败亡，成为楚国属县。据清华简《系年》记载，楚国灭息在楚文王七年，亦即鲁庄公十一年（前683年）[1]。而申国覆灭在前，其东迁当在前688—前683年。不过，申、吕在南阳的政权虽被颠覆，但其公室及遗民并未灭绝，而是东迁淮域，重新立国。申迁往今河南信阳，吕迁至今河南新蔡，成了唯楚国马首是瞻的附庸国，已无力主宰自己的

---

[1] 李学勤主编：《清华大学藏战国竹简（二）》，中西书局，2011，第147页。

政治命运。《左传·昭公十三年》云："楚之灭蔡也，灵王迁许、胡、沈、道、房、申于荆焉。平王即位，既封陈蔡，而皆复之，礼也。"是时，许已迁往今安徽亳州市，胡在今安徽阜阳，沈在今河南平舆，道在今河南确山，房在今河南遂平，均居淮河中上游一带。与此五国一道迁往荆山的申，地处淮河流域的信阳。所谓"皆复之"，是说让一度迁往荆山地区的六个小国重返故地，以续国祚。此后，申国便一直以信阳为政治中心，长期活动于楚国东境。

信阳为申国故地，见于多种古籍。北周武帝时在今河南信阳设置申州，即是缘于此地曾是古申国所在地。《元和郡县图志》明确说到申州为古申国。《通典》既称申州为春秋时申国之地，又说申国在南阳郡南阳县，《诗经集传》《太平寰宇记》《读史方舆纪要》所言略同。前贤未能洞悉申国自西徂东的迁徙过程，故并存二说，无从决疑。今据新旧史料可知，申国在宣王时从陕北迁居南阳，信阳乃春秋时期申国东迁后的立国之地，可称之为东申。直到战国早期，申国居此长达三百年左右。故曾侯乙编钟铭文将申与楚、周、齐、晋、曾等国相提并论，其实际影响不亚于南阳立国之时。对于申国居地的变迁情况，一般人或许不易了解，但战国时人应是知其大略的。故《竹书纪年》、清华简《系年》的作者，为了对平王奔逃之地有清楚的交代，便以当时申国所在方位为参照，使用"西申"一词来表述先前的南阳之申。而《逸周书·王会解》言周初成周之会本多虚拟附会，但"西申"与"巴人"前后相接，与《左传》所记楚文王联合巴人伐申，也有相通的空间要素。要言之，"西申"是战国学者指称西周南阳之申的用语，以便与战国早期犹存于信阳的东申相区分，此即一申多名的由来。

（二）申缯结盟

太子宜臼被逐，奔逃于申，引起申侯强烈不满和武装抗议。三年后，申、吕同缯、许等联合犬戎，举兵伐周，宗周告亡。这个后果早在周幽王八年（前774年）即为史伯所预料。他说："申、缯、西戎方强，王室方骚，将以纵欲，不亦难乎？"此言申、缯、犬戎方强，将共盟伐周，与古本《竹书纪年》说"申侯、鲁［曾］侯及许文公立平王于申"[1]可相印证。申、吕同宗共祖，唇齿相依，言申必及吕。所谓"鲁侯"之"鲁"，蒙文通认为是"曾"

1　《左传·昭公二十六年》疏引，（清）阮元校刻：《十三经注疏》，中华书局，1980，第2114页。

字之误[1]，亦即《国语》《史记》所言缯侯，甚是。至于"许文公"当为许国之君，与申、吕同为太岳之胤，周初封于今河南许昌一带。从前学者多从杜预之说："周武王封其（伯夷）苗裔文叔于许。"[2]清华简《封许之命》曰："惟汝吕丁，捍辅武王，干敦殷受，咸成商邑……命汝侯于许。"[3]"吕丁"应即文叔，以佐助文王、武王东进克商有功，大致与齐国一样在成王即政初年被册封为诸侯。

申、吕、许俱为姜姓之国，对幽王废申后逐太子、破坏姬姜联盟心生怨恨，乃至武力相抗，事在情理之中。但是，"缯"为何姓之国？为何它也成为申侯伐周的盟国呢？

从文献和金文资料看，似有申缯之缯、杞鄫之鄫、江汉之曾三个诸侯国。曾、缯、鄫三字，其形虽异，义实相通，故有时混用无别。有一种意见认为，南阳申缯之缯即江汉之曾，是齐地姒姓之鄫的分支，恐不可信。

申缯之缯是杞鄫之鄫，是历史上早有的说法。《国语·晋语一》说："申人、鄫人召西戎以伐周"，韦昭注："鄫，姒姓，禹后也。"又《国语·郑语》云："申、缯、西戎方强"，韦昭亦注："缯，姒姓，申之与国也。"申缯之缯又作"鄫"，韦昭把它看作大禹苗裔，是因为《国语·周语下》有言："有夏虽衰，杞、鄫犹在。"杞与鄫时居山东，与南阳申国相距遥远。故杨宽认为，若南阳地区的缯国远在山东，怎么可能长途跋涉跟从申　起进攻在今陕西的西周国都呢？因此，杨氏提出："古代有两个姒姓曾国，一个在东方，即今山东苍山者；另一个在南阳盆地南部，与申相邻。"[4]这是用鄫分二支说，来补充和演绎韦昭的旧说。然而，杞、鄫为夏禹之后，周初几近衰灭。杞在《史记》中尚列入《陈杞世家》，称："周武王克殷，求禹之后，得东楼公，封之于杞，以奉夏后氏祀。"故孔子把杞看作夏礼的承继者。与杞相比，鄫的地位远逊于杞。杞氏仅建一国，比杞更为弱小的鄫则不可能还有两支并存，分别受封，同名鄫国。尤其是活动在南阳盆地和江汉平原一带的曾国，今由新出金文证明是南宫括的封国，本为姬姓而非姒姓，绝非齐地之鄫的分支。

《汉书·地理志上》说："雍丘，故杞国也，周武王封禹后东楼公。先春

1　蒙文通：《古族甄微》，《蒙文通文集》第2卷，巴蜀书社，1993，第64页。

2　《春秋·隐公十一年》疏引《世族谱》，（清）阮元校刻：《十三经注疏》，中华书局，1980，第1735页。

3　李学勤主编：《清华大学藏战国竹简（五）》，中西书局，2015，第118页。

4　杨宽：《西周史》，上海人民出版社，1999，第646页。

秋时徙鲁东北。""雍丘"即今河南杞县，为杞国故地。"先春秋时"应为西周末年，杞国徙居山东新泰地区，鄑国此时亦应一道迁往山东苍山一带。鄑国迁齐之前，当居于襄邑（今河南睢县）[1]。黄盛璋提出襄邑之鄑是姒姓鄑国的分支[2]，明见于《左传·襄公元年》云："晋韩厥、荀偃帅诸侯之师伐郑，入其郛，败其徒兵于洧上。于是东诸侯之师次于鄑，以待晋师。晋师自郑以鄑之师侵楚焦、夷及陈。"其实，这里说到的"鄑"只是地名而非国名，同年《春秋》杜注："鄑，郑地，在陈留襄邑县东南。"《水经注》卷三十《淮水》云："（涣水）又东迳襄邑县故城南……涣水又东迳己吾县故城南，又东迳鄑城北。《春秋·襄公元年》载，经书晋韩厥帅师伐郑，鲁仲孙蔑会齐、曹、邾、杞，次于鄑。杜预曰：陈留襄邑县东南有鄑城。"郦道元在这里也未提及什么"鄑国"。细绎文意，所谓"鄑之师"不是鄑国之师，而是指伐郑入郛败其步兵，然后撤驻鄑地的东诸侯之师，也就是鲁、齐、曹、邾、杞五国之师，其中并无鄑国。由于诸侯之师此时驻扎在鄑地，以待晋师，故称"鄑之师"。这个"鄑"当是周初鄑国的始封地，与杞邻近。待鄑迁往齐地后，原来的国名作为地名被保留了下来。这说明河南地区在两周之际是不存在任何姒姓缯国的。

申缯之缯既与姒姓鄑国无涉，是为金文所见江汉之曾的可能性就非常大。早在20世纪六七十年代，随着河南新野，湖北京山、随县、枣阳等一批曾国墓葬的发掘，学者大多倾向于铜器铭文所见之"曾"，就是叛周的申缯之缯。待曾侯乙墓发现后，李学勤、石泉相继撰文提出曾即随的新见解[3]，以为曾国活动中心在湖北随州，不曾迁徙，实际割断了江汉之曾与南阳之缯的联系。加之当年考古资料不足，无法确证申缯之缯即是江汉之曾。如今情形已大为不同，新近考古发掘表明，曾国的都邑并未固守一地，而是有过多次迁徙。2011—2013年叶家山墓地发掘后，证明西周早期曾侯已立国于随州一带，因而学者对曾国都邑的变迁有了新的看法，认为西周初年曾国始封时建都于随州叶家山，西周晚期偏晚至春秋早中期之交则以枣阳郭家庙附近为

1　杜勇：《鄑非二支辨》，《天津师范大学学报》（社会科学版）2018年第3期。

2　黄盛璋：《山东诸小国铜器研究——〈两周金文大系续编〉分国考释之一章》，《华夏考古》1989年第1期。

3　李学勤：《曾国之谜》，《光明日报》1978年10月4日；石泉：《古代曾国—随国地望初探》，《武汉大学学报》（人文科学版）1979年第1期。

都，春秋中期由郭家庙附近迁回其始封地即今随州地域[1]。考古工作者对湖北枣阳市东赵湖村郭家庙岗地的古墓地进行发掘，清理出西周末期至春秋早期的墓葬25座，其中有两座是带墓道的大墓。一是M17，为高级女性贵族墓，出土"曾亘嫚录非"鼎两件，嫚为邓国姓氏，反映了曾、邓两国间的婚媾关系。二是M21，出土一件有铭铜钺，铭文载："曾伯陭铸戚钺，用为民刑，非历殷刑，用为民政。"[2]反映了这位曾伯身为国君的政治身份。在郭家庙墓地不远处的吴店镇曹门湾，不仅发现了同一时期的墓葬，1982年还采集到一件春秋早期偏晚的"曾侯絴伯秉戈"[3]。这些考古发现与此前新野、枣阳茶庵的单个古墓情况不同，具有明显的曾国公墓性质，表明枣阳市郭家庙附近就是两周之际曾国的政治中心所在。这个从随州地区迁来而与南阳相距不远的曾国，与文献所言申缯之缯在时间和空间上恰相吻合，是两者同为一国的有力证据。前引清华简《系年》言及申、曾为保护平王，共攻幽王，其后晋文侯又迎平王于"少鄂"，多重地理坐标显示江汉之曾时在南阳左近。

江汉之曾是周初的姬姓封国。湖北随州义地岗墓群M169所出嫚加编钟铭文云："唯王正月初吉乙亥，伯括受命，帅禹之堵，有此南洍。余文王之孙，穆之元子，之邦于曾……余䚦小子加嫚（芈）曰：呜呼！恭公早陟，余䎽其疆鄙，行柏（伯）曾邦，以长辝夏……。"[4]此可与曾侯與编钟"王遣命南公，营宅汭土，君庇淮夷，临有江夏"[5]对读，证明江汉之曾是周初南宫括（南公）的封国。此铭之"余"为曾侯宝，"加嫚"又称"嫚加"，为楚君之女，嫁与曾侯宝为妻。同墓还有铭称"随仲嫚加"等楚君嫁女的媵器，使曾即随的说法得到进一步证明。

两周之际，迁居湖北枣阳一带的曾国为何要与申侯站在同一阵营？《国语·郑语》说："缯与西戎方将德申"，韦注："申修德于二国，二国亦欲助正，徼其后福。"这就是说，申侯刻意与缯国、犬戎交好，意欲拉拢他们，壮大自己的力量，以便在夺嫡斗争中争胜。而缯与犬戎也想帮申侯把太子宜臼

1　方勤：《曾国历史的考古学观察》，《江汉考古》2014年第4期。

2　襄樊市考古队、湖北省文物考古研究所、湖北孝感高速公路考古队编著：《枣阳郭家庙曾国墓地》，科学出版社，2005，第322页。

3　田海峰：《湖北枣阳县又发现曾国铜器》，《江汉考古》1983年第3期。

4　郭长江等：《嫚加编钟铭文的初步释读》，《江汉考古》2019年第3期。

5　湖北文物考古研究所、随州市博物馆：《随州文峰塔M1（曾侯與墓）、M2发掘简报》，《江汉考古》2014年第4期。

扶正，使之成为合法化的天子，以便从中获取更大的利益。但平王东迁以后，王室衰微，诸侯力政，申、缯集团不仅在政治权力上未能分一杯羹，反而由于他们勾结犬戎入侵，不计后果，使宗周地区惨遭犬戎蹂躏，几成废墟，因而被视为周之叛臣，受到排斥。他们在东周国家事务中难以发挥作用，即使在大国争霸、诸侯会盟中也没有一席之地。后来缯（曾）国迁回老家随州一带，试图重温当初受命"君庇淮夷、临有江夏"的旧梦，亦因楚国的崛起与进逼，只能仰其鼻息，力求自保。申、吕的情况亦相近似。昔日堪称强盛的诸侯国逐渐沉沦于历史的沙滩，在战国时期楚国北进的号角声中走向灭亡。

第三节　宗周陨灭与平王东迁

褒姒夺嫡，引起申、吕集团的强烈不满和怨恨。后来申侯内联缯国，外结犬戎，对周都镐京发动军事进攻，颠覆幽王政权，立宜臼为王。劫后余生的王室公卿对平王政权不予认可，而是拥立携王继位，两相对立。二十一年后，携王被杀，又经历了九年无王时期，晋文侯迎立宜臼，平王的继统才由非法变成了合法。三年后即周平王三十四年（前 737 年），在晋文侯、郑武公、秦襄公的策划和支持下，平王东迁洛邑，政权渐趋巩固，文明得以接续。

一、幽王政权的倾覆

犬戎作为申缯集团的政治盟友，举兵攻周，"杀幽王骊山下，虏褒姒，尽取周赂而去"[1]，直接倾覆了文明程度远比犬戎为高的西周政权。

（一）犬戎寇周的西线进攻战略

犬戎之名，《诗》《书》及古彝铭未见，而是晚出于《左传》《国语》《山海经》《世本》《竹书纪年》《穆天子传》《吕氏春秋》等东周文献。它好像从天而降，突然出现在关中大地，一举灭周，仿佛是一个毫无来由的强梁部族。这当然是不可能的。王国维经过仔细研究认为，犬戎即《诗经》和西周金文中常见的猃狁。《诗·小雅·出车》前言："赫赫南仲，猃狁于襄"，后云："赫赫南仲，薄伐西戎"，王氏据以判断"西戎即猃狁，互言之以谐韵"。

---

1 《史记·周本纪》，中华书局，1959，第149页。

不过西戎有时又指西北地区所有少数部族，狎狁是其最强大的一支。王氏又据古本《竹书纪年》所载穆王"乃西征犬戎，获其五王……王遂迁戎于太原"，夷王"乃命虢公率六师伐太原之戎"，宣王"遣兵伐太原戎，不克"[1]；《诗·小雅·六月》谓"薄伐狎狁，至于太原"，认为太原一地不容有二戎，以证"狎狁为犬戎也"。王氏最后推论说：

> 古之獯鬻、狎狁，后人皆被以"犬戎"之名，则攻幽王、灭宗周之犬戎，亦当即宣王时之狎狁。不然，狎狁当懿、宣之间，仍世为患，乃一传幽王时绝无所见，而灭宗周者乃出于他种族，此事理之必不可信者也。[2]

王氏此说洵为卓见，得到学界的广泛认同。特别是多友鼎发现后，有力证明了"太原"在今宁夏固原[3]，是狎狁部族的总部所在地，犬戎非狎狁莫属。下面我们将要探讨的不其簋铭文，不仅说明后来狎狁寇周路线发生重大改变，而且可从另一个侧面证明狎狁就是文献中的犬戎。

不其簋在清代已见著录，仅存一盖。1980 年，在山东滕县（今滕州）后荆沟一号墓发现其器身，所铸铭文相同，仅少一"搏"字[4]。为便分析，兹将簋盖铭文移录如下：

> 唯九月初吉戊申，白氏曰："不嫉（其），驭方狎狁广伐西俞，王命我羞追于西，余来归献擒。余命汝御追于晷（略），汝以我车伐狎狁于高陶，汝多折首执讯。戎大同从追汝，汝及戎大敦搏，汝休，弗以我车陷于艰，汝多擒，折首执讯。"白氏曰："不其，汝小子，汝肇诲（敏）于戎工，锡汝弓一，矢束，臣五家，田十田，用从乃事。"不其拜稽首，休，用作朕皇祖公伯、孟姬尊簋，用匄多福，眉寿无疆，永纯灵终，子子孙孙，其永宝用享。（《集成》4329）

作器者"不嫉"的"嫉"，王国维读为"忌"[5]，容庚认为与忌、其、期同义[6]。李学勤读作"其"[7]，学者从之。铭文主要内容是"白氏"奖赏"不其"征伐狎狁取得战功的诰辞。战事涉及四个古地名：西俞、西、晷（略）、高

1 《后汉书·西羌传》引，中华书局，1965，第2871页。

2 王国维：《观堂集林（外二种）》，河北教育出版社，2001，第369—383页。

3 杜勇：《〈诗经·六月〉与金文荤京的地理问题》，《中国史研究》2018年第3期。

4 万树瀛：《滕县后荆沟出土不嫉簋等青铜器群》，《文物》1981年第9期。

5 王国维：《不嫉敦盖铭考释》，《王国维遗书》第6册，上海古籍书店，1983。

6 容庚：《金文编》，中华书局，1985，第307页。

7 李学勤：《秦国文物的新认识》，《文物》1980年第9期。

陶。由于不其攻伐的对象是猃狁，学者对此地名群的地望考订，自然把目光聚焦到猃狁的活动中心太原上来。而人们对太原所在地理位置的认识不同，因此对这些地名的定位多有分歧，形成渭北洛水说、豫州洛水说、陇西略水说等不同意见[1]。在这个问题上，李学勤从猃狁族居宁夏固原的认识出发，推定不其簋所记为周宣王时秦庄公破西戎的战役，从而将相关地名锁定在陇东南地区，这是最有价值的一种学术见解。他认为"西俞"应读为"西隅"，泛指地区名，意即西方。又说铭文"羞追于西"的"西"为具体地名，即秦汉陇西郡的西县。至于"䂿"与"洛"可能非一字，"高陶"亦不可考，但在天水的西面或北面是肯定的[2]。其后，陈汉平认为，不其簋中的"䂿"从罒从各，除可释为"洛"字外，亦可释为"略"，然其地不能确指[3]。徐日辉读作"略"，定其地望"在今甘肃天水市辖秦安县东北九十里之略阳川水（今称五营河）南岸的陇城镇一带"[4]，问题渐趋明朗。

从文献上看，秦与猃狁是两个敌对的族群，地缘上犬牙交错，政治上冲突连绵。西周王朝利用这一点，一直把嬴秦作为防卫西疆、抵御戎族的重要力量，故不其簋铭中的伐戎战场可以落实在秦国境内。铭文中"白氏"以王命伐戎，"羞追于西"之"西"，因先有"西俞"言其方位，以此作为具体地名是恰当的。在秦州发现的秦公簋，其器身和器盖外有秦汉间凿字"西元器一斗七升大"和"西一斗七升太半升"（《集成》4315），王国维推定这里的"西"为汉陇西县名，也就是《史记·秦本纪》中的西垂及西犬丘[5]。李学勤也认为不其簋中的"西"是指陇西郡的西县[6]。1994年，甘肃礼县大堡子山秦公墓地发掘过程中，采得"秦公作铸用鼎""秦公作铸用簋"[7]等秦国铜器，证明这里确为秦人所居西垂或西犬丘，"西"的具体位置在今甘肃东部天水市西南

---

1 主渭北洛水说如王国维：《观堂集林（外二种）》，河北教育出版社，2001，第369—383页；郭沫若：《两周金文辞大系图录考释（七）》，科学出版社，1957，第105—107页。主豫州洛水说如王玉哲：《西周时太原之地望问题》，《古史集林》，中华书局，2002，第211页。主陇西略水说如李学勤：《秦国文物的新认识》，《文物》1980年第9期。

2 李学勤：《论多友鼎的时代及意义》，《人文杂志》1981年第6期。

3 陈汉平：《金文编订补》，中国社会科学出版社，1993，第561页。

4 徐日辉：《秦器不其簋铭文中有关地域的考辨》，中国地理学会历史地理专业委员会《历史地理》编辑委员会编：《历史地理》第18辑，上海人民出版社，2002。

5 王国维：《秦公敦跋》，《观堂集林（外二种）》，河北教育出版社，2001，第559页。

6 李学勤：《秦国文物的新认识》，《文物》1980年第9期。

7 戴春阳：《礼县大堡子山秦公墓地及有关问题》，《文物》2000年第5期。

西汉水上游的礼县东北的盐关镇一带[1]。又如铭中不其"御追于略"之"略"，其地在西汉设略阳道，东汉设略阳县，西晋设略阳郡，历史沿革十分清楚。同时"略"也指略阳川水。《水经注·渭水》载，略阳道故城北有略阳川水，东西流向。杨守敬疏："陇城有略阳城，在今秦安县东北九十里。"[2]前溯战国时期，略阳未曾设县，当为里名。1989 年，甘肃天水放马滩一号秦墓出土战国地图 7 幅，其中第一块木版地图 A 面绘有山、水系、沟溪等地形，并标有邦丘、略、中田、广堂、南田、杨里等 10 处地名。除"邦丘"为县名外，余如"略""杨里"等均为里名[3]。放马滩秦墓地图的发现，证明释"箸"为"略"是正确的，此地正处于不其簋所言"西"战场的东北方向。与"略"邻近的"高陶"作为又一次"宕伐猃狁"的主战场，则有可能是一个更小的具体地名，故不见于经传或古地图。

不仅不其簋中的地名群与秦国有关，而且此器器主"不其"还是秦族的首领，亦即历史上有名的秦庄公。最初王国维对铭辞中两位人物即"不其"与"白氏"的关系解释为："白，古文以为伯字。伯氏，盖周天子大臣食邑畿内而爵为伯者。……不腆作敦称其君为伯氏，亦周时臣子称君之通例也。"[4]李学勤以其学术上惯有的宏阔视野，善于联想的研究思路，大胆突破前贤陈说，首次提出"不其簋所记是周宣王时秦庄公破西戎的战役"，认为簋铭的不其很可能是文献里的秦庄公，白氏为其长兄[5]。陈梦家的看法与李学勤相近，认为此器所述是周宣王命秦庄公及其昆弟五人伐戎之事，白氏是秦仲的长子庄公，不其是庄公的幼弟[6]。李、陈二氏的庄公伐戎说总体上具有可信性，只是有些细节与史实不符，略需辨正。

关于庄公伐戎之事，《史记·秦本纪》有较为详细的记载：

> 秦侯立十年，卒。生公伯。公伯立三年，卒。生秦仲。秦仲立三年，周厉王无道，诸侯或叛之。西戎反王室，灭犬丘、大骆之族。周宣王即位，乃以秦仲为大夫，诛西戎。西戎杀秦仲。秦仲立二十三年，死

1　徐日辉：《秦器不其簋铭文中有关地域的考辨》，中国地理学会历史地理专业委员会《历史地理》编辑委员会编：《历史地理》第 18 辑，上海人民出版社，2002。

2　（北魏）郦道元注，（清）杨守敬、熊会贞疏：《水经注疏》，江苏古籍出版社，1989，第 1485 页。

3　何双全：《天水放马滩秦墓出土地图初探》，《文物》1989 年第 2 期。

4　王国维：《不腆敦盖铭考释》，《王国维遗书》第 6 册，上海古籍书店，1983。

5　李学勤：《秦国文物的新认识》，《文物》1980 年第 9 期。

6　陈梦家：《西周铜器断代》，中华书局，2004，第 319 页。

于戎。有子五人，其长者曰庄公。周宣王乃召庄公昆弟五人，与兵七千人，使伐西戎，破之。于是复予秦仲后，及其先大骆地犬丘并有之，为西垂大夫。[1]

这段文字表明，庄公为秦仲之长子，"公伯"为其祖父。据《史记·十二诸侯年表》载，秦庄公名"其"。观不其簋铭文，不其的祖父也叫"公伯"，而不其的"不"可作无义助词[2]，故"不其"可单称为"其"。两相比勘，可证二者同为一人。因为"巧合是有限的"[3]，何况是地上地下材料的交相印证。

然而，不其是庄公，簋铭中的"白氏"又是谁呢？陈梦家以为"白氏"即"伯氏"当为长子，他才是秦庄公。然簋铭所见不其与白氏为两人，文献言庄公名"其"为长，是知陈说未可凭信。李学勤开始以为庄公也可能不是最年长的，故以"伯氏"为长兄，后来又说是"周朝的大臣"，且"不其以战功作宗庙祭器，依礼应是长子"[4]。其说可信。然"白氏"作为周室大臣究为何人？郭沫若曾说"伯氏即虢季子白"[5]，是值得重视的意见，可能与事实相近。虢季子白盘铭文说：

> 唯十又二年正月初吉丁亥，虢季子白作宝盘。丕显子白，壮武于戎工（功），经维四方，搏伐猃狁，于洛之阳，折首五百，执讯五十，是以先行。趠趠子白，献馘于王。王孔加（嘉）子白义，王格周庙宣廟（榭），爰飨，王曰："白父，孔顗又（有）光，王锡乘马，是用佐王，锡用弓，彤矢其央，锡用戊（钺），用政（征）蛮方。"子子孙孙，万年无疆。（《集成》10173）

若将本铭与不其簋铭并读共研，相与析义，说"虢季子白"与"白氏"是为一人，应可信据。

第一，从人物称名上看。虢季子白与白氏的称名，均有一个"白"字，过去大都读作"伯"，是不正确的。虢季子白的"白"，前面已有排行"季"

---

1 《史记·秦本纪》，中华书局，1959，第178页。

2 这里的"不其"之"不"，似乎也可读作丕。不、丕原为一字，为金文所习见。《尔雅》《说文》均谓："丕，大也。""大"用作排行，则有年长之义。《汉书·淮南王传》：淮南王刘长"从上入苑猎，与上同辇，常谓上'大兄'。"所言"大兄"即长兄。本铭白氏以"丕其"相称，可能指的就是长子其、大子其，此与庄公作为长子的身份正相符合。

3 〔法〕马克·布洛赫：《历史学家的技艺》，张和声、程郁译，上海社会科学院出版社，1992，第86页。

4 李学勤：《补论不其簋的器主和年代》，《文物中的古文明》，商务印书馆，2008，第524—527页。

5 郭沫若：《两周金文辞大系图录考释（七）》，科学出版社，1957，第106页。

字，故当读如本字。金文"虢季氏子组"又作"虢季子组"（《集成》9655、5376），知虢季为氏名，子组为人名。"虢季子白"与之同例，"白"为人名，当不具备排行、爵称或封君等方面的含义。类似的例子又见于汤叔盘，铭称"汤叔白氏"（《集成》10155），此"白"也不能读作"伯"，否则人名中出现"叔"与"伯"两个排行用字，匪夷所思。郭沫若一方面把不其簋的"白氏"读作"伯氏"；另一方面又说伯氏即虢季子白，致使其说陷入自相矛盾而不察。结果被唐兰批驳说："不嫢簋的伯氏，应当属于伯的一族，而不是仲叔季的任何一族……如果要说到虢季，就只能是虢季氏，而不能称伯氏，可见不嫢簋的伯氏，不会是虢季子白了。"[1]这个说法看似有理，其实不然。固然虢季只能称季氏，但并不妨碍不其簋中的"白氏"如"汤叔白氏"一样，本为"白氏"而非"伯氏"。同时，"白氏"的"氏"字，也不能说只可名其氏族或家族，说它有时用作带有褒美之义的一种简称，未尝不可。金文中最常见的"尹氏""师氏"，他如"汤叔白氏""申五氏"，均其例证。在虢季子白盘中，时王称"子白"为"白父"，"父"又作"甫"，为周代男子美称，如同鲁哀公称孔子为"尼父"一样。这说明"虢季子白"既可简称为"白父"，当然亦可简称"白氏"。可见以不其簋中的"白氏"为"虢季子白"，并无不可逾越的障碍。

第二，从事件关联上看。虢季子白盘称子白搏伐猃狁，"是以先行"，郭沫若考释说："此言'先行'知必尚有后殿，与不嫢簋言先归献禽相符。"[2]杨树达也说："盖盘铭所谓先行者，即簋铭之'来归献禽'也。因子白有折首执讯之功，当归来献禽于王，故先行也。此三句下接云：'趩趩子白，献馘于王'，文义正相承接，两铭正互相契合也。"因而肯定"郭沫若谓不嫢簋之白氏即此器之虢季子白，是也。"[3]这是从虢季子白盘与不其簋所记事件的关联性上来说明白氏与子白同为一人。

尚可补充的是，周天子对虢季子白的嘉奖辞实际也可说明这个问题。在不其簋铭中，白氏对不其赏以弓矢、田土、臣民，略带周人分封遗意。这不是一般贵族可以拥有的权力。但虢季子白却享有这样的政治地位和身份。在虢季子白盘中，王曰："王锡乘马，是用佐王；锡用弓，彤矢其央；锡用钺，

1　唐兰：《虢季子白盘的制作时代与历史价值》，《光明日报》1950年6月7日。
2　郭沫若：《两周金文辞大系图录考释（七）》，科学出版社，1957，第106页。
3　杨树达：《积微居金文说》增订本，中华书局，1997，第129—130页。

用征蛮方。”“蛮”在史籍中一般指南方少数民族，但有时也用作泛称，此指西戎狁狁。《礼记·王制》说："诸侯赐弓矢，然后征；赐斧钺，然后杀。"这表明子白被赐以弓矢斧钺，有着极大的政治军事权力。从虢季子白盘出土于陕西宝鸡虢川司来看，子白很可能是西虢氏家族中的一位地位显赫的高级贵族和王室重臣。因此他可以命令不其"以我车伐狁狁于高陶"，并对不其施以"弓一，矢束，臣五家，田十田"这样高规格的赏赐。若白氏只是不其的长兄，恐怕是没有条件也没有充分理由如此行事的。

第三，从作战地点上看。虢季子白盘言及子白军功，称"搏伐狁狁，在洛之阳，馘首五百，执讯五十"。先前学者对"洛之阳"之"洛"，不是理解为渭北洛水，就是看作豫州洛水，自与西垂战场相隔甚远，不便将白氏与子白视同一人。如前所言，洛与略音同可通，西周金文除了不其簋未见其他"略"字，盘铭不过是借"洛"为"略"，所指正是不其簋铭中的"略"，其因水得名，所以也指略阳川水。略阳川水为东西流向，自可称其水北为"洛（略）之阳"。而北洛水是南北流向，谓其水之东为"洛之阳"则十分勉强。虽然豫州洛水为东西流向，可以称"洛之阳"，但此地为西周王畿腹心地带，被狁狁攻占并发生一场大会战的可能性不大。所以虢季子白盘的"洛之阳"，其实就是不其簋中的"略"水之阳。不其簋铭说不其"御追于略，以我车伐狁狁于高陶，汝多折首执讯"，是在"戎大同"即狁狁大汇合情况下，与"戎大敦搏"取得的辉煌战绩。具体斩获当为虢季子白盘所说："馘首五百，执讯五十。"在西周铜器铭文中，除小盂鼎所记盂伐鬼方都邑的杀伐数量较大外[1]，还没有任何一场战争折首执讯的数量可以超过此次略阳高陶之战。如厉王时期，狁狁广伐京师，"武公命多友率公车，羞追于京师"（《集成》2835），先后经过四次战役，共折首356人，执讯28人，即称达到了"静京师"的目的。而不其在高陶之战中，折首执讯的数目已超过此次京师之役，完全符合秦庄公领兵七千，"伐戎破之，由是少却"[2]的战争结局。

但是，不其簋铭显示，白氏并没有直接指挥"洛（略）之阳"的高陶战役，而是先行归周献禽，似乎此役馘首执讯的战绩与他无关。实则并非如此。因为白氏是这次伐戎之战的主师，王师是他率领的，兵权是他交给不其

1　杜勇：《盂伐鬼方新考》，《中国社会科学报》2021年10月25日，第5版。

2　《后汉书·西羌传》，中华书局，1965，第2871页。

的，所以不管战争胜负如何，他都负有重要责任。白氏在初战告捷之后，若对整个战事没有周密的部署和决胜的把握，恐怕不会轻易离开前线，也不会把王室军队交给不其指挥。所以不其在略水之阳的高陶战役中获胜，白氏也是功不可没的。虢季子白盘说："丕显子白，壮武于戎工（功）"，实非虚言。这说明"洛（略）之阳"一役，不仅在不其簋中有所反映，而且可以证明白氏与子白确为一人。

当不其簋中的"白氏"确定为"虢季子白"之后，说明他既不是庄公，也不是庄公的长兄。这就为不其即秦庄公说消除了根本性障碍。同时，虢季子白作为西虢氏高级贵族和王室重臣，担任本次对猃狁作战的主帅，无论是前线用兵，归周告擒，还是授人兵权，论功行赏，一切都可得到合理的解释。此役发生的年代，《史记·秦本纪》谓在周宣王六年（前 822 年），《后汉书·西羌传》谓在周宣王四年（前 824 年），均不可靠。周宣王五年（前 823 年），猃狁"侵镐及方"，被尹吉甫（兮甲）率师击溃，逃回老巢太原。此年前后，另与周人发生大规模战争的可能性不大。今由虢季子白盘可知，虢季子白作器纪功在周宣王十二年（前 816 年）正月初吉，"知战事必在十一年"[1]。至于虢季子白对不其进行赏赐，则在周宣王十二年（前 816 年）以后[2]。

从不其簋铭所记不其（秦庄公）伐戎的战事中，可以得到两点重要认识：一是犬戎当是猃狁的别称。文献称秦庄公所伐之戎为"西戎""犬戎"或"西戎犬戎"，不其簋铭所见不其（秦庄公）征伐对象则称"戎"或"猃狁"，由此可证犬戎与猃狁是同一少数部族的不同称呼，不可视为两个不同的部族[3]。二是猃狁攻周路线的调整。周宣王五年（前 823 年），猃狁"侵镐及方"，兵锋直逼宗周，形势非常严峻。尹吉甫率师反击，"薄伐猃狁，至于大原"[4]，暂时遏止了猃狁的进攻势头。之后周王室派遣大臣南仲北上，在泾水上游一带修筑城池，加强防御。《诗·小雅·出车》云："王命南仲，往城于方。出车彭彭，旂旐央央。天子命我，城彼朔方。赫赫南仲，猃狁于襄。"南仲"城彼朔方"，朔方即北方，可能是加强周人老家豳地一带的军事防务。据史念海研究，关中西部横亘着陇山和汧山，两山之间为汧水河谷。汧山东北是泾水

---

1 郭沫若：《两周金文辞大系图录考释（七）》，科学出版社，1957，第105页。

2 杜勇：《不其簋史地探赜》，《天津师范大学学报》（社会科学版）2016年第5期。

3 段连勤：《犬戎历史始末述——论犬戎的族源、迁徙及同西周王朝的关系》，《民族研究》1989年第5期。

4 《诗·小雅·六月》，（清）阮元校刻：《十三经注疏》，中华书局，1980，第425页。

河谷。这两条河谷是从西北方面到关中的军事通道所必经之地[1]。比较起来，北线泾水河谷（后称萧关道）相对好走，是猃狁犯周的主要通道。厉王时期猃狁沿着泾水河谷进至豳地一带，宣王初年又由此进逼丰镐。南仲"城彼朔方"后，北线防务有所加强。周宣王三十一年（前797年），"王遣兵伐太原戎"[2]，虽未克捷，但表明泾河上游防线似已具备攻守兼备的条件，猃狁要从北线进攻的难度加大。在这种情况下，猃狁开始调整攻防策略，把主要进攻路线由北线泾水河谷改为西线汧水河谷（后称陇关道），从而与秦部族和宗周发生频繁的武装冲突。

周宣王三十九年（前789年），千亩之战发生，姜戎氏大败周师，连周天子也仓皇逃命。这极大地刺激了犬戎的贪欲和野心，经过高陶之战暂作退却后，犬戎（猃狁）又开始从汧水河谷的西线通道向周王室发动进攻。据周宣王四十二年逨鼎记载，王对逨说：

> 余肇建长父侯于杨，余命汝奠长父。休。汝克奠于厥师，汝唯克井（型）乃先祖考，戎猃狁出捷于井阿，于历岩，汝不艮戎，汝光长父以追博戎，乃即宕伐于弓谷，汝执讯获馘，俘器车马。汝敏于戎工，弗逆朕新命。（《铭图》2501）

铭文是说，天子封长父为杨侯，命逨佐治杨侯军务。逨以先祖考的功德为型范，佐助杨侯追击"戎猃狁"，在弓谷之战中"执讯获馘，俘器车马"。不少学者以为长父所封之"杨"在今山西洪洞东南[3]，恐未必然。长父之封由逨佐其治军，分明具有防范猃狁入侵的意图。猃狁大肆出动，侵入井阿、历岩等地，逨与长父在弓谷予以还击，颇有斩获。这里的"井阿"，据散氏盘、禹鼎等铭文，可知在"井邦"某山陵弯曲处，地在今陕西扶风一带[4]，则杨国亦当在关中西部求之。逨盘出土于陕西眉县杨家村，其地称杨，东邻杨陵，或有更早的历史渊源。此役应即犬戎经汧水河谷东进，对周王朝发起的一次进攻，符合犬戎"其兵长在山谷，短于平地，不能持久，而果于触突"[5]的作战

1　史念海：《河山集（四集）》，陕西师范大学出版社，1991，第192—193页。

2　《后汉书·西羌传》引《竹书纪年》，中华书局，1965，第2871页。

3　李学勤：《眉县杨家村新出青铜器研究》，《中国古代文明研究》，华东师范大学出版社，2005，第141—152页。

4　杜勇：《从井氏采邑看西周世卿制度的尊贤功能》，《古代文明》2018年第4期。

5　《后汉书·西羌传》，中华书局，1965，第2869页。

方式。铭文未能夸耀"执讯获馘"的具体数目，看来斩获有限，构不成对猃狁的沉重打击。

周幽王六年（前776年），犬戎围攻秦人都邑西犬丘，试图像灭秦大骆之族那样，一举消灭秦人势力，解除从陇关道进攻周室的后顾之忧。襄公长兄世父带兵出击，为戎人所虏，一年多才被释放。犬戎发动此次战役，灭秦的目的没有达到，但有利于进一步控制汧水河谷通道，从西线进攻关中。此时离敲响幽王政权的丧钟，已经为时不远了。

（二）犬戎与申、缯联手灭周

关于犬戎、申、缯联手灭周的过程，材料极少，叙事疏阔，细节无从查考，很难满足一般人的好奇心。即使有学者试欲寻根究底，亦因证据未充不免引发争议。下面仅就几个相关问题略作讨论。

第一，犬戎与申、缯联手的可能性问题。从史伯对时局的预测看，幽王欲立伯盘（传世文献误作伯服）为太子，必杀故太子宜臼始能成事。宜臼不能坐等受死，只有逃往申后娘家避难。若幽王发兵攻申，申、缯与犬戎（猃狁）联手反攻，将会导致周王室的败亡。据清华简《系年》的记载，史伯的预言变成了事实。为了维护宜臼的太子地位，申、缯不惜踏上叛周之路。清华简《系年》说在幽王派兵围攻申国时，"缯人乃降西戎"，即缯国拉拢犬戎，进而对幽王发动进攻。其实，犬戎与周王室的矛盾由来已久，加之对宗周财富的贪欲，一直就有攻占宗周的图谋。早在宣王初年，猃狁（犬戎）即"侵镐及方，至于泾阳"[1]，兵临镐京，与周人展开过一场激战，最后被逐回老巢。但其灭周之心未泯，后来一直在汧水流域活动，伺机从西线对关中发动进攻。然而，武力攻占城邑，比不上政治投机换取利益更具诱惑力。此时幽王朝廷的夺嫡之争正在上演，犬戎趁机向申吕势力靠拢，以便从强盛一时的拥嫡派那里分一杯羹，因而成为申缯集团的政治盟友。

对于申侯联合犬戎攻周的可能性，清人崔述曾表示怀疑。他说："此事揆诸人情，征诸时事，皆不宜有。申在周之东南千数百里，而戎在周西北，相距辽远，申侯何缘越周而附于戎？……王师伐申，岂戎所能救乎！"[2]其实，早在申国居于陕北一带、未迁南阳之前，即有申君之女远嫁西垂，作为秦人先

---

1 《诗·小雅·六月》，（清）阮元校刻：《十三经注疏》，中华书局，1980，第424页。

2 （清）崔述：《崔东壁遗书》，上海古籍出版社，1983，第246页。

祖的妻室，以和西戎，表明申国与犬戎部族有过交往。申侯迁往南阳以后，旧情犹在，加上利益驱动，申、缯与犬戎联手攻周是有基础的。但是，地理上的悬隔，通信上的障碍，如何共谋其事，这让很多人深感困惑。乃至提出西申当与犬戎邻近，或位于宗周之西，或在陇东地区等说法。诚然，前人到底如何传递信息，是否有飞鸽传书一类的快速手段，今不可知。但古人自有克服通信障碍的办法，这不是我们需要担忧的问题。据《史记·周本纪》载，武王伐纣之前，"诸侯不期而会盟津者八百诸侯"。正式兴师伐纣时，又有"庸、蜀、羌、髳、微、纑、彭、濮人"与周人组成联军。这些诸侯或部族同样相距遥远，仍能通过各种信息渠道统一军事行动，与申、缯、犬戎联手攻周的情况相类似。对于过往历史烟云，我们有无数知识的盲点，但不能以此否定相关文献记载，强不知以为知。

第二，"幽灭于戏"[1]的问题。幽王被犬戎杀于骊山，连新立太子伯盘也俱死于戏。犬戎颠覆周人政权，并无取而代之的政治目标。作为游牧民族，犬戎不习惯定居生活，只是"虏褒姒，尽取周赂而去"[2]。令人奇怪的是，犬戎兵锋直指镐京，劫掠一空，为什么幽王却未死于王宫，而是被犬戎杀于离周京五六十里外的骊山之下？有学者认为，宜臼逃奔申侯之国，幽王出兵东伐申侯，行经京东的骊山，与正来攻周的申、缯及犬戎之联军遭遇，幽王乃被杀于骊山下[3]。另一种说法是，周幽王十年（前 772 年），周王师向泾河上游的西申发动进攻，要求申侯交还太子宜臼。申侯不但拒不交人，还请来犬戎援助，在近申之地击溃王师。申、缯、犬戎联军乘胜追击，次年兵临王都。幽王无力抵抗，向东逃至骊山脚下，为西戎赶上所杀[4]。

这两种意见都认为幽王失国与其伐申有关。然周师伐申，即使幽王率兵亲征，何须带上伯盘这个只有几岁的小孩子同行？从清华简《系年》看，宜臼奔逃申地后，"幽王起师"伐申，只是派出一支小部队"围平王于西申"而已，不存在策略失误和军事错估问题。结果是申侯拒不交出宜臼，随后才是申、缯联合犬戎进攻幽王。至于说西申在泾河上游与犬戎处在同一西北地理空间，也是误判。比如缯地在此并无着落，不知它如何与申国、犬戎组成联

---

1 《国语·鲁语上》，上海师范大学古籍整理研究所校点，上海古籍出版社，1988，第182页。

2 《史记·周本纪》，中华书局，1959，第148页。

3 王玉哲：《中华远古史》，上海人民出版社，2000，第734页。

4 李峰：《西周的灭亡——中国早期国家的地理和政治危机》，徐峰译，上海古籍出版社，2007，第262页。

军，带来严重的空间危机。犬戎灭周之役，恐非循泾水南下直捣镐京。从宣王后期到幽王之时，犬戎主要在汧水河谷一带活动，与周、秦的军事冲突连绵不断，此与犬戎意欲全面控制陇关道，改从西线攻周的战略有关。

总之，幽王派兵伐申，与申、缯、犬戎联军攻周，应是前后有一定时间间隔的两次军事行动，不宜并为一役。幽王伐申索人在前，然未如愿，反而激起申缯集团的强力反抗。随后申、缯联合犬戎，进军宗周。犬戎通过陇关道大举东进，可与通过汉水河谷北上的申、缯集团合力，一举攻占镐京。幽王兵败东逃，带着伯盘途经骊山脚下，在戏地被犬戎所杀，久衰不振的西周王朝宣告终结。

第三，伯盘是否称王的问题。《左传·昭公二十六年》王子朝说："携王奸命，诸侯替之，而建王嗣，用迁郏鄏。""王嗣"指平王无疑，然携王又是谁呢？司马迁只说："诸侯乃即申侯而共立故幽王太子宜臼"，对携王不赞一词。三百年后，韦昭提出："携王，伯服也。"[1]颇得学者信从。即使看过《竹书纪年》的杜预，知有伯盘与幽王"俱死于戏"的记载，也不相信竹书整理者束晳关于"伯服古文作伯盘，非携王"[2]的说法。隋唐经学家刘炫、孔颖达均视《竹书纪年》为怪异之论，仍然坚持伯盘即携王之说。清华简《系年》说："幽王与伯盘乃灭"，说明幽王父子确然"俱死于戏"。清华简《系年》又明言携王为"幽王之弟"[3]，则为平王所替代的携王是王子余臣，绝非伯盘。

伯盘在幽王死后未立为王，他生前也同样不曾称王。古本《竹书纪年》记载："幽王八年，立褒姒之子曰伯服［盘］为太子。"[4]有的学者认为，伯盘以"伯"相称，应即长子，则伯盘的年龄当大于宜臼，并在幽王八年以前即称丰王[5]。其说非是。首先，伯盘称伯，不能说明他是嫡长子。一母所生兄弟，以伯仲叔季排行，但庶出长子实际也可以伯称之。春秋时期，鲁庄公有三个弟弟，长曰庆父，次曰叔牙，次曰季友。庆父为庶长子，又称孟氏，孟即伯也。不能认为伯盘称伯即是嫡长子，具备立为太子的合法性。若伯盘真已成年，褒姒则为老妇，而非"艳妻"，也不会为犬戎所虏。其次，丰王与伯

1 《国语·晋语一》韦注，上海师范大学古籍整理研究所校点，上海古籍出版社，1988，第256页。

2 《左传·昭公二十六年》孔疏，（清）阮元校刻：《十三经注疏》，中华书局，1980，第2114页。

3 李学勤主编：《清华大学藏战国竹简（二）》，中西书局，2011，第138页。

4 方诗铭、王修龄：《古本竹书纪年辑证》修订本，上海古籍出版社，2005，第62页。

5 邵炳军：《两周之际三次"二王并立"史实索隐》，《社会科学战线》2001年第2期。

盘了不相涉。据《史记·秦本纪》载，秦襄公元年，"以女弟缪嬴为丰王妻"。学者认为丰王为"戎王"[1]，应属可信。"丰王"之丰当为戎语音译，非指丰镐之丰。此是秦襄公即位后，为了缓和与犬戎的紧张局势，谋求安定发展，而采取的一种和戎措施。若丰王为伯盘，则意味着姬嬴通婚，与周王室实行姬姜联姻的规制不合。三是周幽王八年（前774年），可能有一段时间伯盘尚未立为太子，故史伯明言："王欲杀太子以成伯服。""欲"者表明仅是幽王的想法，计划尚未实施。既然此前伯盘连太子都不是，谈何称王？何况幽王在世，崇尚"剸同"，独揽大权，有何必要首创新制，封伯盘为王？总之，除幽王死后携王与平王两个政权一度对立外，幽王生前不可能再有伯盘与幽王或伯盘与平王等类似"二王并立"局面的出现。

由于受资料限制，对西周覆亡的诸多细节今已无从查考。固然研究中无法绝对排除合理的推测甚至想象，但必须充分尊重基本史实，才不致治丝益棼，远离真相。

（三）西周灭亡探由

西周王朝犹如一艘航行近三百年的巨轮，在历史风暴的强烈打击下一朝沉沦。是什么原因导致这场历史灾难的降临？一直都是人们高度关注的问题。这里根据上文相关章节的论述，略作归纳说明。

揭示事物的因果关系从来都是历史认识的工具，也是古今学者共同的思维规律。就人们的思维习惯来说，大多喜欢用原因一元论来说明事物的因果关系，即使像西周灭亡这样复杂的历史事件亦不例外。《诗·小雅·正月》云："赫赫宗周，褒姒灭之。"据此把西周灭亡的原因归为女祸误国，这是历史上颇为流行的一种说法。清人崔述对此不以为然，提出"幽王失德，群奸擅权"[2]，才是西周覆亡的根本原因。现代学者崇尚经济决定论，认为西周中后期出现的土地交换是土地私有化的表征和国家由盛而衰的终极性因素。这些看法各有理据，但用原因一元论来解释西周的灭亡，则不免把复杂的事情简单化了，未必全然符合历史实际。

马克·布洛赫说："现实具有无限的多样性，各种因素往往汇集在一起作用于同一事物……原因一元论对历史研究都是有害无益的。"[3]国家是一个复杂

1（汉）司马迁著、〔日〕泷川资言会注考证：《史记会注考证》，新世界出版社，2009，第335页。

2（清）崔述：《崔东壁遗书》，上海古籍出版社，1983，第247页。

3〔法〕马克·布洛赫：《历史学家的技艺》，张和声、程郁译，上海社会科学院出版社，1992，第141页。

的政治组织，一个政权的衰亡不应该也不可能是某个单一的因素就可以解释的，任何一个因素都可能与其他因素共同发挥作用。在探索西周灭亡的原因时，一些学者比较重视多元因素的交互作用，在思想方法上胜人一筹。如童书业将西周灭亡的原因归结为三点：一是社会经济的变化及政治的昏乱；二是对外作战的失败；三是天灾的流行。后来他又略加细化，认为西周之亡，盖由于天灾、人祸、戎狄交侵，而幽王又昏乱，信用谗妇、佞臣，内乱、外患并生，以致速亡[1]。这已涉及政治、经济、军事、民族关系、自然灾害等多方面的内容，然未能展开论述。2007 年，李峰出版《西周的灭亡——中国早期国家的地理和政治危机》一书[2]，这是一部从多元视角探讨西周灭亡原因的专著，提出了不少有价值的新颖见解，受到学界重视。是书以空间建构为主要视角，认为西周国家在空间上受到两种力量的挑战，一支是内部邦君诸侯的离心力量，一支是外部空间即敌人猃狁的压力。为了应对外部空间危机，周王实行"恩惠换忠诚"这种自杀式的土地赏赐政策，致使西周国力不断削弱，是其走向衰亡的根本原因。而猃狁（犬戎）则是直接摧毁西周政权的外部空间力量。这些见解给人启迪的同时，也带来不少疑问。申缯集团居处南阳地区，与猃狁部族可能不在同一地理空间。西周中后期土地赏赐的力度不断加大，是朝廷笼络权贵功臣的重要手段。畿内贵族入为王官，以采邑土地作为俸禄，一经授予便成为他们长期占有的生活资源。土地不是一次性消费品，国家无须年年拿出土地再行分配。土地赏赐只施行于个别有功的贵族，对国家土地资源和财政收入的不利影响是有限的，恐非西周灭亡的根本性原因。该书还力图重建西周灭亡的内部斗争过程，以为导源于曾经服事于宣世的老资历官僚与支持幽王的新党派之间的紧张关系。所谓老资历官僚中的大师皇父，《诗·小雅·十月之交》称皇父卿士与"艳妻煽方处"，分明是艳妻褒姒的党羽，不可能成为与幽王、褒姒相对立的另一派党首。此类核心论点由于缺乏可靠证据的支持，令人欲信还疑。这说明即使运用多元视角考察西周灭亡问题，也必须严守史学轨范。

在这个问题上，或可从两个方面加以考察：一是普遍原因，以体现事物的共性；二是特殊原因，以体现事物的个性。事物的发展是共性和个性的统一，但两者也不是截然分离的，往往相互交织，共同发生作用。

---

1 童书业：《春秋左传研究》校订本，中华书局，2006，第37、275页。

2 李峰：《西周的灭亡——中国早期国家的地理和政治危机》，徐峰译，上海古籍出版社，2007。

就普遍原因而言，需要注意这样一个事实：夏商两代姑置不论，自西周开始，不管是王朝国家，还是由秦至清的帝制国家，其统治时间都不超过三百年，少数接近三百年，故有三百年周期律的说法。西周王朝历时 276 年（前 1046—前 771 年），与后来国祚较长的西汉（前 206—25 年）、唐（618—907 年）、明（1368—1644 年）、清（1644—1911 年）等朝代相比并不算短。尽管西周与秦汉以后的国家政体存在不少差别，但都属于世袭君主制国家。为了保障国家最高权力的平稳过渡，也都基本实行嫡长子继统法，王国维称此为"百王不易之制"[1]。这样，在很大程度上国家成了一姓一家的国家，天下成了一人的天下。即便这个统治家族有着优良的血统和基因，也无法保证每位国君都是政治精英。英国学者罗素说："君主政体有一些极大的弊端，如果它是世袭的，统治者未必总是有才能的人；如果继承法靠不住，就会发生王朝内战。"[2]这是带有规律性的普遍性认识。从中国历史看，一个朝代的建立者差不多都是具有雄才大略的人，而且身边还有一个治国理政的精英团队，共同为缔造新建国家尽心竭力。但经过五六代人也就是一百多年后，国家发展趋于鼎盛，同时也开始走向衰落。孟子说："君子之泽，五世而斩。"[3]是说君子的流风余韵五世而绝，对位居国家权力顶峰的王室家族来说何尝不是如此！王夫之说："一代之兴，传至五世七世，祚运已将衰矣，百年内外，且有灭亡之忧。"[4]一个朝代中后期的君位继承人，不是骄奢淫逸，怠惰无为，就是刚愎自用，任性胡为，基本丧失了其祖辈开基创业、励精图治的进取精神。西周中后期，穆王的骄奢、共懿孝夷的无为、厉王的暴虐、宣幽的昏乱，就是明显的例子。国家是靠人来治理的。在世袭君主制政体下，不能造就优秀的国家领导人，也不能制约君主的专制权力，一个朝代要想长盛不衰是不可能的。至于灭亡的时间点落在何处，那只不过是历史的偶然选择罢了。

除了这些普遍性因素外，西周的灭亡当然也有异于其他朝代的特殊原因。大体说来，主要表现在以下几个方面：

第一，王室统治力量的削弱。幽王继位后，弃"和同"，尚"剸同"[5]，朝

---

1 王国维：《观堂集林（外二种）》，河北教育出版社，2001，第290页。

2 〔英〕罗素：《权力论》，靳建国译，东方出版社，1988，第148页。

3 《孟子·离娄下》，（清）阮元校刻：《十三经注疏》，中华书局，1980，第2728页。

4 （清）王夫之：《宋论》卷13《宁宗》，商务印书馆，1936，第203—204页。

5 《国语·郑语》，上海师范大学古籍整理研究所校点，上海古籍出版社，1988，第516页。

政日非。"和同"即和而不同，是政治上允许差异性存在的和谐。"剚同"义同专断，即政治上排斥异己，以专断求统一。幽世朝堂，上有昏君，下有佞臣，沆瀣一气，正直人士受到打压，决策错误得不到有效纠正和调整。如史伯言及废申后立伯盘为太子的危害，也只能在背后大发宏论，不能成为朝堂上谏诤的良言。郑桓公作为王室执政大臣，考虑更多的是如何自保，而不是设法帮助王室共克时艰、化险为夷。从军事上看，朝廷长期对西戎和淮夷的战争，使王师的战斗力不断削弱，兵源枯竭。宣王"料民于太原"，也无补于事。他亲征姜氏之戎，战败后快马驾车才得以逃命。幽王伐六济之戎，主帅也战死沙场。军队丧失了保卫国家的能力，骊山之变的发生也就不足为奇。强大的武装力量根植于民众之中。但长期以来，统治者奢侈成风，土地经营管理不善，经济日趋凋敝，民生日见艰困。《诗·大雅·召旻》云："旻天疾威，天笃降丧。瘨我饥馑，民卒流亡。我居圉卒荒。"天降丧乱，灾荒不断，人民饥馑流亡，土地被迫抛荒。周幽王二年（前780年），关中发生大地震，"百川沸腾，山冢崒崩。高岸为谷，深谷为陵"[1]。王畿核心区三川竭、岐山崩，震灾如此严重，幽王不是设法救灾，恢复经济，保全民生，反而不惜增加民众负担，次年即发动了征伐褒国和六济之戎的战争。"君之视臣如土芥，则臣视君如寇仇。"[2]当外族入侵之时，国君得不到臣民的拥戴和支持，又岂能立于不败之地？连极力主张君主集权政治的马基雅维里也说："对君主来说，与人民保持友好是必要的；否则的话，当他身处逆境之时就无可救药了。"[3]幽王的统治，政出轨外，上下离心，除了殒身灭国，等待他的不会是更好的命运！

　　第二，申缯集团的反叛。畿外诸侯的职责本来是以蕃屏周，但申、吕、许、缯等诸侯却成了与幽王相对立的反叛力量。这种反叛力量的形成，又与周人实行宗法分封制有关。西周国家通过封藩建国，广建地方政权，比起商代国家联合体中那些自然生成的诸侯国来说，国家认同意识和凝聚力都大为增强。但是，诸侯国毕竟是一个自治性很强的政治实体，中央政权对其有效控制的制度性缺失，使贵族国家统治下的藩属诸侯极易疏离王室，甚至变成滋生动乱的温床。烽火戏诸侯事虽乌有，但其深层内涵说明幽王为政失德，君臣解体，诸侯离心，故遭外敌入侵时得不到及时救援。除潜在的制度性因

---

1 《诗·小雅·十月之交》，（清）阮元校刻：《十三经注疏》，中华书局，1980，第446页。

2 《孟子·离娄下》，（清）阮元校刻：《十三经注疏》，中华书局，1980，第2726页。

3 〔意〕马基雅维里：《君主论》，张志伟、梁辰、李秋零译，陕西人民出版社，2001，第61页。

素外，幽王废嫡立庶则是申缯叛周的直接原因。幽王三年伐褒国，对所得褒姒倾心嬖爱，言听计从，达到了不计后果的程度。褒姒发动夺嫡之争，勾结虢石父，党同伐异，破坏嫡长子继统法，争立伯盘为太子，仅五年时间即达到目的。褒姒当然不是要周邦自取灭亡，但其做法加剧了幽王"勪同"与群小擅权的腐败程度，加大了诸侯对朝廷的离心力，削弱了周王室的统治力量。姬姜联盟本是周人立国的基础，幽王不晓利害，不分轻重，废申后，黜太子，引起申、吕集团的强烈不满和怨恨。幽王至此仍不止步，还要伐申索人，追杀太子，更将申侯逼上绝路。致使申缯集团起而叛周，不惜与犬戎联手，终将幽王政权无情埋葬。

第三，犬戎的入侵。西周王朝是一个以姬姜华夏族为主体并对少数部族有所包容的国家联合体。面对这种多元一体的民族构成，周王朝采取了甸服、侯服、宾服、要服、荒服的"五服制"治理措施。其中"蛮夷要服，戎狄荒服"，属于周王朝的边疆羁縻地区。"要服""荒服"更多是体现一种政治认同观念，具体治理相对宽略。淮夷与犬戎大体属于要服、荒服体系。到了西周中期，穆王好大喜功，改变五服制政策，伐犬戎，征徐夷，与西戎、淮夷的关系急剧恶化，致使厉宣时期西北与东南边境烽烟不息。淮夷的反叛被宣王敉平，成了南国"帛亩人"，为周王室提供赋税力役。但与猃狁的交战，未能取得决定性胜利。宣王初年，尹吉甫对直逼镐京的猃狁发动反攻，将其驱逐到老巢太原（今宁夏固原一带）。随后"城彼朔方"，北线泾水流域的军事防务有所加强，使犬戎经萧关道沿泾水一线南侵的成功机会减少。犬戎随之改变进攻策略，从防务较为薄弱的陇关道沿汧水河谷向东推进，企图对周王朝实施毁灭性打击。但是，单凭犬戎的力量仍难达成目标。此时南阳地区的申侯，利用早年居于陕北地区与犬戎有过的交往，乞请联手攻周，正好迎合了犬戎的野心和贪欲。犬戎与申缯集团两相拍合，借扶正废太子为名，大举进攻镐京。幽王兵败东逃，死于非命，西周陨灭。

二、平王东迁的曲折历程

《史记·十二诸侯年表》说："平王元年，东徙洛邑。"将幽王之死与平王东迁视作前后两年相继发生的事情，与清华简《系年》的记载大相异趣。清华简《系年》是战国时期楚人写的一部史书，记述周初至战国前期有关史事，言及平王东迁云：

> 幽王及伯盘乃灭，周乃亡。邦君诸正乃立幽王之弟余臣于虢，是携
> 惠王。立二十又一年，晋文侯仇乃杀惠王于虢。周亡王九年，邦君诸侯
> 焉始不朝于周。晋文侯乃逆平王于少鄂，立之于京师。三年，乃东徙，
> 止于成周。[1]

这不算一篇上乘的叙史文字，"乃"字频出，看上去多少有些蹩脚。但是，"文无古今，未有不文从字顺者"[2]。也正是这个"乃"字，揭示了相关历史事件的先后序列及其因果联系，有助于人们进一步了解两周之际乱云飞渡的历史变局。依照本段简文的内在逻辑联系，相关历史事件构成一个有序的时间链条。其大意是说，幽王灭而后携王立，携王立二十一年被杀，后经无王九年始立平王，平王嗣立三年后东徙成周。文意并不费解，逻辑亦无冲突，一般读者十之八九都是这样理解的。可是材料一旦进入学者的视野，事情立即变得复杂起来。为了便于讨论，我们把相关问题归结到平王东迁的年代上来，眉目更为清晰。从已有研究成果看，周平王元年（前770年）东迁的传统说法虽被弃置，但新提出的周平王十二年（前759年）、周平王二十三年（前748年）、周平王三十四年（前737年）东迁诸说，各有短长，聚讼未息，有待厘清是非。

（一）周平王十二年（前759年）东迁说

此为清华简整理者的主导性意见。李学勤认为，幽王死后，携王"立二十又一年"被杀，时为晋文侯三十一年。下文"周亡王九年"，不能从携王被杀算起，因为那样就超过了晋文侯在位的下限。由于宜臼在申，余臣在虢，都不在王都，也都未得到普遍承认。周之无王九年，只可从幽王之灭算起。平王在晋文侯支持下立于京师，三年后东迁成周，是为晋文侯二十二年（周平王十二年），即公元前759年。再过九年，文侯杀了携王，平王的王位终于得到巩固[3]。这个意见得到很多学者赞同[4]，即使认为平王东迁当在立于京师后的第三年[5]，也只是计算方法略有不同。

此说的关键在于如何理解"周亡王九年"的确切含义。有一种观点认为：

1　李学勤主编：《清华大学藏战国竹简（二）》，中西书局，2011，第138页。

2　王国维：《毛公鼎考释序》，《观堂集林（外二种）》，河北教育出版社，2001，第179—189页。

3　李学勤：《由清华简〈系年〉论〈文侯之命〉》，《扬州大学学报》（人文社会科学版）2013年第2期。

4　徐少华：《清华简〈系年〉"周亡（无）王九年"浅议》，《吉林大学社会科学学报》2016年第4期；代生：《清华简〈系年〉所见两周之际史事说》，《学术界》2014年第11期等。

5　晁福林：《清华简〈系年〉与两周之际史事的重构》，《历史研究》2013年第6期。

"亡王"指亡国之君幽王，"亡王九年"即其死后次年，三年后东迁洛邑，是为周平王元年（前770年）[1]。说幽王死于在位八年并无根据，幽王死后延续其纪年也无特殊理由。古本《竹书纪年》称"幽王既败二年"[2]，即是反证。清华简整理者把"周亡王九年"理解为周无王的九年，是切中肯綮的。问题在于，无王九年究竟应从何时算起？

论者以为，幽王死后，即进入周无王九年阶段，似与竹书文意不合。把简文"周亡王九年"视为非线性插入语，用以说明幽王死后九年，平王方被迎立，忽略了清华简《系年》每一句都有一个"乃"字，即使不直接使用"乃"，也有一个义相近同的"焉"字。"乃"的运用不是随意的，它表明相关事件前后发生，具有不可分割的关联性和因果性。说"周亡王九年"为幽王死后的九年，不仅行文突兀，割裂了与前文所言携王被立和被杀事件的联系，而且不能有效说明晋文侯迎立平王的缘由。朱凤瀚认为，由简文文意看，携惠王被杀，自然进入无王时代。"周亡王九年"不能理解为幽王卒后九年，因为简文既明言幽王卒后已立携惠王，则不能认为幽王卒后即无王[3]。其说在理，颇得简文真义。

幽王死后，随即出现平王和携王两个对立的政权。尽管政权都不在王都，也不能说其时无王。平王由反叛周室的申缯集团所立，起初并不具备合法性，自然得不到普遍承认。但是，携王朝廷的情况有所不同，它是当时唯一合法的中央政权。一则，携王为"邦君诸正"所立。周幽王十一年（前771年），申、缯联合犬戎攻占镐京，幽王与伯盘东逃，俱死于戏，朝廷也被打得七零八落。劫后余生的公卿大臣逃往虢地，重建中央政府成为当务之急。或因幽王已无他子可以继承王位，故而"邦君诸正乃立幽王之弟余臣于虢"。王子余臣为宣王之子、幽王之弟，可能像郑桓公一样，本为畿内封君，食采于携[4]，此时被虢公翰为首的"邦君诸正"拥立为王。"邦君诸正"是指畿内封君出任王官者，大都是幽王朝廷的执政大臣。由他们重建的中央政府，不好说

---

1 王红亮：《清华简〈系年〉中周平王东迁的相关年代考》，《史学史研究》2012年第4期；李零：《读简笔记：清华简〈系年〉第一至四章》，《吉林大学社会科学学报》2016年第4期。

2 《汉书·地理志上》注引，中华书局，1962，第1544页。

3 朱凤瀚：《清华简〈系年〉"周亡王九年"再议》，《吉林大学社会科学学报》2016年第4期。

4 清人雷学淇认为，"携，地名，未详所在。《新唐书》'大衍历议'谓丰、岐、骊、携皆鹑首之分，雍州之地，是携即西京地名矣。"（雷学淇：《竹书纪年义证》卷27，修绠堂书店，1933，第210页。）其说可参。

是非法的。二则，携王受到邦君诸侯的朝觐。清华简《系年》说："周亡王九年，邦君诸侯焉始不朝于周。"这里的"邦君诸侯"与"邦君诸正"有别，主要是指畿外诸侯。其"焉始"二字说明"周亡王九年"之前，邦君诸侯是朝周的。只有携王被杀，新王未立，无王可朝，才会造成邦君诸侯"不朝于周"的局面。这个"周"的代表者不是别人，正是受到邦君诸侯承认的携王。三则，携王死后犹有谥号。携王被杀后，制谥为"惠"。谥法称"柔质慈民曰惠"[1]，"慈仁好与曰惠，柔质慈仁曰惠，柔质受谏曰惠"[2]。表述不同，意涵相近。说明携王为人仁慈，甚或生性柔弱，无力改变虢公翰把持朝政、无所作为的局面。携王在位长达二十一年，未能有效治理国家，反而成为流亡政府权力斗争的牺牲品。但死后谥"惠"，则是把他作为一位仁慈爱民、善纳谏言的国君来对待的，也从一个侧面反映了携王继统的合法性。

携王政权建在虢地，不在王都，与政权的合法性关系不大。因为王都可以根据政治形势发展的需要来选定，并没有只能在某个地方建都的限制。周人的都邑由岐而丰，由丰而镐，不断迁徙，即是例证。那么，为什么春秋时期会有"携王奸命"的说法呢？《左传·昭公二十六年》载，王子朝告于诸侯曰："携王奸命，诸侯替之，而建王嗣，用迁郏鄏。"何为"奸命"？学者以为携王继位是干犯了"先王立嫡之命"[3]，不无理致。不过，这只是后来平王正式继位后对携王所加不实之词。周代王位继承统法虽以立嫡为基本规则，但在王无嫡嗣的情况下，并不绝对排斥立庶立长或兄终弟及[4]。故王子朝又说："昔先王之命曰：'王后无适（嫡），则择立长。年钧（均）以德，德钧以卜。'王不立爱，公卿无私，古之制也。"[5]由于朝廷公卿拥立携王之时，幽王嫡长子宜臼尚在，从这个角度看似有违逆嫡长子继统法之嫌。但支持平王的申缯集团勾结犬戎攻占镐京，完全站在王室的对立面，为世人所不容。因此，宜臼不可能得到邦君诸正的认同和拥戴，故由携王继承大统。王子朝是知道携王身份的，他借"携王奸命"一事申明嫡长子继统法的神圣性和法理性，无非是说他作为周景王长庶子，在无嫡长子继位的情况下，具有继立为

1　黄怀信、张懋镕、田旭东：《逸周书汇校集注》修订本，上海古籍出版社，2007，第665页。

2　（宋）王溥：《唐会要》卷77《谥法上》，上海古籍出版社，2006年。

3　〔日〕竹添光鸿：《左氏会笺》，巴蜀书社，2008，第2049页。

4　李玲玲、杜勇：《西周王位继承法再探析》，《中州学刊》2020年第11期。

5　《左传·昭公二十六年》，（清）阮元校刻：《十三经注疏》，中华书局，1980，第2115页。

王的资格，企望得到天下诸侯的理解和支持。可见"携王奸命"一类的说辞，不能真正构成否定携王法统地位的依据。

携王被杀后，"周亡王九年"，国家最高权力陷入真空状态。此与厉王流彘，共伯和为首席执政，与召公、周公联合执掌机枢的情况颇相类似[1]。是时虢地朝廷在晋文侯掌控下，虽可维持运转，但朝廷多年无王，邦君诸侯不朝于周，就很不像一个中央政权的样子了。因此晋文侯主动转变立场，化敌为友，争取与平王政权合作，重组新的朝廷，选定新的王都。这就是王子朝说的"建王嗣，用迁郏鄏"。但是，携王政权存在二十一年，复经周无王九年，便到了《史记·十二诸侯年表》所说的周平王三十年（前741年）。这就突破了晋文侯在位的下限，从而构成年代学上的一个巨大障碍。不独晋文侯，也包括参与迎立平王、助力东迁的郑武公、秦襄公，都面临同样的问题。这应该不是偶然的。早在二十多年前，当晋侯苏编钟发现时，裘锡圭、李伯谦、马承源等不少学者就曾怀疑两周之际晋国的纪年是有错误的。其实不只晋国，郑、秦等国的年代也同样存在问题，这在后文将作专门讨论。这里只需强调指出，把"周亡王九年"理解为携王被杀后的九年，与晋文侯、郑武公、秦襄公三君在位年代并无冲突。换言之，"周亡王九年"不是幽王灭后九年，当为携王被立二十一年后的九年。故三年后平王东迁，不可能是周平王十二年（前759年）。

（二）周平王二十三年（前748年）东迁说

此说为朱凤瀚所倡。他认为"周亡王九年"是携王被杀后的九年，但清华简《系年》所言"立二十一年"是指晋文侯二十一年，也就是平王、携王各立十一年后，晋文侯杀死携王。九年后，文侯复立平王于京师。平王立三年，即周平王二十三年（前748年），东迁成周[2]。此说的主要依据是古本《竹书纪年》，兹移录如下：

> 《汲冢书纪年》云："平王奔西申，而立伯盘以为大子，与幽王俱死于戏。先是，申侯、鲁［曾］侯及许文公立平王于申，以本大子，故称天王。幽王既死，而虢公翰又立王子余臣于携，周二王并立。二十一年，携王为晋文公［侯］所杀。以本非适，故称携王。"束皙云："案《左

1　杜勇：《西周"共和行政"历史真相新探》，《人文杂志》2019年第5期。
2　朱凤瀚：《清华简〈系年〉"周亡王九年"再议》，《吉林大学社会科学学报》2016年第4期。

传》携王奸命，旧说携王为伯服，伯服古文作伯盘，非携王。"伯服立为
王积年，诸侯始废之而立平王。其事或当然。[1]

在这里，孔颖达所引《竹书纪年》并非原文，其中"以本大子，故称天王"
"以本非适，故称携王"等诠释性文字，与《竹书纪年》体例不合，学者以为
可能是隋代经学家刘炫所做的按语[2]，是有道理的。古人引书并不严格，一字
不差引用原文的时候较少。《竹书纪年》这段文字在《通鉴外纪》《通志》中
即被引作：

> 幽王死，申侯、鲁侯、许文公立平王于申。虢公翰立王子余，二王
> 并立。余为晋文侯所杀。[3]

其中并无"先是"一词，它是否也是后来附加的呢？不好遽下断语。但从刘
恕、郑樵对引文的简化看，至少他们对古本《竹书纪年》的理解，是说幽王
死后，平王立于申，继之才是携王被立。即使原有"先是"一词，也无非强
调平王被立是在携王被立之前[4]，不能由此推导出平王称王是在幽王之时[5]，或
在周幽王九年（前773年）至十一年（前771年）间[6]。至于孔颖达引用《竹
书纪年》和束皙按语，意在疏解杜注。杜预对王子朝所说"携王奸命，诸侯
替之"的解释是："诸侯废伯服而立宜臼。"[7]孔颖达申其说："伯服立为王积
年，诸侯始废之而立平王。其事或当然。"所谓"积年"即多年，指携王被立
二十一年。杜预是披览过《竹书纪年》的，但他对携王身份的看法与束皙不
同，依然相信韦昭关于"伯服，携王也"[8]的说法。孔颖达严守疏不破注的原
则，认为伯盘为王多年，事情或当如此。

从杜预《春秋左传集解后序》可知，《竹书纪年》记幽王灭后史事，不再
以王年为纲，而是用晋侯纪年叙事，所以文中未冠名号的"二十一年"，极易
形成误解。清人朱右曾《竹书纪年存真》以为"二十一年"当为周平王纪

---

1 《左传·昭公二十六年》孔疏，（清）阮元校刻：《十三经注疏》，中华书局，1980，第2114页。

2 范祥雍：《古本竹书纪年辑校订补》，上海古籍出版社，2018，第41—42页。

3 《资治通鉴外纪》卷3《周纪》，《景印文渊阁四库全书》第312册，商务印书馆，1986；（宋）郑樵：《通志》卷3下《三王纪》，中华书局，1987。

4 朱凤瀚：《清华简〈系年〉"周亡王九年"再议》，《吉林大学社会科学学报》2016年第4期。

5 李学勤：《由清华简〈系年〉论〈文侯之命〉》，《扬州大学学报》（人文社会科学版）2013年第2期。

6 程平山：《两周之际"二王并立"历史再解读》，《历史研究》2015年第6期。

7 《左传·昭公二十六年》杜注，（清）阮元校刻：《十三经注疏》，中华书局，1980，第2114页。

8 《国语·晋语一》韦注，上海师范大学古籍整理研究所校点，上海古籍出版社，1988，第256页。

年，遂定晋文侯杀携王在晋文侯三十一年。王国维否认此说，改订为晋文侯
二十一年[1]。其说信从者众，如屈万里即谓："二十一年，为晋文侯二十一年，
即周平王十一年。"[2]从古本《竹书纪年》"晋纪"的文例看，所涉年代确实多
为晋侯的纪年，但有时并非如此，需要结合上下文的语境来确定其具体含
义。如下面几个例子就不适合视作晋侯纪年：

> （1）于粤子句践卒，是菼执，次鹿郢立，六年卒。[3]
> （2）不寿立十年见杀，是为盲姑，次朱句立。[4]
> （3）简公九年卒，次敬公立，十二年卒，乃立惠公。[5]

这些材料所言越、秦两国之君的卒年，均与晋国纪年无关。尤其是"六年"
"十年""十二年"之前都有一个"立"字，固然在一定程度上可以看作越君
鹿郢、不寿、秦君敬公在位之年，但主要的还是叙述他们在位的积年。此与
《竹书纪年》所谓"虢公翰又立王子余臣于携，周二王并立。二十一年，携王
为晋文侯所杀"为例正同。说明这里的"二十一年"也是指携王在位的积
年，与晋文侯纪年并不相涉。

清华简《系年》说："邦君诸正乃立幽王之弟余臣于虢，是携惠王。立二
十又一年，晋文侯仇乃杀惠王于虢。"此与古本《竹书纪年》所记同为一事。
单就后一句话看，似乎"晋文侯"可以兼作"立二十又一年"的主语，代表
晋文侯纪年。但句中的"乃"字表明，携王被杀与上一句所说邦君诸正拥立
携王是相关联的，在时间序列上是前后相继发生的事情，从而构成一定程度
的因果关系。若将"立二十又一年"视为晋文侯纪年的羼入，则割断了其行
文脉络与内在联系。李学勤指出，把《竹书纪年》所言"二十一年"当作晋
文侯二十一年的说法，在清华简《系年》发现后，被证明是不对的[6]。以此推
定周平王二十三年（前748年）东迁洛邑，也就失去了可靠的基础。

（三）周平王三十四年（前737年）东迁说

此为清华简整理者的不同意见。刘国忠认为，简文"立二十又一年"，应

---

1 范祥雍：《古本竹书纪年辑校订补》，上海古籍出版社，2018，第41页。

2 屈万里：《尚书集释》，中西书局，2014，第269页。

3 《史记·越王勾践世家》索隐引，中华书局，1959，第1747页。

4 《史记·越王勾践世家》索隐引，中华书局，1959，第1747页。

5 《史记·秦本纪》索隐引，中华书局，1959，第200页。

6 李学勤：《由清华简〈系年〉论〈文侯之命〉》，《扬州大学学报》（人文社会科学版）2013年第2期。

是携王的在位年数，不是晋文侯二十一年。"周亡王九年"，可理解为晋文侯杀携惠王之后，周曾出现了长达九年的无王状况。由此推定的时间表是：幽王死后，携王立二十一年，被晋文侯所杀；周无王九年，然后周平王即位；三年后东迁洛邑，前后已经历三十三年。平王东迁时间在周平王三十四年（前737年）前后[1]。此说遵循简文文意，不作过度诠释，多有学者支持[2]。但是，此说与晋文侯、郑武公、秦襄公在位年代相抵触，未见解决方案，又推断平王即位在幽王辞世三十年以后，当时可能没有出现"二王并立"局面，均非周备。

平王东迁非其元年，而是幽王辞世三十多年后的事情，不只清华简《系年》有此说，其他先秦典籍亦可见其蛛丝马迹。《左传·僖公二十二年》记："秦、晋迁陆浑之戎于伊川"，叙及辛有当年的预言说："初，平王之东迁也，辛有适伊川，见被发而祭于野者，曰：'不及百年，此其戎乎？其礼先亡矣'。"这段话暗示平王东迁晚至其三十年以后，故至此不到一百年。过去，学者对此不得其解。正如杨伯峻所说："平王元年距此一百三十三年，而此言不及百年者，或辛有之言说于中叶。"[3]就是一个例子。如今清华简《系年》不期问世，始揭其秘。

平王东迁年代较晚，但他被立为王的时间却相当早。《史记·十二诸侯年表》说在幽王死后次年，与古本《竹书纪年》相合，是可信据。《国语·郑语》记史伯云："王欲杀太子以成伯服，必求之申，申人弗畀，必伐之。若伐申，而缯与西戎会以伐周，周不守矣。"这是对事态发展所做的预测。清华简《系年》说："王与伯盘逐平王，平王走西申。幽王起师，围平王于西申，申人弗畀，缯人乃降西戎，以攻幽王，幽王及伯盘乃灭，周乃亡。"[4]在这里，史伯的预测变成了现实。所谓"逐平王"，实际含义是取缔其太子身份，并非驱逐平王本人，否则平王逃往申地，幽王没有必要再派兵索人。平王奔西申除了逃命，主要目标无非是复太子之位，无须自立为王，冒天下之大不韪，失

1　刘国忠：《从清华简〈系年〉看平王东迁的相关史实》，陈致主编：《简帛·经典·古史》，上海古籍出版社，2013，第173—179页。

2　王晖：《春秋早期周王室王位世系变局考异——兼说清华简〈系年〉"周无王九年"》，《人文杂志》2013年第5期；程平山：《两周之际"二王并立"历史再解读》，《历史研究》2015年第6期等。

3　杨伯峻：《春秋左传注》，中华书局，1981，第394页。

4　李学勤主编：《清华大学藏战国竹简（二）》，中西书局，2011，第138页。

去天下的同情和支持。共和时期，厉王被逐，太子靖尚不能立即称王。此时幽王大权在握，宜臼尚不至于如此不分轻重，莽撞行事。

与携王中央政府相比，最初的平王政权显然不具备合法性。不仅邦君诸正未能参与政权的建立，而且其支持者申、缯等国还是勾结犬戎攻周的反叛势力。由于平王政权尚具一定实力，携王政府既不能承认它，一时也不能消灭它，故形成"二王并立"的局面。事情的转机是在晋文侯杀死携王、代替虢公翰执掌中央政权之后。杀死携王后由谁来继承王位的复杂性是晋文侯始料不及的。此时王室的嫡系血脉除宜臼外，幽王之子没有了，幽王之弟恐怕也没有了。不迎立平王，中央政府就只能继续处于无王状态，长此以往，国将不国。此时晋文侯以其超卓的政治智慧与魄力，果敢转变自己的政治立场，与平王政权妥协，重组中央政府。可以推想，这也不是一个简单的过程，不经过双方反复谈判磋商，恐难达成一致意见。就平王政权来说，否定携王的法统地位，承认平王继位的合法性和正统性，必是谈判的一个重要条件。所谓"携王奸命，诸侯替之"的说法，应该就是这样来的。平王继位的地点，不在当时中央政权所在的虢地，而是选择在早已残破不堪的镐京，也与平王宣示其正统地位有关。同样的道理，作为一项饶有深意的政治技术，平王的纪年也必然从头延续下来。春秋时期晋国的曲沃武公就是这样做的。当他被周天子列为诸侯时，移都晋国，并不更元，而是延续先前在曲沃继位的三十七年，"通年三十八年"[1]。平王的纪年与此相类，故杜预说："周平王，东周之始王也。"[2]《史记》载周平王在位 51 年，并非单纯由《左传·隐公三年》所载"三月壬戌平王崩"推算而得，实际应有所本，只是太史公未知其间复杂而曲折的历史进程罢了。

从平王称王算起，到携王死后九年，晋文侯迎立平王，再过三年东迁洛邑，历时三十三年，平王的继统经历了一个从非法到合法的转化过程。这条历史长链被司马迁压缩在一年的时间轴上，对其编制《史记·十二诸侯年表》必然产生错误导向和不利影响。《史记·十二诸侯年表》中晋、郑、秦等国的年代，与古本《竹书纪年》不合，也与新出清华简《系年》不合，使我们无法相信它是正确无误的。持周平王三十四年（前 737 年）东迁的学者，

1　《史记·晋世家》，中华书局，1959，第1640页。
2　《春秋左传正义》卷 1《春秋左氏传序》，（清）阮元校刻：《十三经注疏》，中华书局，1980，第1708页。

敢于冲破《史记》旧有年代体系的迷障，是值得肯定的。只是对相关年代未作认真清理，辨非正误，不免令人欲信还疑。

从上面所作分析来看，平王东迁实际是一个很长的历史过程，绝非一年可以竣事。学者对清华简《系年》所涉平王东迁年代的解释，无不深受晋文侯、郑武公、秦襄公在位年代的困扰。只有将这个问题弄清楚了，才能对平王东迁的年代和史实做出正确的说明。

三、晋、郑、秦三君年代指迷

考索晋文侯、郑武公、秦襄公的在位年代，有两个问题必须提前交代。一是以平王在位五十一年连贯纪年，不宜别作调整，才能使其成为观察相关年代问题的参照系和坐标点。二是订正晋、郑、秦三君的在位年代，目的是验证清华简《系年》相关记事的可信性，因而不能先以清华简《系年》作为前提或依据，避免陷入循环论证的尴尬境地。

（一）晋文侯在位年代的错位

《史记·晋世家》《史记·十二诸侯年表》记晋文侯在位三十五年，无从置疑，问题主要出在与王年的对应关系上。《史记·十二诸侯年表》以周幽王二年（前 780 年）对应晋文侯元年，似非确当。西晋杜预《春秋左传集解后序》说到汲冢竹书云：

> 其《纪年》篇起自夏、殷、周，皆三代王事，无诸国别也。唯特记晋国，起自殇叔，次文侯、昭侯，以至曲沃庄伯。庄伯之十一年十一月，鲁隐公之元年正月也，皆用夏正建寅之月为岁首。编年相次，晋国灭，独记魏事，下至魏哀王之二十年。盖魏国之史记也。[1]

《竹书纪年》出土不久，即为杜预所披览。他这段话有三个要点：一是《竹书纪年》记三代王事止于幽王。此与《晋书·束皙传》所言略同："其《纪年》十三篇，记夏以来至周幽王为犬戎所灭，以事接之，三家分［晋］，仍述魏事。"是说《竹书纪年》在幽王灭后，所记晋事起自殇叔，次为文侯，说明晋文侯元年不会早至幽王之时。二是《竹书纪年》为魏国史书。故三代之后特记晋国，晋灭独记魏事。魏为三晋之一，所言晋事自较他书为可信。三是晋、鲁所用历法建正不同。晋历以建寅之月为岁首，鲁国以周正建子之月为

---

1 杜预：《春秋左传集解后序》，（清）阮元校刻：《十三经注疏》，中华书局，1980，第 2187 页。

岁首，故曲沃庄伯十一年十一月为鲁隐公元年（前722年）正月，依此顺推，则庄伯十二年正月为鲁隐公元年（前722年）三月。也就是说，鲁隐公元年（前722年）既可指庄伯十一年（后两个月），也可指庄伯十二年（前十个月）。这两种历法在建正上的差异，将会导致同一事件因记事角度或换算过程不同，可能被记为晋国前后两个不同的年份。在当时各国历法尚未统一的情况下，对此必须多加留意。

关于晋文侯的在位年代，杜预只说在幽王之后，未言始自何年。今从残存的古本《竹书纪年》看，晋文侯元年不在周幽王二年（前780年），当为周平王元年（前770年）。请看下面两条材料：

（1）晋文侯二年，周惠［宣］王子多父伐邻，克之，乃居郑父之丘，名之曰郑，是曰桓公。

（2）幽王既败二年而灭会，四年而灭虢，居于郑父之丘，是以为郑桓公。

前一条材料为《水经注·洧水》所引，后一条材料出自《汉书·地理志上》注引臣瓒之语。王国维以为："傅瓒亲校《竹书》，其言又与《洧水注》所引《纪年》略同，盖亦本《纪年》。"[1]其说甚是。这两条材料同记郑桓公伐邻灭虢之事，只是引文详略不同。两相比勘，可知晋文侯二年实即幽王既败二年，非《史记·十二诸侯年表》所定周幽王三年（前779年）。有的学者囿于《史记》成说，以为幽王既败二年为晋文侯十二年，《洧水注》脱一"十"字[2]，未得真谛。从相关史实来看，周幽王三年（前779年）初嬖褒姒，王室尚未骚乱，郑桓公亦未出任司徒。他既不可能与史伯谈及东寄孥贿之事，也不可能采纳史伯的"逃死"方案，伐邻而居郑父之丘。这说明《史记·十二诸侯年表》在晋文侯年代与王年的对应关系上存在严重失误，有如蒙文通所说："史公纪晋文侯之年，已先《竹书》者且十年。"[3]实际情况应为：晋文侯在位年代始于周平王元年（前770年），尽周平王三十五年（前736年）。这个订正非常重要，后文所言不少史事与此相关。

晋文侯在位年代的考定，牵一发而动全身，其前后在位的晋侯均需调整其年代，才能形成可靠的年代体系和时间网络。晋文侯之前，穆侯在位二十

1　参见范祥雍：《古本竹书纪年辑校订补》，上海古籍出版社，2018，第39页。

2　方诗铭、王修龄：《古本竹书纪年辑证》修订本，上海古籍出版社，2005，第71页。

3　蒙文通：《古族甄微》，《蒙文通文集》第2卷，巴蜀书社，1993，第60页。

七年，继之殇叔四年，《晋世家》与阜阳汉简记载相同[1]，应无可疑。但对编制年表来说，细节又是非常讲究的。由于殇叔自立四年，非经法定程序，不必在穆侯死后逾年改元。本为太子的晋文侯被逼外逃，后袭杀殇叔，始得君位，也不必在殇叔死后逾年改元。他们两人均应作当年改元处理，不宜像《史记·十二诸侯年表》那样将殇叔在位四年排在穆侯二十七年之后，文侯元年之前。这样，殇叔元年即与穆侯二十七年同年，殇叔四年与文侯元年同年，前后四个年头[2]。杜预所见《竹书纪年》晋纪起自殇叔，次以文侯，王国维以为："《竹书纪年》以晋纪年，当自殇叔四年始。"[3]言之有理，只是他未考虑到殇叔四年实际就是晋文侯元年，否则殇叔纪年就不可能进入《竹书纪年》在幽王灭后的晋国纪年系统。由此逆推，晋穆侯元年当周宣王二十九年（前799年），穆侯十一年当周宣王三十九年（前789年），也就是千亩之战发生的那一年。《史记·晋世家》《史记·十二诸侯年表》均记此役发生在穆侯十年，与我们推算为穆侯十一年并不矛盾。前引《春秋左传集解后序》表明，晋国年历以建寅之月为岁首，相对于周室历法建子来说，晋穆侯十一年亦可记为晋穆侯十年，从而与清华简《系年》和《国语》所言周宣王三十九年（前789年）千亩之战相吻合。这不仅证明千亩之战只有一次[4]，也说明继穆侯、殇叔之后在位的晋文侯元年，不会早到周幽王二年（前780年）。

晋文侯之后，相继在位的是晋昭侯、孝侯、鄂侯。《史记·晋世家》记昭侯在位七年（《史记·十二诸侯年表》作六年），孝侯在位十五年（《史记·十二诸侯年表》作十六年），鄂侯在位六年。鄂侯年代已进入《春秋》鲁隐公纪年系统，可信度较高，昭侯、孝侯的在位年代则有舛误。

《史记·晋世家》说："昭侯元年，封文侯弟成师于曲沃……成师封曲沃，号为桓叔。"《史记·十二诸侯年表》亦云："晋昭侯元年封季弟于曲沃。"学者以为《史记·十二诸侯年表》"季弟"当为"季父"之误，"成师者，文侯季弟，昭侯季父也"[5]。其实，《史记》一称"封文侯弟"，一称"封

1　参见胡平生：《阜阳汉简〈年表〉整理札记》，文物研究编辑部编：《文物研究》第7辑，黄山书社，1991，第392—402页。

2　程平山以为殇叔在位的四年应包括在晋文侯的前四年中，若然，《竹书纪年》晋纪就不会起自殇叔，而是直接起自文侯了。参见程平山：《唐叔虞至晋武公代事迹考》，《文史》2015年第3辑。

3　范祥雍：《古本竹书纪年辑校订补》，上海古籍出版社，2018，第38页。

4　杜勇：《千亩之战析疑》，《中原文化研究》2021年第5期。

5　（汉）司马迁著、〔日〕泷川资言会注考证：《史记会注考证》，新世界出版社，2009，第921页。

季弟"，称谓上正相呼应，非有讹误。这种称呼恰好说明分封桓叔（成师）的人不是昭侯，而是他的长兄晋文侯。昭侯是桓叔的侄子，他不能称桓叔为"季弟"。晋文侯是桓叔长兄，封"季弟"桓叔于曲沃，有如周宣王封郑桓公一样，都是希望自己的胞弟能在国家政务上助自己一臂之力。又《左传·桓公二年》说："惠之二十四年，晋始乱，故封桓叔于曲沃。"杜注："晋文侯卒，子昭侯元年，危不自安，封成师于曲沃伯。"杜预承司马迁之说，认为桓叔为昭侯所封。事实上，鲁惠公二十四年为周平王二十六年（前745年），依前文所考当为晋文侯二十六年，这也说明桓叔非昭侯所封。晋昭侯即位元年在晋文侯三十五年死后的次年，亦即周平王三十六年（前735年），在位六年，尽平王四十一年。

　　昭侯之后，孝侯继立，司马迁所推孝侯年代亦有失真。《史记·晋世家》记晋昭侯七年，"晋大臣弑其君昭侯而迎曲沃桓叔……桓叔败，还归曲沃。晋人共立昭侯子平为君，是为孝侯"。观其依据当来自《左传·桓公二年》载："惠之三十年，晋潘父弑昭侯而纳桓叔，不克，晋人立孝侯。"《左传》于此追叙往事，年代有误。鲁惠公三十年当周平王三十二年（前739年），依前文所考为晋文侯三十二年。其时晋文侯尚在，其子昭侯就不可能在位，其孙孝侯亦不可能在昭侯被弑后继位。由于晋文侯卒于周平王三十五年（前736年），其后昭侯在位六年，则周平王四十二年（前729年）为孝侯即位之年。是知《左传》所言"惠之三十年"当为四十年之误，"桓叔"当为其子庄伯之误。从杜预《春秋左传集解后序》可知，曲沃庄伯十一年当鲁隐公元年（前722年），前推十一年为鲁惠公三十七年（前732年），故惠公四十年正值庄伯在位。此年潘父杀昭侯，纳庄伯入翼失败，晋人始立昭侯之子孝侯。到"惠之四十五年，曲沃庄伯伐翼，弑孝侯。晋人立其弟鄂侯"[1]。故孝侯在位计为六年，《史记·十二诸侯年表》误为十六年。曲沃庄伯既欲代翼，当然不会留给孝侯十六年时间让其坐大，而是趁其立足未稳，伐而杀之，才比较符合当时的情势。

　　以此观之，《史记》所载两周之际晋君纪年多有舛误，不可据信。今加以考订可知，晋文侯即位当周平王元年（前770年），卒于周平王三十五年（前736年），与清华简《系年》所示周平王三十四年（前737年）东迁洛邑并无冲突。

1　《左传·桓公二年》，（清）阮元校刻：《十三经注疏》，中华书局，1980，第1744页。

（二）郑武公在位年代的抵牾

《史记·郑世家》记郑武公在位二十七年，《史记·十二诸侯年表》对应周平王元年（前 770 年）至二十七年（前 744 年），也是有问题的。周平王十年（前 761 年）以前，郑桓公尚未谢世，还轮不上郑武公执掌国政。

郑桓公名友，周宣王封于郑，其采邑在棫林（今陕西扶风县东北）[1]，后迁拾（今陕西华县）。畿内采邑主多为王子王孙或其裔氏，其政治进路是出任王官，掌治中央政府。周幽王八年（前 774 年），郑桓公出任司徒。"为司徒一岁，幽王以褒后故，王室治多邪，诸侯或畔之。"[2]面对王室动荡不安的局势，他向史伯问计，如何才能逃避一死。史伯给他的建议是迁居洛阳之东、河济之南，伺机夺取虢、郐十邑，以建新邦。经禀告幽王，"乃东寄帑与贿，虢、郐受之，十邑皆有寄地"[3]。数年之后，郑桓公终于克虢灭郐，立足洛东。古本《竹书纪年》说：

> （1）幽王既败二年而灭会（郐），四年而灭虢，居于郑父之丘，是以为郑桓公。[4]

> （2）幽王既败，虢、侩（郐）又灭，迁居其地，国于郑父之丘，是为郑桓公。[5]

这两条材料文字略异，均出自《汉书·地理志》臣瓒的注文，取材于《竹书纪年》。郐为妘姓古国，地在今河南新郑一带；虢为东虢，地在今河南荥阳一带。"幽王既败二年"即周平王二年（前 769 年），郑桓公灭郐，继之四年灭虢，打下了立国洛东的基础。《韩非子·内储说下》亦云：

> 郑桓公将欲袭郐，先问郐之豪杰、良臣、辩智、果敢之士，尽与姓名，择郐之良田赂之，为官爵之名而书之，因为设坛场郭门之外而埋之，衅之以鸡豭，若盟状。郐君以为内难也，而尽杀其良臣。桓公袭郐，遂取之。[6]

《说苑·权谋》所言略同，当系传述。郑桓公计杀郐之豪杰智士，显系小说家

1　杜勇：《从井氏采邑看西周世卿制度的尊贤功能》，《古代文明》2018 年第 4 期。

2　《史记·郑世家》，中华书局，1959，第 1757 页。

3　《国语·郑语》，上海师范大学古籍整理研究所校点，上海古籍出版社，1988，第 523 页。

4　《汉书·地理志上》注引臣瓒曰，中华书局，1962，第 1544 页。

5　（北魏）郦道元著、陈桥驿校证：《水经注校证·渭水》引《汉书》薛瓒注言，中华书局，2007，第 464 页。

6　（清）王先慎：《韩非子集解·内储说下》，钟哲点校，中华书局，1998，第 259 页。

言，但袭取郐地得以立国，与古本《竹书纪年》相一致，其证不孤。清华简《郑文公问太伯》（甲本）亦载郑桓公"克郐"之事云：

> 昔吾先君桓公后出自周，以车七乘，徒三十人，鼓其腹心，奋其股肱，以协于庸偶，摄胄擐甲，擭戈盾以造勋。战于鱼丽，吾乃获函、訾，覆车袭介，克郐迢迢，如容社之处。[1]

此言"克郐"即灭郐，"庸偶"义同"庸次比耦"。《左传·昭公十六年》子产说："昔我先君桓公与商人皆出自周，庸次比耦，以艾杀此地，斩之蓬蒿藜藋而共处之。"杜注："庸，用也。用次更相从耦耕。"所言同为一事。曾有学者认为"桓公灭郐的故事，根本是武公灭郐故事的讹变"[2]，未得其实。

两千多年来，人们一直认为郑桓公死于幽王之难，对郑桓公亲赴洛东灭郐建郑的史实，不予置信。细审先秦文献，并无郑桓公死于骊山的记载。首倡此说者是史坛巨匠司马迁。《史记·郑世家》云："犬戎杀幽王于骊山下，并杀桓公。"《史记·十二诸侯年表》云：周幽王十一年（前771年），郑桓公"以幽王故，为犬戎所杀"。太史公何以产生这种看法？沈长云认为，这完全是误读《国语》造成的结果。《国语·郑语》说：

> 幽王八年而桓公为司徒，九年而王室始骚，十一年而毙。[3]

沈氏指出，"十一年而毙"的主语不是郑桓公，而是上句"王室始骚"的"王室"。所谓"十一年而毙"，指的是西周王室之毙[4]。郑桓公问及"周其毙乎"？史伯预言："凡周存亡，不三稔矣。"与此正相呼应。《国语》叙事，颇多预言成分。其中不少为后人根据历史发展情况加工而成，故而大多得到事实的验证。郑桓公是一个颇具谋略和长远眼光的人。他在周幽王八年（前774年）担任司徒，随后即向史伯求教，以免在王室动荡中遭遇不测。当犬戎进攻镐京时，他必定早有周密的计划避难，不会轻易为幽王殉葬。史伯所言"逃死"之策亦属预言性质，同样不会出现有悖预言的反面事实。看来司马迁首倡郑桓公与幽王同死骊山之说，本是他一个人对《国语》的误解，结果变成了许多人的误解，致使《史记》《汉书》以后，以讹传讹两千余年。

郑桓公何年辞世？尚无直接材料可以说明。周平王四年（前767年），郑

1　李学勤主编：《清华大学藏战国竹简（六）》，中西书局，2016，第119页。
2　张以仁：《郑国灭郐资料的检讨》，《"中央研究院"历史语言研究所集刊》1979年第50本第4分。
3　《国语·郑语》，上海师范大学古籍整理研究小组校点，上海古籍出版社，1988，第100页。
4　沈长云：《郑桓公未死幽王之难考》，中华书局编辑部编：《文史》第43辑，中华书局，1997。

桓公始灭东虢，其卒年必在其后。《史记·十二诸侯年表》列郑桓公死于晋文侯十年，于此从之。据前文所考，晋文侯十年并非《史记·十二诸侯年表》所谓周幽王十一年（前771年），而是周平王十年（前761年）。此与各种资料显示郑桓公在平王初年犹有活动相合。从周宣王二十二年（前806年）郑桓公始封至周平王十年（前761年），计在位四十六年，《史记》误作三十六年。

郑桓公卒后，武公嗣立。《史记·郑世家》说："二十七年，武公疾。夫人请公，欲立段为太子，公弗听。是岁，武公卒，寤生立，是为庄公。"由于郑桓公年代的变动，郑武公在位二十七年排入《史记·十二诸侯年表》亦需作相应调整，即郑武公元年当为周平王十一年（前760年），尽周平王三十七年（前734年）。

郑武公死后，庄公寤生继立，其元年当为周平王三十八年（前733年）。《史记·郑世家》《史记·十二诸侯年表》记郑庄公在位四十三年，实际只有三十三年。其一，郑庄公继位不止十四岁。《左传·隐公元年》说："初，郑武公娶于申，曰武姜。生庄公及共叔段。"这里不曾提及郑武公迎娶武姜的时间。《史记·郑世家》却记为武公十年娶武姜，《史记·十二诸侯年表》又谓武公十四年生庄公寤生，十七年生共叔段，均不可从。由于郑武公在位二十七年辞世，依此推算庄公继位就只有十四岁，其弟叔段十一岁。然从郑桓公的年龄看，他既为厉王少子，宣王母弟，到幽王末年必是六十岁上下的年龄，其子武公在正常情况下也应四十岁左右。王侯之家尤重子嗣，依古礼"男子二十而冠，冠而列丈夫"[1]，故武公成婚生子可能在宣幽时期，不会晚至他继位十年以后。《史记》关于武公娶武姜、生庄公及叔段的年代资料，不管是史公取自《春秋历谱谍》，还是采自别处，均不靠谱。再从清华简《郑武夫人规孺子》看，武公去世后，武姜规诫庄公说："孺子汝毋知邦政，属之大夫。"[2]武姜虽称庄公为"孺子"，但不代表他年龄尚小。如同周成王成年亲政后，周公仍称他为"孺子王"[3]。武姜要庄公在小祥期间尽心服表，国政放心交给大夫办理，不要让他身边亲近的人出面干预国事。这说明庄公此时已具独立的执政能力，并非不谙政事的翩翩少年。其二，共叔段作乱不会晚至郑庄公继位二十二年之时。郑伯克段于鄢，事见《左传·隐公元年》，《史

1　《春秋谷梁传注疏·文公十二年》，（清）阮元校刻：《十三经注疏》，中华书局，1980，第2408页。

2　李学勤主编：《清华大学藏战国竹简（六）》，中西书局，2016，第104页。

3　《尚书·立政》，（清）阮元校刻：《十三经注疏》，中华书局，1980，第232页。

记·十二诸侯年表》误列为庄公二十二年。庄公即位后，武姜为共叔段请求制地作为封邑，遭到拒绝，又改请京城（今河南荥阳东南），共叔段得封为京城大叔。随后共叔段不断扩大封邑范围，又整治城郭，积聚粮草，修缮甲兵，扩充军队，试图利用武姜的支持和内应，袭击郑国都邑，取代郑庄公。武装夺权当然不能仓促行事，必须有一个较为充分的准备过程。但这个过程也不能太长，否则对急欲夺权的郑武夫人和共叔段来说，政治野心长期遭受压抑，只会消磨意志，难以成事。所以共叔段作乱不会晚至庄公二十二年，当为庄公十二年，这才比较符合事件发展的时间进程。由此前推十二年，适与庄公于周平王三十八年（前733年）即位相合。其三，庄公在位计为三十三年。《史记·郑世家》所述庄公史迹，克段前未记一事，克段后的事迹皆见于《左传》。《左传》未涉庄公具体年代，《史记·郑世家》有关庄公纪年应为司马迁推算而得。司马迁相信庄公、共叔段的生年资料，不得不把共叔段作乱时间定在庄公二十二年，不然庄公、共叔段年龄太小，不足以在这场权力争夺中斗智斗勇。尤其是《左传·隐公八年》记："郑公子忽如陈逆妇妫"，设若庄公当时只是二十多岁的青年，其太子忽此时断不可能达到适婚年龄。司马迁受郑庄公生年资料的误导，结果将庄公在位三十三年，推为四十三年。

今依上考，知郑桓公在位四十六年，武公在位二十七年，庄公在位三十三年，顺次排入《史记·十二诸侯年表》，可与郑厉公年代相接。其中，郑武公元年当周平王十一年（前760年），尽周平王三十七年（前734年）。与晋文侯一样，郑武公的在位年代与清华简《系年》所示周平王三十四年（前737年）东迁洛邑亦无冲突。

（三）秦襄公在位年代的错讹

秦人本居东土，周初西迁。"成王伐商盖，杀飞廉，西迁商盖之民于邾虐，以御奴獻之戎，是秦先人。"[1] "邾虐"即文献所见"朱圉"或"朱圉"，在今甘肃甘南县西南[2]，是秦人西迁最初的族居地。周孝王时，秦人居西犬丘（今甘肃礼县一带），其庶出非子善于养马，孝王"使主马于汧渭之间，马大蕃息"。孝王嘉奖非子，分土赐邑，使之作为大宗大骆族的附庸，"邑之秦，

1　李学勤主编：《清华大学藏战国竹简（二）》，中西书局，2011，第141页。
2　李学勤：《谈秦人初居"邾虐"的地理位置》，《初识清华简》，中西书局，2013，第148—152页。

使复续嬴氏祀，号曰秦嬴"[1]。非子所封"秦"邑可能在今陕西陇县东南[2]，这里发现的边家庄墓地曾发掘西周晚期墓葬三十三座，出土五鼎四簋等铜礼器的大夫级墓葬就有八座[3]，或为非子家族世居此地的考古文化遗存。非子家族历秦侯、公伯、秦仲四代后，返归故土。由于秦人大骆宗族被犬戎攻灭，周宣王乃以非子曾孙秦仲为"大夫"，命其西伐犬戎，为犬戎所杀。秦仲长子庄公在周王室与兵七千的强力支持下，大破西戎，夺回犬丘，被周册封为"西垂大夫"，原为大骆宗族的土地也一并归于嬴秦旗下。

秦庄公死后，次子襄公继位，亦称"秦仲"。《国语·郑语》记郑桓公问史伯曰："姜、嬴其孰兴？"史伯答曰："夫国大有德者近兴，秦仲、齐侯，姜、嬴之俊也。"史伯所说的"秦仲"当然不是死去数十年的襄公祖父，只能是当时活着的襄公。史伯以为秦襄公堪称俊杰，有望兴秦。清华简《系年》第三章云：

> 周室既卑，平王东迁，止于成周。秦仲焉东居周地，以守周之坟墓，秦以始大。[4]

这里所说的"秦仲"亦即平王时的秦襄公。平王东迁以后，他东居周地，以看守周人陵墓为名，借助关中的地缘优势，加快秦国发展的步伐。《史记·秦本纪》记载，秦襄公继位于周幽王五年（前 777 年），卒于周平王五年（前 766 年），在位十二年。若依平王元年东迁洛邑的传统说法，秦襄公尚可为之效力。然清华简《系年》发现后，表明平王东迁实际是比较晚的。无论是说周平王十二年（前 759 年），或周平王二十三年（前 748 年），还是周平王三十四年（前 737 年）东迁，对早已不在人世的秦襄公来说，都不可能亲与其事。毫无疑问，《史记》所记秦襄公在位年代必有失实之处。

关于秦国早期的年代，司马迁所能参考的资料只有传世的《秦记》。秦初为大夫，周世陪臣，故无历数。周室东迁洛邑，秦襄公封为诸侯，始修《秦记》。古本《竹书纪年》说："自秦襄公以前，本无年世之纪。"[5]《史记·六国年表》说："（《秦记》）又不载日月，其文略不具"，可见其材料也是有限的。

---

1 《史记·秦本纪》，中华书局，1959，第177页。
2 钱穆：《史记地名考》，商务印书馆，2001，第343页。
3 张天恩：《边家庄春秋墓地与汧邑地望》，《文博》1990年第5期。
4 李学勤主编：《清华大学藏战国竹简（二）》，中西书局，2011，第141页。
5 方诗铭、王修龄：《古本竹书纪年辑证》修订本，上海古籍出版社，2005，第58页。

《史记·秦本纪》称"文公……十三年，初有史以纪事"，显然是把秦襄公误作秦文公了。秦襄公十三年初记秦史，说明他在位不止十二年。作为秦国早期发展史上的杰出政治家，短短十二年是无法完成其封侯建邦的宏图大业的。

《国语·郑语》说："及平王之末，而秦、晋、齐、楚代兴，秦景襄于是乎取周土，晋文侯于是乎定天子。"其"景襄"二字，非指秦景公、襄公。景公为襄公十世孙，时代相隔甚远。韦昭以为此指庄公、襄公，"谓庄公有功于周，周赐之土。及平王东迁，襄公佐之，故得西周丰、镐之地，始命为诸侯"[1]。庄公时值宣、幽之世，受命抗戎，所取为秦故土。他死于周幽王四年（前778年），生不及平王时代，故"景"字非"庄"之误。参照下文称"晋文侯"之例，以"秦景襄"为秦襄公传写之误，较为合理。秦襄公"取周土"，时在"平王之末"。周平王在位五十一年，以最保守的估计，必在他即位二十六年以后方可称为末年。这个时间段加上幽王时期秦襄公在位七年，说明他担任秦族首领不少于三十三年。需要注意的是，这里的"平王之末"在很大程度上是一个具体的时间点，与此相关联的事件不只是秦襄公"取周土"，更重要的是"晋文侯于是乎定天子"，此即"平王向东迁徙到成周"[2]。然有资料显示，秦襄公助力平王东迁，十二年后才离开人世，惜未引起学者注意。《史记·封禅书》说：

> 周东徙洛邑。秦襄公攻戎救周，始列为诸侯。秦襄公既侯，居西垂，自以为主少皞之神，作西畤，祠白帝，其牲用骝驹黄牛羝羊各一云。其后十六年，秦文公东猎汧渭之间，卜居之而吉。[3]

此记"其后十六年"，《汉书·郊祀志》作"其后十四年"，显系误抄[4]。"其后十六年"的起点，是"周东徙洛邑"，秦襄公始列为诸侯，"作西畤，祠白帝"之年。由于秦文公"东猎汧渭之间"是其在位四年[5]，故"其后十六年"

1 《国语·郑语》韦注，上海师范大学古籍整理研究所校点，上海古籍出版社，1988，第524—525页。

2 李学勤：《由清华简〈系年〉论〈文侯之命〉》，《扬州大学学报》（人文社会科学版）2013年第2期。

3 《史记·封禅书》，中华书局，1959，第1358页。

4 清齐召南考证说："按《封禅书》作'其后十六年'，以《十二诸侯年表》核之，周平王元年，秦襄公八年也，初立西畤及文公十年作鄜畤恰十四年。此文是也。"（汉）班固撰、（唐）颜师古注：《前汉书》卷25上《郊祀志》附《前汉书考证》，《文渊阁四库全书》第249册，商务印书馆，1986。细审《封禅书》《郊祀志》，分明是说"秦文公东猎汧渭之间"，何以就成了秦文公十年"作鄜畤"？"其后十六年"明明是指"周东徙洛邑"之后的积年，何以要从秦襄公即位之年算起？齐氏所考未可据信。

5 《史记·秦本纪》，中华书局，1959，第179页。

中的前十二年当为秦襄公在位的年代，而不是指周平王元年（前 770 年）以后的时间，否则秦襄公在位到不了三十三年以上。两者相加，说明秦襄公在位不低于四十五年，这就到了周平王三十八年（前 733 年）。与晋文侯、郑武公一样，秦襄公的卒年也在周平王三十四年（前 737 年）之后，与清华简《系年》所记平王东迁的史实与年代仍无冲突。

当清华简《系年》所示周平王三十四年（前 737 年）"东徙成周"的障碍不再存在后，可以进一步推定秦襄公的卒年当在周平王东迁后十二年，即周平王四十五年（前 726 年）。这说明秦襄公在位五十二年，被《史记·十二诸侯年表》误作十二年。继之秦文公在位十年也被误作五十年，以致《史记·秦本纪》所记秦文公十年之后的史事本属秦襄公，却变成了秦文公的功业。程平山推测《史记》将秦襄公与秦文公的在位年数搞混淆了[1]，虽证据不力，然近事实。

总之，《史记·十二诸侯年表》关于晋文侯、郑武公、秦襄公三君的在位年代，不是错位，就是讹误，不可据为典要。实际情况是晋文侯在位三十六年，郑武公在位二十七年，秦襄公在位五十二年，其在位年代下限都在周平王三十四年（前 737 年）之后，证明清华简《系年》所记周平王东迁的史实和年代是真实可信的。先前人们过于迷信《史记》的纪年体系，甚至不敢越雷池一步，因而对清华简《系年》不免形成许多似是而非的认识。今试予订正，对于正确理解平王东迁的历史变局，自是大有裨益的。

四、历史变局中的文明接续

历经三十多年剧烈的社会震荡，危机重重的东周政权终于在周平王东迁后巩固下来。王权跌落了，周邦仍在；礼乐崩坏了，精髓仍在；航路改变了，风帆仍在。那么，是什么力量让东周渡过了一道又一道急流险滩？使三百来年的周文明不致在外族入侵下一朝中断，并开启了新的时代大门？下面仅从天命观念、封建体制、民族构成等方面试作分析。

（一）敬天保民的天命观念

敬天保民作为天命观念的核心内容，深刻影响着周人的精神世界。《尚书·洛诰》记成王说："不敢不敬天之休"，意即敬奉上天的休美福祥，谨遵

1　程平山：《秦襄公、文公年代事迹考》，《历史研究》2013 年第 5 期。

天意治理国家。《尚书·康诰》记周公对康叔说："用康保民，弘于天"，是说为政要安定保养百姓，弘扬天德。这种敬天保民思想，不仅说明周人统治的合法性来自上天的意志，而且体现了以民为本的治国之道。

敬天保民观念将神学思维与政治哲学结为一体，虽非宗教信仰，却有凝聚人心的作用。大体说来，其思想内涵主要表现在三个方面：一是膺受天命。在周人看来，有周代殷而有天下，是天命转移，有周膺受的结果。《尚书·君奭》记周公说："天降丧于殷，殷既坠厥命，我有周既受……我亦不敢宁于上帝命，弗永远念天威，越我民。"大盂鼎铭文云："丕显文王，受天有大命，在武王嗣文王作邦，辟厥匿，匍有四方，畯正厥民。"（《集成》2837）毛公鼎铭文云："丕显文武，皇天宏厌厥德，配我有周，膺受大命。"（《集成》2841）天命转移不是随意的，而是以一定的理性原则为依据的。这就是"皇天无亲，唯德是辅"[1]。天神虽可按照自己的意志行事，但人间政治的有德与否也可作用于天。这是将"敬德"观念贯注于周人的治国方略之中，作为规范自身政治行为的准则。二是代为民主。周天子为民之主、民之师、民之父母，是上天依其德行所做的选择，使其代表神意统治民众。清华简《厚父》说："惟时下民湛帝之子，咸天之臣民。"[2]《诗·大雅·烝民》云："天生烝（众）民，有物有则。"都是说天下万民为上天之子，区别只在于身为国家元首的天子不过是天之元子（长子）罢了。《尚书·立政》记载周公称成王为"天子王"，《尚书·召诰》称"有王虽小，元子哉"，是以成王为天之元子。《尚书·顾命》说"用保元子钊弘济于艰难"，又说"敢敬告天子"，则是以康王钊为天之元子。元子固然有作民君师的特殊地位，但与庶民一样都是天帝一脉相传之子。基于尽人皆为天帝之子的认识逻辑，天子作民之君师，是一国元首，同时还承担着为民父母的角色，是国家这个超血缘大家庭的家长。清华简《厚父》说："古天降下民，设万邦，作之君，作之师，惟曰其助上帝乱（治）下民。"《尚书·洪范》说："天子作民父母，以为天下王。"周天子的政治使命披上神学的外衣，极大增强了他们的神圣性和权威性。三是怀保小民。天子为民之主，负有治民的使命，故须坚持以民为本的治国理念。清华简《厚父》说："天命不可漮，斯民心难测，民式克恭心敬畏，畏不祥，保

---

1 《左传·僖公五年》引《周书》，（清）阮元校刻：《十三经注疏》，中华书局，1980，第1795页。

2 李学勤主编：《清华大学藏战国竹简（五）》，中西书局，2015，第110页。

教明德，慎肆祀……曰民心惟本，厥作枝叶。”这是说天命不可违逆，民心难以测度，但天命取决于民心，治国当以民为本，余为枝叶。周公要求人君“爰知小民之依，能保惠于庶民……怀保小民，惠鲜鳏寡。”[1]即要体察民生隐痛，爱护民众，并惠及那些穷苦无依的人。要“迪民康”[2]，“用康乂民”[3]，引导人民走上安康的生活道路。周人认为：“天威棐忱，民情大可见，小人难保”[4]，强调民意即天意，“民之所欲，天必从之”[5]。把“怀保小民”上升到贯彻天意的高度。这些思想元素经过历史的宣示和沉淀，进而形成一种观念性力量，驱动和规范着人们的政治行为。

两周之际，政乱国危，灾害频发，民生艰困，不断引发人们对上天的怀疑和责难。《诗·小雅·正月》云：“民今方殆，视天梦梦……有皇上帝，伊谁云憎？”是说人民处境危殆，上天昏昏然不辨善恶。责问皇皇上帝，究竟在怀恨何人？《诗·小雅·雨无正》云：“浩浩昊天，不骏其德，降丧饥馑，斩伐四国。”此言岁饥民乱，天心不平。《诗·大雅·瞻卬》刺幽王嬖褒姒而致乱，责备天不惠民：“瞻卬昊天，则不我惠。孔填不宁，降此大厉。”又云：“懿厥哲妇，为枭为鸱。妇有长舌，维厉之阶。乱匪降之天，生自妇人。”是说祸乱不是来自上天，恶毒的褒姒才是祸乱的根源。《诗·小雅·十月之交》云：“下民之孽，匪降自天。噂沓背憎，职竞由人。”也是说下民遭灾，非由天降，乃是人为。周幽王八年（前774年），史伯就曾料到“凡周存亡，不三稔矣”。他对事态发展的判断是“王室将卑”。“将卑”也就是郑桓公所说的“周衰”[6]，但不代表周人膺受天命的转移。凡此表明，时人责难上天只是对修明政治的期盼，并未动摇天命属周的信念。观念是一种政治驱动力量，是重建国家、接续文明的思想基础。

幽王败灭后，犬戎不敢在政治上有非分之想，不过“尽取周赂而去”[7]。申缯集团拥立宜臼为王，接着邦君诸正在虢地建立以携王为首的中央政权。二王并立不代表天不佑周，而是上天选择王权授受的程序。携王生性懦弱，

1 《尚书·无逸》，（清）阮元校刻：《十三经注疏》，中华书局，1980，第221—222页。

2 《尚书·大诰》，（清）阮元校刻：《十三经注疏》，中华书局，1980，第198页。

3 《尚书·康诰》，（清）阮元校刻：《十三经注疏》，中华书局，1980，第205页。

4 《尚书·康诰》，（清）阮元校刻：《十三经注疏》，中华书局，1980，第203页。

5 《左传·襄公三十一年》引《大誓》，（清）阮元校刻：《十三经注疏》，中华书局，1980，第2014页。

6 《国语·郑语》，上海师范大学古籍整理研究所校点，上海古籍出版社，1988，第523页。

7 《史记·周本纪》，中华书局，1959，第149页，

缺乏执政能力，实际大权掌握在虢公翰手中。虢氏家族几代人都是王室重臣。宣王时有名臣虢文公，谏阻不籍千亩。幽王时虢石父担任执政卿士，使王政跌入灾难的深渊。而虢公翰把持携王政府二十一年，戎祸未息，国都未定，民生未安，看不到任何希望。晋文侯杀死携王，是要彻底改变虢氏家族控制王室的局面，以刷新政局。随着时间的推移，人们对匿居申吕之地的平王所具有的怨恨逐渐淡化，迎立平王的条件日益成熟。在携王被杀九年之后，宜臼在京师被立，继迁成周。平王前后立五十一年辞世，以其嫡长子早死，由嫡孙林继立为王。通过嫡长子继统法向下延伸，以体现天之元子的神圣地位。从幽王之死到携王被立，从周无王九年到平王立后东迁，在敬天保民的天命观念支配下，东周国家与文明在艰难曲折中接续下来，逐渐进入稳步发展轨道。

（二）内外分治的封建体制

周代国家结构与秦灭六国后"以诸侯为郡县"[1]不同，主要通过裂土分封，由众多同姓或异姓诸侯分治地方，拱卫周邦。在西周史墙盘、逨盘等铭文中，"周邦"与"万邦"对举，作为王室与诸侯的别称。"周邦"指"匍受万邦"（疢钟，《集成》251）的周王室，有时也指周王室直辖的王畿地区，又称"规方千里以为甸服"[2]。而"万邦"主要指畿外诸侯的管辖区，乃至蛮夷之邦亦可涵括其中，如春秋金文所称晋邦、齐邦、邾邦、楚邦等。畿外诸侯是具有一定自治性的政治实体，代表中央政权对地方进行治理，听命于周王室，可视作国家一级行政区。至于畿内封君，汉儒又称"畿内诸侯"，有时金文也称其领地为"邦"，如井氏家族的"井邦"（禹鼎，《集成》2833）。畿内封君，清华简《系年》称之为"邦君诸正"。《尔雅·释诂下》云："正、伯，长也。"郭璞注："正、伯皆官长。"《国语·楚语上》云："天子之贵也，唯其以公侯为官正。"可见畿内封君的主要职责是出任王官，为中央政府提供后备官员。其封土即采邑可以世袭，主要作为他们服务王室的俸禄，不构成严格意义上的行政组织。这种内外分治的政治体制，体现了中央与地方的上下主从关系。

对于王畿内外不同性质的封国，春秋时人并不作严格区分，而是概以

"封建亲戚"言之。如《左传·僖公二十四年》富辰说："昔周公吊二叔之不咸，故封建亲戚，以蕃屏周。管、蔡、郕、霍、鲁、卫、毛、聃、郜、雍、曹、滕、毕、原、酆、郇，文之昭也。邘、晋、应、韩，武之穆也。凡、蒋、邢、茅、胙、祭，周公之胤也。"其所言文昭、武穆、周公之胤凡二十六国，如毛、毕、原、祭、胙等为畿内封国，鲁、卫、晋、应、邢等为畿外封国，"以蕃屏周"是其共同的政治使命。封建畿外诸侯"以蕃屏周"容易理解，对作为采邑主的畿内诸侯来说，学者多有疑惑。如唐代孔颖达以春秋时代的"原伯、毛伯"为例，他认为："盖是文王之子原、毛之后，世为王臣，仍为伯爵，或本封绝灭，食采畿内。"[1]即未弄清王畿内外政治体制的区别。清人阎若璩批驳这种说法，以为是泥看"蕃屏"二字，畿内、畿外诸侯都有蕃屏周室的作用[2]。但是，自李斯向秦始皇献策始，以为"古者天下散乱，莫之能一，是以诸侯并作"[3]，唐代柳宗元《封建论》又视此为"周之败端"[4]，分封制就一直被人诟病。其实，政治体制是一把双刃剑，能否趋利避害，取决于持剑者的操作技艺和理性水平。周代内外分封体制也是一样，虽然潜存着危害国家统一的离心因素，但仍有"以蕃屏周"的积极作用。此从平王东迁的史事中即可窥见一斑。

平王东迁前后，虢、祭、郑等畿内封君是周王室的主要依靠力量。骊山之变前，西虢已从陕西宝鸡一带迁往河南三门峡地区。虢公翰可能是继虢石父之后的虢国首领。在幽王败亡、王室东迁过程中，他纠集劫后余生的"邦君诸正"以虢国为根据地，建立以携王为首脑的中央政权，抗戎自保，维持王室运转二十一年。祭国始封者为周公之胤，今郑州市金水区祭城路祭城村犹存其故城遗址。平王东迁以后，《春秋·隐公元年》记"祭伯来"，属于对鲁国的私访。杜注："祭伯，诸侯为王卿士者。"说明祭伯也是平王东迁后的王室执政大臣之一。郑国初封西土，后乃东徙，是策划实施平王东迁的朝廷重臣之一。郑玄《诗谱·王城谱》云："晋文侯、郑武公迎宜咎于申而立之，

1　《左传·僖公二十四年》孔疏，（清）阮元校刻：《十三经注疏》，中华书局，1980，第1818页。

2　（清）阎若璩：《尚书古文疏证》，黄怀信、吕翊欣校点，上海古籍出版社，2010，第235页；朱凤瀚：《商周家族形态研究》，天津古籍出版社，2004，第239页。

3　《史记·秦始皇本纪》，中华书局，1959，第254页。

4　（唐）柳宗元：《柳河东集》卷3《封建论》，《景印文渊阁四库全书》第1076册，商务印书馆，1986。

是为平王。以乱故，徙居东都上〔王〕城。"[1]《左传·隐公六年》周桓公也说："我周之东迁，晋、郑焉依。"东迁后，郑武公、庄公父子相继为平王朝首席执政大臣，权倾一时。当平王对虢公表示信任时，郑庄公对此强烈不满，乃至发生周郑交质的事件。随着郑国权势地位的膨胀，又开始参与诸侯间的盟会与邦交，由畿内封君逐渐演变为主政一方的畿外诸侯，跻身于春秋十二诸侯的行列。清华简《系年》说："郑武公亦政东方之诸侯。"[2] "政"通正，训为长。是说郑武公为东方诸侯之长，也反映了郑国由原来的畿内封国逐渐向畿外诸侯的转化过程。

畿外诸侯中的卫、晋等国，是两周之际拱卫王室的中坚力量。《史记·卫康叔世家》说："武公即位，修康叔之政，百姓和集。四十二年，犬戎杀周幽王，武公将兵往佐周平戎，甚有功，周平王命武公为公。"此时平王宜臼尚未被晋文侯正式迎立为王，且与犬戎站在同一战线，他不会嘉奖抗戎有功的卫武公。这里所说的"周平王"实为虢地中央政权的"携王"之误。至于晋国，早在周宣王时即与王室保持着密切关系。晋侯苏钟记晋献侯协助周伐宿夷，《史记·晋世家》记晋穆侯协助周伐千亩，说明晋师一直是王室对外作战所倚重的军事力量。虢公翰将流亡政府建在靠近晋国的虢地，应有寻求晋国保护与支持的用意。作为畿外诸侯，对王室政治上效忠，军事上从征，经济上纳贡，是其基本职责和义务。但一般不到中央政府任职，参与朝政。晋文侯算是一个特例。当他袭杀殇叔夺回晋国政权后，也参与了携王政权的相关事务。特别是杀携王以新朝政，立平王以膺大命，迁都邑以定天子，件件都是大事。晋姜鼎记文侯夫人言及晋文侯，称其"虔不坠，鲁覃京师，乂我万民"（《集成》2826），盛赞晋文侯治国安民的功勋。《尚书·文侯之命》记平王对文侯说："闵予小子嗣，造天丕愆。殄资泽于下民，侵戎，我国家纯。即我御事，罔或耆寿俊在厥服，予则罔克。曰惟祖惟父，其伊恤朕躬。呜呼！有绩，予一人永绥在位。"大意是说，我生逢国家遭受大难之时，为戎所侵，王室陷于灭顶之灾。幸得祖辈父辈体恤我的忧患，卓有勋绩，使我可以永安王位。他称赞文侯"汝多修，捍我于艰"。说明晋文侯对于重建平王政权、维系国家稳定，是功不可没的。但从国家制度层面看，畿外诸侯参与王室事务，

---

1 《诗·王风·王城谱》，（清）阮元校刻：《十三经注疏》，中华书局，1980，第330页。
2 李学勤主编：《清华大学藏战国竹简（二）》，中西书局，2011，第141页。

超出他们的职责范围。所以晋文侯入主朝政只能是暂时的。待平王东迁完成后，晋文侯返回晋国，处理晋国自身面临的政治危机去了。《尚书·文侯之命》最后记平王对文侯说："其归视尔师，宁尔邦。"并赏赐香酒、弓矢、马匹等物，勉励他"惠康小民，无荒宁，简恤尔邦"，继续履行以蕃屏周的使命。

由此看来，在周邦面临存亡绝续的危急关头，畿内邦君与畿外诸侯通力合作，抗击犬戎和申缯叛周势力，对于维护国家的存立、文明的接续，发挥了重要作用。这种内外分治的制度优势，在平王东迁的历史过程中得以充分显示，只可惜长期被人们低估，乃至淹没了历史真相。

（三）多元一体的民族构成

周代国家是以华夏族为主体，包容蛮、夷、戎、狄等少数部族的政治共同体。这种"中国戎夷，五方之民"[1]共生互补的治理体系，是中华民族多元一体格局的早期形态。各民族交融汇聚，相互依存，以超越族群认同之上的政治认同为基础，结成一个休戚与共的命运共同体，有力推动了早期国家与文明的发展。两周之际，尽管遭遇内乱外患的重大变局，但文明不曾中断，即与这种多元包容的治理体系密切相关。

《国语·周语上》记周穆王时祭公谋父说："夫先王之制：邦内甸服，邦外侯服，侯卫宾服，蛮夷要服，戎狄荒服。甸服者祭，侯服者祀，宾服者享，要服者贡，荒服者王。日祭、月祀、时享、岁贡、终王，先王之训也。"[2]所言"五服"之制，是周王朝对疆域内不同族体实行宽严有别、和谐共生的一种治理方式。其中"蛮夷要服，戎狄荒服"，属于周王朝的边疆羁縻地区。蛮夷与华夏族交往较密，文化程度较高，多以盟约形式表示臣服，是为要服。戎狄远离中原，飘忽无常，亲疏不定，只是定期朝觐周室，是为"荒服"。"要服""荒服"主要体现的是政治认同，具体治理相对宽略，是民族多元一体在国家认同意识上的反映。

《荀子·儒效》云："（周公）兼制天下，立七十一国，姬姓独居五十三人。"其数据未必精确，但体现了不同族邦的主次关系。国家除以姬姜华夏族为主体外，尚有其他多以神话式共同祖先、传统、习俗或语言等为纽带，所

---

1 《礼记·王制》，（清）阮元校刻：《十三经注疏》，中华书局，1980，第1338页。
2 《国语·周语上》，上海师范大学古籍整理研究所校点，上海古籍出版社，1988，第4页。

组成的单一性少数族部落国。以《史记·十二诸侯年表》为例，所涉齐、鲁、晋、卫、蔡、曹、郑、燕、吴等为华夏族封国，也有先圣胄裔如陈、宋等国，还有所谓蛮夷之邦如楚、秦等国。这些不同族体的藩属诸侯结成国家联合体，其立足点已超出以血缘关系为纽带的族群认同，主要体现一定地缘关系上的政治认同，从而使周王朝形成多元一体的民族构成和治理模式。这才有了秦人助周东迁、强势崛起的政治空间。

《史记·秦本纪》载："秦之先，帝颛顼之苗裔，孙曰女修。女修织，玄鸟陨卵，女修吞之，生子大业。大业取少典之子，曰女华。女华生大费，与禹平水土。已成，帝赐玄圭……乃妻之姚姓之玉女。大费拜受，佐舜调驯鸟兽，鸟兽多驯服，是为柏翳。舜赐姓嬴氏。"颛顼之孙女修，是秦人女祖先。女修不夫而孕，生子大业，与简狄生契、姜嫄生弃同属感生神话，是秦人族源和信仰的反映。大业是秦人的男性始祖，其子大费获赐嬴氏。《史记·封禅书》说："秦襄公既侯，居西垂，自以为主少皞之神，作西畤，祠白帝。"秦人"主少皞之神"，少皞嬴姓，说明秦人源出东夷，故西周金文又称"秦夷"。但秦人久居西方，渐染戎人生活习性，也被视为戎族。如与申侯有联姻关系的秦人先祖即称"戎胥轩"[1]。秦人文化与华夏族相异，但对中原王朝具有较强的国家认同意识。其爵秩由大夫而诸侯，最终成为东周国家共同体的重要成员。尤其是秦襄公在位五十二年，对于推进秦国的发展，维系华夏文明的接续，发挥了重要作用。

其一，坚韧抗戎。犬戎活动范围与秦人邻近，双方屡有冲突。犬戎灭大骆，杀秦仲，与亲周的秦人结下世仇。秦襄公元年（前777年），为了缓和与犬戎的紧张局势，谋求安定发展，"以女弟缪嬴为丰王妻"，"丰王"即戎王[2]。犬戎为了占领汧水河谷通道，从西线进攻关中，与地处要冲的秦人化解不了矛盾，次年即围攻西犬丘，俘虏襄公长兄世父，一年后才将其释放。此后秦襄公与犬戎围绕着陇关道的控制权，展开了持久的拉锯战。秦襄公七年（前771年），犬戎与申缯集团联合攻下镐京，秦襄公东出陇关道，"将兵救周，战甚力，有功"[3]。此时犬戎与申、缯集团沆瀣一气，秦人救周当然不是援助申缯集团拥立的平王，而是站在代表中央政权的携王一方。"十二年，伐戎而至

---

1 《史记·秦本纪》，中华书局，1959，第177页。
2 （汉）司马迁著、〔日〕泷川资言会注考证：《史记会注考证》，新世界出版社，2009，第335页。
3 《史记·秦本纪》，中华书局，1959，第179页。

岐"。十六年，"以兵伐戎，戎败走"，于是"收周余民有之，地至岐，岐以东献之周"[1]。所谓"地至岐"，是将关中岐西地区的土地和周余民都纳入秦人统治范围，对岐东地区则明确表示收复后献给周室。《诗·秦风·小戎序》说："《小戎》，美襄公也。备其兵甲，以讨西戎。西戎方强，而征战不休，国人则矜其兵甲，妇人能闵其君子焉。"襄公在关中地区坚持抗戎，既有自身发展的需要，也符合周王室的政治利益，受到各方面的拥护和支持。

其二，大兴礼乐。襄公祖父秦仲为周大夫，尚居汧渭之会的秦邑，为大骆宗族的附庸，故史称"秦无历数，周世陪臣"[2]。其子庄公伐戎获胜后，兼有大骆之地，又被封为"西垂大夫"，从此取得独立的政治地位。《诗·秦风·车邻》云："有车邻邻，有马白颠。未见君子，寺人之令。"诗序云："美秦仲也。秦仲始大，有车马礼乐侍御之好焉。"这里的"秦仲"旧说是襄公祖父，其实是襄公。秦襄公承继西垂大夫的职爵，礼乐教化由此而兴。古本《竹书纪年》说："自秦襄公以前，本无年世之纪。"[3]"〔襄公〕十三年，初有史以纪事，民多化者……二十年，法初有三族之罪。"[4]其时秦人尚未列为诸侯，但主动吸取周人先进文化，提升礼乐教化水平，有利于改变秦的戎人形象，深度融入华夏文明。

其三，获封关中。晋文侯迎立平王后，其时占领关中岐西一带的秦襄公，也转而与中央政府保持一致立场，效忠平王朝廷，继续坚持抗戎。《后汉书·西羌传》说："及平王之末，周遂陵迟，戎逼诸夏，自陇山以东，及乎伊、洛，往往有戎。于是渭首有狄、獂、邽、冀之戎，泾北有义渠之戎，洛川有大荔之戎，渭南有骊戎。伊、洛间有杨拒、泉皋之戎，颍首以西有蛮氏之戎。当春秋时，间在中国，与诸夏盟会。"[5]所言"自陇山以东，及乎伊、洛"，说明整个王畿地区都面临着戎人内迁的巨大压力，关中一带所遭破坏尤为严重，平王被立三年后不得不东迁洛邑，以避犬戎之难。《史记·秦本纪》说：

> 周避犬戎难，东徙洛邑，襄公以兵送周平王。平王封襄公为诸侯，

---

1 《史记·秦本纪》，中华书局，1959，第179页。

2 方诗铭、王修龄：《古本竹书纪年辑证》修订本，上海古籍出版社，2005，第58页。

3 方诗铭、王修龄：《古本竹书纪年辑证》修订本，上海古籍出版社，2005，第58页。

4 《史记·秦本纪》，中华书局，1959，第179页。

5 《后汉书·西羌传》，中华书局，1965，第100页。

赐之岐以西之地。曰："戎无道，侵夺我岐、丰之地，秦能攻逐戎，即有
其地。"与誓，封爵之。襄公于是始国，与诸侯通使聘享之礼。[1]

《吕氏春秋·疑似》也说："平王所以东徙也，秦襄、晋文之所以劳王劳而赐
地也。"秦人虽非华夏族，但秦襄公坚韧抗戎，助力东迁有功，也获得封爵和
赐地。先前秦为大夫或西垂大夫，此时平王晋其爵级，列为诸侯。其"赐
地"不只包括对秦襄公占有岐西地区的认可，还得到"岐、丰之地"允为秦
国封疆的许诺。这看上去像是空头支票，却为秦人日后占领整个关中地区提
供了合法依据。关中地区是周代文明的核心区域，秦人以看守周人坟墓的名
义，持续抗戎，进占关中，收周余民，利用关中的地缘优势加速发展，使秦
国逐渐强大起来。谁都不曾想到，周室这样一个看似平常的抗戎策略，竟成
为秦国崛起的重大转折。这个过程虽然曲折而又漫长，却为后来秦人雄踞西
方，东灭六国，一统天下，开创更高层次的文明社会，奠定了坚实基础。

---

1 《史记·秦本纪》，中华书局，1959，第179页。

附　　录

附录一　中华文明五千年的学理问题

中华文明五千年是人们耳熟能详的一个历史学命题。党的十九大报告指出："中国特色社会主义文化，源自于中华民族五千多年文明历史所孕育的中华优秀传统文化。"[1]这对于增强民族文化自信，弘扬优秀文化传统，实现民族伟大复兴，都具有重要的现实意义。然而，中华文明五千年是如何推算出来的？是否有其可靠的学理依据？这是值得深入探索的问题。

一、深染革命色彩的学术命题

中华文明五千年，是辛亥革命时期开始流行的一种说法。当时一批仁人志士坚持反清革命立场，决意与清王朝划清界限，大力倡行黄帝纪年法，以黄帝"为制造文明之第一人"[2]，"而黄帝的时间，按中国史书上的传说来说就是五千年前左右"[3]。但这个命题发展到今天，其历史学内涵日渐淡化，更多的是考古学上龙山文化的时间元素所投射的光芒。如谓"无论从活动时代和活动地域方面，中原龙山文化都与历史上'五帝'的事迹相符合"[4]，或以为"龙山时代诸文化正好都在夏朝以前，相当于古史传说中唐尧虞舜的时代"[5]。

1　习近平：《决胜全面建设小康社会　夺取新时代中国特色社会主义伟大胜利——在中国共产党第十九次全国代表大会上的报告》，人民出版社，2017，第41页。

2　（清）刘师培：《黄帝纪年说》，《刘师培辛亥前文选》，生活·读书·新知三联书店，1998，第3页。

3　李学勤：《中国古代文明研究·代前言》，华东师范大学出版社，2005，第3页。

4　童恩正：《中国北方与南方古代文明发展轨迹之异同》，《中国社会科学》1994年第5期。

5　严文明：《龙山文化与龙山时代》，《文物》1981年第6期；中国社会科学院考古研究所：《中国考古学·新时器时代卷》，中国社会科学出版社，2010，第801页。

龙山文化的年代是清楚的，但与之对应的五帝时代在年代上却是模糊的。不要说辛亥革命时期学者对黄帝年代的推定还存在很多问题，就是"三皇五帝"旧古史系统在稍后疑古思潮的涤荡下也处在风雨飘摇之中，五帝时代的年代学研究很难深入下去了。2004年，继夏商周断代工程之后，国家"十五"重点科技攻关项目"中华文明探源工程"正式启动，其研究任务之一就是要弄清中国古代文明起源的年代问题。但项目结题后，未见相关成果作权威发布，中华五千年文明如何从历史学和考古学的结合上给予科学界定依然悬而未决。

中国文明起源的年代要与传说中的五帝时代相对应，似乎不是单纯依靠考古学可以解决的问题。固然考古学文化可以通过碳十四测年，但那只是考古学文化的年代。如果不能确定五帝各自的时空范畴，考古文化遗存则无从对应，更谈不上提供五帝各自的年代。从逻辑上讲，无论以何种考古学文化来对应五帝时代的史迹，充分利用文献资料合理推定五帝时期的年代都是一个基本前提。"即使没有双重证据，单纯的文献研究也有不可替代的重要性。"[1]只有历史学与考古学的双向互动，相辅为用，中华文明五千年的论断才不至于凌虚蹈空，真正落到实处。

关于五帝时代的年代学研究，目前面临的最大困难还不是资料的有无问题，而是资料的可信度以及如何解读的问题。早在西汉时期，司马迁对当时可以看到的五帝年代资料因为无从别择，故弃之不用。《史记·三代世表》说：

> 五帝、三代之记，尚矣。自殷以前诸侯不可得而谱，周以来乃颇可著。孔子因史文次《春秋》，纪元年，正时日月，盖其详哉。至于序《尚书》则略无年月；或颇有，然多阙，不可录。故疑则传疑，盖其慎也。余读谍记，黄帝以来皆有年数。稽其历谱谍终始五德之传，古文咸不同，乖异。夫子之弗论次其年月，岂虚哉！于是以《五帝系谍》、《尚书》集世纪黄帝以来讫共和为《世表》[2]。

这里所说的"谍记"，当即记述前代世系之书，或与《世本》相类似。其中"黄帝以来皆有年数"，只是这些"年数"不为孔子所道，又与《尚书》《春秋左传》等"古文咸不同"，因而被司马迁果断地舍弃了。这些"谍记"言说古

1　张国安：《终结"疑古"》，人民出版社，2017，第912页。
2　《史记·三代世表》，中华书局，1959，第487—488页。

帝更迭，以五行传次相承，终而复始，弥漫着阴阳五行家的神秘气息，当有汉代今文经学家的诸多附会，未可尽信。但这并不代表其中黄帝以来的"年数"全为臆说。因为《史记·五帝本纪》已有帝尧在位 98 年和舜寿 100 岁的记录，故其他古帝有类似说法则不当另以"乖异"视之。司马迁发愤著书，仓促之间对这些材料的真伪和内涵无从鉴别，便以疑则传疑的治史态度，将盆中婴儿连同洗澡水一起倒掉了。不过，这些"谍记"在汉晋时期似未亡佚，皇甫谧作《帝王世纪》有很多不同于《史记》《汉书》的年代资料，或即取材于此，为后来学者推算黄帝纪年提供了必要条件。

汉唐时期，就有史家试图推算黄帝以来的纪年。据《汉书·律历志》记载，太史令张寿王治黄帝《调历》，"言黄帝至元凤三年六千余岁。丞相属宝、长安单安国、安陵梧育治《终始》，言黄帝以来三千六百二十九岁，不与寿王合"。从元凤三年（公元前 78 年）前推，丞相属宝等人推算黄帝纪年始于公元前 3551 年。唐代张守节作《史记正义》云："太史公作《史记》，起黄帝、高阳、高辛、唐尧、虞舜、夏、商、周、秦，讫于汉武帝天汉四年，合二千四百一十三年。"[1]从天汉四年（前 97 年）前推，可知张守节所定黄帝纪年始于公元前 2316 年。这些关于黄帝纪元的说法出现较早，其推算过程不可详知。

辛亥革命时期，先后出现过几种黄帝纪年法。1903 年，刘师培作《黄帝纪年说》一文，大力倡导使用黄帝纪年，文末自署时间即为"黄帝降生四千六百一十四年闰五月十七日书"[2]。此后，革命党人纷纷响应刘氏倡议，尤以宋教仁主张行用黄帝纪年最为突出。光绪三十一年（1905 年）同盟会成立时，在日本东京创办机关报《民报》即采用黄帝纪年，定当年为中国开国纪年 4603 年，则黄帝纪年始于公元前 2698 年。而《江苏》等报刊则以 1911 年为黄帝纪年 4402 年[3]。

那么，辛亥革命时期所用黄帝纪年是如何推算出来的呢？就影响最大的《民报》所用黄帝纪年来说，钱玄同以为是"最习见之说，出自《皇极经世》，为《通鉴前编》至《通鉴辑览》诸书所采用者"[4]。其具体推算过程是，

1 《史记》附《史记正义》，中华书局，1982，第 13 页。
2 （清）刘师培：《刘师培辛亥前文选》，生活·读书·新知三联书店，1998，第 4 页。
3 方诗铭：《中国历史纪年表》，上海辞书出版社，1980，第 153 页。
4 （清）刘师培：《刘师培辛亥前文选》，生活·读书·新知三联书店，1998，第 6 页。

首先根据宋代邵雍《皇极经世书》称尧元年为甲辰年，由卢景贵推定此年为公元前 2357 年，再据晋代皇甫谧《帝王世纪》载黄帝在位 100 年，少昊金天氏 84 年，颛顼 78 年，帝喾高辛氏 70 年，帝挚 9 年，推算黄帝元年为公元前 2698 年[1]。但这个推算过程存在不少问题。一是把少昊氏、帝挚同时纳入五帝序列，而把尧、舜排除在外，与《国语》《史记》等古文献大相异趣，不易为人接受。二是帝尧在位元年，由《皇极经世》中的数术和甲子纪年推出，并不构成科学依据。三是所言五帝除帝挚外，在位时间和寿命之长均与常人的生理规律相违，却未作出富有理据的解释。故其推算结果令人欲信还疑，在当时无法得到普遍认同。

21 世纪初，夏商周断代工程的阶段性成果问世，尽管它还说不上是百分百的精准可靠，但其科学性比以往任何年代方案要高是无疑的，从而为五帝时代的积年研究提供了重要的前提条件。可是研究仍未取得实质性的进展。仅可见到的一项成果，是贵州大学张闻玉先生研究所得。他认为，五帝纪年（算上帝挚为"六帝"）当是："黄帝 100 年，颛顼 78 年，帝喾 70 年，帝挚 9 年，帝尧 98 年，帝舜 39 年。其间，尧崩之后有'三年之丧'，舜崩之后有'三年之丧'。总计 400 年。从夏代纪年前 2206 年上溯 400 年，黄帝纪年始于前 2606 年。"[2]此说在认识五帝的构成上较《民报》合理一些，对夏朝始年也有自己的独立见解，但对于五帝在位时间和年寿之长的问题仍无必要的理论说明，同样无法取信于人。看来，五帝时代的年代学研究还有非常艰难的路要走。

二、五帝积年超长之谜

关于五帝时代的积年问题，文献上有两种概略的说法。古本《竹书纪年》称"黄帝至禹，为世三十。"[3]《史记·夏本纪》则显示禹为黄帝四世孙。以《说文》所谓"一世三十年"计之，前者为 900 年，后者为 120 年。若"按温带人类生理，普遍四世合当百年"[4]计算，前者 750 年，后者 100 年。

---

1 史式：《五千年还是一万年——中华文明史新探》，《团结报》1999 年 6 月 10 日。

2 张闻玉：《辛亥革命后的黄帝纪年》，《贵州社会科学》2002 年第 1 期。

3 方诗铭：《古本竹书纪年辑证》修订本，上海古籍出版社，2005，第 182 页。

4 雷海宗：《殷周年代考》，朱凤瀚、张荣明编：《西周诸王年代研究》，贵州人民出版社，1998，第 33—35 页。

两种文献所显现的时间差距相当大，所言五帝世系显然不好说是血缘性的。例如从黄帝到尧、舜、禹的世系，据《史记·五帝本纪》《史记·夏本纪》可排列如下：

黄帝→玄嚣→蛴极→帝喾→尧

黄帝→昌意→颛顼→穷蝉→敬康→句望→桥牛→瞽叟→舜

黄帝→昌意→颛顼→鲧→禹

从这个排列看，尧为黄帝的四世孙，继尧居天子位的舜却成了黄帝的八世孙，而继舜之后即位的禹又成了黄帝的四世孙。可见五帝的世系是不可据为典要的，或许"是保存了古代人民对于过去的酋长各据一方及其互相次第代立的史传"[1]。故以黄帝世系计其积年，显非可行。

另一条路径，是将五帝各自的在位年代相加求和。这是过去大多数学者采用的方法。运用此种方法首先需要明确五帝的构成。辛亥革命时期，宋教仁创办《民报》推定黄帝纪年，以黄帝、少昊、颛顼、帝喾、帝挚为五帝构成，时人疑之。司马迁列黄帝、颛顼、帝喾、尧、舜为五帝，与《国语·鲁语上》所言古帝序列相应："黄帝能成命百物，以明民共财，颛顼能修之。帝喾能序三辰以固民，尧能单均刑法以仪民，舜勤民事而野死"，故较他说为可信。《史记·五帝本纪》还提到："帝喾崩，而挚代立。帝挚立，不善，而弟放勋立，是为帝尧。"卫宏、皇甫谧均谓其在位九年。故有学者亦将帝挚纳入五帝系统，言五帝实计为六帝。《大戴礼记·帝系》载"帝挚"为帝喾次妃陬訾氏之子，《左传·昭公十七年》有"少昊挚"之称，《帝王世纪》谓少昊字"青阳"，其间关系颇难厘清。与其他古帝相比，帝挚在位时间甚短，与《国语》《史记·五帝本纪》所言五帝的总体架构相悖，所以不必把帝挚列入华夏族五帝序列。

现在我们考察一下五帝各自"践天子位"的年数。所谓"践天子位"是司马迁《史记·五帝本纪》所用的后世用语，实际是指充任当时部落联合体的总首领。明确这样的历史背景，有助于我们对五帝时代的积年问题形成更为真切的历史认识。

关于黄帝的在位年数，如今能够看到的文献材料十分有限，较早的主要是皇甫谧的《帝王世纪》。如《艺文类聚》卷十一引其文云：

1　徐中舒：《先秦史论稿》，巴蜀书社，1992，第16页。

> 黄帝在位百年而崩，年百一十岁矣（或引作"年百一十一岁"）。或
> 传以为仙，或言寿三百岁[1]。

所言"黄帝在位百年"当出自司马迁曾经看到过的"谍记"，而"或言寿三百
岁"则见于《大戴礼记·五帝德》：

> 宰我问于孔子曰："昔者予闻诸荣伊令，黄帝三百年。请问黄帝者人
> 邪？抑非人邪？何以至于三百年乎？"……孔子曰："黄帝，少典之子
> 也，曰轩辕。……生而民得其利百年，死而民畏其神百年，亡而民用其
> 教百年，故曰三百年。"[2]

《大戴礼记·五帝德》《大戴礼记·帝系》当是战国时期留下的"古文"材
料，这里说"黄帝三百岁"不为宰我所信，孔子则用"生""死""亡"三个
阶段加以解释，其中说"生而民得其利百年"，略有黄帝在位百年之意，故司
马贞《史记索隐》以为皇甫之说"略可凭矣"。事实上，宰我与孔子这段对
话，很可能是战国时期依据相关资料的托名之作。孔子是一位富有历史理性
的儒者，以不语怪力乱神著称。对于黄帝三百年的说法，不只是宰予有疑
问，孔子也不会如此解读，所以才会出现"儒者或不传"的情况。《史记·五
帝本纪》篇末太史公曰：

> 学者多称五帝，尚矣。然《尚书》独载尧以来；而百家言黄帝，其
> 文不雅驯，荐绅先生难言之。孔子所传宰予问《五帝德》及《帝系姓》，
> 儒者或不传。……予观《春秋》、《国语》，其发明《五帝德》、《帝系姓》
> 章矣，顾弟弗深考，其所表见皆不虚。《书》缺有间矣，其轶乃时时见于
> 他说。非好学深思，心知其意，固难为浅见寡闻道也。余并论次，择其
> 言尤雅者，故著为本纪书首。[3]

这说明在司马迁之时，尚能见到有关黄帝的诸多说法，只是其文辞多不典
雅，致使那些有地位的官宦人士都不屑于谈及。太史公具有高度的历史理性
自觉，他结合个人的游历探访，对文献博加考验，以为《大戴礼记·五帝德》
《大戴礼记·帝系》所载五帝之事，可与《春秋》（实只《春秋左传》得言炎
黄之事）和《国语》相互参照，并非全为虚言，故择其典雅者载入《史记》
之中。但对于"黄帝三百年"之说，即使用三个一百年来解释，也不符合常

---

1 （唐）欧阳询：《艺文类聚》卷11《帝王部》，汪绍楹校，上海古籍出版社，1982，第210页。

2 （清）王聘珍：《大戴礼记解诂》，王文锦点校，中华书局，1983，第117页。

3 《史记·五帝本纪》，中华书局，1959，第46页。

人的生理规律，故司马迁只能视作非雅训之言，予以舍弃。

其实，"黄帝三百年"不能靠常识来作解释，当另有深意在焉。对于传说时代的人名尤其是部落首领来说，应该注意到它的多重含义：一是部落名；二是特定的部落首领名；三是部落首领的通名。从文化人类学的角度看，氏族或部落首领的称号普遍具有沿袭性，特别是一些强大的原始共同体更是如此。如印第安人易洛魁联盟内，"每一位首领职位的名号也就成了充任该职者在任期内的个人名字，凡继任者即袭用其前任者之名"。即新任首领就职以后，"他原来的名字就'取消'了，换上该首领所用的名号。从此，他就以这个名号见知于人"[1]。这种情况在中国古代典籍中也时有所见。《蜀王本纪》曰："蜀王之先名蚕丛，后代名曰柏灌，后者名鱼凫，此三代各数百岁。……鳖灵即位，号曰开明帝。帝生卢保，亦号开明。"[2] "下至五代，有开明尚。始去帝号，复称王也。"[3]鳖灵以后五代人虽各有私名，作为古帝王却使用一个共同的名号"开明"。开明朝之前的蜀王蚕丛、柏灌、鱼凫，之所以各有数百岁，亦以此故。《左传·襄公四年》载，后羿养子寒浞为有穷氏之相，杀羿取其国家，霸占后羿妻室，生二子名浇及豷。待"少康灭浇于过，后杼灭豷于戈，有穷由是遂亡"。杜预注："浞因羿室，故不改有穷之号。"又《史记·周本纪》载，周人始祖后稷早在帝尧之时，即被举为农官，天下得其利。然后稷之子不窋末年，"夏后世政衰，去稷不务，不窋以失其官而奔戎狄之间"。《国语·周语上》亦云："昔我先王世后稷，以服事虞、夏。"对于这里所说的"世后稷"，韦昭注云："后，君也。稷，官也。"《史记索隐》引谯周云："言世稷官，是失其代数也。若以不窋亲弃之子，至文王千余岁唯十四代，实亦不合事情。"其实，世为稷官而失其代数是一方面；另一方面则是后稷部落的首领在不窋之前均称后稷，乃至上千年。可见一个名号可由多位部落首领共用，符合文化人类学的理论阐释。

由是，黄帝亦非仅是一位部落首领的称呼，实为多代继任者共同使用的名号。所谓"黄帝三百年"，不是指黄帝作为一个人在位或寿命长达三百岁，而是说黄帝及其继任者出任当时黄河流域华夏部落联合体的总首领长达三百

1 〔美〕路易斯·亨利·摩尔根：《古代社会》，杨东莼、马雍、马巨译，商务印书馆，1977，第126－127页。

2 〔宋〕李昉等：《太平御览》卷八百八十八引，中华书局，1960。

3 〔南朝·宋〕范晔：《后汉书·张衡传》注引，中华书局，1965，第1925页。

年。此与蜀王蚕丛、柏灌、鱼凫在位各数百年的情形正复相同。《礼记·祭法》疏引《春秋命历序》云："黄帝一曰帝轩辕,传十世,一千五百二十岁。"《春秋命历序》为西汉末年《春秋纬》之一,其说多不可信,然谓黄帝非一世之人,却道出了部分历史真相。其实,古帝王在位时间或寿命之长超乎常人,并非中国所仅见。"古巴比伦时期的《苏美尔王表》中所记载的这一时期的统治者大多以人神参半的面目出现,且在位年限 140 年者有之,1200 年者亦有之。"[1]此系世界通例,不足为异。因此,我们考察五帝时代的积年,可定黄帝在位 300 年。至于黄帝在位百年之说,可能是从"黄帝三百年"衍生出来的,是故不取。

关于帝颛顼、帝喾的在位年代,亦只见于《帝王世纪》。《艺文类聚》卷十一引其文云:

> 颛顼在位七十八年,年九十一岁(或引作"年九十八")。
>
> 帝喾在位七十年,年百五岁。[2]

此外,《春秋命历序》说:"次曰颛顼,则高阳氏传二十世,三百五十岁。次是帝喾,则高辛氏传十世,四百岁。"此言颛顼二十世,一世不到二十年,而帝喾十世,一世又长达四十年,均与常理不合。但以颛顼、帝喾为多代部落首领共同使用的名号,则可以解释他们何以在位时间和年寿特别长的问题。从《大戴礼记·五帝德》《史记·五帝本纪》看,黄帝娶嫘祖为正妃,生二子,一为玄嚣,一为昌意。颛顼为昌意之子、黄帝之孙,帝喾为玄嚣之孙、黄帝之曾孙,血缘谱系清楚,似非多人共用同一名号。这实际是按后世家谱的方式整理出来的,大的历史框架在口耳相传中可以比较正确地保留下来,至于细节则多有不实,是不可过于拘泥的。以颛顼、帝喾为多位部落首领共用的名号,并依据《帝王世纪》可定颛顼在位七十八年,帝喾在位七十年。

下面谈谈尧舜在位年数。据《尚书·尧典》载,帝尧在位七十年时,认为四岳能够依照天命行事,愿将帝位让给他们。但四岳自以为德行鄙陋,不配继承帝位,故推举虞舜接任。经过历时三年的政治考察后,帝尧提出让舜接替他的帝位,舜坚辞不受,只是协助帝尧代理政务,前后"二十有八载,帝乃殂落"。待尧死后,舜方继位。《孟子·万章上》云:"舜相尧二十有八

1　东北师范大学世界古典文明史研究所:《世界诸古代文明年代研究的历史与现状》,世界图书出版公司北京公司,1999,第 2 页。

2　(唐)欧阳询:《艺文类聚》卷 11《帝王部》,汪绍楹校,上海古籍出版社,1982,第 212—213 页。

载。"《史记·五帝本纪》亦云："尧立七十年得舜，二十年而老，令舜摄行天子之政，荐之于天。尧辟位凡二十八年而崩。"《集解》引徐广曰："尧在位凡九十八年。"《帝王世纪》云："尧即位九十八年，年百一十八岁。"可见帝尧在位九十八年，世无异辞。帝尧在位年数甚长，已超过元朝统治中国的时间，故视之为尧部落多位首领共用过的同一名号也应该是合宜的。

关于舜的在位年数，主要有三种说法。（1）在位五十年。《尚书·尧典》云："舜生三十征庸，三十在位，五十载陟方乃死。"对于这段话，经学家句读不同，释义亦异。伪孔传解作："三十征庸，三十在位，服丧三年，其一在三十之数，为天子五十年，凡寿百一十二岁。"疏引郑玄云："'在位五十载，陟方乃死'，谓摄位至死为五十年，舜年一百岁也。"《汉书·律历志》载《世经》说："（虞帝）在位五十载"。与此相近的是《大戴礼记·五帝德》云："舜之少也，恶悴劳苦，二十以孝闻乎天下，三十在位，嗣帝所，五十乃死，葬于苍梧之野。"（2）在位三十九年。《史记·五帝本纪》云："舜年二十以孝闻，年三十尧举之，年五十摄行天子事，年五十八尧崩，年六十一代尧践帝位。践帝位三十九年，南巡狩，崩于苍梧之野。"太史公此说与《尚书·尧典》《大戴礼记·五帝德》略异，然《史记·五帝本纪》又云："舜得举用事二十年，而尧使摄政。摄政八年而尧崩。三年丧毕，让丹朱，天下归舜。"说明司马迁对舜"在位五十载"并无异词，只是将其分解为"摄政八年""三年丧""践帝位三十九年"二个时段。（3）在位二十一年。《史记·五帝本纪》集解引皇甫谧云："舜以尧之二十一年甲子生，三十一年（或引作'五十一年'）甲午征用，七十九年壬午即真，百岁癸卯崩。"从甲子到甲午三十一年，可能是指舜年三十被征用。从甲子到壬午舜年七十九岁践帝位，至百岁而崩，则其在位只有二十一年。比较这三种说法，还是司马迁所言事实较为具体，可信度高。今定舜服丧三年，加上践帝位三十九年，计四十二年。

根据上述考订，五帝在位时间为黄帝300年，颛顼78年，帝喾70年，尧98年，舜42年，则五帝时代总计588年。再据夏商周断代工程所定夏朝始年，五帝时代当在前2658—前2070年，大体相当于考古学上的龙山文化时代。从黄帝始年算起，则距今4676年。这个推算未必十分精确，但作为一个可供参照的时间坐标，对于探索五帝时代的积年问题应该是有意义的。只是中国古代文明探源还不能仅止于黄帝，有必要继续向前追溯。

三、文明肇始的炎黄时代

通常学术界以黄帝作为中国古代文明的开端，这是受司马迁《史记·五帝本纪》影响的结果。实际上，黄帝之前还有一个炎帝时代，这是不应该忽略的。由于《尚书》独载尧以来之事，《大戴礼记·五帝德》《大戴礼记·帝系》记事始于黄帝，故在独尊儒术的时代条件下，司马迁把黄帝列为五帝之首。但细读该篇文字，炎帝在黄帝之前曾为部落联合体的盟主，仍然清晰可见。

炎黄二帝同为少典氏的后裔，是从同一母族中分化出来的两个氏族或部落。《国语·晋语四》云："昔少典氏娶于有蟜氏，生黄帝、炎帝。黄帝以姬水成，炎帝以姜水成。成而异德，故黄帝为姬，炎帝为姜，二帝用师以相济也，异德之故也。"虽然司马迁认为《春秋左传》《国语》所言不虚，但选择材料时仅取《大戴礼记·五帝德》《大戴礼记·帝系》，因而未将炎帝纳入古帝系列。然在《史记·五帝本纪》的历史叙事中，却不时透露出炎帝先于黄帝成为部落联合体首领的诸多信息。如《史记·五帝本纪》云：

> 轩辕之时，神农氏世衰。诸侯相侵伐，暴虐百姓，而神农氏弗能征。于是轩辕乃习用干戈，以征不享，诸侯咸来宾从。而蚩尤最为暴，莫能伐。炎帝欲侵陵诸侯，诸侯咸归轩辕。轩辕乃修德振兵，治五气，艺五种，抚万民，度四方，教熊罴貔貅䝙虎，以与炎帝战于阪泉之野。三战，然后得其志。蚩尤作乱，不用帝命。于是黄帝乃征师诸侯，与蚩尤战于涿鹿之野，遂禽杀蚩尤。而诸侯咸尊轩辕为天子，代神农氏，是为黄帝。[1]

上述记载中的神农氏与炎帝不是两个人，而是同一部族或其首领的不同称呼[2]，此与黄帝又称轩辕氏并无二致。或者说，神农氏为部落之名，炎帝为部落首领之名，故可相互代用。在这里，有三点值得注意。一是所谓"神农氏世衰"，不只是说炎帝部落自身的衰落，而且指它对"诸侯"即其臣属部落失去控制力。故"诸侯相侵伐，暴虐百姓"，天下一片混乱，炎帝"弗能征"，无法尽其维护天下安定的职责。这只能是处于盟主地位的部落而不是一方诸侯所应该做的事情。《周易·系辞下》说："包牺氏没，神农氏作。……神农氏没，黄帝、尧、舜氏作。"疏引《帝王世纪》云："（炎帝神农氏）凡八代及

---

1 《史记·五帝本纪》，中华书局，1959，第3页。
2 杜勇：《中国早期国家的形成与国家结构》，中国社会科学出版社，2013，第16—19页。

轩辕氏也。"所反映的即是炎、黄二帝在部落联合体中先后掌握领导权的更迭过程。二是在炎帝作为盟主的时代，黄帝只是部落联合体的成员之一。由于神农氏盟主地位的衰落，日渐强大的黄帝部落试图取代炎帝的盟主地位，故习用干戈，修德振兵，征伐诸侯，欲以为藩属。炎帝为了维护其盟主地位，在"侵陵诸侯"失败后，终于与黄帝部落在阪泉展开了激烈的正面交锋。此时炎帝部落虽已衰微，但其实力仍非一般诸侯可比，故黄帝"三战然后得其志"。这个"志"就是志在夺取部落联合体的领导权。三是阪泉之战后，神农时代宣告结束，中原华夏集团形成以炎黄二族为主体并以黄帝为盟主的新的部落联合体。继后在涿鹿之战中，炎黄联手打败蚩尤后，黄帝的盟主地位进一步得到巩固，炎帝部落则完全退居臣列，但在联合体中仍有煊赫地位。如尧舜时期的姜姓诸侯"四岳"即是炎帝裔氏，尧、舜确定接班人时都要充分征求他们的意见，足见其地位举足轻重。

炎帝作为一个时代范畴，传说中也取得不少重要的文明成果。唐代司马贞据《帝王世纪》《古史考》诸书，针对《史记》阙如，补作《三皇本纪》有云：

> 炎帝神农氏，姜姓，母曰女登，有娲氏之女，为少典妃，感神龙而生炎帝。人身牛首，长于姜水，因以为姓。火德王，故曰炎帝。以火名官。斫木为耜，揉木为耒，耒耨之用，以教万人。始教耕，故号神农氏。于是作蜡祭，以赭鞭鞭草木，始尝百草，始有医药。又作五弦之琴。教人日中为市，交易而退，各得其所。遂重八卦为六十四爻。初都陈，后都曲阜，立一百二十年崩。[1]

司马贞所言虽然简略，但对炎帝的重要史迹大多言及。一是设官分职。《左传·昭公十七年》云："炎帝氏以火纪，故为火师而火名。"杜注："炎帝神农氏，姜姓之祖也。亦有火瑞，以火纪事，名百官。"又《逸周书·尝麦解》云："昔天之初……命赤帝分正二卿。""二卿"即属监临四方之官。炎帝以火德而王，当出自阴阳五行家的附会。但这个传说反映了炎帝时代建置都城，设官分职，已粗具早期国家的规模与气象。二是作火作陶。《论衡·祭意篇》云："炎帝作火，死而为灶（神）。"炎帝未必是火的发明者，但在用火技术的改进和推广上当有功烈于世。《艺文类聚》卷十一引《周书》曰："（神农）作陶"。神农用火制作陶器，利用陶器用火烹煮食物，对于改善先民生活

1　（汉）司马迁著、〔日〕泷川资言会注考证：《史记会注考证》，新世纪出版社，2009，第27—28页。

质量具有重要意义，故后世尊为灶神。三是教民耕织。《周易·系辞下》："神农氏作，斫木为耜，揉木为耒。耒耨之利，以教天下。"《淮南子·修务训》："神农乃始教民播种五谷。"《白虎通义·号》："神农因天之时，分地之利。制耒耜，教民农作，神而化之，使民宜之，故谓之神农也。"《商君书·画策》："神农之时，男耕而食，妇织而衣。"农耕社会的到来，是先民经济生活方式从游牧走向定居的重大转变，也是人类社会走向文明时代所迈出的重要一步。四是典医疗疾。《急就篇》注引《世本》谓："神农和药济人。"《淮南子·修务训》云："（神农）尝百草之滋味，水泉之甘苦，令民知所避就。当此之时，一日而遇七十毒。"《太平御览》卷七二一引《帝王世纪》云："炎帝神农氏……尝味草木，宣药疗疾，救夭伤之命。"说明神农时期，中国医疗技术已有很大进步。五是设祭作乐。相传炎帝作蜡祭，即冬至后腊祭百神之礼，祭礼百神又以农神为主。为适应各种礼仪需要，还有乐器与乐曲的制作。《艺文类聚》卷四十四引《新论》曰：神农"始削桐为琴，绳丝为弦"。《说文》曰："琴，禁也。神农所作。"《通典·乐一》曰："神农乐名《扶持》，亦曰《下谋》。"表明是时礼乐文化已具雏形。这些传说不一定完全可靠，但或多或少反映了炎帝时代的史实素地，应是当社会整体状况进入中国古代文明起始阶段的历史折射。

对于炎帝神农氏，过去人们也习惯把他视为一个具体的传说人物，实际上同黄帝一样，也应是多位部落首领共同使用的名号。《礼记·祭法》疏引《春秋命历序》云："炎帝号曰大庭氏，传八世，合五百二十年。"《初学记》卷九引《帝王世纪》云："（炎帝）都于陈，在位百二十年而崩，至榆罔凡八世，合五百三十年。"《史记·五帝本纪》索隐："炎黄二帝虽则相承，如《帝王代纪》中间凡隔八帝，五百余年。"《三皇本纪》记其八世分别为炎帝、帝魁、帝承、帝明、帝直、帝牦、帝哀、帝榆罔。此外，还有神农七十世之说。《太平御览》卷七十八引《尸子》说："神农七十世有天下。"今本《吕氏春秋·慎势》称"神农十七世有天下"，而《路史》引作"七十世"。凡此说明，神农氏经历了漫长的发展岁月，到炎帝时期才成为部落联合体的总首领。关于炎帝时代的积年，文献所载不一，可取其概数500年，约当考古学上仰韶文化晚期。由黄帝始于4676年，前溯500年，则炎帝时代距今5176年。以炎黄时代作为中国古代文明的肇始期，则中华文明五千年不为子虚。

中国作为五千年的文明古国，从炎黄时期即揭开了历史的新页。据苏秉琦先生研究，中国"文明起步超过万年"，尤其"在距今五千年前的各地，在古文化得到系统发展的各地，古城、古国纷纷出现，中华大地社会发展普遍跨入古国阶段"[1]。国家是文明社会的概括，中国文明起源的大幕从此拉开。五千年来，虽然历经艰难与曲折，但中华文明的发展始终不曾中断，始终以其伟岸的身姿屹立于世界民族之林。

（原载《中原文化研究》2018 年第 3 期）

---

1 苏秉琦:《中国文明起源新探》，生活·读书·新知三联书店，1999，第133、145页。

附录二 西周年代学研究的新视野

西周年代学是一个富有恒久魅力的学术课题。自汉代刘歆利用三统历和《武成》历日资料推考武王克商之年始,从事此项工作的学者代不乏人。20世纪以来,中外学者苦心孤诣,上下求索,取得了前所未有的突破性进展。夏商周断代工程(以下简称"工程")拟定的《西周金文历谱》(以下简称《历谱》)即是一项重大的标志性成果,从而把西周年代学研究推向一个新的高度。但是,随着时间的推移和新资料的不断发现,《历谱》修订与调整的必要性日渐凸显。在这方面,各种意见纷然杂陈。朱凤瀚对新出金文年历资料的及时推介和深刻分析,把《历谱》的修订工作正式提上日程,具有导夫先路的前沿性和创新性。笔者拟对西周年代学研究相关进展略作述评,以期有所助益。

一、觉公簋与西周早期年代的突破

觉公簋是近年公布的一件西周早期铜器,铭文云:"觉公作妻姚簋,遘于王命唐伯侯于晋。唯王廿又八祀。"意即觉公为妻姚作簋,时值王命唐伯为侯于晋,事在王二十八年。朱凤瀚首次公布此器时,提出"王命唐伯侯于晋",有成王和康王两种可能性,但更倾向于成王[1]。周初成王年幼即位,由周公摄政,七年后致政成王。关于成王在位的时间,先秦典籍未见明确记载。西汉学者刘歆推得成王在位计三十年,不含周公摄政七年。周公摄政是否为一个独立的纪年单元,学界有不同意见。成王崩,康王继立,《帝王世纪》谓其在位计二十六年。工程《历谱》拟定成王在位二十二年、康王在位二十五年。不管觉公簋是成王或康王时器,都无法容纳本铭所记时王二十八年。李伯谦、彭裕商等赞同觉公簋为成王时器,意味着成王在位时间需要修订。李学勤主康王说,也认为铭文纪年有助于工程《历谱》的进一步修正[2]。

<hr>

1 朱凤瀚:《覒公簋与唐伯侯于晋》,《考古》2007年第3期。

2 李学勤:《论觉公簋年代及有关问题》,《庆祝何炳棣先生九十华诞论文集》编辑委员会编:《庆祝何炳棣先生九十华诞论文集》,三秦出版社,2008。

重订《历谱》不只涉及西周某一王年，武王克商之年的时间定位才是关乎全局的核心问题。工程拟定公元前 1046 年为武王克商之年，过于倚重《国语》所载伶州鸠后推的"岁在鹑火"天象，又误判武王在位四年，可信度大打折扣。在西周年代框架大体不变的情况下，我们认为以公元前 1045 年（公历 1 月 15 日）作为商王伐纣之年似更合理[1]。

这种微调仅供参考，觉公簋的发现却使问题变得严重起来。武王克商之年若不加修订，觉公簋铭"唯王廿八祀"则难以妥善措置。故朱凤瀚《武王至康王年历表》拟定公元前 1061 年为武王元年，成王在位 37 年（前 1058—前 1022 年），康王 26 年（前 1021—前 996 年）。尽管他一再声明此表属于试验性质，实际上却是运用新的年历资料，对《历谱》进行修订调整的最早也最有根据的尝试。李学勤对《历谱》的修正意见是：成王在位 19 年（前 1042—前 1024 年），康王在位 28 年（前 1023—前 996 年），余仍其旧。陈久金坚决反对改动《历谱》所定武王克商之年，认为这是许多人认真研究和论证的结果，不能轻易否定。陈氏是工程《历谱》的拟定者，坚持原定年代框架，将成王在位年数调整为 32 年（前 1042—前 1011 年），康王为 15 年（前 1010—前 996 年），觉公簋列入成王纪年[2]。为了压缩康王在位年数，陈氏把学界公认的康王二十五年小盂鼎并入成王历谱，方法不免失当，很难令人接受。王占奎近期新拟年表，将克商之年改订为公元前 1029 年，成王在位 12 年，康王在位 28 年，以觉公簋为康王二十八年器[3]。此方案所拟成王在位年代明显偏短，多有窒碍。清华简《金縢》称"成王犹幼在位"，与各种传世文献相印合。若成王在位只有 12 年，死时则不过 25 岁左右，其子康王继位必为幼童。然《尚书·顾命》等文献全无康王身为稚子继位的迹象。且成王卒年四月甲子入谱为三十日，与"哉（始）生霸"含义迥然相反。年表又以作册矢令簋为昭王十五年器，亦与史实相远。近出曾公䢅编钟所记为成王时代之事，说明铭中的"康宫"并非康王之庙。矢令诸器有"康宫"字样，且有周公、明保的相关活动，应为成世器，当非昭世物[4]。有的学者以为曾公䢅编钟

1　杜勇、沈长云：《金文断代方法探微》，人民出版社，2002；杜勇：《武王伐纣日谱的重新构拟》，《古代文明》2020 年第 1 期。

2　陈久金：《对西周诸王王年的最终修正意见》，《广西民族大学学报》（自然科学版）2017 年第 1 期。

3　王占奎：《西周列王纪年的构拟——宣王元年即 BC826 年方案》，《考古与文物》2021 年第 3 期。

4　杜勇：《曾公䢅编钟破解康宫难题》，《中国社会科学报》2020 年 6 月 8 日，第 5 版。

所记非实，或从类型学的角度坚持肯定康宫原则的正确性[1]，尚须通盘检视相关资料，才能把康宫问题的研究推向深入。

过去学界对工程《历谱》的质疑，不少人主张采用古本《竹书纪年》"西周二百五十七年"积年说。但是，依此将公元前 1027 年作为武王克商之年，不仅与《武成》《召诰》等相关历日不谐，而且需要大幅度压缩西周列王的在位年代，致使不少金文历日难以入谱。觉公簋的发现再次表明，这条路可能是行不通的。

二、盠簋与西周中期年代的调整

新见盠簋对于修正《历谱》西周中期年代的必要性，也是朱凤瀚首先发现并详加论说的[2]。盠簋铭文言称"显考共王"，是知时王为懿王或孝王。《史记·周本纪》说："共王崩，子懿王囏立……懿王崩，共王弟辟方立，是为孝王。孝王崩，诸侯复立懿王太子燮，是为夷王。"此言孝王与夷王为叔祖与侄孙关系，不少著述采信其说。然孝王的王位来自侄叔相传，夷王的王位来自叔祖与侄孙相传，世所罕见。如此混乱不堪的王位更迭，历史上几乎无人怀疑，即使以疑古著称的清儒崔述也只是表示不解，结论仍是不可考究。

事实上，孝王并非懿王叔父，而是懿王之弟。这不仅有《世本》和《史记·三代世表》可以为证，而且《史记·周本纪》也可能原本如此。《诗·大雅·民劳》孔疏云："《世本》及《周本纪》皆云……恭王生懿王及孝王。"说明唐代《史记》版本即谓孝王为懿王之弟。清华简《摄命》反映了这一事实。清华简《摄命》开篇即云："王曰：劼侄，毖摄。"此"劼"训嘉，与侄形成偏正结构。"侄"指时王兄弟之子。"毖"依《说文》可释作"慎"，言伯摄做事勤谨。清华简《摄命》篇中时王还以第三者口吻称伯摄为王子，知非己出，与前称"劼侄"相应。西周两代君王具有叔侄关系者，只有孝王与夷王见诸文献记载，可知清华简《摄命》篇中的王为孝王，册命对象伯摄即是后来继位的夷王燮，"摄"与"燮"音近相假。孝王与夷王既为叔侄关系，则懿、孝二王当以兄弟行[3]。以此观之，盠簋言称"显考共王"，则"唯十年正月

---

1 刘树满：《再论令方彝为西周昭王铜器》，《中国社会科学报》2022 年 3 月 10 日，第 4 版。
2 朱凤瀚：《关于西周金文历日的新资料》，《故宫博物院院刊》2014 年第 6 期。
3 杜勇：《清华简〈摄命〉人物关系辨析》，《中原文化研究》2020 年第 3 期。

初吉甲寅", 不是懿王十年, 就是孝王十年。

　　然而, 工程《历谱》拟定懿王在位 8 年、孝王在位 6 年, 同样无法容纳
眲簋关于"唯十年"的纪年。若从懿王元年 (前 899 年) 顺推 10 年, 其月相
历日也不相合。美国学者夏含夷运用一王双元年说, 顺推 12 年为前 888 年,
取丑正正月乙卯朔, 甲寅先天一日基本可合[1]。只是这种双元纪年方式在西周
金文中并无可靠证据, 看不出相关纪元应有的区别, 令人生疑。过去笔者曾
拟孝王元年为前 897 年, 顺推十年亦为前 888 年。不过这个证据不算有力,
眲簋的年代是懿是孝, 尚可再作研究, 但工程《历谱》关于西周中期的年代
需加修正却是不容置疑的事实。

　　《历谱》西周中期年代的修订, 受到懿王元年这一重要年代支点的制约。古
本《竹书纪年》称:"懿王元年天再旦于郑", 自近人刘朝阳视作日食后, 信从
者众。工程通过天文计算方法确定这次日全食发生在公元前 899 年, 懿王元年
的时间定位由此确定。朱凤瀚强调眲簋为懿王十年器, 实际是要突破《历谱》
懿王元年的藩篱, 否则不只眲簋年历无法入谱, 新近发现的一批高王年铜器如
三十四年吴盂、二十八年斱簋、二十四年亲簋、二十四年龛簋等器, 入谱也面
临极大困难。因此, 朱氏拟定穆王 55 年、共王 35 年、懿王 20 年、孝王 3 年、
夷王 7 年, 其中懿王元年定为公元前 907 年。陈久金、王占奎坚持工程《历
谱》对懿王元年的定位, 眲簋年历列入孝王历谱, 新见高王年铜器列入相应历
谱。陈久金拟定穆王在位 53 年、共王 24 年、懿王 3 年、孝王 15 年、夷王 4
年。王占奎拟定穆王在位 37 年、共王 31 年、懿王 8 年、孝王 32 年、夷王 18
年。真是"无边光景一时新"!

　　关于《历谱》西周中期年代的修订工作, 涉及的问题很多, 这里不妨略加
讨论。

　　其一, 懿王元年的天象问题。由于"天再旦"用语过于简略, 不确定因
素太多, 是否确为日食, 张培瑜认为很难判定。赵光贤先生根据自己的亲身
经历, 认为也可能是大风扬尘蔽日而后天色重开的天象[2]。工程《历谱》对懿
王元年的定位, 懿、孝、夷三王在位仅 22 年, 与厉王元年相距太近, 不利于
懿王前后高王年铜器的入谱, 似乎也暗示这个方案可能存在问题, 至少不能

1 夏含夷:《由〈眲簋〉铭文看"天再旦于郑"》,《历史研究》2016 年第 1 期。
2 赵光贤:《周懿王元年"天再旦于郑"为日食说质疑》,《人文杂志》1993 年第 4 期。

急于视为定论。

其二，穆王在位年代问题。《史记》明言穆王继位 50 岁，在位 55 年。这是共和以前关于周王年岁和在位年代的唯一记载，弥足珍贵。司马迁是一位严肃而又富有理性的历史学家，对天子年寿这种非要害问题，若无实据恐怕不会多此一笔。由怀疑穆王高寿进而对其在位年数随意增减，未必妥善。

其三，共王年代长短问题。从穆王寿过百年的情况看，共王在位时间不可能太长。即使不考虑穆王 30 岁左右生共王，保守假定穆王 40 岁生其嫡长，共王继位时也已 65 岁。若共王在位 30 年以上，死时亦成百岁老人。父子两代寿高如此，概率不大。不过，共王在位时间也不会太短，趞曹鼎纪年显示绝不低于 15 年。将明言"共王"十五年的趞曹鼎置于孝王或宣王时代，或定共王在位 10 年[1]，均属错误。

其四，夷王在位时间问题。《左传·昭公二十六年》王子朝说："至于夷王，王愆于厥身。诸侯莫不并走其望，以祈王身。"杜注："愆，恶疾也。"夷王继位后恶疾缠身，体质孱弱，执政时间不会太长。有的新拟历表定孝、夷在位 50 年，又波及厉王年代将其调整为 15 年，似与事实相扞格。

三、逨鼎与西周晚期年代的疑思

2003 年，陕西眉县杨家村出土的宣世逨鼎，使已有定论的西周晚期年代面临巨大挑战。两种逨鼎铭文一记"唯卌又二年五月既生霸乙卯"，历日入谱在五月二十五日；二记"唯卌又三年六月既生霸丁亥"，历日入谱在六月四日，皆与四分月相不合，也与工程的月相二系说一合一不合，从而成为西周年代学上的一大难题。

著名天文历法专家张培瑜首先考虑将宣王元年移后一年，即从前 826 年起算，两种逨鼎的既生霸历日可排入历谱前半月，一在朔日，一在十日。为此，张氏放弃了一贯坚持的月相四分说，进而提出西周晚期以初吉为朔，既生霸指上半月，既望、既死霸指下半月的新说[2]。朱凤瀚将宣王元年后移一年，试排相关铜器历日，以说明其可行性[3]。王占奎近拟年表，也采用前 826 年为宣王元年说，积年 46 年（含共和 14 年）。陈久金坚持传统说法，新拟

1 金宇飞：《西周诸王年代的新推定》，《宝鸡文理学院学报》（社会科学版）2019 年第 4 期。

2 张培瑜：《逨鼎的王世与西周晚期历法月相纪日》，《中国历史文物》2003 年第 3 期。

3 马承源等：《陕西眉县出土窖藏青铜器笔谈》，《文物》2003 年第 6 期。

《历谱》未列逨鼎历日，但早先认为逨鼎为厉王时器，共和时期可以继续使用厉王纪年，故将四十二年逨鼎置于共和六年，四十三年逨鼎置于共和七年[1]。李学勤推测宣王后期历法可能发生了错乱，或因十四月的设置不是一个整月，只有若干日，造成了逨鼎历日的失序[2]。

逨鼎的出土，给学者带来许多困惑，二十年来一直没有较好的解决方案。问题是出在司马迁对共和以后列王年代的整理上，还是出在以往对月相历日的认识上，抑或二者兼而有之，确实颇费思量。司马迁整理出的《史记·十二诸侯年表》，使中国古代历史自共和元年（前841年）以后开始有了确切纪年，是一项重大的学术贡献。工程的实施，也正是有效利用这个基础才得以向前推进的。如果对此加以调整，势必牵一发而动全身，造成新旧年代体系的巨大波动。当然，这不是说司马迁对两周之际年代的考订就绝对正确，但错误的发生应该不在共和、宣王、幽王的纪年上，因受资料限制更有可能在诸侯在位年代及其与王年的对应关系上。如晋文侯、郑武公、秦襄公等几位助力平王东迁的诸侯，《史记·十二诸侯年表》所记其在位年代与古本《竹书纪年》不合，也与清华简《系年》《郑文公问太伯》不合，这是需要仔细考究的，可留待另文讨论。但是，对两周之际诸王的纪年，司马迁所掌握的材料远胜于列国诸侯，其可靠性要大得多，如何调整必须持谨慎态度。

第一，宣王元年是否需要下调。下调一年似乎可以解决逨鼎历日不合谱的问题，但实际相合的只是月相二分说。若下调两年，其历日一在五月七日，一在六月十五日，可合于月相四分说。月相四分说经得起纯历理检验[3]，月相二分说却存在种种矛盾。比如宣世晋侯稣钟，初吉、既生霸、既望、既死霸同出一铭，设若既望、既死霸都表示下半月，何需两种月相名词并用？既生霸指前半月既已包括朔日，何需再用初吉？铭文重在记事，并非文人雅士抒情写意的美文，并不存在月相词语交错使用的修辞问题。这是月相二分说不好解释的。至于说初吉属于另一计时系统，或以九天作为循环周期，也违背王国维早就提示过的"一器之中不容用两种记日法"的逻辑规则。虽然宣王元年的时间定位可以再作研究，但以逨鼎历日作为上调或下移的决定性因素似不可取。

1　陈久金：《吴逨鼎月相历日发现的重大科学意义》，《自然科学史研究》2003年第4期。
2　李学勤：《眉县杨家村器铭历日的难题》，《宝鸡文理学院学报》（社会科学版）2003年第5期。
3　杜勇、沈长云：《金文断代方法探微》，人民出版社，2002，第225—228页。

　　第二，共和时期是否可以并入厉宣纪年。如所周知，周厉王是在国人大举暴动的情况下被赶跑的。无论贵族还是平民，无不切齿痛恨厉王的虐政，何以还要继续用其纪年？厉王既已外逃，又怎么可能像逨鼎铭文中的"王"那样置身王廷，册命大臣，颁行赏赐？厉王流彘后，太子静的性命倒是被召公保住了，但一时匿不敢出，用以纪年的宣王名分又从何而来？这些情况表明，共和必是一个独立的纪年单元，将其并入厉王或宣王时期都是不合适的。

　　第三，厉王是否在位三十七年的问题。陈梦家曾利用《史记》卫、齐、陈《世家》有关年代资料，提出厉王统治时间在十四至十八年之间，影响甚巨。司马迁《史记·十二诸侯年表》不自厉王始，并非太史公对厉王在位三十七年不敢自信，而是缘于诸侯国年代资料的欠缺，无法整齐入表，只好选择共和元年（前 841 年）作为起点。即便如此，共和元年（前 841 年）以后的诸侯年代也是一片混乱，不能与王年准确对应。如"犬戎杀幽王"一事，《史记·鲁周公世家》说在鲁孝公二十五年，《史记·十二诸侯年表》却记在鲁孝公三十六年，相差不是一年两年，而是十一年。《史记·周本纪》记千亩之战在周宣王三十九年（前 789 年），《史记·十二诸侯年表》却记在晋穆侯十年，同一战役的时间竟然相差十三年[1]。《史记·十二诸侯年表》以王年为纲，诸侯纪年为目，以纲统目，主次分明。若谓诸侯纪年的准确性高于王年，恐怕正好把事情弄反了。改订史有明文的厉王在位年代，似宜谨慎从事。

　　科学无止境。觉公簋、虘簋、逨鼎等纪年铜器的发现，对于工程《历谱》的修订与调整，更准确地拟定西周王年，具有重要的坐标意义。但工程《历谱》修订工作牵涉面广，难度甚大，尚须历史学、考古学、天文学等众多学科密切配合，疑义相析，探赜索隐，才能多几分真相，少一些失误，真正形成更加科学合理的西周年代方案。

　　　　　　　　　　　　　　　　（原载《中国社会科学报》2022 年 3 月 24 日）

1　杜勇：《千亩之战析疑》，《中原文化研究》2021 年第 5 期。

附录三　关于令方彝的年代问题

1929 年，河南洛阳邙山马坡出土了一批西周青铜器，其中令方彝、令簋都有长篇铭文，以其内容颇为重要，七十年来一直受到学者的广泛关注。特别是令方彝的制作年代，由于关涉铭中"康宫"一词的理解和不少相关铜器的断代，更成为人们激烈争论的焦点。令方彝之为成世制作，抑是康世、昭世之器，迄有不同意见。时下以此铭说史或推考周王年历者，喜以昭世说为据，似乎令方彝的年代问题已获解决。实际情形则远非如此。笔者拟就此略陈管见，以求教正。

一

在推考令方彝年代的问题上，为了便于综合分析，我们认为有必要把与令方彝同时出土的令簋结合起来加以考察。由于令方彝、令簋均为作册矢令所作，一般说来两器的时代理应相同或相近。当我们使用令簋这一材料时，又可以利用本铭出现的一个重要人物"王姜"把叔卣、作册睘卣等更多的器铭联系起来，为令方彝年代的推定提供更多的线索。

已故著名学者唐兰力主令方彝、令簋为昭王时器，其主要理由是把康宫释作康王之庙，因此断定"铜器上有了'康宫'的记载就一定在康王以后"，接着又把令簋中"唯王于伐楚伯"与文献所说"昭王南征"叠合起来，以证其说[1]。这里使用的两个标尺：一为"康宫"有待验证；一为"伐楚"也显得勉强，都缺乏足够的说服力。康宫是不是康王之庙，不能从概念出发，最终得由令方彝的年代来决定。至于"伐楚"，固然昭王南征荆楚是西周早期的一件大事，文献和金文（如史墙盘等）均有记载，但也不能说昭王以前就绝无"伐楚"之事的发生。唐兰自己就说："成王伐楚，只有禽簋和冈劫尊两见"[2]，有此"两见"即可说明"伐楚"并不限于昭王一世，故不便以此作为

---

1 唐兰：《西周铜器断代中的"康宫"问题》，《考古学报》1962 年第 1 期。

2 唐兰：《论周昭王时代的青铜器铭刻》，中华书局编辑部编：《古文字研究》第 2 辑，中华书局，1980。

铜器断代的标尺。后来，唐兰又发现了新的标尺，此即王姜是昭王之后，他说："这个人是整个昭王时代的一个重要标准，而有关王姜的各器就都一定是昭王时代了。"[1]然郭沫若据《国语·周语》"昭王娶于房曰房后"的记载，指出房君祁姓，昭王后当为王祁而非王姜[2]。为了绕过这个矛盾，唐兰一度认为王姜应为康王之后[3]，意思是康王之后在昭王时仍有用事的可能。但他后来又修正前说，提出王姜是昭王新后的见解，如他谓："或者房后已死，就可以有继室；或者房后被黜，就可以另立新后，周幽王不就黜申后而宠褒姒吗？"[4]对于王姜是昭王新后的见解，如果简单地视为一种没有根据的臆测，似乎也不是彻底解决问题的办法。

王姜其人，不仅见于令簋与"王伐楚伯"偕行，而且在作册睘卣（尊）中与"王在庠"并出共见。与"王在庠"有关的铜器过去仅知四器，到1976年陕西扶风庄白出土了微氏家族窖藏铜器103件，有铭者多达74件，其中作册折尊、觥、方彝三器内容相同，即"唯五月，王在庠。戊子，令作册折贶望土于相侯，锡金，锡臣。扬王休，唯王十又九祀"[5]。这样，记有"王在庠"一事的铜器就多至7件，即作册睘卣（尊）、遣尊（卣）、作册折方彝（尊、觥）诸铭。不少学者认为这一组铜器作于同一年，无疑是对的。那么，铭中"唯王十又九祀"当系属于何王呢？郭沫若、陈梦家等认为作册睘卣（尊）、遣尊（卣）均为成王世物，以今观之这种考虑也是不妥当的。因为从史墙盘等铭所述微氏家族的世系来看，与作册睘同时的作册折（亚祖祖辛）是共王时史墙的祖父，其"甄育子孙，繁祓多厘"，自是享长寿之人，主要活动年代绝不会早于康昭时期。作册折之前还有"乙祖""剌祖"，而"微史剌祖乃来见武王"，则作为剌祖之孙的作册折就不可能生活在成王时期，否则"乙祖"就相当短寿，相反作册折与其子"乙公"（丰）及其孙"丁公"（史墙）三人就会历成、康、昭、穆、共五世，这显然是不近情理的。所以"王在庠"组的七件铜器是完全可以从成王时期排除的。

就作册折的主要活动年代来说，唐兰、李学勤认为应在昭王时期，并置

1 唐兰：《论周昭王时代的青铜器铭刻》，中华书局编辑部编：《古文字研究》第2辑，中华书局，1980。
2 郭沫若：《两周金文辞大系图录考释（六）》，科学出版社，1957，第15页。
3 唐兰：《西周铜器断代中的"康宫"问题》，《考古学报》1962年第1期。
4 唐兰：《论周昭王时代的青铜器铭刻》，中华书局编辑部编：《古文字研究》第2辑，中华书局，1980。
5 陕西周原考古队：《陕西扶风庄白一号西周青铜器窖藏发掘简报》，《文物》1978年第3期。

"王在庌"诸器于昭王时期[1]。刘启益则把作册折的活动时代估定为"康王后期至昭王前期",他认为"王在庌"诸器制作于康王时期[2]。这两种意见哪一种更接近事实呢?

在作册折方彝(尊、觥)未发现之前,对于把王姜视为昭王之后,亦即以"王在庌"组铜器中的作册睘卣(尊)、遣尊(卣)为昭王十九年器的看法,郭沫若早就表示过反对意见。他证以古本《竹书纪年》说:"昭王十九年既'丧六师于汉',且其'南征而不返'者当即此年,为其臣者不应再有此闲情逸趣,作器以扬休烈。"[3]如果我们再把同年制作的遣尊(卣)铭"惟十又三月辛卯,王在庌"这个因素考虑进去,则昭王"丧六师于汉"恐不至于在这年年底(十三月)尚未发生。据古本《竹书纪年》记载,昭王南征,大规模涉汉伐楚,是其在位十六年与十九年。"周昭王十九年,天大曀,雉兔皆震,丧六师于汉。"《说文》云:"曀,阴而风也。"则此"天大曀"表明天色相当昏暗,并刮起了大暴风,以致水急浪高造成舟师的倾覆。《吕氏春秋·音初》说:"周昭王亲将征荆,辛余靡长且多力,为王右。还返涉汉,梁败,王及祭公抎于汉中。辛余靡振王北济,又反振祭公。"此"梁"即《诗·大雅·大明》"造船为梁"之梁,就是用船搭成的浮桥。"梁败"就是说浮桥毁坏致使昭王坠于江中。又《史记·周本纪》正义引《帝王世纪》说:"昭王德衰,南征,济于汉,船人恶之,以胶船进王,王御船至中流,胶液船解,王及祭公俱没于水中而崩。其右辛游靡长臂且多力,游振得王,周人讳之。"在以上"天曀""梁败""胶船"等三种说法中,到底昭王丧师殒命为何种原因所致,我们这里不去讨论它。但有一点值得我们注意,这就是天刮起暴风足以覆舟,并且在舟船倾覆的情况下,辛余靡可以往返游于水中,振救昭王和祭公,这都不会是岁末冬季可能发生的事情。唐兰分析说:"昭王的死,不知在什么季节,很可能在夏历六七月间,那时候是常常有暴风雨的。"[4]此言极是。这就是说,如果认为"王在庌"诸器作于同年,又同意古本《竹书纪

1　唐兰:《略论西周微史家族窖藏铜器群的重要意义——陕西扶风新出墙盘铭文解释》,《文物》1978年第3期;唐兰:《西周青铜器铭文分代史征》卷四下,中华书局,1986;李学勤:《西周中期青铜器的重要标尺——周原庄白、强家两处青铜器窖藏的综合研究》,《中国历史博物馆馆刊》1979年第1期。

2　刘启益:《微氏家族铜器与西周铜器断代》,《考古》1978年第5期。

3　郭沫若:《两周金文辞大系图录考释(六)》,科学出版社,1957,第15页。

4　唐兰:《论周昭王时代的青铜器铭刻》,中华书局编辑部编:《古文字研究》第2辑,中华书局,1980。

年》所记昭王在位只有十九年，则铭中所记十九年就绝不可能是昭王十九年。

　　但是，唐兰还是坚信："作册睘卣说到十九年，是昭王十九年无疑。"唐氏之所以这样肯定，是因为他对作册睘卣与遣尊的时间顺序做了巧妙的安排，似乎可以克服所要面临的上述矛盾。他说："遣尊等都是十八年十三月被锡采土的，作册睘是十九年初受到夷伯礼物的，都是有可能已经铸铜器的。"[1]如果没有作册折器的发现，唐兰把"王在斥"之器分置二年的安排，即使令人感觉欠周，也无从深质其疑。现在我们利用作册睘卣、遣尊与作册折尊三者的历日关系进行分析，便会发现这种安排并不妥当。遣尊的历日为"十三月辛卯"，作册折尊的历日是"五月戊子"，这是可以根据当时行用的阴阳历规则加以推算的。推算的结果是，不论是假定上年十三月为辛卯朔，还是以辛卯前其他二十九个干支分别为朔日往下推，都是上年十三月有"辛卯"，则次年五月无"戊子"，即使在此数月间安排一次连大月，也无法摆脱这个困境。除非考虑再闰一月，但是十三月本为年终所置闰月，在其后数月内不可能再有闰月，何况当时并非年中置闰。可见把遣尊的历日（辛卯）置于上年十三月，与作册折器的历日（戊子）是不能调谐的。相反，把遣尊与作册折尊放在同一年，却没有这种历日关系上的障碍。这说明"王在斥"等七器只能是同年制作的，从当年五月到十三月"王在斥"一直都有活动，则铭中"唯王十又九祀"自然不会是昭王十九年。其实，不要说"王在斥"组铜器的历日不宜定在昭王十九年，就是以"王在斥"之斥的地理位置来说，也与昭王南征的出师路线相去甚远。这里的"斥"字，在有的青铜器铭刻中又写作"㡇"或"柹"，陈梦家最早根据麦尊"王在㡇"与"王居镐京"联言的铭文指出："㡇为镐京宫寝的一部分，斥当同此。"[2]后来唐兰也修正了先前认为斥在湖北孝感一带的说法[3]，提出"㡇（即斥）是与莽京相近的"[4]。继之又有学者利用盠驹尊、散盘诸铭中㡇（即柹）与豆、棫等地邻近的记载，证明斥地在今陕西凤翔、宝鸡境内汧渭之会附近[5]。这就是说，斥地既然地处宗周之西的宝鸡，南

1　唐兰：《论周昭王时代的青铜器铭刻》，中华书局编辑部编：《古文字研究》第2辑，中华书局，1980。

2　陈梦家：《西周铜器断代（二）》，《考古学报》1955年第10册。

3　唐兰：《西周铜器断代中的"康宫"问题》，《考古学报》1962年第1期。

4　唐兰：《论周昭王时代的青铜器铭刻》，中华书局编辑部编：《古文字研究》第2辑，中华书局，1980。

5　卢连成：《斥地与昭王十九年南征》，《考古与文物》1984年第6期。

为重峦叠嶂的秦岭，昭王南征途中有什么必要跑到那里去安营扎寨并班赐行赏呢？

由此看来，把"王在厈"七器置于昭王之世，与诸铭所记事件发生的历日与地望均相抵触，不可遽信。这样，除了把本组铜器置于康王十九年，恐怕别无选择。当"王在厈"组铜器被定位在康世之后，其作册睘卣（尊）有"王姜"的出现，便有力地否定了王姜为昭王新后的可能性。那么，是不是可以据此把相关的令方彝、令簋完全从昭王时期排除呢？好像事情并不是如此简单，因为有的学者以王姜为康王之后，似乎王姜仍可活到昭王十九年，并不妨碍把令方彝、令簋等器置于昭王之世[1]。王姜是不是康王之后容后再论，但有一点需要说明，即使王姜是康王之后，也不大可能在昭王十九年随子偕行。关于这一点，刘启益有过正确的分析，他说："《史记·周本纪》记在穆王在位时，'春秋已五十矣'，昭王是穆王的父亲，假定比穆王大二十岁，王姜是昭王的母亲，也假定比昭王大二十岁，那么，昭王十九年时，王姜已经近九十岁了，这样大年纪的人还跟随儿子南征，是不好想像的。"[2]假如我们没有可靠证据怀疑《史记》关于穆王继位时年龄的记载，这样的论断应是无可辩驳的。这就是说，无论王姜是昭王之后还是康王之后，与之相关的令方彝、令簋都不适合定在昭王之世。

二

由于"王在厈"七器为康世之物，是否意味着令方彝、令簋也应制作于康王时代呢？这个问题有必要结合宜侯夨簋来加以考察。宜侯夨簋制作于康王时代，对此现在很少有人表示异议了。但铭中的宜侯夨应为何人？还是一个意见颇为分歧的问题。比较有代表性的说法主要有三种：一是陈梦家、郭沫若等认为宜侯夨就是令方彝、令簋的作册夨[3]；二是唐兰、李学勤等认为是吴君周章或熊遂甚至柯相[4]；三是谭戒甫等认为是齐侯丁公吕伋之子[1]；见仁见

1　李学勤：《西周中期青铜器的重要标尺》，《中国历史博物馆馆刊》1979年第1期。

2　刘启益：《西周金文中所见的周王后妃》，《考古与文物》1980年第4期。

3　陈梦家：《西周铜器断代（一）》，《考古学报》1955年第9册；郭沫若：《夨簋铭考释》，《考古学报》1956年第1期。

4　唐兰：《宜侯夨簋考释》，《考古学报》1956年第2期；李学勤：《宜侯夨簋与吴国》，《文物》1985年第7期；李学勤：《宜侯夨簋的人与地》，《走出疑古时代》，辽宁大学出版社，1997。

智，莫衷一是。

宜侯夨到底何许人也？何幼琦认为弄清其族属是殷人还是周人是关系全局的首要问题。[2]他根据宜侯夨称其亡父为父丁这个事实，指出宜侯夨从族属来说是殷人而不是周人，这是很有道理的。只是何氏的论证还不够有力，需要再作补证。

殷人以日干为其庙号，是死后经过卜选决定的。而日干是有限的，故有大、小、文、武一类的区别字以避重复。据《史记·殷本纪》记载，自上甲微之后殷先公先王世系中，无一例外地均以日干为其庙号，且每一日干都在可用之列。其中名甲者有七，名乙者有六，名丁者有八，为日干第一高频用字；次之为庚、辛二干，各有四人名之；余为日干低频用字，名壬者有三，名丙者有二，名戊、己、癸者各一，凡三十七人。入周以后，殷之王族此俗未改，如称"武庚"者是，宋公中有称"丁公申"者亦是。在西周金文中，同样不乏以日干为其庙号的殷遗贵族。如公认为殷遗的微氏家族，直至共懿时代犹存以日易名之俗，见于史墙盘的即有乙祖、亚祖祖辛（作册折）、文考乙公（丰）等，而作器者史墙死后又被其子痶称为丁公。这些事例说明，殷人自商入周以后，在相当长的时间内一直保留着以日干为庙号的易名之典。当然，例外也是有的。如《史记·宋微子世家》说："微子开卒，立其弟衍，是为微仲。微仲卒，子宋公稽立。宋公稽卒，子丁公申立。丁公申卒，子潜公共立。潜公共卒，弟炀公熙立。"在这段记述中，曰微子、微仲是沿用殷时旧称，曰宋公稽是私名前冠以国名与爵称，曰丁公申是私名前冠以日名，其后潜公共、炀公熙则是私名前冠以谥号了。其间丁公申的用名是一个转折点，前此微子、微仲、宋公（稽）应为生时用名，死后所易何名未可知晓，准丁公申之例，仍当有其日名。但自潜公开始，历代宋公均有谥号，表明殷人开始改从周俗，在文化礼制上向周人靠拢。这种情况在金文中也有反映，如鼒攸从鼎称"皇祖丁公、皇考惠公"即是。这种文化上的趋同有一个过程，所以殷人入周以后还长时间保持着以日为名的习俗。

那么，姬姓周人是否也有此种习俗呢？在《史记·周本纪》以及其他记载姬姓族裔的《世家》中，以日为名者未见一人。从可以确定为姬姓族人的西周

---

1 谭戒甫：《周初夨器铭文综合研究》，《武汉大学人文科学学报》1956年第1期。按，在《西周铜器断代中的"康宫"问题》一文中，唐兰也曾认为："夨是丁公的后人……称为丁公的是齐侯吕伋"，意即夨今为吕伋之子。

2 何幼琦：《〈宜侯夨簋〉的年代问题》，《西周年代学论丛》，湖北人民出版社，1989。

金文看，亦复如是。如鲁侯狱鬲称"文考鲁公"，邢侯簋称"作周公彝"，应侯见工钟称"用作皇祖应侯大林钟"，六年琱生簋称"用作朕剌祖召公尝簋"，琱生鬲又称"文考宫仲"，师㝗钟称"作朕皇考、宫公、幽叔、皇考德叔大林钟"，滕侯苏盨称"作厥文考滕仲旅簋"，虢叔旅钟称"皇考惠叔"，等等。这里有用爵称、排行、谥号称其先人者，却不用日名。又如师酉簋铭云"用朕文考乙伯、宫姬尊簋"，询簋铭云"用作文祖乙伯、同姬尊簋"，铭中宫姬、同姬为姬姓周人，按同姓不婚的原则，配偶应是非姬姓周人，而姬姓周人死后以谥易名而不用日干，与非姬姓周人迥然有别。正是在这个意义上有的学者提出"周人不用日名说"[1]。唯一的例外是燕侯旨鼎、宪鼎、和鼎称其先父召公奭为"父辛"或"召伯父辛"[2]，对此，我们先前有过论说，认为召公奭原为姬姓远房别支，文王时率其族人自东徂西，成为周人反殷同盟的重要力量；由于召族久居东方（今山西垣曲一带）深受殷文化之染，故一度用其日名制[3]。此一例外不足以作为姬姓周人不用日名的反证。其实，姬姓周人不用日名制道理很简单，即周人有自己的易名之典——谥法，虽然它在周初行用的范围有限，但毕竟不必在重大的祭典上去抄袭殷礼。

从上面的分析可以看出，说日名制为殷人易名之典，不为姬姓周人所用，是没有太大问题的。过去罗振玉集录《殷文存》以及王辰编辑《续殷文存》，主要以日名和图像文字作为斠定殷器的主要原则，这当然是过于简单化了，以致不少西周彝器被视作殷人之物。由于殷人入周以后并非像有些学者说的那样已沦为种族奴隶，其中有些殷遗贵族仍具有相当高的社会地位[4]，故有彝器之作并在彝铭中以日名称其父祖。这就是说，有无日名虽不能作为区别殷周之器的断代标准，但对于甄别广义的族属还是有用的，所以杜正胜说日名不啻为"辨别殷遗民的一项参考"[5]。当然，这也不是唯一的取舍标准，如姜齐在太公之后就有三代国君以日名为庙号，即丁公吕伋、乙公得、癸公

1　张懋镕：《周人不用日名说》，《历史研究》1993年第5期。

2　除此之外，另有沈子也簋云"沈子用裸于周公宗"，知沈子为周公之后。但本铭又云："用㽙饗己公，用格多公。"郭沫若《两周金文辞大系图录考释》以为"己公犹言我公"，又说："彝铭通例，凡生人言飨，死人言享言格"，则"己公"即使非谓我公，亦当为生称而非庙号，此与我们这里所讨论的日名为庙号并不相牟，故置之不论。

3　杜勇：《关于鲁、燕、齐始封年代的考察》，《大陆杂志》1998年第3期。

4　杜勇：《〈尚书〉周初八诰研究》第七章"殷遗民的社会身份"，中国社会科学出版社，1998。

5　杜正胜：《略论殷遗民的遭遇与地位》，《"中央研究院"历史语言研究所集刊》1982年第53本第4分。

慈母三人，可见单从日名方面还无法准确将殷遗民和除姬姓以外的其他国族分辨开来。因此，以日名作重要参考，还需要结合彝铭的其他因素综合观察，才能比较可靠地判别器主的族属。所谓其他因素当然包括铭文可以揭示器主族属的内容，如史墙盘所记"微史刺祖乃来见武王"之类。不过，此类记述一般较少，更多可资利用的是铭文中的族徽或族氏之名。如果族徽或族氏又见于殷墟青铜器或甲骨文，显示出与殷人王族的密切关系，便基本可以肯定器主属于殷遗民了。如周初士上盉铭末云："用作父癸宝尊彝，臣辰册先。"此有日名"父癸"，族徽中又含族名"先"，而"先"又是屡见于殷墟甲骨文的殷商旧族，是可断定士上等人为殷遗贵族。应该说，使用这样的标准，对于确定西周青铜器器主的族属还是可行的。

现在，我们再回过头来看看宜侯夨的族属问题。宜侯夨簋铭称"作虞公父丁尊彝"，令盘称"令作父丁"，而令簋铭称"用作丁公宝簋"，可见宜侯夨与作册夨之亡父都以高频日干"丁"为庙号，并同以"夨令"为私名，这不应是偶然的巧合，学者谓两者为一人也不应视为简单的比附。或以为宜侯夨簋铭末没有"隽册"的族徽，宜侯夨与作册夨未必就是一人。其实，夨令既已出任宜侯，不再担任作册职务，没有必要一定使用"隽册"族徽，有如令鼎铭中"令"时非作册而不使用此一族徽一样。出现于令方彝、令簋、令盘这种带有"册"字的族徽，比较多的见于殷遗所作铜器，如士上诸器谓"臣辰册先"，微氏家族的作册折器谓"木羊册"，是知同样为作册世家并采用日名制的夨令家族亦为殷遗贵族无疑。明确这一点是很有意义的。一方面，《史记·吴太伯世家》记武王所封周章之吴（亦可称虞），以及周章之弟虞仲受封之"北虞"，因是姬姓之虞，自与身为殷遗的宜侯夨不相关联，应该可以把宜侯夨从姬姓二虞的任何一位国君中排除。另一方面，从周初措置殷遗民的措施看，除迁徙殷遗于鲁卫等国外，主要集中在关中和成周一带，则宜地或者就在与洛邑相距不远的宜阳[1]。至于与中原习见流行器无所区别的宜侯夨簋在今江苏丹徒出土，并与当地所出地方性铜器不类，有可能是"从中原流入江南的"[2]。

接下来的问题是，夨令是任作册在先还是封侯在先呢？我们认为应该是

1　黄盛璋：《铜器铭文宜、虞、夨的地望及其与吴国的关系》，《考古学报》1983年第3期。

2　肖梦龙：《母子墩墓青铜器及有关问题探索》，《文物》1984年第5期。

担任作册在先，继位为侯在后。一则矢任虞侯之前，其父或兄必先在其位，一时还轮不上他的到职。可能虞侯之位原本另有继承者，只因某种变故发生，才改由作册矢出任。二则矢任虞侯（后徙封宜侯）的职位高于作册，就一般情况而言身任高位总是在担任低职之后。看作册矢先是明公"赐令鬯、金、小牛"（令方彝），继有王姜"赏令贝十朋，臣十家，鬲百人"（令簋），最后袭其父爵，旋徙封于宜，"赐土：厥川（甽）三百□，厥□百又二十，厥邑卅又五，厥□又四十。赐在宜王人□又七里，赐奠七伯，厥□（千）又五十夫，赐宜庶人六百□□夫"（宜侯矢簋），成为有土有民的一方诸侯。这个封赏渐至丰厚的过程应该就是矢的职位由低渐高的过程。说到这里，也许有人怀疑殷遗贵族是否有被分封的可能。在这个问题上，我们只要看看微氏烈祖归顺周室"以五十颂处"，即可知其事由。"五十颂"即五十通，"颂"与"通"古音同字通。《司马法》云："井十为通。"这是说微氏家族被授予五百井的采邑，其规模与宜侯矢所受田邑并不逊色。故不必把周王室对宜侯矢大规模的封赐视为例外而丛生疑窦。

矢令担任作册既然早于出任虞侯，则令方彝、令簋的制作早于宜侯矢簋，但究竟早到什么程度还不清楚。换句话说，令方彝、令簋之作是比宜侯矢簋略早的康王初期，还是比康世更早的成王时期？仍需继续探讨。

在这个问题上，弄清作册矢与作册大的关系是必要的。作册大鼎已出现武王、成王的谥号，是知与宜侯矢簋一样，表明它也是康王时器。只是铭中的作册大与作册矢令为何种关系，学者见解不一。郭沫若说："作册大乃矢令子，令为作册，大亦为作册，父子世官。令之父为丁，在大自为祖丁，令器有鸟形文族徽，此亦然。"[1]唐兰对此持反对意见，他说："作册大和作册矢令有关系，是应该肯定的，但令方彝令尊必须以'康宫'为标尺，作于康王身后，令簋又必须以'伐楚'为标尺，作于昭王末年，这也是不能移改的。那末，作册大必须早于作册矢令。'大'的做作册在康王初年，而矢令的做作册，在昭王时期，说'作册大乃矢令子'是无法成立的。"[2]后来他又认为令方彝、令尊所言："父丁即康王时作册大鼎的祖丁，那么，作册矢令当是作册大的叔父辈，但时代反较晚，等于祭公为穆王祖父辈而当穆王前期。"[3]在这里，

1 郭沫若：《两周金文辞大系图录考释（六）》，科学出版社，1957，第33页。
2 唐兰：《西周铜器断代中的"康宫"问题》，《考古学报》1962年第1期。
3 唐兰：《西周青铜器铭文分代史征》，中华书局，1986，第212页。

唐兰的一切推论都取决于"康宫""伐楚"两个标尺的运用，不要说这两个标尺并非精确可据，就是要把作册矢令说成是作册大的叔父辈也是不合事理的假设[1]。刘启益的看法又有不同，他说：

> 乍册大必须是乍册矢的父亲……说乍册大为子的，是由于乍册大方鼎铭文中有"祖丁"的称谓，而矢令器中有"父丁"的称谓，因此，乍册矢就成了乍册大的父亲。这个说法是不能成立的。由于微氏家族铜器的发现，这个问题也得到解释了。在史墙盘铭文中，史墙的父亲被称为"乙公"，史墙的曾祖父被称为"乙祖"，两个不同世代的死者的庙号都是"乙"，说明庙号相同，但并不一定指一个人。矢令器中"父丁"应指乍册大，乍册大方鼎中的"祖丁"，应是乍册大的曾祖父。它们都应该是康王时器。[2]

诚然，在殷系贵族的世系中，是有祖孙庙号即日名相同的现象的，不只身为殷遗的微氏家族是如此，而且在上甲微到帝辛诸先公先王中，这种情况也不鲜见，如庚丁（康丁）之孙太丁（文武丁），武乙之孙帝乙，等等。尽管这种祖孙联名制的内涵至今尚未阐明，但在殷人世系中并非通例却是可以肯定的，如太丁之孙称帝辛，微氏家族中亚祖祖辛（作册折）之孙称丁公（墙），即是明证。因此，要以这种祖孙联名并非通例的现象来说明"乍册大必须是乍册矢的父亲"显欠通达。除此之外，刘启益并未出示矢令器中的父丁应指乍册大的任何证据，就断言郭沫若以作册矢为作册大之父的说法不能成立，未必可信。其实，郭沫若运用作册大与作册矢关于"祖丁""父丁"的不同称谓，确定"作册大乃矢令子"，所使用的是金文断代中一种常用的方法，断无可议。比如我们知道史墙盘中的"亚祖祖辛"是作册折，"乙公"是丰，又知史墙死后称"丁公"，是痶的父亲，不都是通过这种称谓上的关联来确定的吗？类似的例子还有很多。可见利用称谓确定器主世系的方法，在没有坚确反证的情况下，其有效性是不可轻易否定的，否则将不免带来许多无谓的争论。

作册大既然是作册矢之子，则令簋自然作于作册大鼎之前。作册大鼎铭云："公来铸武王、成王异鼎……大扬皇天尹太保休。"铭中的"异"字，郭沫若释

---

1 按唐说作册矢令与作册大的生父应同为"父丁"之子，假定"父丁"20岁生作册大的生父，60岁生作册矢令；又假定作册大的父亲20岁生作册大，则作册大长于作册矢令20岁，如果作册大主要活动康王初年，由于康王在位年代不低于20年，则作册矢令也应活动于昭王初年，不会晚至昭王末年。何况前面假定父丁60岁生作册矢令与生作册大的生父相距太远，且60岁生子从人的生理发展来看可能性也较小。

2 刘启益：《微氏家族铜器与西周铜器断代》，《考古》1978年第5期。

作祼（祀），唐兰释作翼（附耳方鼎），陈梦家释作匴，陈梦家说："《广韵》职部曰'匴，大鼎'，《集韵》以为'鼎名'，《玉篇》则从匸从異，注云'大鼎'，是異鼎为大鼎之称。"[1]三说当以陈说为长。为什么会有召公奭前来监铸武王、成王大鼎？如果成王辞世已久，再来铸作什么祭祀武王、成王的大鼎，似非及时。就一般情况而论当是成王新死不久，为了稳定大局，召公才决定铸此大鼎作为镇国的重器。从铭称召公为"皇天尹太保"来看，也与他在成王新死后作为首席顾命大臣的身份相符合。这就是说，作册大鼎的制作必在康王继位之初，而大此时已经出任作册一职，那么，他的父亲矢担任作册职务就应在成王时，当他出任虞侯后，作册一职就由其子大来承担了。由于矢尚在世，故作册大受到召公赏赐后并不为在世的父亲作器，而是"用作祖丁宝尊彝"。矢任作册既在成王之世而非康王之时，则令方彝、令簋就只能是成世器，不会迟至康王之时。由此亦知谭戒甫以作册矢为齐侯吕伋之子，必不可从，因为吕伋在成王死时犹任齐侯，其子怎可称其庙号曰父丁或丁公呢？

当把令方彝、令簋确定为成世器后，可能会出现一个疑点，这就是如何看待令方彝的形制、纹饰与作册折方彝酷似的问题。可能是部分地考虑到类型学上的这一证据，刘启益、李学勤都把令方彝（尊）与作册折方彝（尊、觥）置于同一王世，只是前者为康世，后者为昭世。我们认为，运用考古类型学的原理，根据铜器的形制、纹饰等因素进行断代是有一定的相对性的。如果一看到有相同的一面就说必作于同一王世，似过绝对。实际上，王世相近的铜器也可能出现这种情况。举例来说，叔勉方彝（尊）为一人所制作，其方彝的形制和花纹与康王时的作册折方彝近似，其尊的形制却与成王时的何尊近似[2]，这说明相邻两个王世的青铜器在器物形态上的界线不是十分明显。以此作为铜器断代的一种参照是可以的，但绝不能忽略铭文内容所给线索的重要性，尤其不宜把类型学上的证据置于铭文内容的分析之上。这也就是说，尽管令方彝与作册折方彝在器物形态上存在一些共同点，也不妨碍把令方彝、令簋确定为成王时器。

1　陈梦家：《西周铜器断代（三）》，《考古学报》1956年第1期。
2　刘启益：《西周金文中所见的周王后妃》，《考古与文物》1980年第4期。

三

经过前面一系列论证，可以说令方彝、令簋为成世器已无大碍。但是，相关一些史实还须辨明，这对于进一步明确令方彝、令簋的制作年代是有益处的。

一是关于王姜的身份问题。王姜的身份一直有武王后、成王后、康王后、昭王后四种说法，如郭沫若起初认为王姜是成王后妃，后来又说是武王之后邑姜[1]。由于"王在斥"诸器只能置于康王时期，便证明王姜不会是武王之后。因为武王死时"年五十四"[2]，则王姜当时的年龄应相仿佛。另据《史记·周本纪》说："成康之际，天下安宁，刑错四十余年不用"，则成康二世不会低于四十年，到康王十九年王姜至少也有八九十岁了，经常外出活动的可能性不是太大，所以王姜也不会是武王之后。刘启益把王姜诸器均置于康王时期，因而力主王姜是康王之后。他除了颠倒作册夨与作册大的父子关系来证明令器制作于康世之外，就是把成王后妃说成是见于叔夨方彝等器中的王姒[3]。实际上，叔夨方彝正如刘氏所说其形制与作册折方彝近似，主体花纹（兽面纹）和主体花纹旁所附的陪衬花纹（龙纹）与作册折方彝完全一致，倒不如把它定作康王时器并以王姒为康王后更为合适。

从令方彝、令簋制作于成王时代看，王姜不是武王之后，就只能是成王之后。微氏家族中的商尊、商卣其形制、花纹同于折器，记事日辰又相衔接，当为康王时器。二器所见"帝后"一词，据《礼记·曲礼下》"措之庙，立之主，曰帝"，知"帝"可指先王，故李学勤认为"帝后"应指"先王之后"[4]。那么，康王时的商尊、商卣中这位"帝后"就该是成王之后王姜了。就王姜的年龄来说，她的活动时间是可以跨越成、康两个时期的。因为成王即政时年仅二十来岁[5]，经过成康四十余年，他的王后也不过六十来岁，故在康王时随子外出活动还是不成问题的。

二是关于"太保"诸铭的问题。关于铭有"太保"的铜器，今所知见的

---

1 郭沫若：《关于眉县大鼎铭辞考释》，《文物》1972年第7期。

2 方诗铭、王修龄：《古本竹书纪年辑证》，上海古籍出版社，1981，第42页。

3 刘启益：《西周金文中所见的周王后妃》，《考古与文物》1980年第4期。

4 李学勤：《西周中期青铜器的重要标尺》，《中国历史博物馆馆刊》1979年第1期。

5 参见杜勇：《〈尚书〉周初八诰研究》第1章第2节"成王即位的年龄问题"，中国社会科学出版社，1998。

为数不少，比较重要的有太保簋、小臣𫖮鼎、董鼎、作册大鼎、旅鼎、御正良爵、叔𤔲以及新出的克罍、克盉等。其中太保簋、小臣𫖮鼎、董鼎、克罍（盉）为成王时器[1]，作册大鼎为康王初年之器，人们意见分歧不大，这里需要再作讨论的是旅鼎（铭有"公太保"）、御正良爵（铭有"今太保"）、叔𤔲（铭有"太保"）三器的时代问题。此三器有一共同特点，就是"太保"的"保"字均作"俕"形，唐兰以为："成王时的保字是不加玉旁的，像太保簋和保尊、保𤔲都是很明显的，但康王初年的作册大鼎的保字已经从玉作俕了。所以旅鼎的公太俕绝不是成王时。"他又说："公太保，这个太保就是明保，御正爵称为今太保……以别于原来的太保，更可以证明召公之后，有了新的太保了。"[2]于是这就成了他置此三器于昭王时的主要理由[3]。在这些理由中，如把"今太保"的"今"字这个普通的时间副词，说成为了区别新老太保而使用的专门限定词，太过勉强。试想一下，新老太保确有这种区别的必要吗？为什么在同一时代制作的旅鼎和叔𤔲又可以忽略这种区别而称"公太保"或"太保"呢？特别是唐兰对"保"字字形演变的时代特征所作的分析显与事实不合，如在周原甲骨（H11：15）和成王时的董鼎、克罍（盉）中"保"字都加有王旁。周原甲骨文和克罍（盉）唐兰没有机会看到也就撇开不说，但董鼎他也定为成王时器，就不免陷入自相矛盾之中。再说，康王时作册大鼎其"保"字已从王旁，这就意味着叔𤔲也有作于康世的可能，为什么一定要把它从成康时代排除呢？至于说什么"今太保"即周公之子明保，也是不顾太保作为官名与明保作为人名的区别而强为之说，何况文献上哪有周公的儿子出任太保的呢？可见这些理由都是无法令人信服的。

叔𤔲铭云："唯王奉于宗周，王姜使叔事于太保。"此器花纹与成王时代的禽簋相同，其语例与献侯𫷷鼎称"唯成王奉在宗周"相近，故陈梦家认为是成王时器，并谓："王姜是成王之后，太保是召公。"[4]其后，又有学者通过对"叔"所作同一组器中的另外两件鼎的形制纹饰和铭文书体的分析，也把叔𤔲

1　除董鼎外，对太保簋、小臣𫖮鼎、克罍（盉）等器的时代我们曾经有过讨论，认为均为成王即政后不久制作的器物。参见拙作《关于鲁、燕、齐始封年代的考察》，《大陆杂志》1998年第3期。

2　唐兰：《论周昭王时代的青铜器铭刻》，中华书局编辑部编：《古文字研究》第2辑，中华书局，1980。

3　唐兰在《论周昭王时代的青铜器铭刻》中说"御正爵有可能是作于康王后期的"，但在《西周青铜器铭文分代史征》中却把旅鼎、御正爵、叔𤔲都定为昭王时器。

4　陈梦家：《西周铜器断代（三）》，《考古学报》1956年第1期。

"推定为成王时所作器"[1]。根据我们前面的论述，知令簋为成王后期所制，叔
卣铭中"王姜"与"太保"共见，说它与令簋同时制作，这与考古类型学的
研究结果也是一致的。至于旅鼎，为分裆，腹似盆，较浅，腹饰大兽面纹，
其型式是承袭殷人而来，时代较早[2]。铭称"唯公太保来伐反夷年"，又言"公
赐旅贝十朋"，知此"公太保"是对太保召公的尊称。其时召公身任伐夷主
帅，也应是成王后期发生的事情，因为召公历仕文武成康四朝，到康王时已
是耄耋之年，似不适合亲自带兵远征，不如定此器为成王末年制作为宜。至
于御正良爵则可能制作于康王前期，铭称"今太保"如何如何，表明召公当
时已不经常参加政治活动，故御正良特以一"今"字强调受赐之荣宠。

　　三是明保的身份问题。见于令方彝等铭中的"明保"首先应是人名，这
是讨论问题的前提，至于一直有学者坚持把"明保"视为义同辅相一类的动
词[3]，因与作册䰧（申）卣称"唯明保殷成周年"的词义相悖，是所不论。令
方彝铭云："唯八月辰在甲申，王令周公子明保尹三事四方，受卿事僚。丁
亥，令矢告于周公宫，公令出同卿事僚。唯十月月吉癸未，明公朝至于成
周。"这段话对于理解"明保"的身份至关重要，由此可以明确这样几个问
题：其一，所谓"周公子明保"应理解为周公之子明保，亦即两个月后到达
成周的明公。王命其臣呼名曰"明保"，臣事其主尊称曰"明公"，二者没有
实质性的分别。如谓明公即周公，明公十月始至成周，则八月甲申时王不能
对他发布命令，四日后也无法"令矢告于周公宫"。其二，"周公宫"应为尚
未谢世的周公之住所，因为在文献和金文中，"宫"有时指宗庙，有时则指生
人的宫寝，不可一概理解为宗庙。若把此处的"周公宫"看作周公之庙，后
文"公令出同卿事僚"的"公"便成了故去的周公，自然不能发布命令；要
说此"公"为明公，其时明公尚未到达成周，亦无从发布命令。其三，时王
与周公均在成周，但周公已不在朝中治事，故时王作出让"明保尹三事四
方"的任命，四天后还要派作册矢去征求周公的意见。待周公表示同意后，
明保始前往成周就职。

1　殷玮璋、曹淑琴：《周初太保器综合研究》，《考古学报》1991年第1期。
2　刘启益：《西周武成时期铜器的初步清理》，中国古文字研究会、中华书局编辑部编：《古文字研究》
第12辑，中华书局，1985。
3　李学勤：《令方尊、方彝新释》，中国古文字研究会、中华书局编辑部编：《古文字研究》第16辑，中
华书局，1989。

明确以上几点，有助于我们探明铭文中"周公"的身份。这位周公已不能在朝任其职事，应与他年老患病有关，故时王任命他的儿子明保接替其职"尹三事四方"。可是王任命完毕还要派人前去与周公会商，待他认可后也发一道命令才能生效，这位周公地位之高真是赫然在目。在周初除了周公旦，恐怕无论是第二代还是第三代周公都是无法与之比肩的。从这一任命程序看，也很近乎伯禽封鲁的过程。《诗·鲁颂·閟宫》云："王曰叔父，建尔元子，俾侯于鲁。"此言成王封伯禽于鲁，亦曾征求周公旦的意见，此与令方彝所记时王任命明保的情况相若。又据《尚书·洛诰》称"王命周公后"，知周公归政后即留守成周，肩负"乱为四辅"以治东方的历史重任，而何尊铭云"唯王初迁宅于成周"事在成王亲政五年，《史记·鲁周公世家》说周公病重将没时曾有遗嘱："必葬我成周，明吾不敢离成王"，反观令方彝中的王与周公亦同在成周主持大政，均与周初情势相合。综合上述诸多信息，应可看出令方彝中的王就是成王，周公即是周公旦。这与我们上文利用诸多器铭内容的关联得出令方彝为成世制作的结论是吻合的。

那么，作为周公旦之子的明保又是何人呢？郭沫若以为是鲁侯伯禽，但伯禽已封鲁侯，在周初"淮夷、徐戎并兴"反周之时，曾率部征伐，誓师于费（今山东费县），此见于《尚书·费誓》。如谓伯禽即明保，则与令方彝中的明保远赴成周，执掌王室大政的身份不合，是不可取。陈梦家则认为明保不是伯禽，而是伯禽之弟君陈。他说："君陈乃周公之次子，传受周公的爵位，世守周的采地，为王官。"[1]以君陈为周公次子，始于郑玄。《礼记·坊记》郑玄注云："君陈，盖周公之子，伯禽弟也。"此说的依据不过是《书序》称："周公既没，命君陈分正东郊成周，作《君陈》。"但这个依据不可确信，所以郑玄也只好以"盖"字言之。至于进一步把明保与君陈等同起来，就更显牵强。对于以明保为伯禽或伯禽之弟等诸种说法，吾师赵光贤先生曾作《"明保"与"保"考辨》一文有过精辟的辨析，结论是：明保是周公之子，也就是"第二代的周公，史失其名，现在得令方彝，知道他名明保。他既不是伯禽，也不是君陈。铭文所以书'周公子明保'，可能由于他名望不大，不为众人所知，作器者矢令是他的下属，有意点出'周公子'，并称他为

1　陈梦家：《西周铜器断代（二）》，《考古学报》1955年第10册。

明公，是有用心的"[1]。这种看法入情入理，比其他各种推测更令人信服。

四是伯懋父的活动年代问题。在令方彝、令簋的铭文中并没有出现伯懋父这个人物，只是由于唐兰把令簋"唯王于伐楚伯，在炎"读作"唯王于伐楚，伯在炎"，并参照召尊、召卣铭文谓"伯在炎"的"伯"就是伯懋父，于是就引出了这样一个本不相关却又不得不谈的问题。

当唐兰把令簋一铭的首句读作"唯王于伐楚，伯在炎"之后，句中的"伯"实际上就失去着落而不知所指了，可唐兰却偏偏要说："在炎的伯就是伯懋父，小臣宅簋对伯懋父也只称伯可证。"在小臣宅簋中，的确有两处是把伯懋父称为伯的，但这是有条件的，即在以伯相称之前，伯懋父的名字已先在铭文中出现了，如"同公在丰，令宅事伯懋父，伯赐小臣宅"即是。可是在令簋的铭文中，全篇并无一字提及伯懋父，凭什么认为这个"伯"就是伯懋父呢？唐兰说这是可以通过对照召尊、召卣铭文的记事得知的，二铭一开始就说："唯九月在炎白，甲午，伯懋父赐召……"，说明"当昭王伐楚的时候，伯懋父正在炎白"[2]。这种对比所得的结论是有问题的，须知召尊（卣）和令簋的作器者并非一人，如果作册矢令在铭文中所要表达的意思或提及的人物，还得通过其他人的器铭才可以知晓的话，这对于具有较高文化水准而身任作册职务的矢令来说，恐怕不至于疏忽或糊涂到如此程度。所以令簋的首句还是以大多数学者读作"唯王于伐楚伯，在炎"为妥，不必把伯懋父引入令簋来作解说。不过，令簋说到时王"在炎"，召尊（卣）说到伯懋父"在炎师"，表明诸器大致是同时期制作的，但不一定是同一年的九月，因为召尊（卣）并未言及伐楚之役，单凭时间（九月）和地点（炎）的相同还不能完全得出同年制作的结论。

如果以召尊（卣）与令簋制作大致同时，则伯懋父在成王时期就该开始从事军事活动了。那么，这种可能性是否存在呢？关于伯懋父其人，郭沫若很早就有正确的考证，他说："'小臣逨簋'言征东夷事，且上文云'以殷八师'，下文云'归在牧师'，足知牧即殷郊牧野，而白懋父必系周初人而封近于殷者。《逸周书·作雒解》'俾康叔宇于殷，中旄父宇于东'，孙诒让谓中旄

1　赵光贤：《"明保"与"保"考辨》，《中华文史论丛》1982年第1辑；又见赵光贤：《古史考辨》，北京师范大学出版社，1987。

2　唐兰：《论周昭王时代的青铜器铭刻》，中华书局编辑部编：《古文字研究》第2辑，中华书局，1980。

父即康叔之子康伯髦，《左传》昭十二年之王孙牟父。余谓亦即此白懋父。懋、牟、髦、旄均同纽，而幽宵音亦相近。中盖字之讹也。"[1]郭说伯懋父即是康叔之子康伯髦，又称王孙牟父，今已得到学术界的普遍认同，唐兰也认为是无可怀疑的。只是在伯懋父活动的时间问题上，人们的意见还不一致。唐兰力主康伯髦是康昭时人，并把伯懋父诸器置于昭穆时期[2]，不免失之太晚。我们知道，康叔封是武王同母少弟，为成王亲叔。他早在成王即政前十年即已活跃在周初政治舞台。如武王克商后举行社祭由"卫叔傅礼"，还与毕公"出百姓之囚"[3]，继之食采于康，后因参加平定武庚叛乱有功，被周公徙封于卫，命以《康诰》而领治殷遗民[4]。可见他的年龄必长于成王十岁以上，才有可能在成王即政以前参与这些重大的政治活动。而康伯髦作为康叔封的长子，有可能小于成王但也不会小到哪里去，成王即政不久他也应长成壮年。若《顾命》中的"卫侯"仍是康叔封，则康伯髦有可能在康王时才继位为卫侯。《左传·昭公十二年》说："熊绎与吕伋、王孙牟、燮父、禽父并事康王"，《史记·楚世家》则谓其"俱事成王"，应该说这两种情况都可能存在。与康伯髦"并事康王"的伯禽早在成王时就做了鲁侯，而太公之子吕伋在《顾命》记载成王崩逝时已称"齐侯吕伋"，准此类推，康伯髦在成王时也应开始了他的军事活动。彝铭中的伯懋父东征北伐，独当一面，必在年富力强之时，这很符合他在成王时正值壮年的年龄特征。所以郭沫若把有关伯懋父的器铭置于成王时还是大致不差的，不足之处只在于不该以周公东征时物视之。从小臣逨簋铭文来看，伯懋父指挥的"殷八师"当是康叔封卫以后利用殷遗民组成的武装部队，故在征伐东夷之后"复归在牧师"。所谓"复归"表明这支部队先前就驻扎在牧师。如若三监之乱未平，康叔封卫未遂，又怎么可能组成"殷八师"并早早驻扎于牧野之地呢？所以伯懋父此次征伐东夷应在成王即政之后。又小臣宅簋铭云："同公在丰，令宅事伯懋父"，则同公与伯懋父当为同时人；而同公又见于沈子也簋，其铭云："沈子乍祼于周公宗"，则知与同公同时的伯懋父其政治活动大约开始于周公辞世前后，亦可下延至康王之世。至于《逸周书·作洛解》说周公摄政期间"中（仲）

1　郭沫若：《两周金文辞大系图录考释（六）》，科学出版社，1957，第24页。

2　唐兰：《西周青铜器铭文分代史征》，中华书局，1986。

3　黄怀信、张懋镕、田旭东：《逸周书汇校集注·克殷解》，上海古籍出版社，1995，第372、376页。

4　杜勇：《〈康诰〉、〈酒诰〉、〈梓材〉作者辩证》，《孔孟学报》1998年第76期。

旒父（伯懋父）宇于东"应是弄错了时间，不足凭信。总之，有关伯懋父征伐东夷的器铭诸如小臣谜簋、吕行壶、师旂鼎、召尊（卣）等，从召尊（卣）记事与令簋相关联的情况看，均可定在成王后期，而不宜视作昭穆时器。

综上所述，以令方彝、令簋为成王时器，不仅可以从相关器铭的内在联系中得到证认，而且与王姜、太保、明保、伯懋父等人的活动年代相一致。集合这众多因素，说令方彝、令簋制作于成王时期应该可以成立。这样，要把铭中的"康宫"说成康王之庙就有困难了，因为成王时代是不可能存在康王之庙的。

（本文原载《中国史研究》2001 年第 2 期，
文中个别观点作者已有改变，故与原文略异。）

附录四　曾公畋编钟破解康宫难题

2019 年，随州枣树林曾国贵族墓地出土的曾公畋编钟，近由郭长江等学者发文公布，为解决备受争议的"康宫"问题投射了新的曙光，迅即引起学者的广泛关注和热议。康宫是否康王之庙，该编钟铭文或可破解此难题。

一、"我"是谁

据介绍，随州枣树林曾侯墓地 M190 出土一套编钟，计 34 件。其中镈钟铭文单独成篇，较为完备，第一部分释文（用宽式）如下：

> 唯王五月吉日丁亥，曾公畋曰："昔在辟丕显高祖，克迹匹周之文武。淑淑伯括小心有德，召事一帝，遹怀多福。左右有周，□神其圣。受是丕宁，丕显其需，匍匐辰敬。王客（格）我于康宫，呼厥命。皇祖建于南土，蔽蔡南门，质应京社，适于汉东。[南]方无疆，涉政淮夷，至于繁阳。"[1]

有学者根据墓葬特征，推断钟铭"唯王五月吉日丁亥"当在公元前 646 年。铭文未记王年，仅凭现有历日要素，也不考虑建正和置闰问题，要准确推算出相对应的公元年代是困难的。但墓为春秋冢，器为春秋物，应可信从。

钟铭"高祖"与"皇祖"对言，当为二人，如同史墙盘铭称"静幽高祖""微史烈祖"一样，区别是明显的。高祖谓始祖，此即《礼记·大传》所说："宗其继别子之所自出者。"高祖之名不知，谓能辅佐周文王、武王克成大业，或有夸饰。铭中伯括又见于曾侯與编钟："伯括上庸，左右文武，挞殷之命，抚奠天下。王遣命南公，营宅汭土，君庇淮夷，临有江夏。"这里的"伯括"与"南公"看似二人，然据本钟铭所言"皇祖建于南土"，又称"皇祖南公"，是知伯括即南公，又称皇祖。近出嬭加编钟铭云："伯括受命，帅禹之堵，有此南湄。"可证伯括为曾国首任封君，被曾公畋尊称为"皇祖"，以显扬其功烈。

---

1 郭长江等：《曾公畋编钟铭文初步释读》，《江汉考古》2020 年第 1 期。

伯括即传世文献提到的南宫括（适），这是大多数学者共同的认识。《尚书·君奭》谓为文王贤臣，《尚书大传》称："文王以闳夭、太公望、南宫括、散宜生为四友。"文王被囚羑里之后，他们一同设法救出文王，继之辅佐文王兴师东进。《国语·晋语四》言："（文王）询于八虞，而咨于二虢，度于闳夭而谋于南宫。""二虢"即虢仲、虢叔，为文王姬姓族人。"八虞"指八位谋士，南宫括即其一。南宫括建曾国于南土，其裔氏自称"后稷之孙"，或谓"文王之孙"，说明他与"二虢"一样同为姬姓，然未必真为文王之子。文王殁后，南宫括仍为周廷重臣，被武王称为同心同德的"乱（治）臣十人"之一。牧野之战后，南宫括进入朝歌，受命发鹿台之钱，散巨桥之粟，以赈贫弱；又与史佚迁九鼎宝玉，成为新造周邦的开国功臣。由于武王克殷后二年而崩，故南宫括的政治活动一直延续到成王时期。《后汉书·班彪列传》记班彪说："昔成王之为孺子，出则周公、召公、太史佚，入则大颠、闳夭、南宫适、散宜生，左右前后，礼无违者，故成王一日即位，天下旷然太平。"成王死后，南宫毛与齐侯吕伋一道迎接太子钊于南门之外。此时南宫括应已辞世，故由其子南宫毛担任宿卫武臣，其身份当与吕伋相当，同为一国封君。由于南宫括历仕文、武、成三王，一直为朝中重臣，他的分封必在成王即政之后，断不会晚至昭王之时。本钟铭后文有言："昭王南行，豫（舍）命于曾。"说明昭王南征之时，曾国早已成为镇抚南土的重要封国。

本钟铭又云："王客（格）我于康宫，呼厥命"，同出甬钟B铭于后句写作"呼命尹厥命"，此"尹"或即《尚书·大诰》所言"尹氏"，以代宣王命，册封伯括，立国汉东。被呼来康宫受命的"我"，与后文"皇祖"互文见义，实为"我皇祖"的省称。这种修辞方法在古文献中屡见不鲜。晋公盘称唐叔虞为"我皇祖"，也是对始封之君的尊称。或谓这里的"我"应指曾公畎，然钟铭末段显示，曾公畎自称"余"，不用"我"。"余"凡三见，用为主辞和宾格，而"我"则用作定语，铭称"复我土疆"。不只"我"非曾公畎自谓，而且此段文字前前后后都是言说伯括（皇祖）德业，也不可能无端插入曾公畎自己的事情，以致头绪纷乱，义不相偕。再说，春秋时代礼崩乐坏，大小诸侯尊崇的是霸主，并不把周天子当回事，也从未出现过周王在康宫重新册封诸侯之事。钟铭第一部分文字意在追述显扬先祖功烈，以言曾国分封之由。这是南宫氏的家族史，即使代远年湮，档案文书失传，也会由南宫氏公族众口相传，历久不泯。故曾公畎可以铸器言之，"以享其皇祖南公"。

二、康宫再见

曾公畎编钟的发现，使我们继令方彝之后再一次见到成王时代的康宫。二者正可相互发明，益彰真相。

自令方彝1929年被发现以来，铭文"康宫"究为何物，一直就是学者激烈论辩的焦点。1932年，郭沫若《两周金文辞大系》在日本出版，对两周500余件铜器进行考释和断代分域，在化彝铭为史料方面做出了开创性的贡献。书中把令簋、令方彝作为成王时期的标准器，放在打头位置，以系联相关金文。随后唐兰依循王国维、罗振玉的意见，以康宫为康王之庙，重定令方彝为昭王时器。在唐氏看来，令方彝、令簋铭文中出现"康宫""伐楚"字样，绝不可能早到成王时期。理由是康宫为康王之庙，凡铜器上有了康宫的记载就一定在康王以后，故令方彝中的"周公"是第二代周公，周公子明保是周公旦的孙子，令簋中的王姜为昭王之后，伐楚为昭王南征之事，南征时伯懋父负有伐东夷的重任，等等。这些说法经过唐氏一系列论著的阐发，广为学者遵信。

令方彝铭文说："唯十月月吉癸未，明公朝至于成周，出命，舍三事命。……甲申，明公用牲于京宫，乙酉，用牲于康宫。"唐兰认为，从这里京宫与康宫的对列可以看出康宫是康王之庙。《逸周书·作洛》"乃位五宫，太庙、宗宫、考宫、路寝、明堂"，其"宗宫"就是京宫，"考宫"相当于康宫。又据《诗·大雅·下武》云："三后在天，王配于京。"说京宫所祭对象为太王、王季、文王、武王、成王，成王是京宫里最后一个宗，故与京宫相接的考宫（亦即康宫）就是康王之庙。这是唐氏确定康宫原则最重要的依据。然而，《作洛》篇所谓"五宫"，清人整理《逸周书》大多认为太庙是后稷庙、宗宫是文王庙、考宫为武王庙。周公营建成周之时，成王尚未亲政，一个大活人怎么可能入列宗宫？《诗·大雅·下武》本是一篇赞美武王、成王能继先王功德的诗，故曰"三后（太王、王季、文王）在天"，何以成王就成了京宫里最后一个宗？由于成王不能入列京宫，接下来的考宫自非康宫或康王之庙。事实上，令簋、令方彝的作者作册矢令，称其父为"父丁"，而同地所出的作册大鼎也有"隽册"的族徽，又称其祖为"祖丁"。郭沫若由此推断："作册大乃矢令子，令为作册，大亦为作册，父子世官。"从亲属称谓上确定铭刻时代先后，这是甲骨金文分期断代常用的方法，其有效性是公认的。

由于作册大鼎说到太保奭以及武王、成王谥号，知其为康王初期器。那么，作册大的父亲矢令，担任史官作册必在成王时期。这个推论简洁明快，无懈可击，真可谓"风雨不动安如山"！

令方彝铭文中的明保又称明公，为周公之子。这位周公不是别人，就是周公旦。成周建成以后，周公旦居洛留守，主持东都大政，经略四方。后年老致仕之时，又让其子明保接任，"尹三事四方，受卿士僚"，以承其志。其时周公尚未谢世，其子明保又袭公爵，成为首席执政大臣。父子相继主政成周，地位如此显赫，绝非其他任何一代周公可比。周公旦名义上封于鲁，但代为就封的是长子伯禽，次子则留相王室，代为周公，同时另有庶子六人（凡、蒋、邢、茅、胙、祭）封于东土。明保当即周公次子，亦即畿内（岐山）周公采邑的继承人，其政治进路即是入为王朝卿士。各种资料显示，成王死后，朝中首席执政大臣先后有召公、毕公、祭公等人，别无周公置身其间。直至厉宣之前，岐山周公家族无人身居高位，执掌机枢。可见令方彝中的周公非周公旦莫属，此器制作不会晚至昭王之时。

此外，令簋所记"伐楚"之事，亦与昭王南征荆楚无涉。由清华简《楚居》可知，楚人源起中原，周初南迁。楚人南迁时尚有一支留居中土，活动在楚丘（今河南滑县东）一带。此支楚人与周人保持敌对立场，因而受到成王征伐。至于康叔之子伯懋父（康伯髦）主要活动于成康时期，亦不可下移到康昭之世。曾与周王偕行伐楚的王姜当为成王之后，并非昭王新后。凡此表明，令方彝、令簋当作于成王之世。有些学者过于强调器物类型早晚这种相对性指标，忽略对铭文的细致解读，极力主张令器作于昭王时代，似可再加斟酌。令方彝所见康宫既在成王之世，康宫非康王之庙不言自明。

三、生与死的统一

曾公畎编钟、令方彝铭文表明，东都成周始建之时即有康宫这一建筑。长期以来，人们遵信康宫是康王之庙，奉为铜器断代的圭臬，如今该是走出这一误区的时候了。因为学术不系于信仰或情感，需要实事求是的科学态度。

说到康宫，过去或以为生者居室，或以为死者宗庙，两说相抗，久讼不息。其实，二者是对立的统一，不宜只作简单的选择。九年卫鼎说："王在周驹宫，格庙。"《诗·鲁颂·閟宫》云："路寝孔硕，新庙弈弈。"说明当时"宫"的建制和功能并不是单一的，大多数情况下宗庙性建筑与人的居室是不相分离的。休盘说："王在周康宫，旦，王格大室。"大室为宗庙祭祀之所，故《尚书·召诰》说"王入太室裸"，令方彝说明公"用牲于康宫"。康宫或康某宫除有宗庙附丽外，也是周王的宫寝，以供休息和处理公务。师遽方彝说："王在周康寝，飨醴。"这里的"康寝"就是康宫的后寝，既可供周王居住，也可举行酒宴以飨群臣，并适时处理各种政务。不过，这主要是西周中后期康宫所发挥的作用，西周早期情况应有不同。令方彝铭记明公"用牲于康宫"之后，又去王所再行祭祀，可知周王并不住在康宫之内。康宫成为周王常住之地，大概是从穆王后期修建康宫新宫开始的。共懿以后，仿新宫之例，康宫续有厉、夷、昭、穆诸宫的增建，但性质并未发生变化。

康宫虽有宗庙性质的建筑，然并非单一的王室宗庙。望簋说："王在周康宫新宫，旦，王格大室"，册命望司理王家事务。十五年趞曹鼎说："恭王在周新宫，王射于射庐"，虢季子白盘说："王格周庙宣榭，爰飨。"射庐或宣榭为讲武习射之所。由于箭的射程较远，康宫建筑面积谅必甚大。伊簋言："康宫王臣妾百工"，知有王家"臣妾"以供役使，"百工"制作手工用品，具备较为完善的后勤保障系统。康宫规模宏大，用途非一，是东都成周一座兼有宗庙礼仪建筑的多功能大型王宫。

康宫从成王时代始建，后续有增修，终西周一代未见废毁。郭沫若以为康宫为成周宫室之名，康为懿美之字，虽非周备，但比康王宗庙说要更为符合事实。摆脱康宫必为康王宗庙这一羁绊，西周金文断代或许可以少走一些弯路，并减少一些不必要的失误。

（原载《中国社会科学报》2020 年 6 月 8 日）

附录五　关于清华简《保训》的著作年代问题

在清华简《保训》释文与图版公布前后[1]，已有不少学者就其文字、史事、思想等内容详加考究，探赜索隐，孜孜以求，发表了许多卓有创见的学术成果。在研究过程中，虽有学者注意到《保训》著作年代及其重要性问题[2]，但并无专篇系统加以讨论。笔者拟就此略作探索，以求教正。

一、关于周文王遗言

研究清华简《保训》的著作年代，不妨先从简文的性质说起。《保训》开篇即云："惟王五十年，不豫，王念日之多历，恐坠宝训，戊子，自靧水，己丑，昧［爽］……［王］若曰"[3]云云。这是说文王在位五十年，患病不安，担心来日不多，怕丧失宝训。某月戊子日，病情有好转，可以自己用水洗面了。第二天天明后，文王决定传宝于太子发，慎重地向他讲述了关于虞舜与上甲微遵行中道的两个传说，并借以传授宝训。由于文王在位五十年有案可稽，此次召诰太子又值病重之时，意在亲传宝训，因此把清华简《保训》视为"周文王临终时对其太子发即武王所作的遗言"[4]，单从义理文脉上看是绝无疑义的。但问题在于，清华简《保训》是真正的文王遗言，还是后人托古拟作的文王遗言，却是需要认真加以分辨的。

说到周文王遗言，《逸周书·文传》从行文背景看亦有类似性质。分析《文传》有关制作情况，对我们认识《保训》的著作年代是有启迪的。

《文传》篇首云："文王受命之九年，时维暮春，在鄗（镐），召太子发曰：'吾语汝我所保所守，守之哉！'"《太平御览》卷84引此冠以《周书》曰："文王在镐，召太子发曰：'呜呼，我身老矣！吾语汝我所保与我所守，传之子孙。'"下文即对太子发讲授为君之道及治国理政之法。既言"身老"，又言将治国之道"传之子孙"，颇有临终安排后事、交代遗言的意味。所谓

1　清华大学出土文献研究与保护中心：《清华大学藏战国竹简〈保训〉释文》，《文物》2009年第6期。

2　刘国忠、陈颖飞：《清华简〈保训〉座谈会纪要》，《光明日报》2009年6月29日。

3　李学勤：《清华简〈保训〉释读补正》，《中国史研究》2009年第3期。

4　李学勤：《论清华简〈保训〉的几个问题》，《文物》2009年第6期。

"文王受命之九年"，文献上即有文王崩于是年之说[1]。今本《竹书纪年》更言"（帝辛）四十一年（按即文王受命九年）春三月，西伯昌薨。"此言"春三月"与《文传》"时维暮春"相合，尽管其材料来源不可确知，但至少说明历史上有人认为周文王是其受命九年暮春三月辞世的。这样，《文传》在记事内容与时间上都显示出了周文王遗言的性质。

　　然而，《文传》是真正的周文王遗言吗？历代学者似未有过肯定的看法。李学勤先生也说："《逸周书》又有《文传》篇……文辞不古，也算不得遗言。"[2]这就向人们提出一个问题：《文传》从行文表述上看是文王遗言，而实际上又不是文王遗言，其中的奥秘何在？过去赵光贤先生说，《逸周书》中除《商誓》《度邑》《皇门》《祭公》《芮良夫》为周初或西周中叶以后所作，《克殷》《世俘》《作洛》像后世史官记事外，"其他绝大多数大约是从春秋到战国时的伪作，绝非西周文字"[3]。先生所说"伪作"，实际就是后世的托古言事之作，尽管其中有些材料可能带有部分真实性，但整体上是不能视为西周作品的。《文传》的情况正是如此。

　　《文传》说："厚德广惠，忠信爱人，君子（按《御览》引作'人君'）之行。不为骄侈，不为靡泰，不淫于美，括柱茅茨，为爱费。"此与《尚书·无逸》所说"文王卑服，即康功田功。徽柔懿恭，怀保小民，惠鲜鳏寡。……文王不敢盘于游田，以庶邦惟正之供"其思想是相通的，或有一定的材料依据。但从整体上看，《文传》晚出的特征是颇为明显的。一是《文传》称"有十年之积者王，有五年之积者霸""兵强胜人，人强胜天"等，完全是春秋时期才有的语言风格，显与文王时代的情势不合。二是《文传》称"时惟暮（季）春"，而四时各有孟仲季之分，在春秋中期以后始见记录[4]。如《左传·襄公十四年》称正月"孟春"，《左传·昭公十七年》言四月"孟夏"，即其例证。三是《文传》"山林非时不升斤斧，以成草木之长；川泽非时不入网罟，以成鱼鳖之

1　关于文王卒年，文献上有受命七年、九年等不同说法，《尚书大传》持七年说，《汉书·律历志·世经》等持九年说。另《史记·周本纪》称文王受命"后十年而崩"，其"十"乃"七"字传写之误。

2　李学勤：《论清华简〈保训〉的几个问题》，《文物》2009年第6期。

3　赵光贤：《〈逸周书〉略说》，《亡尤室文存》，北京师范大学出版社，2001。

4　《诗·周颂·臣工》有云"维莫之春"，郑玄笺："莫，晚也。周之季春，于夏为孟春。"孔疏："暮晚者，古暮字作莫。……时有三月，季为其晚，故以周之季春为晚春也。"此之暮春，郑玄以为是周正，于夏正则为孟春，正当天子行籍田礼之时。显然这里所说的暮春与后来四时各有孟仲季之分是不同的，不能据此认为《臣工》时代即周初已有这种制度。

长"等文句，在《逸周书·大聚》中称为"禹之禁"，而且义近《孟子·梁惠王上》所说："数罟不入洿池，鱼鳖不可胜食也；斧斤以时入山林，材木不可胜用也。"说明这是"古代依时授政语言的遗留，不会是出于某一个人，很难相信文王要将它作为临终遗言"[1]。这些情况表明，《文传》的制作当不早于春秋中期。有学者从语法、韵语、修辞等历史语言学角度对《逸周书》进行研究，认为《文传》篇的"写定时代大致当在战国时代"，亦言之有据。如《文传》五次见"也"作语尾助词，十三次见"者"字结构，即是"战国的时尚"[2]。由此可见，《文传》只能是托古言事之作，不必视为真正的文王遗言。

现在我们要思考的是，清华简《保训》的制作情况是否也与《文传》相类似呢？因为清华简《保训》作为战国中晚期之际的出土文献，其著作年代便有几种可能性：或为商末周初之作，或为春秋之作，或为战国前期之作。只有作为史官实录而成书于商末周初，清华简《保训》才有可能算得上真正的周文王遗言。否则就与《文传》一样，即使有些材料可信为真，也只能是后世假托文王名义的拟古之作。

其一，已有学者指出："关于周文王遗言，史无明文。近代出土文献中，有许多篇籍也是史无明文的，我们对之并不觉得特别难以理解。但作为周文王这样的超级历史人物，有关遗言后人全不知晓，那是说不过去的。"[3]清华简《保训》若真为周文王遗言，《尚书》百篇不录，《逸周书》七十一篇不载，先秦诸子不闻，的确有些让人费解。"尤其是思想内容比较接近撰著《中庸》的子思学派，也全然不知文王曾有讲'中'的遗言。"[4]更与当时"尊古而贱今"(《淮南子·修务训》)的时代风气不合。至于《尚书·顾命》有"我高祖寡命"之文，似不能成为历史上有文王遗命的文献学证据。这里的"高祖"指文王，从无异说。但"寡命"旧释为寡有之命，意即人少及之。近人杨筠如另有新说，谓："寡，读为'嘏'"，因为"瑕、顾、寡并通，故'寡'可为'嘏'也。"[5]则"寡命"当为"嘏命"亦即大命，非为文王"顾命"。且《尚

1 罗家湘：《从〈文传〉的集成性质再论〈逸周书〉的编辑》，《云南民族大学学报》(哲学社会科学版) 2004年第4期。

2 周玉秀：《〈逸周书〉的语言特点及其文献学价值》，中华书局，2005，第274页。

3 姜广辉：《〈保训〉十疑》，《光明日报》2009年5月4日。

4 姜广辉：《〈保训〉十疑》，《光明日报》2009年5月4日。

5 杨筠如：《尚书核诂》，陕西人民出版社，2005，第434页。

书·顾命》篇得名亦非本此，实际是指成王临终前的遗命。所以文献上是没有关于周文王遗言的记载的。

其二，《保训》看上去文辞古奥，并不意味着它来源于西周文本。一方面，由于清华简《保训》简文"文字风格主要是楚国的"[1]，加之为出土文献，释读较为困难，因而很容易给人产生古奥艰深的感觉。实际情况可能是在文本传写过程中，由于当时各国"言语异声，文字异形"所造成的结果，并不能说明文本本身的问题。另一方面，《保训》有诸多词语见于传世西周文献，不能排除有蹈袭的可能[2]。如简文"不豫"，《尚书·金縢》称："王有疾不豫"；其"戊子，自靧水"，《尚书·顾命》称："王乃洮颒（或作靧）水"；其"己丑，昧爽"，《尚书·牧誓》称："甲子，昧爽"；其"昔舜旧作小人"，《尚书·无逸》称祖甲"旧为小人"；其"庶万姓"，《逸周书·商誓》《逸周书·克殷》称"庶百姓"，等等。特别是简文中"惟王五十年""王若曰"等商周习用语，容易给人造成文为古本的印象。如"王若曰"一般为史官实录用语，似乎说明它由来有自，非伪作可比。但实际上，古语并非只有古时才可使用，后世袭以成文亦非鲜见，犹如今天我们使用成语一样，不足为怪。以"王若曰"为例，虽然西周文献或金文使用频率很高，但春秋战国文献亦每每可见，如《尚书·文侯之命》《左传·定公四年》即有"王若曰""王曰"云云。此外，简文"日不足惟宿不羕（详）"又见于《逸周书》，亦为晚出之语（说详后）。可见所谓《保训》文辞古奥也不能成为它制作于商末周初的有力证据。

其三，文王遗言对于处在克殷前夜而又胜算未定的周人来说，当属何等大事。文王在世时，可能在人心向背上，"三分天下有其二"（《论语·泰伯》），但毕竟商纣作为统一贵族国家的政治领袖，并未完全丧失其号令天下的统治地位。文王殁后，小邦周到底向何处去？如何完成征商大业而成为天下共主？是需要认真对待的首要问题。周人自古公亶父始，几代人的苦心经营，只为一个战略目标，那就是东进克商。《诗·大雅·文王有声》云："文王受命，有此武功，既伐于崇，作邑于丰。"便是这种克殷战略的体现。所以要说周文王的政治遗愿，实莫大于受命克商。武王伐纣，"为文王木主，载以

1　李学勤：《周文王遗言》，《光明日报》2009年4月13日。
2　姜广辉：《〈保训〉十疑》，《光明日报》2009年5月4日。

车"[1]，即是以完成文王遗愿为旗号的。《洛诰》说："扬文武烈，奉答天命。"《顾命》说："敬迓天威，嗣守文武大训。"《大盂鼎》说："丕显文王，受天有大命，在武王嗣文作邦。"《毛公鼎》铭文说："丕显文武，皇天宏厌厥德，配我有周，膺受大命。"都是讲文、武受命克商，终成大业。其所奉天命，核心是一个"德"字："敬德"者得天下，"丧德"者失天下。这在《尚书》周初诸诰中有至为明晰的反映。刘家和先生曾经指出："《尚书·周书》中的《大诰》《康诰》《酒诰》《梓材》《召诰》《洛诰》《多士》《无逸》《君奭》《多方》《立政》等篇，几乎篇篇都强调德的重要性。"[2]一方面，天命并非一成不变，而是依据"德"之有无发生转移的。如《召诰》说夏、殷"惟不敬厥德，乃早坠厥命"，而"皇天改大邦殷之命，惟周文武诞受羑若"[3]，则是因为"皇天无亲，唯德是辅"[4]。另一方面，天命既以德为依归，周人要确保自己膺受的天命，就不得不高扬"敬德"的旗帜。如周公教导其弟康叔说："惟乃丕显考文王，克明德慎罚，不敢侮鳏寡，庸庸（用可用之人），祗祗（敬可敬之人），畏畏（畏可畏之人），显民。"[5]因此，以德配天、明德慎罚、敬德保民等天命思想，便成为周人诞保文武受命的不懈追求，也是《尚书》周初诸诰中"反复演唱的主旋律"[6]。但这样的思想，在《保训》中却了无踪迹，不具备文王政治遗言所应有的思想特征。再看《顾命》所见周成王辞世前的遗命，所强调的关键问题是"用敬保元子钊，弘济于艰难，柔远能迩，安劝小大庶邦"。仍是强调时局艰难，嘱咐众臣辅佐康王安定天下。而《保训》所言中道，强调处理事情要把握好分寸，做到中正不偏。这种政治见解，不仅与周文王所处时代的政治需要相违，而且与周初诸诰所反映的以德为核心的天命思想不符，同样让人无法相信它是真正的周文王遗言。

二、关于清华简《保训》的著作年代

由于《保训》不见于文献记载，缺少外证，所以只有通过简文本身多方

---

1 《史记·周本纪》，中华书局，1959，第120页。

2 刘家和：《关于殷周关系》，《史学、经学与思想：在世界史背景下对于中国古代历史文化的思考》，北京师范大学出版社，2005。

3 《尚书·康诰》，（清）阮元校刻：《十三经注疏》，中华书局，1980，第244页。

4 《左传·僖公五年》引周书，（清）阮元校刻：《十三经注疏》，中华书局，1980，第1795页。

5 《尚书·康诰》，（清）阮元校刻：《十三经注疏》，中华书局，1980，第203页。

6 杜勇：《略论周人的天命思想》，《孔子研究》1998年第2期。

比勘，求诸内证，以推考其著作年代。这里主要从其语言特征、阴阳观念、中道思想等三个方面加以分析，提出清华简《保训》制作于战国前期的粗浅看法。

（一）从语言特征看清华简《保训》的著作年代

清华简《保训》是否为初作时的原貌，今已无从知晓。但即使在传抄过程中有个别文字异同现象发生，也不可能尽行掩蔽其整体的语言特征。所以从历史语言学角度进行分析，对于秦火之前的出土文献来说，应该是有可靠的工作基础的。

首先，清华简《保训》的语法现象有很多特别之处，需要我们留意。一是第一人称代词"朕"，《保训》凡 3 见：用为定语"朕疾" 2 例，用为主语"朕闻" 1 例。在甲骨文与西周金文中，朕多用作定语，作主语的情况极为罕见。有学者指出："'朕'最初的作用主要是作定语的，后来才逐渐发展出主语和宾语的用法。"[1]《保训》中"朕"为主语的比例，占"朕"字总数的占1/3。二是"之"用为代词，《保训》凡 4 见："必受之以诇""女以书受之""帝尧嘉之""祗之哉"。据夏含夷先生研究，"在西周金文中作为代词的'之'很少用，而更少用作句子的宾语（据我所能找到的例子中，在西周金文当中这种用法只有 5 例）；反之，'之'在东周金文中泛见，也多用作代词宾语"[2]。《保训》中"之"用为代词宾语，占"之"字总数比例的4/8。三是介词"以"，《保训》凡 3 见："必受之以诇""女以书受之""以复有易"。其中"以"之后接动词 1 例、接名词 2 例。从"以"之后所接词的词性看，"西周金文在'以'之后基本上都接名词，东周金文在'以'之后却多接动词"[3]。《保训》中"以"后所接动词的比例，占"以"为介词总数的1/3。这三种新的语法现象共同说明一个问题，那就是《保训》很可能是晚于西周而成篇的。

其次，《保训》篇虽以散文为主，但间有韵语，且用韵不止一处。如"昔前人传宝，必受之以诇（东部），今朕疾允病，恐弗念终（冬部）。"此为东冬合韵。又如，"微志弗忘（阳部），传贻子孙，至于成康〔汤〕（阳部），祗备

---

1 周玉秀：《〈逸周书〉的语言特点及其文献学价值》，中华书局，2005，第94页。

2 〔美〕夏含夷：《略论今文〈尚书〉周书各篇的著作年代》，《古史异观》，上海古籍出版社，2005。

3 〔美〕夏含夷：《略论今文〈尚书〉周书各篇的著作年代》，《古史异观》，上海古籍出版社，2005。

不懈，用受大命（耕部）"。此为阳耕合韵。又如，"不及尔身受大命（耕部），敬（耕部）哉！毋淫！日不足惟宿不详（阳部）"。此为耕阳合韵。又如，"钦（侵部）哉，勿淫（侵部）!"此为侵部独韵。据王力先生《诗经韵读》，这种东冬合韵、阳耕合韵现象，均为《诗经》三百篇所未见。今文《尚书》有阳耕合韵，而无东冬合韵[1]。两周金文中，东冬合韵、阳耕合韵均有所见，但"冬、侵二部都未发现独用例"[2]。清华简《保训》的用韵情况表明，它很可能是晚出于《诗经》时代即春秋中期以后的文献。同时也证明它并非出自文王口授的史官实录。因为文王已是染病之身，仓促之间是不可能出口即多韵语的。即使后来宗周史官根据档案材料重新写定，一篇短文就有多处韵语，也未必符合诰训文体的严肃性。

最后，清华简《保训》有关习用语的运用，为前面的历史语言学分析提供了佐证。清华简《保训》篇末说："毋淫！日不足惟宿不详。"这是文王戒勉武王说：你不可贪图安逸享乐，要珍惜光阴，勤于国事，白昼短促，夜晚也不长啊！此类训诫用语，还见于今传《逸周书》。《大开解》说："戒后人其用汝谋，维宿不悉日不足。"《小开解》说："后戒后戒，宿不悉日不足。"所强调的都是要夜以继日地勤于政事。《礼记·礼器》谓："日不足，继之以烛"，虽说的祭礼，但其义相通。《大开解》首以"八儆五戒"为纲，然后分叙其事。这种"以数为纪"的表达方法虽然出现较早，"但其广泛流行，却是春秋战国以后的事情"[3]。如《尚书·洪范》作于春秋中叶[4]，通篇以初一至次九言其洪范九畴，即其显例。而《小开解》除运用如"三极""九因"等以数为纪的方法外，还有多用顶真格的特点，如谓："德枳维大人，大人枳维卿，卿枳维大夫，大夫枳维士，登登皇皇。□枳维国，国枳维都，都枳维邑，邑枳维家，家枳维欲无疆。"这种修辞方法也是战国时代最为盛行的。故有学者判断《大开解》《小开解》是战国时代写定的[5]，应可信据。清华简《保训》之"日不足，惟宿不详"，与《大开解》《小开解》之"宿不悉日不足"词序略异，但语义相同，应是同一时代的产物。

1　吕胜男：《今文〈尚书〉用韵研究》，《中国韵文学刊》2009年第2期。

2　罗江文：《〈诗经〉与两周金文韵部比较》，《思想战线》2003年第5期。

3　赵伯雄：《先秦文献中的"以数为纪"》，《文献》1999年第4期。

4　杜勇：《〈洪范〉制作年代新探》，《人文杂志》1995年第3期。

5　周玉秀：《〈逸周书〉的语言特点及其文献学价值》，中华书局，2005，第269—270页。

不过，《保训》简文"日不足"一语，又见于《诗·小雅·天保》："降尔遐福，维日不足。"这是否意味着它与《诗·小雅·天保》写作时代又相近同呢？关于《诗·小雅·天保》的创作年代，经学者考证为周宣王朝诗[1]。诗中"维日不足"，郑玄笺："天又下予女（汝）以广远之福，使天下溥蒙之，汲汲然如日且不足也。"依郑玄所释，这是说上天所降远大之福，即使日日享取，也是受用不完的。这表明《诗·小雅·天保》中的"维日不足"，与《保训》《大开解》《小开解》的取义是大相径庭的。这种现象应是春秋战国时人引《诗》断章取义的结果。《左传·襄公二十八年》卢蒲癸就说："赋诗断章，余取所求焉恶识宗！"即是说赋《诗》可以各取所需，不必顾及本义。《左传》《论语》《孟子》等古籍中有不少这样的例子，可资参照[2]。故《保训》的制作应晚于《诗·小雅·天保》，并与《大开解》《小开解》形成并出共见的时代关系。

（二）从阴阳观念看清华简《保训》的著作年代

《保训》说舜在民间时，"厥有施于上下远迩，乃易位迩稽，测阴阳之物，咸顺不逆"。其"阴阳之物"，《礼记·祭统》亦曾言及："昆虫之异，草木之实，阴阳之物备矣。"此指祭物中的可食昆虫和草木果实，显与《保训》异趣。但上博简《容成氏》却有类似说法："皋陶既已受命，乃辨阴阳之气……舜乃欲会天地之气。"[3]又《周礼·春官宗伯》说："占梦掌其岁时，观天地之会，辨阴阳之气。"其阴阳之为物、之为气，有如《老子》云："万物负阴而抱阳，冲气以为和。"是说万物负抱阴阳而生，都是阴阳两气互相激荡而成的和谐体。表明《保训》所谓"测阴阳之物"，与"辨阴阳之气""会天地之气"有着相通的内涵，阴阳所指已在具体自然现象的基础上，进一步抽象为哲理性的概念，用以说明宇宙万物构成和变化的基本元素。

那么，《保训》这种阴阳观念是上古尧舜时代本身就有的呢？还是周文王或西周以后的人们根据当时业已存在的社会思想外加上去的呢？

从较早的文字记录来看，甲骨卜辞已有阴阳二字，但尚无二字连用者，

1　赵逵夫：《论西周末年杰出诗人召伯虎》，中国诗经学会编：《诗经国际学术研讨会论文集》，河北大学出版社，1994。

2　顾颉刚：《〈诗经〉的厄运与幸运》，郭万金选编：《诗经二十讲》，华夏出版社，2009。

3　马承源主编：《上海博物馆藏楚竹书》第二册《容成氏》，上海古籍出版社，2002，第272—273页。

且所指均为具体的自然现象。如"戊戌卜，其阴而，翌启，不见云"（《合集》20988），其"阴"为天气阴晴之阴。又"其燎河……于滄（阴）酢"（《合集》30429），其"阴"为方位，意即在黄河北岸举行祷祭。而卜辞中的"南阳"与"北对"（《屯南》4529），实际也是方位上的阴与阳对贞。这些天象的阴阳或地象的阴阳，都是浅明的感性现象，并不具备多少抽象或神秘意义。殷人尚且如此，更早的尧舜时期虽不排除对阴阳现象有所认识，但不会超越殷人形成更为抽象而深刻的阴阳思想。

继后的周文王时代，曾有周原甲骨文的出土，却未发现阴阳等文字，倒是见到许多使用数字重叠的符号。经张政烺先生研究，认为它就是早期的八卦符号[1]。这无疑为文王演易说增添了新的佐证，不过同时说明："八卦的原始，它与阴阳本是无涉的。"[2]《庄子·天下》所谓"易以道阴阳"，应是后来阴阳与八卦融合的结果。西周中后期永盂、敔簋铭文都提到"阴阳洛"，意为洛水南北两岸。此与《诗·大雅·公刘》云"相其阴阳，观其流泉"一样，都是表示地理方位，也不具备阴阳变化以生万物的意蕴。这说明文王时期的阴阳观念即便是附加到皋陶、虞舜的身上，也不会是《保训》那样的思想形态。

商周阴阳观念从表示天文和地理现象到升格为天地之气，并可决定自然与社会现象的正常与否，据传世文献显示是在西周末年。《国语·周语上》一记虢文公谏周宣王不籍千亩，谓立春前后，"阳气俱蒸，土膏其动"。即将阴阳视为一种反映自然现象变化的"气"，并决定着四时农事安排。二记周幽王二年（前780年），伯阳父针对三川地震发表议论说："夫天地之气不失其序；若过其序，民乱之也。阳伏而不能出，阴迫而不能烝，于是有地震。"其"天地之气"即指阴阳二气，是说阴阳一旦失调失序，不只引发地震等自然灾害，还将导致亡国之变。

春秋晚期，阴阳观念被广泛运用于自然现象和社会现象的解释。最有代表性的是《左传·昭公元年》医和所说的一段话："天有六气……曰阴、阳、风、雨、晦、明也，分为四时，序为五节，过则为灾。阴淫寒疾，阳淫热疾，风淫末疾，雨淫腹疾，晦淫惑疾，明淫心疾。"在这里，四时、音律、病

1　张政烺：《试释周初青铜器铭文中的易卦》，《张政烺文史论集》，中华书局，2004。

2　庞朴：《阴阳五行探源》，《当代学者自选文库·庞朴卷》，安徽教育出版社，1999，第214页。

理与阴阳都表现出极大的关联性。所谓"分为四时"，是指春夏秋冬四季为六气所化育，而阴阳又居六气之首，对四时起支配作用。此所体现的是四时教令的思想。所谓"序分五节"，是说宫商角徵羽五声的节奏与和谐是由阴阳之气来调节的。只有"气无滞阴，亦无散阳，阴阳序次"[1]，才有可能形成和谐的乐音。所谓"阴淫"和"阳淫"，是说阴阳过盛失调、六气失衡，就会产生各种疾病，如阴气过盛导致寒疾，阳气过盛导致热疾，等等。除此之外，春无冰、大雨雹、日食、水旱等各种灾异，也被认为是阴阳失调所致。甚至兵家学说也有阴阳观念的渗入。如《国语·越语下》记范蠡说："阳至而阴，阴至而阳；日困而还，月盈而匡。古之善用兵者，因天地之常，与之俱行。"阴阳思想在春秋晚期向各个意识领域弥漫渗透，盛极一时。老子讲宇宙生成模式，以"道"为万物之原，但还是少不了要加上一句："万物负阴而抱阳，冲气以为和。"

到战国中后期，阴阳与五行密相融合，一度成为显学。司马谈论六家要旨说："尝窃观阴阳之术，大祥而众忌讳，使人拘而多畏；然其序四时之大顺，不可失也。"[2]这说明阴阳学说虽然涵括广泛，但四时教令的思想始终是其主要内容。《管子·四时》也说："阴阳者天地之大理也；四时者阴阳之大经也。"四时教令思想可能起源很早，最初当与先民在长期生产实践中形成的对自然规律的朴素认识有关，"但其上升到天人关系的理论形态并与社会政治发生联系，则有赖于阴阳思想的发展"[3]。从《保训》的阴阳观念看，它是与春秋晚期开始盛行的四时教令思想结为一体的。所谓"咸顺不逆"即是"序四时之大顺"，其前提则是"测阴阳之物"，即深入分析和正确把握阴阳之气的合理关系与秩序，从而达到顺天应时的目的。

《保训》的阴阳观念与四时教令的思想熔为一炉，且由具体的自然现象上升为"天地之气"，体现出一种宇宙生成与变化的思维模式，与《老子》、上博简《容成氏》等相呼应，因而其著作年代也大体相近，同为战国前期之作。

1　《国语·郑语》，上海师范大学古籍整理研究所校点，上海古籍出版社，1988，第128页。

2　《史记·太史公自序》，中华书局，1959，第3289页。

3　白奚：《中国古代阴阳与五行说的合流——〈管子〉阴阳五行思想新探》，《中国社会科学》1997年第5期。

（三）从中道思想看清华简《保训》的著作年代

在《保训》篇中，文王对太子发讲述了两件历史传说：一是舜"求中""得中"的事；二是上甲微"假（借）中""追（归）中"的事。全篇主旨不离一个"中"字。但"中"为何物？《保训》本身并未明确揭示其义蕴。研究者或以为"中道"[1]，或以为"司法判决文书"[2]，或以为"地中"[3]，不只意见颇为分歧，而且每种意见都未能圆满解释这个"中"何以能够"求"而"得"之、"借"而"归"之的问题。

为了弄清"中"的含义，不妨先对有关历史传说略作分析。清华简《保训》说："昔舜旧作小人，亲耕于历丘，恐求中，自稽厥志，不违于庶万姓之多欲。"这是说舜在历丘耕种时，担心能否找到"中"的标准，以满足百姓的各种愿望。这个"中"我以为不必求之过深，实际不过是中正、公正的治事原则罢了。《韩非子·难一》说："历山之农者侵畔，舜往耕焉。期年圳亩正。河滨之渔者争坻，舜往渔焉，期年而让长。东夷之陶者器苦窳，舜往陶焉，期年而器牢。仲尼叹曰：'耕、渔与陶，非舜官也，而舜往为之者，所以救败也。舜其信仁乎！'"历丘之民在耕种、捕鱼、制陶过程中牵涉各种利益关系，时常发生争执，处理起来非常困难。清华简《保训》所言舜"求中""得中"，其实就是说舜找到了如何公正处理这些纷争的原则与办法，并在实践中有效加以运用，以促成民众生产的有序进行和社会局面的安定和谐。

就同一篇文字而言，行文中使用的概念若无特别交代，前后应该是一致的。这就是说，《保训》所说上甲微向河伯"借中""归中"的"中"，与前面所说舜"求中""得中"的"中"，都应该是同一含义。但是这样诠释就不免带来新的问题，那就是一种抽象的以中正为标准的治事原则，怎么能有借又有还呢？

这里有必要交代一下有易氏、河伯与商部落的关系。《易·大壮》爻辞曰："丧羊于易。"《旅》爻辞曰："鸟焚其巢，旅人先笑后号咷，丧牛于易。"经顾颉刚先生研究，他认为"这里所说的'易'，便是有易。这里所说的'旅人'，便是托于有易的王亥。"[4]《山海经·大荒东经》说："王亥托于有易、河

1　李学勤：《论清华简〈保训〉的几个问题》，《文物》2009年第6期。

2　李均明：《〈保训〉与周文王的治国理念》，《中国史研究》2009年第3期。

3　李零：《读清华简〈保训〉释文》，《中国文物报》2009年8月21日。

4　顾颉刚：《周易卦爻辞中的故事》，《燕京学报》1929年第6期。

伯仆牛。有易杀王亥，取仆牛。"即是说商人先公王亥将自己部落的牛羊寄放在有易、河伯那里，结果有易氏杀了王亥，将牛羊占为己有。古本《竹书纪年》说："殷王子亥宾于有易而淫焉，有易之君绵臣杀而放之，是故殷主甲微假师于河伯以伐有易，灭之，遂杀其君绵臣也。"有易国君绵臣为了贪图王亥的牛羊，便以王亥奸淫其妻的罪名，杀害了这位商部落的领袖。后来其子上甲微决心复仇，并向河伯"借师"，得其援助，终于伐灭有易，杀死绵臣。整个事件给人们透露出一个信息，所谓王亥奸淫绵臣之妻的罪名是不成立的。否则，不只上甲微师出无名，而且本与有易交好的河伯，也没有派兵帮助上甲微的充分理由。在整个故事中，上甲微、河伯、有易之间的三角关系，始终贯穿着一条中心线索，即事情的处理是否依照中正、公正的准则来进行。有易强加罪名杀害王亥，有失中正，而上甲微、河伯联手出兵，伐灭有易，则是以中正之师维护中正之道。依此来看，《保训》所谓"假中"实际就是古本《竹书纪年》说的"假师"，而"归中"也就是归师。只不过在《保训》作者的眼中，这个"师"乃是中正之师，于是将假中正之师、归中正之师简称为"假中""归中"了。其实，这种用法也是有先例的，如卜辞"立中"即与此相类。"中"本为旗斿，用作徽帜，以聚族众，列众布阵，则为中军。所以在特定场合可以代指军队。如卜辞说："王作三师：右、中、左"（《合集》33006），这里的"中"即是"师"——中师。胡厚宣先生曾说："立中者，当为军事驻扎，武装垦殖，或者是原始氏族社会立旗圈地开辟疆土之孑遗。"[1]也含有这样一层意思。不过，就《保训》来说，"中"在特定场合虽可指代中正之师，但作为全篇一以贯之的概念，无疑还是自其本义引申而来的中正、公正之意。

明确了清华简《保训》"中"的含义，即可看出它与《论语》所讲中道颇多相似之处。一则，孔子说："中庸之为德也，其至矣乎！民鲜久矣。"[2]是说中庸作为一种至高的道德，民众已缺乏很久了。《论语·尧曰》说："'舜'允执厥中"，《孟子·离娄下》说："汤执中"，表明久为民众所缺失的中德只是由舜、汤等人传承着。而《保训》所列几位掌握中道的人物，如舜、河伯、上甲微、汤、文王等，古人多目为圣君，亦非普通民众可比。说明两者所言

---

[1] 于省吾主编：《甲骨文字诂林》第四册，中华书局，1996，第2943页。

[2] 《论语·雍也》，（清）阮元校刻：《十三经注疏》，中华书局，1980，第2479页。

中德的修为与传承，在人物层次上是一致的。二则，孔子说："刑罚不中，则民无所错（措）手足。"[1]是说刑罚要公正得当，不能使民众惶惶不安。《尚书·立政》说："兹式有慎，以列用中罚。"主张断刑要谨慎，要选用中正适当的刑罚。《尚书·吕刑》更强调判案要明确依照律条，"咸庶中正"。《叔夷钟》说："慎中厥罚"，也是以中正作为刑罚的准则。这些思想在《保训》中也都有所体现。虽然清华简《保训》不曾明确提出坚持中刑、中罚的原则，但从肯定上甲微"借中于河，以复有易"的情况看，这件事本身代表的就是一种公正或正义。上古兵刑不分，上甲微用兵惩罚有易氏，也属于一种刑罚的中正、公正。说明二者主张刑罚中正原则也是一致的。三则，孔子道中庸，据《说文》云："庸，用也"，则"中庸"就是用中，重在伦理层面上的实践，因而才能达成至德。《尚书·酒诰》说："尔克永观省，作稽中德"，也是强调对中德的身体力行。《保训》说："舜既得中""用作三降之德。""三降之德"与《洪范》所言"乂用三德"有异，不知是否说舜处理历山之民在耕种、捕鱼、制陶等三起事件过程中所表现出的中德。但不管怎样，《保训》中道的实践性与中庸精神仍是一致的。

子思学派的《中庸》说："中也者，天下之大本也；和也者，天下之达道也。致中和，天地位焉，万物育焉。"已将中德从伦理范畴发展到哲理高度，与《论语》中庸即用中的思想有别。由于《论语》《保训》所代表的智者群体，其思想认识水平大体处在同一水平线上，不同于战国中后期出现的《中庸》，故可推知清华简《保训》的著作年代当不晚于战国前期，而与《论语》成书约略同时。

综上所述，从《保训》所反映的语言现象、阴阳观念、中道思想看，都有春秋以后的时代印记，似可认为它同《文传》一样，并不是史官实录的真正的周文王遗言，而是战国前期假借文王名义的托古言事之作。由于清华简《保训》原非史官档案，故不为《尚书》所收，或以流传未广，亦不为《逸周书》编入。但是，《保训》重见天日，对于我们理解上古历史文化的诸多问题仍有重大价值，这是勿庸置疑的。

［原载《天津师范大学学报》（社会科学版）2010 年第 4 期］

---

1 《论语·子路》，（清）阮元校刻：《十三经注疏》，中华书局，1980，第 2506 页。

附录六　清华简：开启古史研究新境界

清华简的横空出世，犹如一支火炬，照亮了黑暗的历史长廊，把人们对古史的认知带入了新的境界。前所未见的古书，真伪莫辨的经籍，晦而不彰的史迹，都能在清华简研究中找到寻幽揽胜的路径。

作为2000多年前战国时代的遗物，清华简带着地下的泥土走入今日学术殿堂。它到底有何特殊的文献价值？又揭示了中国古代文明多少奥秘？给人哪些重要启迪？帷幕已然轻启，让我们一睹芳容。

2008年以来，清华大学入藏的一批战国竹简被陆续整理出版，已发行11辑。与过去发现的战国竹简相比，其显著特点是多为经史类文献。其中有的篇章至今还保留在《尚书》《逸周书》中，有的散佚两千年后横空出世，有的长期蛰居地下而不为人知。清华简涉及中国传统文化的核心内容，为中国古代文明探索提供了不可多得的出土文献资料，开启了古史研究的新境界。

一、去伪存真　考而后信

孟子曾说："尽信书，则不如无书。"告诫人们对传世文献要善于鉴别真伪，不可盲从。《汉书·艺文志》所提到的《文子》《伊尹说》《力牧》《风后》等书，班固即以"依托"言之。这种托名古人立说的风气，在战国秦汉时期颇为盛行，其后仍有所见。最有名的是东晋梅赜献于朝廷的伪《古文尚书》，在唐代还被作为官方认可的经学读本，堂而皇之流传千年。历经宋元明清学者的不懈努力，才得以揭穿其中晚书二十五篇作为伪书的真面目。

一段时间以来，有的论者从地下出土的简帛佚籍得到启示，于是援此例彼，大胆为梅本古文《尚书》翻案，主张当作可信的史料来使用。所作相关研究，论证疏阔，却不惜臧否前贤，一时相沿成风。直至清华简中发现与梅本相异的真古文《尚书》，局面始得改观。

清华简《尹诰》《说命》即是战国时期流传于世的古文《尚书》，与梅本所见全然不同。《尹诰》又称《咸有一德》，它本是《尚书》中的一篇，秦火之后一度失传，西汉中期重出孔壁，为逸《书》十六篇之一，至西晋永嘉之乱再度散佚。从《书序》《殷本纪》所列《咸有一德》次第看，本篇为伊尹诰

汤之文，与清华简《尹诰》的内容若合符契，构成二者同为一篇文献的二重
证据，说明今传孔传本《尚书》以《咸有一德》为伊尹诰太甲之书必为伪
作。而清华简《说命》即先秦文献多次引用过的古本《说命》，与今本《说
命》从形式到内容都存在着本质差异。从该篇名为《说命》看，主要内容应
该是记录商王武丁对傅说的命辞。"命"作为《尚书》的一种体例，以记载王
者册命、训诫和赏赐大臣的讲话为主，简言之就是王命。《说命》既以"命"
称，自应把武丁命辞放在首位。今观清华简《说命》正是如此，全篇几乎都
是武丁之言，而傅说的讲话只有两句。再看今传本《说命》，中篇几乎全为傅
说之语，上、下篇还占一定篇幅，其字数加起来已超过商王武丁命辞的总
和，主次完全颠倒，体例严重不符。说明今本《说命》只是冒牌货，绝非真
古文。由此人们真正看到先秦时期古文《尚书》的原貌，使前人关于伪《古
文尚书》的意见得到确凿证明，同时表明新阶段对古书的反思，只有科学认
识前人的辨伪成果，辩证分析传统的辨伪方法，正确把握古书的辨伪维度，
才能使重写学术史的工作真正成为经得起事实和历史检验的名山事业。清华
简《尹诰》《说命》的发现，终使一桩千年公案尘埃落定。这是出土文献在古
书辨伪上取得的重大成果，值得大书特书。

　　鉴别古书真伪，评估史料价值，是古史研究的先决条件。对传世文献是
如此，对出土文献亦然。清华简作为战国中期即已流传的出土文献，同样需
要进行可信性研究。不能说凡是出土的都是可信的。出土文献要真正成为研
究上古文明的珍贵史料，由表及里、去伪存真、考而后信的探索过程是必不
可少的。如清华简《耆夜》《保训》形式上为历史叙事，实际并不具有史书性
质。不少人把它们视为王室档案一类的西周文献，以前者为记录武王戡黎之
文，后者为周文王遗言，应该是有问题的。《耆夜》开篇即称："武王八年，
征伐，大戡之。"这种纪年方式与其著作年代颇相关联。事以系年是中国古典
文献的优良传统，这在殷商末年的甲骨金文中即初露端倪。其计时方式大多
为日、月、祀（年）相次，且王年置于文末，个别情况是月序在王年之后。
周初金文略有变化，主要增加月相词语以精确纪日。直至穆共以后，王年始
置篇首，以王年、月序、月相、纪日干支相次，但从不用王号纪年。从现存
文献看，使用王号纪年见于战国时期成书的《国语》和古本《竹书纪年》。作
为时代风气的反映，清华简《耆夜》亦当作于同一时期，应为楚地士人虚拟
的一篇诗教之文。它利用和误解了当时有关传说和文献资料，杜撰了武王伐

黎、周公作《蟋蟀》等历史情节，以增加诗教的力量。清华简《保训》的情况与清华简《耆夜》相类。从清华简《保训》所见语言现象、阴阳观念、中道思想看，都有春秋以后的时代印记，与《逸周书·文传》一样，亦非史官实录的真正的周文王遗言，而是战国前期假借文王名义的托古言事之作。运用它们探索战国时期思想文化的生长机理是有价值的，但用于研究虞夏商周历史则未必适宜。

二、集粹征史　别有进境

上古史研究可资利用的第一手材料是非常稀缺的。商周以前自不必说，即使商周时期发现了大量甲骨金文，也因内容单一难以适应重建古史的需要。至于《尚书》《诗经》作为中国历史上最早的历史文献，其中第一手史料也是凤毛麟角。非常幸运的是，清华简的发现充实了这方面的资料，有利于推动上古史研究的深入。如清华简《厚父》《皇门》《祭公》《芮良夫毖》诸篇，其著作年代与所记史事年代基本同步，或源自西周王室档案，或为时人所撰，具有极高的史料价值。尽管它们在流传过程中，不免发生文字讹误，或有后世加工，但大体保持了初始成篇的面貌。据以集萃征史，别有进境。

清华简《祭公》《皇门》见存于今本《逸周书》中，但《逸周书》错讹甚多，已非原貌。如简本记载祭公身染沉疴，穆王前往探视，躬身问政。当朝三公毕𣓍、井利、毛班亦被召见，聆受诫勉。"毕𣓍、井利、毛班"本为三公人名，传世本却误作"毕桓于黎民般"，致使后世训释离题万里，真义难明。循此考察可知，三公非指太师、太傅、太保，或司徒、司马、司空，乃朝中执政大臣的通称，且不以三人为限，主要由卿士寮、太史寮有关部门的主官组成，或三四人，或五六人，通常有一人为首席执政大臣，总揽百揆。"三公"多来自具有伯爵的畿内封君，而畿外诸侯入为王朝卿士则较为少见。执政大臣大都尊享公爵，通常及身而止，多不世袭，以保持机构政治活力。在周天子享有最高决策权的前提下，西周三公合议制实际行使中央政府职能，具有一定程度的民主执政色彩和优化行政决策的进步作用。又如，清华简《皇门》是一篇以西周原始档案为蓝本，在春秋时期略有加工润色的历史文献。与今传本《逸周书·皇门》一样，简文亦无"皇门"字样，只有"库门"。或谓库门是周制天子五门（皋、库、雉、应、路）的第二道门。实则周制天子三门三朝，而非五门三朝。清华简《皇门》中的库门，当为天子三门

（路门、应门、皋门）中的路门，但在文献流传中却出现了借其音义的"库门""闳门""皇门"等异文。清华简《皇门》作为周公诰辞，大体作于周公后期。篇中周公自称"余一人"，史官以"公若曰"等同"王若曰"领起全篇诰辞，诰辞始终不曾言及成王等事，都不同程度反映了周初复杂政治背景下周公摄政称王的史实。

　　清华简中的《厚父》《芮良夫毖》是两篇不曾传世的西周文献。清华简《厚父》所记周武王与厚父君臣间的对话，不仅代表了周人对早期国家起源的认知，也反映了中国早期民本思想的萌动。过去不少学者认为民本思想是战国时期才有的政治理念，清华简《厚父》说"民心惟本"，表明这种思想以及概念早在西周初年即已产生。简文中表达的君权天赋的国家起源论虽不可信，但从国家伦理的角度看，其中蕴含的平等精神、正义精神、民本精神，却不乏可取之处。特别是立君为民、明德慎罚、民贵君轻等民本思想的核心关切，由周代政治家的倡导与实践，再经儒家的传承与升华，已成为中华政治文化的宏丽精华，其传统价值和积极意义不可低估。关于清华简《芮良夫毖》，其作者未必是芮良夫，很可能是与芮良夫同一时代并具有一定官职的其他贵族。但这并不影响它的史料价值。该篇作为刺讽时政的政治诗，真实反映了西周后期的政治危机和厉王革典的实质。结合清华简《芮良夫毖》等各种文献，全面分析厉世对外战争和统治政策，可以看出无论是国防上轻忽戎患、不修边备，还是内政上专利贪财、残民以逞，都表明周厉王的所作所为已严重突破了国家伦理的基本底线，是一个不折不扣的暴虐之君，而不是一位需要恢复名誉的有作为的改革家。

三、稽古钩沉 拨云见日

　　由于上古史研究第一手材料的匮乏，致使晚出几百年甚至上千年的二手材料也常常被广泛利用。此类文献的制作年代与其记事年代存在巨大的时间差，基本上是后人写作的东西。其形成过程相当复杂，至少有三种可能性，一是依照旧文整理成篇；二是根据传说敷衍成章；三是编织情节杜撰成文。多数情况是真赝杂糅，神话与传说并存，传说与史实交织，极难分辨与取舍。照单全收不能揭示历史真相，弃之不用也容易陷入相对主义的泥淖，化历史为虚无。这种学科上的特殊性，给人们带来巨大困惑。然而，困难需要克服，探索不能中断。通过利用多学科研究手段，严密审查材料，掘发史实素地，稽古钩沉，求真致用，以期拨云见日，文明重光。

　　清华简中也有此类晚出文献，深入研究可以突破旧的知识盲区，形成新的历史认知。如清华简《尹至》《尹诰》等篇是有关商汤名相伊尹的记述，它们未必都是商代文字，但对考索伊尹有关史迹不失为重要资料。王国维说："上古之事传说与史实混而不分。史实之中固不免有所缘饰与传说无异，而传说之中亦往往有史实为之素地，二者不易区别。此世界各国之所同也。"由于甲骨文的发现与证明，终使伊尹渐褪其神话色彩，成为真实的历史人物。但是，传世文献有关伊尹的传说，尽管今有清华简的补充，实际上仍未得到有效证明，本质上还是传说的叠加，不能完全等同于史实。所以利用清华简和别的材料来探索伊尹的族属、出身、德业等史迹，必须对各种传说进行理性考察。研究发现，伊尹并非姒姓的有莘氏人，亦非庖人出身的媵奴，而是因遭洪灾投靠有莘氏的子姓伊氏之长。他促成了殷氏、莘氏、伊氏战略同盟的建立，奠定了推翻夏桀统治的政治军事基础。在夏朝贵族国家体制下，伊尹往来夏商之间属于正常的政治活动，而不可视为间谍行为。他佐助商汤完成了灭夏兴殷的大业，故以同姓先旧身份在殷人祀谱中享有崇高地位。清华简《程寤》在今本《逸周书》中有目无文，今得完篇，弥足珍贵。简文叙述太姒做梦、文王占梦、太子发受诫等内容，与文献艳称的文王受命有关。从清华简《程寤》所见月相计时方式、明堂占卜制度、语言特征等方面来看，它并非出自先周或周初史官之手，很可是数百年后根据传说资料编撰的作品。顾颉刚先生认为，传说也是一种史料，清华简《程寤》有关文王占梦受命的传说可作如是观。所谓文王受命，既非受殷王嗣立之命，亦非受封西伯之命，而是受皇天上帝之命以取代殷人对天下的统治。文王受命、称王、改元三位一体，奏响了东进伐商的序曲。文王受命凡七年，五伐殷商与国，未及接商而终。武王于文王七年即位，承其纪年，继其遗志，于十一年告成伐纣之功。周人取代大邦殷成为新的天下共主，从而揭开了中国古代文明持续向前发展的历史新篇。

　　清华简《金縢》系近年出土的重要经学文献之一。与今本《尚书·金縢》相较，不仅内容大致相合，而且有些异文对解决有关历史问题提供了新的线索。《金縢》虽为今文尚书，但在历史上也有人目为伪书。宋代程颐、王廉颇疑《金縢》非圣人之书，清人袁枚甚至认为它是汉代伪造的。如今清华简的发现，证明《金縢》绝非伪书，而是在春秋前期即已形成文字的一篇作品，但不能因为它的晚出而完全否定其历史叙事的真实性。结合相关文献对《金縢》竹书本和传世本细加考析，证明武王开国在位三年、周公居东即东征等说法是真实可信的。竹书本与传世本互有歧异，各见优长。只有对不同传本细加考证，同中析异，异中求真，才能较好发掘不同类型文献的史料价值。清华简《楚居》是战国中期楚人自己撰作的一篇重要文献。篇中记述楚先、楚君的居邑及其迁徙，远较传世文献为详，传说与史实并存，旧闻与新知共见。就其所述战国时期楚人居邑状况来说，清华简《楚居》不失为当时人的作品，但涉及楚人的族源地问题，它实际上也成了传说资料，需要结合其他文献详加考察。从清华简《楚居》郳山、乔山、京宗等地名所涉地域看，季连部落当起源于中原洛阳一带。其后北迁殷商腹地方山，盘桓楚丘一带，与殷王室保持着密切关系。殷商末年，为避祸殃，楚人的一支在穴熊带领下，沿黄河西进，复归故地京宗，暂作开拓江汉的据点。待周初熊绎之时，楚人南迁丹水之阳，立国江汉，终成真正代表芈姓楚族的南方大国。

　　清华简是一次惊人发现，资料尚在陆续整理公布之中。它是一座富矿，值得学者付出艰辛，深入开掘，以推进传统文化的传承与创新。

（原载《光明日报》2020 年 12 月 2 日，
后收入《从考古看中国》一书略有增益）

参考文献

一、古典文献类

《春秋公羊传注疏》，阮元校刻：《十三经注疏》，中华书局，1980。

《春秋谷梁传注疏》，阮元校刻：《十三经注疏》，中华书局，1980。

《春秋左传正义》，阮元校刻：《十三经注疏》，中华书局，1980。

《尔雅注疏》，阮元校刻：《十三经注疏》，中华书局，1980。

《国语》，上海师范大学古籍整理研究所校点，上海古籍出版社，1988。

《礼记正义》，阮元校刻：《十三经注疏》，中华书局，1980。

《论语注疏》，阮元校刻：《十三经注疏》，中华书局，1980。

《毛诗正义》，阮元校刻：《十三经注疏》，中华书局，1980。

《孟子注疏》，阮元校刻：《十三经注疏》，中华书局，1980。

《尚书正义》，阮元校刻：《十三经注疏》，中华书局，1980。

《孝经注疏》，阮元校刻：《十三经注疏》，中华书局，1980。

《仪礼注疏》，阮元校刻：《十三经注疏》，中华书局，1980。

《周礼注疏》，阮元校刻：《十三经注疏》，中华书局，1980。

《周易正义》，阮元校刻：《十三经注疏》，中华书局，1980。

（战国）吕不韦著、陈奇猷校释：《吕氏春秋新校释》，上海古籍出版社，2002。

（汉）班固：《汉书》，中华书局，1962。

（汉）伏生撰、（汉）郑玄注、（清）孙之骒辑：《尚书大传》，《景印文渊阁四库全书》第68册，商务印书馆，1986。

（汉）韩婴撰、许维遹校释：《韩诗外传集释》，中华书局，1980。

（汉）刘向：《古列女传》，《景印文渊阁四库全书》第448册，商务印书馆，1986。

（汉）司马迁：《史记》，中华书局，1959。

（汉）宋衷注、（清）秦嘉谟等辑：《世本八种》，中华书局，2008。

（汉）许慎撰、（清）段玉裁注：《说文解字注》，上海书店，1992。

（魏）何晏注、（梁）皇侃义疏：《论语集解义疏》，商务印书馆，1935。

（晋）陈寿：《三国志》，中华书局，1959。

（晋）杜预：《春秋释例》，中国社会科学出版社，2021。

（南朝·宋）范晔：《后汉书》，中华书局，1965。

（北魏）郦道元注，（清）杨守敬、熊会贞疏：《水经注疏》，江苏古籍出版社，1989。

（北魏）郦道元著、陈桥驿校证：《水经注校证》，中华书局，2007。

（北齐）魏收：《魏书》，中华书局，1974。

（隋）虞世南：《北堂书钞》，天津古籍出版社，1988。

（唐）杜佑：《通典》，王文锦等点校，中华书局，1988。

（唐）房玄龄等：《晋书》，中华书局，1974。

（唐）李鼎祚：《周易集解》，《景印文渊阁四库全书》第 7 册，商务印书馆，1986。

（唐）李吉甫：《元和郡县图志》，贺次君点校，中华书局，1983。

（唐）林宝：《元和姓纂（附四校记）》，岑仲勉校记，中华书局，1994。

（唐）柳宗元：《柳河东集》，《景印文渊阁四库全书》第 1076 册，商务印书馆，1986。

（唐）陆德明：《经典释文》，上海古籍出版社，1985。

（唐）魏征等：《隋书》，中华书局，1973。

（宋）蔡沈：《书经集传》，中国书店，1984。

（宋）洪兴祖：《楚辞补注》，白化文等点校，中华书局，1983。

（宋）金履祥：《资治通鉴前编》，《景印文渊阁四库全书》第 332 册，商务印书馆，1986。

（宋）乐史：《太平寰宇记》，王文楚等点校，中华书局，2007。

（宋）李昉等：《太平御览》，中华书局，1960。

（宋）罗泌：《路史》，《景印文渊阁四库全书》第 383 册，商务印书馆，1986。

（宋）欧阳修、宋祁：《新唐书》，中华书局，1975。

（宋）欧阳修：《欧阳文忠公文集》，商务印书馆，1922。

（宋）司马光：《资治通鉴》，中华书局，1956。

（宋）宋敏求：《长安志》，辛德勇、朗杰点校，三秦出版社，2013。

（宋）苏辙：《古史》，《景印文渊阁四库全书》第 371 册，商务印书馆，1986。

（宋）王溥：《唐会要》，上海古籍出版社，2006。

（宋）王应麟：《诗地理考》，《景印文渊阁四库全书》第 75 册，商务印书馆，1986。

（宋）郑樵：《通志》，中华书局，1987。

（宋）朱熹：《诗经集传》，《景印文渊阁四库全书》第 72 册，商务印书馆，1986。

（宋）朱熹：《朱子语类》，王星贤点校，中华书局，1986。

（元）董鼎：《书传辑录纂注》，《景印文渊阁四库全书》第 61 册，商务印书馆，1986 年。

（明）王夫之：《船山全书》，岳麓书社，1998。

（清）毕沅：《关中胜迹图志》，张沛校点，三秦出版社，2004。

（清）陈奂：《诗毛氏传疏》，中国书店，1984。

（清）崔述：《崔东壁遗书》，上海古籍出版社，1983。

（清）戴震：《戴震集》，上海古籍出版社，2009。

（清）方浚益：《缀遗斋彝器考释》，商务印书馆，1935。

（清）方玉润：《诗经原始》，李先耕点校，中华书局，1986。

（清）高士奇：《春秋地名考略》，《景印文渊阁四库全书》第 176 册，商务印书馆，1986。

（清）顾炎武著、黄汝成集释：《日知录集释》，栾保群、吕宗力校点，上海古籍出版社，2006。

（清）顾祖禹：《读史方舆纪要》，贺次君、施和金点校，中华书局，2005。

（清）胡渭：《禹贡锥指》，上海古籍出版社，2006。

（清）江永：《春秋地理考实》，《景印文渊阁四库全书》第 181 册，商务印书馆，1986。

（清）雷学淇：《竹书纪年义证》，修缮堂书店，1933。

（清）梁玉绳：《史记志疑》，中华书局，1981。

（清）梁玉绳等：《史记汉书诸表订补十种》，中华书局，1982。

（清）马瑞辰：《毛诗传笺通释》，陈金生点校，中华书局，1989。

（清）牟庭：《同文尚书》，齐鲁书社，1981。

（清）穆彰阿、潘锡恩等纂修：《大清一统志》，上海古籍出版社，2008。

（清）皮锡瑞：《今文尚书考证》，盛冬铃、陈抗点校，中华书局，1989。

（清）邵泰衢：《史记疑问》，《景印文渊阁四库全书》第 248 册，商务印书馆，1986。

（清）孙星衍：《尚书今古文注疏》，陈抗、盛冬铃点校，中华书局，1986。

（清）孙诒让：《大戴礼记斠补》，雪克点校，齐鲁书社，1988。

（清）孙诒让：《墨子间诂》，孙启治点校，中华书局，2001。

（清）孙诒让：《周礼正义》，王文锦、陈玉霞点校，中华书局，1987。

（清）汪中：《述学校笺》，李金松校笺，中华书局，2014。

（清）王夫之：《宋论》，商务印书馆，1936。

（清）王念孙：《读书杂志》，徐炜君等点校，上海古籍出版社，2014。

（清）王念孙：《广雅疏证》，江苏古籍出版社，1984。

（清）王聘珍：《大戴礼记解诂》，王文锦点校，中华书局，1983。

（清）王先谦：《释名疏证补》，上海古籍出版社，1984。

（清）王先谦：《荀子集解》，沈啸寰、王星贤点校，中华书局，2013。

（清）王先慎：《韩非子集解》，钟哲点校，中华书局，1998。

（清）魏源：《魏源全集》，岳麓书社，2004。

（清）吴大澂：《说文古籀补录》，清光绪二十四年（1898 年）增辑本。

（清）阎若璩：《潜邱札记》，《景印文渊阁四库全书》第 859 册，商务印书馆，1986 年。

（清）阎若璩：《尚书古文疏证》，上海古籍出版社，2010。

（清）阎若璩：《四书释地》，《景印文渊阁四库全书》第 210 册，商务印书馆，1986。

（清）俞樾：《九九销夏录》，崔高维点校，中华书局，1995。

（清）俞樾：《群经平议》，《续修四库全书》编纂委员会：《续修四库全书》第 178 册，上海古籍出版社，2002。

（清）赵翼：《廿二史札记》，中国书店，1987。

范祥雍：《古本竹书纪年辑校订补》，上海古籍出版社，2018。

方诗铭、王修龄：《古本竹书纪年辑证》修订本，上海古籍出版社，2005。

高永旺译注：《穆天子传》，中华书局，2019。

顾颉刚、刘起釪：《尚书校释译论》，中华书局，2005。

胡吉宣：《玉篇校释》，上海古籍出版社，1989。

黄怀信：《大戴礼记汇校集注》，三秦出版社，2005。

黄怀信、张懋镕、田旭东：《逸周书汇校集注》修订本，上海古籍出版社，2007。

屈守元：《韩诗外传笺疏》，巴蜀书社，1996。

屈万里：《尚书集释》，中西书局，2014。

王贻梁、陈建敏：《穆天子传汇校集释》，华东师范大学出版社，1994。

闻一多：《楚辞校补》，巴蜀书社，2002。

吴闿生：《诗义会通》，中西书局，2012。

徐元诰：《国语集解》，王树民、沈长云点校，中华书局，2002。

徐宗元：《帝王世纪辑存》，中华书局，1964。

许维遹：《吕氏春秋集释》，中华书局，2009。

杨伯峻：《列子集释》，中华书局，1979。

袁珂：《山海经校译》，上海古籍出版社，1985。

正德《汝州志》，上海古籍书店，1962。

周祖谟：《广韵校本》，中华书局，2004。

二、出土文献类

曹玮：《周原甲骨文》，世界图书出版公司北京公司，2002。

陈汉平：《金文编订补》，中国社会科学出版社，1993。

陈梦家：《西周铜器断代》，中华书局，2004。

陈梦家：《殷虚卜辞综述》，科学出版社，1988。

董作宾：《甲骨文断代研究例》，刘梦溪主编：《中国现代学术经典·董作宾卷》，河北教育出版社，1996。

杜勇、沈长云：《金文断代方法探微》，人民出版社，2002。

高明、涂白奎：《古文字类编》增订本，上海古籍出版社，2008。

郭沫若：《金文丛考》，人民出版社，1954。

郭沫若：《两周金文辞大系图录考释》，科学出版社，1957。

郭沫若主编：《甲骨文合集》，中华书局，1978—1982。

何琳仪：《战国古文字典》，中华书局，2004。

湖北省荆沙铁路考古队：《包山楚简》，文物出版社，1991。

湖北省文物考古所、北京大学中文系：《望山楚简》，中华书局，1995。

荆门市博物馆：《郭店楚墓竹简》，文物出版社，1998。

李孝定：《甲骨文字集释》，"中央研究院"历史语言研究所，1970。

李学勤、齐文心、［英］艾兰编：《英国所藏甲骨集》，中华书局，1985、1992。

李学勤、王宇信：《周原卜辞选释》，中山大学古文字研究室编：《古文字研究》第 4 辑，中华书局，1980。

李学勤主编：《清华大学藏战国竹简（二）》，中西书局，2011。

李学勤主编：《清华大学藏战国竹简（三）》，中西书局，2012。

李学勤主编：《清华大学藏战国竹简（五）》，中西书局，2015。

李学勤主编：《清华大学藏战国竹简（一）》，中西书局，2010。

刘雨、卢岩：《近出殷周金文集录》，中华书局，2002。

刘雨、严志斌：《近出殷周金文集录二编》，中华书局，2010。

马承源主编：《商周青铜器铭文选》，文物出版社，1986—1990。

马承源主编：《上海博物馆藏战国楚竹书（二）》，上海古籍出版社，2002。

马承源主编：《上海博物馆藏战国楚竹书（三）》，上海古籍出版社，2005。

马承源主编：《上海博物馆藏战国楚竹书（一）》，上海古籍出版社，2001。

屈万里：《殷墟文字甲编考释》，"中央研究院"历史语言研究所，1961。

容庚：《金文编》，中华书局，1985。

商承祚：《战国楚竹书汇编》，齐鲁书社，1995。

吴镇烽：《商周青铜器铭文暨图像集成》，上海古籍出版社，2012。

吴镇烽：《商周青铜器铭文暨图像集成续编》，上海古籍出版社，2016。

徐锡台：《周原甲骨文综述》，三秦出版社，1987。

姚孝遂主编：《殷墟甲骨刻辞类纂》，中华书局，1989。

于省吾：《甲骨文字释林》，中华书局，1979。

于省吾主编：《甲骨文字诂林》，中华书局，1996。

张亚初：《殷周金文集成引得》，中华书局，2001。

中国科学院考古研究所编：《美帝国主义劫掠的我国殷周铜器集录》，科学出版社，1962。

中国社会科学院考古研究所编：《小屯南地甲骨》，中华书局，1980。

中国社会科学院考古研究所：《殷墟花园庄东地甲骨》，云南人民出版社，2003。

中国社会科学院考古研究所编：《殷周金文集成》，中华书局，1984—1994。

钟柏生等编：《新收殷周青铜器铭文暨器影汇编》，艺文印书馆，2006。

三、考古发现类

宝鸡茹家庄西周墓发掘队：《陕西省宝鸡市茹家庄西周墓发掘简报》，《文物》1976年第4期。

北京大学考古文博学院：《陕西彬县、淳化等县商时期遗址调查》，《考古》2001年第9期。

北京大学考古专业商周考古组等：《晋豫鄂三省考古调查简报》，《文物》1982年第7期。

程欣人：《随县涢阳出土楚、曾、息青铜器》，《江汉考古》1980年第1期。

程长新：《北京市顺义县牛栏山出土一组周初带铭青铜器》，《文物》1983年第11期。

傅永魁：《洛阳东郊西周墓发掘简报》，《考古》1959年第4期。

甘肃省博物馆文物队、灵台县文化馆：《甘肃灵台西周墓葬》，《考古》1976年第1期。

固始侯古堆一号墓发掘组：《河南固始侯古堆一号墓发掘简报》，《文物》1981年第1期。

郭宝钧：《浚县辛村》，科学出版社，1964。

郭长江等：《曾公畎编钟铭文初步释读》，《江汉考古》2020 年第 1 期。

郭长江等：《嬭加编钟的初步释读》，《江汉考古》2019 年第 3 期。

韩辉等：《曲阜鲁国故城考古工作取得重要成果》，《中国文物报》2017 年 3 月 10 日，第 5 版。

河南省文物局南水北调文物保护办公室、南阳市文物考古研究所：《河南南阳夏饷铺鄂国墓地 M5、M6 发掘简报》，《江汉考古》2020 年第 3 期。

河南省文物研究所、河南省丹江库区考古发掘队、淅川县博物馆：《淅川下寺春秋楚墓》，文物出版社，1991。

湖北省博物馆：《楚都纪南城的勘查与发掘》，《考古学报》1982 年第 3、4 期。

湖北省文物考古研究所、随州市博物馆：《随州文峰塔 M1（曾侯與墓）、M2 发掘简报》，《江汉考古》2014 年第 4 期。

黄益飞、谢尧亭：《大河口墓地 M6096 出土刉盆铭文简释》，《文物》2020 年第 1 期。

贾效孔：《山东寿光县新发现一批纪国铜器》，《文物》1985 年第 3 期。

喀左县文化馆、朝阳地区博物馆、辽宁省博物馆北洞文物发掘小组：《辽宁省喀左县北洞村出土的殷周青铜器》，《考古》1974 年第 6 期。

雷兴山：《先周文化探索》，科学出版社，2010。

李步青：《烟台市上夼村出土虘国铜器》，《考古》1983 年第 4 期。

李学勤、唐云明：《元氏铜器与西周的邢国》，《考古》1979 年第 1 期。

辽宁省博物馆、朝阳地区博物馆：《辽宁喀左县北洞村发现殷代青铜器》，《考古》1973 年第 4 期。

临朐县文化馆：《山东临朐发现齐、鄢、曾诸国铜器》，《文物》1983 年第 12 期。

罗西章：《扶风沟原发现叔赵父禹》，《考古与文物》1982 年第 4 期。

罗西章：《陕西扶风发现西周厉王㝬簋》，《文物》1979 年第 4 期。

罗西章、吴镇烽、雒忠如：《陕西扶风出土西周伯㿩诸器》，《文物》1976 年第 6 期。

洛阳博物馆：《洛阳北瑶西周墓清理记》，《考古》1972 年第 2 期。

庞怀清等：《陕西岐山县董家村西周重要铜器窖穴发掘报告》，《文物》1976 年第 5 期。

热河省博物馆筹备组：《热河凌源县海岛营子村发现的古代青铜器》，《文物参考资料》1955 年第 8 期。

山东省文物考古研究所：《山东高青县陈庄西周遗存发掘简报》，《考古》2011 年第 2 期。

山东省文物考古研究所：《山东高青县陈庄西周遗址》，《考古》2010 年第 8 期。

山东省文物考古研究所等：《曲阜鲁国故城》，齐鲁书社，1982。

山西省考古研究所、临沂市文物局、翼城县文物旅游局联合考古队，山西大学北方考古研究中心：《山西翼城大河口西周墓地 1017 号墓发掘》，《考古学报》2018 年第 1 期。

陕西省博物馆、陕西文物管理委员会编：《扶风齐家村青铜器群》，文物出版社，1963。

陕西省考古研究所、宝鸡市考古工作队、眉县文化馆联合考古队：《陕西眉县杨家村西周青铜器窖藏》，《考古与文物》2003 年第 3 期。

陕西省考古研究院、渭南市文物保护考古研究所、韩城市文物旅游局：《陕西韩城梁带村墓地北区 2007 年发掘简报》，《文物》2010 年第 6 期。

陕西省考古研究院商周考古研究室：《2008—2017 年陕西夏商周考古综述》，《考古与文物》2018 年第 5 期。

陕西省文物局、中华世纪坛艺术馆编：《盛世吉金——陕西宝鸡眉县青铜器窖藏》，北京出版社，2003。

陕西周原考古队：《扶风刘家姜戎墓葬发掘简报》，《文物》1984 年第 7 期。

陕西周原考古队：《陕西岐山凤雏村西周建筑基址发掘简报》，《文物》1979 年第 10 期。

陕西周原考古队：《陕西岐山凤雏村发现周初甲骨文》，《文物》1979 年第 10 期。

陕西周原考古队：《扶风召陈西周建筑群基址发掘简报》，《文物》1981 年第 3 期。

田岸：《曲阜鲁城勘探》，《文物》1982 年第 12 期。

田海峰：《湖北枣阳县又发现曾国铜器》，《江汉考古》1983 年第 3 期。

万树瀛：《滕县后荆沟出土不其簋等青铜器群》，《文物》1981 年第 9 期。

王世民、陈公柔、张长寿：《西周青铜器分期断代研究》，文物出版社，

1999。

王巍、徐良高：《先周文化的考古学探索》，《考古学报》2000 年第 3 期。

吴镇烽：《金文人名汇编》，中华书局，2006。

吴镇烽：《近年新出现的铜器铭文》，《文博》2008 年第 2 期。

西北大学文化遗产学院：《陕西彬县商周时期遗址考古调查》，《中国历史博物馆馆刊》2016 年第 3 期。

夏商周断代工程朝歌遗址调查组：《1998 年鹤壁市、淇县晚商遗址考古调查报告》，《华夏考古》2006 年第 1 期。

襄樊市考古队、湖北省文物考古研究所、湖北孝感高速公路考古队编著：《枣阳郭家庙曾国墓地》，科学出版社，2005。

叶万松、张剑：《1975—1979 年洛阳北窑西周铸铜遗址的发掘》，《考古》1983 年第 5 期。

张长寿、陈公柔、王世民：《西周青铜器分期断代研究》，文物出版社，1999。

张长寿、卢连成：《长安张家坡西周井叔墓发掘简报》，《考古》1986 年第 1 期。

张长寿：《商周考古论集》，文物出版社，2007。

中国科学院考古研究所、北京文物管理处等：《北京附近发现的西周奴隶殉葬墓》，《考古》1974 年第 5 期。

中国社会科学院考古研究所、北京市文物研究所、北京大学考古系琉璃河考古队：《琉璃河遗址 1996 年度发掘简报》，《文物》1997 年第 6 期。

中国社会科学院考古研究所、北京市文物研究所琉璃河考古队：《北京琉璃河 1193 号大墓发掘简报》，《考古》1990 年第 1 期。

中国社会科学院考古研究所：《1997 年沣西发掘报告》，《考古学报》2000 年第 2 期。

中国社会科学院考古研究所：《南邠州·碾子坡》，世界图书出版公司北京公司，2007。

中国社会科学院考古研究所：《武功发掘报告——浒西庄与赵家来遗址》，文物出版社，1988。

中国社会科学院考古研究所：《中国考古学·两周卷》，中国社会科学出版社，2004。

中国社会科学院考古研究所：《中国考古学·夏商卷》，中国社会科学出版社，2003。

中国社会科学院考古研究所：《中国考古学·新石器时代卷》，中国社会科学出版社，2010。

中国社会科学院考古研究所、陕西省考古研究院、西安市周秦都城遗址保护管理中心：《丰镐考古八十年》，科学出版社，2016。

中国社会科学院考古研究所安阳工作队：《安阳殷墟五号墓的发掘》，《考古学报》1977年第2期。

中国社会科学院考古研究所沣西发掘队：《长安张家坡西周井叔墓发掘简报》，《考古》1986年第1期。

中国社会科学院考古研究所泾渭工作队：《陕西彬县断泾遗址发掘报告》，《考古学报》1999年第1期。

中国社会科学院考古研究所泾渭工作队：《陕西长武碾子坡先周文化遗址发掘纪略》，《考古》编辑部：《考古学集刊》第6集，中国社会科学出版社，1989。

周文：《新出土的几件西周铜器》，《文物》1972年第7期。

四、今人论著类

B

北京师范大学国学研究所编：《武王克商之年研究》，北京师范大学出版社，1997。

C

蔡运章：《召公奭世系初探》，《西周史研究》（《人文杂志》丛刊第2辑），1984年。

蔡运章：《周初金文与武王定都洛邑——兼论武王伐纣的往返日程问题》，《中原文物》1987年第3期。

曹定云、刘一曼：《殷墟花园庄东地出土甲骨卜辞中的"中周"与早期殷周关系》，《考古》2005年第9期。

曹定云：《"妇好"乃"子方"之女》，《庆祝苏秉琦考古五十五年论文集》编辑组编：《庆祝苏秉琦考古五十五年论文集》，文物出版社，1989。

曹定云：《"亚其考"——殷墟妇好墓器物铭文探讨》，文物编辑委员会编：《文物集刊》第 2 辑，文物出版社，1980。

曹定云：《殷代的"竹"和"孤竹"》，《华夏考古》1988 年第 3 期。

曹建国：《昭王南征诸事辩考》，《阜阳师范学院学报》2003 年第 5 期。

曹淑琴、殷玮璋：《亚吴铜器及其相关问题》，《中国考古学研究论集》编委会编：《中国考古学研究——夏鼐先生考古五十年纪念文集》，文物出版社，1986。

常金仓：《二十世纪古史研究反思录》，中国社会科学出版社，2005。

常玉芝：《论商代王位继承制》，《中国史研究》1992 年第 4 期。

常玉芝：《商代的周祭制度》，线装书局，2009。

晁福林：《〈诗经〉学史上的一段公案——兼论消隐在历史记忆中的邶、鄘两国》，《历史文献研究》总第 27 辑，华东师范大学出版社，2008。

晁福林：《〈史墙盘〉铭文补释——兼论"成康之治"》，《学术月刊》2019 年第 11 期。

晁福林：《从上博简〈诗论〉看文王"受命"及孔子的天道观》，《北京师范大学学报》（社会科学版）2006 年第 2 期。

晁福林：《论图腾》，《学习与探索》1990 年第 3 期。

晁福林：《清华简〈系年〉与两周之际史事的重构》，《历史研究》2013 年第 6 期。

陈昌远、陈隆文：《"三监"人物疆地及其地望辨析》，《河南大学学报》（社会科学版）2005 年第 2 期。

陈昌远：《从〈利簋〉谈有关武王伐纣的几个问题》，《河南师大学报》（社会科学版）1980 年第 4 期。

陈昌远：《牧野之战"牧野"地望发微》，《河南师范大学学报》（社会科学版）1998 年第 5 期。

陈昌远：《有关周公营洛邑的几个问题》，中国先秦史学会秘书处编：《中国古代史论丛》第 8 辑，福建人民出版社，1983。

陈昌远：《再谈武王伐纣进军路线》，《河南大学学报》（社会科学版）1988 年第 4 期。

陈恩林：《鲁、齐、燕的始封及燕与邶的关系》，《历史研究》1996 年第 4 期。

陈恩林：《先秦军事制度研究》，吉林文史出版社，1991。

陈汉平：《西周册命制度研究》，学林出版社，1980。

陈絜：《浅谈荣仲方鼎的定名及其相关问题》，《中国历史文物》2008 年第 2 期。

陈絜：《商周姓氏制度研究》，商务印书馆，2007。

陈梦家：《寿县蔡侯墓铜器》，《考古学报》1956 年第 2 期。

陈槃：《春秋大事表列国爵姓及存灭表撰异》三订本，上海古籍出版社，2009。

陈平：《克罍、克盉铭文及其有关问题》，《考古》1991 年第 9 期。

陈全方：《早周都城岐邑初探》，《文物》1979 年第 10 期。

陈全方：《周原出土陶文研究》，《文物》1985 年第 3 期。

陈斯鹏：《论周原甲骨和楚系简帛中的"囟"与"思"——兼论卜辞命辞的性质》，《文史》2006 年第 1 辑。

陈颖飞：《清华简井利与西周井氏之井公、井侯、井伯》，李学勤主编：《出土文献》第 2 辑，中西书局，2011。

陈云鸾：《西周菁京新考》，《中华文史论丛》1980 年第 1 辑。

程浩：《清华简〈摄命〉的性质与结构》，《清华大学学报》（哲学社会科学版）2018 年第 5 期。

程平山：《两周之际"二王并立"历史再解读》，《历史研究》2015 年第 6 期。

程平山：《秦襄公、文公年代事迹考》，《历史研究》2013 年第 5 期。

程平山：《唐叔虞至晋武公年代事迹考》，《文史》2015 年第 3 辑。

崔盈科：《姜嫄之传说和事略及其墓地的假定》，顾颉刚编著：《古史辨》第 2 册，上海古籍出版社，1982。

D

代生：《清华简〈系年〉所见两周之际史事说》，《学术界》2014 年第 11 期。

戴春阳：《礼县大堡子山秦公墓地及有关问题》，《文物》2000 年第 5 期。

丁山：《商周史料考证》，中华书局，1988。

丁山：《由三代都邑论其民族文化》，《中央研究院历史语言研究所集刊》1935 年第 5 本第 1 分。

丁山：《召穆公传》，《中央研究院历史语言研究所集刊》1930 年第 2 本第 1 分。

董作宾：《武王伐纣年月日今考》，《文史哲学报》1951 年第 3 期。

杜维运：《史学方法论》，北京大学出版社，2006。

杜勇、孔华：《从清华简〈系年〉说康叔的始封地问题》，《管子学刊》2017 年第 2 期。

杜勇、孔华：《关于邶鄘卫与涞水北国的地理纠葛》，《中原文化研究》2016 年第 3 期。

杜勇：《〈尚书〉周初八诰研究》增订本，中国社会科学出版社，2017。

杜勇：《〈诗经·六月〉与金文莽京的地理问题》，《中国史研究》2018 年第 3 期。

杜勇：《安州六器与麦氏四器年代考辨》，《管子学刊》2001 年第 4 期。

杜勇：《不其簋史地探赜》，《天津师范大学学报》（社会科学版）2016 年第 5 期。

杜勇：《曾公𪒠编钟破解康宫难题》，《中国社会科学报》2020 年 6 月 8 日，第 5 版。

杜勇：《从井氏采邑看西周世卿制度的尊贤功能》，《古代文明》2018 年第 4 期。

杜勇：《关于令方彝的年代问题》，《中国史研究》2001 年第 2 期。

杜勇：《关于鲁、燕、齐始封年代的考察》，《大陆杂志》1998 年第 3 期。

杜勇：《关于沬司土疑簋考释的几个问题》，《西华师范大学学报》（哲学社会科学版）2018 年第 3 期。

杜勇：《金文"生称谥"新解》，《历史研究》2002 年第 3 期。

杜勇：《令簋、禽簋中的"伐楚"问题》，《中国历史文物》2002 年第 2 期。

杜勇：《论〈禹贡〉梁州相关诸问题》，《天津师范大学学报》（社会科学版）2008 年第 2 期。

杜勇：《千亩之战析疑》，《中原文化研究》2021 年第 5 期。

杜勇：《清华简〈楚居〉所见楚人早期居邑考》，《中国国家博物馆馆刊》2013 年第 11 期。

杜勇：《清华简〈皇门〉的制作年代及相关史事问题》，《中国史研究》

2018 年第 3 期。

杜勇：《清华简〈祭公〉与西周三公之制》，《历史研究》2014 年第 4 期。

杜勇：《清华简〈摄命〉人物关系辨析》，《中原文化研究》2020 年第 3 期。

杜勇：《清华简与古史探赜》，科学出版社，2018。

杜勇：《说甲骨文中的蜀国地望》，《殷都学刊》2005 年第 1 期

杜勇：《武王伐纣日谱的重新构拟》，《古代文明》2020 年第 1 期。

杜勇：《西周"共和行政"历史真相新探》，《人文杂志》2019 年第 5 期。

杜勇：《盂伐鬼方新考》，《中国社会科学报》2021 年 10 月 25 日。

杜勇：《鄙非二支辨》，《天津师范大学学报》（社会科学版） 2018 年第 3 期。

杜勇：《中国早期国家的形成与国家结构》，中国社会科学出版社，2013。

杜勇：《中华文明五千年的学理问题》，《中原文化研究》2018 年第 3 期。

杜正胜：《古代社会与国家》，允晨文化实业股份有限公司，1992。

杜正胜：《略论殷遗民的遭遇与地位》，《"中央研究院"历史语言研究所集刊》1982 年第 53 本第 4 分。

杜正胜：《周代城邦》，联经出版事业公司，1979。

杜正胜：《西周封建的特质》，中华文化复兴运动推行委员会主编：《中国史学论文选集》第 4 辑，幼狮文化事业公司，1981。

段连勤：《犬戎历史始末述——论犬戎的族源、迁徙及同西周王朝的关系》，《民族研究》1989 年第 5 期。

马楠：《清华简〈摄命〉初读》，《文物》2018 年第 9 期。

F

法学教材编辑部：《外国法制史资料选编》，北京大学出版社，1982。

范文澜：《中国通史》第 1 册，人民出版社，1978。

方勤：《曾国历史的考古学观察》，《江汉考古》2014 年第 4 期。

冯金忠：《孤竹国研究的回顾与思考》，《文物春秋》2014 年第 3 期。

傅斯年：《大东小东说——兼论鲁燕齐初封在成周东南后乃东迁》，《中央研究院历史语言研究所集刊》1930 年第 2 本第 1 分。

G

高明：《略论周原甲骨文的族属》，《考古与文物》1984 年第 5 期。

葛剑雄：《中国人口史》第 1 卷，复旦大学出版社，2002。

葛毅卿：《说滴》，《中央研究院历史语言研究所集刊》1938 年第 7 本第 4 分。

耿铁华：《关于西周监国制度的几件铜器》，《考古与文物》1985 年第 4 期。

宫长为：《西周三公辨析》，《吉林师范学院学报》1994 年第 4 期。

龚维英：《周昭王南征史实索隐》，《人文杂志》1984 年第 6 期。

顾颉刚：《"三监"人物及其疆地》，中华书局编辑部编：《文史》第 22 辑，中华书局，1984。

顾颉刚：《顾颉刚民俗学论集》，上海文艺出版社，1998。

顾颉刚：《顾颉刚全集》第 2 册《顾颉刚古史论文集》卷 2，中华书局，1988。

顾颉刚：《顾颉刚全集》第 9 册《顾颉刚古史论文集》卷 9，中华书局，2011。

顾颉刚：《三监的结局》，中华书局编辑部编：《文史》第 30 辑，中华书局，1988。

顾颉刚：《史林杂识》，中华书局，1963。

顾颉刚：《徐和淮夷的迁、留——周公东征史事考证四之五》，中华书局编辑部编：《文史》第 32 辑，中华书局，1990。

顾颉刚编著：《古史辨》第 2 册，上海古籍出版社，1982。

顾颉刚编著：《古史辨》第 3 册，上海古籍出版社，1982。

顾铁符：《信阳一号楚墓的地望与人物》，《故宫博物院院刊》1979 年第 2 期。

郭静云：《商周虎方和卢方：两国空间范围考》，《南方文物》2014 年第 4 期。

郭克煜等：《鲁国史》，人民出版社，1994。

郭沫若：《跋江陵与寿县出土铜器群》，《考古》1963 年第 4 期。

郭沫若：《〈班簋〉的再发现》，《文物》1972 年第 9 期。

郭沫若：《郭沫若全集·考古编》第二卷，科学出版社，1982。

郭沫若：《郭沫若全集·历史编》第三卷，人民出版社，1982。

郭沫若主编：《中国史稿》，人民出版社，1976。

H

韩建业：《殷墟西区墓地分析》，《考古》1997 年第 1 期。

何光岳：《孤竹的来源和迁徙》，《黑龙江民族丛刊》1991 年第 2 期。

何景成：《商周青铜器族氏铭文研究》，齐鲁书社，2009。

何双全：《天水放马滩秦墓出土地图初探》，《文物》1989 年第 2 期。

何幼琦：《召伯其人及其家世》，《江汉考古》1991 年第 4 期。

侯仁之：《关于古代北京的几个问题》，《文物》1959 年第 9 期。

胡方恕：《略论西周宣王改革》，《东北师大学报》（哲学社会科学版）1985 年第 6 期。

胡厚宣：《殷代婚姻家族宗法生育制度考》，《甲骨学商史论丛初集（外一种）》，河北教育出版社，2002。

胡平生：《阜阳汉简〈年表〉整理札记》，文物研究编辑部编：《文物研究》第 7 辑，黄山书社，1991。

胡子尧、井中伟：《周代申国考辨及其相关问题》，《考古》2021 年第 3 期。

黄国辉：《江陵"北子"器所见人物关系及宗法史实》，《历史研究》2011 年第 2 期。

黄锦前：《京师畯尊读释》，《文物春秋》2017 年第 1 期。

黄锦前：《释师雍父诸器的一组地名》，中国文化遗产研究院编：《出土文献研究》第 17 辑，中西书局，2018。

黄盛璋：《关于柞伯鼎关键问题质疑解难》，《中原文物》2011 年第 5 期。

黄盛璋：《录伯戒铜器及其相关问题》，《考古与文物》1983 年第 5 期。

黄盛璋：《山东诸小国铜器研究——〈两周金文大系续编〉分国考释之一章》，《华夏考古》1989 年第 1 期。

黄盛璋：《铜器铭文宜、虞、矢的地望及其与吴国的关系》，《考古学报》1983 年第 3 期。

黄盛璋：《周都丰镐与金文中的莽京》，《历史地理论集》，人民出版社，1982。

黄锡全：《"安州六器"及其有关问题》，《古文字与古货币文集》，文物出版社，2009。

黄灼耀：《周代继承制度志疑》，《华南师范大学学报》（社会科学版）1983 年第 3 期。

J

贾连翔：《"摄命"即〈书序〉"髳命""冏命"说》，《清华大学学报》（哲学社会科学版）2018 年第 5 期。

江晓原、钮卫星：《〈国语〉所载武王伐纣天象及其年代与日程》，《自然科学史研究》1999 年第 4 期。

蒋善国：《尚书综述》，上海古籍出版社，1988。

金耀：《亚微罍考释——兼论商代孤竹国》，《社会科学战线》1983 年第 2 期。

金岳：《北方民族方国历史研究》，中州古籍出版社，1994。

金岳：《滹沱河商族方国考——论燕初併灭商族方国》，《文物春秋》1995 年第 2 期。

景以恩：《华夏血缘族团源于东方新探》，《复旦学报》（社会科学版）1999 年第 1 期。

K

孔华、杜勇：《冀国地望新探》，《中国国家博物馆馆刊》2016 年第 1 期。

孔华、杜勇：《西周金文中北国的地望与来历》，《中华文化论坛》2017 年第 1 期。

L

李白凤：《东夷杂考》，齐鲁书社，1981。

李伯谦：《觌公簋与晋国早期历史若干问题的再认识》，《中原文物》2009 年第 1 期。

李伯谦：《从灵石旌介商墓的发现看晋陕高原青铜文化的归属》，《北京大学学报》（哲学社会科学版）1988 年第 2 期。

李伯谦：《关于有铭"晋侯铜人"的讨论》，《中国文物报》2002 年 11 月 1 日，第 7 版。

李伯谦：《晋侯苏钟的年代问题》，《文明探源与三代考古论集》，文物出版社，2011。

李伯谦：《叔夨方鼎铭文考释》，《文物》2001 年第 8 期。

李朝远：《应侯见工鼎》，上海博物馆编：《上海博物馆集刊》第 10 期，上海书画出版社，2005。

　　李峰：《西周的灭亡——中国早期国家的地理和政治危机》，徐峰译，上海古籍出版社，2007。

　　李峰：《西周金文中的郑地和郑国东迁》，《文物》2006 年第 9 期。

　　李广洁：《先秦史籍中的“太原”》，《山西日报》2010 年 3 月 18 日，第12 版。

　　李桂民：《周原庙祭甲骨与“文王受命”公案》，《历史研究》2013 年第2 期。

　　李衡眉、梁方健：《“一继一及”非鲁之常说》，《齐鲁学刊》1999 年第6 期。

　　李家浩：《楚简所记楚人祖先“（鬻）熊”与“穴熊”为一人说》，《文史》2010 年第 3 辑。

　　李娟：《后稷图腾感生说质疑》，《中南民族大学学报》（人文社会科学版）2006 年第 2 期。

　　李玲玲、杜勇：《西周王位继承法再探析》，《中州学刊》2020 年第 11 期。

　　李零：《读简笔记：清华简〈系年〉第一至四章》，《吉林大学社会科学学报》2016 年第 4 期。

　　李零：《郭店楚简校读记》增订本，北京大学出版社，2002。

　　李米佳：《故宫藏郑义伯𤭛及相关问题》，《文物》2004 年第 7 期。

　　李民、张国硕：《夏商周三族源流探索》，河南人民出版社，1998。

　　李守奎：《清华简〈系年〉中的“𤭛”字与西申》，《古文字与古史考——清华简整理研究》，中西书局，2015。

　　李修松：《淮河流域古国族考述》，《淮河流域历史文化研究》，黄山书社，2001。

　　李秀亮：《高青陈庄遗址研究综述》，《管子学刊》2019 年第 2 期。

　　李学勤：《〈世俘〉篇研究》，《史学月刊》1988 年第 6 期。

　　李学勤：《初识清华简》，中西书局，2013。

　　李学勤：《从新出青铜器看长江下游的文化发展》，《文物》1980 年第8 期。

　　李学勤：《从柞伯鼎铭谈〈世俘〉文例》，《江海学刊》2007 年第 5 期。

　　李学勤：《东周与秦代文明》增订本，文物出版社，1991。

李学勤：《祭公谋父及其德论》,《古文献丛论》, 上海远东出版社, 1996。

李学勤：《论亲簋的年代》,《中国历史文物》2006 年第 3 期。

李学勤：《论多友鼎的时代及意义》,《人文杂志》1981 年第 6 期。

李学勤：《论山东新出青铜器的意义》,《文物》1983 年第 12 期。

李学勤：《论殷代亲族制度》,《文史哲》1957 年第 11 期。

李学勤：《论仲爯父簋与申国》,《中原文物》1984 年第 4 期。

李学勤：《秦国文物的新认识》,《文物》1980 年第 9 期。

李学勤：《青铜器与古代史》, 联经出版事业公司, 2005。

李学勤：《清华简〈厚父〉与〈孟子〉引〈书〉》,《深圳大学学报》(人文社会科学版) 2015 年第 3 期。

李学勤：《清华简〈系年〉及有关古史问题》,《文物》2011 年第 3 期。

李学勤：《清华简关于秦人始源的重要发现》,《光明日报》2011 年 9 月 8 日, 第 11 版。

李学勤：《清华简及古代文明》, 江西教育出版社, 2017。

李学勤：《清华简九篇综述》,《文物》2010 年第 5 期。

李学勤：《清华简与〈尚书〉、〈逸周书〉的研究》,《史学史研究》2011 年第 2 期。

李学勤：《三代文明研究》, 商务印书馆, 2011。

李学勤：《师同鼎试探》,《文物》1983 年第 6 期。

李学勤：《试论孤竹》,《社会科学战线》1983 年第 2 期。

李学勤：《试论新出现的𣽍方鼎和荣仲方鼎》,《文物》2005 年第 1 期。

李学勤：《太保玉戈与江汉的开发》, 楚文化研究会编：《楚文化研究论集》第 2 集, 湖北人民出版社, 1991。

李学勤：《通向文明之路》, 商务印书馆, 2010。

李学勤：《文物中的古文明》, 商务印书馆, 2008。

李学勤：《吴虎鼎考释——夏商周断代工程考古学笔记》,《考古与文物》1998 年第 3 期。

李学勤：《兮甲盘与驹父盨——论西周末年周朝与淮夷的关系》,《西周史研究》(《人文杂志》丛刊第 2 辑), 1984。

李学勤：《夏商周年代学札记》, 辽宁大学出版社, 1999。

李学勤：《夏商周文明研究》，商务印书馆，2015。

李学勤：《小臣缶方鼎与箕子》，《殷都学刊》1985 年第 2 期。

李学勤：《续论西周甲骨》，《人文杂志》1986 年第 1 期。

李学勤：《宜侯夨簋与吴国》，《文物》1985 年第 7 期。

李学勤：《由清华简〈系年〉论〈文侯之命〉》，《扬州大学学报》（人文社会科学版）2013 年第 2 期。

李学勤：《在〈清华大学藏战国竹简（七）〉成果发布会上的讲话》，《出土文献》第 11 辑，中西书局，2017。

李学勤：《长子、中子、别子》，《故宫博物院院刊》2001 年第 6 期。

李学勤：《中国古代文明研究》，华东师范大学出版社，2005。

李学勤：《周文王时期卜甲与商周文化关系》，《人文杂志》1988 年第 2 期。

李学勤：《缀古集》，上海古籍出版社，1998。

李学勤：《走出疑古时代》修订本，辽宁大学出版社，1997。

李学勤等：《山东高青县陈庄西周遗址笔谈》，《考古》2011 年第 2 期。

李学勤、唐云明：《元氏铜器与西周的邢国》，《考古》1979 年第 1 期。

李学勤：《曾国之谜》，《光明日报》1978 年 10 月 4 日。

李亚农：《李亚农史论集》，上海人民出版社，1962。

李玉洁：《评周厉王革典》，《河南大学学报》（社会科学版）1986 年第 1 期。

李仲操：《蒡京考》，《人文杂志》1983 年第 5 期。

李仲立：《公刘迁豳辨析——先周历史初探之三》，《社会科学》1985 年第 1 期。

李子祥：《游稷山感后稷教稼之功德记事》，顾颉刚编著：《古史辨》第 2 册，上海古籍出版社，1980。

李宗侗：《中国古代社会新研 历史的剖面》，中华书局，2010。

连登岗：《公刘迁出地考》，《人文杂志》1998 年第 2 期。

廖名春：《清华简与〈尚书〉研究》，《文史哲》2010 年第 6 期。

林甘泉：《对西周土地关系的几点新认识》，《文物》1976 年第 5 期。

林沄：《释史墙盘中的"逖虘髟"》，陕西省历史博物馆馆刊编辑部编：《陕西历史博物馆馆刊》第 1 辑，三秦出版社，1994。

林沄：《天亡簋"王祀于天室"新解》，《史学集刊》1993年第3期。

刘彬徽：《湖北出土两周金文国别年代考述》，中国古文字研究会、中华书局编辑部、陕西省考古研究所编：《古文字研究》第13辑，中华书局，1986。

刘次沅、周晓陆：《武王伐纣天象解析》，《中国科学（A辑）》2001年第6期。

刘光胜：《从"殷质"到"周文"：商周籍田礼再考察》，《江西社会科学》2018年第2期。

刘国忠：《从清华简〈系年〉看平王东迁的相关史实》，陈致主编：《简帛·经典·古史》，上海古籍出版社，2013。

刘国忠：《周文王称王史事辨》，《中国史研究》2009年第3期。

刘国忠：《走近清华简》，高等教育出版社，2011。

刘桓：《殷契存稿》，黑龙江教育出版社，1992。

刘家和：《说〈诗·大雅·公刘〉及其反映的史事》，《北京师范大学学报》（社会科学版）1982年第5期。

刘军、孟凡栋：《孤竹国都城就在卢龙城南》，《秦皇岛日报》2011年8月19日，第2版。

刘军社：《论碾子坡文化》，《远望集——陕西省考古研究所华诞四十周年纪念文集》，陕西人民美术出版社，1998。

刘军社：《先周文化研究》，三秦出版社，2003。

刘军社：《先周文化与先周文化的关系》，《文博》1995年第1期。

刘丽文：《"共和行政"真相探赜》，《中原文化研究》2018年第3期。

刘启益：《西周纪年》，广东教育出版社，2002。

刘启益：《西周夨国铜器的新发现与有关的历史地理问题》，《考古与文物》1982年第2期。

刘起釪：《周初的"三监"与邶、鄘、卫三国及卫康叔封地问题》，中国地理学会历史地理专业委员会《历史地理》编辑委员会编：《历史地理》第2辑，上海人民出版社，1982。

刘起釪：《古史续辨》，中国社会科学出版社，1991。

刘起釪：《尚书学史》，中华书局，1989。

刘师培：《左盦外集》，《刘申叔遗书》第41册，江苏古籍出版社，1997。

刘晓东:《天亡簋与武王东土度邑》,《考古与文物》1987 年第 1 期。

刘雨:《多友鼎铭的时代与地名考订》,《考古》1983 年第 2 期。

刘运兴:《三监考》,《人文杂志》1985 年第 6 期。

刘钊:《利用郭店楚简字形考释金文一例》,中国古文字研究会、中山大学古文字研究所编:《古文字研究》第 24 辑,中华书局,2002。

刘正:《金文氏族研究》,中华书局,2002。

刘卓异:《"共伯和"不是卫武公》,《中国社会科学报》2018 年 4 月 10 日,第 5 版。

刘自兵:《"虎方即巴"举证》,三峡大学三峡文化与社会经济发展研究中心、湖北省三峡文化研究会编:《三峡文化研究丛刊》第 3 辑,武汉出版社,2003。

卢连成、尹盛平:《古夨国遗址、墓地调查记》,《文物》1982 年第 2 期。

卢连成:《西周丰镐两京考》,《中国历史地理论丛》1988 年第 3 辑。

卢连成:《西周金文所见莽京及相关都邑讨论》,《中国历史地理论丛》1995 年第 3 辑。

路懿菡:《从清华简〈系年〉看康叔的始封》,《西北大学学报》(哲学社会科学版)2014 年第 4 期。

罗琨:《从〈世俘〉探索武王伐商日谱》,《周秦文化研究》编委会编:《周秦文化研究》,陕西人民出版社,1998。

罗西章:《西周王盂考——兼论莽京地望》,《考古与文物》1998 年第 1 期。

罗振玉:《贞松堂集古遗文》,北京图书馆出版社,2003。

罗祖基:《重新评价周厉王》,《学术月刊》1994 年第 1 期。

吕思勉:《先秦史》,上海古籍出版社,2005。

吕思勉:《中国民族史》,北京联合出版公司,2014。

吕文郁:《周代采邑制度》增订版,社会科学文献出版社,2006。

吕智荣:《鬼方文化及相关问题初探》,《文博》1990 年第 1 期。

吕智荣:《李家崖古城址 AF1 建筑遗址初探》,《周秦文化研究》编委会编:《周秦文化研究》,陕西人民出版社,1998。

吕智荣:《陕西清涧李家崖城址陶文考释》,《文博》1987 年第 3 期。

M

马承源:《何尊铭文初释》,《文物》1976 年第 1 期。

马承源:《晋侯苏编钟》,上海博物馆编:《上海博物馆集刊》第 7 期,上海书画出版社,1996。

马承源:《中国青铜器研究》,上海古籍出版社,2002。

马世之:《中原古国历史与文化》,大象出版社,1998。

蒙文通:《古族甄微》,巴蜀书社,1993。

蒙文通:《周秦少数民族研究》,龙门联合书局,1958。

孟古托力:《孤竹国释论——一支华夏化的东北夷》,《学习与探索》2003 年第 3 期。

孟世凯:《甲骨文中井方新考》,杨文山、翁振军主编:《邢台历史文化论丛》,河北人民出版社,1990。

穆海亭、朱捷元:《新发现的西周王室重器五祀盩钟考》,《人文杂志》1983 年第 2 期。

N

牛世山:《西周时代的楚与荆》,北京大学中国考古学研究中心、北京大学震旦古代文明研究中心编:《古代文明》第 5 卷,文物出版社,2007。

牛世山:《周族起源与先周文化研究的回顾与思考》,中国社会科学院考古研究所夏商周考古研究室编:《三代考古(七)》,科学出版社,2017。

P

庞小霞:《商周之邢综合研究》,社会科学文献出版社,2014。

庞卓恒:《关于西周的劳动方式、生产力和人口估测》,《天津师大学报》(社会科学版)1998 年第 5 期。

彭邦炯:《从商的竹国论及商代北疆诸氏》,王宇信主编:《甲骨文与殷商史》第 3 辑,上海古籍出版社,1991。

彭邦炯:《武王伐纣探路——古文献所见武王进军牧野路线考》,《中原文物》1990 年第 2 期。

彭裕商:《新邑考》,《历史研究》2000 年第 5 期。

Q

齐思和:《中国史探研》,河北教育出版社,2000。

钱伯泉:《先秦时期的"丝绸之路"——〈穆天子传〉研究》,《新疆社会科学》1982 年第 3 期。

　　钱穆：《国史大纲》修订本，商务印书馆，1996。

　　钱穆：《史记地名考》，商务印书馆，2001。

　　钱穆：《周初地理考》，《燕京学报》1931 年第 10 期。

　　裘锡圭：《古文字论集》，中华书局，1992。

　　裘锡圭：《裘锡圭学术文集》第 1 卷，复旦大学出版社，2015。

　　裘锡圭：《裘锡圭学术文集》第 3 卷，复旦大学出版社，2015。

　　曲英杰：《周都成周考》，《史学集刊》1990 年第 1 期。

R

　　日知：《释共和——共伯〔和〕可以休矣》，《史学理论研究》1993 年第 1 期。

S

　　尚志儒：《奠井国铜器及其史迹之研究》，《中国考古学研究论集》编委会编：《中国考古学研究论集——纪念夏鼐先生考古五十周年》，三秦出版社，1987。

　　尚志儒：《西周金文中的井国》，《文博》1993 年第 3 期。

　　邵炳军：《两周之际三次"二王并立"史实索隐》，《社会科学战线》2001 年第 2 期。

　　邵炳军：《论周平王所奔西申之地望》，《南京师大学报》（社会科学版）2001 年第 4 期。

　　沈建华：《卜辞金文中的伾地及其相关地理问题初探》，《初学集：沈建华甲骨学论文选》，文物出版社，2008。

　　沈长云：《关于千亩之战的几个问题》，《周秦社会与文化研究》编委会编：《周秦社会与文化研究——纪念中国先秦史学会成立二十周年学术研讨会论文集》，陕西师范大学出版社，2003。

　　沈长云：《静方鼎的年代及相关历史问题》，《中国国家博物馆馆刊》2013 年第 7 期。

　　沈长云：《释〈大盂鼎〉铭"人鬲自驭至于庶人"》，《上古史探研》，中华书局，2002。

　　沈长云：《谈〈令簋〉中的楚及相关诸问题》，《中华文史论丛》1990 年第 46 辑。

沈长云：《郑桓公未死幽王之难考》，中华书局编辑部编：《文史》第 43 辑，中华书局，1997。

盛冬铃：《西周铜器铭文中的人名及其对断代的意义》，中华书局编辑部编：《文史》第 17 辑，中华书局，1983。

石泉：《楚都丹阳及古荆山在丹、淅附近补证》，《江汉论坛》1985 年第 12 期。

石泉：《古代曾国—随国地望初探》，《武汉大学学报》（人文科学版）1979 年第 1 期。

石璋如：《传说中周都的实地考察》，《中央研究院历史语言研究所集刊》1948 年第 20 本。

史念海：《河山集（二集）》，生活·读书·新知三联书店，1981。

史念海：《河山集（四集）》，陕西师范大学出版社，1991。

史为乐：《西周营建成周考辨》，《中国史研究》1981 年第 1 期。

宋镇豪：《夏商社会生活史》，中国社会科学出版社，1994。

苏芳淑、李零：《介绍一件有铭的"晋侯铜人"》，上海博物馆编：《晋侯墓地出土青铜器国际研讨会论文集》，上海书画出版社，2002。

孙敬明：《从莒地出土两周十四国金文看莒文化的交流与影响》，《山东师范大学学报》（人文社会科学版）2013 年第 1 期。

孙敬明：《考古发现与夐史寻踪》，刘敦愿、逄振镐主编：《东夷古国史研究》第 1 辑，三秦出版社，1988。

T

谭其骧：《长水粹编》，河北教育出版社，2000。

谭其骧：《中国历史地图集》第 1 册，中国地图出版社，1982。

唐兰：《从河南郑州出土的商代前期的青铜器谈起》，《文物》1973 年第 7 期。

唐兰：《虢季子白盘的制作时代与历史价值》，《光明日报》1950 年 6 月 7 日。

唐兰：《何尊铭文解释》，《文物》1976 年第 1 期。

唐兰：《论周昭王时代的青铜器铭刻》，中华书局编辑部编：《古文字研究》第 2 辑，中华书局，1980。

唐兰：《唐兰金文论集》，紫禁城出版社，1995。

唐兰:《西周青铜器铭文分代史征》，中华书局，1986。

唐兰:《西周铜器断代中的“康宫”问题》,《考古学报》1962年第1期。

唐兰:《宜侯夨簋考释》,《考古学报》1956年第2期。

唐兰:《用青铜器铭文来研究西周史——综论宝鸡市近年发现的一批青铜器的重要历史价值》,《文物》1976年第6期。

唐晓峰:《鬼方：殷周时代北方的农牧混合族群》,《中国历史地理论丛》2000年第2辑。

陶兴华:《西周“共”地所在与共伯和“入为三公考”》，中国地理学会历史地理专业委员会《历史地理》编辑委员会编:《历史地理》第29辑，上海人民出版社，2014。

田昌五:《周原出土甲骨中反映的商周关系》,《文物》1989年第10期。

田继周:《先秦民族史》，四川民族出版社，1996。

田仁孝、张天恩、雷兴山:《碾子坡类型刍论（摘要）》,《文博》1993年第6期。

田醒农、洛忠如:《多友鼎的发现及其铭文试释》,《人文杂志》1981年第4期。

童书业:《春秋左传研究》校订本，中华书局，2006。

童书业:《中国古代地理考证论文集》，中华书局，1962。

W

汪宁生:《释“武王伐纣前歌后舞”》,《历史研究》1981年第4期。

汪受宽:《豳国地望考》,《中华文史论丛》2008年第4辑。

王彩梅:《召公与西周燕国的建立》,《北京社会科学》1994年第3期。

王恩田:《从鲁国继承制看嫡长制的形成》,《东岳论丛》（社会科学版）1980年第3期。

王恩田:《纪、曩、莱为一国说》,《齐鲁学刊》1984年第1期。

王恩田:《三说纪、曩、莱为一国——答郭克煜》,《管子学刊》1993年第3期。

王恩田:《再说纪、曩、莱为一国》,《管子学刊》1991年第1期。

王恩田:《重论西周一继一及继承制——王国维〈殷周制度论〉商榷》,《济南大学学报》（社会科学版）2017年第2期。

王光镐:《黄陂鲁台山西周遗存国属初论》,《江汉考古》1983年第4期。

王国维：《观堂集林（外二种）》，河北教育出版社，2001。

王国维：《王国维遗书》第六册，上海古籍书店，1983。

王红亮：《清华简〈系年〉中周平王东迁的相关年代考》，《史学史研究》2012 年第 4 期。

王晖：《春秋早期周王室王位世系变局考异——兼说清华简〈系年〉"周无王九年"》，《人文杂志》2013 年第 5 期。

王晖：《古史传说时代新探》，科学出版社，2009。

王辉：《金文"莽京"即秦之"阿房"说》，陕西历史博物馆馆刊编辑部编：《陕西历史博物馆馆刊》第 3 辑，三秦出版社，1996。

王辉：《西周畿内地名小记》，《一粟集：王辉学术文存》，艺文印书馆，2002。

王进锋：《商周时期邶国的地望与迁封》，中国地理学会历史地理专业委员会《历史地理》编辑委员会编：《历史地理》第 28 辑，上海人民出版社，2013。

王克林：《试论齐家文化与晋南龙山文化的关系——兼论先周文化的渊源》，《史前研究》1983 年第 2 期。

王雷生：《关于"共和行政"若干历史问题的再考察》，《人文杂志》1999 年第 6 期。

王龙正、刘晓红、曹国朋：《新见应侯见工簋铭文考释》，《中原文物》2009 年第 5 期。

王献唐：《山东古国考》，齐鲁书社，1983。

王学川：《历史价值论》，浙江大学出版社，2014。

王彦永：《"豕韦"考略》，《殷都学刊》2016 年第 3 期。

王宇信：《试论周原出的商人庙祭甲骨》，《中国史研究》1988 年第 1 期。

王宇信：《西周甲骨探论》，中国社会科学出版社，1984。

王宇信：《中国甲骨文》，上海人民出版社，2009。

王宇信：《周原庙祭甲骨"囟周方伯"辨析》，《文物》1988 年第 6 期。

王玉亮：《试论孤竹的地望及"疆域"——兼论辽西出土"孤竹"器物之原因》，《沈阳教育学院学报》2000 年第 4 期。

王玉哲：《古史集林》，中华书局，2002。

王玉哲：《陕西周原所出甲骨文的来源试探》，《社会科学战线》1982 年第

1 期。

王玉哲:《先周族最早来源于山西》,《中华文史论丛》1982 年第 3 辑。

王玉哲:《殷商西周疆域史中的一个重要问题——"点"和"面"的概念》,《郑州大学学报》(哲学社会科学版)1982 年第 2 期。

王玉哲:《中华民族早期源流》,天津古籍出版社,2010。

王玉哲:《中华远古史》,上海人民出版社,1999。

王毓彤:《江陵发现西周铜器》,《文物》1963 年第 2 期。

王占奎:《周宣王纪年与晋献侯墓考辨》,《中国文物报》1996 年 7 月 7 日。

闻一多:《神话与诗》,湖南人民出版社,2010。

吴承洛:《中国度量衡史》,商务印书馆,1957。

伍仕谦:《论西周初年的监国制度》,《西周史研究》(《人文杂志》丛刊第 2 辑),1984 年。

X

夏含夷:《测定多友鼎的年代》,《考古与文物》1985 年第 6 期。

夏商周断代工程专家组:《夏商周断代工程 1996—2000 年阶段成果报告(简本)》,世界图书出版公司北京公司,2000。

谢乃和、付瑞珣:《从清华简〈系年〉看"千亩之战"及相关问题》,《学术交流》2015 年第 7 期。

徐良高:《邢、郑井、丰井刍议》,《三代文明研究》编辑委员会编:《三代文明研究(一)——1998 年河北邢台中国商周文明国际学术研讨会论文集》,科学出版社,1999。

徐日辉:《秦器不其簋铭文中有关地域的考辨》,中国地理学会历史地理专业委员会《历史地理》编辑委员会编:《历史地理》第 18 辑,上海人民出版社,2002。

徐少华:《"平王走(奔)西申"及相关史地考论》,《历史研究》2015 年第 2 期。

徐少华:《清华简〈系年〉"周亡(无)王九年"浅议》,《吉林大学社会科学学报》2016 年第 4 期。

徐少华:《周代南土历史地理与文化》,武汉大学出版社,1994。

徐少华主编:《荆楚历史地理与长江中游开发》,湖北人民出版社,2009。

徐天进：《西周王朝的发祥之地——周原》，北京大学考古文博学院编：《考古学研究（5）》下册，科学出版社，2003。

徐天进：《周公庙遗址的考古所获及所思》，《文物》2006 年第 8 期。

徐天进：《周公庙遗址考古调查的起缘及其学术意义》，《中国文物报》2004 年 7 月 2 日，第 7 版。

徐锡台：《论周都镐京的位置》，《陕西师大学报》（哲学社会科学版）1982 年第 3 期。

徐旭生：《中国古史的传说时代》，广西师范大学出版社，2003。

徐中舒：《川大史学·徐中舒卷》，四川大学出版社，2006。

徐中舒：《禹鼎的年代及其相关问题》，《考古学报》1959 年第 3 期。

许宏：《曲阜鲁国故城之再研究》，中国社会科学院考古研究所夏商周考古研究室编：《三代考古（一）》，科学出版社，2004。

许倬云：《西周史》增补二版，生活·读书·新知三联书店，2012。

Y

闫志：《商代晚期赏赐铭文》，《殷都学刊》2012 年第 1 期。

晏琬（李学勤）：《北京、辽宁出土青铜器与周初的燕》，《考古》1975 年第 5 期。

晏琬（李学勤）：《盘龙城与商朝的南土》，《文物》1972 年第 2 期。

杨宽：《论〈逸周书〉》，《中华文史论丛》1989 年第 1 辑。

杨宽：《论西周初期的分封制》，尹达等主编：《纪念顾颉刚学术论文集》，巴蜀书社，1990。

杨宽：《释何尊铭文兼论周开国年代》，《文物》1983 年 6 期。

杨宽：《西周初期东都成周的建设及其及政治作用》，《历史教学问题》1983 年第 4 期。

杨宽：《西周史》，上海人民出版社，1999。

杨宽：《西周中央政权机构剖析》，《先秦史十讲》，复旦大学出版社，2006。

杨宽：《杨宽古史论文选集》，上海人民出版社，2003。

杨权喜：《襄阳山湾出土的鄀国和邓国铜器》，《江汉考古》1983 年第 1 期。

杨善群：《周公东征时间和路线的考察》，《中国史研究》1988 年第 3 期。

杨升南：《从殷墟卜辞中的"示"、"宗"说到商代的宗法制度》，《中国史研究》1985 年第 3 期。

杨升南：《周公摄政未称王》，《洛阳师范学院学报》2012 年第 1 期。

杨升南：《周原甲骨族属考辨》，《殷都学刊》1987 年第 4 期。

杨树达：《积微居甲文说》，上海古籍出版社，2006。

杨树达：《积微居小学述林全编》，上海古籍出版社，2007。

杨希枚：《先秦文化史论集》，中国社会科学出版社，1995。

杨向奎：《太公望与〈天亡簋〉》，《杨向奎学术文选》，人民出版社，2000。

杨向奎：《宗周社会与礼乐文明》，人民出版社，1997。

杨筠如：《姜姓的民族和姜太公的故事》，顾颉刚编著：《古史辨》第 2 册，上海古籍出版社，1982。

姚小鸥：《〈清华大学藏战国竹简·芮良夫毖·小序〉研究》，《中州学刊》2014 年第 5 期。

叶舒宪：《中国神话学百年回眸》，《学术交流》2005 年第 1 期。

易德生：《周代南方的"金道锡行"试析——兼论青铜原料集散中心"繁汤"的形成》，《社会科学》2018 年第 1 期。

殷玮璋等：《北京琉璃河出土西周有铭铜器座谈纪要》，《考古》1989 年第 10 期。

殷玮璋：《新出土的太保铜器及其相关问题》，《考古》1990 年第 1 期。

尹弘兵：《地理学与考古学视野下的昭王南征》，《历史研究》2015 年第 1 期。

尹盛平、任周芳：《先周文化的初步研究》，《文物》1984 年第 7 期。

尹盛平、田小娟：《芮国的初始地及其改封的推测》，陕西省考古研究院、上海博物馆编：《两周封国论衡——陕西韩城出土芮国文物暨周代封国考古学研究国际学术研讨会论文集》，上海古籍出版社，2014。

尹盛平：《西周史征》，陕西师范大学出版社，2004。

尹盛平：《邢国改封的原因及其与郑邢、丰邢的关系》，《三代文明研究》编辑委员会编：《三代文明研究（一）——1998 年河北邢台中国商周文明国际学术研讨会论文集》，科学出版社，1999。

尹盛平：《周原文化与西周文明》，江苏教育出版社，2005。

应永琛：《试论周代三公制度的建立、发展及其衰亡》，尹达等主编：《纪念顾颉刚学术论文集》，巴蜀书社，1990。

于省吾：《关于"天亡簋"铭文的几点论证》，《考古》1960 年第 8 期。

于省吾：《利簋铭文考释》，《文物》1977 年第 8 期。

于省吾：《武王伐纣行程考》，《禹贡》1937 年第 1—3 期。

余永梁：《柴誓的时代考》，顾颉刚编著：《古史辨》第 2 册，上海古籍出版社，1982。

余永梁：《金文地名考》，《国立中山大学语言历史学研究所周刊》1928 年第 53、54 期合刊。

俞伟超、高明：《周代用鼎制度研究》，《北京大学学报》（哲学社会科学版）1978 年第 2 期。

Z

张光直：《考古人类学随笔》，生活·读书·新知三联书店，1999。

张光直：《中国青铜时代》，生活·读书·新知三联书店，1999。

张懋镕、赵荣、邹东涛：《安康出土的史密簋及其意义》，《文物》1989 年第 7 期。

张培瑜：《西周年代历法与金文月相纪日》，《中原文物》1997 年第 1 期。

张培瑜：《中国先秦史历表》，齐鲁书社，1987。

张天恩：《边家庄春秋墓地与汧邑地望》，《文博》1990 年第 5 期。

张天恩：《古密须国文化的初步认识》，《远望集——陕西省考古研究所华诞四十周年纪念文集》，陕西人民美术出版社，1998。

张天恩：《先周文化早期相关问题浅议》，陕西博物馆编：《西周史论文集》，陕西人民教育出版社，1993。

张天恩：《周原早期聚落变迁及周人岐邑的认识》，《文博》2018 年第 2 期。

张筱衡：《散盘考释（上）》，《人文杂志》1958 年第 3 期

张筱衡：《散盘考释（下）》，《人文杂志》1958 年第 4 期

张新斌：《周初"三监"与邶鄘卫地望研究》，《中原文物》1998 年第 2 期。

张学海：《浅谈曲阜鲁城的年代和基本格局》，《文物》1982 年第 12 期。

张亚初、刘雨：《西周金文官制研究》，中华书局，1986。

张亚初:《论鲁台山西周墓的年代和族属》,《江汉考古》1984 年第 2 期。

张亚初:《太保罍、盉铭文的再探讨》,《考古》1993 年第 1 期。

张亚初:《西周金文所见某生考》,《考古与文物》1983 年第 5 期。

张以仁:《郑国灭郐资料的检讨》,《"中央研究院"历史语言研究所集刊》1979 年第 50 本第 4 分。

张应桥:《重评周厉王》,《郑州大学学报》(哲学社会科学版)2006 年第 2 期。

张映文、吕智荣:《陕西清涧县李家崖古城址发掘简报》,《考古与文物》1988 年第 1 期。

张玉金:《甲骨卜辞语法研究》,广东高等教育出版社,2002。

张玉金:《西周汉语语法研究》,商务印书馆,2004。

张玉金:《殷墟甲骨文"正"字释义》,《语言科学》2004 年第 4 期。

张玉石、赵清、魏兴涛:《淇县朝歌故城》,中国考古学会编:《中国考古学年鉴(1992)》,文物出版社,1994。

张长寿:《关于井叔家族墓地》,《商周考古论集》,文物出版社,2007。

张正明:《楚史》,中国人民大学出版社,2010。

张政烺:《古代中国的十进制氏族组织》,《历史教学》1951 年第 4 期。

张政烺:《利簋释文》,《考古》1978 年第 1 期。

张政烺:《矢王簋盖跋—评王国维〈古诸侯称王说〉》,中国古文字研究会、中华书局编辑部、陕西省考古研究所编:《古文字研究》第 13 辑,中华书局,1986。

张政烺:《张政烺批注两周金文辞大系考释》,中华书局,2011。

赵光贤:《〈逸周书·作洛〉篇辨伪》,《文献》1994 年第 2 期

赵光贤:《关于琉璃河 1193 号周墓的几个问题》,《历史研究》1994 年第 2 期。

赵光贤:《说〈逸周书·世俘〉篇并拟武王伐纣日程表》,《历史研究》1986 年第 6 期。

赵光贤:《武王克商与西周年代的再探索》,《人文杂志》1987 年第 2 期。

赵光贤:《周代社会辨析》,人民出版社,1980。

赵逵夫:《西周诗人芮良夫与他的〈桑柔〉》,《贵州文史丛刊》1997 年第 5 期。

赵铁寒：《古史考述》，正中书局，1965。

赵锡元：《论商代的继承制度》，《中国史研究》1980 年第 4 期。

郑宏卫：《商代王位继承之实质——立壮》，《殷都学刊》1991 年第 4 期。

郑杰祥：《商代地理概论》，中州古籍出版社，1994。

周玉秀：《〈逸周书〉的语言特征及其文献价值》，中华书局，2005。

周瑗：《矩伯、裘卫两家族的消长与周礼的崩坏》，《文物》1976 年第 6 期。

朱凤瀚：《商周家族形态研究》增订本，天津古籍出版社，2004。

朱凤瀚：《𫖮公簋与唐伯侯于晋》，《考古》2007 年第 3 期。

朱凤瀚：《清华简〈系年〉"周亡王九年"再议》，《吉林大学社会科学学报》2016 年第 4 期。

朱凤瀚：《简论与西周年代学有关的几件铜器》，《新出金文与西周历史》，上海古籍出版社，2011。

朱凤瀚：《由伯㲄父簋铭再论周厉王征淮夷》，中国古文字研究会、吉林大学古文字研究室编：《古文字研究》第 27 辑，中华书局，2008。

朱凤瀚：《柞伯鼎与周公南征》，《文物》2006 年第 5 期。

朱继平：《从淮夷族群到编户齐民——周代淮水流域族群冲突的地理学观察》，人民出版社，2011。

朱歧祥：《周原甲骨研究》，学生书局，1997。

朱绍侯主编：《中国古代史》，福建人民出版社，1991。

朱彦民：《说甲骨卜辞之"左王"》，中国文字编辑委员会编：《中国文字》新 32 期，艺文印书馆，2006。

祝中熹：《文王受命说新探》，《人文杂志》1988 年第 3 期。

邹衡：《夏商周考古学论文集（再续集）》，科学出版社，2011。

邹衡：《夏商周考古学论文集》，文物出版社，1980。

五、海外论著类

〔德〕罗曼·赫尔佐克：《古代的国家——起源和统治形式》，赵蓉恒译，北京大学出版社，1998。

〔德〕马克思、恩格斯：《马克思恩格斯选集》，人民出版社，2012。

〔德〕马克思·韦伯:《经济与社会》,林荣远译,商务印书馆,1997。

〔法〕马克·布洛赫:《历史学家的技艺》,张和声,程郁译,上海社会科学院出版社,1992。

(汉)司马迁著、〔日〕泷川资言会注考证:《史记会注考证》,新世界出版社,2009。

〔古希腊〕亚里士多德:《政治学》,吴寿彭译,商务印书馆,1997。

〔美〕菲利克斯·格罗斯:《公民与国家》,王建娥、魏强译,新华出版社,2003。

〔美〕路易斯·亨利·摩尔根:《古代社会》,杨东莼、马雍、马巨译,商务印书馆,1977。

〔美〕夏含夷:《古史异观》,上海古籍出版社,2005。

〔日〕竹添光鸿:《左氏会笺》,巴蜀书社,2008。

〔意〕马基雅维里:《君主论》,张志伟、梁辰、李秋零译,陕西人民出版社,2001。

〔英〕伯特兰·罗素:《权力论》,靳建国译,东方出版社,1988。

索　引

安州六器

181, 191, 326, 327, 328, 329, 330, 332, 333,
346

班簋

100, 181, 191, 397, 398, 406, 407, 432, 438,
443

褒姒夺嫡

555, 559, 561, 572

薄姑

189, 191, 192, 193, 195, 196, 227, 228, 229,
230, 231, 232, 233, 460, 548

北伯国

156, 266, 270, 275, 276

北国

5, 156, 263, 265, 266, 267, 268, 269, 270,
271, 272, 273, 274, 275, 276

北子国

156, 275, 276

邶鄘卫

3, 153, 154, 155, 156, 158, 159, 161, 200,
201, 207, 265, 266, 274, 276

毕氏家族

443, 454, 455, 456

豳

2, 8, 15, 16, 17, 18, 19, 21, 29, 30, 31, 32,
33, 34, 35, 36, 37, 38, 39, 40, 41, 42, 43, 44,
47, 48, 49, 50, 51, 52, 53, 55, 60, 144, 145,
151, 182, 183, 184, 189, 193, 261, 416, 434,
457, 479, 484, 523, 524, 526, 527, 531, 533,
535, 579

伯龢父

503, 504, 505, 507, 509

伯䂞父簋

238, 336, 472, 473, 474, 475, 479

伯禽

173, 180, 196, 198, 199, 220, 221, 222, 223,
224, 225, 226, 227, 233, 257, 259, 348, 376,
383, 424, 437, 651, 653, 658

伯夷、叔齐

101, 135, 294, 298, 299, 300, 313, 314, 315,
316, 350

不籍千亩

7, 409, 491, 541, 542, 547, 549, 550, 551,
552, 555, 610, 668

不其簋

524, 534, 573, 574, 575, 576, 577, 578, 579

不窋

2, 12, 15, 16, 21, 29, 30, 35, 623

采邑

1, 6, 180, 212, 224, 231, 254, 257, 272, 320,

323, 329, 332, 395, 397, 407, 409, 410, 422,
424, 425, 426, 427, 428, 429, 435, 457, 461,
462, 465, 467, 469, 470, 500, 501, 502, 503,
505, 585, 601, 610, 611, 645, 658

曾公畎编钟

4, 8, 177, 179, 180, 326, 328, 329, 336, 631,
655

陈庄城址

228, 230, 231

成康之治

317

成王东征

4, 177, 181, 194, 195, 197, 199, 437

成周

4, 8, 52, 56, 85, 100, 119, 162, 164, 166,
168, 169, 174, 179, 180, 193, 197, 198, 199,
200, 204, 210, 218, 219, 224, 226, 227, 232,
234, 235, 236, 237, 238, 239, 240, 241, 242,
243, 244, 245, 246, 247, 248, 249, 250, 251,
253, 254, 255, 329, 330, 331, 332, 334, 335,
336, 342, 347, 350, 356, 359, 373, 375, 393,
395, 396, 406, 433, 439, 440, 454, 459, 463,
472, 473, 474, 476, 477, 480, 483, 498, 502,
513, 516, 518, 520, 521, 527, 531, 565, 566,
568, 589, 592, 605, 606, 607, 610, 644, 650,
651, 657, 658, 659

楚荆

238, 343, 344, 346, 347, 356, 357, 360

大盂鼎

84, 146, 320, 323, 325, 467, 482, 608, 664

丹阳

5, 348, 351, 352, 354, 355, 356, 358, 359,
360

嫡长子继统法

5, 373, 375, 376, 377, 378, 381, 384, 385,
386, 387, 453, 547, 548, 549, 555, 560, 586,
588, 591, 610

东方大藩

4, 199, 234

断泾遗址

41, 42, 44

多友鼎

35, 38, 39, 341, 418, 457, 468, 478, 479,
502, 524, 533, 573

鄂侯驭方鼎

324, 420, 472, 475, 479

二王并立

496, 566, 584, 592, 593, 594, 595, 596, 609

伐虎方

5, 9, 319, 326, 327, 329, 330, 331, 332, 333,
334, 335, 336, 337, 346, 359

繁阳

177, 336, 655

莽京

9, 237, 238, 327, 392, 458, 519, 525, 526,
527, 528, 529, 530, 531, 532, 533, 640

镐京

3, 9, 39, 99, 100, 110, 112, 116, 117, 118,
121, 127, 161, 188, 240, 241, 246, 247, 249,
250, 327, 332, 393, 448, 458, 479, 480, 516,
520, 521, 523, 525, 526, 527, 528, 529, 530,

533, 534, 536, 540, 543, 546, 549, 552, 572, 581, 582, 583, 588, 590, 591, 596, 602, 614, 640

公亶父

3, 12, 21, 30, 33, 37, 38, 42, 44, 47, 48, 49, 50, 51, 55, 60, 63, 96, 103, 135, 373, 374, 393, 434, 663

公刘

2, 12, 15, 17, 18, 19, 21, 29, 30, 31, 32, 33, 34, 35, 36, 37, 38, 39, 40, 41, 44, 46, 47, 48, 52, 55, 135, 261, 350, 416, 479, 527, 668

共伯和

7, 9, 421, 492, 493, 494, 495, 496, 497, 499, 501, 502, 503, 504, 506, 507, 508, 509, 510, 592

共和行政

6, 9, 382, 471, 492, 495, 497, 499, 507, 508, 509, 538

孤竹

5, 101, 262, 291, 294, 295, 296, 297, 298, 299, 300, 301, 302, 303, 304, 305, 306, 307, 308, 309, 310, 311, 312, 313, 314, 315, 316

光社文化

18, 19, 20

鬼方

5, 64, 66, 318, 319, 320, 337, 338, 339, 340, 341, 342, 343, 457, 578

虢季子白盘

248, 534, 576, 577, 578, 579, 659

何尊

85, 106, 116, 121, 176, 237, 240, 245, 246,

647, 651

后稷

2, 10, 11, 12, 13, 14, 15, 16, 17, 18, 19, 20, 21, 22, 23, 24, 25, 26, 27, 28, 29, 30, 36, 48, 52, 123, 135, 178, 179, 319, 350, 373, 374, 399, 542, 623, 656, 657

胡钟

475, 479

怀柔政策

162, 251, 262, 315

黄帝

78, 161, 262, 263, 265, 303, 316, 401, 545, 617, 618, 619, 620, 621, 622, 623, 624, 625, 626, 628

纪国

277, 278, 279, 280, 281, 394

季历

33, 51, 60, 61, 62, 63, 64, 66, 67, 71, 86, 87, 118, 131, 374

祭公谋父

15, 387, 389, 390, 391, 393, 394, 400, 402, 404, 430, 432, 434, 435, 493, 613

冀国

276, 278, 279, 280, 281, 283, 284, 285, 286, 287, 288, 289, 290, 291, 292, 293

姜嫄

17, 18, 23, 24, 25, 26, 49, 303, 614

晋侯苏钟

111, 239, 518, 612, 635

晋文侯

8, 9, 538, 540, 566, 571, 572, 589, 590, 592,

593, 594, 595, 596, 597, 598, 599, 600, 603, 604, 606, 607, 610, 611, 612, 615, 635

井氏

6, 63, 323, 395, 410, 411, 413, 414, 415, 416, 417, 418, 419, 421, 422, 423, 424, 425, 426, 427, 428, 429, 432, 453, 454, 455, 456, 457, 459, 469, 504, 610

觉公簋

177, 359, 424, 630, 631, 632, 636

㲼簋

632, 633, 636

康宫

4, 5, 8, 177, 178, 179, 180, 181, 237, 239, 240, 248, 326, 346, 397, 500, 529, 631, 637, 645, 654, 655, 656, 657, 658, 659

康叔

68, 101, 147, 149, 154, 155, 156, 157, 160, 162, 170, 173, 175, 180, 186, 193, 199, 200, 201, 202, 203, 204, 205, 206, 207, 210, 252, 257, 259, 274, 348, 379, 407, 449, 460, 482, 495, 608, 612, 652, 658, 664

客省庄文化

22

逨鼎

426, 468, 518, 534, 580, 634, 635, 636

李家崖古城

338, 340, 341, 343

历史变局

8, 589, 607

厉王革典

6, 377, 471, 485, 491, 676

利簋

116, 118, 126, 127, 128, 155

料民于太原

7, 409, 552, 554, 555, 587

令方彝

4, 8, 179, 180, 214, 237, 255, 326, 403, 637, 641, 644, 645, 647, 648, 650, 651, 652, 654, 657, 658, 659

龙山时代

617

鲁国

14, 69, 190, 206, 216, 220, 221, 222, 223, 224, 225, 258, 259, 261, 282, 377, 378, 380, 382, 383, 384, 387, 437, 547, 549, 551, 555, 597, 611

洛邑

4, 8, 119, 120, 133, 166, 168, 172, 174, 184, 194, 200, 202, 208, 227, 234, 235, 240, 241, 242, 243, 244, 246, 247, 248, 250, 251, 253, 254, 255, 256, 257, 350, 356, 393, 439, 572, 588, 590, 594, 595, 596, 600, 604, 605, 606, 615, 644

吕尚

122, 136, 228, 232, 423

麦氏四器

325, 346

毛班

389, 390, 391, 397, 398, 407, 432, 438, 439, 504, 675

弭谤

386, 390, 409, 471, 481, 485, 488, 491, 498,

507, 518

牧野之战

117, 128, 132, 133, 134, 136, 137, 139, 140,
178, 202, 656

南宫括

103, 178, 321, 326, 329, 569, 571, 656

碾子坡遗址

41, 42, 43, 44, 50

平王东迁

8, 9, 242, 247, 250, 572, 588, 589, 592, 595,
597, 605, 606, 607, 611, 613, 635

齐国

228, 230, 231, 233, 234, 280, 282, 358, 460,
548, 569

岐邑

53, 54, 55, 56, 57, 59, 60, 133

千亩之战

536, 537, 538, 539, 540, 541, 542, 543, 545,
546, 547, 552, 580, 599, 636

秦襄公

8, 9, 291, 572, 584, 592, 595, 597, 604, 605,
606, 607, 614, 615, 616, 635

卿士

6, 134, 137, 138, 180, 329, 390, 391, 393,
394, 398, 403, 404, 406, 407, 409, 410, 425,
427, 428, 429, 442, 454, 458, 461, 481, 493,
498, 499, 501, 502, 506, 508, 511, 515, 558,
559, 560, 585, 610, 611, 658, 675

清华简

3, 6, 8, 67, 83, 85, 89, 90, 91, 97, 99, 125,
140, 142, 143, 144, 145, 146, 147, 148, 167,
170, 172, 180, 181, 182, 183, 185, 187, 188,
190, 191, 195, 196, 197, 200, 201, 202, 204,
290, 302, 338, 348, 349, 351, 352, 353, 354,
356, 381, 387, 388, 389, 390,391, 393, 394,
397, 398, 402, 408, 427, 432, 446, 448, 449,
451, 452, 454, 471, 472, 478, 480, 481, 485,
486, 492, 493, 494, 496, 502, 508, 533, 536,
539, 541, 542, 549, 550, 562, 564, 565, 566,
567, 568, 569, 571, 581, 582, 583, 588, 589,
590, 591, 592, 594, 595, 596, 597, 599, 600,
602, 603, 604, 605, 607, 608, 610, 612, 631,
632, 635, 658, 660, 662, 663, 664, 665, 666,
667, 670, 671, 672, 673, 674, 675, 676, 677,
678

曲阜鲁国故城

220, 222, 287

犬戎

7, 48, 51, 55, 92, 96, 97, 99, 290, 402, 431,
434, 435, 436, 441, 445, 453, 479, 481, 486,
519, 522, 523, 524, 536, 538, 545, 546, 549,
555, 561, 568, 571, 572, 573, 579, 580, 581,
582, 583, 585, 588, 590, 591, 596, 597, 602,
605, 609, 612, 613, 614, 615,636

荣氏家族

457, 458

三公

6, 7, 9, 68, 82, 130, 170, 214, 387, 388, 389,
390, 391, 393, 396, 397, 398, 399, 400, 401,
402, 404, 405, 406, 407, 408, 409, 427, 432,
442, 454, 497, 500, 501, 506, 507, 508, 509,
551, 675

三公合议制

398, 407, 408, 409, 675

三公之制

5, 387, 390, 398, 401, 407, 408, 409, 506

三监

3, 8, 147, 148, 149, 150, 151, 153, 154, 155, 156, 158, 160, 161, 163, 168, 175, 176, 187, 188, 190, 191, 192, 193, 201, 210, 220, 222, 274, 350

三监之乱

4, 121, 159, 160, 163, 164, 170, 183, 187, 220, 244, 251, 252, 274, 318, 385, 461, 476, 498, 653

申缯结盟

568

省南国

238, 326, 328, 329, 330, 331, 332, 333, 334, 335, 336, 337

圣胄之国

262

史墙盘

58, 85, 172, 177, 196, 253, 318, 319, 328, 346, 356, 425, 610, 637, 638, 642, 644, 646, 655

世卿制

5, 9, 410, 422, 425, 426, 427, 429

赎法

6, 9, 430, 441, 444

舜

2, 5, 10, 11, 15, 16, 17, 21, 26, 27, 29, 69, 78, 145, 161, 187, 262, 264, 265, 489, 490,

614, 617, 619, 620, 621, 624, 625, 626, 660, 663, 667, 668, 670, 671

邰

2, 11, 12, 15, 16, 17, 18, 19, 21, 22, 23, 25, 35, 109

太伯

33, 60, 61, 62, 63, 86, 95, 122, 374, 381, 602, 635, 644

太王

5, 17, 18, 20, 29, 30, 33, 36, 44, 48, 49, 50, 51, 53, 54, 55, 56, 57, 58, 59, 60, 61, 62, 64, 86, 96, 101, 103, 118, 122, 133, 179, 182, 337, 373, 374, 543, 564, 657

天亡簋

116, 119, 120, 127

土地交换

6, 446, 453, 462, 463, 464, 465, 469, 584

土地赏赐

6, 462, 466, 469, 470, 585

王城

4, 8, 57, 235, 236, 239, 240, 241, 242, 243, 247, 248, 249, 250, 611

王位继承制

5, 362, 363, 367, 369, 371, 377, 378, 385, 446, 451, 494, 496, 497

王子禄父

148, 157, 186, 187, 188, 192, 193

微子

5, 108, 133, 134, 149, 154, 162, 186, 187, 188, 196, 207, 219, 251, 252, 254, 373, 374, 378, 383, 504, 566, 642

卫国

53, 148, 154, 156, 199, 204, 205, 206, 207, 208, 258, 259, 261, 272, 312, 461, 495, 502, 587

卫武公

379, 494, 495, 496, 612

文王

2, 3, 8, 12, 17, 24, 29, 30, 47, 54, 55, 60, 61, 66, 67, 68, 69, 71, 73, 77, 79, 80, 81, 82, 83, 84, 85, 86, 87, 88, 89, 90, 91, 92, 93, 94, 96, 97, 98, 99, 100, 101, 102, 103, 104, 105, 106, 108, 109, 110, 118, 119, 120, 122, 127, 131, 133, 134, 135, 136, 138, 141, 146, 149, 162, 170, 173, 174, 177, 178, 179, 182, 183, 194, 195, 197, 208, 209, 210, 212, 213, 216, 219, 220, 226, 245, 253, 259, 260, 302, 314, 318, 323, 337, 348, 349, 350, 352, 359, 373, 374, 389, 390, 391, 392, 393, 397, 402, 408, 414, 425, 439, 443, 452, 454, 457, 459, 469, 484, 501, 502, 528, 529, 531, 532, 533, 567, 568, 569, 571, 608, 611, 623, 643, 655, 656, 657, 660, 661, 662, 663, 666, 667, 668, 670, 671, 672, 674, 677

文王东进

66, 100, 103

文王受命

3, 70, 83, 84, 85, 86, 87, 90, 91, 92, 93, 94, 96, 99, 105, 106, 108, 109, 110, 660, 663, 677

无㠱簋

474, 475

吴虎鼎

392, 500, 525, 527, 529, 530

五千年文明

618

五祀卫鼎

106, 405, 428, 453, 456, 462, 464

武王伐纣

3, 8, 53, 93, 105, 107, 108, 110, 112, 113, 114, 115, 116, 117, 119, 121, 123, 124, 125, 126, 133, 137, 139, 141, 148, 153, 154, 157, 159, 161, 162, 167, 190, 217, 220, 228, 252, 294, 315, 395, 454, 480, 582, 663

武王伐纣日谱

8, 124, 127

兮甲盘

238, 512, 513, 514, 521, 534

西伯昌

67, 70, 71, 130, 313, 401, 523, 661

西申

545, 555, 559, 562, 564, 565, 566, 567, 568, 582, 592, 595

西行漫游

430, 431

西周年代学

124, 125, 537, 630, 634

先周文化

2, 18, 19, 20, 21, 22, 41, 42, 43, 44, 45, 50, 59, 60

小盂鼎

58, 106, 318, 320, 323, 333, 337, 338, 343, 457, 500, 578, 631

孝王

377, 381, 384, 396, 446, 449, 450, 451, 452, 453, 473, 496, 548, 564, 604, 632, 633, 634

邢侯

6, 291, 323, 325, 327, 392, 410, 422, 423, 424, 425, 427, 429, 432, 455, 457, 528, 643

邢侯簋

322, 323, 325, 391, 392, 423, 457

兄终弟及

5, 33, 168, 169, 173, 362, 365, 368, 371, 372, 374, 377, 381, 382, 383, 384, 385, 386, 450, 451, 496, 548, 591

宣王中兴

7, 514, 535, 546, 547, 555

狎狁

7, 9, 39, 48, 96, 248, 290, 338, 339, 341, 434, 456, 457, 478, 479, 480, 481, 502, 513, 514, 515, 519, 520, 521, 522, 523, 524, 525, 530, 533, 534, 535, 545, 547, 553, 555, 572, 573, 574, 576, 577, 578, 579, 580, 581, 585, 588

炎帝

13, 17, 263, 278, 422, 545, 626, 627, 628

燕国

156, 199, 208, 210, 217, 218, 219, 264, 276, 290, 291, 292, 312, 315, 316, 328

燕侯克

215, 216, 217, 218, 219

仰韶文化

58, 628

尧

2, 5, 10, 11, 12, 15, 16, 17, 21, 26, 27, 29,

78, 89, 144, 161, 176, 187, 262, 263, 264, 265, 401, 489, 490, 617, 619, 620, 621, 622, 623, 624, 625, 626, 665, 667, 668, 671

宜侯

63, 255, 322, 323, 641, 642, 644, 645

宜侯夨簋

62, 63, 96, 255, 321, 322, 323, 466, 482, 641, 644, 645

异姓古国

262

益公

403, 404, 405, 407, 453, 454, 455, 456, 467, 506, 507

殷民六族

191, 208, 223, 225, 227, 257, 357

殷民七族

207, 257

殷遗民

4, 108, 151, 157, 206, 208, 219, 227, 242, 244, 249, 251, 252, 253, 254, 255, 256, 257, 258, 259, 261, 275, 356, 358, 383, 407, 643, 644, 653

营丘

161, 228, 229, 230, 231, 233, 460, 548

永盂

152, 403, 404, 405, 408, 453, 454, 467, 668

虞侯夨

62, 63, 95, 255, 321, 323, 466, 467

禹

2, 5, 10, 11, 14, 27, 29, 38, 40, 55, 57, 78, 95, 113, 117, 119, 123, 144, 145, 160, 161,

174, 178, 199, 203, 204, 207, 232, 262, 264,
265, 268, 277, 278, 298, 300, 307, 324, 418,
421, 429, 442, 456, 457, 476, 477, 479, 480,
515, 523, 543, 569, 571, 614, 620, 621, 655,
662

禹鼎

53, 58, 137, 417, 418, 421, 429, 456, 457,
472, 476, 479, 480, 502, 518, 566, 580, 610

月相定点说

111, 124

月相二系说

125, 634

月相四分说

111, 124, 125, 517, 634, 635

柞伯鼎

406, 472, 473

昭王南征

5, 66, 178, 179, 180, 326, 327, 329, 330,
343, 344, 345, 346, 347, 348, 355, 356, 357,
358, 360, 390, 637, 639, 640, 656, 657, 658

召公

4, 7, 9, 103, 118, 119, 121, 136, 161, 168,
174, 178, 180, 181, 188, 189, 190, 192, 194,
196, 197, 198, 201, 202, 208, 209, 210, 212,
213, 214, 215, 216, 217, 218, 219, 220, 233,
235, 241, 242, 246, 253, 255, 264, 291, 293,
310, 328, 329, 376, 377, 389, 395, 398, 400,
402, 405, 407, 408, 409, 423, 426, 427, 451,
454, 460, 466, 467, 496, 497, 498, 500, 501,
504, 507, 508, 509, 510, 512, 516, 546, 547,
548, 550, 555, 592, 636, 643, 647, 649, 656,
658

召公、周公

7, 9, 168, 189, 242, 497, 498, 500, 501, 507,
508, 509, 510, 546, 547, 550, 555, 592

郑家坡遗址

22

郑武公

8, 9, 345, 403, 407, 427, 572, 592, 595, 597,
601, 603, 604, 607, 611, 635

执政大臣

6, 7, 9, 15, 82, 130, 152, 180, 290, 292, 390,
395, 396, 398, 401, 402, 403, 404, 405, 406,
407, 409, 426, 428, 429, 432, 438, 439, 443,
452, 453, 454, 456, 457, 459, 463, 465, 486,
493, 506, 508, 509, 510, 558, 560, 587, 590,
611, 658, 675

中器

326, 327, 328, 331, 332, 334

周方伯

3, 67, 68, 69, 70, 71, 72, 77, 78, 79, 80, 81,
89

周公东征

4, 155, 159, 162, 163, 164, 168, 171, 175,
181, 182, 185, 186, 188, 189, 190, 191, 192,
193, 195, 197, 198, 199, 201, 205, 208, 210,
225, 232, 233, 251, 256, 318, 356, 375, 436,
653

周公居东

142, 181, 182, 183, 184, 185, 678

周公摄政称王

170, 171, 172, 173, 210, 451, 676

周祭

363, 364, 365, 366, 368, 370

周穆王

6, 9, 387, 402, 430, 431, 433, 434, 436, 438,
442, 444, 445, 448, 613

周原

1, 3, 6, 20, 29, 39, 44, 47, 50, 51, 53, 55, 56,
57, 58, 59, 60, 67, 68, 72, 73, 77, 79, 81, 88,
89, 96, 98, 100, 101, 103, 109, 136, 173,
254, 350, 392, 393, 421, 426, 427, 429, 554,
649, 668, 675

周原庙祭甲骨

3, 8, 67, 70, 72, 73, 75, 77, 79, 80, 81

专利

7, 9, 386, 390, 409, 471, 481, 482, 485, 486,
487, 488, 491, 498, 507, 518, 676

《保训》

89, 90, 91, 660, 662, 663, 664, 665, 666,
667, 668, 669, 670, 671, 672, 674

《楚居》

180, 195, 348, 349, 351, 352, 353, 354, 356,
658, 678

《洪范》

93, 105, 108, 109, 672

《厚父》

3, 144, 145, 146, 147, 608, 675, 676

《祭公》

6, 85, 387, 388, 389, 390, 391, 394, 402,
427, 432, 448, 454, 661, 675

《吕刑》

9, 441, 442, 443, 444, 445

《穆天子传》

73, 391, 394, 396, 397, 398, 410, 419, 424,
427, 431, 432, 433, 434, 436, 524, 572

《芮良夫毖》

6, 290, 471, 472, 478, 480, 481, 485, 486,
533, 675, 676

《摄命》

381, 446, 447, 448, 449, 451, 452, 496, 632

《世俘》

116, 117, 119, 121, 122, 123, 124, 126, 127,
661

《系年》

7, 8, 148, 172, 187, 188, 190, 191, 196, 197,
200, 201, 202, 204, 492, 493, 494, 502, 508,
536, 539, 541, 542, 549, 550, 562, 564, 565,
567, 568, 571, 581, 582, 583, 588, 590, 591,
592, 594, 595, 596, 597, 599, 600, 604, 605,
607, 610, 612, 635

后　记

　　本书原为国家社科基金重大项目"多卷本《西周史》"的第一卷，拟名"周人崛起与西周兴亡"，后改今题。由于本卷先行告竣，便作为课题阶段性成果申报《国家哲学社会科学成果文库》，幸获出版机会。待整个项目结题后，再考虑合卷印行，为读者提供一套多维度、新视野、全景式研究中国早期文明的六卷本《西周史》，以推动中华优秀传统文化的创造性转化、创新性发展。

　　时值项目接近尾声，而疫情发展却到了大面积感染的关键时刻。新冠肆虐，地不分南北；病毒侵体，人不分老幼。像这种大规模、高风险、长时间持续的疫情为人类所罕见，严重影响了人们的工作与生活，造成了极大的社会危害。课题组全体专家面对重重压力，迎难而上，勇毅前行，不断把课题研究推向前进。

　　大凡鸿篇巨制，稍不留神就会变成综合已有成果的教材式叙事，结果有了知识，却少了新意。项目进行期间，各位专家不染俗尘，锐意创新，以专题论文形式发表了一大批阶段性成果，为保证各卷学术水准奠定了坚实基础。即以本书而论，各章主要内容均曾以论文的形式发表于多种报章杂志，以便听取学者意见，着力改进，益臻完善。本书除了包含项目近期研究成果外，还适当吸收整合了作者三十年来的研究心得。自撰写博士论文始，作者一直把西周文明历史作为重点研究领域和学术兴趣所在，从不同方向展开工作。承担教育部和国家社科基金项目除了金文就是简牍，始终把出土文献研究放在重要位置，在研究材料方面做好基础性、前沿性工作，最后形成西周断代史研究的重大课题。罗马不是一天建成的，也不是一人建成的。通过课题组诸位专家的通力合作，有望实现预期目标，达到西周文明研究的新高度。

　　本书的问世，曾得到学界师友的多方鼓励与支持，我指导的博士生也做了一些颇有助益的工作。特别是科学出版社的领导和编辑，高屋建瓴，精心擘画，不放过任何细节，不忽略任何疏漏，真是古道热肠，高谊入云！谨此深表谢忱！

杜　勇

2022 年 12 月 28 日